Monika Donner

KRIEG, TERROR,
WELTHERRSCHAFT
Warum Deutschland sterben soll
Band I

Monika Donner

KRIEG, TERROR, WELTHERRSCHAFT
WARUM DEUTSCHLAND STERBEN SOLL
BAND I

Alle Rechte vorbehalten. Kein Teil dieses Buches darf ohne vorherige schriftliche Genehmigung durch den Autor reproduziert werden, egal in welcher Form, ob durch elektronische oder mechanische Mittel, einschließlich der Speicherung durch Informations- und Bereitstellungs-Systeme, außer durch einen Buchrezensenten, der kurze Passagen in einer Buchbesprechung zitieren darf.

Autor und Verlag waren um größtmögliche Sorgfalt bemüht, übernehmen aber keine Verantwortung für Fehler, Ungenauigkeiten, Auslassungen oder Widersprüche.

1. Auflage
11/2017

© J-K-Fischer Versandbuchhandlung Verlag und
Verlagsauslieferungsgesellschaft mbH
Herzbergstr. 5–7
63571 Gelnhausen/Roth
Tel.: 0 66 68/91 98 94 0
Fax: 0 66 68/91 98 94 1

Besuchen Sie uns im Internet unter
www.j-k-fischer-verlag.de

Die Folie des Hardcovers sowie die Einschweißfolie sind PE-Folien und biologisch abbaubar.
Dieses Buch wurde auf chlor- und säurefreiem Papier gedruckt.

Lektorat, Satz/Umbruch, Bildbearbeitung, Umschlaggestaltung:
J.K.Fischer Verlag
Druck & Bindung: CPI books GmbH, Leck
ISBN 978-3-941956-81-0

Jegliche Ansichten oder Meinungen, die in unseren Büchern stehen, sind die der Autoren und entsprechen nicht notwendigerweise den Ansichten des J-K-Fischer Verlages, dessen Muttergesellschaften, jeglicher angeschlossenen Gesellschaft oder deren Angestellten und freien Mitarbeitern.

INHALTSVERZEICHNIS

EINLEITUNG, KURZFASSUNG UND GRUNDLAGEN

EINLEITUNG 15

KURZFASSUNG 21
ZWEI WELTKRIEGE GEGEN DEUTSCHLAND 21
DEUTSCHER GEIST DER FREIHEIT 23
BIS ZUM DRITTEN WELTKRIEG 23

GRUNDLAGEN 25
GRUNDANNAHMEN 25
VERSCHWÖRUNGSPRAXIS 31
    Verschwörungstheorie 31
    Ultimativer Beweis: JFK 33
    CIA-Psychokrieg 36
    Neoimperiale Kriegsführung 39
    US-Globalisierung und Völkermord 42
    Zusammenfassung 46
GEISTESKRANKE WELTHERRSCHER 47
    Herrschaft durch Spaltung 47
    Psychopathen in der Politik 49
    Geisteskranke Drahtzieher 50
    Geistesgestörte Extremisten 52
KRIMINELLES BLENDWERK 56
    Antijüdische Erfindung 57
        ORIENTALISCHE SEMITEN 60
        KEINE JÜDISCHE RASSE 61
        KEIN JÜDISCHES VOLK 63
    Umsetzung durch Hitler & Co. 65
GLOBALISIERUNGSCLIQUE 70
    Kriegspläne gegen Deutschland 70
    Friedliche deutsche Großmacht 73
    Anglo-amerikanische Geostrategie 84
    Ewige Kapital-Imperialisten 89
        KOLONIALE WURZELN 90
        GEHEIME WELTHERRSCHAFT 91
        MITGLIEDER UM 1914 93

Wenige Freimaurer	94
Private Finanzdiktatur	96
Kaum Juden	98
Manipulationsmaschinerie	99
Kriege bis heute	102

MEILENSTEINE AUF DEM WEG ZUR WELTHERRSCHAFT

GLIEDERUNG 108

MEILENSTEIN I: AUSLÖSUNG DES ERSTEN WELTKRIEGS

1. VERDACHTSMOMENTE IM VORFELD	121
MASTERPLAN: GLOBALE FINANZKONTROLLE	122
DEUTSCHLAND SOLL STERBEN	126
SYSTEMATISCHE EINKREISUNG DEUTSCHLANDS	128
Französisch-russisches Bündnis 1894	128
Britisch-französisches Bündnis 1904	131
Bändigung Russlands	133
Verhinderung deutsch-russischer Allianz	134
Triple Entente 1907	137
Herauslösung Italiens	139
GEOSTRATEGISCHE ZIELE	142
Großbritannien: Weltherrschaft	143
STÄRKSTE KRIEGSFLOTTE DER WELT	144
Deutschland: Behauptung als Großmacht	154
ELSASS-LOTHRINGEN	156
MITTELEURASISCHE ALLIANZ	159
Deutsch geführtes Mitteleuropa	161
Deutsche Bagdad-Bahn	162
Deutsche Nahost-Erschließung	164
Deutschland als Ölversorger	165
Erdöl aus Nahost	175
Deutsche Juden für Bagdad-Bahn-Ausbau	180
Persisches Erdöl für die britische Flotte	181
Deutsch-jüdischer Naher Osten	185
Letzte Lücke: Serbien	201
DEUTSCH-MITTELAFRIKA	206
Frankreich: Elsass-Lothringen	208
ERSTE MAROKKO-KRISE	209
ZWEITE MAROKKO-KRISE	211
REVANCHISTISCHER KANZLER	212
ERSTER BLANKOSCHECK FÜR RUSSLAND	214

Russland: Türkische Meerengen 216
   ZWEITER BLANKOSCHECK FÜR RUSSLAND 217
   DRITTER BLANKOSCHECK FÜR RUSSLAND 219
   LIMAN-VON-SANDERS-AFFÄRE 219
Österreich: Überleben 221
   OKKUPATION BOSNIENS UND HERZEGOWINAS 224
      Friedenserhaltende Geostrategie 227
      Konfliktfördernde Außenpolitik 232
EXKURS: INTERN LIQUIDIERTER KRONPRINZ 233
   AUSTRIA ESSE DELENDA! 253
   ÖSTERREICHISCHE SANDSCHAK-BAHN 255
   BOSNISCHE KRISE 256
   IDEALER ZEITPUNKT FÜR PRÄVENTIVKRIEG 261
   PERSONIFIZIERTE ZUKUNFT ÖSTERREICHS 266
      Exzellenter Militär- und Geostratege 268
      Vereinigte Staaten von Groß-Österreich 272
      Allianz mit Russland 275
Serbien: Großserbien 280
   ERSTER BALKAN-KRIEG 282
      Erster Blankoscheck für Serbien 284
   ZWEITER BALKAN-KRIEG 286
   ALBANISCHE KRISE 286
   NACHWIRKUNGEN UND SCHLUSSFOLGERUNGEN 287
Italien: Südtirol und Albanien 288
   PANISLAMISTISCHER DSCHIHAD 289
Osmanisches Reich: Überleben 291
USA: Weltmacht 291
ZUSAMMENFASSUNG 293

2. PROPAGANDISTISCHE OPERATION 301
ANTIDEUTSCHE PROPAGANDA 301
ANTIÖSTERREICHISCHE PROPAGANDA 307

3. TECHNISCHE OPERATION 315
ÜBERLEGENHEIT DER ENTENTE 316
   Überlegenheit zur See 317
   Überlegenheit zu Lande 324
   Achillesferse Österreich 325
   Triste Lage der Mittelmächte 329
DEUTSCHE VERTEIDIGUNGSSTRATEGIE 332
   Sachzwang der Nichtteilung 334

Sachzwang des Zuvorkommens 337
Strategische Notwendigkeit 338
Militärstrategische Diplomatie 342
Keine Kriegsziele 345
Österreichische Notlösung 349
Kriegsvorbereitungen der Entente 353
Britische Kriegspläne gegen Deutschland 354
   Kriegsvorbereitungen im Nordmeer 356
      Hungerblockade gegen Deutschland 357
      Geplante Völkerrechtsverletzungen 360
   Weitere maritime Kriegsvorbereitungen 364
   Militärische Erweiterung der Entente 367
Kriegsfalle Belgien 374
   Aufgehobene Neutralität 377
   Britische Unterstützung 382
   Französische Kanalisierung 387
      Einladende französisch-belgische Grenze 387
      Abgelehntes optimales Verteidigungskonzept 389
      Ersatz durch Offensivdoktrin 393
      Scheinbare Lücke 396
   Russische Nötigung 399
      Beschleunigte Mobilisierung 400
      Hauptoffensive gegen Deutschland 402
      Angriffskrieg gegen Deutschland und Österreich 405
      Streng geheime Generalmobilmachung 407
Kriegsfalle Serbien 411
   Serbische Terror-Serie 413
   Hauptverantwortlich: Serbien 416
   Zweiter Blankoscheck für Serbien 419
   Geo- und militärstrategische Motive 425
      Keine freimaurerische Beteiligung 429
   Vorbereitung der verdeckten Operation 432
   Serbische und russische Mittäterschaft 437
Zusammenfassung 441
Planmässige Kriegsauslösung 442
   A. Aktivierung der Kriegsfalle Serbien 445
   Attentat auf Franz Ferdinand 446
      Hybride Kriegsführung gegen Österreich 453
      Österreichs Recht auf Notwehr 456
      Vergleich mit 9/11 458

Deutsche Beistandspflicht 461
JULI-KRISE: PHASE DER TÄUSCHUNGSMANÖVER 463
   Gesteigerte serbisch-russische Bedrohung 469
   Diplomatische Weiche 477
   Prüfstein Serbien 479
   Passive deutsche Rückendeckung 483
   Russische Kriegsdrohungen 486
   Vorbereitung des Ultimatums 492
   Britische Nötigung 495
   Österreichs einzige Chance 498
   Untersuchungsergebnis: Serbien schuldig 501
   Erstellung des Ultimatums 505
   Vorzeitige Verweigerung 508
BRITISCHE MOBILMACHUNG 512
   Annehmbares Ultimatum 519
   Französisch-russische Kriegsgespräche 528
   Britische Pseudovermittlung 535
RUSSISCHE MOBILMACHUNG 536
   Übergabe des Ultimatums 539
SERBISCHE MOBILMACHUNG 551
   Ablehnung des Ultimatums 554
FRANZÖSISCHE MOBILMACHUNG 563
   Warnungen der Mittelmächte 567
   Britische Kriegstreiberei 570
PRÄEMPTIVE VERTEIDIGUNG ÖSTERREICHS 578
B. Aktivierung der Kriegsfalle Belgien 587
OFFIZIELLE RUSSISCHE NÖTIGUNG 587
   Zerstörung der deutschen Vermittlung 589
RUSSLANDS ENTSCHLUSS ZUM WELTKRIEG 597
   Schlafwandelnde Mittelmächte 603
   Drohende Kriegsgefahr 607
   Britischer Ansporn zum Weltkrieg 610
   Eindringliche deutsche Warnungen 614
FRANKREICHS ENTSCHLUSS ZUM WELTKRIEG 617
   Greys ultimative Nötigung 619
PRÄEMPTIVE VERTEIDIGUNG DEUTSCHLANDS 624
   Greys letzter Zeitraub 632
ENGLANDS ENTSCHLUSS ZUM WELTKRIEG 637
   Greys Weltkriegsrede 641

4. Folgewirkungen bis Mai 1915 646
Illegale Fernblockade 646
Erstarrte Fronten 649
   Westfront 650
      Schliessung der Lücke 652
   Ostfront 654
Dschihad gegen Kolonialismus 655
Geldgeber USA 660

5. Cui bono? 663

6. Atypische verdeckte Operation 665

MEILENSTEIN II: OPFERUNG DER LUSITANIA 1915

1. Verdachtsmomente im Vorfeld 671
Potenzieller Hilfskreuzer 671
Ersehnter Kriegseintritt der USA 675
Illegaler britischer Seekrieg 676
Lusitanias Sicherheit vor Mai 1915 678

2. Technische Operation 681
Ignorierte deutsche Warnungen 681
Hochexplosives Kriegshilfsschiff 683
Verlangsamtes Explosivziel 688
Präpariertes Operationsgebiet 690
Lotsung zur Versenkung 693
Versenkung durch Megaexplosion 698

3. Propagandistische Operation 704

4. Folgewirkungen bis 1919 710
Kriegseintritt Italiens 710
Offensive der Mittelmächte 711
   Ostfront 711
   Westfront 712
Kriegseintritt der USA 714
   Pseudovermittler Wilson 715
   Hochfinanzielle Zwänge 716
   Abgelehntes Friedensangebot 717
   Russlands Zusammenbruch 719
   US-Kriegserklärung an Deutschland 721
Bolschewistischer Spaltkeil 724
   Wallstreet-Bolschewismus 726

    Polnischer Spaltkeil 730
    Frieden mit Russland 731
    Allianz mit der Ukraine 733
ZIONISTISCHER SPALTKEIL 737
KRIEGSDIKTAT VON VERSAILLES 743
    Arglistige Täuschung 744
    Erzwungene Wehrlosigkeit 745
    Verlängerte Hungerblockade 746
    Schwere Nötigung 747
    Zerstörte Zukunft 749
        RAUBBAU AUF ALLEN EBENEN 749
        KASTRATION DER WEHRMACHT 751
        TERRITORIALE AMPUTATIONEN 752
        ANSCHLUSSVERBOT 752
GLOBALE FINANZDIKTATUR 754

5. CUI BONO? 756

6. ATYPISCHE VERDECKTE OPERATION 758

ANHANG

CIA-DOKUMENT 1035-960 761

ABBILDUNGSVERZEICHNIS 775

ABKÜRZUNGSVERZEICHNIS 777

LITERATURVERZEICHNIS 778

AUDIO/VIDEOVERZEICHNIS 788

DANKSAGUNG 789

ÜBER DIE AUTORIN 789

ENDNOTEN 790

STICHWORTVERZEICHNIS 818

Für Jasmin Donner

*Der germanische Geist ist
der Geist der Freiheit.*
Georg F. W. Hegel

*Germania est delenda!
Deutschland muss zerstört werden!*
Britische Propaganda ab 1895

*Als freier Mann bin ich stolz darauf,
sagen zu können: »Ich bin ein Berliner!«*
John F. Kennedy viereinhalb Monate vor seiner Hinrichtung

EINLEITUNG, KURZFASSUNG UND GRUNDLAGEN

EINLEITUNG

Wer die Gegenwart beherrscht, beherrscht die Vergangenheit!
Wer die Vergangenheit beherrscht, beherrscht die Zukunft!
George Orwell[1]

Kriege und insbesondere Weltkriege brechen nicht aus wie Krankheiten. Auch politische Umstürze, »islamistischer« Terror und Massenmigrationen geschehen nicht zufällig. Im Gegenteil. Diese umwälzenden Ereignisse sind von langer Hand geplant und hängen untrennbar zusammen. In erster Linie dienen sie der Destabilisierung Kontinentaleurasiens und ganz besonders des wirtschaftlichen Gravitationszentrums von Europa: Deutschland. Besagte umwälzende Ereignisse wurden und werden von einer kleinen kriminellen Clique zur Erringung der finanzdiktatorischen Weltherrschaft geplant, ausgelöst und orchestriert: der anglo-amerikanischen Globalisierungsclique. Zur erfolgreichen Anwendung der seit Jahrhunderten praktizierten Geostrategie der Balance of Power, einer perfiden Politik des Spaltens und Herrschens, bedient sie sich bis heute ihres internationalen Netzwerks und geostrategischen Hauptwerkzeugs, nämlich des militärisch-industriellen Komplexes USA. Bei den Leuten im Hintergrund handelt es sich um menschenverachtende, den Weltfrieden gefährdende, das Wesen der Demokratie im Kern schädigende Psychopathen im klinisch-psychologischen Sinne. Ihre Wurzeln sind zwar überwiegend anglo-amerikanisch, im Endergebnis haben wir es jedoch mit international agierenden Asozialen zu tun, die sich keiner Nation und keiner Religion verpflichtet fühlen. Es sind, wie gesagt, Psychopathen. Zu ihrem Tarn- und Blendwerk zählt die systematische Fälschung der Geschichte zu Lasten ihrer Opfer. Dem wirkt dieses Buch nach folgender Maxime entgegen:

Die Geschichte schreiben die Sieger.
Die Wahrheit resultiert aus Fakten.

Die Geschichte wird von den Siegern geschrieben, wie der weise Volksmund sagt. Gemeint ist in erster Linie die Kriegsgeschichte. Gewinner, Besatzer, ihnen hörige Historiker, Presseleute und Politiker zeichnen nicht selten durch Weglassen unbequemer Wahrheiten, Überbetonen und Verdrehen echter Fakten sowie Hinzudichten erfundener »Beweise« ein sehr einseitiges, propagandistisches Bild der Geschichte, in dem stets die Sieger die Guten und die Verlierer die Bösen sind. Geschichtsfälschung durch skrupellose Entstellung der Tatsachen ist auch ein wesentliches Kriterium diverser verdeckter Operationen. Diese werden bereits im Vorfeld derart raffiniert geplant, dass die tatsächliche Durchführung für den unbedarften Außenstehenden so aussieht, als sei das eigentliche Opfer der Täter. Die damit einhergehende Propaganda posaunt: »Der Feind hat angegriffen! Er ist böse! Wir verteidigen uns nur und sind daher die Guten!«

Doch gerade bei verdeckten Operationen zur gezielten Auslösung eines Kriegs, dessen Beginn dem Gegner in die Schuhe geschoben wird, ist in der Regel das glatte Gegenteil der Fall. Nehmen wir daher als Grundhypothese erst einmal das Gegenteil des propagandistisch überlieferten Geschichtsbilds an, sind wir der Wahrheit um gefühlte 90 Prozent näher. Mit diesem Rüstzeug gefundene Fakten breiten schließlich die ganze Wahrheit vor uns aus. Vielen Deutschen und Österreichern, die nur anders heißen, aber in Wahrheit ebenfalls Deutsche sind, fällt jedoch bereits das Suchen nach den Fakten und wahren Zusammenhängen auffällig schwer. Das hängt nicht nur mit den beiden dem deutschen Volk aufgezwungenen Weltkriegen und der damit korrespondierenden Mea-Culpa-Psychose (Meine-Schuld-Psychose) zusammen. Die Anständigkeit und Ehre der Deutschen machen sie offenbar besonders anfällig für feindliche und eigene Propaganda. Es fällt ihnen schlichtweg schwer, die Böswilligkeit der Propagandisten zu erkennen, weil die Masse selbst unerschütterlich gutmütig und rechtschaffen ist. Schon Napoleon Bonaparte (1769 bis 1821) sagte über die selbstzerstörerische Leichtgläubigkeit der Deutschen:

> *Es gibt kein gutmütigeres, aber auch kein leichtgläubigeres Volk als das deutsche. Zwiespalt brauchte ich unter ihnen nie zu säen. Ich brauchte nur meine Netze auszuspannen, dann liefen sie wie ein scheues Wild hinein. Untereinander haben sie sich gewürgt, und sie meinten ihre Pflicht zu tun. Törichter ist kein anderes Volk auf Erden. Keine Lüge kann grob genug ersonnen werden: Die Deutschen glauben sie. Um eine Parole, die man ihnen gab, verfolgten sie ihre Landsleute mit größerer Erbitterung als ihre wirklichen Feinde.*[2]

Nur wer die Wahrheit sucht, findet und akzeptiert, kann aus der Geschichte lernen, die Gegenwart meistern und die Zukunft positiv gestalten. Durch die Verarbeitung der Wahrheit wird die von Kindesbeinen an indoktrinierte Mea-Culpa-Psychose wie von selbst geheilt. Man braucht sie lediglich in sich aufzunehmen. Was für ein gesundes Selbstbewusstsein unentbehrlich ist, drückte der ehemalige deutsche Außenminister Heinrich von Brentano di Tremezzo (1904 bis 1964) wie folgt aus: »Wir Deutschen sollten die Wahrheit auch dann ertragen lernen, wenn sie für uns günstig ist.«[3] Im Grunde gilt dies für alle Völker und Nationen. Denn aufgrund rigoroser Geschichtsfälschungen, perfektionierter medial-politischer Propaganda und zunehmender Reizüberflutung realisieren sehr viele Menschen weltweit nicht einmal, was sich in der Gegenwart abspielt. Damit korrespondiert folgende Ansicht des renommierten US-amerikanischen Sprachwissenschaftlers und politisch eindeutig links orientierten Kritikers US-amerikanischer Politik namens Noam Chomsky: »Die Mehrheit der gewöhnlichen Bevölkerung versteht nicht, was wirklich geschieht. Sie versteht nicht einmal, dass sie es nicht versteht.«[4]

Genau aus diesem Grund widmet sich dieses Buch der Ermittlung der wahren historischen Abläufe umwälzender Ereignisse von 1914 bis 2016 und der sie jeweils tarnenden Propaganda. Schließlich lernen wir aus der Geschichte ein gutes Stück dessen, was auch heute geschieht: Das Volk wird zwar nach wie vor in essentiellen Dingen wie Krieg oder Frieden umgangen sowie über die wahren Absichten der im Hintergrund agierenden Kräfte in Unkenntnis gelassen und getäuscht, aber beim Scheitern ihrer offiziellen Führer und sogenannten Volksvertreter moralisch verurteilt und zur Kasse gebeten. Das Volk wird also gleich mehrfach betrogen, während die wirklichen Verantwortlichen keinerlei Verantwortung übernehmen und sich darüberhinaus auch noch kräftig auf seine Kosten bereichern. Die Zeit ist längst reif für Neues.

Was erwartet Sie in diesem Buch?

Nach einer Kurzfassung für jene Leser, die sich vorab einen ersten Überblick verschaffen möchten, werden im Kapitel »Grundlagen« die für das Verständnis der Zusammenhänge wesentlichen Grundannahmen definiert. Danach wird belegt, dass jene allumfassende Verschwörungspraxis zur Erringung der Weltherrschaft mittels illegaler Kriege und Völkermord tatsächlich bis heute vorherrscht, die John F. Kennedy offen ansprach, bekämpfte und ihm deshalb sein Leben kostete. Anschließend wird der wissenschaftliche Nachweis erbracht, dass besagte Verschwörer Psychopathen im klinisch-psychologischen Sinne sind. Ihr Masterplan beziehungsweise kriminelles Blendwerk wird im gleichnamigen Kapitel erläutert, bevor die Mitglieder der hinter dem Ersten Weltkrieg steckenden anglo-amerikanischen Globalisierungsclique beim Namen genannt werden und die seit Jahrhunderten erfolgreich angewandte Geostrategie zur Schwächung des eurasischen Kontinents erklärt wird.

Schließlich werden jene für das 20. und junge 21. Jahrhundert bedeutsamsten, weil umwälzenden verdeckten Operationen behandelt, die den Weg der anglo-amerikanischen Globalisierungsclique zur Weltherrschaft markieren. Im vorliegenden ersten Band werden die Auslösung des Ersten Weltkriegs und die Opferung des Luxusdampfers Lusitania im Mai 1915 behandelt. Der zweite Band beginnt mit dem Reichstagsbrand 1933 und schließt mit der schwarzen Silvesternacht 2015/2016 in Deutschland ab. Mittendrin, also zwischen Pearl Harbor und der Ermordung John F. Kennedys, wird der imperiale Dauerkrieg der USA gegen Kubas Autonomie beleuchtet, der mehrere Parallelen zu den gegen Deutschland geführten Vernichtungskriegen aufweist. Es folgen eine kurze Zusammenfassung, daraus resultierende Ableitungen und Empfehlungen für Politiker und Privatpersonen.

In diesem Buch wird keine Ideologie vertreten. Auch wird, selbst wenn es schwer fällt, möglichst keine Ideologie verurteilt. Es sei mir aber die persönliche Anmerkung erlaubt, dass ich mit der von Kevin Spacey gespielten Filmfigur Francis Underwood konformgehe, die da sagt: »Ideologie ist was für akademische Schlappschwänze!«[5]

Für alle hier behandelten Grundlagen und verdeckten Operationen wird anhand geprüfter Fakten, direkter Beweise und Indizienketten die jeweils plausibelste und zugleich einfachste Erklärung geliefert, die deshalb am ehesten der historischen Wahrheit entspricht. Eine derartige Theorie enthält möglichst wenige Variablen und Hypothesen, die zudem in logischen Beziehungen zueinander stehen und einen schlüssigen Sachverhalt ergeben müssen. Diese sowohl in der Wissenschaftstheorie als auch in der wissenschaftlichen Methodik angewandte Vorgangsweise wird Ockhams Razor (Ockhams Rasiermesser) genannt, weil die einfachste und plausibelste Erklärung alle anderen Erklärungen überflüssig macht und quasi wegrasiert.[6] Unter Anwendung dieses Prinzips kann der Zusammenhang zwischen nachweislich existenten Plänen, ausführenden Personen und korrespondierenden Ereignissen nicht auf einer zufälligen Verkettung widriger Umstände beruhen. Das entspräche weder der Logik noch der allgemeinen Lebenserfahrung. Der in diesem Buch erläuterte Konnex ist solange als gültige wissenschaftliche Theorie anzuerkennen, bis sie widerlegt wird. Kritiker werden hiermit zur Überprüfung und zur sachlich fundierten Entgegnung aufgefordert.

Um das historisch falsch Überlieferte wegzurasieren, bedarf es einer kritischen Grundhaltung gegenüber herrschenden Geschichtsbildern, deren Überprüfung, der Offenheit für neue Quellen und schließlich der Neuschreibung der Geschichte. All dies zählt zu den Grundpflichten jedes Historikers, aber auch jedes Juristen, Beamten und Politikers. Eine auf dem Ignorieren von Fakten und Erfinden vermeintlicher Tatsachen beruhende Verzerrung und Fälschung der Geschichte ist als pseudowissenschaftlich anzulehnen; und zwar unabhängig davon, ob sie rechts- oder linkspolitisch motiviert ist. Das als Revisionismus bezeichnete Wiederhinsehen (lateinisch: revidēre) auf die Geschichte darf keinesfalls politisch-ideologisch motiviert sein, sondern hat mittels Auswertung belegter Sachverhalte (Fakten) und logischem Denken der Ermittlung der objektiven Wahrheit zu dienen.

Belege für die wichtigsten Darlegungen, weiterführende Informationen und ihre Quellen können den Fußnoten entnommen werden. Die 5- oder 6-stelligen Codes für Bücher (wie zum Beispiel Roe14) werden im Literaturverzeichnis geknackt, jene für Videos (wie etwa V-001) im Videoverzeichnis.

Zum Abschluss der Einleitung finde ich es fair, meine Motivation offenzulegen, dieses Buch zu schreiben. Obwohl ich selbst nie im Schießkrieg war, beschäftigt er mich doch von klein auf. Meine Großväter vermittelten mir gleichsam mitmenschliche Nähe, Humor und Ehre, politisch-ideologisch trennten sie aber Welten. Beide waren Österreicher und dienten im Zweiten Weltkrieg als Offiziere der deutschen Wehrmacht. Der eine war ein »Illegaler«, also ein Nationalsozialist der ersten Stunde, der in aller Herren Länder an vorderster Front dabei war und nach dem Krieg bis ins hohe Alter ruhmreicheren Zeiten nachtrauerte. Der andere verabscheute das NS-Regime seit Hitlers Machtergreifung zutiefst, geriet nach der Kesselschlacht von Stalingrad 1943 in Gefangenschaft und schloss sich in Sibirien einer antifaschistischen Offiziersbewegung an. Als er 1946 heimkehrte, war er dermaßen unterernährt, dass ihn nicht einmal sein eigener Vater erkannte. In meiner Jugend konnte ich nicht verstehen, was genau diese warmherzigen Männer von einander trennte. Heute weiß ich, was sie verband: Beide waren Sklaven ihrer Zeit.

Dass auch ich in Sachen Meinungsäußerung unfrei war und bin, obwohl schon meine Eltern Nachkriegskinder waren, realisierte ich zuerst im Linzer Jesuitengymnasium, wo ich mich mit anderen Schülern gegen die allgemein kommunizierte Besatzerpropaganda verwehrte, unsere Großväter seien allesamt Verbrecher. Ich fand das unfair, wurde zornig und begann zu provozieren, indem ich zum Beispiel 1986 mit drei Schulkollegen im voll besetzen Autobus die aktuelle Deutschlandhymne grölte. Nur knapp entgingen wir einem Rauswurf. Nicht aus dem Bus, wohl aber aus der Eliteschule. Beim Anpfiff durch die Heimleitung wurden wir lautstark als »dreckige Nazischweine« beschimpft, die nicht davor zurückschrecken würden, »Juden ins Gas zu schicken.« Das schmerzte mich sehr, weil ich damals schon unpolitisch und obendrein durch und durch humanistisch gesinnt war. Ein weiteres einschneidendes Erlebnis widerfuhr mir im Wahlfach Geschichte-Vertiefung, als ich die Völkerrechtskonformität der Gründung des Staates Israel in Frage stellte und erwog, ob Zionisten etwa das ihnen unter dem NS-Regime widerfahrene Unrecht in anderer Form auf die Palästinenser übertrugen. Der Professor nahm mich sachte zur Seite und meinte, dass ich zwar Recht hätte, so etwas aber niemals laut sagen dürfe. Tabuthemen, Heimlichtuerei und Überreaktionen zeigten mir auf, dass etwas gewaltig schief lief in meiner angeblich befreiten Heimat.

Historische Teil- und Unwahrheiten sowie Sprechverbote führten schließlich zu jener skurrilen Situation, in der unsere Kultur heute im Rahmen der illegalen Massenmigration zum dritten Mal vor der Zerstörung steht. Wie schon unter Hitler werden auch heute vernünftige Menschen aller politischen Richtungen von einer verrückten Minderheit zum Schweigen gebracht. Doch gerade heute sind die Verbundenheit zur Heimat und der Erhalt aller Kulturen, Völker und Rassen wichtiger denn je. Die Globalisierung ist vermutlich unaufhaltsam. Wie sie jedoch ausgestaltet sein wird, darauf sollten wir schleunigst im Sinne des Friedens und der Freiheit aller Menschen Einfluss nehmen. Deutschland könnte dabei eine zentrale Rolle spielen. Möge dieses Buch dazu beitragen.

KURZFASSUNG

Zwei Weltkriege gegen Deutschland

Bereits die Analyse der Geschehnisse im Vorfeld des Ersten Weltkriegs (1914 bis 1918) zeigt deutlich und unwiderlegbar, dass Deutschland am Beginn der Urkatastrophe des 20. Jahrhunderts, die bis ins 21. Jahrhundert hineinwirkt, keinerlei Verantwortung und schon gar keine Schuld trägt. Es sei nochmals in aller Klarheit betont: Das Ausmaß deutscher Verantwortung für den Anlauf des Ersten Weltkriegs ist null, nada, niente. Die Deutschen wollten den Frieden. Der Erste Weltkrieg wurde von einer kleinen Clique britischer, französischer, russischer, serbischer und US-amerikanischer Kriegstreiber im Auftrag der anglo-amerikanischen Globalisierungsclique inszeniert und konzertiert, um das wirtschaftlich zur Weltmacht aufstrebende Deutsche Reich zu zerstören.

Es ging dabei auch darum, die deutschen Pläne für eine starke mitteleurasische Allianz sowie den zionistischen Wunsch nach einem deutsch-jüdischen Palästina nach dem Muster des deutschen Kaiserreichs zu durchbrechen.

Besagte geheime Clique ließ 1914 den österreichischen Thronfolger im Rahmen eines Komplotts ermorden, um einen großen Krieg zur Zerstörung nicht nur der Donaumonarchie, sondern auch und sogar in erster Linie ihres getreuen Bündnispartners auszulösen: des Deutschen Reiches. Deutschland wurde wie ein prächtiger Tiger von tollwütigen Löwen eingekreist, in seiner Existenz bedroht und zur Notwehr gezwungen. Was oberflächlich wie eine unrechtmäßige deutsche Aggression aussah und von Deutschlands Gegnern entsprechend propagandistisch ausgeschlachtet wurde, war in Wahrheit nach sowohl damaligem als auch heutigem Völkerrecht nichts anderes als eine völlig legitime Selbstverteidigung. Seine Feinde standen unmittelbar davor, Deutschland militärisch zu vernichten. Das unschuldige Deutsche Reich wurde also zur präemptiven Verteidigung genötigt, einem Angriff in Notwehr. Auch hier liefert der weise Volksmund die optimale Erklärung: Angriff ist die beste Verteidigung.

Obwohl der deutsche Tiger sein Territorium in rechtmäßiger Notwehr bis zum letzten Kriegstag unverletzt erhielt, zwangen ihm die tollwütigen Löwen 1919 unter dem massiven Druck einer völkerrechtswidrigen Hungerblockade, die bereits ab

1906 in allen perfiden Details in London geplant worden war, das für Deutschland zerstörerische Siegerdiktat von Versailles auf. Plangemäß legten sie den deutschen Tiger in Ketten, rissen ihm Zähne und Krallen aus und ließen ihn fast verhungern. Deutschland war am Ende. Adolf Hitler hatte also im Großen und Ganzen Recht, als er im Jahr 1933 sagte: »Der Völkerstreit und der Hass untereinander, er wird gepflegt von ganz bestimmten Interessenten. Es ist eine kleine wurzellose internationale Clique, die die Völker gegeneinander hetzt, die nicht will, dass sie zur Ruhe kommen.«[7]

Aber Achtung! Hier gilt es, strikt zu differenzieren. Erstens bestand die Kriegstreiber- und Globalisierungsclique nur zum geringsten Teil aus Juden. Vielmehr handelte es sich hauptsächlich um gewissenlose, supernationale (überstaatliche) Psychopathen im medizinisch-psychologischen Sinn, die sich weder einer bestimmten Nation noch einer offiziell anerkannten Religion verpflichtet fühlten. Zweitens war zwar Nazideutschland die konsequente Antwort auf den Ersten Weltkrieg, jedoch agierte Hitler selbst – zumindest unbewusst – als Marionette der Globalisierungsclique. Drittens quälte niemand den deutschen Geist der Freiheit mehr als dieser skrupellose Diktator. Und viertens waren Hitler und sein Regime eine Schande für den ursprünglichen Gedanken des Nationalsozialismus. Denn im Endergebnis handelten sie weder national noch sozialistisch oder gar sozial, sondern wie internationale Asoziale.

Als nach dem Ersten Weltkrieg der deutsche Tiger kurz vor dem Krepieren war, betrat Adolf Hitler die Weltbühne, ein von anglo-amerikanischen Löwen finanzierter und von Rüstungskonzernen eingesetzter Dompteur. Hitler gab dem deutschen Tiger zu fressen, stärkte sein Selbstvertrauen bis zum Größenwahn, verpasste ihm eiserne Zähne und Krallen und drillte ihn, bis das vormals freie und edle Tier zum tollwütigen Monster mutierte. Das erneut zum – von Hitler ohnehin gewünschten – Angriff provozierte deutsche Ungetüm hielt im Zweiten Weltkrieg sechs Jahre lang (1939 bis 1945) seine alten Feinde in Schach und beging im Todesreigen mit anderen Nationen die übelsten Verbrechen an der Menschheit, bis es mit vereinten Löwenkräften überwältigt und gleich darauf abermals zum Melkvieh seiner Feinde umdressiert wurde.

Zwei von der Globalisierungsclique dirigierte Weltkriege dienten also vorrangig dazu, Deutschland zu vernichten, es sich gefügig zu machen. Die kurze, aber entscheidende Frage lautet: Warum?

Deutscher Geist der Freiheit

Der germanische Geist ist der Geist der Freiheit.
Georg F. W. Hegel

Georg Wilhelm Friedrich Hegel, der wohl scharfsinnigste Philosoph seiner Zeit und wichtigste Vertreter des deutschen Idealismus, lehrte, dass der germanische Geist der Geist der Freiheit ist. Das Wesen und das einzig Wahrhafte des Geistes ist die Freiheit. Folglich muss die Entwicklung des Geistes die Entwicklung der Freiheit sein. Nichtsdestotrotz unterstellte der österreichisch-britische Philosoph Karl Popper seinem Kollegen aufgrund dessen offenkundiger Verehrung der preußischen Regierung, Hegel würde in Wahrheit die Freiheit, Gleichheit und Brüderlichkeit der Menschen bekämpfen. Offensichtlich verstand Popper Hegel nicht oder deutete ihn absichtlich falsch. Denn Hegel lobte Preußen als das damalige Entwicklungsstadium des Freiheitsprinzips. Popper selbst zitiert Hegel: »Bis hierher ist das Bewusstsein gekommen, und dies sind die Hauptmomente der Form, in welcher das Prinzip der Freiheit sich verwirklicht hat, denn die Weltgeschichte ist nichts als die Entwicklung des Begriffes der Freiheit [...]« Zudem erkannte Hegel die Bedeutung des germanischen Geistes für die freie Selbstbestimmung der ganzen Welt: »Der germanische Geist ist der Geist der neuen Welt, deren Zweck die Realisierung der absoluten Wahrheit als der unendlichen Selbstbestimmung der Freiheit ist.«[8]

Fazit: Der deutsche Geist der Freiheit hat das große Potenzial, der ganzen Welt zur unbegrenzten Selbstbestimmung zu verhelfen. Exakt die Liebe der Deutschen zur Freiheit und ihr unbezwingbarer Wille, die Freiheit zu verteidigen, gepaart mit Ehre, Mut, Fleiß, Intelligenz und Technik machten und machen Deutschland zur größten Bedrohung für die anglo-amerikanische Globalisierung. Aus Sicht der Globalisierungsclique, die die uneingeschränkte Weltherrschaft anstrebt, muss daher Deutschland zerstört werden, koste es, was es wolle. Dies wäre im Gefolge des Ersten und Zweiten Weltkriegs beinahe gelungen. Doch Deutschland kam wieder auf die Beine, und wurde – zum Ärgernis der Globalisierungsclique – abermals zur treibenden Kraft Europas.

Bis zum Dritten Weltkrieg

Der bereits ökonomisch, eugenisch-rassistisch, militärisch und »islamistisch«-terroristisch anlaufende Dritte Weltkrieg richtet sich nicht primär gegen Deutschland, weil es ohnehin schon Vasall der USA ist. Zur Aufrechterhaltung der anglo-amerikanischen

Hegemonialmacht soll aber Europa und allen voran sein wirtschaftliches Gravitationszentrum Deutschland erneut destabilisiert werden. Genau aus diesem Grund ist Deutschland das Hauptangriffsziel jener inszenierten Massenmigration, im Rahmen derer unschuldige Menschen aus Nahost und Afrika als biologische Waffen missbraucht werden. Offensichtlich sollen die Deutschen diesmal mittels Terrorismus und Bürgerkrieg aufgerieben sowie aus ihrem eigenen Land herausgezüchtet werden. Ein Volk ohne Identität hat keine Widerstandskraft und vermag der aufgezwungenen, freiheitsverachtenden Globalisierung und US-Amerikanisierung nichts entgegenzusetzen.

Wie gesagt, handelt es sich bei der Globalisierungsclique, ähnlich wie beim alten Naziregime, um internationale Asoziale. Das hängt damit zusammen, dass der von Hitler und Konsorten praktizierte Nationalsozialismus in Wahrheit nicht mit dem Dritten Reich unterging, sondern in neuer Form in den USA aufblühte. Der US-amerikanische Journalist Jim Marrs legt in seinem Bestseller *Der Aufstieg des Vierten Reiches* plausibel dar, warum der 35. US-Präsident John F. Kennedy (1917 bis 1963, Amtszeit 1961 bis 1963) im Jahr 1963 sterben musste: »Da Kennedy jetzt tot war und Lyndon B. Johnson im Weißen Haus saß, konnte die Nazifizierung der Vereinigten Staaten ungehindert voranschreiten.«[9]

Als Meilensteine auf dem Weg zur Weltherrschaft dienten und dienen der angloamerikanischen Globalisierungsclique insbesondere folgende inszenierte und konzertierte Ereignisse:

- Auslösung des Ersten Weltkriegs 1914
- Opferung der Lusitania 1915
- Reichstagsbrand 1933 (Band 2)
- Reichspogromnacht 1938 (Band 2)
- Auslösung des Zweiten Weltkriegs 1939 (Band 2)
- Pearl Harbor 1941 (Band 2)
- Operation Northwoods 1962 (Band 2)
- Ermordung John F. Kennedys 1963 (Band 2)
- Zweites Pearl Harbor 2001: 9/11 (Band 2)
- Beginn der Ukraine-Krise 2014 (Band 2)
- Beginn der Massenmigration nach Europa 2015 (Band 2)
- Zweiter Terroranschlag in Paris 2015 (Band 2)
- Schwarze Silvesternacht in Deutschland 2015/2016 (Band 2)

Hintergründe, Abläufe, Wirkungen und Zusammenhänge dieser verdeckten Operationen werden in diesem Buch dargestellt. Es basiert auf einigen unabdingbaren Grundlagen.

GRUNDLAGEN

Grundannahmen

Streiten sich zwei, freut sich der Dritte. Der unredliche Dritte.

Auch bei nur grober Kenntnis der Umstände lässt sich das historische und aktuelle Weltgeschehen rund um die erwähnten verdeckten Operationen nicht ohne jene Hypothesen sinnschöpfend begreifen, deren Richtigkeit in weiterer Folge bewiesen wird. Diese grundlegenden Annahmen sind:

A. Friedliebende Bevölkerung
Die überwiegende Mehrheit der Menschheit möchte im Frieden leben. Auch die deutliche Mehrheit ihrer parlamentarischen Vertreter ist friedlich gesinnt. Friedliebende Menschen, die einander nicht einmal kennen, sich nicht bestehlen oder verletzen, müssen daher erst entsprechend mit schamlosen Intrigen und Lügen – kurz: Propaganda – manipuliert werden, bevor sie in sinnlosen Kriegen aufeinander losgehen, sich verwunden und töten. Sie tragen die Last ihrer Herrscher in psychischer, physischer, materieller und finanzieller Hinsicht.

B. Täuschung und Schwächung der Bevölkerung
Die Bevölkerung wird systematisch propagandistisch getäuscht und belogen. Ein wichtiges Instrument kontinuierlicher Propaganda ist die planmäßige Geschichtsfälschung, mit der freiheitsliebende Völker wie zum Beispiel das deutsche kategorisch zu Sündenböcken im Dauerbüßerhemd gemacht werden. Weiterhin werden sie mittels unbegründeter Mea-Culpa-Psychosen und widernatürlichen Selbsthasses gefügig und gegenüber schamloser Ausbeutung wehrlos gemacht. Kriege sind demnach in letzter Konsequenz nichts anderes als staatlich legitimierter Terror der Reichen gegen den Rest der Bevölkerung: der Kampf Reich gegen Arm (und nicht etwa Arm gegen Reich).

C. Globalisierungsclique und Weltherrschaft
Hinter menschenverachtender Propaganda und Kriegstreiberei steckt eine im Verhältnis zur Weltbevölkerung kleine Anzahl geldgieriger Machtmenschen, die von

Terror, Kriegen und gewaltsamen Umwälzungen profitieren. Auch hier liefert der Volksmund eine vortreffliche Beschreibung: Streiten sich zwei, freut sich der Dritte. Natürlich ist der unredliche Dritte gemeint. Im gegebenen Zusammenhang sind dies jene unredlichen Dritten, die sich über die geglückte Umsetzung ihrer eigenen Pläne freuen. Besagte geldgierige Machtmenschen gehören jener anglo-amerikanischen Globalisierungsclique an, die seit etwa 1891 bis heute auf skrupellosem Wege die Weltherrschaft anstrebt. Die Mitglieder dieser Globalisierungsclique stellen eine Schattenregierung dar, in deren Interesse sie vordergründig planen und handeln.

D. Destabilisierung Eurasiens

Aus Sicht der anglo-amerikanischen Globalisierungsclique ist die Destabilisierung der eurasischen Kontinentalplatte eine unabdingbare Voraussetzung zur Erringung der Weltherrschaft. Dazu sind Streit und Krieg zwischen Zentraleuropa und Russland zwingend erforderlich, ganz besonders zwischen Deutschland als wirtschaftlichem Gravitationszentrum und Russland als nahezu unerschöpflichem Rohstoffparadies. Eine geglückte Symbiose zwischen deutscher Wissenschaft, Technik und Finanzkraft einerseits sowie russischen Ressourcen und Arbeitskräften andererseits trägt schließlich das einzigartige Potenzial zur globalen Vorherrschaft Eurasiens und die Ablösung der Anglo-Amerikaner in sich. Die systematische Störung des Friedens zwischen Deutschland und Russland ist daher eine Conditio sine qua non (unabdingbare Voraussetzung) für die anglo-amerikanische Herrschaft über Eurasien und die Welt. Diese auf ökonomischen Interessen beruhende Geostrategie liegt sowohl dem Ersten und Zweiten Weltkrieg als auch dem durch die Ukraine-Krise ab 2014 drohenden Dritten Weltkrieg zugrunde. Ein Spiegelbild der anglo-amerikanischen Spaltungsstrategie sind der russische Kommunismus und der deutsche Nationalsozialismus, die beide von der Globalisierungsclique finanziert und hochgezüchtet wurden, um Europa zu schwächen. Seine fremdbestimmte Spaltung konnte Europa wohl kaum dramatischer vor Augen geführt werden als durch das bis 1990 mittels bewachter Trennmauer sogar geographisch zweigeteilte Deutschland.

E. Deutschland: Feind der Globalisierer

Für globalisierende Kriegstreiber und Ausbeuter waren und sind zwar sämtliche freien und starken Völker lästige Störfaktoren, allen voran sind jedoch die Deutschen wegen folgender Kriterien ein großer Dorn im Auge der konzentrierten Macht: besondere Freiheitsliebe und Verteidigungsbereitschaft, herausragende Rechtschaffenheit und Ehre, enormer Mut und Fleiß, beinahe uneingeschränkte Vorreiterposition in Kultur,

Wissenschaft, Technik und Industrie sowie dadurch bedingte europäische, potenziell auch globale Vormachtstellung. Deutschland ist nach wie vor der natürliche Hauptfeind der Globalisierung.

F. Verdeckte Operationen als Meilensteine

Umwälzende Ereignisse wie große Kriege, Komplotte, Politmorde, Krisen und anderer Terror dienen vordergründig der Destabilisierung Eurasiens, bei der, wie gesagt, Deutschland als Europas wirtschaftlichem Gravitationszentrum eine besondere Stellung zukommt. Diese umwälzenden Ereignisse sind von der Globalisierungsclique gezielt gesetzte Meilensteine auf dem Weg zur Weltherrschaft. Zu geheimen Auslösung der Meilensteine bedient sich die Globalisierungsclique verschiedener unter falscher Flagge geführter Operationen.

G. Verantwortung der Globalisierungsclique

Weil umwälzende Ereignisse unter sorgfältiger Täuschung und Umgehung des Volks ausgelöst werden, trägt das Volk dafür keinerlei Verantwortung. Verantwortlich ist ja die relativ kleine und noch dazu inoffizielle Globalisierungsclique. Es wäre daher völlig falsch, die Verantwortung *den* Briten, *den* Amerikanern oder irgendwelchen anderen offiziellen Gruppierungen wie *den* Christen, *den* Jesuiten, *den* Juden, *den* Zionisten, *den* Freimaurern und *den* Muslimen in ihrer Gesamtheit zuzuweisen. Dies würde ausschließlich der Globalisierungsclique nutzen, weil ihre Macht je gerade auf jenem perversen Teile-und-herrsche-Prinzip beruht, mit dem verschiedene Gruppierungen gegeneinander aufgehetzt werden. Die wahren Feinde sind nicht zahllose namenlose Menschen anderer Staaten und Konfessionen, sondern jene wenigen Regierungsleute und deren Hintermänner, die es als Mitglieder und Handlanger der Globalisierungsclique bei vollem Bewusstsein auf Krieg und Terror anlegen.

H. Anglo-amerikanisch gesteuerter Extremismus

Starke Nationen sind in den Augen der anglo-amerikanischen Globalisierer lästige Störfaktoren, weil sie den Völkern Identität und Widerstandskraft geben. Was für das Individuum (hoffentlich) die Familie ist, stellt im Idealfall die Nation für das Volk dar: Gemeinschaft, Rückhalt, Heimat. Die Sehnsucht nach einem gesunden und friedlichen Gemeinwesen, wie es sich im Konzept der Nation widerspiegelt, liegt in der Natur des Menschen und kann daher nicht so einfach abgeschüttelt werden. Ein natürlicher Nationalismus kann daher, anders als der chauvinistisch übersteigerte, keine Ideologie sein. Wird jedoch das natürliche nationale Bedürfnis missachtet, kann extremistischer Nationalismus die fatale Folge sein. Die künstliche Erzeugung und Verstärkung des Extremnationalismus sowie der linksextremistischen Gegenkraft wurden und werden von der anglo-amerikanischen Globalisierungsclique bewusst zum Zweck der Spaltung und Schwächung des eurasischen Kontinents betrieben. Die Vorgeschichte des Ersten Weltkriegs veranschaulicht überdeutlich, dass der serbische Nationalismus die von den geheimen Globalisierern gezielt zur Kriegsauslösung missbrauchte Antwort auf die Unterdrückung der Slawen durch das österreichische Herrscherhaus Habsburg war. Im frühen arabischen Aufstand erkennen wir die Reaktion auf die Unterdrückung im Osmanischen Reich. Der Zionismus, das Streben nach einem souveränen jüdischen Staat im Nahen Osten, war die Reaktion auf Europas Antijudaismus, Ausgrenzung und Pogrome. Auch der ab 1919 von Adolf Hitler propagierte deutsche Extremnationalismus gebar sich nicht aus sich selbst heraus; er ist eindeutig eine verheerende Wirkung der anglo-amerikanisch konzertierten Vernichtung des deutschen Kaiserreichs sowie des ebenfalls anglo-amerikanisch forcierten Bolschewismus in der UdSSR, gegen den Hitlers Nazideutschland als Bollwerk errichtet wurde. Und der jüngere palästinensische Nationalismus ist die Antwort auf die brutale Vertreibung der arabischen Ureinwohner im Rahmen des zionistischen Siedlungskolonialismus. Drahtzieher und Profiteure des derart instabil gemachten Kontinentaleurasiens sind jeweils die Mitglieder und Handlanger der Globalisierungsclique. Sie dämonisieren alles Nationale, weil sie sich international bereichern wollen.

I. Keine Freimaurer
Die Globalisierungsclique ist nicht identisch mit der Freimaurerei im Sinne der gesamten Organisation. Zum einen ist die Freimaurerei per se nicht geheim, zum andern waren und sind Freimaurer mit ihren freiheitsfördernden Werten genauso wie die Deutschen eine Bedrohung für die Globalisierung. Nicht umsonst galten die Freimaurer nicht nur als Feinde der katholischen Kirche, sondern auch der kommunistischen und nationalsozialistischen Diktaturen. Nur sehr wenige Mitglieder und Handlanger der Globalisierungsclique sind zwar nachweislich und formal gesehen Freimaurer, in Wahrheit identifizieren sie sich jedoch nicht mit den freimaurerischen Werten wie Freiheit, Gleichheit und Brüderlichkeit. Sie sind lediglich miteinander über die Freimaurerei vernetzt, die sie vermutlich gezielt unterwandern und für ihre eigenen Machenschaften missbrauchen. Nachdem das erzkatholisch-reaktionäre österreichische Herrscherhaus Habsburg-Lothringen den freisinnigen Kronprinzen Rudolf systematisch in den Tod getrieben hatte, machte die letzte Kaiserin dafür

unverschämterweise die Freimaurer verantwortlich. Und im Rahmen der strafrechtlichen Verurteilung der unmittelbaren Vollstrecker des Attentats auf den österreichischen Thronfolger in Sarajewo 1914 zeigte sich, dass die Globalisierungsclique nicht davor zurückschreckte, zum Verwischen ihrer eigenen Spuren den Verdacht auf die Freimaurer zu lenken. Stümperhaft, aber dennoch.

J. USA und NATO als moderne Hauptakteure

Die Schattenregierung hat keinen Rechtsstatus, zumindest keinen offiziellen. Aus völkerrechtlicher Sicht ist daher das Handeln der einzelnen Vertreter der anglo-amerikanischen Globalisierungsclique jenen Nationen zuzurechnen, denen sie formal gesehen angehören, auch wenn sie nicht deren Interessen vertreten. Bis zum Ende des Ersten Weltkriegs waren das englische, französische, russische, serbische und amerikanische Akteure, ab 1919 kamen auch deutsche Vollstrecker hinzu. Seit 1945 kommen die Main Player hauptsächlich aus Großbritannien und den USA. Seit 1949 zählen auch die NATO-Länder dazu. Schließlich fungieren der militärisch-industrielle Komplex USA und die von ihm dominierte NATO als geostrategische Werkzeuge der anglo-amerikanischen Globalisierungsclique.

K. Wenige Psychopathen an der Macht

Die Umsetzer und Nutznießer des Weltherrschaftsplans sind die Mitglieder und Handlanger der Globalisierungsclique respektive illegalen Schattenregierung. Ihre Mitglieder und bewussten Handlanger sind international beziehungsweise supranationale Psychopathen im klinisch-psychologischen Sinne. Ihre Namen und Funktionen sind feststellbar. Der Hausverstand sagt, dass an Kriegen nur Banken, Öl- und Rüstungskonzerne sowie deren Marionetten gewinnen: machthungrige Millionäre, Politiker, Militärs, Geheimdienstler und andere Beamte, geschmierte Historiker und Presseleute. Für die Umsetzung der Pläne genügt jedoch eine geringe Anzahl Eingeweihter. Die Masse der Handlanger kann oder möchte nicht ahnen, dass sie Vollstrecker unredlicher Pläne sind, dass sie als Diener einer weltweiten Verschwörung fungieren.

L. Gesetzlose Herrschaft

Auf all das, besonders auf die Planung und Durchführung verdeckter Operationen, hat die Zivilbevölkerung nicht den geringsten Einfluss, weil sie darüber nicht einmal im Ansatz bescheid weiß. Für verdeckte Operationen und begleitende Propaganda zur Täuschung der Massen wird viel Energie aufgewendet. Demnach ist sich die Globalisierungsclique der eigentlichen Macht des Volks, die in den meisten staatlichen Verfassungen verankert ist, voll bewusst. Diesen Leuten ist klar, dass ihre verdeckten Operationen mit Demokratie und Rechtsstaat ebenso unvereinbar sind wie mit staatlicher Souveränität, persönlicher Freiheit, Ethik und Moral. Wo wenige unter Umgehung und Täuschung des Volks regieren, gibt es keine Demokratie. Es liegt daher eine diktaturähnliche Scheindemokratie vor, eine gesetzlose Herrschaft der Reichen (Oligarchie) respektive die Herrschaft des Wuchers eines globalen Finanz-, Wirtschafts- und Machtsystems (Danistakratie).

M. Kontrolle und Völkermord

Das Volk ist (eigentlich) so mächtig, dass es nicht nur belogen, sondern auch verstärkter Kontrolle unterworfen wird. Man bedenke, dass zwar seit den inszenierten Terroranschlägen des 11. September 2001 (9/11) nach wie vor auch unbescholtene Europäer auf Flughäfen wie Kriminelle intensiv durchleuchtet und kontrolliert werden, während man ihnen die dreiste Lüge auftischt, die unkontrollierte Massenzuwanderung nach Europa inklusive Vergewaltigungen, Terrorismus und Bürgerkriegsgefahr sei unaufhaltsam, weil Europas Grenzen schlichtweg nicht zu sichern seien. Wen wundert noch, dass dem Volk neuerdings erklärt wird, es, das Volk, würde als solches gar nicht existieren? Rassismus wird offiziell verachtet, wenngleich propagiert wird, dass es keine Rassen und Völker gebe – und obwohl unbestreitbar feststeht, dass aktuell ein niederträchtiger Rassismus, ja ein schleichender Völkermord an hellhäutigen Europäern und ganz besonders am deutschen Volk verbrochen wird.

N. Masterplan und Blendwerk

Für all diese rotzfrechen Absurditäten der Superlative zur Erringung der Weltherrschaft gibt es einen alten, schriftlich dokumentierten Masterplan: die sogenannten *Protokolle der Weisen von Zion*. Entgegen uralter antijüdischer Propaganda handelt es sich dabei allerdings nicht um einen von Juden oder Zionisten verfassten Text, sondern um ein neoimperialistisches Blendwerk, das sich sehr gut mit den Zielen der Globalisierungsclique verträgt. Schließlich werden die *Protokolle* erwiesenermaßen mehr oder weniger punktgenau befolgt, während Juden und Zionisten als Sündenböcke missbraucht werden. Jedwede Diskussion über die Echtheit der *Protokolle* ist zwar grundsätzlich überflüssig, weil im Endeffekt alleine zählt, dass sie wie ein Masterplan real umgesetzt werden. Allerdings spricht einiges dafür, dass das Blendwerk in Zusammenarbeit zwischen der Globalisierungsclique und fanatischen Jesuiten verfasst wurde.

Alles in allem haben wir es mit einer außergewöhnlich effizienten Verschwörungspraxis zu tun. Weil die meisten Menschen friedlich gesinnt und rechtschaffen sind und sich folglich die skizzierte Verschwörung nur schwer vorstellen können oder möchten, wird im folgenden Kapitel dargelegt, was eigentlich eine Verschwörung ist und dass sie auch nach dem persönlichen Zeugnis einflussreicher und kriegserfahrener US-Präsidenten sehr wohl real, allgegenwärtig und global ist. Einige Fakten und Zahlen belegen, dass dieselbe Verschwörung auch im 21. Jahrhundert praktiziert wird.

Verschwörungspraxis

Die revolutionärste Tat ist und bleibt, laut zu sagen, was ist.
Rosa Luxemburg

Wir stehen in der ganzen Welt einer monolithischen
und rücksichtslosen Verschwörung gegenüber.
John F. Kennedy

Verschwörungstheorie

Das seit 1967 negativ bewertete Wort »Verschwörungstheorie« neutralisieren wir, indem wir uns auf seine ursprüngliche Bedeutung besinnen: die Theorie über eine Verschwörung. Die Etymologie (Herkunft) der Verben »verschwören« und »schwören« offenbart, dass es sich von Beginn an um einen Begriff des Rechtswesens handelt: vor Gericht Rede stehen.[10] Damit korrespondiert die ursprüngliche Bedeutung des Begriffs »Verschwörung« als »Verbindung von Personen durch Schwur zu etwas Üblem oder was als Übel angesehen wird, insbesondere gegen andere.«[11] Es spielt keine Rolle, wer sich gegen wen verschwört. Eine Verschwörung der Schüler gegen die Lehrerschaft ist vom Wortsinn ebenso umfasst wie eine Verschwörung der Regierung gegen die Bevölkerung. Eine Verschwörungstheorie ist laut Duden die »Vorstellung, Annahme, dass eine Verschwörung, eine verschwörerische Unternehmung Ausgangspunkt von etwas sei.«[12] Von der Wortbedeutung her ist es vollkommen irrelevant, wer diese Theorie erstellt oder vertritt.

Dennoch kursiert seit der Ermordung John F. Kennedys (JFK) und besonders intensiv seit 9/11 die skurrile Behauptung, die Regierung vertrete die offizielle, stets richtige Theorie, während private Spinner lediglich eine abartige Verschwörungstheorie von sich geben. Außerdem wird gelegentlich zu Unrecht propagiert, eine Verschwörung gehe immer von Zivilisten aus und sei stets gegen die Obrigkeit gerichtet.

Beide Fehldeutungen lässt jedoch, wie vorhin gezeigt wurde, schon die jeweilige Wortinterpretation nicht zu. Mehr noch: Ein gewisser staatlicher Bezug zum Schwören und Verschwören ist bereits vom Wortursprung (Schwur) her nicht von der Hand zu weisen. Das klassische Beispiel einer Verschwörung ist der Putsch von Regierungsmännern gegen ihr Staatsoberhaupt: Der römische Imperator Julius Caesar wurde im Jahre 44 vor unserer Zeitrechnung im Senatsgebäude von einer Gruppe Senatoren mit 23 Messerstichen ermordet. Auch JFK war, wie noch zu zeigen ist, nachweislich das Opfer eines Staatsstreichs, einer Verschwörung einiger Regierungsleute. JFK ist der ultimative Beweis für das Vorliegen einer bis zum heutigen Tag vollzogenen Verschwörungspraxis der Globalisierungsclique. Zieht man den Begriff »Verschwörungstheorie« vor, so liegt eine bewiesene Verschwörungstheorie vor. Eine erwiesene sprachliche Auswirkung der teilstaatlichen Verschwörung gegen JFK ist die von einem US-Geheimdienst gesteuerte Umdeutung inklusive Negativbewertung des Begriffs »Verschwörungstheorie«.

Zudem gibt es nachweislich staatlicherseits gepflegte und vehement verteidigte Verschwörungstheorien, deren dümmste jene über 9/11 darstellt, weil sie weder mit den Naturgesetzen noch mit der Logik in Einklang zu bringen ist. Dennoch respektive gerade deshalb werden Kritiker der offiziellen 9/11-Phantasie zu Unrecht als »Rechtsextremisten« oder »Antisemiten« etikettiert und geächtet. Je dreister die staatlich propagierte Unwahrheit ist, desto härter werden ihre Kritiker verfolgt.

Die Wahrheit bleibt jedoch immer die Wahrheit. Die Wahrheit ist unpolitisch. Rosa Luxemburg (1871 bis 1919), die einflussreiche Vertreterin der europäischen Arbeiterbewegung, definierte, was die revolutionärste Tat ist und bleibt: laut zu sagen, was ist. Dabei berief sie sich auf Ferdinand Lassalle (1825 bis 1864), den Hauptinitiator der ersten sozialdemokratischen Parteiorganisation im deutschen Sprachraum. Über die Macht des Aussprechens dessen, was ist, sagte Lassalle wortwörtlich: »Es ist das gewaltigste politische Mittel!« Nach der Feststellung, dass Napoleon dem Aussprechen des Faktischen einen großen Teil seiner Erfolge zu verdanken hatte, erklärte Ferdinand Lassalle den wesentlichen Unterschied zwischen großer (echter) Politik und kleingeistiger Politdarstellerei: »Alle große politische Aktion besteht in dem Aussprechen dessen, was ist, und beginnt damit. Alle politische Kleingeisterei besteht in dem Verschweigen und Bemänteln dessen, was ist.«[13]

Ultimativer Beweis: JFK

Hinter politischer Kleingeisterei steckt die ernüchternde Tatsache respektive das offene Geheimnis, dass demokratisch legitimierte »Volksvertreter« oft nicht die Interessen der gesamten Bevölkerung, sondern vielmehr jene eines geringen Prozentsatzes wahrnehmen. Nämlich jene der Reichen und Superreichen. Die politische Macht in den Vereinigten Staaten geht seit etwa 1830 nachweislich nicht mehr vom Volk aus. Seit der Amtszeit des siebten US-Präsidenten Andrew Jackson (1767 bis 1845, Präsident von 1829 bis 1837) wird nämlich die politische Macht in den USA von gewissen finanziellen Kreisen gelenkt. Das gab ausgerechnet der 28. US-Präsident von sich, der für die Nichteinhaltung der verfassungsmäßigen Neutralität der USA seit Beginn des Ersten Weltkriegs verantwortlich war und das Land der unbegrenzten Möglichkeiten im Jahr 1917 für die Interessen der Hochfinanz und der Globalisierungsclique plangemäß in den Ersten Weltkrieg zur Vernichtung Deutschlands trieb: Woodrow Wilson (1856 bis 1924). Er gab, natürlich nicht öffentlich, sondern privat in Schriftform von sich, wer die Hauptakteure der Schattenregierung sind:

> *Die Wahrheit ist, wie Sie und ich wissen, dass finanzielle Kreise die Regierung seit den Tagen Andrew Jacksons fest in ihren Händen haben.*[14]

Franklin D. Roosevelt (1882 bis 1945) war der 32. Präsident der USA. In seine Amtszeit (1933 bis 1945) fällt demnach, mit Ausnahme der letzten Tage, der gesamte Zweite Weltkrieg. Roosevelt war maßgeblich daran beteiligt, dass die USA auch seit Beginn des Zweiten Weltkriegs nicht neutral waren. Außerdem trug er die Hauptverantwortung dafür, dass der japanische Angriff auf Pearl Harbor 1941 trotz eindeutiger, der US-Führung rechtzeitig vorliegender Aufklärungsergebnisse ungestört stattfinden konnte. Schließlich begeisterte Roosevelt die bis dahin stets friedliebende Bevölkerung der USA mittels einer verlogenen Propagandarede für den Einstieg der USA in den Zweiten Weltkrieg, um in erster Linie das alte Ziel der Globalisierungsclique zu verwirklichen: die endgültige Zerstörung Deutschlands. Zwar sprach Roosevelt die Wahrheit über die tatsächliche Macht hinter den politischen Kulissen nicht öffentlich aus und handelte erst recht nicht danach, jedoch schrieb er einmal:

> *Einige der größten Männer der Wirtschaft und des Handels in den Vereinigten Staaten fürchten sich vor jemandem oder vor etwas. Sie wissen, dass es irgendwo*

eine Macht gibt, die so organisiert, so subtil, so wachsam, so miteinander verquickt und so alles durchdringend ist, dass es ratsamer ist, nicht zu laut zu sprechen, wenn man sie kritisiert.[15]

John F. Kennedy (JFK) sprach seine Kritik gegenüber der geheimen Clique lautstark aus. Er war nach Abraham Lincoln (1809 bis 1865) der letzte wahrhaft große Präsident der USA, der seine Macht im Geiste von Ferdinand Lassalles und Rosa Luxemburgs Liebe zur Wahrheit ausübte. Natürlich machte JFK auch Fehler. Sein schwacher Punkt war das Feindbild des Kommunismus, das zwar allgemein, jedoch nicht gerade zu Unrecht gepflegt wurde. Aber Kennedy sprach definitiv aus, was ist. Dieser mutige Staatsmann kritisierte öffentlich jenes monumentale, weltweit dicht vernetzte, branchenübergreifende Geheimsystem, das sich verdeckter Operationen zur Destabilisierung ganzer Nationen und Kontinente bedient: die anglo-amerikanische Globalisierungsclique, die ihn am 17. April 1961 zur Invasion Kubas drängte und ihm einen großen Krieg gegen die Karibikinsel aufzwingen wollte. Am 27. April 1961 ersuchte JFK in seiner Rede vor der Vereinigung US-amerikanischer Zeitungsherausgeber um deren Unterstützung bei der Aufklärung der Bevölkerung und forderte mit folgender Begründung eine umfangreiche und nachhaltige Kurskorrektur:

Denn wir stehen in der ganzen Welt einer monolithischen und rücksichtslosen Verschwörung gegenüber, die für den Ausbau seiner Gebiete in erster Linie auf verdeckten Mitteln beruht – auf Infiltration statt Invasion, auf Subversion statt Wahlen, auf Einschüchterung statt freie Wahl, auf Guerillas in der Nacht statt Armeen bei Tag. Es ist ein System, das große menschliche und materielle Ressourcen in den Aufbau einer engmaschigen, hocheffizienten Maschinerie einbezogen hat, die militärische, diplomatische, geheimdienstliche, wirtschaftliche, wissenschaftliche und politische Operationen kombiniert.[16]

JFK wusste, was er sagte. Und er handelte danach: Kennedy schädigte und demontierte die Schattenregierung, wo er nur konnte. Als Vorgriff auf das Kapitel über den Politmord an JFK (Band 2) sei bereits an dieser Stelle festgehalten: Nachdem er die private US-Zentralbank Federal Reserve entmachtet, die Anwendung der vom Generalstab im Pentagon ausgearbeiteten verdeckten Operation Northwoods zur Großinvasion Kubas verboten, den Abzug aller US-Militärberater aus Vietnam angeordnet und sich bereits auf dem Friedenskurs mit der Sowjetunion (UdSSR) befunden

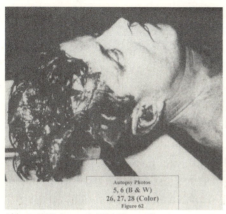

Abb. 1: JFKs Autopsie-Bild *Figure 62*

hatte, ordnete JFK die Planung eines amerikanisch-russischen Weltraumprogramms an. Statt sinnlosem Wettrüsten wünschte sich JFK den gemeinsamen russisch-amerikanischen Flug zum Mond. Zehn Tage nachdem er dazu den Planungsauftrag erteilt hatte, war JFK tot. Der ganz offensichtlich dem Weltfrieden dienende und der Weltbevölkerung wohlgesonnene 35. US-Präsident wurde in einem hinterhältigen Komplott und im Auftrag exakt jener geheimen Globalisierungsclique ermordet, die JFK 1961 öffentlich kritisierte und deren neoimperialistischen Zielen er mit seinem erfolgreichen Wirken für Demokratie und Weltfrieden im Weg stand.

Im Jahr 1998 schloss die vom US-Kongress eingesetzte parlamentarische Kommission zur Überprüfung der Attentatsbeweismittel, abgekürzt ARRB (Assassination Records Review Board), die Überprüfung einer gewaltigen Anzahl bis dahin von staatlicher Seite unterdrückter Beweismittel im Mordfall JFK ab. Außerdem deckte die in Europa so gut wie unbekannte ARRB jede Menge weiterer staatlicher Beweismittelunterdrückungen und -fälschungen auf. Seit 1998 steht jedenfalls unverrückbar fest, dass JFK am 22. November 1963 in einem regelrechten Kreuzfeuer von mindestens fünf Schüssen getroffen wurde, die von mindestens drei Schützen abgefeuert worden waren. Dabei erlitt JFK drei Kopfschüsse, zwei von vorne und einen von hinten. Der tödliche Schuss kam mit absoluter Sicherheit von vorne, wie unschwer an der baseballgroßen Austrittswunde rechts am **Hinterkopf** des Ermordeten zu erkennen ist. Das damit korrespondierende Autopsie-Foto befindet sich mit der Bezeichnung *Figure 62* im ersten der fünf dokumentierenden Bände des Historikers und Chefanalysten der ARRB für militärische Beweismittel, Douglas P. Horne[17] (siehe hier Abb. 1).

Bereits diese große Austrittwunde am Hinterkopf verrät nicht nur, dass der Todesschuss von vorne kam, sondern belegt auch unwiderlegbar, dass die offizielle Theorie vom ausschließlich von hinten schießenden Einzeltäter namens Lee Harvey Oswald grundlegend falsch ist. Zudem offenbart die erwiesene Beteiligung von mindestens drei Schützen, dass es sich zweifelsfrei um eine Verschwörung handelte. Darüberhinaus wurde diese Verschwörung den Nachforschungen der ARRB zufolge von einem Teil des US-Sicherheitsapparats mitverübt sowie von Teilen der US-Regierung mittels exzessiver Beweismittelunterdrückung und -fälschung verschleiert und gedeckt. Die erdrückende Beweislage offenbart, dass an der Verschwörung Vertreter der Schattenregierung teilnahmen: Schlüsselfunktionen von FBI, CIA, Secret Service, Militär, Polizei und Mafia sowie vermutlich auch Kennedys Stellvertreter und unmittelbarer Nachfolger Lyndon B. Johnson. Die US-Regierung hatte zu jeder Zeit die Kontrolle über die Beweismittel. Sie log über den wahren Ablauf des JFK-Attentats und machte sich folglich des politischen Mords mitschuldig. Es liegt daher ein Coup d'état vor, ein Staatsstreich beziehungsweise Putsch der Schattenregierung im Rahmen einer teilstaatlichen Verschwörung.

Aufgrund ihrer Verstrickung hatte (und hat) die US-Regierung ein reges Interesse daran, die Kritik an ihrer offiziellen, bereits damals nachweislich unrichtigen Einzeltätertheorie von vornherein zu verhindern oder zumindest nachträglich zu entkräften.

An der offiziellen Theorie über JFKs Ermordung wurde vom ersten Tag an gezweifelt. Die Kennedy-Familie war sogleich überzeugt, dass JFK im Rahmen einer teilstaatlichen Verschwörung ermordet worden war. Ein in sowjetischen Geheimarchiven entdecktes und erst 1997 veröffentlichtes Dokument belegt, dass JFKs Bruder Robert F. und Witwe Jacky den engen Freund JFKs William Walton, einen vormaligen Journalisten, Anfang Dezember 1963 in geheimer Mission nach Moskau schickten, um der russischen Führung mitzuteilen, dass JFK »von heimischen Gegnern getötet« und das Opfer einer Verschwörung des rechten Flügels geworden« war. Der neue Präsident würde JFKs unbeendete Vorhaben nicht fortsetzen, weil er, also Lyndon B. Johnson, »zu eng verbunden mit dem Big Business« sei. Darüberhinaus würde Johnson »viele weitere ihrer Vertreter in seine Regierung holen.«[18]

CIA-Psychokrieg

Auch die Bevölkerung der USA war in weiten Teilen skeptisch. Nach Veröffentlichung des Warren-Reports 1964 glaubten 46 Prozent der US-Bevölkerung berechtigterweise nicht, dass der vermeintliche Täter, Lee Harvey Oswald, allein gehandelt hatte. Und mehr als die Hälfte der US-Bürger war der korrekten Überzeugung, die Warren-Kommission habe einige Fragen ungelöst gelassen. Viel Menschen, darunter Autoren und Redakteure, waren daher der nachvollziehbaren Ansicht, Mitglieder der Warren-Kommission seien in eine Verschwörung zur Ermordung von JFK involviert gewesen, die von seinem davon profitierenden Nachfolger Lyndon B. Johnson ausging und an der auch der US-Auslandsgeheimdienstes CIA (Central Intelligence

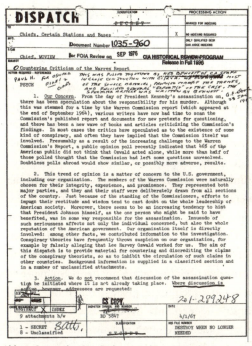

Abb. 2: Seite 1 des CIA-Dokuments Nr. 1035-960

Agency) selbst über ihren Agenten Lee Harvey Oswald beteiligt war. All dies geht aus dem Bericht der CIA vom 4. Januar 1967 mit der Dokumentennummer 1035–960 hervor. Und zwar auf der ersten Seite unter Punkt 1. und 2., wo Kritiker als »Verschwörungstheoretiker« gebrandmarkt werden, weil sie die nachweislich falsche Einzeltätertheorie nicht glauben (siehe Abb. 2).

Das inklusive Beilagen 13-seitige Dokument konnte übrigens erst 1998 von der ARRB ausgewertet werden, weil es bis dahin unter Verschluss war. Als weiterer Vorgriff auf das Kapitel über Kennedys staatliche Hinrichtung sei erwähnt, dass die sogenannten Verschwörungstheoretiker mit Ausnahme eines wichtigen Details schon damals goldrichtig lagen: Lee Harvey Oswald war ein Held, denn er wollte das Leben John F. Kennedys retten.

Zurück zu Dokument 1035-960, das an die Nachrichtenagenturen *CBS*, *ABC*, *NBC* und *New York Times* erging. Es enthielt konkrete Empfehlungen, wie die für die Reputation der USA im Ausland äußerst unangenehme Kritik am Warren-Report zu bekämpfen sei. Die lange Liste reicht vom gezielten Nichtzulassen jedweder Diskussion (siehe Abb. 2, Punkt 3.) bis zu manipulativen Sprechtechniken, mit denen Kritiker als kommunistische Propagandisten, politisch oder finanziell motiviert, hastig und schlampig recherchierend und verliebt in ihre eigenen Theorien diskreditiert werden sollen (3.a. und b. sowie 4.d.). Bereits artikulierte unerwünschte Argumente müssten mittels jener pauschalierenden Platzhalter entkräftet werden, die man heute noch im Zusammenhang mit 9/11 und anderen sehr realen Verschwörungen zu hören bekommt: keine bedeutenden Neuigkeiten seit der letzten offiziellen Untersuchung (4.a.), Überbewertung einzelner Umstände durch Verschwörungstheoretiker (4.b.), Unmöglichkeit der Geheimhaltung einer großen Verschwörung in den USA (4.c.), Selbstverliebtheit und intellektueller Stolz der Verschwörungstheoretiker (4.d.), charakterbedingte Nichteignung des vermeintlichen Alleintäters (Oswald) als Komplize (4.e.), gewissenhafte Arbeit der offiziellen Kommission (4.f.), Erklärung auffällig hoher Todesraten von Zeugen durch natürliche Ursachen (4.g.) sowie Stärkung des Vertrauens auf den offiziellen Bericht beziehungsweise die offizielle Theorie (5.). Das gesamte Dokument 1035-960 befindet sich im Anhang dieses Buchs. Es kann auch im Internet eingesehen werden.[19]

Auf Empfehlung der CIA wurden und werden also Kritiker einer staatlichen Erklärung nicht in der Sache gehört, sondern von Diskussionen ausgeschlossen, als »Verschwörungstheoretiker« stigmatisiert und ausgegrenzt. Ein realer Krieg gegen die Wahrheit und die Psyche des Menschen. Seit Dokument 1035-960 wird der ursprünglich wertneutrale Begriff »Verschwörung« absichtlich negativ konnotiert, sodass bis heute nicht nur echte »Spinner«, sondern und vor allem auch sachlich korrekte Kritiker absurder offizieller Theorien als **Verschwörungstheoretiker** im Sinne von weltfremden Spinnern denunziert werden, ohne dass auf ihre stichhaltigen Argumente eingegangen wird. Diese primitive, aber hocheffiziente Vermeidungs- und Verunglimpfungsstrategie wird in den sogenannten Mainstream-Medien regelmäßig bei jeder Kritik an offiziellen Erklärungen zu jenen umwälzenden Ereignissen angewandt, die in diesem Buch als verdeckte Operationen entlarvt werden: vom inszenierten Auslöser des Ersten Weltkriegs über 9/11 bis zum zugelassenen Terrorismus im Rahmen der orchestrierten Massenmigration nach Europa.

Ganz besonders heute trägt die von Ferdinand Lassalle so bezeichnete politdarstellerische Kleingeisterei im Verbund mit gekauften und feigen Historikern und Medienleuten zum Verschweigen und Bemänteln der Wahrheit beispielsweise dadurch bei, dass wissenschaftliche Erkenntnisse ignoriert und eigenständiges logisches Denken unterdrückt werden. Nicht selten werden kritische Bürger völlig sinnentleert und ohne jedes Argument in der Sache mit den abwertend stigmatisierenden Begriffen »Verschwörungstheoretiker«, »Rechtsextremist« oder »Antisemit« belegt, zum Schweigen genötigt und in ihrem verfassungsrechtlich garantierten Grundrecht auf freie Meinungsäußerung beschnitten. Weitere mögliche Folgen sind soziale Ächtung, Jobverlust, mutwillige Anzeigen, Strafverfahren und zivilgerichtliche Prozesse.

Für vorsätzliche Unterdrücker und Manipulatoren der Wahrheit hatte Bertolt Brecht (1898 bis 1956) die korrekte Bezeichnung: Verbrecher.

Wer die Wahrheit nicht weiß, der ist bloß ein Dummkopf. Aber wer sie weiß und sie eine Lüge nennt, der ist ein Verbrecher![20]

Wo heute Faktenresistenz und Meinungsunterdrückung an der Tagesordnung sind, wird der potemkinsche Charakter der Demokratie (Scheindemokratie) entlarvt und die neoimperialistische, neofaschistische Kapitaldiktatur einer nicht vom Volk gewählten Schattenregierung sicht- und spürbar. Gesprächsverweigerung, unsachliche Abhandlungen, voreilige Pauschalierungen, moralische Verurteilungen des sogenannten Gegners (Kritikers), Intrigen, Propaganda und ideologische Machtkämpfe führen jedoch stets zur Verhärtung der Fronten sowie auf der Makroebene letztlich zu Terror und Krieg.

Neoimperiale Kriegsführung

Zu den weitreichenden Folgen des Mordkomplotts an JFK zählt, dass sein Nachfolger Johnson umgehend und wesentlich zur Verschärfung des Kalten Kriegs und der Lage in Vietnam beitrug. Ab Februar 1965 ließ er Nordvietnam bombardieren und ab März die Entsendung der Bodentruppen intensivieren. Der Krieg dehnte sich schließlich auf Laos und Kambodscha aus, wobei alleine in Vietnam rund 2,3 Millionen Menschen, darunter etwa 1,5 Millionen Zivilisten, ums Leben kamen. Weil im Rahmen von derartigen Stellvertreterkriegen der Kalte Krieg phasenweise sehr heiß wurde, kam es natürlich nicht zu der von JFK gewünschten Weltraumkooperation zwischen USA und UdSSR. Im Gegenteil: Erbitterte Rivalität der Großmächte war wieder an der Tagesordnung.

Von 9/11 bis 2011 gab es laut offiziellem Body-Count-Bericht im sogenannten Krieg gegen den Terror im Irak, in Afghanistan und Pakistan in Summe mindestens 1,3 Millionen vorwiegend muslimische Tote: 1.000.000 im Irak, 220.000 in Afghanistan und 80.000 in Pakistan.[21] Diese Zahlen basieren auf Zählungen, realistischen Hochrechnungen und Schätzungen. Laut Bericht könnte die Gesamtzahl der Getöteten »auch bei über 2 Millionen liegen.« Dementsprechend berechnete der australische Wissenschaftler und Aktivist Doktor Gideon Polya 2,3 Millionen Tote und sechs Millionen Flüchtlinge alleine im Irak von 2003 bis 2009. Seiner Kalkulation gab er den treffenden Titel *Iraker Holocaust*.[22] Der schweizerische Historiker und Friedensforscher Doktor Daniele Ganser schreibt in seinem Buch über illegale NATO-Kriege, dass »die USA laut offiziellen Dokumenten seit dem Zeiten Weltkrieg [also seit 1945] für den Tod von 20 bis 30 Millionen Menschen verantwortlich sind.«[23] Ich wiederhole:

Seit 1945 verantworten die USA
20 bis 30 Millionen Tote.

Das entspricht in etwa den Verlusten des gesamten Ersten Weltkriegs. Von 1953 im Iran bis 2015 in Syrien hat das von den USA dominierte nordatlantische Bündnis NATO (North Atlantic Treaty Organisation), dem die meisten europäischen Staaten angehören, sage und schreibe mindestens 14 illegale respektive völkerrechtswidrige Kriege auf der Kappe.[24] Daniele Gansers konsequente Schlussfolgerung lautet daher: »Die NATO ist keine Kraft für Sicherheit und Stabilität, sondern eine Gefahr für den Weltfrieden.«[25]

Die US-gelenkte NATO ist nichts anderes als ein geostrategisches Werkzeug der anglo-amerikanischen Globalisierungsclique für neoimperiale Kriegsführung. Exakt dieser US-Kriegsführung wollte JFK ein jähes Ende bereiten, nach seiner Ermordung wurde sie jedoch von Lyndon B. Johnson und dessen Nachfolgern konsequent fortgesetzt. In den 240 Jahren seit ihrer Gründung im Jahr 1776 bis zum Jahr 2016 befanden sich die Vereinigten Staaten von Amerika in 223 Kalenderjahren im Krieg. Das sind rund 93 Prozent Kriegs- und nur sieben Prozent Friedensjahre.[26] In seinem Buch *Die Weltbeherrscher* listet und beschreibt der renommierte Journalist Armin Wertz im Zeitraum 1776 bis 2014 sage und schreibe 488 militärische und geheimdienstliche Operationen der USA.[27]

Für ihre weltweiten Operationen betreiben die Vereinigten Staaten unzählige Militärbasen. Der unabhängigen kanadischen Forschungs- und Medienorganisation Global Research zufolge verfügten die USA 2007 über mehr als 1.000 militärische Basen respektive Installationen in 63 Ländern sowie mehr als 255.000 weltweit stationierte US-Militärpersonen.[28] Anhand detaillierter, auf der Enthüllungsplattform Wikileaks[29] veröffentlichter Dokumente erläuterte der australische Journalist und Aktivist Julian Assange im Jahr 2015, die USA betreibe mehr als 1.400 Militärbasen in über 120 Ländern.[30] Im offiziellen Base Structure Report des US-Verteidigungsministeriums über das Fiskaljahr 2015 werden summa summarum 4.855 Standorte in 50 US-Bundesstaaten, sieben US-Territorien und 42 fremden Nationen genannt. Die Gesamtgrundfläche dieser US-Immobilien beträgt mehr als zehn Millionen Hektar (24,9 Millionen Acker) respektive 100.000 Quadratkilometer und ist daher um rund 16 Prozent größer als das Staatsgebiet der Republik Österreich mit knapp 84.000 Quadratkilometern. Auf besagten 100.000 Quadratkilometern befinden sich etwa 562.000 US-Anlagen. Von den erwähnten 4.855 Standorten befinden sich 587 im Ausland (overseas), davon die meisten in Deutschland mit 181, gefolgt von Japan mit 122 und Süd-Korea mit 83.[31] Der deutsche Geist der Freiheit muss aus Sicht der USA offenbar immer noch gequält werden.

In Anbetracht dieser hochgerüsteten und global militärisch agierenden Nation bezeichnet Doktor Daniele Ganser die USA völlig zu Recht als »das Imperium der

Gegenwart«.³² Doch auch in den USA ist man sich des eigenen Status als Imperium bewusst. So spricht zum Beispiel der ehemalige Oberbefehlshaber der NATO General Wesley Clark von seinem Heimatland als einem Imperium, wie schon der Titel eines seiner durchaus USA-kritischen Bücher verrät: *Winning Modern Wars: Iraq, Terrorism, and the American Empire* (Moderne Kriege gewinnen: Irak, Terrorismus und das amerikanische Imperium).³³ Unter einem Imperium versteht man ein Großreich im Sinne des antiken römischen Weltreichs, des Imperium Romanum.

Aufgrund der engmaschig verwobenen Interessen US-amerikanischer Rüstung, Wirtschaft und Politik kritisierte der Soziologie-Professor der Universität von Columbia, Charles Wright Mills, 1956 das militärische Establishment vor allem wegen der deutlichen Dominanz des Militärapparats, der Rüstungsindustrie und des Bankenwesens sogar im Bereich der Wissenschaft.³⁴ Auf diese Kritik bezugnehmend, prägte der 34. US-Präsident Dwight D. Eisenhower den Begriff des militärisch-industriellen Komplexes. Mehr noch: Bei seiner Abschiedsrede am 17. Januar 1961 warnte der Vorgänger John F. Kennedys die Bevölkerung der USA explizit vor der »katastrophalen Zunahme fehlgeleiteter Macht in den Händen des militärisch-industriellen Komplexes.«³⁵

Dass es diesem militärisch-industriellen Komplex schon seit geraumer Zeit um die ungenierte Fortsetzung globaler Ausbeutung geht, erklärte der Chef des Planungsstabes im US-Außenministerium George F. Kennan bereits im Jahr 1948. Natürlich verwendete er nicht das Wort »Raub«, wenngleich genau das gemeint war, als Kennan die Sicherheit der USA und die Beibehaltung ihres Wohlstands auf Kosten anderer Nationen zur obersten Maxime erhob:

Uns gehören 50 Prozent des Reichtums der Welt, wir machen aber nur 6,3 Prozent der Weltbevölkerung aus [...] Angesichts einer solchen Situation kommen wir nicht umhin, Neid und Missgunst auf uns zu lenken. Unsere eigentliche Aufgabe in der nächsten Zeit besteht darin, eine Form von Beziehungen zu finden, die es uns erlaubt, diese Wohlstandsunterschiede ohne ernsthafte Abstriche an unserer nationalen Sicherheit beizubehalten. Um das zu erreichen, werden wir auf alle Sentimentalitäten und Tagträumereien verzichten müssen; und wir werden unsere Aufmerksamkeit überall auf unsere ureigensten, nationalen Vorhaben konzentrieren müssen. Wir dürfen uns nicht vormachen, dass wir uns heute den Luxus von Altruismus und Weltbeglückung leisten könnten [...] Wir sollten aufhören, von vagen und unrealistischen Zielen wie Menschenrechten, Anhebung von Lebens-

standards und Demokratisierung zu reden. Der Tag ist nicht mehr fern, an dem unser Handeln von nüchternem Machtdenken geleitet sein muss. Je weniger wir dann von idealistischen Parolen behindert werden, desto besser.[36]

US-Globalisierung und Völkermord

Nüchternes Machtdenken steckt hinter dem seit 9/11 im Nahen/Mittleren Osten vor allem an Irakern verbrochenen Genozid (Völkermord). Nüchternes Machtdenken prägt auch die Analysen des US-Strategen, Rumsfeld- und Pentagon-Beraters Thomas Barnett. Als 2004 sein Buch mit dem bezeichnenden Titel *The Pentagons New Map* (Die neue Landkarte des Pentagon) in den USA erschien, wurde man in Europa noch für verrückt erklärt, wenn man das Wort »Globalisierung« in Verbindung mit den USA in den Mund nahm. Dabei schrieb Barnett damals schon ganz pragmatisch, dass es sich bei der Globalisierung selbstverständlich um eine US-Amerikanisierung handelt. Die Interessen der USA sind global, weil die Globalisierung nun einmal global sein muss: »Our interests are global because globalization must be global.«[37] Die leicht zu merkende Formel lautet:

Globalisierung = US-Amerikanisierung

Mit seiner Wahlkampfrede vom 13. Oktober 2016 im South Florida Fair Expo Center ließ der 45. US-Präsident Donald Trump die Welt aufhorchen, als er erklärte, dass das »total korrupte« Establishment in Washington weder im Interesse der USA noch im Interesse der Welt, sondern nur aus reinem Selbstzweck existiert: »Das Washingtoner Establishment sowie die Finanz- und Medienkonzerne, die sie finanzieren, existieren nur aus einem Grund: sich zu schützen und zu bereichern.« Diese korrupte scheindemokratische Schattenregierung habe die USA ausbluten lassen. Wikileaks-Dokumenten zufolge »trifft sich Hillary Clinton im Geheimen mit internationalen Banken, um die Zerstörung der US-Souveränität zu planen – mit dem Ziel, diese globalen Finanzmächte, ihre besonderen Interessenfreunde und ihre Geldgeber, zu bereichern.« Schließlich appellierte Trump an sein Publikum: Das ist eine Verschwörung gegen euch, das amerikanische Volk, und wir dürfen das nicht geschehen oder weitergehen lassen.« Trumps Zusammenfassung der globalen US-Amerikanisierung könnte kaum klarer sein:

Die zentrale Basis der politischen Weltmacht ist hier in Amerika, und es ist unser korruptes politisches Establishment, das die größte Macht hinter den Bemühungen der radikalen Globalisierung und der Entrechtungsarbeit wider die arbeitende Bevölkerung ist. Ihre finanziellen Ressourcen sind praktisch unbegrenzt, ihre politischen Ressourcen sind unbegrenzt, ihre Medienressourcen sind unerreicht und vor allem die Tiefe ihrer Unmoral ist absolut unbegrenzt.[38]

Was vielleicht manch einer Donald Trump als Wahlkampfgefasel auslegt, beruht in Wahrheit auf wissenschaftlich ermittelten Fakten. Zwei US-amerikanische Professoren der Princeton Universität, Martin Gilens und Benjamin L. Page, stellen gleich am Anfang ihrer politikwissenschaftlichen Studie über die USA aus dem Jahr 2014 ernüchternd fest: »Wirtschaftliche Eliten und organisierte Gruppen, die geschäftliche Interessen vertreten, haben erheblichen unabhängigen Einfluss auf die Regierungspolitik der Vereinigten Staaten, während durchschnittliche Bürger und massenbasierte Interessengruppen wenig oder keinen unabhängigen Einfluss haben.« Die eher vorsichtig formulierten Schlussworte der Professoren lauten: »Aber wir glauben, dass, wenn die Politikgestaltung von mächtigen Wirtschaftsorganisationen und einer kleinen Anzahl von wohlhabenden Amerikanern dominiert wird, Amerikas Ansprüche auf eine demokratische Gesellschaft ernsthaft bedroht sind.«[39] BBC-News spricht die Wahrheit noch klarer aus: »Die USA sind eine Oligarchie, keine Demokratie. Die USA werden von einer reichen und mächtigen Elite dominiert.«[40] Und das Resümee des investigativen US-Historikers Eric Zuesse über die Princeton-Studie lautet: »Der klare Befund ist, dass die USA ein oligarchisches und völlig undemokratisches Land sind. Amerikanische Demokratie ist pure Heuchelei, egal wie sehr von den Oligarchen, die das Land führen (und die die Nachrichtenmedien der Nation kontrollieren), das Gegenteil behauptet wird.«[41] Um einiges konkreter als »Oligarchie« ist der Begriff »Danistakratie«, der sich vom lateinischen Wort für Wucher (Danista) ableitet. Das globale Finanz-, Wirtschafts- und Machtsystem wuchert gleich mehrfach: wucherndes Streben nach immer mehr Macht, Geld und materiellen Gütern, Zinswucher, innerlicher Wucher der machtlosen Bevölkerung und so weiter.[42]

Weil das Volk so gut wie gar nichts mitzureden hat, haben wenige Superreiche Handlungsfreiheit für globalistische Umtriebe wie Destabilisierungen und Kriege. Zur von Donald Trump angesprochenen radikalen, zutiefst unmoralischen US-amerikanischen Globalisierung zählt gemäß den Plänen des US-Geostrategen und Pentagon-Beraters Thomas Barnett unter anderem der Einsatz der sogenannten Populationsbombe: Zwecks Züchtung einer hellbraunen Mischrasse[43] soll Europa

Jahr für Jahr mit 1,5 Millionen Migranten aus Nahost und Afrika geflutet werden. Die kalkulierten Folgen für Europa: »2050 wäre ein Viertel seiner Bevölkerung ausländisch-geboren.«[44] Seit Beginn der durch US-amerikanische Kriege und Destabilisierungen ausgelösten Massenmigration strömten von Juli 2015 bis Juli 2016 rund 1,5 Millionen Migranten aus Nahost und Afrika zu uns nach Europa.[45] Das erste Jahressoll wurde also erfüllt. Weitere 20 Millionen sind laut EU-Kommissar Johannes Hahn in der Warteschleife.[46] In seinem Buch mit dem ebenfalls bemerkenswerten Titel *Blueprint for Action* (Blaupause für den Krieg) stellt Thomas Barnett unmissverständlich klar, wie mit jenen »irrationalen Leuten« zu verfahren ist, die sich gegen die von der US-Seite aufgezwungene »Mischung der Rassen, ›Bastardisierung der Kulturen‹ und die Kapitulation ethnischer Identitäten« zur Wehr setzen. Thomas Barnetts Empfehlung lautet kurz und bündig:

Kill them.[47]

Ermordet soll also werden, wer von seinem natürlichen Recht Gebrauch macht, sich aktiv gegen eugenisch-rassistische Bestrebungen und die Auslöschung seiner Rasse, Kultur und Nation aufzulehnen. Anders formuliert: Wer sich zu sehr für den Erhalt all dessen einsetzt, was sein bisheriges soziales Umfeld, ja seine von vielen Generationen erarbeiteten und verteidigten Lebensgrundlagen ausmacht, soll aus Sicht der Globalisierungsclique getötet werden. Da Deutschland das Hauptziel der Populationsbombe respektive der inszenierten Massenmigration ist, sind wir Zeitzeugen, dass an den Deutschen der wahrscheinlich abscheulichste Rassismus des 21. Jahrhunderts verbrochen wird: ein schleichender Genozid. Die Grundlage dieses Völkermords ist offenbar der in den 1940er Jahren veröffentlichte eugenisch-rassistische Plan des US-amerikanischen Harvard-Anthropologen Doktor Earnest Hooton. Er schlägt unter anderem ausdrücklich vor,

den deutschen Bestand zu verdünnen, den Nazi-Stamm zu verderben und den nationalen Rahmen mit einem Prozess des Herauszüchtens zu zerstören.

Exakt so wurde es in einem Artikel der *New York Times* vom 11. Oktober 1944 abgedruckt (siehe Abb. 3). Hootons Schlussworte lauten: »Die einzigen guten Deutschen sind die schnellen und die toten. Die schnellen haben Deutschland verlassen.« Nach Ansicht des US-amerikanischen Rassisten Hooton befinden sich also gute Deutsche entweder außerhalb von Deutschland oder sie sind bereits tot. Jedenfalls

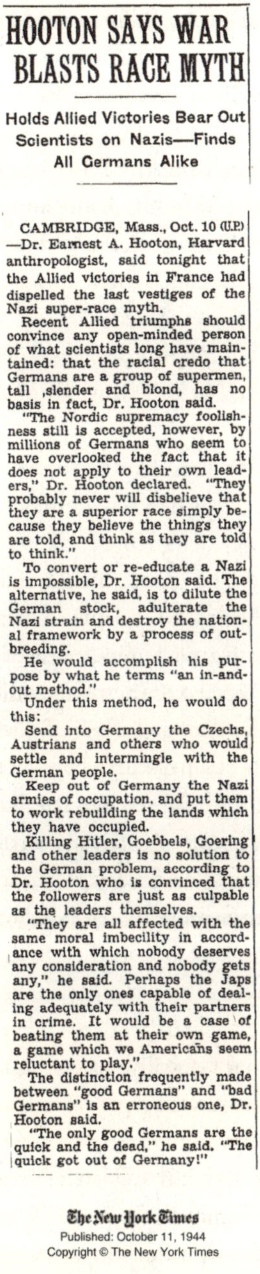

HOOTON SAYS WAR BLASTS RACE MYTH

Holds Allied Victories Bear Out Scientists on Nazis—Finds All Germans Alike

CAMBRIDGE, Mass., Oct. 10 (U.P.) —Dr. Earnest A. Hooton, Harvard anthropologist, said tonight that the Allied victories in France had dispelled the last vestiges of the Nazi super-race myth.

Recent Allied triumphs should convince any open-minded person of what scientists long have maintained: that the racial credo that Germans are a group of supermen, tall ,slender and blond, has no basis in fact, Dr. Hooton said.

"The Nordic supremacy foolishness still is accepted, however, by millions of Germans who seem to have overlooked the fact that it does not apply to their own leaders," Dr. Hooton declared. "They probably never will disbelieve that they are a superior race simply because they believe the things they are told, and think as they are told to think."

To convert or re-educate a Nazi is impossible, Dr. Hooton said. The alternative, he said, is to dilute the German stock, adulterate the Nazi strain and destroy the national framework by a process of outbreeding.

He would accomplish his purpose by what he terms "an in-and-out method."

Under this method, he would do this:

Send into Germany the Czechs, Austrians and others who would settle and intermingle with the German people.

Keep out of Germany the Nazi armies of occupation, and put them to work rebuilding the lands which they have occupied.

Killing Hitler, Goebbels, Goering and other leaders is no solution to the German problem, according to Dr. Hooton who is convinced that the followers are just as culpable as the leaders themselves.

"They are all affected with the same moral imbecility in accordance with which nobody deserves any consideration and nobody gets any," he said. Perhaps the Japs are the only ones capable of dealing adequately with their partners in crime. It would be a case of beating them at their own game, a game which we Americans seem reluctant to play."

The distinction frequently made between "good Germans" and "bad Germans" is an erroneous one, Dr. Hooton said.

"The only good Germans are the quick and the dead," he said. "The quick got out of Germany!"

The New York Times
Published: October 11, 1944
Copyright © The New York Times

Abb. 3: Hooton-Artikel in *The New York Times* vom 11. 10. 1944

sollen die in Deutschland verbliebenen Deutschen aus ihrem eigenen Land herausgezüchtet werden. Wer ein Volk wegzüchten möchte, plant einen (schleichenden) Völkermord.

Das internationale Übereinkommen vom 9. Dezember 1948 über die Verhütung und Bestrafung des Völkermords definiert das Verbrechen des Völkermords als eine »Handlung, die in der Absicht begangen wird, eine nationale, ethnische, rassische oder religiöse Gruppe als solche ganz oder teilweise zu zerstören.« Diese Handlung muss lediglich einer von fünf Kriterien entsprechen. An dieser Stelle sei nur eines genannt: »vorsätzliche Auferlegung von Lebensbedingungen für die Gruppe, die geeignet sind, ihre körperliche Zerstörung ganz oder teilweise herbeizuführen.«[48] Völkermord ist ein abstraktes Gefährdungsdelikt. Das bedeutet, dass die Vernichtung nicht tatsächlich eintreten muss. Es kommt lediglich auf die Völkermordabsicht an.[49] Die abstrakte Eignung kann direkt oder indirekt sein. Das Delikt unterliegt keiner Verjährung.

Folgende Fakten liegen vor: Doktor Hooton schlug vor, die Deutschen aus ihrem eigenen Land herauszuzüchten. Thomas Barnett empfiehlt die Massenmigration dunkelhäutiger Menschen nach Europa zwecks Züchtung einer hellbraunen Mischrasse. Das Vorherrschen einer hellbraunen Mischrasse würde zweifelsfrei mit der sukzessiven Auslöschung der hellen Rasse einhergehen. Besagte Massenmigration zur Schaffung einer hellbraunen Mischrasse wurde bekanntlich von den USA durch Destabilisierungen und Kriege ausgelöst. Sie war vorhersehbar und findet aufgrund der Einladung seitens der deutschen Kanzlerin Angela Merkel vorwiegend nach Deutschland statt. Dadurch werden der Gruppe der Deutschen Lebensbedingungen auferlegt, die geeignet sind, mittels rapide zunehmender Überfremdung die körperliche Zerstörung des deutschen Volks in der gegenwärtigen Form zumindest teilweise herbeizuführen. Anscheinend wird also Hootons Outbreeding-Plan mindestens partiell in die Realität umgesetzt und an den Deutschen ein **schleichender Genozid** verbrochen. War sich die deutsche Kanzlerin Angela Merkel dessen bewusst, als sie Mitte 2015 Millionen Fremde nach Deutschland einlud und auf geöffneten Grenzen beharrte? Diese Frage hätte ein Strafgericht zu beantworten. Schließlich ist neben Versuch, Anordnung, Aufforderung, Anstiftung und Beihilfe auch jeder sonstige Beitrag strafbar.[50] Mehr dazu im Kapitel über die inszenierte Massenmigration.

Zusammenfassung

Jener militärisch-industrielle Komplex der USA, vor dem US-Präsident Eisenhower ausdrücklich und öffentlich warnte, ist ein wesentlicher Faktor der Schattenregierung, treibt die US-Globalisierung voran und führt weltweit jene Kriege, die sein Nachfolger JFK mit allen Mitteln unterbinden wollte. Und jene monolithische und rücksichtslose Verschwörung, vor der JFK die Weltöffentlichkeit warnte, ist für seinen Tod verantwortlich. Folglich ist John F. Kennedy der ultimative, weil unwiderlegbare und personifizierte Beweis für sowohl die Existenz besagter Verschwörung als auch die undemokratischen und völkerrechtswidrigen Aktivitäten der Globalisierungsclique.

Erstens deckte JFK die Verschwörung auf, indem er sie ausdrücklich als solche öffentlich ansprach. Zweitens versuchte er erfolgreich, sie zu entmachten und Frieden zu stiften. Drittens wurde JFK genau deshalb ermordet. Viertens tarnten die staatlichen Verschwörer ihren Putsch durch Propagierung der skurrilen Einzeltäterthese. Fünftens wurden auf Empfehlung der CIA Kritiker der erwiesenermaßen falschen Theorie als Verschwörungstheoretiker denunziert. Sechstens setzte und setzt die verschworene Globalisierungsclique weltweit Krieg und Terror fort, hat den Iraker Holocaust zu verantworten und begünstigt plangemäß den schleichenden Völkermord an den Deutschen. Siebtens werden auf Betreiben der Globalisierungsclique bis heute Kritiker der US-Globalisierung als verrückte Verschwörungstheoretiker stigmatisiert, obwohl die US-Globalisierung offensichtlich ist und US-Strategen wie Thomas Barnett ganz offen zugeben, dass es sich um eine solche handelt. Und achtens droht den Rebellen wider die Zerstörung ihrer Kultur die Ermordung.

Alldem zufolge liegt zweifellos eine Verschwörungspraxis vor, die von der Globalisierungsclique betrieben wird. Kriege, Terror, Ausbeutung, politische Morde, Meinungsdiktatur, Völkermord und Morddrohungen gegen aktive Gegner der US-

Globalisierung sprechen deutlich dafür, dass es sich bei den Mitgliedern der Globalisierungsclique und ihren bewussten Handlangern um waschechte Psychopathen handelt, das heißt um Geisteskranke im klinisch-psychologischen Sinne.

Geisteskranke Weltherrscher

In diesem Kapitel wird unter Bezugnahme auf die wissenschaftlichen Arbeiten einer französischen Psychoanalytikerin, eines polnischen Psychopathologen und zweier US-amerikanischer Psychologen der Nachweis erbracht, dass sich das menschenverachtende Verhalten der Globalisierungsclique im Grunde nur mit dem Vorliegen einer massiven Geisteskrankheit erklären lässt. Dies trifft im Prinzip auf Extremisten aller politischen Couleurs und auch auf skrupellose Konzernbosse zu, soll jedoch nicht zu Pauschalierungen verleiten. Es geht wie immer darum, zu differenzieren und besonders rücksichtsloses, für die Menschheit schädliches Verhalten als das zu erkennen, was es ist.

Herrschaft durch Spaltung

Die zerstörerische Wirkung der perversen (psychopathischen) Kriegsführung gegen die Seele des Individuums in allen Lebensbereichen beschreibt die französische Psychoanalytikerin und Psychotherapeutin Marie-France Hirigoyen in ihrem Bestseller-Standardwerk der Psychologie *Die Masken der Niedertracht*. Indirekte Gewalt und psychischer Mord geschehen laut Hirigoyen nicht nur privat, sondern auch im sozialen und vor allem im politischen Leben. Die auch in den USA ausgebildete Psychoanalytikern bringt das Verhalten psychopathischer (perverser) Geschäftsleute und Politiker wie folgt auf den Punkt: »In der Tat verstehen sie es, ganz unauffällig zu manipulieren, was ein Trumpf zu sein scheint in der Welt der Geschäfte und der Politik.«[51] An dieser Stelle erinnern wir uns an die offizielle Empfehlung der CIA zur manipulativen Gesprächsführung gegenüber kritischen Menschen. Je nach Eskalationsstufe bedienen sich Psychopathen zur Destabilisierung und seelischen Vernichtung ihrer Opfer versteckter Anspielungen, böswilliger Andeutungen, Demütigungen, Lügen und offener Aggression.[52]

Ein wichtiges Instrument der Psychopathen zur Beherrschung ihrer Opfer ist die künstliche **Spaltung** der Gesellschaft in gegeneinander kämpfende Lager nach einem

Grundsatz antiker römisch-imperialer Außenpolitik: »Divide et impera!« – »Teile und herrsche!« Die alten Römer verstanden es meisterlich, fremde Völker zu spalten, um sie leichter besiegen und beherrschen zu können.

Der Psychopath, erklärt Marie-France Hirigoyen, spaltet seine Opfer äußerst geschickt, denn er beherrscht »die Kunst, die einen gegen die anderen aufzuhetzen, Rivalitäten und Eifersüchteleien zu stiften.« Zum perversen Teile-und-herrsche-Repertoire zählen Klatsch, tendenziöse Gerüchte und Lügen.[53] Wesentlich beim Prozess der Beherrschung ist, dass Psychopathen sogleich die Täter-Opfer-Rolle ins Gegenteil verkehren, indem sie ihre rebellierenden Opfer wegen Aggressivität und Bosheit anprangern. In einem auf Angst beruhenden totalitären Ablauf soll das Opfer zum passiven Gehorsam gezwungen werden: »Der andere muss sich benehmen, wie der Perverse [Psychopath] es erwartet; er muss denken nach dessen Regeln. Keinerlei kritisches Denken ist mehr möglich.«[54] Zum Wesen des Psychopathen gehört, dass er stets den Eindruck vermittelt, die alleingültige Wahrheit für sich gepachtet zu haben. Er hält sich für das »Eichmaß des Guten und Bösen«. Weil er weiß, dass er lügt, formuliert er seine Behauptungen so, dass sie universal gültig scheinen.[55]

Aufgepasst: Einsicht und Umkehr sind nicht erzielbar, ganz egal wie sehr man sich auch bemüht, denn dem Psychopathen »fehlt jedes Interesse an den anderen und jede Empathie, aber sie wollen, dass die anderen sich für sie interessieren.« Die Person des Opfers, der andere Mensch, interessiert den Psychopathen nicht. Weshalb wurde das Opfer dann ausgewählt? Marie-France Hirigoyen liefert die Erklärung: »Weil es da war und weil es irgendwie unbequem wurde.« Das Opfer ist beliebig austauschbar: »Es ist für den Perversen [Psychopathen] nur von Interesse, wenn es brauchbar ist und sich die Verführung gefallen lässt. Es wird Hassobjekt, sobald es sich entzieht oder nichts mehr zu geben hat.« Unterhaltsamer aus Sicht des Psychopathen wird das perverse Spiel natürlich, wenn er seine Opfer vor aufmunternden Zuschauern verspotten kann.[56]

Wer denkt jetzt nicht an Parlamentsdebatten oder Wahlkampfpöbelduelle, bei denen Politiker beziehungsweise Politdarsteller jedwede sachliche und lösungsorientierte Diskussion vereiteln, indem sie ihre Kontrahenten schlecht machen und herabwürdigen? Dies könnte damit zusammenhängen, dass Diskussions- und Meinungsunterdrücker mit sehr hoher Wahrscheinlichkeit herrschsüchtige Psychopathen sind. Es wäre töricht und grundlegend falsch, Psychopathie ausschließlich auf die Politik zu beschränken oder alle Politiker als Psychopathen zu betrachten. Bei einem gewissen, nicht gerade geringen Teil der Politiker, zumindest in Schlüsselpositionen, scheint es sich aber tatsächlich um gefährliche und skrupellose Psychopathen zu handeln.

Psychopathen in der Politik

Der polnische Psychologe und Psychopathologe Doktor Andrzej Łobaczewski analysierte zeitlebens gewissenhaft und intensiv die Gründer und Unterstützer politisch unterdrückender Regierungen inklusive jene der USA. Łobaczewski kam zum nachvollziehbaren Ergebnis, dass es sich durch die Bank um handfeste Psychopathen handelt. Sein Buch *Politische Ponerologie* wird von Carolyn Baker, einer US-amerikanischen Professorin für Geschichte und Psychologie, wie folgt rezensiert: »Nachdem ich dieses Buch gelesen hatte, begannen sich einige meiner nagenden Fragen über die Politik und Praktiken der Regierung und Firmenvorstände selbst zu beantworten. Łobaczewskis Analyse erläutert, warum die Regierung der Vereinigten Staaten zu einem kriminellen Unternehmen geworden ist, das wild entschlossen ist, die Welt zu dominieren und riesige Zahlen von Menschen sowohl global als auch im Heimatland zu vernichten.«[57]

Andrzej Łobaczewski definiert Ponerologie als die Wissenschaft vom Wesen des Bösen und ihrer Anwendung für politische Zwecke. Es geht dabei nicht um das klassisch theologisch oder moralisch definierte Böse, sondern um das makrosoziale Böse: »das Böse in großem Maßstab, das über ganze Gesellschaften und Nationen hereinbricht und das dies schon seit undenklichen Zeiten immer wieder getan hat. Die Geschichte der Menschheit ist, wenn sie objektiv betrachtet wird, eine fürchterliche Geschichte. Tod und Zerstörung betrifft alle Menschen, ob reich oder arm, frei oder versklavt, jung oder alt, gut oder böse; und das mit einer Willkür und einer Sorglosigkeit, die – wenn man kurz darüber nachdenkt – das Funktionieren eines normalen Menschen beeinträchtigen kann.«[58] Wie bei Marie-France Hirigoyen steht bei Andrzej Łobaczewski der Psychopath im Mittelpunkt der Betrachtungen. Etwa fünf Prozent (oder etwas mehr) der Bevölkerung sind Psychopathen im klinisch-medizinischen Sinne, wobei der Großteil männlich ist. Einer von zehn Männern und lediglich eine von 100 Frauen weisen eine psychopathische Veranlagung auf. Bemerkenswerterweise ist die durchschnittliche Intelligenz des Psychopathen etwas niedriger als jene normaler Menschen. Circa 95 Prozent der Menschen sind keine Psychopathen, aber sie wissen, dass auf der Welt etwas nicht stimmt. Dass dafür hauptsächlich der Einsicht nicht fähige Psychopathen verantwortlich sind, ahnen viele normale Menschen nicht einmal.[59]

Psychopathen weisen viele gesellschaftsschädliche Persönlichkeitsmerkmale auf: »Manipulationsgabe, Unaufrichtigkeit, Egozentrik und das Fehlen von Schuldgefühlen – Merkmale, die bei Kriminellen genauso wie bei Ehepartnern, Eltern, Vorgesetzten, Rechtsanwälten, Politikern und Geschäftsführern anzutreffen sind, um nur einige zu nennen.« Psychopathen charakterisiert zudem eine Tendenz zu Dominanz, Kälte, Zorn und Ärger. Sie sind arrogant, zynisch, exhibitionistisch, narzisstisch, skrupellos, gewissenlos, gefühllos, rachsüchtig und bereit, andere auszunutzen. Psychopathen genießen es, wenn andere leiden. Und sie sind »sehr effiziente Maschinen – wie Computer«, die jede komplizierte Routine ausführen und darauf ausgerichtet sind, von anderen Unterstützung für die Erfüllung ihre Wünsche zu bekommen. Für diesen Zweck lügt der Psychopath. Mehr noch: Es findet eine regelrechte **Verdrehung** der Wahrheit statt. »Meistens wird zusätzlich zur Lüge die Wahrheit zum Schaden der unschuldigen Person weiter verdreht.« Psychopathen sind zwar frei von Gefühlen, sie können jedoch Gefühle imitieren. Ihr einziges reales »Gefühl« ist eine Art räuberischer Hunger nach ihren Wünschen. Sie lügen und manipulieren, um mehr Geld, materielle Güter oder Macht zu erlangen. Kurzum: »Der Psychopath ist ein Räuber.« Es verwundert daher kaum, dass Psychopathen die Geschäftswelt lieben. Ebensowenig Erstaunen ruft hervor, dass sich Psychopathen vorwiegend in der Politik tummeln: »Sie [die Politik] zieht durch ihre Natur der Sache mehr pathologische ›Herrschaftsmenschen‹ an als alle anderen Bereiche.«[60] Der bereits erwähnte unverblümte Appell des damaligen Planungschefs im US-Außenministerium zur reuelosen Fortsetzung globalen Raubs lässt auf Psychopathie schließen.

Geisteskranke Drahtzieher

Wahrscheinlich, aber nicht erwiesen ist, dass eine Vielzahl der genannten psychopathischen Eigenschaften vererbt wird. Mit Sicherheit über das Erbgut weitergegeben wird jedenfalls die sogenannte essenzielle Psychopathie. Abgesehen vom Erbgut, verbindet Psychopathen weltweit ihre innere Gewissheit, anders als alle anderen respektive normalen Menschen zu sein. Allerdings nehmen Psychopathen die Realität völlig verdreht wahr, indem sie sich und ihresgleichen für normal und die im Verhältnis zu ihnen wirklich Normalen für abnormal halten: »Sie betrachten uns aus einer gewissen Distanz, wie eine para-spezifische Eigentümlichkeit.« In ihrer Isoliertheit hilft den Psychopathen, dass sie ihresgleichen sofort erkennen: »Sie lernen bereits in der frühen Kindheit, sich gegenseitig in einer Menschenmenge zu erkennen, und sie entwickeln ein Bewusstsein von der Existenz ähnlich gelagerter Menschen.«[61]

Psychopathen sind Menschen, »die zwar statistisch eine sehr kleine Gruppe ausmachen, deren Qualitäten jedoch darin liegen, Hunderte, Tausende, ja sogar Millionen anderer Menschen auf negative Weise beeinflussen zu können.« Ponerogene Vereinigungen respektive kriminelle Gruppierungen kennzeichnet »ihre statistisch hohe Konzentration an Individuen mit verschiedenen psychologischen Anomalien.« Was das Verhältnis krimineller Organisationen zur Politik betrifft, führt Łobaczewski aus: »Solche Vereinigungen streben häufig nach politischer Macht, um im Namen einer passend vorbereiteten Ideologie den Gesellschaften ihre passende Gesetzgebung aufzuerlegen, wobei sie ihre Vorteile in Form von unverhältnismäßigem Reichtum und der Befriedigung ihres Machthungers ziehen«.[62] Weil sie als politische Frontfiguren mit dem Widerstand der überwiegend normalen Bevölkerung rechnen müssen, ziehen Psychopathen vorzugsweise heimlich die Fäden. Damit hängt eine der wohl bedeutendsten, weil besonders praxisrelevanten Erkenntnisse von Łobaczewskis Arbeit zusammen:

> *Eine Gruppe von Psychopathen, die sich im Hintergrund aufhält, lenkt gemeinsam mit einem Teil der eingeweihten Elite den Anführer, so wie Bormann und seine Leute Hitler lenkten. Wenn der Anführer nicht seine ihm zugedachte Rolle spielt, dann ist ihm üblicherweise klar, dass die Elite der Vereinigung in einer Position ist, ihn zu töten oder auszutauschen.*[63]

Offensichtlich spielte JFK die ihm zugedachte Rolle nicht, weshalb er, wie von Andrzej Łobaczewski beschrieben, im Auftrag einer psychopathischen Gruppe ermordet wurde, die wir im vorliegenden Buch Globalisierungsclique nennen. Bei Robert F. Kennedy, der die Vorstellungen seines älteren Bruders teilte und als neuer Hoffnungsträger der (echten) Liberalen kurz davorstand, Präsident der USA zu werden, wollte diese psychopathische Gruppierung offenbar schon im Vorfeld auf Nummer sicher gehen: Robert F. Kennedy wurde 1968 ebenfalls unter merkwürdigen, bis heute nicht restlos aufgeklärten Umständen getötet. Vieles spricht für einen Auftragsmord seitens der Globalisierungsclique.[64] John F. Kennedy und Robert F. Kennedy waren echte Liberale, die aus dem Weg geräumt wurden, weil sie sich zu sehr für Gerechtigkeit, Freiheit und Frieden verdient gemacht hatten.

Wie bereits gesagt, verortete die Kennedy-Familie die Verschwörung gegen JFK korrekterweise im politisch rechten Lager.[65] Absolut stimmig ist daher, dass das CIA-Dokument 1035-960 einige Kritiker der offiziellen Theorie explizit eher dem antiamerikanischen und damit linksextremen (far-left) oder kommunistischen Spektrum zuordnet.[66] Es fand jedoch, zumindest in Europa, eine völlige Umkehr statt. Heutzutage werden »Verschwörungstheoretiker« meist substanzlos in die rechtsextreme oder gar antijüdische Ecke gedrängt. Das wiederum zeigt, wie es um die geistige

Verfassung der Meinungsdiktatoren und Extremisten aller Richtungen bestellt ist. Was nämlich viele moderne »Rechtsextremisten« und »Linksextremisten« sowie Neoliberale verbindet, ist ihre Psychopathie und ihr Traum von einer – ausschließlich für sie selbst – besseren Welt, in der sie die Herren und normale Menschen die Sklaven sind. Doktor Andrzej Łobaczewski erklärt dies wie folgt:

> *Im Psychopathen entsteht der Traum von einer Utopie einer ›glücklichen‹ Welt und von einem sozialen System, das ihn nicht zurückweist oder ihn Gesetzen und Gebräuchen unterwirft, deren Sinn ihm völlig unverständlich ist. [...] In diesem utopischen Traum stellen sie sich vor, dass die ›anderen‹ – die zwar anders, aber technisch begabter als sie selbst – dafür arbeiten sollten, damit die Psychopathen und ihresgleichen ihre Ziele erreichen.*[67]

Geistesgestörte Extremisten

Das Hitler-Regime säte die Utopie eines tausendjährigen Reichs in artenreiner Freiheit, Wohlstand und Frieden. Das deutsche Volk erntete ein 12-jähriges Terrorregime, das es seiner Rechte beraubte, seiner Habe entledigte und hohe Opferzahlen in sinnlosen Kriegen kostete. Interessant ist hier, dass der Nationalsozialismus heute unter Rechtsextremismus subsumiert wird, obwohl es sich eindeutig um eine sozialistische Bewegung handelte, deren NSDAP (Nationalsozialistische Deutsche Arbeiterpartei) als linke Gleichschaltungspartei gegründet worden war. Das stellte schon 1931 Propagandaminister Doktor Joseph Goebbels klar: »Der Idee der NSDAP entsprechend sind wir die deutsche Linke. Nichts ist uns verhasster als der rechtsstehende nationale Besitzbürgerblock.«[68]

Auch hier entblättert sich die Absurdität heutiger Zuordnungen in »Linke« und »Rechte«. Bleiben wir also gleich auf der alten roten Linie: Kommunisten und Nationalsozialisten erträumten sich beide eine utopische Phantasiewelt wie jene, die eindrücklich von Andrzej Łobaczewski skizziert wurde. Auch moderne »Rechtsextremisten« und »Linksextremisten«, allen voran viele sogenannte Gutmenschen, eifern einer utopischen Ideologie nach, für die sie bereit sind, das Fundament des derzeitigen sozialen Lebens zu zerstören. Unter Extremisten aller Couleurs scheint sich die Psychopathie kuschelig warm eingenistet zu haben.

In seiner Muttersprache bezeichnet Doktor James Connelly, ein US-amerikanischer Psychologe, radikale »Gutmenschen« als moderne Liberale (Liberals), deren geistige Wurzel der Marxismus ist.[69] Dass der Liberalismus oder der Neoliberalismus »nicht nur geistesgeschichtlich, sondern auch strukturell mit dem Marxismus verwandt« ist, belegt zum Beispiel der deutsche Sozialwissenschaftler und politische Analytiker Manfred Klein-Hartlage.[70] Der Marxismus wird gelegentlich als Utopismus verstanden, gemeint ist aber meist der Kommunismus. Noam Chomsky meint dazu: »Marx hatte wenig zum Wesen des Kommunismus zu sagen und hatte – ob zu Recht oder nicht – für den ›Utopismus‹, einschließlich der Versuche, das Wesen einer kommunistischen Gesellschaft im Detail zu skizzieren, nur Verachtung übrig.«[71] Was Karl Marx (1818 bis 1883) lehrte und was die Bolschewiki daraus machten, steht auf einem anderen Blatt. Über die Utopie der Neoliberalen erklärt Doktor Connelly, deren nur vorgetäuschte Barmherzigkeit richte sich »ausschließlich an die Feinde der Mittelklasse, jene also, die die Nutznießer der Arbeit anderer sind.« Moderne Liberale identifiziert Doktor Connelly daher als »genau jene Leute, denen Mitgefühl für den Rest von uns fehlt.«[72] Demzufolge verbindet Nationalsozialisten, Marxisten und moderne Gutmenschen ihr Hass auf den Mittelstand respektive den »rechtsstehenden nationalen Besitzbürgerblock«, wie Goebbels ihn nannte. Weiters verbindet sie die Sehnsucht nach Zentralisierung aller gesellschaftlichen Macht beim Staat und Gleichschaltung aller Individuen.

Der moderne liberale Dschungel wird von Doktor James Connelly in seinem gleichnamigen Buch insofern mit Akribie gelichtet, als der oberste neoliberale Glaubenssatz gleich zweifach als marxistische Maxime entlarvt wird: »Moderne Liberale bestehen darauf, dass die Zentralisierung der Macht notwendig sei, um menschliche Gleichheit zu gewährleisten.«[73] Dabei geht es leider nicht (nur) um die tatsächlich wünschenswerte rechtliche Gleichstellung, sondern in erster Linie um faktische Gleichmacherei: »Moderne Liberale betonen Gleichheit, aber es ist Gleichheit der Ergebnisse.«[74] Die systematische Missachtung natürlicher Unterschiede und damit der menschlichen Natur an sich basiert auf folgendem fundamentalen Irrglauben: »Sie gehen davon aus, die menschliche Natur könne verändert werden.«[75] Zur Erreichung ihrer irrationalen Ziele bedienen sich moderne Liberale insbesondere folgender Methoden: unsachlicher Appelle, Emotionalisierungen, Verzerrung und **Manipulation** von Informationen, persönlicher Attacken, absurder Etikettierungen wie zum Beispiel als Rassisten sowie Dämonisierungen all jener, die ihrer Agenda im Wege stehen.[76]

Auch der ebenfalls US-amerikanische Psychiater Doktor Lyle Rossiter entlarvt Neoliberale als Kulturzerstörer: »Auf der Basis stark irrationalen Glaubens und Fühlens untergraben moderne Liberale unerbittlich die wichtigsten Prinzipien, auf denen unsere Freiheiten gegründet wurden.« In seinem Buch *The Liberal Mind:*

The Psychological Causes of Political Madness (Der liberale Geist: Die psychologischen Ursachen politischen Wahnsinns) erklärt Lyle Rossiter, der auf seinem Gebiet als Koryphäe gilt und für mehr als 2.700 Gerichtsverfahren psychologische Gutachten erstellte: »Die Irrtümer und der Betrug der [modernen] liberalen Agenda führten zum zunehmenden Misstrauen gegenüber der Regierung auf allen Ebenen und zur korrekten Überzeugung, dass die Prinzipien der Freiheit und Verantwortung, auf die Amerika und seine Verfassung aufgebaut worden waren, verunreinigt wurden.«[77]

Für eine vermeintlich Geborgenheit spendende Rundumversorgung durch den Staat sind moderne Liberale bereit, die Eigenverantwortung aller Bürger mitsamt ihren Freiheitsrechten zu opfern und das Fundament des Staats zu zerstören: »Was der [moderne] Liberale sucht, um sich sicher zu fühlen, ist der moderne Wohlfahrtsstaat mit seinen endlosen Regelungen. Dieses Ziel ist buchstäblich fantastisch. Aber ebenso irrational ist die Methode, mit der er es zu erreichen versucht. Er ist bereit, jede Art von Regierungsmacht zu nutzen, einschließlich der Macht, die die Grundlagen der zivilisierten Freiheit zerstört, um das zu bekommen, was er verlangt: Die Regierung garantiert Sicherheit und Geborgenheit über die gesamte Lebensspanne, zusammen mit der Beherbergung seiner neurotischen Forderungen.« Mit anderen Worten: »Getrieben von seinen irrationalen Bedürfnissen und Wünschen, ist der radikale liberale Geist mehr als bereit, die edle Struktur der Freiheit, die ursprünglich Amerika definierte, für das schäbige Asyl des modernen Wohlfahrtsstaats zu opfern.«[78] Doktor Rossiter ist überzeugt, dass das irrational-radikale gutmenschliche respektive neoliberale Verhalten auf einer psychischen Krankheit beruht. Es versteht sich von selbst, dass psychopathologisch motivierter Freiheitsraub mit dem germanischen Geist der Freiheit und gesunder menschlicher Entwicklung unvereinbar ist.

In diesem Kontext stellte der Psychopathologe Andrzej Łobaczewski fest, dass Psychopathen mit Gewalt ein neues, vermeintlich gerechteres Regierungssystem durchsetzen wollen, weshalb sie bereit sind, vielen anderen Menschen unsägliches Leid zuzufügen oder deren Leben zu opfern: »Solch eine Vision rechtfertigt das Töten von Menschen, deren Leid ihnen kein Mitgefühl entlockt, da ›sie‹ nicht von ihrer Art sind.«[79] Exakt so – und nur so – lassen sich die Inszenierung des Ersten und Zweiten Weltkriegs zur Zerstörung Deutschlands, der nationalsozialistische Rassenwahn sowie die systematische Vernichtung unzähliger angeblich »unwerter Leben« und Millionen Angehöriger fremder Rassen und Überzeugungen erklären: Juden, Sinti und Roma, Kommunisten, Systemkritiker, Homosexuelle und so weiter. Mit den

Nationalsozialisten des Dritten Reichs haben die globalisierenden Dirigenten der Massenmigration nach Europa ab Mitte 2015 zwecks schleichenden Völkermords an den Deutschen vor allem Folgendes gemeinsam:

- Eugenisch-rassistische Ziele
- Außergewöhnliche Skrupellosigkeit
- Utopische Ideologie einer »besseren« Welt
- Inkaufnahme oder Planung eines »Kampfs der Kulturen«
- Schädigung vieler Millionen unschuldiger Menschen
- Systematische Verfolgung der Kritiker
- Psychopathie im klinischen Sinne

Zum verbrecherischen Konzept dieser »neuen Nazis« gehört, dass sie die Kritiker ihrer eigenen eugenisch-rassistischen Machenschaften ausgerechnet als »Rechtsextremisten«, »Nazis«, »Rassisten« und »Antisemiten« etikettieren und denunzieren, obwohl diese Bezeichnungen wie maßgeschneidert auf sie selbst zutreffen. Wenn moderne extremistische Gruppierungen wie die vermeintlich antifaschistische Bewegung »Antifa«, die »Antideutschen« und weitere sogenannte Linksextremisten sachliche Kritiker der Massenmigration mitunter äußerst aggressiv attackieren, entlarven sie sich selbst als (vermutlich unbewusste) Handlanger der »neuen Nazis«. Sie spielen brav die ihnen zugedachte Rolle im psychopathischen Teile-und-herrsche-Spiel. Hitler und Co. hetzten sogenannte Arier gegen Juden auf, die »neuen Nazis« schicken vermeintliche Linke gegen vermeintliche Rechte ins Gefecht.

Beide Seiten könnten in absehbarer Zeit in einem Bürgerkrieg oder internationalen Krieg verheizt werden, weil sie in ihrem sinnlosen gegeneinander geführten Kampf übersehen, wer der wahre Feind ist. Daher wird es höchste Zeit, dass wir aus der Geschichte lernen. Soll der Patient geheilt werden, muss statt oder neben reiner Symptombekämpfung die Ursache der Erkrankung festgestellt und behandelt werden. Die militärische RUF-Formel steht für Ruhe bewahren, **Ursache** feststellen, Fehler beheben. In der europäischen Sicherheitsstrategie 2003 lesen wir: »Um den häufig schwer zu definierenden neuen Bedrohungen zu begegnen, ist es bisweilen das Nächstliegende, den länger zurückliegenden regionalen Konflikten auf den Grund zu gehen.«[80] Wir werden nun eine der bedeutendsten Ursachen, vielleicht sogar die Hauptursache für zwei Weltkriege und weiteren Terror in ihrem Gefolge unter die Lupe nehmen.

Kriminelles Blendwerk

Die zu Recht umstrittenen *Protokolle der Weisen von Zion* sind ohne jeden Zweifel eine antijüdische Erfindung. Allerdings entsprechen die darin formulierten Meilensteine für die künftige Weltherrschaft eines einzigen Diktators bis heute realen weltpolitischen und -wirtschaftlichen Entwicklungen. Folglich wurden und werden die sogenannten Protokolle von vielen Menschen ernstgenommen. Diktatoren wie Josef Stalin und vor allem Adolf Hitler waren scheinbar gehorsame Kenner dieser Schrift. Das muss zwar nicht so sein, liegt aber nahe. Erwiesen ist, dass die *Protokolle der Weisen von Zion* aus älteren, vorwiegend französischen Texten zusammengestoppelt wurden. Des Weiteren besteht der begründete Verdacht, dass es sich um ein perfides Blendwerk handelt, das der psychopathischen Globalisierungsclique zur Tarnung ihrer eigenen, den *Protokollen* sehr ähnlichen Machenschaften und insofern zur Ablenkung dient, als Juden als Sündenböcke missbraucht werden.

Nachfolgende Analyse bezieht sich auf den 1920 veröffentlichten deutschen Text, der mit der unmittelbaren Vorgeschichte des Nationalsozialismus untrennbar verbunden ist und an dem die NSDAP 1929 die Rechte erwarb.[81] Er ist die Urquelle des modernen radikalen Antijudaismus. Hier sei gleich angemerkt, dass der Begriff »Antisemitismus« unlogisch, irreführend und falsch ist, sofern mit Semiten nicht orientalische, sondern beispielsweise osteuropäische Juden gemeint sind. Juden sind generell keine Rasse, kein Volk, keine Nation und nur in äußerst geringem Umfang echte Semiten. Das Judentum ist schlicht und ergreifend eine Religionsgemeinschaft. Nicht mehr und nicht weniger. Das unlogische Wort »Antisemitismus« wurde übrigens nicht von Juden entwickelt, sondern 1879 von dem Deutschen Wilhelm Marr, dessen beschämte Eltern ihm angeblich seine halbjüdische Abstammung verheimlichten. Für die jüdische Journalistin Salcia Landmann war das daher ein »tragikomischer Witz«. Es stellte sich aber heraus, dass Marr gar keine jüdischen Vorfahren hatte.[82] Trotz alledem wird das unlogische Kunstwort »Antisemitismus« nach wie vor auch zur Diskreditierung Andersdenkender benutzt. Von Charlotte Knobloch, der stellvertretenden Vorsitzenden des Zentralrats der Juden in Deutschland, soll folgender, hoffentlich sarkastisch gemeinter Ausspruch stammen: »Antisemit ist, wer sich das Denken nicht verbieten lässt.«[83] Ich meine: Wer selbständig denkend die *Protokolle* als antijüdisches Pamphlet entlarvt, darf sich durchwegs **projüdisch** nennen.

Antijüdische Erfindung

Es handelt sich um einen anonymen Text. Niemand gab sich je namentlich als Verfasser zu erkennen.[84] Der französische Grundtext soll 1897 oder 1898 entstanden und dann nach Russland gelangt sein.[85] Er könnte aber auch schon 1884 einer Pariser Freimaurerloge entwendet, ins Russische übersetzt und sodann ins Zarenreich befördert worden sein. Die erste russische Ausgabe erschien jedenfalls 1901, die erste deutsche erst 1919.[86] Vom Textvolumen her handelt es sich, je nach Druckformat, um ein Büchlein mit etwa 70 bis 90 Seiten. Der Text besteht aus 24 verschieden langen Kapiteln, die den Eindruck vermitteln sollen, es handle sich jeweils um das Protokoll eines heimlichen Sitzungstags: 24 *Protokolle* für 24 Sitzungen der *Weisen von Zion*. Wie jedoch leicht zu erkennen ist, handelt es sich weder um Gesprächsprotokolle noch um Ergebnisprotokolle, sondern jeweils um den Dauervortrag ein und desselben Erzählers. Dieser bezeichnet seine angeblich einzelnen Vorträge als Berichte und Darlegungen.[87] Von einer Unterhaltung oder solidarischen Beschlussfassung kann also nicht die Rede sein.

Sein Publikum spricht der Vortragende häufig als »Meine Herren« an, wobei er von Anfang bis Ende gebetsmühlenartig betont, dass es sich bei ihm und seiner erlauchten Hörerschaft um »die Juden« und beim Rest der Menschheit um minderwertige Nichtjuden handle. Obwohl der Redner mehrfach die überragende Intelligenz und hervorragende Geistesschärfe seiner Hörer lobt,[88] erinnert er sie auffällig oft daran, wer sie eigentlich sind. Je heikler das Thema, desto einprägsamer die Betonung. Ein Beispiel von vielen: Nach der Erklärung, sie, die Juden, hätten zwecks Schädigung der Nichtjuden umfangreiche Wirtschaftskrisen erschaffen, folgt die Darlegung, dass die sodann mittellosen Staaten gezwungen waren, »uns, die Juden, um Gewährung von Anleihen zu bitten.«[89] Außerdem quält der Redner sein vermeintliches Publikum mit unzähligen, äußerst langatmigen Wiederholungen verschiedener grundlegender Themen, die innerhalb der »Sitzungen« keinem erkennbaren chronologischen Aufbau folgen und darüberhinaus den Verschwörern ohnehin bestens bekannt sein müssten. Außerdem enthält der Text keine für analytische oder strategische Berichte typischen Daten wie Namen, Orte, Termine, Fristen und Zeiträume. Die vermeintlichen Berichte (*Protokolle*) werden also weder dem Niveau einer geistigen Elite noch der strukturierten Ergebnisorientierung sogenannter jüdischer Finanzhaie gerecht. Vielmehr zeigen schon wenige Formalfehler, dass es sich um antijüdische Hetzbotschaften handelt, die besonders geistig minderbemittelte Leser als solche verinnerlichen sollen. Dass die ideale Propaganda simpel, einseitig, polarisierend, beharrlich, unwissenschaftlich, emotionalisierend und zu Lasten des Gegners gelogen zu sein hat, definierte Adolf Hitler nur fünf Jahre nach Erscheinen der deutschen Erstausgabe der *Protokolle*, nämlich 1924 in seinem Buch *Mein Kampf*.[90] Der von der obersten Nachrichtenabteilung der Reichswehr Mitte 1919 propagandistisch geschulte Gefreite[91] wusste, dass Propaganda kontinuierlich wiederholt werden muss, sodass sie selbst vom Dümmsten nachgeplappert werden kann:

> *Jede Propaganda hat volkstümlich zu sein und ihr geistiges Niveau einzustellen nach der Aufnahmefähigkeit des Beschränktesten unter denen, an die sie sich zu richten gedenkt.*[92]

Besagte 24 *Protokolle* verbindet so etwas wie ein dreigliedriger dramaturgischer Aufbau. Teil eins basiert auf der Grundannahme, dass alle Menschen kleine selbstsüchtige Diktatoren und bereit seien, für ihren Vorteil das Wohl der Allgemeinheit zu opfern. Jedes liberale respektive demokratische System gebe ihnen die Möglichkeit dazu. Gerade weil das Recht in der Macht des Stärkeren liege, läge es an den Juden, das liberale System so lange vorsätzlich auf möglichst schädliche Art und Weise zu unterstützen, bis es zerbricht. Teil zwei, der Hauptteil, beschreibt, mit welchen Methoden das liberale System bereits böswillig unterwandert wurde und weiterhin skrupellos zu schädigen ist. Im dritten Teil wird schließlich der zuvor in kurzen Absätzen angedeutete Hauptzweck des Ganzen enthüllt: ein Staatsstreich, im Zuge dessen sich die verwirrte und ausgeblutete Menschheit freiwillig der globalen Diktatur des vollendeten, moralisch unfehlbaren, charismatischen, volksnahen, gerechten und aufgrund besonderer Eignung bestellten Königs der Juden unterwerfen soll. Ihn wie auch die restlichen Juden müssen die Nichtjuden für ihre gnadenreiche Errettung abgöttisch lieben. Wie unschwer festgestellt werden kann, handelt es sich bei dieser Anspielung auf messianische Aspekte des Judentums um eine phantastische Utopie, zu deren Verwirklichung jemand bereit ist, die freiheitlichen Grundlagen jeder modernen Zivilisation zu opfern. Dieser jemand, also der (oder die) Verfasser, war zweifelsfrei ein Psychopath im klinisch-psychologischen Sinne – und zwar unabhängig davon, welcher Ideologie er offiziel anhing.

Eine weitere formale Besonderheit sind die beinahe lückenlos sachlich-korrekten Darlegungen über ein optimales staatliches Haushaltsrecht inklusive Budgetkonsolidierung, gerechtem Steuerwesen und Nullarbeitslosigkeit. Sie befinden sich in Sitzung 20 bis 23, also nach den religiös-rassistischen Abschnitten und unmittelbar vor dem durch den ultimativen Diktator personifizierten »Happy End«.[93] Aus formalen, stilistischen und inhaltlichen Gründen drängt sich der dringende Verdacht auf, dass es sich um einen anderswo, eventuell tatsächlich von einem Juden gehaltenen Vortrag zur Budgetoptimierung handelt, den man einfach kopierte.

Jedenfalls steht fest, dass rund 65 Prozent des gesamten Urtexts aus einer französischen Satire gestohlen wurden, bei der es überhaupt nicht um Juden, sondern um die heftige Kritik am Terrorregime Napoleons III. geht, der sich im Zuge eines Staatsstreichs zum Kaiser erhob, die Franzosen entrechtete und knechtete. Wir sprechen hier vom Roman des französischen Rechtsanwalts Maurice Joly *Gespräche in der Unterwelt zwischen Machiavelli und Montesquieu*, für dessen Veröffentlichung ihm 15 Monate Gefängnis aufgebrummt wurden und er jahrelange Polemik erdulden musste, bis er sich schließlich das Leben nahm. Dass Jolys Hauptwerk, das seinen mutigen Freiheitskampf dokumentiert, für etwa zwei Drittel der antijüdischen Polemik in den *Protokollen* missbraucht wurde, bestätigen zwei Sachverständigengutachten im Rahmen eines fast zweijährigen Strafverfahrens vor einem Gericht des Kantons Bern.[94] Ende Juni 1933 erstatten der Schweizerische Israelitische Gemeindebund und die Berner Israelitische Kultusgemeinde Strafanzeige gegen fünf Angehörige der Nationalen Front wegen Verbreitung »antisemitischen« (antijüdischen) Propagandamaterials. Im Grunde ging es um die Beurteilung, ob die *Protokolle* echt sind, beziehungsweise ob sie einer realen jüdischen Verschwörung entsprechen. Aufgrund stichhaltig nachgewiesener **Fälschungen** entschied das Gericht am 14. Mai 1935, dass kein einziger Beweis für eine Ausarbeitung, eine Beratung oder einen Vortrag der *Protokolle* durch einen oder mehrere Juden irgendwo oder irgendwann erbracht wurde. Es wurde vielmehr ausdrücklich festgestellt, dass es sich um (damals verbotene) Schundliteratur handelte. Die abschließenden Worte des Richters lauten:

> *Ich hoffe, es werde eine Zeit kommen, in der kein Mensch mehr begreifen wird, wieso sich im Jahre 1935 beinahe ein Dutzend sonst ganz gescheiter und vernünftiger Leute vierzehn Tage lang vor einem bernischen Gericht über die Echtheit oder Unechtheit dieser sogenannten »Protokolle« die Köpfe zerbrechen konnten, die bei allem Schaden, den sie bereits gestiftet haben und noch stiften mögen, doch nichts anderes sind als ein lächerlicher Unsinn.*[95]

Zwar wurde dieses Urteil vom Berner Obergericht am 1. November 1937 im Namen der politischen Pressefreiheit und aus Furcht vor »Repressalien« seitens des deutschen NS-Regimes mit der Begründung aufgehoben, dass »Schundliteratur« nicht die richtige Kategorie sei, jedoch machte dies die *Protokolle* um keinen Deut echter.

An der Korrektheit der Feststellung ihrer Fälschung war und ist ja nicht zu rütteln. Gegenüber den jüdischen Klägern bedauerte der Oberrichter, dass sie gegen derartige Hetzschriften nichts Strafrechtliches in der Hand hätten. Die *Protokolle* bezeichnete der Jurist explizit als perfide, weil sie sich weniger gegen den jüdischen Glauben oder das Verhalten einzelner Juden richten, sondern Juden generell durch den Vorhalt mundtot machen sollen, sie gehören einer minderwertigen Menschenrasse an.[96] Damit traf der Oberrichter die Sache im Kern, denn schließlich sind die Juden, wie bereits erwähnt, »nur« Angehörige derselben Konfession, aber nur ganz selten echte Semiten und niemals eine Rasse, ein Volk oder eine Nation.

Orientalische Semiten

Zu den Semiten zählen unter anderem Araber, Hebräer und Aramäer. Ausschlaggebend sind die Zugehörigkeit zu einem orientalischen Volk, also ein regionaler Bezug zum Orient, und eine orientalische Sprache. Der Professor für semitische Sprachen Fritz Hommel (1854 bis 1936) nennt folgende semitische Völker, die ursprünglich ein ungetrenntes Volk waren: Abessinier, Südaraber (Sabäer), Zentral- und Nordaraber (Araber), Hebräer und Phönikier, Aramäer, Babylonier und Assyrer. Von der Ursprünglichkeit respektive Altertümlichkeit der semitischen Sprachen her ergibt sich folgende Reihenfolge: Arabisch, Babylonisch-Assyrisch, Südarabisch, Hebräisch und zuletzt aramäische Dialekte.[97] Folglich entwickelten sich die den orientalischen Juden zugeordneten Sprachen Hebräisch und Aramäisch relativ spät. Da es den europäischen Juden vor ihrer Auswanderung nach Palästina sowohl am regionalen als auch sprachlichen Bezug zum Orient mangelte, schrieb der sich ausdrücklich vom aufkeimenden »Antisemitismus« distanzierende Orientalist Fritz Hommel im Jahr 1881: »Die heutigen Juden sind überhaupt [...] keine echten Semiten mehr.«[98]

Mangels Verwandtschaft mit Hebräern und Aramäern sind die meisten heutigen Juden nicht nur keine echten, sondern schlicht und ergreifend überhaupt keine Semiten. Mit den tatsächlich semitischen Hebräern und Aramäern des Orients haben Araber genetisch viel mehr gemein als neuzeitliche Juden. Es ist wissenschaftlich erwiesen, dass die heutigen Juden vorwiegend aus Osteuropa (Russland, Litauen, Ukraine, Polen, Ungarn) kommen und großteils von chasarischen respektive **slawischen Konvertiten** (Glaubenswechslern) abstammen. Nur relativ wenige osteuropäische Juden waren deutsche Auswanderer. Vom 4. bis zum 13. Jahrhundert unserer Zeitrechnung existierte das riesige chasarische Imperium. Es erstreckte sich von Kiew im Nordwesten über die Halbinsel Krim im Süden bis zum heutigen Georgien im Osten. Originär waren die Chasaren ein kriegerisches Nomadenvolk, das sich in einer aus hunno-bulgarischen und turkmenischen Dialekten zusammengesetzten Sprache artikulierte. Als das chasarische Volk aus strategischen Gründen auf Geheiß seiner Könige und per gesetzlicher Anordnung zwischen der Mitte des 8. und der Mitte des 9. Jahrhunderts zum rabbinischen Judentum konvertierte, kam Hebräisch ausschließlich als Schriftsprache hinzu. Im Zuge der Völkerwanderung ging das längst tief in den slawischen Raum wirkende Chasarien unter, und die jüdischen Chasaren strömten nach Westen in die Ukraine, nach Polen und Litauen. Der Rest konnte in der Kaukasusregion verbleiben. Das Fundament des später entwickelten – jedoch nicht mit der von deutschen Juden gesprochenen Sprache identischen – Jiddischen ist slawisch. Die jiddischsprachigen Juden machten gegen Ende des 19. Jahrhunderts mehr als 80 Prozent der jüdischen Weltbevölkerung aus. Die diesbezüglichen Fakten bereitet der israelische Professor für Geschichte Shlomo Sand in seinem Buch *Die Erfindung des jüdischen Volkes* detailreich und plausibel auf. Das Resümee des jüdischen Experten lautet: »Das Judentum war schon immer eine bedeutende, sich aus verschiedenen Strömungen zusammensetzende religiöse Kultur, aber keine wandernde und fremde ›Nation‹.«[99]

Keine jüdische Rasse

Es sei mit Nachdruck betont, dass die Juden keine Rasse bilden. Der vielfach missbräuchlich zitierte Naturforscher Charles Darwin sprach sich schon 1871 dagegen aus, Menschen in Subspezies respektive »sogenannte Rassen« zu untergliedern. Man solle sie stattdessen als eine einheitliche Art betrachten. Die Begründung hierfür ist simpel: Alle sogenannten Menschenrassen stammen von einem einzigen ursprünglichen Stamm aus Afrika ab. Außerdem stellte Darwin fest, dass »die Europäer nur wenig [aber doch] von den Juden abweichen, welche zum semitischen Stamm gehören und eine völlig andere Sprache sprechen.«[100] Was 1871 galt, musste zur Zeit der Verfassung der *Protokolle* (zwischen 1894 und 1898) umso mehr gelten, als die Masse der europäischen Juden von je her großteils slawische Konvertiten waren, die sich darüberhinaus vielfach mit Nichtjuden fortpflanzten und mit jenem Staat identifizierten, in dem sie lebten.

Dennoch pflegten ausgerechnet einflussreiche jüdisch-zionistische Ideologen – dem damaligen Zeitgeist entsprechend – die geradezu wahnhafte Idee einer jüdischen Rasse.

Shlomo Sand, der an der Universität Tel Aviv Geschichte lehrt, nennt hier in erster Linie die eventuell allerersten zionistischen Ideologen Nathan Birnbaum, den Mitbegründer der zionistischen Weltorganisation und späteren Herzl-Nachfolger Max Nordau, den Herausgeber des Zentralorgans der zionistischen Bewegung *Welt* Martin Buber sowie den Führer der revisionistischen Zionisten Wladimir Jabotinsky. Nathan Birnbaum etablierte 1891 den Begriff »Zionismus«, wobei er meinte, »die geistigen und emotionalen Besonderheiten eines Volkes können nur durch die Naturwissenschaften erklärt werden.« Sich auf den Juden Benjamin Disraeli berufend, betonte Birnbaum, dass die Rasse alles sei: »In der Besonderheit der Rasse liegt die Einzigartigkeit des Volkes.« Nachdem Max Nordau vergeblich versucht hatte, sich als Deutscher zu definieren, propagierte er, dass die Juden ein Volk mit homogenem biologischen Ursprung seien. Wohlgemerkt, war das auslösende Moment für Nordaus Abtriften in illusorische Rassenideen seine eigene gescheiterte Identifikation und Integration als »echter Deutscher«. Max Nordau schwärmte vom sportlich ertüchtigten »Muskeljudentum« und forderte ein gesundes jüdisches Volk. Martin Buber philosophierte (phantasierte) öffentlich über die jüdische »Blutsgemeinschaft« als eine »biologische Kette der Generationen von den Erzvätern und -müttern bis in die Gegenwart.« Und Wladimir Jabotinsky, der geistige Vater der zionistischen Rechten, hob die Besonderheit des jüdischen Bluts hervor, das die Juden angeblich von den anderen Rassen unterscheidet. Unter völliger Außerachtlassung soziologischer, psychologischer, kultureller und vor allem religiöser Faktoren erklärt Jabotinsky das Blut zur alleinigen Quelle jeglichen Nationalgefühls: »Das Gefühl der nationalen Identität liegt im Blut des Menschen, in seinem physisch-rassischen Typus, nur in ihm allein [...]« Der Kreis schließt sich wieder bei Max Nordau und seiner Überzeugung, der zufolge das uralte Blut der Juden über seiner Muttererde erneuert werden könne und nur der Zionismus die Möglichkeit hierzu eröffne.[101] Dieser völkisch-rassische Zionismus erinnert unweigerlich an die Blut-und-Boden-Ideologie der Nationalsozialisten. Beide Rassenideologien, die zionistische und die nationalsozialistische, resultierten aus erlittenem Unrecht und einem Gefühl der Minderwertigkeit. Den einen wurde die Integration verweigert, den anderen im Ersten Weltkrieg ein friedlich zur Weltmacht aufblühender Staat zerstört.

Beide sehr ähnlich gestrickte Ideologien liegen absolut falsch, wenn sie die nationale Identifikation auf die rote Venenflüssigkeit der Menschen reduzieren. Zionisten und Nationalsozialisten werden zum Beispiel durch die Identifikation unzähliger Juden als Österreicher und Deutsche eines Besseren belehrt. Was könnte mehr für ihre nationale Identifikation mit ihrem Heimatland sprechen als die soldatische Pflichterfüllung für Österreich und Deutschland im Rahmen beider Weltkriege?

Mehr als **44.000 Soldaten** jüdischer Abstammung dienten um 1914 in der österreichungarischen Armee; das waren etwa drei Prozent aller Soldaten und erheblich mehr als zum Beispiel der slowenische Anteil.[102] Gemäß den Recherchen des US-amerikanischen Professors für Geschichte Bryan Mark Rigg waren im Zweiten Weltkrieg bis zu 190.000 Halb- und Vierteljuden Soldaten der deutschen Wehrmacht, darunter auch etliche Offiziere wie beispielsweise Generalfeldmarschall Erhard Milch. Über ihre »Herkunft« respektive religiöse Kultur machten sie entweder falsche Angaben oder sie beantragten eine Ausnahmegenehmigung, deren Erteilung sich Adolf Hitler höchstpersönlich vorbehielt. Diese jüdischen Soldaten fühlten sich wie die meisten Juden als normale Deutsche. So berichten es überlebende jüdische Wehrmachtssoldaten.[103] Zu etwas angeblich Besonderem machte sie erst das rassistische Hitler-Regime 1935 mit seinen auf pseudowissenschaftlichem Gedankenmüll basierenden, menschenverachtenden Nürnberger Rassegesetzten. Bis zu Hitlers Machtergreifung 1933 waren Juden ein relativ gut integrierter Teil der deutschen Bevölkerung.

Fazit: Es gibt keine jüdische Rasse, wie es auch keine christliche oder muslimische Rasse gibt. Das Schlusswort sei wieder Shlomo Sand überlassen: »Weder der physischen Anthropologie noch der später hinzukommenden Molekulargenetik war es gelungen, einen wissenschaftlichen Lackmustest zu finden, mit dessen Hilfe man der Herkunft eines jüdischen Individuums auf die Spur kommen könnte. Das war, wir erinnern uns, auch im Nationalsozialismus nicht gelungen. Obwohl die biologische Rassenlehre das Herzstück ihrer Ideologie war, mussten auch die Nationalsozialisten schließlich auf eine bürokratische papierne Definition zurückgreifen.«[104]

Kein jüdisches Volk

Das Judentum ist auch kein Volk, sondern eine religiöse Kultur, die im Gegensatz zur christlichen ziemlich uneinheitlich ist; nicht zuletzt, weil sie ideologisch missbraucht wird. So stemmen sich viele sowohl orthodoxe als auch säkulare und moderne Juden vehement gegen den staatlichen Zionismus. Einerseits verstoße die (völkerrechtlich bedenkliche) Gründung des Staats Israel 1948 an sich schon gegen den jüdischen Glauben, dem zufolge alle Juden in der Diaspora, der weltweiten »Verstreutheit« unter Nichtjuden, zu leben haben. Andererseits beruhe gerade der Zionismus auf der Utopie eines jüdischen Volks. Der zentrale Vordenker und aktive Wegbereiter des Staats Israel war ein österreichisch-ungarischer Jurist und Journalist jüdischen Glaubens: Theodor Herzl (1860 bis 1904). Sein 1896 in Wien gedrucktes Buch *Der*

Judenstaat gilt als zionistisches Manifest. Darin erklärt Herzl, dass sich die in allen Ländern dieser Erde lebenden Juden im Grunde, also originär, nicht als Volk fühlen. Herzl betont ausdrücklich, dass die Juden nicht anders als andere Menschen sind. Der (absurde) Status »jüdisches Volk« sei den Juden ebenso wie ihr Mittelstandstatus seit dem Mittelalter mittels Ausgrenzung, Ghettoisierung und Verfolgung aufgezwungen worden: »Wir sind ein Volk – Der Feind macht uns ohne unseren Willen dazu, wie das immer in der Geschichte so war.«[105] Wie bei der illusorischen jüdischen Rassenidee ist also auch bei der ebenso illusorischen jüdischen Volksidee die Wurzel des Übels die nicht geglückte Integration. Theodor Herzl erklärt das antijüdische Schlagwort, Juden würden wie Parasiten von ihrem »Wirtsvolk« leben, mit dem aus der mittelalterlichen Ghettoisierung hervorgegangenen jüdischen Mittelstand und seinen ungesunden Auswüchsen in die proletarische Welt der Umstürzler und »unsere furchtbare Geldmacht«. Außerdem stellt er klar, dass den Juden die Integration im Staatsvolk schlichtweg verwehrt wird: »Wir haben überall ehrlich versucht, in der uns umgebenden Volksgemeinschaft unterzugehen [aufzugehen] und nur den Glauben unserer Väter zu bewahren. Man lässt es nicht zu.«[106]

Erst das Verunmöglichen der Eingemeindung führte – verständlicherweise – zum identitätsstiftenden **Kunstbegriff** des jüdischen Volks, weshalb Herzl keineswegs wie andere Zionisten ein historisches »Faktum« herbeihalluziniert, sondern auf dem Boden der realen Tatsachen bleibt und explizit von der Volksidee spricht.[107] Der Terminus »jüdisches Volk« ist aus staatsrechtlicher Sicht unrichtig, denn das Volk (Staatsvolk) ist neben dem Staatsgebiet, der Staatssprache und den staatlichen Symbolen ein integraler Bestandteil des Staats: Das »Staatsvolk« ist als »Element« des Staats aufzufassen.[108] Juden waren und sind daher Teil des Volks jener Nation, der sie formalrechtlich angehören. Dessen sind sich führende jüdische Denker durchwegs bewusst. Allen voran der Zionistenführer und Doktor der Rechtswissenschaften Theodor Herzl, der da schreibt: »Das Volk ist die persönliche, das Land die dingliche Grundlage des Staates.«[109] Dieser Logik folgend, sind Juden immer Teil des Volks einer bestimmten Nation. Herzl selbst war daher bis zu seinem Tod 1904 österreichisch-ungarischer Staatsbürger. Seine jüdische Konfession spielte vom staatsrechtlichen Standpunkt her keine wie auch immer geartete Rolle.

Rabbi Arthur Hertzberg trennt sich zwar nicht vom Terminus »jüdisches Volk«, versteht ihn jedoch in einem ganz speziellen, augenscheinlich suprakulturellen Sinne: »Innerhalb des jüdischen Volkes werden fast alle Sprachen der Welt gesprochen, und die Juden sind in fast jedem Land zu Hause. Der Jude ist Nomade, Nationalist und Kosmopolit in einem.«[110] Der israelische Geschichtsprofessor Shlomo Sand legt in seinem Buch *Die Erfindung des jüdischen Volkes* plausibel dar, dass es kein jüdisches Volk gibt und dass der von Zionisten erzeugte Mythos lediglich der Errichtung des israelitischen Staats diente. »Das Judentum«, so Doktor Sand, »war schon immer eine bedeutende, sich aus verschiedenen Strömungen zusammensetzende religiöse Kultur, aber keine wandernde und fremde *Nation*.«[111] Shlomo Sand weigert sich zudem, weiterhin Jude zu sein, weil man ihn »in Israel per Gesetz einem fiktiven Ethnos von Verfolgern und deren Unterstützern zuschlägt und überall einem geschlossenen Club von Auserwählten und deren Bewunderern.« Weil der Rassismus in seinem Heimatland »dem Geist der Gesetze eingeprägt« ist, lebt Sand im Bewusstsein, sich »in der rassistischsten Gesellschaft der westlichen Welt« aufzuhalten: Israel.[112]

Dass die Gründung Israels und der moderne jüdische Rassismus unmittelbar mit jenen beiden Weltkriegen zusammenhängen, die nicht von den Juden oder den Zionisten, sondern von der anglo-amerikanischen Globalisierungsclique zur Zerstörung Deutschlands betrieben wurden, ist noch zu behandeln. Ein nicht unwesentlicher Wegbereiter der Nation Israel und des darin praktizierten antiarabischen Rassismus war jedenfalls ein Despot, der bewusst oder unbewusst versuchte, den im letzten Abschnitt der *Protokolle* beschriebenen vollkommenen Diktator zu mimen: Adolf Hitler. Ein Hauptpfeiler seines Terrorregimes und der nationalsozialistischen Ideologie schlechthin ist eine unwissenschaftliche und menschenunwürdige Rassenlehre. Beide, NS-Diktatur und Rassenwahn, beruhen großteils auf einem unwissenschaftlichen und menschenverachtenden Irrsinn: den *Protokollen der Weisen von Zion*.

Umsetzung durch Hitler & Co.

Nach erfolgreichem Abschluss der ersten Phase der *Protokolle*, der Zerstörung jeder liberalen Struktur, verlangt der zweite Teil einen Staatsstreich, wie ihn Adolf Hitler durch Entflammen des Reichstags und unmittelbar darauf folgender Entrechtung der Deutschen vollziehen ließ. Im Kapitel über den Reichstagsbrand wird bewiesen, dass Hitlers Macht auf Lug und Trug beruhte. Unter völliger Umgehung des deutschen Volks und seines Geistes der Freiheit. Diese Vorgehensweise entspricht in allen Einzelheiten dem **Umsturzplan** der *Protokolle*, die ihr Verfasser wie folgt definierte:

> *Unter diesen Einzelheiten verstehe ich die Freiheit der Presse, das Recht des Zusammenschlusses [Versammlungsfreiheit], die Gewissensfreiheit, das allgemeine gleiche Wahlrecht und vieles Andere, was unmittelbar nach dem Staatsstreich aus der*

geistigen Rüstkammer der Menschheit verschwinden oder doch von Grund aus umgestaltet werden muss. Der Staatsstreich bietet uns die einzige Möglichkeit, mit einem Schlage die von uns gewünschte Verfassung einzuführen.[113]

Zu den besagten anderen Maßnahmen zählen die *Protokolle* in erster Linie die Abschaffung der Freimaurerei, das Verbot des die natürliche Verschiedenheit der Menschen missachtenden Kommunismus, das generelle Verbot jeder anderen politischen Ideologie, die Zerstörung jedweden freien Denkens, der schleichende Ersatz jeder Religion durch den Gottstatus des Führers sowie die Erringung der absoluten Kontrolle des Diktators über das Geld, die Presse, die öffentliche Meinung, die Erziehung der Jugend, das Schulsystem und den Glauben. Die Garanten hierfür sind neben der Erhabenheit des Führers, gezielter Propaganda und systematischen Geschichtsfälschungen auch strenge Disziplin, Terror und Gewalt. Dieses System macht ein dichtes Netz von Sonderpolizisten, Spitzeln und privaten Denunzianten erforderlich. Die *Protokolle* scheinen die Blaupause für sowohl Joseph Stalins als auch Adolf Hitlers Diktaturen gewesen zu sein, die sich zwar beide ursprünglich die solidarische Herrschaft der Arbeiter auf die Fahnen geheftet hatten, diese jedoch durch absolute Gleichschaltung in die formvollendete Sklaverei führten.

Auf die unverkennbaren Parallelen zwischen Hitlers Worten und Taten und den *Protokollen* machte Alexander Stein schon im Jahr 1936 in seinem damals wie heute wenig beachteten Buch *Adolf Hitler: Schüler der »Weisen von Zion«* aufmerksam. Der einer jüdischen Handwerkerfamilie im Baltikum entstammende Sozialdemokrat hieß eigentlich Alexander Rubinstein. Zeitlebens widmete er sich der wissenschaftlichen Erforschung jener Gefahren, die von autokratischen Tyrannen ausgehen. Seine Analyse, die drei Jahre vor Beginn des Zweiten Weltkriegs im tschechischen Exil Karlsbad veröffentlicht wurde, fasste die Situation Deutschlands im Jahr 1936 wie folgt zusammen:

> *Deutschland selbst ist vom Feinde besetzt. Seine Kultur ist vernichtet, seine Freiheit zerbrochen, seine Seele in Ketten gelegt. Geistige Neandertaler, Barbaren aus dem Teutoburger Wald haben sich aller Machtmittel des Staates bemächtigt, um neben den Errungenschaften des sozialen und politischen Fortschrittes auch alle Elemente des Rechts, der Menschlichkeit, der modernen Ethik aus dem Leben des Volkes auszumerzen. Sie suchen – wie Göring es in Nürnberg verkündete – bewusst »Anschluss an die Geschlechterreihe aus grauer Vorzeit«,*[114] *um das deutsche Volk umso leichter in das dunkelste Mittelalter zurückführen zu können.*[115]

Alexander Stein, der wohlgemerkt (nicht praktizierender) Jude war, stellte weiterhin fest, dass durch die Vernichtung der Demokratie und der Arbeiterbewegung eine Gruppe von unersättlichen Machtmenschen ans Ruder gekommen war, die das wahnhafte Ziel verfolgte, »im Bunde mit dem Großkapital und der Wehrmacht kalten Blutes den nächsten Weltkrieg vorzubereiten, um ihre Diktatur auch anderen Völkern aufzwingen zu können.«[116] Diese Völker wurden ebenso wenig gefragt wie das deutsche Volk, das sich in seiner Masse dem Joch seiner Unterdrücker beugen musste. Dazu sei ergänzt: Ein Jude (Alexander Stein) prangerte völlig zu Recht an, das NS-Regime habe mit dem angeblich rein jüdischen Großkapital gemeinsame Sache zur Entfachung des Zweiten Weltkriegs gemacht. Dafür, dass Adolf Hitler tatsächlich keinen Weltkrieg entfachen wollte, sprechen mehrere Gründe, auf die wir im Kapitel über die inszenierte Auslösung des Zweiten Weltkriegs zu sprechen kommen.

Um jetzt schon etwas mehr Licht in die Sache zu bringen, führen wir uns die bemerkenswerte Aussage eines eingeweihten Zeitzeugen zu Gemüte: des sozialistischen Revolutionärs und sowjetischen Diplomaten Kristjan Jurjewitsch Rakowski. Am 26. Januar 1938 wurde Rakowski, ein Ostjude«, wegen seiner systemkritischen Schriften von einem Beamten der sowjetischen Geheimpolizei GPU verhört. Dabei sprach er unverblümt die Wahrheit über den sowjetischen Diktator: »Stalin ist für uns ein Bonapartist [Diktator], kein Kommunist.«[117] Deutschland hatte, so Rakowski weiter, 1917 dafür gesorgt, dass der verhasste Zar gestürzt und die kommunistische Revolution ermöglicht wurde. Rakowski hatte völlig Recht, erwähnte aber nicht, dass das damals von großen Feindmächten eingekreiste deutsche Kaiserreich schon drei Jahre lang einen ihm aufgezwungenen Mehrfrontenkrieg zu bewältigen hatte. Um wenigstens die Gefahr an der Ostfront zu beseitigen, trug man zur inneren Destabilisierung Russlands bei, indem man Wladimir Iljitsch Lenin aus der Schweiz in seine Heimat zurückbrachte, damit er die dortige Regierung stürze und dem sowjetischen Krieg gegen Deutschland ein Ende bereite. Bekanntlich ging dieser völlig legitime deutsche Plan zur Selbstverteidigung auf. Rakowski war jedenfalls der korrekten Überzeugung, dass Stalins Bolschewismus die Ausweitung der Revolution untergraben und dadurch Hitlers Emporkommen verschuldet hatte. Dass und wie Hitler ab 1929 von internationalen Kreisen als Bollwerk gegen den Bolschewismus gesponsert wurde, beschreibt Rakowski wie folgt:

Im Jahr 1929, als die Nationalsozialistische Partei an ihrer Wachstumskrise litt und ihr die Geldmittel ausgingen, sandten »Jene« ihm einen Botschafter. Ich kenne sogar seinen Namen, es war ein Warburg. In unmittelbaren Verhand-

lungen mit Hitler einigt man sich über die Finanzierung der Nationalsozialisten, und Hitler bekommt in ein paar Jahren Millionen von Dollars, die [die] Wallstreet sendet ...

Vermutlich war es der deutsch-amerikanische Großbanker Paul Moritz Warburg, der sich Adolf Hitler unter falschem Namen vorstellte, um ihm keinen Hinweis auf seine jüdischen Wurzeln zu geben. Warburg soll Hitler außerdem im falschen Glauben gelassen haben, die Finanzierung erfolge zur »Drohung gegen Frankreich«. In Wahrheit errichtete man über die Wallstreet ein mittels NS-Diktatur geknutetes Deutschland als **Bollwerk** gegen den Bolschewismus. Hitler-Deutschland sollte Russland niemals besiegen, sondern lediglich in Russland einbrechen, Stalin stürzen und ihn durch einen Anführer im Geiste des russischen Revolutionärs Leo Trotzki ersetzen. Deutschland sollte sodann vom Westen angegriffen werden, worauf sich die deutschen Generäle zu gegebener Zeit gegen Hitler erheben und ihn liquidieren würden.[118] Dieses Gespräch mit Rakowski fand, wie gesagt, 1938 statt. Im Großen und Ganzen trat bis 1945 alles plangemäß ein.

Die korrekte Anwendung der Denkgesetze offenbart, dass die *Protokolle* nicht aus der Feder eines gläubigen Juden stammen können. Sie sind übrigens auch nicht das Werk eines Zionisten. Gelegentlich wird noch immer behauptet, die *Protokolle* seien von Theodor Herzl im Rahmen des ersten zionistischen Kongresses in Basel vorgetragen worden. Dies ist jedoch unmöglich, da der besagte Kongress nur fünf Tage dauerte, nämlich von 29. August bis 2. September 1897,[119] während die *Protokolle* suggerieren, es handle sich um 24 Tagessitzungen. Dazu kommt, dass der Baseler Zionistenkongress weder geheim noch ein Treffen geistig Zurückgebliebener war. Es trafen sich ganz offiziell hochintelligente Menschen, die die Notwendigkeit der Errichtung eines jüdischen Staats erkannten. Theodor Herz trug zudem in Basel nicht auf Französisch, sondern auf Deutsch vor. Sein frühes Engagement für den erst 1948 gegründeten Staat Israel war zudem mit der den *Protokollen* zugrundeliegenden Wahnidee eines bunt durchmischten Weltstaats unter einem einzigen jüdischen Diktator absolut unvereinbar. Die Forderung nach der Vereinigung aller Juden in einem einzigen Staat entspricht der Idee des faktischen Zionismus, der augenscheinlich der Ideologie des symbolischen Zionismus konterkariert, weil es bei letzterem ja gerade um die Verstreutheit der Juden (Diaspora) geht.

Der wahre Urheber der *Protokolle* könnte so gut wie jeder geistige Despot gewesen sein, dem es einerseits um die Erweiterung seiner eigenen Macht und andererseits um die Schädigung des Judentums ging. Besonders kommen Personen mit christlichem, muslimischem oder vormals jüdischem Hintergrund in Betracht. Der psychologische Urquell könnte gut und gern ein pseudoreligiöser Kontext mosaischen Ursprungs sein. Die Thora, sprich die Fünf Bücher Mose, gilt schließlich sowohl für Juden und Christen als auch für Muslime. Weltbeherrschungs-, Kriegs- und Endzeitphantasien sind allen drei Religionen nicht gerade fremd. Jedenfalls tritt der männlich besetzte mosaische »Gott« regelmäßig als personifizierter Weltdiktator, ultimativer Kriegsherr, unbarmherziger Massenmörder, lüsterner Zerstörer und durchtriebener Vater der Lüge auf. Ein kurzer Blick ins Alte Testament lohnt sich, die relevanten Stellen sind leicht zu finden.[120] Im Unterbewusstsein eines psychopathischen Machtmenschen könnte dieser teuflische »Gott« ein nachahmenswertes Vorbild sein. War der Verfasser der *Protokolle* ein fanatischer »Streiter Gottes«, ein Jesuit also, der durch Schüren des Judenhasses seine geliebte katholische Kirche stärken wollte? Schließlich erzeugten die katholischen Kirchenväter durch kanonische Fälschungen den Mythos, *die* Juden seien für die Kreuzigung des magisch gezeugten jüdischen Einzelkindes »Gottes« namens Josua Ben Joseph (Jesus, Sohn des Joseph) verantwortlich.[121] Dass der Begründer der Globalisierungsclique Cecil Rhodes von den Jesuiten und besonders von ihrer streng hierarchischen Struktur, die so manche geheime Gesellschaft prägt, begeistert war, ist gut dokumentiert. Dazu später.

Zu den *Protokollen* halten wir fest, dass sie zwar eine Fiktion sind, deren empfohlene Maßnahmen jedoch in die Realität umgesetzt werden. Ob dies auf Absicht oder Zufall beruht, spielt im Ergebnis keine Rolle. Sowohl die Verfasser der *Protokolle* als auch ihre Anwender sind mit hoher Wahrscheinlichkeit Psychopathen. Sein unerschütterlicher Aberglaube an die Echtheit der *Protokolle* machte Hitler zum idealen Handlanger, ja zum nützlichen Idioten jener, die zwecks Erringung der Weltherrschaft Deutschland zerstören wollten. Die *Protokolle* fungierten für »jene« als Blendwerk zur Spaltung, Tarnung und Ablenkung von ihren eigenen Weltherrschaftsplänen. Dass es sich bei »jenen« weder um *die* Juden noch um *die* Zionisten, sondern in erster Linie um seit spätestens 1891 bestens vernetzte anglo-amerikanische Machtmenschen handelt, arbeitete der renommierte US-amerikanische Historiker und Universitätsprofessor Caroll Quigley akribisch heraus. Darauf kommen wir in Kürze zu sprechen. Für besagte anglo-amerikanische Machtmenschen gibt es verschiedene Bezeichnungen wie etwa *Geheime Elite*, *Milner-Gruppe*, *Round Table* oder *Anglo-Amerikanisches Establishment*. Im Kern handelt es aber um ein und dieselbe Gruppierung. Im vorliegenden Buch bleibt es beim bisher verwendeten Begriff:

Globalisierungsclique

In diesem Kapitel wird das Verhältnis zwischen den auf Kriegen basierenden Weltherrschaftsplänen der anglo-amerikanischen Globalisierungsclique einerseits und dem auf friedlichem Weg und aus eigener Kraft zum eurasischen Vorreiter aufstrebenden Deutschen Reich andererseits beleuchtet. Antideutsche Propaganda und Kriegspläne ab 1895 waren die englische Reaktion auf den zeitgleichen Aufschwung des Deutschen Reiches in seinem wirtschaftlich-wissenschaftlich-finanziell-staatlichen Gesamtsystem, das wiederum der natürliche Hauptfeind für die ab 1891 geplante globale Finanzherrschaft der Anglo-Amerikaner war. Die Zerstörung Deutschlands durch England und seine ehemaligen Feinde Frankreich und Russland war nicht nur seit spätestens 1897 angedacht, sie entspricht auch der anglo-amerikanisches Strategie der Schwächung des eurasischen Kontinents durch Bekämpfung der stärksten Nation und Förderung der übrigen. Die Wurzel der Globalisierungsclique und ihrer Allmachtsphantasien sind der britisch-imperiale Kolonialismus und die damit einhergehende Ausbeutung vor allem in Afrika. Ihr Hauptprotagonist Cecil Rhodes war gleichzeitig der Begründer jener geheimen Gesellschaft nach jesuitischem Muster, deren Ziele die Erweiterung des britischen Empire und letztlich die weltweite Vorherrschaft der sogenannten englischen Rasse waren. Diese Geheimgesellschaft ist die anglo-amerikanische Globalisierungsclique. Ihre Mitglieder bis zum Jahr 1914, also bis zum Beginn der Urkatastrophe des 20. Jahrhunderts (des Ersten Weltkriegs) sind bestens dokumentiert. Es handelt sich um keine freimaurerische, jüdische oder christliche Verschwörung. Sehr wohl aber baute sie eine viele Segmente umfassende Manipulationsmaschinerie auf, die bis dato rattert.

Kriegspläne gegen Deutschland

Bereits knapp 19 Jahre vor Beginn des Ersten Weltkriegs, am 25. August 1895, veröffentlichte die englische Zeitung *Saturday Review* einen Artikel mit dem Titel *Die für uns Engländer richtige Außenpolitik*. Darin wird relativ sachlich dargelegt, dass nicht mehr Frankreich, sondern längst Deutschland Englands Hauptkonkurrent im Handel und Verkehr sei. Darauf folgt sogleich die Quintessenz, ein Krieg mit Deutschland sei auf jeden Fall profitabel: »Bei einem Krieg mit Deutschland kämen wir in die Lage, viel zu gewinnen und nichts zu verlieren.«[122]

Herausgeber der *Saturday Review* von 1894 bis 1898 war Frank Harris (1856 bis 1931). Seiner Biographie zufolge traf Harris spätestens Anfang Januar 1896 auf den englischen Politiker, Multimillionär und glühenden Imperialisten Cecil Rhodes (1853 bis 1902).[123] Wenige Wochen später, nämlich am 1. Februar 1896, verschärfte sich der Ton der *Saturday Review* insofern, als ein weiterer Artikel die unbedingte Notwendigkeit und Unausweichlichkeit der Kriegsführung gegen Deutschland aus rassistischen, demographischen und geostrategischen Gründen betont wird. Der Redakteur, ein Charles Darwin offensichtlich mutwillig falsch interpretierender Biologe, postuliert vorweg die Überlegenheit der englischen Rasse:

> *Schwache Rassen werden eine nach der anderen vernichtet, und die wenigen großen Arten bewaffnen sich zum Kampf gegeneinander. England ist die größte unter ihnen, die größte, was geographische Verteilung angeht, die größte an Ausdehnungskraft, die größte an Stolz auf ihre Rasse.*[124]

Es folgt Sozialdarwinismus in Reinkultur. Die ganze Erde sei bereits besetzt, während der Ausdehnungsdrang der »großen Rassen« fortdauere. Gerade weil die Deutschen »im Wesen, im religiösen und wissenschaftlichen Denken, im Gefühlsleben und in der Begabung« den Engländern so ähnlich seien, seien sie die »vorbestimmten natürlichen Nebenbuhler« Englands. Die Deutschen wären ein wachsendes Volk, das wie folgt zum Kampf um sein Überleben gezwungen sei: »Deutschland muss neuen Lebensraum gewinnen oder wird bei dem Versuch untergehen.« Die zweite Schlussfolgerung des Artikels, der, wie gesagt, kurze Zeit nach einem Treffen zwischen dem Herausgeber Frank Harris mit dem ebenfalls rassebewussten Extremimperialisten Cecil Rhodes verfasst wurde, fordert offen zur Zerstörung Deutschlands auf: »Macht euch bereit zum Kampf gegen Deutschland, denn Germania esse delenda.«[125] Die lateinische Schlussformel bedeutet:

Deutschland muss zerstört werden.

Dass dieser Zerstörungsappell in der Sprache der Gebildeten abgedruckt wurde, ist kein Zufall. Schließlich war die Leserschaft der *Saturday Review* wie auch der *Times* und der *Quarterly Review* jene sognannte Oberschicht,[126] die damals unter Umgehung des Volkswillens Englands Politik vor den Karren der Superreichen spannte.

Rund 18 Monate später, am 11. September 1897, erfährt Englands mediale Propaganda gegen Deutschland mit dem dritten einschlägigen Artikel der *Saturday Review* ihren vorläufigen Höhepunkt vor allem in geostrategischer Hinsicht. Einleitend gibt der Redakteur zu, dass beide »Rassen« zwar Konkurrenten gleichen Blutes darstellen, Engländer aber aggressiver und willensstärker und Deutsche wohl klüger sind: »England, mit seiner langen Geschichte erfolgreicher Aggression, mit seiner wunderbaren Überzeugung, dass es bei der Verfolgung seiner eigenen Interessen Licht unter den Völkern verbreitet, die in der Finsternis wohnen, und Deutschland, Knochen desselben Knochens, Blut desselben Blutes, mit einer geringeren Willenskraft, aber vielleicht mit einer schärferen Intelligenz, konkurrieren in allen Ecken der Welt.« Das gleichermaßen kommerzielle wie morbide Fazit lautet: »Würde Deutschland morgen ausgelöscht werden, gäbe es übermorgen keinen Engländer auf der Welt, der dadurch nicht reicher wäre.« Der eigene materielle Geiz wird sodann auf Frankreich und Russland erstreckt: »Wir könnten dann entsprechend zu Frankreich und Russland sagen: ›Sucht euch eine Entschädigung aus. Nehmt euch in Deutschland, was immer ihr wollt. Ihr sollt es haben.‹«[127]

Die Triple Entente, das Bündnis zwischen England, Frankreich und Russland, wurde offiziell erst 1907 ins Leben gerufen. Englands Verbündete bei der systematischen Auslöschung Deutschlands standen jedoch, wie gegenständlicher Zeitungsartikel aus 1897 eindeutig belegt, bereits 10 Jahre vor seinem Erscheinen und 17 Jahre vor Beginn des Ersten Weltkriegs fest. Auch die strategische Bedeutungslosigkeit der deutschen Alliierten wurde vorab erstaunlich präzise beurteilt: »Seine [Deutschlands] Partner im Dreibund wären nutzlos gegen England; Österreich, weil es nichts tun könnte; Italien weil es nicht wagte, sich von Frankreich angreifen zu lassen.« Zur Wiederholung: Diese völlig korrekte strategische Analyse zur Zerstörung Deutschlands wurde bereits im Jahr 1897 verfasst. Der Erste Weltkrieg begann aber bekanntlich erst 1914, weshalb die Bedeutung besagter drei Artikel der *Saturday Review* nicht hoch genug eingeschätzt werden kann. Auf sie werden wir daher noch einige Male zurückkommen.

Von 1895 bis 1897 zeichnete sich eine für die Oberschicht medial kolportierte Deutschenfeindlichkeit ab, wobei im relevanten Zeitraum (1894 bis 1898), wie bereits erwähnt, Frank Harris die *Saturday Review* herausgab. Auffällig ist dabei nicht nur, dass sich die antideutsche Haltung seiner Zeitung seit Harris' Begegnung mit Cecil Rhodes bis zum offenen Appel zur frühestmöglichen Kriegsführung gegen Deutschland steigerte. Frank Harris verdankte Cecil Rhodes auch einen Vermögenszuwachs von beachtlichen 40.000 Pfund. Für diesen Betrag kaufte ihm nämlich Rhodes' Bevollmächtigter Lord Hardwicke die *Saturday Review* 1998 ab. Weder vorher noch nachher hatte Harris mehr Geld in den Taschen.[128]

Die *Saturday Review* war jedenfalls ein imperialistisches Propagandablatt. Und die für die britische Oberschicht medial suggerierte Notwendigkeit eines Kriegs gegen

Deutschland beruhte, wie unschwer zu erkennen ist, nicht auf deutscher Aggression, sondern schlicht und ergreifend auf rein ökonomischen und machtpolitischen Interessen Großbritanniens. Anders ausgedrückt: Es ging um Gier und Futterneid. Wie verträgt sich das mit Englands Charme und Ansehen als angeblicher Zivilisationsvorreiter? Schon Immanuel Kant (1724 bis 1804), deutscher Philosoph der Aufklärung und bedeutender Vertreter abendländischer Philosophie, differenzierte scharf zwischen dem unter seinesgleichen friedlichen englischen Volk einerseits und der gegenüber anderen Nationen als tyrannische Weltmacht wirkenden englischen Nation andererseits:

> *Die englische Nation als Volk betrachtet, ist das schätzbarste Ganze von Menschen im Verhältnis untereinander. Aber als Staat gegen andere Staaten ist die englische Nation allein das Verderblichste, Gewaltsamste, Herrschsüchtigste und Kriegserregendste unter allen.*[129]

Dabei ist jedoch zu berücksichtigen, dass das britische Volk auch nach außen friedfertig war. In Ermangelung echter parlamentarischer Demokratie hatte es jedoch überhaupt nichts mitzureden, als sein sogenanntes Parlament von einer gewissenlos imperialistischen Oberschicht zum ersten von zwei großen Vernichtungskriegen gegen Deutschland aufgehetzt wurde. Apropos Parlament: Während im Deutschen Reich seit seiner Gründung 1871 alle Männer über 25 Lebensjahren das allgemeine, gleiche und geheime Stimmrecht genossen,[130] durften in England bis 1918 ausschließlich wohlhabende erwachsene Männer an Wahlen teilnehmen, die jedoch weder geheim waren noch korrekt durchgeführt wurden.[131] Deutschlands Fortschrittlichkeit beschränkte sich aber nicht nur auf das damals sehr junge Wahlrecht.

Friedliche deutsche Großmacht

Die Teilnahme deutscher Staaten an den 28 europäischen Kriegen zwischen 1815 und 1914 beschränkte sich auf lediglich drei Kriege, die zum einen vor der Gründung des Deutschen Reiches 1871 geführt und zum anderen nicht von Deutschen verursacht wurden.[132] Das durch den Zusammenschluss Preußens mit den restlichen deutschen Staaten 1871 entstandene Deutsche Reich verhielt sich friedlich, bis ihm 1914 von der Globalisierungsclique der Erste Weltkrieg aufgezwängt wurde. In einem Krieg konnte das deutsche Kaiserreich nichts gewinnen, sondern nur den taufrischen, wohlverdienten

Status als Großmacht verlieren. Aufgrund seiner rasanten technischen, wirtschaftlichen, wissenschaftlichen, sozialpolitischen und kulturellen Entwicklung stand das Deutsche Reich bereits in den 1890er Jahren, in denen in England die erwähnte antideutsche Zeitungspropaganda erschien, an der Schwelle zur europäischen Vorherrschaft. Wohlgemerkt aus eigener Kraft und auf friedlichem Wege sowie zu einer Zeit, in der die Wirtschaft anderer europäischer Großmächte stagnierte oder gar rückläufig war.

Die von England ausgehende industrielle Revolution fand ihre Perfektionierung, ja ihren absoluten Höhepunkt in einem anderen Land: in Deutschland. Für das Emporschnellen der Mechanisierung war die rasche Entwicklung der Schwerproduktion entscheidend; in erster Linie der Eisen- und Stahlproduktion, des Maschinen- und Bergbaus, aber auch der beginnenden Chemisierung und Elektrifizierung der Herstellung. In der Industrieproduktion lag Deutschland schon 1870 mit 13 Prozent weltweit an dritter Stelle nach England (32 Prozent) und den USA (23 Prozent). Im Jahr 1900 kam Deutschland mit 16 Prozent nahe an England (18 Prozent) heran, während die USA ihren Vorsprung auf 31 Prozent ausbauten. Deutschland stellte allerdings um drei Prozent mehr her als Frankreich (7 Prozent) und Russland (6 Prozent) zusammen,[133] wodurch Deutschland schon 1890 die Nummer eins des kontinentalen Europas beziehungsweise Eurasiens war. Im selben Jahr hatte Deutschland mit 6,6 Millionen Tonnen in der Stahlproduktion längst England abgehängt. Das Deutsche Reich war also in ganz Europa auf dem ersten Platz, wobei es sogar etwas mehr Stahl produzierte als England (4,9 Millionen Tonnen) und Frankreich (1,6 Millionen Tonnen) zusammen. Weltweit lagen die Deutschen an zweiter Stelle hinter den USA, die 1890 sage und schreibe 10,2 Millionen Tonnen herstellten[134] (siehe auch die Tabelle in Abb. 4).

Industrieproduktion 1870–1913 in Prozent

Jahr	DEU	ENG	FRA	USA	RUS	JAP
1870	13	32	10	23	4	0
1900	16	18	7	31	6	1
1910	16	14	7	35	5	1
1913	16	14	6	36	6	1

Abb. 4

Der Trend zur deutschen Vorherrschaft in Eurasien zeichnete sich natürlich schon in den frühen 1890ern ab, was wiederum seine Bestätigung in der *Saturday Review* ab 1895 findet, wo Deutschland als jener natürliche Nebenbuhler Englands eingestuft wird, den man glaubte, in einem großen Krieg auslöschen zu müssen. Im geostrategischen Gesamtwerk *The Empire and the Century* (Das Imperium und das Jahrhundert) prognostizierten britische Autoren anhand umfangreicher sozioökonomischer Analysen bereits im Jahr 1905: »Deutschland, so stark als nationale Macht in Europa, kann dabei erfolgreich sein, einen Platz der künftigen Weltmächte zu gewinnen.« Das deutsche Kaiserreich überlasse seine Erfolge nicht dem Zufall, sondern verdanke ihn einer gediegenen Vorbereitung. Die britische Vorherrschaft solle zwar auf der Kraft der weißen Bevölkerung beruhen, das britische Imperium verfüge jedoch nur über 54 Millionen, während Deutschland von knapp 61 Millionen und die USA von rund 78 Millionen Weißen bevölkert seien. Diese Zahlen seien umso furchteinflößender, als »in den USA und Deutschland die Finanzkraft ebenso wächst wie die Arbeitskräfte.« Im Gegensatz zu England halte Deutschland seine Landwirtschaft intakt und verbessere jedes Jahr den Ertrag. An anderer Stelle erfolgt die nüchterne Feststellung, dass »wir einen enormen Nachteil gegenüber Deutschland, Amerika und sogar Frankreich und der Schweiz haben. Es ist jedoch nicht sinnvoll, deutsche oder amerikanische Methoden zu kopieren, solange wir uns nicht den Geist, der ihnen zugrunde liegt, aneignen können.«[135]

Obwohl britische Angelsachsen wie auch Normannen Germanen sind,[136] wurde der germanische Geist der Freiheit und des Tatendrangs, wie er von den Deutschen verstanden und gelebt wurde, im britischen Empire nicht ausreichend verinnerlicht. Schließlich setzte die britische Staatsführung nach dem Vorbild des römischen Imperiums auf die Ausbeutung ihrer Untertanen und den scharfen Konkurrenzkampf. Folglich steigerte sich der unmoralische Drang zur militärischen Ausschaltung eines Konkurrenten bis Ende 1913 proportional zu den deutschen Produktionszahlen.

In der jährlichen Herstellung des für den Fortschritt besonders wichtigen Stahls steigerte sich Deutschland bis 1910 auf 13,7 und 1913 auf 18,3 Millionen Tonnen. Die englischen (6,4 und 7,7) und französischen Vergleichswerte (3,4 und 4,7) zeigen,[137] dass das junge Deutschland in der Stahlproduktion nicht nur an erster Stelle in Kontinentaleuropa blieb, sondern sogar mehr als das Doppelte der englischen und beinahe des Vierfache der französischen Herstellung schaffte. Anders ausgedrückt: 1910 produzierte Deutschland um etwa 28 Prozent und 1913 um etwa 32 Prozent mehr Stahl als England und Frankreich miteinander. Von 1910 bis 1913 lag Deutschland, wie die Tabelle gemäß Abbildung 4 zeigt, mit konstanten 16 Prozent nun auch in der europäischen Industrieproduktion an erster Stelle, wobei das Deutsche Reich alleine um exakt ein Viertel mehr produzierte als Frankreich und Russland zusammengerechnet.[138] Und wie der Tabelle in Abbildung 5 zu entnehmen ist, produzierte Deutschland, man lasse es sich auf der Zunge zergehen, mehr Stahl als England, Frankreich und Russland in Summe herzustellen in der Lage waren.[139] Das erzeugte überall Angst und Neid, nur nicht in Deutschland.

Stahlproduktion 1870–1913 in Millionen Tonnen

Jahr	DEU	ENG	FRA	USA
1870	0,2	0,2	0,1	0,1
1900	6,6	4,9	1,6	10,2
1910	13,7	6,4	3,4	26,1
1913	18,3	7,7	4,7	31,3

Abb. 5

Neben der Herstellung von Stahl, dem wohl bedeutendsten Indikator für industriellen Fortschritt und militärische Kapazitäten, war Deutschland auch in anderen zentralen Bereichen europa- und weltweit in Führung. So wurde Europas Elektroindustrie bis 1914 von Siemens und AEG beherrscht, während Bayer und Höchst 90 Prozent der weltweiten Farbstoffindustrie abdeckten.[140] Bereits ab der Jahrhundertwende hatte das Deutsche Reich das Weltmonopol für Teerfarbenproduktion.[141] Von 1870 bis 1913 war Deutschland Kohleproduzent Nummer eins in Kontinentaleuropa, wobei es 1913 mit 277 Millionen Tonnen sogar im Begriff war, England (287) zu überholen. 1870 hatte England gegenüber Deutschland noch mehr als das Dreifache hergestellt: 110 zu 34 Millionen Tonnen. Die USA produzierten 1913 weltweit am meisten Kohle: 509 Millionen Tonnen.[142]

Alles in allem steht zweifelsfrei fest, dass das Deutsche Reich bis Ende 1913, also rund ein halbes Jahr vor Beginn des Ersten Weltkriegs, England überholt hatte. Besagte Tabellen verraten auf einen Blick, dass Deutschland in der Weltindustrieproduktion nur von einer Macht übertroffen wurde: den USA.

Zurück zum deutschen Kaiserreich. Bereits ein Jahr nach der Reichsgründung, also 1872, hatte sich das deutsche Maschinenbau-Unternehmen Borsig zum größten europäischen Hersteller und Lieferanten für Dampflokomotiven emporgearbeitet. Weltweit lag das von August Borsig gegründete Unternehmen an zweiter Stelle[143] hinter dem US-amerikanischen Baldwin Locomotive Works. Nachdem der Deutsche August von Borries das auf den Schweizer Anatole Mallet 1874 patentierte Verbundmaschinensystem weitreichend verbessert hatte, setzte es sich bis zur Jahrhundertwende für Schnell- und Güterzüge durch. Ende der 1880er Jahre produzierten deutsche Forscher säurefreie Mineralschmieröle. In Kombination mit dem vom deutschen Ingenieur Wilhelm Schmidt 1897 entwickelten Rauchkammerüberhitzer und dem 1903 ebenfalls von ihm optimierten Rauchröhrenüberhitzer konnte endlich der Heißdampf für den Antrieb der Lokomotiven genutzt werden. Dadurch ergab sich gegenüber herkömmlichen Nassdampflokomotiven ein Minderverbrauch von 33 Prozent Wasser und 26 Prozent Kohle. Diese Bauweise setzte sich noch vor dem Ersten Weltkrieg durch: »1913 umfasste sie 90 Prozent aller Neubeschaffungen.«[144]

Dampfbetriebene Stahlfahrzeuge eroberten auch die Weltmeere, wo deutsche Hersteller und Händler ebenfalls ganz vorne mitspielten. Bis zum Jahr 1914 vergrößerte sich die deutsche Handelsflotte um sage und schreibe 238 Prozent, wodurch sie zur zweitgrößten nach Großbritannien wurde. Auch im Außenhandel kam Deutschland gleich nach Großbritannien an zweiter Stelle, wobei der britische Außenhandel »nur« um 110 Prozent, der deutsche jedoch um gewaltige 450 Prozent anstieg.[145] Beim Bau von Ozeanriesen lag das Deutsche Reich ganz klar weltweit in Führung. Das größte Schiff vor Beginn des Ersten Weltkriegs war nicht, wie viele glauben, die in der britischen Reederei White Star Line gefertigte Titanic mit 46.000 Bruttoregistertonnen (BRT). Unmittelbar vor Beginn des ersten großen Kriegs liefen drei Passagierdampfer der Imperator-Klasse der deutschen Reederei HAPAG (Hamburg-Amerikanische Paketfahrt-Aktien-Gesellschaft) vom Stapel, die sogar noch gigantischer waren: Bismarck (57.000 BRT), Vaterland (55.000 BRT) und Imperator (52.000 BRT). Diese drei deutschen Ozean-Liner waren die größten aller bis dahin gebauten Schiffe.[146] Allerdings wurde das Deutsche Reich 1919 gezwungen, das beste deutsche Linienschiff, die Imperator, als Ersatz für den britischen Luxusdampfer Lusitania an die Reederei Cunard zu übergeben,[147] obwohl die völkerrechtswidrig als Munitionstransporter missbrauchte Lusitania 1915 von Großbritannien aus geostrategischen Gründen (Kriegseintritt der USA auf Seiten der Entente) bewusst geopfert worden war.[148] Und das damals mächtigste Schiff der Welt, die deutsche Bismarck (siehe Abb. 6), wurde nach dem Ersten Weltkrieg von der White Star Line unter dem Namen Majestic geführt, kam also ebenfalls jener Nation zugute, die am meisten vom Untergang des deutschen Kaiserreichs profitierte: Großbritannien.[149]

Abb. 6: Ozean-Liner Bismarck (Majestic) um 1922

Die Mobilität zu Lande schritt ab etwa 1900 auch ohne Dampf und Schiene zügig voran. Das Stichwort lautete Automobilität. Bereits im ausgehenden 19. Jahrhundert wurde der Verbrennungsmotor von deutschen Automobilpionieren perfektioniert: 1876 Nicolaus Otto mit seinem Viertaktmotor, ab 1878 Carl Benz' verdichtungsloser Zweitaktmotor und leichter Viertaktmotor, 1883 Gottlieb Daimler mit seinem revolutionären Einzylinder-Viertaktmotor und 1893 Rudolf Diesel mit dem nach ihm benannten Dieselmotor. Ihr theoretisches Rüstzeug erhielten die ersten Kraftfahrzeugkonstrukteure entweder wie der ebenfalls deutsche Flugzeugmotorspezialist Wilhelm Maybach im Zuge des experimentellen Selbststudiums oder aber wie Benz und Daimler beim offiziellen Studium an technischen Lehranstalten.[150]

Der außerordentliche wirtschaftliche Erfolg des deutschen Kaiserreichs beruhte auf mehreren auf einander abgestimmten Faktoren: hohe Qualität zu besten Preisen, kontinuierlich optimierte Maschinen, Arbeitsabläufe und Arbeitsbedingungen, hohe Transportkapazität inklusive Schienennetz und Fahrzeugen sowie sehr gut ausgebildetes Personal. Dazu gesellten sich innovative Marktforschung und zielstrebige Orientierung am Kunden. Letztlich führte ein **ganzheitlicher** Ansatz zum deutschen Erfolg: »Das Bündnis zwischen Industrie, Banken, Wissenschaft und Staat tat sein übriges.«[151] Besonderes Augenmerk verdient der Umstand, dass die deutschen Geldinstitute im Großen und Ganzen dem Wohle des Staats dienten und nicht umgekehrt. Ihre Aufgabe bestand in erster Linie darin, die Wirtschaft und Industrie der Zukunft zu finanzieren, wofür sie mehr Kapital aufwendeten als Englands Banken.[152] Es sei nochmals ausdrücklich betont, dass diese Meisterleistung weder auf Ausbeutung noch auf Krieg beruhte, sondern vom Deutschen Reich friedlich und aus eigener Kraft im Rahmen eines wohldurchdachten Gesamtsystems erbracht wurde.

Der deutsche Kaiser Wilhelm II. (1859 bis 1941) war meines Erachtens der beste Monarch, den die Welt je hatte. Vor allem zeichneten ihn seine Liebe zum deutschen Volk, sein geostrategischer Weitblick, sein militärisches Fachwissen und seine charismatische Führungspersönlichkeit aus. Wilhelm II. galt mit Fug und Recht als Inbild der deutschen Nation. Und als erster Mann im Staate trug er ein beachtliches Stück zum besagten deutschen Gesamtsystem bei. In seinem Buch *Ereignisse und Gestalten 1878–1918* aus dem Jahr 1922 erklärt Wilhelm II. mit berechtigtem Stolz, worauf es bei einem Staatsoberhaupt ankommt und wovon wir heute nur noch träumen können:

Erstens den Einfluss, den ein Monarch auf die Entwicklung seines Landes durch persönliche Betätigung nehmen kann und soll. Zweitens: wie seine von jeder Parteirücksicht freie Wahl tüchtige Männer an die Spitze des Ressorts bringen kann.

Drittens: wie durch die ehrliche Zusammenarbeit dieser Männer mit dem Herrscher, dessen volles Vertrauen sie besaßen, glänzende Leistungen gezeitigt worden sind. Alles in unserer gemeinsamen Arbeit war klar und ehrlich. Nur die Sache galt, nämlich das Wohl und die Entwicklung des Vaterlandes, seine Kräftigung und Ausrüstung für den Wettbewerb auf dem Weltmarkt.[153]

Unter der umsichtigen Führung Wilhelms II. stand Deutschland kurz davor, England auch im Handel zu übertrumpfen. Über Englands damalige Furcht vor den angemessen in den Verkehr gebrachten deutschen Waren weiß der australische Historiker Christopher Clark zu berichten: »In Großbritannien schwang bei den Worten ›Made in Germany‹ sehr stark das Gefühl einer Bedrohung mit, nicht weil die deutschen Handels- oder Wirtschaftspraktiken aggressiver oder expansionistischer als andere wären, sondern weil sie die Grenzen der britischen Weltherrschaft aufzeigten.«[154] Mit dem englischen Merchandise Act von 1887 wurde deutschen Waren hochoffiziell das als Schandsiegel erdachte »Made in Germany« verpasst, um Kopien minderer Qualität, die mittels deutscher Industriespionage hergestellt wurden, als solche zu kennzeichnen. Doch gerade das führte zu einer der größten Wendungen in der Wirtschaftsgeschichte: Kurz darauf machte nämlich die deutsche Qualitätsoffensive aus »Made in Germany« ein Gütesiegel, das ab sofort für bessere Qualität zu günstigeren Preisen und damit für wirtschaftliche Überlegenheit stand.[155]

Abb. 7: Kaiser Wilhelm II. um 1890   Abb. 8: Wilhelm II. mit Sohn Wilhelm 1887

Die Überlegenheit des deutschen Kaiserreichs zeigte sich auch im Bereich des allgemeinen Wohlstands und der verhältnismäßig niedrigen Staatsschulden. Während Frankreichs Pro-Kopf-Verschuldung 1912 mit umgerechnet 658 Goldmark und jene Englands mit 324 Goldmark zu Buch schlugen, war Deutschland mit der weitaus niedrigsten belastet, nämlich mit lediglich 167 Goldmark pro Einwohner. Diesen Zahlen liegen die gesamten Staatsschulden abzüglich der Eisenbahn zugrunde. Bei Deutschland waren das 11,1 Milliarden Goldmark, sprich 20,5 gesamt minus 9,4 für die Bahn.[156]

Die amerikanische Autorin Barbara Tuchman schildert Großbritanniens katastrophale soziale Zustände zwischen 1890 und 1914. Dabei betont sie, dass um die Jahrhundertwende im reichsten Staat der Welt rund ein Drittel der Bevölkerung in chronischer Armut lebte. Sie seien unfähig gewesen, »die primitivsten Bedürfnisse eines animalischen Lebens zu befriedigen.«[157] Generell lässt sich sagen: »Unstete Beschäftigung und Arbeitslosigkeit bildeten vor 1914 in Großbritannien ein sehr viel schwerwiegenderes Problem als im Deutschen Reich.« Offiziellen Statistiken zufolge lag die britische Arbeitslosenquote bei Spitzenwerten von 9,6 Prozent 1886 sowie 8,7 Prozent 1908 und 1909. Die jährlichen englischen Durchschnittswerte von 3 bis 6 Prozent lagen erheblich über jenen der Deutschen.[158] Obwohl die deutsche Bevölkerung von 41 Millionen im Jahr 1871 auf knapp 65 Millionen im Jahr 1910 anwuchs, also um mehr als die Hälfte zunahm, reduzierte sich parallel dazu die Arbeitslosigkeit von 3,3 Prozent (1887 bis 1893) über 2,9 Prozent (1893 bis 1902) auf 2,6 Prozent (1902 bis 1914).[159] Trotz hoher Abwanderungszahlen in die Industrie konnte die deutsche landwirtschaftliche Jahresproduktion von 1860 bis 1910 mehr als verdoppelt werden: von 10,5 auf unglaubliche 25 Millionen Kalorien.[160] Das sind etwa 238 Prozent des Ausgangswerts. Beachtlich ist auch der generelle Einkommensanstieg: »Von 1871 bis 1913 stieg der durchschnittliche Jahresverdienst der Arbeitnehmer in Industrie, Handel und Verkehr von 493 auf 1.083 Mark. Real, das heißt inflationsbereinigt, verdoppelte er sich.«[161]

Auch im Schulwesen war Deutschland Spitzenreiter. 1880 gab es weltweit am meisten Geld für Erziehung und Ausbildung aus: stolze 1,6 Prozent vom Bruttosozialprodukt, gefolgt von den USA mit 1,1, Frankreich und England mit 0,9 und Japan mit 0,8 Prozent. Im Jahr 1900 lag Deutschland mit 1,9 Prozent an zweiter Stelle knapp hinter Japan (2,0).[162] Die Wechselwirkung zwischen Wissenschaft und Produktion intensivierte sich progressiv, zumal Deutschland bereits 1877 bis 1890 über neun und ab 1900 über zehn technische Hochschulen verfügte. Studierten an deutschen Universitäten 1871 noch 13.093 Personen, waren es 1910 schon 51.273, was einer Steigerung von knapp 262 Prozent entspricht.[163] Die diesbezügliche britische Analyse in *The Empire and the Century* (1905) lautet: »Es ist unmöglich, unsere Bewunderung gegenüber Deutschland für die Gründlichkeit zurückzuhalten, mit der es seine industrielle Karriere vorbereitet hat. Es hat nichts vernachlässigt, um Erfolg zu garantieren. Zu Hause schult es seine ganze Erwerbsbevölkerung körperlich, geistig und moralisch. Es bietet für sie eine Erziehung, die die Bewunderung und fast die Bestürzung ausländischer Beobachter erregt. Es schützt seine Hersteller auf seinen eigenen Märkten, damit sie sich auf ausländischen Märkten bewähren können.« Und weiter: »Der wunderbare industrielle Fortschritt Deutschlands in den letzten fünfundzwanzig Jahren beruht zu großen Teilen auf der bewundernswerten Stufenleiter der Bildung, die es für sein ganzes Volk konstruiert hat.«[164]

Kurzer Ausflug in die Geisteswissenschaften. Der einflussreichste Begründer des Protestantismus als Gegengewicht zur global dominanten katholischen Kirche war ein Deutscher: Martin Luther. Der Erfinder des modernen Buchdrucks: ebenfalls ein Deutscher (Johannes Gutenberg). Das Deutsche Reich war bekannt als das Land jener Dichter und Denker, die in der Tradition Schillers, Goethes, Hegels und Kants standen. Die geistigen Maßstäbe deutscher Philosophen hatten und haben, wie wohl keine anderen, das große Potenzial, die Welt friedlich und freiheitlich im Sinne aller Menschen zu gestalten. Hervorzuheben sind der bereits erwähnte germanische Geist der Freiheit (Hegel) und Immanuel Kants (1724 bis 1804) kategorischer Imperativ. Letzter lautet kurz und bündig: »Handle nur nach derjenigen Maxime, durch die du zugleich wollen kannst, dass sie ein allgemeines Gesetz werde.«[165] Die Kombination aus geistiger Freiheit und individuellem verantwortungsbewusstem Handeln, das man sogleich in Gesetzesform gießen könnte, war und ist eine natürliche Trutzburg, ja die gesunde Alternative zur ausbeuterischen Globalisierung. Und die Deutschen hatten sowohl den Willen als auch die technischen Mittel, die Maxime der verantwortungsbewusst gelebten Freiheit in die Welt zu tragen. Es kommt nicht von irgendwoher, dass das deutsche Kaiserreich Ende des 19. Jahrhunderts vom Zionistenführer Theodor Herzl unter anderem für seine Sittlichkeit in den höchsten Tönen gelobt wurde. 1898 ersuchte der österreichisch-ungarische Jurist den deutschen Kaiser um Unterstützung bei der Errichtung eines jüdischen Staats nach dem Muster des deutschen Kaiserreichs und in Form eines deutschen Protektorats in Palästina. Herzl erkannte eben den herausragenden Wert des Deutschen Reiches und seiner ausgezeichneten politischen und eisenbahntechnischen Verbindungen zum Osmanischen Reich.[166]

Deutsche Städte wie vor allem Berlin entwickelten sich zu einzigartigen Kulturmetropolen. Die von nicht gerade wenigen Zentraleuropäern getragene Idee eines vom Deutschen Reich gelenkten europäischen Staatenbunds beruhte auf dem durchwegs realisierbaren Wunsch, sich gegenüber den Großmächten Großbritannien und USA wirtschaftlich und politisch unabhängig zu machen, ja sich über sie zu erheben. Die zentraleuropäische Kohle- und Stahlindustrie war ja so gut wie in deutscher Hand, wichtige Rohstoffe gab es in Skandinavien und Frankreich, Erdöl im Nahen Osten und in Afrika.

Die künftige strategische Bedeutung des in Europa raren Erdöls war bereits vor dem Ersten Weltkrieg erkennbar. Das Deutsche Reich konnte lediglich etwa zehn Prozent seines Bedarfs mit den spärlichen eigenen Ressourcen abdecken und wollte die Beinahe-Monopolstellung des US-Konzerns Standard Oil von John D. Rockefeller in Europa brechen. Durch die Entwicklung ausgefeilter Förder-, Lager-, Transport- und Vertriebstechniken stieg das deutsche Kaiserreich zu **Europas größtem Erdölhändler** auf. Die Gründung der Europäischen Petroleum-Union unter Führung der Deutschen Bank, die den exklusiven Vertrieb von russischen, rumänischen und galizischen Erdölprodukten koordinierte, machte Rockefeller gewaltig zu schaffen. Ebenso das im deutschen Reichstag bis 1914 heftig diskutierte Reichspetroleummonopol. Aufgrund der engen deutsch-osmanischen Freundschaft, der deutschen Bagdad-Bahn und dem privilegierten Zugang zum nahöstlichen Erdöl war das Deutsche Reich drauf und dran, in absehbarer Zeit sowohl seinen eigenen Bedarf zu decken als auch den europäischen und ein Teil des weltweiten Erdölmarkts zu erobern. Ein starker mitteleurasischer Streifen von Hamburg bis Basra am Persischen Golf wäre die konsequente Folge gewesen. Das war bereits Grund genug für die anglo-amerikanische Globalisierungsclique, das Deutsche Reich in einen großen Krieg zu verwickeln und es dabei zu vernichten (siehe Kapitel »Mitteleurasische Allianz«).

Doch dafür lieferten die fleißigen Deutschen noch andere Gründe. Im Wege des Kolonialismus wurden Afrika und Indien fast völlig von Europa (hauptsächlich England und Frankreich) gesteuert und ausgebeutet. Und China stand nach dem Krieg gegen Russland (1900) und der Umgestaltung des mehr als 2.000 Jahre währenden Kaiserreichs in eine Volksrepublik (1912) kurz vor dem Kollaps. Ein starkes Europa mit deutschem Gravitationszentrum und internationaler Vormachtstellung schien also zum Greifen nahe in einer Zeit, in der die europäischen Staaten und Großmächte alles andere als solidarisch auftraten. Im Gegenteil. Sie waren gespalten und trugen untereinander nicht zuletzt aufgrund des rasanten Bevölkerungswachstums heftige wirtschaftliche, politische, maritime und koloniale Konkurrenzkämpfe aus.

Zum Kolonialismus sei hier gesagt, dass Deutschland in Relation zu den großen Imperialmächten nicht nur ein Spätzünder war, sondern bis zum Ende des Ersten Weltkriegs überdies nur wenige Besitzungen in Übersee hatte. Diese sogenannten

Handelsschutzgebiete waren außerdem nicht sonderlich ertragreich. Nach England, Frankreich und Russland hatte Deutschland 1914 das flächenmäßig viertgrößte und von der Bevölkerungszahl her hinter den Niederlanden das fünftgrößte Kolonialreich.[167] Da die deutschen Kolonien bis 1914 nicht einmal 2,5 Prozent des jährlichen Außenhandels und die Importe aus den Kolonien weniger als 0,5 Prozent der gesamten deutschen Einfuhr ausmachten,[168] hatte Englands Gefühl der Bedrohung durch den deutschen Kolonialismus wohl hauptsächlich geostrategische Gründe. Im Wesentlichen beanspruchte das Deutsche Reich einen unrentablen afrikanischen Flickenteppich und einige in der Südsee verstreute Schutzgebiete wie Deutsch-Neuguinea und die deutschen Samoa-Inseln. Die Bucht von Kiautschou war auf 99 Jahre von China gepachtet und daher genau genommen keine Kolonie. Von einiger, zumindest indirekter geostrategischer Bedeutung war der erwähnte afrikanische Streubesitz, der aus Deutsch-Südwestafrika (heute Namibia), Deutsch-Westafrika (Kamerun und Togoland) und Deutsch-Ostafrika bestand.

Seit 1898 versuchte nämlich Deutschland auf Basis geheimer Abkommen mit England, portugiesische Kolonien zu erwerben und dadurch ein mit den bereits vorhandenen deutschen Kolonien zusammenhängendes deutsches Mittelafrika zu erschaffen. Kurz nachdem das Deutsche Reich am 27. Juli 1914 London sein Einverständnis zur Veröffentlichung des bislang geheimen Vertrags von 1913 gegeben hatte, machte der Beginn des Ersten Weltkriegs die deutschen Mittelafrikapläne zunichte.[169] In Wahrheit hatte England zu keiner Zeit Interesse an einem deutsch dominierten Mittelafrika. Das glatte Gegenteil war der Fall, weil die vom britischen Neoimperialisten Cecil Rhodes 1891 ins Leben gerufene Globalisierungsclique allzeit dessen Hauptziel konsequent verfolgte, »die englischsprachigen Völker zu vereinen und alle bewohnbaren Teile dieser Erde unter ihre Kontrolle zu bringen.« Professor Carroll Quigley erläutert weiterhin, dass Rhodes die Erbauung einer Eisenbahnlinie quer durch Afrika von Kapstadt im Süden bis Kairo im Norden beabsichtigte.[170]

Wie noch zu zeigen ist, dominierte Cecil Rhodes persönlich mit einigen Eingeweihten und nach seinem Tod (1902) die von ihm ins Leben gerufene Globalisierungsclique sogar in verstärktem Maße die britische Kolonial- und Außenpolitik. Es steht jedenfalls unverrückbar fest, dass sowohl eine englische Eisenbahnlinie von Süd- nach Nordafrika als auch Rhodes' Weltherrschaftspläne mit einem etwaigen deutschen Mittelafrika absolut unvereinbar waren. Folglich verhandelte England darüber mit Deutschland nur zum Schein. Daraus ergibt sich zweierlei: Erstens offenbart sich Englands allgemein geübte Hinhaltetaktik gegenüber Deutschland vor dem Beginn des Ersten Weltkriegs, wie sie auch von Russland praktiziert wurde. Zweitens liegt ein wichtiger Beleg dafür vor, dass sich das Deutsche Reich bis zuletzt aktiv um den Frieden bemühte. Allerdings verstärkte das selbstbewusste Auftreten des Deutschen Reiches beim versuchten Erwerb weiterer Kolonien ab etwa 1911 seine Isolierung und jene Einkreisung durch die restlichen Großmächte, die man in England ohnehin schon seit spätestens 1895 angedacht hatte, wie den besagten drei Artikeln der mit Cecil Rhodes verbandelten *Saturday Review* unzweideutig zu entnehmen ist. Darauf kommen wir im Kapitel über die inszenierte Auslösung des Ersten Weltkriegs zurück. Deutschland durfte jedenfalls aus englischer Perspektive eben nicht Großmacht bleiben und schon gar nicht Eurasiens Führungsnation werden. Das bisher Vorgebrachte führt aus Sicht sozialdarwinistischer Briten zu folgenden Ableitungen:

1. Deutschland war tatsächlich Englands schärfster Konkurrent, der noch dazu das Zeug zum uneingeschränkten Vorreiter Eurasiens hatte.
2. England und Frankreich waren nicht einmal gemeinsam in der Lage, Deutschlands Position ernsthaft zu gefährden.
3. Deutschland musste isoliert werden, beziehungsweise war jedwedes deutsche Bündnis mit Frankreich oder gar Russland zu verunmöglichen. Besonders das deutsch-russische Verhältnis galt es nachhaltig zu stören und völlig zu vernichten.
4. Zur Zerstörung Deutschlands war kurz- bis mittelfristig dessen Einkreisung durch die Konzentration englischer, französischer und russischer Kräfte erforderlich.
5. Langfristig kam als Partner und strategische Reserve Englands nur der besonders durchhaltefähige oberste Weltproduzent in Betracht: die USA.

So trug es sich dann auch zu. Während des Ersten Weltkriegs wurden die Feinde Deutschlands von den **USA** beliefert und finanziell unterstützt, bis sie schließlich selbst als **strategische Reserve** aktiv ins Kampfgeschehen einstiegen und die Wende zugunsten Englands und Frankreichs brachten. Dies entspricht einer exzessiven Anwendung der anglo-amerikanischen Geostrategie der Balance of Power (Gleichgewicht der Kräfte) und deckt sich weitgehend mit dem bereits erörterten Teile-und-herrsche-Prinzip, wie es von Psychopathen regelmäßig angewandt wird.

Anglo-amerikanische Geostrategie

Wer das militärstrategische Brettspiel *Risiko* kennt, weiß, dass meist jener Spieler gewinnt oder die Welt erobert, der zuerst mit seinen Truppen Australien besetzt.

Auf der Landkarte ist Australien leicht zu verteidigen, weil es gemäß den Spielregeln nur von einem Land (Siam) angegriffen werden kann. Während sich die übrigen Mitspieler auf den anderen Kontinenten gegenseitig in Kriegen aufreiben, sammelt der Beherrscher Australiens in seiner **herrlichen Isolation** (Splendid Isolation) von Runde zu Runde so lange Truppen, bis er sich Stück für Stück den Rest der Spielwelt einverleibt.

In der realen Welt genoss England beziehungsweise Großbritannien ab 1588 seine Splendid Isolation, die herrliche Isolation auf den Mutterinseln. Seit dem Sieg über die spanische Armada war England in Sicherheit, weil es fortan die Kontrolle über das umgebende Meer und besonders den Ärmelkanal hatte. Während man sich auf dem europäischen Kontinent regelmäßig raufte und gegenseitig schwächte, konnte England in Ruhe gedeihen, seine Kriegsflotte vergrößern und schließlich um 1900 zum nahezu uneingeschränkten Beherrscher der Weltmeere werden. Neben seiner Vormachtstellung in der Handelsschifffahrt und der Kontrolle über die weltweiten Transportwege war Englands oberste Priorität natürlich der Besitz der meisten Schiffe. Um das Jahr 1900 herum nannte England weltweit 39 Prozent aller seetüchtigen Schiffe sein eigen, etwa das Dreifache gegenüber seinem nächsten Rivalen. Auf dieser Übermacht beruhte auch Englands koloniale Dominanz.[171]

Kurzer Exkurs in den Kolonialismus. Die industrielle Revolution, deren Mutter England war, führte zu einer großen Nachfrage nach Rohstoffen und Lebensmitteln, die man durch unverfrorenen Raub in den Kolonien stillte. Moralische Verwerflichkeit hin, (heutige) völkerrechtliche Unzulässigkeit her: Objektiv gesehen, hatte entweder keine europäische Nation ein Recht auf einen »Platz an der Sonne« oder selbiges stand neben England und Frankreich selbstverständlich auch Deutschland zu. Punkt. Für die Ureinwohner bedeutete Kolonialismus jedenfalls meist nichts anderes als Besetzung, Landnahme, Ressourcenraub, Ausbeutung, Gewalt, Unterdrückung, Zwangsarbeit, Vertreibung und Völkermord. Es scheint gewissermaßen ein ironisches Regulativ der Natur zu sein, dass sich Europas ach so zivilisierte Herren, von niederen Trieben wie Gier und Neid gesteuert, so lange über fremde Ländereien stritten, in denen sie überhaupt nichts zu suchen hatten, bis sie ihre ach so geliebten Heimatländer in einen industriellen Großkrieg (den Ersten Weltkrieg) trieben, in dem sie ihre ach so geliebten eigenen Landsleute zu Millionen abschlachten ließen. Exkurs beendet.

Mit Englands Splendid Isolation und der Beherrschung der Weltmeere hängt die Strategie zur Schwächung anderer Kontinente untrennbar zusammen. Aufgrund zahlenmäßiger Unterlegenheit der britischen Insulaner waren sie zu keiner Zeit in der Lage, zum Beispiel ganz Eurasien durch Stationierung von Truppen zu beherrschen. Sie wären aufgerieben worden, was wiederum die Mutterinseln nachhaltig geschwächt hätte. Stattdessen entwickelte England das auf Ignoranz, Überheblichkeit und eiskaltem Kalkül beruhende, gleichermaßen hinterhältige wie unmoralische, aber höchst effiziente Prinzip der Balance of Power. Diese Strategie der permanenten Einmischung in fremde Angelegenheiten ist relativ simpel. Als Anleitung für imperialistische Politiker, Diplomaten, höchste Militärs und Geheimdienstleute könnte man sie wie folgt formulieren: Erzeuge, fördere, beeinflusse und lenke möglichst heimlich (verdeckt) die Konfliktentwicklung auf fremden Kontinenten und in fremden Nationen durch Täuschung, freundliche Hinhaltung und diplomatische Isolation der stärksten Macht sowie verdeckte Unterstützung beider Seiten unter deutlicher Bevorzugung der zweitstärksten Macht. Die stärkste Macht ist dein erster Feind, den es durch die zweitstärkste Macht niederzuringen gilt. Die siegreiche neue stärkste Macht ist ab sofort der neue Feind. Mit anderen Worten: England schob stets sein eigenes Gewicht jener europäischen Streitpartei zu, die ihm als die schwächere erschien, um die stärkere zu schwächen.[172]

Die britische Geostrategie der Balance of Power entspricht einem der 36 uralten, seit Jahrtausenden verfeinerten chinesischen Strategeme. Das altgriechische Wort »Strategema« bedeutet so viel wie Feldherrntätigkeit und Kriegslist. Unter Strategemen sind aber auch Listen, Tricks und Kunstgriffe im politischen und privaten Bereich zu verstehen. Bereits die älteste militärstrategische Abhandlung der Welt, das Traktat über die Kriegskunst des obersten chinesischen Generals Sunzi (Sun Zi, Sun Wu) aus etwa 500 vor unserer Zeitrechnung, arbeitet mit dem Begriff »Strategem«. Heute ist er besonders im angelsächsischen Raum Bestandteil der Titel einiger militärwissenschaftlicher Werke. Im militärischen Bereich stehen Strategeme für Kriegslisten im Sinne von Feindestäuschungen, die sich unter anderem um die Verschleierung von Wahrem, die Vorspiegelung von Falschem, die Spaltung der Feindkräfte, die strategische Einkreisung des Feindes und die Verlockung des Gegners zum Angriff drehen.[173] In seinem erstklassigen Werk *Strategeme* ordnet der schweizerische Jurist und Sinologe Harro von Senger die britische Balance-of-Power-Strategie ohne Umschweife dem chinesischen Strategem Nummer 33 zu: dem Geheimagenten-Strategem, das auch Unterwanderungs-Strategem, Strategem des Zwietrachtsäens und Spaltpilz-Strategem genannt wird. Dabei geht es in erster Linie darum, »den Feind auseinanderzudividieren und zu zersetzen«, einen Keil zwischen die Partner einer feindlichen Koalition zu treiben oder »Gruppen im feindlichen Lager gegeneinander aufzuhetzen, kurz, Zwietracht zu sähen.« Schon General Sunzi lehrte: »Ist der Feind geeint, spaltet man ihn.«[174]

Da britische Geostrategen den Rest der Welt als Feindgebiet betrachteten, das sie unterwerfen wollten, fand das Konzept der Balance of Power konsequenterweise globale Anwendung. Harro von Sengers Aufzählung der Orte britischen Zwietrachtsäens reicht von der allgemeinen Spaltung der Nationen auf dem europäischen Festland bis zur Kontrolle über den indischen Subkontinent, Sri Lanka und Palästina durch eine blutige Teilung mittels Stimulierung religiöser Animositäten und Förderung ethnischer Zwistigkeiten. Den Konflikt in Palästina bezeichnet der schweizerische Jurist völlig zu Recht als »Produkt der britischen Mandatspolitik, die Juden und Araber erst gegeneinander ausspielte und dann den Kram hinwarf.«[175] Das geeinte deutsche Kaiserreich war vor allem deshalb Großbritanniens Hauptfeind auf dem europäischen Festland, weil sich europäische Juden einen eigenen Staat in Palästina nach deutschem Vorbild und als deutsches Protektorat wünschten. Der Erste Weltkrieg diente den britischen Strategen unter anderem dazu, dass der erdölreiche Nahe Osten nicht unter deutschjüdische Kontrolle gelangte. Darauf kommen wir noch ausführlich im Kapitel über die mitteleurasische Allianz im Vorfeld des Ersten Weltkriegs zu sprechen.

Ganz besonders tobten sich die britischen Geostrategen auf dem eurasischen Kontinent aus. Der weltberühmte Schriftsteller Thomas Mann (1875 bis 1955) erklärt die Divide-et-impera-Strategie Großbritanniens ausdrücklich als besonders egoistisch, klug, kalt und unerschütterlich: »Von jeher war es seine Sache, die Völker des Festlandes gegeneinander auszuspielen, aus ihren Zwistigkeiten Nutzen zu ziehen, sie für seine Zwecke bluten zu lassen.«[176] Harro von Senger resümiert daher zutreffend: »Großbritannien hat jahrhundertelang gegenüber den Mächten des europäischen Kontinents das Strategem Nr. 33 in Form seiner Politik des Gleichgewichts der Kräfte angewandt.«[177]

Das Hauptziel dieser Geostrategie wird zwar verbalkosmetisch »kontinentales Mächtegleichgewicht« genannt, tatsächlich handelt es sich jedoch um die gezielte **Schwächung des Kontinents** durch die optimierte Anwendung des altbekannten Teile-und-herrsche-Prinzips, des Keiltreibens zwecks Aufrechterhaltung und Erweiterung der englischen Hegemonialmacht. Dieses an sich offene Geheimnis wird jedoch von vielen Historikern, mitunter sogar von kontinentaleuropäischen Militärstrategen völlig verkannt oder geflissentlich ignoriert. Hier sollte man nicht vergessen, dass England hunderte Jahre hatte, um sich in seiner perfiden Disziplin zu spezialisieren und seine besiegten Gegner propagandistisch zu manipulieren und in seinem Sinne zu formen. Wohlgemerkt, waren die skrupellosen Täter nicht *die* Engländer, sondern vor allem machthungrige Imperialisten in verschiedenen politischen, diplomatischen, militärischen und geheimdienstlichen Ämtern. Sie konnten ihre geostrategischen Spielchen aus der Splendid Isolation heraus betreiben, bis ihr Hitler-Deutschland mit Bombern und V2-Raketen ein jähes Ende bereitete, was wiederum neben Rassenwahn und Russlandfeldzug hauptsächlich für den Untergang des Dritten Reichs war.

Seit dem Ende des Ersten und besonders des Zweiten Weltkriegs wurde Großbritannien von seinem wichtigsten strategischen Partner als Supermacht abgelöst: den USA. Ähnlich wie das britische Inselreich genießen die USA seit langem ihre Splendid Isolation. Dass sie seit mehr als hundert Jahren weltweit die Strategie der Balance of Power anwenden, gab George Friedman Anfang 2015 unverblümt zu. George Friedmann ist ein US-amerikanischer Experte für politische Strategie und der Leiter des berüchtigten Informationsdienstes Strategic Forecasting, kurz Stratfor. Was Friedman beim Chicago Council on Global Affairs am 4. Februar 2015 artikulierte, war zwar zu keiner Zeit ein Geheimnis, wurde aber erstmals in dieser ungeschminkten und kompakten Form aufs Tablett gebracht. Zuerst stellte Friedman pragmatisch klar, dass die USA keinerlei Beziehung zum uneinigen Europa haben können, sondern nur zu dessen Einzelstaaten. Dann kam der US-Stratege gleich zum Punkt: »Das Hauptinteresse der US-Außenpolitik während des letzten Jahrhunderts im Ersten und im Zweiten Weltkrieg und im Kalten Krieg waren die Beziehungen zwischen Deutschland und Russland. Vereint sind sie die einzige Macht, die uns bedrohen kann. Unser Hauptinteresse war sicherzustellen, dass dieser Fall nicht eintritt.«[178]

Außerdem, so George Friedmann weiter, haben die USA ein weiteres fundamentales Interesse: »Sie kontrollieren alle Ozeane der Welt. Keine andere Macht hat das jemals getan. Aus diesem Grund können wir in andere Länder eindringen, aber sie können es nicht bei uns. Das ist eine schöne Sache. Die Aufrechterhaltung der Kontrolle über die Ozeane und des Weltraums ist die Grundlage unserer Macht.« Der beste Weg eine feindliche Flotte zu besiegen, sei, von vornherein ihren Bau zu verhindern. Und nun aufgepasst: Großbritanniens Methode, den Bau einer für seine Hegemonie gefährlichen kontinentaleuropäischen Flotte zu verhindern, war, dass die Europäer einander bekämpften. Diese Methode, so Friedman, wandte auch Ronald Reagan an, indem er im Krieg von Iran und Irak 1980 bis 1988 beide Seiten unterstützte: »Er finanzierte beide Seiten, sodass sie gegeneinander kämpften und nicht gegen uns. Das war zynisch, bestimmt nicht moralisch, aber es funktionierte.« Der Punkt ist: »Die USA sind nicht in der Lage, ganz Eurasien zu okkupieren. In dem Moment, in dem unsere Stiefel den Boden berühren, sind wir demographisch, zahlenmäßig unterlegen.« Der Feind wird regelmäßig wie etwa in Afghanistan und im Irak mit selektiven Störaktionen aus dem Gleichgewicht gebracht. Schließlich spannte George Friedman den Bogen zwischen Deutschland als europäischem Schlüsselland in der

Ukraine-Krise und der Urangst der USA vor einer **deutsch-russischen Allianz**: »Die Urangst der USA ist, dass deutsches Kapital und deutsche Technologien sich mit russischen Rohstoffen und russischer Arbeitskraft verbinden. Eine einzigartige Kombination, vor der die USA seit Jahrhunderten eine unheimliche Angst haben.« Zuletzt nahm George Friedman auf die Vorkriegszeit des Ersten Weltkriegs Bezug. In der aktuellen Ukraine-Krise liege wie schon damals alles am wirtschaftlich sehr mächtigen, aber geopolitisch sehr fragilen Deutschland, das nicht wisse, wie es einen Ausgleich zwischen beiden Seiten herstellen soll: »Seit 1871 [Gründung des Deutschen Reiches] ist das die deutsche Frage, die Frage Europas.« Diese Frage komme in der Ukraine-Krise wieder auf uns zu.[179]

Wir fassen zusammen: Britische und US-amerikanische Imperialisten taten und tun alles, um die einzigartige Kombination Deutschland-Russland zu stören beziehungsweise diese gar nicht entstehen zu lassen. Deutsche Finanzmittel und Technologien einerseits sowie russische Rohstoffe und Manpower andererseits dürfen sich aus Sicht anglo-amerikanischer Neoimperialisten nicht verbinden. Diese beherrschen Eurasien indirekt, indem sie seine Hauptmächte teilen, sprich Konflikte zwischen Deutschland und Russland auslösen und befeuern. Nur vor dem Hintergrund dieser fundamentalen anglo-amerikanischen Geostrategie können der Erste Weltkrieg, die aus ihm resultierenden kommunistischen und nationalsozialistischen Diktaturen, der Zweite Weltkrieg, der sogenannte Kalte Krieg und der sich anbahnende Dritte Weltkrieg inklusive inszenierter Massenmigration mit Hauptangriffsziel Deutschland sinnerfassend verstanden werden. Wichtigtuerisches Hantieren mit Jahreszahlen und Eckdaten, wie es vielfach im Geschichtsunterricht praktiziert wird, lenkt nur vom Wesentlichen ab, wenn dabei die Hauptursache und die treibenden Kräfte der Konflikte außer Acht gelassen werden. Selbstverständlich sind kontinentaleurasische Kriegstreiber nicht minder verantwortlich, wenngleich sie mehr oder weniger anglo-amerikanische Marionetten sind. Die drahtziehenden Puppenspieler sind Mitglieder jener vormals geheimen Globalisierungsclique, die von Cecil Rhodes 1891 gegründet wurde und die bis heute unter Anwendung der beschriebenen anglo-amerikanischen Geostrategie Eurasien destabilisiert.

Ewige Kapital-Imperialisten

Imperialismus leitet sich vom lateinischen Verb »imperare« (herrschen) und vom Substantiv »imperium« (Herrschaft, Oberbefehl, Reich) ab. Der britische Universitätsprofessor für Humangeographie Ronald John Johnston definiert Imperialismus wie folgt: »Eine ungleiche menschliche und territoriale Beziehung, in der Regel in Form eines Imperiums, die auf Vorstellungen von Überlegenheit und Praktiken der Dominanz beruht und die Erweiterung der Autorität und Kontrolle eines Staates oder eines Volkes über ein anderes beinhaltet.« Der Imperialismus ist »eng mit dem Kolonialismus verbunden.« Bei beiden handelt es sich um »intrinsisch geographische und traumatische Prozesse der Enteignung, in denen Menschen, Vermögen, Ressourcen und Entscheidungsbefugnisse aus fernen Ländern und von fernen Völkern zu einem metropolitanen Zentrum und einer Elite verlagert werden.« Dies geschieht »durch eine Mischung aus Erkundung, Eroberung, Handel, Ressourcenextraktion [besser: Ressourcenraub], Ansiedelung, Beherrschung und Vertretung.«[180]

Imperialisten bedienten und bedienen sich sowohl offener Aggression als auch subversiver Maßnahmen wie etwa erzwungener Regierungswechsel (Regime Changes), wobei seit Ende des Ersten Weltkriegs und der zunehmenden Ächtung des Imperialismus vermehrt subversive Aktivitäten zur Anwendung kommen. Der heutige moderne US-amerikanische Imperialismus (Neoimperialismus) vor allem im Nahen Osten und die damit einhergehende Globalisierung nahmen ihren Anfang in England und mit der schamlosen Ausbeutung der Kolonien auf der ganzen Welt, vor allem in Indien und Afrika in der zweiten Hälfte des 19. Jahrhunderts. Unermessliche Gier und zwanghafte Einmischung in fremde Kulturen sind eine, vielleicht sogar die einzige Wurzel aller großen Kriege und des globalen Terrors. Es ging um den Futterneid an fremden Töpfen. Die leicht zu merkende Formel lautet:

Gier + Einmischung = Krieg

Koloniale Wurzeln

Das personifizierte Unrecht des Imperialismus finden wir in Cecil Rhodes (1853 bis 1902), einem führenden britischen Akteur im Wettstreit um Afrika, der durch maßlose Bereicherung zum Multimillionär, außerordentlich einflussreichen Politiker, extrem manipulativen Lobbyisten und begeisterungsfähigen Gründer der rassistischen Globalisierungsclique mutierte. »Rhodes«, schrieb der szenekundige US-Professor für Geschichte Carroll Quigley, »beutete fieberhaft die Diamanten- und Goldfelder Südafrikas aus, stieg zum Premierminister der Kapkolonie (1890 bis 1896) auf, überwies Geld an politische Parteien, kontrollierte Parlamentssitze in England und in Südafrika und versuchte einen Streifen des britischen Territoriums in Afrika vom Kap der Guten Hoffnung bis nach Ägypten zu bekommen und diese beiden äußersten Punkte durch eine Telegrafenleitung und letztlich mit einer Eisenbahn von Kapstadt bis Kairo zu verbinden.« Hervorzuheben ist hier der bereits erwähnte geheime Hauptzweck des Ganzen, nämlich »die englischsprachigen Völker zu vereinen und alle bewohnbaren Teile dieser Erde unter ihre Kontrolle zu bringen.«[181] In Übereinstimmung mit der Geisteshaltung der Zeitschrift *Saturday Review*, die er 1898 kaufte, war Cecil Rhodes überzeugt, »dass wir [Engländer] die erste Rasse in der Welt sind und dass es umso besser für die Menschheit ist, je mehr wir von der Welt bewohnen.«[182]

Die berühmten Rhodes-Stipendien in Oxford dienten vorwiegend dem Zweck, »die Tradition der herrschenden Klasse Englands über die ganze englischsprachige Welt auszubreiten, wie Ruskin es wollte.« Der Oxford-Professor John Ruskin lieferte Rhodes die vermeintlich moralische Rechtfertigung zur Durchsetzung der Utopie einer besseren Welt unter britischer Herrschaft. Grundsätzlich ging es aber auch Ruskin um den Machterhalt der Minderheit der englischen Oberklasse. Für seine Vorhaben in Südafrika und England gewann Rhodes ergebene Unterstützer. Zum engsten Kreis der ersten Stunde gehörten Baron Nathan Rothschild und Alfred Beit, mit deren finanzieller Unterstützung Rhodes Südafrikas Diamantminen zu einem Monopol vereinte und ein großes Unternehmen für seinen Goldbergbau aufbaute.[183] Mittels Unterdrückung der afrikanischen Ureinwohner und Ausbeutung ihrer Bodenschätze erwirtschaftete Rhodes ein gigantisches Vermögen. Und Baron Rothschild war ab 1888 Treuhänder der Rhodes-Testamente, deren es bis 1899 aufgrund Rhodes' schlechten Gesundheitszustands sieben Stück gab.

Geheime Weltherrschaft

Bereits in seinem ersten Testament von 1877 widmete Rhodes sein gesamtes Vermögen einem einzigen Zweck: der Gründung einer Geheimgesellschaft nach dem Muster der Jesuiten. Rhodes' diesbezügliche Anweisung an den Vollstrecker des dritten Testaments, Lord Rothschild, lautete: »Bei etwaigen aufkommenden Fragen nehmen Sie, wenn erhältlich, die Verfassung der Jesuiten und setzen Sie ›Englisches Empire‹ an die Stelle von ›römisch-katholische Religion‹.« Rhodes wünschte sich eine religiöse Bruderschaft, eine Art »Kirche zur Erweiterung des Britischen Empire«, wobei er zum Imperium auch die späteren USA zählte. Der testamentarisch festgelegte Zweck der parareligiösen Geheimgesellschaft war:

Die Ausdehnung der britischen Herrschaft über die ganze Welt, die Vervollkommnung eines Systems der Auswanderung aus dem Vereinten Königreich und der Besiedelung aller Länder mit britischen Untertanen, in denen die Lebensvoraussetzungen durch Energie, Arbeit und Unternehmertum zu erreichen sind. (...) die letztendliche Zurückholung der Vereinigten Staaten von Amerika als integraler Bestandteil des britischen Imperiums, die Konsolidierung des gesamten Imperiums, die Einführung eines Systems von Vertretungen der Kolonien in einem Imperiumsparlament, das dazu tendieren könnte, die uneinigen Mitglieder des Imperiums zusammenzuschweißen, und schließlich die Schaffung einer ausreichend großen [militärischen] Macht, um hernach Kriege unmöglich zu machen und das Wohl der Menschen zu fördern.«[184]

Man fühlt sich an »Gottes« Befehl im Alten Testament erinnert: »Und füllt die Erde und werdet Herr über sie!«[185] Mit Rhodes' schriftlichem Testament liegt uns der unwiderlegbare Beweis für seine größenwahnsinnigen und geradezu prophetischen Zielsetzungen vor. Sie blieben bis zu seinem Tode 1902 unverändert und wurden sodann von seinen Nachfolgern konsequent weiterverfolgt, wie Carroll Quigley umfassend belegt.

Nach jahrzehntelangen Forschungen erbrachte Quigley den wissenschaftlichen Nachweis sowohl der Existenz von Rhodes' Geheimgesellschaft als auch ihrer Ziele und Umsetzungsmaßnahmen. Wie gesagt, war Professor Carroll Quigley (1910 bis 1977) ein Szenekenner. Er hatte aber nicht nur interne Kenntnisse, er gab sie auch weiter. Professor Quigley lehrte Geschichte an den Universitäten Harvard, Princeton und Georgetown. In Georgetown unterrichtete er an der Schule für den diplomatischen Dienst (Foreign Service School). Zu Quigleys prominenten Schülern zählte beispielsweise der spätere 42. US-Präsident Bill Clinton (Amtszeit 1993 bis 2001). Außerdem lehrte Carroll Quigley an den Schulen des US-Außenministeriums, der Navy (Marine) und der Streitkräfte. In seinem Enthüllungsbuch *The Anglo-American Establishment* dokumentiert der Zivilisationstheoretiker die Entwicklung einer geheimen Machtelite und ihren imperialistischen respektive globalistischen Einfluss auf das Weltgeschehen vom späten 19. Jahrhundert bis in die 1960er Jahre.[186] Professor Quigley, der auch ein geschätzter Berater des US-Verteidigungsministeriums war, genoss wie ein Insider Zugang zu geheimen Informationen und Dokumenten.[187]

Das Besondere an Quigley ist nicht nur, dass er ein vielfach akzeptierter Fachmann mit Insider-Wissen war, sondern auch, dass er laut eigener Angaben zwar mit den Zielen und Vorhaben der von ihm aufgedeckten Globalisierungsclique (Rhodes' geheimer Gruppe), die »einen der wichtigsten historischen Faktoren des 20. Jahrhunderts darstellt«, weitgehend übereinstimmte, aber »nicht mit ihren Methoden einverstanden sein« konnte. Genau deshalb war die Entlarvung der Globalisierungsclique quasi sein Lebenswerk: »Aber ich fühle, dass die Wahrheit ein Recht hat, mitgeteilt zu werden und, einmal ausgesprochen, keinem Menschen guten Willens schaden wird. Nur durch die Kenntnis der Fehler der Vergangenheit ist es möglich, das Vorgehen in Zukunft zu verbessern.«[188]

Seine Geheimgesellschaft gründete der schwerreiche Politiker Cecil Rhodes im Jahr 1891 zusammen mit dem wohl bekanntesten Journalisten William T. Stead und dem Berater der britischen Krone Lord Esher, der damals noch Reginald Baliol Brett hieß. Esher war »Freund und Vertrauter von Königin Victoria. Er sollte später der einflussreichste Berater der britischen Könige Edward VII. und George V. sein.«[189] Demzufolge kennzeichnet die Globalisierungsclique seit ihrer Entstehung eine erfolgsversprechende Kombination aus Reichtum, Politik, Medien und Meinungsbildung ebenso wie Kriegstreiberei.

In einem dokumentierten Gespräch vom April 1900 hatte Cecil Rhodes seinen Cliquen-Bruder William T. Stead für dessen Ungehorsam getadelt und die bereits tätige Geheimgesellschaft erwähnt, bevor er die Notwendigkeit eines Kriegs in Afrika unterstrich: »Wir drei sind in Südafrika, wir alle deine Schüler ... Ich selbst, Milner und Garrett, alle haben wir von dir ihre Politik gelernt. Wir sind vor Ort, und wir sind uns einig und haben diesen Krieg für notwendig erklärt.«[190] Gemeint war der von Rhodes und seinen Mitverschwörern mittels verdeckter Operation ausgelöste Burenkrieg (1899 bis 1902).[191] Alfred Milner (1854 bis 1925) war ein besonders ehrgeiziger britischer Politiker mit deutschen Wurzeln, Rhodes' taktische Ablöse als Gouverneur von Kapstadt und jener Mann, der die Globalisierungsclique nach Cecil Rhodes' Tod leitete. Der 1889 von William T. Stead nach Südafrika geschickte Edmund Garret schrieb dort imperialistische Propaganda zuerst in der *Pall Mall Gazette* und ab 1895 als Redakteur der *Cape Times*. Nach Rhodes' Tod 1902 bestätigte Garrett in einem Artikel der *Contemporary Review* die Existenz der Globalisierungsclique, indem er von »jener Idee einer jesuitischen Geheimgesellschaft zur Förderung des Empire« berichtete, die »eine ziemliche Faszination auch auf andere unter unseren Zeitgenossen« gehabt habe.[192]

Mitglieder um 1914

Edmund Garrett zählte wie Rhodes, Milner, Rothschild und Stead zum Kreis der Eingeweihten, wie Professor Quigley ihn nennt. Diesem inneren Kreis gehörten insgesamt 33 hochrangige Persönlichkeiten aus Politik, Presse, Bankenwelt, Wirtschaft und Militär an. Dazu zählten der Politiker und Berater der Krone Lord Esher, Kolonialminister Albert Grey, Feldmarschall Jan C. Smuts sowie die Geldgeber und -verwalter Sir Abe Bailey und Lord Rothschild. Der äußere Kreis bestand laut Quigley aus 44 Personen, während 23 Mitglieder in anderen Nationen wie Südafrika und den Vereinigten Staaten wirkten.[193]

Nach Carroll Quigleys Tod (1977) wurden seine Forschungen von den Briten Gerry Docherty und Doktor Jim Macgregor gewissenhaft fortgesetzt und ergänzt. Gemäß den akribisch zusammengestellten Listen in ihrem Buch *Hidden History* (Verborgene Geschichte) waren 50 britische Schlüsselfiguren (Liste A) der inszenierten Auslösung des Ersten Weltkriegs bis inklusive 1914 Mitglieder und Assoziierte der von Cecil Rhodes gegründeten Globalisierungsclique, die von den Autoren als »Geheime Elite« (Secret Elite) betitelt wird. Neben den von Quigley Genannten zählten zum Kreis der britischen Schlüsselpersonen beispielsweise König Eduard VII., Premierminister Herbert Asquith, Finanzminister David Lloyd George, Kriegsminister und Kanzler Richard B. Haldane, Premier und Außenminister Lord Arthur Balfour, Außenminister Sir Edward Grey, die Botschafter Francis Bertie (Paris), George Buchanan (St. Petersburg) und Edward Goschen (Berlin), Armeeoberbefehlshaber Frederick S. Roberts, Erster Seelord der Admiralität John »Jacky« Fisher sowie, wie sollte es anders sein, der spätere Erste Lord der Admiralität Winston Churchill. Nur 5 britische Schlüsselfiguren (Liste B) gehörten nicht dieser geheimen Elite beziehungsweise der Globalisierungsclique an. Liste C weist 31 ausländische Agenten aus. Darunter waren zum Beispiel der französische Premier und der französische Präsident Raymond Poincaré, der russische Außenminister Sergei Sasonow, der russische Botschafter in Paris Alexander Iswolski, der russische Militärattaché in Belgrad Viktor Artamanov, der russische Gesandte in Belgrad Nikolaj Hartwig, der serbische Geheimdienstchef und Kopf des Geheimbundes Schwarze Hand Oberst Dragutin Dimitrijević (»Apis«), der serbische Major und Unterstützer des Attentats von Sarajewo Vojislav Tankosić, der US-Banker und Mitbegründer der Federal Reserve Paul Warburg sowie – last but not least – US-Präsident Woodrow Wilson.[194]

Wenige Freimaurer

Gleich hier sei klargestellt, dass die Globalisierungsclique keine freimaurerische Organisation oder Suborganisation war und ist. Gemäß internationalem Freimaurerlexikon waren nur drei von 33 Mitgliedern des von Professor Quigley aufgedeckten inneren Kreises Freimaurer, also lediglich neun Prozent: der konservative Politiker Leopold Amery, Alfred Milner und Cecil Rhodes.[195] Bei den von Docherty und Macgregor gelisteten britischen Schlüsselfiguren waren es zwar etwas mehr, aber auch nur 22 Prozent: 11 von 50. Neben Amery, Milner und Rhodes waren dies Winston Churchill, Eduard VII., Sir Edward Grey, der im Kolonialdienst tätige Autor Joseph R. Kipling, der den Burenkrieg beendende Feldmarschall Horatio H. Kitchener, Kolonialminister Walter H. Long sowie die Feldmarschalle Earl Frederick S. Roberts und Sir Henry Wilson.[196] Hingegen befand sich sowohl unter den fünf britischen Schlüsselpersonen ohne Mitgliedschaft in der Globalisierungsclique (Liste B) als auch unter den 31 ausländischen Agenten (Liste C) laut internationalem Freimaurerlexikon kein einziger Freimaurer. Der wichtigste französische Agent der Globalisierungsclique, nämlich der von ihr gekaufte Premier und spätere Präsident der Grande Nation Raymond Poincaré, ist im französischen Freimaurerlexikon ebenfalls nicht gelistet.[197]

Mit dem hauptsächlich von der katholischen Kirche und den Nationalsozialisten erfundenen Mythos, die Freimaurer seien die Urheber des Ersten Weltkriegs und allerlei weiteren Übels kann und muss allein schon wegen der äußerst geringen Anzahl an Freimaurern in der tatsächlich für die Auslösung des Ersten Weltkriegs verantwortlichen Globalisierungsclique aufgeräumt werden. Nur neun Prozent des innersten Kreises, magere 22 Prozent der britischen Schlüsselfiguren beziehungsweise schlappe 13 Prozent der Listen A, B und C zusammengerechnet (nur 11 von 81 Schlüsselfiguren waren Freimaurer) belegen in aller Deutlichkeit, dass es sich um keine Organisation der Freimaurerei handelt. Dies umso mehr, als es ausgerechnet in den äußeren Kreisen, also bei den Nichtmitgliedern und Agenten, keinen einzigen Freimaurer gab, obwohl gerade in diesem sensiblen Bereich eine internationale Vernetzung unabdingbar ist. Im Freimaurerlexikon werden neben vielen anderen internationalen Machtmenschen Cecil Rhodes und Alfred Milner, die skrupellosesten Denk- und Arbeitsmuskeln der Globalisierer, als Freimaurer gelistet. Darüberhinaus wird Rhodes' Ansammlung gewaltiger Reichtümer offen und ehrlich mit der nicht gerade rühmlichen »Ausbeutung der Diamantenfelder« in Südafrika erklärt. Zudem werden mit Sir Edward Grey, Winston Churchill und Eduard VII. drei große Drahtzieher des Ersten Weltkriegs als Freimaurer genannt. Es besteht demnach kein vernünftiger Grund zur Annahme, das Freimaurerlexikon sei im Hinblick auf die restlichen, nicht minder prominenten Schlüsselfunktionen und Agenten – stolze 87 Prozent – unaufrichtig oder unvollständig.

Abgesehen davon, gebietet auch die Selbstdefinition der englischen Freimaurerei nicht nur Freiheit, Gleichheit und Brüderlichkeit,[198] sondern auch Wohltätigkeit,

Sittlichkeit und Wissensverbreitung im Interesse aller Menschen. Außerdem sollen Freimaurer »die Regierung unterstützen.«[199] Unterstützung schließt jedenfalls die von der Globalisierungsclique praktizierte Infiltration, Manipulation und Umgehung der offiziellen Regierung aus. »Der Maurer ist ein friedfertiger Untertan der bürgerlichen Gewalt«, der im Bewusstsein lebt, dass »gleichwie Krieg, Blutvergießen und Verwirrung der Maurerei immer nachteilig gewesen sind«,[200] während das Mitglied der Globalisierungsclique Teil einer rassistischen, skrupellosen, Gewalt säenden, psychopathischen Vereinigung ist. Bekanntlich sind Freimaurerlogen hochoffizielle Vereinigungen, während die Globalisierungsclique nach außen hin größten Wert auf strikte Geheimhaltung legt. Aber gerade weil sich ihre Mitglieder intern bestens vertraut sind, braucht die Globalisierungsclique keine freimaurerischen Rituale. Professor Carroll Quigley: »Es gibt dort keine geheimen Roben, kein geheimes Händeklatschen und keine geheimen Zeichen. Das braucht man nicht, weil sich die Mitglieder sehr gut kennen.«[201]

Aus all diesen personellen, formalen und inhaltlichen Gründen kann geschlussfolgert werden, dass die Globalisierungsclique mit an Sicherheit grenzender Wahrscheinlichkeit keine freimaurerische Verschwörung war und ist. Dass einige wenige Mitglieder die Freimaurerei verdeckt unterwandern und als alternatives Netzwerk für ihre eigenen Machenschaften missbrauchen, scheint hingegen sehr wahrscheinlich zu sein. Dafür kann jedoch nicht die Freimaurerei verantwortlich gemacht werden.

Private Finanzdiktatur

Die Hauptakteure der Anfangsphase und ihr großes Ziel der Weltherrschaft unter anglo-amerikanischer Führung sind nun bekannt. Dass es dabei von Beginn an vor allem um den Machterhalt der Oberschicht und die Verschweißung Großbritanniens mit den Vereinigten Staaten ging, wurde ebenfalls schon angesprochen. Aufgrund des rapiden Wirtschaftswachstums der Vereinigten Staaten und ihres vorhersehbar hohen Potenzials wurde Cecil Rhodes' ursprünglicher Wunsch der »Zurückholung der Vereinigten Staaten von Amerika als integraler Bestandteil des britischen Imperiums« (Testament von 1877) schon 1891 von den drei Gründungsbrüdern dahingehend abgeändert, dass Großbritannien nötigenfalls Amerika beitreten könnte.[202] Wohl aus pragmatischen Gründen einigte man sich letztlich darauf, das Empire durch den Cliquen-Beitritt anglophiler Amerikaner zu erweitern, »die fortan und weltweit über die Kreditinstitute und von ihnen [finanziell] abhängige Regierungen beherrschen sollten.«[203] Da England nicht mehr in der Lage war, die USA zu besetzen, zu kolonialisieren oder wirtschaftlich zu erpressen, sollten sie eben auf finanziellem Wege heim ins Reich geholt werden, wobei die Beherrschung der Welt gleich mitumfasst war. Professor Carroll Quigleys Recherchen zufolge ist die bis heute gültige Zielsetzung der Globalisierungsclique wie folgt zu definieren:

> *Die Mächte des Finanzkapitals hatten ein anderes, weit gestecktes Ziel, und zwar kein geringeres als die Errichtung eines weltweiten Systems der Finanzkontrolle in privaten Händen, das in der Lage wäre, das politische System eines jeden Landes und die Weltwirtschaft in Gänze zu beherrschen. Dieses System sollte auf feudalistische Weise von den Zentralbanken der Welt kontrolliert werden – und zwar aufgrund geheimer Vereinbarungen, die in regelmäßigen privaten Treffen und Konferenzen getroffen werden. An der Spitze des Systems sollte die Bank für internationalen Zahlungsausgleich in Basel, in der Schweiz, stehen. Es handelte sich dabei um eine private Bank im Besitz und unter der Kontrolle der Zentralbanken der Welt, die selbst private Unternehmen waren. Jede Zentralbank versuchte, ihre Regierung dadurch zu beherrschen, dass sie die Kontrolle der Staatsanleihen ausübt und ausländische Börsen manipuliert, um das Niveau der Wirtschaftstätigkeit im Land zu beeinflussen, und dass sie kooperationsbereite Politiker durch entsprechende wirtschaftliche Begünstigungen in der Geschäftswelt gewinnt.*[204]

Die große Zielsetzung der Globalisierungsclique ist damit im Großen und Ganzen auf folgende Parameter reduzierbar:

- Globale Herrschaft der Hochfinanz über Politik und Wirtschaft
- Geheime Kontrolle durch die Globalisierungsclique
- Exekution durch eine private oberste Zentralbank
- Bestechung von Politikern

In dieses System zwanghafter Fremdbestimmung wollte das Deutsche Reich ganz und gar nicht passen. Es war ja gerade der germanische Geist der Freiheit, der in Kombination mit dem erwähnten ganzheitlichen Ansatz letztlich zum deutschen Erfolg führte: einem soliden Bündnis zwischen Industrie, Banken, Wissenschaft und Staat, in dem die deutschen Geldinstitute in erster Linie durch die Finanzierung künftiger Industrie und Wirtschaft dem Wohle des Staates, sprich des gesamten Volks dienten (und nicht umgekehrt). Auch aus diesem Grund musste Deutschland aus Sicht der Globalisierungsclique zerstört werden.

Kaum Juden

Die geplante Beherrschung der Welt durch die Hochfinanz drängt uns förmlich ein praxisnahes Statement des Gründers des internationalen Bankenkonzerns Rothschild auf. Mayer Amschel Rothschild (1744 bis 1812) soll gesagt haben: »Lasst mich das Geld einer Nation ausgeben und kontrollieren, und es kümmert mich nicht, wer die Gesetze schreibt.«[205] Der deutsche Urvater des Hauses Rothschild war zwar wie sein Nachfahre und Rhodes-Unterstützer Nathan Rothschild zumindest formal betrachtet ein Jude, jedoch traf dies auf die Gründungsbrüder der Globalisierungsclique Cecil Rhodes, William T. Stead und Lord Esher offenbar ebenso wenig zu wie auf die meisten restlichen Mitglieder. Logischerweise kann es sich daher um keine jüdische Verschwörung handeln. Selbst unter der Annahme, dass sie formal dem jüdischen Glauben anhingen, steht fest, dass sie garantiert keine jüdischen Interessen wahrnahmen, wie zum Beispiel der Holocaust verdeutlicht.

Entsprechend Rhodes' erstem Testament formte sich seine Geheimgesellschaft zwar nach dem Muster der Jesuiten, sie agierte aber ausschließlich im vermeintlichen Interesse des britischen Imperiums und nicht in jenem der katholischen Kirche oder gar des Christentums. Daraus folgt, dass die Globalisierungsclique auch keine christliche Verschwörung war. Rhodes' vielfach zu verschiedenen Anlässen gebetsmühlenartig vorgetragenes Statement, es ginge ihm darum, »Kriege unmöglich zu machen und das Wohl der Menschen zu fördern«, ist nichts als bigotte Heuchelei. Denn wie der Historiker Carroll Quigley feststellt, lebten Cecil Rhodes, Alfred Milner und Konsorten nach einer zweiteiligen Ideologie, nämlich erstens, »dass die Erweiterung und Integration des Empire und die Entwicklung der Sozialhilfe für den Fortbestand der britischen Lebensart unerlässlich seien«, und zweitens, »dass diese britische Lebensart am ehesten die besten und höchsten Fähigkeiten der Menschheit zur Entfaltung bringen könne.«[206] Diese Ideologie beruht sohin keinesfalls auf der Achtung und Wertschätzung anderer Völker, sondern auf der bereits skizzierten Wahnvorstellung rassischer Überlegenheit und dem ehrgeizigen Streben für den Machterhalt der britischen Oberschicht. Um das sogenannte einfache Volk kümmerte sich die Globalisierungsclique damals genauso wenig, wie sie es heute tut. Dass es sich bei der öffentlich postulierten »Aufgabe, diejenigen Rassen, die sich bisher noch nicht selbst regieren können, auf die Freiheit vorzubereiten«,[207] um einen gutmenschlichen Irrwitz handelt, bezeugen der versklavende Kolonialismus und seine katastrophalen Folgen wie Armut, Terror und Krieg.

Dazu kommt, dass schon Gründungsvater Cecil Rhodes zu keiner Zeit zögerte, »auf Bestechung und Gewalt zurückzugreifen, wenn er es für die Erreichung seiner

Ziele für wirksam hielt.«[208] Außerdem umgab er sich zeitlebens »mit Geschäftsleuten, die von Gier getrieben wurden«, wie auch Gerry Docherty und Jim Macgregor attestieren.[209] Wie bereits gesagt, dienten Rhodes' Oxford-Stipendien vornehmlich der Untermauerung und Ausdehnung des anglo-amerikanischen Establishments. Die Rhodes-Stipendien waren integraler Bestandteil einer mehrsegmentären Maschinerie zur Meinungsbildung auf allen Ebenen.

Manipulationsmaschinerie

Die Verbreitung imperialer Propaganda zählte von Anfang an zum Repertoire der steinreichen Globalisierungsclique. Seit ihrer Gründung 1891 verfolgte und erweiterte sie zur Erreichung ihrer Ziele einen breiten Ansatz der Infiltration und Manipulation in folgenden sozialen Bereichen: Bildung, Presse und Politik inklusive Regierung und Militär sowohl in England als auch im Ausland.

Hieb- und stichfest stellte Carroll Quigley, der selbst Universitätsprofessor war, die schrittweise Gewinnung der Universität von Oxford für die Ziele der Globalisierungsclique im Geiste von Cecil Rhodes dar. Die Clique hatte die weitgehende Kontrolle über Oxford gewonnen. Hier sind besonders Balliol, Eton, Harrow und das All Souls College zu nennen. Oxford diente einerseits der elitären Meinungsbildung im imperialistischen Sinne und andererseits der Rekrutierung neuer Mitglieder für den Geheimclub, die sodann die Politik zu unterwandern hatten.[210] Die von Quigley genannten Namen und Verbindungen wurden von seinem britischen Kollegen und Oxford-Professor Alfred Zimmern bestätigt, insbesondere hinsichtlich der besonders einflussreichen Colleges All Souls und Balliol. Zimmern war ebenfalls Historiker sowie Politikwissenschaftler und Friedensforscher.[211]

Propagandistischer Öffentlichkeitsarbeit in allen sozialen Schichten diente in erster Linie die Presse. Dass Rhodes 1898 das Oberschichtenblatt *Saturday Review* kaufen ließ, wurde bereits erwähnt. Man setzte aber auch auf die anonyme Beeinflussung breitgestreuter Blätter wie etwa *Quarterly Review*, *The State*, *The Round Table* und *The Times*. Seit spätestens 1912 hatte die nach Rhodes' Tod von Alfred Milner geleitete Globalisierungsclique die Tageszeitung *Times* fest in der Hand, ab 1922 ging sie auch rechtlich in ihren Besitz über.[212]

Besonders Augenmerk ist der bereits erwähnten Publikation von Alfred Milner und Kollegen aus dem Jahr 1905 mit dem bemerkenswerten Titel **The Empire and the Century** zu widmen. Der Band enthält 50 bedeutende Artikel zu verschiedenen

Aspekten des anglo-amerikanischen Imperiums. Darin wird beispielsweise die geostrategische Bedeutung des von Großbritannien beherrschten Suez-Kanals sowohl als wirtschaftliches Herrschaftsmittel als auch als kriegsrelevantes Blockademittel hervorgehoben.[213] 1916, also mitten im Ersten Weltkrieg, folgte der fortsetzende Band *The Empire and the Future* (Das Imperium und die Zukunft). Beide Werke erzielten zwar nicht die erwartete Wirkung, weil sie sich an den falschen Personenkreis richteten,[214] jedoch liegen uns zwei bedeutende geostrategische Analysen aus der Feder finanzkräftiger Imperialisten vor. schwarz auf weiß haben wir den Beweis für die schicksalhafte Verknüpfung von Kapital, politischer Propaganda und globalistischer Planung des 20. Jahrhunderts im Interesse des anglo-amerikanischen Establishments. Diese Linie erfährt ihre Fortsetzung im **Project for the New American Century** (PNAC), also dem Projekt für das neue amerikanische 21. Jahrhundert. Ein zwölf Monate vor dem 11. September 2001 (9/11) von der PNAC erstelltes Strategiepapier über möglichst raschen anglo-amerikanischen Machtzuwachs vor allem im Nahen Osten stellt klar, dass man dazu einer Katastrophe in der Größenordnung eines zweiten Pearl Harbor benötigen würde. Mehr dazu im Kapitel über 9/11 (Band 2).

Auf die Politik nimmt die Globalisierungsclique von Beginn an sowohl direkten Einfluss durch Infiltration als auch indirekten Einfluss durch Manipulation, Bestechung und Betrug. Obige Aufzählung bedeutender Staatsmänner in höchsten strategischen Positionen vom Admiral über den Außenminister bis zum britischen Monarchen spricht für sich, obwohl sie längst nicht komplett ist. Ein Kunstgriff sondergleichen war die gezielte Übernahme der aufstrebenden, aber kriegsmüden Liberalen Partei durch Konservative respektive sogenannte liberale Imperialisten. Anmerkung: Liberaler Imperialismus ist zwar schon vom Wortsinn her ähnlich pervers wie pazifistische Kriegsbefürwortung, genau auf diesen Etikettenschwindel läuft es aber hinaus. Die vier starken Imperialisten Archibald Primrose (Earl of Rosebery), Herbert Asquith, Edward Grey und Richard B. Haldane schafften es, die Liberale Partei und damit England gegen seinen Willen in den Ersten Weltkrieg zu navigieren: »Diese vier genannten Personen unterstützten den Burenkrieg, positionierten sich zunehmend antideutsch, befürworteten im Jahr 1914 den Weltkrieg und standen der Milner-Gruppe in politischer, geistiger und sozialer Hinsicht nahe.« Sodann kam die Globalisierungsclique 1916 in England »durch ein Verfahren an die Macht, das sie 1931 mit der Labour Party (Arbeiterpartei) wiederholt hat. In geheimen Vereinbarungen mit einem neu aufstrebenden Führer in der Regierung bot die Gruppe diesem an, ihn an die Spitze einer neuen Regierung zu setzen, wenn er seine eigene Partei spalten würde.« Während die Liberale Partei 1916 gespalten und für immer vernichtet werden konnte, gelang dies bei der Labour Party »nur« für 14 Jahre.[215]

Der fundamentale Teile-und-herrsche-Grundsatz scheint jedoch bis zum heutigen Tag die parlamentarischen Systeme des gesamten Westens durchdrungen zu haben. Im deutschsprachigen Raum stechen aktuell »rote« und »grüne« NATO-Befürworter und Putin-Nichtversteher hervor.

Mit der Kreation der liberalen Imperialisten schuf die Globalisierungsclique jedenfalls zumindest vom Wortsinn her so etwas Unmögliches wie pazifistische Kriegstreiber. Für die beabsichtigte Kriegführung vor allem gegen Deutschland infiltrierten die verschworenen Brüder das britische Außenministerium (Foreign Office) und das Kolonialamt, indem sie dort ranghohe Beamte installierten, die ab dann die entsprechenden Fachabteilungen dominierten. »Parallel dazu«, wissen die britischen Fachmänner Docherty und Macgregor, »erlangten sie die Kontrolle über die Abteilungen und Ausschüsse, die ihren Zielen förderlich waren – das Kriegsministerium, das Committee of Imperial Defense [CID] und die höchsten Ebenen der Streitkräfte.«[216] Für die verdeckte Planung und Inszenierung des Ersten Weltkriegs war die wohl bedeutendste Maßnahme die Unterwanderung und Lenkung des CID, also des Committee of Imperial Defense (Komitees für Imperiale Verteidigung). Erstmals 1902 als Verteidigungsrat für den Premierminister zusammengetreten, wurde das CID 1904 neu aufgestellt, blieb aber von Beginn an unter der vollständigen Kontrolle der Globalisierungsclique. Zum einen war sie darin offiziell vertreten, zum anderen formierte sie einen ständigen geheimen Unterausschuss, der ab 1906 unter Umgehung des Parlaments gemeinsam mit französischen und belgischen Militärs den Krieg gegen Deutschland plante. Als Appetitanreger auf das Kapitel über die inszenierte Auslösung des Ersten Weltkriegs sei verraten, dass man im CID bereits ab dem Jahr 1905 ausplante und akribisch vorbereitete, was die *Saturday Review* 1897 empfohlen hatte: den totalen Krieg gegen Deutschland in einer Allianz mit Frankreich und Russland. Auch das Jahr des Kriegsbeginns (1914) stand schon frühzeitig fest. Es sei noch verraten, dass im geostrategischen Mittelpunkt zwei vorgefertigte Kriegsfallen standen: erstens das vermeintlich neutrale Belgien im Westen als Deutschlands notgedrungenes Durchmarschgebiet sowie zweitens Serbien im Osten als terroristischer Herausforderer des geschwächten Vielvölkerstaats Österreich-Ungarn, Deutschlands Achillesferse. Das makabre Spiel mit dem Krieg setzt sich mit wechselnden Vorzeichen bis zum heutigen Tag fort.

Kriege bis heute

»Wir müssen alle Völker durch Neid und Hass, durch Streit und Krieg, ja selbst durch Entbehrungen, Hunger und Verbreitung von Seuchen derart zermürben, dass die XXX keinen anderen Ausweg finden, als sich unserer Herrschaft vollkommen zu beugen«, befahl der erfundene Sprecher der ebenfalls erfundenen *Protokolle der Weisen von Zion*. Auflehnung eines einzelnen Staats bedeutet lokalen Krieg durch Aufhetzung seiner Nachbarn, während die Erhebung benachbarter Staaten die Entfesselung eines Weltkriegs zur Folge haben muss: »Sobald ein xxx Staat es wagt, uns Widerstand zu leisten, müssen wir in der Lage sein, seine Nachbarn zum Kriege gegen ihn zu veranlassen. Wollen aber auch die Nachbarn gemeinsame Sache mit ihm machen und gegen uns vorgehen, so müssen wir den Weltkrieg entfesseln.«[217] Im Originaltext steht »XXX« und »xxx« natürlich für »Nichtjuden« und »nichtjüdischer«. Liest man stattdessen »Globalisierungsfeinde« und »globalisierungsfeindlicher« und ersetzt man den vermeintlich jüdischen Sprecher durch den Begründer der anglo-amerikanischen Globalisierungsclique, machen obige Sätze erst richtig Sinn, weil sie dann der Realität entsprechen.

Der Realitätsbezug ist in mehrfacher Hinsicht die Globalisierungsclique selbst. 1891 gründete Cecil Rhodes seinen globalistischen Geheimclub nach jesuitischem Muster. Wie wir sahen, war das Deutsche Reich um 1895 friedlich auf dem besten Weg zur eurasischen Kontinentalmacht Nummer eins, weshalb die anglo-amerikanische Propaganda zu seiner Vernichtung einsetzte. Das antijüdische Blendwerk *Die Protokolle der Weisen von Zion* wurde irgendwann zwischen 1894 und 1898 verfasst. 1896 wurde Theodor Herzls zionistisches Manifest *Der Judenstaat* in Wien veröffentlicht. 1898 kaufte die Globalisierungsclique die *Saturday Review* und ab 1905 plante sie konkret die Entfesselung eines Weltkriegs, dessen Beginn von einigen Wissenden mit 1914 vorausgesagt wurde.[218] Der erste große Krieg begann bekanntlich tatsächlich 1914, wobei der aus Deutschland und Österreich bestehende Zweibund jene Erhebung benachbarter Staaten gegen die Globalisierungsclique war, zu deren Zerstörung der Erste Weltkrieg ganz im Sinne der *Protokolle* entfesselt wurde (siehe die Tabelle in Abb. 9).

Der zeitliche und inhaltliche Konnex zwischen der Globalisierungsclique, ihrer Propaganda, Theodor Herzls Buch *Der Judenstaat*, den *Protokollen* und dem Ersten Weltkrieg kann und soll nicht weggeleugnet werden. Mit einiger Wahrscheinlichkeit sind die *Protokolle* ein von der Globalisierungsclique in Kooperation mit Jesuiten geschaffenes Blendwerk zur Ablenkung von sich auf das internationale Judentum und

Globalisierungsclique, Protokolle und 1. Weltkrieg

Jahr	Ereignis
1891	Entstehung der Globalisierungsclique
1895	Deutschland auf dem Weg zur Weltmacht
1895	Beginn antideutscher Kriegspropaganda
1896	Veröffentlichung von *Der Judenstaat*
1894-98	Verfassung der *Protokolle*
1898	Kauf der Propagandazeitung *Saturday Review*
1905	Planung des Ersten Weltkriegs
1914	Beginn des Ersten Weltkriegs

Abb. 9

den aufkeimenden staatlichen Zionismus. Cecil Rhodes' Verehrung der Jesuiten und ihrer strengen Hierarchie, nach deren Vorbild schließlich die Globalisierungsclique gegründet wurde, sind ein Indiz für diese Verquickung. Mit hundertprozentiger Sicherheit kann gesagt werden, dass die *Protokolle* dem Judentum, das fanatischen Jesuiten zutiefst verhasst war, massiv schadeten, während sie sowohl für die Globalisierungsclique als auch die katholische Kirche, deren oberste Verteidiger die Jesuiten sind, in hohem Maße nützlich waren. Die Zionisten erhielten zwar 1948 ihren Judenstaat, diese schwer umkämpfte Nation dient jedoch bis zum heutigen Tag de facto der anglo-amerikanischen Globalisierungsclique als **Spaltungswerkzeug** im Nahen Ostens zwecks westlichen Erdölraubs einerseits und genereller Destabilisierung des eurasischen Kontinents andererseits.

Vom Vorfeld des Ersten Weltkriegs an bilden die in diesem Buch behandelten umwälzenden Ereignisse einen roten Faden über den Zweiten Weltkrieg, den Kalten Krieg, die Ermordung John F. Kennedys und den konzertierten 9/11-Terror bis zum sich anbahnenden Dritten Weltkrieg. Die Globalisierungsclique wechselte natürlich die Gesichter. Teils splitterte sie sich in Untergruppen mit den verschiedensten Bezeichnungen auf, wobei Mehrfachmitgliedschaften keine Ausnahme sind. Allein darüber ließe sich ein eigenes Buch schreiben. Hier geht es jedoch vordergründig um das globale Wirken jener übergeordneten Gruppierung, die Professor Quigley das *Anglo-Amerikanische Establishment* nannte. Gerry Docherty und Doktor Jim Macgregor schreiben von der *Geheimen Elite*, Doktor John Coleman benennt als größte Denkfabrik der Neuen Weltordnung den *Club of Rome*[219] und bezeichnet die Hierarchie der Verschwörer als *Das Komitee der 300.*[220] Ein hochrangiger Aussteiger spricht von *Superlogen.*[221] Im

Endeffekt meinen vermutlich alle dieselbe Machtclique. Wir bleiben, wie gesagt, beim Begriff »anglo-amerikanische Globalisierungsclique«. Ihre Hauptakteure werden im jeweiligen Kapitel genannt. Es muss allerdings klar sein, dass die gewählte namentliche Zuordnung zum Beispiel gewisser Neocons (Neokonservativer) im Vorfeld von 9/11 zwar naheliegt, die Beweismitteldichte jedoch seit 1914 umso schneller abnimmt, je mehr wir uns der Jetztzeit annähern. Die Clique wurde vorsichtiger: Geheimhaltungsmaßnahmen wurden optimiert, Zeugen wurden aus dem Weg geräumt, vieles wurde nicht dokumentiert, etliche Dokumente sind noch unter Verschluss.

Auf alle Fälle ist Cecil Rhodes sowohl der Initiator als auch der ideologische Dreh- und Angelpunkt der anglo-amerikanischen Globalisierungsclique. Sein eigener Gründungsbruder Lord Esher beschrieb Rhodes als skrupellosen Egoisten, der sogar ihm Nahestehende benutzte: »Rhodes ist ein glänzender Enthusiast. Aber er schaut auf Menschen wie Maschinen herab.«[222] Hier schließt sich der Kreis zum Kapitel über die psychopathischen Weltenherrscher: utopische Vorstellungen, Lügen, Skrupellosigkeit, Empathiedefizit, schamloses Benutzen der Mitmenschen, Spaltung der Gesellschaft sowie nicht zuletzt gewissenlose Bereitschaft zur Opferung Millionen unschuldiger Menschen und Preisgabe der Grundsubstanz menschlicher Kultur. Ihre Triebfeder war und ist die unermessliche Gier nach Macht und Geld.

US-Präsident John F. Kennedy sprach ihre Verschwörungspraxis 1961 klar an und bezeugte sie durch seinen Tod. US-Präsident Donald Trump bestätigte sie 2016. Die geostrategischen Aktivitäten der anglo-amerikanischen Globalisierungsclique zur Erreichung der Weltherrschaft umfassen Kriege, Regime Changes (politische Umstürze), Terror und Völkermord. Umwälzende Ereignisse wurden durch jene verdeckten Operationen ausgelöst, die in diesem Buch behandelt werden.

MEILENSTEINE AUF DEM WEG ZUR WELTHERRSCHAFT

Jede Kriegsführung gründet auf Täuschung.
Sun Tsu

Das erste Opfer des Krieges ist die Wahrheit.
Hiram W. Johnson

Bereits etwa 500 Jahre vor unserer Zeitrechnung schrieb der Philosoph und oberste chinesische General Sun Tsu, dass jede Kriegsführung auf Täuschung beruht.[223] Sunzi, wie Sun Tsu auch genannt wurde, meinte damit allerdings die Irreführung der feindlichen Streitkräfte im Zuge eines bereits laufenden Kriegs. Um jedoch einen geplanten Angriffskrieg überhaupt vom Zaun brechen zu können, müssen die politische Führer und ihre Hintermänner zuerst den Feind im eigenen Land täuschen: das eigene Volk, das im Grunde friedlich ist und daher keinen Krieg will. Lesen Sie bitte den folgenden Dialog zu Ende, ohne sich darüber Gedanken zu machen, wer ihn wann geführt haben könnte.

Person A: Nun, natürlich, das Volk will keinen Krieg. Warum sollte irgendein armer Landarbeiter im Krieg sein Leben aufs Spiel setzen wollen, wenn das Beste ist, was er dabei herausholen kann, dass er mit heilen Knochen zurückkommt. Natürlich, das einfache Volk will keinen Krieg; weder in Russland, noch in England, noch in Amerika, und ebenso wenig in Deutschland. Das ist klar. Aber schließlich sind es die Führer eines Landes, die die Politik bestimmen, und es ist immer leicht, das Volk zum Mitmachen zu bringen, ob es sich nun um eine Demokratie, eine faschistische Diktatur, um ein Parlament oder eine kommunistische Diktatur handelt.

Person B: Nur mit einem Unterschied. In einer Demokratie hat das Volk durch seine gewählten Volksvertreter ein Wort mitzureden, und in den Vereinigten Staaten kann nur der Kongress einen Krieg erklären.

Person A: Oh, das ist alles gut und schön, aber das Volk kann mit oder ohne Stimmrecht immer dazu gebracht werden, den Befehlen der Führer zu folgen. Das ist ganz einfach. Man braucht nichts zu tun, als dem Volk zu sagen, es würde angegriffen, und den Pazifisten ihren Mangel an Patriotismus vorzuwerfen und zu behaupten, sie brächten das Land in Gefahr. Diese Methode funktioniert in jedem Land.

Diese wahren Worte der Person A, die sämtliche Kriegstreiber aller Nationen und Ideologien bloßstellen, stammen von niemand anderem als Hermann Göring, Hitlers rechter Hand. Er sagte sie in seiner Zelle in Nürnberg am 18. April 1946 zum US-amerikanischen Gefängnispsychologen Gustave M. Gilbert (Person B).[224] Um der Gefahr einer Verirrung im geistigen Knast kriegsauslösender Psychopathen vorzubeugen, werden nachfolgende verdeckte Operationen anhand einer speziellen Gliederung behandelt.

GLIEDERUNG

Die Gliederung umfasst folgende sechs Segmente:

1. Verdachtsmomente im Vorfeld
2. Propagandistische Operation
3. Technische Operation
4. Folgewirkungen
5. Cui bono?
6. Klassifizierung

Zu 1. Verdachtsmomente im Vorfeld
Hier wird intensive Ursachenforschung betrieben. Dabei werden hauptsächlich jene ergebnisrelevanten Verdachtsmomente angeführt, die Rückschlüsse auf Motive, Pläne, Drahtzieher, Vorbereitungsmaßnahmen, Durchführung, Täter und spätere Wirkungen der jeweiligen verdeckten Operation zulassen. Alle verdächtigen Sachverhalte aufzuzählen, wäre weder möglich noch sinnvoll. Nicht zuletzt aus Platzgründen werden hauptsächlich jene geostrategisch und militärstrategisch bedeutsamen Informationen erfasst, die in ihrer Chronologie und Dichte eine schlüssige Indizienkette für die absichtliche Inszenierung des auslösenden Moments eines umwälzenden Ereignisses ergeben. Die Kapitel über die Verdachtsmomente sind grundsätzlich um einiges umfangreicher als die restlichen. Bei den besonders komplexen, nahezu perfekt ausgeklügelten verdeckten Operationen zur Auslösung des Ersten Weltkriegs ist die dargelegte Indizienkette besonders lang. Schließlich handelt es sich beim Ersten Weltkrieg um die Urkatastrophe des 20. und 21. Jahrhunderts. Probleme sollten an ihrer Wurzel gepackt werden.

Zu 2. Propagandistische Operation
Der Umfang der Kapitel über den jeweiligen Propagandateil ist ziemlich schlank. Die Methode der Propagandisten ist ja immer dieselbe. Ihre Grundzüge werden daher gleich an dieser Stelle behandelt.

Der preußische General Carl von Clausewitz (1780 bis 1830), dessen militärisches Theoriewerk bis heute an fast allen Armeeschulen der Welt gelehrt wird, schrieb:

»Der Krieg ist eine bloße Fortsetzung der Politik mit anderen Mitteln.«[225] Umgekehrt gilt allerdings auch, dass Politik gewissermaßen eine andere Form der Kriegführung ist. Schließlich erfahren ursprünglich militärische Grundsätze wie etwa Tarnen und Täuschen vielfache Anwendung in der Politik. Denn zuerst muss, wie Volksverführer Hermann Goering gestand, zuerst die eigene Bevölkerung getäuscht werden, um sie überhaupt in einen für sie sinnlosen, weil äußerst nachteiligen Krieg schicken zu können. Das diesbezügliche Mittel ist die Propaganda. Sie geht Kriegen voraus und begleitet sie. Propaganda ist zugleich Voraussetzung und Begleitmaßnahme für die eigentliche technische Durchführung einer verdeckten Operation zur Auslösung eines Kriegs, der plangemäß dem künftigen Feind und eigentlichen Opfer angelastet werden soll. Damit soll nicht nur das eigene Volk, sondern auch die Weltöffentlichkeit in die Irre geführt werden. Folglich hat jede erfolgreiche verdeckte Operation schon im Planungsstadium sowohl einen propagandistischen als auch einen technischen Teil. Diese Teile werden im Folgenden »propagandistische Operation« und »technische Operation« genannt. Aus Verständnisgründen werden sie weitgehend getrennt behandelt, tatsächlich ist diese Trennung jedoch mehr von theoretischer als von praktischer Relevanz.

Generell erzeugt Propaganda schon vorab künstliche **Feindbilder**, um das eigene Volk gegen den künftigen Gegner aufzuhetzen, auf den Krieg einzustimmen und es sich nach einem uralten Schema gefügig zu machen: Solidarisierung durch Ausgrenzung. Der Professor für Soziologie Hans Nicklas definiert Feindbilder daher zutreffend als Instrumente einer »psychischen Herrschaftssicherung zur Herstellung einer Massenloyalität.«[226] Der geistige Vater moderner Propaganda ist Edward Bernays (1891 bis 1995). Er wurde in Wien geboren, wuchs in den USA auf und gilt als Begründer der PR (Public Relations). Professor Doktor Klaus Klocks schreibt im Vorwort zu Bernays Buch *Propaganda – Die Kunst der Public Relations* über dessen unverblümt präsentierte Idealvorstellung der Propaganda als Herrschaftsinstrument: »Denn Bernays preist die Möglichkeiten, die Öffentlichkeit ohne deren Wissen vorsätzlich zu manipulieren. Er ist voll des Lobes für ein verborgenes Regime der PR als eigentliches, unsichtbares Regierungsinstrument.« Zum Verhältnis zwischen Politik und Propaganda schreibt Edward Bernays in seinem erstmals 1928 erschienen Buch: »Ein seriöser und talentierter Politiker ist dank des Instrumentariums der Propaganda in der Lage, den Volkswillen zu formen und zu kanalisieren.«[227]

Bei PR respektive Propaganda geht es also nicht um den wahren Willen des Volks, den man beispielsweise mit Umfragen leicht ermitteln könnte. Nein, Propaganda pflanzt dem Volk ein, was es zu wollen hat. Ein wahrer Meister im Einpflanzen des vorgedachten Volkswillens war der ebenfalls in Österreich (Braunau am Inn) geborene, später jedoch deutsche Staatsbürger Adolf Hitler (1889 bis 1945). In seinem 1924 verfassten und in Millionenauflagen erschienenen Buch *Mein Kampf* erklärt Hitler, dass Propaganda nichts mit Wissenschaft zu tun haben darf. Er schreibt explizit vom »wissenschaftlichen Ballast«. Propaganda hat sich nach Hitlers Vorstellungen auf simple, kurze, eindeutige, permanent wiederholte, rein auf das Gefühl der Adressaten gerichtete Botschaften zu beschränken: »Diese Empfindung aber ist nicht kompliziert, sondern sehr einfach und geschlossen. Sie gibt hierbei nicht viel Differenzierungen, sondern ein Positiv oder ein Negativ, Liebe oder Hass, Recht oder Unrecht, Wahrheit oder Lüge, niemals aber halb so und halb so oder teilweise und so weiter.« Die Begründung für diese künstliche Schwarz-Weiß-Welt folgt auf dem Fuße: »Die Aufnahmefähigkeit der großen Masse ist nur sehr beschränkt, das Verständnis klein, dafür jedoch die Vergesslichkeit groß.« Wenn es um den bösen Feind geht, wird Lügen zur Pflicht, denn die Aufgabe der Propaganda ist »das ausschließliche Betonen des einen eben durch sie zu Vertretenden. Sie hat nicht objektiv auch die Wahrheit, soweit sie den anderen günstig ist, zu erforschen, um sie dann der Masse in doktrinärer Aufrichtigkeit vorzusetzen, sondern ununterbrochen der eigenen zu dienen.«[228] Kurz gefasst, lautet die größte Lüge: »Wir sind die Guten, die anderen sind die Bösen.«

Verlogene Propaganda scheint es schon immer gegeben zu haben. Der 3. US-Präsident Thomas Jefferson (1743 bis 1826) definierte die Lügenpresse wie folgt: »Nichts, was in einer Zeitung gesehen wird, kann jetzt geglaubt werden. Die Wahrheit selbst wird verdächtig, wenn man sie in dieses verunreinigte Fahrzeug [Presse] legt. Das wirkliche Ausmaß dieses Zustands der Fehlinformationen ist nur jenen bekannt, die in der Lage sind, Tatsachen ihres Wissens mit den Lügen des Tages zu konfrontieren.«[229]

Betreffend mediale Propaganda erinnern wir uns an jene Artikel der *Saturday Review* aus den Jahren 1895 bis 1897, in denen offen zum Krieg gegen Deutschland aufgerufen wurde.[230] Propagandistische Hetzschriften wie diese waren aber schon in den Jahren davor keine Ausnahmen, weil die Presse weltweit weder objektiv noch unabhängig, sondern gesteuert war und immer noch ist. Dieses Faktum bestätigte ausgerechnet ein ehemaliger Chefredakteur der *New York Times*. Bei seiner Verabschiedung im Jahr 1880 verkündete John Swinton (1829 bis 1901): »Bis zum heutigen Tag gibt es etwas wie eine unabhängige Presse in der Weltgeschichte nicht. Ich werde jede Woche dafür bezahlt, meine ehrliche Meinung aus der Zeitung herauszuhalten, bei der ich angestellt bin. Wenn ich meine ehrliche Meinung in einer Ausgabe meiner

Zeitung veröffentlichen würde, wäre ich meine Beschäftigung innerhalb von 24 Stunden los. Es ist das Geschäft der Journalisten, die Wahrheit zu zerstören, unumwunden zu lügen, zu pervertieren, zu verleumden, die Füße des Mammons zu lecken und das Land zu verkaufen für ihr täglich Brot. Wir sind die Werkzeuge und die Vasallen für die reichen Männer hinter der Szene, wir sind intellektuelle Prostituierte.«[231]

Die reichen Männer hinter der Szene, die Auftraggeber der Propaganda, sind die Mitglieder der anglo-amerikanischen Globalisierungsclique. In diesem Kontext verdient jene Stellungnahme des britischen Außenministers Ernest Bevin (1881 bis 1951) über die Presse besondere Aufmerksamkeit, die er im Zuge einer Konferenz der Außenminister 1946, also ein Jahr nach Ende des Zweiten Weltkriegs, von sich gab: »Eine Zeitung hat drei Aufgaben. Eine ist zu amüsieren, eine ist zu unterhalten und der Rest ist irrezuführen.«[232] Die Leser werden von der Wahrheit abgelenkt und in die Irre geführt. Durch Feindbilder und Propaganda wird das ursprünglich friedfertige Volk gleichgeschaltet, zu einer kriegstauglichen Masse umgeformt und letztlich von sich selbst entfremdet. Das ist die wahre Volksverhetzung. Das Volk kann im Endeffekt nur von jenen verhetzt werden, die es regieren und mit Nachrichten versorgen, nach denen sie sich richten sollen. Darum heißt es ja Nachrichten (Nachrichten). Die von der Hetz-, Lücken- und Lügenpresse bedienten Feindbilder der anglo-amerikanischen Globalisierungsclique variieren je nach Zweck. Je nach Krieg sind es die Deutschen, die Russen und so weiter.

Zu 3. Technische Operation
In dieser Rubrik steht sozusagen das Handwerkliche der Durchführung im Vordergrund. Zum Beispiel geht es bei der technischen Auslösung beider Weltkriege mehr um militärstrategische und politisch-diplomatische Aspekte, während beim Reichstagsbrand der Fokus mehr auf dem Technischen im physischen und physikalischen Sinne, nämlich der gezielten Brandlegung durch die Nationalsozialisten, liegen muss. Ähnliches gilt für 9/11 beziehungsweise die durch US-nahe Kräfte kontrolliert gesprengten beziehungsweise pulverisierten Gebäude des World Trade Centers.

Zu 4. Folgewirkungen
Hauptsächlich geht es um jene einschneidenden Wirkungen, deren Erzielung der Zweck des betreffenden Unternehmens war. Bei der planmäßig ablaufenden Auslösung des Ersten Weltkriegs führten sowohl das von den Feinden des verhassten Deutschen Reiches subventionierte Attentat auf den österreichischen Erzherzog Franz Ferdinand als auch die daraufhin sorgfältig von Großbritannien dirigierte Juli-Krise

direkt in den Ersten Weltkrieg. Es werden aber auch ungeplante Folgewirkungen erörtert, sofern sie wesentlichen Einfluss auf das nächste umwälzende Ereignis hatten. Ein Sonderfall ist die nicht durchgeführte Operation Northwoods zur vollständigen Invasion Kubas durch die USA. Ihre Untersagung durch John F. Kennedy begünstigte die Stationierung russischer Atomraketen auf Kuba und war daher sowohl für die Kuba-Krise 1962 als auch Kennedys Ermordung 1963 mitursächlich.

Zu 5. Cui bono?
Die lateinische Frage »Cui bono?« (Wem zum Vorteil?) sucht nach den Nutznießern. Da bis zu diesem fünften Punkt bereits jeweils das Wesentliche erörtert wurde, handelt es sich eigentlich nur noch um eine Kontrollfrage, die in aller Kürze beantwortet werden kann. In der Regel führt der kriminologische Ansatz »**Follow the money!**« (Folge dem Geld) von den unmittelbaren Tätern zu den Drahtziehern. Die Profiteure sind zumeist die Schuldigen, wenngleich nicht immer. Von Kriegen und politischen Umstürzen profitieren jene, die dadurch mehr Geld und Macht lukrieren: Geheimdienste, Militärs, Politiker, Spekulanten, Großbanken sowie Konzerne in den Sparten Rüstung, Stahl und Öl. Grundsätzlich sind die Hauptverantwortlichen die Mitglieder und Handlanger der anglo-amerikanischen Globalisierungsclique.

Ziemlich leicht zu beantworten ist, wer von einer verdeckten Operation nicht profitiert. Der Großteil der Bevölkerung, welcher Kriegspartei auch immer, leidet letztlich unter Kriegen als Soldaten, Krüppel, trauernde Angehörige, Steuerzahler, in ihren Rechten beschnittene Bürger und so fort. Kriege sind daher stets staatlich organisierter Terror der herrschenden Oberschicht gegen den Rest der Bevölkerung. Wegen ihres geheimen und verschwörerischen Charakters sind bei verdeckten Operationen direkte Beweise für die subjektive Vorwerfbarkeit (Schuld) naturgemäß nur schwer bis gar nicht zu erbringen. Meist liegen dafür keine schriftlichen Dokumente oder umfassenden Geständnisse vor. Jedoch ergibt sich die Schuld der Täter nicht selten anhand jener schlüssigen Indizienkette, die sich oft schon aus den Verdachtsmomenten im Vorfeld der Operation ableitet.

Zu 6. Klassifizierung
Als kurze Zusammenfassung erfolgt die abschließende Zuordnung zu einer von zwei Operationstypen:

- Typische verdeckte Operation
- Atypische verdeckte Operation

Bei einer typischen verdeckten Operation gibt sich der Angreifer gegenüber dem Angegriffenen als jemand anderes aus. Oder das vermeintliche Opfer attackiert sich selbst und täuscht den Angriff durch einen anderen vor. In beiden Fällen wird unter der Flagge eines Unschuldigen gekämpft. Darum werden derartige Unternehmen False Flag Operations genannt: Operationen unter falscher Flagge. Im Falle des verdeckten Selbstangriffs tarnt sich der Angreifer als sein künftiges Opfer, um einen Vorwand für einen bereits vorbereiteten Krieg zu erzeugen. Ein klassisches Beispiel ist die Operation Tannenberg, bei der deutsche SS-Männer in polnischen Uniformen den Sender Gleiwitz an der polnischen Grenze überfielen, um einen Vorwand für den späteren Einmarsch in Polen zu erschaffen. Typische verdeckte Operationen wie diese sind relativ leicht zu durchschauen.

Es gibt aber auch komplexere Fälle, die im Folgenden atypische verdeckte Operationen genannt werden. Hier provoziert das vermeintliche Opfer den Gegner auf raffinierte Art und Weise zum Angriff. Unter diesem Vorwand wird der Gegner dann in einen bereits vorbereiteten Krieg verwickelt. Der Aggressor greift zwar nicht direkt unter der Flagge, wohl aber im Interesse der von ihm Attackierten an. Juristisch betrachtet, ist der ursprüngliche Aggressor der unmittelbare Täter und das vermeintliche Opfer der mittelbare Täter. Der Angriff des unmittelbaren Täters ist ja gewünscht oder wird zumindest geduldet. Das vermeintliche Opfer ist daher als mittelbarer Täter indirekt verantwortlich. Ein Beispiel aus der historischen Praxis ist der japanische Angriff auf Pearl Harbor. Japan plante und vollzog zwar als unmittelbarer Täter die Operation mit der Überzeugung, es handle sich um einen Überraschungsangriff. In Wahrheit waren aber relevante Entscheidungsträger der USA involviert. Diese Vertreter der USA provozierten und deckten die Operation in jeder erdenklichen Hinsicht: Freiräumung des Nordpazifiks, vertuschte Ortung der japanischen Armada, Missachten von Vorwarnungen, Ignorieren feindlicher Aufklärung durch Mini-U-Boote, systematische Vernichtung eigener Verteidigungsfähigkeit und so weiter. Hätte die US-Bevölkerung davon gewusst, hätte sie die Teilnahme ihrer Nation am Zweiten Weltkrieg nicht bejubelt, sondern wie schon vor der Attacke auf Pearl Harbor dagegen protestiert.

Die wohl bedeutendste atypische verdeckte Operation ist die anglo-amerikanisch inszenierte Auslösung des Ersten Weltkriegs, der Urkatastrophe des 20. Jahrhunderts, an der Eurasien bis heute nagt.

MEILENSTEIN I
AUSLÖSUNG DES ERSTEN WELTKRIEGS

Lege Köder aus, um den Feind zu verführen.
Sun Tsu[233]

*Das Netz wurde gesponnen und Deutschland flog hinein
wie eine brummende Fliege.*
Abel Ferry[234]

Das Attentat auf den österreichischen Thronfolger Erzherzog Franz Ferdinand am 28. Juni 1914 in Sarajewo und die darauf folgende Juli-Krise lösten den Ersten Weltkrieg aus, der bis 1918 dauerte. Dieser erste industriell geführte Massenvernichtungskrieg mobilisierte weltweit etwa 72 Millionen Soldaten[235] und forderte knapp 40 Millionen menschliche Verluste in 26 Nationen: Rund 18,6 Millionen tote Soldaten und Zivilisten sowie 21,2 Millionen Verwundete. Entsprechend der anglo-amerikanischen Strategie der Balance of Power wurden Zentraleuropa und sein Gravitationszentrum Deutschland massiv geschwächt. Schließlich war die große Schlachtplatte das **kontinentale Eurasien**, weshalb hier rund 90 Prozent der menschlichen Verluste zu verkraften waren (siehe das Diagramm in Abb. 10).

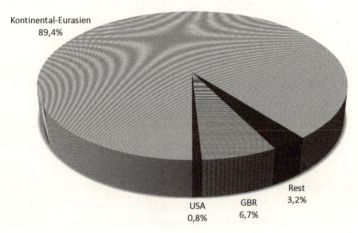

Abb. 10

Die traurigen Spitzenreiter waren Russland (RUS) mit 20,7 Prozent, Deutschland (DEU) mit 16,9 Prozent, Frankreich (FRA) mit 15 Prozent, das Osmanische Reich (OSM) mit 13,6 Prozent und Österreich-Ungarn (Ö-U) mit 13 Prozent. Diese fünf Staaten erlitten zusammengerechnet mehr als 31,5 Millionen Tote und Verwundete, das sind fast 80 Prozent der globalen Verluste. Vier dieser Nationen waren die letzten großen Monarchien beziehungsweise Kaiserreiche auf dem eurasischen Festland: Russland, Deutsches Reich, Österreich-Ungarn und Osmanisches Reich. Ihre Zerstörung ging mit dem Ende des Ersten Weltkriegs einher. Von den kriegsführenden Nationen konnte lediglich Großbritannien seine (konstitutionelle) Monarchie bewahren.

Der britische Inselstaat (GBR) trug »nur« 6,7 Prozent der Gesamtverluste, die USA gar »nur« 0,8 Prozent. Im Zweiten Weltkrieg betrugen ihre Verluste mit jeweils 0,6 Prozent sogar noch weniger. Eine Auswirkung ihrer Splendid Isolation. Russland und Deutschland hingegen rangierten bei den Verlusten wie schon im Ersten Weltkrieg wieder auf dem ersten und zweiten Platz (siehe die Tabelle in Abb. 11).[236]

Verluste im 1. und 2. Weltkrieg

Land	1. Weltkrieg				2. Weltkrieg	
	Tote + Verwundete	%	Tote	%	Tote	%
RUS	8.261.000	20,7	3.311.000	17,8	23.350.000	31,8
DEU	6.710.040	16,9	2.462.897	13,2	9.128.000	12,4
FRA	5.963.800	15,0	1.697.800	9,1	568.000	0,8
OSM	5.400.000	13,6	5.000.000	26,9	-	-
Ö-U/Ö	5.187.000	13,0	1.567.000	8,4	1.275.000	1,7
ITA	2.193.896	5,5	1.240.010	6,7	410.000	0,6
GBR	2.657.573	6,7	994.138	5,3	450.400	0,6
USA	323.155	0,8	117.465	0,6	418.500	0,6
Rest	3.124.050	7,8	2.201.391	11,8	37.825.662	51,5
Summe	39.820.514	100,0	18.591.701	100,0	73.425.562	55,0

Abb. 11

Die Gesamtkosten des Ersten Weltkriegs werden mit rund 180,5 Milliarden US-Dollar veranschlagt: 180.500.000.000 US-Dollar. Dies sind aber lediglich die unmittelbaren Kosten. Folgekosten wie die kriegsbedingte Staatsverschuldung wurden nicht eingerechnet. Allein in Deutschland, wo der Krieg fast ausschließlich mit Krediten und Anleihen finanziert werden musste, wuchs die Staatsverschuldung bis Ende 1918 auf über 150 Milliarden Reichsmark an und war damit mehr als dreißigmal so hoch wie vor Kriegsbeginn. 150.000.000.000 Reichsmark entsprechen etwa der Hälfte des gesamten Volksvermögens.[237]

Der Erste Weltkrieg ist untrennbar mit der Geopolitik des gesamten 20. und 21. Jahrhunderts verkettet. Schließlich gilt der erste große Krieg nicht nur wegen der Auflösung besagter vier Monarchien als **Urkatastrophe** des 20. Jahrhunderts, sondern vor allem weil er über das als »Friedensvertrag« getarnte Siegerdiktat von Versailles im Jahr 1919 zur planmäßig fortgesetzten Vernichtung des Deutschen Reiches, zur erdölangepassten Umgestaltung und Ausbeutung des Nahen Ostens, zur bolschewistischen Diktatur in Russland (UdSSR, 1922), zur nationalsozialistischen Diktatur in Deutschland (1933), zum Zweiten Weltkrieg mit etwa 73 Millionen menschlichen Opfern, zum Holocaust und zur Gründung des konfliktträchtigen Staates Israel führte. Der zweite große Krieg ist die logische Konsequenz aus dem ersten. Im Grunde bildeten beide Weltkriege zusammen den 30-jährigen Krieg des 20. Jahrhunderts. Aus diesem wiederum resultierte die unmittelbar anschließende Konfrontation zwischen UdSSR und USA respektive der Kalte Krieg zwischen Ostblock und Westmächten (1947 bis 1989), der spätestens seit der Ukraine-Krise ab 2014[238] wiederbelebt wurde und daher ebenso spürbar bis in unsere Zeit hineinwirkt wie der im Ersten Weltkrieg beginnende Kampf um das Erdöl des Nahen Ostens, die damit verbundenen Kriege der USA/NATO sowie die dadurch ausgelöste Massenmigration nach Europa.

Folglich ist der Erste Weltkrieg das bedeutendste umwälzende Ereignis der Neuzeit. Seine Auslösung beruht nicht auf Zufall oder einer unkoordinierten Verkettung widriger Umstände, wie uns das gerne erzählt wird. Am Schluss seines verdientermaßen als Bestseller gehandelten Buchs *Die Schlafwandler* fordert der australische Historiker Christopher Clark: »Man muss den Beweis erbringen, dass jemand den Krieg wollte und darüberhinaus verursachte.« In ihrer Extremform, wie Clark nahezu zynisch meint, bringe »diese Vorgehensweise Konspirationsnarrative hervor, in denen eine Clique mächtiger Einzelpersonen wie die Bösewichte mit Samtjackett in James-Bond-Filmen die Ereignisse hinter den Kulissen nach einem bösen Plan steuert.« Der grundsätzlich mutige und ausgerechnet in Deutschland nicht gerade unumstrittene Historiker erkennt »die moralische Befriedigung, die dieser Ansatz bereitet« und dass es »logisch gesehen nicht ausgeschlossen« ist, »dass der Krieg im Sommer 1914 auf diese Weise zustande kam.« Die ihm vorliegenden Quellen würden allerdings »eine derartige Argumentation nicht erhärten.«[239]

Nun, die von Christopher Clark erwähnte Clique mächtiger Einzelpersonen ist, wie wir bereits sahen, die anglo-amerikanische Globalisierungsclique. Ihre Konspiration ist leider kein Kriminalfilm, sondern sehr real. Und ihr großer Plan zur Erringung der Weltherrschaft ist dank wirklich gewissenhafter historischer Forscher wie Professor Carroll Quigley, Doktor Gerry Docherty und Jim Macgregor längst kein Geheimnis mehr. Ein von der deutschen Bundeszentrale für politische Bildung veröffentlichter Artikel von Professor Wolfgang Kruse erweckt den Eindruck, die Unterstützung des Kriegsbeginns durch breite Teile der deutschen Bevölkerung und sogar der sozialdemokratischen Partei habe weniger mit einer faktischen Bedrohung des Reichs als mit einer substanzlosen Emotion zu tun: »Aus dem Gefühl einer existentiellen nationalen Bedrohung erwuchs ein breiter politischer Konsens zur Kriegsunterstützung: die Burgfriedenspolitik. Selbst die zuvor eher internationalistischen Sozialdemokraten unterstützten aus Pflichtpathos jenen Krieg, der als Urkatastrophe des zwanzigsten Jahrhunderts gilt.«[240]

Dass das sogenannte Gefühl der Deutschen goldrichtig und wohlbegründet war, weil es beim Ersten Weltkrieg in erster Linie um die Zerstörung ihrer Nation im Rahmen der Destabilisierung des eurasischen Kontinents ging, wird im Folgenden dargelegt. Dabei wird auch ersichtlich, dass die Globalisierungsclique und ihre Handlanger den Ersten Weltkrieg sowohl auf der politisch-diplomatischen Ebene mittels systematischer geostrategischer Einkreisung des Deutschen Reiches als auch im Rahmen gediegener militärstrategischer Maßnahmen vorbereiteten, um ihn sodann im Rahmen zweier Kriegsfallen planmäßig, also bei vollem Bewusstsein, auszulösen. Wenn es in diesem vorprogrammierten Szenario Schlafwandler gab, dann waren es die politischen Führer des Deutschen Reiches und Österreich-Ungarns. Und niemand anders.

1.
VERDACHTSMOMENTE IM VORFELD

Gerade bei Kriegen kommt es nicht vordergründig darauf an, wer mit den offiziellen Kampfhandlungen beginnt, sondern wer sie mit welchen Mitteln verursacht. Als der einstige israelische Botschafter in Bonn Asher Ben Nathan in einem TV-Interview für *Die Woche in Bonn* gefragt wurde, wer im Juni 1967 den Sechs-Tage-Krieg zwischen Israel und den arabischen Ländern Ägypten, Jordanien und Syrien begonnen respektive wer die ersten Schüsse abgefeuert hatte, lautete seine realitätsnahe Antwort: »Das ist gänzlich belanglos. Entscheidend ist, was den ersten Schüssen vorausgegangen ist.«[241] Schon vor etwa 2.500 Jahren empfahl der chinesische General Sun Tsu, den Feind durch Täuschung zum Angriff zu verlocken: »Lege Köder aus, um den Feind zu verführen.«[242] Was die inszenierte Auslösung des Ersten Weltkriegs und die von den Alliierten provozierte Involvierung Deutschlands betrifft, sei auf die Worte des damaligen französischen Unterstaatssekretärs Abel Ferry hingewiesen. Am 3. August 1914, dem Tag der deutschen Kriegserklärung an Frankreich, notierte Ferry in sein Tagebuch: »Das Netz wurde gesponnen, und Deutschland flog hinein wie eine brummende Fliege.«[243]

Vermutlich kannte der ehrliche französische Staatsmann nicht alle Details, seine Beurteilung entspricht jedoch eindeutig und nachweislich den historischen Tatsachen. Wie angekündigt, fällt die nachfolgende Darstellung sehr umfangreich aus. Die Beleuchtung der ökonomischen und geostrategischen Ursachen lässt erahnen, welch großes und vor allem realistisches Potenzial das Deutsche Reich und eine von ihm geführte mitteleurasische Allianz inklusive einem jüdischen Staat in Palästina als deutsches Protektorat für einen nachhaltigen Frieden in Europa hatte. Es musste jedoch bereits im Ansatz mit allen zu Gebote stehenden politischen und vor allem militärstrategischen Mitteln zerstört werden, weil ein derartig gestärktes Eurasien im krassesten Widerspruch zu den Plänen der verbrecherischen anglo-amerikanischen Globalisierungsclique stand.

Masterplan: Globale Finanzkontrolle

Cecil Rhodes und die von ihm 1891 gegründete Geheimgesellschaft hatten sich gemäß eindeutigen schriftlichen Dokumenten und Augenzeugenberichten kein geringeres Ziel als den globalen Ausbau des britischen Empire und die Beherrschung der Welt durch die angeblich dazu auserkorene englische Rasse unter Führung ihrer Oberschicht gesetzt. Von entscheidender Bedeutung war die **Verschmelzung Großbritanniens mit den USA**, der stärksten Wirtschaftsmacht der Welt. In diesem Kontext sollte die globale Herrschaft der Hochfinanz über Politik und Wirtschaft insbesondere mittels geheimer Kontrolle durch die Globalisierungsclique, Vollstreckung durch eine in privater Hand befindliche oberste Zentralbank sowie Bestechung einflussreicher Politiker und Militärs errichtet werden. Die globale Verstrickung sollte über die ebenfalls privaten nationalen Zentralbanken und deren Kontrolle über die Ausschüttung der Staatsanleihen und die Manipulation der Wirtschaftstätigkeit erfolgen, um das jeweilige nationale Wirtschaftsniveau zu beeinflussen, Macht über kooperationsbereite Politiker zu gewinnen und letztlich jede nationalstaatliche Regierung zu beherrschen. Es ging also, wie Professor Quigley ausdrücklich betont, um »die Errichtung eines Systems der weltweiten Finanzkontrolle in privaten Händen, das in der Lage wäre, das politische System eines jeden Landes und die Weltwirtschaft als Ganzes zu regeln.«[244] Kurz:

Weltdiktatur durch reiche Privatpersonen

Die antidemokratische Zielsetzung der globalen Weltherrschaft korrespondiert mit dem im frühen 20. Jahrhundert konzipierten Marburg-Plan, der aus dem reichen Erbe des britisch-stämmigen US-Großindustriellen Andrew Carnegie finanziert wurde. Den utopischen Zweck dieses Konzepts skizziert der britische Historiker Antony C. Sutton wie folgt: »Die Regierungen der Welt, so der Marburg-Plan, mussten sozialisiert werden, während die ultimative Macht in den Händen internationaler Finanzmänner verbleiben würde, um ihre Räte zu kontrollieren und den Frieden zu erzwingen [und so] eine spezifische Lösung für alle politischen Krankheiten der Menschheit zu bieten.«[245] Dass es dabei in Wahrheit nicht um Frieden und Menschlichkeit, sondern ausschließlich um die skrupellose Durchsetzung wirtschaftlicher Interessen einer selbsternannten »Elite« ging, bezeugt die Geschichte zweier Weltkriege. Besagte globale Finanzdominanz versuchten Banker wie Montagu Norman im Wege der Bank of England, Benjamin Strong über die Federal Reserve

Bank, Charles Rist mit der Banque de France und Hjalmar Schacht im Wege der Reichsbank auszuüben.[246]

In Deutschland blieb es bis zum Ersten Weltkrieg beim Versuch. Die privaten Zentralbanken Englands und Frankreichs hingegen hatten erheblichen Einfluss auf die Außenpolitik der offiziellen Regierungen und weniger in der Industrie, während die Notenbank der USA respektive die 1913 gegründete Federal Reserve sowohl über den Staat als auch über die Industrie große Macht ausübte.[247] Die Bezeichnung »Federal Reserve« (Bundesreserve) ist ein riesiger und unverschämter Etikettenschwindel, weil es sich um eine private Zentralbank handelt. Ihre Entstehung hängt direkt mit dem Beginn des modernen Zeitalters des Finanzkapitalismus Ende des 19. Jahrhunderts zusammen, als in den USA die Industriebarone von den Titanen des Bankwesens abgelöst wurden. Anlässlich des Konjunkturrückgangs im Jahr 1893 erlangten Banker wie William Rockefeller, James Stillmann und Jacob Schiff Kontrolle über die Union Pacific, eines der größten Eisenbahnunternehmen. Wie es der »Zufall« so wollte, war der regelrechte Ausverkauf der Eisenbahnindustrie neben dem massiven Goldabfluss nach Europa der Hauptgrund für die große Rezession 1907, an der die sechs mächtigsten Bankhäuser der USA, die »Bix Six«, unter der Führung des Großbankiers J. P. Morgan (John Pierpont Morgan) partizipierten.[248] Morgan selbst verursachte absichtlich einen Börsencrash, indem er mit dem Geld seiner Kunden Aktien der United Copper Company verspekulierte und dadurch einen nationalen Dominoeffekt auslöste.[249]

Dieses selbst erschaffene Problem gedachten die »Big Six« mit der ebenfalls selbst erschaffenen Federal Reserve zu lösen. Man fühlt sich an Kriminelle erinnert, die Windschutzscheiben fremder Fahrzeuge einschlagen, um darin die Visitenkarten ihrer eigenen Werkstätten zu deponieren. US-Präsident Woodrow Wilson (1856 bis 1924) griff zur Visitenkarte. Unter seiner Amtsführung wurde das System der Federal Reserve mit Gesetz vom 23. Dezember 1913 etabliert. Offiziell wurde die »Fed« zwar als Reaktion auf den großen Crash 1907 und frühere Konjunkturrückgänge gegründet, »aber ihr Hauptzweck war es, den Status der Vereinigten Staaten in globalen finanziellen Aktivitäten gegenüber den europäischen Zentralbanken zu erhöhen und als Ergebnis die nationale und internationale Dominanz amerikanischer Bankiers zu stärken.« Dies enthüllt die US-amerikanische Journalistin und vormalige Wallstreet-Managerin Nomi Prins in ihrem Buch *All the Presidents' Bankers* (Alle Präsidenten-Bankiers).[250]

Und der US-amerikanische Wirtschaftsjournalist F. William Engdahl[251] erklärt anschaulich den Zusammenhang zwischen der von der anglo-amerikanischen Globalisierungsclique geplanten Verschmelzung Großbritanniens mit den USA einerseits und dem Ersten Weltkrieg andererseits: »Eines der am besten gehüteten Geheimnisse des Ersten Weltkriegs umrankt die Kriegserklärung Englands an Deutschland vom 4. August 1914. Die britische Staatskasse war leer, die Finanzen des Empire bankrott, ehe noch der Krieg erklärt war.« Ein Blick auf die finanziellen Verhältnisse der wichtigsten Kriegsparteien offenbart laut Engdahl eine »Menge geheimer Kreditabkommen, die an detaillierte Pläne gekoppelt waren, wie die Rohstoffe und natürlichen Quellen des Reichtums der Welt nach dem Krieg neu verteilt werden sollten.« Hier kommt die erdölreichste Region der Welt ins Spiel: der **Nahe Osten**, sprich das damalige Osmanische Reich. Es wurde demnach »schon vor dem Krieg verpfändet, was man durch den Krieg in Besitz zu bringen gedachte.«[252]

Wie noch gezeigt wird, erkannte die britische Regierung schon um 1904 den strategischen Wert des Erdöls, denn die Befeuerung der größten Kriegsflotte der Welt, der Royal Navy, sollte von Kohle auf Heizöl umgestellt werden. Da Großbritannien über keine eigenen Ölquellen verfügte, riss es sich ab 1905 jene in Südpersien unter den Nagel. In diesem Konnex kam das Deutsche Reich den britischen Plänen gleich mehrfach in die Quere: Deutschland war Europas Ölversorger Nummer eins, ein guter Freund und Unterstützer des Osmanischen Reiches, Erbauer der Bagdad-Bahn, geistige Zentrale der deutschen Juden in Palästina und folglich der potenziell größte Erdöllieferant weltweit. Für Großbritannien ein Grund, das mächtige Deutsche Reich zu vernichten. Wahrscheinlich sogar der Hauptgrund. Für dieses langfristige Vorhaben war das bankrotte britische Imperium sowohl auf die finanzielle als auch die materielle Unterstützung der Vereinigten Staaten von Amerika angewiesen.

David Lloyd George (1863 bis 1945) war, wie gesagt, ein Mitglied der anglo-amerikanischen Globalisierungsclique, aber auch von 1908 bis 1916 der britische Finanzminister.[253] In dieser Funktion erteilte er im Januar 1914 dem Leiter des Schatzamtes Sir George Paish den Auftrag zur Erstellung einer Analyse über »die Situation der britischen Goldreserven«. Eine wichtige Conclusio des streng vertraulichen Memorandums war, dass das ökonomisch mächtige Deutsche Reich eine Bedrohung für den Sterling-Gold-Standard darstellte, der bereits seit etwa 75 Jahren die Basis des Weltwirtschaftssystems bildete: »Ein anderer Grund, um zur Reform des Banksystems zu schreiten, liegt in der wachsenden wirtschaftlichen und finanziellen Kraft Deutschlands. Denn mit ihr wächst die Unruhe, die Goldreserven könnten vor oder mit Beginn eines größeren Konflikts zwischen den beiden Ländern geplündert werden.«[254]

In den Köpfen der Strategen der Globalisierungsclique hatte natürlich die Anpassung des kaputten britischen Geldsystems an das gesunde deutsche nationale Gesamtsystem aus Staat, Finanz, Wissenschaft und Produktion keinen Platz. Es war genau anders herum: Sie wollten das ganzheitliche deutsche System zertrümmern. Das Mittel der Wahl war der allgemeine europäische Krieg. In diesem Zusammenhang ist das von F. William Engdahl genannte geheime Memorandum vom 22. Mai 1914 aus der Feder des hohen britischen Finanzbeamten Basil Blackett interessant. Dieses Dokument beschäftigt sich mit den »Auswirkungen des Krieges auf unsere Goldreserven«. Blackett kam zum Schluss, dass bei einem großen europäischen Krieg, an dem alle Großmächte inklusive Großbritanniens beteiligt wären, von allen großen Finanzzentren nur jenes in New York in Betracht käme, »um sich Gold für den Kriegsschauplatz zu beschaffen.«[255] Ein weiterer triftiger Grund für die hochfinanzielle anglo-amerikanische Verkuppelung.

Den Analysen der Briten Gerry Docherty und Doktor Jim Macgregor zufolge war J. P. Morgan nicht nur ein mit Rothschild verbundener Englandfreund, sondern auch ein US-Agent von Rhodes' und Milners geheimer Globalisierungsclique.[256] Hier schließt sich der anglo-amerikanische Kreis auf der Hochfinanzebene. Anhand zahlreicher Dokumente legt die ehemalige Wallstreet-Managerin Nomi Prins offen, dass große Banken wie Morgan und Rockefeller den hochfinanziellen Teil jener Geheimbünde darstellen, die hinter der Macht und Außenpolitik der USA stehen. Unabdingbare Voraussetzung für die Erstarkung der USA als globale Finanzsupermacht war die Gründung der Federal Reserve und der unmittelbar damit zusammenhängende Erste Weltkrieg. Mit Wilsons Rückendeckung unterstützten die »Bix Six«, also die größten Banken der USA, einseitig die Feinde Deutschlands, indem sie ihnen ab 1914 große Kredite zuschanzten, mit denen wiederum vereinbarungsgemäß Rüstungsgüter in den laut offizieller Behauptung »neutralen« USA eingekauft wurden.[257] Der militärisch-industrielle Komplex der USA unter hochfinanzieller Herrschaft war geboren – und die Verschuldung Großbritanniens bei den USA ins Unermessliche gewachsen, was wiederum die hochfinanzielle Verschmelzung beider Nationen besiegelte.

Während die US-amerikanische, britische und französische Hochfinanz massiven Einfluss auf die Politik hatte, sah es in Deutschland und Russland ganz anders aus. Vor 1914, also vor Kriegsbeginn, war die deutsche Notenbank »von geringem Einfluss beziehungsweise geringer Bedeutung«, weil die deutsche Industrie von sogenannten Depositbanken finanziert wurde. In Russland wurde die Wirtschaft von der Regierung gelenkt.[258] Die beiden stärksten Mächte auf dem europäischen Kontinent passten also nicht in das globale Konzept der anglo-amerikanischen Globalisierungsclique. Eine sich aufdrängende Option war natürlich ein großer Krieg, der im Rahmen der Destabilisierung Eurasiens sowohl die deutsche als auch die russische Wirtschaft unter anglo-amerikanische Kontrolle brächte. Im Idealfall (aus perverser Sicht) würden sich Deutschland und Russland dabei gegenseitig gewaltig schwächen, vielleicht sogar gänzlich zerstören.

Die Globalisierungsclique arbeitete fleißig darauf hin. Führende, der Idee des Friedens ursprünglich wohlgesonnene liberale Politiker Englands wurden zu liberalen Imperialisten umgepolt. Einflussreiche Persönlichkeiten wie zum Beispiel Baron Rothschild, Winston Churchill, König Edward VII. sowie seine Berater Lord Esher und Charles Hardinge gehörten dem mächtigen Kader der Globalisierungsclique bereits unmittelbar an. Über die Jahre war eine funktionstüchtige Manipulationsmaschinerie in den Bereichen Bildung, Presse, Politik und Militär aufgebaut und deren Einflussnahme auf sämtliche Gesellschaftsschichten sichergestellt worden. Zeitungen wie die *Times* waren fest in ihrer Hand. Die Kontrolle über das britische Kriegsministerium übte die seit 1902 von Alfred Milner geleitete Globalisierungsclique spätestens seit der Implementierung des Komitees für Imperiale Verteidigung (CID) im Jahr 1904 aus, eines Nationalen Verteidigungsrates.[259] Als Gründer des CID und dessen Wächter für die nächsten 30 Jahre gilt Lord Arthur Balfour (1848 bis 1930),[260] Führer der konservativen Partei, Premier von 1902 bis 1905, Außenminister von 1916 bis 1919 und natürlich Mitglied des inneren Kreises der geheimen Clique.[261]

Dem CID gehörte zum Beispiel Lord Esher (1852 bis 1930) an, der Berater der Krone. Diese gefinkelte Kombination bedrohte sowohl die britische Demokratie als auch den globalen Frieden. Carroll Quigleys Recherchen zufolge war Lord Esher von 1905 bis 1930 ständiges Mitglied im CID.[262] Besondere Brisanz hatte die Einrichtung eines geheimen CID-Unterausschusses, die Arthur Balfour im Juli 1905 zwecks Erstellung von Studien über kombinierte Marine- und Heeres-Operationen beschlossen hatte.[263] Gerry Docherty und Jim Macgregor, die Carroll Quigleys Untersuchungen nach dessen Tod im Jahr 1977 fortsetzten, berichten über die Hauptfunktion dieser geheimen Untergruppe: »Der geheime Unterausschuss des CID war für einen einzigen Zweck gegründet worden:«

Krieg mit Deutschland.[264]

Deutschland soll sterben

Bei allem undemokratischen Unrecht war diese antideutsche Funktion des CID nur konsequent. Schließlich war die vorsätzliche Zerstörung Deutschlands in einem von englischen Imperialisten als erforderlich erachteten Krieg spätestens seit 1895 eine offen artikulierte Sache. Hier erinnern wir uns an die hetzerischen Artikel der *Saturday Review*, wo offen zum Krieg gegen das Deutsche Reich aufgerufen wurde: »Deutschland muss zerstört werden!« Die mitgelieferte Begründung erwähnte mit keinem Wort eine kriegerische Bedrohung durch eine zu starke deutsche Flotte, weil es diese schlichtweg nicht gab. Stattdessen wurde der junge deutsche Gesamtstaat explizit als gefährlicher Konkurrent in den Sparten Handel und Verkehr eingestuft. Dass er genau das war, belegen vor allem die Produktionszahlen für Stahl und Kohle. Zur Erinnerung: Das Deutsche Reich lag weltweit entweder an zweiter oder dritter Stelle hinter den USA. In der chemischen Produktion sogar an erster Stelle. 1913 produzierte Deutschland mehr Stahl als England, Frankreich und Russland zusammen. Britische Imperialisten störte aber nicht nur der durchschlagende Erfolg der fleißigen Deutschen, sondern auch und in erster Linie ihr dahinterstehendes, nahezu einzigartiges, von Kaiser Wilhelm II. protegiertes **nationales Gesamtsystem** aus Staat, Finanz, Wissenschaft und Produktion. Wie gesagt, finanzierten und dominierten die deutschen Banken die Wirtschaft nicht nur im eigenen, sondern auch im Interesse des Staats.[265] Die deutsche Notenbank hatte keinen nennenswerten Einfluss auf die Industrie und schon gar nicht auf die Regierung.

Exakt diese aus eigener Kraft errichtete ganzheitliche nationale Ordnung machte das Deutsche Reich gegenüber jenem globalen Finanzkontrollsystem immun, das die geheime anglo-amerikanische Globalisierungsclique im Begriff war aufzubauen. Beide Konzepte vertrugen sich nicht. Das deutsche System als gefährliche Konkurrenz Großbritanniens und potenzielles Vorbild für die ganze Welt zu zerstören, war das kapitalistische Hauptmotiv für die bereits zur Jahrhundertwende angestrebte Vernichtung Deutschlands. So gut wie alles, wofür die junge Nation Deutsches Reich stand, war ein Hemmschuh für das größenwahnsinnige Weltherrschaftsziel der Globalisierungsclique. Von Beginn an waren es ausschließlich deren wirtschaftliche und globalistische Interessen, die zur von langer Hand geplanten Vernichtung des Deutschen Reiches führen sollten. Wie unschwer zu erkennen ist, war nicht der kontinentaleuropäische Nationalismus das Problem. Ganz im Gegenteil. Es muss mit aller Deutlichkeit gesagt werden, dass die Missachtung der deutschen Nation durch fanatische Globalisierer zur Urkatastrophe führte. Dafür war jedoch nicht die deutsche Nation, sondern eine Anhäufung anglo-amerikanischer Psychopathen und ihrer internationalen Handlanger verantwortlich. Sie sorgten für die strategische Einkreisung des Deutschen Reiches zum Zwecke seiner Vernichtung.

Systematische Einkreisung Deutschlands

Wie bereits erörtert, zeichnete sich der unaufhaltsame Trend zur **friedlichen** deutschen Vorherrschaft in Eurasien schon in den frühen 1890er Jahren ab. Nicht nur England schielte neidisch auf das Deutsche Reich. Auch die direkt an Deutschland grenzenden Großmächte Frankreich und Russland hatten gute Gründe, Deutschland einkreisen und zerstören zu wollen. Da jedoch zwischen Deutschland und Russland mangels gegenseitiger territorialer Ansprüche und kolonialer Streitigkeiten die idealen Voraussetzungen für eine permanente friedliche Koexistenz gegeben waren, wurde ein Bündnissystem hergestellt, das dem riesigen Zarenreich Beistandspflichten gegenüber Frankreich und England in einem Krieg gegen das Deutsche Reich auferlegte.

Die systematische Einkreisung des Deutschen Reiches durch die Entente-Staaten kommt der Kombination zweier uralter Kriegslisten gleich. Stratagem Nummer 22, das Stratagem der **Umzingelung** und Einkesselung, dient dem Anwender in einer komfortablen Position der Stärke, in der die Isoliertheit und Unterlegenheit des Gegners ausgenutzt werden soll, um ihn strategisch schachmatt zu setzen. Der Plan ist, den Feind in die Zange zu nehmen und ihn zu vernichten.[266] Gemäß Stratagem Nummer 23, dem Stratagem der Fernfreundschaft, verbündet man sich vorübergehend mit einem fernen Feind, um zunächst den nahen Feind respektive Nachbarstaat anzugreifen: Der ferne Tiger wird gebeten, den nahen Wolf zu fressen. Die Umsetzung dieses Stratagems erfordert viel Geduld, also einen langen Atem.[267] Schon sehr früh schlossen Frankreich und England mit dem weit entfernten Russland strategische Bündnisse, um ihren unmittelbaren Nachbarn, das Deutsche Reich, einzukesseln und mit Hilfe eines Massenaufgebots vernichtend zu schlagen: der russischen Dampfwalze. Zu diesem Behufe wurden im Sinne des 35. Stratagems, des Ketten-Stratagems, mehrere weitere Stratageme zu einem großen zielgerichteten Handlungsablauf aneinandergekoppelt.[268] Diese weiteren Stratageme werden in den Kapiteln über die Kriegspläne der Entente-Staaten und Serbiens erörtert.

Französisch-russisches Bündnis 1894

Bereits im Sommer 1891 fand ein äußerst verdächtiger, wenngleich offizieller Besuch französischer Offiziere im russischen Kronstadt auf der Ostseeinsel Kotlin vor St. Petersburg statt. Fünf Monate später, im Dezember desselben Jahrs, stieß der russische

Zar Alexander III. gegenüber seinem Außenminister Nikolaus von Giers folgende Forderung aus: Die Fehler der Vergangenheit müssen korrigiert werden und

Deutschland muss bei erster Gelegenheit vernichtet werden.[269]

Dieser gegen Deutschland gerichtete Zerstörungswunsch geht offenbar auf die Berliner Konferenz von 1878 zurück, im Rahmen welcher die europäischen Großmächte einvernehmlich die Zurückdrängung Russlands aus dem Balkan, insbesondere aus dem Umfeld der türkischen Meerengen Bosporus und Dardanellen beschlossen hatten. Dafür machte Russland, völlig an den Haaren herbeigezogen, hauptsächlich den Leiter der Konferenz, den deutschen Kanzler Otto von Bismarck und damit Deutschland verantwortlich. Man erwartete eine Gegenleistung für die russische Neutralität im von Frankreich verschuldeten deutsch-französischen Krieg (1870 bis 1871).[270] So tickten also die russischen Expansionisten: Das friedliche, aber zwischen Frankreich und Russland eingeklemmte Deutsche Reich sollte sich für etwas Selbstverständliches, also die russische Nichteinmischung in einen vom Norddeutschen Bund nicht verschuldeten Konflikt, erkenntlich zeigen.

Der vom russischen Zaren 1891 artikulierte Bedarf an der Auslöschung Deutschlands offenbart jedenfalls, welchem Zweck das bereits 1892 entworfene und 1894 ratifizierte Militärbündnis zwischen Frankeich und Russland zu dienen hatte. Die systematische Einkreisung Deutschlands durch seine künftigen Feinde im Ersten Weltkrieg hatte begonnen. Schließlich grenzten sowohl Frankreich als auch Russland direkt an das Deutsche Reich. Formal orientierte sich die französisch-russische Militärkonvention am defensiven Dreibund zwischen Deutschland, Österreich-Ungarn und Italien. Sollte auch nur einer der Dreibundstaaten Truppen voll oder lediglich teilweise mobilisieren,[271] waren Frankreich und Russland vertraglich zur sofortigen und zeitgleichen Mobilmachung (Mobilisierung) der »Gesamtheit ihrer Streitkräfte« verpflichtet. Unabhängig davon, welches Mitglied des seit 1882 bestehenden Dreibunds mobilisiert hätte, wäre jedenfalls das Deutsche Reich schlagartig von französischen und russischen Truppen in die Zange zu nehmen und rücksichtslos aufzureiben: »Diese Truppen werden den Kampf rückhaltlos und mit aller Kraft aufnehmen, sodass Deutschland zugleich im Osten und im Westen zu kämpfen haben wird.«[272] Dafür sollte Frankreich 1,3 Millionen und Russland 700.000 bis 800.000 Soldaten gegen Deutschland mobilisieren.[273] Das Strategiepapier aus dem Jahr 1894 verrät unmissverständlich drei Planungsgrundlagen, die für die inszenierte Auslösung des Ersten Weltkriegs im Sommer 1914 essentiell sein werden:

- Deutung einer Teilmobilmachung als Kriegseröffnung
- Mehrfronten-Vernichtungskrieg gegen Deutschland
- Strategische Bedeutungslosigkeit Österreichs und Italiens

Diese Planungsparameter aus den Jahren 1892 bis 1894 und die damit korrelierende Bündnissystematik lassen das auslösende Szenario des Ersten Weltkriegs von 1914 erkennen: Für die Eröffnung eines großen europäischen Krieg genügte beispielsweise die **Teilmobilmachung** Österreich-Ungarns gegenüber Serbien.[274] Hinter Serbien stand Russland, während der wichtigste beziehungsweise einzig treue Verbündete der Donaumonarchie das Deutsche Reich war. Dass besagte Planungsgrundlagen auch in England Akzeptanz fanden, druckte die *Saturday Review* 1897 bekanntlich wie folgt ab: »Seine [Deutschlands] Partner im Dreibund wären nutzlos gegen England; Österreich, weil es nichts tun könnte; Italien weil es nicht wagte, sich von Frankreich angreifen zu lassen.« Das englische Blatt, das Cecil Rhodes nahestand, propagierte zudem ein englisches Bündnis mit Frankreich und Russland und deklarierte sogar Deutschland als französisch-russisches Beutegut: »Nehmt euch in Deutschland, was immer ihr wollt. Ihr sollt es haben.«[275]

Aus Kämpfen unter Raubkatzen ist bekannt, dass kein Löwe (Rudeltier) alleine eine Chance gegen die doppelten Prankenschläge des einzelgängerischen Tigers hat. Nur mit vereinten Kräften können Löwen einen gesunden Tiger besiegen. Deutschland war die stärkste Macht auf dem europäischen Festland, mit der es weder Frankreich noch Russland alleine hätte aufnehmen können. England besaß zwar die stärkste Flotte, aber sein verhältnismäßig schwaches Heer konnte auf dem Kontinent auf sich selbst gestellt überhaupt nichts ausrichten. Außerdem: Warum sollte sich England die Finger zu sehr schmutzig machen? Die Isolation, Einkreisung und spätere Vernichtung des Deutschen Reiches stand jedenfalls ganz im Zeichen der von England seit dem 16. Jahrhundert aus ihrer Splendid Isolation heraus betriebenen Geostrategie der Balance of Power, bei der die stärkste kontinentale Macht mittels Unterstützung der zweitstärksten Macht vernichtet werden soll. Zwischen den beiden stärksten Mächten auf dem Kontinent – Deutschland und Russland – musste ein Graben ausgehoben oder eine bestehende Kluft vertieft werden.[276]

Dieser anglo-amerikanischen Teile-und-herrsche-Strategie folgend, beurteilte der konservative britische Kolonialminister Joseph Chamberlain, ein Cliquen-Bruder früher Stunde,[277] schon im Jahr 1899, also bereits acht Jahre vor der Gründung der Triple Entente, dass es wohl in absehbarer Zeit zu diesem britisch-französisch-russischen Bündnis kommen und dieses massiv zu Lasten des Deutschen Reiches gehen werde. Gegenüber dem deutschen geopolitischen Mastermind Karl Haushofer prophezeite Joseph Chamberlain für den Fall des Nichtzustandekommens des von ihm präferierten Pakts zwischen England, Deutschland, USA und Japan im Klartext:

> *Aber sagen Sie drüben, wenn wir das nicht erreichen können, dann werden wir uns, sei es auch mit ungeheuren Kosten, mit dem Zweibund [gemeint ist das französisch-russische Bündnis], mit Frankreich und Russland, verständigen müssen. Dann wendet sich das Blatt gegen euch und diesem Druck werdet ihr nicht gewachsen sein.*[278]

Ähnlich offen artikulierte Analysen hörte Karl Haushofer auch von vielen anderen britischen Geostrategen, darunter der spätere Kriegsminister Lord Herbert Kitchener (ebenfalls ein Cliquen-Bruder),[279] der Kolonialbeauftragte für die indische Nordwestprovinz George Roos-Keppel und der Begründer der Bewegung des Empire Day, der 13. Earl of Meath.[280] Ihren korrekten Beurteilungen liegt die verinnerlichte britische Geostrategie Balance of Power zugrunde, jene Strategie, die England ab 1904 zum Paktieren mit seinen alten Feinden Russland und Frankreich zwecks Schädigung Deutschlands veranlasste. Die politischen Fäden zogen Chamberlains und Kitcheners Brüder der Globalisierungsclique.

Britisch-französisches Bündnis 1904

Bei Christopher Clark lesen wir, dass Lord Esher ein Befürworter der britisch-französischen Entente Cordiale sowie ein enger Freund und Ratgeber des britischen Königs Edward VII. (1841 bis 1910) war.[281] Der wichtigste außenpolitische Berater Edwards war Charles Hardinge, der wie Esher ebenfalls überzeugtes Mitglied der anglo-amerikanischen Globalisierungsclique war – und laut Professor Carroll Quigley »einer der wichtigsten Gestalten der britischen Außenpolitik im 20. Jahrhundert.« Charles Hardinge war »wahrscheinlich die wichtigste einzelne Person beim Zustandekommen der Entente Cordiale im Jahr 1904« und sehr einflussreicher Agitator »bei der Verständigung mit Russland im Jahr 1907.«[282] Die Entente Cordiale diente nach außen hin hauptsächlich der kolonialen Einverleibung der größten Teile Afrikas in herzlichem gegenseitigem Einvernehmen: Frankreich sollte Marokko und England Ägypten erhalten. Nachdem nämlich der britische Politiker Benjamin Disraeli 1875 den Suez-Kanal mit finanzieller Unterstützung durch die Rothschilds unter britische Kontrolle gebracht hatte, lud das die britischen Geostrategen förmlich dazu ein, sich gleich ganz Ägypten einzuverleiben.[283] Schließlich verläuft der 1869 eröffnete Schifffahrtskanal von Port Said im Norden bis Port Tawfiq bei Suez im Süden durch ägyptisches Territorium, wobei die am östlichen Ufer gelegene Sinai-Halbinsel ein potenzielles Aufmarschgebiet des Osmanischen Reiches war, das sich im Süden bis ins heutige Jemen erstreckte. Der Suez-Kanal verbindet das Mittelmeer mit dem Roten Meer und garantierte den kürzesten Seeweg zwischen England und dem Lebensnerv des britischen Empire: Indien. Der Suez-Kanal war daher die Lebensader des britischen Empire, weshalb die Globalisierungsclique auf die alleinige Kontrolle über ihn pochte. Darüber einigte sich England mit seinem ehemaligen Erzfeind Frankreich im Jahr 1904, doch das war nur ein angenehmer Sekundäreffekt der Entente Cordiale.

Ihr Hauptzweck war die Isolation des Deutschen Reiches mittels Einkreisung. Manfried Rauchensteiner, Professor für Geschichte an der Universität Wien und vormaliger Direktor des Heeresgeschichtlichen Museums, stellt klar, dass die Verständigung zwischen Großbritannien und Frankreich nicht nur Afrika zum Ziel hatte, sondern wie nichts anderes signalisierte, »dass sich die großen Kolonialmächte wieder Europa zuwendeten und dabei vor allem Deutschland in die Schranken weisen wollten.«[284] Laut Dochertys und Macgregors Recherchen wurde der inoffizielle Zweck der Entente Cordiale bei ihrer Unterzeichnung am 8. April 1904 in streng geheimen Klauseln festgehalten: die Vernichtung Deutschlands. Beim Zustandekommen des englisch-französischen Bündnisses fungierte der extrem frankreichverliebte, aber dennoch britische Thronanwärter Edward VII. als Agent in Paris, während die Globalisierungsclique für sein kostspieliges Leben auf Reisen, an Spieltischen und in Bordellen aufkam. Obwohl durch die Venen der dem Hause Sachsen-Coburg-Gotha entstammenden britischen Royals reichlich deutsches Blut fließt, war es für Edwards Berater Esher und Hardinge ein Leichtes, aus dem englischen König und Onkel des deutschen Kaisers einen überzeugten Antideutschen zu formen. Schließlich war die Monarchie das »Taufbecken des Englischen.« Mit seinen engen Freunden und Cliquen-Brüdern Esher, Hardinge, Milner, Rothschild und Lord Rosebury verband Edward VII. die Ideologie der Weltherrschaft durch die angelsächsische Rasse. Nach einem längeren Aufenthalt erhielt Edward im Sommer 1903 Besuch vom französischen Präsidenten Emile Loubet und dessen Begleitung Théophile Delcassé, einem kriegstreibenden Revanchisten. Mit Delcassé, der die Rückeroberung Elsass-

Lothringens von den Deutschen anstrebte, hatte sich Edward VII. in Paris angefreundet. Das historische Faktum der kurz darauf unterfertigten Entente Cordiale kommentieren Docherty und Macgregor wie folgt: »Sie markierte das Ende einer Ära des Konflikts zwischen England und Frankreich, die beinahe tausend Jahre währte. Die Isolation vom europäischen Kontinent wurde offiziell aufgegeben.« Ein außenstehender Beobachter, der belgische Botschafter in Berlin Baron Greindl, kam zur logischen Schlussfolgerung: »Die britische Außenpolitik wird vom König persönlich gelenkt.« Der Kreis schließt sich hier beim Nationalen Verteidigungsrat CID, den König Edward VII. (wie auch seinen Nachfolger George V.) regelmäßig mit geheimen Berichten versorgte.[285]

Das britische Ziel der Vernichtung Deutschlands hing hauptsächlich mit dem starken deutschen und daher auch deutsch-jüdischen Einfluss im Nahen Osten zusammen, der die geostrategischen Interessen Großbritanniens bedrohte. Mehr dazu im Kapitel »Mitteleurasische Allianz«. Das ebenfalls auf die Zerstörung des deutschen Kaiserreichs abzielende, 1907 errichtete Bündnis zwischen England, Frankreich und Russland wurde von der Globalisierungsclique in die Wege geleitet. Zuerst zähmte England respektive Milners geheime Clique den russischen Bären, indem sie mittels tatkräftiger Unterstützung Japans dessen Sieg im japanisch-russischen Krieg förderte. Unmittelbar danach wusste man ein bereits zwischen dem deutschen Kaiser und dem russischen Zaren vereinbartes Bündnis zu zerschlagen.

Bändigung Russlands

Als Russland im Zuge der Besetzung der chinesischen Halbinsel Liaodong mit Port Arthur endlich einen eisfreien Hafen für seine Kriegsmarine hatte und die Transsibirische Eisenbahn den russischen Handel bis in den fernen Osten sicherstellte, realisierte die Globalisierungsclique die zunehmende Bedrohung, die Russland für das koloniale Kronjuwel Indien darstellte. Da eine Schutztruppe von rund 140.000 Soldaten zu teuer gekommen wäre, beschloss man in England entsprechend der Strategie der Balance of Power, Japan gegen Russland aufzurüsten, um jede weitere russische Expansion im Osten zu verhindern. Auf Betreiben Rhodes' geheimer Clique baute England ab etwa 1895 still und heimlich die mächtigen Streitkräfte Japans inklusive der weltweit modernsten Flotte auf, darunter sechs Panzerkreuzer, die etwas kleiner, dafür aber schneller als die britischen Modelle waren. Nach Geheimverhandlungen zwischen dem Cliquen-Kollege Lord Henry Lansdowne und dem japanischen Botschafter in London wurde am 30. Januar 1902 offiziell ein antirussisches Abkommen mit Japan unterfertigt, das Englands bisherige Politik der Bündnisfreiheit im Rahmen der Splendid Isolation beendete. Während des japanisch-russischen Kriegs (1904 bis 1905) unterstützten Lord Esher und Baron Rothschild im Rahmen eines internationalen Bankenkonsortiums die Aufbesserung der japanischen Kriegskasse um mehr als fünf Milliarden Pfund (nach dem Wert um 2013). Die weiterhin durch England aufgebaute japanische Flotte zerstörte schließlich in der Seeschlacht vom 27. und 28. Mai 1905 zwei Drittel der russischen Armada.[286] Sage und schreibe 21 russische Schiffe wurden vernichtet, wodurch die Flotte des Zaren und damit Russland als Seemacht ausgeschaltet war.[287]

Auf diese Weise profitierte England gleich mehrfach: Ausgabenersparnis für zusätzliche englische Truppen in Indien, hohe Gewinne für die englische Rüstungsindustrie und vor allem die Schwächung Russlands. Der verlorene Krieg gegen Japan hatte, wie Christopher Clark zutreffend feststellt, die russischen »Hoffnungen auf eine Expansion im Fernen Osten für die absehbare Zukunft zunichtegemacht.«[288]

Die russische Machtausdehnung beschränkte sich daher ab 1905 im Großen und Ganzen auf den Balkan, wo auch andere Nationen wie zum Beispiel Serbien nach den Resten des sukzessive untergehenden Osmanischen Reiches lechzten, zu dessen Provinzen im Nahen Osten die heutigen Nationen Syrien, Libanon, Israel, Jordanien, Irak, Kuwait, Saudi-Arabien und Jemen zählten. Russlands langfristige geostrategische Ziele waren vor allem die Eroberung Konstantinopels (des heutigen Istanbuls), ein eisfreier Hafen, die Kontrolle über die türkischen Meerengen (Bosporus und Dardanellen) und damit der freie Zugang zum Mittelmeer. Machtpolitische Interventionen der geheimen Globalisierungsclique begünstigten also das künftige balkanische Konfliktpotenzial zwischen Russland als Serbiens Verteidiger und dem ohnehin schon brüchigen Vielvölkerstaat Österreich-Ungarn ganz außerordentlich.

Verhinderung deutsch-russischer Allianz

Der deutsche Kaiser erkannte, dass mit der Kollision russischer, serbischer und österreichischer Interessen auf dem Balkan ein unheilvolles Szenario bevorstehen könnte. Wilhelm II. war nicht der grobe Draufgänger, den er gerne mimte. Seinen impulsiven, mitunter zorngeladenen ersten Reaktionen folgten in der Regel wohldurchdachte Schritte. Er griff zwar gelegentlich nach dem Porzellan, warf es aber nicht. Entgegen einem weit verbreiteten Mythos kann man Wilhelm II. nicht einmal die Abdankung des vermutlich größten politischen Genies Deutschlands vorhalten: des Reichskanzlers Otto von Bismarck (1815 bis 1898). Zum einen schätzte und lobte Wilhelm II. den um 44 Jahre älteren Kanzler als Cheforganisator der deutschen Vereinigung bis zuletzt in den höchsten Tönen: »Ich verehrte und vergötterte ihn.« Zum anderen war Bismarcks aktive politische Zeit einfach abgelaufen. Mit der angebrochenen moderneren Zeit konnte er nicht mehr mithalten: »Eine andere Welt, eine neue Welt!« Der alte Kanzler und der junge Kaiser, zwischen denen immerhin zwei Generationen lagen, überwarfen sich unter anderem wegen der auf die Person Otto von Bismarck zugeschnittenen Machtkumulierung im Auswärtigen Amt und ihrer unterschiedlichen Haltung zur Sozialdemokratie. Bismarck wollte offen gegen die Sozialdemokraten vorgehen, während Wilhelm den Ausgleich suchte. Es muss jedoch trotz aller Differenzen eine gegenseitige Hochachtung vorgeherrscht haben, denn bereits 1886 sagte Otto von Bismarck über den jungen Wilhelm II.: »Der wird einmal sein eigener Kanzler sein.«[289]

Dass Bismarcks große Stiefel den nachfolgenden Kanzlern nicht passten, kann weder diesen noch Kaiser Wilhelm II. vorgeworfen werden. Für die folgenschwere Nichtverlängerung des Rückversicherungsvertrags vom 18. Juni 1887 zwischen Deutschland und Russland war jedenfalls die Leitung des Auswärtigen Amts verantwortlich. Sie fand hinter dem Rücken des deutschen Herrschers statt. In diesem rein defensiven Abkommen hatten sich Deutschland und Russland für drei Jahre zur gegenseitigen Neutralität im Verteidigungsfall verpflichtet, wodurch ein großer kontinentaler Krieg sowie ein für das Deutsche Reich besonders gefährliche **Zweifrontenkrieg** ausgeschlossen waren. Dafür hatte das Deutsche Reich in einem geheimen Zusatzprotokoll Russland territoriale Ansprüche im Mittelmeerraum und auf dem Balkan zugestanden.[290] Der defensive deutsch-russische Rückversicherungsvertrag unterband bis 1890 sowohl eine antideutsche französisch-russische Allianz als auch eine Ausdehnung russisch-österreichischer Streitigkeiten auf das Deutsche Reich. Ab 1890 war dieser überaus wichtige Schutz nicht mehr gegeben. Auf Drängen des hinterhältigen Leiters des Auswärtigen Amts Friedrich Holstein entschied der unwürdige Bismarck-Nachfolger Leo von Caprivi 1890 eigenmächtig, also ohne vorherige Rücksprache mit dem Kaiser, den Rückversicherungsvertrag nicht zu verlängern. Darüber wurde Wilhelm II. nicht einmal nachträglich informiert.[291]

Weil Bismarck die britische Balance-of-Power-Strategie durchschaute, betonte er stets die Notwendigkeit eines deutsch-russischen Bündnisses. Am 9. Mai 1888, zwei Jahre bevor er abdankte, erklärte Otto von Bismarck dies auch im Hinblick auf das Verhältnis zu Österreich-Ungarn, dem einzigen, wenigstens halbwegs strategisch bedeutsamen Bündnispartner Deutschlands: »Die Sicherheit unserer Beziehungen zum österreichischen Staate beruht zum größten Teil auf der Möglichkeit, dass wir, wenn Österreich uns unbillige Zumutungen macht, uns auch mit Russland verständigen können.«[292]

Abb. 12: Kaiser Wilhelm II. 1910   Abb. 13: Kaiser Wilhelm II.

Bereits im Jahr 1904, demnach schon vor Russlands Niederlage gegen Japan, suchte der um den europäischen Frieden bemühte Wilhelm II. die Verständigung mit seinem Cousin, dem russischen Zaren Nikolaus II. (1868 bis 1918). Dabei war sich der deutsche Kaiser absolut im Klaren, dass der englische König und Cliquen-Agent Edward VII. mit dem englisch-französischen Bündnis von 1905 (Entente Cordiale) und der Unterstützung Japans im Krieg gegen Russland die Spaltung Eurasiens im Schilde führte. Die gegenüber dem Zaren am 22. August 1905 erläuterte Analyse des deutschen Herrschers beweist es: »Britannien will Frankreich nur zur Katzenpfote [zum Werkzeug] gegen uns machen, wie es auch Japan gegen dich benutzte.«[293] Deutschlands Kaiser durchschaute also das anglo-amerikanische Teile-und-herrsche-Prinzip. Ein Monat zuvor, am 24. Juli, unterzeichneten Wilhelm II. und Nikolaus II. auf einer Yacht vor Björkö (heute Primorsk) ein geheimes

Abkommen, von dem keiner ihrer Minister wusste. Es wurde erst 1917 von den Bolschewiken veröffentlicht.

Zurück ins Jahr 1905. Als Edward VII. und mit ihm die Globalisierungsclique über ihre russischen Spitzel davon erfuhren, setzten sie alle Hebel zur Zerschlagung des Abkommens zwischen dem deutschen Kaiser und dem russischen Zaren in Bewegung. Diese Spitzel waren der russische Botschafter in London Alexander Konstantinowitsch von Benckendorff (1849 bis 1917) und der russische Botschafter in Kopenhagen Alexander Petrowitsch Iswolski (1856 bis 1919). Letzterer war eine weitere Schlüsselfigur respektive ein wichtiger Agent der anglo-amerikanischen Bruderschaft. Begleitet von einer entsprechend antideutschen Medienpropaganda in Russland beseitigte die geheime Verbrüderung das deutsch-russische Geheimbündnis, indem sie mit der Einstellung französischer Kredite drohen ließ, der ausländischen Hauptquelle russischer Finanzen. So wurde der russische Zar zur Annullierung der Vereinbarung mit seinem deutschen Cousin gezwungen.[294] Der wankelmütige und schwache Herrscher Nikolaus II. musste Kaiser Wilhelm II. den avisierten Vertrag per Telegramm absagen.[295]

Ein eindrucksvoller Beleg für das antideutsche Wirken der damals bereits sogar in Russland bestens vernetzten Globalisierungsclique. Alexander Iswolski, der ebenfalls ein Befürworter der Deutschlandeinkreisung war, erlebte als Belohnung für seine anglophilen Spitzeldienste dank der Hilfe seiner Globalisierungsbrüder einen ungeheuerlichen Karrieresprung: 1906 wurde er zum russischen Außenminister befördert. Nun war der Weg offen für das britisch-russische Bündnis.

Triple Entente 1907

Die führende Rolle bei der Umgestaltung der Entente spielte Cliquen-Bruder Sir Edward Grey bereits wenige Monate nach seiner Ernennung zum britischen Außenminister 1905. Er gehörte zu jenen hochrangigen »Liberalen« die als liberale Imperialisten die gesamte liberale Politik ad absurdum und England in Richtung Krieg führten: »Er hatte den Franzosen vermittelt, dass Großbritannien bereit sein würde, im Kriegsfall mit ihnen zusammen gegen Deutschland zu kämpfen«, schreibt der US-amerikanische Politiker und Journalist Patrick J. Buchanan. Der britische Außenminister arbeitete ganz klar gegen die liberale Parteilinie: »Greys Deutschlandfeindlichkeit und sein Streben nach einer Entente mit Frankreich standen von Anfang an im Gegensatz zur Einstellung der Mehrheit des liberalen Kabinetts.«[296] Edward Grey hielt weder seiner Partei die Treue noch agierte er im Interesse der Bevölkerung. Als Mitglied der seit 1902 von Alfred Milner geleiteten Globalisierungsclique war er nur noch dieser verpflichtet.

Das britisch-russische Bündnis wurde am 31. August 1907 in St. Petersburg vom britischen Botschafter Sie Arthur Nicolson (1849 bis 1928) und vom neuen russischen Außenminister Alexander Iswolski unterzeichnet. Beide Herren waren wie Edward Grey Brüder der geheimen Clique.[297] Als der britische Premierminister Campbell-Bannermann und sein Nachfolger Herbert H. Asquith Verhandlungen zwischen englischen und französischen Militärstäben genehmigten, war weder dem Parlament noch dem Kabinett Außenminister Greys Unterstützungszusage für Frankreich im Falle eines Kriegs gegen das Deutsche Reich bekannt.«[298]

Dies ist von erheblicher Bedeutung, denn es beweist, dass Grey nur zum Schein als Außenminister und liberaler Politiker auftrat. Sein Alleingang war ausschließlich mit der Globalisierungsclique abgesprochen. Die offiziellen Bedingungen des Abkommens wurden in England erst am 15. September öffentlich bekannt gegeben, weil zu diesem Zeitpunkt das britische Parlament schon in der Sommerpause war.[299] Im besagten Abkommen ging es hauptsächlich um die einvernehmliche Teilung Persiens: Nordpersien für Russland, Südpersien für England.[300] Im britisch dominierten Südpersien befanden sich die kargen, aber ölreichen Gebiete um Basra und den Persischen Golf. Russland wurde zudem mit der heuchlerisch versprochenen Unterstützung seiner geostrategischen Ziele im Bereich des Mittelmeers geködert. Dass England nie und nimmer Russland die Gewinnung eines winterfesten Hafens im türkischen Bereich und schon gar nicht die freie Zufahrt zum Mittelmeer ermöglichen wollte, ist ein historisch gesichertes Faktum. Denn »in London schloss man kategorisch aus, Russland die seit dem Krimkrieg verwehrte freie Durchfahrt von Kriegsschiffen durch den Bosporus und die Dardanellen zu erlauben.«[301] Niemals hätte England seine Kolonien in Ägypten und Indien freiwillig einer neuen russischen Bedrohung ausgesetzt, solange es die Kontrolle über die türkischen Meerengen hatte. Als Iswolski 1908 entsprechend dem Übereinkommen aus dem Vorjahr um die Lockerung der Zufahrtsbeschränkungen zu den türkischen Meerengen ersuchte, wurde dies von Grey verweigert. Von 1912 bis 1914 war der Kommandeur der osmanischen Flotte am Bosporus der britische Admiral Sir Arthur Henry Limpus, der die Meerengen vorsorglich durch Verminung für fremde Kriegsschiffe unzugänglich machte.[302] Die russische Schwarzmeerkriegsflotte war eingesperrt und konnte weder ins Mittelmeer gelangen noch fremden Kriegsschiffen die Einfahrt ins Schwarze Meer versperren. Seine Cliquen-Bruderschaft nutzte also Iswolski gar nichts, sofern die globale Vorherrschaft des Empire auch nur ansatzweise hätte gefährdet sein können.

Jedenfalls existierte die Triple Entente faktisch ab 1907. Das von der Globalisierungsclique angestrebte informelle Dreierabkommen zwischen England, Frankreich und Russland war über folgende Bündnisse gegeben:

- Französisch-russisches Abkommen von 1894
- Englisch-französische Entente Cordiale von 1904
- Englisch-russisches Abkommen von 1907

Beim Zustandekommen der Triple Entente spielten die »im Allgemeinen antipreußischen Einflüsse rund um König Edward eine sehr bedeutende Rolle«, wobei die Fäden natürlich vom Finanzsektor der anglo-amerikanischen Globalisierungsclique gezogen wurden: »Der Einfluss der internationalen Bankenbruderschaft ermöglichte und stärkte die Triple Entente.« Der Konnex zwischen antideutscher Haltung und dem internationalen Bankenwesen liest sich bei Professor Quigley wie folgt: »Die internationalen Bankiers waren weitgehend von der deutschen wirtschaftlichen Entwicklung ausgeschlossen worden, besaßen aber wachsende Verbindungen zu Frankreich und Russland.« Als Bindeglied zwischen Frankreich, seinen Banken und Edward VII. werden, man vermutet es bereits, die Rothschilds genannt.[303] Geschlossener kann ein System wohl kaum sein. Frankreich und Russland wurden also von England aus zwecks Beugung oder Brechung des deutschen Gesamtsystems missbraucht. Mit der Triple Entente war die vorab geplante Einkreisung Deutschlands formal abgeschlossen, wenngleich sie noch durch eine Reihe hauptsächlich inoffizieller Militärgespräche verschärft wurde, denen wir uns im Kapitel über die Kriegsvorbereitungen der Entente widmen. Jetzt betrachten wir die Würzung der Triple Entente durch die von Großbritannien beschleunigte Herauslösung Italiens aus dem Dreibund.

Herauslösung Italiens

Nachdem das Zarenreich das in Wien 1873 zwischen Österreich-Ungarn, dem Deutschen Reich und Russland zum Zweck des Erhalts des europäischen Friedens abgeschlossene Dreikaiserabkommen durch Nichtverlängerung aufgehoben hatte, wurde am 7. Oktober 1879 in Wien der Zweibund zwischen den Mittelmächten Deutsches Reich und Österreich-Ungarn geschlossen. Der Zweibund hatte einen rein defensiven Charakter. Er wurde ausdrücklich als »Bund des Friedens und der gegenseitigen Verteidigung« errichtet.[304] Das Bündnis verpflichtete die Vertragspartner im Falle eines russischen Angriffs zum gegenseitigen Beistand mit der gesamten Kriegsmacht. Vertragsgemäß sollte der Bündnisfall auch dann eintreten, wenn ein dritter Aggressor mit russischer Unterstützung vorging. In allen anderen Fällen galt wohlwollende Neutralität als vereinbart.[305]

Mit dem Beitritt Italiens zum Zweibund im Jahr 1882 wurde dieser zum Dreibund. Deutschland und Italien sagten sich für einen Kriegsfall mit Frankreich gegenseitige Neutralität zu. Italiens Zusatzvereinbarung mit der Donaumonarchie im Jahr 1887 hatte hingegen den Erhalt des damaligen Zustands auf dem Balkan zum Gegenstand. Als jedoch Italien in Überschreitung des Dreibundzwecks die Rückendeckung für koloniale Eroberungen forderte, gingen Österreich-Ungarn und Deutschland zu Recht mit dem völkerrechtlich korrekten Hinweis auf Distanz, dass der Dreibund »keine Erwerbsgesellschaft« sei.[306]

Also führte Italien bereits ab 1891 geheime Gespräche mit Frankreich in der Erwartung seiner Unterstützung für Eroberungen in Nordafrika.[307] Im Zuge der Gründung der Entente Cordiale 1904 wurde Italien von England informell einbezogen, indem für Roms Zustimmung zur französischen Einverleibung Marokkos im Gegenzug die Anerkennung italienischer Ansprüche auf nordlybische Gebiete um Tripolis und Kyrenaika garantiert wurde. In weiterer Folge stellte der inoffizielle Pakt zwischen England, Frankreich und Italien die strikte gegenseitige Neutralität für den Fall eines deutschen oder österreichisch-ungarischen Angriffs sicher.[308]

Da sich Italien entgegen seiner Verpflichtung aus dem Dreibund immer mehr in Richtung Balkan orientierte, schloss es 1909 einen gegenüber Deutschland und Österreich geheimen Vertrag mit Russland. Während das Zarenreich den italienischen Beutezug in Nordafrika ignorieren sollte, durfte es dafür bei der Eroberung der türkischen Meerengen mit Italiens Hilfe rechnen.[309]

Die erwähnten geheimen Vereinbarungen Italiens hebelten den Zweck des Dreibundes völlig aus und spielten jenen Großmächten in die Hände, die Deutschlands Vernichtung anstrebten. Spätestens seit der Bildung der Triple Entente im Jahr 1907 herrschten in Europa Verhältnisse, die bereits 20 Jahre zuvor im besagten *Saturday-Review*-Artikel herbeigesehnt worden waren. Deutschland war isoliert, Österreich aufgrund interner Nationalitätenkämpfe instabil. Und mit dem nur noch formal verbündeten Italien, das auf die italienischsprachigen Gebiete der vor dem Zerfall stehenden Donaumonarchie spitzte, hatten Österreich und Deutschland die Laus im Pelz, den Feind in den eigenen Reihen: Verräter im Ersten Weltkrieg, Erntehelfer und Klotz am Bein im Zweiten Weltkrieg.

Weniger als zwei Jahre vor Beginn des Ersten Weltkriegs kündigte Italien quasi den formalen Austritt aus dem Dreierbündnis mit Deutschland und Österreich an, indem es Ende 1912 mitteilte, es wäre entgegen der früheren Vereinbarung nicht in der Lage, im Falle eines deutsch-französischen Kriegs Truppen zur Verstärkung der deutschen Front in Elsass-Lothringen über den Brenner zu schicken.[310] Gleich zu Kriegsbeginn erklärte sich Italien für neutral. Den Dreibund verließ es effektiv mit der Unterzeichnung des geheimen Londoner Vertrags vom 26. April 1915, um im zweiten Kriegsjahr auf der Seite Englands, Frankreichs und Russlands gegen seine ehemaligen Verbündeten zu kämpfen. Allerdings stiegen dafür auf der Seite des Deutschen Reiches und Österreich-Ungarns Ende Oktober 1914 das in Zentraleuropa zahnlose Omanische Reich und Mitte Oktober 1915 Bulgarien in den Krieg gegen den Rest der daran beteiligten Welt ein. Schon im August 1914 stellte sich Montenegro auf die Seite Serbiens. Und Ende August 1916 schlug sich Rumänien auf die Seite der Entente-Mächte. Zu diesem Zeitpunkt waren Deutschland und Österreich-Ungarn vollständig eingekesselt: durch Frankreich im Westen, Großbritannien und seine starke Flotte im Norden, Russland im Osten sowie Italien, Serbien und Rumänien im Süden. Perfekter kann man eine Schlachtplatte kaum aufbereiten (siehe Abb. 14).

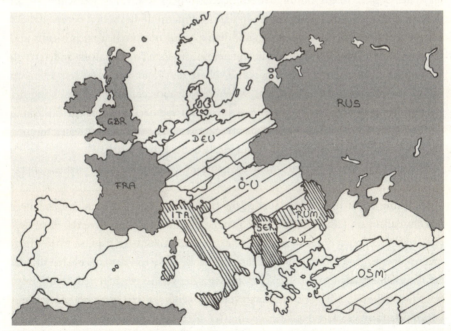

Abb. 14: Systematische Einkreisung der Mittelmächte

Tatkräftige Interventionen seitens der Globalisierungsclique verursachten und begünstigten bis 1907 die Polarisierung Eurasien in jene zwei Machtblöcke, die sich sieben Jahre später erbittert bekämpften. Die Wirkung im Ziel inklusive der Einkreisung des Deutschen Reiches wurde von einer hochgiftigen Mischung aus extremkapitalistischem Globalismus, altbewährter anglo-amerikanischer Geostrategie und konsequenter Verfolgung einzelstaatlicher geostrategischer Ziele erzeugt. Auf die geostrategischen Ziele der nationalen Hauptakteure des Ersten Weltkriegs, insbesondere der Großmächte, werden wir nun einen Blick werfen, weil sie gleichzeitig die Hauptursachen für die bedrohliche Einkreisung Deutschlands und die von London aus konzertierte Auslösung des Ersten Weltkriegs sind.

Geostrategische Ziele

Wie gesagt, zeichnete sich bis 1914 der Trend zu einem starken Eurasien mit internationaler Vormachtstellung unter deutscher Führung ab – der schlimmste Alptraum für das anglo-amerikanische Establishment. Daher verstärkte und betrieb die geheime Clique die systematische Entfremdung der europäischen Staaten und Großmächte, indem es deren wirtschaftliche, politische, koloniale und maritime Interessen gegeneinander ausspielte. Diese Interessen beruhten auf dem allgemeinen Streben nach Macht und Prestige, und sie hingen in erster Linie mit der rassistischen Nichtachtung anderer Völker und ihrer natürlichen Lebensräume sowohl in den Kolonien als auch in Eurasien zusammen. Im sozialdarwinistischen Willen der Großmächte zur Beherrschung der aus ihrer Sicht niedrigeren Rassen liegt der tiefere Grund für die inszenierte Auslösung des Ersten Weltkriegs. Das bosnisch-serbische Attentat gegen den österreichischen Thronfolger war nichts anderes als die nationalistische Erhebung der Slawen gegen die rassistische Fremdbeherrschung durch den habsburgischen Adel, der bei seinen geographischen Grenzziehungen keinerlei Rücksicht auf verschiedene kulturelle, sprachliche und religiöse Bedürfnisse nahm. Schon Jahre vor dem Beginn des ersten großen Kriegs war der Balkan ein Pulverfass. Diesen Umstand machten sich vor allem Russland und Frankreich, aber auch England zunutze. Die deutschen kolonialen Pläne in Mittelafrika spielten ebenso eine nicht zu unterschätzende Rolle, während das angebliche Streben der Deutschen nach der Weltherrschaft mitsamt der vermeintlichen Bedrohung Englands durch die deutsche Flotte leicht als vollkommener Unsinn entlarvt werden kann.

Großbritannien war der Konzertmeister des 1914 einsetzenden eurasischen Todesreigens. Schließlich waren die meisten Drahtzieher britische Staatsbürger.

Dabei muss jedoch berücksichtigt werden, dass sie nicht wirklich im Interesse der britischen Bevölkerung handelten, die offenkundig durch den Ersten Weltkrieg neben hohen Kosten mehr als 2,6 Millionen Opfer zu erleiden hatte. Auch vor diesem morbiden Hintergrund müssen die Ziele und das Handeln der Globalisierungsclique als psychopathologisch motiviert eingestuft werden. Die im nächsten Kapitel behandelten geostrategischen Ziele der späteren großen Kriegsparteien wurden von England aus gemäß der Balance-of-Power-Strategie zur bündnistechnischen Einkreisung Deutschlands und zum Beginn des Ersten Weltkriegs konzertiert. Dabei steht freilich das große Spannungsfeld zwischen britischen und deutschen Interessen im Vordergrund.

Großbritannien: Weltherrschaft

Die anglo-amerikanische Globalisierungsclique strebte erwiesenermaßen sowohl die globale Vorherrschaft des britischen Imperiums inklusive der Ausdehnung seines bereits weltumspannenden Kolonialreichs als auch eine **weltweite Finanzdiktatur** an. Die wichtigste britische Kolonie war Indien. Zu ihrem Schutz war vorerst nur die Kontrolle über die Seewege und vor allem über den Suez-Kanal und Ägypten erforderlich. Mit dem deutschen Bau der Bagdad-Bahn und den Erdölfunden in Nahost dehnte sich das britische Kontrollinteresse jedoch auf ganz Asien aus. Außerdem strebten die Drahtzieher des Empire die Erweiterung der Vorherrschaft in Afrika an. Für die Erreichung dieser Ziele stellten das erstarkende Eurasien und vor allem das mit dem Osmanischen Reich verbündete, kontinuierlich emporstrebende Deutsche Reich gewaltige Hindernisse dar. Daraus ergeben sich folgende britische Etappenziele:

- Zerstückelung der mitteleurasischen Allianz
- Verdrängung der Deutschen aus Nahost
- Vernichtung des Osmanischen Reiches
- Vereitelung Deutsch-Mittelafrikas
- Einkreisung des Deutschen Reiches
- Vernichtung des Deutschen Reiches
- Destabilisierung Kontinentaleurasiens

Die deutschen strategischen Ziele entsprachen natürlich exakt dem positiv formulierten Gegenteil der negativ definierten britischen Zwischenziele. Dazu kommen wir im Kapitel über Deutschlands strategische Ziele. Bleiben wir bei Großbritannien und werfen einen Blick auf die Royal Navy.

Stärkste Kriegsflotte der Welt

Den größten »Kontinent« auf diesem Planeten bilden die miteinander verbundenen Meere, die zusammen etwa 70 Prozent der Erdoberfläche bedecken. Als Verbindungswege zwischen den Kontinenten erlangten die Meere im Zeitalter des Imperialismus enorme Bedeutung für die Großmächte. Der Erreichung der globalen Herrschaft, der Aufrechterhaltung der britischen Hegemonie auf den Weltmeeren, dem Schutz der britischen Handelswege sowie dem siegreichen Kampf um Kolonien und Protektorate (Mandate) diente die bereits seit geraumer Zeit stärkste Kriegsflotte der Welt: die Royal Navy.

Trotz bereits vorhandener uneingeschränkter Hoheit über die Meere verankerte die britische Regierung unter Führung des Cliquen-Mitglieds Lord Salisbury (1830 bis 1903) mit einem Marinegesetz, dem Naval Defence Act vom 7. März 1889, den sogenannten **Two-Power-Standard**. Diesem vom First Sea Lord Admiral Sir Arthur Hood beschworenen Zweimächtestandard zufolge sollte die britische Flotte stets mindestens so stark sein wie die beiden nächstgrößeren Flotten zusammen. Für die umfassende Erweiterung der Royal Navy wurde ein Fünfjahresbudget von 21,5 Millionen Pfund Sterling bewilligt. Gebaut wurden unter anderem zehn weitere Schlachtschiffe, 42 Kreuzer und 28 Torpedoboote. Für das 1894 beschlossene Spencer-Programm wurden sage und schreibe 31 Millionen Pfund veranschlagt. Offiziell ging es um die Einschüchterung Frankreichs und Russlands, die von der Vergrößerung ihrer Seestreitkräfte abgehalten werden sollten.[311] Natürlich hatte man aber auch, wenn nicht sogar vorrangig, das zum größten europäischen Stahlproduzenten aufsteigende Deutschland im Visier. Das britische Aufrüstungsprogramm schreckte jedoch niemanden ab. Ganz im Gegenteil. Die anderen Großmächte fühlten sich geradezu angespornt, ihre Seestreitkräfte ebenfalls massiv aufzustocken. Die rapide zunehmende Dominanz von Großkampfschiffen geht folglich unzweifelhaft auf die Rechnung der Briten. Und sie gaben es schon damals zu. Im Zusammenhang mit der Produktion »furchtbarer Flotten« gesteht ein Autor des Cliquen-Buchs *The Empire and the Century* im Jahr 1905:

> *Unsere eigene Politik stimulierte die industrielle und maritime Entwicklung Deutschlands.*[312]

Zahlen lügen nicht. Die Gegenüberstellung der Kriegsflottentonnagen von 1890 bis 1914 gemäß der Tabelle in Abbildung 15 beweist nicht nur, dass das sogenannte Flottenwettrüsten vor dem Ersten Weltkrieg nicht, wie von den Alliierten nach dem Krieg behauptet, vom Deutschen Reich, sondern allein von England ausgelöst wurde. Die erhobenen Daten belegen auch, dass die britische Kriegsmarine jeweils nahezu gleich stark war wie die Flotten Frankreichs, Russlands und Deutschlands zusammengerechnet. Vier Jahre vor dem Krieg, sprich 1910, als die britische Antideutschlandpropaganda eine regelrechte Flottenhysterie verbreitete, hatte die Royal Navy sogar mehr Tonnage als die französischen, russischen und deutschen Kriegsflotten gemeinsam auf die Waage gebracht. Tatsächlich pflegte Großbritannien also einen Three-Power-Standard. Abgesehen davon, dass es jedem Land freisteht, die Größe seiner Flotte selbst zu bestimmen, rüstete der ewige Nachzügler Deutsches Reich zu keiner Zeit unangemessen auf. Besonders eifrig wurde auf allen Seiten zwischen 1900 und 1910 armiert, als sich die Entente Cordiale und die Triple Entente formierten. Ins geostrategische Auge sticht, dass das Deutsche Reich ausgerechnet im kritischen Zeitraum 1910 bis 1914 mit »nur« 35 Prozent Zuwachs weit hinter den Aufrüstungsmaßnahmen anderer Nationen zurückblieb, obwohl die Einkreisung Deutschlands längst abgeschlossen war. Auch hierin spiegeln sich eindeutig keinesfalls deutsche Kriegsabsichten und Weltherrschaftsphantasien, sondern die aggressiven Absichten der antideutschen Bündnisse wieder. Wie gesagt: Deutschland sollte vernichtet werden. Um 1914 waren die Flotten der Triple Entente der deutschen zahlenmäßig mehr als **2,5-fach überlegen**. Italien war, wie erwähnt, zu Kriegsbeginn neutral und seine Flotte befand sich wie die österreich-ungarische im Mittelmeer und war daher ohnehin nicht in die in der Nord- und Ostsee operierenden Seestreitkräfte einzurechnen.[313]

Im Zuge der schwelenden ersten Marokko-Krise (1904 bis 1906) informierte der britische Außenminister Sir Edward Grey am 8. Januar 1906 seinen Cliquen-Bruder und Finanzminister Richard Haldane, ein Krieg gegen das Deutsche Reich könnte unmittelbar bevorstehen. Zuvor war Grey von Admiral John Fisher, einem weiteren Cliquen-Mitglied, versichert worden, die britische Flotte könne »die deutsche Marine jederzeit von den Meeren fegen und in ihre Heimathäfen zurückjagen.«[314] Unbestreitbar war die deutsche Kriegsflotte um 1914 zwar die zweitgrößte der Welt, jedoch hatte sie nicht einmal das halbe Ausmaß der britischen. Der vom deutschen Konteradmiral Alfred von Tirpitz (1849 bis 1930) angestrebte Umfang der sogenannten Risikoflotte im Verhältnis 1 zu 1,5 respektive 66 Prozent der britischen Flotte wurde trotz einschlägiger Flottengesetze aus den Jahren 1898 und 1900 sowie den

Novellen von 1906, 1908 und 1912 zu keiner Zeit auch nur annähernd erreicht. Admiral Tirpitz und der deutschen Seekriegsleitung ging es, wie sowohl die geplanten als auch die tatsächlich erreichten Zahlen beweisen, nicht um eine Konkurrenz oder gar um maritime Feindseligkeiten gegenüber England. Mit seiner Flotte verfolgte das Deutsche Reich drei strategische Zwecke, die ausschließlich defensiver Natur waren: Sicherung maritimer Handelswege, Bildung eines Gegengewichts zur wachsenden russischen Kriegsmarine und Abschreckung der Triple Entente in der Nord- und Ostsee. Es steht daher zweifelsfrei fest, dass die deutsche Flotte in erster Linie eine politische Waffe war.

Kriegsflottentonnagen 1890–1914

Land	1890	1900	Zuwachs 1890–1900	1910	1914	Zuwachs 1910–1914
GBR	679.000	1.065.000	57%	2.174.000	2.714.000	25%
FRA	319.000	499.000	56%	725.000	900.000	24%
RUS	180.000	383.000	113%	401.000	679.000	69%
ITA	242.000	245.000	1%	327.000	498.000	52%
USA	240.000	333.000	39%	824.000	498.000	-40%
DEU	190.000	285.000	50%	964.000	1.305.000	35%
Ö-U	66.000	87.000	32%	210.000	372.000	77%
JAP	41.000	187.000	356%	496.000	700.000	41%
Summe	1.957.000	3.084.000	58%	6.121.000	7.666.000	25%
GBR	679.000	1.065.000	57%	2.174.000	2.714.000	25%
FRA RUS DEU	689.000	1.167.000	69%	2.090.000	2.884.000	38%

Abb. 15

Dem strategischen Abschreckungskonzept trägt die Bezeichnung »Risikoflotte« insofern Rechnung, als die deutsche Kriegsmarine keinesfalls zur Bezwingung der Royal Navy geeignet war, sondern diese lediglich aufgrund der zu erwartenden Verluste von einem Angriff abhalten sollte: Die zwar schwächere, aber dennoch verteidigungsbreite deutsche Flotte sollte für England ein unkalkulierbares Risiko darstellen. Mit den Worten von Admiral Alfred von Tirpitz: »Deutschland muss eine Flotte von solcher Stärke haben, dass selbst für die größte Flotte ein Krieg mit ihm ein solches Risiko in sich schließen würde, dass ihre eigene Überlegenheit gefährdet wäre.« In diesem

Sinne war die deutsche Kriegsmarine als eine Art Bündnisersatz zur Abschwächung der zunehmenden Isolation des Deutschen Reiches gedacht. Obwohl Kaiser Wilhelm II. das Offensichtliche zusätzlich ausdrücklich garantierte, dass nämlich die defensive deutsche Flotte nicht gegen Großbritannien gerichtet war, wurde sie im Ausland als Bedrohung wahrgenommen.[315] Für derlei Wahrnehmungsstörungen kann jedoch nicht das Deutsche Reich verantwortlich gemacht werden.

Bei der deutschen Kriegsmarine »ging es um das Verhältnis der deutschen Flotte zur Gesamtstreitmacht und den Kriegsmarinen der anderen Staaten.«[316] Weil den umsichtigen Admiral Alfred von Tirpitz die nachvollziehbare Befürchtung plagte, seine Flottenpläne konnten trotz ihres defensiven Charakters die Royal Navy zur Vernichtung der Reichsflotte im Rahmen eines Präventivschlags animieren, »durfte der größten Seemacht der Welt kein Vorwand für einen Krieg gegen Deutschland geliefert werden.«[317] Schließlich war die russische Seemacht 1905 von England indirekt über die Unterstützung Japans zerschlagen worden. Gegen das unweit des Ärmelkanals gelegene Deutsche Reich wäre die Royal Navy wohl selbst aufgefahren. Wie man das Blatt auch wendete, hätte sich für das Deutsche Reich sowohl eine zu kleine als auch eine zu groß geratene kaiserliche Kriegsmarine negativ ausgewirkt. In diesem Spannungsfeld entschied sich die auf den Frieden bedachte deutsche Reichsleitung nicht zuletzt auch aus Kostengründen für die Tirpitz-Risikoflotte.

Der defensive Charakter der deutschen Flottenstrategien wird dadurch bestätigt, dass das Deutsche Reich nicht mitzog, als der britische Erste Lord der Admiralität (Marineminister) Winston Churchill die Übermacht der britischen Flotte bereits 1911 mittels Umrüstung von Kohle- auf **Heizölbefeuerung** weiter radikal ausbaute.[318] Den Umstieg auf Öl initiierte Churchills Vorgänger Admiral John Fisher, der schon im Jahr 1882, damals noch Captain, öffentlich gefordert hatte, »dass Großbritannien seine Kriegsflotte von der umständlichen Kohlefeuerung auf den neuen Brennstoff Öl umstellen sollte.«[319] Von 1904 bis 1910 amtierte er als Erster Seelord, und er war sowohl ein guter Freund König Edwards VII. als auch dessen Cliquen-Kollege.[320] John Fishers Bestellung zum Ersten Seelord ab 1904 war alles andere als ein Zufall, denn in diesem Jahr hatten auch »der britische Geheimdienst und die britische Regierung die strategische Bedeutung des neuen Brennstoffs begriffen.«[321]

Außerdem war John Fisher jener weitblickende Stratege, der die britische Flotte komplett umgestaltete und sie dadurch noch schlagkräftiger machte. Er befahl die Einmottung jener 160 Schiffe, die »weder kämpfen noch fliehen können.« Fisher ging es um das oberste Prinzip im Gefecht: Feuer und Bewegung respektive starke Feuerkraft bei hohe Geschwindigkeit und hohem Aktionsradius. In diesem Kontext zeichnete John

Fisher als Erster Seelord für die Einführung der ersten gewaltigen Schlachtschiffe der Klasse Dreadnought (wörtlich übersetzt »Fürchtenichts«) verantwortlich, die größer, schneller, besser gepanzert und mit Kanonen stärkeren Kalibers als alle bisherigen Kriegsschiffe ausgestattet waren.[322] Zur Ermöglichung einer größeren Feuerleistung wurde auf die mittlere Artillerie verzichtet.[323] Namensgeber und Prototyp dieser damals modernsten Schlachtschiffe der Welt war die bereits 1905, also im Jahr nach der Gründung der Triple Entente, vom Stapel gelaufene Dreadnought, deren Hauptwaffe zehn in fünf Doppeltürmen angeordnete Geschütze vom Kaliber 30,5 Zentimeter waren.[324] Nicht umsonst liefen Großkampfschiffe der Dreadnought-Klasse, die alle bisherigen Linienschiffe in jeder Hinsicht in den Schatten stellten, unter der Bezeichnung »all big gun«.[325] Alles andere als ein Zufall war, dass den strategischen Planungen Großbritanniens ab 1905 nur noch das Hauptszenario eines Kriegs gegen das Deutsche Reich inklusive Seeblockade und Zerstörung der kaiserlichen Kriegsmarine zugrunde lag.[326]

Großbritannien löste ein wahres Dreadnought-Fieber aus und intensivierte dadurch das bereits vorherrschende Flottenwettrüsten: Elf Marinen folgten dem britischen Beispiel und legten sich ebenfalls Dreadnoughts zu. Schließlich waren die Macht zur See und die Verfügbarkeit von Großkampfschiffen nicht von einander zu trennen. Dreadnoughts waren nicht nur ein faktisches Machtmittel, sondern auch ein Statussymbol der Großmächte.[327] Großbritannien war und blieb allzeit uneingeschränkter Spitzenreiter. Vor allem, aber nicht nur in der Kategorie der großen Schlachtschiffe schlug sich Englands überwältigende Überlegenheit um 1913/1914 wie folgt zu Buche: »16 deutschen Großkampfschiffen standen 24 englische gegenüber, von der großen Anzahl älterer englischer Schiffe und dem zu erwartenden Zuwachs neuerer gar nicht zu reden.«[328]

In einer besonders aufrichtigen Stunde im Jahr 1908 und mit ähnlichen Worten zum Neujahrstag 1914 gestand der britische Finanzminister David Lloyd George sowohl die Auslösung des Flottenwettrüstens durch Großbritanniens Maßlosigkeit als auch seine uneinholbare Überlegenheit und stellte sie ins Verhältnis zu Deutschlands vorbildlicher Mäßigung in Rüstungsfragen zur See und auf dem Land:

Viel erklärlicher als das englische Misstrauen gegen Deutschland ist das deutsche Misstrauen gegen England. Wir haben es selbst hervorgerufen. Wir hatten eine überwältigende Übermacht zur See, die uns gegen jeden denkbaren Feind sicherte. Aber das genügte uns nicht: Wir fingen an Dreadnoughts zu bauen. Wozu? Wir brauchen sie gar nicht. Niemand anders baute welche, und hätte jemand damit angefangen, so konnten wir ihn jederzeit nach Belieben überholen.

> *Zu wenig beachtet worden ist bisher ferner die Ungerechtigkeit unseres Zweimächtestandards mit dem Anspruch, England müsse immer über eine Kriegsflotte verfügen, die den beiden nächststarken überlegen sei. Sehen Sie Deutschland an! Für die Deutschen bedeutet die Armee dasselbe, was für England seine Flotte [ist]: den einzigen Schutz gegen die feindliche Invasion. Trotzdem befolgt Deutschland keinen Zweimächtemaßstab. Sein Heer mag stärker sein als dasjenige Frankreichs oder Russlands oder Italiens oder Österreichs. Aber Deutschland liegt zwischen zwei Militärmächten [Frankreich und Russland], die seiner Armee eine überlegene Truppenzahl gegenüberstellen können.*[329]

Das von Lloyd George im zweiten Absatz angesprochene Kräfteungleichgewicht zu Ungunsten des Deutschen Reiches kam bei der Erstellung der deutschen Defensivstrategie, dem Schlieffen-Plan, zum Tragen. Darauf kommen wir im Kapitel über die deutsche Verteidigungsstrategie zu sprechen.

Ein Paradebeispiel für die gewaltige Schlagkraft der britischen Flotte zu Beginn des Ersten Weltkriegs ist eines ihrer bedeutendsten Flaggschiffe: die HMS Queen Elizabeth. Sie lief 1913 vom Stapel, kämpfte in beiden Weltkriegen und wurde erst 1948 abgewrackt. Mit 195 Metern Länge, mehr als 27 Metern Breite, einer Wasserverdrängung von bis zu 33.000 Tonnen und einer rund 930-köpfigen Besatzung war sie eine richtige Superdreadnought. Unter den vielen Geschützen der schwimmenden Festung stach natürlich die Hauptbewaffnung hervor: acht Kanonen vom Kaliber 38,1 Zentimeter (15 Inches), die paarweise angeordnet waren, jeweils rund 100 Tonnen wogen und bis zu 29 Kilometer weit feuern konnten[330] (siehe Abb. 16).

Abb. 16: Britische Superdreadnought HMS Queen Elisabeth um 1915

Mit diesen im Jahr 1912 für die neue Elizabeth-Klasse entwickelten Marinekanonen, die 1914 die neuesten und mächtigsten waren, wurden 22 britische Kriegsschiffe ausgestattet.[331] Zwei dieser Riesenkanonen stehen heute vor dem Imperial War Museum (IWM) in London (siehe Abb. 17 mit folgender Anmerkung: Ungefähr in der Bildmitte befindet sich eine Granate, die nicht viel kleiner als ich ist. Ich befinde mich im linken Bilddrittel und habe eine Körpergröße von 1,91 Metern).

Abb. 17: Britische Marinekanonen Kaliber 38,1 cm vor dem Londoner IWM

Deutsche Kriegsschiffe waren zwar ebenfalls hochqualitativ, mit den britischen konnten sie sich jedoch weder aus quantitativer noch aus strategischer Sicht messen: Zwar wiesen deutsche Schiffe eine höhere Standfestigkeit auf, dafür wurden sie jedoch noch mit Kohle befeuert und ihre Geschütze hatten kleinere Kaliber.[332] Dies obwohl sich nach der Vernichtung der russischen Flotte durch Japan im Jahr 1905 in einigen Marinen die Überzeugung durchgesetzt hatte, dass »der schweren Artillerie in einem Seegefecht die entscheidende Rolle zufallen würde.« Im Deutschen Reich kam man jedoch zur Erkenntnis, dass eine Steigerung des Kalibers zwangsweise sowohl die Vergrößerung und die Wasserverdrängung der Schiffe als auch deren Verteuerung nach sich zöge.[333] Zu den größten deutschen Schlachtschiffen, die vor dem Krieg fertiggestellt und übernommen wurden, zählten die fünf Stück der Kaiser-Klasse. Das 1912 in den Dienst gestellte Großlinienschiff Kaiser (siehe Abb. 18) war unter anderem mit zehn 30,5-Zentimeter-Kanonen ausstaffiert. Ein größeres Kaliber, nämlich 38 Zentimeter, hatten lediglich die jeweils acht Geschütze der erst im März beziehungsweise im Oktober 1916, also im dritten Kriegsjahr, in den Dienst gestellten beiden einzigen Schlachtschiffe der Bayern-Klasse: die Bayern und die Baden.[334]

Abb. 18: Deutsches Typenschlachtschiff SMS Kaiser (1912 bis 1919)

Die neueren britischen Kriegsschiffe wurden also bereits mit Ölbefeuerung ausgestattet. Gegenüber Kohle bot Heizöl respektive Diesel einige strategische Vorteile wie etwa höhere Geschwindigkeiten, bessere Wendigkeit, weitere Aktionsradien und späteres Entdecktwerden auf hoher See aufgrund geringerer Rauchentwicklung. Trotz dieser evidenten strategischen Vorteile blieb die deutsche Reichsmarine weiterhin bei der Kohlebefeuerung, »zumal ausländische Heizöle mit einem hohen Zoll belegt waren. Ein Umdenken begann im Reichsmarineamt erst kurz vor dem Krieg.«[335] Der diesbezügliche Vertrag mit der Deutschen Erdöl AG (DEA) über den Bezug großer Mengen Heiz- und Schmieröl wurde erst 1915 geschlossen,[336] also im Jahr nach dem Kriegsbeginn. Weil die Seewege zum Deutschen Reich leicht zu unterbrechen waren, legte das Reichsmarineamt großen Wert auf Eigenversorgung und war daher gegenüber Mineralölimporten zurückhaltend. Die britische Admiralität hingegen trachtete danach, »maßgeblichen Einfluss auf Erdölvorkommen und Gesellschaften im Ausland zu gewinnen.«[337]

Wie gesagt, hatte die britische Regierung schon etwa zehn Jahre vor dem Beginn des Ersten Weltkriegs den **strategischen Wert des Erdöls** erkannt. Mangels eigener Erdölvorkommen konzentrierte sich Großbritannien bereits ab 1900 auf den **Nahen Osten**, vor allem auf Gebiete im mit Deutschland kooperierenden Osmanischen Reich. Churchills Entscheidung zur Umstellung der britischen Flotte auf Heizöl verdrängte die in Wales abgebaute Braunkohle und führte zur Ölabhängigkeit vom Persischen Golf und den USA. Jean-Marie Chevalier, ein Ökonom der Universität Paris Dauphine, erklärt die von England begonnene globale Ölabhängigkeit wie folgt: »Ein nationales Erzeugnis beziehungsweise eine nationale

Ressource wurde durch ein Importprodukt ersetzt.«[338] Im Kapitel »Persisches Erdöl für die britische Flotte« wird gezeigt, dass die britische Regierung ab 1914 selbst ins Erdölgeschäft in Südpersien einstieg, um die autarke Versorgung der britischen Kriegsflotte mit Heizöl sicherzustellen. Dies ist die stärkste Wurzel des bis heute währenden Nahostkonflikts.

Als Weltmacht konnte es sich England im Februar 1912 gefahrlos leisten, durch Beharrlichkeit maßgeblich zum Scheitern der Haldane-Mission beizutragen. Obwohl die deutsche Flotte 1912 nicht einmal halb so groß wie die englische war, boten Wilhelm II. und sein Kanzler Theobald von Bethmann Hollweg (1856 bis 1921) dem englischen Kriegsminister und späteren Lordkanzler Richard B. Haldane weitere mengenmäßige und zeitliche Beschränkungen des deutschen Flottenbaus an. Im Gegenzug forderten die Deutschen lediglich eine lapidare Neutralitätszusage Englands im Falle eines Kriegs des Deutschen Reiches gegen eine andere kontinentale Großmacht wie zum Beispiel Frankreich. Hierzu muss festgehalten werden, dass die deutsche Führung bereit war, Englands Neutralitätszusage auf eine rein defensive Position Deutschlands zu beschränken. Das heißt, dem deutschen Entgegenkommen zufolge hätte England nicht neutral sein müssen, wenn das Deutsche Reich als Aggressor aufgetreten wäre. Doch nicht einmal unter diesen lockeren Umständen war England zum Vertragsschluss bereit. Zum einen diente ja gerade die Triple Entente, das britische Bündnis mit Frankreich und Russland, der Vernichtung des Deutschen Reiches. Zum anderen gewann Großbritannien »ohnehin mühelos das Wettrüsten und eine unumstrittene Vorherrschaft auf See«, wie Christopher Clark zutreffend feststellt.[339]

Warum also hätten britische Kriegstreiber für etwas, das sie bereits uneingeschränkt hatten, Zugeständnisse machen sollen, die obendrein ihren eigenen geostrategischen Zielen schaden? Die britische Absage war demnach vorhersehbar. Dazu merkt der US-Autor Patrick J. Buchanan an, dass im Rahmen der Haldane-Mission »die britische Haltung die unnachgiebigere war.«[340] Die britische Haltung war nicht nur die unnachgiebigere, sie war auch offensichtlich eskalationsfördernd: Nach den gescheiterten Verhandlungen zog England sein Mittelmeergeschwader ab, um seine Flottenpräsenz in der Nordsee demonstrativ zu verstärken. Des Weiteren ging England nun offiziell die Verpflichtung ein, Frankreich im Falle eines Angriffs durch das Deutsche Reich auch mit Landstreitkräften auszuhelfen.[341] Wen wundert das, wo doch Londons Hartnäckigkeit von Paris bestärkt wurde? Dafür war wiederum ein britischer Cliquen-Bruder zuständig: Francis Bertie, der englische Botschafter in Paris. Er stachelte den französischen Ministerpräsidenten

Raymond Poincaré und die Leitung des französischen Außenministeriums dazu auf, Druck auf London auszuüben. Schließlich lehnte der britische Außenminister Sir Edward Grey die Zubilligung der Neutralität ab.[342] Es sei daran erinnert, dass Bertie, Haldane, Grey und Poincaré allesamt Brüder respektive Agenten der kriegstreibenden Globalisierungsclique waren.

Ein weiterer Hinweis auf die friedlichen und ausschließlich defensiven Absichten der Deutschen ist, dass sie in Anbetracht der britischen Starrhalsigkeit 1913 freiwillig, offiziell und unilateral, das heißt ohne entsprechende britische Gegenzusagen, aus dem von England begonnenen Wettrüsten ausstiegen. Dies ging auf die Erklärung von Admiral Tirpitz zurück, »er gebe sich mit den von Großbritannien geforderten Mengenverhältnissen zufrieden.«[343] Daher konnten die Briten ihre maritime Führung bis 1914 weiter ausbauen. Dem entsprechend, stellte Winston Churchill, der von 1911 bis 1915 britischer Marineminister war, unmissverständlich klar, dass Deutschlands Flotte niemals eine Bedrohung für England war: »Zu keinem Zeitpunkt war die deutsche Flotte in der Lage, der britischen das Wasser zu reichen.«[344] Da die deutsche Flotte keine ernsthafte Bedrohung für England darstellte, lautet die ins Schwarze treffende Beurteilung des US-Amerikaners Patrick J. Buchanan: »Letzten Endes übte die Flottenfrage keinen Einfluss auf den britischen Entschluss zum Kriegseintritt aus, doch zuvor hatte sie entscheidend dazu beigetragen, dass sich Großbritannien von einem befreundeten Staat, der sich von allen Bündnissen fernhielt, zu einem wahrscheinlichen Feind im Falle eines Krieges gewandelt hatte.«[345] Und an der Vorbereitung dieses Kriegs wurde in London fleißig gearbeitet. Zum Thema Flotte stehen folgende Fakten unverrückbar fest:

- Britische Auslösung des Wettrüstens
- Freiwilliger Ausstieg Deutschlands 1913
- Extreme Überlegenheit der britischen Flotte
- Erkennen des strategischen Werts des Erdöls 1904
- Britischer Startschuss zur globalen Erdölabhängigkeit

Damit ist das Hauptargument für eine angebliche Mitverantwortung der Deutschen am Ersten Weltkrieg ganz klar vom Tisch. Sogenannte Historiker, die entgegen den Fakten auf der im Versailler Siegerdiktat verankerten deutschen Schuld oder Mitverantwortung am maritimen Wettrüsten beharren, sollten dringend den Beruf wechseln. In Betracht käme zum Beispiel Schmiernippelwart bei der Royal Navy.

Dasselbe gilt für jene Historiker, die entgegen allen Tatsachen und der Vernunft von sogenannten Weltherrschaftsplänen im deutschen Kaiserreich phantasieren. Bereits die auf freiwilliger Basis der Royal Navy völlig unterlegene deutsche Kriegsflotte beweist, dass Wilhelm II. zu keiner Zeit eine Weltherrschaft im politischen oder gar militärischen Sinne anstrebte. Denn ohne See-Suprematie kann es keine globale Herrschaft geben. Dazu wären auch die Landstreitkräfte des geographisch ungünstig zwischen Frankreich und Russland eingepferchten Deutschen Reiches viel zu gering dimensioniert gewesen (siehe das Kapitel über die militärische Überlegenheit der Entente).

Dass auch die anderen regelmäßig genannten Gründe für eine angebliche deutsche Mitverantwortlichkeit am Beginn des Ersten Weltkriegs – koloniale Aggression, »Blankoscheck« für Österreich-Ungarn im Juli 1914 und Verletzung der belgischen »Neutralität« – unter die Kategorie Märchen fallen, ist noch zu erörtern. Wenn man unbedingt eine deutsche »Sünde« suchen möchte, so tut man dies am besten in der Zeit der Reichsgründung 1871. Mangels zeitlicher Nähe und subjektiver Vorwerfbarkeit liegt hierbei jedoch keine berücksichtigungswürdige Ursächlichkeit deutschen Handelns oder Unterlassens für den Ersten Weltkrieg vor.

Deutschland: Behauptung als Großmacht

Die endgültige nationale Vereinigung Preußens mit den restlichen deutschen Staaten erfolgte, als der preußische König Wilhelm I. am 18. Januar 1871 im Spiegelsaal des Schlosses von Versailles zum Kaiser des zweiten Deutschen Reiches proklamiert wurde. Damit war das Reich ab 1871 innerhalb von Europa nach außen »**saturiert**« (gesättigt), wie es Otto von Bismarck ausdrückte.[346] Doch auch nachdem Bismarck 1890 als Reichskanzler abgedankt war, gingen weder seine mit viel weniger außenpolitischem Fingerspitzengefühl gesegneten Nachfolger noch Kaiser Wilhelm II. kriegerisch vor – im Gegensatz zu anderen Nationen. Die Statistik der in den 100 Jahren zwischen Waterloo 1815 und dem Beginn des Ersten Weltkriegs in Europa geführten Kriege bezeugt, dass Preußen beziehungsweise Deutschland neben Österreich-Ungarn mit jeweils drei von 28 Kriegen zu den am wenigsten aggressiven Großmächten zählte. Mit Abstand die meisten Kriege führte Großbritannien mit zehn, gefolgt von Russland mit sieben und Frankreich mit fünf (siehe die Tabelle in Abb. 19).

Geführte Kriege 1815 bis 1914

Land	Kriege	Prozent
GBR	10	36%
RUS	7	25%
FRA	5	18%
Ö-U	3	11%
DEU	3	11%
Summe	28	100%

Abb. 19

Besagte drei von Deutschland geführte Kriege gingen der Entstehung des Deutschen Reiches voraus, wobei diese entweder der Befreiung der Deutschen dienten oder zumindest nicht von ihnen (alleine) begonnen wurden. Die bis dahin getrennten deutschen Staaten befreiten sich 1815 gemeinsam von Napoleon. 1866 schlugen Preußen und seine Verbündeten den von Österreich geführten Deutschen Bund in der Schlacht bei Königgrätz und verhalfen dadurch der kleindeutschen Lösung zum Durchbruch. Damit war die Vereinigung aller deutschen Staaten ohne Österreich besiegelt. Der Auslöser für die berühmte Schlacht war der Streit um die Vorherrschaft in Schleswig und Holstein. Aus verständlicher Sicht der Deutschen hatten Wiener Bürokraten nichts in Norddeutschland mitzureden. Auf diesem Faktum aufbauend, taten die Deutschen gut daran, sich nicht auch noch das Unruhepotenzial des österreichischen Vielvölkerstaats und dessen Probleme auf dem Pulverfass Balkan aufzuhalsen. 1871 besiegte der Norddeutsche Bund schließlich die Franzosen im von Frankreich grundlos begonnenen deutsch-französischen Krieg (1870 bis 1871). Sogar Napoleon III. gab zu, dass die Schuld allein bei Frankreich lag.[347]

Dass das unter einem preußischen Monarchen vereinigte Deutschland quasi über Nacht zur stärksten kontinentaleuropäischen Macht wurde, löste in England schon sehr früh, wenngleich vorerst nur indirekt, Besorgnis aus. Am 9. Februar 1871 bezeichnete der konservative Politiker Benjamin Disraeli den von Deutschland gewonnenen Krieg gegen Frankreich als »Deutsche Revolution« und sogar als »ein größeres politisches Ereignis als die Französische Revolution im letzten Jahrhundert.« Weil kein einziges jener Prinzipien zur Regelung der auswärtigen britischen Angelegenheiten mehr existierte, die noch bis vor einem halben Jahr von allen Staatsmännern als Richtlinien akzeptiert worden waren, klagte Disraeli: »Das Kräftegleichgewicht ist gänzlich zerstört.«[348] Aus britischer Weltherrschersicht war also die auf Basis der Balance-of-Power-Strategie von England für Kontinentaleuropa vorgesehene

Ordnung durch das neue Deutsche Reich vernichtet worden. Hier geziemt sich die Anmerkung, dass Deutschland moralisch einwandfrei und rechtlich absolut legitim zur Großmacht heranwuchs.

Da im Jahr 1871 der später einsetzende rasante wirtschaftliche Aufschwung des Deutschen Reiches noch nicht vorhergesehen wurde, wollte es Benjamin Disraeli wohl kaum in die britische Schusslinie bringen. In erster Linie ging es dem englischen Politiker am ehesten um die Bedrohung Englands durch das auch im Schwarzen Meer erstarkende Russland. Aufgrund seiner Niederlage gegen Deutschland gab nämlich Frankreich seinen Widerstand gegen die russische Militarisierung des Schwarzen Meeres auf. Damit war der Zweck des Pariser Friedens von 1856 vernichtet, der jenen Mächten, die im Besitz von Küstenstreifen waren, das Befahren des Schwarzen Meers mit Kriegsschiffen untersagte. Schon Mitte Dezember 1870 wurde London über den vorangetrieben Bau der russischen Schwarzmeerflotte und eines »zweiten Sewastopol« (Kriegshafen auf der Krim) in Poti an der Schwarzmeer-Ostküste informiert. In diesem Sinne wies Benjamin Disraeli offenbar frühzeitig auf den neuen russischen Aggressionsdrang im Mittelmeerraum hin.[349]

Fest steht, dass das Deutsche Reich zwar 1871 die britische Kräfteordnung auf dem Kontinent über den Haufen warf, jedoch nach der rechtmäßigen Annexion von Elsass und Lothringen keine weitere territoriale Expansion in Eurasien beabsichtigte. Im Gegensatz zu Russland, Frankreich und natürlich England.

Elsass-Lothringen

Bevor sich das Deutsche Reich in Europa für gesättigt erklärte, hatte es gemäß der Bestimmungen des Frankfurter Friedens die französischen, ursprünglich jedoch deutschen Gebiete Elsass und Lothringen annektiert und sie sich als das Reichsland Elsass-Lothringen einverleibt. Dafür waren für Reichskanzler Bismarck ausschließlich militärstrategische Gründe ausschlaggebend: Weil er erfahrungsgemäß mit neuerlichen französischen Angriffen rechnen musste, setzte sich Otto von Bismarck gegen die sozialistische Opposition unter August Bebel durch und verlagerte die deutsche Westgrenze nach vorn, indem er mit Elsass-Lothringen quasi eine Pufferzone zum Schutz des sehr jungen Deutschen Reiches schuf.[350] Diese Annexion schien zwar aus völkerrechtlicher, militärstrategischer und historischer Sicht absolut gerechtfertigt, war jedoch aufgrund des nicht berücksichtigten Willens der ansässigen Bevölkerung sowohl aus kulturellen als auch aus politischen Gründen bedenklich. Elsass-

Lothringen wurde schließlich zur französischen Triebfeder für die Auslösung des Ersten Weltkriegs.

Vereinfacht dargestellt, gehörte der Großteil des Reichslands Elsass-Lothringen seit dem Vertrag von Meerssen im Jahr 870 die überwiegende Zeit zum Ostfränkischen Reich beziehungsweise Heiligen Römischen Reich deutscher Nation. Ab der Mitte des 17. Jahrhunderts wurden jedoch Elsass und Lothringen großteils vom französischen König Ludwig XIV. mittels militärischer Besetzung annektiert. Der kleinere Teil, das Herzogtum Lothringen, wurde gemäß den Bestimmungen des Friedensvertrags von Wien vom Jahr 1738 Frankreich zugeschlagen. In weiterer Folge setzte man Elsass und Lothringen einer französischen Assimilierungspolitik vor allem in sprachlicher Hinsicht aus. Formal betrachtet, holte sich also das Deutsche Reich 1871 nur zurück, was ihm genommen worden war. Doch Deutschland machte einen gravierenden Fehler: Es hielt **keine Volksbefragung** ab, wie die Elsässer und Lothringer zur Annexion standen, sondern führte sie einfach über ihre Köpfe hinweg durch. Das sorgte für eine Missstimmung gegen die deutsche Obrigkeit, die trotz wirtschaftlicher und rechtlicher Verbesserungen bis zum Ende des Ersten Weltkriegs und zur Annexion durch Frankreich 1919 anhielt, bei der das Volk allerdings wieder nicht gefragt wurde. Allerdings wurde der Bevölkerung 1872 ein Optionsrecht eingeräumt, das wie folgt in Anspruch genommen wurde: Nur etwa zehn Prozent bekannten sich zu Frankreich und lediglich fünf Prozent wanderten dorthin aus.[351] Obwohl in Elsass-Lothringen nur etwa 15 Prozent der nun reichsdeutschen Bevölkerung Französisch als Muttersprache und die restlichen 85 Prozent kaum ein Wort Französisch, sondern ausschließlich Deutsch sprachen, fühlten sie sich eindeutig Frankreich zugehörig.

Kurzum: Die Masse der Elsässer und Lothringer wollte nicht dem Deutschen Reich angehören. Darum sprach sich »Arbeiterkaiser« August Bebel, der neben dem französischen Historiker und sozialistischen Politiker Jean Jaurès einer der maßgeblichen Friedensaktivisten im Vorfeld des Ersten Weltkriegs war, deutlich gegen die deutsche Annexion aus.[352] Wie damals unter den Großmächten üblich, trat das Deutsche Reich unter dem Deckmantel völkerrechtlicher, strategischer und historischer Legitimation das Selbstbestimmungsrecht der überwiegend mit Frankreich sympathisierenden Elsässer und Lothringer mit Füßen. Unter diesem Gesichtspunkt hatte die von französischen **Revanchisten** seit 1871 angestrebte Rückgewinnung im Jahr 1919 eine zumindest denkbare moralische Grundlage. Wenngleich das Recht zweifelsfrei auf der deutschen Seite war, blieb Elsass-Lothringen das Hauptmotiv für die antideutsche Haltung einiger französischer Politiker: der Revanchisten.

Wie die Vertreter der anglo-amerikanischen Globalisierungsclique empfanden sie aber auch den jungen Emporkömmling Deutsches Reich generell als Eindringling in ihre Pfründe und als bedrohlichen Störfaktor auf dem Schachbrett der Welt. Dabei ließ sich Deutschland im Grunde nichts zu schulden kommen, außer eben aus eigenem Fleiß Europas erster Produzent und weltweit Nummer zwei hinter den USA zu sein. Es ging in Frankreich und in England bloß um Futterneid. Lord Arthur Balfour gab die britische Missgunst gegenüber den Deutschen sogar offen zu. In einem dokumentierten Gespräch aus dem Jahr 1910 sagte Balfour zum US-Botschafter in London Henry White:

Wir sind wahrscheinlich töricht, dass wir keinen Grund finden, um Deutschland den Krieg zu erklären, ehe es zu viele Schiffe baut und uns unseren Handel wegnimmt.

Sogleich wurde Balfour vom empörten US-Botschafter gemaßregelt: »Sie sind im privaten Leben ein hochherziger Mann. Wie ist es möglich, dass Sie so etwas Unmoralisches erwägen können, wie einen Krieg gegen eine harmlose Nation zu provozieren, die ein ebenso gutes Recht auf eine Flotte hat wie Sie? Wenn Sie mit dem deutschen Handel konkurrieren wollen, so arbeiten Sie härter.« Auf diese durch und durch logische Empfehlung fiel Balfour nur ein, »dass wir unseren Lebensstandard senken müssten. Vielleicht wäre ein Krieg einfacher für uns.« Als sich White erneut über Balfours kaltblütig formuliertes Unrecht erschrocken zeigte, entgegnete der Brite trocken: »Ist das eine Frage von Recht und Unrecht? Vielleicht ist es nur eine Frage der Erhaltung unserer Vorherrschaft.«[353] In dieser Unterhaltung ließ der britische Politiker alle Masken fallen. Arthur Balfour war nicht irgendwer. Er war Lord Salisburys Neffe, Dauermitglied in Rhodes' und Milners Geheimbund, britischer Premierminister von 1902 bis 1905 und britischer Außenminister von 1916 bis 1919. Dieser äußerst einflussreiche Politiker bestätigte also, dass man aus wirtschaftlichen Gründen und zum Erhalt der britischen Vorherrschaft einen Krieg gegen das Deutsche Reich andachte. Wir werden noch sehen, dass dafür bereits seit Anfang 1906 gemeinsame Planungen von englischen und französischen Stabsoffizieren in Bearbeitung waren. Vorerst begnügen wir uns noch mit dem von Balfour bestätigten Statement des US-Botschafters, dass Deutschland eine harmlose Nation war, auf die gewisse Persönlichkeiten neidisch waren. Zum Thema Neid lassen wir Hegel zu Wort kommen: »Der freie Mensch ist übrigens nicht neidisch, sondern anerkennt das gern, was groß und erhaben ist, und freut sich, dass es ist.«[354]

Nicht selten wird scheinargumentativ Deutschlands angebliche Aggression in kolonialen Angelegenheiten als Mitursache für den Ersten Weltkrieg angeführt. Derlei Argumente sind in diesem Kontext völlig irrelevant, weil sie insofern offenkundiger Unsinn sind, als das Deutsche Reich ein imperialer Nachzügler mit relativ kleinen Kolonien und durchwegs korrektem Auftreten gegenüber anderen Kolonialmächten war. Die meisten Kolonien waren in britischer und französischer Hand. Wie gesagt, lag Deutschland noch 1914 auf Platz vier oder fünf mit weitem Abstand hinter den Spitzenreitern. Dass das Deutsche Reich zu Beginn seiner Kolonialzeit wie seine englischen und französischen Vorbilder ebenfalls unmenschliche Verbrechen gegenüber den »Eingeborenen« zu verantworten hatte, war nicht kausal für den Ersten Weltkrieg und steht daher auf einem anderen Blatt. Gegenüber den anderen Kolonialmächten war das Deutsche Reich jedoch eine harmlose Nation, wie Henry White es ausdrückte. Wie bereits erwähnt, erwirtschafteten die deutschen Kolonien bis 1914 weniger als 2,5 Prozent des jährlichen Außenhandels und nicht einmal 0,5 Prozent des gesamten Imports.[355]

Auch daran ist ersichtlich, dass es sich beim englischen Gefühl der Bedrohung seines kolonialen Handels durch das Deutsche Reich um nichts als propagandistische Hypochondrie handelte. Das Deutsche Reich war in den Augen anderer Großmächte einfach zu erfolgreich und frech geworden. Von einer militärischen Aggression gegen die Triple Entente oder auch nur einer realen geostrategischen Bedrohung konnte nicht die Rede sein. Das Deutsche Reich beanspruchte sein Stück am Weltkuchen. Das war es dann auch schon. Aber die anderen Großmächte vergönnten es ihm nicht. In Wahrheit erblickte die Globalisierungsclique die Bedrohung der britischen Hegemonie weder im deutschen Militär noch im deutschen Kolonialhandel, sondern in zwei legitimen und friedlichen Großprojekten des Deutschen Reiches bereits ab dem jeweiligen Planungsstadium: Mitteleurasische Allianz und Deutsch-Mittelafrika.

Mitteleurasische Allianz

Unter Mitteleurasien ist hier Mitteleuropa inklusive Nahost zu verstehen. Die nicht selbst verschuldete Isolation des Deutschen Reiches ab Beginn des 20. Jahrhunderts hat zum einen mit dem deutsch-österreichischen Konzept für ein ökonomisch erstarktes Mitteleuropa zu tun und geht andererseits auf den im besten Einvernehmen mit dem Osmanischen Reich festgelegten, friedlich ablaufenden und daher völkerrechtlich legitimen Bau der Bagdad-Bahn zurück. Obwohl die unmittelbare wirtschaftliche

Bedeutung des Projekts eher gering war, sich auch der dadurch ergebende deutsche Handel in engen Grenzen hielt und der regionale Einfluss der anderen Großmächte dominant blieb, wurde das Bagdad-Bahn-Projekt von Beginn an bekämpft. Schließlich drang Deutschland schon sehr früh in die geostrategischen Interessensphären Großbritanniens (Persischer Golf), Frankreichs (Syrien und Libanon) und Russlands (Persien) ein.[356] Hierin, sprich im deutschen Bau der Bagdad-Bahn, liegt ein wesentlicher Grund, wahrscheinlich sogar der Hauptgrund für das von England zum Zweck der Vernichtung Deutschlands orchestrierte Entstehen der Triple Entente.

Schließlich sollte die Bagdad-Bahn Hamburg an der Nordsee mit Basra und der Mündung des Schatt al-Arab in den Persischen Golf verbinden, sprich unter deutscher Federführung den Nahen Osten an Mitteleuropa binden. Daraus lassen sich sechs sehr realistische Folgen respektive deutsche strategische Ziele ableiten, die von Mainstream-Historikern häufig übersehen oder bewusst ignoriert werden:

Erstens hätte das Deutsche Reich seinen nahöstlichen Wirtschaftsraum von der anatolischen Türkei bis Nordmesopotamien erweitert, also bis zum heutigen Irak. Auch Saudi-Arabien, die erdölreichste Region der Welt, wäre in der deutschen Einflusssphäre gewesen. Zweitens hätte das Deutsche Reich mit an Sicherheit grenzender Wahrscheinlichkeit ab dem frühen 20. Jahrhundert das anglo-amerikanische Mineralölmonopol in Europa verdrängt und wäre selbst zum Hauptversorger für das Schmiermittel der westlichen Wirtschaft aufgestiegen: Erdöl und die daraus gewonnenen Produkte Benzin, Diesel und Schmierstoffe. Drittens wäre es bei der Erschließung des nahöstlichen Erdölmarkts mit sehr hoher Wahrscheinlichkeit zu einer erfolgreichen Kooperation zwischen ausgewanderten deutschen Juden und ansässigen Arabern gekommen. Viertens wären das Osmanische Reich und besonders der erdölreiche arabische Teil des Nahen Ostens unter deutscher Anleitung nicht mehr allzu lange hinter dem europäischen Standard hinterhergehinkt, sondern hätten garantiert einen rasanten wirtschaftlichen Aufschwung erlebt und wären förmlich in die Moderne katapultiert worden. Das Osmanische Reich wäre vermutlich nicht so früh oder gar nicht untergegangen. Fünftens hätte sich das letzte noch nicht mit Deutschland verbündete Land in der Kette zwischen Hamburg und Basra wohl kaum länger den Mittelmächten widersetzen können: Serbien. Damit wäre ein wirtschaftlich zusammenarbeitendes und auch militärisch massiv gestärktes Mitteleuropa entstanden, gegen das Frankreich und Russland selbst mit britischer Unterstützung eher nicht angetreten wären. Und sechstens hätte der Frieden in Europa eine große Chance auf Beständigkeit gehabt. Dadurch wäre das kontinentale Eurasien nicht im Ersten Weltkrieg aufgerieben und destabilisiert worden.

Wem das jetzt zu viele Konjunktive waren, dem sei gesagt, dass obige Folgen beziehungsweise Ziele des Deutschen Reiches schon damals von britischen Entscheidungsträgern als erreichbar eingeschätzt, ja geradezu gefürchtet und daher sämtliche Vorhaben vom Mitteleuropa-Gedanken bis hin zum Projekt der Bagdad-Bahn boykottiert wurden. Sämtliche Vorhaben waren zwar rein ökonomischer Natur, für Großbritannien und seinen Status als Weltmacht stellten sie jedoch beachtliche Bedrohungen dar.

Deutsch geführtes Mitteleuropa

Die Bestrebungen zur Bildung eines deutsch-österreichischen Blocks im Sinne eines pandeutschen Wirtschaftsraums als Synonym für Mitteleuropa gehen auf die erste Hälfte des 19. Jahrhunderts zurück. Von diesem Gedanken wurde auch die Bündnispolitik von Otto von Bismarck besonders ab 1879 beeinflusst, wobei das Ziel die Etablierung eines einheitlichen mitteleuropäischen Wirtschaftsraumes war. Bei den damit korrespondierenden Vorstellungen in Wien ging es um überregionale und übernationale Raumpläne, die bis zum Jahr 1918 mit der Donaumonarchie verbunden waren. Schon 1849 legte der österreichische Handels- und Finanzminister Karl Ludwig Ritter von Bruck sein stark an die Ideen des deutschen Wirtschaftstheoretikers Friedrich List angelehntes Konzept einer mitteleuropäischen Zollunion vor, in der alle damals noch handelspolitisch unabhängigen deutschen Staaten mit den Ländern der Habsburgerdynastie in einem zu einer großen Freihandelszone transformierten Donauraum vereinigt werden sollten. Der im Inneren durch Freihandel errichtete Großwirtschaftsraum Mitteleuropa sollte nach außen mit Zollmauern geschützt werden, »um den handelspolitischen und industriellen Wettbewerb mit England bestehen zu können.« Obwohl Ritter von Brucks großdeutsches Vorhaben in erster Linie wirtschaftspolitisch motiviert war, entpuppte es sich in seiner beabsichtigten Wirkung als antibritisch, »weshalb auch England sein Bestes tut, es zu Fall zu bringen.«[357]

Der Wunsch britischer Machthaber, das gesamte Deutsche Reich zu Fall zu bringen, wuchs mit der weltweiten Einflussnahme der Deutschen. Bereits im Ende des 19. Jahrhunderts entwickelten Konzept des Allgemeinen Deutschen Verbandes nahm die Idee eines von Deutschland dominierten Mitteleuropas eine zentrale Position ein. Diese verstand sich jedoch nicht als Endziel, sondern vielmehr als integraler Bestandteil eines globalen Konzeptes, in welchem der Mittlere Osten und Mittelafrika über den Großdeutschen Bund und den Großdeutschen Zollverein in ein sehr großes Deutschland eingebettet werden sollten.[358] Die Realisierung dieses Konzepts beziehungsweise eines modifizierten pandeutschen Wirtschaftsraumes rückte im friedlich zur Weltmacht aufstrebenden Deutschen Reich unter Kaiser Wilhelm II. in greifbare Nähe. Dabei spielte die Bagdad-Bahn eine zentrale Rolle.

Deutsche Bagdad-Bahn

Im Vorfeld, etwa 10 Jahre bevor sich Großbritannien überhaupt erst so richtig für den Nahen Osten zu interessieren begann, hatten deutsche Unternehmen in Kooperation mit deutschen Banken von 1888 bis 1896 die anatolische Eisenbahn von Konstantinopel über Ankara nach Konya errichtet. Schon zwei Jahre nach Baubeginn, also 1890, wurde der deutsch-osmanische Freundschaftsvertrag abgeschlossen, der insbesondere Handel und Schifffahrt zum Gegenstand hatte.[359] Mit den deutschen Ambitionen in Nahost dürften die sozialdarwinistisch-antideutschen Artikel der *Saturday Review* ab 1895 zusammenhängen, obwohl das Deutsche Reich anders als seine kolonialen Konkurrenten England, Frankreich und Russland im Nahen und Mittleren Osten nicht auf koloniale Gebietsgewinne abzielte. Den Deutschen ging es lediglich um wirtschaftlichen Zuwachs, Absatzmärkte für eigene Produkte, eine Basis für die deutsche Handels- und Kriegsflotte am Persischen Golf sowie die künftige Stabilität des »kranken Mannes am Bosporus«. So nannte man das fragile Osmanische Reich, dessen Herrscher Abdul Hamid II. sich auch deshalb an das Deutsche Reich wandte, weil er mit einem hauptsächlich deutsch finanzierten Großvorhaben die Befreiung aus der starken Abhängigkeit von französischen Banken beabsichtigte. Außerdem war für den osmanischen Sultan erkennbar, dass es den Deutschen tatsächlich um das Wohlergehen seines brüchigen Staats ging: »Politisch versuchte Deutschland, die internationale Position der Türkei [des Osmanischen Reiches] auf jede Weise zu stärken.«[360]

Die übrigen Großmächte waren hingegen am Zerbrechen oder zumindest an der weiteren Schwächung des Osmanischen Reiches interessiert. Russland und Serbien wollten das Scheitern des Türkenstaats möglichst beschleunigen, um sich alsbald wie die Aasgeier darüber herzumachen. Russland hatte es ja auf die türkischen Meerengen Bosporus und Dardanellen abgesehen, wobei der Schlüssel zu ihrer Kontrolle Konstantinopel war. Außerdem galt Russland als großer Verteidiger der panslawistischen Bewegung, die eine Vereinigung aller slawischen Völker auf dem osmanisch dominierten Balkan forderte.³⁶¹ Stärkster nichtrussischer Protagonist war Serbien, das konsequent die Zusammenfassung aller Serben in einem großserbischen Reich (Großserbien) anstrebte und dafür auf große Beute im Osmanischen Reich und Österreich-Ungarn aus war. Vorerst, das heißt bis etwa 1900, wollte Großbritannien das Osmanische Reich zwar zur Kontrolle Russlands einigermaßen stabil sehen, dieses aber auch aus eigenen wirtschaftlichen Interessen ausreichend geschwächt wissen. Ab den ersten großen Erdölfunden und der Errichtung der Bagdad-Bahn stand aber das Reich des Sultans endgültig auf der britischen Abschussliste. Und das dort finanziell stark vertretene Frankreich teilte die britische Auffassung in dem Sinne, dass das Osmanische Reich zwar aus kapitalistischen Gründen nicht allzu schwach sein durfte, jedoch ein zu starkes Osmanisches Reich als wertvoller Bündnispartner Deutschlands abgelehnt wurde. Als um die Jahrhundertwende die ersten nennenswerten nahöstlichen Erdölreserven gefunden wurden, trieben alle drei Entente-Staaten den Untergang des Osmanischen Reiches voran. Eine gesunde und staatlich autonome Region lag nur den Deutschen am Herzen, und zwar sowohl aus wirtschaftlichen als auch aus geostrategischen Gründen.

Die öffentliche Verkündung des deutschen Kaisers in Damaskus am 8. November 1898, auf ewig Freund des Sultans Abdul Hamid II. und Beschützer der weltweit verstreuten 300 Millionen Muslime zu sein,³⁶² löste besonders in England und Russland regelrechte Panik vor einem etwaigen Zusammenwirken panislamistischer und arabisch-nationalistischer Strömungen in ihren Ländern mit den Deutschen aus.³⁶³ Im selben Jahr bot der osmanische Herrscher dem deutschen Kaiser den Ausbau der Bahnlinie von Konya über Bagdad bis Basra beziehungsweise bis an den Persischen Golf durch deutsche Unternehmen an. Der Sultan wollte sein Reich, das vor allem aufgrund mangelnder Kohlevorkommen bisher nicht mit der europäischen Industrialisierung Schritt zu halten vermocht hatte, einer Modernisierung im westlichen Sinne unterziehen. Das deutsche Kaiserreich sollte sie ermöglichen. Um Problemen vorzubeugen und die Finanzierung sicherzustellen, nahm Deutschland bereits 1899 mehrfach mit England und Frankreich Fühlung auf. Wilhelm II. besuchte seine Großmutter König Victoria in London und ersuchte sie um die Beteiligung der Londoner Banken am Bahnprojekt im vorderen Orient. Und die Deutsche Bank versuchte ihr Glück sowohl in London als auch in Paris. Die Mitfinanzierungen fielen aber denkbar gering aus.³⁶⁴ Auch das gesamte internationale Polit- und Medienecho hielt sich bis etwa 1900 in Grenzen. Bis zur Jahrhundertwende deuteten die anderen Großmächte sogar »zu einem geringen Grad ihre Zustimmung zum Projekt der Bagdad-Bahn an.« Ab 1900 sollte sich das jedoch schlagartig ändern. Fortan unternahmen britische, französische und russische Machthaber bis 1910 alles, um jedes weitere deutsche Bahnprojekt im Nahen Osten zu verhindern.[365] Dafür waren sowohl kommerzielle als auch geostrategische Gründe ausschlaggebend.

Deutsche Nahost-Erschließung

Die unter der Leitung deutscher Ingenieure, hauptsächlich des Leipziger Chefingenieurs Heinrich August Meissner (1862 bis 1940), vorwiegend mit deutschen Materialien errichtete Bagdad-Bahn sollte letztlich von Hamburg über Konstantinopel, Konya und Adana nach Aleppo (heute in Syrien) reichen und von dort in zwei Hauptrichtungen weiterführen. Der südöstliche Strang würde über Mossul nach Bagdad und darüber hinaus bis nach Basra (allesamt heute im Irak) am Persischen Golf verlaufen. Die nach Süden gerichtete Abzweigung, also die Hedschas-Bahn, sollte von Aleppo über Damaskus durch Palästina nach Medina und Mekka reichen, zu den beiden wichtigsten heiligen Städten des Islam. Allein die Strecke von Konya nach Bagdad beträgt heute rund 1.600 Kilometer. Die Folgestrecken in Syrien und im Irak eingerechnet, weist die Bagdad-Bahn eine Gesamtlänge von mehr als 3.200 Kilometern auf, darunter komplexe Abschnitte über reißende Flüsse und tiefe Schluchten, durch karge Gebirge, öde Steppen und brennheiße Wüsten. Eine wahre Meisterleistung deutscher Ingenieurskunst, wahrscheinlich die kühnste des 20. Jahrhunderts.

Das weitläufige Streckennetz der Bagdad-Bahn eröffnete dem Deutschen Reich den Nahen Osten als Wirtschaftsraum und brachte auch den jüdischen Siedlern in Palästina den Vorteil einer erstklassigen Bahnanbindung. Es dauerte daher nicht lange, bis die britische Regierung dem Deutschen Reich ausdrücklich »ein unbefugtes Eindringen in die englische Sphäre« mit der Begründung vorwarf, das deutsche Vorhaben würde die Gewinne der britisch finanzierten Smyrna Railway vermindern. Außerdem befürchtete London, das Deutsche Reich könne Großbritannien die Vorherrschaft im kolonialen Handel streitig machen, weil schließlich der deutsche Landweg nach Osten die von der britischen Seemacht auferlegten Beschränkungen aushebeln würde.[366] Obwohl die Deutschen rechtmäßig, friedlich und fair vorgingen, starteten England und Frankreich eine zornige Pressepropaganda, mit der behauptet wurde, das Deutsche Reich habe Zugriff auf Regionen erhalten, in denen es nichts zu suchen hätte.[367]

Diesem von Arroganz durchtränkten angelsächsischen und französischen Futterneid ist entgegenzuhalten, dass der Auftrag an Deutschland zum Bahnbau auf der freien Entscheidung des osmanischen Staatsoberhaupts beruhte. Zudem hätte sich jeder Zeitungsleser mit einem kurzen Blick auf die Landkarte vergewissern können, dass Deutschland dem Osmanischen Reich um einiges näher lag als England und Frankreich. Genau darin bestand aber das Problem. Denn in Wahrheit ging es weniger um den Handel mit gewöhnlichen Gütern und Dienstleistungen, sondern um das große Geschäft mit dem Erdöl des vorderen Orients. Um das enorme deutsche Potenzial im Nahen Osten zu erkennen, muss man zuerst einmal die Mineralölwirtschaft im Deutschen Reich und in Europa verstehen.

Deutschland als Ölversorger

Die Erdölfelder im deutschen Boden reichten zwar zu keiner Zeit auch nur ansatzweise zur Selbstversorgung, jedoch verfügte das Deutsche Reich bereits vor Ende des 19. Jahrhunderts über ausgezeichnete persönliche, technische und finanzielle Kapazitäten im Hinblick auf Förderung, Lagerung, Transport und Vertrieb des Schwarzen Goldes. Die Deutschen waren sogar die Pioniere der Erdölförderung, der Veredelung, des maritimen Transports und des europäischen Handels. Die sehr guten Beziehungen zum Osmanischen Reich und vor allem der Bau der Bagdad-Bahn erschlossen Deutschland die reichsten Erdölfelder der Welt. Ohne den Ersten Weltkrieg oder im Falle des Sieges der Deutschen hätte ihr privilegierter Zugang zum Öl des Nahen Ostens garantiert sowohl die Deckung des deutschen Eigenbedarfs als auch die Beendigung des anglo-amerikanischen Kartells sowie den Aufstieg des Deutschen Reiches zum europäischen, eventuell sogar zum weltweiten Hauptversorger bewirkt.

Die erste erfolgreiche und mit 35 Metern zugleich tiefste Erdölbohrung der Neuzeit vollbrachte der deutsche Professor Georg C. K. Hunäus 1858 bei Wietze in Niedersachsen. Diese Entdeckung blieb jedoch viele Jahre nahezu folgenlos. Darum liegt der Ursprung der modernen Erdölindustrie in Titusville in den USA, wo der Amerikaner Edwin L. Drake zwar erst 1859 in 21 Metern Tiefe auf Öl stieß, dieses jedoch von dort aus die Welt eroberte.[368]

Ab diesem Jahr stieg ein gerissener Warenmakler aus Cleveland (Ohio) zum Ölmagnaten und zu einem der reichsten Menschen der Neuzeit auf: John D. Rockefeller (1839 bis 1937), Bruder und Geschäftspartner des Eisenbahnmilliardärs William Rockefeller. Schon ihr Vater Bill Avery Rockefeller (William Senior) brachte es mit krummen Geschäftsmethoden zu bescheidenem Reichtum. Er galt als moralfreier, rücksichtsloser, hinterlistiger Gauner, als »Slicker« eben, der alles tat, »um seine Söhne zu ebensolchen ›Slickers‹ zu machen.« Was William Junior und besonders John. D. Rockefeller besonders prägen sollte, war der brutale Konkurrenzkampf ihres Vaters. Bill Rockefeller hielt nichts vom seinerzeitigen System des sowohl für Geschäftsleute als auch für Konsumenten gesunden Wettbewerbs. Diesen betrachtete Bill Rockefeller als grundlegend falsch sowie als »Verbrechen gegen Ordnung, Effizienz, Wirtschaftlichkeit.« Den gesunden Wettbewerb wollte Rockefeller daher mit folgender Marktstrategie beseitigen: starke Rivalen zu Partnern machen, schwache Rivalen als Aktionäre hinzuholen und dazu nicht bereite Rivalen vernichten.[369] Bill Rockefeller schien gleich mehrere Kriterien eines Psychopathen im klinisch-medizinischen Sinne zu erfüllen.

Und der Apfel fällt nicht weit vom Ross. Nachdem John D. Rockefeller 1870 mit drei weiteren Gesellschaftern das Unternehmen Standard Oil (Standard Oil Company of Ohio) gegründet und nahezu das gesamte Ölgeschäft der USA mit teils verbrecherischen Methoden wie Bestechung, Einschüchterung, Erpressung, Raub, Manipulationen an Betriebsanlagen und sogar Sprengstoffanschlägen[370] an sich gerissen hatte, eroberte er mit Unterstützung durch US-Konsulate den Markt für Lampenöl in China und vielen anderen Ländern der Welt. Die Kunden wurden mit billigen Petroleumlampen »angefixt«, um ihr Beleuchtungsöl fortan ausschließlich bei Standard Oil zu kaufen. Die Preise legten jedoch nicht die ölfördernden Farmer fest, sondern Großhändler Rockefeller, der Standard Oil fest im Griff hatte. Aus der beschriebenen Geschäftsgebarung leitet der an der Universität von Berkeley unterrichtende Professor für Geographie Michael Watts ab, dass Rockefellers Aufstieg den globalistischen Kapitalismus des 20. Jahrhunderts vorwegnahm: Ein vorerst nationaler Ölkonzern agierte schließlich global und skrupellos wie der in den 1980er Jahren mit Saddam Hussein paktierende Donald Rumsfeld,[371] ehemaliger US-Verteidigungsminister (1975 bis 1977 und 2001 bis 2006).

Das von Beginn an »rabiate Konkurrenzgebaren von Rockefeller« beleuchten der deutsche Wirtschaftshistoriker Rainer Karlsch und sein US-amerikanischer Kollege Raymond G. Stokes in ihrem Buch *Faktor Öl*: »Einige Firmenankäufe kamen unter Zwang, ja selbst unter Nutzung krimineller Methoden zustande.« Weder mehrere Untersuchungsausschüsse von 1872 bis 1876 inklusive einer Anklage 1879 wegen unlauteren Wettbewerbs noch ein weiterer Untersuchungsausschuss 1887 mit nachfolgender gerichtlicher Verurteilung 1892 wegen Errichtung eines ungesetzlichen Monopols konnten Standard Oil von der Fortsetzung des Verdrängungskampfs, der Konzernausdehnung und Gewinnmaximierung im »Ölkrieg« hindern, wie er von der Presse genannt wurde. Rockefeller musste zwar, formal betrachtet, zwecks Aufgabe der Konzernspitze den 1882 gegründeten und die daran beteiligten Firmen dominierenden Standard Oil Trust auflösen. In Wahrheit wurden jedoch 20 nur scheinbar selbständige Gesellschaften gegründet, »deren Kapital die Standard Oil of Jersey übernahm, da im Bundesstaat New Jersey eine konzernfreundlichere Gesetzgebung galt.« Die Einkünfte von John D. Rockefeller und Co. wurden dadurch in keiner Weise geschmälert. Im Gegenteil: »Für die Entwicklung der Ölindustrie waren die nach der Entflechtung entstandenen Oligopole allemal besser als ein Monopol.«[372]

Im Endeffekt wurde Rockefellers Quasi-Monopol von der US-Regierung im Inland ebenso mitgetragen, wie es auch im Ausland durch die US-Botschaften massive Unterstützung fand. Schließlich standen auch einflussreiche Politiker auf Rockefellers Schmiergeldlisten. So wurde beispielsweise das Verfahren gegen Standard Oil in den 1870er Jahren mittels Bestechung der Gouverneure der Staaten New York und Pennsylvania niedergeschlagen.

Bis zum Ende des 19. Jahrhunderts waren die USA die einzige Nation, die ihren Petroleumüberschuss exportierten. Nahezu zwei Drittel der amerikanischen Erdölprodukte wurden ins Ausland geliefert, großteils nach Europa. Dort entpuppen sich deutsche Kaufleute vor allem aus Hamburg und Bremen bereits ab 1860 als Pioniere des Mineralölhandels. Im Rahmen einer regelrechten Transportrevolution brachten deutsche Tanksegler ab 1885 regelmäßig amerikanisches Erdöl nach Europa. Ab 1887 kamen stolze 17 dampfbetriebene Tankschiffe hinzu, die nach deutschen Plänen in der Werft von New Castle gebaut wurden. Zwei Hamburger Petroleumunternehmen bauten ebenfalls ab 1887 riesige Tankschiffe, während in Bremerhaven und Geestemünde die ersten gigantischen Öltanks entstanden. Dank des deutschen Erfindergeistes lieferten Tankdampfer Mitte der 1890er Jahre bereits mehr als 90 Prozent der Mineralölimporte aus den USA nach Europa. Als etwas eigenartige Art angelsächsischer Anerkennung erschien 1895, wir erinnern uns, die erste antideutsche Kriegspropaganda der *Saturday Review*. Ab 1902 schipperte das holländisch-britische Unternehmen Royal Dutch Shell mit Tankdampfern Benzin von China über den von England kontrollierten Suez-Kanal nach Europa. 1913 verfügte die Deutsch-Amerikanische Petroleumgesellschaft über eine Tankflotte von 41 Dampfern und drei Motorschiffen. Das Deutsche Reich verkörperte den größten europäischen Petroleummarkt.[373]

Im Jahr 1900, als es weltweit weniger als 10.000 Kraftfahrzeuge gab und in Deutschland gerade die ersten Modelle verkauft wurden, gaben Hamburger Kaufleute den Bau eines motorisierten Tankwagens in Auftrag, der bereits 1902 Leuchtöl transportierte. Tankautos für Benzin- und Heizöltransporte wurden etwas später konstruiert.[374] Trotz zunehmender Elektrifizierung der Haushalte sollte Petroleum bis zum Beginn des Ersten Weltkriegs das bedeutendste Mineralölprodukt bleiben. Aufgrund zunehmender Motorisierung und Automobilisierung sollte sich jedoch der Bedarf nach Benzin, Diesel und Schmieröl viel schneller vergrößern. Bekanntlich waren es deutsche Automobilpioniere, die den Verbrennungsmotor bis zum Ende des 19. Jahrhunderts perfektionierten.

Gegen 1900 erhielt Standard Oil russische Konkurrenz auf dem europäischen Markt. 1873, zwei Jahre nach der ersten Erdölbohrung in Baku (Aserbaidschan), investierten die schwedischen Brüder Nobel in die dortige Erdölproduktion. In den 1890er Jahren schloss sich die französische Rothschild-Gruppe an. Schon 1900 war Russland beziehungsweise das von Rothschild gegründete Syndikat mit rund 51,4 Prozent Erdölproduzent Nummer eins vor den USA mit etwa 42,4 Prozent. Weit dahinter lagen das zu Österreich-Ungarn gehörende Galizien (heute Westukraine und Südpolen), Rumänien und das Deutsche Reich, die zusammen gerade einmal drei Prozent der Welterdölproduktion erwirtschafteten.[375] Der immerhin größere Rest von 3,2 Prozent dürfte bereits auf den Nahen und Fernen Osten entfallen sein (siehe die Tabelle in Abb. 20).

Welterdölproduktion 1900

Land	Anteil
RUS	51,38%
USA	42,41%
GAL	1,97%
RUM	0,85%
DEU	0,18%
Rest	3,21%
Summe	100,00%

Abb. 20

Trotz des russischen Öl-Booms blieb Standard Oil der Platzhirsch auf dem europäischen Leuchtölmarkt. Aufgrund der unterschiedlichen Ölqualität stellte nämlich die russische Erdölindustrie vorwiegend auf die Herstellung von Heizöl um. Russland blieb jedoch bis etwa 1904 Spitzenreiter der Welterdölproduktion. Ab der ersten russischen Revolution 1904 – an der der spätere kommunistische Diktator Josef Stalin maßgeblich beteiligt war – und der damit zusammenhängenden teilweisen Zerstörung der Erdölindustrie in Baku,[376] ging es dann aber mit der russischen Erdölproduktion kontinuierlich bergab.³⁷⁷ Das ist beispielsweise am sinkenden deutschen Leuchtölimport aus Russland bei gleichzeitig steigender Einfuhr aus Rumänien und Galizien (Österreich-Ungarn) ablesbar (siehe die Tabelle in Abb. 21).

Herkunft deutscher Leuchtölimporte 1880–1913

Jahr	USA	RUS	RUM	Ö-U
1880	100,0%	-	-	-
1890	90,1%	6,6%	-	-
1900	85,6%	12,9%	0,2%	1,1%
1910	79,6%	3,5%	4,3%	12,6%
1913	77,1%	2,4%	4,5%	16,9%

Abb. 21

Mangels eigener ausreichender Vorkommen konnten deutsche Produzenten nur rund zehn Prozent Erdöl aus eigenen Ressourcen gewinnen, wobei sich ab etwa 1900 das größte Fördergebiet im Raum Wietze und das zweitgrößte im Elsass befand. Produziert wurden hauptsächlich hochqualitative Schmieröle. Um 1890 wurde im Elsass mehr als in allen deutschen Fördergebieten zusammen und aus Tiefen von bis zu 150 Metern gefördert. Aufgrund des damals neuen Spülbohrverfahrens war das elsässische Öl von besserer Qualität. Es hatte einen sehr hohen Schmierölanteil, konnte relativ günstig an die Oberfläche befördert werden und seine reichhaltigen Quellen waren von langer Lebensdauer. Doch Wietze holte auf. So wurden 1910 von insgesamt rund 145.000 Tonnen Erdöl fast 91.300 Tonnen in Wietze und immerhin knapp 33.500 Tonnen im Elsass gefördert. Zwischen 1905 und 1913 steigerte sich die jährliche elsässische Rohölförderung von 22.000 auf 50.000 Tonnen um mehr als das Doppelte. Diese Umstände dürften den Appetit der französischen Revanchisten auf Elsass-Lothringen nicht gerade verringert haben. Im Deutschen Reich gab es im Jahr 1905 jedenfalls 12 Tiefbohrunternehmen (ein staatliches und elf größere private) mit insgesamt 220 Bohranlagen und 4.770 Mitarbeitern. Ab 1911 kontrollierte die Deutsche Tiefbohr-AG mehr als 90 Prozent der deutschen Erdölgewinnung, übernahm sämtliche deutsche Raffinerien und beteiligte sich zudem an Erdölunternehmen in Galizien und Rumänien. Außerdem waren deutsche Bohrtechniker im globalen Spitzenfeld tätig. Zum Beispiel zählte der Generaldirektor der Internationalen Tiefbohrgesellschaft Erkelenz Anton Raky zu den weltweit führenden Bohrtechnikern. »Mit seinen Erfolgen bei der Suche nach Bodenschätzen konnte sich damals kein anderer europäischer Bohrpionier messen«, wissen die Wirtschaftshistoriker Karlsch und Raymond.³⁷⁸

Trotz allem war das Deutsche Reich in Ermangelung bedeutender Ölfelder zu großen Teilen auf Importe angewiesen. Bis 1913 waren dies etwa 90 Prozent. Um das erdrückende Monopol der Standard Oil zumindest ein wenig abzufedern, begann das Deutsche Reich schon früh, in die rumänische und galizische Ölproduktion zu investieren, was bereits bei der geheimen Clique Kriegslust hervorrief.[379] Schließlich kam die Mineralöleinfuhr 1913 zu etwa 27 Prozent aus Galizien und Rumänien, der große Rest weiterhin hauptsächlich aus den USA. Bis zum Kriegsbeginn 1914 wurde fast der gesamte deutsche Petroleum- und Benzinmarkt von großen ausländischen Unternehmen mit Sitz in New York, Den Haag und London beherrscht. Den Petroleumsektor dominierte allzeit die US-amerikanische Standard Oil über ihre Tochtergesellschaft, die Deutsch-Amerikanische Petroleumgesellschaft, deren Aktien wiederum 1904 zu über 90 Prozent von der US-amerikanischen Muttergesellschaft (Standard Oil) gehalten wurden. Benzin hingegen fiel fast ausschließlich in die Sphäre des niederländisch-britischen Unternehmens Royal Dutch Shell im Wege der von ihr beherrschten Tochtergesellschaft Rhenania. Nur Schmieröl aus vorwiegend heimischer Produktion blieb die Domäne der 1911 aus der Deutschen Tiefbohr-AG hervorgegangenen DEA (Deutschen Erdöl AG).[380]

Rockefellers Standard Oil war und blieb das mit Abstand größte Erdölunternehmen der Welt. Danach kamen die Nobel-Brüder im russischen Baku und weit dahinter Royal Dutch Shell. Da Standard Oil rund 60 Prozent des Weltpetroleumexports kontrollierte, hatte das US-amerikanische Unternehmen beinahe ein Monopol.[381] Dieses Quasimonopol resultierte primär aus den hohen Erdölvorkommen in den USA sowie sekundär aus einer perfekten Organisation und knallhartem bis illegalem Konkurrenzkampf. Die Deutsche Petroleum AG, deren Aktien zu 50 Prozent der Deutschen Bank und zu 25 Prozent dem Wiener Bankenverein gehörten, konnte sich nicht gegen Standard Oil durchsetzen. Amerikanische Kampfpreise zwangen das deutsche Unternehmen 1907 zum Kauf amerikanischen Öls.[382] Zu keiner Zeit konnten deutsche Erdölunternehmer und oftmals ebenso unternehmerisch tätige Banken das amerikanische Beinahe-Monopol brechen. Aber sie konnten es immerhin gefährden. Es kann nicht oft genug erwähnt werden, dass dem Deutschen Reich zur Deckung des eigenen Bedarfs rund 90 Prozent Erdölressourcen fehlten. Folglich mussten die Deutschen im Rahmen eines multinationalen Unternehmens mehr Kontrolle über die eurasische Erdölproduktion erlangen, um die Abhängigkeit von Standard Oil auf ein erträgliches Maß zu reduzieren.

Genau das (und natürlich auch die Maximierung der Profite) war das Ziel der 1906 gegründeten Europäischen Petroleum-Union. Nachdem eine Übereinkunft zwischen der Deutschen Bank und dem Unternehmen Shell von Marcus Samuel aufgrund Rockefellers Preis-Dumping-Attacken gescheitert war, lastete einiger Druck auf dem großen deutschen Bankhaus. Ab 1905 forcierte die Deutsche Bank die Idee eines Bündnisses europäischer Erdölunternehmer gegen Standard Oil. Sie, die Deutsche Bank, war schon seit Ende des 19. Jahrhunderts im Ölgeschäft tätig gewesen, hatte 1903 das rumänische Unternehmen Steaua Romana gekauft,[383] kräftig in die russische Petroleumindustrie investiert, einen Teil des mit Steaua Romana verbundenen Syndikats Kazbek in Grosny (Tschetschenien) und eine Erdölproduktgesellschaft in Baku erworben. Außerdem hatte sie bereits die Erdölkonzessionen der Anatolischen Eisenbahn Gesellschaft inne. Was lag also näher als eine multinationale Kooperation auf deutsch-russischem Fundament? 1906 war es so weit. Gemeinsam mit den in Russland tätigen Brüdern Nobel und Rothschild Paris gründete die Deutsche Bank am 21. Juni 1906 das multinationale Unternehmen Europäische Petroleum-Union (EPU) mit einem Kapital von 30 Millionen Reichsmark, das schließlich auf 37 Millionen aufgestockt wurde. Die EPU-Anteile der Deutschen Bank betrugen 50,46 Prozent, die Rothschilds hielten 24 Prozent und die Nobels 20 Prozent. Damit hatte die Deutsche Bank die absolute Majorität. Die EPU verkörperte die Vereinigung der russischen mit der rumänischen Erdölindustrie bei starkem Rückhalt durch eine deutsche Großbank, die für Russlands Wirtschaft von herausragender Bedeutung war.[384] In diesem Kontext ist die Vereinigung des deutsch-russischen Importunternehmens Deurunapth mit der Petroleum-Produkte AG zur Deutschen Petroleum-Verkaufsgesellschaft Petronapht zu sehen. Die EPU baute zudem in einer Reihe europäischer Länder und sogar in den USA Vertriebsgesellschaften auf.[385] Von Wirtschaftsexperten wie dem Harvard-Professor Alfred Chandler wird die EPU als große Gefahr für Standard Oil eingestuft: »Nur zwei Konzerne konnten Standards Vorherrschaft ernsthaft herausfordern – die Europäische Petroleum-Union [...] und Royal Dutch Shell.«[386]

Standard Oil reagierte mit einem entsprechenden Niedrigpreiskampf, der den EPU-Partnern große Verluste bereitete und die deutsche Vertretung, die Deutsche Petroleum-Verkaufs-Gesellschaft (DPVG), schon 1907 zu folgendem Vertrag mit der Deutsch-Amerikanischen Petroleum AG (DPAG) zwang: Die DPVG sollte lediglich 20 Prozent und Rockefellers Tochterunternehmen DPAG die gewohnten 80 Prozent des Petroleumverkaufs in Deutschland abwickeln. Bessere Karten hatte die EPU in Großbritannien. Dort machte ihr Marktanteil wegen der starken Nachfrage nach russischem Öl immerhin 40 Prozent aus. Aufgrund des von Standard Oil betriebenen Preiskriegs waren jedoch die ersten Jahre nicht sonderlich erfolgreich. Die Lage sollte sich erst ab 1911 wesentlich verbessern. Zum einen steigerte sich der Absatz russischen Öls, zum anderen traten nun einige ehemalige Konkurrenzbetriebe aus Galizien der EPU bei. Nicht zuletzt stieg die EPU unter Führung der Deutschen Bank eigenmächtig aus dem Knebelvertrag von 1907 aus, ohne dafür von Standard Oil mit Niedrigstpreisen bestraft zu werden. Es wurde nicht etwa Rockefellers Anstand zum Leben erweckt, sondern seine Angst vor dem seit einiger Zeit im deutschen Reichstag ernsthaft diskutierten Reichspetroleummonopol.[387] Die Hauptargumente für dieses staatliche Monopol waren:

- Schutz des deutschen Kleinhandels
- Brechung des Standard-Oil-Quasimonopols
- Verstärkter Bezug russischen, rumänischen und galizischen Petroleums
- Bestmögliche Versorgung des Militärs mit inländischen Produkten
- Neue Einnahmequelle für das Deutsche Reich

Bis August 1914 kam es jedoch zu keiner Entscheidung. Und während des Ersten Weltkriegs wurde verständlicherweise nicht mehr darüber diskutiert. Im Endeffekt profitierte die deutsche Bevölkerung, die zwischen 1912 und 1914 für Petroleum die niedrigsten Preise im gesamten Westeuropa zahlte.[388] Gleichzeitig war eine enorme Maximierung der EPU-Profite zu verzeichnen. Gegenüber 1907 war 1913 bei einem Anstieg des jährlich gelieferten Petroleums von »nur« 51,3 Prozent eine Gewinnmaximierung von sage und schreibe knapp 249 Prozent zu verzeichnen (siehe die Tabelle in Abb. 22), die wiederum für neue Investitionen verwendet werden konnte.

Entwicklung der EPU 1907–1913

Jahr	Petroleum-Lieferungen in Tonnen	Zuwachs 1907/1913	**Gewinn in Reichsmark**	Zuwachs 1907/1913	**Dividenden**
1907	518.840		2.206.400		-
1910	656.335		306.325		10,0%
1913	784.772	51,3%	7.699.000	248,9%	10,8%

Abb. 22

Da war es wieder, jenes im deutschen Kaiserreich gepflegte ganzheitliche Prinzip, das sowohl den Plänen der Globalisierungsclique im Wege stand als auch Standard Oil empfindlich zu stören begann. Der megareiche Boss des US-Ölkonzerns, John D. Rockefeller, war übrigens wie J. P. Morgan Mitglied und Finanzierer der New Yorker

Pilgrims Society, eines US-Ablegers der Londoner Tafelrunde, die wiederum eine Untergruppe Alfred Milners geheimer Clique war.[389] Rockefeller war also zahlendes Mitglied der anglo-amerikanischen Globalisierungsclique.

Im Wege der EPU holte die Deutsche Bank das Beste für sich und die deutsche Bevölkerung aus der kläglichen Erdölsituation des Deutschen Reiches heraus. Die EPU lehnte sich gegen den Globalkapitalismus auf, so gut es ging. Obwohl sie aus dem Knebelvertrag mit Standard Oil von 1907 ausgestiegen war, kaufte sie zwangsfrei, aber doch US-amerikanisches Monopolöl. Die Begründung ist simpel: Einerseits konnte Russland phasenweise seine Quoten nicht erfüllen, andererseits konkurrierten die EPU-Teilhaber untereinander und kauften dort ein, wo es billiger war. Festzuhalten ist, dass Russland an die EPU glaubte. Die großteils von Deutschen vorangetriebene EPU war eines der ersten echten, großen und dynamischen multinationalen Unternehmen, an denen sich russische Partner beteiligten. Und es war das Ölgeschäft, das die russische Wirtschaft im jungen 20. Jahrhundert zum Erfolg führte.[390]

Wie gesagt, setzte seit der vom Einfluss Josef Stalins geprägten ersten russischen Revolution 1904/05 der Trend zur Stagnation der russischen Erdölproduktion und damit auch des Exports ein. Auch in diesem Zusammenhang bewies der deutsche Kaiser wieder einmal seinen außerordentlichen Weitblick für europäische Belange, ja für ein geeintes und gestärktes Kontinentaleuropa. Im Sommer 1912, zwei Jahre vor Kriegsbeginn, schlug Wilhelm II. seinem Cousin Nikolaus II. im Zuge eines Besuchs auf der russischen Halbinsel Pakri (Estland) die Gründung eines paneuropäischen Öl-Trusts vor, der mit Standard Oil konkurrieren könnte.[391] Der deutsche Kaiser diskutierte mit dem russischen Zaren und dem Grafen Wladimir Nikolajewitsch Kokowzow, der von 1911 bis Januar 1914 russischer Ministerpräsident und Finanzminister in Personalunion war. Wie aus Reichskanzler Bethmann Hollwegs Notiz hervorgeht, ging es dabei vordergründig um die »immer wachsende Bedeutung, welche Öl als maschinelle Triebkraft gewinnt«, und die daraus abgeleitete Notwendigkeit, »einen festländischen Konzern zu bilden, der verhindert, dass etwa Amerika und England zum Schaden des Kontinents die Hand auf die Öllager Galiziens und Rumäniens legen, und die festländischen Staaten zu gegenseitiger Aushilfe bei der Beschaffung von Öl vereinigt.«[392] Da jedoch die russische Produktion zu wünschen übrig ließ und die Idee des deutschen Reichspetroleummonopols scheiterte, wurde auch aus dem paneuropäischen Öl-Trust nichts. Erschwerend kommt hinzu, dass Russland seit 1907 Mitglied der auf die Vernichtung des Deutschen Reichst gerichteten Triple Entente war.

Nichtsdestotrotz liegt mit der Notiz des deutschen Kanzlers ein wichtiger Beweis vor, dass Wilhelm II. ein glühender Europäer war, der aus der anglo-amerikanischen

Destabilisierungsstrategie Balance of Power die richtigen Schlüsse zog, der Spaltung Europas entgegenwirkte sowie um Frieden und Einigkeit in Europa bemüht war. Hätte jeder europäische Staatsmann wie der deutsche Kaiser gedacht und gehandelt, hätte es keinen Ersten und daher auch keinen Zweiten Weltkrieg gegeben. Des Weiteren verrät Bethmann Hollwegs Aufzeichnung über besagtes Gespräch, dass sich sowohl die deutsche als auch die russische Staatsführung spätestens 1912 über die künftige strategische Bedeutung des Erdöls als **Treibstoff** für Verbrennungsmotoren zumindest ansatzweise im Klaren sein musste. In England hatte Churchill, wie bereits erwähnt, schon 1911 die Umstellung der Royal Navy auf Heizöl befohlen, während sich das Deutsche Reich erst im zweiten Kriegsjahr zu einer Entscheidung durchringen konnte.[393] Da Großbritannien nach wie vor über keine eigenen Erdölquellen verfügte, musste Heizöl beziehungsweise Diesel importiert werden.[394] Die deutschen Berechnungen für den Benzinverbrauch des Heeres für ein volles Kriegsjahr wurde für 1913/14 mit 75.000 Tonnen, jener für 1919 bereits mit 180.000 Tonnen prognostiziert.[395] Dabei wurde offensichtlich eine dem allgemeinen Trend entsprechende zunehmende Motorisierung der Truppe berücksichtigt. Die Kennziffern der Erdölförderung aus dem Jahr 1913, ein Jahr vor Kriegsbeginn, gewähren Einblick in die völlige Unterlegenheit der Mittelmächte Deutsches Reich und Österreich-Ungarn gegenüber der aus England, Frankreich und dem ölreichen Russland bestehenden Triple Entente sowohl in absoluten Zahlen als auch in Relation zur Einwohnerzahl. Interessant ist auch, dass der Gesamtschiffsraum der Handelsflotten der Mittelmächte weniger als ein Drittel jener der Entente ausmachte (siehe die Tabelle in Abb. 23). Auf die deutsche Handelsflotte entfielen 1914 rund 5,1 Millionen BRT.[396] Die absolute Unterlegenheit der Kriegsflotten des Deutschen Reiches und der Mittelmächte wurde bereits dargestellt.[397]

Kennziffernvergleich Triple Entente vs. Mittelmächte 1913

Kennziffer 1913	Triple Entente	Kopfquote	Mittelmächte	Kopfquote
Bevölkerung	240.000.000		119.200.000	
Steinkohle (Tonnen)	366.600.000	1,53	198.700.000	1,67
Erdöl (Tonnen)	9.500.000	0,04	1.200.000	0,01
Stahl (Tonnen)	17.900.000	0,07	19.800.000	0,17
Schiffsraum (BRT)	20.900.000	0,09	5.800.000	0,05

Abb. 23

In diesem Zusammenhang gilt es zu beachten, dass geringe Erdölfördermengen im eigenen Staatsgebiet oder in krisenfesten Einflussgebieten sowie daraus resultierende

Abhängigkeiten von ausländischen Unternehmen in Kombination mit Liefersperren und Seeblockaden seit dem Ersten Weltkrieg Faktoren sind, die über Sieg oder Niederlage (mit)entscheiden. Dieser Trend zeichnete sich jedoch bereits im Vorfeld deutlich ab.

Resümee: Um 1914 hatten ganz besonders Großbritannien, Frankreich und das Deutsche Reich ein reges Interesse an einer weitgehend autonomen Ressourcenzufuhr. Um die Abhängigkeit von Standard Oil künftig zu brechen, verfügte das Deutsche Reich nicht nur über Förder-, Transport-, Lager- und Vertriebstechniken von einem jeweils sehr hohen Professionalisierungsgrad, sondern auch sowohl über den Willen als auch entsprechende Konzepte, die bereits bis 1914 auf der internationalen Ebene relativ erfolgreich umgesetzt wurden. Um das ganz offensichtlich von der US-Regierung mitgetragene Monopol der Standard Oil auszuhebeln, ermangelte es dem Deutschen Reich allein am Rohstoff, an reichen Erdölfeldern. Genau hier kommt wieder der Nahe Osten ins Spiel, in dem sich 63,3 Prozent, also knapp zwei Drittel, der weltweit nachgewiesenen Rohölreserven befinden[398] – und wo zu Beginn des 20. Jahrhunderts deutsche Dampfrösser von Borsig, Hanomag, Henschel und Maffei auf deutschen Schienen von Krupp die entlegensten Gebiete zugänglich machten.

Erdöl aus Nahost

Deutsche Unternehmen arbeiteten schon früh an der verkehrstechnischen und ökonomischen Erschließung des Nahen Ostens, der damals überwiegend unter osmanischer Herrschaft stand. Ernsthaftes britisches, französisches und russisches Interesse an der Region entwickelte sich erst ab der Entdeckung relevanter Erdölmengen im beginnenden 20. Jahrhundert. Kleinere Vorkommen wurden bereits 1880 im Iran (damals Persien) gefunden.[399] Um die Jahrhundertwende stieß man zwischen Mossul (Nordirak) und Kuwait auf Erdöl,[400] also entlang einer Linie, die in etwa dem südöstlichen Strang der von Deutschen errichteten Bagdad-Bahn zwischen Mossul und Basra am Persischen Golf entspricht. Schon im Jahr 1899 schloss England mit Kuwait einen konkurrenzschädlichen Knebelvertrag ab, der den kuwaitischen Scheich und seine Erben verpflichtete, keine Niederlassungsverträge mit dritten Nationen abzuschließen. Das Scheichtum Kuwait gehörte jedoch zum Osmanischen Reich, dessen Führung mit den britischen Machtansprüchen gar nicht einverstanden war. England reagierte 1901 mit der Entsendung von Kriegsschiffen der Royal Navy, um die Anerkennung des britischen Quasi-Protektorats über Kuwait durch die osmanische Regierung zu erzwingen.[401] Im selben Jahr rang der Engländer William Knox D'Arcy dem Schah von Persien eine Konzession mit einer Laufzeit von 60 Jahren für die Erdölsuche im Iran (Persien) ab.[402]

Bereits im Folgejahr, am 15. Januar 1902, marschierte der später als König Ibn Saud bekannte Abdul Aziz (1876 bis 1953) mit seiner Kriegerschar in Riad ein, der heutigen Hauptstadt Saudi-Arabiens.[403] Eine Reihe von Rückeroberungen auf der arabischen Halbinsel sollte folgen. Diese stand jedoch formal unter osmanischer Oberherrschaft, weshalb Konflikte vorprogrammiert waren. Von besonderer Relevanz ist, dass Ibn Saud von Anfang an von britischen Imperialisten sowohl finanziell als auch mit Waffen unterstützt wurde,[404] damit er den Sultan stürze. Insurrektion ist das Stichwort: Insurrection made in England. Darin war England Meister, denn im Grund wurde ja wieder einmal zwecks Ressourcenraubs die uralte Balance-of-Power-Strategie angewandt, der zufolge der Zweitstärkste (Ibn Saud) gegen den Stärksten der Region (das Osmanische Reich) aufzurüsten war. Für den späteren Aufbau einer Revolte gegen das Osmanische Reich war Ibn Saud der ideale Mann. Er war gebildet, charismatisch und entschlossen. Als Sohn eines wahabitischen Imam verfügte er zudem über eine stählerne Religionsknute, unter der er alle orthodoxen Muslime vereinigen wollte. Als puristisch-traditionalistische Sunniten sind Wahabiten sozusagen die Hardliner unter den Muslimen. Sie nehmen den Koran wortwörtlich und verabscheuen technische Neuerungen als Werkzeuge Satans.[405] Was bei den Beduinen als Tugend galt, erwies sich zuerst für britische und dann auch für US-amerikanische Globalisten als äußerst nützlich: Eine unterdrückte, durch die Bank mittellose und militärisch heillos unterlegene Bevölkerung ist nie und nimmer in der Lage, sich erfolgreich gegen die hochtechnologisierten, modern bewaffneten westlichen Ausbeuter ihrer Ressourcen aufzulehnen. Typisch für den bis heute währenden Imperialismus ist die absichtliche Aufrechterhaltung des Ungleichgewichts zwischen den in allen Bereichen überlegenen Ausbeutern und ihren völlig unterlegenen Opfern. William Bernard Ziff, ein US-amerikanischer Journalist jüdischer Konfession, drückte es 1938 wie folgt aus:

> *London ist entschlossen, die Industrialisierung in Asien zu verhindern, wo immer es geht, und ist viel mehr daran interessiert, die alten Bedingungen zu erhalten.*[406]

Während also das deutsche Kaiserreich auf Ersuchen des osmanischen Sultans die Modernisierung des Orients vorantrieb, arbeiteten britische Imperialisten daran, dass er im tiefsten Mittelalter verblieb. Durch die Unterstützung Ibn Sauds, der ein erklärter Gegner des Zionismus war und nichtorthodoxe Muslime ausgrenzte und verfolgte, trieben die Globalisten einen tiefen Keil in die ohnehin uneinige arabische Welt. Im Gegensatz zu den englischen Eindringlingen war den in Sippen lebenden Beduinen so etwas wie Rassenstolz ebenso fremd wie ein Streben nach nationaler Einheit. Diesen Umstand machten sich britische Politoffiziere zunutze, indem sie bereits vor dem Ersten Weltkrieg stets für die Befeuerung der Konflikte zwischen den einzelnen Stämmen sorgten, diese damit beschäftigt hielten und vom Erdölraub ablenkten. Ein dichtes Netz der britischen Krone zuzuordnenden Agents Provocateurs (Zwischenfälle provozierender Spitzel) verteilte goldene Bestechungsmittel und bediente ein ausgefeiltes Kontrollsystem »immer verfügbarer Konkurrenten oder mächtiger Gegner als Ersatz für schwer zu handhabende bestehende Herrscher.«[407] Hier liegt der solide, vom Westen gelegte Grundstein für den heute so bezeichneten islamistischen Terrorismus.

Im Jahr 1902 zeigte England jedenfalls schon mit einigem Nachdruck, dass ihm viel an der strategischen Kontrolle über die vorderasiatischen Erdölressourcen lag. Dementsprechend groß war die britische Empörung, als die deutsche Gesellschaft zur Errichtung der Bagdad-Bahn im Auftrag des türkischen Sultans Abdul Hamid 1903 mit dem Bau begann. Am lautesten gegen den deutschen Bahnbau wetterten die *Times*,[408] das größte Propagandablatt der Globalisierungsclique. In London war man über den (verdientermaßen) privilegierten Zugang der Deutschen zu den irakischen Erdölfeldern beunruhigt. Entlang der Trasse zwischen Mossul und Basra lagen ja Erdölvorkommen, deren Förderrechte die osmanische Regierung kurzer Hand der Deutschen Bank als Entschädigung für die von den Deutschen getragenen Bahnbaukosten überschrieb.[409] Es folgte der vorerst wirtschaftliche Krieg der Briten ums Öl. Über ihr unfaires Vorgehen gegenüber den Deutschen im nahöstlichen Erdölgeschäft lesen wir bei Christopher Clark: »Im Wettlauf um die strategische Kontrolle über die hochgepriesenen Erdölkonzessionen Mesopotamiens manövrierten beispielsweise britische Banken und Investoren mit Londoner Rückendeckung über knallharte Verhandlungen und eine skrupellose Finanzdiplomatie die Deutschen problemlos in eine ungünstigere Position.« Diese Vorgehensweise erklärt sich fast von selbst, denn die Briten fürchteten, die Deutschen könnten ihnen die »Vorherrschaft im Kolonialhandel streitig machen, wenn es ihnen gelang, mit Hilfe eines Landwegs nach Osten die von der britischen Seemacht auferlegten Beschränkungen zu überwinden.«[410]

Gemeint ist die Kette großer britischer Marinebasen von Gibraltar über den Suez-Kanal bis nach Singapur und Hongkong. Dabei kam dem Suez-Kanal eine hohe Bedeutung als geostrategisches Blockade-Instrument zwischen dem Mittelmeer und dem Indischen Ozean zu. Diese wird beispielsweise in der geostrategischen Planung des britischen 20. Jahrhunderts gemäß dem von der Globalisierungsclique 1905 herausgegebenen Buch *The Empire and the Century* unterstrichen: Solange England die Seeherrschaft innehabe, »müssen Schiffe jeder Staatsangehörigkeit auf einer direkten Reise von Europa nach China oder Japan britische Häfen anlaufen.« Im Falle eines Kriegs und der damit verbundenen Hafenschließungen würde »den feindlichen Schiffen der Handel mit dem Fernen Osten – jedenfalls über den Suez-Kanal – praktisch verweigert werden.«[411] Damit liegt ein wichtiger schriftlicher Beweis sowohl für die lange im Vorhinein vorgesehene völkerrechtswidrige Beschränkung des Nutzungsrechts der Weltmeere als auch für den untrennbaren Konnex zwischen den ökonomischen und geostrategischen Interessen Großbritanniens vor. Immerhin war die Mutterinsel im Gegensatz zu Deutschland Lichtjahre von einer Selbstversorgung mit heimischen Produkten entfernt. Nahrungsmittel mussten zu etwa 40 Prozent mit Importen aus den Kolonien abgedeckt werden, industrielle Rohstoffe sogar zu stolzen 80 Prozent. Rund 40 Prozent des britischen Handelsvolumens lagen im Export.[412]

Der strategische Wert des Suez-Kanals als Seeblockademittel wurde durch die Bagdad-Bahn erheblich verringert. Ihre Streckenführung ermöglichte nämlich nicht nur den Gütertransport auf dem Landweg, sondern auch rasche Verlegungen osmanischer oder deutscher Truppen in die Nähe der Halbinsel Sinai respektive des Suez-Kanals. Die zionistische Zeitschrift *Altneuland*, eine in Deutschland verlegte Monatsschrift für die wirtschaftliche Erschließung Palästinas, betont in Ausgabe Nummer 11 vom November 1904 die »eminente Bedeutung« des südlichen Strangs der Bagdad-Bahn beziehungsweise der Hedschas-Bahn für die kolonialen Ziele der Zionisten. Der vorläufige Endpunkt der von deutschen Unternehmen primär für muslimische Pilgerfahrten nach Medina und Mekka errichteten, rund 1.800 Kilometer langen Bahnlinie war im Jahr 1904 die südjordanische Stadt Ma'an. Diese lag, so die deutsch-jüdischen *Altneuland*-Autoren, gerade einmal 125 Kilometer vom Meerbusen von Akabah entfernt.[413] Zum einen hätte man über den Golf von Akabah problemlos mit dem Schiff nach Indien und China weiterreisen oder Waren weitertransportieren können, ohne auf den britisch kontrollierten Suez-Kanal angewiesen zu sein. Zum anderen ist es von Ma'an nur ein Katzensprung nach Sinai, das potenzielle Aufmarschgebiet des Osmanischen Reiches gegen Suez-Kanal und Ägypten. Ebenfalls anno 1904, wir erinnern uns, schloss sich England mit seinem ehemaligen Erzfeind Frankreich in der Entente Cordiale zusammen. Das militärische Bedrohungspotenzial durch rasch mit der Bagdad-Bahn verlegte osmanische oder deutsche Truppen wurde von Großbritannien ebensowenig ignoriert wie die Beeinträchtigung des britischen Handels mit dem Nahen Osten durch die unbeliebte deutsche Konkurrenz.

Im Kapitel über den »Mohammedanischen Gürtel«, der sich vom Persischen Golf bis zur Straße von Gibraltar erstreckt, stellen die Verfasser der strategischen Analyse über das neue britische 20. Jahrhundert besorgt fest, dass der britische Handel mit dem Osmanischen Reich bis 1905 stagnierte oder sogar schrumpfte, während der deutsche und österreichische Handel auf dem Balkan mehr und mehr gedieh. Aus dem Freundschaftsvertrag zwischen Wilhelm II. und Sultan Abdel Hamid resultierte die Verdoppelung der deutschen Umsätze. In diesem Zusammenhang befürchten die britischen Analytiker die Verwirklichung der pandeutschen Idee, sprich die Ausdehnung des Prinzips des Deutschen Zollvereins auf Österreich-Ungarn, die Balkanhabinsel und Kleinasien. Dieses durchwegs »mögliche pandeutsche Imperium würde die Stärke und die Bevölkerung des derzeitigen Deutschland beinahe verdoppeln.« Folglich sei die deutsche wirtschaftliche Eroberung Kleinasiens mit der Bagdad-Bahn möglichst streng zu beurteilen. Als eher nebensächliche Begründung wird die bereits erwähnte Schmälerung der Einkünfte der Smyrna-Eisenbahnen angeführt.[414]

Hauptsächlich wird die Konkurrenz der deutschen Bagdad-Bahn für den ausschließlich auf der Schifffahrt beruhenden britischen Handel mit Mesopotamien (Irak) ins Treffen geführt. In der für eine Weltmacht typischen Arroganz wird die Frage, ob man einer großen europäischen Macht wie dem Deutschen Reich den Betrieb von »Einrichtungen für den unkontrollierten Zugang zum Persischen Golf erlauben darf«, ausdrücklich verneint. Wie der Schelm spricht, so denkt er: Die vorerst kommerziellen Zwecke der Bagdad-Bahn würden den Weg zur politischen und militärischen Überlegenheit des Deutschen Reiches im Nahen Osten ebnen. Daher sei es für das britische Empire unerlässlich, den »dog-in-the-manager« zu spielen und sich dabei »um jeden Preis gegen die Konstruktion der Bahnlinie einzusetzen.«[415] Das betraf die Fertigstellung der »schlanken Abschnitte«, denn die »fetten Abschnitte« waren bereits fertig. Den Hund im Manager zu spielen, bedeutet, etwas Ungewolltes nur zum Schein aufrechtzuerhalten, um jemand anderen davon abzuhalten, es zu bekommen. Großbritannien sollte sich also hinsichtlich deutscher Angebote auf die dringend erforderliche finanzielle Beteiligung am Bagdad-Bahn-Projekt nach außen hin verhandlungswillig zeigen, in Wahrheit jedoch seine Verhinderung oder Zerstörung bewirken, um die britische Vorherrschaft im Nahen Osten auf diplomatischem Wege zu erhalten. Gemäß besagter Analyse sollte bei der auf Scheinverhandlungen beruhenden Hinhaltetaktik strikt auf die Errichtung, den Bau und die Verwaltung des Bahnabschnitts im Zweistromland (Irak) durch Großbritannien beharrt werden. Abschließend wird erklärt, dass die Errichtung einer Marinebasis oder eines befestigten Hafens am Persischen Golf durch irgendeine fremde Macht eine starke Bedrohung gegen britische Interesse sei, gegen die man sich »mit allen zur Verfügung stehenden Mitteln wehren« müsse. »Die britische Position im Nahen Osten« musste laut besagter Analyse »zu einem Bollwerk imperialistischer Stärke ausgebaut werden.«[416]

Dass die deutsche Bagdad-Bahn auch eine massive Bedrohung für das britische Kronjuwel Indien darstellte, erklärt William Ziff wie folgt: »Hier war die stärkste Bedrohung, mit der das britische Empire seit Generationen konfrontiert war.« Die Bagdad-Bahn präsentierte »die Bedrohung durch eine halbe Million deutscher Krieger, die binnen weniger Tage mit dem Zug von Berlin zu den Toren nach Indien transportiert werden konnten.« Der amerikanisch-jüdische Autor beurteilt zudem völlig korrekt, dass die Bagdad-Bahn sehr rasch bis Basra gebaut werden konnte und sich daher die Entscheidungsträger in Whitehall (Regierung) und der City of London (Banken) bewusst waren, dass die Trasse leicht auch bis Karachi, Kalkutta und Delhi fortgesetzt werden würde.[417]

Deutsche Juden für Bagdad-Bahn-Ausbau

Im gegebenen Zusammenhang ist von herausragender Bedeutung, dass der Weiterbau der Bagdad-Bahn über den Persischen Meerbusen hinaus bis nach Indien und generell nach Ostasien besonders wegen des zu erwartenden Wertzuwachses für die bereits errichteten Teilstrecken bereits im Jahr 1904 von deutschen Juden respektive Zionisten als begrüßenswert beurteilt wurde. Nachzulesen ebenfalls in der bereits erwähnten Ausgabe der deutsch-jüdischen (zionistischen) Zeitschrift *Altneuland*.[418]

Der korrekten Ansicht der Professorin für Islamwissenschaften Gudrun Krämer zufolge war das traditionelle zentrale »Anliegen britischer imperialer Politik die Sicherung der See- und Landwege nach Indien, die zu einem großen Teil über osmanisches beziehungsweise von den Osmanen kontrolliertes Territorium führten.« Folglich habe den Briten die Wahrung der territorialen Unversehrtheit des Osmanischen Reiches am Herzen gelegen – »allerdings nur außerhalb Europas.«[419] Diese Einschränkung ist der entscheidende Punkt. Sobald nämlich das Deutsche Reich und besonders deutsche Juden Europa respektive seine Kultur und Technik in die entlegensten Winkel des Osmanischen Reiches brachten, war der Kern der britischen Strategie, den sogenannten deutschen Drang nach Osten am Tor nach Asien zu stoppen. Großbritannien musste Herr über den Nahen Osten werden, wenn das Empire überleben sollte. Schließlich strebten britische Globalisten die Beherrschung ganz Asiens an.[420] Der Schlüssel dazu war der Nahe Osten. Für seine Anbindung an die indische Kolonie gab es schon vor 1905 konkrete Vorstellungen. So beurteilten die Autoren von *The Empire and the Century*, »dass es für die Technik der Ingenieurwissenschaften eine einfache Aufgabe wäre, Mesopotamien wieder in die blühenden Kornkammern der Vergangenheit zu verwandeln. In der redundanten Bevölkerung von Indien haben wir bereits das Material zur Hand sowohl für die Zwecke der Vorarbeit als auch für die spätere Besiedlung.«[421] Da das Unternehmen Kornkammer Irak ebenso wie Indien durch die Bagdad-Bahn und das dahinterstehende deutsche Kaiserreich bedroht war, sollten beide mitsamt dem Konzept einer sich bis Kleinasien erstreckenden pandeutschen Wirtschaftszone in einem großen Krieg vernichtet werden. William Ziff brachte es 1938 meisterlich auf den Punkt:

Von 1788 bis 1914 führte Großbritannien etwa 20 Kriege, um die Route nach Indien offenzuhalten. Exakt aus demselben Grund kämpfte es im Großen Krieg gegen Deutschland, um den deutschen Drang nach Osten endgültig zu beenden.[422]

Es sei erneut darauf hingewiesen, dass es sich bei *The Empire and the Century* um geostrategische Analysen aus dem Kreise der von Cecil Rhodes und Alfred Milner ins Leben gerufenen anglo-amerikanischen Globalisierungsclique im Jahr 1905 handelt. Damals war natürlich, wie bereits erwähnt, die hohe Bedeutung des Erdöls für die Industrienationen schon bekannt.

Persisches Erdöl für die britische Flotte

Über den strategischen Wert des Erdöls für die Kriegsführung waren sich die britische Regierung und die Royal Navy, wie gesagt, seit 1904 im Klaren. Es ist daher kein Wunder, dass bereits im Folgejahr *The Empire and the Century* herausgebracht wurde und die britische Regierung inklusive Admiralität nicht nur die Übernahme von William Knox D'Arcys Erdölkonzessionen im westlichen Iran an die Burmah Oil Company bewirkte, sondern mit ihr auch gleich einen langfristigen Vertrag über Öllieferungen an die britische Flotte abschloss.[423] Das lief wie folgt ab: Auf streng geheimes Betreiben der britischen Regierung und vor allem des Admirals John Fisher brachte der gewiefte britische Spion mit dem Decknamen Sidney Reilly (Sigmund

Georgjewitsch Rosenblum) D'Arcy dazu, seine exklusiven Bohr- und Förderrechte der Burmah Oil Company zu überschreiben. Die britische Regierung blieb dabei unerkannt im Hintergrund.[424] Admiral Fishers Motiv war, wie bereits erwähnt, die Versorgung der britischen Kriegsflotte mit Heizöl, auf das sie schließlich umgestellt werden sollte. Dieses Ziel verfolgte er konsequent seit 1904. Sieben Jahre später, also 1911, ordnete der Erste Seelord Winston Churchill offiziell zur Erzielung höherer Aktionsradien und Geschwindigkeiten die Umstellung der kompletten Kriegsflotte auf Heizöl an.[425]

Zurück zum Iran (Persien). Hier waren 1908 die ersten größeren Erdölfunde zu verzeichnen.[426] Die Bohrtrupps wurden an einer Stelle fündig, die rund 200 Kilometer nordöstlich der Golfmündung des Schatt al-Arab liegt, des Grenzflusses zwischen Irak und Iran.[427] Mit einer 360 Meter tiefen Bohrung in Masdsched Soleyman erschloss Burmah Oil am 26. Mai 1908 eines der größten Ölfelder der Welt.[428] 1909 wurde die Anglo-Persian Oil Company (APOC) gegründet, die später in Anglo-Iranian Oil Company (AIOC) umbenannt wurde. Bald erschloss die APOC die riesigen südpersischen Erdölquellen in der Richtung von Schuschter nach Bender Abbas.[429] Die erste Raffinerie wurde 1911 in Abadan errichtet.[430]

Am 29. Dezember 1911 betonte der Vierte Seelord Captain Pakenham, der den Vorsitz über ein geheimes Öl-Komitee führte, die enorme Bedeutung des Ersatzes der Kohle durch Heizöl für die Royal Navy und deren autonome Verfügbarkeit: »Und wir suchen herum so weit wir können, um Informationen über alle Versorgungsquellen entweder auf britischem Territorium oder sonst wo zu erlangen.«[431] Sodann drängte der Erste Lord der Admiralität Winston Churchill aus strategischen Gründen auf eine staatliche Beteiligung an der APOC und versuchte dafür zwei Millionen Pfund aufzutreiben.[432] Am 17. Juli 1913 betonte Churchill in einer öffentlichen Debatte »die Vorteile des Heizöls für maritime Konstruktionen, Leistungen und taktische Belange sowie seine **Unverzichtbarkeit für das nationale Überleben**« (Hervorhebung durch die Autorin), denn »wenn wir kein Öl bekommen, kriegen wir auch kein Getreide, kriegen wir auch keine Baumwolle und kriegen wir auch tausend und eine weitere Waren nicht, die wir zum Erhalt der Wirtschaftskraft Großbritanniens brauchen.« Aus diesem Grund, so Winston Churchill weiter,

sollte die Admiralität unabhängiger Eigentümer und Produzent ihres eigenen Heizöls werden.

Dafür wurde Churchill von *The Times* und der *Financial Times* in den höchsten Tönen gelobt.[433] Nachdem also der Erste Seelord der Inselnation mit Hilfe der Medien eingeredet hatte, dass das Überleben der Nation vom Heizöl für die Kriegsflotte abhängig sei, war die Zeit reif für den nächsten Schritt: Im Mai 1914, sprich im Monat vor der Ermordung des österreichischen Thronfolgers in Sarajewo, schloss die britische Regierung einen entsprechenden Vertrag mit der APOC ab.[434]

Das deutsche Bahnprojekt war am 2. Juni 1914 bis Bagdad fertiggestellt.[435] Zwei Wochen später, am 15. Juni schloss England entsprechend der in *The Empire and the Century* empfohlenen Scheinverhandlungstaktik nach langem Hin und Her eine Vereinbarung mit dem Deutschen Reich ab, die jedoch nur paraphiert und nie unterzeichnet wurde. Die Briten erhandelten sich – wie schon 1905 geplant – die Kontrolle über den für Deutschland geostrategisch besonders bedeutsamen sowie erdölreichen Streckenabschnitt zwischen Basra und dem Persischen Golf.[436] Es ging also ums Öl. Darum war es ja so wichtig, dass die britischen Globalisten mit dem britisch-russischen Abkommen von 1907 Russlands nahöstliche Interessen auf Nordpersien lenkten, während sie sich Südpersien für England krallten.[437] Neben der Kontrolle über dieses Gebiet (Basra bis Persischer Golf) gewährten die Deutschen den Briten 75 Prozent am Erdölmonopol, davon 50 Prozent für die APOC und 25 Prozent für Royal Dutch Shell. Lediglich 25 Prozent fielen auf die Deutsche Bank.[438] Wegen des Kriegsbeginns trat dieser »Bagdader Frieden« jedoch nicht in Kraft.

Um überhaupt bis Bagdad bauen zu können, kam das Deutsche Reich ab 1910 des lieben Friedens willen seinen ententischen Neidern freiwillig in einigen bilateralen Vereinbarungen entgegen. Mit Russland grenzte man am 19. August 1911 im sogenannten Potsdamer Abkommen die persischen Interessen im Zusammenhang mit der Bagdad-Bahn ab. Obwohl die Trassenführung der Bagdad-Bahn absichtlich mit einigem Respektabstand zu möglichen russischen Einflusssphären festgelegt worden war, begründete das Zarenreich seine Einwände gegen die ingenieurstechnische Meisterleistung damit, die Deutschen könnten »dadurch eventuell die russische Kontrolle des Kaukasus und Nordpersiens gefährden.«[439] Die Hafenstadt Baku, von wo aus das französische Rothschild-Syndikat um 1900 den US-amerikanischen Konzern Standard Oil in der Ölproduktion übertrumpft hatte,[440] ist von Mossul und Bagdad gerade einmal 1.000 respektive 1.200 Kilometer entfernt. Für russische Pipelines also keine nennenswerte Distanz. Am 15. Februar 1914 einigte sich die Deutsche Bank mit der französischen Banque Impériale Ottomane über die Finanzierung der Eisenbahnbauten auf osmanischem Territorium.[441] Um Großbritanniens hohen Ansprüchen gerecht zu werden, wurden vier Abkommen über den Bahnbau und Mesopotamien abgeschlossen.[442] Insbesondere beim erwähnten nicht in Kraft getretenen Bagdader Frieden vom 15. Juni 1914 war »die erhebliche Konzessionsbereitschaft der deutschen Seite« ausschlaggebend für die Realisierung der damaligen Verständigungspolitik,[443] die jedoch von britischer Seite nichts anderes war als eine auf gezielter Täuschung beruhende Hinhaltetaktik.

Drei Tage nach Abschluss des besagten Scheinvertrags mit dem Deutschen Reich und zehn Tage vor der Ermordung des österreichischen Thronfolgers, also am 18. Juni 1914, übernahm die **britische Regierung** die Majorität in der APOC. Mit 254 gegen nur 18 Stimmen wurde der Vorschlag der Regierung, hinter dem, wie gesagt, Winston Churchill steckte, im Unterhaus des Parlaments (House of Commons) angenommen, dass sich der Staat mit knapp mehr als zwei Millionen Pfund am 4-Millionen-Pfund-Projekt beteiligen solle. Die britische Regierung hielt fortan 2.001.000 Pfund und andere Interessenten wie vor allem die Burmah Oil die restlichen 1.999.000 Pfund. Die Majorität von 2.000 Pfund verlieh der britischen Regierung ein Vetorecht in der APOC, das vom im Aufsichtsrat sitzenden Vertreter des Schatz- und Marineamts wahrgenommen wurde. Dass mit dieser wichtigen Funktion ein Repräsentant der Marine betraut war, geht natürlich auf Churchills militärstrategische Beurteilung zurück, die Royal Navy von Kohle- auf Ölbefeuerung umzustellen. Schließlich sollte die Ölversorgung der größten Flotte der Welt mit dem Schwarzen Gold aus Persien gewährleistet sein. Dass der Nachschub sichergestellt sein würde, ergibt sich aus der Beurteilung des APOC-Präsidenten Charles Greenway, der zufolge die britisch kontrollierten Ölfelder in Persien

> *von so bedeutender Ergiebigkeit sind, dass sie mehr als allen Anforderungen der britischen Flotte gewachsen sein dürfte.*

An den jährlichen Reingewinnen wurde Persien mit läppischen 19 Prozent beteiligt: 16 Prozent für die persische Regierung und drei Prozent zuzüglich lächerlicher 3.000 Pfund jährlich für den Stamm der Bachtiaren, die das Gebiet bewohnten, unter dem die Erdölquellen liefen.[444]

Der britische Wirtschaftshistoriker Doktor James Bamberg, dessen Fachgebiet die Globalisierung der Öl-Industrie ist, bestätigt, dass die Sicherstellung der autarken Öl-Versorgung für die **britische Flotte** das Hauptmotiv der britischen Regierung für die Beteiligung an der APOC im Jahr 1914 war. Dies belege »den strategischen Wert, der dem Öl beigemessen wurde.« Außerdem legt James Bamberg dar, dass sich die Überzeugung, bei der Zufuhr von Erdöl nicht von ausländischen Unternehmen abhängig sein zu wollen, bereits um 1904 in der britischen Regierung manifestierte.[445]

Die Verbesserung der Mobilität der ohnehin schon mächtigsten Kriegsflotte der Welt war also die Haupttriebfeder für die britischen Ambitionen im Nahen Osten. Zum Wahn, ihren bereits uneinholbaren Vorsprung gegenüber den Flotten der anderen Nationen auszubauen, gesellten sich auch die Habgier gegenüber den persischen Einwohnern und die damit zusammenhängende Unterdrückung derselben. Macht-, gewinn- und herrschsüchtige Briten legten den nahöstlichen Grundstein für den Ersten Weltkrieg und einer auf neoimperialistischen Kriegen abgestützten, bis heute währenden Ausbeutung der Region.

Die Deutschen hingegen waren die Freunde der Perser. Wie gesagt, verfolgte das Deutsche Reich keinerlei Gebietsansprüche im Osmanischen Reich, und sie gingen auch sonst weniger aggressiv als andere vor. Jedoch bedrohten die Bagdad-Bahn sowie die mit ihr verbundene deutsche und vor allem deutsch-jüdische Präsenz im Nahen Osten bedeutende ökonomische und geostrategische Interessen der im Jahr 1907 gegründeten Triple Entente und noch viel mehr jene der Globalisierungsclique in ganz Asien: vom Erdölraub und Handel in Nahost inklusive Projekt Kornkammer Irak über die Schlüsselpositionen Suez-Kanal und Basra bis hin zur Megakolonie Indien. Dabei kann die Bedeutung des Konzepts der pandeutschen Wirtschaftszone nicht hoch genug eingeschätzt werden, weil der von führenden Zionisten in Palästina angestrebte jüdische Satellitenstaat nach deutschem Muster und unter deutschem Schutz den Nahen Osten vollständig und nahezu krisenfrei unter deutsch-jüdische Kontrolle gebracht hätte. In den Köpfen britischer Strategen mussten die Alarmglocken spätestens 1907 entsetzlich laut geläutet haben.

Deutsch-jüdischer Naher Osten

Mehr als 20 Jahre vor den ersten großen Erdölfunden wurde der zum Osmanischen Reich gehörende Nahen Osten vom Deutschen Reich und von jüdischen Siedlern für sich entdeckt sowie großteils im Einklang mit den ansässigen Arabern erschlossen und mitgestaltet. Vor allem nichtsemitische osteuropäische und deutsche Juden gründeten seit den 1881 in Russland einsetzenden Pogromen Kolonien in Palästina. Dort profitierten sie nicht nur von den deutschen Bahnprojekten im Nahen Osten, sondern auch dermaßen von den guten eigenen Beziehungen zum Deutschen Reich, dessen kulturellen Errungenschaften und der deutsch-osmanischen Freundschaft, dass sie, die nichtsemitischen Juden, den Einfluss der Deutschen im Heiligen Land unbedingt stärken wollten. Schließlich beabsichtigte Zionistenführer Theodor Herzl, in

Palästina eine aristokratische Republik nach dem **Muster des deutschen Kaiserreichs** und als **deutsches Protektorat** zu errichten. Wäre dieses Vorhaben nicht aufgrund britischer Interventionen und jüdisch-muslimischer Spannungen gescheitert, hätte sich spätestens ab der industriellen Verarbeitung der ersten großen Ölvorkommen im Nahen Osten ab etwa 1910 die deutsch-jüdisch-arabische Connection für ganz Mitteleuropa doppelt und dreifach bezahlt gemacht. Vor allem war die Unabhängigkeit von der Überseeversorgung aus den USA zum Greifen nahe.

Ein anglo-amerikanischer Albtraum, der den britischen Imperialisten schon sehr früh den Schlaf raubte. Der jüdische Journalist William Bernard Ziff erklärt in seinem gleichnamigen Buch aus dem Jahr 1938, die Vergewaltigung Palästinas (*The Rape of Palestine*) sei das Resultat gezielter britischer Keiltreiberei zwischen Juden und Arabern zwecks Forcierung eigener Interessen im Nahen Osten. In London erkannte man bald, dass die zionistische Pionierarbeit in Palästina den fruchtbaren Keim eines nahöstlichen Wirtschaftsblocks in sich trug, der wiederum im aktiven Wettbewerb um die bedeutenden Märkte Afrikas und des Orients das britische Empire schlagen würde. Über diese durchwegs begründete Konkurrenzangst britischer Imperialisten schreibt Ziff: »Sie fürchten die Möglichkeit, dass ein industrialisiertes jüdisches Palästina die Speerspitze für einen Wirtschaftsblock nahöstlicher Länder bilden würde und die britische Position durch eine Erweiterung bereits in Konflikt stehender Interessen vollständig zerstört.« Schließlich wussten die Engländer, »dass der Jude mit seinen Ressourcen und seiner unermüdlichen Energie, wenn er ermutigt und nicht behindert wird, den gesamten Nahen Osten in seine Einflusssphäre bringen würde.«[446] Um genau das zu verhindern, wandten britische Machthaber ihre vielfach praktizierte Teile-und-herrsche-Strategie Balance of Power auch im Nahen Osten an, indem sie nicht nur zum arabischen Aufstand gegen das Osmanische Reich aufstachelten, sondern auch einen starken Keil zwischen ursprünglich friedlich koexistierende Juden und Araber trieben. Dabei nutzten britische Globalisierer das bereits in der zionistischen Grundidee angelegte Konfliktpotenzial. Die britische Saat des späteren jüdisch-muslimischen Hasses und westlicher Ölraubkriege im Nahen Osten wurde bereits vor dem Ersten Weltkrieg gestreut. Dem grundlegenden Verständnis des bis heute währenden Konflikts dient die Betrachtung der Grundlagen der faktisch absehbaren deutsch-jüdisch-arabischen Allianz im Nahen Osten.

Im Gegensatz zu vielen anderen europäischen Staaten waren die Juden im deutschen Kaiserreich bestens integriert. Ihre formalrechtliche Gleichstellung gegenüber der restlichen Bevölkerung erfolgte schon vor der Reichsgründung 1871. Der deutschstämmige israelische Wirtschaftshistoriker Doktor Avraham Barkai bezeichnet die hundert Jahre vor dem Ersten Weltkrieg für die deutschen Juden als »die glücklichste Zeit ihrer langen Geschichte in Deutschland.« Die »Akkulturation« (kulturelle Anpassung) der meisten deutschen Juden war laut Antisemitismusforscher Avraham Barkai weit fortgeschritten.[447] Demnach traf Theodor Herzls Feststellung aus dem Jahr 1896, den Juden sei die Integration im jeweiligen Staat verweigert worden,[448] logischerweise am allerwenigsten auf das Deutsche Reich zu. Um 1910 lebten circa 535.000 Juden in Deutschland, davon mehr als zwei Drittel in Großstädten und rund 100.000 auf dem Land. Über 60 Prozent der erwerbstätigen Juden waren im Handel und Verkehr tätig, vorwiegend im Wareneinzelhandel. Industriell und handwerklich aktive Juden waren entweder Inhaber mittelständischer Betriebe oder selbst Handwerker. Wenngleich der deutsch-jüdische Bevölkerungsanteil überwiegend dem »alten Mittelstand« angehörte, war die jüdische Jugend nicht nur vom Studium an deutschen Universitäten, sondern auch von manuellen Berufen in den Sparten Landwirtschaft, Handwerk und Industrie angetan.[449]

So weit zur antijüdischen Lüge, die deutschen Juden seien hauptsächlich steinreiche Aasgeier der Oberschicht, Bankiers, Großindustrielle, Rechtsanwälte und Ärzte gewesen. Dabei darf jedoch nicht außer Acht gelassen werden, dass der Begründer des modernen Zionismus Theodor Herzl selbst sowohl den überproportional hohen jüdischen Anteil am Mittelstand als auch dessen ungesunde Auswüchse nach unten und oben kritisiert: »Wir werden nach unten hin zu Umstürzlern proletarisiert, bilden die Unteroffiziere aller revolutionären Parteien und gleichzeitig wächst nach oben unsere furchtbare Geldmacht.« Die jüdische Finanzelite bezeichnet Herzl ausdrücklich als »Finanzjuden« und »jüdische Geldmagnaten« sowie die Juden pauschal als »wir habsüchtiges Volk«. Eine koordinierte jüdische Auswanderung und das damit verbundene Zurücklassen jüdischer Geschäfte im Vaterland würden nach Herzls Ansicht »ein in dieser Friedlichkeit beispielloses Aufsteigen von [christlichen] Massen zum Wohlstand ermöglichen.« Damit bestätigt Herzl zwar die Richtigkeit einiger salonfähiger antijüdischer Vorbehalte, gleichzeitig erklärt er sie aber auch als unvermeidliches Ergebnis jener den Juden in allen Ländern aufgezwängten Ghettoisierung, die erstaunlicherweise zum jüdischen Mittelstand führte.[450] Mangels volkswirtschaftlicher Einsicht würden auch die Juden in selbstschädigender Manier »das Schlagwort der Antisemiten [Antijudaisten] gläubig nachsagen: Wir leben von den ›Wirtsvölkern‹, und wenn wir kein ›Wirtsvolk‹ um uns hätten, müssten wir verhungern.«[451]

Antijüdische Tendenzen waren überall in Europa zu verzeichnen, im deutschen Kaiserreich jedoch in einem verhältnismäßig geringen Umfang. Im Deutschen Reich erlitten Juden keinen gesetzlichen Entzug der Bürgerrechte, keinen formalrechtlichen Ausschluss von öffentlichen Ämtern, keine Pogrome oder Massenbrutalität wie im russischen Zarenreich und auch keine Ausweisungen. Unter Kaiser Wilhelm II. beschränkte man sich in der Praxis auf den aus persönlichen Vorurteilen und informeller Diskriminierung bestehenden »Salon-Antisemitismus«.[452] Nicht ohne Grund flüchteten viele der etwa zwei Millionen in Russland ab 1881 verfolgten Juden nicht nur nach Amerika, Frankreich und England, sondern auch nach Deutschland. Und natürlich nach Palästina. Das propagandistische Fundament der sogar noch brutaleren russischen Pogrome von 1903 bis 1906 waren übrigens die *Protokolle der Weisen von Zion*. Zar Nikolaus II. führte zwar die antijüdische Politik seines Vorgängers Alexander III. unter anderem fort, weil er von den *Protokollen* beeindruckt war, als jedoch ihre Unechtheit ermittelt wurde, verbot er jede weitere Verbreitung dieser antijüdischen Fälschung.[453] Russlands antijüdische Pogrome waren jedenfalls die Initialzündung sowohl für die Auswanderung europäischer Juden als auch für die vom Österreicher Theodor Herzl vorangetriebene Idee eines jüdischen Staats. Vor allem Herzl gab der 1891 in England im damaligen Geiste des Imperialismus gegründeten Aktiengesellschaft für jüdische Kolonisation JCA (Jewish Colonization Association), die ursprünglich nicht zionistisch und primär auf Nordamerika und Argentinien ausgerichtet war,[454] einen neuen Impuls: Palästina.[455]

Die treibende Kraft für die koordinierte jüdische Auswanderung erblickt Theodor Herzl in der »Judennot« beziehungsweise im Antijudaismus, den er jedoch unzutreffend Antisemitismus nennt: »Ein mühsames Anfachen der Bewegung wird wohl kaum nötig sein. Die Antisemiten besorgen das schon für uns.« Der »Antisemitismus« mache den Judenstaat zum Weltbedürfnis, und diese zionistische Nation würde eines Tages den Frieden zwischen Juden und »Antisemiten« bringen. Herzls Theorie liegt die grundlegend falsche, ja extremistisch anmutende Haltung zugrunde, alle Völker seien ausnahmslos antijüdisch gesinnt: »Die Völker, bei denen Juden wohnen, sind alle samt und sonders verschämt oder unverschämt Antisemiten.« Herzl gibt jedoch zu, dass die Juden aufgrund der langen Verfolgung einer Nervenüberreizung unterliegen. Der weltweit vorherrschende »Antisemitismus« würde nach Herzls Ansicht schließlich das Interesse der Regierungen auf sein Buch *Der Judenstaat* lenken.[456] Er sollte Recht behalten. Der jüdische Soziologe und Geschichtsprofessor Moshe Zuckermann schreibt daher vom Grundgedanken her zutreffend: »Der Zionismus wurde aus dem Antisemitismus geboren.« Richtigerweise müsste es wie folgt lauten:

Der Zionismus wurde aus dem Antijudaismus geboren.

Wie bereits erwähnt, sind ja nur die wenigsten Juden Semiten respektive mit Hebräern und Aramäern verwandet, während so gut wie alle Araber Semiten sind.[457] Die zitierte These von Moshe Zuckermanns steht gleich ganz am Anfang seines Buchs *Antisemit!*[458] Sie stimmt grundsätzlich mit den Erkenntnissen des aus Wien stammenden Zionismusvorreiters Theodor Herzl überein. Zuckermann führt seiner Leserschaft vor Augen, wie sehr der Antisemitismus begrifflich überstrapaziert und als herrschaftliches Kampfmittel gegen unliebsame Meinungen und Gegner der seit 1948 währenden israelischen Vertreibungs- und Kriegspolitik gegenüber den Arabern (Palästinensern) missbraucht wird.

Der jüdisch-arabische Konflikt im Nahen Osten wurde zwar ab dem frühen 20. Jahrhundert von britischen Imperialisten geschürt, seine Wurzeln sind aber schon tief im zionistischen Manifest verankert. Einerseits handelt es sich bei Theodor Herzls Buch *Der Judenstaat* unbestreitbar um einen bedeutenden, überwiegend sehr gut strukturierten geistigen Toröffner, andererseits enthält es auch folgende Kardinalfehler, die trotz des persönlichen Engagements des deutschen Kaisers sowohl den von den Zionisten erstrebten Judenstaat unter deutscher Schirmherrschaft als auch eine dauerhaft friedliche jüdisch-arabische Koexistenz von **vornherein** verunmöglichten:

- Landnahme ohne Rücksicht auf arabische Ureinwohner
- Bestehen auf einem souveränen Judenstaat
- Andeutung der britischen Schutzmacht
- Fiktion eines jüdischen Volks
- Antiarabischer Rassismus
- Berufung auf Bibelmärchen

Nichtberücksichtigung der palästinensisch-arabischen Ureinwohner. Zu Beginn der Einwanderung vor allem osteuropäischer Juden 1881 war Palästina keinesfalls menschenleer. Von den knapp 460.000 osmanischen Bürgern in Palästina waren rund 400.000 Muslime, 40.000 Christen und 20.000 Juden. Tausende weitere Juden waren ohne osmanische Staatsbürgerschaft in Palästina sesshaft. Mit etwas mehr als vier Prozent stellten die Juden eindeutig die Minderheit dar. Etwa 75 Prozent dieser jüdischen Minderheit wohnten in den Städten Jerusalem, Hebron, Safed und Tiberias. Der Rest lebte in ärmlichen Verhältnissen auf dem Land beziehungsweise in Dörfern. Unmittelbar vor dem Ersten Weltkrieg existierten in Palästina rund 600.000 Araber und weniger als 40.000 Juden.[459] Andere Quellen gehen sogar von einer Million Palästinensern aus.[460] Die verlässlichsten Angaben sind offenbar die osmanischen, weil sie auf der Zählung der Individuen und nicht allein der Haushalte beruhen. Der osmanischen Statistik zufolge betrug die Bevölkerung Palästinas 1914 insgesamt 722.000 Personen, davon 602.000 Muslime (83,4 Prozent), 81.000 Christen (11,2 Prozent) und 39.000 Juden (5,4 Prozent).[461] Mit etwas mehr als fünf Prozent waren die palästinensischen Juden eine deutliche Minorität, wobei sie von vielen Arabern bis 1948 als Brüder gesehen und »jüdische Araber« genannt wurden.

Im zionistischen Manifest *Der Judenstaat* aus dem Jahr 1896 kommt jedoch die palästinensisch-arabische Urbevölkerung, die überwiegende Mehrheit in Palästina und noch dazu allesamt echte Semiten, mit keinem einzigen Wort vor, obwohl Theodor Herzl so gut wie alles andere vorbildlich detailreich analysiert und durchplant: von der Staatsform des Judenstaats als aristokratische und militärisch neutrale Republik mit eigenem Berufsheer, den Vorteilen für die potenziellen europäischen Beschützer, die Gründung der Jewish Company als Aktiengesellschaft nach britischem Recht, deren koloniale Aufgaben und hohe Profite auf Kosten der jüdischen Auswanderer über die Errichtung der einzugsbereiten Infrastruktur durch verarmte jüdische »unskilled workers« (unausgebildete Arbeiter) im Rahmen eines modernen siebenstündigen Arbeitstags (2 x 3,5 Stunden) bis hin zur Liquidation jüdischer Immobilien im Vaterland und dem Geldtransfer ins Gelobte Land. Großer Wert wird auf den Erhalt jüdischer Rechte und Werte gelegt: »Bei der Landverteilung wird darauf Rücksicht genommen werden, dass die schonende Verpflanzung, die Erhaltung alles Berechtigten möglich sei.«[462] Alles Jüdische unterliegt also einer gediegenen Planung. Auch an das christliche Europa wird gedacht, indem der künftige Judenstaat als Ehrenwächter der heiligen Stätten, Schutzwall für Europa gegen Asien und besonders als Kulturvorposten gegen die Barbarei propagiert wird.[463]

Wer außer den muslimischen Arabern und Türken sollten wohl die Barbaren sein? Worte wie »Ureinwohner«, »Araber«, »Palästinenser« oder »Muslime« sucht man im Zionistenmanifest vergeblich. Dafür ist unverblümt von der jüdischen Landnahme und Eroberung des gelobten Lands die Rede. Bei der Begrüßung jüdischer Einwanderer durch zionistische Behörden dürfe es keinen törichten Jubel geben, »denn das gelobte Land muss erst erobert werden.« Das neue Judenland müsse »mit allen modernen Hilfsmitteln erforscht und in Besitz genommen werden.« Dem entsprechend, sind für die Jewish Company in Palästina vorwiegend koloniale Aufgaben vorgesehen.[464] In einem Brief an Cecil Rhodes bezeichnet Theodor Herzl höchstpersönlich den zu errichtenden Judenstaat expressis verbis als »koloniales Projekt«.[465] Der zionistische Staat war demnach von der ersten Planungsstunde an nichts anderes als ein europäischer Siedlungskolonialismus. Dabei handelte es sich der Islamwissenschaftlerin Petra Wild zufolge um die Aneignung von Land, auf dem eine Kopie Europas außerhalb Europas unter Ausschluss der einheimischen Bevölkerung mittels breitflächiger ethnischer Säuberungen, Segregation und Einsperrung oder Genozid errichtet werden sollte. Zu derart gestalteten, ethnisch liquidierten Nationen zählen die USA, Neuseeland, Australien und Israel.[466]

Souveräner Judenstaat. Theodor Herzl stellt mehrfach und unmissverständlich klar, dass das unbedingte Ziel der zionistischen Bewegung ein ausschließlich für Juden errichteter autonomer Staat zu sein hat. So schreibt Herzl zum Beispiel: »Man gebe uns die Souveränität eines für unsere gerechten Volksbedürfnisse genügenden Stückes der Erdoberfläche, alles andere werden wir selbst besorgen.«[467] Sämtliche Darlegungen über den Judenstaat in Herzls Buch veranschaulichen, dass ein vollwertiger, ausschließlich jüdischer Staat errichtet werden soll mit allem, was dazugehört inklusive völliger Übernahme Palästinas und Vertreibung der arabischen Urbevölkerung, der echten Semiten.

Schutzmacht England als Ass im Ärmel. Theodor Herzl spielte offensichtlich ein doppeltes, wenngleich relativ offenes Spiel. Einerseits ist in *Der Judenstaat* explizit von der Gründung der Jewish Company nach englischem Recht, ihrem Hauptsitz in London, dem Schutz durch England und einer aus wackeren englischen Juden bestehenden Organisation die Rede.[468] Andererseits bemühte sich der Zionistenführer intensiv um die Unterstützung durch den deutschen Kaiser und drohte bereits vor der ersten Audienz gegenüber dem Diplomaten und Vertrauten des Monarchen Philipp Eulenburg, die Zionisten würden sich im Falle des Ausbleibens deutscher Unterstützung an England wenden. England war demnach Herzls Schutzmacht zweiter Wahl, wobei mit der Errichtung der jüdischen Aktiengesellschaft in London schon einmal handfeste Fakten geschaffen wurden. Diese Aktiengesellschaft sollte durch die Auswanderung der Juden extrem hohe Profite generieren, denn schließlich sollten die Juden für die Leistungen der Company kräftig zahlen. Aus der Judennot wurde also gemäß Herzls Planungen ein Mordsgeschäft gemacht: »Wir zahlen ihnen nicht, wir lassen sie zahlen.« Weitere hohe Summen sollte die zionistische Company als Immobilienunternehmen aus der Differenz zwischen den hohen Verkaufslösen jüdischer Liegenschaften in den Heimatländern und den niedrigen Baukosten im gelobten Land einstreichen. Die Milchmädchenrechnung lautet: Tausch eines teuren Hauses im Heimatland gegen ein billigst errichtetes Haus im Zielland. Dabei bedachte Herzl sowohl die günstigen Baumaterialen als auch die Arbeit durch arme jüdische Handwerker zum Nulltarif in Palästina. Diese sollten dafür ein Wohnhaus gratis erhalten – aber erst nach drei Jahren und nur gegen Vorlage eines Zeugnisses für gutes Betragen.[469] Dass das deutsche Sozialsystem um Längen besser war als das britische, wurde bereits dargestellt.[470] Die ausbeuterische Planung des Zionistenführers wäre im deutschen Kaiserreich aber auch wegen der von Herzl selbst gelobten deutschen Sittlichkeit (siehe unten) nicht besonders gut angekommen. Auch dieser Umstand könnte auf die Wahl Englands als Sitz der Company einen gewissen Einfluss gehabt haben. Im Februar 1902 wurde in London die der Weltzionistenorganisation als Kreditbank dienende Anglo-Palestine Bank gegründet, die kurz darauf Filialen in Palästina eröffnete, beginnend mit Jaffa, Jerusalem und Hebron.[471] In organisatorischen und finanziellen Belangen war also die zionistische Bewegung von Beginn an stark mit England verbunden.

Zionistischer Rassismus. Wie zuvor erwähnt, liest man in *Der Judenstaat* an keiner einzigen Stelle auch nur ein Wörtchen über die palästinensisch-arabische Mehrheit in Palästina. Besonders aufmerksame Leser erahnen jedoch, dass die arabische Urbevölkerung Palästinas in den Augen der zionistischen Führer jene Barbaren waren, gegen die sie gemäß Herzls Manifest einen Kulturvorposten errichten wollten. Schließlich knüpfte Theodor Herzl an die illusorischen Ideen von einem jüdischen Volk und einer jüdischen Rasse an. Wie ebenfalls bereits erwähnt, erschufen andere führende Zionisten wie Nathan Birnbaum, Max Nordau, Martin Buber und Wladimir Jabotinsky das wahnwitzige Konzept einer jüdischen Rasse als eine von den Erzvätern und -müttern bis in die Gegenwart reichende biologische Generationenkette, eine hochbetagte Blutsgemeinschaft, die allerdings des jüdischen Mutterbodens bedarf, um das uralte Blut zu erneuern. Sowohl der völkisch-rassische Zionismus als auch die ihm ähnliche nationalsozialistische Rassenideologie haben verwandte Auslöser: widerfahrenes massives Unrecht gepaart mit Minderwertigkeitsgefühlen. Hier aufgrund von Ausgrenzung und nicht gelungener Integration, dort wegen der Vernichtung des deutschen Kaiserreichs im Zuge des Ersten Weltkriegs.[472] Gefühle von Minderwertigkeit suchten einen Ausgleich in Gefühlen der Überlegenheit. Letztere artikulierte der Zionistenführer Theodor Herzl natürlich nicht in seinem Buch, weil dieses dann gerade in deutschen intellektuellen Kreisen auf große Ablehnung gestoßen wäre. Was Herzl wirklich dachte, verraten seine Briefe und Tagebücher. Über die Notwendigkeit der Vertreibung und Umsiedlung der Araber aus Palästina schreibt er: »Die arme Bevölkerung trachten wir unbemerkt über die Grenze zu schaffen, indem wir ihr in den Durchzugsländern Arbeit verschaffen, aber in unserem eigenen Land jederlei Arbeit verweigern.«[473]

Dass ausgerechnet der Verfasser dieser kaltblütigen Zeilen alle Völker dieser Welt kategorisch als »Antisemiten« und Verhinderer der jüdischen Integration abstempelte, scheint ein weiterer Irrwitz der Geschichte zu sein. Neben Herzls Skrupellosigkeit gegenüber den arabischen Ureinwohnern tritt jedoch auch deutlich hervor, dass die Zionisten von deren Existenz wussten. Folglich ist der vom britisch-jüdischen Journalisten Israel Zangwill erfundene politische Slogan, Palästina sei »ein Land ohne Volk für ein Volk ohne Land«[474] eine dreiste und zudem mehrfache Lüge: Palästina war vorwiegend arabisch bevölkert, während die Juden kein eigenständiges Volk waren (sind), aber bereits in verschiedenen Ländern lebten. Auf Basis der Lüge vom unbevölkerten Palästina wurden großteils osteuropäische Juden zur Auswanderung bewegt und die Vertreibung von hunderttausenden Semiten (Arabern) durch eine nichtsemitische Minderheit (Zionisten) vorangetrieben. Das ist echter und zionistischer Antisemitismus.

In ihrem Buch *Apartheid und ethnische Säuberung in Palästina* erläutert die Islamwissenschaftlerin Petra Wild, warum die palästinensisch-arabische Bevölkerung ab der britischen Besetzung Palästinas 1917 sowohl in den britischen als auch in den zionistischen Planungen ignoriert wurde: »Als Nicht-Europäer, Nicht-Weiße galten die Palästinenser beiden gleichermaßen als unzivilisiert und minderwertig.« Chaim Weizmann, langjähriger Vorsitzender der Zionistischen Weltorganisation, betonte den »fundamentalen Qualitätsunterschied zwischen Jude und Eingeborenem« und dass Palästina so jüdisch werden soll, wie England englisch ist. Auf die Frage des Leiters der Kolonisationsabteilung der Jewish Agency nach Palästina und seinen Ureinwohnern antwortete Weizmann auf eine Weise, die man eigentlich nur überzeugten Rassisten wie Adolf Hitler und Heinrich Himmler zutraut: »Die Briten haben uns gesagt, dass es dort einige Hunderttausend Neger gibt, die keinen Wert haben.«[475] Genau hier – und lange vor der Etablierung des nationalsozialistischen Regimes in Deutschland – liegt das rassistisch-ideologische Fundament für die von Zionisten in Palästina betriebenen ethnischen Säuberungen, die noch dazu ohne jede rechtliche, moralische und historische Grundlage stattfanden.

Berufung auf biblische Märchen. Der Urvater der rechten Zionisten Wladimir Jabotinsky wusste, dass den Juden eine gemeinsame Geschichte oder Sprache ebenso fehlte wie ein gemeinsames Territorium. Exakt deshalb postulierte er wissenschaftlich unhaltbar, die Essenz des Jüdischen liege in ihrer rassischen Zusammensetzung.[476] Auch der politisch zielorientierte Theodor Herzl behauptet in *Der Judenstaat* keinerlei historischen Anspruch der Juden auf Palästina. Seiner Vorstellung nach sollte die aristokratische Republik ausdrücklich kein theokratischer Staat werden: »Der Glaube hält uns zusammen, die Wissenschaft macht uns frei. Wir werden daher theokratische Velleitäten [tatenlose Willensäußerungen] unserer Geistlichen gar nicht aufkommen lassen. Wir werden sie in ihren Tempeln festzuhalten wissen, wie wir unser Berufsheer in den Kasernen festhalten werden.«[477] Zudem verstieß Herzl gegen ein jüdisches Glaubensfundament, als er den von frommen Juden nach wie vor erwarteten Messias, ein »Gesalbter Gottes« genanntes Individuum, durch eine juristische Person ersetzte: die Society of Jews. Beispielsweise das Buch Jesaja ordnet schwarz auf weiß an, dass das Exil der Juden respektive ihre globale Verstreuung (Diaspora) so lange dauert, bis sie vom Messias beendet wird: »Und er wird aufrichten ein Zeichen für die Völkerschaften und sammeln die Verlorenen Israels, und die Zerstreuten Judas wird er sammeln von den vier Zipfeln der Erde.«[478] Theodor Herzl verstand sich nicht als Messias und wurde auch nicht als solcher verehrt. Nein, er erklärte ausdrücklich, dass die Juden in der Diaspora handlungsunfähig seien und daher eines Gestors bedürfen, eines Geschäftsführers im Sinne des römischen Rechts. Diese Funktion habe kein Individuum wahrzunehmen, sondern das zentrale Organ der Judenbewegung: eine politische Gesellschaft namens Society of Jews. Diese Gesellschaft sei der neue Moses der Juden. Mit derlei biblischer Terminologie öffnet ausgerechnet der sich ansonsten als säkularisierter Monarchiefreund outende Zionistenführer Theodor Herzl Tür und Angel für die theologische Rechtfertigung der jüdischen Landnahmen in Palästina. Er schreibt mehrfach vom »gelobten Land«, das sich die Juden wie schon ihre Vorväter aneignen müssen: »Die Makkabäer werden wieder auferstehen.«[479]

Doch die jüdischen Vorväter sind, wie etliche archäologische Grabungen belegen, ebenso biblische Phantasieprodukte wie der Exodus aus Ägypten, die 40-jährige Wanderung durch die Wüste Sinai, die Eroberung von Jericho sowie die prachtvollen Reiche der Könige David und Salomon im 10. Jahrhundert vor unserer Zeitrechnung.[480] Außerdem ist mittlerweile ebenfalls belegt, dass die vermeintliche »Vertreibung der Juden aus Palästina«, auf die sich die Rückkehrtheorie stützt, niemals stattfand.[481] Auch der monotheistische Glaube an den männlich personifizierten, eifer- und rachsüchtigen Jahwe (JHWH) hält keiner historischen Überprüfung stand. Mit ihrem Werk *Göttinnen, Götter und Gottessymbole* schrieben die Schweizerischen Professoren Othmar Keel und Christoph Uehlinger ein bestechend klares und übersichtliches Stück Religionsgeschichte. Nach der Auswertung von rund 8.500 in Palästina gefundenen Stempelsiegeln und etlichen Statuetten aus Terrakotta steht unverrückbar fest, dass die Israeliten und Judäer tatsächlich sowie zu allen vorbiblisch und biblisch relevanten Zeiten, das heißt von etwa 1750 bis 450 vor unserer Zeitrechnung, mehrere Gottheiten verehrten. Die archäologisch belegte Vielgötterei stand sogar in erheblichem Umfang staatlich, privat und flächendeckend im Zeichen weiblicher Gottheiten. Bei den Darstellungen einer mütterlichen Göttin mit prallen Brüsten handelt es sich offenbar um Aschera oder die assyrische Himmelskönigin Ischtar. Das äußerst umfangreiche Material enthält hingegen keine einzige anthropomorphe Darstellung eines »Gottes«, die eindeutig originär Jahwe zuordenbar wäre.[482] Ein vernichtendes Urteil für die oberste Gottheit der Fünf Bücher Mose, die für sämtliche mosaische Religionen – Judentum, Christentum und Islam – Verbindlichkeit haben. Wenn Herzl also von der Befreiung der Juden durch die Wissenschaft schreibt (siehe oben), ist darunter nach heutigem Verständnis wohl nur die Entlarvung biblischer Hirngespinste als völlig unzureichende Rechtfertigung für den zionistischen Siedlungskolonialismus in Palästina zu verstehen.

Ebendiesen Siedlungskolonialismus knüpfte jedoch Theodor Herzl in weiser Voraussicht an eine absolut unverrückbare Bedingung, die allerdings niemals erfüllt wurde: Es dürfe keine Infiltration respektive stillschweigende jüdische Unterwanderung der Einheimischen stattfinden, weil dies – wie Argentinien zeigte – nur dazu führe, dass sich die Urbevölkerung bedroht fühlt und der Aufnahmestaat jeden weiteren jüdischen Zufluss absperrt. Folglich sei unbedingt vor Beginn der koordinierten Auswanderung mit der Landeshoheit unter dem Protektorat der europäischen Mächte zu verhandeln. Ausschließlich eine derart gesicherte Landnahme legitimiere die nächsten Schritte: Transport von der alten Heimat ins Zielland, Einnahme der Ortsgruppen, Vergabe der Provinzen und Städte. Nur so würde die Freiheit der Juden zur Befreiung der Welt führen.[483]

Im Sinne besagter Bedingungen, auf Theodor Herzls Ersuchen und über Vermittlung durch Großherzog Friedrich von Baden setzte sich dessen Neffe, der deutsche Kaiser Wilhelm der II., 1898 bei der Landeshoheit Palästinas, dem osmanischen Sultan Abdul Hamid, für die Ausrufung eines deutschen Protektorats über eine jüdische Heimstätte in Palästina ein. Der britische Historiker John C. G. Röhl, Professor an der Universität von Sussex und Biograph Wilhelms II., macht mit einem Zitat aus Herzls Tagebuch begreiflich, weshalb für die jüdisch-aristokratische Republik unbedingt das deutsche Kaiserreich Modell stehen sollte:

> *Unter dem Protektorat dieses starken, großen, sittlichen, prachtvoll verwalteten, stramm organisierten Deutschland zu stehen, kann nur heilsame Wirkungen auf den jüdischen Volkscharakter haben. Mit einem Schlag kämen wir zu vollkommen geordneten inneren und äußeren Rechtszuständen.*

Neben seiner unverhohlenen Bewunderung für die **deutsche Monarchie** suchte der österreichisch-ungarische Jurist Theodor Herzl auch die Heilung alter Wunden: »Durch den Zionismus wird es den Juden wieder möglich werden, dieses Deutschland zu lieben, an dem ja trotz allem unser Herz hing!«[484] In seinem eigenhändig verfassten Brief vom 29. August 1898 erklärt Wilhelm II. seinem Onkel, dem Großherzog Friedrich von Baden, seine Sympathie für die zionistische Idee. Der deutsche Kaiser folgte nahezu vollinhaltlich Herzls Argumentation und zeigte sich zuversichtlich, dass die »Besiedelung des Heiligen Landes durch das kapitalkräftige und fleißige Volk Israel dem ersteren bald zu ungeahnter Blüte und Segen gereichen wird.« Dabei dachte der deutsche Kaiser bereits vor der offiziell erklärten deutsch-osmanischen Freundschaft uneigennützig an das Wohlergehen des Osmanische Reichs: »Dann wird der Türke wieder gesund, das heißt, er kriegt auf natürliche Weise ohne zu pumpen Geld, dann ist er nicht mehr krank, baut sich seine Chausseen [Landstraßen] und Eisenbahnen selbst ohne fremde Gesellschaften und dann kann er nicht so leicht aufgeteilt werden.« Wie unschwer zu erkennen ist, ging es Kaiser Wilhelm nicht um kommerziellen Gewinn für Deutschland, sondern ganz im Hegelschen Geiste der Freiheit und im Sinne des Kant'schen kategorischen Imperativs um die Genesung des Osmanischen Reiches. Selbstverständlich spekulierte Wilhelm II. auch mit der Richtigkeit Theodor Herzls Prognose, der zufolge die koordinierte Auswanderung des jüdischen Proletariats die monarchiefeindliche Bewegung der Sozialdemokraten schwächen und den Zinswucher in Hessen beenden würde. Bei allem flatterhaften Chauvinismus, der dem deutschen Monarchen nachgesagt wird, begründete er die Wichtigkeit des deutschen Schutzes für die neue jüdische Heimat doch aus einem tiefen mitmenschlichen Verständnis heraus: »Überall erhebt die Hydra des rohesten, scheußlichsten Antisemitismus ihr gräuliches Haupt, und angsterfüllt blicken die Juden – bereit die Länder wo ihnen Gefahr droht zu verlassen – nach einem Schützer! Nun wohlan, die ins Heilige Land Zurückgekehrten sollen sich des Schutzes und der Sicherheit erfreuen; und beim Sultan werde ich für sie interzedieren.«[485]

Gesagt, getan. Als jedoch der deutsche Kaiser dem osmanischen Sultan im Oktober 1898 einen Judenstaat in Palästina unter deutschem

Abb. 24: Kaiser Wilhelm II. (Gemälde)

Schutz vorschlug, wies Abdul Hamid dies dermaßen schroff von sich, »dass der kaiserliche Gast die Angelegenheit nicht weiter verfolgen konnte.« Diese Formulierung aus der Feder von John C. G. Röhl offenbart, dass er sich im Klaren sein muss, dass sich Wilhelm II. **ernsthaft** um die Umsetzung der zionistischen Idee bemühte und nur an der deutlich signalisierten Ablehnung seitens des Sultans scheiterte. Röhl führt zudem die stichhaltige Begründung des Sultans an, die vollends von dessen Beratern vertreten sowie vom deutschen Außenminister Bernhard von Bülow, dem türkischen Botschafter in Berlin sowie letztlich auch vom deutschen Kaiser selbst geteilt wurde. Das erste, wichtigste und absolut einleuchtende Argument des Sultans lautete:

Ich kann selbst einen Fuß Land nicht verkaufen, denn es gehört nicht mir, sondern meinem Volk.[486]

Der Sultan sprach weise, denn 1898 war Palästina mit etwa 500.000 Menschen bevölkert, von denen etwa 90 Prozent Araber waren.[487] Weiterhin argumentierte Abdul Hamid, die Errichtung eines souveränen jüdischen Staats würde zu arabischen Aufständen führen. Außerdem wollte der Sultan seinem ohnehin schon brüchigen Reich kein weiteres nationales respektive religiöses Problem aufbürden, das obendrein die europäischen Großmächte für sich ausnutzen würden. Der deutsche Außenminister und der türkische Botschafter in Berlin pflichteten bei, dass England, Frankreich und Russland niemals einen deutschen Satellitenstaat im Nahen Osten dulden würden. Im Nachhinein attestiert auch der britische Historiker John C. G. Röhl, dass bereits eine entscheidende Besserung der deutsch-osmanischen Beziehungen »zu Komplikationen mit Russland, Frankreich und England führen konnte.«[488] Schon bei einer offiziell nur angekündigten Errichtung eines deutsch-jüdischen Satellitenstaats im Orient wäre garantiert die Hölle los gewesen. Dass also die diesbezügliche Beurteilung des Sultans und seiner Besucher völlig korrekt war, liegt auf der Hand.

Am 2. November 1898 traf Theodor Herzl vor Jerusalem erneut auf Kaiser Wilhelm II., der sowohl die deutschen und zionistischen »Ansiedlungen« als mustergültig lobte als auch das Positive des zionistischen Grundgedankens hervorhob: »Ihre Bewegung«, sagte der deutsche Kaiser zu Herzl und seinen vier Begleitern, »enthält einen gesunden Gedanken.« Immerhin hegte Herzl die Hoffnung, dass seine Interventionen beim deutschen Kaiser irgendwann doch noch Wirkung zeigen würden: »Dieser kurze Empfang wird in der Geschichte der Juden für immerwährende Zeiten aufbewahrt werden, und es ist nicht unmöglich, dass er auch geschichtliche Folgen haben wird.«

Der sonst so direkte Wilhelm II. schenkte dem Zionistenführer offenbar seit der abschlägigen Entscheidung des osmanischen Sultans und vor allem angesichts der Lage vor Ort keinen reinen Wein mehr ein. So erwähnte er die gegenüber Herzl gelobten zionistischen und deutschen »Ansiedlungen« vor Jerusalem in einem Telegramm an den Erzherzog von Baden ganz anders: »Jerusalem ist gänzlich verdorben durch die vielen ganz modernen Vororte.« Die jüdischen Kolonisten bezeichnete er als »schmierig, erbärmlich, kriechend und verkommen.« Sie hätten nichts zu tun, »außer sich bei den Christen und Muselmanen gleichermaßen verhasst zu machen, indem sie diesen Nachbarn jeden schwerverdienten Groschen abzuknöpfen versuchen. Lauter Shylocks allesamt.«[489] Shylocks sind erpresserische Geldverleiher. Spiegelten sich in Palästina die von Theodor Herzl selbst bestätigten salonfähigen antijüdischen Vorbehalte gegen die »furchtbare Geldmacht« der von ihm so genannten habgierigen Juden? Insbesondere die zionistische Sichtweise auf arabische Muslime als Angehörige einer minderwertigen Rasse und die zionistischen Planungen einer skrupellosen Vertreibung der arabischen Urbevölkerung aus ihrem eigenen Land scheinen der nachweislich falschen Behauptung überzeugter Antijudaisten unnötig Substanz zu geben, dass der Integrationswille aller Juden nur vorgetäuscht sei. Mithin schaden die zionistischen Vordenker vor allem jenen Juden, die nicht zionistisch geprägt sind. Das fällt definitiv unter zionistischen Antijudaismus.

Wenn daher Wilhelm II. auf seine vielfach als aufbrausend oder machohaft beschriebene Art etwas sagte, das sich mit Herzls Analyse deckte, machte ihn das noch lange nicht zum Antijudaisten. Dennoch unterstellt der britische Historiker und Wilhelm-Biograph John C. G. Röhl entgegen der von ihm selbst dargestellten Hürden dem deutschen Kaiser skurrilerweise halbherziges Bemühen und eine schon damals vorhandene »antisemitische« Grundhaltung.[490] Doch Wilhelm II. war keinesfalls antisemitisch. Wie bereits erwähnt, erklärte er sich schließlich am 8. November 1898 zum Freund und Beschützer der arabischen Muslime, die bekanntlich Semiten sind. Zumindest bis zum Untergang seines Reichs war Wilhelm II. auch nicht antijüdisch gesinnt. Erst danach, als sein schönes Reich in Trümmern lag und er aus Deutschland verbannt war, kippte Wilhelms Haltung. Wie viele andere suchte er einen Schuldigen – und fand sie im globalistischen Blendwerk, den »Protokollen der Weisen von Zion«. Bis zu seinem Tod war er jedoch primär prodeutsch und proeuropäisch. Was im gegebenen Kontext zählt, ist aber allein die Zeit vor 1914. Wenngleich er wie viele Christen an die von verbrecherischen Kirchenvätern in die Welt gesetzte Lüge der Tötung Jesu durch die Juden[491] glaubte, so predigte der deutsche Kaiser doch selbst die Feindesliebe, empörte er sich glaubhaft über den überall verbreiteten »rohesten, scheußlichsten

Antisemitismus«[492] und war er ernsthaft bemüht, dem osmanischen Sultan den von Deutschland beschützten Judenstaat in Palästina schmackhaft zu machen. Dass dieser nicht zustande kam, liegt in erster Linie in der Sphäre der Zionistenführer, weil ein auf der Nichtberücksichtigung vitaler arabischer Interessen aufbauender souveräner Judenstaat unter allen bekannten Umständen mit dem legitimen Ziel des Sultans unvereinbar war, sein brüchiges Reich zusammenzuhalten.

Mangels Zustimmung der osmanischen Landeshoheit zum Judenstaat fand schließlich die jüdische Kolonialisierung in Form der von Theodor Herzl ausdrücklich untersagten jüdischen Infiltration Palästinas durch schleichende Einwanderung und Landkauf statt. Wenngleich sich der osmanische Sultan gegen einen jüdischen Staat in seinem Reich aussprach, so duldete er doch offensichtlich den privatrechtlichen Transfer palästinensischen Bodens von arabischen Grundbesitzern an jüdische Käufer. Im Jahr 1900 übereignete der französische Baron Edmund Rothschild die von ihm erworbenen palästinensischen Dörfer der originär nicht zionistischen Jewish Colonization Association (JCA).[493] Wie schon 1896 von Theodor Herzl angedacht, erklärte der 1901 gegründete Jüdische Nationalfonds (JNF) »jedes erworbene Land zum unveräußerlichen jüdischen Eigentum, das nicht an Nichtjuden verkauft oder von diesen bearbeitet werden durfte.«[494] Planmäßig begann man also schon sehr früh, der arabischen Bevölkerung das Wichtigste zu rauben, das ein Volk zum Leben braucht: sein Land. Ein wichtiger Schritt zu der von Herzl vorgesehenen Vertreibung der Araber aus ihrem eigenen Land wurde also um die Jahrhundertwende gesetzt. Schon damals stellte man die Weichen in Richtung eines tragischen Konflikts.

Das deutsche Zionistenblatt *Altneuland* zählt für 1903 bereits 16 zionistische Dörfer in Palästina auf, davon sechs aus Mitteln der JCA erworbene und zehn von Edmund Rothschild übertragene. In diesen ländlichen Mustersiedlungen lebten insgesamt rund 6.500 Juden.[495] Die Masse der palästinensischen Juden lebte ja in Jerusalem, wo sie 1905 mit etwa 35.000 Köpfen die deutliche Mehrheit bildeten.[496] Eine verschwindend kleine ländliche Siedlergruppe von rund einem Prozent Zionisten machte also einer überwiegenden Mehrheit von etwa 95 Prozent Arabern deren Grund und Boden streitig. Die jüdischen Einwanderer waren jedoch unschuldig. Unter Vorspiegelung falscher Tatsachen wurden sie von der zionistischen Führungsriege in das bereits bevölkerte Palästina gelockt – und kräftig zur Kasse gebeten. In gewohnt gründlicher respektive deutscher Manier listeten die Zionisten nicht nur alle Dörfer und Seelen, sondern auch die mit europäischer Technik gewonnenen landwirtschaftlichen Erzeugnisse auf. Praktische Viehzucht wurde auch von Frauen betrieben. Der Boden wurde mit westlichen Be- und Entwässerungsmethoden sowie modernsten Ackergeräten urbar gemacht. Körperlich hart arbeitende Bauern würden, so meinten die rassebewussten Zionisten, »bei einer späteren Kolonisation ein vorzügliches Menschenmaterial abgeben.« In erster Linie dachte man dabei an die »Gerim«, also zum Judentum konvertierte Russen. Diese waren, wie schon mehrfach erwähnt, keine Semiten, sondern Slawen. Dass sich die Zionisten nicht vom gescheiterten Vermittlungsversuch Kaiser Wilhelms II. beirren ließen, belegt folgende Passage in *Altneuland*: »[...] die Deutschen sollten – wie ein Palästinafahrer als ceterum censeo immer wieder behauptet – alle nach Palästina wallfahren oder wenigstens dort Schulen gründen helfen, damit der deutsche Name in die Höhe kommt.«[497]

Viele Zionisten waren Deutsche, nicht wenige waren deutschnational gesinnt. Wie Theodor Herzl träumten sie vom deutschen Protektorat in einem jüdischen Palästina, also einem deutsch-jüdischen Satellitenstaat in einer Zone, die für England und die Globalisierungsclique aus mehreren bereits genannten Gründen von besonderer geostrategischer Bedeutung war. Die tatkräftige Unterstützung des wahabitischen Eroberers Arabiens durch Großbritannien ab 1902 ist auch vor dem Hintergrund zu sehen, dass Ibn Saud als arabischer Nationalist ein überzeugter Antizionist war. Schon während seines frühen Kampfes um die politische Kontrolle über die arabische Halbinsel war sich Ibn Saud darüber im Klaren, »welche politischen Umwälzungen und wie viel Gewalt in seinem Königreich und im gesamten Nahen Osten durch die Bemühungen der Zionisten entstehen könnten, in Palästina eine Heimat für die Juden zu schaffen.« In seinem Buch *Wenn der Wüste das Öl ausgeht* unterstreicht der ehemalige US-amerikanische Investmentbanker und Vorsitzende der im Energiesektor tätigen Gesellschaft Simmons & Company International Matthew R. Simmons den Weitblick Ibn Sauds:

> *Er gehörte zu den ersten arabischen Führern, die warnten, ein jüdisches Land in dieser von Moslems dominierten Region könne große Risiken für den Nahen Osten und die ganze Welt verursachen.*[498]

Diese Folgen spüren wir heute in Form brutaler Kriege in Nahost, einer inszenierten Massenmigration nach Europa und »islamistischem« Terrorismus in der westlichen Welt. Britische Globalisten spielten schon vor dem Ersten Weltkrieg bewusst in der erdölreichsten Region der Welt mit dem Feuer, indem sie mit einem Netz britischer Agenten arabische Konflikte anheizten, antiosmanische Aufstände anzettelten und mit Ibn Saud einen radikalen Antizionisten in die einflussreiche Position des Königs von Saudi-Arabien hievten. Aus britischer Sicht durfte Palästina keinesfalls ein deutsch beschützter Judenstaat werden, der im Einvernehmen mit dem osmanischen Sultan eine friedliche Koexistenz mit der arabischen Welt gefunden hätte. Die britische Keiltreibstrategie der Balance of Power verlangte etwas völlig Konträres: britische quasikoloniale Dominanz in der Region durch Militärgewalt sowie nachhaltige Verfeindung von Arabern und Juden. Ab dem Einmarsch britischer Truppen in Palästina 1917 und dem Mandat über die Region waren die globalistischen Kriegstreiber endgültig am Drücker und trieben einen starken jüdischen Keil in die arabische Welt. Zu Lasten der Araber. Zu Lasten der Juden. Zu Gunsten des Empire. Nein, zu Gunsten der Globalisten.

So weit sind wir aber noch nicht. Wir befinden uns nach wie vor im Vorfeld des Ersten Weltkriegs. Die propagandistisch überhöhten Ängste Englands, Frankreichs und Russlands bezüglich des wachsenden deutschen Einflusses im Nahen Osten begünstigten und festigten natürlich die Bande der von Vornherein gegen Deutschland gerichteten Triple Entente. Ihr Blick, besonders jener Großbritanniens und Russlands, war konsequenterweise auch auf Serbien gerichtet, die letzte Lücke im pandeutschen Wirtschaftsraum zwischen Hamburg und Basra.

Letzte Lücke: Serbien

Über den geostrategischen Wert, den Serbien für Großbritannien einnahm, lassen wir nun den britischen Militärhistoriker R. G. D. Laffan zu Wort kommen. Am 19. September 1917 unterrichtete er die Offiziere des britischen Beraterkorps im Hauptquartier des von Österreich-Ungarn geschlagenen serbischen Heers in Saloniki über die Bedeutung Serbiens als Englands vorderste Linie der Verteidigung der Besitzungen im Osten. Darüber berichtet Laffan in seinem Buch mit dem aussagekräftigen Titel *The Serbs – The Guardians of the Gate* (Die Serben – Die Torwächter). Als Beweggrund der Pandeutschen, sich überhaupt in Richtung Naher Osten zu orientieren, führt der britische Fachmann den festen Widerstand Frankreichs und Großbritanniens gegen das deutsche Vorankommen in Afrika an. Die grundlegende Idee dahinter war die Errichtung einer Linie verbündeter Staaten von der Nordsee bis zum Persischen Golf. Vor allem Deutschlands exzellente Eisenbahnen im Nahen Osten hätten Wilhelm II. die militärische Kontrolle über das Osmanische Reich eingebracht.[499]

Mit der Fertigstellung der Achse Berlin-Bagdad, erklärt R. G. D. Laffan seiner militärischen Hörerschaft, »wäre ein großer Block von Territorien unter deutscher Herrschaft vereinigt, der jede Art von wirtschaftlichem Reichtum produzieren würde und unangreifbar durch jede Seemacht wäre. Russland könnte durch diese Barriere von ihren westlichen Freunden Großbritannien und Frankreich abgeschnitten werden.«[500] Die Aufgabe seines aggressiven Engagements auf dem Balkan wäre für den Vielvölkerstaat Russland aus mehreren Gründen katastrophal gewesen. In außenpolitischer Hinsicht hätte Russland seine Rolle als Schutzherr der Südslawen verloren. Außerdem würde, wie auch der deutsche Historiker Imanuel Geiss erkennt, ein deutsch-österreichischer Sperrriegel zum Osmanischen Reich »Russland endgültig vom Mittelmeer fernhalten.« Daraus hätten sich für das Zarenreich auch Konsequenzen nach innen ergeben: »Verschärfung des sozialrevolutionären Drucks, vielleicht auch ein Wiederaufleben nationaler Unruhen unter den nicht-russischen Nationalitäten wie in der Revolution 1905/6, im Extremfall die Ukrainer eingeschlossen.« Im Endergebnis wäre »Russlands Stellung als Groß- und künftige Weltmacht gefährdet.«[501] Und Laffan zufolge wären deutsche und türkische Armeen »in einfacher Reichweite unserer ägyptischen Interessen, und vom Persischen Golf wäre unser indisches Reich bedroht. Der Hafen von Alexandria und die Kontrolle der Dardanellen würde Deutschland bald enorme Seemacht im Mittelmeer verleihen.« Ein kurzer Blick auf die Landkarte zeigte jene Staatenkette, die sich von Berlin nach Bagdad spannte: »das Deutsche Reich, das österreichisch-ungarische Reich, Bulgarien, Türkei.«[502] Siehe dazu Abbildung 25.

Abb. 25: Staatenkette der mitteleurasischen Allianz

Und weiter: »Ein kleines Stück Land blockierte allein den Weg und verhinderte, dass die beiden Enden der Kette miteinander verbunden wurden. Dieser kleine Streifen war Serbien.« Das kleine Serbien habe trotzig zwischen dem deutschen Kaiserreich und den großen Häfen von Konstantinopel und Saloniki gestanden – und das Tor in den Osten gehalten. Laffans abschließende Analyse vor den britischen Offizieren lautete: »Serbien war wirklich die erste Linie unserer Verteidigung unserer östlichen Besitzungen.«[503] Wie zutreffend die Feststellung des britischen Historikers war, belegt Abbildung 26, die die strategischen Wege in den Osten um 1914 zeigt.

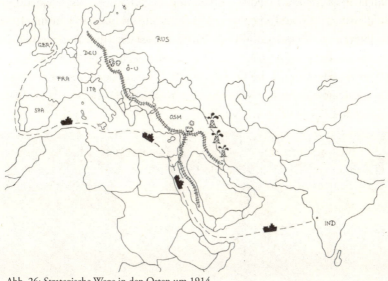

Abb. 26: Strategische Wege in den Osten um 1914

Was R. G. D. Laffan 1917 vortrug, war selbstverständlich sowohl Alfred Milners geheimer Clique als auch den Strategen der Triple Entente schon lange vor 1914 bekannt. So zutreffend Laffans Analyse war, so sehr irrte er mit seiner Mutmaßung, Serbien sei für Deutschland ein unzumutbares Ärgernis gewesen, das deshalb zerschmettert werden musste.[504] Das klingt, als hätte das Deutsche Reich aus ökonomischen und/oder geostrategischen Gründen Serbien unbedingt von der Landkarte radieren wollen. Die historischen Fakten beweisen das exakte Gegenteil: Das von Russland gedeckte Serbien forderte schon einige Jahre vor 1914 Deutschlands Alliierten Österreich-Ungarn heraus, wollte es vernichten, steckte hinter der Ermordung des österreichischen Thronfolgers und legte eine inakzeptable Antwort auf Österreichs Ultimatum vor, die der deutsche Kaiser ausnahmsweise aufgrund einer Fehlbeurteilung für befriedigend erklärte und sich daher mit einem ausschließlich diplomatischen Sieg Österreichs abgefunden hätte. Dazu kommen wir noch. Verkannte der britische Historiker die Realität? Oder musste er sie als Militärberater absichtlich entstellen? Dass er Propaganda betrieb, verrät Laffan gleich auf der ersten Seite des erwähnten Buches, indem er ausgerechnet Serbien als eines der Tore zum zivilisierten Europa bezeichnet, in welcher Funktion es angeblich nie aufgab, gegen die türkische und deutsche Barbarei anzukämpfen.[505] Offensichtlicher konnte die Wahrheit gar nicht entstellt werden. Schließlich wurde Serbien von der Globalisierungsclique als auslösende Falle für den Ersten Weltkrieg präpariert, und die führenden Köpfe dieser Clique waren Briten. Führen wir uns zur Erinnerung noch einmal die systematische Einkreisung Deutschlands und Österreichs um 1916 vor Augen. Durch den Kriegseintritt Rumäniens auf Seiten der Triple Entente wurde nicht nur die Einkesselung der Mittelmächte komplettiert, der aus Serbien und Rumänien gebildete Keil trennte auch das Osmanische Reich von seinen Verbündeten ab und zerstückelte den pandeutschen Wirtschaftsraum (siehe Abb. 27).

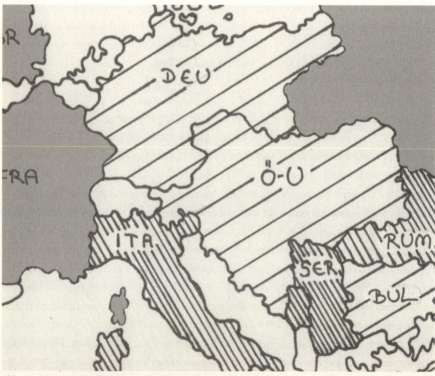

Abb. 27: Systematische Einkreisung der Mittelmächte (Ausschnitt)

Zurück zur Bagdad-Bahn. Das diesbezügliche Fazit aus deutscher Sicht lautete: Deutscher Fleiß und deutsches Können führten zur eigenen Isolation und zur Verschwörung jener, die anstatt auf konkurrenzfähige eigene Arbeitsleistungen regelmäßig auf geostrategische Dominanz und Gewalt setzten. Die Bagdad-Bahn steht wahrscheinlich wie kein anderes Vorhaben für die weltpolitische Rivalität vor dem Ersten Weltkrieg. Das Deutsche Reich kämpfte ausschließlich mit ehrlichen Mitteln um seinen Platz in der Welt, während es verständlicherweise den Eindruck gewinnen musste, dass ihm dieser von Seiten arglistiger englischer, französischer und russischer Platzhirsche nicht vergönnt war. Ein deutscher Ingenieur beschrieb, wie sehr das Bagdad-Bahn-Projekt in den Augen vieler Deutscher nicht nur eine Frage der Anerkennung ihres verdienten Anspruchs auf wirtschaftliche und kulturelle Vormachtstellung, sondern auch eine grundlegende Frage der Gerechtigkeit war:

> *Die ungehinderte Durchführung der Bagdad-Bahn bis ans Persermeer allein wird zeigen, ob Deutschland seinem Kultur-Wollen auch tatsächlich Weltgeltung zu verschaffen weiß, und ob es dieser wahren Kraftprobe seiner Weltmachtstellung gewachsen sein wird, freie Bahn zu schaffen zur Ausübung wohlerworbener Rechte für deutschen Unternehmergeist und deutsche Arbeit auf jedem Punkt der Erde.*[506]

Diese Gerechtigkeit wurde dem Deutschen Reich nicht zuteil. Aufgrund des Ersten Weltkriegs ging es bekanntlich unter. Das deutsche Bagdad-Bahn-Projekt musste sterben. Nur die Hauptstrecke zwischen Österreich-Ungarn und Nusaybin im Norden Mesopotamiens konnte noch bis September 1918 fertiggestellt werden.[507] Zu Beginn des Ersten Weltkriegs waren die ursprünglich gleichzeitig vom Nordwesten in Istanbul und vom Südosten in Basra her errichteten Streckenabschnitte nur provisorisch mit Schmalspurschienen für Loren verbunden. Die Bagdad-Bahn wurde schließlich, wie unschwer zu erahnen war, in den 1920er und 1930er Jahren von der kolonialen Großmacht Großbritannien fertiggestellt,[508] dem Hauptnutznießer des Ersten Weltkriegs.

Während das Deutsche Reich um eine friedliche Lösung im Sinne aller Beteiligten bemüht war und seinen Neidern tiefgreifende Zugeständnisse gewährte, war das Verhandlungsinteresse auf Seiten Großbritanniens nur vorgetäuscht. Planmäßig. Ebenso verhielt es sich beim Projekt Deutsch-Mittelafrika.

Deutsch-Mittelafrika

Das 16-jährige Ringen des Deutschen Reiches um die Verbindung seiner verstreuten Afrika-Kolonien blieb für alle Zeiten fruchtlos. Wie bereits erwähnt, war von den eher gering dimensionierten deutschen Kolonien nur der aus Deutsch-Südwestafrika (Namibia), Deutsch-Westafrika (Kamerun und Togoland) und Deutsch-Ostafrika bestehende afrikanische Streubesitz von einiger geostrategischer Bedeutung. Zumindest indirekt. Geheime Abkommen zwischen Deutschland und England, beginnend 1898 und zuletzt 1913, sahen die beiderseitige Erwerbung portugiesischer Kolonien vor. Das Geheimabkommen vom 30. August 1898 ging auf Verhandlungen des deutschen Botschafters Paul Graf Hatzfeldt mit dem britischen Premier Lord Salisbury und seinem Neffen Lord Balfour zurück. Die territorialen Einverleibungen scheiterten daran, dass sich das revolutionsgeschüttelte Portugal doch noch zu stabilisieren vermochte. Außerdem konnte das Deutsche Reich weder seine Wirtschaft in Richtung Portugal mobilisieren noch genügend Kapital aufstellen. Am schwersten wog wohl die grobe Missachtung portugiesischer Interessen bei gleichzeitigem Beharren auf einer »exklusiven deutschen Einflusssphäre«, womit die politische Führung des Deutschen Reiches unter Kanzler Bernhard von Bülow den Bogen deutlich überspannte.[509]

In Ermangelung eines außenpolitischen Meisters wie Otto von Bismarck ging Deutschland zum einen leer aus und brachte zum anderen die britischen Alarmglocken zum Läuten. Die durchdringende deutsche Absicht war nämlich, die begehrten portugiesischen Landstriche mit dem deutsch-afrikanischen Flickenteppich zwecks Begründung eines deutschen Mittelafrikas zu verbinden. Genau dieses Vorhaben stand im diametralen Widerspruch zur Absicht von Cecil Rhodes und der Globalisierungsclique, den afrikanischen Süden (Kapstadt) mit dem Norden (Kairo) mittels britischer Eisenbahnlinie zu verbinden.[510] Aber nicht nur England hatte große afrikanische Dampfrosspläne. Die Grande Nation beabsichtigte ebenfalls um die Jahrhundertwende den Bau einer von Senegal im Westen bis Dschibuti im Osten verlaufenden französischen Eisenbahnlinie.[511] Das geplante Deutsch-Mittelafrika war demnach ein extremer Störfaktor für die seit 1904 über die Entente Cordiale verbrüderten Kolonialgroßmächte England und Frankreich. Außerdem wäre eine allzu starke deutsche Präsenz in Afrika unter keinen Umständen mit dem anglo-amerikanischen Ziel der Vereinigung aller englischsprachigen Völker und der Kontrolle »über alle bewohnbaren Teile dieser Erde« unter einen Hut zu bringen gewesen.[512]

Daher war auch die sehr viel behutsamere Wiederaufnahme der deutsch-britischen Verhandlungen im Jahr 1911 zum Scheitern verurteilt. Dem neuen Kanzler Bethmann Hollweg und seinem Unterhändler Richard von Kühlmann ging es bei Deutsch-Mittelafrika hauptsächlich um die Beendigung der deutschen Isolation durch neue Partnerschaften mit England und um die Erringung politischer Vorteile über den Umweg der Wirtschaft. Die portugiesischen Besitzungen sollten ökonomisch durchdrungen werden. In seiner Dissertation *Bausteine eines zukünftigen deutschen Mittelafrika* arbeitete Rolf Peter Tschapek gewissenhaft und in voller Breite über das imperialistische Finanzwesen heraus, dass die deutschen Banken keinesfalls die treibende Kraft hinter dem Mittelafrika-Projekt waren. Es handelte sich ganz klar um ein Vorhaben in politischer Hand.[513] Somit liegt ein weiterer Beleg für das deutsche staatlich-finanziell-wissenschaftlich-produktive Gesamtsystem vor, in dem die Bankhäuser dem deutschen Gemeinwohl dienten. Ein System, das unmöglich mit dem anglo-amerikanischen Ziel einer globalen Finanzdiktatur in Einklang zu bringen war.

Die Globalisierungsclique hatte daher insgesamt mindestens drei gute Gründe, nur noch zum Schein über Deutsch-Mittelafrika zu verhandeln, weil bereits der Gedanke daran gegen folgende britische Leitziele verstoßen hätte: erstens britische Hegemonie, zweitens britische Eisenbahnlinie quer durch Afrika und drittens globales Finanzdiktatursystem.

Dass die von Alfred Milner und Konsorten gesteuerte britische Außenpolitik die gezielte Täuschung des Deutschen Reiches beinhaltete, beweist schwarz auf weiß ein Beschlussprotokoll des Komitees für imperiale Verteidigung CID vom 3. März 1914. Dieses genau fünf Monate vor Beginn des Ersten Weltkriegs datierte Protokoll enthält einen großen Katalog an Täuschungsmaßnahmen, die im Kriegsfall den seit langem geplanten Kriegseintritt Großbritanniens ermöglichen sollten.[514] Da der britische Kriegseintritt gegen das Deutsche Reich seit spätestens 1906 geplant war, wurden sämtliche Verhandlungen mit der deutschen Reichsleitung selbstverständlich nur zum Schein geführt. So kam es konsequenterweise auch nicht zur Veröffentlichung des geheim gehaltenen Vertrags zwischen Deutschland und England vom 20. Oktober 1913 über besagte mittelafrikanische Gebiete.[515] Noch am 27. Juli 1914, also eine Woche vor Kriegsbeginn, war die Führung des Deutschen Reiches naiv genug, an Englands Neutralität zu glauben und ihr Einverständnis zur Veröffentlichung des geheimen Afrika-Abkommens zu erklären.[516] Bekanntlich wurde nichts daraus.

Die nachfolgenden geostrategischen Ziele Frankreichs, Russlands, Serbiens und Österreich-Ungarns befeuerten sieben internationale Krisen, deren Zuspitzung einen großen Krieg erwarten ließ. Diese Vorkriegskrisen werden im Folgenden im Rahmen der geostrategischen Ziele der in Klammern angeführten Nation relativ zügig mitbehandelt:

- Erste Marokko-Krise 1904 bis 1906 (Frankreich)
- Bosnische Krise 1908 (Österreich-Ungarn)
- Zweite Marokko-Krise 1911 (Frankreich)
- Erster Balkan-Krieg 1912 (Serbien)
- Zweiter Balkan-Krieg 1913 (Serbien)
- Albanische Krise 1913 (Serbien)
- Liman-von-Sanders-Affäre 1913 (Russland)

Die Verdichtung dieser großen Krisen führte zum von der Globalisierungsclique absichtlich ausgelösten ersten großen Krieg gegen das gezielt vorab eingekreiste Deutschland. Wie schon der französische Unterstaatssekretär sagte: »Das Netz wurde gesponnen und Deutschland flog hinein wie eine brummende Fliege.«

Frankreich: Elsass-Lothringen

Neben der Stärkung der eigenen Position im erdölreichen Nahen Osten beziehungsweise der Schwächung des mit Deutschland kooperierenden Osmanischen Reiches und des kolonialen Zuwachses in Afrika war das große strategische Ziel französischer Revanchisten die Rache für den 1871 gegen Deutschland verlorenen Krieg respektive die Rückeroberung Elsass-Lothringens. Der Erreichung dieser Vorhaben, vor allem der französischen Expansion auf deutschem Terrain, standen natürlich sowohl das starke Deutsche Reich als auch sein geschwächter Bündnispartner Österreich-Ungarn im Wege. Ein Umstand, den sich die als Konzertmeister des Ersten Weltkriegs fungierende anglo-amerikanische Globalisierungsclique geschickt zunutze machte.

Obwohl Frankreich den deutsch-französischen Krieg verschuldet und die originär deutschen, später aber französisierten Gebiete im Elsass und in Lothringen 1871 aufgrund einer astreinen völkerrechtlichen Verpflichtung an das Deutsche Reich abzutreten hatte,[517] strebten rachedurstige Franzosen (Revanchisten) die Wiedergewinnung dieser Territorien mittels militärischer Gewalt an. Der Revanchismus war zwar nur bis etwa 1902 offiziell in der Nationalversammlung vertreten, als nationalistische Strömung verschwand er deshalb aber noch lange nicht. Hier kam, wie bereits erwähnt, der mit dem antideutschen König Edward VII. befreundete Revanchist Théophile Delcassé ins Spiel. Wenige Monate nachdem Delcassé als Begleiter des französischen Präsidenten Loubet dem englischen Regenten im Sommer 1903 einen Gegenbesuch abgestattet hatte, wurde die von Edwards beratenden Cliquen-Kollegen Lord Esher und Charles Hardinge propagierte Entente Cordiale errichtet. Es sei noch einmal betont, dass das am 8. April 1904 abgeschlossene englisch-französische Bündnis zwar offiziell der einvernehmlichen kolonialen Aufteilung Afrikas, insgeheim jedoch – wie schon das französisch-russische Abkommen von 1894 – der Vernichtung Deutschlands gewidmet war.[518] Damit war auch der Hauptzweck der Triple Entente von 1907 abgesteckt: kontinentaler Krieg der englisch-französisch-russischen Allianz gegen das Deutsche Reich. Dafür war die Zeit allerdings noch nicht reif.

Erste Marokko-Krise

Zwischen der Gründung der Entente Cordiale 1904 und der endgültigen Triple Entente 1907 ereignete sich die erste Marokko-Krise (1904 bis 1906). Dieser deutsch-französische Konflikt war die Folge des berechtigten deutschen Einspruchs gegen jene französischen Marokko-Einverleibungspläne, die vorab still und heimlich von England, Italien und Spanien abgesegnet worden waren. Mit der alleinigen Unterstützung seitens Österreich-Ungarn bewirkte der deutsche Kaiser die Abhaltung der Konferenz von Algeciras (nahe Gibraltar) von 16. Januar bis 7. April 1906, im Zuge welcher die nationale Integrität Marokkos nebst der Einrichtung einer französisch dominierten Staatsbank und Polizei beschlossen wurde. Aus der Krise ging also unter deutscher Zustimmung Frankreich als klarer Sieger hervor. Deutschland ging es um klare Verhältnisse für alle Beteiligten. Wenn Professor Quigley behauptet, »die Deutschen beharrten auf der Einberufung einer internationalen Konferenz in der Hoffnung, durch ihre Streitlust die Triple Entente zu stören und Frankreich zu isolieren«,[519] verwechselt er offenbar Ursache und Wirkung. Zum einen hatte das englisch-französische Bündnis die Vernichtung Deutschlands zum Ziel (Ursache), weshalb die sogenannte Streitlust garantiert nicht beim Deutschen Reich, sondern eindeutig auf Seiten der Engländer und Franzosen zu verorten ist. In der ohnehin gescheiterten »Störung« ihres unheilvollen Bündnisses und der »Isolation« Frankreichs, so sie Wilhelm II. damals überhaupt bewusst beabsichtigte, wären hingegen legitime Spaltungsversuche zum Schutz des Deutschen Reiches zu erblicken (Wirkung). Zum anderen machten Deutschland und Österreich den Franzosen und damit auch der Entente Cordiale zu Recht einen Strich durch die Weltaufteilungsrechnung. Schließlich war die staatliche Souveränität Marokkos aus völkerrechtlicher Sicht zu schützen: »Der Kaiser hielt eine Rede und trat für die Unabhängigkeit Marokkos ein.«[520] Was für friedliebende Menschen hochlöblich ist, verstärkte den Hass der Globalisierungsclique auf die Allianz der wirtschaftlich starken und von England respektive der Bankenwelt in der City of London weitestgehend unabhängigen Mittelmächte Deutsches Reich und Österreich-Ungarn.

In Anbetracht der faktischen Isolation des Deutschen Reiches wünschte sich Wilhelm II. verständlicherweise das eine oder andere, teils auch phantastische Bündnis mit anderen Großmächten wie beispielsweise Amerika und China. Dass er damit jedoch keine Weltherrschaftspläne verfolgte, machte Kaiser Wilhelm spätestens im März 1905 anlässlich der ersten Marokko-Krise im Zuge einer Rede in Bremen klar: »Erfahrungen aus der Geschichte« hätten ihn gelehrt, »niemals nach einer öden Weltherrschaft zu streben.« Das Deutsche Reich, so der Kaiser, solle »von allen Seiten das absolute Vertrauen als eines ruhigen, ehrlichen, friedlichen Nachbarn genießen.« Außerdem erklärte Wilhelm II. gegenüber mehreren ausländischen Generälen und Journalisten und einem ehemaligen französischen Minister, dass er nicht die Absicht habe, wegen Marokko Krieg zu führen. Vielmehr strebe er die Versöhnung mit Frankreich an.[521]

Doch genau daran waren gewisse Machthaber innerhalb und rund um die Globalisierungsclique überhaupt nicht interessiert. Am 16. Januar 1906, also just am ersten Tag der Konferenz von Algeciras, begannen unter der Leitung des britischen Außenministers Sir Edward Grey Geheimgespräche zwischen britischen und französischen Stabsoffizieren, die sich um die Planung eines gemeinsamen Kriegs gegen Deutschland drehten. Im Falle eines deutsch-französischen Kriegs sollte Großbritannien ein Expeditionskorps in der Stärke von rund 105.000 Mann auf den europäischen Kontinent entsenden. Dass diese Pläne zum Beispiel vom eingeweihten liberalen britischen Politiker Campbell-Bannerman am 26. Januar gebilligt wurden, erklärte Winston Churchill Jahre später dahingehend, von den Liberalen habe lediglich Lord Archibald Rosebery die wahre Bedeutung der Entente Cordiale erkannt.[522] Wie bereits erwähnt, zählte der auch als Archibald Primrose bekannte Earl of Rosebery gemeinsam mit Sir Edward Grey, Richard B. Haldane und Herbert Asquith zu den vier starken Imperialisten, die es über undemokratische Umwege schafften, die Liberale Partei und damit England gegen seinen Willen in den Ersten Weltkrieg zu treiben. Wie Winston Churchill waren sie Mitglieder der Globalisierungsclique.[523] Die ausdrücklich auch von Winston Churchill befürworteten, im Geheimen abgehaltenen Militärabsprachen kommentiert der US-Amerikaner Patrick J. Buchanan, der unter Ronald Reagan Kommunikationsdirektor im Weißen Haus war, auf seine gewohnt scharfsinnige Art:

> *Hinter dem Rücken des Kabinetts und des Parlaments hatte eine winzige Verschwörungsclique einen Entscheid gefasst, der sich für Großbritannien, sein Reich und die Welt schicksalhaft auswirken sollte.*

Danach zitiert Patrick J. Buchanan ein lange nach dem Krieg getätigtes Statement Winston Churchills über die Entente und die besagten Geheimabsprachen: »Der Leser möge nicht glauben, dass ich die Entschlüsse bedaure, die damals gefasst wurden.«[524] Cliquen-Bruder Winston Churchill hieß also den Ersten Weltkrieg gut. Offensichtlich war er ein Psychopath im klinisch-medizinischen Sinne. Zurück zu Frankreichs illegalem Vorgehen in Nordafrika.

Zweite Marokko-Krise

Da sich die Strategen der Grande Nation seit der Verkündung der Entente Cordiale 1904 und besonders seit den militärischen Absprachen vom Januar 1906 der britischen Unterstützung gegen das Deutsche Reich sicher sein konnten, machte sich Frankreich im Juli 1911 unter Verletzung der internationalen Beschlüsse von Algeciras daran, die marokkanische Stadt Fès zu besetzen, aufständische Eingeborene zu unterdrücken und zu evakuieren. Auf diese französische Ursache folgte die deutsche Wirkung in Form der Entsendung des Kanonenboots Panther zur westlich gelegenen Hafenstadt Agadir. Das Deutsche Reich wollte damit nichts anderes als die Durchsetzung rechtkräftiger Übereinkünfte bewirken. Pacta sunt servanda: Verträge sind einzuhalten. Dazu kommt, dass die schrottreife Panther weder einen Befehl zur Anlandung hatte noch eine solche versuchte.[525] Von Seiten des Deutschen Reiches lag daher keine militärische Provokation, sondern eine symbolische Demonstration gegen den französischen Bruch des Völkerrechts vor. Außerdem hatte das deutsche Unternehmen Mannesmann in Marokko bereits 1908 von Sultan Muley Abdul Hafid eine Erzkonzession erhalten und danach rund 2.000 weitere Erzkonzessionen erlangt, etwa 90.000 Hektar Land gekauft sowie etliche Anlagen wie Fabriken und Handelshäuser gebaut.[526]

Wie im Osmanischen Reich verfolgten die Deutschen im Rahmen ihrer »Politik des freien Zugangs für alle« (Politik der offenen Tür) auch in Marokko keine kolonialen, sondern rein wirtschaftliche Interessen. Dennoch oder viel eher gerade deshalb diskutierte man in London über die Bereitschaft zu einem militärischen Konflikt mit Deutschland. Der erste Sekretär des CID Lord Maurice Hankey legte als Zeitzeuge schriftlich dar, dass der britische Premierminister Herbert Asquith (1852 bis 1928) wegen der als bedrohlich eingestuften Agadir-Krise bereits »am 23. August 1911 ein Treffen des Nationalen Verteidigungsrats [CID] einberufen hatte, um die Möglichkeit zu erörtern, Frankreich, wenn es von Deutschland angegriffen werden würde, bewaffnete Unterstützung zu leisten.«[527]

Auch für die zweite Marokko-Krise gilt: Auf französisches Unrecht (Ursache) folgte deutsches demonstratives Beharren auf die Einhaltung geltenden Völkerrechts (Wirkung). Wer darin die deutsche Auslösung einer Krise erblickt,[528] versteht ganz offensichtlich nicht das in allen Wissenschaftszweigen anerkannte Ursache-Wirkung-Prinzip. Dieses war dem damaligen französischen Premierminister Joseph Caillaux wohl geläufig, denn im Zuge des französisch-deutschen Vertrags vom 4. November handelte er nicht nur ein ausschließlich französisches Protektorat in Marokko aus, sondern gestand auch, treu dem Motto »Leben und leben lassen«, dem Deutschen Reich Teile Französisch-Kongos zu.[529]

Revanchistischer Kanzler

Der französische Kanzler Joseph Caillaux war ein ausgesprochener Vertreter des französisch-deutschen Friedens. Entschlüsselte deutsche Telegramme belegen, dass er eine »Annäherung an Berlin« explizit als wünschenswert einstufe. Für die freundschaftliche Verständigung mit Deutschland im Rahmen der Marokko-Krise wurde Caillaux in Paris heftig kritisiert. Gegen ihn setzte eine üble Hetzkampagne inklusive Sexskandalberichten ein, die offenbar von seinem unmittelbaren Nachfolger, dem rechten Revanchisten Raymond Poincaré inszeniert wurde. Dies ging laut Joseph Caillaux aus eidesstattlichen Erklärungen hervor, die ihm 1914 vorlagen.[530] Dahinter steckte, wie sollte es anders sein, die anglo-amerikanische Bruderschaft. Als ihr Agent fungierte Alexander Iswolski, jener Mann also, der aufgrund seiner Schlüsselfunktion bei der Zerstörung der deutsch-russischen Verständigung 1905/06 zum russischen Außenminister ernannt worden war. 1910 wechselte Iswolski das Amt und ging als Botschafter nach Paris. Dort schmierte er auf Poincarés Empfehlung hin französische

Chefredakteure mit hohen Geldbeträgen, damit sie Caillaux beschimpften und verteufelten. Joseph Caillaux wurden mangelnder Patriotismus und viel zu große Zugeständnisse an Deutschland im Rahmen des besagten französisch-deutschen Vertrags anlässlich der Marokko-Krise vorgeworfen.[531] Als seine geheimen Verhandlungen mit dem deutschen Kaiserreich enthüllt wurden, war Caillaux am 21. Januar 1912 zum Rücktritt gezwungen.[532]

Nun war die politische Manege frei für den Revanchisten Raymond Poincaré und seine Elsass-Lothringen-Rückeroberungspläne. Von Januar 1912 bis Januar 1913 war er Ministerpräsident und Außenminister in Personalunion, danach Staatspräsident bis Februar 1920 und so weiter. Der für seine Sturheit bekannte französische Staatsmann wuchs in Lothringen auf. 1870, als Poincaré zehn Jahre alt war, wurde seine Heimatstadt Bar-le-Duc von deutschen Truppen überrannt und bis zur Leistung der französischen Wiedergutmachung für den nachweislich von Frankreich verschuldeten deutsch-französischen Krieg drei Jahre lang besetzt. Es verwundert daher kaum, dass Raymond Poincaré sein Leben lang tiefes Misstrauen gegen die Deutschen hegte.[533] Wie in allen politisch denkenden Franzosen steckte in ihm »ein Ressentiment, ein Gefühl der Trauer über die ›provinces perdues‹«,[534] die verlorenen Provinzen. Nun, der Unterschied zwischen Misstrauen, Abneigung und Trauer über Gebietsverluste einerseits und Rachegelüsten mit Rückeroberungsaggressionen andererseits war bei Poincaré ein äußerst geringer oder gar nicht vorhandener. Seine politischen Aktivitäten bezeugen es. Sie wichen, besonders wenn es um die Politik gegen Deutschland ging, stark von seinen offiziellen Äußerungen ab.

Was die Geheimniskrämerei betrifft, befand sich Raymond Poincaré mit seinen Kontakten zum französischen Außenministerium, dem Quai d'Orsay, in bester Gesellschaft. Diesem kam beeindruckende Macht und Autonomie zu, wobei es von starkem Korpsgeist geprägt und traditionell fest in den Händen eines dichten Netzwerks aus Familienbanden war: »Das Außenministerium wahrte seine Unabhängigkeit über eine gewohnheitsmäßige Verschwiegenheit. Sensible Informationen wurden nur selten an Kabinettsminister weitergegeben. Es war nicht ungewöhnlich, dass hohe Funktionäre selbst den höchsten Politikern Informationen vorenthielten, sogar dem Präsidenten der Republik persönlich.«[535] Ebendiese undemokratische, machtbesessene, traditionsbewusste Form der Verwaltung verband die höchsten Funktionäre des Quai d'Orsay mit Alfred Milners geheimem Globalisten-Geheimbund: Wie Raymond Poincaré waren die Brüder Paul Cambon (1843 bis 1924) und Jules Cambon (1845 bis 1935) Agenten der Globalisierungsclique. Paul Cambon spielte in seiner

Funktion als französischer Botschafter in London (Amtszeit 1898 bis 1920) eine zentrale Rolle im diplomatischen Austausch im Zusammenhang mit der Entente und generell der Festigung der französisch-britischen Beziehungen. Sein Bruder Jules war französischer Botschafter in Berlin (Amtszeit 1907 bis 1914).[536] Und ihr Schwager Maurice Paléologue hielt ab Januar 1914 die Stellung als französischer Botschafter in St. Petersburg. Im französischen Außenamt gab es aber noch weitere »Dynastien« wie zum Beispiel die Herbettes, die de Mageries und die Courcels. Diese und andere Machthaber des französischen Außenministeriums behandelten wichtige politische Dokumente wie Verschlusssachen. So wurde Raymond Poincaré über die Details des französisch-russischen Bündnisses erst im Jahr 1912 in Kenntnis gesetzt, also erst, als er bereits Ministerpräsident und Außenminister war. Und das nicht ohne Grund. Denn schließlich war die französische Regierung ab 1911 auf die Verbesserung der russischen Offensivkraft konzentriert.[537]

Erster Blankoscheck für Russland

Im Wissen, wem er seinen neuen Job als französischer Ministerpräsident zu verdanken hatte, suchte Cliquen-Agent Poincaré nur wenige Stunden nach seiner Angelobung im Januar 1912 höchstpersönlich Botschafter Iswolski in dessen Amtsräumen auf, um ihm Frankreichs absolute Solidarität mit Russland zu erklären. Nachdem er sich zwei Jahre lang vergeblich um gemeinsame Kriegsvorbereitungen mit Frankreich bemüht hatte, konnte Alexander Iswolski endlich Sergei Sasonow, seinem Nachfolger als russischer Außenminister, in freudiger Erregung schreiben, dass man sich nun im französischen Kriegsministerium mit Hochdruck auf »Militäroperationen in naher Zukunft« vorbereite und Poincaré mit ihm darüber »so regelmäßig und gründlich wie möglich« sprechen wolle. Etwas später forderte Iswolski den französischen Premier auf, »eine deutsche Bewegung Richtung Frieden zu verhindern.« Schließlich sicherte Frankreich Russland die Unterstützung für sein aggressives Vorgehen auf dem Balkan zu. Der französische Ministerpräsident Raymond Poincaré versprach dem russischen Botschafter Alexander Iswolski ausdrücklich bewaffnete Hilfe für den Fall der Verwicklung Russlands in einen Krieg mit Österreich und Deutschland. Über diesen ersten französischen Blankoscheck für Russland war der damalige französische Botschafter in St. Petersburg Georges Louis dermaßen bestürzt, dass er die Veränderung des französisch-russischen Bündnisses vom Defensivbündnis zum Offensivpakt offen kritisierte.

Doch Louis' berechtigte Kritik konnte den nach außen lammfromm auftretenden Poincaré nicht davon abhalten, von deutscher Seite im April 1912 vorgebrachte Freundschaftsbekundungen schroff zurückzuweisen.[538] Der deutsche Kanzler Bethmann Hollweg bot Frankreich eine Verständigung auf Basis der Neutralität und absoluten Autonomie Elsass-Lothringens an. Raymond Poincaré lehnte hochmütig ab. Später beschwerte er sich auch noch darüber: »Deutschland versuchte mit unermüdlicher Hartnäckigkeit, eine Verständigung zu erreichen.« Vom sozialistischen Politiker und Juristen Léon Blum bedrängt, gab Poincaré 1922 vor der französischen Abgeordnetenkammer zu: »Es steht außer Zweifel, dass 1912 Deutschland das ganze Jahr hindurch ehrlich bemüht war, im allgemeinen Interesse Europas und für die Erhaltung des Friedens mit uns ein Bündnis zu schließen.« Spöttisch fügte er noch hinzu »Es war noch nicht gerüstet«, worauf er lebhaften Beifall erntete.[539]

Poincarés Suggestion, Deutschland habe Frankeich bis 1914 militärisch übertrumpft, war jedoch eine unverschämte Lüge, wie die Rüstungszahlen von 1890 bis inklusive 1914 beweisen. Die deutsche Truppenstärken von Heer und Marine in der Friedensgliederung lagen im gesamten Zeitraum jeweils weit hinter den russischen und knapp hinter den französischen, was angesichts Deutschlands miserabler geographischer Lage, eingeklemmt zwischen Frankreich und Russland, im Grunde grob fahrlässig war. Noch schlimmer war es in der Donaumonarchie, die sich als Großmacht trotz der brenzligen Balkanlage 1914 nicht einmal die Hälfte der französischen Truppenstärke leistete. 1910 hatte die Triple Entente mit insgesamt rund 2,6 Millionen Soldaten gegenüber 1,1 Millionen Mann der Mittelmächte die mehr als zweifache Truppenstärke. Das Verhältnis betrug mehr als 2,3 : 1. Im Jahr 1914 war es mehr als 2,1 : 1 (siehe das Kapitel über die militärische Überlegenheit der Entente). Mindestens so wichtig wie reine Personalzahlen ist der Umstand, dass der frisch gebackene französische Premier ab 1912 vehement den Ausbau des russischen Schienennetzes für Truppentransporte bis an die deutsche Grenze vorantrieb (siehe das nächste Kapitel).

Raymond Poincaré log, dass sich die Balken bogen. Propagandistisch spottete er über die deutschen Bemühungen um den Erhalt des Friedens in Europa. Menschen wie er können eben nichts mit dem Frieden anfangen. Die Ablehnung der deutschen Friedensbemühungen durch den französischen Kanzler steht aber auch in direktem Zusammenhang mit der bereits erwähnten Haldane-Mission vom Februar 1912, im Zuge welcher England für die Beendigung des von ihm selbst verursachten Flottenwettrüstens eine Neutralitätszusage gegenüber dem deutschen

Kaiserreich verweigerte.[540] Als sich Raymond Poincaré aus der (vorgetäuschten) britischen Verhandlungsbereitschaft keinen Reim machen konnte, teile ihm das britische Außenamt mit, dass sich dadurch nichts am bisherigen Modus Operandi geändert hätte. Vielmehr wurde der französische Kanzler daran erinnert, dass die Politik der Entente in der Praxis durch Geheimvereinbarungen gehandhabt werde, über die es aus Diskretionsgründen keinerlei Aufzeichnungen geben dürfe.[541] Das doppelte Spiel der Briten als geheimer Koordinator der Entente steckte also nachweislich hinter sämtlichen **hinhaltenden Scheinverhandlungen** mit dem deutschen Kaiserreich vom Flottenwettrüsten über die Bagdad-Bahn bis zu Deutsch-Mittelafrika. Die geostrategischen Fäden liefen in erster Linie im Nahen Osten beziehungsweise in seinen Erdölzonen zusammen. An ihnen zogen, in der Sicherheit der (offiziellen) britischen Splendid Isolation und im Dunklen der Hinhaltetaktik, die verschworenen Brüder der geheimen Globalisierungsclique. Sie steuerten und beobachteten, wie sich ihre französischen und russischen Agenten gegenseitig zum eurasischen Kontinentalkrieg aufstachelten.

Russland: Türkische Meerengen

Wie Frankreich verfolgte auch Russland expansionistische Ziele in Europa. Dabei ging es hauptsächlich sowohl um die schon mehrfach erwähnte Kontrolle über die türkischen Meerengen als auch um eine dominierende Stellung auf dem Balkan und die Inbesitznahme der Regionen am Schwarzen Meer.[542] Im Geiste griffen russische Strategen aber auch schon nach den damals zu Österreich-Ungarn gehörenden Teilen des zukünftigen Polens und begehrten darüberhinaus eine dominierende Stellung in Bulgarien.[543] Wie ebenfalls bereits erörtert, wurde der ursprünglich auf Persien gerichtete russische Expansionsdrang auf Betreiben der Globalisierungsclique im Wege des verlorenen japanisch-russischen Kriegs auf Nordpersien beschränkt sowie nach Osteuropa, auf den Balkan und in die Schwarzmeerregion umgelenkt.[544]

Der Bosporus ist eine Meerenge zwischen Europa und Asien, die das Schwarze Meer mit dem Marmarameer verbindet; und die Dardanellen verbinden das Marmarameer mit der Ägäis beziehungsweise mit dem Mittelmeer. Von der Kontrolle über diese Meerengen erhoffte sich Russland wesentliche Erleichterungen sowohl für die Abwehr von Angriffen aus dem Mittelmeer als auch für den weltweiten Handel. Allerdings schloss die kurze Distanz zwischen den türkischen Meerengen und dem von Großbritannien wie ein Augapfel behüteten Suezkanal absolut eine ernsthafte britische Unterstützung für Russlands Bestrebungen aus. Insofern war natürlich auch Russland Englands unehrenhafter Hinhaltetaktik ausgesetzt. Indes hatten die russischen Strategen Konstantinopel, die Hauptstadt des in Auflösung befindlichen Osmanischen Reiches, als Schlüssel zu den türkischen Meerengen im Visier. Hier war der geostrategische Knackpunkt, der es England und Frankreich ermöglichte, Russland gegen das Deutsche Reich in die Startlöcher zu bringen. Weil Russland keine direkten Interessen auf deutschem Territorium hatte, musste es mit der britisch-französischen Unterstützung für die Eroberung der türkischen Meerengen geködert werden, damit es im Falle eines großen Krieges seinen gewaltigen militärischen Aufmarsch (zur Schlacht) nicht nur gegen Österreich-Ungarn und den Balkan richte, sondern ihn auch mit den von Frankreich finanzierten mehrgleisigen Bahnlinien an die russische Westfront gegen Deutschland werfe. Dem realistischen Kalkül der Revanchisten zufolge sollten aus der Bindung deutscher Kräfte an der russischen Grenze wesentlich bessere Voraussetzungen für den französischen Angriff auf Elsass-Lothringen geschaffen werden.

Zweiter Blankoscheck für Russland

Ermutigt durch den ersten von Frankreich ausgestellten Blankoscheck begann Russland Mitte 1912 mit der vorsätzlichen und kontinuierlichen Anheizung der Stimmung auf dem Balkan. Aus diesem Anlass begab sich der französische Premier und Außenminister Raymond Poincaré im August extra nach St. Petersburg zu seinem russischen Gegenüber, dem Außenminister Alexander Sasonow, um ihm die Unterstützung sowohl Frankreichs als auch Englands in einem Krieg gegen Deutschland zuzusagen. Die Gewährung hoher französischer Kredite knüpfte Poincaré ausdrücklich an potenziell kriegsentscheidende Bedingungen respektive folgende russische Kriegsvorbereitungen:

- Maximale Verkürzung der Mobilmachungszeit russischer Truppen
- Modernisierung des russischen strategischen Eisenbahnnetzes
- Verringerung der Truppentransportzeit auf ein Minimum
- Zügiger Ausbau bis an die ostpreußische Grenze
- Aufstockung der Truppenstärke
- Forcierte Waffenproduktion
- Bau weiterer russischer Kriegsschiffe und so weiter

Im Hauptfokus der französischen Kriegstreiber lag der rasche Ausbau Russlands **strategischer Eisenbahnlinien**, die einen möglichst schnellen und massiven Schlag gegen die russisch-deutsche Grenze ermöglichen sollten. Möglichst viele russische Truppen sollten mit mindestens vier Bahnlinien auf mehreren parallelen Gleisen aus dem tiefsten russischen Hinterland gegen Deutschland und Österreich ins Feld geführt werden. Um Österreichs Einfluss auf dem Balkan zu brechen, musste schließlich auch sein Verbündeter, das deutsche Kaiserreich, besiegt werden.[545] Zum Vergleich sei das deutsche Bahnkonzept erwähnt, das keine spezifischen Kriegsinteressen bediente, sondern im Sinne einer gesunden Volkswirtschaft auf den Ausgleich beziehungsweise die Identität ökonomischer (ziviler) und militärischer Interessen abzielte.[546] Das machte das von rund 170.000 Personen betriebene deutsche Bahnnetz zwar zum komplexesten der Welt,[547] aus militärstrategischer Sicht war es jedoch nur geeignet und noch lange nicht ideal. Optimierungen für Truppentransporte wären mit extrem hohen Kosten verbunden gewesen, die niemand decken wollte. Eines der vielen Indizien dafür, dass man im Deutschen Reich nicht auf Macht durch Krieg, sondern durch Wirtschaftswachstum setzte.

Für Russland wurden allein anlässlich der Erweiterung des strategischen Schienennetzes mit Poincarés Bewilligung jährlich Anleihen in Höhe von 500 Millionen Francs an die Börse gebracht. Um 1914 hielt Frankreich etwa 80 Prozent der direkten russischen Staatsschulden.[548] Für Rüstungsausgaben und andere Kriegsvorbereitungen verliehen französische Banken dutzende Milliarden Goldfrancs an Russland, das wiederum riesige Zuschüsse an Serbien spendete.[549] Raymond Poincaré bewilligte die Kredite an Russland und Serbien nicht nur, zu diesem Behufe schuf er sogar die bankrechtliche Grundlage. 1912 ließ er die diesbezüglichen Reglements des Bankwesens insofern ändern, als sie die Bewilligung ausländischer Darlehen dem Außenminister – also ihm selbst – übertrugen. Den Großteil der Gelder stellte die über Anthony de Rothschild mit den Rothschilds verbundene Banque de l'Union Parisienne zur Verfügung. In Anbetracht der engen Verbindung der Rothschilds zur Globalisierungsclique fassen Gerry Docherty und Jim Macgregor zusammen: »Entsprechend riecht hier alles danach, als hätte die Geheime Elite Russlands Kriegsmaschinerie finanziert.« Französische Banken finanzierten übrigens auch (indirekt) sowohl die erwähnte von Poincaré und Iswolski eingefädelte Schmutzkübelkampagne gegen Poincarés friedfertigen Vorgänger Joseph Caillaux als auch andere Korrumpierungen französischer Politiker und Redakteure. Das Schwarzgeld hierfür wurde in Russland einfach von den extrem hohen französischen Darlehen für russische Kriegsvorbereitungen abgezweigt. Das von Rothschild dominierte Kreditinstitut Banque des Paris et de Pay-Bas übte übrigens seinerseits die Kontrolle über die einflussreiche Nachrichtenagentur Havas aus, wobei diese die Besitzerin der wichtigsten französischen Werbeagentur war.[550]

Summa summarum liegen hier wichtige Belege für den engen Konnex zwischen Großkapital, medialer Meinungsmache, politischer Propaganda und militärischen Kriegsvorbereitungen in Frankreich und Russland vor, der nicht nur in jeder Hinsicht der britischen Manipulationsmaschinerie ähnelt, sondern offenbar auch Ausdruck jener internationalen Kooperation ist, die von großen Kriegen am meisten profitiert. Um einen solchen anzufachen, erteilte Frankreich dem Zarenreich einen weiteren Blankoscheck.

Dritter Blankoscheck für Russland

Nachdem der im Januar 1913 zum Staatspräsidenten erhobene Poincaré in diktatorischer Manier den kritischen Georges Louis des Amtes enthoben hatte, bestellte er bereits im Februar mit Théophile Delcassé einen antideutschen Radikalsozialisten, vormaligen Kolonial-, Außen- und Flottenminister zum französischen Botschafter in St. Petersburg. Weil er ein geradezu wahnhafter Deutschlandhasser war, wurde er vom ebenfalls extrem antideutschen britischen König Edward VII. höchstpersönlich zum Agenten der geheimen Clique berufen. Und von Raymond Poincaré wurde Delcassé mit weitreichenden Befugnissen wie etwa der selbständigen Zusage von Kriegsdarlehen in Form von Eisenbahnanleihen ausstaffiert.[551] Dem russischen Schwarzbuch ist folgende Zusage zu entnehmen, die Delcassé gegenüber dem russischen Außenminister Sasonow tätigte:

> *Frankreich wird so weit gehen,*
> *wie Russland es wünschen wird.*[552]

Dieser dritte französische Blankoscheck für Russland wurde im Dezember 1913 anlässlich der Balkan-Krise beziehungsweise der Liman-von-Sanders-Affäre erteilt.

Liman-von-Sanders-Affäre

Auf Basis des deutsch-osmanischen Freundschaftsvertrags beauftragte Sultan Abdel Hamid das Deutsche Reich mit der Hilfe zur Stärkung der osmanischen Streitkräfte. Deutsche Militärberater führten Ausbildungslehrgänge für türkische Offiziersanwärter und Offiziere durch. Ab Dezember 1913 wurde der Kommandant der 22. Division in Kassel, der deutsche Generalleutnant Otto Liman von Sanders, als befehlshabender General des 1. Armeekorps des osmanischen Heers unter anderem mit der Verteidigung der türkischen Meerengen inklusive ihrer strategischen Schlüsselzone, also Konstantinopel, beauftragt. Daraufhin verlangte der ansonsten angeblich viel zu weiche russische Zar mit Nachdruck die sofortige Vorbereitung und nachfolgende Koordinierung gemeinsamer Militärmaßnahmen mit Frankreich und Großbritannien. Im Zuge einer am 13. Januar 1914 eröffneten russischen Konferenz diskutierten Außenminister Sergei Dmitrijewitsch Sasonow, Kriegsminister Wladimir Alexandrowitsch Suchomlinow, Marineminister Iwan Konstantinowitsch Grigorowitsch und Generalstabschef Jakow Grigorjewitsch Schilinski die für die Erzwingung der Zurückziehung der deutschen Militärmission in Konstantinopel erforderlichen Nötigungsmaßnahmen. Wirtschaftliche Sanktionen gegen das Osmanische Reich wurden wegen ihrer potenziell schädlichen Auswirkungen für die dortigen französischen Interessen bereits im Ansatz verworfen.[553]

Stattdessen wurde die militärische Eroberung strategisch wichtiger Punkte im Osmanischen Reich durch Truppen der Entente als gangbare Alternative formuliert. Man kam überein, dass die Wahrscheinlichkeit einer deutschen Militärintervention zwar minimal, ein Krieg jedoch akzeptabel, wenngleich nicht wünschenswert sei. Sodann erklärten der russische Kriegsminister und der russische Chef des Generalstabs unisono «kategorisch die volle Bereitschaft Russlands zum Zwiekampf [sic!] mit Deutschland, von einem Zwiekampf mit Österreich schon gar nicht zu reden.» Sich auf den erwähnten dritten, im Dezember 1913 von Delcassé erhaltenen Blankoscheck berufend, versicherte Sergei Sasonow, im Fall eines Kriegs gegen das Deutsche Reich leiste Frankreich »aktive Unterstützung bis aufs Äußerste.« Auch das zu Beginn vermutlich zögerlich reagierende Großbritannien werde im Falle einer ungünstigen Entwicklung für Frankreich und Russland unzweifelhaft intervenieren. Angesichts der immanenten Eskalationsgefahr gab Deutschland wieder einmal nach, beließ Otto Liman von Sanders als Generalinspekteur und ordnete seine Unterstellung als Feldmarschall des Osmanischen Reiches unter das Kommando der osmanischen Armee an. Und der deutsche Kaiser beklagte zu Recht die Verschlechterung der Beziehungen zu Russland.[554]

Spätestens zwischen Ende 1913 und Anfang 1914 kristallisierte sich also anhand belegter Quellen der russische Wille heraus, für die Kontrolle über den Bosporus und die Dardanellen selbst aus einem geringfügigen Anlass heraus mit Unterstützung Frankreichs und Englands einen großen Kriegs gegen Deutschland und

Österreich vom Zaun zu brechen. Das Schlüsselland für diesen Krieg war das von Russland als Verteidiger des Panslawismus beschützte, mit französischen Geldern aufgerüstete und auf dem Balkan tobende Serbien. Aus Sicht russischer Kriegstreiber, die sich mit jener der Globalisierungsclique deckte, war ein massiver Konflikt zwischen Serbien und Österreich-Ungarn der optimale Auslöser für die Aktivierung des europäischen Bündnissystems. Dies würde das treue Deutsche Reich an der Seite seiner Achillesferse Österreich-Ungarn in einen großen Krieg ziehen. Die Donaumonarchie war jener Schwachpunkt, an dem die Feinde des Deutschen Reiches ansetzen mussten.

Österreich: Überleben

Aufgrund seiner Größe, Bevölkerungszahl und vielschichtigen Fortschrittlichkeit war das multikulturelle österreichische Kaiserreich rund 400 Jahre lang eine der bedeutendsten europäischen Nationen. Zu Beginn des 20. Jahrhunderts stand jedoch fast ganz Europa unter dem Banner eines unbändigen Nationalismus, den die Donaumonarchie durch die Ungleichbehandlung seiner Völker und die teilweise grobe Missachtung ihrer Bedürfnisse maßgeblich mitverursacht hatte. Vor diesem Hintergrund wurde der Vielvölkerstaat Österreich-Ungarn aus eigenem Verschulden zur tickenden Zeitbombe. Außerdem konnte seine innere strukturelle Schwäche vom viel zu gering dimensionierten und suboptimal ausgerüsteten Heer weder intern kompensiert noch ausreichend nach außen abgeschirmt werden. Österreich-Ungarn hatte schon seit langem keine großen Eroberungspläne mehr. Insbesondere in den Vorkriegsjahren kämpfte es viel mehr um den Erhalt der Monarchie beziehungsweise um den Fortbestand des Großreichs. Das große geostrategische Ziel der Alpenmonarchie war nicht mehr und nicht weniger als das Bestehen als Großmacht im bisherigen Ausmaß.

Nach der Annexion Bosniens und Herzegowinas im Jahr 1908 war Österreich-Ungarn mit etwa 676.000 Quadratkilometern hinter dem Russischen Reich flächenmäßig das zweitgrößte sowie mit rund 51 Millionen Einwohnern nach Russland und dem Deutschen Reich das bevölkerungsmäßig drittgrößte Land Europas. Zum Staatsgebiet der Doppelmonarchie gehörten im Großen und Ganzen die Gebiete der heutigen Staaten Österreich, Ungarn, Tschechien, Slowakei, Slowenien, Kroatien, Bosnien und Herzegowina sowie weite Teile der gegenwärtigen Nationen Rumänien, Montenegro, Polen, Ukraine, Serbien und Italien. Offiziell gab es neun Amtssprachen. Neben Deutsch und Ungarisch waren dies Böhmisch, Polnisch, Serbokroatisch, Slowenisch, Rumänisch, Ruthenisch und Italienisch. Insgesamt wurden in der Donaumonarchie mehr als elf Sprachen gesprochen. Das waren elf offizielle Nationalitäten. Obwohl die Deutschen, wie die Österreicher damals zutreffend genannt wurden, zwar im Jahr 1910 mit rund 12 Millionen lediglich 23,4 Prozent, also nicht einmal ein Viertel der Gesamtbevölkerung ausmachten, dominierten sie bis zum Ende des Habsburgerreichs die restlichen 39,3 Millionen Menschen beziehungsweise die restlichen 76,6 Prozent (siehe die Tabelle in Abb. 28).

Trotz allem war Österreich-Ungarn gewissermaßen die Vorstufe eines geeinten, wenngleich von Wien aus streng und zentral regierten Europas in mittlerer Größe. Das österreichische Kaiserreich war Vorreiter in vielerlei Hinsicht. Zum Beispiel ist das Allgemeine Bürgerliche Gesetzbuch von 1812 heute die älteste gültige Rechtsvorschrift im deutschen Kulturkreis. Im Verhältnis zu einigen anderen Staaten schaffte Österreich sehr früh die Folterstrafe (1776), die Leibeigenschaft (1782) und die Erbuntertänigkeit (1848) ab. Das unter Kaiserin Maria Theresia (1717 bis 1780) eingeführte öffentlich-rechtliche Verwaltungs- und Schulsystem galt als eines der modernsten weltweit. Doch gerade im öffentlichen Recht hinkte Österreich in jenen Bereichen seiner Zeit hinterher, die schließlich zu seinem Untergang führen sollten. Hervorzuheben sind zwei innenpolitische Mängel mit signifikant hoher außenpolitischer Relevanz:

- Ungleichbehandlung und Unterdrückung der Völker
- Quantitativ und qualitativ mangelhafte Streitkräfte

Darauf wies zum Beispiel der jugendliche Kronprinz Rudolf (1858 bis 1889) hin. Weil er sich jedoch als Liberaler und Freund der Freimaurer deklarierte, wurde er aufs politische Abstellgleis gestellt, sodass er sich 1889 das Leben nahm.[555]

Etwas vor Rudolfs Zeit fand die Ungarische Revolution (1848 bis 1849) statt. Sie richtete sich in erster Linie gegen die Unterdrückung durch die Deutschen (Österreicher). Die Ungarn wurden wie alle nichtdeutschen Ethnien als Menschen dritter Klasse behandelt. Der zum ungarischen Unabhängigkeitskrieg ausgeuferte Aufstand konnte 1849 lediglich mit der Unterstützung russischer Truppen niedergeschlagen werden. Das dadurch bedingte Spannungsverhältnis zwischen Ungarn und Russland wurzelte also in den vorhin genannten Mängeln der Habsburgermonarchie: völkische Unterdrückung und zu schwaches Heer. Ein bedeutendes, wenngleich groteskes Detail ist der seit 1849 für Kaiser Franz Joseph I. sichtbare Antijudaismus: Der für den Kampf gegen die magyarischen Aufständischen zuständige Befehlshaber Fürst

Sprachen gemäß Volkszählung 1910

Sprache	Mio.	%
Deutsch	12,0	23,4
Ungarisch	10,1	19,6
Tschechisch	6,4	12,5
Polnisch	5,0	9,7
Serb. / Kroat.	4,4	8,5
Ukrainisch	4,0	7,8
Rumänisch	3,2	6,3
Slowakisch	2,0	3,8
Slowenisch	1,3	2,4
Italienisch	0,8	1,5
Sonstige	2,3	4,5
Summe	51,3	100,0
Deutsch	12,0	23,4
Andere	39,3	76,6
Deutsch / Ung.	22,1	43,0
Andere	29,4	57,0

Abb. 28

Windischgraetz »legte den ungarischen Juden eine Sühnesteuer auf, weil er die Meinung vertrat, die Revolution in Ungarn sei eine Verschwörung der Juden gegen den katholischen Habsburgerstaat.«[556] Für die eigenen Vergehen am Volk suchte man einen Sündenbock und fand ihn in den Juden, die man schon im Mittelalter zum Beispiel für vergiftete Brunnen und die Pest verantwortlich gemacht hatte.

Im Jahr 1867 wurde das österreichische Kaiserreich schließlich zu Gunsten Ungarns in zwei konstitutionelle Monarchien umgewandelt, die in Realunion verbunden waren: das kaiserliche Österreich (Cisleithanien) und das königliche Ungarn (Transleithanien). Österreich-Ungarn war jedoch kein echter Ausgleich. Aber immerhin konnten die Ungarn ihren Status vom Untertanenvolk zu einer gegenüber anderen Ethnien herausgehobenen, halbautonomen Position verbessern.[557] Sie stiegen quasi von drittklassigen zu zweitklassigen Menschen auf. Die zentrale Macht verkörperte weiterhin der österreichische Kaiser, der zugleich König von Ungarn in Personalunion und damit das gemeinsame konstitutionelle Staatsoberhaupt der kaiserlichen und königlichen (k. u. k.) Monarchie war. Unter seiner Leitung führten drei k. u.

k Minister die wichtigsten gemeinsamen Ressorts mit Sitz in Wien: Finanzministerium, Außenministerium und Kriegsministerium. Alle anderen politischen Aufgaben konnten Österreich und Ungarn zwar formalrechtlich getrennt handhaben, sie schlossen sich jedoch freiwillig zu einem einheitlichen Wirtschafts-, Währungs- und Zollgebiet zusammen. Eine diesbezügliche Anbindung an das Deutsche Reich und das Reich des osmanischen Sultans hatte das große Potenzial des bereits beleuchteten pandeutschen Wirtschaftsraums zwischen Hamburg und Basra.

Während der doppelmonarchische Wirtschaftsraum prosperierte, war sein militärisches Potenzial viel zu schwach, um den Anforderungen in Europa und vor allem auf dem Balkan gerecht zu werden. Die Friedensstärke seiner Streitkräfte betrug zum Beispiel 1914 mit 415.000 Soldaten nur rund 45 Prozent jener des viel kleineren Frankreichs mit 910.000 Mann und lediglich 30 Prozent des russischen Militärapparats mit rund 1,3 Millionen Soldaten (siehe das Kapitel über die militärische Überlegenheit der Entente). Auch innerhalb seiner Grenzen war Österreich-Ungarn vor die Zerreißprobe gestellt: zu viele Völker, einander widersprechende Interessen, mächtige Verwaltungsprobleme sowie im Besonderen der wohlbegründete, aber virulent wahrgenommene Nationalismus. In Österreich waren zwar seit dem 1867 in Kraft getretenen *Staatsgrundgesetz über die allgemeinen Rechte der Staatsbürger* alle cisleithanischen Bürger inklusive Juden vor dem Gesetz gleichgestellt, faktische Ungleichbehandlungen gab es aber trotzdem zuhauf. Ausgerechnet im rebellischen Ungarn wurden andere Ethnien quasi zwangsmagyarisiert. Rosig ging es also den Nichtdeutschen und Nichtungarn in keiner der beiden Reichshälften. Daher strebten nach den Ungarn auch andere Ethnien nach Autonomie, allen voran die Slawen in den österreichisch okkupierten Provinzen Bosnien und Herzegowina. Diese bittere Suppe hatte sich Österreich-Ungarn allerdings selbst eingebrockt. Im Zuge der allzu verständlichen allgemeinen Leichenfledderei auf dem Balkan zu Lasten des Unterdrückers Osmanisches Reich trieb sich die Donaumonarchie mit der völlig falsch angegangenen Okkupation Bosniens und Herzegowinas selbst einen riesigen Sargnagel in den ohnehin schon geschwächten Vielvölkerleib.

Okkupation Bosniens und Herzegowinas

Nachdem Serbien im serbisch-türkischen Krieg (1876 bis 1878) eine vernichtende Niederlage und große Gebietsverluste an das Omanische Reich einstecken musste, bereitete Russland als Anführer der panslawistischen Bewegung beziehungsweise unter dem Vorwand des Schutzes für die christlich-orthodoxen Balkanvölker den seit 1768 achten russisch-türkischen Krieg (1877 bis 1878) vor. Vordergründig ging es den russischen Kriegstreibern und vor allem dem Zaren um die Expansion in Richtung der türkischen Meerengen und die Stärkung der eigenen Position auf dem Balkan. Im unmittelbaren Vorfeld des Kriegs hatte sich das Zarenreich in einem Geheimabkommen vom Januar 1877 der Neutralität Österreich-Ungarns vergewissert, das sich dafür eine territoriale Erweiterung im osmanischen Herrschaftsbereich ausbedungen hatte: Bosnien und Herzegowina. Im Zuge des russisch-türkischen Kriegs standen sodann die siegreichen russischen Truppen im Januar 1878 unweit von Konstantinopel respektive vor einem möglichen Einmarsch in die osmanische Hauptstadt, worauf die britische Regierung mit der sofortigen Entsendung der Royal Navy inklusive Expeditionskorps in den Bosporus Kriegsbereitschaft gegen Russland signalisierte. Der entschiedene britische Widerstand wurde von Russland als das verstanden, was er war: eine indirekte Kriegsdrohung. Nicht zuletzt auch aufgrund des starken außenpolitischen Drucks der anderen europäischen Großmächte lenkte Russland schließlich ein und schloss einen Waffenstillstand mit dem Osmanischen Reich.[558]

Die wichtigste außenpolitische Zusammenkunft der europäischen Großmächte zwischen dem Wiener Kongress 1814/15 und dem Versailler Kongress 1919 war der unter der Leitung des deutschen Reichskanzlers Otto von Bismarck im Zeichen der Einstimmigkeit von 14. Juni bis 13. Juli 1878 tagende Berliner Kongress. Ein wichtiges Ergebnis war, dass die türkischen Meerengen unter osmanischer Kontrolle bleiben mussten. Dies war insbesondere im Interesse Englands, das zehn Tage vor Kongressbeginn, also am 4. Juni 1878, extra eine diesbezügliche Geheimkonvention mit dem Osmanischen Reich abgeschlossen und diesem für die britische Besetzung Zyperns die osmanische Herrschaft über Kleinasien, Syrien und Mesopotamien (Irak) garantiert hatte. Darauf aufbauend, wurde im Schlussabkommen des Berliner Kongresses, dem Berliner Frieden vom 13. Juli 1878, indirekt die Zurückdrängung Russlands generell aus dem Balkan-Raum und speziell aus dem Umfeld der türkischen Meerengen verfügt. Der russisch-türkische Krieg wurde formell für beendet erklärt. Außerdem wurde in weiser Voraussicht jedwede territoriale Änderungsbestrebung auf dem Balkan von der vorherigen Bestätigung durch die übrigen europäischen Großmächte abhängig gemacht. Während Russland sein geostrategisches Primärziel, die Kontrolle über Konstantinopel und die Meerengen, nicht erreichen konnte, übertrug der Berliner Kongress Österreich-Ungarn das Mandat zur Okkupation und Verwaltung der völkerrechtlich weiterhin zum Osmanischen Reich gehörenden Provinzen Bosnien und Herzegowina. Außerdem wurde der Donaumonarchie das Recht zur militärischen Besetzung des nominell weiterhin unter osmanischer Herrschaft stehenden Sandschak von Novi Pazar zugestanden, eines im Norden an Bosnien und Herzegowina, im Osten an Serbien und im Westen an Montenegro angrenzenden Gebietsstreifens.[559]

Hierzu sei angemerkt, dass Österreichs Hegemonialmacht in Südosteuropa auf seinen durchaus gerechtfertigten Siegen gegen das Osmanische Reich seit dem 18. Jahrhundert beruhte. Nachdem es zwei Türkenbelagerungen (1529 und 1683) überstanden hatte, saß Wien der Schrecken noch lange in den Knochen: »Als 1725 bis 1825 die Städte des heiligen römischen Reichs ihre Befestigungen sprengten, erneuerte die habsburgische Haupt- und Residenzstadt ihre Verteidigungsanlagen aus Sorge, die Osmanen könnten abermals angreifen.«[560] Sodann drängte Österreich-Ungarn die brutal eingefallen Osmanen nach und nach dorthin zurück, wo sie hingehörten. Einen etwaigen Umkehrtrend galt es auf jeden Fall im Interesse aller Europäer abzuwehren. Insofern verstand sich Österreich zu Recht als christlicher Vorposten, als **Europas Schutzmacht auf dem Balkan.** So viel war klar. Jedoch hegte die siegreiche Alpenmonarchie keinerlei Hass oder Vernichtungswünsche gegen den türkisch-nahöstlichen Kernbestand des Osmanischen Reiches. Im Gegenteil. Wie eine Studie des Wissenschaftlichen Dienstes des Deutschen Bundestags aus dem Jahr 2005 darlegt, setzte sich Österreich »vor und auch auf dem Berliner Kongress für den Erhalt des Osmanischen Reiches ein.« Damit korrespondiert die geostrategische Absicht der Doppelmonarchie, seine Vorherrschaft lediglich auf dem Westbalkan auszubauen.[561]

Im Gefolge des Berliner Kongresses wurden die vormals osmanischen Provinzen Rumänien, Serbien und Montenegro zu autonomen Staaten, Bulgarien zu einem selbständigen Fürstentum unter weiterhin osmanischer Oberhoheit. Dies hatten sie aktuell in erster Linie Russland, historisch aber auch der vorherigen Zurückdrängungsarbeit Österreich-Ungarns zu verdanken. Die Erkenntlichkeit vor allem Serbiens gegenüber der Donaumonarchie hielt sich jedoch in sehr engen Grenzen. Und das nicht etwa, weil die Serben schlechte Menschen waren. Österreich hatte sich den Hass der Serben redlich verdient. 1878 okkupierten österreichisch-ungarische Truppen mit Bosnien und Herzegowina zwei Provinzen mit hohem serbischem Bevölkerungsanteil. Das wäre garantiert gut verlaufen, hätten der österreichische Kaiser und reaktionäre Politiker auf Kronprinz Rudolf gehört. Mit deutscher Unterstützung wollte er den jungen Balkanstaaten wirtschaftlich, verkehrstechnisch und kulturell helfen, um sie gestärkt und unter dem Schutze Österreichs gegen die russische Expansion in die Selbständigkeit entlassen. Eine derartige, auf Herz und Verstand beruhende Neuordnung des Balkans wäre die ideale Mittelstation im späteren pandeutschen beziehungsweise mitteleurasischen Wirtschaftsraum zwischen Hamburg und Basra gewesen.

Friedenserhaltende Geostrategie

Nach den klugen Plänen des damals 20-jährigen Kronprinzen, die sich mit jenen vieler anderer Offiziere wie vor allem des Generals des Balkanfeldzugs Joseph von Philippovich deckten, sollten die österreichischen Truppen 1878 bis zum Sandschak Novi Pazar weitermarschieren, um »noch ein gutes Stück Land von der Türkei loszureißen, und statt die türkische Verwaltung zu lassen, sie überall aufzuheben, dem Plane des Philippovich zu folgen, und eine Militärgrenze unter ganz österreichischer Militärverwaltung zu allen occupierten Gebieten zu errichten.«[562] Dabei ging es Rudolf jedoch keineswegs um die Unterdrückung der frisch von der türkischen Fremdherrschaft befreiten Balkanvölker. Im Gegenteil. Der freisinnige Habsburger plädierte voller Leidenschaft für die Vermittlung wirtschaftlicher Hilfe, fundierter Bildung und guter deutscher Kultur: »Der Südslawe, der mit dem Hunger ringt, dessen Boden unfruchtbar ist und der durch jahrhundertelanges türkisches

Abb. 29: Kronprinz Rudolf 1880 in ungarischer Uniform

Joch, im Kampfe mit den Elementen und seinen Peinigern, zum wahren Thiere geworden, kann sich selbst nie helfen, er braucht einen Staat, der ihn bevormundet, der ihn erzieht. Das ferne Russland, das selbst noch lange nicht kultiviert ist, kann diese Aufgabe nicht übernehmen. Es ist die hohe Aufgabe des Donaustaates, unseres Österreich.«[563] Der Kronprinz war sich voll bewusst, dass nur ein auf ehrlich gemeinter Unterstützung und Förderung der Balkanvölkern beruhendes Band zur Donaumonarchie von Bestand sein konnte: »Nur durch Wohlbehagen, welches Ordnung, liberale Zustände und Reichtum hervorbringen, gelangen wir in den Besitz des europäischen Ostens. Die Kultur und deren Vorteile, die wir bieten können, müssen größer sein als der Zauber des Rassenhasses, der uns entgegentritt.«[564]

Erzherzog Rudolf war seiner Zeit weit voraus, denn er war sich nicht nur im Klaren, dass die panslawistische Bewegung den Bestand jenes Vielvölkerstaats bedrohte, dessen Krone er einmal erben sollte. Mehr noch: Vielleicht weil Rudolf als Kind massiv seelisch misshandelt und in seiner Freiheit massiv eingeschränkt worden war, reifte in ihm die Überzeugung, dass die Habsburgermonarchie nicht länger ein auf Gewalt beruhendes Regime sein durfte, sondern lediglich ein völkerrechtlicher Rahmen zur Erhellung Südosteuropas mit deutscher Kultur sein sollte.[565]

Obwohl der in Wien als liberaler Freimaurerfreund geächtete Thronfolger nur indirekt politisch tätig sein konnte, fand seine Vision vom Balkan Anklang. Zum Beispiel versicherte ihm Fürst Alexander I. von Bulgarien, ein persönlicher Freund Rudolfs: »Zehntausendmal lieber [als die russische Herrschaft] wäre jedem bulgarischen Patrioten die milde und gerechte österreichische Herrschaft, welche jeder Nationalität ihr Recht werden und alle Pflege und Rücksicht angedeihen lässt. Eine solche österreichische Oberhoheit über die Balkanhalbinsel, wobei die innere Souveränität der einzelnen Staaten gewährt bliebe, wäre sogar Sein, des Fürsten [Alexander], politisches Ideal.«[566] Im Sinne der Autonomie aller Balkanstaaten und unter Berufung auf den alten Plan des österreichischen Botschafters in Belgrad, Graf Rudolf Khevenhüller, plädierte Kronprinz Rudolf sowohl für die Unterstützung der serbischen Bestrebungen zur Errichtung Großserbiens als auch die Abtretung Bosniens und Herzegowinas an ein derartiges, unter freiwilliger österreichischer Schutzherrschaft stehendes serbisches Großreich. Der serbische König Milan I., ebenfalls ein Freund Rudolfs, ging sogar noch einen erheblichen Schritt weiter, indem er sein von ihm geknechtetes Volk vollständig unter österreichischer Kontrolle wissen wollte. Davon riet Rudolf jedoch dringend ab, weil eine zu enge Kettung an Österreich eben keine serbische Autonomie gewährleistet hätte und der unfähige serbische König ohnehin wenig Rückhalt in der Bevölkerung besaß. In Rudolfs Augen blamierte sich Milan I. mit seiner auf Faulheit beruhenden Österreichhörigkeit als Fremder im eigenen Land.[567]

Wie bereits erwähnt, ging es Rudolf keineswegs um die Unterdrückung der unter der osmanischen Fremdherrschaft verarmten und ungebildeten Balkanvölker. Wie er dem politisch unfähigen k. u. k. Außenminister Gustav Graf Kálnoky wohl nicht ohne Grund schriftlich mitteilte, bevorzugte Rudolf für die Donaumonarchie »die viel angenehmere Rolle der Retter, als wie die leider bei uns durch Jahrzehnte übliche Rolle der Unterdrücker und Bekämpfer unausweichlicher Bestrebungen junger Völker. Was aber militärisch und daher auch für das Ganze die Hauptsache ist, besteht in der Freihaltung unseres Rückens durch die Politik. Serbien, Bulgarien, Rumänien und Griechenland, also Montenegro ausgenommen, alle diese Balkanstaaten, wären unsere naturgemäßen Aliierten und die ganze Armee bleibt erhalten für den Fall eines Krieges mit Rußland.« Außerdem riet Rudolf ausdrücklich davon ab, auf die Unterwürfigkeit des serbischen Königs Milan I. gegenüber Österreich-Ungarn zu bauen, weil in Belgrad jederzeit andere Faktoren an die Macht kommen könnten, die sodann indirekt für serbische Aufstände in Bosnien und Herzegowina sorgen und Österreichs Aufmerksamkeit beanspruchen würden.[568]

Dass der Kronprinz mit der unbedingt notwendigen Neuordnung des Balkans auch Österreich-Ungarns Funktion als »Schutzmacht der kleinen Balkanländer gegenüber Russland« im Sinn hatte, beruhte nicht etwa auf einer russophoben Grundhaltung, sondern auf seiner auf Fakten beruhenden Analyse, der zufolge der »Ballplatz« (heute Ballhausplatz), also die Regierung in Wien, die Balkanpolitik »mit souveräner Dummheit« betrieb. Rudolf beurteilte nicht vom Schreibtischchen aus, er machte sich lieber 1884 im Zuge einer Repräsentationsreise nach Serbien, Bulgarien, Rumänien und in die Türkei vor Ort ein Bild. Über das Treiben des k. u. k. Außenministers auf dem Balkan kam Rudolf zu folgendem Schluss: »Russland benützt die kurzsichtige Ministerschaft Kálnokys und die sogenannte Annäherung zu Österreich, um ungeniert Comites zu bilden, Gelder, Waffen etc. etc. nach Bulgarien, Rumelien [osmanischer Teil der Balkanhalbinsel], Macedonien, Serbien und selbst Bosnien zu schicken.« Ein Bündnis mit einem Vulkan ist selbstschädigend, »denn mit Rußland giebt es keine ehrliche Freundschaft, nicht einmal eine halbwegs dauerhafte, solange wir auf Theile der Balkanhalbinsel Aspirationen hegen, Provinzen derselben besetzt halten und für unsere Zukunft eine Machtsphäre im Oriente anstreben.« Nachdem er also die Doppelzüngigkeit der russischen Politik entlarvt hatte, die nach außen auf gut Freund mit Österreich-Ungarn machte, während sie die Balkanstaaten zum Aufstand gegen die Donaumonarchie rüstete, stellte Rudolf die einzigen beiden vernünftigen Alternativen dar: »Wir Österreicher müssen entweder auf jeden Einfluss, jede Machtsphäre im Orient verzichten oder uns für den schweren, aber unausweichlichen Kampf vorbereiten.«[569]

Da sich die Regierung nun einmal längst für die Erweiterung des österreichischen Einflusses auf dem Balkan entschieden hatte, wurde Rudolf nicht müde, auf die unabdingbare Aufrüstung der k. u. k. Streitkräfte hinzuweisen. Außerdem befasste sich der Thronfolger intensiv mit neu zu errichtenden strategischen Bahnlinien und unterstützte den österreichischen Bau der Balkanbahnen. Schon während seiner Militärzeit als Regimentskommandeur in Prag übte er heftige Kritik an der vom ihm sonst hochgeschätzten liberalen Verfassungspartei, weil sie in völliger Verkennung der Realität die Reduzierung des Heers befürwortete: »Man hat in Wien einen nach meiner Ansicht recht unüberlegten Schritt gethan, indem man den ohnedieß schwachen Friedensstand reduziert hat. [...] In einer richtig geschulten großen Armee liegt die beste Garantie für den Frieden, die einzige Macht des Staates, das letzte Wort in den wirklich wichtigen Momenten! Heute mehr als früher. Preussen arbeitet und kräftigt seine ohnedieß kriegsgeschulte Armee; wir schwächen die unsere, die noch vor der Feuerprobe steht.« Nachdem der auf Prunk wenig Wert legende Kronprinz einer natürlichen Logik folgend dazu rät, im Interesse des Heers zum Beispiel an den teuren Bauten entlang der Ringstraße wie Hofmuseen und Parlament zu sparen, setzt er in geradezu prophetischer Weitsicht fort: »Wir stehen vor Kriegen mit Italien und Rußland; über kurz oder lang muss es kommen, und wer spricht dann das letzte Wort, wer entscheidet über Sein oder nicht Sein, die Armee, und an dieser rüttelt man jetzt.«[570] Rudolfs Logik ist bestechend klar: Zuerst kommt der Schutz des Reichs, dann der Luxus. Damals wie heute: Wer sich eine teure Heimkinoanlage ins Wohnzimmer stellt, anstatt die Haustür zu reparieren, gefährdet die Sicherheit der Familie und obendrein das ganze Eigenheim. Der Schutz des Reichs und seiner Bevölkerung ist die erste und wichtigste Aufgabe des Staats. Rudolf nahm sie ernst.

Der Kronprinz nutzte verschiedenste Kanäle, um seine zutreffenden Analysen an den Mann zu bringen. In Wien wurden sie nicht beachtet. Vor allem mit seinem gestrengen Vater konnte Rudolf kein vernünftiges Wort über Politik wechseln, ja nicht einmal über die vom Kaiser bevorzugten militärischen Themen. Dennoch blieb der ungeliebte Thronfolger eine geraume Weile hartnäckig. Die deutsch-österreichische Historikerin und Rudolf-Biographin Brigitte Hamann schreibt: »Rudolf gab die Hoffnung auf eine Neuordnung des Balkans im österreichischen Sinne mit deutscher Unterstützung noch nicht auf.« Und weiter im Hinblick auf die militärische Komponente: »Aber angesichts ständiger Rückschläge und der Unmöglichkeit, mit dem Vater ein offenes Gespräch zu führen, um wenigstens die wichtigsten Neuerungen der Armee einzuführen, erlahmte Rudolfs Eifer und wich der Resignation. Als er endlich 1888 zum Generaltruppeninspekteur der Infanterie ernannt wurde, war er bereits schwer krank und ganz offensichtlich uninteressiert und überfordert.«[571] Unbestreitbar war Kronprinz Rudolf ein verkanntes oder bewusst ignoriertes militärisches und politisches Genie, dessen korrekt umgesetzte geostrategische Planungen für viele Jahrzehnte den Frieden sowohl auf dem Balkan als auch im restlichen Europa gesichert hätten. Mit einem von Österreich-

Ungarn gestärkten Balkan wäre in Kombination mit der vom Deutschen Reich betriebenen Kräftigung des osmanischen Nahen Ostens der mitteleurasische Streifen von Hamburg bis Basra dermaßen gefestigt gewesen, dass Russland und Frankreich früher oder später an Bord hätten kommen müssen. Mit Russland hätte man sich über die türkischen Meerengen geeinigt, wodurch England keinen nennenswerten Punkt gehabt hätte, an dem es mit seiner durchtriebenen Spaltungspolitik hätte ansetzen können. Halten wir daher die geostrategischen Planungen des österreichischen Kronprinzen für den Balkan stichwortartig fest:

- Auf Vertrauen beruhende Unterstützung der Balkanvölker
- Wirtschaftlich-technisch-kulturelle Stärkung des Balkans
- Starker Balkan als Schutz gegen russische Expansion
- Innere staatliche Autonomie der Balkanstaaten
- Großserbien mit Bosnien und Herzegowina
- Äußerer Schutz durch Österreich-Ungarn
- Ausbau strategischer Eisenbahnlinien
- Mithilfe durch das Deutsche Reich
- Aufrüstung des k. u. k. Heeres

Besondere Erwähnung verdient Rudolfs Engagement für ein großserbisches Reich inklusive Bosnien und Herzegowina. Der Kronprinz war 23 Jahre alt, als er 1881 seine Zuneigung zur liberalen serbischen Rasse gestand, seinen Zorn über ihre Ausbeutung durch die reaktionären respektive katholischen Unterdrücker aus dem Habsburgerreich artikulierte und die slawische Auflehnung prophezeite:

> *Ich habe für die große slavische Race lebhafte Sympathien, und eben darum bin ich so ergrimmt über jene vollkommen nationslosen feudalen Herren, die das slavische Volk zu sich in den Koth ziehen, um es auszunutzen zur Erreichung ihrer reaktionären und clericalen Pläne. Die Slaven sind liberal und es wird der Tag kommen, wo sie diese Herren gründlich desavouiren werden.*[572]

Ein beherzter Habsburger sagte also vorher, dass der immer stärker aufkommende slawische Nationalismus die Antwort auf den internationalen (nationslosen) Imperialismus des katholischen Adels sein würde. Der Kronprinz hatte ein gesundes Gespür für die Slawen und wollte ihnen helfen. Nedjelko Čabrinović, Mitglied des terroristischen Kernteams im Rahmen der Ermordung Erzherzog Franz Ferdinands Ende

Juni 1914, lobte bei seiner ersten Anhörung als Angeklagter vor dem Strafgericht in Sarajewo am 12. Oktober 1914 den seit 25 Jahren verstorbenen Kronprinzen: »Der verewigte Kronprinz Rudolf war ein Freund Serbiens.«[573] Der junge bosnische Serbe merkte es sich, obwohl kein einziger der oben aufgezählten Punkte verwirklicht wurde. Die Auswirkungen eines vorhersehbaren südslawischen Aufstands gegen Österreich-Ungarn beurteilend, sagte Kronprinz Rudolf dem unverständigen k. u. k. Außenminister Gustav Graf Kálnoky exakt das auslösende Moment des Ersten Weltkriegs voraus, an dem Čabrinović am 28. Juni 1914 maßgeblich als Attentäter (Handgranatenwerfer) beteiligt war:

> *Dieser Zustand wird uns durch seine Unerträglichkeit zum Handeln drängen, ein Einmarsch in das uns dann feindlich gesinnte Serbien gibt den Anlass zum Krieg mit Russland, den wir beginnen werden mit einem durchwegs antiösterreichischen Balkan, vom Schwarzen Meer bis zur Adria [...] Nicht allein die Gegenwart steht auf dem Spiel, doch vielmehr noch die ganze Zukunft, für die man auch den kommenden Generationen verantwortlich ist.*[574]

Dass die Balkankriege und der auf ihnen aufbauende Erste Weltkrieg eine nachhaltige Veränderung Europas bewirkten, die sich bis heute besonders auf dem Balkan, aber auch in der aktuellen verantwortungslos antirussischen Politik der Europäischen Union widerspiegelt, kann nicht ernsthaft in Frage gestellt werden. Kommen wir daher zur tatsächlichen Behandlung Serbiens seitens Österreich-Ungarn ab der Okkupation Bosniens und Herzegowinas 1878.

Konfliktfördernde Außenpolitik

Bereits 1881, im Jahr vor der Proklamation der serbischen Souveränität, ließ sich Österreich-Ungarn – völlig konträr zu Rudolfs Analyse – von König Milan hinter dem Rücken des serbischen Volks in einem erst 1893 bekanntgewordenen privaten Geheimabkommen den Verzicht Serbiens auf alle Ansprüche in Bosnien und Herzegowina zusagen. Außerdem war es ihm ohne österreichische Genehmigung untersagt, mit anderen Staaten Verträge abzuschließen. Damit war die völkerrechtliche Handlungsfreiheit Serbiens futsch. Doch damit nicht genug. Für die nächsten 23 Jahre behandelte die Donaumonarchie Serbien wie ein Protektorat, behinderte den Bau der serbischen Eisenbahn bis Saloniki und leitete beinahe den gesamten serbischen Handel auf seine eigenen Territorien um. In geradezu verbrecherischer Manier führte Österreich serbische Waren im eigenen Namen aus, sodass den Abnehmern die wahre Herkunft der ohnehin schon wenigen serbischen Produkte verborgen blieb. Zur Draufgabe wurden den Serben hohe Zölle für den Handel an der Donau abgeknöpft, obwohl ein Flussufer serbisch war. Während sich der serbische Handelsumsatz zwischen 1864 und 1884 von 33 Millionen auf 90 Millionen Francs nahezu verdreifachte, erhöhte er sich in den nächsten 20 Jahren unter österreichischer Einflussnahme nicht einmal um die Hälfte: 1904 schlugen schlappe 127 Millionen Francs zu Buche. Österreich hatte sich aber nicht nur wie ein unredlicher Kolonialherr auf Kosten der Serben bereichert, sondern auch systematisch und akribisch die Kommunikation zwischen Serbien und Bosnien unterdrückt.[575]

Offenbar glaubten gewisse österreichische »Herrenmenschen«, in den Serben eine moderne Sklavenrasse als Ersatz für die aufmüpfigen Ungarn gefunden zu haben. Dahinter steckte die blanke Habgier unter der Regentschaft des ach so rühmlichen Kaiser Franz Joseph I. War »Habsburger« gar ein Schreibfehler? Hätte es in seinem Fall nicht besser Habsgierburger heißen sollen? Doch bei den stolzen Serben hatte die Donaumonarchie die Rechnung ohne den Wirt gemacht. Hätte der sture und erzkonservative Kaiser die Analysen und Prognosen seines hochintelligenten Sohns beachtet, hätte er sein Reich vor dem bevorstehenden Untergang bewahren können. Stattdessen trieb er Rudolf in den Selbstmord.

Weil Kronprinz Rudolf von Österreich-Ungarn (1858 bis 1889) wohl das größte politische Genie seiner Zeit war, verdienen seine Biographie sowie vor allem seine Freundschaft zu Freimaurern und die vielfach missinterpretierten Umstände seines Todes besondere Aufmerksamkeit. Nachfolgender Exkurs, der auch nachträglich gelesen werden kann, dient in erster Linie der Vertiefung des Verständnisses des propagandistischen Missbrauchs der Freimaurerei als Feindbild zwecks Ablenkung von der gescheiterten Politik des Hauses Habsburg-Lothringen.

Exkurs: Intern liquidierter Kronprinz

Aufgrund von polizeilichen Verfahrensmängeln, gezielter Desinformation und Zurückhaltung entscheidender Beweismittel durch das Haus Habsburg-Lothringen ist die Todesursache Kronprinz Rudolfs bis heute offiziell ungeklärt. Es steht jedoch zweifelsfrei fest, dass Rudolf Selbstmord beging, nachdem er gemäß voriger Absprache seine 17-jährige Geliebte ermordet hatte. Fest steht weiterhin, dass Kaiser Franz

Joseph I. und seine reaktionäre Aristokratenclique den jungen Erzherzog Rudolf aus psychologischer Sicht auf dem Gewissen hatten, ihn seelisch ermordeten, indem sie ihn sehenden Auges in den Selbstmord trieben. Der wie seine Mutter »Sisi« liberal-rebellische Rudolf galt als Schandfleck der Habsburger-Dynastie, als Gefahr für Krone und Kirche. Freimaurer waren für Rudolfs Ableben jedenfalls nicht verantwortlich, denn der Kronprinz stand den größtteils bürgerlichen Freimaurern geistig und freundschaftlich sehr nahe, während er sich unverschleiert gegen seine adeligen Unterdrücker auflehnte. Von einem liberalen österreichischen Kaiser hätte die Freimaurerei und mit ihr die gesamte Bevölkerung der Donaumonarchie profitiert, vermutlich sogar ganz Europa. Denn mit sehr hoher Wahrscheinlichkeit wäre es nicht zum Ersten Weltkrieg gekommen, wäre Rudolf an die Macht gelangt oder hätte er zumindest seinen Vater in der Balkan-Politik auf einen anderen Kurs bringen können.

Rudolf war der einzige Sohn, den Kaiserin »Sisi« Elisabeth von Österreich-Ungarn (1837 bis 1898) ihrem Gemahl Franz Joseph I. gebar. Gewissermaßen symbolträchtig wurde das Baby nach dem Stammvater der Habsburger-Dynastie Rudolf I. benannt und unter dem Bruch der Familientradition vom Herrn Papa gleich am ersten Lebenstag zum Oberst und Befehlshaber des 19. Linien-Infanterie-Regiments ernannt. Der hochsensible und wissensdurstige Junge wurde schon sehr früh auf Geheiß seines strengen Vaters der militärischen, gefühllosen und sadistischen »Erziehung« (besser: Drill) des gerade siegreich aus dem Dänischen Krieg zurückgekehrten Generalmajors Leopold Graf Gondrecourt überlassen. Beispielsweise wurde klein Rudolf mit Kaltwasserkuren »abgehärtet«, musste stundenlang bei jedem Wetter exerzieren und wurde allein und völlig verschreckt im Wald des Lainzer Tiergartens einem fiktiven Wildschweinangriff ausgesetzt. Mitten in der Nacht wurde der Junge mit Pistolenschüssen aus dem Schlaf gerissen.[576] Diese Brachialmethoden wurden gezielt angewandt, um sowohl die körperliche als auch die geistige Entwicklung eines gleichermaßen hochbegabten wie natürlich-rebellischen Kindes zu drosseln. Dies ist dem Originalwortlaut des militärischen Erziehers Gondrecourt zu entnehmen:

Se k. H. [Seine kaiserliche Hoheit] sind phisisch [physisch] und geistig mehr als Kinder seines Alters entwickelt, jedoch eher vollblütig und nervösreizbar, es muss daher die geistige Entwicklung verständig gedämpft werden, damit jene des Körpers gleichen Schritt haltet.[577]

Mit anderen Worten: Das mit bester körperlicher und geistiger Gesundheit und dem germanischen Geist der Freiheit gesegnete junge Genie sollte gebrochen und sein

Niveau künstlich auf das seines in der Kindheit vermutlich ähnlich malträtierten Vaters heruntergeschraubt werden. So werden ursprünglich unschuldige Menschen zerstört, dafür aber bürokratische Traditionsreptilien ohne politischen Weitblick und ohne militärstrategisches Verständnis wie etwa Franz Joseph I. geformt, die auf Loyalität statt auf Kompetenz setzen und zum vermeintlichen Vorteil des Reiches ganze Völker grausam unterdrücken. Auf dieser Gewalt baute das nach außen saubere österreichische Kaiserreich auf: außen hui, innen pfui. Und da der Fisch immer am Kopf zu stinken beginnt, sollte aus dem kindlichen Genius Rudolf ein kleines Monster in bunter Uniform geformt werden. Doch da spielte die emanzipierte Kaiserin Elisabeth nicht mit. Ihre Familie galt als ungezwungen, ländlich und naturverbunden, weshalb für den bayrischen Freigeist der jungen österreichischen Kaiserin das sinnlos strenge habsburgische Zeremoniell mitsamt der höfischen Phrasendrescherei in Wien ein Gräuel war, der sie zunehmend zynischer und aggressiver machte und Abstand auf ausgedehnten Reisen suchen ließ.

Und klein Rudolf zeigte aufgrund Gondrecourts »Erziehung« deutliche Anzeichen einer schweren seelischen Schädigung und sogar Symptome körperlicher Erkrankungen. Dazu schreibt die gewissenhaft recherchierende Rudolf-Biographin Brigitte Hamann: »Der erst sechsjährige Kronprinz wurde immer ernster, stiller und verschreckter und war schließlich so schwach und verfallen, dass man glaubte, er sei an Diphterie erkrankt.« Der kaiserliche Vater und Großmutter Sophie nahmen daran keinen Anstoß. Sie sahen tatenlos zu. Die Mutter war wie üblich auf Reisen. Im Sommer 1865 fand sie ihren noch nicht einmal siebenjährigen Sohn in einem beunruhigend nervösen Zustand vor, den sie ausdrücklich als lebensgefährlich bezeichnete. Zudem meinte die Kaiserin, Gondrecourts Methoden müssten Rudolf »beinahe zum Trottel« machen. Schließlich überreichte Sisi dem von »Gottes Gnaden« zum Kaiser berufenen Franzl am 2. August ein schriftliches Ultimatum, in dem sie die »unumschränkte Vollmacht« in allen ihren Angelegenheiten und jenen ihrer Kinder bis zu deren Volljährigkeit verlangte. Weil er seine Frau nicht verlieren wollte, gab Franz Joseph I. nach.[578] Gondrecourt wurde entlassen und Joseph Graf Latour von Thurmberg zum Leiter der Erziehungskammer berufen. Der vernünftige und gefühlsbetonte Offizier wurde für Rudolf rasch zum Vaterersatz. Latour stellte ohne Bevorzugung irgendeiner ethnischen Zugehörigkeit großteils bürgerliche Lehrer aus allen Teilen der Monarchie ein. Entgegen der habsburgischen Tradition waren für Rudolfs Ausbildung fortan nicht nur Militärs und Geistliche, sondern in erster Linie geschulte Pädagogen und Wissenschaftler zuständig, die jedoch am Wiener Hof als Fremdkörper betrachtet und permanent kritisiert wurden.[579] Kein Wunder, denn zu

Latours Lehrerkader zählten auch engagierte Schulreformer beziehungsweise Gegner des alten, von der katholischen Kirche abhängigen Schulsystems. Biblischer Irrglaube stieß auf harte Fakten. Für diese »kulturelle Revolution« am Kaiserhof war die rebellische Kaiserin Sisi verantwortlich. In diesem Geiste lernte Rudolf mehr Fremdsprachen als alle anderen Kinder der Monarchie: Latein, Französisch, Ungarisch, Tschechisch und Polnisch. Der Habsburgerspross wurde auch körperlich, militärisch und – abweichend von der Tradition – auch wissenschaftlich ausgebildet. Vor allem die naturwissenschaftlichen Fächer, für die der lernfreudige Rudolf besonders großes Interesse zeigte, wurden von prominenten Schulreformern vorgetragen.[580] Kurzum: Rudolf wurde im Auftrag seiner Mutter an der Spitze eines verkrusteten Systems zum selbständig denkenden, kritischen und veränderungswilligen Rebellen erzogen.

Da ihm von seinem kaiserlichen Vater das universitäre Studium untersagt und stattdessen die Ausbildung zum Offizier der k. u. k. Streitmacht aufgezwungen wurde, verlagerte Rudolf fortan seine wissenschaftlichen Arbeiten in die Freizeit. Er schrieb (meist anonym) einige Artikel und Bücher. Außerdem regte Erzherzog Rudolf die schon bald als Kronprinzenwerk bezeichnete 24-bändige Landeschronik über Österreich-Ungarn an und schrieb selbst eifrig mit. Dass der darüber grundsätzlich zufriedene Vater das Talent seines ihm gegenüber ehrfürchtigen und verängstigten Sohns überhaupt nicht erfasste, äußerte sich zum Beispiel in der peinlichen, an einen Professor gerichteten Frage, ob Rudolf den einleitenden Artikel der Enzyklopädie tatsächlich selbst verfasst habe.[581] Von allen naturwissenschaftlichen Disziplinen tat es Rudolf die Ornithologie (Vogelkunde) am meisten an. Er genoss sogar hohes Ansehen als Ornithologe, obwohl er sich damit als Thronfolger und Soldat nur hobbymäßig beschäftigen konnte. Sein wichtigster diesbezüglicher Mentor war der deutsche Zoologe und Schriftsteller Alfred Brehm. Mit diesem Mann, der am erzkatholischen Kaiserhof als selbst geouteter Protestant und Freimaurer verhasst war, verband Erzherzog Rudolf eine innige Freundschaft. Brehm war seit 1858 Bruder der Leipziger Loge *Apollo*, in der er 1873 den Meistergrad erlangte. Typisch für echte Freimaurer war Brehm allen bekannten Aufzeichnungen zufolge wenig politisch orientiert, und er äußerste sich äußerst selten zu politischen Themen. Nur in einem Brief an seine Mutter kommentierte er den deutsch-französischen Krieg und zeigte sich dabei als republikanisch oder wenigstens als freisinnig.[582]

Zu den persönlichen Freunden des Kronprinzen zählten einige deklarierte Freimaurer. In diesem Zusammenhang nennt der Wiener Freimaurerforscher und vormalige Direktor des Österreichischen Freimaurermuseums in Rosenau Rüdiger Wolf neben Alfred Brehm vier weitere Personen: den ungarischen Titularbischof Doktor

Hyacinth Rónay, den österreichischen Historien- und Portraitmaler Hans Canon, den deutschen Ägyptologen Heinrich Brugsch und den ungarischen Magnaten Gyula Graf Andrássy.[583] Diese treten mit Ausnahme von Hans Canon im Internationalen Freimaurerlexikon in Erscheinung. Julius (Gyula) Andrássy (1823 bis 1890) beteiligte sich 1848/49 als Major am ungarischen Unabhängigkeitskrieg, flüchtete danach nach London und Paris und konnte daher nur in Abwesenheit zum Tode verurteilt sowie in effigie (symbolisch) gehängt werden. In Paris trat er der Freimaurerloge Le Mont Sinai bei. Nach dem sogenannten Ausgleich 1867 wurde Graf Andrássy jedoch zum ungarischen Ministerpräsidenten sowie zum k. u. k. Finanzminister ernannt. Außerdem wirkte er maßgeblich beim Zustandekommen des Dreibundes zwischen Österreich, Deutschland und Italien mit.[584] Die Gründung der Doppelmonarchie 1867 erlebte Kronprinz Rudolf als Neunjähriger hautnah mit. Er sah, wie der 1849 von seinem Vater zum Tode verurteilte und imaginär in Pest gehängte Graf Andrássy, der später zum höchsten Vertrauten Franz Josephs I. aufstieg, diesem die ungarische Krone aufsetzte. Ungarn sollte Rudolf als angehenden Monarchen in den Folgejahren intensiv beschäftigen, weil die Unterjochung anderer Ethnien sowohl den Rassenhass als auch das große Nationalitätenproblem im Vielvölkerstaat Österreich-Ungarn auslöste. Schon 1868 hielt der etwa zehnjährige Rudolf in einem Aufsatz den wesentlichen Unterschied zwischen der ungarischen und der deutschen Nation hervor: »Der Ungar hengt [hängt] aber mit Leib und Seele am Vaterland und gibt für dasselbe den letzten Bluttropfen her, was beim Deutschen [Österreicher] nicht der Fall ist.«[585]

Das wissenschaftlich anerkannte, aber von der reaktionären Wiener Hofkammer und ebensolchen Politikern geflissentlich ignorierte Verhältnis zwischen Ursache (österreichische Unterdrückung) und Wirkung (Nationalitätenproblem) zu durchschauen, war für den smarten Kronprinzen keine große Herausforderung. Sein breitgefächerter und hoher Bildungsstand gepaart mit Kontakten zu freigeistigen Menschen gab dem von Grund auf forschenden und freigeistigen Gemüt des Kronprinzen den nötigen wissenschaftlichen und psychologischen Unterbau. Rudolf wusste, was im Reich seines Vaters, das er eines Tages erben sollte, falsch lief. Wie bereits erwähnt, fand er Kanäle, dies zu artikulieren. Und er versuchte, den dringend erforderlichen Wandel im Sinne aller Menschen im Habsburgerreich entsprechend mitzugestalten.

Im Alter von 17 Jahren schrieb Rudolf in einem Aufsatz über die konstitutionelle Staatsform, dass sie nur in einem kultivierten Land blühen könne, »in dem der Reichtum ein großer, aber im Verhältnis zur Arbeit verteilt ist [...]« Es müssten sich politische Parteien entwickeln, die im edlen Wettstreit nach einem höheren sittlichen Standpunkt zu trachten und im Sinne des gesamten Staats zu handeln hätten. Standeskämpfe, Glaubensverschiedenheit und Nationalitätenhass erkannte der junge Kronprinz messerscharf als »Reizmittel zur steten Nahrung der Leidenschaften [Konflikte] in den Völkern.«[586] Mit wenigen Worten analysierte der junge Kronprinz exakt, woran nicht nur die Donaumonarchie, sondern auch viele andere Staaten erkrankt waren. Und er präsentierte auch die Lösung.

Weil sich Rudolf jedoch bei mehreren Gelegenheiten selbst als Parteigänger der liberalen Verfassungspartei deklariert hatte, wurde er von seinem Vater systematisch von jeder politischen Information und Tätigkeit ausgeschlossen. Der darüber verbitterte Rudolf stellte fest, dass er »zu den von offizieller Seite am wenigsten informierten Leuten in ganz Österreich« zählte. Das hing natürlich auch mit Rudolfs Kontakten zur liberalen Presse zusammen. Doch bei aller Strenge blieb der alte Kaiser fair. Als Rudolfs Onkel Erzherzog Albrecht, seines Zeichens k. u. k. Feldmarschall und mächtigster Repräsentant der einflussreichen konservativen respektive katholischen Hofpartei, dem Kaiser riet, seinem Sohn den Kontakt zu gewissen liberalen Redakteuren zu untersagen, wies Franz Joseph I. dies entschieden zurück. Rudolf solle sich »die Hörner selbst abstoßen.« Bei seinem Verstand werde er schon selbst sehen, dass »er auf unrichtigen Wegen sich befinde.«[587]

Rudolf benutzte seinen Verstand, erkannte seine Wege als richtig und verfasste in enger Kooperation mit Moriz Szeps, dem jüdischen Herausgeber der führenden liberalen Zeitung *Neues Wiener Tagblatt*, systemkritische Artikel, die Szeps unter seinem eigenen Namen veröffentlichte. Weil mit »Kronprinz Rudolf« unterfertigte Artikel vermutlich beiden Kopf und Kragen gekostet hätten, griff der Thronfolger beispielsweise Mitte August 1883 anonym seinen heftigsten Kritiker, den Kardinal und Erzbischof von Salzburg Fürst Friedrich von Schwarzenberg, wegen dessen antiliberaler und fortschrittsfeindlicher Haltung an. Außerdem missbrauchte Schwarzenberg seine klerikale Position für politische Zwecke.[588] In einem Brief an Moriz Szeps schrieb Rudolf über Schwarzenberg: »Er ist von [vor] allem Aristokrat, dann erst Priester [...] Der volle lächerliche Dünkel, das Sich-für-etwas-Anderes-und-etwas-Besseres-Halten, die angeborene und ererbte Noblesse des böhmischen Adels steckt auch vollkommen in seinen Gliedern.«[589] Der »apostolische« Thronfolger stand dazu, dass er generell nichts von der katholischen Macht hinter der Krone hielt: »Auch mache ich niemals ein Geheimnis daraus, dass ich für einen Einfluß der Kirche im Staate gar keine Sympathien habe und mehr denn je schroffe Abneigung gegen alle kirchlichen Tendenzen hege.«[590] Das war natürlich eine Provokation sondergleichen für kirchliche Würdenträger und die kaiserliche Familie, die als weltlicher Arm der katholischen Kirche galt. Welches Gesicht machten sie wohl, als in Rudolfs Nachlass das von ihm verfasste Gebet an eine multikonfessionelle, zweigeschlechtliche Gottheit gefunden wurde?

> *Du mächtiger Lenker der Gestirne, Du Schöpfer und Herr [...] Gebieter des Weltalls; Jahrtausende, von Deinen Werken verehrt; Du olympischer Zeus der Hellenen; segenspendende Isis der Ägypter, Brahma der Inder, Sonnengott der Perser, mächtiger Allah des Islams, versöhnender Gott der Liebe Jesus, als Mensch am Kreuz gestorben [...] Du Schöpfer des menschlichen Geistes, lasse uns fortschreiten in wahrer Erkenntnis, in der Art der Veredelung des Denkens. In gleicher Liebe wechselseitig vereint, mögen Deine Völker preisen immerdar: den Herrn des Weltalls.*[591]

Der vom Kronprinzen beschriebene energetische, mit naturwissenschaftlichen Erkenntnissen (Nullpunktfeld) vereinbare,[592] alle Menschen vereinende Gott entspricht übrigens einer wichtigen Definition der begleitenden freimaurerischen Ritualkunde: »Der Freimaurer erkennt im Weltenbau, in allem Lebendigen und im sittlichen Bewusstsein des Menschen das Wirken eines göttlichen Schöpfergeistes und verehrt ihn als Großen Baumeister der Welten.«[593] Die Parallelen zu Rudolfs Herrn des Weltalls sind unverkennbar. Wo die katholische Kirche von der geistigen Spaltung der Menschen und vor allem von antijüdischen Hetzbotschaften lebte, bezog Rudolf seine Kraft aus der spirituellen Erkenntnis der Einheit, des Alles-ist-eins-Grundsatzes. Es ist daher festzuhalten, dass sich Rudolf nicht nur mit Freimaurern umgab, sondern sich auch mit ihrem spirituellen Wissen identifizierte und entsprechend handelte. In diesem Sinne sind seine bereits erörterten geostrategischen Planungen im Balkan-Kontext nichts anderes als Bemühungen um eine friedliche Koexistenz verschiedener freier Völker, wenngleich unter österreichischer Schirmherrschaft. Da er sowohl dem Nationalismus als auch einer konkreten Religion strikt entsagte, war die Habsburger-Dynastie in den Augen des Thronfolgers der potenzielle organisatorische Rahmen für die physische Befreiung unterdrückter Völker und die geistig-seelische Befreiung aus den Denkgefängnissen einander bekämpfender Religionen. Auf den Punkt gebracht, war Rudolfs Vision:

Österreich als Behüter und Verbreiter des germanischen Geistes der Freiheit

Ist es nicht erstaunlich, wie nahe Monarchie, germanischer Geist der Freiheit und freimaurerisches Gedankengut beieinander liegen können? Monarchie als frei gemauerte Staatsform für freie Völker.

Trotz aller Weisheit und Liebe zur Freiheit blieb der junge Freigeist Rudolf wie sein Vater ein Gefangener des Systems. Weil auch der kaiserliche Sohn das Wort an den Apostolischen Monarchen nur nach Aufforderung beziehungsweise in einer Audienz richten durfte und er von diesem absichtlich von allen politischen Belangen ferngehalten wurde, speisten die Redakteure liberaler Zeitschriften Rudolf mit politischen Informationen, und er versorgte sie im Gegenzug mit Details vom kaiserlichen Hofe. Mit vielen anonymen Artikeln in liberalen Journalen wie *Neues Wiener Tagblatt* und *Pester Lloyd* übte Rudolf heftige Kritik an der offiziellen Politik Österreich-Ungarns.[594] So schrieb er zwar als Ghostwriter, aber dennoch im Klartext, das Ende der Monarchie werde die unweigerliche Konsequenz der Politik des Kaisers sein. Rund 30 Jahre vor dem Beginn des Ersten Weltkriegs und dem nachfolgenden Ende der Monarchie schrieb Rudolf, diesmal privat an Szeps, wieder einmal wie ein Prophet: »Ich frage mich, wie lange ein so alter und zäher Bau wie dieses Österreich braucht, um in allen Fugen zu krachen und zusammenzustürzen.«[595] Seinen Vater, den Kaiser, der ihm jedes politische Gespräch verweigerte, ermahnte Rudolf in anonymen Artikeln und Denkschriften:

Majestät, ich warne Sie![596]

Der ansonsten kompromisslos antinationale Kronprinz kritisierte auch den Bund mit dem Deutschen Reich und vor allem die Politik Otto von Bismarcks, den er nicht ganz zu Unrecht als Räuber von Österreichs angestammter Führungsrolle in Europa im Rahmen der Verunmöglichung der großdeutschen Lösung betrachtete. In seiner letzten politischen Denkschrift vom April 1888, die über Umwege in Paris veröffentlicht und nach ihrem ersten Erscheinen in Österreich konfisziert wurde, ermahnt Rudolf als anonymer Autor seinen kaiserlichen Vater: »Preußen, das heißt der Fürst Bismarck, hatte Österreich erst moralisch aus Deutschland hinausgedrängt und hat sich dann mit einem von dem, was man ›Europa‹ nennt, unbeachteten Sprunge über Ihren Kopf hinweg an jenen Platz geschwungen, den Ihre Vorfahren, Majestät, Ihr schönes Reich seit Jahrhunderten fest besessen [haben].« Dem gibt es grundsätzlich nichts entgegenzusetzen. Im selben »offenen Brief« unterstellte Rudolf, dem dabei offenbar der Gaul unter dem dynastischen Hintern durchging, seinem Vater aber auch völlig zu Unrecht, die Allianz mit Deutschland verfolge den

Zweck, mit Russland Krieg zu führen, weshalb er ihn aufforderte: »Sagen Sie sich los, Majestät, so lange noch Zeit ist.«[597] Bereits schwer krank, unglücklich, depressiv und in Untergangsstimmung wegen der Missachtung durch den Kaiser scheint der Kronprinz verdrängt zu haben, dass es im Vorfeld der Schlacht von Königgrätz 1866 um den Streit zwischen Österreich und Preußen über die Vorherrschaft in den norddeutschen Gebieten Schleswig und Holstein ging, in denen eine Wiener Verwaltung bereits aus geographischen Gründen überhaupt nichts zu suchen hatte.[598] Doch das nur als Detail am Rande.

In einer seltenen Verkennung der Tatsachen plädierte Rudolf sogar für ein Bündnis mit Frankreich und Russland gegen Deutschland.[599] Hätte Rudolf die sozialdarwinistisch-rassistisch-antideutschen und kriegsverherrlichenden Artikel der *Saturday Review* ab 1895 und die Perversion des britischen liberalen Imperialismus noch erlebt, hätte er seine Meinung wohl sehr rasch revidiert. Rudolf war jedenfalls ein überaus aufgeschlossener Mensch, der ein erklärter Freund der Ungarn, Slawen und Juden sowie ein deklarierter Feind des Rassismus und offen aufkeimenden Antijudaismus war, wodurch er allerdings den reaktionären Hütern des verkrusteten Wiener Herrschaftssystems zum Dorn im Auge wurde.[600] Von antijüdischen Bewegungen wie der Alldeutschen Partei und der Christlich-Sozialen Partei wurde Rudolf wegen seines Kontakts zu Moriz Szeps, dem Bankier Baron Hirsch und dem liberalen Direktor der Wiener Universität Eduard Sueß sowie wegen seiner vielen Liebschaften mit Jüdinnen als »Judenknecht« denunziert.[601] Während seiner Militärzeit in Prag, wo er als Oberst zum Infanterieregiment Nr. 36 eingerückt war und viel Lob für sein enormes Engagement und seine sehr guten Führungsqualitäten erntete, lernte er nach unzähligen Affären seine einzige große Liebe kennen: ein jüdisches Mädchen, dem er sich jedoch als normaler Bürgerlicher vorstellte. Um die Hand seiner späteren Frau, der körperlich unreifen 15-jährigen belgischen Prinzessin Stephanie, hielt Rudolf nur in getreuer dynastischer Pflichterfüllung respektive auf Druck seines Vaters an. Liebe war zumindest von seiner Seite nicht im Spiel.[602]

Obwohl es der Kronprinz als Soldat bis zum General gebracht hatte, übertrug ihm der Kaiser nicht einmal in dieser Position eine politische, ja nicht einmal eine militärische Verantwortung.[603] Dass Rudolfs Begabungen gezielt ungenutzt blieben, hängt damit zusammen, dass er bezichtigt wurde, Freimaurer zu sein, also einer freimaurerischen Organisation anzugehören. Gegen diesen Vorwurf wehrte er sich mit dem zutreffenden Argument, dass es ihm als Offizier ausdrücklich verboten war, einer inländischen oder ausländischen geheimen Organisation anzugehören. Dazu hatte sich Rudolf per Eid verpflichtet.[604] Wie bereits erörtert, waren und sind

Freimaurerlogen zwar grundsätzlich keine geheimen Gesellschaften,[605] im österreichischen Teil der Doppelmonarchie war die Freimaurerei jedoch verboten und wurde daher geheim ausgeübt. Der Kronprinz brachte seine Denunzianten zum Schweigen, indem er auf sein Recht als Offizier pochte, die Beschuldigungen mögen durch die Einsetzung eines Kriegsgerichts untersucht werden. Für die Richtigkeit von Rudolfs Argumentation spricht auch der Umstand, dass es über eine etwaige Mitgliedschaft bei den Freimaurern keinerlei Aufzeichnung gibt. Allerdings spricht Rudolfs enge Freundschaft zu einigen Freimaurern und die Identifikation mit freimaurerischen Inhalten für seine mit dem Offizierseid vereinbare Freimaurer-Angehörigkeit als »stiller Gesellschafter«.[606]

Abb. 30: Kronprinz Rudolf 1886 in ungarischer Uniform

Aufgrund seiner liberalen politischen Ansichten, um die es in Wahrheit ging, wurde Rudolf im Auftrag der reaktionären Hofkammer rund um die Uhr geheimdienstlich bespitzelt. Überwacht wurde er aber nicht nur von der Polizei, sondern auch von seinen politischen Gegnern sowie von deutschen und russischen Agenten.[607] Wie eng die falsche Politik der Doppelmonarchie sowohl mit dem Misstrauen des reaktionären Teils des kaiserlichen Hofs gegenüber dem kritischen Thronfolger als auch dessen chronischen Depressionen zusammenhing, geht aus folgenden Zeilen Rudolfs hervor: »Ich sehe die schiefe Ebene, auf der wir abwärts gleiten, kann aber in keiner Weise etwas tun, darf nicht einmal laut reden, das sagen, was ich fühle und glaube. Dass Misstrauen gegen mich herrscht, das merke ich seit einigen Monaten und in letzter Zeit noch mehr.«[608]

In seiner Isolation und im aussichtslosen Kampf um des Kaisers Aufmerksamkeit mutierte Rudolf zum Workaholic. Gleichzeitig gab er sich dem Alkohol und wahrscheinlich auch dem Morphium hin. Und er vergnügte sich mit unzähligen Damen des horizontalen Gewerbes. Seine Vergnügungssucht wurde übrigens bereits 1877 in voller Absicht von Latours Nachfolger, dem neuen Oberhofmeister, nachhaltig gefördert, um Rudolfs Kontakt zu seinen intellektuellen Freunden und Aktivitäten zu reduzieren. Unschädlichmachung durch Zerstreuung war das Motto. Doch der junge Mann vernachlässigte weder seine Freunde noch seine Bücher. Und auch nicht die Prostituierten, weshalb er sich die damals unheilbare Geschlechtskrankheit Gonorrhoe (Tripper) zuzog, mit der er schließlich nach der Geburt der einzigen Tochter seine Frau ansteckte und unfruchtbar machte, wodurch wiederum die Ehe völlig zerrüttet wurde.[609]

Der vom etablierten Regime nun endgültig politisch kaltgestellte sowie seelisch und körperlich zugrunde gerichtete Thronfolger hegte alsbald Suizidgedanken, die teilweise sogar amtlich dokumentiert sind. Nachdem Rudolf seine Geliebte namens Mizzi Caspar, eine ehemalige Edelprostituierte, gefragt hatte, ob sie mit ihm im Mödlinger Husarentempel gemeinsam in den Tod gehen würde, lehnte sie ab und erstattete umgehend Meldung an den mächtigen Wiener Polizeipräsidenten Franz Freiherr von Krauß, der diese Meldung sofort an den cisleithanischen Ministerpräsidenten und konservativen Innenminister Eduard Graf von Taaffe weitergab. Dieser tat jedoch nichts und blieb insbesondere gegenüber dem Kaiserpaar stumm. Als Innenminister und oberster Polizeichef hätte Taaffe jedoch umgehend und mit allen Mitteln eingreifen müssen. Doch genau das wäre aus seinem eingeschränkten Blickwinkel kontraproduktiv gewesen: »Aber Taaffe, in dessen Händen nun Rudolfs Leben lag, war nicht gewillt, ausgerechnet seinen mächtigsten Feind zu retten.«[610] Eine Mitteilung an den Monarchen wäre im Interesse sowohl der Gesundheit des Kronprinzen als auch des Rufes des Kaiserhauses gewesen. Da sie unterblieb, könnte es sich um ein Indiz für eine Verschwörung handeln, die sich den Selbstmord des liberalen und seit seiner frühen Kindheit systematisch geschwächten Kronprinzen geradezu herbeiwünschte. Sämtliche überlieferte Sachverhalte sprechen dafür, dass man Erzherzog Rudolf, der stocksteif in einer stählernen Wanne lag, bei vollem Bewusstsein oder gar absichtlich von allen Seiten emsig Wasser nachschüttete, obwohl ihm selbiges schon bis zur Unterlippe stand.

Abb. 31: Kaiser Franz Joseph I. 1885.

Entgegen allen offen liegenden Fakten sah Franz Joseph I. in seinem Sohn einen Versager. Zum erneuten Familieneklat und Zwist mit dem traditionssüchtigen, ultrakatholischen Kaiser soll es gekommen sein, als ihm der Papst dessen Antwort auf Rudolfs heimliches Eheannullierungsgesuch übermittelte.[611] Im November 1888 lernte Rudolf ein für ihn schwärmendes 17-jähriges Mädchen kennen: Marie Freiin von Vetsera, besser bekannt als Mary Vetsera (1871 bis 1889). Sie trafen sich regelmäßig und heimlich, wobei Rudolfs Cousine Marie Gräfin von Larisch als teuer bezahlte Kupplerin fungierte. Im Januar 1889 soll die Beziehung sehr intim geworden sein und sich bis zur Hysterie gesteigert haben. Mary Vetsera zufolge sollen sie und der Kronprinz »beide den Kopf verloren« haben.[612] Da sich die beiden auch in der Hofburg trafen und am kaiserlichen Hof so gut wie nichts geheim blieb, ist davon auszugehen, dass auch der Kaiser von Rudolfs außerehelicher Liebschaft wusste. Ob damit das letzte Zerwürfnis zwischen Vater und Sohn zusammenhing, kann nicht mit Sicherheit gesagt werden. Dem Bericht von Sophie Planker-Klaps, der Kammerfrau der Kronprinzessin, zufolge kam es bei der kaiserlichen Audienz am Morgen des 26. Januar 1889 zu einem entsetzlichen Streit zwischen Vater und Sohn, im Zuge dessen Kaiser Franz Joseph I. zum Thronfolger gesagt haben soll:

> *Du bist nicht würdig,*
> *mein Nachfolger zu werden!*

Abb. 32: Freiin Marie Vetsera 1888

Die schockartige Reaktion des Kronprinzen beschrieb die offenbar seriöse Zeugin wie folgt: »Er war in Parade[uniform] und sah fürchterlich verstört, geradezu verfallen aus, und die Hand, in der er den Generalshut hielt, zitterte sichtbar.« Die so beschriebene Begebenheit wurde in den höchsten politischen Kreisen mit Rudolfs tragischem Ableben nur vier Tage später in Verbindung gebracht. Dem russischen Außenminister Vladimir Graf Lamsdorf lag die Information vor, »dass sich zwischen dem Kaiser und dem Thronfolger eine furchtbare Szene abgespielt habe, die den Thronfolger in den Tod getrieben habe.« Und der deutsche Botschafter in Wien Prinz Heinrich VII. Reuß zu Köstritz berichtete dem deutschen Kanzler Otto von Bismarck, »die heftigen Szenen und Streitigkeiten zwischen dem Kaiser und Rudolf« seien »die Ursache des Selbstmordes« gewesen. So schrieb es Viktoria, die Witwe Kaiser Friedrichs III., ihrer Mutter, der britischen Queen Victoria.[613]

Der Rest ist weitgehend aufgeklärte, wenngleich dubios verschleierte Geschichte. Belegt ist, dass Mary mit Rudolf von dessen Leibfiaker (Leibkutscher) Josef Bratfisch am 28. Januar, also nur zwei Tage nach der vom Kaiser angekündigten Verweigerung des Throns, von Wien zum rund 30 Kilometer entfernten Jagdschloss in Mayerling kutschiert wurde. Am 29. Januar stießen die beiden geladenen Jagdgäste Alexander Graf von Hoyos und Rudolfs Schwager Prinz Philipp Coburg hinzu, die jedoch keine Ahnung von Marys Anwesenheit hatten. Nachdem die Gäste um circa 21 Uhr ihr externes Schlafquartier bezogen hatten, ließen sich Rudolf und Mary von Josef Bratfisch Wienerlieder vorsingen, bis auch sie zu Bett gingen. Rudolfs Kammerdiener Johann Loschek nächtigte im Nebenraum.[614] Aus den teils sehr widersprüchlichen Aussagen von Loschek, Bratfisch, Hoyos und Coburg, stimmigen ärztlichen Befunden, unvollständigen Polizeiberichten und Aussagen der Kaiserfamilie lässt sich nachfolgender Ablauf rekonstruieren.

Das Liebespaar befand sich bis zum Morgen in Rudolfs Schlafgemach, einem Raum im ersten Stock mit vier dicken Wänden: zwei Außenmauern mit jeweils zwei Fenstern und zwei innere Mauern mit jeweils einer Tür. Eine Tür führte ins Entreezimmer, die andere in den Vorraum im Stiegenhaus (siehe Abb. 33). Trotz des dicken Gemäuers konnte Loschek hören, dass sich Rudolf und Mary die ganze Nacht hindurch »in sehr ernstem Ton« über ihm unbekannte Inhalte unterhielten. Am nächsten Morgen, dem 30. Januar, war der Kronprinz um 6 Uhr 10 voll bekleidet und befahl seinem Kammerdiener, den Wagen einspannen zu lassen. Kurz danach, Loschek war noch nicht im Hof angekommen, hörte er zwei Schüsse und rannte sogleich zu Rudolfs Gemach, das entgegen jeder Gewohnheit versperrt war und wo er Pulvergeruch wahrnahm. Etwa zwei Stunden später, die adligen Zeugen Hoyos und Coburg waren inzwischen eingetroffen, schlug Josef Loschek mit einer Axt die Füllung der Tür zwischen Entreezimmer und dem Schlagemach des Kronprinzen ein, um das von innen versperrte Türschloss zu öffnen. Auch an der zweiten, ebenfalls versperrten Tür steckte der Schlüssel innen. Auf dem Bett lagen die blutüberströmten Leichen Rudolfs und Marys mit Schusswunden in den Köpfen und verspritzter Gehirnmasse, daneben Rudolfs Armeerevolver. Am Nachttisch die vorbereiteten Abschiedsbriefe sowie ein Spiegel, mit dessen Hilfe sich Rudolf offenbar selbst richtete, nachdem er Mary erschossen hatte. Große Teile der Schädeldecke waren zersplittert, seine Schusshand geschwärzt und etwas verbrannt. Rudolfs Blutsturz lässt darauf schließen, dass er sich zusätzlich mit Zyankali vergiftete. Die weibliche Leiche umklammerte ein Taschentuch mit der linken Hand. Und die Eintrittsöffnung des Projektils befand sich an Marys linker Schläfe, wobei die dort versengten Haare auf einen Schuss aus nächster Weise hinweisen. Der mehr oder weniger glatte Schusskanal verlief quer durch das Gehirn und endete an der rechten Schläfe. Da Mary Rechtshänderin war, kann sie sich nicht selbst getötet haben.[615]

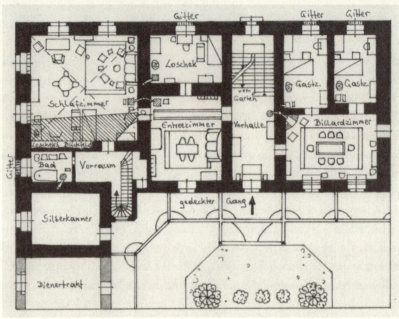

Abb. 33: Jagdschloss Mayerling, 1. Stock

In Anbetracht der Umstände ist im Zweifel davon auszugehen, dass Mary ihren Geliebten zur Tötung ermächtigt hatte. Aus strafrechtlicher Sicht liegt jedoch keine Einwilligung vor, die Marys Tötung gerechtfertigt hätte. Das Rechtsgut Leben war und ist nicht disponibel, weshalb von vornherein keine rechtfertigende Einwilligung in Betracht kommt.[616] Außerdem war Mary Vetsera minderjährig und daher nicht voll geschäftsfähig, was Rudolfs Tat besonders anrüchig machte. Die juristische Perspektive war damals schon klar: Für die letzten Sekunden seines Lebens war der österreichische Thronfolger ein Mörder einer Minderjährigen, die noch dazu nicht seine Ehefrau war. Wohl aus diesem Grund gab der kaiserliche Hof nie zu, dass Mary von Rudolf mit in den Tod genommen wurde. Dass ein Mord mit anschließendem Selbstmord vorlag, wurde jedoch schon damals von Rudolfs Ordonnanzoffizier Baron Arthur Giesl wie folgt bestätigt: »Der Kronprinz tötete mit ihrem Einverständnis die Baronin Mary und dann sich selbst.«[617]

Dass Mary ermordet wurde, belegte der mutige oberösterreichische Mayerling-Forscher Helmut Flatzelsteiner. Ende Juli 1991 schuf er endgültig Klarheit, indem er in die Heiligenkreuzer Gruft stieg, Mary Vetseras Leichnam nach Linz mitnahm und ihn, später als sterbliche Hülle seiner Großmutter deklariert, dem Institut für Gerichtsmedizin der Universität Wien übergab.[618] Anhand von Gutachten, Lichtbildern, einem computerisierten 3D-Modell sowie einer rasterelektromikroskopischen Untersuchung wurde der Leichnam als rund 100 Jahre im Erdreich liegender Körper einer etwa 18-jährigen Frau und die gefundenen Kleidungsreste als im 19. Jahrhundert von Marys Schneider hergestellt identifiziert. Außerdem wurden mit Blei- und Pulverpartikeln im Haar der Toten Anzeichen für einen Schuss aus nächster Nähe sowie ein Einschussloch an der linken Schädelseite und ein genau gegenüberliegendes Austrittsloch festgestellt. Da Mary Vetsera, wie gesagt, Rechtshänderin war, kann sie sich den Todesschuss nicht selbst zugefügt haben, weshalb bei ihr garantiert kein Selbstmord, sondern Mord vorliegt. Nun zu Rudolfs Autopsie. Bis heute liegt kein offizieller Obduktionsbericht vor. Einem zeitgenössischen Wiener Zeitungsbericht zufolge, der vorgeblich Bezug auf den mittlerweile verschwundenen Obduktionsbericht nahm, wurde dem Kronprinzen ebenfalls aus nächster Nähe, dabei jedoch in die rechte Schläfe geschossen und dabei sein Schädel zertrümmert. Die Abweichung zum glatten Durchschuss in Marys Schädel kann angeblich mit der unterschiedlichen Wuchsdichte der Knochennähte erklärt werden: Rudolfs älterer und härterer Schädel splitterte leichter. Die letzte Gewissheit könnte eine Exhumierung bringen, gegen die sich jedoch die Familie Habsburg-Lothringen bis heute strikt verwahrt. Der 2011 verstorbene Otto von Habsburg, zuletzt Mitglied des Europäischen Parlaments, soll zudem im Besitz einer Schatulle gewesen sein, in der sich sowohl die Tatwaffe als auch einschlägige Briefe befanden. Die Herausgabe dieser extrem wichtigen Beweismittel verweigerte er jedoch zeitlebens.[619] Nicht ohne Grund.

Zurück ins Jahr 1889. Während Marys Leichnam in der Abstellkammer unter einem Haufen alten Kleider versteckt und Rudolfs zersprengter oberer Schädel mit Wachs modelliert wurde, war Graf Hoyos schon unterwegs nach Wien, wo er den Oberthofmeistern der Kaiserin und des Kronprinzen eigenmächtig (wohl zu Rudolfs Ehrenrettung) die Falschmeldung erstattete, Mary habe Rudolf vergiftet. In diesem Glauben wurde das kaiserliche Paar bis zum 31. Januar gelassen.[620] Der ahnungslosen und ob der vergeblichen Suche nach ihrer Tochter zutiefst verzweifelten Baronin Helene Vetsera nahm sich Kaiserin Elisabeth an, klärte sie auf und bläute ihr eine weitere Falschmeldung ein: »Und jetzt merken Sie sich, dass Rudolf an Herzschlag gestorben ist.«[621] Es war im beiderseitigen Interesse, Mary aus dem Schussfeld der Presse und der Monarchiefeinde zu nehmen. Die Medien wurden also vom Kaiserhof, der nach wie vor an Vergiftung glaubte, zur Absetzung einer weiteren Falschmeldung veranlasst: Rudolf sei, diesmal ohne Marys Beihilfe, an besagtem Herzschlag verstorben. Weil das unglaubwürdig war, mehrten sich natürlich Gerüchte über einen Jagdunfall, Selbstmord, Mord und eine Verschwörung. Einen wichtigen Teil der Wahrheit brachte Graf Hoyos indirekt über den Stationsvorstand in Baden bei Wien ans Licht: Im Wege der Rothschild-Bank, der die Südbahngesellschaft gehörte, verbreitete sich ab 30. Januar in ganz Europa das zutreffende Gerücht, Rudolf habe sich erschossen, also Selbstmord begangen. Die wahren Umstände erfuhr das Kaiserpaar erst am nächsten Tag aus erster Hand. Als der kaiserliche Leibarzt Hermann Widerhofer vom Projektil berichtete, das den Kopf des Kronprinzen spaltete, konnte es der Kaiser nicht fassen. Zornig wies er auf Marys vermeintliches Verschulden hin: »Das ist nicht wahr, sie hat ihn doch vergiftet!« Als ihm Doktor Widerhofer die wichtigsten Details des Mordes mit anschließendem Selbstmord in Mayerling schilderte, konnte sich Franz Joseph I. nicht mehr halten. Der sonst stoische Mann brach völlig zusammen und weinte »in verdoppeltem Schmerz«.[622] Erinnerte er sich an den letzten Disput mit seinem Sohn, der diesem den letzten Lebenswillen raubte?

Zur Stützung der kaiserlichen Lüge über Rudolfs Herztod musste Marys Leiche möglichst unauffällig aus Mayerling abtransportiert und beerdigt werden. Um dies zu ermöglichen, konstatierte Hofsekretär Heinrich von Slatin laut eigenen Angaben auf seine Gefahr und Verantwortung Marys Suizid. Bei einem Mordfall wäre nämlich vom Gesetz her die sofortige und stille Beisetzung in Wien Heiligenkreuz nicht möglich gewesen. So wurde Marys Leiche gereinigt, bekleidet und mit einem Spazierstock im Kleid nach Heiligenkreuz transportiert, damit sie aufrecht sitzend einen lebendigen Eindruck machte.[623] Da sich jedoch das Ärztegremium weigerte, bei Rudolf einen Herzschlag als Todesursache festzustellen, war bald vom alleinigen Selbstmord des Thronfolgers die Rede. Mary Vetseras Tod wurde ja vom kaiserlichen Hof offiziell ignoriert. Bei Rudolfs auf oberste Anweisung hastig durchgeführter Obduktion in Wien, über die, wie gesagt, bis heute kein offizieller Bericht vorliegt, wurde Selbstmord durch Kopfschuss und geistige Verwirrtheit festgestellt.[624] In Rudolfs Gehirn habe man angeblich »pathologische Befunde« entdeckt, »die erfahrungsgemäß mit abnormen Geisteszuständen einherzugehen pflegen.«[625] Zur Ehrenrettung des moralisch mitschuldigen Kaiserhauses wurde also ein Gefälligkeitsgutachten angefertigt, das eine prunkvolle katholische Beisetzung in der Kapuzinergruft unter dem Kapuzinerkloster im ersten Wiener Bezirk ermöglichte.[626] Sogar posthum tat man einem jungen Genie, das auf katholische Riten und staatlichen Pomp pfiff, seinem ganzen Umfeld haushoch überlegen und seiner Zeit weit voraus war, durch Vertuschungen und dreisteste Lügen Gewalt an.

Sodann setzten ausgerechnet jene erzkatholischen und konservativen Kreise, die Rudolf zeitlebens zu schaffen gemacht hatten, noch eins drauf, indem sie die dreiste Lüge verbreiteten. Die »Anklage« erfolgte mitunter direkt von der Kanzel herunter ins religiös gleichgeschaltete Auditorium: Liberale, Freimaurer und Juden seien schuld an Rudolfs Tod.[627] Jene also, die den Kronprinzen liebten und unterstützten, wurden aufs Übelste denunziert, um nach Rudolfs Körper auch sein geistiges Erbe zu zerstören. Diese Unverfrorenheit setzte sich in den verschiedensten Schattierungen bis zum heutigen Tag fort und spaltete gewissermaßen auch den Adel. Rudolfs Urenkelin Stephanie de Windisch-Grätz beschuldigte Otto von Habsburg öffentlich, dass er der Öffentlichkeit wichtige Beweismittel vorenthielt und weiterhin in der alten Lüge lebte. Allerdings war sie wie zwei lebende Nachfahren von Mary Vetsera, die deren Selbstmordabsichten strikt verneinten, auch davon überzeugt, dass Rudolf und Mary im Rahmen eines politischen Komplotts ermordet wurden. Welches Komplott dies sein sollte, wurde jedoch nicht erwähnt.[628] Zita von Habsburg, die letzte österreichische Kaiserin, wurde da schon konkreter. Gegenüber Historikern soll sie bis zu ihrem Tod behauptet haben, Rudolf sei von den Freimaurern hinterrücks ermordet worden. Dies bestätigte zum Beispiel Brigitte Hamann in einem Interview mit der österreichischen Zeitschrift *Profil* im Jahr 2005.[629] Zita erklärte zudem, Rudolf sei »politischen Meuchelmördern zum Opfer gefallen.«[630] Ohne Namen zu nennen, gab sie der Presse gegenüber an, Rudolf habe nicht an einer ausländischen Verschwörung zum Sturz des Kaisers teilnehmen wollen, sondern diese familienintern aufgedeckt. Um ihn zum Schweigen zu bringen, sei Rudolf Opfer eines Mordanschlags im Rahmen einer politischen Gegenverschwörung geworden. Kaiser Franz Joseph habe davon gewusst, aber aus Gründen der Staatsraison geschwiegen.[631]

Gegen diese Theorie spricht zu allererst, dass es a. ein derartiges ausländisches Mordkomplott gegen den Kaiser (offiziell) nie gab, b. ein derartiger Skandal das ideale Mittel zur Wiedergewinnung des aufgrund Rudolfs plötzlichen Todes erschütterten Vertrauens der Bevölkerung in die Monarchie gewesen wäre und c. aber gerade dieses Argument von der Krone zu keiner Zeit vorgebracht wurde. Vielmehr wurde ab Anfang Februar offiziell die Selbstmordthese verbreitet, um Rudolfs Mord an Mary Vetsera zu vertuschen. Für den Mord an Mary durch Rudolf mit anschließendem Selbstmord aufgrund tiefer Verzweiflung sprechen folgende Fakten: heftiger Familien-Zwist, vom Vater verkanntes beziehungsweise zerstörtes Genie, politische Demontage durch den Kaiserhof, ausschließlich heimlichste Kritik am verhassten politischen System, Denunzierung seiner Person und seiner Freunde, permanente Überwachung, unglückliche Ehe, verweigerte Scheidung, heimliche Liebschaften, chronische Depressionen, unheilbare Geschlechtskrankheit, Alkohol- und Morphium-Abhängigkeit, angekündigte Verweigerung des Throns, amtlich dokumentierte Suizid-Absicht unter Mitwirkung einer Geliebten, beidseitig hysterisches Liebesverhältnis zum Mordopfer und nicht zuletzt die bereits erörterten medizinischen und forensischen Ergebnisse.

Die Echtheit diverser Abschiedsbriefe wird von Skeptikern bezweifelt.[632] Verständlicherweise. Denn schließlich erschuf der kaiserliche Hof in Wien ein schwer zu durchdringendes Geflecht aus Vertuschungen, Täuschungen und Lügen. Ein fruchtbarer Boden für Spekulationen. Das wichtigste schriftliche Dokument, die Akte des Wiener Polizeipräsidenten Baron Krauß mit der Nummer Res. 1/1889, ist offensichtlich eine Fälschung. Für Polizeiakten völlig unüblich, war das verschwundene Original durch eine angeblich vollständige 88-seitige Abschrift ersetzt worden, die 1955 in Berlin auftauchte. Darin fehlt nicht nur der Obduktionsbericht, sondern auch die Tatortbeschreibung. Das könnte damit zusammenhängen, dass das Schlafzimmer Augenzeugenberichten zufolge wie nach einer Rauferei verwüstet war:[633] drei zerbrochene Stühle, Projektile in den Möbeln, Blutspuren.[634] Wurde der Kronprinz gegenüber Mary handgreiflich, bevor er ihr eine Kugel in die linke Schläfe verpasste? Hat sie sich also zur Wehr gesetzt? Hier gilt der Grundsatz »In dubio pro reo«. Im Zweifel für den Angeklagten. Einer anderen, grundsätzlich nicht gerade unplausiblen Theorie zufolge soll Rudolf im Zuge einer Auseinandersetzung mit jenen Spitzeln ermordet worden sein, die der Kaiser seinem Sohn aufgrund des Verdachts nach Mayerling nachschickte, er würde sich mit dem ebenfalls dort befindlichen ungarischen Freiheitskämpfer Graf Károly treffen. Als die Spitzel ein zweites Gedeck auf dem Esstisch sahen, das jedoch für die im Schlafzimmer weilende Mary gedacht war, soll ihr Eindruck bestätigt worden sein, dass sich Rudolf mit Károly verabredet hatte. Im Zuge des anschließenden Wortgefechts soll es zur Ermordung Rudolfs und der Beseitigung Marys als lästige Zeugen gekommen sein.[635] Dass es nicht so gewesen sein kann, dafür spricht der Umstand, dass die zwei wichtigsten Zeugen, Bratfisch und Loschek, nicht ermordet wurden. Ihre Aussagen sowie jene von Coburg und Hoyos decken sich schließlich mit den forensischen Ergebnissen, die eindeutig für Marys Ermordung gemäß voriger Absprache mit Rudolf und seinem nachfolgendem Selbstmord sprechen. Nur der kleinste Verdacht eines Doppelmords, durch wen auch immer, wäre jener Strohhalm gewesen, an den sich das Kaiserhaus zur Rettung seines Ansehens verbissen geklammert hätte. Für einen derartigen Tathergang gab jedoch der als erwiesen angenommene Sachverhalt nichts her.

Der Tatort Schlafzimmer, der Marys Anwesenheit dokumentierte, wurde jedenfalls auf persönliche Anordnung des Kaisers unkenntlich gemacht: Das Jagdschloss wurde in ein Karmeliterkloster umgebaut. Jener Bereich, in dem sich Rudolfs und Loscheks Schlafzimmer befanden, wurde vom Erdgeschoss bis zum Dach abgerissen und durch eine Kapelle ersetzt – mit dem Altar just unter jener Stelle, an der die blutigen Leichen gefunden worden waren. Ein weiterer Anbau wurde rechts neben die Kapelle gesetzt. Die unbeschuhten Karmeliterinnen wurden vom Kaiser beauftragt, täglich für die Seele des Kronprinzen zu beten und ansonsten Stillschweigen zu bewahren. Keine Rede von Mary Vetsera. Bei den Karmeliterinnen ist Franz Josephs Anweisung bis heute in guten Händen, denn sie repräsentieren einen enthaltsamen Orden, der historisch stark mit dem Gelübde des Schweigens verbunden ist.[636] Der Tatort wurde also in jeder Hinsicht versiegelt.

Dass Rudolf von Liberalen, Freimaurern oder Juden ermordet worden sein soll, ist nichts anderes als eine erzkatholische Ablenkungstaktik. Sie könnte eine Propaganda der Jesuiten sein. Wenigstens einigermaßen, wenngleich äußert geringfügig plausibel erscheint daher die Theorie, Jesuiten steckten hinter dem Mordkomplott. Zum einen erwähnte Rudolf einen geheimen jesuitischen Bund, der Bosnien katholisch machen wollte und dem sein strenger Überwacher Erzherzog Albrecht angehörte, obwohl es ihm seine Offiziersehre untersagte.[637] Zum anderen gelten die Jesuiten als scharfe Wächter der katholischen Kirche, weshalb sie den liberalen Kronprinzen wohl nicht gerade dafür liebten, dass er sich sowohl mit der Krone als auch mit der Kirche anlegte. Die indirekte Schädigung des Ansehens des katholischen Kaiserreichs anlässlich Rudolfs Ableben wäre wohl gegenüber seiner Regentschaft das geringere Übel gewesen. Auf Einbruch spezialisierten Attentätern wäre es grundsätzlich zuzutrauen, dass sie den Tatort ohne Verursachung von Spuren durch ein Fenster verlassen können, sodass von innen versperrte Türen den Eindruck erwecken, es habe keine externen Mörder gegeben. Doch gerade hier ist ein triftiges Gegenargument, dass Jesuiten und im Übrigen alle anderen potenziellen Täter bei einigermaßen klarem Verstand keinen Doppelmord in einem versperrten Schlafzimmer verübt, sondern Rudolf alleine aufs Korn genommen und den Mord zum Beispiel als Jagdunfall getarnt hätten. Schließlich war Rudolf nicht nur Ornithologe, sondern auch Jäger.

Es bleibt beim Mord mit anschließendem Selbstmord. Alles andere ist mehr oder weniger gezielte Vernebelungstaktik. Kronprinz Rudolf wurde von seinem ultraaristokratischen Umfeld seelisch zerstört sowie zum Mord an Mary Vetsera mit anschließendem Selbstmord getrieben. Offenbar wurden alle Anzeichen dafür in der zumindest unterbewussten Erwartung ignoriert, dass der liberale Kronprinz seinem Leben tatsächlich ein Ende setzen werde. Der Kaiser und sein Hofstab hatten durch ihr schädigendes Verhalten gegenüber dem Kronprinzen seit seiner frühen Kindheit Blut an den Händen. Sie zogen indirekt zweimal den Abzug des Revolvers: einmal an Marys linker Schläfe, ein zweites Mal an Rudolfs rechter Schläfe. Der erzkatholischen Sippe fiel es schlichtweg schwer, ihre eigene Schuld einzugestehen. Zu groß wäre zudem der Aufruhr im Volk gewesen, sobald es die bigotten Machenschaften der Aristokratie und die moralische Bankrotterklärung der Staatsführung voll durchschaut hätte, die obendrein den Balkan zum Pulverfass machte und jenes politische Genie auf dem Gewissen hatte, dessen umgesetzte Planungen den Ersten Weltkrieg abgewendet und die Donaumonarchie gerettet hätten. Stellen wir uns die Schlagzeile vor:

**Freimaurer rettet Monarchie
vor Zerstörung durch Erzkatholiken!**

In der Kapelle in Rudolfs altem Jagdschloss beziehungsweise in seinem und Marys Todesraum fiel mir auf, dass einer der vier Schlusssteine am Kreuzgewölbe anders war. Jener direkt über dem Altar zeigt das Lamm mit Fahne, also das Symbol für Jesu Auferstehung (siehe Abb. 34). Im Sinne der gesamten Menschheit möge Rudolfs Vision von Europa und der Welt zu neuem Leben finden!

Abb. 34: Abschlussstein über Altar in Schloss Mayerling

Sieben Jahre nach dem Tod des Kronprinzen, also lange nach den gröbsten österreichischen Vergehen gegenüber Serbien, wurde ein gewissenhafter, zielstrebiger, auf Europas Frieden bedachter, reformfreudiger und dennoch 110-prozentiger Habsburger zum nächsten Thronfolger designiert: Erzherzog Franz Ferdinand. Jener Mann, der nach serbischen Vorstellungen stellvertretend für die Donaumonarchie sterben beziehungsweise ihren Untergang einläuten sollte. So verlor Franz Joseph I. zum zweiten Mal den Thronfolger. Dieses Schicksal wäre einem liberalen Kaiser wie Rudolf von Österreich-Ungarn, der sich zeitgerecht um einen echten Ausgleich aller Ethnien bemühte, vermutlich genauso erspart geblieben wie seinem Reich. Da jedoch Österreich-Ungarn seine alte Politik ungeniert fortsetzte, gelobten die Serben verständlicherweise:

Austria esse delenda!

Die zu Gunsten Österreich-Ungarns ausgefallene Berliner Lösung von 1878 und die schamlose Ausnützung dieses Privilegs verschärften die Konflikte mit dem emporstrebenden Serbien um ein Vielfaches. Wie schon andere militärisch unterlegene Nationen wusste sich Serbien mit subversiven Methoden zu helfen und »entfaltete in den Folgejahren große Ausstrahlungskräfte in Richtung der Slawen im Herrschaftsbereich Wiens.« Wie Bulgarien war Serbien verärgert, weil es sich vom Berliner Frieden höhere Gebietszugewinne erwartete. Russland fühlte sich überhaupt als Verlierer, wofür es wiederum Otto von Bismarck und damit das Deutsche Reich verantwortlich machte. In Anbetracht der – ohnedies selbstverständlichen – russischen Neutralität während des deutsch-französischen Kriegs (1870 bis 1871) hatte man sich im Zarenreich auf einen größeren Einsatz Deutschlands für die russischen Interessen auf dem Balkan eingestellt.[638]

Hier war es also, das grundlegende Motiv für den russischen Drang, Deutschland zu vernichten. 12 Jahre nach dem Berliner Kongress und nur wenige Monate nach dem Besuch französischer Offiziere in Russland im Sommer 1891 forderte bekanntlich Zar Alexander III., die Fehler der Vergangenheit müssten korrigiert und Deutschland bei erster Gelegenheit vernichtet werden.[639] England konnte sich dabei in seiner Schutz bietenden Splendid Isolation ins Fäustchen lachen. Schon 1878, beinahe 100 Jahre vor dem Bau der deutschen Bagdad-Bahn und den ersten großen Erdölfunden im Nahen Osten, setzte es sich gleichzeitig militärisch aggressiv und diplomatisch heimlich hinter Russlands Rücken durch, um die See- und Handelswege zu seinen Kolonien zu sichern.

Als die österreichisch-ungarischen Streitkräfte 1878 die Provinzen Bosnien und Herzegowina okkupierten, handelte die Donaumonarchie zwar formal betrachtet rechtmäßig, weil im Einklang mit der Ermächtigung durch den Berliner Kongress. Österreich-Ungarn machte jedoch denselben Kardinalfehler wie das Deutsche Reich ab 1871 in Elsass und Lothringen: Die ansässige Bevölkerung wurde nicht gefragt. In Bosnien und Herzegowina lebten vorwiegend Serben, Kroaten und Muslime. Rund 43 Prozent gehörten der serbisch-orthodoxen Kirche an, etwa 33 Prozent waren Muslime und lediglich circa 20 Prozent römisch-katholisch.[640] Obwohl dies mit dem erzkatholischen Hause Habsburg-Lothringen, dem weltlichen Arm Roms, kaum vereinbar war, schätzten viele Kroaten und besonders Muslime die österreichische Verwaltung, die nicht nur viel humaner als jene der Osmanen war, sondern der Region auch die zentraleuropäische Kultur brachte. Immerhin errichteten die

Österreicher Krankenhäuser und Schulen und bauten die Verkehrsnetze aus. Bei den rund 42 Prozent Serben waren die österreichischen »Besatzer« jedoch großteils verhasst, was aus serbischer Sicht mehr als verständlich ist. Sie wussten, dass sich die Habsburger in Serbien als Herrenmenschen aufführten. Daher ließen sie sich ihre Freiheit nicht abkaufen. Vladimir Dedijer (1914 bis 1990) war ein ehemaliger jugoslawischer Partisan, Historiker und Vertrauter des im österreichisch-ungarischen Kumrovec geborenen Staatspräsidenten Jugoslawiens Josip Broz Tito (1892 bis 1980). Dedijer bringt das Grundübel der habsburgischen Erbmonarchie wie folgt auf den Punkt: »Die Habsburger leugneten das Selbstbestimmungsrecht der Völker, sie wandten Gewalt an, um ihre alten Institutionen aufrechtzuerhalten, und so lösten sie nicht nur revolutionäre Massenbewegungen in ihrem Reich aus – in Italien und Ungarn –, sondern auch das Wiederaufleben einer neuen Art des Tyrannenmordes.«[641] Damit liefert Vladimir Dedijer die Begründung für die brutale Ermordung des österreichischen Thronfolgers Franz Ferdinand und seiner Gattin aus der Sicht der serbischen Bosnier: Tyrannen müssen sterben. Dass ausgerechnet Franz Ferdinand ein deklarierter Freund und Unterstützer der Slawen war, ist ein Paradoxon, dem wir uns weiter unten widmen.

Die Serben zählen zu den Südslawen. Über die südslawischen Radikalen berichtet der österreichische Historiker Manfried Rauchensteiner, dass sie nicht einfach nur dem Panslawismus und dem Großserbentum zuzuordnen waren; »genauso fanden sich in ihren Reihen solche, die geistig mit den russischen Sozialrevolutionären in Verbindung standen und individuellen Terror planten. Dabei ging es nicht nur darum, ein verhältnismäßig kleines, angrenzendes Gebiet der Habsburgermonarchie zu destabilisieren, sondern die Serben ebenso wie die Kroaten, Bosnier und Slowenen in einen neuen Staat zu holen. Hier wurde konsequent auf das Ende der Monarchie spekuliert.« Das Ende Österreich-Ungarns »wurde als einzige Chance für die Aufrichtung eines großen Reichs der Südslawen gesehen.«[642] Mit anderen Worten: Österreich musste sterben, damit Großserbien respektive Jugoslawien geboren werden konnte.

In Großbritannien posaunte man »Germania esse delenda!«
In Serbien wünschte man sich »Austria esse delenda!«

Deutschland und Österreich sollten also zum Vorteil Englands und Serbiens zerstört werden, wobei das Deutsche Reich ohne eigenes Verschulden zum Handkuss kam. Österreich hingegen hatte sich, wie gesagt, die Suppe selbst eingebrockt und reichlich Pulver in das Fass auf dem Balkan gefüllt. Diesen Umstand nutzte Russland insofern im Rahmen des Panslawismus aus, als »vor allem das Zarenreich immer wieder in die politischen Abläufe einzugreifen trachtete und die [k. u. k.] Monarchie zu destabilisieren suchte.«[643] Die diesbezügliche russische Politik hatte schon lange das Ziel verfolgt, »in irgendeiner Form eine Partnerschaft mit einer Liga von Balkanstaaten einzugehen, die imstande waren, als Bollwerk gegen Österreich-Ungarn zu fungieren.«[644] Russland arbeitete auch als Schnittstelle zwischen England und Serbien, wobei sich diese Rolle des Zarenreichs ab der Bosnischen Krise im Jahr 1908 herauskristallisierte, die sich unmittelbar nach dem Baubeginn jener österreichischen Eisenbahnlinie zutrug, die planmäßig von Wien über Saloniki bis nach Konstantinopel reichen sollte.

Österreichische Sandschak-Bahn

Die Sandschak-Bahn ist ein wichtiges Indiz dafür, dass die Annexion Bosniens und Herzegowinas nicht nur eine Art koloniale Ersatzhandlung der ansonsten kolonielosen Donaumonarchie, sondern viel eher das Element eines älteren und darüberhinaus breitgefächerten geostrategischen Kalküls war. Bereits 1872 wurde die Teilstrecke zwischen dem nordbosnischen Dobrljin und Banja Luka eröffnet, 1874 jene zwischen Mitrovica und Saloniki.[645] Wie bereits erwähnt, setzte sich Kronprinz Rudolf persönlich und intensiv für die Balkaneisenbahnen und ihre strategisch günstigen Trassenverläufe ein.

Als sich Österreich-Ungarn 1907 an den längst geplanten Bau der Sandschak-Bahn machte, deren Gleise von Wien über die bosnische Hauptstadt Sarajewo, die im Süden des Sandschak gelegenen Stadt Mitrovica und Skopje bis nach Saloniki führen sollten, löste dies in Serbien blankes Entsetzen aus. Zum einen fürchtete man die Festigung der Macht der Donaumonarchie in einem Gebiet, das auch für Serbien von geostrategischem Interesse war.[646] Zum anderen bedrohte die Sandschak-Bahn Serbiens privilegierte Handelsrouten, die von Belgrad nach Saloniki und Konstantinopel führten und Zentraleuropa mit der Ägäis und dem Osten verbanden. Sie waren daher allzeit von den jeweiligen Großmächten heißbegehrt. Dass sich Österreich auf Kosten der Serben die Taschen gefüllt und den Bau der Bahnlinie von Serbien nach Saloniki blockiert hatte, war bei den selbstbewussten Slawen wohl kaum in Vergessenheit geraten.[647]

Der geostrategisch wichtigste Grund für den Protest Serbiens und der hinter ihm stehenden Mächte hing, wie sollte es anders sein, mit dem Nahen Osten zusammen. Schließlich sollte die Trasse der Sandschak-Bahn planmäßig von Saloniki weiter nach

255

Konstantinopel gebaut werden, wodurch sie die ideale Ergänzung zur deutschen Bagdad-Bahn gewesen wäre. Ideal, weil die heikelste Strecke abseits von Serbien durch sicheres respektive österreichisch-ungarisches Okkupationsgebiet verlaufen wäre. Dies hätte wiederum den bereits erwähnten geostrategischen Wert auf Null gesetzt, den Serbien für Großbritannien als kontrollierbarer Keil zwischen den Mittelmächten einerseits und dem Osmanischen Reich respektive dem Nahen Osten andererseits hatte. Schließlich wäre das kleine Serbien nicht trotzig zwischen dem deutschen Kaiserreich und den großen Häfen von Konstantinopel und Saloniki gestanden und hätte eben nicht das Tor in den Osten gehalten, wie es sich britische Strategen ausmalten. Serbien hätte als der vorderste Rand der Verteidigung britischer Besitzungen im Osten ausgedient.[648]

Im Januar 1908 brachte k. u. k. Außenminister Freiherr Alois Lexa von Aerenthal (1854 bis 1912) das Sandschak-Bahnprojekt erneut zur Sprache. Es lag ihm als Vorstufe zu einer Angliederung am Herzen.[649] Die Sandschak-Bahn stellte gewissermaßen ein Korrektiv für die Wiener Missachtung der geostrategischen Planungen des Kronprinzen Rudolf für den Balkan dar. Besonders unter diesem Aspekt sind die Balkan-Krisen zwischen 1908 und 1913 als vorexperimentelles Stadium der Zerstörung Österreichs und Deutschlands im Ersten Weltkrieg zu verstehen. Dabei ist die Bosnische Krise von 1908 das alles entscheidende historische Ereignis, durch das die Globalisierungsclique über ihren Agenten Alexander Iswolski die lange Lunte des von Wien fleißig befüllten Pulverfasses auf dem Balkan ansteckte.

Bosnische Krise

Weil der Aufstand der Jungtürken 1908 ein Erstarken des Osmanischen Reiches auf dem Balkan erwarten ließ, erwog Österreich-Ungarn, die beiden Provinzen Bosnien und Herzegowina offiziell zu annektieren. Nach der Okkupation war die Annexion jener Schritt, mit dem sich Österreich-Ungarn endgültig, wie der deutsche Historiker Imanuel Geiss es passend ausdrückt, »die kritische Masse an sozialem und politischem Explosionsstoff, an dem es zugrundegehen sollte, selbst einverleibt hatte.«[650]

Im unmittelbaren Vorfeld der Annexion ließ der russische Außenminister Alexander Iswolski, der sein Amt der persönlichen Fürsprache des britischen Königs verdankte, im Auftrag der Globalisierungsclique und im Wissen des britischen Außenamts inklusive Minister Sir Edward Grey dem k. u. k. Außenminister ein geheimes Memorandum zukommen. Darin schlug Iswolski seinem österreichischen

Amtskollegen Aerenthal ein gegenüber der russischen Regierung und dem Zaren geheimes und die Bestimmungen des Berliner Kongresses abänderndes Abkommen vor, dem zufolge Österreich Bosnien und Herzegowina annektieren könne und sich im Gegenzug für die russischen Interessen bezüglich der türkischen Meerengen und Konstantinopel einsetzen solle. Die russischen Hauptziele waren hinlänglich bekannt: erstens Öffnung des Bosporus und der Dardanellen für russische Kriegsschiffe, zweitens Erringung eines eisfreien Hafens. Als sie sich am 16. September 1908 im mährischen Schloss Buchlau trafen, wurde Freiherr von Aerenthal von einigen Diplomaten und Beamten des Außenamts begleitet, während Iswolski ganz allein erschien. Alexander Iswolski handelte also tatsächlich ohne Rückendeckung seiner Regierung, sprich nicht als russischer Außenminister, sondern als Privatperson im Auftrag seiner britischen und französischen Cliquen-Kollegen.[651] Im Zuge des sechsstündigen, nicht protokollierten Gesprächs machte Freiherr von Aerenthal die Unterstützung der russischen Ziele ausdrücklich von einer Bedingung abhängig: Iswolski müsse auch die Zustimmung aller anderen Großmächte erhalten.[652]

Der vom österreichischen Außenminister vorgebrachte und daher der Donaumonarchie zurechenbare Vorbehalt machte Sinn und entsprach zudem jener Festlegung des Berliner Friedens von 1878, der zufolge territoriale Änderungsabsichten auf dem Balkan zuvor von den europäischen Großmächten abzusegnen waren. Iswolski wusste das natürlich, und ihm musste nicht zuletzt aufgrund der Entstehungsgeschichte des Berliner Kongresses klar sein, dass a. eine alleinige Zustimmung Österreichs keinesfalls ausreichen würde und b. Russland für seine Ziele auf dem Balkan nie und nimmer die Zustimmung Englands erhalten würde. Dies war völlig ausgeschlossen, denn »in London schloss man kategorisch aus, Russland die seit dem Krimkrieg verwehrte freie Durchfahrt von Kriegsschiffen durch den Bosporus und die Dardanellen zu erlauben.«[653]

Als russischer Außenminister und als Agent der Globalisierungsclique kannte Alexander Iswolski sowohl die offizielle als auch die geheime Politik Englands besser als jeder andere Russe. Er wusste auch, dass Russland seinem sehr guten Ansehen bei den von ihm beschützten slawischen Völkern massiv schaden würde, wenn es einer österreichischen Annexion großteils slawischer Gebiete wie Bosnien und Herzegowina zustimmen würde. Aus diesem Grunde durfte ja die russische Regierung nichts von Iswolskis Alleingang erfahren. Außerdem war es von der völkerrechtlich einwandfreien österreichischen Okkupation Bosniens und der Herzegowina zur Annexion nur noch ein verhältnismäßig kleiner Schritt. Die Quintessenz der Geheimvereinbarung zwischen von Aerenthal und Iswolski lag also für Österreich in der »Garantie«, dass seine Bestrebungen auf dem Westbalkan keinen Krieg gegen Russland zur Folge haben würden. Zur Erteilung ebendieser »Garantie« war Iswolski jedoch nicht autorisiert, wenngleich sie im Grunde dem russisch-österreichischen Geheimabkommen von 1877 entsprach (siehe oben). Was der vermeintliche Vertreter russischer Interessen im Alleingang aushecke, steht unzweideutig fest: Österreich-Ungarn sollte ruhig in die selbst eröffnete Annexionsfalle tappen und daraufhin den vollen Hass der Serben zu spüren bekommen. Den Hass jener Serben, hinter denen Russland hochoffiziell als Behüter des panslawistischen Ideals stand. Und Russland sollte entweder direkt in einen Krieg gegen Österreich und Deutschland gedrängt werden oder zumindest vor Augen geführt bekommen, dass es ohne Krieg gegen die Mittelmächte unter keinen Umständen an die heiß begehrten türkischen Meerengen herankommen würde. In die Gehirne der russischen Strategen wurde gehämmert:

Keine Meerengen ohne Krieg gegen Österreich und Deutschland.

Am 7. Oktober 1908 proklamierte Kaiser Franz Joseph I. die Annexion Bosniens und der Herzegowina durch Österreich-Ungarn. Als Reaktion darauf verfügte Serbien nur zwei Tage später, am 9. Oktober, die Teilmobilmachung seiner Streitkräfte und verhielt sich auch verbal überaus aggressiv.[654] Die Bosnische Krise drohte in einen großen Krieg zu kippen, weil sich Serbien – verständlicherweise – vehement weigerte, die österreichische Annexion Bosniens und Herzegowinas hinzunehmen und überdies die Bereitschaft signalisierte, einen allgemeinen Krieg auszulösen.[655] Die Donaumonarchie hatte sich jedoch bereits, wie es sich gehört, mit dem Osmanischen Reich geeinigt, dessen hochverschuldeter Regierung eine angemessene Entschädigung in Aussicht gestellt und ihr darüberhinaus den Sandschak von Novi Pazar zurückgegeben.[656] Der Kaufpreis für Bosnien und Herzegowina betrug 54 Millionen österreichische Goldkronen und wurde 1909 bezahlt.[657] Da Serbien und Russland Österreichs juristisch wasserdicht gefestigte Position als äußerst hinderlich für ihre eigene Expansion auf dem Balkan wahrnahmen, setzten sie ihr aggressives Vorgehen fort, bis der österreichische Außenminister Freiherr von Aerenthal schlussendlich darauf hinwies, dass Russland besagter Annexion schon im geheimen Abkommen von 1877 für die österreichische Neutralität im russisch-türkischen Krieg zugestimmt hatte.[658]

Und als Serbien Mütterchen Russland um militärische Unterstützung bat, veröffentlichte Minister von Aerenthal den nicht protokollierten Inhalt der geheimen Absprache vom 16. September 1908 zwischen ihm und Alexander Iswolski, dessen durchtriebene

Winkelzüge er offenbar angesichts der drohenden Kriegsgefahr durchschaut hatte. Russland war aufgrund Iswolskis geheimer Initiative bloßgestellt, ja geradezu gedemütigt. Weil das Zarenreich aber noch vom verlorenen Krieg gegen Japan (1904 bis 1905) geschwächt war, weigerte es sich, auf dem Balkan zu intervenieren. Typisch für einen Psychopathen gestand Iswolski nicht etwa sein Vergehen gegen Russland und den Weltfrieden ein, und er verteidigte sich auch nicht mit sachlichen Argumenten. Vielmehr stellte er die nachweislich falsche und denunzierende Behauptung auf, »der schreckliche Jude« Alois Lexa von Aerenthal habe ihn hereingelegt: »Der dreckige Jude hat mich hintergangen.«[659] Außerdem insistierte Deutschland in einer harschen Note an Russland auf die sofortige Beendigung seiner Unterstützung für Serbien.[660] Da dem Zarenreich in mehrerlei Hinsicht die Hände gebunden waren, verlangte Serbien ohne jede vernünftige Grundlage eine Kompensation für den territorialen Zuwachs der Doppelmonarchie. Angesichts der Haltlosigkeit der serbischen Forderung brachte man sogar in Russland Verständnis für Österreich auf. Zur Beilegung des Konflikts kam es aber erst, als das Deutsche Reich mit Nachdruck auf den von England vorgeschlagenen Kompromiss drängte.[661] Wieder einmal trat Deutschland souverän auf und vermittelte im Dienste des Friedens.

Den Kopf von Alexander Iswolski, dem der Amtsverlust und noch viel mehr drohte, holte sein Gönner, der britische König Edward VII., höchstpersönlich aus der Schlinge, indem er gegenüber seinem Neffen, dem Zaren, das große Vertrauen betonte, das er in Iswolski setzte. Auf die geheime Clique war also Verlass. Und Iswolski riet den Serben, das Geschehene vorläufig hinzunehmen und »sich darauf vorzubereiten, zu einem späteren Zeitpunkt aktiv zu werden.«[662] Das sollte ihnen nicht allzu schwer fallen. Nach außen gab sich Serbien friedlich. Auf Verlangen aller Großmächte erklärte die serbische Regierung am 31. März 1909 hochoffiziell und feierlich, sich durch die rechtmäßige Annexion Bosniens und Herzegowinas seitens Österreich-Ungarn »in seinen Rechten nicht betroffen« zu fühlen und sich den diesbezüglichen Entscheidungen der Großmächte gemäß Berliner Vertrag zu fügen. Serbien hege fortan keinerlei feindselige Absichten mehr gegen die Donaumonarchie. Zudem versprach die serbische Regierung ausdrücklich,

> *den bisherigen Kurs seiner Politik gegenüber Österreich-Ungarn zu ändern, um mit der genannten Macht künftig im Verhältnis guter Nachbarschaft zu leben.*[663]

Der serbischen Erklärung kam zwar völkerrechtliche Verbindlichkeit zu, diese war jedoch nicht einmal das Papier wert, auf dem sie geschrieben war. Denn in Serbien hatte sich bereits eine weitere geheime Organisation namens Narodna Odbrana (Volksschutz, Nationale Verteidigung) gebildet. Ihre höchste Zielsetzung neben der Rache an der Donaumonarchie für die erlittene Schmach war die Vereinigung aller Serben, also auch jener aus den Gebieten Österreich-Ungarns, in einem noch zu vergrößernden südslawischen Königreich.[664] In diesem Zusammenhang ist die Bildung des Balkanbundes ab März 1912 als Errichtung eines Bündnisses zu sehen, dessen Hauptfeind zwar das Osmanische Reich war, der sich aber auch gegen die Donaumonarchie richtete. Ursprünglich basierte der Balkanbund auf der diplomatischen Initiative Russlands, das dabei seine eigene Hegemonie auf dem Balkan und die Bildung eines starken Gegengewichts zu Österreich-Ungarn vor Augen hatte.[665] Der Hauptdrahtzieher war wieder einmal Alexander Iswolski. Schon 1909 ermunterte er in einer Rede vor dem russischen Parlament die Balkanstaaten, sich zu einer Föderation zusammenzuschließen. Außerdem begrüßte Iswolski die großserbischen Bestrebungen, »Österreich vom Balkan zu verjagen.« Im Dezember desselben Jahrs kam Russland mit Bulgarien gemäß Klausel Nummer 5 eines geheimen Militärabkommens überein, dass »die Verwirklichung der hohen Ideale der slawischen Völker auf der Balkanhalbinsel, die dem Herzen Russlands so nahe stehen, nur nach einem günstigen Ausgang des Kampfes Russlands mit Deutschland und Österreich-Ungarn möglich ist.«[666] Parallel zum Dogma, ohne Krieg gegen die Mittelmächte blieben die Meerengen auf ewig verschlossen, hieß es jetzt also auch:

**Kein freier Balkan ohne Sieg
über Österreich und Deutschland.**

Die Globalisierungsclique und besonders ihr russischer Agent Alexander Iswolski hatten also bereits bis 1909 jene Arbeit geleistet, deren Prolongierung Europa auf jenen großen Krieg zutrieb, der von den Mittelmächten weder gewollt noch verschuldet war. Es muss noch einmal in aller Deutlichkeit gesagt werden, dass das Pulverfass auf dem Balkan zwar kräftig von Österreich befüllt, die Lunte jedoch von den Kriegstreiben der Globalisierungsclique angezündet wurde. 1908 wäre der optimale Zeitpunkt gewesen, um Serbien und seinem Beschützer Russland zuvorzukommen.

Idealer Zeitpunkt für Präventivkrieg

Im Jahr der Bosnischen Krise (1908), als Serbien aus einem nichtigen Grund gegen Österreich-Ungarn mobilmachte und förmlich um einen Krieg bettelte, als Russland noch seine Wunden vom japanisch-russischen Krieg leckte, als Frankreich noch nicht in den Händen der Revanchisten war, als England noch nicht vollends den liberalen Imperialisten ausgeliefert war und als Italiens Verrat an seinen Verbündeten im Dreibund noch nicht ausgereift war, hätten Österreich und Deutschland auf dem Balkan mit einem weit niedrigeren Risiko als in den Folgejahren reinen Tisch machen können. Getreu ihrer Pflicht als oberste Soldaten wiesen sowohl der österreichische als auch der deutsche Generalstabschef ihre Regierungen auf die Möglichkeit eines Präventivkriegs hin. Doch diese entschieden sich für den Frieden.

> Unter einem **Präventivkrieg** ist eine militärische Operation zu verstehen, die dem Gegner zuvorkommen und eigene Nachteile hintanhalten beziehungsweise eigene Vorteile sichern soll. Die etymologische Bedeutung des Wortes »präventiv« bedeutet »vorbeugend« im Sinne von zuvorkommend.[667] Für das Vorliegen eines Präventivkriegs ist von entscheidender Bedeutung, dass der Ausführende eine nicht konkrete zukünftige Handlung des Gegners vermeiden will. Bei einem präventiv geführten Krieg erachtet der Ausführende zwar eine Konfrontation mit dem Gegner als grundsätzlich unvermeidbar, es besteht aber noch **keine unmittelbare Bedrohung**. Es kommt daher keine Selbstverteidigung in Betracht. Der präventive Krieg dient lediglich der Ausnutzung aktuell günstigerer strategischer Verhältnisse. Der Ausführende urteilt: »Besser jetzt als später!«
>
> Die für die Praxis besonders bedeutsamen Unterschiede zum Präemptivkrieg wurden seitens Doktor Georg Löckinger von der Landesverteidigungsakademie in Wien für das Jahrbuch für europäische Sicherheitspolitik der Jahre 2006 und 2007 terminologisch exakt herausgearbeitet: Der **präemptive Krieg** dient der Abwendung einer unmittelbaren Bedrohung im Rahmen einer konkreten unerwünschten Handlung des Gegners. Es liegt ein Fall der vorweggenommenen Selbstverteidigung vor. Dabei kommt es weiterhin darauf an, dass Indizien für die bevorstehende unerwünschte Handlung des Gegners vorliegen oder zumindest angenommen werden.[668] In diesem Sinne definiert der *Duden* »präemptiv« als »einer sich bereits abzeichnenden Entwicklung zuvorkommend«.[669] Der echte Präemptivkrieg dient also der augenblicklich

Rechtliches

Rechtliches

notwendigen und daher völkerrechtlich korrekten antizipierten Selbstverteidigung respektive **Notwehr**. Der Ausführende sagt sich: »Ein Nachher gibt es nicht!«

- Präventivkrieg: Vorbeugender Angriff zur Sicherung eigener Vorteile
- Präemptivkrieg: Legale Notwehr gegen unmittelbare Bedrohung

Die sehr konkrete serbische Teilmobilmachung gegen Österreich-Ungarn am 9. Oktober 1908 wurde von den Mittelmächten offenbar nicht als unmittelbare Bedrohung, sondern nur als wütendes Säbelwetzen wahrgenommen. Daher schied mangels aktuell notwendiger Selbstverteidigung eine präemptive Kriegsführung aus. Allerdings sprachen die auf die Kriegsabsichten der Entente hinweisenden Indizien sehr wohl für einen Präventivschlag zumindest gegen Serbien, wenn nicht auch gegen Russland. Zu nennen sind neben der strategischen Einkreisung der Mittelmächte insbesondere auch Serbiens und Russlands subversive Unterstützung der serbisch-nationalistischen Bewegung auf österreichischem Territorium sowie die sich für Österreich und Deutschland sukzessive verschlechternde internationale Rüstungsbalance. Die heute einsehbare Faktenlage bestätigt, dass die Generäle der Mittelmächte Recht hatten, als sie ihre Regierungen ab der Bosnischen Krise zum Präventivkrieg drängen wollten.

In diesem Zusammenhang darf nicht unerwähnt bleiben, dass die vieldiskutierten Terroranschläge des 11. September 2001 (9/11) weder einen präemptiven Krieg rechtfertigten noch einen präventiven Krieg indizierten. Da es sich, wie im Kapitel über 9/11 (Band 2) gezeigt wird, um eine von US-Regierungsleuten zumindest geduldete verdeckte Operation gegen das eigene Land handelte, war nach geltendem Kriegsvölkerrecht von vornherein jedes Recht der USA auf Selbstverteidigung ausgeschlossen und der ganze Krieg gegen den Terror ein riesiger, völlig abstruser Schwindel. Der Terror in Nahost wurde maßgeblich von den USA erzeugt. Die von George Bush so bezeichneten »preemptive strikes« gegen vermeintliche Schurkenstaaten waren de facto keine präemptiven Angriffe. Sie waren aber auch keine präventiven Attacken, weil beispielsweise von den in Übersee befindlichen und schlecht gerüsteten Nationen Afghanistan, Pakistan und Irak nicht einmal eine abstrakte Bedrohung für die USA ausging. Die »preemptive strikes« der USA sind eindeutig Kriegsverbrechen, weshalb der größte Schurkenstaat weltweit die USA sind.

Das Deutsche Reich und Österreich-Ungarn waren hingegen faktisch massiven Bedrohungen durch die Entente ausgesetzt, wobei das klassische Völkerrecht den souveränen Staaten keine Beschränkung des Kriegsführungsrechts auferlegte.[670] Sogar nach dem äußerst restriktiven modernen Kriegsvölkerrecht, das damals freilich nicht verbindlich war, hätte man gerade am 9. Oktober 1908 angesichts der Teilmobilmachung der von Russland und Frankreich aufgerüsteten serbischen Streitkräfte, die eindeutig ein aggressiver Akt gegen Österreich-Ungarn war, einen Präemptivschlag erwägen können – und wäre dabei bis heute 1.000-fach glaubwürdiger gewesen als die USA nach 9/11. Wie wir noch im Kapitel über die planmäßige Auslösung des Ersten Weltkriegs sehen werden, nahmen Österreich und Deutschland im Sommer 1914 ihr Recht auf Selbstverteidigung in Anspruch, führten einen präemptiven Krieg gegen die Entente – und gingen damit der Globalisierungsclique in die Falle.

Zurück ins Jahr 1908. Der österreichische General Freiherr Franz Conrad von Hötzendorf (1852 bis 1925) wollte unbedingt die Annexion Bosniens und Herzegowinas zum Anlass für einen Präventivkrieg gegen Serbien nehmen. Abgesehen von seiner mangelnden Kenntnis über die geheimen Kriegspläne der Globalisierungsclique, traf die Lagebeurteilung des Generalstabschefs für die gesamte bewaffnete Macht Österreich-Ungarns absolut ins Schwarze: Russland, Frankreich und Italien seien nicht (materiell) kriegsbereit, England wolle (noch) keinen Krieg und Rumänien sei ein Verbündeter. Der k. u. k. Außenminister von Aerenthal lehnte jedoch einen Angriffskrieg kategorisch ab, genauso wie Kaiser Franz Joseph I. und der Thronfolger Franz Ferdinand. Die österreichische Krone wollte den Frieden. Dessen konnte sich von Aerenthal sicher sein.[671]

Wie sein Kamerad in Österreich war auch der deutsche Chef des Großen Generalstabs Generaloberst Helmuth von Moltke der Jüngere (1848 bis 1916) ein Realist. Für ihn stellten die Bündnispartner Deutsches Reich und Österreich eine Einheit dar, deren militärisches Potenzial im Verbund respektive auf einander abgestimmt gegen die noch junge, aber immerhin längst auf die Vernichtung der Mittelmächte getrimmte Triple Entente einzusetzen war. Österreich-Ungarn hätte – leider nur theoretisch – im Osten Serbien und dessen Schutzmacht Russland so lange binden können, bis Deutschland gemäß Schlieffen-Plan zuerst im Westen mit Frankreich aufgeräumt hätte, um sodann seine restlichen Truppen nach Osten zur Unterstützung Österreichs gegen Russland ins Gefecht zu werfen. 1908 standen die Chancen gut für einen derart geführten Präventivkrieg. Generaloberst Helmuth von Moltke beriet die Reichsleitung mehrmals in dieser Richtung, doch wie General Conrad von Hötzendorf blieb er ungehört. Kaiser Wilhelm II. und der deutsche Kanzler winkten ab.

Der ehemalige Geschichtsprofessor und Rektor an der Universität Leipzig Erich Brandenburg schrieb 1939 über das Jahr der Bosnischen Krise und das Jahr danach:

»Damals war Russland aktionsunfähig, Frankreich und England mangelhaft gerüstet, die Entente erst im Werden begriffen. Hätten wir einen Präventivkrieg führen wollen, so wären damals und noch bis 1909 alle Chancen auf unserer Seite gewesen. Der Generalstab hat pflichtgemäß darauf aufmerksam gemacht. Unsere Regierung hat diese Möglichkeit nie ernstlich erwogen und noch 1909, als man in Österreich den Einmarsch in Serbien in Betracht zog, immer im Sinne des Friedens gewirkt.«[672] Und der australische Historiker Christopher Clark attestiert: »Weder im Jahr 1905 noch 1911 (als die Bedingungen aus deutscher Sicht in Wirklichkeit weit günstiger als im Sommer 1914 waren) hatte die deutsche Regierung den Beginn eines Präventivkriegs in Betracht gezogen.« Die Kriegstreiber saßen in London und Paris: »Während der zweiten Marokkokrise von 1911 trugen die Briten, und nicht die Franzosen oder die Deutschen, am stärksten zu einer Militarisierung der Krise bei. Und in der Winterkrise 1912/13 war die französische, nicht die deutsche, Politik kurz davor (wenn auch nur zeitweilig), einen Präventivkrieg zu befürworten.«[673]

All diesen Fakten und vor allem der Logik zum Trotz behauptet ausgerechnet ein deutscher Historiker namens Imanuel Geiss, der deutsche Kaiser Wilhelm II. habe am 8. Dezember 1912 den »förmlichen Entschluss zum großen Krieg bei nächster Gelegenheit« gefasst. In weiterer Folge glaubt Geiss, ein augenscheinlicher Gesinnungsgenosse Fritz Fischers, konstatieren zu können: »Von diesem Zeitpunkt an waren der Kaiser und seine Regierung konsequent antiserbisch – konsequent bis zum Risiko, mit einem Krieg gegen Serbien den Kontinental- und Weltkrieg auszulösen.« Seine unhaltbaren Thesen versucht Geiss mit Argumenten zu untermauern, die genau das Gegenteil beweisen. So führt er an, der deutsche Reichskanzler habe im Februar 1913 Österreich-Ungarn »noch einmal zurückgehalten, da jetzt ein Krieg wegen Serbien noch zu früh gewesen wäre«, weil Russland aus Prestigegründen bei einem militärischen Vorgehen der Donaumonarchie gegen Serbien nicht tatenlos hätte zusehen können. Folglich hielt es der Kanzler, wie Geiss selbst korrekt zitiert, »für einen Fehler von unermesslicher Tragweite, eine gewaltsame Lösung [...] in einem Augenblick herbeizuführen, in dem sich uns eine wenn auch nur entfernte Aussicht eröffnet, den Konflikt unter für uns wesentlich günstigeren Bedingungen auszutragen.« Obendrein erwähnt Geiss noch, dass auch General Moltke für Zurückhaltung plädierte.[674] Damit führt der deutsche Historiker seine eigene Argumentation ad absurdum, weil das russische Militär bekanntlich von Jahr zu Jahr rapide stärker wurde und daher Deutschland mit jedem Zuwarten bewusst in Kauf nahm, dass sich seine Position in einem künftigen Krieg gegen Russland automatisch verschlechterte. Da sowohl der Kaiser als auch der Kanzler zur Zurückhaltung aufriefen, strebte die

Führung des Deutschen Reiches keinen Krieg an, schon gar keinen großen und auch nicht bei nächster Gelegenheit.

Unter völliger Ausblendung der antiösterreichischen Agitation Serbiens und wiederum seine eigenen Thesen widerlegend, bemerkt Geiss sodann, der deutsche Kaiser habe befürchtet, dass die Donaumonarchie »mit ihrer antiserbischen Politik die Südslawen geradezu in die panslawistische Solidarität mit Russland hineintreibe«, worauf Wien im Sommer 1913 erneut von Berlin gebremst worden wäre.[675] Nach der Feststellung, dem angeblich antiserbischen Deutschen Reich habe es sogar an den zusätzlichen finanziellen Mitteln ermangelt, »um eine aktive Wirtschaftspolitik auf dem Balkan zur Eliminierung oder Neutralisierung des hartnäckigen Serbien tatsächlich aufzubringen«, bringt Geiss eine Randnotiz Wilhelms II. vom 18. Oktober 1913 ins Treffen, der zufolge sich der deutsche Monarch im Hinblick auf Serbien nach dem Motto »Jetzt oder nie!« dafür aussprach, es müsse »mal da unten Ordnung und Ruhe geschaffen werden.« Zwar empfahl der deutsche Kaiser den Österreichern, sie sollten in ein paar Tagen in Belgrad stehen, jedoch stellt Geiss zutreffend sowohl das deutsche Leitmotiv als auch die angedachte Maßnahme der Donaumonarchie gegenüber Serbien im Herbst 1913 fest: »Serbien bedroht mit seiner Agitation gegen Österreich-Ungarn Ruhe und Ordnung, die nur durch eine Art Polizeiaktion wieder hergestellt werden können.«[676] Wie unschwer zu erkennen ist, beweisen Geiss' unlogische Scheinargumente, dass und warum das Deutsche Reich stets redlich bemüht war, den österreichisch-serbischen Konflikt zu **lokalisieren:** Russland sollte unter keinen Umständen hineingezogen werden, damit es ja nicht zum Kontinental- oder Weltkrieg käme.

In seiner Denkschrift vom 18. Mai 1914 machte Generalmajor Graf Waldersee, Oberquartiermeister im Generalstabe, seinen Vorgesetzten, den Generalstabschef Helmuth von Moltke den Jüngeren, unter völliger Verkennung der realen Verhältnisse auf die seiner Meinung nach relativ günstigen Voraussetzungen für einen Präventivkrieg gegen Frankreich aufmerksam. Generalmajor Waldersees Denkschrift wird gelegentlich – ebenfalls unter völliger Verkennung der Tatsachen – als »Schlüsseldokument« bezeichnet,[677] obwohl es auf die deutsche Regierung keinerlei Einfluss hatte. Warum Deutschland bis zuletzt keinen Krieg wollte, erklärte Eugène Beyens am 12. Juni 1914 als vermeintlich neutraler Zeitzeuge, nämlich als von 1913 bis zum Kriegsbeginn im August 1914 in Berlin als belgischer Botschafter amtierender Diplomat: »Deutschland hat diesen Krieg nicht nötig. In wenigen Jahren wird ein Gleichgewicht der Kräfte zwischen ihm und seinem Nachbarn nicht mehr möglich sein. Deutschland braucht sich nur gedulden, braucht nur in Frieden seine wirtschaftliche und finanzielle Macht dauernd weiter zu steigern, braucht nur die Wirkungen seines Geburtenüberschusses abzuwarten, um ohne Widerspruch und ohne Kampf in ganz Mitteleuropa zu herrschen.«[678] Dasselbe Wissen hatten natürlich auch die Kriegstreiber der geheimen Clique. Sie störte aber nicht nur die absehbare absolute Vorherrschaft der Deutschen in Mitteleuropa. Noch viel mehr war ihnen der bereits beschriebene Ausbau der mitteleurasischen Allianz ein Dorn im Auge, deren wichtigste Transportrouten von der deutschen Bagdad-Bahn und der sie potenziell ergänzenden österreichischen Sandschak-Bahn abgedeckt wurden.

Nachdem Österreich-Ungarn 1908 den Sandschak von Novi Pazar an das Osmanische Reich retourniert hatte, wurde gleich im Folgejahr, also 1909, wieder das noch aus der Zeit des Berliner Vertrags von 1878 stammende Recht zur Errichtung einer Eisenbahn im Sandschak aktiviert. Sodann verliefen zwei Trassen durch den Sandschak.[679] Wenngleich das österreichische Bahnprojekt auf dem Balkan nicht zuletzt wegen des hohen Kostenfaktors in Österreich-Ungarn von manchen auf seine Sinnhaftigkeit hinterfragt wurde und auch sonst nicht nur auf Begeisterung stieß, so stellte es jedenfalls eine Bedrohung für die geostrategischen Interessen der britischen Imperialisten und der hinter ihr stehenden Globalisierungsclique dar. In ihren Augen gab es für die Verwicklung Deutschlands und Österreichs in einen großen Krieg keinen besseren Ort als das Pulverfass auf dem Balkan. Und für die Auslösung des Kriegs gab es für sie keine bessere Zielscheibe als die Ermordung des Repräsentanten der Zukunft der Donaumonarchie: des Thronfolgers.

Personifizierte Zukunft Österreichs

Im Jahr 1914 war Kaiser Franz Joseph I. (1830 bis 1916) bereits 84 Jahre alt. Er regierte seit sage und schreibe 66 Jahren, erfreute sich nicht gerade bester Gesundheit und war alles andere als offen für Neuerungen. Ganz im Gegensatz zu seinem erst 1896 designierten Nachfolger, der ein großer Hoffnungsschimmer für den Fortbestand des Habsburgerreichs war. Nicht umsonst wurde der Thronfolger noch zu Lebzeiten des Kaisers intensiv auf seine Funktion als künftiger Herrscher vorbereitet.[680] Oft wird übersehen, dass der terroristische Anschlag auf den österreichischen Thronfolger Erzherzog Franz Ferdinand von Österreich-Este (1863 bis 1914) vom 28. Juni 1914 ein eindeutig dem Königreich Serbien zurechenbarer und schwerwiegender Angriff auf die österreichisch-ungarische Doppelmonarchie und ihre in Franz

Abb. 35: Thronfolger Franz Ferdinand   Abb. 36: Franz Ferdinand als Mumie

Ferdinand personifizierte Zukunft darstellte. Dieser Mann hatte die konkreten Pläne, den eisernen Willen und in absehbarer Zeit wohl auch die geeigneten Mittel zum Löschen der von Iswolski im Auftrag der Globalisierungsclique entzündeten Lunte auf dem Balkan-Pulverfass.

Erzherzog Franz Ferdinand war ein würdiger Ersatz für seinen Cousin, den 1889 verstorbenen Kronprinzen Rudolf. Wie Rudolf mag auch Franz Ferdinand nicht unbedingt der beliebteste Habsburger gewesen sein. Sogar innerhalb der Dynastie rümpfte man die Nase über den gebürtigen Grazer, wofür er mir, man verzeihe meine Befangenheit, schon einmal außerordentlich sympathisch ist. Auf aristokratische Schmähreden ob seiner morganatischen (nicht standesgemäßen, weil aus niederem Adel stammenden) Gattin Sophie Herzogin von Hohenberg (geborene Gräfin Chotek von Chotkowa; 1868 bis 1914), die Franz Ferdinand abgöttisch liebte, konterte er auf seine brutal-charmante Art, die ihm erlaubten Damen seien »eine schiacher [hässlicher] wie die andere«, weil bei den Habsburgern »immer Mann und Frau zwanzig Mal miteinander verwandt sind«, sodass »von den Kindern die Hälfte Trottel und Epileptiker sind.«[681] Dass Klartextsprecher Franz Ferdinand reichlich Humor hatte, belegt zum Beispiel eine Fotografie, die ihn als Mumie eines ägyptischen Pharaos zeigt (siehe Abb. 36). Der Bildkommentar seiner Urenkelin Anita Hohenberg lautet: »Schon wieder zu Späßen aufgelegt.«[682]

Dem wortgewaltigen Thronfolger, der ein sehr liebevoller und fürsorglicher Familienvater war, sagt man allerdings auch ein angeblich psychopathologisch motiviertes Jagdfieber nach: Der offiziellen Zählung zufolge soll er exakt 274.899 Tiere getötet haben.[683] Die Zahl wäre rund, hätte man die letzte Fliege am Bahnsteig in Sarajewo mitgezählt. Scherz beiseite. Ich persönlich fand zwar diese Tötungsbilanz beim ersten Lesen schrecklich, dachte mir dann aber, dass Franz Ferdinands weltrekordverdächtige Trefferquote vermutlich die Ehre so mancher der damals sehr aktiven royalen Jagdgesellschaften rettete. Außerdem wurden wohl viele der erlegten Tiere verspeist. Ob sich die Kritiker des Thronfolgers auch über die hunderttausenden gequälten Tiere beschweren, die ein einzelner Mitarbeiter eines Schlachthofs im Laufe seiner Karriere umbringt, darf dahingestellt bleiben.

Meine Sicht der Dinge ist folgende: Alle Monarchen waren als Herrscher gleichwohl Diener und Sklaven eines streng ritualisierten Systems, gewissermaßen Gefangene im Goldenen Käfig. Dennoch lebten herausragende Persönlichkeiten wie Kronprinz Rudolf, Erzherzog Ferdinand und Kaiser Wilhelm II. weitestgehend authentisch. Sie zeigten ihre Ecken und Kanten, standen zu ihren Stärken und Schwächen. Im Vergleich zu ihnen wirken viele heutige Politiker wie billige Abziehbilder, wie Despoten, die sich hinter der längst als absurd erkannten Maske »Volksvertreter« verstecken und sich wie unsere Herren aufspielen. Rudolf, Franz Ferdinand und Wilhelm II. hingegen waren Menschen mit Format, die ihre Nation mit Anstand und Würde repräsentierten sowie im Sinne des europäischen Friedens dachten und handelten. Genau davon lenken einige Historiker und Küchentischpsychologen ab, indem sie sich auf Details versteifen, die weder der Person noch dem Wirken der Genannten gerecht werden und dadurch vom Wesentlichen ablenken.

Exzellenter Militär- und Geostratege

Mit seinem Charisma, extrem starken Willen und sehr guten militärischen wie auch geostrategischen Verständnis war Franz Ferdinand der beste damals verfügbare Thronfolger. Wahrscheinlich hätte er den besten österreichischen Kaiser abgegeben. In erster Linie war er mit Leib und Seele Offizier und kein ordenbehangener Militärschauspieler wie so manche andere Adelige. Seine fundierte Ausbildung in fast allen Waffengattungen ließ ihn militärpraktische Erfahrungen in der ganzen Monarchie sammeln. Als General der Kavallerie und Admiral der k. u. k. Flotte gab Franz Ferdinand den idealen Beschützer des Reichs ab. In seinen Venen floss angeblich das Blut von 112 Adelsgeschlechtern, darunter jenes von Karl dem Großen. Doch das Blut allein ist nichts. Weil sein Vater Karl Ludwig von Österreich, der zweitälteste Bruder Kaiser Franz Josephs I., für die Krone völlig ungeeignet war, fiel die Entscheidung eben auf Franz Ferdinand.[684]

Dass Franz Ferdinand seit seiner Bestellung zum Thronfolger 1896 vom greisen Franz Joseph I. nicht längst die Krone übergeben wurde, wird meist darauf zurückgeführt, dass ihm dieser die besagte morganatische Ehe nie verzeihen konnte. Der stockkonservative Kaiser fürchtete sogar, Franz Ferdinands künftige Söhne könnten einmal ihr Thronerbe antreten. Deshalb wurde der Thronfolger bedrängt, am 28. Juni 1900 demütig, hochoffiziell und schriftlich seine Ehe mit Sophie Chotek ausdrücklich als morganatisch zu erklären.[685] Die wichtigste Rechtsfolge dieses Renunziationseides war Franz Ferdinands Verzicht auf sämtliche habsburgischen Anrechte seiner ungeborenen Kinder. Franz Joseph I. soll sodann der durchwegs realistische Gedanke geplagt haben, Franz Ferdinand könnte besagten Verzicht als neuer Kaiser rückgängig machen und die habsburgische Erbordnung auf den Kopf stellen. Deshalb und weil ihm der Thronfolger (noch) zu ungestüm war, soll er ihm die Regentschaft verwehrt haben. Daraus ist jedoch keineswegs abzuleiten, dass der Kaiser den Thronfolger generell abgelehnt oder sich gar dessen Tod gewünscht hätte. Das Gegenteil ist der Fall. Es war Franz Joseph I., der dem verliebten Brautpaar überhaupt eine halbwegs standesgemäße Ehe ermöglichte: Als Hochzeitsgeschenk wurde Sophie Chotek vom Kaiser mit Wirkung vom 1. Juli der erbliche Fürstenstand mit dem symbolträchtigen Namen »Hohenberg« verliehen. Dass Gertrud von Hohenberg quasi die Stammmutter der Habsburger war, spricht für sich. 1909 wurde Sophie zusätzlich der Titel »Herzogin von Hohenberg« verliehen.[686] Bei allen Schmähungen, denen Franz Ferdinand und Sophie bei Hofe ausgesetzt waren, konnte man doch sowohl das Wohlwollen des Kaisers für seinen Nachfolger als auch die Hoffnung deutlich erkennen, die er in ihn setzte.

Nachdem er Franz Ferdinand 1898 auf den extra für ihn geschaffenen Sonderposten eines Generals zur Disposition des Allerhöchsten Oberbefehls über die k. u. k. Streitkräfte gesetzt und ihm ab 1899 eine eigene Militärkanzlei beim Schloss Belvedere gewährt hatte, ernannte der Kaiser den Thronfolger 1906, also sechs Jahre nach der kritisch beäugten Verehelichung, zum Generalinspekteur des gesamten k. u. k. Heers. Im selben Jahr, mit Wirksamkeit vom 18. November, wurde Franz Conrad von Hötzendorf auf Vorschlag Franz Ferdinands vom Kaiser zum Generalstabschef für die gesamte bewaffnete Macht ernannt.[687] Dieser war zwar dem Thronfolger unterstellt, jedoch in wichtigen Punkten nicht immer derselben Ansicht. Ebenfalls 1906 wurde die Militärkanzlei des Thronfolgers wie ein Ministerium organisiert und mit einem Stab von 14

Offizieren ausgestattet. Sie war damit fast in derselben Größenordnung wie jener der kaiserlichen Militärkanzlei. Zudem mussten neben dem Kriegsministerium auch alle anderen Ministerien dem Thronfolger alle bedeutenden Schriftstücke vorlegen. Sowohl Minister als auch am kaiserlichen Hof akkreditierte auswärtige Botschafter mussten zu Audienzen bei Erzherzog Franz Ferdinand antanzen, was ihm natürlich im bis heute proporzträchtigen Wien nicht nur Freunde einbrachte. Bei allem Gedankenaustausch wusste der Thronfolger, wie er jene Minister loswurde, die sich gegenüber ihm und seinen Plänen querlegten.[688] Franz Ferdinands Militärkanzlei wurde zum Machtzentrum und kaiserlichen Thinktank in militärischen Belangen, fungierte aber auch als verdeckte Nachrichten- und Auswertstelle für politische Informationen, deren wichtigste Aufgabe die Verhinderung von allem war, das die »national-föderalistische Zerbröckelung« der Donaumonarchie beschleunigen könnte.[689]

Im Gegensatz zu Kronprinz Rudolf wurde Franz Ferdinand also mit der damals größtmöglichen Macht unterhalb des Kaisers ausgestattet. Die nahezu allumfassende Kompetenz der am 28. Juni 1914 ermordeten letzten Hoffnung Österreich-Ungarns brachte Heinrich von Tschirschky (1858 bis 1916), der deutsche Botschafter in Wien, wenige Tage später, am 2. Juli, in seinem Schreiben an den deutschen Reichskanzler Bethmann Hollweg wie folgt auf den Punkt:

Die Hand des Erzherzogs war überall, nicht nur in der Armee und der Flotte, sondern in jedem Ministerium, auf jeder Statthalterei und in den auswärtigen Vertretungen zu spüren. Es bestand eine in der Kanzlei des Erzherzogs völlig organisierte Nebenregierung [...] Ich habe in meiner Berichterstattung wiederholt darauf hingewiesen, dass man in allen ernsten politischen Kreisen Cisleithaniens tief von der Notwendigkeit einer durchgreifenden Reform im Inneren, auch zur Schaffung einer tragfähigen Basis für eine tatkräftige auswärtige Politik, durchdrungen ist, dass aber eine solche unter der Regierung des greisen Kaisers Franz Joseph wohl kaum mehr zu erhoffen sei. In dieser Beziehung erwartete man alles von dem Thronfolger Franz Ferdinand, von dem man wusste, dass er in langjähriger Erfahrung und genauer Beobachtung die Schäden und die Bedürfnisse des komplizierten österreichischen Staates von Grund aus kannte.[690]

Franz Ferdinand galt mit Fug und Recht als der zweitmächtigste Mann im Staate Österreich-Ungarn – und auch Kaiser Franz Joseph I. baute auf ihn, zumindest was das Militärische und Geostrategische betraf. Wie bereits erwähnt, sprach sich der österreichische Thronfolger kompromisslos gegen einen Präventivkrieg gegen Serbien aus, obwohl die Voraussetzungen dafür 1908 aus österreichischer und deutscher Sicht noch verhältnismäßig gut waren.[691] Gegen eine Okkupation oder Annexion auch nur von Teilen Serbiens war er nicht unbedingt allein aus mitmenschlicher Zuneigung, sondern primär wegen seiner realistischen Einschätzung, dass der Vielvölkerstaat Österreich-Ungarn bereits zu groß war und Probleme in ausreichender Zahl am Halse hatte. Schon im August 1908, zwei Monate vor der serbischen Teilmobilmachung, schrieb er an Außenminister von Aerenthal: »Im allgemeinen bin ich überhaupt bei unseren desolaten inneren Verhältnissen gegen alle solche Kraftstückeln.« Als hätte er sowohl die Kriegspläne des britischen Committee of Imperial Defence als auch Iswolskis Tätigkeit als Agent der Globalisierungsclique hellseherisch erfasst, warnte Franz Ferdinand den k. u. k. Außenminister, es unter keinen Umständen zum Krieg kommen zu lassen: »Wir haben dadurch keinen Vorteil und es hat den Anschein, als ob diese Balkanköter, von England und vielleicht Italien gehetzt, uns zu einem voreiligen kriegerischen Schritt bewegen wollten.« Dem Leiter seiner Militärkanzlei Major Alexander von Brosch-Aarenau versicherte er, dass eine Abreibung für Serbien und Montenegro zwar seinen Reiz hätte, gleichzeitig stellte er aber fest, dass es diese »billigen Lorbeeren« nicht wert wären, »wenn wir uns dadurch in eine allgemeine europäische Verwicklung hinaufdividieren und dann womöglich mit zwei bis drei Fronten zu kämpfen haben und das nicht aushalten können.«[692] Unbestreitbar sah Franz Ferdinand jenes Szenario voraus, das seine Ermordung im Juni 1914 auslösen sollte.

Im April 1914, nur zwei Monate vor seiner Ermordung durch bosnische Serben, schrieb Franz Ferdinand seinem Kaiser: »Wir haben schon ein allzu großes Territorium. Was für einen Vorteil könnte es bringen, ein Stück Serbien dem Reich anzugliedern?«[693] Was der Thronfolger längst artikuliert hatte, wurde erst nach seiner Ermordung im k. u. k. Ministerrat gefordert: Der ungarische Ministerpräsident Graf Tisza (István Tisza Graf von Borosjenő und Szeged) machte sich im gemeinsamen Ministerrat vom 19. Juli 1914, also mitten in der brandheißen Juli-Krise, dafür stark, dass Österreich-Ungarn keine territorialen Erwerbungen in Serbien anstrebte.[694] Auf dieses Erfordernis hatte Erzherzog Franz Ferdinand, wie gesagt, bereits vor der Bosnischen Krise im Jahr 1908 hingewiesen. Der Thronfolger war eben ein Mann mit Weitblick, der sich allerdings gerne auch humorvoll bis drastisch ausdrückte. Eroberungen in Serbien kamen nicht in Betracht, denn »alles, was wir ernten könnten, wäre ein Haufen Diebe, Banditen, Mörder und ein paar Pflaumenbäume.«[695] Was nicht gerade schmeichelhaft klang, war alles andere als an den Haaren herbeigezogen. Schon im Jahr 1903 wurde das serbische Königspaar von serbischen Offizieren bestialisch abgeschlachtet, nur weil es Österreich-Ungarn wohlgesonnen war. Es sollte eine Kette von Attentaten auf österreichische Würdenträger folgen,[696] deren letztes Glied Franz Ferdinand war, gerade weil er sich intensiv für die Rechte der Slawen und vor allem der Serben einsetzte.

Vereinigte Staaten von Groß-Österreich

Der österreichische Thronfolger war, wie nach seiner Ermordung sogar die rumänische Presse einstimmig und richtig erkannte, ein »Beschützer von Minoritäten und Unterstützer von nationalen Zielen« innerhalb der Donaumonarchie.[697] Aus tiefster Überzeugung wollte Franz Ferdinand daher nicht gegen Serbien vorgehen, sondern lieber dem Nationalitätenproblem im eigenen Land Herr werden. Die meisten Ethnien waren mit der sie unterdrückenden Monarchie unzufrieden und schielten ins Ausland, vor allem nach Serbien, wo sie sich den Ansporn für die Erringung der eigenen Unabhängigkeit holten. Dies entwickelte sich während des Ersten Weltkriegs zum Beispiel in Galizien zu handfesten russophilen Tendenzen sowie dem Streben nach einem selbständigen Polen.[698] Franz Ferdinand machte kein Geheimnis daraus, dass er die Monarchie retten und sie dazu radikal umstrukturieren würde, sobald er Kaiser wäre. Er galt als scharfer Kritiker des dualistischen Prinzips, weil es die Macht bei einer »anmaßenden und politisch illoyalen ungarischen Elite« konzentrierte, »während sie gleichzeitig die übrigen neun offiziellen Nationalitäten des Habsburger Reiches an den Rand drängte und brüskierte.«[699]

Auch der k. u. k. Generalstabschef Conrad von Hötzendorf schätzte die ethnische Lage im Vielvölkerstaat Österreich-Ungarn und ihre außenpolitische Dimension völlig korrekt ein. Am 14. Dezember 1912 stellte er die inneren und äußeren Faktoren im Hinblick auf die großserbische Idee in seinem an Franz Ferdinand gerichteten Brief wie folgt dar:

> *Der Zusammenschluss der südslawischen Rasse ist eine jener völkerbewegenden Erscheinungen, die sich nicht wegleugnen lassen. Es kann sich nur darum handeln, ob dieser Zusammenschluss innerhalb des Machtgebiets der Monarchie – also auf Kosten der Selbständigkeit Serbiens – oder ob er sich unter der Ägide Serbiens auf Kosten der Monarchie vollziehen wird. Diese Kosten bestünden für uns im Verlust der südslawischen Länder und damit fast des ganzen Küstengebietes. Territorial- und Prestigeverlust würden dabei die Monarchie zu einem Kleinstaat herabdrücken.*[700]

Abb. 37: Vereinigte Staaten von Groß-Österreich

Legende

Kürzel	Staat	Ethnie
B-H	Bosnien-Herzegowina	Serben, Kroaten
BÖH	Böhmen	Tschechen
D-B	Deutsch-Böhmen	Deutsche
D-M	Deutsch-Mähren	Deutsche
D-Ö	Deutsch-Österreich	Deutsche
KRA	Krain	Slowenen
KRO	Kroatien	Kroaten, Serben
O-GAL	Ost-Galizien	Ukrainer
SEK	Seklerland	Ungarn
SIE	Siebenbürgen	Rumänen
SLO	Slowakenland	Slowaken
TRE	Trento (Trient)	Italiener
UNG	Ungarn	Ungarn
W-Gal	West-Galizien	Polen
WOI	Woiwodina	Serben, Kroaten

Weil der Thronfolger die k. u. k. Monarchie und den Status Österreich-Ungarns als Großmacht unter allen Umständen erhalten wollte, schwebte ihm bis etwa Anfang 1914 die Transformation der Donaumonarchie in einer Triple-Monarchie vor, in der die Slawen gegenüber den Deutschen (Österreichern) und Ungarn gleichgestellt sein sollten. Während sein Cousin Kronprinz Rudolf in den 1880er Jahren die Errichtung eines autonomen Großserbien inklusive Bosnien und Herzegowina unter österreichischer Schutzherrschaft beabsichtigt hatte, strebte Franz Ferdinand aufgrund der inzwischen verschlechterten Bedingungen auf dem Balkan einen serbischen Staat innerhalb der Donaumonarchie an. Da Ungarn seine Macht nicht teilen wollte, wäre dieses Vorhaben wohl kaum ohne Bürgerkrieg zu realisieren gewesen.[701]

Im Frühjahr 1914 gab Franz Ferdinand das Vorhaben Triple-Monarchie auf, steigerte sich aber sogar noch – typisch für einen ambitionierten Reformator – in seinen Planungen zur Entmachtung der ungarischen Reichshälfte zu einer gemäß der von Aurel Popovici (1863 bis 1917) entworfenen föderalistischen Umstrukturierung der Donaumonarchie. Aurel Popovici war ein ambitionierter österreichisch-ungarischer Politiker rumänischer Herkunft und zeitlebens überzeugter Anhänger der Donaumonarchie. Sein Kampf richtete sich nicht gegen die Deutschen, sondern ausschließlich gegen den ungarischen Machtmissbrauch. Weil er sich 1892 mit einem Appell zur Gewährung nationaler Freiheitsrechte der Rumänen in Siebenbürgen in Form einer Denkschrift an Kaiser Franz Joseph I. wandte, wurde Popovici zu vier Jahren Kerker verurteilt. Beim Thronfolger hingegen rannte Aurel Popovici mit seinem Buch *Die Vereinigten Staaten von Groß-Österreich* aus dem Jahr 1906 offene Türen ein.[702] Darin spricht sich der rumänische Autor für eine Föderation von 15 weitgehend autonomen Ländern unter der Führung der Habsburger aus. Jedes der 15 Länder respektive Nationalstaaten repräsentierte planmäßig im Großen und Ganzen eine Ethnie, wobei die meisten dieser Länder in Entsprechung der Bevölkerungsgruppen in Österreich-Ungarn slawisch waren. Jedes Land sollte sein eigenes Parlament, seine eigene Regierung und Staatssprache bekommen. Dem Bundesstaat kam die zentrale Kompetenz für das gemeinsame und daher einheitliche Außen-, Verteidigungs-, Justiz-, Finanz-, Verkehrs- und Handelswesen zu.[703]

Der Thronfolger war begeistert, weil er in diesem föderativen Konzept die Möglichkeit zur Stärkung und Rettung der Donaumonarchie durch die Zurückgewinnung der Loyalität abtrünniger Ethnien erkannte.[704] Über Marie Henriette Chotek (1863 bis 1946), die Cousine seiner Frau, hielt Franz Ferdinand Fühlung zur christlichen Arbeiterjugend Österreichs, die ebenfalls ein sozial gerechtes, föderatives Groß-Österreich propagierte. Marie Chotek war Mitglied des Zentralvorstands, »der die Christlichsoziale Partei Karl Luegers am nächsten stand.«[705] Der Thronfolger war mithin entsprechend politisch vernetzt, sodass einer Umsetzung Popovicis Modell eine gewisse Aussicht auf Erfolg beschieden war. Franz Ferdinands besondere politische Gabe lag darin, dass er die Stärkung des Deutschtums in einer gegenüber anderen Ethnien nicht anmaßenden, sondern überaus versöhnend-verbindenden Art und Weise umzusetzen wusste. Wie Botschafter Tschirschky zutreffend betonte, hatte der Thronfolger

> den Wert des germanischen Elements im österreichischen Völkerchaos als »Ferment« [Bindemittel] und staatserhaltenden, vermittelnden Faktor würdigen gelernt. Ich bin überzeugt, dass er, ohne etwa eine Politik ad majorem gloriam der Schönerer, Wolf und Consorten zu machen, doch im Sinne einer Stärkung des germanischen Elements regiert hätte.[706]

Genau das machte Franz Ferdinand zum großen Sympathieträger beim deutschen Kaiser und zum Todfeind Serbiens. Dass das Konzept der Vereinigten Staaten von Groß-Österreich aus dem Jahr 1906 äußerst intelligent verfasst wurde, zeigt sich vor allem an den ethnischen Grenzziehungen, die sich in weiten Teilen nahezu vollständig mit der heutigen Landkarte decken. So entspricht zum Beispiel Deutsch-Österreich (D-Ö) etwa dem heutigen Österreich, das Slowakenland (SLO) der heutigen Slowakei, Krain (KRA) dem heutigen Slowenien, Kroatien (KRO) dem heutigen Kroatien und Bosnien-Herzegowina (B-H) dem heutigen Bosnien-Herzegowina (siehe Abb. 37).

Das groß-österreichische Konzept berücksichtigte bereits im Jahr 1906 die nationalen und autonomen Bedürfnisse der Slawen. Was erst nach zwei blutigen Weltkriegen und dem Kalten Krieg zustande kam, hatte Franz Ferdinand schon 1914 befürwortet. Grundsätzlich lag damals ein vermutlich besseres Konzept als jenes der heutigen EU vor, die es seit etwa 2014 vorzieht, auf einen gefährlichen Konfrontationskurs mit der Russischen Föderation zu gehen. Bei dem Gedanken dreht sich der österreichische Thronfolger, vermutlich mit dem Zorn des Gerechten erfüllt, im Sarkophag seiner Gruft im Schloss Artstetten um.

Allianz mit Russland

Im Gegensatz zu den geostrategisch ahnungslosen und politisch untauglichen Hohlköpfen der sogenannten Kriegspartei verstand Franz Ferdinand wie schon Kronprinz Rudolf, dass ein gröberer Konflikt mit Serbien automatisch einen großen Waffengang gegen Russland zur Folge haben musste.⁷⁰⁷ Am 26. Februar 1913 war der Thronfolger noch zuversichtlich: »In aller Zukunft werden wir mit Russland gehen.« Bereits wenige Wochen später stellte er zutreffend fest:

*Ein Krieg mit Russland ist unser Ende.*⁷⁰⁸

Ebendies wollte der Thronfolger vermeiden, koste es, was es wolle. Auch dies nicht etwa, weil er zum großen Menschenfreund aufgestiegen wäre, sondern weil er schlichtweg ein Realist war, der seine Pflicht als Offizier und Verteidiger des Reiches Ernst nahm. Er wusste, dass die strategische Einkreisung der Mittelmächte durch die Entente-Staaten Russland, Frankreich und England und die damit verbundene europäische Bündnissystematik einen Weltkrieg zur Folge haben würde, in dem die Chancen Österreich-Ungarns wegen der aufgrund mangelnder Einsicht und aus vorgeblich budgetären Gründen viel zu gering dimensionierten und zu wenig modern ausgestatteten k. u. k. Streitkräfte äußerst gering waren. Außerdem ließen seine innenpolitischen Reformabsichten keine großen außenpolitischen Ambitionen zu. Franz Ferdinand mag vielleicht ein Antidemokrat, Ultramonarchist, Extremnationalist, Rassist, Macho und was man ihm noch alles nachsagt gewesen sein, aber im Gegensatz zu so manchem österreichisch-ungarischen oder heutigen Politiker war er mit Garantie kein Trottel, der freiwillig die Sicherheit des Reiches gefährdet hätte.

Wie sein persönlicher Freund, der deutsche Kaiser Wilhelm II., war auch Franz-Ferdinand ein glühender Verfechter der Idee eines einigen und starken Europas und daher von der Wichtigkeit des Friedens vor allem mit Russland überzeugt. Österreich und Deutschland konnten in einem europäischen Krieg nur verlieren, während Russland, Frankreich und vor allem England nur zu gewinnen hatten. Auch deshalb war für Wilhelm II. der Zusammenhalt der Mittelmächte unanfechtbar und die berüchtigte Nibelungentreue, also die unbedingte Bündnistreue des Deutschen Reiches zu Kaiser Franz Joseph I., ein sakrosanktes Prinzip. Nicht nur aus strategischen Gründen (Isolation Deutschlands) hatte sich der deutsche Kaiser schon seit langem um die Freundschaft mit dem österreichischen Thronfolger bemüht. Bereits 1906 stellte Wilhelm II. gegenüber seinem intriganten Onkel, dem britischen König Edward VII., den er grundrichtig als unzuverlässigen Neider entlarvt hatte, fest, dass Franz Ferdinands »morganatische Ehefrau als Kaiserin anerkannt werden sollte.«⁷⁰⁹ Dass seine Absichten gegenüber Franz Ferdinand ehrlich waren, spiegelt sich auch in Wilhelms aufrichtiger Bewunderung für die militärische Begabung des öster-

Abb. 38: Wilhelm II. und Franz Ferdinand mit getauschten Uniformen 1914 in Kiel

Abb. 39: Wilhelm II. und Franz Ferdinand auf der Jagd 1912 in Springe

reichischen Thronfolgers.[710] Wie dieser war Wilhelm II. Offizier aus Leidenschaft. Trotz seiner massiven körperlichen Beeinträchtigung – er galt seit seiner Geburt wegen seines gelähmten und verkürzten linken Arms als behindert – brachte es Wilhelm II. in einem wirklichen Militärdienst als Truppenoffizier immerhin zum Dienstgrad des Hauptmanns.[711] Wilhelm II. war also keinesfalls der militärisch ahnungslose uniformierte Grußaugust, als der er regelmäßig von antideutschen Propagandisten dargestellt wird.

Die Teilnahme des deutschen Kaisers an k. u. k. Manövern im mährischen Groß-Meseritsch im September 1909 steht sowohl für das Bündnis der beiden Reiche als auch für den Beginn der Freundschaft zwischen Wilhelm II. und Franz Ferdinand. Die nur bedingt berechtigten phasenweisen Ängste des deutschen Kaisers, der österreichische Thronfolger könnte dem Deutschen Reich untreu werden und mit Russland fremdgehen, lösten sich ab dem Winter 1910 in Wohlgefallen auf, als sich Franz Ferdinand über das (leider nur kurzfristig) verbesserte Verhältnis zwischen Deutschland und Russland anlässlich des offenen Austauschs Wilhelms II. mit dem russischen Zaren erfreut zeigte.[712] Die überaus scharfsinnige, jedoch spätestens seit der Etablierung der Triple Entente 1907 illusorische Vision des österreichischen Thronfolgers für Sicherheit und Frieden in Europa war nämlich die Erneuerung des 1873 in Wien besiegelten Dreikaiserbündnisses zwischen den Monarchen Österreichs, Deutschlands und Russlands: »Seine Vorstellung vom Zusammenwirken der drei Kaiserreiche in Europa orientierte sich an der Heiligen Allianz genauso wie an Phasen gegenseitigen Verstehens und zumindest Respektierens im späteren Verlauf des 19. Jahrhunderts.«[713] Es muss hier dringend an die Ausführungen des US-Strategen George Friedman über die uralte Panik der USA vor dem immensen Potenzial einer deutsch-russischen Allianz erinnert werden:

Die Urangst der USA ist, dass deutsches Kapital und deutsche Technologien sich mit russischen Rohstoffen und russischer Arbeitskraft verbinden. Eine einzigartige Kombination, vor der die USA seit Jahrhunderten eine unheimliche Angst haben.[714]

Gegen eine deutsch-russische Allianz hatte und hat die anglo-amerikanische Teile-und-herrsche-Strategie keine Chance. Erzherzog Franz Ferdinand wusste es. Kaiser Wilhelm II. wusste es auch. Wie Kronprinz Rudolf sah er jedoch die Dinge etwas realistischer als Franz Ferdinand: Ein Pakt mit Russland war nur bei entsprechender Bereitschaft der Schlüsselfiguren in St. Petersburg denkbar. Diese Bereitschaft war jedoch nicht vorhanden. Ein wichtiges Detail in diesem Kontext ist Wilhelms goldrichtiges Gespür für die Unaufrichtigkeit einiger russischer Staatsmänner wie beispielsweise Iswolski und Sasonow. Wie bereits gezeigt wurde, legten es russische Kriegstreiber einigen Dokumenten zufolge spätestens seit 1912 regelrecht auf einen Krieg mit Österreich und Deutschland an.[715] Sogenannte Historiker, die in küchenpsychologischer Ignoranz Wilhelm II. als Paranoiker einstufen, sollten sich vergegenwärtigen, dass der deutsche Kaiser hinsichtlich der Einschätzung der Lage betreffend St. Petersburg zu Recht nicht der zivilen Reichsleitung, sondern dem Militär vertraute. Zum Beispiel im August 1910 war die grundlegende Annahme der russischen Manöverdisposition hauptsächlich ein Krieg mit dem Deutschen Reich. Aus diesem Anlass rief der deutsche Kaiser aus: »Ob mir Meine Minister nun wohl endlich glauben werden, dass Russland etwas vorhat und wir unsere Rüstung ausbauen müssen!!?«[716] Dass Russland tatsächlich einen Krieg gegen das Deutsche Reich vorhatte, ist hinreichend belegt. Für Historiker, die diesen simplen Sachverhalt nicht verstehen, bietet sich der eingangs vorgeschlagene Berufswechsel zum Schmiernippelwart an.

Wilhelm II. und Franz Ferdinand verstanden ihr Geschäft. Beide wollten keinen Krieg, sondern den Frieden. Wie schon für Deutschland bestätigt dies Christopher Clark auch für Österreich im unmittelbaren Vorfeld des Ersten Weltkriegs: Es gab schlicht und ergreifend »keine Anzeichen, dass die Österreicher ihrerseits mit dem Gedanken an Krieg spielten.«[717] Bei der geheimen Clique und der von ihr navigierten Triple Entente verhielt es sich genau umgekehrt. Aus ihrer Sicht musste der

Thronfolger unbedingt entfernt werden, weil sein dreifacher geostrategischer Ansatz bei entsprechender Umsetzung die bereits lodernde Lunte des Balkan-Pulverfasses gelöscht hätte:

- Vereinigte Staaten von Groß-Österreich
- Österreichisch-deutsch-russische Allianz
- Deeskalation des Konflikts auf dem Balkan

Was der erzkonservative Kaiser Franz Joseph I. davon hielt und ob der zu erwartende ungarische Widerstand zu brechen gewesen wäre, steht auf einem anderen Blatt. Von größter außenpolitischer Relevanz ist nur, dass Franz Ferdinand als künftiger Kaiser die genannten drei Zielsetzungen konsequent umsetzen wollte und daher seine Pläne von Österreichs und auch Deutschlands Gegnern ernst genommen werden mussten. Gerade die enge Freundschaft der Gesinnungsgenossen Franz Ferdinand und Wilhelm II. war die beste Voraussetzung für die optimale Neugestaltung Mitteleurasiens zu einem pandeutschen Wirtschaftsraum und die Ausgestaltung des Staatenbunds nach dem österreichischen föderativen Muster bei einem gleichzeitig hohen Maß an Autonomie für die einzelnen nach Ethnien geordneten, im Sinne des deutschen gesamtstaatlichen Prinzips errichteten Nationalstaaten. Gerade die deutschsprachigen Kaiserhäuser waren dazu prädestiniert, unter Anwendung des Kant'schen kategorischen Imperativs dem germanischen Geist der Freiheit zuerst in Mitteleuropa und von dort aus auch in Nahost, Asien und Afrika wie folgt zum Durchbruch zu verhelfen:

- Föderationen weitgehend autonomer Staaten
- Schutzherrschaft durch die deutschsprachige Krone

Der wohl schrecklichste Albtraum für jene anglo-amerikanischen Globalisten, die die Welt ihrer undemokratischen Finanzdiktatur unterwerfen wollten. Aus ihrem tyrannischen Blickwinkel heraus musste bereits die leiseste Idee der Vereinigten Staaten von Groß-Österreich ebenso ausgedämpft werden wie das bereits existierende deutsche Gesamtsystem. Der Globalisierungsclique kam zugute, dass Franz Ferdinands dreifacher geostrategischer Ansatz Serbien um einiges mehr gegen Österreich-Ungarn aufbrachte, insbesondere gegen die Person des reformbegierigen und zielstrebigen Thronfolgers. Schließlich zielte die panslawistische Bewegung auf die Gewinnung möglichst vieler Slawen auch aus österreichischen Gefilden für ein autonomes Großserbien und den dadurch beschleunigten Untergang der Donaumonarchie ab. Doch für Slawen, die innerhalb der Vereinigten Staaten von Groß-Österreich mit eigenen slawischen Ländern zufriedengestellt wären, gäbe es keinen Anlass, ein serbisches Großreich auf Kosten der Donaumonarchie zu unterstützen. Ganz im Gegenteil. Die liberalen Slawen, wie Kronprinz Rudolf sie erkannte, hätten ihre errungene Freiheit und den Bundesstaat unter Führung der Habsburger bis zum letzten Atemzug verteidigt. Wie man das Blatt auch wendet, benötigte Serbien sowohl für einen indirekten als auch für einen etwaigen direkten Konflikt mit Österreich-Ungarn oder den Vereinigten Staaten von Groß-Österreich dringend die Rückendeckung Russlands. Diese hätte es jedoch bei einer erfolgreichen Reaktivierung des Dreikaiserabkommen nicht gegeben. Der Frieden wäre gesichert gewesen.

Franz Ferdinands geostrategische Planungen belegen, dass er nach Kronprinz Rudolf der letzte große Rettungsanker für die kurz vor dem Untergang stehende Donaumonarchie war. Gavrilo Princip, jener junge bosnische Serbe, der am 28. Juni 1914 die tödlichen Schüsse auf Franz Ferdinand und seine Frau Sophie abfeuerte, gab als Motiv an, dass er den österreichischen Thronfolger für »einen Mann der Arbeit« hielt, »der als künftiger Herrscher bestimmte Ideen und Reformen durchgeführt hätte, die uns im Wege standen.«[718] Dass hinter Princip und den restlichen bosnischen Attentätern Serbien stand, ist bestens belegt. Hinter Serbien stand Russland, hinter Russland standen Frankreich und England, hinter diesen wiederum stand die anglo-amerikanische Globalisierungsclique. Für sie spielte Serbien die zentrale Rolle: als Wächter am Tor zum Osten und als Lieferant eines Kriegsgrunds gegen das globalisierungsschädliche österreichische und deutsche Kaisertum. Serbiens Motive waren seine geostrategischen Ziele.

Serbien: Großserbien

Russlands Verbindung zu Serbien war historisch gewachsen. Schließlich sind die Serben das erste Balkanvolk, das sich mit russischer Hilfe im Zuge von zwei großen serbischen Aufständen, die zu nationalen Befreiungskriegen erhoben wurden, im Jahr 1878 endgültig von der mehr als 400-jährigen Tyrannei des Osmanischen Reiches befreite. Die beiden serbisch-osmanischen Kriege (1876 und 1877 bis 1878) und der überwiegend auf bulgarischem Territorium geführte russisch-osmanische Krieg (1877 bis 1878) hatten einen starken zeitlichen und strategischen Konnex: Das Osmanische Reich wurde erfolgreich an zwei Fronten bekämpft, wobei hierin von einigen die

Wurzel des ganzen späteren Balkan-Konflikts gesehen wird. Oberflächlich betrachtet, stimmt das auch. Die tiefer gehende Ursache war die verständlicherweise sehr große Abneigung der Serben gegen das Osmanische Reich und jede Form der Fremdbestimmung. Bis zu seiner Befreiung war nämlich das vormals unabhängige und erobernde serbische Volk nichts anderes als die Arbeiterklasse einer Provinz des osmanischen Imperiums, in dem zu keiner Zeit getrennte Nationalitäten erlaubt waren.[719]

Die osmanische Unterdrückung stellte die Ursache dar und der serbisch-nationale Befreiungsdrang die Wirkung. Der nationale Befreiungskampf uferte jedoch in einem maßlosen und brutalen Expansionsdrang auf dem Balkan aus. 1882 erfolgte die Ausrufung des Königreichs Serbien, dem es an einem direkten Zugang zum adriatischen Meer ermangelte und das längst nicht alle Serben vereinte. Serbien strebte generell nach Vergrößerung sowohl nach Osten in Richtung Osmanisches Reich als auch nach Südwesten in Richtung Österreich-Ungarn. Das Konzept, die außerhalb Serbiens lebenden serbischen Volksteile in einem großserbischen Mutterland zu vereinigen, fällt unter den Begriff Irredentismus. In diesem Zusammenhang stellte Serbien, wie auch die in England lehrende deutsche Historikerin Annika Mombauer weiß, »eine reale Gefahr für die innere Kohäsion der österreichisch-ungarischen Doppelmonarchie dar, denn Ziel der serbischen Irredentisten war es, alle außerhalb des Landes lebenden Serben in einem großserbischen Staat zu vereinigen.«[720] Um 1910 lebten in der Doppelmonarchie rund 29,4 Millionen Menschen, die weder Deutsche (Österreicher) noch Ungarn waren. Das sind etwa 57 Prozent. Zusammen machten die 4,4 Millionen Serben und Kroaten etwa 8,5 Prozent der Gesamtbevölkerung aus (siehe die Tabelle im Kapitel über die geostrategischen Ziele Österreichs). Mit etwa 42 Prozent war die serbische Konzentration in Bosnien-Herzegowina besonders hoch.[721] Folglich hatte eine serbische Aufheizung der antihabsburgischen Stimmung bis zur Revolution das Potenzial, die gesamte Doppelmonarchie zu destabilisieren. Der serbische Irredentismus stellte demnach eine regelrechte Unterminierung des österreichisch-ungarischen Vielvölkerstaats dar. Nicht ohne Grund bezeichnete man die von Russland unterstützte und in Belgrad koordinierte Agitation gegen die Donaumonarchie auch als panslawistische oder großserbische Wühlarbeit.

Der von Russland befürwortete serbische Plan zur Rückeroberung der angeblich ursprünglich serbischen, jedoch von Österreich-Ungarn 1908 annektierten Gebiete um Bosnien und Herzegowina sowie deren Einverleibung in ein Großserbien genanntes großserbisches Reich verkörperte daher gleich vier bedeutende geostrategische Ziele Serbiens:

- Territorialer Zuwachs
- Vereinigung aller Serben
- Unmittelbarer Adria-Zugang
- Destabilisierung Österreichs

Zwar konnte sich die Donaumonarchie gegenüber Serbien in den drei großen Balkan-Krisen vor 1914 behaupten, diese zeigten jedoch auch die Schwäche des österreichisch-ungarischen Vielvölkerstaats auf dem Balkan auf, die sie zugleich zur Achillesferse des Deutschen Reiches machte.

Die antiösterreichische Haltung des serbischen Establishments äußerte sich jedoch schon lange vor der Annexion Bosniens und der Herzegowina durch Österreich-Ungarn in Form der brutalen Ermordung und anschließenden Zerstückelung des österreichfreundlichen serbischen Königspaars im Jahr 1903. Zwischen 1909, dem Jahr nach der serbischen Teilmobilmachung gegen Österreich-Ungarn, und 1914 fanden mindestens vier weitere Attentate südslawischer respektive großserbischer Terroristen auf hohe österreichische Regierungsleute statt. Weitere waren geplant.[722] Gavrilo Princip, der bosnisch-serbische Mörder Franz Ferdinands, lernte seinen terroristischen Ausbilder im ersten Balkan-Krieg kennen.

Erster Balkan-Krieg

Ab März 1912 schlossen sich Serbien, Bulgarien, Griechenland und Montenegro in einigen bilateralen Verträgen zusammen und bildeten dadurch den Balkanbund. Impulsgeber für dieses Angriffsbündnis gegen das Osmanische Reich waren, wie bereits erwähnt, die russische Regierung und besonders der Cliquen-Agent Alexander Iswolski.[723] Hauptdrahtzieher und »Mastermind« der Balkankoalition war der russische Botschafter in Belgrad Nikolaj Hartwig,[724] der ebenfalls als Agent der geheimen Clique arbeitete. Der dem Balkanbund zugrundeliegende Vertrag vom 13. März 1912 zwischen Serbien und Bulgarien war seinem Wortlaut zufolge ein Präventivbündnis gegen Österreich-Ungarn für den Fall der Besetzung des Sandschak von Novi Pazar durch die Donaumonarchie,[725] wo bereits eine österreichische Eisenbahnlinie über zwei Trassen von Wien in Richtung Saloniki und Konstantinopel führte respektive noch auszubauen war. Dies bedrohte nicht nur die großserbische Idee, die Funktion Serbiens als Drehscheibe des Handelsverkehrs nach Saloniki und in den Osten sowie Serbiens Aufgabe als Wächter britischer Interessen im Nahen Osten und in Asien, sondern gefährdete auch die aggressiven russischen Absichten in Konstantinopel als Schlüssel zu den türkischen Meerengen. Korrespondierend mit diesem Interessenbündel, stellte Englands und Russlands Verbündeter Frankreich, vertreten durch den Cliquen-Agenten Raymond Poincaré, den Russen sowohl im Januar als auch im August 1912 jeweils einen Blankoscheck für einen Krieg gegen das mit Österreich verbündete Deutschland aus, wobei an den zweiten Blankoscheck auch gleich die französische Finanzierung für die Optimierung der russischen Truppentransporte mit leistungsstarken Bahnlinien an die deutsche Reichsgrenze gekoppelt wurde.[726]

Serbiens Aufrüstung wurde, wie gesagt, massiv von den Entente-Staaten finanziert, vorwiegend von Russland und seinem Geldgeber Frankreich. In seinem Buch *Kill the Huns – Tötet die Hunnen!* präsentiert Doktor Helmut Roewer, vormals Ministerialrat des deutschen Bundesinnenministeriums und Präsident des Verfassungsschutzes in Thüringen, den geheimdienstlichen Hintergrund des Ersten Weltkriegs. Über die Kräfte hinter den Blitzerfolgen der serbischen Armee in den Balkan-Kriegen schreibt Doktor Roewer: »Und dass diese Armee so schlagkräftig war, lag daran, dass sie mit viel französischem Geld aufgerüstet und ausgebildet worden war und diese Armee zudem mit brutalsten Methoden vorging, ja vorgehen konnte, zumal die Weltmächte Russland, Frankreich und Großbritannien dem Treiben augenzwinkernd zusahen.«[727] Die französisch-russisch-serbische Kriegskapitalverflechtung zu Lasten und auf Kosten der jeweiligen Bevölkerung stellt der umstrittene Autor Léon Degrelle, ein 1940 in Belgien gefangengenommener SS-Offizier, in seinem vorbildlich recherchierten Buch *Verschwörung der Kriegstreiber 1914*, in dem vorzugsweise französische Historiker zitiert werden, wie folgt dar: »Der Diplomat Descos sah vor allem Milliarden Goldfrancs aus den Taschen der französischen Steuerzahler fließen, um diese serbische Armee auszurüsten, Milliarden, die Paschitsch [dem serbischen Ministerpräsidenten Nikola Pašić] nichts kosteten, da sie von Frankreich geliehen wurden. So wie es auch Dutzende von Milliarden an Russland lieh, das wiederum ungeheure Zuschüsse an dieselben Serben spendete.«[728]

Nachdem Serbien für den Krieg ausstaffiert worden war, heizten russische Kriegstreiber den Balkankonflikt an, um Österreich in einen Krieg mit Serbien zu verwickeln, sich selbst hinter Serbien zu stellen und mit Deutschlands Kriegseintritt auf Seiten Österreichs einen großen Krieg auszulösen. So der Plan der Globalisierungsclique und ihrer kriegstreibenden Agenten in den genannten Schlüsselpositionen: der russische Außenminister Sasonow, der russische Botschafter in Paris Iswolski, der russische Botschafter in Belgrad Hartwig, der russische Militärattaché in Belgrad Artamanov und der serbische Geheimdienstchef Oberst Apis. Ihre Anweisungen kamen aus London und dort vor allem aus dem geheimen Unterausschuss des CID (Committee of Imperial Defence).[729] Exakt dieser Personenkreis hatte, wie wir noch sehen werden, seine Finger auch beim Attentat auf den österreichischen Thronfolger am 28. Juni 1914 im Spiel.

Erster Blankoscheck für Serbien

Auf Basis der französischen Generalvollmachten für einen Krieg gegen das Deutsche Reich stellte Russland dem von ihm protegierten Serbien einen inoffiziellen Blankoscheck aus. Vorgeblich in seiner Funktion als russischer Botschafter in Belgrad suggerierte der Balkanbundkoordinator Nikolaj Hartwig der serbischen Regierung »die russische Unterstützung auch in einem Krieg gegen die Donaumonarchie.« Bei dieser manipulierten Zusage ging Hartwig jedoch, wie der Historiker Manfred Rauchensteiner überzeugend darlegt, über die Instruktionen aus St. Petersburg hinaus.[730] Hartwig handelte daher eindeutig nicht im Auftrag der russischen Regierung und schon gar nicht im Interesse der russischen Bevölkerung, wenngleich der Blankoscheck aus völkerrechtlicher Sicht eindeutig Russland zuzurechnen war. Wir erinnern uns hier an den Alleingang des britischen Außenministers bei der Umgestaltung der Entente und seine Unterstützungszusage für Frankreich in einem Krieg gegen Deutschland. Außerdem erinnern wir uns an die eigenmächtige, nicht von der russischen Regierung gedeckte Intrige Alexander Iswolskis im Vorfeld der Bosnischen Krise 1908. Dass der Brite und die beiden Russen gegen das Interesse ihrer Heimatnationen handelten, untermauert die Analyse der britischen Forscher Gerry Docherty und Doktor Jim Macgregor, dass Grey, Iswolski, Hartwig und Konsorten Agenten der von London aus koordinierten Globalisierungsclique waren. Sowohl das Zustandekommen der bündnistechnischen Einkreisung Deutschlands als auch die Aufrüstung Serbiens durch Entente-Staaten und die abschließende Verdichtung der Kriegsblankoschecks in Serbien lassen keinen vernünftigen Zweifel darüber aufkommen, dass die lenkende Kraft hinter den Balkankriegen in London zu verorten ist. Doch Österreich-Ungarn ließ sich in keinen der beiden Balkan-Kriege hineinziehen, weil es ja keinerlei territoriale Eroberungstendenzen hatte und sowohl der Kaiser als auch der Thronfolger einen auch noch so naheliegenden Präventivkrieg konsequent ablehnten.

Ab Juni 1912 bereiteten die Balkanstaaten den Krieg gegen das Osmanische Reich vor. Als Serbien mobilmachte, überschritten Scharen junger Bosnier die Grenzen, um sich in der serbischen Armee eintragen zu lassen. Unter ihnen war auch der spätere

Thronfolgermörder Gavrilo Princip, der jedoch in größter Enttäuschung abziehen musste, weil er wegen seiner Schmächtigkeit vom Mitglied des Zentralkomitees der Schwarzen Hand Major Tankosić als Soldat abgelehnt wurde. Das hielt jedoch nicht den raschen Vormarsch der serbischen Streitkräfte auf, von dem sich Europa und vor allem die Donaumonarchie überrascht zeigten. Die Slawen in allen südslawischen Provinzen Österreich-Ungarns begrüßten voller Begeisterung die Siege der Serben.[731] Zwar nicht unbedingt koordiniert, aber doch mit vereinten Kräften verdrängten Serbien, Bulgarien, Griechenland und Montenegro die Türken fast völlig von der Balkanhalbinsel beziehungsweise aus Südosteuropa.

In Verfolgung des geostrategischen Ziels der Erringung eines Adria-Zugangs standen neben montenegrinischen auch serbische Truppen in Albanien. Aus der küstennahen, im Nordwesten des Landes liegenden Stadt Skutari (heute Shkodra) und der adriatischen Küstenstadt Durazzo (heute Durrës) im Westen Albaniens konnten Serbiens und Montenegros Streitkräfte erst von Österreich-Ungarn verdrängt werden, nachdem Russland – entgegen der Ankündigung des russischen Kriegstreibers Hartwig – vernünftigerweise kurzfristig die serbischen Territorialansprüche preisgegeben hatte.[732] Generell verweigerten die Länder des Balkanbundes der Bevölkerung der eroberten Gebiete sowohl religiöse Toleranz als auch fundamentale Menschen- und Bürgerrechte.[733] Als neutrale Berichte, vor allem jene des Roten Kreuzes, über massenhafte Gräueltaten auf dem Westbalkan das kaiserliche Wien erreichten, verfestigte sich dort die nachvollziehbare Meinung, man habe es nicht mit zivilisierten Völkern zu tun. Aus diesem Anlass wurde am Ballhausplatz spontan ein bis dahin nicht vorbereiteter Operationsplan namens »Kriegsplan M« (M für Montenegro) ausgearbeitet. In vorbildlicher Nibelungentreue sagte das Deutsche Reich sofort und ohne jede Bedingung seine Unterstützung zu, was natürlich einem Blankoscheck gleichkommt. Am 2. Mai 1913 wurden in Österreich-Ungarn Mobilmachungsmaßnahmen entlang der Grenze zu Montenegro beschlossen. Allein aufgrund der Androhung österreichischer Gewalt kündigte der montenegrinische König Nikola I. die bedingungslose Räumung Skutaris an.[734]

Während des Ersten Balkan-Kriegs gingen die Länder des Balkanbundes erstmals in eine offen gezeigte Konfrontationsstellung zu den europäischen Großmächten, die wahrscheinlich deshalb die Grenzziehungen nach dem Waffenstillstand vom 2. Dezember 1912 und dem Friedensvertrag vom 30. Mai 1913 den Ländern des Balkanbundes überließen. Konstantinopel gab sämtliche Gebiete nördlich der Linie zwischen dem an der Adria liegenden Enos und Midia am Schwarzen Meer auf. Der Sandschak von Novi Pazar wurde zwischen Serbien und Montenegro aufgeteilt –

und ist bis heute eisenbahnlos.[735] In der Hoffnung auf eine künftig gegenüber Österreich-Ungarn wohlwollende serbische Politik begünstigte die Donaumonarchie durch seine uneigennützige Haltung auf der mittleren und östlichen Balkanhalbinsel eine bedeutende Vergrößerung Serbiens.[736] Auf Druck der europäischen Großmächte wurde jedoch der autonome Staat Albanien ausgerufen.[737] Dies geht auf die Initiative Österreich-Ungarns zurück, das ein Vordringen Serbiens bis an die Adria unbedingt unterbinden wollte.[738] Dahinter steckte vor allem das militärstrategische Kalkül, eine serbische Einkreisung Bosniens respektive eine um den Süden (Albanien) und Westen (Adria) vergrößerte serbische Aufmarschbasis zu unterbinden. Dadurch wurde allerdings Serbiens Appetit auf Albanien nicht im Geringsten gezügelt, wie gleich der nächste Krieg zeigt.

Zweiter Balkan-Krieg

Im Juni 1913, also nur wenige Wochen nach der Unterzeichnung des Londoner Friedensvertrags, begann der Zweite Balkankrieg, ein reiner Verteilungskrieg zwischen den Balkanstaaten um die ehemals osmanischen Territorien. Dabei wurde Bulgarien von Serbien, Griechenland, Rumänien und dem Osmanischen Reich vernichtend geschlagen, weshalb sich Bulgarien schließlich dem Dreibund sprich Deutschland, Österreich und Italien annäherte. Die serbischen und griechischen Truppen waren allerdings – entgegen den Bestimmungen des Londoner Abkommens – wieder bis nach Albanien vorgedrungen, wodurch der zweite Krieg auf dem Balkan direkt in die nächste Krise überging.

Albanische Krise

Zur Räumung Albaniens konnten die serbischen und griechischen Streitkräfte im Oktober 1913 nur mittels Ultimaten seitens Österreich und Italien veranlasst werden.[739] Italien war nur noch auf dem Papier im Dreibund, als Erntehelfer Österreichs war es jedoch an der gegenüberliegenden Adriaküste interessiert. Die Albanische Krise konnte sich wohl nur deshalb nicht voll entfalten, weil die europäischen Großmächte mit der zeitgleichen Liman-von-Sanders-Affäre beschäftigt waren. Zur Erinnerung: Ermutigt durch den dritten französischen Blankoscheck vom Januar 1913 hatte Russland volle Bereitschaft zum Krieg mit Deutschland und Österreich signalisiert, worauf Frankreich dem Zarenreich »aktive Unterstützung bis aufs Äußerste« garantierte und Großbritannien seine unzweifelhafte Intervention zugunsten Frankreichs und Russlands avisierte.[740] Hätte Deutschland nicht wie üblich nachgegeben, hätte der Erste Weltkrieg seinen Auslöser auf dem Balkan wohl schon ein knappes Jahr früher gefunden.

Nachwirkungen und Schlussfolgerungen

Bei der endgültigen Aufteilung der vormals osmanischen Gebiete im Rahmen des Friedensvertrags von Bukarest vom 10. August 1913 ging Bulgarien als großer Verlierer hervor, zumal es seine territorialen Kriegsanteile an Serbien und Griechenland abtreten musste. Auch Österreich-Ungarn war aufgrund seiner Zurückhaltung ein Verlierer, denn der letzte Einfluss im Sandschak war mit der Einverleibung durch Serbien und Montenegro endgültig Geschichte. Die Länder des Balkanbundes erzielten beträchtliche territoriale Zugewinne, besonders Serbien und Griechenland. Nicht zuletzt aufgrund Russlands und auch Frankreichs Unterstützung bekam Serbien das größte Stück vom Kuchen ab. Russland engagierte sich am intensivsten für die territoriale Erweiterung des serbischen Königreiches, und auch Frankreich tendierte in diese Richtung.[741] Als Folge der Balkankriege wuchs Serbien auf das doppelte Ausmaß an und gewann 1,5 Millionen Menschen dazu.[742]

Dabei war die erwähnte Zurückhaltung der k. u. k. Monarchie auf dem mittleren und östlichen Balkan sowie die damit verbundene Hoffnung auf eine Verbesserung der Beziehungen zu Serbien ein entscheidender Faktor. Als »Dankeschön« erntete Österreich-Ungarn jedoch nur die Vertiefung des serbischen Hasses, verhetzende Propaganda sowie subversive Maßnahmen inklusive Terrorismus.

Am 10. August 1913, fast exakt ein Jahr vor Beginn des Ersten Weltkriegs, waren serbische Nationalisten zwar ihrem Traum von Großserbien ein großes Stück näher gekommen, realisiert war er jedoch noch lange nicht. Der ersehnte Direktzugang zur Adria war auf Österreichs Druck durch Albanien verbaut. Der Hass auf Österreich und der Expansionsdrang der Serben, die in den beiden Balkankriegen viel Blut geleckt hatten, mussten sich zwangsweise steigern. Dass Serben bestialisch brutal sein konnten, hatten sie schon mehrfach unter Beweis gestellt. War das wirklich jenes Serbien, das der britische Historiker R. G. D. Laffan als die Speerspitze der christlichen Zivilisation lobte?[743] Pure Propaganda für Großbritanniens Wächter am Tor zum Osten.

Ein indirekter, aber nicht einmal im Ansatz befriedigter Gewinner der beiden Balkankriege war Russland, denn durch die Zurückdrängung der Osmanen hinter die Enos-Midia-Linie gelangte es über jene Staaten, die unter seinem panslawistischen Schutz standen, nahe an die türkischen Meerengen heran. Russland konnte den Braten schon riechen, durfte aber noch nicht zulangen.

Aus dem Machtspiel an der albanischen Adria ist zweierlei abzuleiten: Zum einen ging es Österreich nicht um territorialen Zuwachs, denn wenn es gewollt hätte, wäre auf dem Durchmarsch nach Skutari Montenegro gleich mitkassiert worden. Zum anderen lernten die Balkanstaaten, vor allem Serbien, aber auch Russland und die beiden anderen Entente-Staaten, dass sich Österreich-Ungarn nicht um jeden Preis auf der Nase herumtanzen ließ. Außerdem war ersichtlich, dass Deutschland seine Bündnispflichten ernster nahm, als sie schriftlich verankert waren. Denn der Dreibund war ein Defensivbündnis, das Deutsche Reich sagte jedoch Österreich seine prompte und vorbehaltlose Unterstützung zu, obwohl die Donaumonarchie nicht angegriffen wurde. Kaiser Wilhelm II. und seine Berater wussten oder ahnten zumindest, was die Entente im Schilde führte. Österreich und Deutschland mussten realistischerweise zusammenhalten. Unter diesem Blickwinkel wurden in den Balkankriegen die Verhältnisse experimentell ausgelotet. Da es sich um Kriege handelte, könnte man im doppelten Wortsinn von Feldversuchen sprechen. Die politische Atmosphäre war vergiftet, der Boden der eurasischen Schlachtplatte auf dem Balkan für den großen Krieg mit Blut aufbereitet.

Bevor wir zur Zusammenfassung der Verdachtsmomente im Vorfeld des Ersten Weltkriegs kommen, werden noch möglichst zügig die geostrategischen Ziele Italiens, des Osmanischen Reiches und der USA behandelt.

Italien: Südtirol und Albanien

Neben dem Ausbau der nordafrikanischen Kolonien strebten italienische Imperialisten und Nationalisten territorialen Zuwachs nicht nur an der dem Absatz des italienischen Stiefels gegenüberliegenden Adria-Küste, sondern auch in Form der italienischsprachigen Gebiete Österreich-Ungarns an. Auf dem Balkan war Italien besonders aktiv, weil es an der Einverleibung albanischer Gebiete interessiert war.[744] Das italienische Interesse an der Adria-Gegenküste und dort speziell an Albanien war bereits im Berliner Kongress 1878 sichtbar, wodurch bereits erste Konfliktlinien mit der Donaumonarchie zu erkennen waren.[745] Je näher der Erste Weltkrieg heranrückte, desto intensiver forderte Italien Kompensationen für Gebietsveränderungen auf dem Balkan.[746]

Eine direkte Konfrontation mit Österreich-Ungarn zeichnete sich aufgrund des langgehegten Wunsches der Einverleibung der italienisch besiedelten Gebiete um Triest, Trient und Südtirol in das italienische Königreich ab.[747] Während im Norden Südtirols deutsche Sprache und Kultur gepflegt wurden, war der Süden italienisch geprägt. Die Bevölkerung des Trentino, also des südlichen Südtirols, war im Großen und Ganzen mit der Zugehörigkeit zu Tirol und damit zu Österreich zufrieden. Die Eisenbahn brachte den Tourismus und dieser den Wohlstand. Italien wollte Trentino in erster Linie aus militärstrategischen Gründen seinem Reich angliedern: Österreichs Präsenz südlich des Brenners als potenzieller Feind würde die Verteidigung der Ebenen des Venetos gegen Angriffe der österreichischen Streitkräfte erheblich erschweren.[748]

In Trient hielt sich ein junger sozialistischer Journalist auf, der ab 1909 als Direktor der sozialistischen Arbeiterzeitung *La venire del lavoratore* (*Das Kommen des Arbeiters*) in höchster Euphorie sowohl gegen die Kirche als auch gegen jede Form des Nationalismus und Patriotismus, ja sogar gegen territoriale (staatliche) Grenzen wetterte. Dafür wurde er von Österreich-Ungarn verhaftet und ausgewiesen. Seine Zeitung wurde verboten. Dieser Mann war niemand anderer als der spätere ultranationalistische und faschistische Diktator Benito Mussolini (1883 bis 1945). Bevor er seine politische 180-Grad-Wendung vollzog, hatte Mussolini noch bis 1912 heftig gegen die imperialistische Kriegsführung Italiens in Libyen im Italienisch-Türkischen Krieg (1911 bis 1912) protestiert, im Zuge dessen das italienische Königreich den Herrn Libyens angriff: das Osmanische Reich. Für seine Kritik an der Regierung wanderte Mussolini ins Gefängnis. Wieder auf freiem Fuß, spielte er schließlich als Chefredakteur der sozialistischen Tageszeitung *Avanti* (*Vorwärts*) und als Sprachrohr der sozialistischen Bewegung Italiens die Hauptrolle bei sozialen Unruhen der Arbeiterschaft gegen das Bürgertum.[749] Bis zum Beginn des Ersten Weltkriegs war Benito Mussolini wie die meisten Sozialisten und der überwiegende Teil der italienischen Bevölkerung gegen jede Form des Kriegs.

Panislamistischer Dschihad

Der italienisch-türkische Krieg fand dennoch statt. Italien lukrierte einige, aber längst nicht alle angestrebten nordafrikanischen Gebiete. Der Krieg in Libyen zeigte jedoch die Schwäche des Osmanischen Reiches auf und führte direkt zur Gründung des

Balkanbundes und zum Ersten Balkankrieg. Indes konnte Italien bis 1914 nur etwa ein Drittel Libyens unter seine Kontrolle bringen. Die italienischen Kolonialtruppen vermochten sich nicht gegen den zähen arabischen Widerstand zu behaupten, den das Osmanische Reich auch nach dem Friedensvertrag von 1912 heimlich unterstützte. Die arabische Revolte wurde vom (religiösen) Anführer des libyschen Sanussiya-Ordens, Ahmad al-Sharif, entfacht, indem er zum »Heiligen Krieg« aufrief, zum Dschihad nicht nur gegen die italienischen Eindringlinge in Libyen, sondern gegen sämtliche Invasoren in der islamischen Welt.[750] Auch hier gilt das Ursache-Wirkung-Prinzip: Landnahme und Unterdrückung durch kolonialistische Invasoren (Ursache) löste den arabischen Widerstand in Form eines religiös verklärten Gegenkriegs aus (Wirkung). Moral und Recht waren und sind eindeutig auf Seiten der arabischen Muslime.

Das Konzept des Dschihad gab es schon viel früher. Zum Heiligen Krieg gegen den Feind aufzurufen, entsprach der osmanisch-islamischen Tradition.[751] Im Rahmen der arabischen Revolte unter Ahmad al-Sharif ist der Dschihad allerdings als islamistische Waffe des Panislamismus zu verstehen, einer türkisch-arabischen Idee, die schon Jahrzehnte vor dem Ersten Weltkrieg ins Leben gerufen wurde. Als Instrument zur Erhaltung des zerbröckelnden Osmanischen Reiches war der Panislamismus nicht nach außen, sondern nach innen gerichtet.[752] Während also der russisch-serbische Panslawismus aggressiv auf die territoriale Erweiterung eines Gesamtstaats auf Kosten anderer Nationen abzielte, handelte es sich beim Panislamismus um ein Konstrukt zum Erhalt eines bestehenden Staats und seiner Unabhängigkeit im Kampf gegen unerwünschte Eindringlinge. Ab Beginn des Ersten Weltkriegs unterstützte das Deutsche Reich die panislamitischen Krieger in ihrem Kampf gegen die britischen und russischen Kolonialherren. Dazu später.

Zurück in die Vorkriegszeit zu den italienischen Kolonialherren in Afrika. Von Österreich und Deutschland durfte sich das in Nordafrika ins Hintertreffen gelangte Italien keine Hilfe erwarten. Gerade weil es schon um 1890 von Seiten Österreichs und Deutschlands darauf hingewiesen worden war, dass der Dreibund keine koloniale Erwerbsgesellschaft sei, orientierte sich Italien heimlich, sprich hinter dem Rücken seiner Bündnispartner, in Richtung ihrer Gegner England, Frankreich und Russland. Die vom heiligen Egoismus (sacro egoismo) geprägte italienische Außenpolitik machte es schließlich der Entente leicht, Italien bereits ab 1904 nach und nach aus dem Dreibund herauszulösen.[753] Die beabsichtigte Eingliederung des Trentino zwecks Erzielung strategischer Vorteile in einem Krieg gegen Österreich-Ungarn rundet das Gesamtbild ab: Italienische Kriegstreiber waren längst in die Kriegspläne der Entente eingeweiht. Schließlich hatten die Entente und Italien sehr ähnliche geostrategische Ziele, für die nicht nur Österreich und sein Verbündeter Deutschland, sondern auch das Osmanische Reich ein lästiges Hindernis darstellten.

Osmanisches Reich: Überleben

Nachdem das Osmanische Reich im italienisch-türkischen Krieg und in den beiden Balkan-Kriegen vernichtende Niederlagen einstecken und in großem Ausmaß Gebiete an die Sieger abtreten musste, war an eine Rückeroberung seiner europäischen Besitzungen nicht mehr zu denken. Vielmehr intensivierte sich der russische Expansionsdruck in Richtung der osmanischen Hauptstadt und der türkischen Meerengen. England hatte die strategische Kontrolle über das asiatische Erdöl und die Sicherung der Pforte nach Indien gegen die Bagdad-Bahn im Fokus. Zu diesem Zweck wiegelte es arabische Stämme erst gegeneinander auf, um sie schließlich ab 1914 gegen den osmanischen Sultan aufzubringen. Während also Russland und England das Osmanische Reich vernichtet sehen wollten, war Frankreich zumindest an seiner Schwächung interessiert.

Das Deutsche Reich hingegen erwies sich nicht nur als Feind der Feinde automatisch auch als Freund des Osmanischen Reiches, sondern war darüber hinaus von vornherein am allerwenigsten an der Zerstückelung des Türkenreichs interessiert. Die deutsch-osmanische Freundschaft hatte ja primär eine wirtschaftliche und infrastrukturelle Kooperation zum Inhalt. Da sich auch Österreich-Ungarn für den Erhalt des osmanischen Kernbestands einsetzte, war der spätere Kriegseintritt des Osmanischen Reiches auf Seiten der Mittelmächte ebenso die einzig logische Konsequenz wie jener der USA auf Seiten der Entente.

USA: Weltmacht

Wie bereits gezeigt, verfolgte Alfred Milners Globalisierungsclique die Absicht, die Vereinigten Staaten von Amerika auf hochfinanziellen Bahnen heim ins britische Imperium zu holen beziehungsweise mit diesem zu verknüpfen. Die globale Privatherrschaft der geheimen Clique sollte durch die strenge Kontrolle englandhöriger US-Geldmagnaten über die Kreditinstitute und der von ihnen abhängigen nationalen Regierungen garantiert werden. Bereits zu Beginn des 20. Jahrhunderts stand also fest, dass megareiche Privatpersonen die monetär gesteuerte Weltdiktatur ausüben sollten. Zu diesem hochfinanziellen Netzwerk zählten neben den Rothschilds auch einige andere Banker wie zum Beispiel William Rockefeller sowie dessen Bruder und Geschäftspartner John D. Rockefeller, seines Zeichens Ölmagnat, Chef von Standard Oil und zahlendes Mitglied der anglo-amerikanischen Globalisierungsclique. Dass Rockefellers globales Quasimonopol von bestochenen US-Regierungsleuten intensiv gefördert wurde, passt ins Bild. Stimmig ist auch, dass der 1913 trickreich als Institution des Bundes eingeführten privaten Währungsbank Federal Reserve die Stärkung der nationalen und internationalen Dominanz US-amerikanischer Bankiers oblag. Der Erste Weltkrieg hing nicht nur zeitlich, sondern auch inhaltlich direkt mit der Etablierung der Federal Reserve zusammen: Ab 1914 garantierten die größten US-Banken, die »Bix Six«, den Entente-Staaten, also den Feinden des Deutschen Reiches, hohe Kreditsummen und ermöglichten ihnen dadurch den Einkauf unzähliger US-Rüstungsgüter.[754]

Dass all das keinesfalls mit dem Gründungsgeist und dem offiziellen Status der USA als neutralem Land zu vereinbaren war, ist sonnenklar. Thomas Jefferson (1743 bis 1826), einer der Gründungsväter und dritter US-Präsident, warnte schon sehr früh vor der Schaffung einer privaten Zentralbank wie der Federal Reserve:

Wenn das amerikanische Volk jemals privaten Banken erlauben wird, die Angelegenheit seiner Währung zu kontrollieren, zuerst durch Inflation, dann durch Deflation, werden die Banken und Konzerne, die um sie heranwachsen, die Menschen des ganzen Vermögens berauben, bis ihre Kinder obdachlos aufwachen.[755]

Über hochfinanzielle Geschäfte mit Kriegsparteien sowie viel zu hohe und daher generationenübergreifende Kredite sagte Thomas Jefferson in weiser Voraussicht: »Es obliegt jeder Generation, ihre eigenen Schulden zu bezahlen, so gut es geht – ein Prinzip, das konsequent angewendet dieser Welt die Hälfte der Kriege ersparen würde.«[756]

Die überwiegende Mehrheit der Staatsmänner und der gesamten Bevölkerung in den USA waren für den Frieden. Doch aufgrund des verantwortungslosen Handelns einzelner Kriegstreiber waren die USA entgegen ihrer völkerrechtlich verbindlichen Selbstdefinition bereits im Vorfeld des Ersten Weltkriegs nicht neutral. Diesem Umstand trägt die Zeichnung eines britischen Künstlers über die systematische Einkreisung Deutschlands und Österreichs mit dem Titel »Time bombe« Rechnung: Die Wirtschaftsmacht Nummer eins USA steht bereits als strategische Reserve Englands am

Abb. 40: »Time bombe« 1914 (britischer Künstler)

linken Spielfeldrand, bietet dem Empire die Hand und wartet auf seinen Einsatz (siehe Abb. 40).

Für den Aufstieg von der rein wirtschaftlichen zur auch militärischen Weltmacht fehlte es den USA noch am nötigen Streitkräftepotenzial. Die US-Kriegsflotte war 1914 gerade einmal so groß wie jene Italiens, die Truppenstärke hatte nicht einmal den halben Umfang der japanischen (siehe die Tabellen im Kapitel über die militärische Überlegenheit der Entente). Da sich der Erste Weltkrieg entgegen einigen Prognosen sehr lange hinzog und sich die Mittelmächte verhältnismäßig gut hielten, wurde im Mai 1915 der Kriegseintritt der USA propagandistisch vorbereitet. Und zwar mit der absichtlichen Opferung des britischen Luxusliners Lusitania, der mehr als 1.200 zivile Passagiere – darunter 218 US-Bürger – an Bord hatte, obwohl er Kriegsmaterial transportierte und daher als Kriegshilfsschiff operierte. Auf dieser propagandistischen Operation aufbauend wurde schließlich im Jahr 1917 der Kriegseintritt der USA auf Seiten der Entente-Staaten gemäß voriger Absprache mit US-Präsident Wilson gemeinsam mit der britischen Unterstützung für einen jüdischen Staat in Palästina zum Faktum (siehe das Kapitel über die Opferung der Lusitania).

Dabei handelte es sich zwar um unmoralische, aus einem psychopathologischen Blickwinkel heraus jedoch um logische Abfolgen im erbitterten Kampf um die Erreichung der dargestellten geostrategischen Ziele der Hauptkriegsparteien. Diese werden nun zwecks Veranschaulichung im Kontext der Bündnis- und Konfliktentwicklung zuerst gegenübergestellt und danach chronologisch aufgelistet.

Zusammenfassung

Die von der anglo-amerikanischen Globalisierungsclique konzertierte Isolation und Einkreisung Deutschlands und Österreichs unter gezielter Fütterung der geostrategischen Ziele sowohl der Entente-Staaten als auch Serbiens, Italiens und der USA verdeutlicht, dass die wahren Strippenzieher und ihre Agenten in keinem nationalen Interesse respektive nicht im Sinne der friedliebenden jeweiligen Bevölkerung handelten, sondern nur ihre eigenen Ziele verfolgten. Das Pfeilegewirr in Abbildung 41 zeigt sehr deutlich, dass sich die diametral entgegengesetzten geostrategischen Ziele am intensivsten zwischen England und Deutschland verdichteten. Schließlich wurde England von Milners Clique zum unsichtbaren Hauptgegner des Deutschen Reiches gemacht. Und England manövrierte mit französischer Hilfe Russland als Serbiens Schutzmacht in die Position des eigentlichen Hauptfeinds der Donaumonarchie. Eine Konstellation auf dem Balkan, die der österreichische Kronprinz Rudolf und Thronfolger Franz Ferdinand befürchtet hatten.

Von grundlegender Bedeutung für das Verständnis der Vorkriegszeit ist, dass das Deutsche Reich und Österreich-Ungarn im Gegensatz zu ihren späteren Gegnern keine territoriale Expansion anstrebten, weshalb sie auch keine Kriegsziele definiert hatten.

Die anderen europäischen Kriegsparteien hingegen waren nicht nur auf territorialen Zuwachs aus, sie hatten es sogar auf staatlich autonome Gebiete der Mittelmächte oder zumindest auf die deutschen Kolonien abgesehen: Während Frankreich deutsche Territorien erobern wollte, lechzten Russland, Serbien und Italien nach österreichischem Grund und Boden. England, Frankreich und Italien vereinte ihr Appetit auf den deutschen kolonialen Flickenteppich in Mittelafrika. Der Schweizer Historiker und Leiter der Zentralstelle für die Erforschung der Kriegsursachen Doktor Ernst Sauerbeck resümiert daher über das Verhältnis zwischen den Mittelmächten und der Entente:

> *Es standen also tatsächlich lauter Mächte mit »Kriegszielen« [Entente] zwei Mächten mit reinen Friedensabsichten [Deutschland und Österreich] gegenüber [...] Es lag daher für die Mittelmächte Grund vor, die Entente zu fürchten, nicht aber umgekehrt für die Entente Grund zur Furcht vor den Mittelmächten.*[757]

Russland, Frankreich, Serbien und Italien sind (mitsamt den USA) mehr oder weniger als blutrünstige Trittbrettfahrer Großbritanniens einzustufen, die sich vor den britisch gelenkten Karren der geheimen Clique spannen ließen. In Wahrheit ging es ja um die britischen Ziele im Nahen Osten und in Asien, zu deren Realisierung ein lokaler Krieg auf dem Balkan ausgelöst und sodann planmäßig zum großen Krieg in Kontinentaleuropa entbrennen sollte, um es zu destabilisieren und der privaten Finanzdiktatur der anglo-amerikanischen Globalisierungsclique zu unterwerfen. Im Grunde wurde aber England beziehungsweise sein Volk von der geheimen Clique genauso missbraucht wie alle anderen beteiligten Staaten.

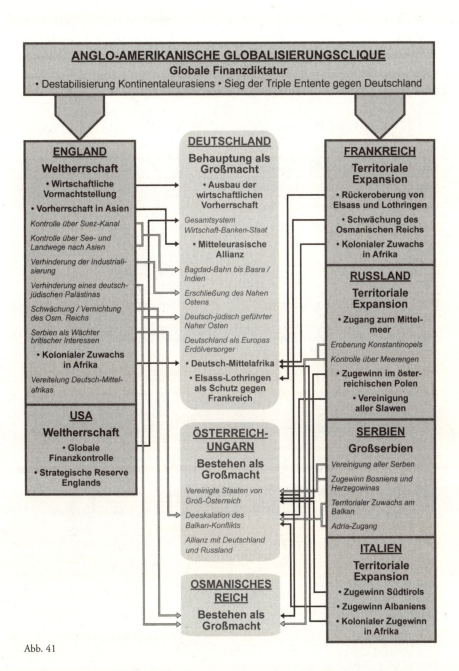

Abb. 41

Ein Blick auf die Chronologie der bedeutendsten Ereignisse im Vorfeld des Ersten Weltkriegs (siehe unten) legt offen, dass die regelmäßig gegen Deutschland gerichteten Vernichtungswünsche nicht nur mit seinem wirtschaftlichen Aufschwung, sondern vor allem auch mit seinem sehr früh einsetzenden Engagement im Nahen Osten einhergehen.

Chronologie 1890 bis 1914

Jahr	Pakt / Maßnahme / Konzept	Ziel / Zweck / Wirkung
1890	Deutsch-osmanischer Freundschaftsvertrag	Mitteleurasische Allianz
1891	Two-Power-Standard der britischen Flotte	Stärkste Flotte / Flottenwettrüsten
1891	Französisch-russisches Treffen	Vernichtung Deutschlands
1894	Französisch-russisches Bündnis	Vernichtung Deutschlands
1895	Antideutscher Artikel in der *Saturday Review*	Vernichtung Deutschlands
1896	Fertigstellung der anatolischen Eisenbahn	Erschließung des Nahen Ostens
1898	Konzept Jüdisches Palästina unter deutschem Schutz	Ausbau der mittel eurasischen Allianz
	Wilhelms II. Schutzerklärung für Muslime weltweit	Ausbau der mitteleurasischen Allianz
1900	Russland als größter Erdölproduzent der Welt	Bedrohung für US-Quasimonopol
	Englands Konzentration auf den Nahen Osten	Erdölgewinnung in Nahost
	Triple Entente gegen deutsche Bahnen in Nahost	Verdrängung Deutschlands aus Nahost
1902	Britische Unterstützung für Ibn Saud	Ungestörter Erdölraub
1903	**Baubeginn der Bagdad-Bahn**	**Ausbau der mitteleurasischen Allianz**
	Deutsche Juden für Bagdad-Bahn-Trasse bis Indien	**Ausbau der mitteleurasischen Allianz**
1904	Britisch-französisches Bündnis	Vernichtung Deutschlands
	Beginn Herauslösung Italiens aus Dreibund	Isolation Deutschlands
1904	Rückgang der russischen Erdölproduktion	Erleichterung für US-Quasimonopol
1905	Britische Erkenntnis über strategischen Wert des Öls	Verstärkte Erdölförderung in Nahost
	Britische Furcht vor pandeutschem Wirtschaftsraum	Antideutsche Propaganda
	japanisch-russischer Krieg	Bändigung Russlands für England

Jahr	Pakt / Maßnahme / Konzept	Ziel / Zweck / Wirkung
1906	Gründung der Europäischen Petroleum-Union	Schutz gegen US-Quasimonopol
	Zerstörung deutsch-russischer Verständigung	Isolation Deutschlands
	Britisch-französische Militärgespräche	Planung für britisches Expeditionskorps
1907	Baubeginn für Sandschak-Bahn	Ausbau der mitteleurasischen Allianz
	Britisch-französisch-russisches Bündnis	Einkreisung Deutschlands
1908	Österr. Annexion Bosniens und Herzegowinas	Ausbau der mitteleurasischen Allianz
	Serbische Mobilmachung gegen Österreich	Signalisierung der Kriegsbereitschaft
1911	Serbien: Gründung der Schwarzen Hand	Terroristische Aktionen gegen Österreich
	Umstellung der britischen Flotte auf Heizöl	Höhere Aktionsradien
	Deutsche Diskussion über Petroleummonopol	Schutz gegen US-Quasikartell
1912	Wilhelms II. Idee eines paneuropäischen Öl-Trusts	Bedrohung für US-Quasimonopol
	Scheitern der Haldane-Mission	Keine britische Neutralitätszusage
	Revanchist als französischer Präsident	Kriegskurs gegen Deutschland
	Erster französischer Blankoscheck für Russland	Planung militärischer Operationen
	Französische Zurückweisung deutscher Freundschaft	Isolation Deutschlands
	Zweiter französischer Blankoscheck für Russland	Ausbau Schienennetz zur deutschen Grenze
	Russischer Blankoscheck für Serbien	Anheizen des ersten Balkankriegs
	Italiens teilweiser Sieg in Libyen	Anlass für arabischen Dschihad
1913	USA: Gründung der Federal Reserve	Globale Unterstützung für US-Banker
	Deutschland: Verzicht auf Flottenwettrüsten	Bedachtnahme auf Europas Frieden
	Erhebliche Erdölförderungen in Elsass-Lothringen	Gesteigertes französisches Interesse
	Deutschland als Marktführer auf dem Petroleummarkt	Bedrohung für US-Quasimonopol
	Dritter französischer Blankoscheck für Russland	Möglichkeit eines großen Kriegs
	Deutscher Blankoscheck für Österreich	Signalwirkung für Triple Entente
1914	Konzept: Vereinigte Staaten von Groß-Österreich	Lösung des Nationalitätenproblems
	März: Hinhaltebeschluss des britischen CID	Täuschung vor allem Deutschlands

Jahr	Pakt / Maßnahme / Konzept	Ziel / Zweck / Wirkung
1914	Mai: APOC-Mehrheit bei britischer Regierung	Gesteigertes Engagement in Nahost
	Juni: Bagdad-Bahn-Fertigstellung bis Bagdad	Britisches Scheingeschäft mit Deutschland
	Juni: Attentat auf den österr. Thronfolger	Auslösung des Ersten Weltkriegs
	Juli: Vertragsreife für Deutsch-Mittelafrika	Keine Unterfertigung durch England
	US-Kredite und -Rüstungsgüter für Entente-Staaten	Vernichtung Deutschlands

Einen besonderen Einschnitt stellten die Jahre 1903 bis 1905 dar: Deutsche Unternehmen begannen den Bau der Bagdad-Bahn, und deutsche Juden forderten die Verlängerung der Trasse bis Indien, also ausgerechnet bis zum britischen Lebensnerv. Ab dem Folgejahr und besonders mit zunehmender Furcht englischer Strategen vor einem pandeutschen Wirtschaftsraum von Hamburg bis Basra nahm die Verstrickung zwischen den künftigen Entente-Staaten konkrete Formen an. Dabei spielte die Erkenntnis über die geo- und militärstrategische Bedeutung des Erdöls eine, vielleicht sogar die entscheidende Rolle. Man stelle sich den grauenvollsten Albtraum sowohl eines britischen als auch eines US-amerikanischen Imperialisten im frühen 20. Jahrhundert vor:

Alternative Historie

Deutschland stärkt das Osmanische Reich in jeder Hinsicht und verbindet es mit Österreich-Ungarn zu einer soliden mitteleurasischen Allianz, der über kurz oder lang auch Serbien und Russland beitreten. Frankreich und Italien müssen sich wohl oder übel mit den Mittelmächten respektive der deutsch geführten mitteleurasischen Allianz arrangieren. Der Frieden in Zentraleuropa ist gesichert, vielleicht sogar in ganz Eurasien. Europäische Juden haben in Palästina ihren eigenen Staat, der unter deutscher Schirmherrschaft steht. Im gegenseitigen Einvernehmen mit den Arabern treiben sie, die Juden, die kulturelle und wirtschaftliche Entwicklung des Nahen Ostens voran. Europa ist nicht länger von Erdölimporten aus den USA abhängig. Die Versorgung mit nahöstlichem Erdöl beruht – im Gegensatz zur heutigen Zeit – nicht auf völkerrechtswidrigen Raubkriegen, sondern zu aller Seiten Vorteil auf friedlicher Kooperation. Durch seinen privilegierten Zugang zum osmanischen Erdöl verdrängt das Deutsche Reich die USA und steigt zum größten Erdölieferanten der Welt auf. Das Quasimonopol des US-amerikanischen Ölmagnaten

> Rockefeller und seiner Standard Oil ist gebrochen. Die Bagdad-Bahn fährt bis Indien und beseitigt die britische Dominanz über die Handelswege nach Asien. Somit ist auch Großbritanniens Vormachtstellung endgültig beendet. Fortan spielt es die ihm zukommende bescheidene Nebenrolle als Inselgruppe am Rande des mächtigen eurasischen Kontinents.
> Damit hängen zugleich der schlimmste Albtraum der anglo-amerikanischen Globalisierungsclique und ihr Konzept einer auf absoluter Finanzmacht gestützten Weltdiktatur zusammen: Der deutsche Kaiser Wilhelm II. und sein guter Freund, der zum österreichischen Kaiser gekrönte Erzherzog Franz Ferdinand, gestalten Mitteleurasien in einen föderativen Staatenkomplex um, in eine moderne eurasische Union nach österreichischem Beispiel, wobei die einzelnen Nationalstaaten sowohl weitgehende Autonomie genießen als auch über ein gesamtstaatliches System nach deutschem Muster verfügen. Die restlichen kontinentaleuropäischen Staaten schließen sich an. Unter der Protektion der deutschsprachigen Kaiserhäuser befreien sich weite Teile Asiens und Afrikas aus der bisherigen kolonialistischen Klammer und sind daher wie Europa vor jedem finanzdiktatorischen Zugriff seitens der anglo-amerikanischen Globalisierungsclique sicher. Ein Triumph für den germanischen Geist der Freiheit.

Nur geträumt? Diese oder eine ähnliche Entwicklung musste von britischen (und anderen) Strategen in Anbetracht des deutschen Potenzials und der bereits vom Deutschen Reich im Nahen Osten ergriffenen Maßnahmen als sehr realistisch eingeschätzt werden. Folglich wurde Serbien als Englands Wächter am Tor zum Osten dermaßen mit französischen Geldern aufgerüstet und von Russland beschützt, dass es bereits 1908 wagte, das ihm haushoch überlegene Österreich mittels Teilmobilmachung herauszufordern. Die weitere Entwicklung bis 1913 war gekennzeichnet von der stückchenweisen Aushebelung der britischen Neutralität und der Anhäufung französischer Blankoschecks für Russland und eines russischen Blankoschecks für Serbien. Sämtliche Konflikte auf dem Balkan mündeten ins das Jahr 1914, jenes Jahr, in dem der österreichische Thronfolger die Zielsetzung verfolgte, die Donaumonarchie in ein modernes föderatives Staatengebilde zu transformieren, um das leidige Nationalitätenproblem zu lösen und der panslawistischen Subversion ein Ende zu bereiten. Bereits im Januar heckte der serbische Major Tankosić mit Danilo Ilić und Muhamed Mehmedbasić den Plan für ein Attentat auf Oskar Potiorek (1853 bis 1933) aus, den österreichischen Landeschef in Bosnien.[758] Die im März vom britischen CID beschlossene Vielzahl von Täuschungsmaßnahmen stellte eine Ergänzung zur von der britischen Regierung gehaltenen Anteilemehrheit der Anglo-Persian Oil Company (APOC) und der damit korrespondierenden Intensivierung des britischen Engagements im Nahen Osten dar. Nachdem die Bagdad-Bahn im Juni bis Bagdad fertiggestellt worden war, wurde Ende desselben Monats der österreichische Thronfolger ermordet. Im Zuge der dadurch ausgelösten Juli-Krise konnte die britische Regierung die Unterfertigung des Bagdad-Bahn-Vertrags vereiteln.

Schon allein der zeitliche und inhaltliche Konnex dieser und anderer bisher beschriebener Verdachtsmomente stellt eine unumstößliche Indizienkette für die Motive der anglo-amerikanischen Globalisierungsclique und jener der von ihr koordinierten Entente-Staaten für die gezielte Vernichtung Deutschlands im Rahmen des Ersten Weltkriegs dar. Zahlreichen Berichten belgischer Diplomaten aus der Vorkriegszeit ist deren Auffassung zu entnehmen, »dass die Ziele der Entente nur durch Kampf zu verwirklichen waren, dass Deutschland hingegen einen Krieg fürchten musste.«[759] Der belgische Baron Jules Greindl (1835 bis 1917), langjähriger Botschafter im Deutschen Reich, bestätigte 1911, dass »jedermann in England und Frankreich die Entente Cordiale als ein Defensiv- oder Offensivbündnis gegen Deutschland ansieht.« Dieser Charakter der Entente entspreche genau dem Willen des damals bereits verstorbenen britischen Königs Edward VII:

Die Entente Cordiale ist nicht auf der positiven Grundlage der Verteidigung gemeinsamer Interessen begründet worden, sondern auf der negativen Grundlage des Hasses gegen das Deutsche Reich.[760]

Ausdruck des Hasses und ein weiteres wichtiges Indiz für die Kriegsabsichten der Entente-Drahtzieher ist nicht nur die systematische Einkreisung der Deutschen, sondern auch die dazu passende, jedem Krieg vorausgehende Propaganda.

2.
PROPAGANDISTISCHE OPERATION

Die Propagandamaßnahmen der Entente-Staaten richteten sich hauptsächlich gegen ihren Hauptfeind, das Deutsche Reich. Auf Deutschlands Achillesferse, Österreich-Ungarn, schoss sich vor allem die serbische Propaganda ein.

Antideutsche Propaganda

Gegen das Deutsche Reich wurde bereits seit seiner Gründung propagandistisch gewettert. Beginnend mit sonderbaren Romanen und Theaterstücken über immer konkreter werdende Lügen anlässlich diverser Krisen bis zur direkten Kriegshetze in Militärzeitschriften und Tageszeitungen Anfang 1914. Auch wenn diese Aktionen, oberflächlich betrachtet, nicht koordiniert wirken, so steckt hinter ihrer Schärfe und Zuspitzung ein zumindest gewolltes soziales Phänomen, eine mit voller Absicht vergiftete Atmosphäre, die den großen europäischen Krieg unausweichlich erscheinen ließ. Die Wendung »Germania esse delenda« war zwar keine formale Kriegserklärung gegen Deutschland als Nation, aber immerhin eine radikale Geisteshaltung im Sinne einer mentalen Kriegseröffnung gegen das gesamte deutsche Volk.

Die britische Antideutschland-Propaganda reicht bis zur Reichsgründung 1871 zurück. In diesem Jahr malte der spätere General George Chesney mit seinem Bestseller-Roman *The Battle of Dorking* (Die Schlacht von Dorking) den Teufel beziehungsweise ein tyrannisches Bild der Deutschen an die Wand: Nach der Bezwingung Frankreichs und der Annexion Hollands und Dänemarks metzeln wilde deutsche Horden bei Dorking das gesamte britische Heer nieder und schlachten sogar die Gefangenen brutal ab.[761] Das Buch wurde bereits im Erscheinungsmonat Mai sechsmal aufgelegt und danach eine längere Zeit mit rund 80.000 Exemplaren pro Monat verkauft.[762] Nicht umsonst steht auf dem Einband späterer Auflagen geschrieben: »Kein Buch hat je das öffentliche Gewissen stärker berührt als dieses.« Ein Monat nach Beginn des Ersten Weltkriegs, also im September 1914, pries G. H. Powell in seinem Vorwort den Grundtenor des neu aufgelegten selben Romans als missachtete

Warnung und erfüllte Prophezeiung. In völliger Ignoranz gegenüber dem wahren Sachverhalt erdreistete sich der Autor des Vorworts, die deutsche »militärische Clique« mit jenem napoleonischen Albtraum zu vergleichen, der sämtliche moralische Instinkte ausschalte und »die Kraft hinter dem Kaiser« sei. Und so weiter.[763]

Die klarsten, aber nicht unbedingt typisch propagandistischen Forderungen an Großbritanniens Außenpolitik enthalten die vielzitierten drei Artikel der Cecil Rhodes nahestehenden britischen Zeitung *Saturday Review* zwischen 1895 und 1898. Darin wurde nicht nur die Zerstörung des Deutschen Reiches postuliert, sondern auch die Begründung hierfür in bestechender Klarheit dargelegt: unausweichlicher Konkurrenzkampf zweier nahezu ebenbürtiger Rassen und großer Profit für das natürlich siegreiche Empire. Auch das dazu erforderliche Einkreisungsszenario und die nachfolgende Beuteverteilung wurden bereits Ende des 19. Jahrhunderts empfohlen.[764] Die einzige erkennbare Manipulation in besagten Zeitungsberichten war die im allgegenwärtigen Sozialdarwinismus vorausgesetzte Annahme, es müsse unbedingt und unausweichlich ein Kampf der Rassen stattfinden. Den Massen wurde generell die Unumgänglichkeit eines großen Kriegs suggeriert, obwohl dies selbstverständlich nicht der Fall war.

Die gewaltigste, allerdings hauptsächlich erst nach dem großen Krieg wirksame Propaganda waren die ungefähr zur gleichen Zeit, also um 1895, entstandenen *Protokolle der Weisen von Zion,* die mit einiger Sicherheit ebenfalls aus der Feder der Globalisierungsclique stammten oder von ihr in Auftrag gegeben wurden. Dieses teuflische Blendwerk erfüllte zwei Hauptzwecke: Ablenkung und Spaltung. Erstens sollten die *Protokolle* von den Umtrieben der geheimen Clique auf ein aus dem Mittelalter bekanntes Feindbild ablenken: die Juden. Und zweitens sollte der Judenhass der ohnehin schon von einem großen Krieg verwirrten Völker die Spaltung Eurasiens beschleunigen. Im Interesse der anglo-amerikanischen Globalisierungsclique wird das Hitler-Regime den letzten großen Rassenkeil in Europas Herz treiben und sich dabei massenmanipulativ auf die *Protokolle* berufen, auf das wohl verderblichste Spaltungswerk aller Zeiten.[765] Dass die Mitglieder und Agenten der geheimen Clique mindestens ein Jahrhundert für ganz Eurasien vorausdachten, beweisen die erwähnten geostrategischen Gesamtwerke *The Empire and the Century* und *The Empire and the Future* aus dem Jahr 1905 beziehungsweise 1906. Britischen Strategen musste klar sein, dass das Deutsche Reich, dessen Vernichtung sie anstrebten, nach einem greifbaren Schuldigen suchen würde. Was lag näher als das mittelalterliche Feindbild, sprich die Juden?

Damit es überhaupt zum großen Krieg gegen das Deutsche Reich kommen konnte, musste der breiten Masse zuerst das Feindbild Deutschland in die Schädel gehämmert werden. Der künftige Feind musste entmenschlicht werden, damit von Grund auf friedliche Politiker und normale Bürger überhaupt einem für sie unvorteilhaften Krieg zustimmten. Die britischen Forscher Gerry Docherty und Doktor Jim Macgregor beschreiben Londons Propagandaziele im Vorfeld der Etablierung der Triple Entente: »Ein massives und dauerhaftes Propaganda-Laufwerk wurde benötigt, um eine deutsche ›Bedrohung‹ zu kreieren und den Briten den blanken Hass auf Deutschland und Kaiser Wilhelm II. einzupeitschen.«[766] Was die deutsche Reichsleitung nicht registrierte oder nicht wahrhaben wollte, analysierte der belgische Botschafter in London, der Comte de Lalaing, in seinem Bericht an den belgischen Außenminister vom 7. Februar 1905:

Die Feindseligkeit der englischen Öffentlichkeit gegenüber Deutschland beruht offenbar auf Eifersucht und Furcht – Eifersucht angesichts der wirtschaftlichen und kommerziellen Pläne Deutschlands, Furcht davor, dass die deutsche Flotte ihnen eines Tages die Oberhoheit auf den Meeren streitig machen könnte [...] Diese geistige Haltung wird von der englischen Presse angefacht, ungeachtet jedweder internationaler Komplikationen [...] Ein unkontrollierter Hurra-Patriotismus verbreitet sich im englischen Volk, und die Zeitungen vergiften Schritt um Schritt die öffentliche Meinung.[767]

Die britische Eifersucht auf Deutschlands herausragende wirtschaftliche Erfolge war zwar nicht gerade unbegründet, hätte aber mit entsprechendem Fleiß in etwas Konstruktives umgewandelt werden können. Die Furcht vor der deutschen Flotte war hingegen völlig an den Haaren herbeigezogen, weil diese, wie bereits dargelegt, zwischen 1890 und 1914 nicht einmal halb so groß wie die britische war.[768] Doch die Propaganda sämtlicher, nicht nur britischer Kriegstreiber erweist sich als absolut faktenresistent. Darauf, dass die britische Presse zu weiten Teilen unter der Kontrolle der Globalisierungsclique war, wurde ebenfalls schon hingewiesen.[769]

Ab 1906, dem Jahr der ersten deutschen Flottennovelle, wurde der britischen Bevölkerung eine regelrechte mediale Psychose verpasst: die Angst vor einer deutschen Invasion Großbritanniens. In Anlehnung an Erskine Childers' Roman *The Riddle of the Sands* von 1903 brachte William Le Queux 1906 sein Buch *The Invasion of 1910* (Die Invasion von 1910) heraus, das im selben Jahr zusätzlich Gegenstand einer Serie in der *Daily Mail* war.[770] Im Jahr der Etablierung der Triple Entente, also 1907, behauptete der sozialistische Abgeordnete Victor Grayson in seiner Rede im britischen Unterhaus, Kaiser Wilhelm II. habe die Absicht, höchstpersönlich mit seiner Streitmacht in England einzumarschieren, um die britische Krone vom Ballast des Sozialismus zu befreien. Diese Rede fand ihren Weg in die Schlagzeilen der Tagesblätter ganz Europas.[771]

Eine Invasion der britischen Inselgruppe mit deutschen Streitkräften war niemals beabsichtigt, noch dazu technisch unmöglich und daher eine völlig absurde Idee. Dennoch plagte dieses propagandistische Hirngespinst das angelsächsische Gemüt. Die US-amerikanische Pulitzer-Preis-Gewinnerin Barbara Tuchman weiß über diese Zeit zu berichten: »Das Thema der Invasion beherrschte sowohl die offizielle als auch die öffentliche Meinung.« Ein speziell für diese hirnrissige Angelegenheit ins Leben gerufener Untersuchungsausschuss des CID stellte zwar 1908 ausdrücklich die Unmöglichkeit einer deutschen Invasion fest, dieses Ergebnis wurde jedoch der Bevölkerung vorenthalten.[772] Es liegt damit ein weiterer bedeutender Beleg für die engmaschige Verstrickung zwischen der Manipulationsmaschinerie der geheimen Clique und den von ihr kontrollierten Medien sowie den von ihr belegten und bestochenen öffentlichen Ämtern vor. Das Invasionsthema wurde weiterhin hochdramatisch ausgeschlachtet. In Büchern, Artikeln und Theaterstücken wie zum Beispiel 1909 in *An Englishman's Home* von Guy du Maurier.[773]

Im Juli 1911 erzeugte der britische Außenminister Sir Edward Grey, ein Mitglied von Alfred Milners geheimer Clique, anlässlich der zweiten Marokko-Krise die auf frechen Lügen basierende Panik vor einem überfallsartigen Angriff der deutschen Flotte auf die Royal Navy. Obwohl die deutsche Hochseeflotte zu diesem Zeitpunkt über alle Meere verstreut war und es keinerlei aggressive Absichten der deutschen Reichsleitung gab, log Grey dreist gegenüber Winston Churchill und

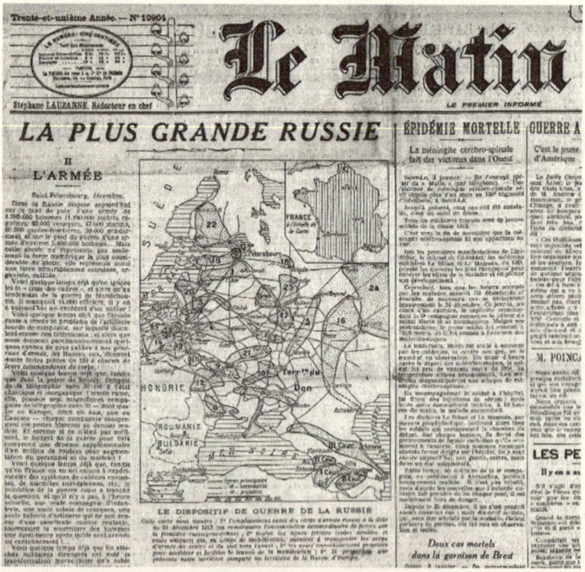
Trente-et-unième Année. — N° 10904
Le Matin
Stéphane LAUZANNE, Rédacteur en chef
LE PREMIER INFORMÉ
LA PLUS GRANDE RUSSIE
II
L'ARMÉE
ÉPIDÉMIE MORTELLE
La méningite cérébro-spinale fait des victimes dans l'Ouest
LE DISPOSITIF DE GUERRE DE LA RUSSIE
Deux cas mortels dans la garnison de Brest

Abb. 42: Ausschnitt des *Le Matin* vom 4. 1. 1914

David Lloyd George, »dass die deutsche Flotte inzwischen mobilisiert und zum Angriff bereit« sei.[774] Die Liste ließe sich beliebig lang fortsetzen.

Anfang 1914 setzte eine sehr konkrete französische und russische Propaganda für den Krieg gegen das Deutsche Reich ein, die allem Anschein nach auf einander abgestimmt und die logische Konsequenz der französischen Blankoschecks für Russland war. Das Pariser Blatt *Le Matin*, das sich auf eine »Quelle aus der Regierung« berief und dem französischen Präsidenten Poincaré verdächtig nahestand, berichtete ab 2. Januar unter dem Titel *La plus grande Russie – Das größere Russland* – in fünf umfangreichen und aggressiv formulierten Artikeln in erster Linie über das gewaltige militärische Aufmarschpotenzial Russlands. In der Ausgabe vom 4. Januar 1914 wird auf einer Landkarte mit der reißerischen Untertitelung »Le dispositive de guerre de la Russie« das Kriegspotenzial Russlands (so die Übersetzung) zwischen der Ostsee und dem Schwarzen Meer gezeigt (siehe Abb. 42).

Besonderes Augenmerk wurde dabei auf die (angeblich) exakten Stellungen der russischen Armeekorps mit Stichtag 31. Dezember 1913, deren Verbindung durch ein gigantisches Netz aus mit französischen Geldern finanzierten, leistungsfähigen strategischen Eisenbahnlinien sowie die außergewöhnlich intensive Aufstellung russischer Truppenkörper entlang der russisch-preußischen Grenze gelegt.[775] Selbst wenn es sich mit hoher Wahrscheinlichkeit um einen etwas übertriebenen Bericht sowohl zur Stärkung des französisch-russischen Pakts als auch zur Rechtfertigung der hohen Ausgaben Frankreichs für die russische Rüstung handelte, so hatte er doch einen hohen realen und für Deutschland bedrohlichen Anteil. Wie bereits erwähnt, war jene Einschätzung der russischen Lage durch den deutschen Generalstab korrekt, der zufolge die russischen Manöverdispositionen beispielsweise im Jahr 1910 hauptsächlich auf einen Krieg mit dem Deutschen Reich ausgerichtet waren.[776] Der deutsche Nachrichtendienst wurde auf voller Linie bestätigt, als ebenfalls im Januar 1914 die russische Militärzeitschrift *Raswetschik*, das mediale Organ des russischen Generalstabs, nicht nur den Sinn der russischen Manöver als Vorbereitung für den Krieg gegen Deutschland definierte, sondern darüberhinaus auch den totalen Vernichtungskrieg gegen das Deutsche Reich propagierte:

> *Uns allen ist sehr wohl bekannt, dass wir uns auf einen Krieg an der Westfront, vornehmlich gegen die Deutschen, vorbereiten. Deshalb müssen wir allen unseren Truppenübungen die Annahme zugrunde legen, dass wir gegen die Deutschen Krieg führen. Zum Beispiel muss immer die eine Manöverpartei die ›deutsche‹ heißen. Nicht nur die Truppe, das ganze russische Volk muss an den Gedanken*

gewöhnt werden, dass wir uns zum Vernichtungskampf gegen die Deutschen rüsten und dass die deutschen Staaten zerschlagen werden müssen, auch wenn wir dabei Hunderttausende von Menschen verlieren.[777]

Die Wendung »die deutschen Staaten« lässt keinen Zweifel darüber aufkommen, dass neben dem Deutschen Reich auch Österreich-Ungarn der Zerstörung anheimfallen sollte. Wie gesagt: Germania esse delenda. Austria esse delenda. Am 13. Juni 1914, nur zwei Wochen vor der Ermordung Erzherzog Franz Ferdinands, berichtete das russische Börsenblatt *Birschewija Wedomosti* stolz über die demnächst erreichte russische Truppenstärke von 2,32 Millionen Soldaten, die dank des rasch wachsenden und effizienten strategischen Eisenbahnnetzes im Falle eines Kriegs Deutschland förmlich überrollen könnten. Dieser Artikel, der sowohl die französische als auch die deutsche Presse zu mehrfachen Nachdrucken veranlasste, stand unter folgendem Motto:

Russland ist bereit.
Frankreich muss es auch sein.

Und Frankreich war bereit. Den Zweck der Triple Entente, diesmal aus französischer Sicht, verrät die Propagandakarikatur des Künstlers Paul Dufresne mit dem wortkreativen Titel »La triple detente« (Die dreifache Entspannung) aus dem Jahr

Abb. 43: Karikatur »La triple detente« 1914

1914: Drei Soldatenstiefel, ein britischer, ein französischer und ein russischer, treten dem deutschen Kaiser in den Hintern beziehungsweise ihn zu Boden (siehe Abb. 43). Da der deutsche Kaiser der oberste Repräsentant des Deutschen Reiches war, bestätigt das französische Propagandabild, was bisher schon hinlänglich herausgearbeitet wurde: Die Triple Entente diente der Zerstörung des Deutschen Reiches.

Dementsprechend klar und einleuchtend war wieder einmal der Kommentar des deutschen Kaisers zum veröffentlichten russischen Aufmarschpotenzial: »Na! Endlich haben die Russen die Karten aufgedeckt! Wer in Deutschland jetzt noch nicht glauben will, dass von Russo-Gallien [Russland-Frankreich] mit Hochdruck auf einen baldigen Krieg gegen uns gearbeitet wird [...], der verdient, umgehend ins Irrenhaus nach Dalldorf geschickt zu werden!«[778]

Wie Recht Wilhelm II. hatte, belegen nicht nur die französischen, russischen und serbischen Rüstungsprogramme, sondern insbesondere auch die korrelierenden militärstrategischen Planungen der britischen, französischen und russischen Generalstäbe und natürlich der gesamte Ablauf der inszenierten Auslösung des Ersten Weltkriegs. Dem System der Kriegsfalle Serbien (siehe das gleichnamige Kapitel) diente die gegen Österreich-Ungarn gerichtete serbische Propaganda.

Antiösterreichische Propaganda

Gegen die Donaumonarchie agierte ein dichtes Netzwerk verschiedenster serbischer offizieller Vereine und Geheimorganisationen, die mit der Presse zusammenarbeiteten und darüberhinaus von der serbischen Regierung nicht nur geduldet, sondern auch mehr oder weniger unterstützt wurden. Das Spektrum ihrer Aktivitäten reichte von der Stimmungsmache bis zu gezielten Terrorakten, wobei sogenannte Kultur- und Sportvereine oft mit extrem nationalistischen und terroristischen Organisationen verwoben waren: »Die Übergänge zwischen geheimen und öffentlich agierenden Vereinen, zwischen terroristischen Untergrundorganisationen und literarischen Zirkeln waren fließend.« Zu den bekanntesten Beispielen zählen Mlada Bosna (Junges Bosnien) und die anlässlich der österreichischen Annexion Bosniens und Herzegowinas im Jahr 1908 gegründete Narodna Odbrana (Nationale Verteidigung), die wiederum sowohl inhaltlich als auch personell eng mit der 1911 von serbischen Heeresoffizieren gegründeten Terrororganisation Schwarze Hand verbunden war.[779]

Kulturelle und humanitäre Vereine wie zum Beispiel Prosyjeta (Aufklärung), Pobratimstvo (Bruderschaft / Aufstandsheer) und Sokol (Turnen und Sport) sollten »durch geheime Zusammenkünfte, Wanderlehrer, Flugblätter und Presse für die Revolutionierung der Geister sorgen und zugleich die Organisation und Dislokation der [österreichischen] Truppen sowie Festungs-, Bahn- und Straßenbauten auskundschaften. Die Sokol (Falken) sollten die Führer für das Aufstandsheer ausbilden, die Pobratimstvo sollten die Massen der Bauern gewinnen.« Für diese Vereinigungen gab es ab 1911 eine Dachorganisation: die Narodna Odbrana. Sie zeigte sich nach außen als friedliche, quasi gemeinnützige Gesellschaft zur Verbreitung großserbischen Gedankenguts, während sie im Geheimen unter dem Deckmantel des Patriotismus Spionagenetzwerke entlang der Grenzen zur Donaumonarchie errichtete, paramilitärische Gruppierungen gründete und diese für die Durchführung von Terrorakten gegen hochrangige Vertreter des Habsburgerreichs ausbildete. Zu den Aufgaben der Ausschüsse der in fast jeder größeren Stadt Serbiens vertretenen Organisation zählte neben der Förderung und Kräftigung des nationalen Bewusstseins und des Sammelns von Geldern auch die Rekrutierung und Ausbildung von Freiwilligen für bewaffnete Aktionen. Den Ausschüssen oblag auch die Organisation, Ausrüstung und Ausbildung besonderer Banden von Insurgenten (Aufrührern), die zur selbständigen Kriegsführung befähigt waren. Die Freiwilligen, meistens Schüler und Studenten, kamen hauptsächlich aus Serbien, aber auch aus anderen Ländern wie zum Beispiel Österreich-Ungarn, Russland und Bulgarien. Die Rekrutierten wurden von serbischen Offizieren ausgebildet.[780]

Das Arbeitsprogramm der Narodna Odbrana kombinierte »die Kräftigung des nationalen Bewusstseins« mit einer allumfassenden Wehrhaftigkeit des neuen Serbiens, »in welchem jeder Serbe vom Kinde bis zum Greise ein Schütze ist.« Schließlich wurde das Volk mit einer Streitmacht gleichgesetzt: »Das Heer ist heute das Volk.« Denn: »Nur ein gesundes, kräftiges, national bewusstes und wohl organisiertes Volk ist imstande, sich zu verteidigen und zu siegen.« Wofür gekämpft und gesiegt werden sollte, war kein Geheimnis: »Unser Ziel ist ein serbisches, bewusstes und stolzes Serbien, ein solches Serbien wünschen wir ehebaldigst zu schaffen.«[781] Dieses neue Serbien war zugleich ein viel größeres Serbien: Großserbien inklusive Bosnien, Herzegowina und Adria-Zugang. Da hierfür Österreich-Ungarn der größte Hemmschuh war, propagierte die Narodna Odbrana, sie stünde »auf dem Standpunkte, dass durch die Annexion Bosniens und der Herzegowina der Einfall in unsere Länder vom Norden her vollkommen an den Tag getreten ist, und betrachtet daher und zeigt unserem Volke Österreich als unseren ersten und größten Feind.«[782]

Im Jahr 1909 druckte und veröffentlichte die Narodna Odbrana das *Taschenbuch über das österreichisch-ungarische Heer*, in dem Bosnien und Herzegowina als »von je her serbische Länder« bezeichnet werden, die von Österreich-Ungarn aufgrund europäischer Ermächtigung okkupiert wurden. Anstatt Ordnung herzustellen, habe die Donaumonarchie das serbische Volk unterdrückt, auf jede mögliche Art verfolgt und gequält. Nach dieser merkbar übertriebenen Darstellung, die jene großartige Entwicklungsarbeit der Österreicher in den beiden Provinzen mit keinem Wort erwähnt, auf die viele Muslime heute noch stolz sind, erfolgt folgender Appell an die europäischen Nationen zur Unterstützung Serbiens oder zumindest zum Verständnis für den auf jeden Fall dringend nötigen Krieg Serbiens gegen das Habsburgerreich:

> *Das serbische Volk hat überall, wo es existiert, und an dessen Spitze Serbien und Montenegro, beschlossen, solche Entreißung Bosniens und der Herzegowina nicht zuzulassen, und appelliert an Europa, damit es dies verhindere; falls Europa dies zu tun nicht in der Lage wäre oder nicht wollte, ist das serbische Volk entschlossen, mit Waffen in der Hand sein Menschenrecht aufs Leben zu verteidigen. Serbien steht deshalb vor der Möglichkeit eines Kriegs mit Österreich. Dieser Krieg muss nicht jetzt sein, er wird aber und muss stattfinden. Serbien bereitet sich mit aller Kraft vor zu diesem Kriege, und in diese Vorbereitung fällt auch das Erscheinen dieses Büchleins.*[783]

Ein Jahr nach der erwähnten Teilmobilmachung Serbiens gegen Österreich-Ungarn lieferte also eine von der serbischen Regierung zumindest geduldete, wenn nicht sogar weitreichend unterstützte Organisation einen schriftlichen Beweis für die kriegerischen Absichten gewisser serbischer Kreise. Nicht genug damit, dass das besagte Buch die intensive Vorbereitung Serbiens auf den angeblich unerlässlichen Krieg gegen Österreich-Ungarn ankündigt, wird auf Seite 12 auch noch die Destabilisierung der k. u. k. Monarchie durch den Aufruf der serbischen Bevölkerung zum bewaffneten Aufstand in Bosnien und der Herzegowina sowie den Einmarsch serbischer und montenegrinischer Streitkräfte zwecks Kriegsführung in diesen Provinzen propagiert:

> *Bosnien und Herzegowina sind Ursache des Kriegs. Deren Bevölkerung wird im Kriege an Serbiens Seite kämpfen, indem sie durch Revolution zu den Waffen greift. Bosnien und Herzegowina sind das Schlachtfeld, auf welchem sich die Kriegskräfte Serbiens und Montenegros zu vereinigen haben.*[784]

Von der Narodna Odbrana wurden mehrere schriftliche Zeugnisse wie dieses in Umlauf gebracht. Eine 1911 gedruckte Broschüre mit dem Namen Narodna Odbrana behauptet die rechtstitellose Aneignung Bosniens und der Herzegowina sowie die Unterdrückung, das Quälen und völkische Entfremden von Millionen Serben seitens der Donaumonarchie, bevor sie die erwähnten Haupttätigkeiten der Ausschüsse inklusive der Vorbereitung bewaffneter Aktionen durch Insurgentenbanden auflistet.[785]

Einer solchen Gruppe von Aufrührern und Terroristen gehörte beispielsweise Gavrilo Princip an, der Todesschütze im Rahmen des Terroranschlags auf Franz Ferdinand. Das in einigen Spielfilmen, Dokus und Artikeln transportierte Bild vom verwirrten Einzeltäter namens Princip ist absolut falsch. Im Kapitel über die Kriegsfalle Serbien wird gezeigt, dass hinter der Ermordung Franz Ferdinands eine große serbische Organisation steckte, die in Absprache mit Russland eine Aufstellung von sieben Attentätern entlang des Appel Kai in Sarajewo am 28. Juni 1914 ermöglichte. Die Terroristen waren nicht nur mit Pistolen, sondern auch mit Handgranaten bewaffnet. Die aus jungen bosnischen Serben bestehenden Terrorzellen waren von einer Propaganda geblendet worden, die Meuchelmörder als Helden verehrt hatte.

Als Sprachrohre der serbischen extremistischen Organisationen wie der Narodna Odbrana trat beinahe lückenlos Serbiens Presse auf. Diese ließ spätestens ab der Annexion Bosniens und Herzegowinas eine propagandistische Sintflut gegen Österreich-Ungarn los.

Am 8. Oktober 1910, eineinhalb Jahre nach dem feierlichen Besserungsschwur Serbiens (vom 31. März 1909) und auf den Tag exakt zwei Jahre nach der Annexion Bosniens und Herzegowinas durch Österreich-Ungarn, veröffentlichten *Politika* und *Mail Journal* hetzerische Artikel, denen zufolge Europa davon überzeugt werden müsse, dass »das serbische Volk immer an die Revanche denke.« Der Tag der Rache müsse kommen. In der *Politika* vom 18. April 1911 hieß es, der Besuch König Peters in Wien und Budapest werde von niemandem in Serbien gut geheißen, weil das Verhältnis zwischen Serbien und der verhassten Donaumonarchie auf alle Zeiten zerrüttet sei: »Durch die Annexion Bosniens und der Herzegowina ist ein für allemal die Möglichkeit einer Freundschaft zwischen Serbien und Österreich-Ungarn zerstört worden. Das fühlt jeder Serbe.« Gemäß *Beogradske Novine* vom selben Tag wurde König Peters Reise zum österreichischen Kaiser auch von den meisten serbischen Regierungsmännern missbilligt. Die Erklärung hierfür lieferte das *Mali Journal* am 19. April: »Die Interessen Serbiens können sich niemals mit den Interessen Österreichs decken.« Wenige Tage später, am 23. April 1911, verlautbarten die Blätter *Politika, Mali Journal, Tribuna, Beogradske Novine und Večernje Novosti* wie aus einem Munde, zwischen Österreich-Ungarn und Serbien könne niemals Freundschaft existieren. Folglich sei der geplante Besuch König Peters in der Donaumonarchie eine »schändliche Kapitulation«, eine »Demütigung Serbiens« und eine »feierliche Sanktionierung aller Verbrechen und Missetaten, die Österreich-Ungarn an Serbien und dem serbischen Volke begangen habe.«[786]

Im Artikel vom 18. April 1912 mit dem Titel *Der Zerfall in Österreich* wird ebendieser Zersetzungsprozess »nach allen Seiten« als »allgemeine Krise« begrüßt: »Wir Serben können mit Zufriedenheit einer solchen Entwicklung der Dinge in Österreich zusehen.« Die Zeitung *Balkan* schrieb nicht nur, dass Serbien und Montenegro zum Krieg gegen die Donaumonarchie bereit wären, falls »Europa zu schwach sei, um Österreich Halt zu gebieten«, sondern erklärte den Krieg sogar zur einzigen Option:

> *Ein Krieg zwischen Österreich-Ungarn und Serbien ist unausweichlich. Wir haben das türkische Reich zerstückelt, wir werden auch Österreich-Ungarn zerstückeln. Einen Krieg haben wir beendet, jetzt stehen wir vor einem zweiten.*[787]

Nachdem die *Večernje Novosti* am 22. April 1913 zum totalen Boykott gegen die Donau-Dampfschifffahrtsgesellschaft bei sonstiger Geldstrafe aufgerufen hatte, veröffentlichen die serbischen Tageszeitungen am 10. Juni 1913, also im Jahr vor der Ermordung Franz Ferdinands, Gedenkartikel über die Ermordung des königlichen Kommissärs in Agram und eines Polizisten durch den serbischen Attentäter Lukas Jukić 1912.[788] In der *Pravda* wurde der Terrorist Jukić nicht nur heroisiert, sondern auch zum ultimativen Vorbild aller Serben im künftigen Krieg gegen Österreich-Ungarn ernannt:

> *Es muss aus tiefster Seele wehe tun, dass nicht jeder so gehandelt hat wie unser Jukić. Wir haben keinen Jukić mehr, aber wir haben den Hass, wir haben den Zorn, wir haben heute zehn Millionen Jukić. Wir sind fest überzeugt, dass Jukić bald durch seine Arrestfenster den letzten Kanonenschuss der Freiheit vernehmen wird.*[789]

Am 7. Oktober 1913 spricht ein Leitartikel des *Mali Journal* der Donaumonarchie jede Existenzberechtigung ab und fordert die slawischen Nationalitäten zur Unterstützung des von Serbien geplanten Angriffskampfs gegen Österreich-Ungarn auf.

Einen Tag danach, am fünften Jahrestag der österreichischen Annexion Bosniens und Herzegowinas, stachelte der *Piémont* seine Leser gegen die Doppelmonarchie auf, indem er die völkerrechtliche Legitimation zur Annexion völlig ausblendete und sie als ausschließliche Entscheidung des österreichischen Kaisers darstellte. Das serbische Volk, das noch für Jahrzehnte Schmerzen fühlen müsse, »legt das Gelübde ab, Rache zu üben, um durch einen heroischen Schritt zu Freiheit zu gelangen.« Aus Österreich-Ungarn sei das »Stöhnen und Weinen des serbischen Bruders« zu vernehmen, weshalb die serbischen Soldaten gelobten, gegen die »zweite Türkei«, also Österreich-Ungarn, genauso hart vorzugehen wie gegen die »erste Türkei«, die sogenannte Balkan-Türkei: »Sie legten dieses Gelübde ab und hoffen, dass der Tag der Rache naht. Eine Türkei verschwand. Der gute serbische Gott wird geben, dass auch die ›zweite Türkei‹ verschwindet.« Und im *Mali Journal* vom 4. November 1913 wurde jedes Streben nach einer Annäherung an Österreich-Ungarn mit dem Verrat am serbischen Volk gleichgesetzt.[790]

Ab Anfang 1914 erlebte die serbische Propaganda gegen die Donaumonarchie in jener Hinsicht ihren Höhepunkt, dass ganz offen gegen den österreichischen Thronfolger als neuem Attentatsopfer gehetzt und zur Entfachung der Revolution in Österreich-Ungarn aufgerufen wurde. So waren die Neujahrswünsche der *Pravda* vom 14. Januar 1914 an die »noch nicht befreiten, unter fremder Herrschaft seufzenden Brüder« gerichtet. Die *Novosti* appellierte am 18. Januar an ihre »unter fremdem Joch« stehenden serbischen Brüder, ihre eigenen Sitten zu pflegen und den Tag der Befreiung in heller Begeisterung herbeizusehnen. Dass Serbien dadurch zum innerstaatlichen Aufstand gegen die Habsburger-Dynastie aufrief, gab die *Zastava* im Januar 1914 expressis verbis zu: »Serbien eifert die österreichisch-ungarischen Serben zur Revolution an.« Den dazu nötigen Hass lenkte das *Mali Journal* am 9. März mittels dreister Lügen ausgerechnet auf den für seine Liebe zum Frieden bekannten österreichischen Thronfolger: »Serbien kann das Säbelrasseln Franz Ferdinands anlässlich der Skutari-Affäre nie vergessen.« Am 4. April setzte die *Zastava* nach und unterstellte der österreichischen Regierung eine »Politik des Hasses, eine Bürokratenpolitik«, die mangels Weitblick der Donaumonarchie ein jähes Ende bereiten würde. Vier Tage später, am 8. April 1914, erklärte die *Pravda*:

Österreich hat seine Existenzberechtigung verloren.

Sodann verkündeten alle serbischen Blätter die Osterbotschaft dahingehend, dass »auch die nichtbefreiten, unterjochten, gedrückten Brüder bald eine frohe Auferstehung feiern würden. Die *Tribuna* vom 23. April 1914 erdreistete sich sogar, den europäischen Patriotismus als Schlagwort der Pazifisten herabzuwürdigen, für dessen Erfolg der Untergang und die Zerstückelung der Donaumonarchie eine unabdingbare Voraussetzung sei:

> *Dieses Programm kann aber nur dann verwirklicht werden,*
> *wenn Österreich aufgeteilt wird.*

Diese Zerstückelung rechtfertigend, wurde schließlich im Hetzartikel des *Mali Journal* vom 12. Mai 1914 die Donaumonarchie als verbrecherisches Ungetüm dargestellt: »Was im Privatleben ein Verbrechen heißt, nennt man in Österreich Politik. Die Geschichte kennt ein Ungeheuer, und dieses Ungeheuer heißt Österreich.«[791] Als letztes Beispiel antiösterreichischer Propaganda sei die Ausgabe des serbischen Amtsblatts vom 28. Juni 1914 erwähnt, dem serbischen Gedenktag für die historische Schlacht auf dem Amselfeld gegen das Osmanische Reich im Jahr 1389 (Vidovdan, Sankt-Veits-Tag) und dem Tag der Ermordung Franz Ferdinands. Das amtliche Blatt fungierte als Handlanger der Narodna Odbrana, indem es wie in einem schlechten Drama von den knirschenden »Ketten unserer Brüder« in all jenen Gebieten berichtete, in denen »unsere Volkssprache« gehört werde. Es gäbe noch so viel zu tun für die Serben. Die volle Bedeutung des Vidovdan trete gerade »in der Mitte des Schaffens des großen nationalen Staates« in den Vordergrund. »Millionen unserer Brüder, Slowenen, Kroaten und Serben« würden voller Erwartung nach Serbien blicken. Der abschließende Appell im serbischen Amtsblatt lautet:

> *Dem Mutigen hilft Gott! Vorwärts alle! Es ruft uns derjenige Teil unserer geheiligten Aufgabe, der noch unverwirklicht geblieben ist.*[792]

Ohne Zweifel war dies ein Aufruf zu jeder erdenklichen aggressiven Tätigkeit vom Irredentismus über die Entfachung einer Revolution bis hin zum offenen Krieg gegen Österreich-Ungarn. Zu dieser radikalen Haltung war es gekommen, weil man den geostrategischen Plänen von Kronprinz Rudolf in Wien keine Beachtung geschenkt hatte. Deren Umsetzung, vor allem die von Rudolf empfohlene freundschaftliche Unterstützung Serbiens und der Verzicht auf Bosnien und Herzegowina zugunsten der serbischen Regierung, hätte Serbien nicht zur Kriegsfalle gemacht und stattdessen den Frieden auf dem Balkan bewahrt. So viel zum Konjunktiv.

Zurück zu den bestätigten Tatsachen: Das Tatmotiv der bosnisch-serbischen Mörder des österreichischen Thronfolgers sowie ihrer serbischen und russischen Hintermänner war, wie noch zu zeigen ist, die gezielte Auslösung eines großen europäischen Kriegs zur Vernichtung Österreich-Ungarns und Deutschlands. Damit kommen wir zur technischen Operation der Auslösung des Ersten Weltkriegs.

3.
TECHNISCHE OPERATION

Die Auslösung und Austragung des Ersten Weltkriegs zwecks Vernichtung des Deutschen Reiches und Österreich-Ungarns wurden von der anglo-amerikanischen Globalisierungsclique im Geheimen von London aus entworfen, vorbereitet und konzertiert. Auf dem planmäßigen Weg zum Ersten Weltkrieg waren folgende Etappen zu meistern:

- Frühe antideutsche Kriegspropaganda
- Systematische Einkreisung der Mittelmächte
- Planung eines Mehrfrontenkriegs gegen Deutschland
- Aufrüstung und Optimierung des militärischen Potenzials
- Militärstrategische Kooperationen zwischen Entente-Staaten
- Vorbereitung einer Seeblockade gegen das Deutsche Reich
- Vorbereitung einer Kriegsfalle im nicht neutralen Belgien
- Vorbereitung der Anlandung britischer Streitkräfte
- Vorbereitung einer weiteren Kriegsfalle in Serbien

Die früh einsetzende und omnipräsente Kriegspropaganda gegen das Deutsche Reich, die systematische Isolation und Einkreisung der Mittelmächte durch die Entente-Staaten und die damit korrelierende Absicht, Deutschland und seinen Verbündeten Österreich-Ungarn in einem Mehrfrontenkrieg zu vernichten, wurden bereits hinreichend beleuchtet. Es sei hier nochmals auf jene unmissverständlichen Planungsparameter hingewiesen, die dem französisch-russischen Militärbündnisses von 1894 zugrunde lagen: Bereits eine teilweise Mobilmachung – auch jene Österreichs – war jedenfalls als Kriegseröffnung zu interpretieren und musste automatisch einen Mehrfronten-Vernichtungskrieg gegen Deutschland zur Folge haben. Das auslösende Szenario des Ersten Weltkriegs hatte also bereits 20 Jahre lang festgestanden, bevor es tatsächlich eintrat.[793] Die militärstrategischen Details dieses Mehrfrontenkriegs wurden zeitgerecht planerisch festgelegt und solide vorbereitet, sodass seine Entfesselung im Sommer 1914 ein Kinderspiel war.

Überlegenheit der Entente

In militärischer Hinsicht, zumindest was die Rüstungszahlen betrifft, waren die Entente-Staaten (inklusive Italien) dem Deutschen Reich und Österreich-Ungarn sowohl zur See als auch zu Lande etwa dreifach überlegen. Das Verhältnis der Kriegsflottentonnagen im Jahr 1914 betrug rund 2,9 zu 1 und jenes der Gesamttruppenstärken etwa 3,1 zu 1. Daher hätten sich England, Frankreich und Russland rein zahlenmäßig einen Angriffskrieg oder sogar einen Eroberungskrieg gegen die Mittelmächte leisten können, während der umgekehrte Fall völlig ausgeschlossen war. Von der erdrückenden militärischen Überlegenheit der Entente-Staaten her wäre diesen eindeutig die Rolle der Angreifer und den Mittelmächten jene der Verteidiger zugekommen. Die Globalisierungsclique schaffte es jedoch, den strategischen Vorteil der Entente sogar noch auszubauen, ja geradezu zu potenzieren, indem sie die Rollen völlig verdrehte und die Mittelmächte mit Nachdruck erfolgreich zum Angriff zwecks Selbstverteidigung provozierte beziehungsweise nötigte.

Doch gerade deutsche Militärwissenschaftler wie der preußische General Carl von Clausewitz waren sich über die geographische Zwickmühle Deutschlands und auch darüber bewusst, dass »die Verteidigung die stärkere Form des Krieges ist.«[794] Generalfeldmarschall Alfred Graf von Schlieffen (1833 bis 1913), Chef des deutschen Generalstabs von 1894 bis 1905 und Verfasser des berühmten Schlieffen-Plans von 1905 (siehe unten), betonte den unbestreitbaren Umstand, dass der Verteidiger vor allem eines stark befestigten Territoriums wie zum Beispiel des französischen auch in zeitlicher Hinsicht die besseren Karten hat: »Wir werden die Erfahrung aller früheren Eroberer bestätigt finden, dass der Angriffskrieg sehr viele Kräfte erfordert und sehr viele verbraucht, dass diese ebenso beständig abnehmen, wie diejenigen des Verteidigers zunehmen, und alles dies ganz besonders in einem Lande, das von Festungen starrt.«[795]

General von Clausewitz zufolge ist die »Überlegenheit der Zahl der wichtigste Faktor in dem Resultat eines Gefechts«, der groß genug sein muss, »um den übrigen mitwirkenden Umständen das Gleichgewicht zu halten.« Die eindeutige Überlegenheit an der Anzahl der Truppen ist daher der bedeutendste von mehreren Faktoren, wobei die Grade der Überlegenheit »doppelt, drei-, viermal so groß gedacht werden« und so weiter.[796] Konsequenterweise gilt die bis heute anerkannte militärische Faustformel, dass die Kräfte des Angreifers zu jenen des Verteidigers etwa im Verhältnis 3:1 stehen sollten. Diese Grundregel galt auf jeden Fall für den hauptsächlich infanteristisch geführten Ersten Weltkrieg. Sie findet aber bis heute auch bei anderen Waffengattungen Anwendung und wird aus dem beinahe dogmatischen Ansatz abgeleitet, der Verteidiger sei seines Zeichens dem Angreifer generell im Verhältnis 3:1 überlegen.[797] Schließlich hat der Verteidiger in der Regel nicht nur moralische, sondern in erster Linie auch erhebliche strategische Vorteile auf seiner Seite: frühzeitige respektive vorsorgliche Bestimmung des Schlachtfelds unter strikter Ausnützung des Geländes, Anlegung von Sperren, Stellungen und Befestigungen mit Maschinengewehren und Kanonen, vorgezeichnete und sicherere Linien für den Nachschub und die Versorgung der Truppen. Der Angreifer hat zwar den Vorteil höherer Flexibilität, er muss jedoch seine Kräfte in einem Umfang konzentrieren, die ihm sowohl die Niederwerfung des Feindes, die Eroberung des Geländes und das Halten desselben als auch einen gesicherten Nachschub und die Bildung einer strategischen Reserve ermöglichen.

Daraus lässt sich mit hundertprozentiger Gewissheit ableiten, dass ein Verhältnis von 1:1 oder ein nur unwesentlich höheres Verhältnis insbesondere einen überwiegend infanteristischen Angreifer nie und nimmer in die Lage einer nachhaltigen Eroberung versetzen kann. Mit gleich starken Kräften kann der Gegner maximal knapp ausgeschaltet, gewonnenes Gebiet aber nicht auf Dauer gehalten werden. Darauf kommen wir im Kapitel über die Verteidigungsstrategie des Deutschen Reiches zurück. Das in militärischen Gehirnen vorherrschende praktische Sicherheitsdenken legt zwar die grundsätzliche Plausibilität der Faustformel 3:1 nahe, allerdings kann ein Kräfteverhältnis von beispielsweise »lediglich« 2:1 zugunsten des Angreifers bei seiner auch qualitativen Überlegenheit durchwegs ausreichen.

Für den Seekrieg legte die deutsche Dienstvorschrift IX von 1894 folgende strategische Faustformel fest: Zur Sicherstellung des Siegs in einer Schlacht zur See ist die Überlegenheit der eigenen Flotte von mindestens einem Drittel erforderlich.[798] In diesem Sinne gab der bereits erörterte britische Two-Power-Standard, der in Wahrheit ein Three-Power-Standard war (die britische Flotte war allzeit nahezu gleich groß wie die drei nächstgrößten Kriegsmarinen),[799] der Royal Navy aufgrund ihres auch qualitativen Vorrangs eine unantastbare Überlegenheit von mindestens drei Dritteln, im Zusammenwirken mit den britischen Bündnispartnern sogar noch mehr.

Überlegenheit zur See

Als Inselnation mit riesiger Flotte und relativ geringen Landstreitkräften konnte und wollte England auf dem europäischen Kontinent zur Unterstützung Frankreichs ursprünglich, das heißt ab 1906, mit einem Expeditionskorps von »nur« etwa

Kriegsflottentonnagen 1890-1914 mit Kräfteverhältnis

Land	1890	1900	Zuwachs 1890-1900	1910	1914	Zuwachs 1910-1914	Faktor 1914
GBR	679.000	1.065.000	57%	2.174.000	2.714.000	25%	
FRA	319.000	499.000	56%	725.000	900.000	24%	
RUS	180.000	383.000	113%	401.000	679.000	69%	
DEU	190.000	285.000	50%	964.000	1.305.000	35%	
Ö-U	66.000	87.000	32%	210.000	372.000	77%	
ITA	242.000	245.000	1%	327.000	498.000	52%	
USA	240.000	333.000	39%	824.000	498.000	-40%	
JAP	41.000	187.000	356%	496.000	700.000	41%	
Summe	1.957.000	3.084.000	58%	6.121.000	7.666.000	25%	
GBR FRA RUS ITA	1.420.000	2.192.000	54%	3.627.000	4.791.000	32%	2,9
GBR FRA RUS	1.178.000	1.947.000	65%	3.300.000	4.293.000	30%	2,6
DEU Ö-U	256.000	372.000	45%	1.174.000	1.677.000	43%	1

Abb. 44

Anzahl der Kriegsschiffe und U-Boote im Sommer 1914

Land	Schlacht-schiffe	Linien-schiffe	Schlacht-kreuzer	Panzer-kreuzer	Sonstige Kreuzer	Zerstörer / gr. Torpedo-boote	U-Boote	Summe
GBR	20	40	6	34	63	250	78	491
FRA	4	18	-	18	9	80	55	184
RUS	-	9	-	6	8	58	28	109
DEU	13	30	4	9	33	145	28	262
Ö-U	3	12	-	3	10	20	6	54
ITA	3	11	-	10	13	32	20	89
Summe	**43**	**120**	**10**	**80**	**136**	**585**	**215**	**1.189**
GBR FRA RUS ITA	27	78	6	68	93	420	181	873
GBR FRA RUS	24	67	6	58	80	388	161	784
DEU Ö-U	16	42	4	12	43	165	34	316

Abb. 45

100.500 Mann aufwarten, rund einem Fünftel des personellen Gesamtumfangs der britischen Streitkräfte (siehe unten). Entsprechend der gemeinhin bekannten Bündnislogik gingen die CID-Strategen – wie im Übrigen auch die Strategen der anderen Entente-Nationen – im Fall eines großen Kriegs davon aus, dass die französischen und russischen Armeen die Hauptlast auf dem eurasischen Kontinent tragen und Deutschland links und rechts, also im Westen und im Osten, in die Zange nehmen, während Italien hinterrücks aus dem Süden angreift und die mächtige Royal Navy die deutsche Kriegsflotte auf den Grund der Nordsee schickt und dabei gleichzeitig die deutsche Bevölkerung mittels einer Seeblockade aushungert[800] (zur Hungerblockade siehe weiter unten).

Die Gegenüberstellung der Kriegsflottentonnagen zeigt, dass die **Entente** den Mittelmächten bis inklusive 1914 jeweils **mehr als 2,5-fach überlegen** war: 2, 6 zu 1. Dabei wurde die italienische Kriegsflotte noch gar nicht zur Entente hinzugezählt, obwohl Italien ab 1915 auf Seiten der Entente kämpfte. Addiert man noch die italienische Marine, kommt man im Jahr 1914 auf ein Verhältnis von 2,9 zu 1 zugunsten der Entente: knapp 4,8 Millionen Tonnen der Entente standen den rund etwa 1,7 Millionen Tonnen der Mittelmächte gegenüber (siehe die Tabelle in Abb. 44). Die osmanische Flotte ist nicht auf Seiten der Mittelmächte zu addieren. Schließlich wurde sie nur lokal zur Behauptung der Meerengen eingesetzt und band dabei überdies das deutsche Mittelmeergeschwader für Einsätze gegen die russische Flotte im Schwarzen Meer.[801]

Besonders ungünstig für die Mittelmächte war das Kräfteverhältnis in Bezug auf die Großkampfschiffe und U-Boote: Unmittelbar vor Kriegsbeginn stand es hier 873 zu 316 beziehungsweise 2,8 zu 1 zugunsten der Entente inklusive Italien (siehe die Tabelle in Abb. 45). Dieses extrem ungleiche Kräfteverhältnis trug vor allem im Verbund mit der erwähnten strategischen Überlegenheit der britischen Superdreadnoughts zur (beinahe) uneingeschränkten Herrschaft Englands und mit ihr der Entente über die Weltmeere bei.

Ohne eindeutige und überwältigende Majorität auf den Weltmeeren war und ist für jede Nation ein globaler Machtanspruch bereits vom gedanklichen Ansatz her absolut ausgeschlossen. Die Stärken der internationalen Seestreitkräfte führen daher unwiderlegbar vor Augen, dass im Gegensatz zu Großbritannien weder Deutschland noch Österreich realistische Weltmachtphantasien hegen konnten. Dass Deutschland Großbritannien zwischen 1890 bis 1914 freiwillig jeweils mindestens zweifach unterlegen war, wurde bereits im Kapitel über die stärkste Kriegsflotte der Welt behandelt. Aus deutscher Sicht sticht daher die eklatante militärische Schwäche des Bündnispartners Österreich besonders schmerzhaft ins Auge. Die k. u. k. Kriegsmarine trat statistisch sogar deutlich hinter jene des im Verhältnis zur Donaumonarchie winzigen italienischen Königreichs zurück: Während Italien über 69 große Kampfschiffe und 20 U-Boote verfügte, hatte Österreich-Ungarn nur 48 Großkampfschiffe und 6 Unterseeboote (siehe die Tabelle in Abb. 45). Demnach war die Donaumonarchie seinem Herausforderer Italien zur See zahlenmäßig mehr als 1,6-fach unterlegen.

Wie jedoch der Tabelle in Abbildung 44 zu entnehmen ist, stockte Österreich seine im internationalen Vergleich von Beginn an extrem schwache Flotte zwischen 1910 Anzahl der Kriegsschiffe und U-Boote im Sommer 1914 und 1914 mit beachtlichen 77 Prozent am intensivsten auf. Dies ging auf die Initiative des Thronfolgers Franz Ferdinand zurück, der als Admiral und guter Freund des deutschen Kaisers die Zeichen der Zeit erkannt und entsprechend gehandelt hatte. Im Sinne des europäischen Friedens setzte der General zur Disposition des Allerhöchsten Oberbefehls über die k. u. k. Streitkräfte genau wie die Strategen des Deutschen Reiches auf die Abschreckung potenzieller Gegner. Die Sollstärke der Kriegsmarine hatte Franz Ferdinand daher wie folgt geplant: 16 Schlachtschiffe, 12 Kreuzer, 24 Torpedobootzerstörer, 72 Torpedoboote, 12 U-Boote sowie eine große Anzahl von Flusskampfschiffen. Diese Aufstellung wurden jedoch vom Reichsrat aus Kostengründen nicht im vollen Umfang genehmigt.[802] De facto lag die Ist-Stärke 1914 sogar mehr als 2,5-fach unter den Vorstellungen des Thronfolgers. Aber immerhin konnte Franz Ferdinand den Bau moderner Großkampfschiffe durchsetzen, darunter drei Pre-Dreadnoughts[803] und immerhin zwei echte Dreadnoughts der Tegetthoff-Klasse. Eines der beiden »Fürchtenichts-Schlachtschiffe« war die dampfbetriebene Viribus Unitis (Mit vereinten Kräften), das Flaggschiff der k. u. k. Flotte. Sie wurde Mitte 1912 in den Dienst gestellt und war das erste Drillingsturmschiff der Welt.[804] Die Hauptwaffe der Viribus Unitis bestand nicht aus acht, sondern aus zwölf Kanonen des Kalibers 30,5 Zentimeter. Zusätzlich konnte sie aus zwölf 15-Zentimeter-Geschützen, zwölf Kanonen mit 7-Zentimeter-Kaliber, drei 6,6-Zentimer-Kanonen sowie vier Torpedorohren feuern (siehe Abb. 46).

Mit seinen Anstrengungen für die österreichische Kriegsmarine lieferte der österreichische Thronfolger den ententischen Kriegstreibern einen weiteren Grund, für seine Beseitigung zu sorgen. Niemand durfte die britische Dominanz im Mittelmeer und besonders am Suez-Kanal auch nur geistig herausfordern. Trotz allem darf aber nicht die Unzulänglichkeit der k. u. k. Kriegsmarine im internationalen Vergleich übersehen werden. Sie entsprach zu keiner Zeit den Erfordernissen einer Großmacht, die Österreich-Ungarn nun einmal auf der Landkarte war. Zudem beeinträchtigte

Abb. 46: Österreichisches Drillingsturmschiff Viribus Unitis um 1914

jeder in die Kriegsflotte investierte Groschen die ohnehin viel zu gering dimensionierten k. u. k. Landstreitkräfte (siehe unten). Um die Entente-Staaten beziehungsweise Großbritannien ernsthaft von einem Seekrieg abhalten zu können, hätten Deutschland und vor allem Österreich über weit größere und mit Heizöl befeuerte Kriegsflotten verfügen müssen. Dazu waren zwar die geostrategisch kundigen Monarchen bereit, die von Zivilisten gemachte Politik stellte jedoch nicht die erforderlichen Mittel zur Verfügung. Es waren mithin nicht die Regenten, sondern kurzsichtige Politiker, die Österreich und Deutschland in den Augen der Entente-Staaten zum lukrativen Appetithäppchen machten. Hinzu kommt natürlich Großbritanniens gewaltiger Vorsprung als Seemacht, der so gut wie uneinholbar war.

Den bombenfesten Zusammenhang zwischen der britischen Dominanz über die Meere, dem Imperialismus, der Kontrolle über den weltweiten Seehandel und Großbritanniens Status als uneingeschränkte Weltmacht erklärte der US-amerikanische Konteradmiral und Marinestratege Alfred Thayer Mahan (1840 bis 1914) bereits im auslaufenden 19. Jahrhundert in seinem weltpolitisch äußerst einflussreichen Buch *The Influence of Sea Power upon History* (Der Einfluss der Seemacht auf die Geschichte). Seiner Analyse der europäischen Geschichte ab dem Jahr 1660 zufolge war es die »englische Nation, die mehr als jede andere ihre Größe dem Meer verdankt.« Die globale Vorherrschaft der Engländer sei auf ihre »ständige Politik« zurückzuführen, »ihren Feind zu attackieren und zu zerstören.«[805] Alfred Mahan, der als international anerkannter »Clausewitz der See« galt, sprach sich deutlich für die Anwendung der Strategien des Landkriegs auf die maritime Kriegsführung aus. Die Geschichte lehre, dass dieselben Prinzipien gelten. Die Marine müsse daher als sowohl strategische als auch taktische Offensivwaffe möglichst stark und in sich geschlossen (konzentriert) sein. Der Feind sei restlos zu vernichten, idealerweise in einer Entscheidungsschlacht mit riesigen Kriegsschiffen. Gegenüber amphibischen Operationen, also Anlandungen von Landstreitkräften, zeigte sich Mahan skeptisch bis ablehnend. Für den US-Strategen nahm in jedem Konfliktszenario die Beherrschung des Handels zur See eine herausragende Stellung ein. Dabei komme es auf die alleinige Kontrolle über die wichtigsten Häfen, maritimen Stützpunkte, Seewege und Kommunikationslinien an. Mahan betrachtete den »militärischen Wert des Handelszerstörens als eine entscheidende oder eine sekundäre Operation des Krieges.«[806] Kurz: Die Vernichtung der gegnerischen Seestreitkräfte war für Mahan ein ebenso wichtiges Kriegsziel wie die Zerstörung des feindlichen Handels mittels Seeblockaden.

Admiral Mahans britischer Kollege, der Marinestratege und -historiker Julian S. Corbett (1854 bis 1922), übte zu Beginn des 20. Jahrhunderts einen starken Einfluss auf die britische Kriegsmarine aus. In seinem 1911 veröffentlichten Buch *Some principles of maritime strategy* (Einige Grundätze der maritimen Strategie) fordert Corbett eine eher relative Seeherrschaft, nämlich eine »generelle und permanente Kontrolle« der Royal Navy über die maritimen Durchfahrten und Kommunikationslinien, die zwar dem Feind etwas Handlungsspielraum lässt, aber keine ernsthafte Beeinträchtigung des britischen Seehandels und britischer Übersee-Operationen erlaubt. Vielmehr soll der Feind daran gehindert werden, »dass er seinen eigenen Handel und seine Operationen ausüben kann, außer auf die Gefahr hin, sich aus dem Bereich der praktischen Strategie zu entfernen.« Anders formuliert: »Der Feind kann nicht länger unsere Passagen und Kommunikation effektiv angreifen, während er seine eigenen weder benutzen noch verteidigen kann.«[807] Hinsichtlich des Blockadetypus' bevorzugte Corbett nicht die enge, sondern die offene Seeblockade (Fernblockade) sowohl der feindlichen Marine als auch des feindlichen zivilen Seehandels. Der unmittelbare Auftrag der britischen Kreuzer sei es, »den Fluss des feindlichen Seehandels zu beenden, der entweder auf seinem eigenen oder aber auf neutralem Terrain stattfindet, indem ihm die Verwendung der Handelskommunikationen verweigert wird.«[808]

Vor allem in England setzten sich die aggressiveren Theorien Alfred Mahans schon eine Weile vor dem Ersten Weltkrieg durch: »Nicht zuletzt durch starke Lobbys unterstützt, wurde der Bau von großen Schlachtschiffen vorangetrieben, die Flotten wurden zum Prestigeobjekt. Dies zeigte international Wirkung [...]«[809] Der bereits skizzierten Auslösung des internationalen Flottenwettrüstens durch England[810] liegen demnach fundierte anglo-amerikanische Marineanalysen zugrunde, denen zufolge Handelsblockaden, die sich hauptsächlich gegen die Zivilbevölkerung des Feindes richten, schon einige Zeit vor dem Beginn des Ersten Weltkriegs als wesentliche und integrale Bestandteile der Kriegsführung anerkannt wurden. Wohlgemerkt wurde dieses verbrecherische Konzept sowohl vom britischen als auch vom US-amerikanischen Establishment mitgetragen. Konkrete Pläne zum Aushungern der deutschen Bevölkerung mittels Seeblockade wurden vom britischen CID bereits ab 1905 erstellt, neun Jahre vor dem Ersten Weltkrieg. Dazu kommen wir noch. An dieser Stelle darf nicht unerwähnt bleiben, dass das Deutsche Reich mit einer Seeblockade gerechnet und in Anbetracht seiner heillosen Unterlegenheit – zwangsweise in der Not des Schwächeren – die Abnützung der britischen Kriegsflotte mittels U-Booten und Minen ins Auge gefasst hatte. Dass es sich dabei jedoch um keine handfesten Pläne mit entsprechenden Umsetzungsmaßnahmen handelte, beweist wiederum die Statistik von 1914: Deutschland besaß mit 28 U-Booten nur etwas mehr als ein Drittel der englischen Unterseebootflotte, die über stolze 78 Stück verfügte. Im Verhältnis zur Entente plus Italien war die deutsche und österreichische U-Bootwaffe im Verhältnis 34 zu 181 respektive 1 zu 5,3 im aussichtslosen Hintertreffen (siehe die Tabelle in Abb. 45).

Fazit zum Vergleich der Seestreitkräfte: Die Mittelmächte waren der Entente ausweglos unterlegen und konnten sich im Gegensatz zu dieser keinen lange währenden, großen europäischen Krieg leisten. Ähnlich verhielt es sich im Bereich der Landstreitkräfte.

Überlegenheit zu Lande

Der deutsche Generalstabschef Graf von Schlieffen wurde nicht müde, darauf hinzuweisen, dass das Deutsche Reich im Verhältnis zu seinen künftigen Gegnern chronisch in der Unterzahl war: »Wir haben die allgemeine Wehrpflicht und das Volk in Waffen erfunden und den anderen Nationen die Notwendigkeit, diese Institutionen einzuführen, bewiesen. Nachdem wir aber unsere geschworenen Feinde dahin gebracht haben, ihre Heere ins Ungemessene zu vermehren, haben wir in unseren Anstrengungen nachgelassen. Wir pochen noch immer auf unsere hohe Einwohnerzahl, auf die Volksmassen, die uns zu Gebote stehen, aber diese Massen sind nicht in der vollen Zahl der Brauchbaren ausgebildet und bewaffnet.«

Schlieffens diesbezügliche Randbemerkung im Planungsdokument lautet: »Die Tatsache, dass Frankreich mit 39 Millionen Einwohnern 995 Bat. [Bataillone] zum Feldheere stellt, Deutschland mit 56 Millionen aber nur 971, spricht eine vernehmliche Sprache.«[811]

Eine vernehmliche Sprache sprechen ganz allgemein auch die Truppenstärken gemäß Friedensgliederung von Heer und Marine zwischen 1880 und 1914: Die Truppen der **Entente** waren jenen Deutschlands und Österreichs zahlenmäßig beinahe **dreifach überlegen** (2,8 zu 1). Rechnet man Italien zu Frankreich, Russland und England hinzu, so waren die Streitkräfte der Entente sogar 3,1-mal stärker als jene der Mittelmächte. Berücksichtigt man neben Italien auch Serbien (SER) und Belgien (BEL) auf Seiten der Entente-Mächte, beträgt der gemeinsame Faktor 3,2. Das Kräfteverhältnis war also 3,2 zu 1 zu Ungunsten Deutschlands und Österreichs. Es verwundert nicht, dass das großflächige und stark bevölkerte Russland jeweils uneingeschränkter Spitzenreiter war, 1914 mit mehr als 1,35 Millionen aktiven Soldaten. Sehr auffällig ist jedoch, dass Frankreich mit knapp einer Million Mann unter Waffen gleich auf Platz zwei kam und das angeblich aggressive Deutsche Reich im Kriegsjahr 1914 mit nicht einmal 0,8 Millionen um 223.000 weniger Aktivsoldaten als Frankreich hatte, während die Großmacht Österreich-Ungarn mit vergleichsweise läppischen 415.000 Aktivsoldaten nicht einmal die Hälfte der französischen Truppenstärke zustande brachte. Die erwähnte Aufstockung der bis zum Kriegsbeginn noch immer viel zu schwachen österreichischen Kriegsmarine ging im wahrsten Sinne des Wortes auf die Kosten der ohnehin schon ausgedünnten k. u. k. Landstreitkräfte. Während die anderen europäischen Großmächte kräftig aufrüsteten, wurde das österreichisch-ungarische Heer zwischen 1910 und 1914 sogar reduziert, zwar nur minimal, aber dennoch (siehe die Tabelle in Abb. 47).

Achillesferse Österreich

Österreich-Ungarn legte großen Wert auf seinen Status als Großmacht, sein Heer entsprach jedoch dem einer Randnation. Obwohl die Donaumonarchie eine der größten und bedeutendsten Nationen Europas war, hinkte sein Berufsheer jenen der anderen Großmächte sowohl aus quantitativer Sicht als auch im Hinblick auf die Qualität der Ausrüstung und Bewaffnung dramatisch hinterher. Die grob fahrlässige Nachlässigkeit der Reichsführung, die das Militär vor unerfüllbare Aufträge stellte

Truppenstärken (Heer + Marine) im Frieden 1880-1914

Land	1890	1900	Zuwachs 1890-1900	1910	1914	Zuwachs 1910-1914	Faktor 1914
RUS	677.000	1.162.000	72%	1.285.000	1.352.000	5%	
FRA	542.000	715.000	32%	769.000	984.000	28%	
DEU	504.000	524.000	4%	694.000	761.000	10%	
GBR	420.000	624.000	49%	571.000	969.000	70%	
Ö-U	346.000	385.000	11%	425.000	415.000	-2%	
ITA	284.000	255.000	-10%	322.000	345.000	7%	
JAP	84.000	234.000	179%	271.000	306.000	13%	
USA	39.000	96.000	146%	127.000	164.000	29%	
Summe	2.896.000	3.995.000	38%	4.464.000	5.296.000	19%	
RUS FRA GBR ITA	1.923.000	2.756.000	43%	2.947.000	3.650.000	24%	3,1
RUS FRA GBR	1.639.000	2.501.000	54%	2.625.000	3.305.000	28%	2,8
DEU Ö-U	850.000	909.000	7%	1.119.000	1.176.000	253%	1

Abb. 47

sowie den Schutz von Volk und Land aufs Spiel setzte, hatte schon das militärstrategische Genie Napoleon Bonaparte durchschaut und wie folgt festgehalten: »L'Autriche est toujours en retard, d'une armée, d'une année, d'une idée.« Auf Deutsch:

Österreich ist immer im Hintertreffen –
um eine Armee, um ein Jahr, um eine Idee.[812]

Der Abbau des österreichischen Heers ausgerechnet während sich zuspitzender Konflikte auf dem Balkan, dieser typisch österreichische Dauerirrwitz der Geschichte, hängt damit zusammen, dass überproportional hohe Mittel des Militärbudgets in die dringend nötige Aufstockung der Kriegsmarine gesteckt wurden,[813] obwohl sich diese dadurch nicht im nötigen Umfang vergrößerte. »Trotz seiner strategischen Lage als Kontinentalmacht legte die k. u. k. Monarchie ein Schwergewicht in den Bereich der Flottenrüstung, was sich bald finanziell negativ auf die Landstreitkräfte auswirken sollte«, schreibt der österreichische Brigadier Bruno G. Hofbauer zutreffend im historischen Teil des *Truppendienst*-Buchs *Moderne Seemacht*.[814] Den auf Vorschlag Franz Ferdinands bestellten k. u. k. Generalstabschef Freiherr Franz Conrad von Hötzendorf trieben die aus seiner Sicht nutzlosen Aufwendungen für die Flotte auf die Palme, was nicht unbedingt zur Verbesserung des aufgrund der diametral entgegengesetzten Meinungen über einen Präventivkrieg auf dem Balkan ohnehin schon angespannten Verhältnisses zwischen Generalstabschef (pro Präventivkrieg) und Thronfolger (contra Präventivkrieg) beitrug. Dieser Konflikt steht für die unterschiedliche Auffassung über die Funktion der Landstreitkräfte. Während das Heer von Franz Ferdinand mehr als ein Instrument zur Aufrechterhaltung der Ordnung im Landesinneren und (wie die Flotte) als außenpolitische Waffe der Abschreckung gesehen wurde, war es für Conrad das außenpolitische Zwangsmittel zur Schaffung realer Fakten durch militärische Gewalt. Alleine darüber ließe sich ein eigenes Buch schreiben.

Festzuhalten ist, dass die Größe des stehenden k. u. k. Heers weder als Instrument der Abschreckung noch als Mittel faktischer Gewalt dem Status der Donaumonarchie als Großmacht und der Verantwortung gegenüber seinen Bürgern gerecht wurde. Im Grunde hatten Franz Ferdinand und Conrad beide Recht: Als europäische Kontinentalmacht mit starken Berührungspunkten zum Pulverfass Balkan und angesichts des bereits auf Lauer liegenden Hauptgegners Russland hätte Österreich-Ungarn eines Aktivheers in der russischen Größenordnung von rund 1,4 Millionen Soldaten und zugleich einer Kriegsflotte in Anlehnung an die deutsche bedurft. Eine derartige Streitmacht hätte die Donaumonarchie von der Achillesferse zum würdigen Bündnispartner des Deutschen Reiches erhoben. In Wien hätte man der Empfehlung Kronprinz Rudolfs folgen, auf Prunkbauten verzichten und das eingesparte Geld lieber in den Militärbudgettopf stecken sollen. Wie gesagt: Erst kommt die Sicherheit, dann der Luxus. Nicht umgekehrt.

Aber Wien ist bekanntlich anders. Ein besonders skurriles Faktum ist zum Beispiel, dass sich die Anzahl der Bataillone der k. u. k. Streitkräfte zwischen 1866 (Schlacht bei Königgrätz) und 1914 verringerte, obwohl im selben Zeitraum ein Bevölkerungszuwachs von etwa 20 Millionen Menschen zu verzeichnen war,[815] sich zugleich der Balkan zum Pulverfass entwickelte, spätestens ab 1912 mit einem großen Schießkrieg gegen die Entente zu rechnen war und obendrein der Kräfteumfang der russischen Streitkräfte synchron zur Kriegslust der Entente uneinholbar anstieg. Völlig unbegreiflich ist auch, warum die österreichischen Militärausgaben von 1870 bis 1910 generell von 24,1 Prozent auf 15,7 Prozent zurückgingen. Großbritannien hingegen wendete pro Kopf »mehr als fünfmal so viel auf wie die Habsburgermonarchie, Frankreich mehr als doppelt so viel, Deutschland das Zweieinhalbfache, und auch Russland und Italien taten mehr für ihr Militär als Österreich-Ungarn.«[816]

Eine weitere Spezialität Österreich-Ungarns war die sogar direkte Aufrüstung seiner künftigen Feinde. Weil die berüchtigten Steyr Werke 1910 von der k. u. k. Hofverwaltung keine Aufträge bekamen, mussten sie auf Exporte umsteigen, wobei die Balkanstaaten bis knapp zum Beginn des großen Kriegs Hauptabnehmer hochqualitativer österreichischer Waffen waren: »Noch im Frühjahr 1914 wanderten 200.000 Gewehre der Österreichischen Waffenfabriksgesellschaft Steyr und der mit ihr im Kartell befindlichen deutschen Firma Mauser nach Serbien. Griechenland bestellte 1913 rund 200.000 Gewehre, Rumänien 230.000« und so weiter. Für das eigene Heer wurden 1911 nur etwa 6.500 und 1912 lediglich 2.700 Handfeuerwaffen angekauft. Schon während der Balkankriege verzeichnete der österreichische Munitionshersteller Hirtenberg Hochkonjunktur. Und der Geschützfabrikant Škoda, der zu einem beträchtlichen Teil in englischer und französischer Hand war, übernahm gemeinsam »mit dem französischen Rüstungsgiganten Schneider-Creuzot den Ausbau des größten russischen Rüstungsbetriebs«, der Putilov-Werke.[817]

Ungeschickter und selbstschädigender, um nicht zu sagen vertrottelter, ging es wohl kaum. Auf alle Fälle liegt ein weiterer unumstößlicher Beweis dafür vor, dass Österreich keinen Krieg wollte und man die diesbezügliche Gefahr nicht genügend hoch beurteilte. Der allgemeinen Situation des vom Nationalitätenproblem und von finanziellen Engpässen geschüttelten Österreich-Ungarn entsprach das Wortspiel, »k. u. k.« bedeute krisen- und konkursträchtig. Der deutsche Botschafter in Wien

Heinrich von Tschirschky brachte die Lage der Donaumonarchie am 22. Mai 1914 wie folgt auf den Punkt: »Österreich-Ungarn kracht in allen Fugen.« Allerdings ergänzte der deutsche Beobachter: »Die Armee ist kerngesund.«[818] Was die Ausbildung, Disziplin und Kampfmoral betrifft, hatte der deutsche Beobachter natürlich Recht. Österreichische Soldaten sind schließlich bis heute dafür bekannt, aus dem Wenigen, das sie haben, das Optimum zu machen.

Triste Lage der Mittelmächte

Wie im Deutschen Reich verstand es auch die k u. k. Heeresleitung, fehlende Aktivsoldaten durch einen relativ hohen Anteil an Milizsoldaten (Reservisten) auszugleichen und dadurch die Unterlegenheit gegenüber der Entente im Jahr 1914 zumindest ein wenig abzuschwächen: von 3,2 zu 1 auf 2,8 zu 1. Bis zum Ende des Ersten Weltkriegs konnte das Kräfteverhältnis sogar auf 1,7 zu 1 heruntergeschraubt werden, wobei dadurch die personellen Ressourcen der Mittelmächte völlig erschöpft waren. Die an Kolonialtruppen reiche Entente war demnach allzeit Herr der militärischen Personallage.

Wie gesagt, zeigt Abbildung 47 die jeweiligen Friedensstärken. Das sind lediglich die Stärken der aktiven Truppen, sozusagen der rasch verfügbaren Profis. Bei einer Mobilmachung ist die Miliz hinzuzurechnen, die damals Reserve genannt wurde. Die Miliz besteht aus kostengünstigen Zivilisten mit abgeleistetem Wehrdienst, die nur im Übungs- oder Kriegsfall Soldaten sind. Angehörige der Reserve haben keine Übungspflicht (mehr) und sind meist höheren Alters, können aber im Kriegsfall als Soldaten eingezogen werden. Sie sind die echte beziehungsweise eiserne Reserve. Die Mobilmachungsstärke (Aktive plus Miliz) der Russen um 1914 wird gelegentlich mit rund 3,4 Millionen Soldaten angesetzt.[819] Anderen Quellen zufolge sollen es 4,8 Millionen[820] oder um die fünf Millionen gewesen sein,[821] was in Anbetracht der gewaltigen russischen Menschenmassen durchwegs möglich wäre. Der für die Finanzierung der russischen Aufrüstung hauptverantwortliche Cliquen-Bruder, der französische Präsident Raymond Poincaré, soll zum Beispiel am 22. Juli 1914 von fünf Millionen unbesiegbaren russischen Soldaten geschwärmt haben.[822]

Den Mobilmachungsstärken in der Tabelle gemäß Abbildung 48 liegen zwar unterschiedliche Quellen mit teilweise stark abweichenden Daten zugrunde, diese wurden jedoch möglichst plausibel synchronisiert. Beispielsweise bei der Veranschlagung der russischen Mobilmachungsstärke zum Kriegsbeginn 1914 (Mob. 1914) von 4,8 Mil-

Truppenstärken im Frieden 1914, zu Kriegsbeginn (Mob. 1914) und im gesamten Ersten Weltkrieg (Mob. 1914-1918)

Land	Einwohner 1914	Faktor	Frieden 1914	% der Einw.	Faktor	Mob. 1914	% der Einw.	Faktor	Mob. 1914-1918	% der Einw.	Faktor
RUS	163.778.000		1.352.000	0,8%		4.800.000	2,9%		15.000.000	9,2%	
FRA + Kolonien	90.111.000		984.000	1,1%		3.500.000	3,9%		7.900.000	8,8%	
DEU	66.303.000		761.000	1,1%		3.200.000	4,8%		13.000.000	19,6%	
GBR + Kolonien	422.732.000		969.000	0,2%		977.000	0,2%		6.100.000	1,4%	
Ö-U	51.390.000		415.000	0,8%		1.800.000	3,5%		8.300.000	16,2%	
ITA	37.000.000		345.000	0,9%		3.450.000	9,3%		5.600.000	15,1%	
SER	6.207.000		60.000	1,0%		250.000	4,0%		1.001.000	16,1%	
BEL	7.517.000		43.000	0,6%		180.000	2,4%		385.000	5,1%	
Summe	845.038.000		4.929.000	0,6%		18.157.000	2,1%		57.286.000	6,8%	
RUS FRA GBR	727.345.000	6,2	3.753.000	0,5%	3,2	13.157.000	1,8%	2,6	35.986.000	4,9%	1,7
ITA SER BEL											
RUS FRA GBR	676.621.000	5,7	3.305.000	0,5%	2,8	9.277.000	1,4%	1,9	29.000.000	4,3%	1,4
DEU Ö-U	117.693.000	1	1.176.000	1,0%	1	5.000.000	4,2%	1	21.300.000	18,1%	1

Abb. 48

lionen wurden sowohl das jeweilige Verhältnis zur Gesamtbevölkerungszahl Russlands (rund 163,8 Millionen), zur Anzahl gemäß Friedensgliederung 1914 (Frieden 1914: 1,35 Millionen) und zur russischen Heeresstärke von 15 Millionen im gesamten Ersten Weltkrieg (Mob. 1914–1918; im Fall Russlands 1914 bis zur Revolution 1917) als auch die sehr hohen Mobilmachungszahlen Frankreichs (3,5 Millionen), Italiens (3,45 Millionen) und Deutschlands (3,2 Millionen) im Jahr 1914 berücksichtigt.

Ebenso wie die Friedensstärken 1914 geben auch die Mobilmachungsstärken desselben Jahrs preis, dass Deutschland und Österreich-Ungarn den Entente-Staaten und deren zentraleuropäischen Verbündeten zahlenmäßig massiv unterlegen waren. Hierbei ist von zentraler Bedeutung, dass ein Jahr vor Beginn des Ersten Weltkriegs, also 1913, in Frankreich auf Betreiben Raymond Poincarés ein neues Wehrgesetz verabschiedet wurde, das eine Verlängerung der Dienstzeit für aktive Soldaten auf drei Jahre festlegte.[823] In Deutschland blieb es dennoch bei der seit 1893 für die Fußtruppen festgelegten Dienstzeit von zwei Jahren[824] und in Österreich bei der 1912 ebenfalls auf zwei Jahre reduzierten Dienstzeit (mit Ausnahme der Kavallerie und der reitenden Artillerie).[825] Dass sich Frankreich unter dem Cliquen-Agenten Poincaré durch die verlängerte Dienstzeit für aktive Soldaten einen militärstrategischen Vorteil herausholte, steht in engem Zusammenhang mit den Planungen des britischen CID. Die Dauer eines Großkriegs, auf den man sich in England, Frankreich und Russland spätestens ab 1907 gemeinsam vorbereitete, wurde von maßgeblichen Strategen mit drei bis vier Jahren kalkuliert, so zum Beispiel 1909 vom britischen Feldmarschall und späteren Kriegsminister Herbert Kitchener.[826] Bereits 1912 stand in Insider-Kreisen um das CID der Beginn des Ersten Weltkriegs im Jahr 1914 fest, schrieb der britische Parlamentarier Francis Neilson 1950 in seinem Buch *The makers of war* (Die Macher des Kriegs): »Im Geheimen trug der Nationale Verteidigungsrat [CID] mit großer Ernsthaftigkeit die Pläne für den Krieg voran, dessen Beginn von mehreren ›Wissenden‹ (einschließlich Admiral Fisher) mit 1914 vorhergesagt wurde.«[827] Und ab 1913 konnte sich Frankreich sicher sein, dass ihm 1914 viel mehr gut ausgebildete, weil länger dienende aktive Soldaten als Deutschland zur Verfügung stehen würden.

Die deutliche Überlegenheit der Entente währte auch ohne Berücksichtigung der US-Streitkräfte bis zum Ende des Kriegs und konnte von den Mittelmächten nur unter Ausschöpfung so gut wie aller wehrfähigen Männer zumindest auf ein Verhältnis von 1,7 zu 1 reduziert werden. Am stärksten war Deutschland betroffen: Fast ein Fünftel der Gesamtbevölkerung nahm am Ersten Weltkrieg teil. Das waren rund 80 Prozent der erwachsenen Männer.[828] Der Spielraum im Rahmen der fünf- bis sechsfachen Unterlegenheit an der Bevölkerungszahl (5,7 zu 1 respektive 6,2 zu 1) war 1918 vollends ausgeschöpft. Die Zeit arbeitete gegen die Mittelmächte. Das Zahlenmaterial verdeutlicht also, dass Deutschland und Österreich nach 1918 nicht mehr lange durchgehalten hätten und dass sie – im Gegensatz zur Entente – zu keiner Zeit für einen Eroberungskrieg oder einen erfolgreichen Mehrfrontenkrieg im Rahmen eines großen Kriegs in Europa gerüstet waren.

Neben den reinen Kopfstärken kam selbstverständlich auch der Ausbildung, moderner Bewaffnung und Ausrüstung sowie raschen Verlegungen ein hoher Stellenwert zu. In diesem Kontext erinnern wir uns im Speziellen an Poincarés persönlichen Einsatz für die Modernisierung und rasche Verlegbarkeit der russischen Truppen auf dem strategischen Schienennetz bis an die deutsche Ostgrenze sowie im Allgemeinen an die totale finanzielle Unterstützung Frankreichs für Russland und Serbien. Es passt perfekt ins Bild, dass es für Österreich, das unbekümmert seine künftigen Feinde auf dem Balkan mitaufrüstete, unmöglich war, französische Kredite an Land zu ziehen: »Frankreich wollte, hieß es, nicht die österreichischen Aufrüstungsmaßnahmen finanzieren.«[829]

Abschließend sei bemerkt, dass Deutschland und Österreich vor allem in Anbetracht der für sie extrem ungünstigen Streitkräfteverhältnisse zur See und zu Lande sowie angesichts der im internationalen Kontext beschränkten »Humanressourcen« einen großen Krieg um jeden Preis verhindern mussten. Aus Sicht der Mitglieder und Agenten der Globalisierungsclique war jedoch ein deutscher Angriffskrieg unbedingt notwendig. Aus deutscher Sicht hingegen war zwar jeder Krieg unerwünscht, es musste jedoch für den Notfall ein Defensivkrieg mit flinker offensiver Zerschlagung des französischen und russischen Aufmarschs vorbereitet werden, um das deutsche Volk und den deutschen Boden zu schützen.

Deutsche Verteidigungsstrategie

Durch zahlenmäßige Überlegenheit, Umzingelung und Isolierung manövrierten die Entente-Mächte das Deutsche Reich in eine nahezu ausweglose Situation. Der 1905 aus der Not der systematischen Umklammerung des Deutschen Reiches und seiner militärischen Unterlegenheit entwickelte Schlieffen-Plan verkörperte die einzige strategische Chance, den Krieg abzuwehren respektive vom eigenen Land fernzuhalten und aus einem Zweifrontenkrieg gegen Frankreich und Russland nicht als Verlierer hervorzugehen. Ernst Sauerbeck, der schweizerische Leiter der Zentralstelle für die Erforschung der Ursachen des Ersten Weltkriegs, erklärt, dass die für die friedfertigen Mittelmächte bedrohliche Einkreisung durch die Entente-Staaten und deren Kriegsziele ursächlich für Deutschlands und Österreichs Bereitschaft war, nötigenfalls, also als Ultima Ratio (letzte mögliche Lösung) einen präemptiven Verteidigungskrieg zu führen:

> *Gerade darum nun müssen wir freilich damit rechnen, infolge der ententistischen Ringbildung bei den Mittelmächten einen sekundären Willen zum Krieg, den Willen zum Verteidigungskrieg, zum Präventivkrieg [Präemptivkrieg] sich entwickeln zu sehen.«*[830]

In diesem Kontext stellte der Schlieffen-Plan ein militärstrategisches Konzept zur Abwehr einer französischen und russischen Invasion dar. Da es dem Deutschen Reich an Kraft und Ausdauer für einen langen Zweifrontenkrieg ermangelte, sah die deutsche Verteidigungsstrategie zwei unmittelbar aufeinander folgende, mit hoher Geschwindigkeit durchgeführte präemptive Feldzüge zur Zerschlagung des französischen und russischen Aufmarschs auf dem gegnerischen Staatsgebiet vor. Schließlich musste das oberste militärstrategische Ziel des deutschen Generalstabs sein, in den Aufstellungsraum der Feinde auf deren eigenem Terrain einzudringen und das Einnehmen ihrer Disposition für die Schlacht zu verhindern, um so die feindlichen Streitkräfte und den Krieg vom deutschen Boden fernzuhalten. Zuerst sollte die Masse der deutschen Streitkräfte schnellstmöglich im Westen unter Umgehung der französischen Grenzfestungen über Belgien den Hauptkräften Frankreichs in den Rücken fallen und diese im Zangengriff auf freiem Felde vernichtend schlagen. Dafür wurde eine Dauer von etwa sechs Wochen veranschlagt. Danach sollten dieselben deutschen Kräfte in einer blitzartigen Pendelbewegung in den Osten zum Kampf gegen Russland verlegt werden.

Der Schlieffen-Plan war zwar die wohl kühnste Strategie der Militärgeschichte, in Anbetracht der massiven zahlenmäßigen Unterlegenheit der Deutschen stellte er jedoch gleichzeitig auch die einzige erfolgversprechende Option zur Verteidigung des Deutschen Reiches dar. Weder die gegenüber seinen Feinden geringe deutsche Truppenstärke noch der enorm wichtige Faktor Zeit ließen klassische Eroberungen zu. Diese waren daher gar nicht geplant. Beispielsweise sollten große Festungen und Frankreichs Hauptstadt ausdrücklich umgangen werden. Generalfeldmarschall Alfred Graf von Schlieffens Denkschrift vom Dezember 1905, der Schlieffen-Plan, war daher garantiert keine Strategie für einen klassischen Angriffs- oder Eroberungskrieg, sondern ausschließlich ein präemptives Verteidigungskonzept mit offensiven Teilstrategien. Die einzige Krux mit internationaler Komponente war die Neutralität Belgiens, die jedoch ab 1906 nur noch auf dem Papier existierte (siehe das Kapitel über die Kriegsfalle Belgien).

Die uneinholbare zahlenmäßige Unterlegenheit der Landstreitkräfte des strategisch eingekreisten Deutschen Reiches gegenüber den Heeren zweier feindlich gesinnter Mächte war also der Hauptgrund für die wichtigsten Parameter des Schlieffen-Plans, bei denen es sich um militärstrategische Sachzwänge handelte:

- Nichtteilung der Hauptstreitmacht
- Zuvorkommen durch Geschwindigkeit
- Umgehung des französischen Festungsgürtels
- Nach raschem Sieg im Westen Verlegung in den Osten

Sachzwang der Nichtteilung

Seiner strategischen Einkreisung durch die drei Großmächte Frankreich, Russland und England war sich die Führung des Deutschen Reiches spätestens ab der Ausrufung des englisch-französischen Bündnisses 1904 bitterlich bewusst. Es kam nicht von ungefähr, dass der deutsche Kaiser Wilhelm II. bereits im Januar desselben Jahrs vom belgischen König Leopold den Beistand Belgiens im Falle eines deutsch-französischen Kriegs erwartete. Da Leopold verblüfft erwiderte, belgische Parlamentarier und Minister würden einen derart »fantastischen und kühnen Plan niemals billigen«, gab der deutsche Kaiser konsequenterweise zu verstehen, dass er in Ermangelung eines belgischen Entgegenkommens gezwungen sei, sich »nur von strategischen Erwägungen leiten zu lassen.« Wilhelms Vorschlag hatte schließlich weder etwas Fantastisches und Kühnes noch etwas Verwerfliches an sich, denn sein Vorschlag war »nicht als Offensivpakt gedacht, sondern als Teil einer deutschen Reaktion auf einen französischen Angriff.«[831]

Wilhelms ehrliche Anregung war Teil einer Defensivstrategie, die nicht zuletzt aufgrund Deutschlands militärischer Lage geboten war: Die zahlenmäßige Überlegenheit der Streitkräfte beider unmittelbarer Nachbarn im Westen und im Osten im Jahr 1905 im Verhältnis von rund 3:1 zeigt, dass Frankreich und Russland auch ohne britische Hilfe sehr gute Voraussetzungen für einen Angriff und sogar für die Eroberung deutscher Gebiete hatten. Deutschland hingegen war sowohl Russland als auch Frankreich kräftemäßig unterlegen, hatte daher ausschließlich als Verteidiger gegen einen einzelnen Nachbarstaat zumindest halbwegs brauchbare Karten. In der Defensive gegen Frankreich allein standen die deutschen Chancen gut (Kräftverhält-

Truppenstärken Russlands, Frankreichs und Deutschlands 1890-1914

Land	Stärke	1890	Faktor	1900	Faktor	1905	Faktor	1910	Faktor	1914	Faktor	Mob./Frieden
RUS	Frieden	677.000	1,3	1.162.000	2,2	1.223.500	2,0	1.285.000	1,9	1.352.000	1,8	3,55
RUS	Mob.	2.404.000	1,1	4.125.000	1,9	4.344.000	1,7	4.562.000	1,6	4.800.000	1,5	3,55
FRA	Frieden	542.000	1,1	715.000	1,4	742.000	1,2	769.000	1,1	984.000	1,3	3,56
FRA	Mob.	1.928.000	0,9	2.543.000	1,2	2.639.000	1,0	2.735.000	0,9	3.500.000	1,1	3,56
DEU	Frieden	504.000	1	524.000	1	609.000	1	694.000	1	761.000	1	4,20
DEU	Mob.	2.119.000	1	2.203.000	1	2.561.000	1	2.918.000	1	3.200.000	1	4,20
FRA RUS	Frieden	1.219.000	2,4	1.877.000	3,6	1.965.500	3,2	2.054.000	3,0	2.336.000	3,1	3,55
FRA RUS	Mob.	4.332.000	2,0	6.668.000	3,0	6.983.000	2,7	7.297.000	2,5	8.300.000	2,6	3,55
	Mittelw.		2,2		3,3		3,0		2,7		2,8	

Abb. 49

nis 1:1 oder 1:1,2 zugunsten Frankreichs), gegenüber Russland schon viel weniger erfolgversprechend (1:2 respektive 1:1,7 zugunsten Russlands). Eine gleichzeitige Verteidigung gegen beide Nachbarnationen war bei einem Kräfteverhältnis von 1:3 zugunsten Frankreichs und Russlands schlicht und ergreifend aussichtslos. Die Rolle Deutschlands als präemptiver Angreifer gegen Frankreich war maximal unter Anwendung einer trickreichen und waghalsigen Strategie denkbar, keinesfalls jedoch gegen Russland oder gar gegen beide. All das galt grundsätzlich für den gesamten Zeitraum von 1890 bis 1914 sowie in Bezug sowohl auf die Friedens- als auch die Mobilmachungsstärken (siehe die Tabelle in Abb. 49).

Anmerkung zur Erstellung der Tabelle gemäß Abbildung 49: Es wurden die bekannten Mobilmachungsstärken von 1914 auf die Vorjahre im Verhältnis zur jeweiligen Friedensstärke übertragen. Die Friedensstärken der Jahre 1890 bis 1910 wurden also mit dem jeweiligen Wert der Spalte »Mob./Frieden« multipliziert. Der Wert »Mob./Frieden« ist das jeweilige Ergebnis der Division der Mobilmachungsstärke durch die Friedensstärke im Jahr 1914. Etwaige Unschärfen werden durch die Mittelwerte der Faktoren in der letzten Zeile ausgeglichen. Den Daten des Jahrs 1905 liegen die Mittelwerte der Jahre 1900 und 1910 zugrunde.

Militärstrategische Ausarbeitungen haben nicht auf den günstigsten Annahmen, sondern auf plausiblen Worst-Case-Szenarien aufzubauen. In Anbetracht der strategischen Einkreisung in Kombination mit der extremen numerischen Unterlegenheit musste der deutsche Generalstab 1905, also im Jahr der Erstellung des Schlieffen-Plans, vom schlimmsten Fall ausgehen, nämlich dass Frankreich und Russland das Deutsche Reich im Kriegsfall von links (Westen) und rechts (Osten) in die Zange nehmen, in deutsches Gebiet eindringen, sich dort verbinden und die deutschen Streitkräfte in einer Einkesselung aufreiben. Dieses durchwegs mögliche Szenario musste um jeden Preis verhindert werden. Hier rufen wir uns die ehrlichen Worte des britischen Finanzministers in den Jahren 1908 und 1914 in Erinnerung, denen zufolge britische Strategen angesichts der »Ungerechtigkeit unseres Zweimächtestandards« einen Blick auf das Deutsche Reich werfen sollten: Obwohl die Landstreitkräfte für Deutschland dasselbe bedeuteten wie die Royal Navy für Großbritannien, nämlich den »einzigen Schutz gegen die feindliche Invasion«, verfolgte Deutschland keinen Zweimächtemaßstab. Deutschlands Mittellage zwischen Frankreich und Russland war prekär, denn »Deutschland liegt zwischen zwei Militärmächten, die seiner Armee eine überlegene Truppenzahl gegenüberstellen können.«[832]

Aufgrund der deutlichen Unterlegenheit der Deutschen war eine absolut defensive Strategie im Sinne einer Teilung der deutschen Streitmacht zur gleichzeitigen

Verteidigung der Grenzen im Westen und im Osten, wie General von Schlieffens Vorgänger Helmuth von Moltke der Ältere (1800 bis 1891) sie vorsah, spätestens ab dem Jahr 1900 zum Scheitern verurteilt. Folglich war ab 1900 die Nichtteilung der deutschen Hauptstreitkraft eine nicht disponierbare Notwendigkeit, aus der allerdings ein weiterer militärstrategischer Sachzwang resultierte: jener des Zuvorkommens.

Sachzwang des Zuvorkommens

Da der dem deutschen Kaiserreich drohende Zweifrontenkrieg unmöglich mittels Teilung der Hauptstreitmacht abgewendet werden konnte, musste er anders verhindert oder zumindest abgeschwächt werden: Den deutschen Streitkräften musste ein kleines Wunder gelingen, mit dem es die französischen und russischen Streitkräfte nicht zur gleichen Zeit, sondern unmittelbar nacheinander besiegte. Bei der Planung half jenes soldatische Rüstzeug, das bis heute von der kleintaktischen bis zur großen strategischen Ebene Anwendung findet: das Kräfte-Raum-Zeit-Kalkül. Dabei geht es darum, welche Kräfte in welcher Zeit an welchen Orten wirken können.

Die feindlichen Kräfte und die Räume ihres Wirkens standen im Großen und Ganzen fest: Die französische Hauptstreitmacht würde nach einer im Verhältnis zu Russland kurzen Mobilmachungsdauer ihre vorbereiteten Stellungen in den massiven Grenzfestungen entlang der etwa 350 Kilometer langen französisch-deutschen Grenze beziehen. Die Barrière de fer, die Eiserne Festung, war ein gegen Ende des 19. Jahrhunderts errichteter Gürtel aus starken Festungsringen um verschiedene ostfranzösische Städte entlang der Grenze zum Deutschen Reich. Mit Angriffen zur Eroberung Elsass-Lothringens war ebenso zu rechnen wie mit der Unterstützung der französischen Kräfte durch britische Landungstruppen, ein sogenanntes Expeditionskorps. Nun zu Russland: Aufgrund der Weite des Landes und insbesondere wegen des vor 1912 noch nicht bis nach Ostpreußen ausgebauten Schienennetzes konnte die Dauer der Mobilisierung der russischen Streitkräfte und ihrer Verlegung an die deutsche Ostgrenze zur Besetzung der befestigten Narew-Linie mit einigen Wochen angesetzt werden.

Im gesamten Szenario war die einzige echte Variable die Zeit. Und Graf von Schlieffen wusste sie planerisch zu nutzen: Die deutsche Hauptstreitmacht musste in einem **rasanten Tempo** zuerst in den Westen gegen Frankreich und danach in den Osten gegen Russland geworfen werden. Die für die Niederschlagung der französischen Streitkräfte benötigte Zeit wurde zwar vom deutschen Generalstab mit rund sechs

Wochen prognostiziert,[833] wobei man aber mit großer Zuversicht damit rechnete, »Frankreich in vier Wochen niederwerfen zu können; im französischen Heer kein guter Geist, wenig Steilfeuergeschütze und schlechtes Gewehr.«[834] Man hielt also der zahlenmäßigen Überlegenheit der französischen Kräfte die eigene qualitative Überlegenheit entgegen. In diesem Zusammenhang erkannte der deutsche Generalstabschef auch die Vorzüge der ansonsten extrem ungünstigen deutschen Mittellage: »Deutschland hat den Vorteil, dass es in der Mitte zwischen Frankreich und Russland liegt und diese Bundesgenossen von einander trennt.«[835] Was jedoch Frankreich und Russland mit England verband, war das Wissen ihrer Strategen über die Funktion Belgiens als einzig sinnvolles Durchmarschgebiet für die deutschen Truppen.

Strategische Notwendigkeit

Die Einnahme der feindlichen Aufstellung zum Angriff musste unbedingt unterbunden werden, um den Krieg vom deutschen Terrain fernzuhalten und das eigene Volk zu schützen. Der Faktor Zeit bestimmte, dass zuerst der französische und unmittelbar danach der russische Aufmarsch (zur Schlacht) mittels präemptiver Angriffe zerschlagen werden mussten. Nicht zuletzt der immense Zeitdruck erforderte die **Umgehung** des französischen Festungsgürtels. Obige Tabelle zeigt, dass die Truppenstärke Russlands gegenüber Deutschland zwischen den Jahren 1890 und 1900 von 1,3 zu 1 auf 2,2 zu 1 anstieg, jene Frankreichs gegenüber Deutschland im selben Zeitraum von 1,1 zu 1 auf 1,4 zu 1 (jeweils Friedensstärke). Dadurch steigerte sich der ohnehin schon hohe strategische Druck auf das kräftemäßig unterlegene Deutsche Reich. Demgemäß verlegte General von Schlieffen den potenziellen Hauptangriff schon im Jahr 1892 vom Osten in den Westen, wobei der diesbezügliche Grundgedanke lautete: »Um zu siegen, müssen wir versuchen, an der Stelle des Zusammenstoßes die Stärkeren zu sein. Dazu haben wir aber nur Aussicht, wenn wir Operationen bestimmen, nicht wenn wir in passiver Aufstellung abwarten, was der Feind über uns beschlossen hat.« Relativ früh wurde daher der Gedanke fallengelassen, direkt gegen die Eiserne Festung anzukämpfen. Weil sich Schlieffens korrekter Lagebeurteilung zufolge der französische Aufmarsch gegen Lothringen richten würde, kam bereits 1897 der Gedanke eines Ein- und Durchmarsches durch Luxemburg und Südbelgien zwecks Umfassungsschlacht im Raum Verdun hinzu. Bis 1905 nahm die geplante Umfassungsoperation allerdings eine immer größer werdende Ausdehnung an.[836]

Eine weiträumige Umfassung war nicht nur zur Erzielung einer gegenüber bindenden Schlachten höheren Marschgeschwindigkeit und zum Zwecke der Schonung der eigenen Truppen geschuldet, sondern auch aus generellen Gründen angesagt, die Carl von Clausewitz wie folgt definiert: »Sieht der Angreifende, dass er sein Ziel verfolgen kann, ohne sie [die Defensivstellungen] anzugreifen, so wäre der Angriff ein Fehler.«[837] Von Schlieffen musste und konnte sein Ziel, die Zerschlagung des französischen Aufmarschs, nur mittels Zangenbewegung respektive unter weiträumiger Umfassung der Barrière de fer erreichen, vor allem der großen Festungen von Belfort, Épinal, Toul und Verdun. Für das Ausweichmanöver kamen entweder im Süden die neutrale Schweiz oder im Norden Luxemburg, Belgien und Südholland in Betracht. Da Generalfeldmarschall Alfred Graf von Schlieffen einen Feldzug in der bergigen schweizerischen Gegend und die Bezwingung des Juraforts als »zeitraubende Unternehmungen« einschätzte, »während welcher die Franzosen nicht müßig bleiben würden«, musste die Umgehung eben über das neutrale Luxemburg und das bis 1905 ebenfalls neutrale Belgien erfolgen. Dazu kommt, dass von Schlieffen – im Gegensatz zu seinem Nachfolger – auch »eine Landung der Engländer bei Dünkirchen, Calais und Boulogne« ins Kalkül zog.[838]

Wie bereits gezeigt, kümmerte sich England nicht sonderlich um die Autonomie anderer Staaten. Wann die Insulaner aus geostrategischen Gründen militärische Aggressionen gegen andere Nationen für notwendig erachteten, dann wendeten sie diese auch an. Zum Beispiel verletzte Großbritannien 1807 skrupellos die dänische Neutralität, fuhr mit der royalen Kriegsflotte auf, ließ Truppen in großer Zahl anlanden und Kopenhagen in Trümmer schießen, um die Herausgabe der dänischen Flotte zu erzwingen und das damals dänische Helgoland in Besitz zu nehmen. Dahinter stand die Befürchtung, Napoleon könne mittels Bemächtigung der dänischen Flotte und Versperrung der Ostsee England von Getreide- und Bauholzlieferungen abschneiden.[839] Da der britischen Regierung zur Rechtfertigung ihrer völkerrechtswidrigen Gewaltakte offenbar ökonomische Interessen ausgereicht hatten, musste Deutschland 1905 als neuer Hauptkonkurrent Englands umso mehr mit britischen Eingriffen auf dem Kontinent rechnen. Es wäre daher töricht gewesen, hätte der Schlieffen-Plan durch die zeitaufwendigere Umgehung der französischen Festungslinien über die Schweiz den Briten eine dritte Front im Nordwesten Deutschlands eröffnet. Graf von Schlieffen rechnete jedenfalls nicht nur mit der Anlandung eines britischen Expeditionskorps, sondern auch mit dem Widerstand der belgischen Armee gegen den deutschen Einmarsch, wenngleich er auf ein Einlenken Belgiens nach »erhöhter Inanspruchnahme seiner Kräfte« hoffte.[840]

Die militärstrategisch vorgeplante Missachtung der belgischen Autonomie beinhaltete zwar ohne jeden Zweifel eine schwerwiegende Verletzung des Völkerrechts, der deutsche Marsch durch belgisches Gebiet war jedoch auch eine Überlebensfrage für das Deutsche Reich. Dies drückt der vormalige deutsche Professor für Geschichte Erich Brandenburg, der auch Rechtswissenschaften studiert hatte, so aus, dass man sich in Berlin auf den Standpunkt stellte, »dass der Durchmarsch durch Belgien an sich ein Vertragsbruch sei, der nur durch das Recht der Notwehr entschuldigt werde könne.«[841] Die Verletzung der staatlichen Autonomie Belgiens war demnach aus deutscher Sicht ein strategisch notwendiges Übel in der Wahrnehmung des Rechts auf **Notwehr**. Dabei war jedoch keinesfalls die Einverleibung belgischer Territorien, sondern – als Ultima Ratio – lediglich der Durchmarsch durch Belgien im Sinne der Ausübung eines vorübergehenden Wegerechts unter nachfolgender Wiederherstellung der vollen belgischen Souveränität vorgesehen.

Bereits im Jahr 1887 gab man in London offen zu, dass dem Deutschen Reich im Falle eines Kriegs gegen Frankreich nicht viel anderes übrig bliebe, als die belgische Neutralität zu verletzen. Im *Standard*, dem Sprachrohr des damaligen Premiers Lord Salisbury, erwog in der Ausgabe vom 2. Februar 1887 eine unter dem Pseudonym »Diplomaticus« schreibende Persönlichkeit mit »autoritativer Bedeutung«, Frankreich habe »seine Ostgrenze durch Festungen derartig verstärkt, dass ein direkter Einfall der deutschen Armee nach Frankreich durch die Festungslinie hindurch ein, wenn auch nicht unmögliches, so doch sehr gefährliches Beginnen sein würde.« Weil dadurch die Gefahr für die neutralen Länder im Norden und Süden (Belgien und die Schweiz) wuchs, könne man »kaum erwarten, dass Deutschland sich von einem Einfall in Frankreich durch ein Hindernis abhalten lassen werde, das seit der Unterzeichnung des Garantievertrages über die Neutralität Belgiens [Londoner Vertrag von 1839] entstanden sei.«[842] Britischen Politikern und Strategen war demnach schon 44 Jahre vor Beginn des Ersten Weltkriegs völlig klar, dass die beste Voraussetzung für einen erfolgreichen deutschen Feldzug gegen Frankreich die Umgehung des französischen Festungsgürtels war.

In Anbetracht der strategischen Einkreisung des Deutschen Reiches ab 1894, der zahlenmäßigen Unterlegenheit seiner Streitmacht und dem sich daraus ergebenden Sachzwang des Zuvorkommens teilten offensichtlich auch britische Staatsmänner die deutsche Sichtweise, dass die Verletzung der belgischen Souveränität durch die Ausübung der Notwehr gerechtfertigt wäre. Dem CID in London lag der Schlieffen-Plan spätestens ab 1911 vor, und als David Lloyd George britischen Ministern im Zuge der Kabinettssitzung vom 29. Juli 1911 unter Zuhilfenahme einer Landkarte verdeutlichte, dass die Deutschen höchstwahrscheinlich den südlichen belgischen Zipfel durchqueren würden, nahmen diese die deutschen Pläne als – aus deutscher Sicht – »strategisch notwendig und folglich so gut wie unvermeidlich hin.«[843] Es waren wohlgemerkt britische Staatsmänner, die jene deutsche Militärstrategie richtigerweise als **notwendig und sozusagen unumgänglich** erkannten, für deren tatsächliche Anwendung a. in erster Linie die Londoner Mitglieder der geheimen Globalisierungsclique hauptverantwortlich waren und woraus b. dieselben kriminellen Kriegstreiber gezielt ab 1906 unter Berufung auf eine nur zum Schein vorhandene Neutralität die Kriegsfalle Belgien errichteten (siehe das gleichnamige Kapitel).

Graf von Schlieffen erarbeitete einige Aufmarschvarianten. Den Schlachterfolg sollte jedenfalls die Umfassung der französischen Festungen mit einem möglichst starken rechten Offensivflügel bringen, während die vor allem im lothringischen Raum um Metz stark befestigte deutsche Westfront von einem viel schwächeren linken Defensivflügel geschützt werden sollte und die deutsche Ostfront ebenfalls nur sehr schwach besetzt wäre. So lange der Westfeldzug dauerte, war für die Sicherung der deutschen Grenze im Osten gegen Russland lediglich eine verminderte Armee vorgesehen, weshalb man in Berlin darauf hoffte, dass dieser Frontabschnitt von Österreich-Ungarn zumindest so lange gehalten werde, bis die deutschen Westkräfte nachkämen.[844]

Für den vordringlichen Kampf im Westen sollte das Kräfteverhältnis zwischen dem rechten Umfassungsflügel und dem linken Defensivflügel 7:1 betragen.[845] Auf das Erfordernis eines möglichst starken rechten Flügels wies Graf von Schlieffen mehrmals hin, und er machte auch des Öfteren darauf aufmerksam, dass die deutschen Streitkräfte für die Durchführung eines weiträumigen Umfassungsmanövers viel zu schwach waren und daher dringend aufgestockt werden sollten.[846] Vereinfacht dargestellt, sollten zwei Armeen des linken Defensivflügels (7. und 8. Armee) gegen die französische Westfront sichern, während drei Armeen durch Luxemburg (4. bis 6. Armee) und drei weitere Armeen des rechten Offensivflügels durch Belgien stoßen (1. bis 3. Armee), um in einer bogenförmigen Umfassung die französischen Streitkräfte hinter der Barrière de fer aufzureiben. Dabei war der gesamte belgisch-deutsche Grenzverlauf von den Ardennen im Süden über Lüttich bis in den Norden und über das niederländische Maastricht hinaus sowie nahezu das gesamte belgische Territorium erfasst. Beim beabsichtigten Stoß von Belgien in französisches Gebiet hinein verdienen die grenznahen Schlüsselgebiete um Lille im Norden sowie Hirson und Mézières im Nordosten besondere Erwähnung. Offenbar schenkte General von

Schlieffen diesen strategisch bedeutsamen Räumen die angebrachte Aufmerksamkeit (siehe Abb. 50).

Zweifellos wollte der Chef des deutschen Generalstabs die französischen Streitkräfte in Grund und Boden stampfen: »Das französische Heer muss vernichtet werden.« Es durfte ja den deutschen Truppen während ihrer Verlegung an die Ostfront nicht in den Rücken fallen. Eine Eroberung der stark befestigten französischen Hauptstadt war jedoch für General von Schlieffen völlig ausgeschlossen. Hier waren der Faktor Zeit und die unterlegene Truppenstärke die maßgeblichen Kriterien. Paris sollte ausdrücklich umfasst werden.[847] Laut Clausewitz ist bei der Niederwerfung des Feindes die Einnahme seiner Hauptstadt das zweitwichtigste Kriterium nach der Zertrümmerung des feindlichen Heers.[848] Die deutschen Streitkräfte waren jedoch bis inklusive 1914 sogar für Schlieffens Umfassungsoperation viel zu gering dimensioniert. Daraus ist zweifelsfrei zu schließen, dass die deutsche Reichsführung zu keiner Zeit an die Niederwerfung Frankreichs im Rahmen eines Eroberungskriegs dachte. Es bleibt also auch aus diesem Grund bei der präemptiven Verteidigung. Dazu kommt, dass der Schlieffen-Plan mangels erfolgsversprechender Alternativen für das Deutsche Reich folgende (weitere) Problemfelder eröffnete:

- Belgien als zusätzlicher Kriegsgegner
- Politisches Debakel »Neutralitätsverletzung«
- Neuer Gegner Großbritannien als amphibische Großmacht
- Keinerlei operative Reserven für die oberste Führung
- Nachschubschwierigkeiten bei schwenkendem Flügel
- Abermals gesteigerter operativer Zeitdruck[849]

Kein Militärstratege würde bei klarem Verstand eine derart ungünstige Ausgangsposition auf sich nehmen, wäre er nicht aufgrund der beschriebenen politischen und geostrategischen Umstände dazu gezwungen. Dieser Zwang lastete wiederum auch auf der deutschen Außenpolitik. Schließlich musste der Schlieffen-Plan als einzige realistische Chance, einen großen europäischen Krieg heil zu überstehen, zwangsweise den starren Rahmen der deutschen Diplomatie bilden.

Militärstrategische Diplomatie

Alfred Graf von Schlieffen arbeitete auch nach seiner Pensionierung an der Aktualisierung seines Strategiepapiers. So legte er im Februar 1906 ein Zusatzmemoran-

Abb. 50: Schlieffen-Plan 1905

dum vor, das jedoch kaum Beachtung fand. Der Schlieffen-Plan wurde vom neuen Chef des Großen Generalstabs Helmuth von Moltke dem Jüngeren überarbeitet.[850] Auf Moltke ist die Reduzierung des rechten Umfassungsflügels zugunsten des linken Defensivflügels von 7:1 auf 3:1 zurückzuführen.[851] Dies steht im wechselseitigen Zusammenhang mit Frankreichs oberstem Kriegsziel gemäß dem im Winter 1913/1914 fertiggestellten und im April 1914 bewilligten Plan XVII: die Rückeroberung von Elsass-Lothringen. Da Frankreichs aggressives Ziel schon zuvor abzusehen war, verzichtete General Helmuth von Moltke bereits ab 1913 auf die Fortsetzung der Bearbeitung eines eigenen, nur gegen Russland gerichteten Aufmarschplans im Osten.[852] Folglich blieb es bei Schlieffens Ostaufmarsch II mit 44 Divisionen,[853] was auch mit der Kenntnis der Beschleunigung des russischen Aufmarschs zu tun hatte.

Dass der deutsche Generalstabschef Helmuth von Moltke im Einklang mit seinem Kaiser der politischen Führung verdeutlichte, dass »die Diplomatie hinter militärischen Gesichtspunkten zurückzustehen habe«,[854] entsprach nicht nur den realen Kräfteverhältnissen in Europa, sondern auch der deutschen Verteidigungsstrategie, die naturgemäß den Rahmen des diplomatischen Verkehrs zu bilden hatte. Das bedeutet, dass die deutsche Außenpolitik die einzige erfolgversprechende Verteidigungsstrategie des Deutschen Reiches nicht unterwandern durfte, sondern nach besten Kräften zu unterstützen hatte. Es lag in der Natur der aus der deutschen Unterlegenheit und der strategischen Einkreisung durch die Entente-Mächte resultierenden sowie auf Schnelligkeit aufbauenden deutschen Verteidigungsstrategie, dass die Mobilisierung der russischen und französischen Streitkräfte alternativlos die Mobilmachung der deutschen Streitkräfte und bei weiterer Eskalation der Lage den sofortigen präemptiven Angriff der deutschen Streitkräfte zuerst im Westen und dann im Osten zur Folge haben musste. Der einmal gefasste Entschluss zur Mobilmachung war aus Rücksicht auf den Erhalt der Integrität des deutschen Staatsgebiets so gut wie unumstößlich und unumkehrbar, sodass ein Krieg die zwangsläufige Konsequenz war.[855] Das wussten nicht nur die deutschen, sondern auch die französischen, britischen und russischen Strategen. Die Entente-Strategen verfügten zwar, wie noch zu zeigen ist, über den Schlieffen-Plan, die genannten Sachzwänge mussten ihnen jedoch ohnehin auch ohne Detailkenntnisse über die deutsche Verteidigungsstrategie klar sein. Schließlich gehört das Erstellen einer plausiblen Feindlagebeurteilung zum Rüstzeug aller Soldaten und ist zudem Teil des Hauptaufgabenfelds der Generalstabsoffiziere.

Im Sinne jenes Rahmens, den die deutsche Militärstrategie für die Diplomatie darstellte, versuchte Wilhelm II. im Jahr 1913 abermals, diesmal gemeinsam mit Moltke, mit König Leopold von Belgien zu verhandeln: Belgien möge im Falle eines

Kriegs mit Frankreich den deutschen Durchmarsch widerstandslos dulden. Doch weil dies nicht mit dem offiziellen Status Belgiens als neutralem Land zu vereinbaren war, erhielt der deutsche Kaiser erneut eine Abfuhr. General von Moltke wurde vom belgischen Militärattaché die Verteidigungsbereitschaft der Belgier gegenüber jedem potenziellen Eindringling unmissverständlich klargemacht: »Wir würden uns mit allen Mitteln zur Wehr setzen, falls die eine oder andere Macht unsere Grenzen verletzte oder eine dritte interessierte Macht Truppen an unsere Küste landet, um sich unseres Territoriums als Operationsbasis zu bedienen.«[856] Dies war allerdings eine unverschämte Lüge, denn ab 1906 stand Belgien gemäß eindeutigen militärstrategischen Absprachen mit Frankreich und England diesen Ländern sehr wohl in einem Krieg gegen das Deutsche Reich als Auf- und Durchmarschland und daher als Operationsbasis zur Verfügung. Auf dieses völkerrechtswidrige Vorgehen, das den Verlust der belgischen Neutralität zur Folge hatte, kommen wir im Kapitel über die Konstruktion der belgischen Kriegsfalle zu sprechen.

Die Kriegsfalle Belgien spielte eine wesentliche Rolle für die Erreichung der Kriegsziele der Entente-Staaten, die frühzeitig definiert worden waren. Das Deutsche Reich hingegen formulierte seine äußerst vagen Kriegsziele – typisch für eine Nation, die keinen vorgefertigten Kriegswillen hat – erst fünf Wochen nach Kriegsbeginn.

Keine Kriegsziele

Das deutsche Reich hatte, wie gesagt, im Vorfeld des Ersten Weltkriegs keinerlei territoriale Eroberungspläne. Auch am 9. September 1914, mehr als ein Monat nach Kriegsbeginn, definierte die deutsche Regierung unter Reichskanzler Bethmann Hollweg im sogenannten Septemberprogramm lediglich ungefähre Kriegsziele. Bei dieser »Vorläufigen Aufzeichnung über die Richtlinien unserer Politik beim Friedensschluss« handelte es sich, wie der Name schon sagt, um kein fertig konzipiertes oder gar verbindliches Kriegszielprogramm, sondern lediglich um eine behelfsmäßige »Grundlage für eine Diskussion zwischen den obersten Reichsämtern.«[857] Primär ging es um die künftige Sicherung des Reichs nach Osten und Westen. Es sollte noch eine militärische Beurteilung folgen, ob und welche grenznahen französischen Festungen geschliffen sowie ob Belfort und der Westabhang der Vogesen annektiert werden sollten. Und so weiter. Konkret wurde nur die Angliederung von Lüttich, Verviers und Luxemburg an das Deutsche Reich erwähnt. Die Ziele hinsichtlich der mittelafrikanischen Kolonien und Russland (man beachte die Reihenfolge) sollten überhaupt erst »später geprüft« werden. Alles in allem handelte es sich weder um große noch um ausgefeilte Eroberungspläne und schon gar nicht um Weltmachtphantasien. Zentrales Thema war vielmehr die Schaffung einer friedlichen Nachkriegsordnung durch einen engen Handelsvertrag mit Frankreich und »die Gründung eines mitteleuropäischen Wirtschaftsverbandes durch gemeinsame Zollabmachungen, unter Einschluss von Frankreich, Belgien, Holland, Dänemark, Österreich-Ungarn, Polen und eventuell Italien, Schweden und Norwegen. Dieser Verband, wohl ohne gemeinsame konstitutionelle Spitze, unter äußerlicher Gleichberechtigung seiner Mitglieder, aber tatsächlich unter deutscher Führung, muss die wirtschaftliche Vorherrschaft Deutschlands über Mitteleuropa stabilisieren.«[858]

Unweigerlich fühlt man sich an den ursprünglichen Zweck der erst viel später gegründeten Europäischen Gemeinschaft, den Frieden, und an die faktische Führungsrolle Deutschlands im Rahmen der heutigen EU erinnert. Deutschland war und ist nun einmal Europas führende Wirtschaftsnation. Offenbar bedurfte es erst eines von London gegen das Deutsche Reich konzertierten Kriegsbeginns, damit die deutsche Reichsführung endlich seinen redlich verdienten wirtschaftlichen Führungsanspruch in Mitteleuropa wenigstens auf dem Papier artikulierte. Obwohl der Text des Septemberprogramms von 1914 im Buch über »die Kriegszielpolitik des kaiserlichen Deutschlands« des deutschen Historikers Fritz Fischer abgedruckt ist, er den Text also gekannt haben musste, trägt dieses angebliche Fachwerk den irreführenden Titel *Griff nach der Weltmacht*.[859] Fischer war wohl entgangen, dass es dem Deutschen Reich sowohl am politischen Willen als auch an den erforderlichen militärische Kapazitäten für eine Weltherrschaft ermangelte. Die deutsche Wehrmacht konnte ja nicht einmal Frankreich besiegen, geschweige denn erobern. Der Schlieffen-Plan hätte nur unter den günstigsten Verhältnissen Aussichten auf Erfolg gehabt, weil die deutsche Reichsleitung nicht auf die vielfachen Empfehlungen seines Verfassers reagierte.

Das passt ins Gesamtbild, das jedoch der deutschen Reichsführung im Grunde vor dem Kriegsbeginn fehlte. Abgesehen von einem russischen Informanten in London, dem deutschstämmigen Botschafter Benno von Siebert, und dem österreichischen ehemaligen k. u. k. Offizier August Schluga Freiherr von Rastenfeld, die jedoch beide hauptsächlich über antideutsche Planungen berichteten. Dem Deutschen Reich ermangelte es bedenklicherweise an einer umfassenden geheimdienstlichen Informationsbeschaffung im Ausland. Im Gegensatz zu anderen Nationen kaufte sich das Deutsche keine korrupten ausländischen Politiker. Außerdem war den deutschen Militärdiplomaten vom deutschen Kaiser Wilhelm II. ausdrücklich die

Informationsbeschaffung durch Agenten verboten worden. Obwohl das Deutsche Reich regelmäßig von anderen Großmächten wie zum Beispiel Großbritannien in militärischer Hinsicht ausspioniert wurde, betrieb Deutschland in der Vorkriegszeit keine gegen Großbritannien gerichtete Militärspionage. Dies stellte auch der darüber verblüffte spätere stellvertretende Leiter des britischen Inlandsgeheimdienstes MI5 Eric Holt-Wilson fest.[860]

Hinzu kommt, dass ausgerechnet das für seine detaillierten Datenerfassungen und Konzepte bekannte Deutschland (im Gegensatz zu anderen Großmächten wie England) sowohl vor als auch während des Ersten Weltkriegs über keine militärische Gesamtstrategie verfügte: »Heer und Marine stimmten ihre strategischen und operativen Planungen nicht auf einander ab, sondern führten den Krieg unabhängig voneinander.«[861] Außerdem führte das Deutsche Reich – im Gegensatz zu anderen Großmächten wie Russland und England – vor Kriegsbeginn keine einzige praktische Erprobung der sorgfältig ausgearbeiteten Mobilmachungspläne durch.[862] Sogar als nach dem erfolgreichen Attentat auf Franz Ferdinand die Lage auf dem Balkan so richtig brenzlig wurde und die deutsche Reichsleitung den Österreichern am 5. und 6. Juli 1914 einen vermeintlichen Blankoscheck ausstellte, wurden bis zum effektiven Beginn des Ersten Weltkriegs im Deutschen Reich wie auch in Österreich keine Kriegsvorbereitungen getroffen. Zumindest keinen nennenswerten. Der deutsche Reichskanzler Bethmann Hollweg und der Staatssekretär des Auswärtigen Amts Gottlieb von Jagow (1863 bis 1935) lehnten sogar am 9. Juli 1914 die vom Vizekanzler und Innenminister Clemens von Delbrück (1856 bis 1921) empfohlenen Getreideankäufe in Holland ab, obwohl die ihnen vorliegende Informationen über das von Österreich-Ungarn geplante »Ultimatum« an Serbien einen lokalen Krieg und seine Entwicklung zum Flächenbrand in greifbare Nähe rücken ließen. Die Führung des Deutschen Reiches nahm bis zuletzt an, dass sich Russland heraushalten würde und sich der heraufziehende Krieg auf die unmittelbaren Konfliktparteien (Serbien und Österreich) eingrenzen ließe.[863] Wie der Oberquartiermeister im Großen Generalstab in Berlin bestätigte, wurden daher auf direkte Anordnung Kaiser Wilhelms II. vom 6. Juli 1914 (unmittelbar vor dem Antritt seiner Nordlandreise) im Generalstab »weiterhin bis unmittelbar vor Kriegsbeginn keinerlei auf den Krieg hinzielende Maßregeln getroffen. Bald nach mir trat sogar der Chef der II. Abteilung, die unter mir die Mobilmachungsangelegenheiten bearbeitete, einen Urlaub an.«[864] Dass bis in die heißeste Phase der Juli-Krise hinein ausgerechnet zwei für die Mobilisierungsmaßnahmen der deutschen Streitkräfte hauptverantwortliche Generalstabsoffiziere nicht im Dienst waren, obwohl Zuvorkommen durch hohe Geschwindigkeit das

Fundament des Schlieffen-Plans war, weist daraufhin, dass man sich im Deutschen Reich vor Kriegsbeginn nicht ernsthaft mit dem Gedanken der Mobilmachung auseinandersetzte, weil man eben nicht mit einem großen Krieg rechnete. Ganz im Gegensatz zu Russland und Serbien, wo man im selben Zeitraum faktisch vor allen anderen mobilmachte.

Die Schlussfolgerung aus alldem liegt auf der Hand: Deutschland hatte **keinen Kriegswillen.** Das einzige Papier, auf das Fritz Fischer seine skurrile Weltmachtthese stützen konnte, das besagte Septemberprogramm, stammte aus der Zeit nach dem Beginn des Ersten Weltkriegs und spricht darüberhinaus ausdrücklich und ausschließlich von der wirtschaftlichen Vorherrschaft Deutschlands in Mitteleuropa. Kein Wort von militärischer oder gar weltweiter Dominanz. Deutschlands mangelnder Kriegswille ergibt sich aus folgenden bisher bekannten Umständen:

- Generelle Schädlichkeit von Kriegen für das Deutsche Reich
- Kein Präventivkrieg um 1908/1909 trotz guter Voraussetzungen
- Konsequenter Einsatz für den Frieden in internationalen Krisen
- Präemptives Verteidigungskonzept als einziger Kriegsplan
- Definition vager Kriegsziele erst im September 1914
- Allgemein ungünstiges militärisches Kräfteverhältnis
- Ausdrückliches Verbot der militärischen Spionage
- Kein militärisches Gesamtkonzept bis Kriegsende
- Keine praktische Erprobung der Mobilmachung
- Keine direkten Kriegsvorbereitungen

Deutlichere Signale dafür, dass die deutsche Regierung nicht zum Krieg bereit war, weil sie es schlichtweg nicht sein wollte, kann es kaum geben. So weit zur Logik, die sich augenscheinlich nicht jedem erschließt. Der Freiburger Historiker Gerhard Ritter bezeichnet daher Fischers Weltmacht-Buch völlig zu Recht als hilflos und lastet ihm, also dem Autor, eine nicht von der Hand zu weisende »Selbstverdunkelung deutschen Geschichtsbewusstseins« mit einigen verhängnisvollen Auswirkungen an. Und der ebenfalls deutsche Historiker Klaus Große Kracht erkennt im Hinblick auf die Fischer-Kontroverse zutreffend: »An das gute Gewissen der Deutschen ist eine Mine gelegt.« Apropos Mine beziehungsweise Krieg: Im Widerspruch zu den historischen Fakten äußerte sich Fritz Fischer im Jahr 1965 dahingehend, dass »im Juli 1914 ein Kriegswille einzig und allein auf deutscher Seite bestand.«[865] Dass Fischer auch und ganz besonders hier völlig falsch lag, ist Gegenstand der nachfolgenden Kapitel.

Die Kriegstreiber der Entente-Staaten strebten unbedingt einen großen Krieg an, den Deutschland bis zuletzt verhindern wollte. Zur Verzweiflung General Moltkes ließ Kaiser Wilhelm II. sogar unmittelbar nach Kriegsbeginn den bereits laufenden Vormarsch der deutschen Truppen stoppen, als England wieder einmal nur zum Schein verhandelte – und obwohl die Streitkräfte des Deutschen Reiches auch Kernaufgaben seines einzigen, aber extrem schwachen strategischen Partners übernehmen mussten ...

Österreichische Notlösung

Obwohl für Österreich-Ungarn ein Zweifrontenkrieg gegen Russland und Serbien sowie die Eröffnung weiterer Fronten gegen Italien und Rumänien bereits einige Jahre vor 1914 in aller Deutlichkeit abzusehen waren, erfolgte aufgrund von Budgetkürzungen keine Aufrüstung, sondern stattdessen sogar eine völlig kontraindizierte Reduktion der k. u. k. Landstreitkräfte. Mangels Überbrückung der Kluft zwischen traditionsbedingten Großmachtambitionen und der bitteren geo- und militärstrategischen Realität wurde den Streitkräften der brüchigen Donaumonarchie schon im Planungsstadium viel zu viel zugemutet. Das Hauptproblem stellte der Aufmarsch gegen Russland bei einem gleichzeitigen Krieg gegen Serbien dar. Weil die k u. k. Streitkräfte für beide Aufgaben viel zu gering dimensioniert waren, blieb dem österreichisch-ungarischen Generalstab nichts anderes übrig, als sich auf seinen zwar auch nicht gerade optimal, aber immerhin viel besser vorbereiteten Bündnispartner abzustützen. Dieser, also das Deutsche Reich, rechnete jedoch damit, dass ihm die Donaumonarchie bei seinem eigenen Zweifrontenkrieg gegen Frankreich und Russland solange den Rücken gegen die russischen Truppen freihalten würde, bis die Verlegung der deutschen Armeen vom Westen in den Osten abgeschlossen wäre. Zu dieser Quadratur des Kreises trat erschwerend hinzu, dass es sich bei den sogenannten Absprachen zwischen Deutschland und Österreich überwiegend um einen mehr oder weniger lockeren Austausch von Briefen zwischen den Generalstabschefs beider Nationen und daher nicht um verbindliche militärische Übereinkommen handelte, wie sie zwischen den Entente-Staaten geschlossen wurden. Im Gegensatz zu ihren künftigen Feinden kam es daher zwischen dem Deutschen Reich und der Donaumonarchie zu keinem in Friedenszeiten gründlich vorbereiteten Einsatz der verbündeten Heere. Darin spiegelte sich abermals der mangelnde Kriegswille der Mittelmächte.

Bereits einige Jahre vor dem Beginn des Ersten Weltkriegs standen die potenziellen Feinde der Donaumonarchie fest: Serbien, Russland, Italien und Rumänien. Wie im Kapitel über die russischen Kriegspläne gezeigt wird, lieferten die eng kooperierenden militärischen Nachrichtendienste der Mittelmächte ihrer jeweiligen strategischen Führung korrekte Lagebilder über die sprunghafte Verstärkung des bereits massiven russischen Aufmarschpotenzials, die jährliche Verkürzung der ursprünglich mit sechs Wochen veranschlagten Zeit für die Mobilmachung und die zu erwartende Disposition der russischen Truppen an der ostpreußischen und an der galizischen (österreichischen) Grenze. Obwohl der Umfang des russischen Aktivheers für das Jahr 1917 mit bedrohlichen zwei Millionen Soldaten plausibel prognostiziert wurde, konnte dies die deutsche Reichsleitung zu keiner nennenswerten Aufstockung des eigenen Militärapparats bewegen. In Österreich-Ungarn baute man sogar, wie obiger Tabelle über die Friedensstärken zu entnehmen ist, zwischen 1910 und 1914 die Truppen auf eine Gesamtstärke von 415.000 Mann ab, was nicht einmal einem Drittel der damaligen russischen Streitkräfte (mit mehr als 1,3 Millionen) entsprach. Dieses Ungleichgewicht war die Hauptursache für das Versagen Österreich-Ungarns im Ersten Weltkrieg. Dem vielfach kritisierten k. u. k. Generalstabschef Freiherr Franz Conrad von Hötzendorf kam die undankbare Aufgabe zu, das Beste aus einer denkbar ungünstigen Ausgangssituation zu machen, wobei jedoch jedes von ihm gestopfte Schützenloch zwingend mindestens ein neues öffnete.

Beurteilungen des Evidenzbüros des k. u. k. Generalstabs aus den Jahren 1912 und 1913 zufolge war die Einsatztauglichkeit der vielfach kriegserprobten serbischen Streitkräfte sehr hoch: gute Disziplin sogar in den territorialen Truppenteilen, sehr gute Führungsfähigkeit der serbischen Offiziere, sehr gute Artillerie. Im Kriegsfall müsste Österreich-Ungarn, so die zutreffende strategische Ableitung, den Serben mit mindestens gleichwertigen Streitkräften entgegentreten.[866] Dies war jedoch von Vornherein unmöglich, weil die Donaumonarchie die Masse ihrer Truppen für einen gleichzeitigen Krieg mit Serbien und seiner Schutzmacht Russland einplanen musste.

Es wurden daher zwei Kriegsfälle vorbereitet: Kriegsfall R (Russland) und Kriegsfall B (Balkan). Dafür wurde eine Teilung der eigenen Kräfte in drei Heeresgruppen vorgenommen: die starke erste Heeresgruppe (A-Staffel) gegen Russland, die schwächere zweite Heeresgruppe (B-Staffel) als strategische Eventualgruppe, die je nach Kriegsfall entweder gegen Russland oder gegen Serbien plus Montenegro eingesetzt werden sollte, sowie die noch viel schwächere dritte Heeresgruppe, die sogenannte Minimalgruppe Balkan. Im Kriegsfall R, dem Krieg gegen Russland und Serbien plus Montenegro, sollte die am 18. Mobilmachungstag in Galizien aufmarschierende

A-Staffel durch die B-Staffel verstärkt werden, während die Minimalgruppe Balkan alleine gegen Serbien und Montenegro anzutreten hätte. Für den Kriegsfall B hingegen, den Krieg »nur« gegen Serbien und Montenegro, war der gemeinsame Einsatz der Minimalgruppe Balkan und der geringfügig verstärkten B-Staffel vorgesehen.[867]

Dieser Strategie General Conrads für einen Zweifrontenkrieg ab dem Jahr 1909 lag die Beurteilung zugrunde, dass sich die Hauptmacht Russlands zwar gegen Deutschland richten würde, den eigenen 48 Divisionen jedoch immer noch 53 russische und weitere 11 serbische gegenüberstünden, zusammen also 64 Divisionen. 48 zu 64 entspricht dem für einen präemptiven Angreifer äußerst ungünstigen Verhältnis 1 zu 1,3. Dem schier unlösbaren Problem versuchte der österreichische Generalstabschef durch besagte Dreiteilung seiner Streitkräfte beizukommen: Die erste Heeresgruppe (A-Staffel) in der Stärke von 28 Divisionen würde auf alle Fälle ihre Position im Norden an der russischen Grenze einnehmen, während die aus acht Divisionen bestehende dritte Heeresgruppe (Minimalgruppe Balkan) unter allen Umstände im Süden gegen Serbien antreten sollte. Die 12 Divisionen starke zweite Heeresgruppe (B-Staffel) stünde hingegen wie folgt als strategische Eventualgruppe zur Disposition der obersten Führung: Im Falle des alleinigen Kriegs gegen Serbien (und Montenegro), Kriegsfall B also, sollte die B-Staffel ausschließlich gegen Serbien vorgehen. Hingegen müsste sie bei der zu erwartenden Einmischung Russlands, mithin in einem Zweifrontenkrieg gemäß Kriegsfall R, selbst dann schnellstmöglich eine Kehrtwendung machen und in den Norden an die russische Grenze verlegen, wenn sie bereits in Richtung Serbien in Bewegung gesetzt worden oder gar bereits am Aufstellungsort angekommen wäre.[868]

Conrads Planung ist zwar nachvollziehbar, sie war jedoch eindeutig eine aus der Not geborene Lösung, die jene Risiken in sich barg, die 1914 tatsächlich eintraten und wesentlich zum Scheitern der österreichischen Feldzüge gegen Serbien und Russland beitrugen: Spaltung der eigenen Kräfte, logistisches Chaos, Kräfteverlust im Süden, Zeitverlust bei unüberbrückbarer Unterlegenheit im Norden. Zur dadurch bedingten heillosen Überforderung seiner Truppen wurde der österreichische Generalstabschef durch äußerst knappe Ressourcen und uneinsichtige Politiker genötigt. Zu keiner Zeit konnte auch nur der geringste Zweifel daran bestehen, dass Österreich-Ungarn im Fall eines großen europäischen Schießkriegs auf Gedeih und Verderb von der **Hilfe der Deutschen** gegen Russland abhängig sein würde.

Folglich erscheint besonders merkwürdig, dass es in der wichtigsten strategischen Frage, dem gemeinsamen Kampf gegen Russland, keine klaren und verbindlichen Festlegungen, sondern offenbar nur ein Wirrwarr verschiedener Ansichten gab. Da das Deutsche Reich in einem großen Krieg an den Schlieffen-Plan gebunden war, der bis zur Niederschlagung der französischen Truppen nur eine einzige und obendrein verminderte Armee zur Sicherung der gesamten Ostfront vorsah, ging man konsequenterweise von der sofortigen Unterstützung durch die k. u. k. Truppen gegen das Zarenreich aus. Die Österreicher sollten die Ostfront wenigstens einstweilen halten, mindestens jedoch bis zur Ankunft der deutschen Truppen aus dem Westen. So lautete die Hoffnung der Berliner Strategen.[869] In Wien hingegen erwartete man das glatte Gegenteil, nämlich ein promptes aktives Vorgehen der Deutschen gegen Russland, weil, so behauptete es zumindest Conrad von Hötzendorf nach dem Krieg, General Moltke einen deutschen Angriff von Ostpreußen südwärts in russisch-polnisches Gebiet versprochen hatte.[870] Bei Conrads Erklärung handelte es sich jedoch mit hoher Wahrscheinlichkeit um eine Schutzbehauptung oder um ein Missverständnis hinsichtlich des Zeitpunkts für einen deutschen Angriff im Osten, denn schließlich war Moltke an die zeitlichen und örtlichen Sachzwänge der deutschen Verteidigungsstrategie gebunden. Und ebendiese Sachzwänge waren in Wien bekannt.

Wenngleich sich beide Nationen, Österreich und Deutschland, mit der gröblichen Vernachlässigung ihrer Truppenstärken sowohl gegenüber dem eigenen Militär als auch gegenüber der von ihm zu schützenden Zivilbevölkerung unverantwortlich verhielten, so trifft die militärische Hauptverantwortung für die Niederlage der Mittelmächte im Ersten Weltkrieg jedenfalls Österreich-Ungarn. Hätte die Donaumonarchie nämlich über ausreichende Truppen verfügt, wäre sie in der Lage gewesen, die russischen Armeen alleine zu besiegen oder zumindest lange genug in Schach zu halten, sodass sich das Deutsche Reich in aller Ruhe auf die Niederwerfung der französischen Truppen hätte konzentrieren können. Das Deutsche Reich war immerhin für die Ausschaltung eines einzelnen großen Gegners relativ gut gerüstet, Österreich aber nicht einmal dafür. An diesem Missverhältnis innerhalb der Mittelmächte hätte auch eine optimale gemeinsame Planung nichts verändert. Auffällig ist jedoch, dass sie nicht einmal stattfand.

Die strategische Kommunikation zwischen Deutschland und Österreich erfolgte nicht wie zwischen England, Frankreich, Belgien und Russland im Wege persönlicher, regelmäßiger, ausgiebiger, zielorientierter Fachgespräche unter Beteiligung verschiedener Fachoffiziere, sondern primär im Rahmen des im diplomatischen Verkehr üblichen Briefwechsels der beiden Generäle Conrad und Moltke. Auf diese Weise wurde der bilaterale, eher lockere und unverbindliche **Meinungsaustausch** ab 1909 gepflegt. Über besagten Austausch von Meinungen resümiert der ehemalige Hauptlehroffizier für Kriegsgeschichte an der Landesverteidigungsakademie in Wien, Doktor Johann Allmayer-Beck, dass sie im Hinblick auf die grundlegenden strategischen Fragen zwischen Deutschland und Österreich »letzten Endes zu keinen bindenden militärischen Vereinbarungen und daher auch zu keiner im Frieden gründlich vorbereiteten, koordinierten Verwendung der verbündeten Streitkräfte« führten. Bemerkenswert ist zudem, »dass dem politischen Bündnis [Zweibund] nur beschränkt Rechnung getragen wurde und man sich nicht zur Schaffung eines einheitlichen Oberkommandos – mit allen Konsequenzen – im militärischen Bereich entschließen konnte«, obwohl die Lösung der außerordentlich schwierigen strategischen Probleme betreffend die sich abzeichnende kriegerische Auseinandersetzung des Zweibunds mit Frankreich, Russland, Serbien und Montenegro einem gemeinsamen Oberkommando eher gelungen wäre als den beiden national getrennten obersten Kommanden. »Dieser Mangel an politischer Einsicht«, so Johann Allmayer-Beck, »war eine der Ursachen der späteren Niederlage der Mittelmächte.«[871]

Völlig konträr verhielt es sich bei den Entente-Staaten, die den europäischen Krieg zur Vernichtung Deutschlands und Österreichs bereits ab 1906 in allen wesentlichen Details geplant und vorbereitet hatten.

Kriegsvorbereitungen der Entente

Bereits ab 1905, neun Jahre vor dem Beginn des Ersten Weltkriegs, kannten die britischen Kriegspläne nur noch einen europäischen Gegner: das Deutsche Reich. Frühzeitig teilte die maritime Strategie Großbritanniens die europäischen Meere in kriegsgerechte Portionen auf. In allen Details plante man in London jene völkerrechtswidrige Fernblockade des Nordmeers, die während des Krieges tatsächlich und konsequent zur Aushungerung der deutschen Bevölkerung eingesetzt wurde. Ebenfalls schon lange vor Kriegsbeginn verlegte Frankreich seine gesamte Kriegsflotte ins Mittelmeer, weil sich Großbritannien im Gegenzug zur Sicherung des Ärmelkanals und der französischen Atlantikküste verpflichtete.

Zur Auslösung des ersten großen Kriegs, der primär die Vernichtung des Deutschen Reiches bezweckte, errichtete Alfred Milners geheime Clique zwei raffinierte Fallen: heimtückische geostrategische Hinterhalte in Belgien und Serbien.

Das nur scheinbar neutrale Belgien war Deutschlands strategisch notwendiges Durchmarschgebiet nach Frankreich. Die Massierung der französischen Kräfte an der Eisernen Grenze in Ostfrankreich sollte Deutschland eine große Lücke der französischen Abwehrlinie im Nordosten vortäuschen und den deutschen Aufmarsch dorthin kanalisieren. Allerdings wurde mittels der bereits ab 1906 fix vereinbarten Unterstützung durch ein britisches Expeditionskorps in Nordostfrankreich für die Schließung besagter Lücke vorgesorgt. Dadurch sollte der Vormarsch der Deutschen rapide gestoppt und ihre Umfassungsoperation verunmöglicht werden. Das massive französische Aufgebot an der Barrière de fer diente der Offensive gegen Lothringen respektive Westdeutschland. Da die deutsche Verteidigungsstrategie den Ententestaaten bekannt war, setzten sie auf die Beschleunigung der Mobilisierung und die Aufrüstung der russischen Streitkräfte. Schließlich sollte der gleichzeitige Aufmarsch der russischen Dampfwalze gegen den deutschen Osten das in die Zange genommene Deutschland zum präemptiven Angriff gemäß Schlieffen-Plan nötigen, um es vor der Weltöffentlichkeit als Aggressor hinstellen zu können.

Die ab Frühjahr 1914 konstruierte serbische Kriegsfalle war nicht direkt für Deutschland bestimmt, sondern für seine Achillesferse: Österreich-Ungarn. Gemeint ist das bosnisch-serbische Attentat auf den österreichischen Thronfolger, das mit russischer Rückendeckung in Belgrad organisiert und im Wissen der serbischen Regierung massiv von serbischen Beamten unterstützt wurde. Die Donaumonarchie sollte planmäßig von ihrem terroristischen Herausforderer Serbien in einen lokalen Krieg gezerrt werden, der sich sodann aufgrund der europäischen Bündnissystematik und Mobilmachungsautomatik über die belgische Kriegsfalle zum Weltenbrand entwickeln würde. Ein Ereignis, das den eurasischen Kontinent massiv schwächen und Großbritanniens globale Vorherrschaft sichern sollte.

Britische Kriegspläne gegen Deutschland

Der britische Marinestratege Sir Julian Stafford Corbett verfasste die offizielle Geschichte der Royal Navy im Ersten Weltkrieg. Im ersten der drei Bände seines Buchs *Naval Operations* (Marineoperationen) aus dem Jahr 1920 schreibt Corbett über die akribische Vorbereitung der gesamten britischen Kriegsmaschinerie von der Regierung bis zum Heer und zur Marine im Vorfeld des Ersten Weltkriegs:

> *Es besteht kein Zweifel daran, dass die Maschinerie zur Aktivierung unserer Kräfte eine geordnete Vollständigkeit im Detail erreichte, die in unserer Geschichte keine Parallele hat.*

In diesem Kontext erklärt der offizielle Historiker der britischen Kriegsmarine, dass die Arbeiten des CID (Komitees für imperiale Verteidigung) im *War Book* resultierten, einem Kriegsbuch mit außergewöhnlich hohem Detaillierungsgrad. Darin waren sowohl für die einzelnen Sektionen und Abteilungen der Ministerien als auch für Army und Navy alle Aufgaben im Krieg gegen Deutschland abschließend und leicht verständlich zusammengefasst: von Warntelegrammen in der Periode gespannter Beziehungen bis zur Mobilmachung der Land- und Seestreitkräfte. Sämtliche Details wurden vom geheimen Unterausschuss des CID permanent revidiert und um die praktischen Erfahrungen im Zuge der zweiten Marokko-Krise (1911) ergänzt, sodass das Kriegsbuch Ende 1911 einen »hohen Grad an Präzision« aufwies.[872] Großbritanniens strategische und operative Ebenen waren also spätestens im Jahr 1911 faktisch kriegsbereit, wie auch der erste Kabinettssekretär des CID Lord Maurice Hankey bestätigt: »Die Pläne für Marine und Heer wurden 1911 durch den Nationalen Verteidigungsrat [CID] überarbeitet, mit dem Ergebnis, dass die große Strategie für die praktischen Zwecke des gefürchteten Kriegs damals mehr oder weniger beschlossen war [...]«[873] Doch Lord Hankey bestätigt auch, dass England bereits Anfang 1908, dem Jahr der Serbischen Krise und der Teilmobilmachung Serbiens gegen Österreich, zum Krieg gegen Deutschland bereit war:

> *Wir sind nun in der Lage, die allgemeine Situation unserer Kriegsbereitschaft Anfang 1908 zusammenzufassen, als das Oberkommando, das durch den Nationalen Verteidigungsrat [CID] arbeitete, begann, seine Politik für die Möglichkeit eines Kriegs mit Deutschland zu formulieren.*[874]

Lord Maurice Hankey, der ursprünglich seinen Dienst als Offizier der Royalen Marine-Artillerie und des Marinegeheimdienstes versehen hatte, war dann einige Jahre als Marinesekretär des CID tätig, zu dessen erstem Sekretär er schließlich 1912 befördert wurde. Außerdem fungierte er als enger Berater des damaligen Finanzministers und späteren Premierministers David Lloyd George sowie jenes Kriegskabinetts, das Hankeys Ausführungen zufolge »Großbritannien in den Ersten Weltkrieg lenkte.«[875] Als voll involvierter Zeitzeuge ist Maurice Hankey für die Erforschung der Ursachen und des Zustandekommens des Ersten Weltkriegs von unschätzbarem Wert. In seinem umfangreich aufdeckenden Buch *The Supreme Command 1914–1918* untergliedert Lord Hankey die Zeit der britischen Kriegsvorbereitungen zwischen 1904 und 1914 in folgende Phasen:

1. 1904 bis 1905: Phase der Grundsätze
2. 1906 bis 1908: Phase der taktischen Belange
3. 1909 bis 1914: Phase neuer Pläne und Vorbereitungen

In die erste CID-Phase fällt zeitlich die feierliche Begründung des englisch-französischen Bündnisses 1904 (Entente Cordiale). Es darf hier nicht vergessen werden, dass das CID im selben Jahr auf Initiative des Premierministers Lord Arthur Balfour, eines frühen und besonders antideutschen Mitglieds der Globalisierungsclique, explizit zur Vernichtung des Deutschen Reiches geschaffen wurde, um Englands Vorherrschaft zu erhalten. Dasselbe gilt für den geheimen CID-Unterausschuss, der ebenfalls auf Balfours Betreiben im Juli 1905 zwecks Planung kombinierter Marine- und Heeres-Operationen implementiert wurde.[876] Rund fünf Monate vor der Fertigstellung des Schlieffen-Plans, in der Sitzung des CID vom 26. Juli 1905, an der neben Prominenzen wie Premier Arthur Balfour, Admiral John »Jacky« Fisher und der ranghöchste Armeeoffizier Lord Frederick Sleigh Roberts auch der Leiter des Marinenachrichtendienstes Captain Charles Ottley teilnahm, wurde hinsichtlich des speziell für die gemeinsamen militärischen Planungen mit Frankreich und Belgien eingerichteten Unterausschusses beschlossen, dass dieser streng geheim sein musste: Ohne ausdrückliche Zustimmung des Premiers waren die Erstellung und Weiterleitung von Protokollen strikt untersagt.[877]

Bereits im Dezember 1905 begannen laut Lord Hankey Offiziere der Royal Navy und der Army mit der Erstellung von Entwürfen für »den korrekten Einsatz der Streitkräfte des Vereinigten Königreichs im Falle unserer Verwicklung in einen Krieg gegen Deutschland an der Seite Frankreichs.«[878] Zwischen 1906 und 1914 gab es daher eine ganze Reihe von anglo-französischen Militärgesprächen zur Vertiefung der Entente Cordiale. Dabei handelte es sich »zunächst um inoffizielle Gespräche über das Verhalten bei einem hypothetischen Krieg mit Deutschland, doch versteiften sich sie sich mit den Jahren zu einer moralisch verbindlichen Vereinbarung [...]«[879]

Kriegsvorbereitungen im Nordmeer

Im Rahmen eines gegen das Deutsche Reich geführten Vernichtungskriegs musste Großbritannien die vollständige Kontrolle über das Nordmeer innehaben. Außerdem durfte – aus dem psychopathischen Blickwinkel britischer Strategen heraus –

die deutsche Zivilbevölkerung nicht verschont werden. Diese sollte mittels irregulärer und darüberhinaus völkerrechtswidriger Seekriegsführung systematisch ausgehungert werden.

Hungerblockade gegen Deutschland

Mit Hankeys Angaben deckt sich der Bericht eines weiteren hochrangigen CID-Mitglieds: des britischen Historikers A. C. Bell. In seinem Buch über die Geschichte der britischen Seeblockade gegen das Deutsche Reich bestätigt Bell, dass sich Großbritanniens Kriegspläne ab 1905 grundlegend änderten, also bereits gute 11 Monate vor der Erstvorlage von Schlieffens Verteidigungsstrategie. Wurde bis Ende 1904 neben einem Krieg gegen Deutschland zumindest auch die Möglichkeit eines Kriegs gegen Frankreich oder gegen beide Nationen erwogen, sahen die Kriegspläne ab 1905 nur noch einen einzigen Kriegsgegner vor: das Deutsche Reich.[880] In diese geostrategisch besonders bedeutsame Zeit fallen große Baufortschritte der Bagdad-Bahn, die erste Marokko-Krise, die beginnende Herauslösung Italiens aus dem Dreibund, die endgültige Zerstörung der deutsch-russischen Verständigung durch die Globalisierungsclique und die ebenfalls von ihr betriebene Zähmung des russischen Bären im japanisch-russischen Krieg. Ab dem Jahr 1905 liefen die britischen Kriegsplanungen in Richtung jener völkerrechtswidrigen Hungerblockade gegen die deutsche Zivilbevölkerung, die im gesamten Zeitraum des Ersten Weltkriegs und darüberhinaus bis zum Siegerdiktat von 1919 bittere Realität wurde:

> *Der große Zweck, der in allen seit 1905 erstellten Kriegsplänen offensichtlich war, bestand darin, unseren Einfluss an der deutschen Küste zu stärken. Jene Kräfte, die diese enge Patrouille durchführen sollten, waren Zerstörer, leichte Kreuzer und Flottillenführer. In den weiteren Planungen waren diesem Zweck jeweils immer mehr Einheiten zuzuordnen.*[881]

Damit sind wir schon mitten in der zweiten CID-Phase, nämlich im Taktischen beziehungsweise Strategischen. Für eine gewissermaßen enge Seeblockade gegen Deutschland waren laut A. C. Bells Aufzeichnungen im Jahr 1908 die Konzentrierung zweier Geschwader in der Nordsee und im Ärmelkanal sowie die permanente Stationierung von zwei Zerstörer-Gruppen an der deutschen Küste geplant. Die Kommandanten der operativen Ebene wurden im einsatzrelevanten Planungspapier ausdrücklich angewiesen, »allen feindlichen Handel in der Nordsee zu stoppen.«

Die deutschen Nordseehäfen waren vollständig zu blockieren. Den kontinuierlich der aktuellen Lage angepassten Planungen lagen sogar fundierte wissenschaftliche »Untersuchungen über Deutschlands Abhängigkeit vom Überseehandel« zugrunde. Die hohe Admiralität kam zur Schlussfolgerung, dass auch eine nur teilweise oder unzureichende Blockade »in Deutschland sehr spürbar wäre.« Als konkrete Auswirkungen wurden beurteilt: ernsthaft reduzierte deutsche Einnahmen, deutliches Schrumpfen der von externen Rohstoffen abhängigen heimischen Industrie, Schließen von Fabriken, Arbeitslosigkeit der nicht im Krieg kämpfenden Bevölkerung und so weiter. Eine weitere wichtige planerische Annahme war: »Je länger die Blockade dauern würde, desto schwerwiegender wären ihre Konsequenzen.«[882]

Hierbei ist die strategische Einschätzung der mehrjährigen Dauer eines großen europäischen Kriegs von entscheidender Bedeutung. Der britische Feldmarschall Herbert Kitchener, hochgeschätztes Mitglied der Globalisierungsclique und Kriegsminister ab Beginn des Ersten Weltkriegs, kam bereits im Jahr 1909 mit dem deutschen Geostrategen Karl Haushofer darin überein, dass ein großer europäischer Krieg wahrscheinlich unvermeidlich sei und **drei bis vier Jahre** dauern würde.[883] Dass auch andere maßgebliche britische Strategen von einer mehrjährigen Dauer des großen Schießkriegs gegen das Deutsche Reich ausgingen, spiegelt sich in der geplanten Aushungerung der deutschen Bevölkerung durch eine Seeblockade wieder. Denn der parallele Wirtschaftskrieg gegen eine starke Nation wie Deutschland konnte, realistisch betrachtet, nur ein Langzeitprojekt sein.

Dennoch gab es in britischen Marinekreisen auch Stimmen, die von einem raschen »Erfolg« der Seeblockade ausgingen. Sie freuten sich schon drauf, dass die Deutschen »rasch auf die Knie gezwungen werden«, wenn man sie »von der Lebensmittelversorgung ausschließe.« Viel realitätsnaher beurteilte es der CID-Sekretär und Leiter des Marineaufklärungsdienstes Charles Ottley. Er sah für Deutschland den schleichenden »umfassenden Mangel und Untergang« aufziehen: Aufgrund der Überlegenheit der britischen Flotte werde das deutsche Volk langsam »äußerst klein« dastehen. Der CID-Mann sah schon das Gras auf Hamburgs Straßen wachsen.[884] Da dem Deutschen Reich die Sicherstellung seiner Versorgung mit Rohstoffen und Nahrungsmitteln über andere Kanäle zugetraut wurde, erwog das CID zur Steigerung der Effektivität der britischen Seeblockade die Einbeziehung holländischer und belgischer Häfen als überaus nützlich.[885]

Damit war die strategische Planung eindeutig von der Sperrung neutraler Häfen ausgegangen. Als der autonome Staat Holland von seinem Recht auf Befestigung der Schelde-Mündung Gebrauch machen wollte, wurde er von England unter Druck gesetzt. Schließlich berührte das niederländische Vorhaben britische Handelsinteressen, denn flussaufwärts liegt die belgische Hafenstadt Antwerpen, eine der bedeutendsten Einflugschneisen für den britischen Handel auf dem europäischen Kontinent. Dass die Belgier Antwerpen zu einer imposanten militärischen Festungsanlage ausbauten, wollte sich England mit einem engen britisch-belgischen Militärbündnis zunutze machen.[886] Damit korrelieren konspirative britisch-belgische Militärgespräche um 1906 zum Zweck der Anlandung eines britischen Expeditionskorps im Fall eines Kriegs gegen das Deutsche Reich (siehe unten).

In der dritten CID-Phase (neue Pläne und Vorbereitungen) erfuhren die Seeblockadepläne insofern eine drastische Erneuerung, als sie 1910 »deutlich vergrößert« wurden, indem man den schlichten Blockadeauftrag um einen impliziten Vernichtungsbefehl ergänzte: »Dem Oberbefehlshaber der Hauptflotte in den Orkneys und dem Admiral, der die dritte Flotte im Kanal kommandierte, wurde befohlen, alle Maßnahmen zu ergreifen, die sie für geeignet hielten, um den britischen Handel zu schützen und den feindlichen [deutschen] Handel zu zerstören. Zweitens sollte der feindliche Verkehr von jenen Kräften beobachtet werden, die in der Dover-Straße stationiert waren, zwischen den Orkneys und dem Festland und durch ein Kreuzergeschwader im Atlantik. Drittens, was noch wichtiger war, wurden die Aufklärungskräfte vor der deutschen Küste massiv verstärkt.« Im Jahr 1911 ging Admiral Sir Arthur Wilson, der seit 1910 als Erster Seelord amtierte, einen erheblichen Schritt weiter. Um eine Seeblockade gegen das Deutsche Reich noch effektiver zu machen, wollte Wilson die friesischen Inseln und Helgoland bombardieren und mit britischen Truppen besetzen.[887] Wie der erste CID-Sekretär Lord Hankey ausführt, war Admiral Wilsons generelle Absicht »die Bedrängung der deutschen Litorale [Küsten], zuerst in der Nordsee, und später, wenn alles gut ging, in der Ostsee.«[888]

Mit dieser aggressiven Planung trat Arthur Wilson in die Fußstapfen seines Vorgängers, der nicht nur Erster Seelord von 1904 bis 1910, sondern auch Mitglied der geheimen Clique war: Admiral Sir John »Jacky« Fisher. Er plädierte schon 1905 anlässlich der ersten Marokko-Krise, die bekanntlich, zumindest offiziell, ein lokal begrenzter Konflikt um Nordafrika war, auf einen gemeinsamen Angriff von Marine und Heer auf Deutschlands maritime Lebensader. Im Anschluss an die CID-Sitzung vom 12. April 1905 riet Fisher völlig grundlos, das heißt ohne adäquaten Anlass, dem britischen Außenminister zu einem umfassenden Schlag gegen das Deutsche Reich: »Wir könnten binnen 14 Tagen die deutsche Flotte, den Kaiser-Wilhelm-Kanal und Schleswig-Holstein haben.«[889] Fisher schlug also aufgrund eines Konflikts über eine afrikanische Kolonie, für deren Autonomie sich Kaiser Wilhelm II. zu Recht stark machte,[890] sogleich die Verletzung der staatlichen Autonomie Deutschlands vor: einen

Vorstoß der britischen Flotte zum Nord-Ostsee-Kanal und die Eroberung der Küste Schleswig-Holsteins durch ein Expeditionskorps. Seit Beginn der ersten Marokko-Krise hatte sich Fisher nach der Freigabe eines derartigen Angriffs gegen das Deutsche Reich gesehnt.[891] Jacky Fisher arbeitete intensiv daran, dass das CID jede geplante Offensivaktion gegen Deutschland den Aktionen der Royal Navy unterordnete.[892]

Diesem Konzept hing auch Fishers Nachfolger Arthur Wilson an. Das endgültige CID-Konzept vom Mai 1912 untersagte jedoch alle Küstenoperationen, bis die deutsche Flotte vernichtend geschlagen wäre.[893] Das Absehen von einer engen Blockade war also nur temporär gedacht, de facto wurde aber ausdrücklich die Anordnung und Durchführung einer **Fernblockade** vorgesehen. Wie bereits angedeutet, hätte sich die Führung der kaiserlichen Marine für den Fall einer (engen) Seeblockade bereits auf die Abnützung des übermächtigen Feindes in einem mit U-Booten und Minen bis an die britische Küste rücksichtslos geführten Kleinkrieg »eingestellt«. Entsprechend den realen Flottenverhältnissen kam auf die heillos unterlegenen deutschen Marinekräfte also nicht die baldige große Entscheidungsschlacht zu, sondern verblieb ihnen lediglich die sukzessive Schädigung der Blockadestreitkräfte. Dies jedoch nur auf dem Papier, und nicht einmal das ordentlich. Im Gegensatz zu den britischen waren nämlich die deutschen Planungen alles andere als ausgereift: »Von einem durchdachten strategischen Plan, der dem Ernst der Lage, der gewaltigen Überlegenheit des Gegners und den wenigen noch verbliebenen eigenen strategisch-taktischen Optionen nüchtern Rechnung trug, konnte hierbei aber keine Rede mehr sein.«[894]

Erschwerend kommt die bereits dargestellte völlige Unterlegenheit der deutschen U-Bootwaffe gegenüber der britischen Kriegsmarine und jener der anderen Entente-Staaten hinzu. Es sprach also alles dafür, dass die britische Seeblockade ein mehrjähriges Unterfangen werde.

Geplante Völkerrechtsverletzungen

Sämtliche Planungen des CID zur Hungerblockade gegen Deutschland sahen mehrere Verstöße gegen geltendes Völkerrecht vor.

> *Rechtliches*
>
> Zuallererst waren Fernblockaden gemäß der auch von Großbritannien ratifizierten Pariser Seerechtsdeklaration vom 16. April 1856 verboten. Gemäß Ziffer 4 des Abkommens müssen Blockaden, »um verbindlich zu sein, wirklich bestehen«, das heißt, sie müssen »durch genügende Kräfte ausgeführt werden,

um das Betreten der feindlichen Küsten wirksam zu verhindern.«[895] Eine kriegsführende Partei »durfte Schiffe in der Nähe der Drei-Meilen-Grenze stationieren, um den Verkehr mit einem feindlichen Hafen zu stoppen.« Es war ihr jedoch nicht erlaubt, beliebig große Gebiete der hohen See als Blockadegebiet zu deklarieren.[896] Doch genau das tat England, als es am 3. November 1914 die gesamte Nordsee zum Kriegsgebiet erklärte. Mehr dazu im Kapitel über die Folgewirkungen der Kriegsauslösung.

Zwei weitere Aspekte der Völkerrechtswidrigkeit der CID-Planungen waren die Einbeziehung neutraler Häfen und Küsten in die Blockadezone sowie das Abzielen der zuerst als eng und danach als fern geplanten Seeblockade auf die gesamte deutsche Bevölkerung, also in erster Linie auf Zivilisten. Beide Maßnahmen waren laut der Londoner Deklaration über das Seekriegsrecht vom 26. Februar 1909 ausdrücklich verboten. Artikel 18 des Abkommens untersagt explizit den blockierenden Streitkräften die Versperrung des Zugangs zu neutralen Häfen und Küsten. Die Beschlagnahme von Lebensmitteln ist gemäß Artikel 33 nur für den Fall erlaubt, dass sie nachweislich für die Streitmacht oder die Verwaltungsstellen des feindlichen Staats bestimmt sind.[897] Aufgrund der nur schwer zu erfüllenden Beweispflicht muss grundsätzlich davon ausgegangen werden, dass Lebensmittel für friedliche Zwecke bestimmt sind.

Die Londoner Deklaration trat zwar ausgerechnet aufgrund des Widerstands des britischen Oberhauses nie in Kraft,[898] seine grundlegenden Bestimmungen über die Achtung der Neutralen und der Versorgung der Zivilbevölkerung mit Lebensmitteln waren jedoch nachweislich allgemein verbindliches Rechtsgut. Der Inhalt der Deklaration von London entspricht nämlich gemäß der ausdrücklich erklärten Ansicht der Konferenzteilnehmer »den allgemeinen Grundsätzen des internationalen Rechts.«[899] Die Londoner Deklaration wurde sowohl von der britischen Delegation unterfertigt als auch von der britischen Regierung akzeptiert. Allein das House of Lords (Oberhaus) verwehrte seine Zustimmung, weshalb auch die anderen neun konferierenden Nationen nicht ratifizierten.[900] In Anbetracht der Unterfertigung und Akzeptanz durch die Masse der Regierungsvertreter kann die Londoner Deklaration mit Fug und Recht als autoritative Aufzeichnung des Gewohnheitsrechts betrachtet werden. Schließlich stellte der Haager Ständige Gerichtshof im Mai 1913 fest, »dass die Londoner Deklaration für das Seekriegsrecht der Kulturstaaten maßgebend sei.«[901] In diesem Sinne wurden die Bestimmungen der Londoner Deklaration in die Handbücher der britischen Admiralität übernommen, was eindeutig belegt, dass sich die britische Regierung an den Inhalt des nicht ratifizierten Abkommens gebunden fühlte. So beurteilte es zum Beispiel die Regierung der USA zu Beginn des Ersten Weltkriegs.[902] Eine formelle Lossagung von den Inhalten der Londoner Deklaration durch Großbritannien erfolgte im dritten Kriegsjahr, sprich am 7. Juli 1916.[903] Bis zu diesem Zeitpunkt anerkannte die Inselnation offensichtlich die Verbindlichkeit des Deklarationsinhalts.

Des Weiteren bestätigt und spezifiziert die Londoner Deklaration von 1909 respektive ihr von der britischen Regierung anerkannter Inhalt das Verbot der Fernblockade: Blockaden dürfen sich ausdrücklich nur auf die feindlichen und die vom Feinde besetzten Häfen beschränken (Artikel 1), wobei die blockierende Macht die geographischen Grenzen der blockierten Küstenstrecke festzulegen hat (Artikel 9).[904] Die diesbezügliche Stellungnahme der britischen Delegation während der Konferenz in London bestätigte nicht nur die ohnehin verbindlichen Bestimmungen der Pariser Seerechtsdeklaration über die obligatorische Effektivität (Wirksamkeit) der Seeblockade, sondern forderte auch ihre lokale Begrenzung: »Eine Blockade ist eine Kriegshandlung, die von den Kriegsschiffen eines Kriegsführers durchgeführt wird, um den Zugang zu oder die Abfahrt von einem bestimmten Teil der feindlichen Küste zu verhindern«.[905]

Die britische Regierung war mithin gleich zweifach an das völkerrechtliche Verbot der Fernblockade gebunden: erstens durch die Pariser Seerechtsdeklaration vom 16. April 1856 und zweites durch die allgemeinen Grundsätze des internationalen Rechts, die von der britischen Delegation im Zuge der Konferenz in London 1908/1909 bestätigt und sogar vortrefflich ergänzend definiert wurden. Demnach wusste die britische Regierung und mit ihr das CID, dass Fernblockaden sowie diesbezügliche Maßnahmen gegen Neutrale und die gegnerische Zivilbevölkerung strengstens untersagt sind.

Weg vom Rechtlichen und zurück zur Praxis. Auf Grundlage der nicht völkerrechtskonformen Seeblockadepläne vom Stand Mai 1912 nahm die Royal Navy im August 1914 ihre Kriegsaufstellung ein.[906] Allein mit der Überwachung des Ärmelkanals und des Seeraums zwischen Schottland und Norwegen konnte die britische Admiralität die deutsche Flotte in Schach halten, ohne die Royal Navy ernsthaft zu gefährden.[907] Gemäß den Planungen von 1912 sollte die deutsche Hochseeflotte durch die Präsenz britischer Großkampfschiffe bedroht werden, wobei als Stützpunkt der Great Fleet die inmitten der nordschottischen Orkney-Inseln gelegene Bucht Scapa Flow festgelegt wurde.[908] Die deutsche Kriegsmarine wurde in der Nord- und Ostsee eingesperrt, das Deutsche Reich vom Atlantik und den Weltmeeren abgeschnitten. Die Strategie der »Fleet-in-being« (Flotte-durch-Sein) entspricht nicht nur den Analysen des britischen Marinestrategen Julian Corbett, sondern durchwegs auch den grundsätzlich brutaleren Expertisen seines US-amerikanischen Kollegen Alfred T. Mahan, die ab Ende des 19. Jahrhunderts vor allem in England großen Zuspruch ernteten. In Mahans bereits erwähntem Buch über den Einfluss der Seestreitkräfte auf die Geschichte beschreibt er das Kriegsinstrument der Handelsblockade als Fernblockade: »Der Hauptkörper der Blockadeflotte, der nicht nur dazu bestimmt ist, Handelsschiffe abzufangen, sondern auch den militärischen Versuchen zu entgegnen, die Blockade zu brechen, braucht weder in Sicht zu sein, noch in einer Position nahe dem Ufer.« Es genüge die Beherrschung der Seewege und die telegraphische Kommunikation zwischen den eigenen Blockadekräften.[909]

Offenbar fanden Corbetts und Mahans Strategieempfehlungen Anklang in der britischen Regierung. Deren Ziel war, »Deutschlands Wirtschaftssystem vom Rest der Welt zu isolieren.« A. C. Bell setzt fort, dass in England »wirtschaftlicher Zwang als ein starker Motor des Kriegs erkannt wurde.«[910]

Drücken wir es so aus: Englands stärkster Motor zum und im Ersten Weltkrieg war die zwanghafte Vorstellung, Deutschland vernichten zu müssen. Allein die verbrecherische Seeblockade kostete zwischen 1914 und 1919 mindestens 474.000 deutschen Zivilisten das Leben. Einer wissenschaftlichen Ausarbeitung der Oxford Academy über die sozialen und politischen Konsequenzen der alliierten Hungerblockade zufolge starben alleine in den Monaten Oktober und November 1918 täglich 3.500 deutsche Zivilpersonen, also nicht an Kriegshandlungen beteiligte deutsche Bürger, an den Folgen des Hungers und der Mangelernährung. Ich wiederhole: 3.500 Menschen pro Tag.[911] Dieses ab 1905, also bereits neun Jahre vor Kriegsbeginn konzipierte und skrupellos von A bis Z durchgeführte Verbrechen an der Menschlichkeit beweist, dass britische Geostrategen den Ersten Weltkrieg in erster Linie als Krieg gegen die deutsche Zivilbevölkerung im Sinne eines vollständigen Vernichtungskriegs gegen das Deutsche Reich an seiner Wurzel und in seiner Gesamtheit betrachteten. Dass für die Psychopathen der angelsächsischen Oberschicht nicht einmal Millionen von irischen Leben etwas bedeuteten, beweist die große Hungersnot in Irland in den 1840er Jahren: Während die großteils verarmte irische Bevölkerung aufgrund der Kartoffelfäule Hunger litt, eine Million Iren auswanderte und eine weitere Million elendiglich verhungerte, wurde ein beachtlicher Teil des heimischen Getreides nicht der eigenen Bevölkerung überlassen, sondern aus Sorge um die »Verärgerung des Markts« nach England exportiert.[912]

Der Erste Weltkrieg mit seinen unzähligen eurasischen und vor allem deutschen Toten sollte offenbar machtbesessene Anglo-Amerikaner und ihren geliebten Markt beglücken. Der Erste Seelord der britischen Admiralität Winston Churchill zeigte sich sehr erfreut über die Fernblockadepläne, die die deutsche Wirtschaft nachhaltig schädigen sollten. Schließlich konnte er seine Erfahrungen einbringen, die er in seiner Vorfunktion als Handelsminister gesammelt hatte.[913] Als Marineminister hatte für Churchill neben der selbstverständlichen britischen Kontrolle über das europäische Nordmeer die nachhaltige Unterstützung der strategischen Partner Großbritanniens in einem Krieg sowohl auf dem europäischen Festland als auch zur See hohe Priorität. Im nächsten Kapitel geht es um britisch-französische und französisch-russische Flottenabkommen, mit denen die gegenseitige Aufgabenerteilung im Mittelmeer, Ärmelkanal und Atlantik geregelt wurden.

Weitere maritime Kriegsvorbereitungen

Obwohl Großbritanniens Kriegsmarine Jahr für Jahr bis inklusive 1914 den Two-Power-Standard gegenüber Deutschland und Frankreich sowie gegenüber Deutschland, Frankreich und Russland sogar den »Three-Power-Standard« halten konnte,[914] beschloss das Kabinett am 16. Juli 1912, vorgeblich als Reaktion auf die dritte Flottengesetzesnovelle des Deutschen Reiches vom Mai 1912, die verstärkte Konzentrierung der britischen Kriegsflotte in den Gewässern der britischen Inseln oder zumindest in deren Nähe vorzunehmen, um im Bedarfsfall die gegen Deutschland gerichtete Fernblockade errichten zu können. Zur vorbauenden Unterstützung des Vorhabens sollten die in Malta stationierten Linienschiffe in Richtung Westen nach Gibraltar verlegt werden. Der beim Wissenschaftlichen Dienst des deutschen Bundestags tätige Historiker Stefan Schmidt beschreibt, dass der partielle Rückzug der britischen Flotte aus dem Mittelmeer für den Fall einer militärischen Auseinandersetzung mit dem Deutschen Reich inklusive Österreich-Ungarn und (nur theoretisch) Italien zur Folge hatte, dass »die bedeutendste Seemacht Europas nicht mehr in der Lage war, aus eigener Kraft die mediterranen Kommunikationslinien ihres Empire zu sichern. Erst im Jahr 1915 wäre Großbritannien wieder imstande gewesen, sich im Mittelmer gegenüber der Habsburgermonarchie zu behaupten und den vom Committee of Imperial Defence *angestrebten one-power standard, excluding France* zu erreichen.«[915]

Ein aus britischer Sicht mickriger One-Power-Standard im Mittelmeer wäre für Großbritannien maximal in Betracht gekommen, weil es sowieso die alleinige Kontrolle über den Suez-Kanal beziehungsweise den Seeweg nach Indien hatte. Doch auch dafür war die unter Aufsicht des Thronfolgers Franz Ferdinand ausgebaute österreichische Flotte zu stark geworden. Also überredeten Winston Churchill und Edward Grey Frankreich, »den größten Teil seiner Flotte als Gegengewicht gegen die österreichisch-ungarischen und [nur theoretisch] italienischen Seestreitkräfte ins Mittelmeer zu verlegen.«[916] Da dies offenbar sehr schnell gehen musste, begannen die offiziell autorisierten Stabsgespräche über eine Marinekonvention zwischen England und Frankreich bereits einen Tag nach der besagten Beschlussfassung des britischen Kabinetts, demnach am 17. Juli 1912.[917]

Einen weiteren Tag später, am 18. Juli 1912, wurde Russland die Verschiebung der französischen Marinekonzentration weiter nach Osten zur Unterstützung gegen Österreich-Ungarn im Kampf um das Schwarze Meer verbindlich und ohne Gegenforderung zugesagt. Der Chef des russischen Marinestabs Prinz Liven war daher von den für Russland sehr vorteilhaften Flottengesprächen begeistert. Alexander Iswolskis Bericht vom 18. Juli 1912 zufolge fand Prinz Liven »bemerkenswert, wie der Chef des Generalstabes der französischen Marine die Notwendigkeit gründlich verstanden hatte, im gemeinsamen Interesse der beiden verbündeten Länder unsere Aufgabe der Marinehegemonie im Schwarzen Meer durch die Ausübung eines angemessenen Drucks auf die Flotten unserer potenziellen Feinde zu erleichtern. Das sind prinzipiell Österreich-Ungarn und vielleicht auch Deutschland und Italien. Zu diesem Zweck erklärte Frankreich sich während der Zeit des Friedens bereit, die Konzentration seiner Mittelmeer-Streitkräfte weiter nach Osten, nämlich nach Bizerta, zu verlegen. Diese Entscheidung, die sich im *procès-verbale* eindeutig ausdrückt, wird von Prinz Liven als eine große Erfolgsgeschichte für uns betrachtet, um so mehr, als sie für uns keine Verpflichtung enthält.« Nachzulesen im Standardwerk des kanadischen Juristen John S. Ewart (1849 bis 1933) über die Wurzeln und Ursachen des Ersten Weltkriegs aus dem Jahr 1925.[918]

Da die französische Flotte gemäß der zuvor erfolgten britisch-französischen Absprache ohnehin die von Malta abgezogene Royal Navy ersetzen sollte und Malta noch dazu einen Katzensprung östlich der nordtunesischen Küstenstadt Bizerta liegt, stellte die Unterstützungszusage gegenüber Russland für Frankreich überhaupt keine Herausforderung dar. Sie festigte jedoch das Band zwischen Frankreich und Russland und erleichterte es den französischen Strategen, ihren russischen Kollegen das Deutsche Reich als neuen Hauptfeind aufzuschwatzen. Darauf kommen wir noch im

Kapitel über die russischen Kriegspläne zu sprechen. Im gegebenen Zusammenhang ist der von John S. Ewart festgestellte untrennbare Zusammenhang zwischen den Flottengesprächen der britisch-französischen Generalstäbe und der nachfolgenden vollständigen Verlegung der französischen Kriegsmarine ins Mittelmeer von immanenter Bedeutung. Der kanadische Jurist zitiert dabei Raymond Poincaré, der unmittelbar nach seiner Rückkehr aus St. Petersburg zum russischen Botschafter in Paris Alexander Iswolski über sein Versprechen an Russland sagte: »Diese Entscheidung war im Einvernehmen mit England getroffen worden und begründet eine spätere Entwicklung und eine Ergänzung der Übereinkommen vor einiger Zeit zwischen den Generalstäben der französischen und der englischen Flotten.«[919]

Bereits im Herbst 1912 war die vollständige Konzentration der französischen Kriegsmarine im Mittelmeer abgeschlossen, um die dortigen militärischen Operationen zu führen, während die Royal Navy für Frankreich den Schutz für dessen nördliche (Kanal) und westliche Küste (Atlantik) übernahm. Erst im Februar 1913 wurde das offizielle britisch-französische Marineabkommen abgeschlossen. Die Verlagerung der französischen Flotte ins Mittelmeer war jedoch ab 1912 unbestreitbar auf die Zukunft ausgerichtet, sodass »jegliche maritime Strategie Frankreichs von einer Konzentration seiner Flotte im Mittelmeer ausgehen musste.«[920] Der britisch-französischen Korrespondenz ist unmissverständlich zu entnehmen, dass Frankreich von Englands zumindest moralischer Verpflichtung zum militärischen Beistand im Ärmelkanal und im Atlantik ausging. So betonte der französische Botschafter prompt gegenüber Churchill, dass es ein Fehler wäre, anzunehmen, dass das Marineabkommen von jedem Staat nur zwecks Verfolgung seiner eigenen Interessen abgeschlossen worden sei. Vielmehr begründe das Marineabkommen eine »moralische Entente«. Und Raymond Poincaré stellte gegenüber Sir Francis Bertie klar, dass das gegenständliche maritime Abkommen nicht abgeschlossen worden wäre, wenn das französische Kabinett »annehmen müsste, dass im Falle Deutschlands Konzentration auf die französischen Kanal- oder Atlantikhäfen England nicht Frankreich zu Hilfe kommen würde. Wenn dies der Fall wäre, dann wären die Gespräche zwischen den Marine-Experten nutzlos und die französische Regierung muss ihre besten Schiffe haben, um Deutschland im Kanal zu begegnen.«[921]

Genau dieses Szenario, die Rückverlegung der französischen Schlachtschiffe in den Kanal, war weder im Interesse der britischen Regierung noch fand sie statt. Es galt eindeutig, mindestens stillschweigend, die **britische Beistandspflicht** gegenüber Frankreich als vereinbart. Frankreich sah es so und England wusste es. Zum Beispiel hatte Winston Churchill in seinem Brief vom 23. August 1912 sowohl Edward Grey als auch Herbert Asquith auf genau jene Argumentation hingewiesen, die Frankreich später tatsächlich zur stärkeren Bindung Englands an das Abkommen heranzog. Die französische Regierung könnte, so prophezeite es Churchill, im Kriegsfall zu England sagen: »Auf Empfehlung und gemäß Vereinbarung mit Ihren Marineautoritäten ließen wir unsere nördlichen Küsten schutzlos zurück. Wir können unmöglich zeitgerecht zurückkehren. In der Tat würde es entscheidend sein, was jetzt niedergeschrieben ist. Jeder, der bescheid weiß, muss fühlen, dass wir die Verpflichtungen eines Bündnisses ohne seine Vorteile und vor allem ohne präzise Definitionen haben.«[922]

Typisch für die bekannte Blendungsstrategie der Globalisierungsclique wies zwar Sir Edward Grey einerseits (offiziell) jegliche Verpflichtung gegenüber dem französischen Botschafter zurück, andererseits war sich Paris seit dem Briefwechsel aus dem Jahr 1912 zwischen Edward Grey und Paul Cambon, dem französischen Botschafter in London, der britischen Unterstützung sicher.[923] Sich seiner Zusage bewusst, führte Grey Großbritannien schließlich im August 1914 just mit dem Hinweis auf die moralische Verpflichtung gegenüber Frankreich zum Schutz dessen ungesicherter Küsten in den Ersten Weltkrieg. Fest steht, dass Churchill und Grey genau wussten, was man in Paris erwartete: Im Kriegsfall sollte die Royal Navy der deutschen Kriegsmarine die Fahrt durch den Ärmelkanal versperren und sie auf diese Weise von den französischen Küsten fernhalten. Lord Esher teilte daher seinem Cliquen-Kollegen Asquith mit: »Die bloße Tatsache, dass der Plan des Kriegsministeriums bis in die Details hinein gemeinsam mit dem französischen Generalstab ausgearbeitet worden ist, hat uns gewiss zum Kämpfen verpflichtet [...]«[924]

Im nächsten Kapitel wird gezeigt, dass diese Verpflichtung Großbritanniens zur Unterstützung Frankreichs sowohl hinsichtlich des Schutzes der französischen Küsten als auch hinsichtlich der Entsendung eines Expeditionskorps zwischen den englischen und französischen Drahtziehern zwar heimlich, aber verbindlich abgemacht war. Edward Grey verriet dies ausdrücklich dem russischen Außenminister Sergej Sasonow im Zuge der ebenfalls streng geheimen Verhandlungen über eine britisch-russische Marinekonvention.

Militärische Erweiterung der Entente

Während der Liman-von-Sanders-Affäre, also der deutschen Militärmission für das Osmanische Reich im Jahr 1913, gab England zu verstehen, dass es bei einer Eskalation zu Lasten Frankreichs und Russlands auf deren Seite intervenieren werde. Seit dieser Zeit drängte der russische Außenminister Sergei Sasonow auf die Umgestaltung der Entente in ein umfassendes Bündnis. Seinen Memoiren zufolge erblickte nämlich Sasonow in der deutschen Militärmission am Bosporus jenes auslösende Ereignis, das Russland ein »konkretes Abkommen« mit England »im Bewusstsein der gemeinsamen Gefahr« namens Deutschland geradezu aufzwängte. Kein Wunder also, dass Sasonow auch einer der maßgeblichen Drahtzieher hinter den de facto im Juni 1914 beginnenden britisch-russischen Flottengesprächen war.[925] Diese maritimen Konversationen, die wie üblich geheim waren, hatten unter anderem eine amphibische Operation, nämlich die Anlandung russischer Truppen in Pommern durch die britische Flotte zum Gegenstand. England sollte den maritimen Truppentransport und Russland den infanteristischen Kampf auf deutschem Boden übernehmen. Davon erfuhr die deutsche Reichsführung vom russischen Botschafter in London Benno von Siebert.[926]

Die Initiative für die streng geheime britisch-russische Marinekonvention ging vom russischen Außenminister Sasonow aus, der bereits am 12. Februar 1914 ein Treffen der Repräsentanten der Triple Entente zwecks »Etablierung der Gemeinschaft nach ihren Vorstellungen« vorschlug. Nachdem dieser Vorschlag von König George V. und dem britischen Außenminister Grey inklusive einem gemeinsamen Besuch in Paris akzeptiert worden war, kabelte Sasonow am 2. April einen weiteren Vorschlag an seinen Botschafter in London Alexander Benckendorff für »eine weitere Verstärkung und Entwicklung der sogenannten Triple-Entente und, wenn möglich, seine Umwandlung in eine neue Triple-Allianz.« In Beantwortung dieses Angebots berichtete Benckendorff am 9. April, Sasonow und Grey werden sich beim anstehenden Besuch darüber unterhalten, dass im Hinblick auf die offensichtlich zwischen Frankreich einerseits sowie Großbritannien und England andererseits bestehenden militärischen und maritimen Konventionen das System der Triple Entente »durch ein entsprechendes Abkommen zwischen Russland und England koordiniert und ergänzt werden sollte.« Über dasselbe Thema unterhielt sich der russische Zar ungefähr zur selben Zeit mit dem britischen Botschafter in St. Petersburg George William Buchanan (1854 bis 1924). Darüber berichtete wiederum der französische Botschafter Maurice Paléologue (1859 bis 1944) am 18. April wie folgt nach Paris: Zar Nikolaus II. wünschte »im Hinblick auf die mehr oder weniger immanenten Risiken eines Konflikts zwischen Russland und Deutschland« eine anglo-russische Allianz. Weil in einem Konfliktfall mit dem Osmanischen Reich zu erwarten sei, dass dieses mit deutscher Rückendeckung die türkischen Meerengen schließe, Russland aber keine Maßnahmen dulden könne, die »seinen Handel und sein Prestige« auch nur präjudiziell beeinträchtigen, hoffte der Zar »stark auf einen raschen Abschluss einer Konvention mit England.« Nikolaus II.

begehrte außerdem, dass der französische Präsident Raymond Poincaré dies dem britischen König beim künftigen Treffen in Paris vermittle.[927]

Zentrales Thema der Stärkung der Entente durch Bündnisse mit dem angeblich neutralen Großbritannien war also wieder einmal der Fall eines Kriegs gegen das **Deutsche Reich**. In Entsprechung der Bitte des Zaren und des Vorschlags des russischen Außenministers wurde gemäß dem Bericht des russischen Botschafters in Paris Alexander Iswolski beim dort von 21. bis 24. April 1914 anberaumten Treffen mit George V. und Edward Grey übereingekommen, dass die Bande der Entente Cordiale, also des britisch-französischen Bündnisses, unbedingt mittels verstärkter Einbindung Russlands im Hinblick auf den »Frieden«, aber auch auf die »Stabilität des Equilibriums« (Gleichgewichts) forciert und entwickelt werden müsse.[928] Weil die britische Kriegsflotte 1914 mehr als doppelt so stark war wie die deutsche und weil die Truppen Frankreichs und Russlands zusammen um einiges stärker waren als jene der Mittelmächte, war die »Stabilität des Equilibriums« nichts anderes als eine verbalkosmetische Tarnung dafür, um was es wirklich ging: die Vergrößerung des Ungleichgewichts zu Lasten Deutschlands.

Des Weiteren wurde festgehalten, dass eine maritime Konvention zwischen Russland und England der Royal Navy zur erhöhten Handlungsfreiheit respektive »zum Handeln mit größerer Energie nicht nur in der Nordsee und der Ostsee, sondern auch im Mittelmeer« verhelfen würde. Edward Grey plädierte ausdrücklich für eine »intimere Union mit Russland« und insbesondere für eine britisch-russische Marinekonvention inklusive »aktiver Operationen«. Er schloss jedoch ein Übereinkommen betreffend die Landstreitkräfte beider Nationen aus, »denn allen englischen Landstreitkräften waren bereits ihre Einsatzorte zugeordnet worden und diese könnten daher offensichtlich nicht mit der russischen Armee zusammenarbeiten.«[929] Hier sprach Grey in verklausulierter Diplomatensprache die ab 1906 mit Frankreich vereinbarte Entsendung des britischen Expeditionskorps nach Nordfrankreich an, von dem man längst wusste, dass es in einem großen Krieg mehr als eine Million Soldaten umfassen würde. In Nordfrankreich und Belgien war demnach ein gemeinsames Vorgehen britischer und russischer Landstreitkräfte in der Tat ausgeschlossen, weil die primäre Aufgabe der russischen Dampfwalze die Hauptoffensive gegen Deutschland und die gleichzeitige Nebenoffensive gegen Österreich war (siehe das Kapitel über die Kriegsfalle Belgien).

Grey war zuversichtlich, dass er der britischen Regierung unter Premier Herbert Asquith mit etwas Geschick eine engere Bindung an Russland schmackhaft machen könnte. Entscheidend dafür sei nicht der geheime militärisch-aggressive Inhalt, sondern ausschließlich die **Form** des Abkommens. Am 16. Mai 1914 bestätigte Grey auch gegenüber Russland, dass im Kriegsfall (Casus belli) ein geheimes Abkommen zwischen Großbritannien und Frankreich die Kooperation der britischen und französischen Landstreitkräfte vorsah. »Die Natur der Sache« verlange, dass das abzuschließende Übereinkommen mit Russland die enge Zusammenarbeit der britischen und russischen Seestreitkräfte zum Gegenstand habe. Dazu sollte – unter Umgehung der britischen Regierung, des britischen Parlaments und der britischen Presse – insofern zwischen den Generalstäben der jeweiligen Admiralität verhandelt werden, als sich der russische Marineattaché in London mit entsprechenden Weisungen aus St. Petersburg direkt mit dem britischen Admiralsstab absprechen würde. Schließlich könnte die Ankunft prominenter russischer Marineoffiziere in London großes Aufsehen erregen, während dies bei den ohnehin üblichen Reisen des russischen Marineattachés garantiert nicht der Fall wäre. Die abschließende Beurteilung des russischen Botschafters in London vom 18. Mai hierzu lautete:

> *Ich bezweifle, ob überhaupt eine stärkere Garantie für gemeinsame militärische Operationen für den Kriegsfall gefunden werden könnte als dieser Geist der Entente, wie er sich gegenwärtig, verstärkt durch die Konventionen, offenbart. Wenn wir die verschiedenen Phasen der Entente überprüfen, kann nicht geleugnet werden, dass England niemals gezögert hat, sich auf die Seite Frankreichs zu stellen. Das gleiche gilt ebenso gut für Russland bei jeder Gelegenheit, auf der englische und russische Interessen gleichzeitig betroffen waren, und dies trotz der Schwierigkeit der Versöhnung der Politik der beiden Länder in Fragen, die Tag für Tag entstehen, und trotz dieser Gründe, die zu weit führen würden, um sie hier zu diskutieren, aber was klar erklärt, warum die Entente zwischen Russland und England nicht so tief verwurzelt ist wie jene zwischen Frankreich und England.*[930]

Russischen Drahtziehern leuchtete also ein, dass der britische Außenminister Sir Edward Grey unbedingt mit Russland in einem Krieg gegen Deutschland auf der maritimen Ebene zusammenarbeiten wollte und würde, dafür aber eine Form wählen musste, die ihm die Umschiffung der britischen Volksvertretung ermöglichte, weil selbige besagtem Unterfangen niemals seine Zustimmung erteilt hätte.

Am 19. Mai 1914 berichtete der russische Außenminister Sergej Sasonow dem Zaren über die technischen Bedingungen für ein streng geheimes britisch-russisches Flottenabkommen. Und am 23. Mai hielt der russische Botschafter in London Alexander von Benckendorff schriftlich fest, Grey habe am Vortag ersucht, dass Benckendorff und sein französischer Kollege Paul Cambon auf ihn zählen. Zum tieferen Verständnis der von Grey gewünschten **Form** der britischen-russischen Kooperation wurde der russischen Regierung der Inhalt zweier vertraulicher und geheimer Dokumente zwischen den Regierungen Großbritanniens und Frankreichs aus dem Jahr 1912 kommuniziert. Dabei legte Grey besonderen Wert darauf, »dass der Text dieser Dokumente zeige, dass zwischen den beiden Mächten [offiziell] keine Allianz vereinbart wurde. Sie erfüllten jedoch den Zweck, die Substanz der militärischen Vereinbarungen ins rechte Licht zu rücken – Vereinbarungen, die zwischen den Armee- und den Marineautoritäten für die Eventualität eingegangen wurden, dass es für die britische und französische Marine und Landstreitkräfte notwendig werden sollte, aktiv zu kooperieren.«[931] Eines der beiden Dokumente muss die britisch-französische Flottenkooperation von 1912 zum Gegenstand gehabt haben. Im anderen Dokument wird es wohl um die schriftliche Bestätigung der bereits ab 1906 vereinbarten Entsendung eines britischen Expeditionskorps nach Belgien und/oder Nordfrankreich gegangen sein, die hier im Kapitel über die belgische Kriegsfalle behandelt wird.

Am 28. Mai 1914 schrieb Sergej Sasonow tief gerührt nach London, dass »die Bereitschaft der britischen Regierung, die Verhandlungen ohne Verzug zu beginnen, die gemeinsame Operationen unserer Seestreitkräfte im Fall einer gemeinsamen militärischen Aktion betreffen«, auf russischer Seite »mit dem Gefühl der größten Befriedigung aufgenommen wurde.« Sasonow erklärte weiterhin, er habe bereits Kontakt mit der russischen Admiralität im Hinblick auf die zu ergehende direkte Kommunikation zwischen dem russischen Marineattaché in London mit der britischen Admiralität aufgenommen. Die von Grey vorgeschlagene »Form, in der die Konvention abgeschlossen werden soll, wird von uns in jeder Hinsicht als zweckentsprechend bewertet, und Hauptmann Volkoff [der russische Marineattaché in London] wurde bereits angewiesen, mit der britischen Regierung in Verhandlung zu treten.« Dieser Erklärung hängte Sasonow die Kopie der Resolution der russischen Admiralität vom 26. Mai 1914 über die Prinzipien und »Rahmenbedingungen einer Konvention mit dem Vereinigten Königreich« an. Unmittelbar darauf reiste der russische Marineattaché Volkoff von London nach St. Petersburg, und nach seiner für damalige Verhältnisse ebenso raschen Rückkehr nach London am 10. Juni meldete der dortige russische Botschafter Alexander von Benckendorff dem britischen Außenminister, dass der soeben eingetroffene Hauptmann Volkoff von St. Petersburg angewiesen wurde, mit der britischen Admiralität zu verhandeln. Grey antwortete, »er würde darüber sofort den Ersten Lord der Admiralität in Kenntnis setzen.« Damit war der antideutsche, zutiefst kriegslüsterne Winston Churchill im Spiel. Als aufgrund einer Indiskretion in der Londoner Presse erwiesenermaßen wahre Gerüchte über Verhandlungen betreffend eine britische-russische Marinekonvention kursierten, sah sich der darüber zutiefst beschämte Sir Edward Grey veranlasst, sowohl gegenüber den Medien als auch im House of Commons, dem Unterhaus im britischen Parlament, zu lügen beziehungswiese, wie man in der Diplomatensprache sagt, zu dementieren.[932]

Lessons learned: Das Beharren Edward Greys auf eine gewisse äußere Form bedeutete gröbsten Betrug gegenüber Volk und Land zwecks Vereinbarung illegaler militärischer Kooperationen, die entgegen dem Willen der britischen Bevölkerung die sogenannte britische Neutralität völlig aushebelten. Auf Greys hinterhältigen Formfetischismus und das damit verbundene Vertrauen Russlands und Frankreichs auf den britischen Kriegseintritt an ihrer Seite werden wir noch im Kapitel über die Juli-Krise zurückkommen.

Die Transformation und Festigung des britisch-russischen Bündnisses hängt auch eng mit dem Nahen Osten zusammen. Wie im Kapitel über die Versorgung der britischen Flotte mit persischem Erdöl erwähnt, war die britische Regierung mit ihrer 51-prozentigen Beteiligung Herrin der APOC. Dies wird im Buch *Englische Dokumente zur Erdrosselung Persiens* sachlich korrekt auf den Punkt gebracht: »Die APOC (Anglo-Persian Oil Company) ist niemand anderer als die englische Regierung selbst.«[933] Aus dem streng vertraulichen Zirkular des britischen Botschafters in Teheran Sir Walter Townley (1863 bis 1945) vom 26. Juni 1914 geht hervor, dass sich Großbritannien – aufgrund einiger russischer Völkerrechtsverletzungen gegenüber der nordpersischen Bevölkerung im Zuge der Besetzung ihres Landes – »als Pflaster für seinen verwundeten Rechtlichkeitssinn russische Zugeständnisse auf Kosten Persiens in der neutralen Zone« ausbedungen hatte. Einem Dieb, der einen anderen Dieb bestiehlt, ist ja angeblich für die nächsten 100 Jahre verziehen. Townley manifestierte jedenfalls die Zweiteilung Persiens durch eine Revision des britisch-russischen Vertrags von 1907 wie folgt:

> *Es besteht Grund zu der Annahme, dass London und St. Petersburg dabei sind, sich gründlich mit der persischen Frage zu befassen mit der Absicht festzustellen, in welcher Art es notwendig werden könnte, das Übereinkommen von 1907 so zu revidieren und fester zu umgrenzen, dass es die gegenwärtigen Anforderungen erfüllt. Die Notwendigkeit hierfür hat sich ergeben infolge der kürzlich von Russland in Nordpersien angenommenen Haltung und auch zum Teil infolge der Tatsache, dass S. M. (Seiner Majestät) Regierung das kürzlich mit der APOC getroffene Übereinkommen in Südpersien auf sich genommen hat, die beschützt werden müssen.*[934]

Mit anderen Worten: Der Schutz der Erdölbeschaffung für die Royal Navy in Südpersien bedurfte aus strategischer Sicht die engere Kooperation mit Russland, das mit seinen hochgerüsteten Landstreitkräften der potenzielle Platzhirsch der Region war.

Zurück zum britisch-russischen Flottenabkommen. Ihre Pläne für eine Invasion in Deutschland konnten England und Russland während des großen Kriegs aus einem ganz einfachen Grund nicht umsetzen: Die dazu erforderliche Versenkung der deutschen Kriegsflotte fand nicht statt. Dennoch verdienen die geheimdienstlichen Informationsbeschaffungen von Seiten Großbritanniens Auslandsgeheimdienst Military Intelligence 6 (MI6) eine kurze Betrachtung. Während das Deutsche Reich, wie bereits erwähnt, in den Vorkriegsjahren keinerlei Militärspionage gegen England betrieb, hatte der britische MI6 an Deutschlands Küsten alle Hände voll zu tun. Der deutsche Verfassungsschützer und Geheimdienstexperte Doktor Helmut Roewer erläutert klipp und klar den ursprünglichen Zweck des wenige Jahre vor dem Ersten Weltkrieg aufgestellten MI6: »Die Gründung des neuen britischen Dienstes richtete sich allein gegen Deutschland.« Schon die ersten aktenkundigen Spionageaktivitäten im August 1910 (3. CID-Phase: neue Pläne und Vorbereitungen) auf der nordfriesischen Insel Norderney richteten sich auf den Zustand der deutschen Küsten und ihrer Verteidigungsanlagen. Die Spione wurden verhaftet, zu dreieinhalb Jahren Festungshaft verurteilt und 1913 vom deutschen Kaiser begnadigt. Die schlafwandelnde deutsche Führung war schlicht und ergreifend nicht in der Lage, den Ernst der Situation zu erkennen: »Die Drohung mit einer amphibischen Operation im Falle eines Krieges gegen Deutschland lag nahezu außerhalb der Vorstellungswelt deutscher Militärstrategen, da sie, gänzlich realitätsfern, einen Landkrieg mit England nicht ins Kalkül zogen.«[935] Zumindest kurzfristig mag zwar Panik in Deutschland ausgebrochen sein,[936] im Verhältnis zur an den Haaren herbeigezogenen britischen Propaganda-Invasionshysterie war sie jedoch verschwindend klein.

Apropos Propaganda: Der britische Inlandsgeheimdienst MI5 entpuppte sich weniger als Instrument der Beschaffung, sondern mehr der Erfindung von Informationen im Rahmen der Erzeugung des Hirngespinsts einer deutschen Bedrohung, der perfekt zur britischen Antideutschlandpropaganda passenden »German menace« (deutschen Bedrohung). Auf die Kappe des MI5 geht zum Beispiel die Erfindung der sogenannten Festnahmeliste 22 gefährlicher deutscher Spione vom August 1914. Es handelte sich um eine Phantomliste zum Zweck des »Beweises« einer deutschen Bedrohung, die jedoch nicht existierte.[937] Dass es sich jedoch genau umgekehrt verhielt, dass nämlich deutsche Strategen wie die Schlafwandler eine britisch-russische Bedrohung vor der eigenen Haustür übersahen, belegen nicht nur besagte Invasionspläne gegen Pommern, sondern auch die geschilderten handfesten britisch-französischen Kriegsvorbereitungen im Mittelmeer, Ärmelkanal und Atlantik.

All das passt sowohl zum militärischen Basiszweck der Entente als auch zu ihrem generellen Modus Operandi, der praktischen Handhabung des Bündnisses durch Geheimvereinbarungen und dem Verbot schriftlicher Aufzeichnungen. Jedenfalls wurden mit dem britisch-französischen und dem französisch-russischen Marineabkommen bereits ab 1912 die maritimen Hauptzuständigkeiten der Entente-Staaten festgelegt und die europäischen Meere kriegsgerecht portioniert. Dieses unwiderlegbare Faktum steht wiederum mit den restlichen Kriegsplänen der Entente im Einklang. Bereits 1912 soll der unumkehrbar antideutsche John »Jacky« Fisher gesagt haben:

Der große Krieg wird jetzt vorbereitet, ohne dass es jemand sieht.[938]

Zur Auslösung dieses ersten großen Kriegs wurden, wie gesagt, zwei Kriegsfallen errichtet: eine für Deutschland in Belgien und eine für Österreich in Serbien.

Kriegsfalle Belgien

Als nördliche Verlängerung der damals rund 350 Kilometer langen Grenze zwischen Frankreich und Deutschland kam Belgien sowohl im ersten als auch im zweiten großen Krieg eine enorme strategische Bedeutung als potenzielle Invasionsschneise zu. Davor fürchteten sich die Strategen in Frankreich ebenso wie jene in Deutschland: Frankreich beunruhigte die Vorstellung, das Deutsche Reich könne ihm über Belgien in den Rücken fallen. Und Deutschland befürchtete, Frankreich und England könnten durch einen Schwenk über belgisches Gebiet in das Ruhrgebiet einfallen.[939] Aber nicht nur im deutschen und französischen Generalstab, sondern auch im britischen diskutierte man über eine Invasion in Belgien.[940] Um diese simplen Bedrohungspotenziale inklusive der damit notwendigerweise einhergehenden Verletzungen der belgischen Neutralität zu erkennen, musste man kein großes strategisches Genie sein oder gar einen kompletten feindlichen Aufmarschplan in Händen halten. Dazu genügten ein Blick auf die Landkarte und logisches Denken.

Wie wir sahen, war der deutsche Schlieffen-Plan vom Dezember 1905 als defensiver Operationsplan zur raschen Zerschlagung zuerst des französischen und danach des russischen Aufmarsches eine Reaktion auf die für Deutschland bedrohliche

Bündnisentwicklung und Einkreisung durch die Entente. Dass das Deutsche Reich seine Reichswehr nicht an der stark befestigten französischen Grenze aufreiben und dadurch obendrein wertvolle Zeit für den nachfolgenden Stoß gen Osten verlieren durfte, war jedem Politiker und Militärstrategen mit einem Intelligenzquotienten ab Wurstsemmel sonnenklar. Frankreich, England und Belgien mussten also die Details des Schlieffen-Plans gar nicht kennen. De facto lag jedoch das deutsche Strategiepapier dem CID spätestens 1911 im vollen Umfang vor. Die Franzosen sollen es schon 1906 studiert haben (siehe unten). Die Kenntnis des Schlieffen-Plans seitens der Entente führte jedoch gerade nicht zur alliierten Abwehr des deutschen Einmarsches in Belgien und Frankreich 1914, sondern vielmehr zu seiner insgeheimen Begünstigung und provokativen Veranlassung. Von Seiten der Kriegstreiber wurde nämlich alles unternommen, damit das lediglich auf seine Verteidigung bedachte Deutsche Reich eines nahen Tages als böser Aggressor und Verletzer der belgischen Neutralität dasteht.

Die wichtigsten Grundlagen für die belgische Kriegsfalle stellten die Kenntnis des Schlieffen-Plans und die auf ihr beruhende Ausnutzung der militärstrategischen Notlage des bereits von seinen (künftigen) Feinden eingekreisten Deutschen Reiches dar. Bei der Errichtung der Kriegsfalle Belgien kamen neben den bereits erörterten Strategemen Nummer 22 (Umzingelung) und Nummer 23 (Fernfreundschaft) einige weitere jahrtausendealte Kriegslisten zur Anwendung. Die auf ihnen beruhende Strategie der Entente-Staaten enthielt folgende Parameter:

- Britische Unterstützung der Franzosen im Nordosten
- Französische Kanalisierung der deutschen Streitkräfte
- Russische Nötigung der Deutschen zum präemptiven Angriff

Britische Unterstützung. Parallel zur Massierung der französischen Streitkräfte entlang der Eisernen Festung sollte die frühzeitig geplante geheime Stationierung britischer Landungstruppen bei Maubeuge die völlige Absenz französischer Truppen im Nordosten ausgleichen und die vermeintliche Lücke schließen.

Französische Kanalisierung. Die schon im 22. Strategem vorgesehene Offenhaltung eines Fluchtwegs für den umzingelten Feind wird durch Strategem Nummer 15 in Form der Veranlassung des Feindes zum Ortswechsel zwecks Ermöglichung des eigenen Angriffs ergänzt: Der Tiger soll vom Berg in die Ebene gelockt werden, um ihn dort unschädlich zu machen.[941] Die Schlange sollte aus der Höhle, der Feind aus der Reserve gelockt werden.[942] Strategem Nummer 17, das Köder-Strategem, hat zum Inhalt, dem Gegner durch die Überlassung von Entbehrlichem später etwas Wertvolleres zu entreißen.[943] Im 28. Strategem, dem Sackgassen-Strategem, lautet es ergänzend, die Bewegung des Feindes müsse in dem Sinne kanalisiert werden, dass er in eine ausweglose Situation manövriert wird, die ihm keine Möglichkeit zum Ausstieg bietet. Es geht darum, den Feind »in die Tiefe des eigenen Gebiets« beziehungsweise »tief ins Innere des eigenen Territoriums« zu locken. Im ursprünglichen chinesischen Wortsinn bedeutet diese Strategie, den Feind auf das Dach zu locken und dann die Leiter wegzuziehen. Alles dreht sich darum, dem Gegner eine Lücke in der eigenen Abwehrfront zu präsentieren, um in ihm die psychische Disposition zum Angriff auszulösen. Meister Sunzi definiert dies wie folgt: »Man kann den Gegner veranlassen, von selbst herbeizukommen, wenn man ihm einen Vorteil bietet.« Dies gilt vor allem für jene anzulockenden Feinde, die auf einen schnellen Erfolg erpicht sind. Es handelt sich um ein ausgeklügeltes Täuschungsmanöver, bei dem der Strategem-Anwender nicht den eigenen Lebensnerv preisgibt, sondern in Wahrheit in ausreichender Stärke auf den Feind vorbereitet ist.[944]

Dieses uralte Täuschungsmanöver wurde von französischen und britischen Strategen im Rahmen der Kriegsfalle Belgien angewandt. Für die Erreichung des obersten französischen Kriegsziels, der Rückeroberung von Elsass-Lothringen, war ein in diesem Raum gemäß Schlieffen-Plan schwacher deutscher Defensivflügel eine Conditio sine qua non. Dagegen musste die Konzentration der französischen Truppen entlang der Barrière de fer möglichst intensiv sein. Um die französische Übermacht über einen schwachen deutschen Defensivflügel zu gewährleisten, mussten die deutschen Umfassungsarmeen demnach auch aus französischer Sicht möglichst stark sein. Als Anreiz dafür, also als Motivation für einen deutschen Durchmarsch durch Belgien, war wiederum eine für das Deutsche Reich erkennbar entblößte belgisch-französische Grenze erforderlich: eine (vermeintliche) große Lücke in der Abwehrlinie im Nordosten Frankreichs, die, wie gesagt, von britischen Landungstruppen geschlossen werden sollte.

Russische Nötigung. Die strategische Verlockung gemäß Strategem Nummer 26 kann in einem Zwang bestehen, den man auf den Gegner durch Druck und/oder Bedrohung ausübt. Gegenüber dem in eine bestimmte Richtung gezwungenen Feind wird das besagte Strategem sogar offengelegt.[945] Das 30. Strategem, das Dominus/Domina-Strategem respektive Kuckuck-Strategem, sieht vor, dass der Verteidiger aus der Reserve gelockt wird, sodass er zum Waffengang ausrückt und dadurch in die vorbereitete Falle tappt. Dadurch erfährt die gesamte Kampfkonstellation eine grundlegende Veränderung im Sinne einer völligen Umkehrung der ursprünglichen Verhältnisse: Der eigentliche Verteidiger wird zum Angreifer gemacht.[946] In diesem Sinne sollte ein massiver russischer Aufmarsch die restlichen deutschen Truppen im Osten so stark auf Trab halten, dass die Verlegung der bereits stark abgenutzten deutschen Westkräfte an die ostpreußische Grenze schnellstmöglich erfolgen musste. Dadurch wäre der für die deutsche Verteidigungsstrategie essentielle Zeitvorteil zunichtegemacht.

Die Kriegspläne der Franzosen, Briten und Russen nutzten also in voller Absicht die fundamentalen Parameter des Schlieffen-Plans für ihre Zwecke aus. Durch dieses Katz-und-Maus-Spiel, so dachte man in Paris, aber auch in London und St. Petersburg, wären die Deutschen rasch besiegt. Um die Deutschen, also die Verteidiger, als Angreifer stigmatisieren zu können, erhielt die Entente das Trugbild der belgischen Neutralität aufrecht.

Aufgehobene Neutralität

Das belgische Territorium war ein Teil Hollands, bis sich die überwiegend katholischen Südprovinzen im Rahmen der Belgischen Revolution von 1830 vom vorwiegend protestantischen Norden abspalteten. Während der Verhandlungen über die britische Neutralitätserklärung im Jahr 1831 wurden zweifelsfrei jene alten Verträge von 1818 erneuert, die »für gewisse Fälle ein Einmarschrecht Deutschlands im Osten und Englands im Westen stipulierten.« Ein solches Einmarschrecht hielt man bis 1831 offenbar für mit der Neutralität vereinbar.[947]

Die immerwährende Neutralität war seit 1839 in der belgischen Verfassung verankert.[948] Sowohl Belgiens staatliche Existenz als auch seine dauernde Neutralität wurden gemäß dem Londoner Vertrag von 1839 von Großbritannien, Frankreich, Russland, Österreich und Preußen anerkannt und garantiert. Nach der Ausrufung des Deutschen Reiches 1871 übernahm dieses die Pflichten Preußens aus dem Vertrag von London.[949] Deutschland war folglich eine offizielle Garantiemacht für die belgische Neutralität. Einem geheimen Memorandum des CID vom 1. August 1905 zufolge war zwar der Londoner Vertrag von 1839 **für Großbritannien nicht bindend**, jedoch wurde auch festgelegt, dass »britische Interessen mehr denn je einer Verletzung der belgischen Neutralität entgegenstehen.« Der nicht gerade unbedeutende Punkt der

Nichtverbindlichkeit des Londoner Vertrags wurde jedoch im August 1914 stillschweigend unter den Tisch gekehrt.[950] Schließlich brauchte die geheime Clique einen Vorwand für den Kriegseintritt Großbritanniens.

Zu den Verpflichtungen eines immerwährend neutralen Staats zählt die Nichtbeteiligung an den Kriegen anderer Staaten. An diesem Prinzip hat sich die gesamte Außen- und Innenpolitik der neutralen Nation zu orientieren. Vor der Unterfertigung des *V. Haager Abkommens betreffend die Rechte und Pflichten der neutralen Mächte und Personen im Falle eines Landkriegs* aus dem Jahr 1907 galt schon der völkergewohnheitsrechtliche Grundsatz, dass der Neutrale keinen Durchmarsch fremder Truppen durch sein Territorium dulden darf und hinsichtlich der Enthaltung jeder sonstigen Unterstützung alle Kriegsparteien gleich zu behandeln hat.[951]

Das *V. Haager Abkommen* von 1907 erklärt in Artikel 1 des I. Kapitels das Gebiet der neutralen Macht als unverletzlich. Artikel 2 untersagt den kriegsführenden Parteien, »Truppen oder Munitions- oder Verpflegungskolonnen durch das Gebiet einer neutralen Macht hindurchzuführen.« Diesem Recht des neutralen Staats auf Achtung seiner territorialen Integrität entspricht seine Verpflichtung gemäß Artikel 5, den Durchmarsch und andere neutralitätsgefährdende Aktivitäten kriegsführender Nationen nicht zu dulden.[952] Was bis heute gilt, war auch schon vor 1907 zumindest gewohnheitsrechtlich verbindlich. Im Falle des Beitritts zu einem kollektiven Sicherheits- oder Verteidigungsbündnis oder auch nur der Unterstützung desselben erlischt der völkerrechtliche respektive sicherheitspolitische Status als neutraler Staat.[953]

Im konkreten Fall, also im Vorfeld des Ersten Weltkriegs, bedeutet das: Duldet oder unterstützt Belgien den Durchmarsch oder gar den Aufmarsch eines Entente-Staats auf seinem Territorium, gilt Belgien nicht länger als neutrales Land, sondern als einseitiger Unterstützer der Entente. Das *V. Haager Abkommen* wurde von so gut wie allen bedeutenden europäischen Nationen unterfertigt, darunter neben Belgien (1910) auch die künftigen Kriegsparteien Deutschland (1909) und Frankreich (1910). Verdächtigerweise fehlt auf der Liste der Ratifizierenden ausgerechnet England.[954] Kein Wunder, denn von **England** wurde dieses bedeutende völkerrechtliche Abkommen ebenso wie das *XIII. Haager Abkommen betreffend die Rechte und Pflichten der Neutralen im Falle eines Seekriegs* **niemals ratifiziert**.[955] Man möchte meinen, britische Strategen wollten sich – analog zur Zerstörung Kopenhagens 1807 – die Missachtung der belgischen Neutralität vorbehalten.

Den ersten völkerrechtswidrigen Akt gegenüber Belgiens Neutralität setzten England und Frankreich, aber auch Belgien selbst ab 1906. Bereits Mitte Januar 1906 wurde eine große amphibische Operation beziehungsweise die Anlandung eines britischen Expeditionskorps zur Unterstützung Frankreichs und Belgiens in einem Krieg gegen Deutschland vereinbart. Der erste CID-Sekretär Lord Hankey berichtet: »Im Januar kam Grey dem Wunsch der französischen Regierung nach militärischen Gesprächen zwischen den Generalstäben der beiden Nationen nach.« Die britisch-französische Militärkooperation war geboren, wobei die Beratungen unter strengster Geheimhaltung (utmost secrecy) – völlig undemokratisch vorbei an Parlament und Regierung – abgehalten wurden. Lord Hankey war jeweils als stellvertretender Sekretär dabei. Seine Berichte sind daher aus erster Hand. Gegenstand der Top-Secret-Unterredungen waren die militärische Kooperation für den Kriegsfall auf dem europäischen Kontinent sowie die »technischen Pläne für die Entsendung eines [britischen] Expeditionskorps nach Frankreich« in der Stärke von fünf Divisionen, davon vier Divisionen Infanterie (Fußsoldaten) und eine Division Kavallerie (berittene Soldaten). Dieses 4-plus-1-Paket umfasste rund 105.000 Mann und war ausdrücklich für das erste Kriegsjahr vorgesehen. Dazu war eine entsprechende Reorganisation der gegenüber der Royal Navy eher schwachen British Army erforderlich, die von Haldane, einem weiteren Cliquen-Kollegen, emsig vorangetrieben wurde.[956]

Die Anlandung der britischen Divisionen zur Unterstützung Frankreichs und Belgiens sollte natürlich an Englands nächstgelegener Pforte zum eurasischen Kontinent stattfinden: auf der anderen Seite des Ärmelkanals, konkret in den französischen Kanalstädten Calais und Dünkirchen. Der Brückenkopf für den Nachschub sollte jedoch alsbald weiter nach Westen beziehungsweise in den Norden Belgiens verlegt werden, nämlich zur belgischen Hafenstadt Antwerpen.

Lord Hankeys Augenzeugenbericht zufolge wurde die Entsendung britischer Truppenkontingente von General Henry Wilson in allen Details geplant, wobei sich dieser einer »riesigen Karte« mit einem »detaillierten Vergleich der Anzahl der beiderseits verfügbaren Truppenstärken« bediente, die ihm einen Überblick sowohl über die jeweiligen Operationsszenarien als auch über die Einschätzung der französischen Kampfmoral bot. Sodann beschrieb Wilson »im Detail die Vereinbarungen für den Transport der britischen Armee bis zur Ankunft des letzten Zugs in Maubeuge um Mitternacht am dreizehnten/vierzehnten Tag der Mobilisierung einschließlich eines Halts in Amiens von ›dix minutes pour une tasse de café‹.« Die Abschlussbemerkung über die zehnminütige Café-Pause in Amiens rief im Auditorium gefälliges Gelächter hervor. Wir merken uns an dieser Stelle den Namen der französischen Grenzstadt, in deren Umgebung die britischen Unterstützungstruppen konzentriert werden sollten: **Maubeuge**. Admiral Wilsons Lagebeurteilung zufolge würden die verfügbaren Feindkräfte der Mittelmächte, namentlich 27 deutsche und 30 österreichische Divisionen, die Bereithaltung weiterer britischer Truppen auf der Cherbourg-Halbinsel als Reserve erfordern.[957]

Henry Wilsons Lagebeurteilung mit entsprechender Ableitung verrät, dass es überhaupt nicht um den Schutz der vermeintlichen Neutralität Belgiens, sondern ausschließlich um die Verstärkung der französischen Streitkräfte im **Nordosten Frankreichs** beziehungsweise im Raum Maubeuge ging. Wie gesagt, war das deutsch-französische Kräfteverhältnis etwa 1:1. Die britische Strategie der Balance of Power zur Störung des Gleichgewichts auf dem eurasischen Kontinent zwecks Vernichtung Deutschlands erforderte daher nun einmal die Unterstützung Frankreichs.

Die dazu nötige Vertiefung der Verbindung zwischen England, Frankreich und Belgien leierte der britische Generalleutnant und CID-Verantwortliche für militärische Operationen Sir James Grierson auftragsgemäß am 16. Januar 1906 an. In offiziellen Militärgesprächen wurde dem französischen Major Victor Huguet und dem britischen Militärattaché in Brüssel Oberstleutnant Barnardiston für den Fall des Kriegs gegen Deutschland die Entsendung eines 105.000 Mann starken britischen Truppenkontingents avisiert. In einigen sehr gut dokumentierten Treffen zwischen dem belgischen Generalstabschef Generalmajor Ducarne und dem britischen Militärattaché wurde sodann das gemeinsame Vorgehen britischer und belgischer Truppen gegen Deutschland erörtert. Das archivierte Material wurde von den Deutschen im Zuge ihres Einmarsches in Belgien im August 1914 gefunden.[958] Die Auswertung dieser Dokumente deckt sich mit Aussagen von CID-Insidern wie jenen von Lord Hankey. Die Beweislage gegen England, Frankreich und Belgien ist daher erdrückend. Detaillierte Pläne regelten die Anlandung der ausdrücklich als **verbündet** bezeichneten britischen Divisionen in Dünkirchen und Calais. Diese sollten in so großer Zahl über den Kanal geschifft werden, »dass acht Tage nach Beginn der Mobilmachung die halbe britische Armee auf dem Kontinent wäre.« Der weitere Nachschub sollte über Antwerpen sichergestellt werden, wobei zur Unterstützung der britischen Truppen die Beistellung belgischer Offiziere und Dolmetscher vorgesehen war. Da ein großer Schießkrieg gut vorbereitet sein möchte, wurden mögliche Einsatzgebiete schon lange vor dem Beginn des Ersten Weltkriegs nahezu lückenlos definiert. Im Zuge der streng geheimen militärischen Vorbereitungen erkundeten britische und französische Offiziere bereits 1906 potenzielle Schlachtfelder sowohl in Frankreich als auch im ganz offensichtlich nicht neutralen Belgien.[959]

Als die ursprünglich streng geheimen britisch-belgischen Gespräche ihren Weg in die Presse fanden, reagierte Sir Edward Grey sofort. Am 14. Oktober 1906 spielte er die brisante Angelegenheit als »akademische Diskussionen« zum Schutze der belgischen Neutralität herunter. Ähnlich verlogen dementierte Grey, wie bereits erwähnt, 1914 die streng geheimen Verhandlungen über eine britisch-russische Marinekonvention. Doch bleiben wir im Jahr 1906. Viel wichtiger als Greys rhetorische Verdrehung der Tatsachen war seine Schlussbemerkung: »Angesichts der Besorgnis über einen Angriff auf Frankreich durch Belgien war es natürlich, dass mögliche Eventualitäten diskutiert wurden.«[960] Damit steht zweifellos fest, dass die britische Regierung bereits im Oktober 1906 über das Grundprinzip der deutschen Strategie an der Westfront gemäß Schlieffen-Plan Bescheid wusste. Dass mit ihr auch die französischen und russischen Bündnispartner über den Inhalt der deutschen Verteidigungsstrategie voll im Bilde waren, liegt auf der Hand.

Über die Raffinesse, mit der belgische Kriegstreiber um 1906 den Anschein der Neutralität zu wahren versuchten, schreibt Doktor Helmut Roewer: »Die Belgier widersprachen [einer britischen Anlandung in Belgien] mit Blick auf ihre scheinbare Neutralität, deren Preisgabe im Kriegsfall sonst zu leicht offenbar werden würde, und bestanden auf einer Ausschiffung britischer Truppen in die französischen Kanalhäfen. Von dort allerdings sagten sie einen zügigen Eisentransport der britischen Armee an die belgische Westgrenze zu. Das Kriegskonzept der im Entstehen begriffenen Entente bekam so handfeste Konturen. Belgien war als Durchmarschland für den Eventualfall verfügbar.« Mehr noch: Belgien stand auch als Aufmarschbasis für britische Landungstruppen zur Verfügung. Mit belgischer Zustimmung wurde das offiziell neutrale Belgien in die bis ins kleinste Detail erstellten britisch-französischen Kriegspläne einbezogen.[961]

Hier gilt es allerdings aus moralischer Sicht scharf zwischen den eher wenigen belgischen Kriegstreibern im Hintergrund und der überwiegend tatsächlich auf die belgische Neutralität bedachten politischen Mehrheit zu differenzieren. Die offizielle belgische Regierung erkannte England als die größte Bedrohung der belgischen Autonomie (siehe unten). Dabei darf jedoch nicht übersehen werden, dass die belgischen Kriegstreiber und ihr Handeln aus völkerrechtlicher Sicht Belgien zuzurechnen waren. Belgien hatte daher – zum Leidwesen der überwiegenden Mehrheit der Bevölkerung – eindeutig seine Neutralität verspielt. Zum einen duldete und unterstützte es durch das gewissenlose Handeln einzelner Kriegstreiber die planmäßigen Kriegsvorbereitungen seitens der Entente-Staaten Frankreich und England, zum anderen informierte Belgien darüber nicht das Deutsche Reich, das ebenfalls eine offizielle

Schutzmacht der belgischen Neutralität war. Dadurch machte sich Belgien auch noch der Ungleichbehandlung schuldig, obwohl oder gerade weil die verantwortlichen Politiker wahrscheinlich keine Kenntnis über die Verschwörung der belgischen und britischen Kriegstreiber hatten. Belgien hätte jedoch Deutschland in Kenntnis setzen müssen. Schließlich hatten neben dem Deutschen Reich auch England und Frankreich vor 1914 den grundsätzlich völkerrechtswidrigen Missbrauch Belgiens als Auf- und Durchmarschland geplant.

Gelegentlich wird völlig zu Recht ins Treffen geführt, der für Belgien hauptverantwortlich verhandelnde Generalstabschef Generalmajor Ducarne habe nicht im Auftrag seiner Regierung, sondern im Alleingang gehandelt, als er beispielsweise am 12. Februar 1906 den besagten Eisenbahntransport für britische Truppen von den französischen Kanalhäfen bis nach Belgien zusagte. So weit so gut. Nicht zutreffend ist jedoch die Behauptung, dass die belgische Neutralität von Ducarne nur vorübergehend aufgehoben worden sei, weil sich Belgiens Regierung später von seinem Generalstabschef distanzierte, diesen kündigte und erneut die Neutralität ausrief.[962] Die offizielle belgische Regierung handelte zwar offenbar im besten Wissen und Gewissen, doch hinter ihrem Rücken liefen die britisch-belgischen Kriegsvorbereitungen sogar intensiviert weiter, wie die Fakten nach 1906 belegen, besonders jene um 1912.

Britische Unterstützung

Wie bereits erwähnt, war Großbritannien ab 1908 zum Krieg gegen Deutschland bereit. Ab diesem Jahr, wir befinden uns im letzten Drittel der CID-Phase der taktischen Belange (1906 bis 1908), wurden Haldanes Heeresreformen auf die Vorgaben des CID für ein um zwei Divisionen aufgestocktes Expeditionskorps für Missionen in Frankreich und Belgien abgestimmt: Statt 4 plus 1 waren nun 6 plus 1 Divisionen geplant, sprich sechs Infanteriedivisionen und eine Kavalleriedivision. Im ersten Jahr der für neue Pläne und Vorbereitungen stehenden dritten CID-Phase, also 1909, wurde eine amphibische Operation in der Gesamtstärke von 160.000 Mann vorgesehen. Darüber berichtet wiederum der erste CID-Sekretär Lord Maurice Hankey.[963] Herbert Kitchener, jener britische Feldmarschall, der schon 1909 die Dauer des Ersten Weltkriegs mit drei bis vier Jahren prognostiziert hatte, wusste, dass das britische Expeditionskorps weit **mehr als eine Million Soldaten** umfassen müsste. Dies teilte der Vater der berüchtigten Kitchener's Army seinem Cliquen-Bruder Lord Esher, dem strategischen Berater der Krone, im Jahr 1911 mit. Im Buch *Kitchener's Army* über die Aufstellung der neuen britischen Armeen zwischen 1914 und 1916 von Peter Simkins, dem britischen Professor für Geschichte an der Universität von Birmingham, lesen wir, dass der britische Außenminister Grey im August 1914 nicht über Kitcheners Forderung nach einem großen Expeditionsheer überrascht sein konnte,

> *denn im Herbst 1911 sagte Kitchener zu Esher, dass ein allgemeiner Konflikt nur von der ›letzten Million‹ Männer siegreich zu beenden wäre, die Großbritannien in die Waage werfen könnte.*[964]

Zur Sicherheit noch einmal mit anderen Worten: Der ab Kriegsbeginn zum Kriegsminister bestellte Lord Kitchener wusste und äußerte bereits drei Jahre vor Beginn des Erstens Weltkriegs, dass England eine gewaltige Streitmacht auf den europäischen Kontinent schicken muss, die die Stärke der damaligen britischen Truppen (1910: 571.000; siehe Abb. 47) um ein Vielfaches übertreffen würde. Da Esher und Grey Bescheid wussten, hatten davon garantiert auch alle anderen Drahtzieher der geheimen Clique Kenntnis.

Detailreiche Kenntnis über die deutsche Verteidigungsstrategie hatten das CID und die geheime Clique, wie gesagt, spätestens ab 1911. Als Quellen der durchgesickerten Informationen kommen vom französischen Militär beschaffte Informationen wie deutsche Dokumente, abgefangene Funksprüche und anderes militärisches Aufklärungsmaterial in Betracht.[965] Nicht ganz ein Monat nachdem britische Minister Ende Juli im Beisein von Finanzminister David Lloyd George anhand einer Landkarte den deutschen Durchmarsch durch Belgien als strategisch notwendig und nahezu unvermeidlich beurteilt hatten,[966] stand am 23. August 1911 wieder einmal General Henry Wilson vor seinen großen Landkarten und erklärte sowohl Mitgliedern des CID als auch Brüdern der Globalisierungsclique in allen Einzelheiten den Schlieffen-Plan. Vor allem Winston Churchill begeisterte »die Aussicht auf einen Krieg.«[967] Dieser war offenbar seine Religion. Anmerkung am Rande: Religion und Krankheit stecken im Namen »Churchill«, der wörtlich übersetzt »Kirchenkrank« (Church-ill) bedeutet.

Am 30. August 1911 schrieb der abgrundtief antideutsche Erste Seelord Winston Churchill anlässlich der zweiten Marokko-Krise einen ausführlichen Brief an seine Cliquen-Kollegen, den Premier Herbert Asquith und den Außenminister Edward Grey. Für den Fall gescheiterter Verhandlungen empfahl Winston Churchill dem britischen Außenminister, eine »Verletzung« der sogenannten belgischen Neutralität durch Deutschland als Vorwand für einen von England konzertierten Krieg gemeinsam mit Frankreich, Russland und Belgien gegen das Deutsche Reich zu nutzen:

> *Sagen Sie Belgien, dass wir vorbereitet sind, zu Hilfe zu kommen, falls seine Neutralität verletzt wird, und dass es [Belgien] eine Allianz mit Frankreich und Russland zwecks Garantie für die belgische Unabhängigkeit eingehen soll. Sagen Sie Belgien, wir werden alle erforderlichen militärischen Schritte setzen, die für diesen Zweck am effektivsten sind.*[968]

Bereits drei Jahre vor Beginn des Ersten Weltkriegs hatte also Seelord Winston »Kirchenkrank« das grundlegende Szenario für die Aktivierung der Kriegsfalle Belgien formuliert. Der Mann war eben seiner Zeit im negativen Sinne voraus. Dass sich auch Finanzminister David Lloyd George »in Wirklichkeit von Anfang an festgelegt hatte, dass er sich der Unvermeidlichkeit unseres Kriegseintrittes bewusst war und dass das deutsche Überschreiten der belgischen Grenze, zynisch ausgedrückt, ein gottgesandter Vorwand war, um für eine Kriegserklärung zu stimmen«, war die Meinung eines Menschen, der George beruflich und privat besser kannte als jeder andere Mensch: seine Sekretärin, Geliebte und spätere Ehefrau Frances Stevenson Lloyd George.[969]

Britische Truppen wären 1911 jedenfalls auch ohne Zustimmung der offiziellen belgischen Regierung angelandet worden. Genau das erklärte der britische Militärattaché in Brüssel Oberstleutnant George Bridges (Barnardistons Nachfolger) dem belgischen Generalstabschef Generalleutnant Harry Jungbluth am 23. April 1912, also im Vorfeld des ersten Balkankriegs. Auf Jungbluths Erwiderung, dass dazu die Zustimmung Belgiens erforderlich gewesen wäre, entgegnete Bridges, Belgien sei nicht in der Lage gewesen, »die Deutschen am Eindringen zu hindern.« Daher würde »England seine Truppen in jedem Fall in Belgien gelandet haben.« Zwar wurde kein konkreter Ausschiffungspunkt genannt, Bridges verschwieg aber nicht, dass er während der Osterfeiertage täglich von Ostende aus Zeebrügge besucht hatte. Im selben Gespräch versicherte Oberstleutnant Bridges dem belgischen General, dass 1912 ein britisches Expeditionskorps im Ausmaß von 6 plus 1, also von sechs Infanteriedivisionen und einer Kavalleriedivision (acht Kavallerie-Brigaden), mit einer Gesamtstärke von 160.000 Soldaten zum Einsatz auf dem Kontinent bereitstünde. Demnach kann kein Zweifel daran bestehen, dass diese »Garantieerklärung« abermals mit der planmäßigen, also eindeutig vorsätzlichen Missachtung der belgischen Autonomie verbunden war. Dem einseitigen, mit Schreibmaschine verfassten

Gesprächsprotokoll ist kein Protest des belgischen Generalstabschefs zu entnehmen. Dieser mag aus diplomatischen Gründen unterblieben sein. Generalleutnant Jungbluth wies nur verkürzt darauf hin, dass Belgien durchaus in der Lage sei, einen deutschen Einmarsch zu verhindern.[970]

Die Masse der belgischen Politiker beharrte natürlich auf der selbständigen Verteidigung der belgischen Neutralität. Das Gespräch zwischen Jungbluth und Bridges alarmierte sie so sehr, dass wieder einmal der britische Außenminister Grey rhetorisch einschreiten musste. Er beteuerte, der britische Militärattaché habe außerhalb seiner Zuständigkeit gesprochen. Außerdem meinte Grey, »dass britische Truppen nie ohne Einladung kommen würden.«[971] Jedoch wurden Greys Beteuerungen in Belgien offenbar als wertlose Schutzbehauptungen erkannt. Im September 1912 machte nämlich der belgische Kriegsminister dem britischen Marineattaché klar, dass seiner Meinung nach »die Gefahr eines Bruchs der belgischen Neutralität mehr von England als von irgendwo anders ausgehe.« Nicht umsonst hatte die belgische Armee ab 1909 Pläne zur Verteidigung gegen eine britische Invasion vorbereitet. Darum hatte die belgische Regierung auch nicht erwartet, dass Großbritannien am 4. August 1914 in den Krieg ziehen würde, um Belgiens Neutralität zu verteidigen.[972] Genau das war aber – als Vorwand – von den Männern im Hintergrund vorbereitet worden.

Als der erste Balkankrieg 1912 in einen großen europäischen Krieg zu kippen drohte, wurden die britisch-belgischen Militärgespräche intensiviert, wobei die gemeinsame Strategie von britischen und belgischen Offizieren bis hin zur taktischen Ebene ins kleinste Detail ausgearbeitet wurde. Für die britischen Truppen wurden geheime Leitfäden beziehungsweise Armeehandbücher erstellt. Von der Bestimmung der Verbindungsoffiziere und Dolmetscher über die Festlegung der Kapazitäten für die Versorgung britischer Verwundeter bis hin zu taktischen Landkarten wurde an alles gedacht. In diesen Karten waren alle militärstrategisch bedeutsamen Informationen wie Dörfer, Eisenbahnstationen, Straßennetze, Kreuzungen, Brücken, Landeplätze, Treibstofflager, Kanäle und sogar als Beobachtungsposten nutzbare Kirchtürme eingezeichnet.[973] In geheimen geographischen Soldatenhandbüchern waren sogar die Zustände der Straßen, die Art der französischen Sprache der Landbevölkerung und die Qualität des Wassers beschrieben. Diese bemerkenswerten Bücher enthielten auch taktische Beurteilungen. Zum Beispiel wurde die westflandrische Stadt Diksmuide (Dixmude), die rund 40 Kilometer westlich der Landestelle in Dünkirchen lag, als »vom Norden oder vom Süden schwer einzunehmen« beschrieben. Für die Besetzung würden zwei Bataillone ausreichen. Als beste Verteidigungsposition gegen Angriffe vom Süden empfiehlt der schriftliche Ratgeber »den Bahndamm im Westen bis zur

Straße, im Osten einige kleine Felder.« Das Material für diese Handbücher wurde ab 1909 gesammelt. Die erste Auflage erschien 1912. Die mit der Inschrift »secret« (geheim) versehenen Leitfäden wurden zuletzt im Juli 1914 datiert.[974] Bereits fünf Monate zuvor, im Februar 1914, so schreibt der US-amerikanische Historiker Harry Elmer Barnes (1889 bis 1968) im Jahr 1927, »hatten die Engländer den Wechselkurs für die Bezahlung des Solds der britischen Soldaten festgelegt, die in Belgien kämpften.«[975]

Da sich einerseits sämtliche geheimen Kriegsvorbereitungen gegen das Deutsche Reich richteten und weil andererseits das Verhalten der Kriegstreiber den Regierungen Englands und Belgiens zuzurechnen war, schlussfolgern die britischen Forscher Gerry Docherty und Doktor Jim Macgregor zutreffend: »Großbritannien und Belgien waren seit mindestens acht Jahren tief in militärische Vorbereitungen gegen Deutschland involviert.«[976] Da Belgien seine Neutralität ab 1906 preisgegeben hatte, konnte sie vom Deutschen Reich im Zuge des Einmarsches am 4. August 1914 gar nicht verletzt werden. Damit löst sich ein weiterer Mythos in Luft auf.

In den Ausarbeitungen des CID fügen sich alle Steinchen des Weltkriegsmosaiks zusammen. Der damalige CID-Hauptsekretär Lord Maurice Hankey erläutert, dass Außenminister Grey das Kabinett erst 1912 über besagte Pläne zur militärischen Unterstützung Frankreichs und Belgiens ins Vertrauen zog. Ab dann fand ein offizieller diplomatischer Notenaustausch mit der französischen Regierung statt.[977] Und im Jahr 1912 wurde, wie gesagt, das britisch-französische Abkommen über die Entsendung der britischen Landungstruppen nach Nordfrankreich in sorgfältig verklausulierte Schriftform gegossen.[978] 1912 also. Hier sei an die Aussage des britischen Parlamentariers Francis Neilson erinnert, der zufolge das CID mit großer Ernsthaftigkeit die Pläne für den Krieg vorantrieb, »dessen Beginn von mehreren ›Wissenden‹ (einschließlich Admiral Fisher) für das Jahr 1914 vorhergesagt wurde.«[979] Der Krieg begann bekanntlich tatsächlich plangemäß im Jahr 1914. Darum lief ab Anfang 1914 bei der letzten Vorkriegsüberarbeitung des britischen Kriegsbuchs (War Book) noch einmal alles auf Hochtouren. Der damalige CID-Hauptsekretär Maurice Hankey berichtet: »In den frühen Monaten des Jahrs 1914 führten wir nicht weniger als 200 Änderungsanträge oder Ergänzungen in der letzten Vorkriegsausgabe ein, die eher durch viel Glück als gutes Management vom Nationalen Verteidigungsrat [CID] am 14. Juli 1914 genehmigt wurde.« Am 26. März 1914 wurde unter dem Vorsitz von Premierminister Herbert Asquith das abschließende Treffen eines CID-Unterausschusses über die Frage der Invasion abgehalten.[980]

Im August 1914 setzte die British Expeditionary Force (BEF) gemäß Originalplan mit vier Infanterie-Divisionen und einer Kavallerie-Division (fünf Kavallerie-Brigaden) nach Frankreich über.[981] Bereits Mitte August 1914, nur zwei Wochen nach Kriegsbeginn, dachte Kriegsminister Kitchener laut über die Aufstellung von vier Armeen beziehungsweise 30 Divisionen nach. Dabei blieb es aber nicht: »Der Druck der Ereignisse verursachte jedoch die allmähliche Aufwärtsrevision dieses Ziels, zuerst auf 50 Divisionen und letztlich auf 70 Divisionen.«[982] Den Plänen folgten Taten: Im Dezember 1914 kämpften bereits 229.782 britische Soldaten in Frankreich,[983] mehr als 21 Divisionen. Ende 1914 wurden 23 territoriale Bataillone an die Westfront verlegt.[984] Am 1. November 1918 waren sage und schreibe **1.497.198 britische Soldaten** in Frankeich stationiert. Und dabei sind die in großer Zahl in Europa eingesetzten britischen Kolonialtruppen aus allen Teilen der Welt noch nicht eingerechnet.[985]

Allein die knapp 1,5 Millionen britischen Soldaten entsprechen ziemlich genau der Gesamtstärke von 75 Divisionen (75 x 20.000 = 1,5 Millionen). Kitcheners »Hüftschussbeurteilung« vom Herbst 1911 war also beinahe eine Punktlandung. Inklusive der kolonialen Truppen umfasste Großbritanniens militärische Unterstützung für Frankreich und Belgien gegen das Deutsche Reich jedenfalls weit mehr als 1,5 Millionen Soldaten.

Französische Kanalisierung

Dieses riesigen britischen Aufgebots hätte es nicht bedurft, wäre Frankreich den defensiven Plänen seines Generalstabschefs Victor-Constant Michel (1850 bis 1937) gefolgt. Doch anstatt der von ihm empfohlenen verstärkten Sicherung und Befestigung des französisch-belgischen Grenzverlaufs wurde dessen Entblößung verfügt, als wollte man die deutsche Wehrmacht zum Besuch einladen. Somit kommen wir zu den französischen Kriegsplänen.

Einladende französisch-belgische Grenze

Das Grundkonzept des deutschen Westfeldzugs gemäß Schlieffen-Plan war, wie bereits erwähnt, der britischen Regierung ab 1906 offiziell bekannt. In diesem Jahr begannen die britisch-französisch-belgischen Militärgespräche über eine Anlandung britischer Truppen in Nordfrankreich und/oder Belgien. Über den Schlieffen-Plan, also das

Dokument per se, verfügte das CID nachweislich ab 1911. Als Quelle hierfür wurde der französische Informationsdienst genannt. Es liegt daher nahe, dass Frankreich den Schlieffen-Plan bereits 1906 hatte.[986] Ein abtrünniger deutscher Generalstabsoffizier mit dem Code-Namen »Le Vengeur« (der Rächer) soll dem französischen Geheimdienst den noch unvollständigen Plan inklusive detaillierter Aufstellung der deutschen Truppenkonzentration für 60.000 Francs verkauft haben, wobei jedoch der französische Generalstab an der Echtheit des Dokuments zweifelte.[987] Zumindest was den Überbringer betrifft, waren diese Zweifel angebracht: Der angeblich deutsche Verräter umhüllte zwar seinen Kopf sorgfältig mit Bandagen, schien sich aber nicht daran zu stören, dass noch sein preußischer Schnurrbart herausragte.[988] Allem Anschein nach wurde der französische Generalstab von einem landsmännischen Informanten unter Legung einer falschen Spur hereingelegt und um eine Menge Geld erleichtert.[989]

Die offizielle Begründung für die Zweifel der französischen Generalstäbler an der Authentizität der Dokumente lautete, der vom dubiosen Informanten überreichte Plan sei eine Fälschung, mit der die Aufmerksamkeit vom Gebiet des echten Durchmarschs und Angriffs abgelenkt werden soll. Dieses Argument erscheint nicht nur verdächtig und skurril, weil die von »Le Vengeur« ausgehändigten Informationen aus militärstrategischer Sicht absolut logisch waren und daher faktisch der deutschen Aufmarschroute im August 1914 entsprachen,[990] sondern auch, weil »die Möglichkeit eines deutschen Angriffs durch Belgien bereits ein gängiges Thema in der Militärliteratur war.«[991]

Der französische Generalstab hatte jedoch ohnehin den Schlieffen-Plan in Händen. Außerdem besorgte der französische Geheimdienst den deutschen Mobilmachungsplan, der ausdrücklich zeigte, dass deutsche »Reservetruppen [Miliz] auf dieselbe Weise wie die aktiven Truppen eingesetzt werden.«[992] Die französischen Strategen verfügten demnach nachweislich über das Wissen, dass in der deutschen Wehrmacht Reserveverbände gleichberechtigt und von Beginn an neben aktiven Verbänden zwecks Einsatzes an der Frontlinie eingegliedert wurden.

Ein ebenso gängiges Thema wie der deutsche Durchmarsch durch Belgien war übrigens auch die französische Nutzung des belgischen Terrains als Auf- und Durchmarschgebiet.[993] Zwischen 1875 und 1914 entwickelte der französische Generalstab ganze 17 Operationspläne, wobei frühzeitig, konkret ab Plan III, sowohl die Verletzung der belgischen Neutralität durch Deutschland als auch eigene Gegenoffensiven durch belgisches Territorium einkalkuliert waren.[994] Mit dem strategischen Wert Belgiens war man daher in Frankreich nachweislich schon Jahrzehnte vor dem Beginn des Ersten Weltkriegs bestens vertraut. Insgesamt **15** französische Operationspläne mit klarem Gegenoffensivcharakter beweisen es.

Dass der deutsche Durchmarsch durch Belgien aus militärstrategischen Gründen und aufgrund der geographischen Gegebenheiten zwangsweise weiträumig zu erfolgen hatte, weil man sechs Armeen nicht im Gänsemarsch über die Ardennen schickt, musste jedem belgischen und französischen Militärstrategen bewusst sein. Da die deutsche Absicht zum weiträumigen Durchmarsch durch Belgien zwecks Angriff auf Frankreich überdies aus dem deutschen Planungsdokument (Schlieffen-Plan) bekannt war und man sich noch dazu der strategischen Notwendigkeit dieser Maßnahme für Deutschlands Überleben gewiss war oder zumindest sein musste, stellen sich folgende Fragen:

1. Warum wurde die belgisch-deutsche Grenze nicht analog zur Barrière de fer voll befestigt?
2. Warum wurde Frankreichs Eiserne Festung nicht geschlossen an der belgisch-französischen Grenze fortgesetzt oder zumindest intensiv mit französischen Truppen gesichert?

Für beide Fragen kommen lediglich drei plausible Antworten in Betracht, die sich jedoch nicht gegenseitig ausschließen, sondern viel mehr ergänzen. Erstens: Das Deutsche Reich wurde von Belgien nicht als der wahre Aggressor identifiziert. Dies würde sich mit Deutschlands allgemeiner Lage, seiner Rolle als Verteidiger aufgrund der realen Kräfteverhältnisse und der erwähnten belgischen Beurteilung decken, der zufolge eindeutig Großbritannien die stärkste Bedrohung für Belgiens Neutralität darstellte. Zweitens: Die Unzulänglichkeit des deutschen militärischen Potenzials für eine erfolgreiche weiträumige Umfassung wurde in Frankreich als solche erkannt. Drittens: Frankreich wollte die belgische Falle geöffnet lassen, um während eines deutschen Umfassungsmanövers direkt von der Eisernen Festung aus den schwachen deutschen Defensivflügel im Raum Elsass-Lothringen auszuschalten und sich die Region entsprechend dem obersten französischen Kriegsziel einzuverleiben.

Abgelehntes optimales Verteidigungskonzept

Dem ganzen Schema der belgischen Kriegsfalle und damit auch der Realisierung der französischen Annexion Elsass-Lothringens stand die neue **defensive Strategie** des französischen Generalstabschefs Victor-Constant Michel vom Frühjahr 1911 unüberwindbar entgegen. Als junger Soldat hatte Michel im deutsch-französischen

Abb. 51: General Victor-Constant Michel

Krieg gekämpft. Nachdem er als Brigade- und Divisionsgeneral gedient hatte, stieg Michel 1907 zum Mitglied des Obersten Kriegsrats auf, des Conseil supérieur de la guerre, zu dessen Vizepräsidenten er am 10. Januar 1911 ernannt wurde. Damit war General Michel auch designierter Oberbefehlshaber des französischen Heers.[995] Dass er sein Amt nur bis zum 28. Juli 1911 behalten konnte, hängt direkt mit der Vorlage seiner Defensivstrategie zusammen. Sie war viel zu defensiv für die kriegstreibenden Herren.

Die beiden vorausgehenden strategischen Konzepte, Plan XV von 1903 und Plan XVI von 1909, sahen zwar für die erste Kriegsphase jeweils eine defensive Aufstellung vor, aus dieser heraus sollte jedoch ab Verfügbarkeit einer klaren Feindlage unmittelbar zum entscheidenden Gegenschlag im Sinne eines Entscheidungsgefechts übergegangen werden.[996] Das strategische Konzept von 1909, also Plan XVI, war bereits stark auf die militärischen Kapazitäten der Entente respektive auf die Unterstützung der Bündnispartner im Krieg gegen das Deutsche Reich ausgerichtet. Seit 1906 konnte man ja mit der Anlandung eines britischen Expeditionskorps in Nordfrankreich oder Belgien rechnen.

Im Frühjahr 1911 stellte jedoch der frisch gebackene Generalstabschef Victor-Constant Michel seine revolutionäre, weil optimale Überarbeitung des Plans XVI im Sinne einer echten, von jeder ausländischen Unterstützung **unabhängigen** Verteidigungsstrategie vor: Das französische Heer in einer Gesamtstärke von **1,3 Millionen** Mann mit sehr hohem und an der Frontlinie fix eingeteiltem Reserveanteil sollte in vier Gruppen gesplittet und die Masse der Kräfte nicht in der Eisernen Festung entlang der französisch-deutschen Grenze »verstaut«, sondern an der Grenze zu Belgien im Norden Frankreichs konzentriert werden. Gruppe I, mit 500.000 Soldaten (I 500T) die stärkste von allen, war für den Raum Lille vorgesehen. Sie sollte die von Belgien kommende deutsche Hauptoffensive stoppen und als Speerspitze für eine Gegenoffensive dienen. Gruppe II mit 300.000 Mann (II 300T) würde die Linie zwischen Hirson und Rethel sichern und einen von den Ardennen kommenden Angriff der Deutschen aufhalten. Die ebenfalls 300.000 Soldaten umfassende

Gruppe III (III 300T) war für die übliche Sicherung der stark befestigten Grenzen im Osten und Nordosten Frankreichs vorgesehen. Die 200.000 Mann der Gruppe IV (IV 200T) sollten außerhalb von Paris als strategische Reserve bereitgehalten werden[997] (siehe Abb. 52).

General Michel bereitete also eine Verteidigung gegen einen weiträumigen deutschen Angriff durch ganz Belgien vor. Er hatte den Schlieffen-Plan vollends verstanden, der ja explizit die strategische Bedeutung der entlang der belgischen Grenze liegenden Schlüsselgebiete um Lille, Hirson und Mézières im Rahmen der weiträumigen Umfassung hervorhob.[998] Mit Gruppe I in Lille erzielte Victor-Constant Michel einen absoluten Volltreffer, wobei die dortige Massierung der französischen Kräfte zum einen das bereits im Geheimen vereinbarte britische Expeditionskorps entbehrlich machte und zum anderen aufgrund des Kraft-Raum-Zeit-Ansatzes nicht für einen Vorstoß nach Elsass-Lothringen ausreichte. Und Gruppe II im Raum Hirson-Rethel (Michel) deckte die strategische Linie Hirson-Mézières (Schlieffen) sogar großflächig ab. Gruppe III hätte zur Sicherung der ohnehin stark befestigten eisernen Ostgrenze vollends ausgereicht, zumal auf der gegenüberliegenden Seite lediglich mit einem schwachen deutschen Defensivflügel zu rechnen war. Allerdings wäre mit diesen eher geringen französischen Sicherungskräften der Grenze im Osten Frankreichs (Gruppe III) eine Eroberung **Elsass-Lothringens** von vornherein **ausgeschlossen** gewesen. Auch die strategische Reserve (Gruppe IV) war zwar aufgrund der etwa gleich großen Distanzen zu den übrigen Gruppen für defensive Operationen optimal disloziert, kam jedoch für einen Gegenstoß in lothringisches Gebiet nicht in Betracht. Die von General Michel festgelegten Bereitstellungs- beziehungsweise Aufstellungsräume deckten sich weitgehend mit der tatsächlichen Westfront, die sich während des gesamten Ersten Weltkriegs nur minimal veränderte. Das Gebiet um Lille war heiß umkämpft, den Dreh- und Angelpunkt der Westfront bildete das hinter der Linie Hirson-Rethel liegende Dreieck Reims-Laon-Soissons. In der Karte der Michel-Aufstellung (Abb. 52) ist die Westfront durch eine dicke Strich-Klammer-Punkt-Linie dargestellt.

Michels Aufstellung warf erwiesenermaßen einerseits den Schlieffen-Plan und andererseits die vom CID koordinierten geheimen Vorarbeiten der britischen, französischen und belgischen Drahtzieher für den großen Krieg gegen das Deutsche Reich über den Haufen. Mit sehr hoher Wahrscheinlichkeit wäre mit der Umsetzung seiner Pläne der Frieden in Europa zumindest etwas länger als nur bis 1914 gesichert gewesen. Alles in allem war Generalstabschef Michels Verteidigungsstrategie optimal. Sie war daher wie Pfeffer in den Augen der Kriegstreiber-Clique.

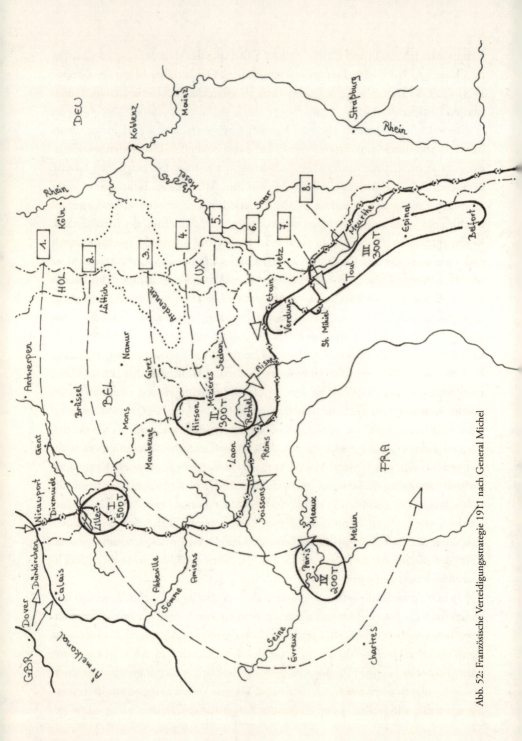

Abb. 52: Französische Verteidigungsstrategie 1911 nach General Michel

Ersatz durch Offensivdoktrin

Der Leiter des französischen Operationsstabs, Oberstleutnant François de Grandmaison, lehnte Michels Verteidigungsstrategie noch im Jahr 1911 unter Vorgabe absurder Gründe vollinhaltlich ab. In erster Linie gab er vor, er würde gemeinsam mit dem Rest des Operationsstabs folgende strategisch unhaltbare Auffassung vertreten: »Würde Deutschland nicht in Belgien einbrechen, sondern über Elsass und Lothringen angreifen, stünden die etwa 700.000 an der belgischen Grenze stationierten französischen Soldaten nur sehr spät für das Hauptgefecht zur Verfügung.«[999] Dem ist entgegenzuhalten, dass die französische Festungslinie zwischen Belfort und Verdun schlicht und ergreifend zu stark und daher für die deutsche Reichswehr, falls überhaupt, so doch keinesfalls im erforderlichen Tempo zu durchbrechen war, weshalb sich General von Schlieffen ja für die weiträumige Umfassung entschieden hatte. So lautete schließlich General Michels korrekte Beurteilung. Außerdem gab die enge Passage zwischen Luxemburg und dem belgischen Südzipfel nicht annähernd genügend Raum zur Entfaltung der deutschen Truppen her.[1000] Für den Fall der Fälle wäre die Stationierung einer weiteren französischen Eingreifreserve nahe der Eisernen Festung anzudenken gewesen. Ein solches Argument, das Grandmaisons Bedenken zumindest einen Anstrich von Seriosität verliehen hätte, wurde jedoch nicht vorgebracht. Seine restliche offizielle Begründung kann auf folgende zwei Punkte reduziert werden: zu hohe Militärbürokratie sowie Zweifel am (angeblich) nicht bestätigten Einsatz deutscher Reservetruppen (Milizverbände) entlang der Frontlinie.[1001]

Das war natürlich blanker Unsinn beziehungsweise eine glatte Lüge, denn der französische Generalstab wusste, dass das Deutsche Reich die zahlenmäßige Unterlegenheit seiner Truppen mit einem hohen Anteil an Milizsoldaten (Reservisten) auszugleichen trachtete und diese gemäß Mobilmachungsplan ab Kriegsbeginn im Verbund mit aktiven Soldaten an der Frontlinie einzusetzen beabsichtigte. Just aus diesem Grund wies sogar der sozialistische Politiker Jean Jaurès, die Hauptfigur des französischen Pazifismus, darauf hin, dass auch Frankreich seine »Reservisten« effizienter einsetzen müsse, um nicht gegenüber dem Deutschen Reich im Nachteil zu sein. Und wie General Michel war auch Jaurès der Ansicht, dass Deutschland durch den Einsatz seiner Milizsoldaten bei den vordersten Kampfverbänden den Aufmarschbogen über Nordbelgien führen könne.[1002] Um das zu wissen, musste man kein General, ja nicht einmal Gefreiter sein. Man möchte meinen, dass ein sozialistischer Pazifist die Lage besser beurteilte als Oberstleutnant Grandmaison. Doch Grandmaison führte ein verbalkosmetisches Täuschungsmanöver durch, dessen sekundäres Motiv offenbar das bei so manchem kurzsichtigen Berufsoffizier auf Standesdünkeln beruhende Misstrauen gegenüber den eigenen Reservekräften darstellte. Schließlich hätte General Michels Heeresgruppierung einen vorweg festgelegten Einsatz von mindestens 700.000 Reservisten erfordert: 1,3 Millionen Gesamtstärke minus rund 600.000 aktive Heeressoldaten (Anmerkung: Von der Gesamtfriedensstärke 1910 in Höhe von 769.000 ist die Marine abzuziehen). Michel hatte allerdings keine astreinen Reservetruppen, sondern, ähnlich wie die deutsche Reichswehr, die Zuordnung jeweils eines Reserveregiments zu je einem aktiven Regiment geplant.[1003] Das verheimlichte Hauptmotiv für Grandmaisons ablehnende Haltung war, dass General Michels Verteidigungsstrategie Frankreichs relativ junge aggressive Strategie gegen das Deutsche Reich störte:

Michels Programm wurde durch eine konkurrierende Militärstrategie weiter untergraben, eine, die die Grundstrategie von Frankreich am Vorabend des Ersten Weltkrieges werden würde. Grandmaison setzte erfolgreich die Offensive à Outrance durch.[1004]

Dieser von Napoleon geprägte Grundsatz bedeutete die programmatische **Offensive bis zum Exzess**. Und Grandmaison war ein leidenschaftlicher Verfechter dieser Offensivlehre, die ihren strategischen und operativen Niederschlag in der Führungsvorschrift Conduite des grands unites (Führung großer Einheiten) vom 28. Oktober 1913 fand.[1005] In der französischen Politik, besonders bei den Falken (Kriegsbefürwortern), rannte Grandmaison offene Türen ein. Zum Beispiel war für den Cliquen-Agenten Raymond Poincaré, unabhängig von Grandmaisons Aktivitäten, der Gedanke einer Gegenoffensive gegen das Deutsche Reich inklusive Verletzung der belgischen Autonomie so selbstverständlich, dass er längst schon offen darüber sprach. Der belgische Botschafter in Paris berichtete am 22. Februar 1913, Poincaré habe ihm offenbart, dass im Falle eines deutschen Eindringens in Belgien sich die Regierung der französischen Republik »für berechtigt halte, zweckmäßige Schritte zu unternehmen, um das französische Territorium zu verteidigen. Entweder an ihrer eigenen Grenze oder, wenn der Generalstab es für zweckmäßiger hielt, vorzurücken, um die kaiserlichen Armeen zu treffen.«[1006] In Wahrheit ging es Poincaré jedoch nicht nur um einen Gegenstoß, sondern um eine Offensive gegen Deutschland zur Rückeroberung von Elsass und Lothringen. Christopher Clark ist daher uneingeschränkt beizupflichten, wenn er schreibt: »In Joffre fand Poincaré einen geeigneten militärischen Partner für sein eigenes strategisches Konzept.«[1007] Anders als den deutschen Strategen ging es den Revanchisten also nicht um eine präemptive Verteidigung gegenüber einem drohenden deutschen Angriff, sondern um territorialen Zuwachs auf Kosten des Deutschen Reiches. Bereits Poincarés Amtsvorgänger als Präsident der französischen Republik, Clément Armand Fallières (1841 bis 1931, Amtszeit: 1906 bis 1913), stand besonders stark unter Grandmaisons Einfluss. Fallières schwor generell auf aggressives Vorgehen: »Die Offensive allein passt zum Temperament des französischen Soldaten [...] wir sind dazu bestimmt, ohne Zögern direkt auf den Feind zuzumarschieren.«[1008]

In Grandmaisons Welt war der Verteidigungskrieg feige und ein Eingeständnis der Unterlegenheit. Im offensiven Kriegswesen hingegen erspürte er »eines Landes Vitalität und Energie.« Im Krieg an vorderster Front wollte Oberstleutnant Grandmaison keine Reservisten haben. Der künftige große Schießkrieg, dessen Dauer man vielerorts fälschlich als kurz einschätzte, und seine »offensiven Operationen erforderten nur das disziplinierte, gut ausgebildete aktive Heer, nicht jedoch die Reserve.«[1009] Der militärischen Profis bedurfte es demnach vor allem für die wichtigste offensive Operation Frankreichs: die Eroberung **Elsass-Lothringens**.

Als Generalstabschef Michel seine Verteidigungsstrategie dem Kriegsminister Adolphe Messimy im Juli 1911 präsentierte, lehnte dieser sie mit der lapidaren Begründung ab, sie sei »comme under insanité« (wie unter Wahnsinn) verfasst worden. Aufgrund dessen wurde Victor-Constant Michel umgehend seines Postens als Chef des Generalstabs enthoben.[1010] Es wurde also jener Mann gefeuert, der Frankreich erfolgreicher als alle anderen Strategen zu schützen vermochte und dabei auch noch den Frieden in Europa bewahrt hätte.

An Michels Stelle trat General Joseph Joffre (1852 bis 1931), dessen Aufgabe die Entwicklung und Umsetzung eines offensiveren Aufmarschplans war. Im selben Jahr, also 1911, begann Joffre mit der Modifizierung des Plans XVI.[1011] Als erster französischer Stratege entschloss sich General Joseph Joffre zur (offiziellen) Einbeziehung des **britischen Expeditionskorps**, wobei detaillierte Bestimmungen die Aufstellung dieser britischen Unterstützungstruppen entlang der französisch-belgischen Grenze regelten.[1012] »Die britische Hilfe, in Gestalt der 150.000 Mann starken British Expeditionary Force [BEF], war so wichtig, dass selbst Joffre bereit war, den Aufmarschplan auf diese Priorität auszurichten [...]«[1013] Mit anderen Worten: General Joffre ließ Frankreichs nördliche Frontlinie offen und überließ sie den Briten. Außerdem änderte Joffre den ursprünglichen Plan XVI dahingehend ab, »dass ein aggressiver Vorstoß durch das Elsass in deutsches Territorium möglich war, weil er davon überzeugt war, ›dass allein die Offensive die Möglichkeit biete, den Willen des Gegners zu brechen‹.«[1014] Es sollte also der Wille des von hasserfüllten Feinden umzingelten deutschen Volks gebrochen werden, das um nichts anderes kämpfte als um seine Existenz.

Scheinbare Lücke

Die kriegspsychologische Inspiration für seinen berüchtigten Plan XVII, einen unverblümt offensiven Aufmarschplan, erhielt Joffre vom späteren General Ferdinand Foch (1851 bis 1929), der schon als Oberst seinen Studenten an der Kriegsschule eingetrichtert hatte: »Faire la guerre, c'est attaquer!«. Kriegsführung bedeute Angreifen, weil defensive Doktrinen die Moral der Truppe zerstören und zu einer tödlichen Passivität der Kommandanten führen würden.[1015] Dem napoleonischen Motto »Offensive bis zum Exzess« getreu, legte Plan XVII folgende Kriegsaufstellung für 21 Korps in drei Gruppen mit eindeutigem Schwergewicht gegenüber dem Raum Elsass-Lothringen fest: zehn Korps in der 1. und 2. Armee vor Lothringen, daneben und dahinter sechs Korps in der 3. und 4. Armee hinter der maßgeblichen Festung von Verdun und lediglich fünf Korps in der 5. Armee an der südbelgischen Grenze südwestlich von Sedan.[1016] Diese französische Stadt liegt ungefähr auf der Höhe von Luxemburg. Im Raum südwestlich von Maubeuge war das britische Expeditionskorps (BEF) so fix eingeplant, wie es schon lange zuvor mit Henry Wilson, dem britischen General des CID, vereinbart worden war.[1017] Wie unschwer zu erkennen ist, hatte Joffre entlang des gesamten Grenzverlaufs in **Nordfrankreich** zwischen Maubeuge und Dünkirchen überhaupt keine eigenen Truppen vorgesehen und dadurch gemäß Strategem Nummer 28 dem deutschen Generalstab eine einladend große Lücke in der französischen Abwehrfront präsentiert (siehe Abb. 53).

Im Raum Lille, wo General Michel die mit 500.000 Soldaten größte Heeresgruppe eingeplant hatte, klaffte also bei General Joffre eine auffällige Lücke, die den deutschen Strategen präsentiert wurde. Über die französischen Aufmarschpläne, insbesondere den offensiven Plan XVII, war der deutsche Generalstab bestens im Bilde. August Schluga Freiherr von Rastenfeld, der bereits erwähnte vormalige k. u. k. Offizier, berichtete jährlich aus Frankreich über die Aufmarschpläne des französischen Generalstabs. Die deutschen Generalstabsoffiziere erwarteten also eine massive Besetzung der Eisernen Festung und eine französische Offensive zur Rückeroberung Elsass-Lothringens.[1018] Über den streng geheim vereinbarten Einsatz der BEF in Nordostfrankreich lagen allerdings keine Informationen vor. Demnach konnte oder musste der deutsche Generalstab von einem schwach oder gar nicht besetzten französisch-belgischen Grenzabschnitt ausgehen.

Es handelte es sich jedoch nur um eine scheinbare Lücke in der französischen Abwehrfront. Denn während des Ersten Weltkriegs sollte sie bekanntlich in Anlehnung an General Kitcheners frühzeitige Prognose mit besagten **75 britischen Divi-**

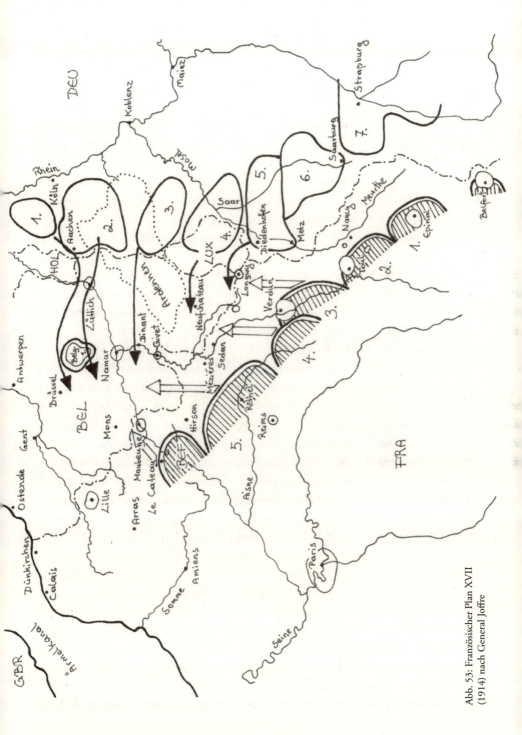

Abb. 53: Französischer Plan XVII (1914) nach General Joffre

sion in der Gesamtstärke von rund 1,5 Millionen Soldaten gefüllt werden. Die offensichtliche Öffnung der Lücke und deren Schließung durch britische Kräfte sollte gemäß Plan XVII die Masse der deutschen Streitkräfte im Nordosten und Norden binden, sodass an der französischen Ostgrenze ein für Frankreich günstiges Kräfteverhältnis für den Angriff auf den Raum Elsass-Lothringen gegeben wäre. Schließlich sollte der französische Aufmarsch gegen Deutschland im Bereich der großen Festungen erfolgen, konkret zwischen Belfort und Épinal einerseits und zwischen Nancy und Toul andererseits. So konnte die Offensive nördlich oder südlich von Metz beginnen, während die Entscheidungsschlacht auf deutschem Staatsgebiet stattfinden sollte: in **Lothringen**.[1019]

Gemäß diesen strategischen Planungen mussten also Frankreichs Truppen für die Realisierung des obersten französischen Kriegsziels, der Rückeroberung Elsass-Lothringens, belgisches Territorium nicht betreten. Und weil der erfolgreiche Marsch durch Belgien bekanntlich eine unabdingbare Voraussetzung für die deutsche präemptive Verteidigung darstellte, war die künftige Rolle Deutschlands als alleiniger Buhmann doppelt und dreifach besiegelt.

Plan XVII wurde im Winter 1913/1914 finalisiert und im April 1914 angeordnet.[1020] Obwohl dem Deuxième Bureau, dem Auslandsnachrichtendienst des französischen Generalstabs, im Oktober 1913 ein russischer oder britischer Geheimdienstbericht vorlag, der abermals ausdrücklich feststellte, dass »die deutschen Reservisten am ersten Tag der Mobilisierung einberufen werden«, blieb es bei der französischen Frontlinienaufstellung ohne Berücksichtigung der Reserve (Miliz).[1021] Die französische Miliz war gemäß Plan XVII nicht einmal im Norden Frankreichs vorgesehen worden, dessen Sicherung allein den BEF (den britischen Unterstützungstruppen) in der Stärke von 150.000 Mann vorbehalten war, obwohl Kitchener schon 1911 wusste, dass die British Expeditionary Force für einen erfolgreichen Feldzug mindestens eine Million Soldaten umfassen sollte.

Als Vorarbeit für General Joffres Offensivkonzept wurde im Jahr 1913, wie bereits erwähnt, die französische Wehrpflicht auf **drei Jahre** verlängert. Zuvor hatte, wie ebenfalls bereits erörtert, der französische Premier, Außenminister und spätere Präsident Raymond Poincaré ab 1912 den Ausbau der russischen strategischen Bahnlinien bis an die ostpreußische Grenze sowie die Aufstockung und Modernisierung der russischen Streitkräfte vorangetrieben. Der offensiven Strategie des Plans XVII gegen das Deutsche Reich liegt schließlich das russische Versprechen zugrunde, die Offensive gegen das Deutsche Reich am 15. Tag der Mobilmachung zu beginnen.[1022] Wohlgemerkt, war auch hier nicht von Verteidigung, sondern nur vom Angriff die

Rede. Dieser Umstand ist von fundamentaler Bedeutung für die gesamte britisch-französisch-russische Kriegsstrategie, Deutschland in die Zange zu nehmen und vernichtend zu schlagen. Im Plan XVII treten alle entscheidenden Paramater des Entente-Landkriegs gegen Deutschland zu Tage:

- Präsentation einer vermeintlichen Lücke im Nordosten Frankreichs
- Sicherung des Nordostens durch das britische Expeditionskorps
- Konzentrierung der französischen Streitkräfte vor Lothringen
- Französische Offensive gegen den Westen Deutschlands
- Gleichzeitige russische Offensive im Osten Deutschlands

Das Um und Auf des französisch-russischen Zangengriffs gegen das Deutsche Reich war zugleich ein militärstrategischer Kunstgriff: Deutschland sollte sich durch die russische und die gleichzeitige französische Mobilisierung dermaßen bedroht fühlen, dass es gemäß Schlieffen-Plan unmittelbar nach seiner eigenen Mobilmachung zum präemptiven Angriff zuerst gegen Frankreich und dann gegen Russland überginge. Aus Sicht der ententischen Kriegstreiber musste das Deutsche Reich zum präemptiven Angriff genötigt werden. Dieser Part war der Auftrag der russischen Dampfwalze.

Russische Nötigung

Wie gesagt, bedeutete bereits die Teilmobilisierung einer Großmacht im Großen und Ganzen nichts anderes als Krieg, wobei in Anbetracht der den Entente-Mächten bekannten Sachzwängen der deutschen Verteidigungsstrategie (Nichtteilung, Zuvorkommen, Schnelligkeit, West-Ost-Pendelbewegung) eine gleichzeitige Mobilisierung oder Aufstellung Russlands und Frankreichs konsequenterweise zur präemptiven Kriegsführung des Deutschen Reiches führen musste. Dieser Kausalzusammenhang war mindestens so gesichert wie die Befestigungsanlagen der Barrière de fer. Was aus Sicht der französischen Strategen noch fehlte, war die Optimierung des russischen Aufmarsches, insbesondere die Konzentrierung des Hauptteils der russischen Streitkräfte gegen Deutschland und die Verkürzung ihrer mit mehreren Wochen veranschlagten Mobilmachungszeit. Ein derart optimierter russischer Aufmarsch würde zum einen eine raschere Offensive gewährleisten und zum anderen, weil sich derartige Maßnahmen nicht lange verheimlichen lassen, zwangsweise zusätzlichen Druck auf das Deutsche Reich im Sinne des 28. und 30.

Strategems (Sackgassen- und Dominus/Domina-Strategems) ausüben und seinen Willen zum Präemptivschlag festigen.

Die deutliche Reduzierung der russischen Mobilmachungsdauer zählte zu Raymond Poincarés Hauptaufgaben als Agent der anglo-amerikanischen Globalisierungsclique. Nachdem sich in den Gehirnen russischer Strategen schon seit einiger Zeit die Überzeugung breitgemacht hatte, dass sich die Erreichung der russischen Kriegsziele (uneingeschränkter Zugang zum Mittelmeer, Vereinigung aller Slawen, territorialer Zugewinn in Polen) nicht ohne gleichzeitigen Krieg gegen Österreich und Deutschland machen ließe,[1023] hatten französische Kriegstreiber wie Joseph Joffre, Raymond Poincaré und Théophile Delcassé ein mehr oder weniger leichtes Spiel, die Machthaber des Zarenreichs für jene zwei Maßnahmen zu begeistern, die als Vorbereitung für einen erfolgreichen Krieg gegen das Deutsche Reich unablässig waren: die Beschleunigung der russischen Mobilmachung und die Fokussierung der Hauptoffensive der russischen Dampfwalze auf Deutschland statt (nur) auf Österreich.

Beschleunigte Mobilisierung

Während der zehn Vorkriegsjahre von 1905 bis 1914 fanden jährliche Treffen der französischen und russischen Generalstäbe zwecks gemeinsamer Beratungen für einen Krieg gegen das Deutsche Reich zu Lande und zur See statt, wobei die Protokolle der siebten (1911), achten (1912) und neunten Konferenz (1913) inzwischen veröffentlicht sind. Im Rahmen des siebten Konferenzzyklus, also 1911, sagte der französische Generalstabschef: »Aus allem, was man über die deutsche Mobilisierung und Konzentration weiß, darf geschlossen werden, dass die ersten großen Gefechte wahrscheinlich in Lothringen, Luxemburg und Belgien ab dem fünfzehnten bis zum achtzehnten Tag stattfinden werden.« Seine Einschätzung der Lage erläuternd, fuhr der französische Militärstratege fort,

> *dass sich das französische Heer so rasch wie die deutsche Armee konzentriert, und dass es am zwölften Tage in der Lage ist, die Offensive gegen Deutschland zu starten, mit Hilfe der britischen Armee auf der linken Flanke [Nordfrankreich]. In einem Wort: Es ist essentiell, dass Deutschland im Westen und im Osten zugleich angegriffen wird.*[1024]

Bemerkenswert: Frankreichs Offensive sollte und konnte offenbar drei Tage vor der ersten Schlacht beginnen, nämlich am 12. Mobilmachungstag. In der militärischen Fachsprache ist daher der Abschluss der vollständigen französischen Mobilisierung mit M+12 anzusetzen, das heißt mit 12 Tagen nach der Ausrufung der Mobilmachung. Um die Gleichzeitigkeit der französischen und russischen Offensive zu gewährleisten, musste Russlands Offensive idealerweise ebenfalls am 12., spätestens jedoch am 15. Tag der Mobilmachung beginnen können.

Im Hinblick darauf sprach der russische Generalstabschef, General Jakow Grigorjewitsch Schilinski (1853 bis 1918), die Reorganisation der russischen Streitkräfte an. Verbesserungen und Modernisierungen liefen zwar bereits seit 1908, »aber trotz aller Sorgfalt wird das russische Heer hinsichtlich der schweren Artillerie erst 1913, der ›mitrailleurs‹ [Maschinengewehre] erst 1914 und neuer Infanterie-Munition erst 1916 komplett sein.« Unter Bezugnahme auf kürzlich erfolgte Verbesserungen der österreichischen Vorbereitungen fügte General Schilinski hinzu: »Unter diesen Umständen wird Russland nicht vor mindestens zwei Jahren in der Lage sein, einen Krieg gegen Deutschland mit sicherem Erfolg zu führen. Es würde gewiss in der Lage sein, Schläge abzuwehren, könne aber entscheidende Schläge vielleicht weniger zuverlässig austeilen.« Schließlich erklärte der russische Generalstabschef eine Offensive mit der russischen Hauptstreitmacht am 15. Tag der Mobilisierung für machbar. Der diesbezügliche Protokolleintrag lautet: »General Schilinski erklärt speziell, dass die mobilisierten Soldaten des aktiven Heers, mit Ausnahme der letzten Züge und Konvois, ihre Konzentration an der [deutschen] Grenze am fünfzehnten Tag abgeschlossen haben werden, und dass Anstrengungen unternommen werden, die Offensive an diesem Tag zu starten, ohne auf die genannten letzten Elemente zu warten, die erst am zwanzigsten Tag fertig sein werden.«[1025]

Die zeitlichen Rahmenbedingungen der französisch-russischen Kriegsstrategie gegen Deutschland standen demnach bereits 1911 fest, doch das sagte noch nichts über die zu erwartende Stärke des russischen Offensivaufgebots an der ostdeutschen Grenze aus. Schließlich hatte Russland auch weiter unten im Süden Kräfte für die Unterstützung Serbiens gegen Österreich-Ungarn einzuplanen. Des Weiteren würde ein Krieg gegen das Osmanische Reich ebenfalls russische Truppen erfordern, wobei sich Russland wegen des starken Nationalstolzes unter den Slawen gerade auf dem Balkan keine Schlappe leisten durfte. Doch der erste französische Blankoscheck für Russland im Januar 1912 und das französisch-russische Marineabkommen vom selben Jahr hatten ihre Wirkung nicht verfehlt.

Hauptoffensive gegen Deutschland

Im Zuge der Generalstabskonferenzen im Sommer 1912 sagte General Schilinski seinem französischen Gegenüber bereits einen Angriff gegen Deutschland mit immerhin 800.000 russischen Soldaten am 15. Tag der Mobilmachung zu. 1913 reduzierte er diese für russische Verhältnisse schon sehr kurze Zeit um weitere zwei Tage, sodass der **13. Mobilisierungstag** als Beginn der aggressiven Handlungen gegen das Deutsche Reich als vereinbart galt.[1026]

Das russische Mobilmachungskonzept namens Plan 19 sah zwei Varianten für den Einsatz der vierten Armee vor: gemäß Variante »A« (Austria) im Süden gegen das österreichische Galizien oder gemäß Variante »G« (Germania) im Norden gegen Ostpreußen. Die russischen Generäle sprachen sich ursprünglich ausdrücklich und eindeutig für die südliche Variante (Austria) aus. Denn auch die Russen kannten den Schlieffen-Plan: »Nur in der extrem unwahrscheinlichen Situation, dass Deutschland zuerst Russland angreifen würde – ein weder in St. Petersburg noch in Paris ernsthaft erwogenes Szenario –, würde die nördliche Variante des Mobilisierungsplans 19 auslösen.«[1027]

Die Protokolle über besagte französisch-russische Stabsgespräche beweisen unwiderlegbar, dass sich die französischen Stabsoffiziere in den Jahren 1912 und 1913 unablässig bemühten, statt Österreich-Ungarn das Deutsche Reich als Hauptfeind in den Fokus der russischen Strategen zu bekommen.[1028] Dabei spielten ebenfalls der französische Blankoscheck und das französisch-russische Flottenabkommen von 1912 eine wesentliche Rolle. Zudem machte sich Poincaré nützlich, indem er Mitte 1912 anlässlich der zweiten Blankoscheckerklärung für Russland dem russischen Botschafter in Paris Alexander Iswolski im Falle eines Konflikts zwischen Serbien und Österreich Waffenhilfe gegen Deutschland zusicherte. Iswolski berichtete der Regierung in St. Petersburg:

> *Falls der Konflikt mit Österreich eine bewaffnete Intervention Deutschlands hervorrufen sollte, bestätigte die französische Regierung im Voraus, dass dies ein casus foederis wäre und dass sie nicht eine Minute zögern würde, ihre Pflichten gegenüber Russland, das sich darauf verlässt, zu erfüllen.*[1029]

Noch einmal mit anderen Worten: Würde sich Russland in einem österreichisch-serbischen Krieg hinter Serbien stellen, obwohl Serbien kein Mitglied der Entente war, und würde Deutschland seiner Verpflichtung zur Unterstützung Österreichs nachkommen, dann wäre dies für Frankreich ein Bündnisfall (Casus foederis) und zugleich ein Casus belli, also ein Grund, in den Krieg gegen Deutschland einzusteigen. Im Jahr 1912 kam also in einem praxisnahen Fall zum Ausdruck, dass die Entente primär ein **Angriffsbündnis** war. Dass für die russische Intervention nicht unbedingt ein Krieg zwischen Österreich und Serbien erforderlich war, sondern bereits eine Teilmobilmachung der österreichischen Truppen für einen französisch-russischen Doppelschlag gegen das Deutsche Reich ausreichen würde, entspricht der Intention des französisch-russischen Abkommens von 1894.[1030]

Nachdem General Joseph Joffre die russischen Staboffiziere breitgeklopft, ihnen also mit Nachdruck eingebläut hatte, dass die Vernichtung der deutschen Streitkräfte auch alle anderen Bündnisprobleme lösen würde, und es unbedingt notwendig sei, sich »um jeden Preis« auf dieses Ziel zu konzentrieren, lenkte der russische Generalstab endlich ein. Einer nachträglich verfassten Gesprächsnotiz des Generalstabs ist zu entnehmen: »Das russische Kommando erkennt Deutschland als Hauptgegner an.«[1031] Diese Garantieerklärung war wiederum die Hauptgrundlage für die Radikalisierung der französischen Kriegsstrategie gemäß Joffres Plan XVII.

Die mit Hilfe französischer Offiziere bis 1914 durchgeführte Reorganisation des russischen Heers erbrachte im Kriegsfall »eine Vermehrung um rund 30 einsatzbereite vollwertige Divisionen« und im Zusammenhang mit der Erweiterung des strategischen Schienennetzes die Möglichkeit, der dadurch bedingten Verkürzung der Mobilmachungszeit und der Optimierung des Aufmarschs »mit zahlenmäßig überlegenen Kräften die Offensive zu ergreifen.« So wurde aus dem russischen Heer »eine gewaltige Offensivwaffe, die, den französischen Intentionen entsprechend, ihr Hauptziel in der Vernichtung der deutschen Streitkräfte sah.«[1032]

Bereits im Juli 1912 ersuchte der französische Chef des Generalstabs Joffre seine russischen Kollegen um den zweispurigen Ausbau sämtlicher Eisenbahnlinien zur ostpreußischen und galizischen Grenze. Zwecks rascherer Verlegung von größeren Truppenkontingenten wurden die wichtigsten strategischen Bahnlinien sogar **vierspurig** gelegt. In diesem Sinne ließ sich Raymond Poincaré vor seiner Abreise nach St. Petersburg im August 1912 gerne von Joseph Joffre auf Linie bringen, damit er wusste, worauf er den Fokus im militärstrategischen Teil der »diplomatischen« Gespräche zu legen hatte.[1033] Wie bereits erwähnt, war der zweite französische Blankoscheck für Russland anlässlich der Unruhen auf dem Balkan einerseits mit hohen französischen Krediten und andererseits mit der Forderung nach einem aus mindestens vier Bahnlinien mit mehreren parallelen Gleisen bestehenden strategischen Schienennetz verbunden. Mitumfasst waren die Aufstockung der russischen

Truppen, deren Ausstattung mit modernen Waffen, die Verstärkung der russischen Kriegsflotte,[1034] Deutschlands traurige Funktion als neuer Hauptgegner des massiv aufgerüsteten Zarenreichs, russische Offensivoperationen vom polnischen Ausläufer gegen Deutschland und nicht zuletzt »Russlands Annäherung an Großbritannien mit Blick auf eine Marinekonvention.«[1035] Offensichtlicher konnte Poincaré nicht als Agent der geheimen Clique, deren Hauptsitz in London war, auftreten. Die Forderung nach starken Streitkräften des Bündnispartners war übrigens keine Einbahnstraße. So drängte beispielsweise Sasonow auf die Notwendigkeit der Aufstockung des französischen Heers.[1036] Zentrales Thema anlässlich Poincarés Besuch in St. Petersburg waren jedoch die strategischen Eisenbahnlinien quer durch Russland.

Ein ebenfalls großer französischer Verhandler im Hinblick auf Russlands strategisches Schienennetz war der manisch antideutsche Théophile Delcassé, der von Poincaré Anfang 1913 zum französischen Botschafter in St. Petersburg bestellt wurde. Über Delcassés weitreichende Befugnisse und erstaunlich detaillierte militärstrategische Fachkenntnisse berichtete der russische Botschafter in Paris am 13. März 1913: »Gemäß dem Ratschlag unseres militärischen Attachés wurde er [Delcassé] besonders mit der Mission beauftragt, unser Kriegsministerium von der Notwendigkeit zu überzeugen, die Anzahl der strategischen Eisenbahnen mit dem Ziel zu beschleunigen, die Konzentration unserer Armee an der [russischen] Westgrenze zu beschleunigen. In diesem Bereich ist M. Delcassé so kompetent und so mit den Ansichten des französischen Chefs des Generalstabs vertraut, dass er die besagte Angelegenheit mit unseren Militärbehörden in einer völlig freien Weise besprechen kann. Darüberhinaus ist er mit der Macht ausgestattet, die notwendig ist, um Russland alle finanziellen Mittel für entsprechende Eisenbahnkredite anzubieten.«[1037]

Mehr noch: Théophile Delcassé bat sogar den Grafen Wladimir Kokowzow, der zugleich russischer Ministerpräsident und Finanzminister war, er möge die erforderlichen Mittel zur Verfügung stellen. Des Weiteren beaufsichtigte er die Kreditverhandlungen. Letztendlich wurde ein Mobilitätspaket im Wert von **2,5 Milliarden** Francs geschnürt: »2.500 Millionen Francs sollten von privaten russischen Eisenbahngesellschaften auf dem französischen Kapitalmarkt über einen Zeitraum von fünf Jahren in jährlichen Raten in Höhe von 500 Millionen Francs ausgegeben werden, unter der Bedingung, dass die strategischen Bahnlinien in die westliche Peripherie des Zarenreichs in der Art und Weise ausgebaut wurden, wie man es bei gemeinsamen Stabsgesprächen 1913 vorgesehen hatte.« Vor seinen Kollegen in Frankreich prahlte Delcassé daher nicht ganz zu Unrecht: »Ich leitete die gesamte russische Außenpolitik.«[1038] Dies blieb nicht ohne Folgen.

Angriffskrieg gegen Deutschland und Österreich

Noch im selben Jahr, also 1913, stieg die Zahl der Spionagefälle gegen militärische Einrichtungen auf deutschem Terrain an,[1039] wobei die russische Informationsbeschaffung primär auf die Festungen an der deutschen Ostgrenze gerichtet war.[1040] Ein derartiges Verhalten wird typischerweise zur Vorbereitung einer Invasion gesetzt.

Der deutsche Kriegsminister brachte daher berechtigterweise seine Besorgnis zum Ausdruck, »dass die Russen ihre Mobilmachung enorm beschleunigt« hatten. Außerdem erklärte er, dass dies besonders bedenklich sei, zumal das russische Militär zur Geheimhaltung seiner Mobilmachungsvorbereitungen in der Lage sei. Die in Spannungszeiten vorgesehene Kriegsvorbereitungsperiode, sprich die bereits vor der offiziell verfügten Mobilmachung angeordnete allgemeine Erhöhung der Kriegsbereitschaft und die geheime Teilmobilmachung der Kavallerie, führe dazu, dass »die russische Mobilmachung schon am ersten oder zweiten Mobilmachungstag beendet sein« könnte. Allerdings würde der russische Aufmarsch in Ermangelung von strategischen Bahnlinien längere Zeit in Anspruch nehmen. Aus den Erfahrungen der letzten Kriege schlussfolgerte man in Deutschland, dass nicht mit Sicherheit mit einer formellen Kriegserklärung vor Beginn der Feindseligkeiten gerechnet werden konnte. Vielmehr rechneten deutsche Militärstrategen mit feindlichen Kriegshandlungen ohne vorherige Kriegserklärung, also mit einer Art informeller Kriegserklärung: Im nächsten Krieg, bei dem es um Sein oder Nichtsein des Deutschen Reichs gehe, müsse man darauf gefasst sein, »dass die erste überraschende Aktion selbst die Kriegserklärung sein wird.« Wie zu erwarten war, stieg in Deutschland die Furcht vor plötzlichen feindlichen Angriffen, wobei nicht nur mit einer russischen, sondern auch mit einer französischen frühzeitigen Offensive gerechnet wurde. Daher beurteilte man, dass es nötig sei, durch eine frühzeitige Störung des gegnerischen Aufmarschs die Initiative zu erringen.[1041]

Wie sich noch weisen wird, war die deutsche Beurteilung der feindlichen Absichten im Jahr 1913 völlig korrekt, einmal abgesehen von den bereits im Bau befindlichen russischen strategischen Bahnlinien. Aktualisierte Berichte über das russische strategische Bahnprogramm samt graphischer Darstellung der vom russischen Hinterland bis an die deutschen und österreichischen Grenzen führenden, meist mehrgleisigen Eisenbahnlinien waren Bestandteil der Berichte des deutschen Generalstabs vom 27. November 1913 und 7. Juli 1914.[1042] Ab Ende 1913 müssen führende deutsche Generalstabsoffiziere Blut geschwitzt haben.

Für den russischen Kriegswillen spricht auch das Protokoll der staatlichen Sonderkonferenz in Russland vom 8. Februar 1914, dem zufolge Außenminister Sergej

Sasonow klarstellte, dass das Problem der türkischen Meerengen ausschließlich im Rahmen eines europäischen Kriegs zu lösen sei. Es falle ihm schwer, sich vorzustellen, wie die Einnahme der Meerengen ohne Auslösung eines allgemeinen europäischen Kriegs gelingen sollte. Stabschef Schilinski führte dazu aus, dass er für die Eroberung der Meerengen ohnehin keine Truppen entbehren könne. Schließlich würde ein Sieg an der russischen Westfront (sic!) die Frage der Dardanellen sowie andere regionale Themen von selbst klären. Anderer Meinung war der Leiter der Einsatzabteilung der russischen Admiralität, Kapitän Nemitz, der dazu anmerkte, dass der Eroberung der Meerengen andere Gegner als Deutschland und Österreich-Ungarn entgegenstünden.[1043] Doch gegen die französische Gehirnverschmutzung ab 1912 war kein Heilkraut gewachsen: Für die russischen Entscheidungsträger blieb der Krieg gegen Deutschland und Österreich eine Conditio sine qua non.

Aufgrund des niederträchtigen Verrats des in russischen Geheimdienstkreisen als »Agent Nummer 25« bekannten k. u. k. Offiziers Oberst Alfred Redl (1864 bis 1913) verfügte die russische Kriegspartei über die österreichischen Aufmarschpläne für den Fall eines Kriegs gegen Serbien und/oder Russland. Den entscheidenden Hinweis, dass der Spion in Österreich zu suchen war, erhielt Wien vom Leiter des Nachrichtenbüros des deutschen Großen Generalstabs Major Walter Nicolai.[1044] Detail am Rande: Redl wurde zum Selbstmord genötigt, die Affäre aber, typisch für Wien, nicht nur wegen Redls Homosexualität unter den großen roten Teppich des Ballhausplatzes gekehrt. Schließlich war der ebenfalls beteiligte »Agent Nummer 112« niemand anderer als Conrad Junior, der Sohn des österreichischen Generalstabschefs. Er versorgte den russischen Geheimdienst mit den Verschlusssachen vom Schreibtisch seines Vaters. Einer der wenigen, die der Sache ernsthaft nachgehen wollten, war Thronfolger Franz Ferdinand. Aber gegen den Willen des traditionsbewussten Kaisers war nichts auszurichten. Es ist wohl Doktor Roewer nicht viel entgegenzusetzen, wenn er behauptet, dass Franz Ferdinand bei einer intensiveren Nachforschung die Wahrheit über das k. u. k. Heer erfahren hätte, das »von Verrätern zersetzt und alles andere war als ein brauchbares Kriegsinstrument.«[1045]

Neben den bereits hinlänglich beschriebenen quantitativen und qualitativen Mängeln der k. u. k. Streitkräfte und neben der Eigenschaft des Vielvölkerstaats als tickende Zeitbombe auf dem Pulverfass Balkan war Österreich-Ungarn also auch in geheimdienstlicher Hinsicht Deutschlands Büchse der Pandora.

Auf Grundlage der österreichischen Aufmarschpläne erstellten der russische Generalquartiermeister Juri Nikiforowitsch Danilow und sein Untergebener Nikolai Monkjewitsch am 10. und 23. April 1914 die Lagebeurteilungen für einen präventiven (nicht präemptiven) Angriffskrieg nicht nur gegen Österreich, sondern auch gegen Deutschland.[1046] Allerdings ließ General Conrad von Hötzendorf den österreichischen Aufmarschplan unmittelbar vor Kriegsbeginn ändern, sodass »die Ergebnisse des Kundschaftsdienstes die russische Führung mehr verwirrten, als sie ihr nützten.« So sah es der Professor für Strategie an der Generalstabsakademie der Sowjetarmee A. Swetschin. Im Ersten Weltkrieg fungierte Swetschin als Mitglied des russischen Armeeoberkommandos.[1047] Seine Analyse stimmt jedoch nur teilweise, denn die Kenntnis des Aufmarschplans der k. u. k. Streitkräfte verriet dem russischen Generalstab zumindest Schwarz auf Weiß die eklatante Unterlegenheit der österreichischen Truppenstärke.

Die Änderung des österreichischen Aufmarschs rüttelte daher gar nichts an Deutschlands allgemein trister Lage. Vielmehr bekräftige die dokumentierte Kenntnis über die Schwäche der k. u. k. Heers die russischen Strategen in ihrem Vorhaben, die Masse der russischen Dampfwalze gegen das Deutsche Reich rollen zu lassen. Hierzu sei daran erinnert, dass den russischen Manöverdispositionen bereits seit 1910 die Annahme eines Kriegs gegen das Deutsche Reich zugrunde lag.[1048] Für den Ernstfall musste dieser Krieg im Geheimen vorbereitet werden.

Streng geheime Generalmobilmachung

Mit einem geheimen Armeebefehl verfügte der russische Generalstab im Jahr 1912, dass die Anordnung der Mobilmachung automatisch als gleichzeitiger Befehl zur Eröffnung von Feindseligkeiten zu betrachten war.[1049] Die allgemeine Mobilmachung sollte fortan als allerhöchster Befehl für die Eröffnung von Feindseligkeiten sowohl gegen Österreich als auch gegen Deutschland gelten.[1050] Schließlich sah der russische Kriegsplan Nummer 19 keine auf Österreich oder Deutschland allein beschränkte Mobilmachung vor. Dieses Konzept verstand sich folglich als »nahtloses Ganzes, eine Alles-oder-Nichts-Aufstellung.« Da die Bevölkerungsdichten der verschiedenen Militärbezirke stark von einander abwichen, wurden die meisten Truppenkontingente größtenteils mit Reservisten aus anderen Mobilmachungszonen aufgefüllt. Es war also nur stimmig, dass die russischen Kriegspläne keine in sich geschlossene Teilmobilmachung mit eigenem strategischem Wert vorsahen, sondern nur die **schleichende, aber vollständige Mobilmachung** kannten.[1051] Eine »Teilmobilmachung« kam daher in der Praxis lediglich als streng geheime Kriegsvorbereitung beziehungsweise als heimliche Vorbereitung und Einleitung der vollen Mobilmachung in Betracht (siehe unten). »Teilmobilmachung« war lediglich eine Tarnbezeichnung zur Täuschung sowohl der gegnerischen als auch der nichteingeweihten eigenen Beobachter, die nicht erkennen durften, dass die volle Mobilmachung bereits teilweise vorbereitet und eingeleitet wird, bevor die offizielle Anordnung der allgemeinen (vollständigen) Mobilmachung erfolgt ist.

Unter den russischen Strategen etablierte sich die verständliche Ansicht, für die praktische Durchführung der Mobilmachung sei es erforderlich, die Konzentration der eigenen Truppen und den Transport des Kriegsmaterials nach Möglichkeit abzuschließen, »ohne die Feindseligkeiten zu beginnen, damit dem Gegner nicht unwiederbringlich die Hoffnung genommen wird, der Krieg könne noch vermieden werden.« Im Rahmen der Phase der noch laufenden Mobilisierung sollten die russischen militärischen Maßnahmen »durch geschickte diplomatische Verhandlungen« getarnt werden,

um die Befürchtungen des Gegners möglichst einzuschläfern.[1052]

Russland würde also erst beziehungsweise genau dann mit kriegerischen Handlungen beginnen, wenn seine Truppenaufstellung abgeschlossen wäre. Bis dahin sollte der Feind hoffen, dass er den Krieg noch verhindern könnte. Diese hinhaltende Einschläferungstaktik erinnert an das steinalte Abwarte- und Hinhalte-Strategem (Strategem Nummer 9)[1053] und an Strategem Nummer 10, dem zufolge hinter dem Lächeln der Dolch verborgen wird.[1054]

In Russland wollte man also die gemeinhin bekannte deutsche Friedfertigkeit durch ausgefeilte Täuschungsmaßnahmen im diplomatischen Verkehr für die Optimierung des eigenen Aufmarschs ausnutzen. Zwar wurde besagter Geheimbefehl im November 1912 wieder aufgehoben, wovon die deutsche Regierung ebenfalls Kenntnis erlangte,[1055] darin fanden jedoch die Militärstrategen des Deutschen Reichs die Bestätigung für Russlands Denkweise und seinen unbedingten Willen zum Krieg. Die offizielle Aufhebung besagter Order bedeutete daher gar nichts. Schließlich bedurfte es gar keines direkten Befehls für aggressive Handlungen nach abgeschlossener Truppenkonzentration, zumal eine russische Generalmobilmachung bei den damaligen Verhältnissen ohnedies einen Krieg nach sich ziehen musste. Schließlich würde die russische Mobilmachung aufgrund ihrer Bedrohlichkeit Deutschland und Österreich zu Gegenmaßnahmen zwingen. Die Vorstellung mancher Historiker, Millionenheere hätten sich längere Zeit voll bewaffnet und kriegsbereit gegenüberstehen können, ohne dass es zum Konflikt gekommen wäre, zeugt von einer unverzeihlich großen

Portion Naivität. Die Geschichte beweist, dass eine ungesunde Mischung aus Hysterie, Kampfeslust und Stolz auch bei kleineren Konflikten auf beiden Seiten stets für jene Anlässe sorgt, die den Kriegstreibern gerade Recht kommen. Außerdem: Wer wirft schon gerne seinen sorgfältig durchdachten Aufmarschplan um und verringert dadurch seine Chancen auf den Sieg?[1056]

Nur einen Tag nach Erstellung der Grundlagen für den russischen Offensivkrieg, am 24. April 1914, fand ein Kriegsspiel des russischen Generalstabs statt, sein letztes vor dem Ersten Weltkrieg. Dabei wurden sowohl die russischen und österreichischen als auch die deutschen Mobilmachungszeiten sehr realitätsnah wie folgt beurteilt:

- Russland: M+26
- Österreich: M+16
- Deutschland: M+13

M+26 bedeutet in der erwähnten Militärsprache eine Dauer von 26 Tagen für die volle russische Mobilmachung ab ihrer Anordnung. Den Berechnungen der russischen Strategen zufolge wären nach Abschluss der 16-tägigen österreichischen Mobilisierung (M+16) die russischen Streitkräfte gerade einmal zur Hälfte mobilisiert gewesen. Folglich kam es für die Russen auf streng geheime Kriegsvorbereitungen respektive auf eine im Vorfeld ablaufende »teilweise Mobilmachung« zur Vorbereitung und Einleitung der vollständigen Mobilisierung an, um den Gegnern – Österreich und Deutschland – zeitgerecht in voller Stärke entgegentreten zu können.[1057] Die russischen Strategen hatten die tatsächliche österreichische Mobilmachungs- und Aufmarschzeit von 16 Tagen auf den Punkt genau getroffen.[1058] Österreich brauchte jedenfalls länger für die Mobilisierung als Deutschland und Frankreich, was mitunter auf eine gewisse Überalterung, geringere Leitungsfähigkeit und nicht gerade hohe Flexibilität der höheren k. u. k. Offiziere sowie deren mangelnde Kriegserfahrung und die »Manövergeneralität« zurückzuführen war.[1059]

Während die deutschen Mobilisierungspläne vor Beginn des Erstes Weltkriegs keiner Erprobung unterzogen wurden, erhielt die russische Ostseeflotte bereits Ende April den Befehl zum Auslaufen, was wiederum der Vorbereitung der ab **10. Mai 1914** beginnenden Probemobilmachung der russischen Streitkräfte in der Stärke von 800.000 Soldaten diente.[1060] Exakt diese Truppenstärke sollte jene Armee aufweisen, deren Angriff gegen das Deutsche Reich der russische Generalstabschef Jakow Grigorjewitsch Schilinski seinem französischen Kollegen knapp zwei Jahre zuvor, im Sommer 1912, ab dem 15. Mobilmachungstag (M+15) und 1913 ab M+13 versprochen hatte (siehe oben). M+13 entsprach just der deutschen Mobilmachungsdauer. Für grenznahe Gebiete wie etwa Wilna (Vilnius, Litauen) wurde von Generalstabschef Jakow Schilinski am 11. Mai 1914 die Einziehung von Truppen in der Zeit vom 14. Mai bis zum 28. Juni 1914 angeordnet, wodurch sie in einen der Mobilmachung gleichkommenden Zustand versetzt wurden.[1061] Am 28. Juni 1914, dem serbischen Nationalfeiertag Vidovdan (Sankt-Veits-Tag), wurde bekanntlich der österreichische Thronfolger ermordet, weshalb naheliegt, dass besagte mobilmachungsähnliche Maßnahmen im Mai der Rückendeckung für Serbien für das von ihm koordinierte und unter russischer Patronanz ausgeführte Attentat auf Franz Ferdinand diente. Mehr dazu im Kapitel über die serbische Kriegsfalle.

Die Beschleunigung der russischen Mobilisierung erfolgte hauptsächlich durch den bereits beschriebenen Ausbau des strategischen Schienennetzes und die Optimierung der Ablaufkoordinierung: Sah der 1912 adaptierte Kriegsplan Nummer 19 noch 250 Züge täglich für Truppen- und Nachschubtransporte bis an die deutsche Grenze vor, waren es gemäß Plan 20 von 1914 bereits 360 Züge pro Tag. Für das Jahr 1917 waren sage und schreibe 560 Züge täglich geplant. Daraus hätte sich die Verfügbarkeit von 80 einsatzbereiten Divisionen an der russischen Westfront ab dem achtzehnten Mobilisierungstag ergeben. Auch Zivilisten konnten mit freiem Auge erkennen, dass die extrem langen Bahnsteige beispielsweise der russisch-polnischen Stadt Trawniki eindeutig nicht für den zivilen Gebrauch, sondern für militärische Transportzüge angelegt worden waren. In Anbetracht der russischen Aufrüstung und des zügigen Ausbaus des Gleisnetzes wären die Chancen der Deutschen und Österreicher, mit insgesamt nur 50 Divisionen einen Krieg an der deutschen Ostfront zu gewinnen, gleich null gewesen. Darüber war man sich in Berlin und Wien dank der hervorragenden Arbeit der militärischen Nachrichtendienste völlig im Klaren.[1062] Prognosen zufolge würde die Mannstärke der russischen Streitkräfte ab April 1917 die magische Grenze von zwei Millionen erreichen.[1063]

Die rasante russische Aufrüstung stellte im Verbund mit der Beschleunigung des gegen den Westen gerichteten Aufmarschs eine ernsthafte Bedrohung für die ohnehin schon unterlegenen Mittelmächte dar. Dass russische Generalstäbler nach einschlägigen, über einen Zeitraum von zehn Jahren laufenden Absprachen mit französischen Generalstabsoffizieren in ihren Kriegsspielen die Zeiten für die Mobilmachung der österreichischen und deutschen Streitkräfte berücksichtigen, spricht in Verbindung mit der russischen Militärspionage in Ostpreußen, dem Ausbau des strategischen Schienennetzes bis an die deutsche und österreichische Grenze, russischen Kriegsspielen mit deutschem Hauptfeind und der mit all diesen Umsetzungsmaßnahmen korrespondierenden Probemobilmachung jedenfalls sehr deutlich dafür, dass die russischen Kriegsabsichten bereits einige Jahre vor dem Beginn des Ersten Weltkriegs vorherrschten.

Der richtigen Erkenntnis deutscher Militärstrategen über das Erfordernis, den feindlichen Aufmarsch frühzeitig zu stören (siehe oben), liegt die ebenfalls zutreffende Annahme eines für Deutschland existenzgefährdenden Szenarios zugrunde, das eine präemptive Selbstverteidigung rechtfertigte. Dass Kaiser Wilhelm II. schon Jahre zuvor Recht hatte und dass die erwähnte Beurteilung der deutschen Militärstrategen absolut richtig war, beweist nicht zuletzt die Chronologie der Mobilmachungen im Sommer 1914: Nach England, Russland, Serbien und Frankreich, die allesamt schon sehr früh im Geheimen mobilgemacht hatten, machte anschließend Österreich und zu allerletzt das von der Entente strategisch eingekreiste Deutsche Reich mobil, obwohl es dadurch sehr viel wertvolle Zeit verlor. Wie wir mehrfach sahen, wurde schon die Teilmobilisierung einer Großmacht als Kriegserklärung oder zumindest als Anlass für aggressive Handlungen betrachtet. Für die deutsche Verteidigungsstrategie spielten folglich vor allem die für die russische und französische Mobilmachung erforderlichen Zeitspannen eine entscheidende Rolle. Die längste Mobilmachungsdauer war natürlich aufgrund der Weite des Territoriums mit M+26 die russische.

Wie im Folgenden gezeigt wird, hatten die geheimen Mobilmachungsaktivitäten der russischen Streitkräfte ab Ende April beziehungsweise 10. Mai 1914 den Zweck, Serbien den nötigen mentalen Rückhalt für den von ihm konzertierten Terroranschlag gegen den österreichischen Thronfolger zu geben und zum anderen Russland selbst für den darauf folgenden großen europäischen Krieg in die Pole Position zu bringen.

Kriegsfalle Serbien

Wie schon bei der belgischen Kriegsfalle wurden auch im Zuge der Errichtung der für Österreich-Ungarn bestimmten serbischen Kriegsfalle uralte Kriegslisten im Sinne eines zielorientierten Handlungsstrangs verknüpft. Zum einen entspricht das Attentat auf Franz Ferdinand dem Kopfstoß-Strategem (Strategem Nummer 18): **Stirbt der Mann, stirbt auch seine Politik.** Gerade für monarchistische Hierarchien gilt die Annahme, dass mit der physischen Ausschaltung einer maßgeblichen Führungsperson auch ihre Ideen und Konzepte untergehen. Mit anderen Worten: »Solange der Mann lebt, wird seine Politik ausgeführt; stirbt er, dann endet auch seine Politik.«[1064] Aufgrund des hohen Alters und des schlechten Gesundheitszustands des österreichischen Kaisers

Franz Joseph I. war die Inthronisierung Franz Ferdinands absehbar. Der Tod des Thronfolgers und seiner Pläne für die Vereinigten Staaten von Groß-Österreich musste also ein reformpolitisches Vakuum hinterlassen, das der großserbischen Idee zum Durchbruch verhelfen sollte. Zum anderen kam bei der Ermordung Franz Ferdinands bereits im Planungsstadium mehrfach das Alibi- beziehungsweise Stellvertreter-Strategem zur Anwendung. Dieses auch Strohmann-Strategem genannte Strategem Nummer 3 sieht die indirekte Schädigung des Gegners durch fremde Hände vor.[1065] Zur Tarnung der serbischen Urheberschaft sollte der österreichische Thronfolger von bosnischen Serben, die formal gesehen Österreicher waren, gekillt werden. Dabei handelte es sich in mehrerlei Hinsicht um eine verdeckte Operation, denn schließlich agierten serbische Machthaber mit Russlands Rückendeckung und damit im Rahmen des geostrategischen Gesamtkonzepts und der bereits erwähnten diesbezüglichen Strategeme der Entente für den Vernichtungskrieg gegen Deutschland und Österreich. Hierzu wollte man Österreich-Ungarn im Sinne des Strategems Nummer 13, des Provokations-Strategems, zum Angriff gegen Serbien provozieren.[1066] Außerdem kam eine Kombination aus dem Strategem der Fernfreundschaft (Strategem Nummer 23)[1067] und dem Erschöpfungsstrategem (Strategem Nummer 4)[1068] zur Anwendung: Wie das Deutsche Reich sollte auch Österreich-Ungarn in einen Zweifrontenkrieg verwickelt werden, wobei die Bindung und Abnützung beachtlicher Teile der k. u. k. Streitkräfte durch Russlands Fernfreund Serbien im Süden den Sieg der Russen im Norden begünstigen sollte.

Von alldem würde hauptsächlich Großbritannien profitieren. Dass die vitalen Interessen des britischen Empire bereits vor dem Ersten Weltkrieg stark mit dem Nahen Osten verknüpft waren, stellte zum Beispiel der britische Militärhistoriker R. G. D. Laffan bereits im Jahr 1918 ausdrücklich fest.[1069] Der enge Konnex zwischen England und Nahost wurde im vorliegenden Buch relativ umfangreich dargestellt. Dabei wurde Serbiens Doppelrolle als Wächter zum Tor nach Osten respektive als Verteidiger britischer Interessen einerseits und als panslawistische Einflusszone Russlands auf dem Balkan andererseits ebenso erörtert wie der untrennbare Zusammenhang zwischen der etappenweisen Aushebelung der britischen Neutralität, den drei französischen Blankoschecks für Russland 1912 und 1913, dem ersten russischen Blankoscheck für Serbien 1912 und den diesbezüglichen Aktivitäten der geheimen Clique. Für diese Clique war Serbien die ideale Zündschnur auf dem Pulverfass Balkan, mit der Großbritannien und Russland den potenziell starken deutsch-österreichischen Sperrriegel zum Osmanischen Reich sprengen wollten.

Mit russischer Rückendeckung wurde von Belgrad aus eine verdeckte serbische Operation zur Ermordung des österreichischen Thronfolgers durch eine Gruppe bosnischer Serben in Sarajewo am 28. Juni 1914 geplant und konzertiert. Man wählte zielgerichtet junge Bosnier aus, weil sie österreichisch-ungarische Staatsbürger waren. Dadurch sollte für die Weltöffentlichkeit der durchaus plausible Eindruck entstehen, der Angriff auf den Kern der multinationalen Donaumonarchie sei von innen erfolgt. Für die österreichisch-ungarische Staatsführung hingegen würde die serbische Urheberschaft des Attentats bald auf der Hand liegen. Schließlich sollte ja Österreich zum Angriff gegen Serbien provoziert werden, um die hinlänglich bekannte und zudem im Zuge der Balkan-Krisen getestete Bündnissystematik auszulösen. Ein, oberflächlich betrachtet, lokaler Konflikt zwischen Serbien und Österreich würde durch die Einschaltung Russlands in einer bündnistechnischen Kettenreaktion auch das Deutsche Reich, dann Frankreich und schließlich England in jenen europäischen Krieg ziehen, den die Entente-Staaten seit einigen Jahren unter Federführung des CID sorgfältigst geplant und vorbereitet hatten.

Auf diese Weise sollte der Konflikt um Interessen im Nahen Osten auf dem Balkan entflammt und hauptsächlich in Zentraleuropa ausgetragen werden, um in Entsprechung der britischen Kernstrategie namens Balance of Power Deutschland zu vernichten, die kontinentaleuropäischen Großmächte im gegenseitigen Kampf aufzureiben, Eurasien zu destabilisieren und Großbritanniens Vormachtstellung weiter auszubauen. Für das auslösende Ereignis, das Attentat in Sarajewo, waren erwiesenermaßen die serbischen und russischen Agenten der Globalisierungsclique verantwortlich. Eine indirekte Beteiligung französischer, britischer und eventuell auch amerikanischer Handlanger als Unterstützer kann zwar mangels verfügbarer Dokumente weder bestätigt noch widerlegt werden, aufgrund aller bekannten Fakten liegt sie jedoch nahe. Sogar sehr nahe.

Serbische Terror-Serie

Am 11. Juni 1903 wurde in Belgrad das gegenüber Österreich-Ungarn wohlgesonnene serbische Königspaar brutalst ermordet, die Blutlinie des Hauses Obrenović ausgelöscht. König Alexander und seine Gemahlin Draga wurden von den Säbeln serbischer Offiziere erstochen, ausgeweidet und zerstückelt. Fünf der sieben Attentäter waren Gründungsmitglieder der am 3. März 1911 in Belgrad aufgestellten terroristischen Geheimorganisation »Vereinigung oder Tod!« (Ujedinjenje ili smrt!), besser bekannt als Schwarze Hand.[1070] Hauptdrahtzieher war der wegen seines Stiernackens auch Apis genannte Oberst Dragutin Dimitrijević (1876 bis 1917), der 1913 zum Chef des von Russland finanzierten Nachrichtendienstes des serbischen Generalstabs ernannt wurde[1071] und als Cheforganisator des Attentats auf den österreichischen Thronfolger Erzherzog Franz Ferdinand in Sarajewo am 28. Juni 1914 fungierte.

Dass Oberst »Apis« Dimitrijević der führende Kopf der Schwarzen Hand war, wusste man übrigens in der österreichischen Botschaft in Belgrad bereits im November 1911. Diplomatische Aktenstücke belegen es. Auch die österreichische Landesregierung in Sarajewo kannte die Schwarze Hand und berichtete darüber dem österreichisch-ungarischen Kriegsministerium schon im Februar 1912.[1072] Oberst Apis' enger Freund und wichtigster Handlanger war Major »Voja« Vojislav Tankosić, jener Mann, der 1903 die Ermordung der Brüder von Königin Draga befehligt hatte. Als Mitbegründer der Schwarzen Hand und als aktives Mitglied der serbisch-nationalistischen Organisation Narodna Odbrana (Nationale Verteidigung) plante derselbe Major Tankosić im Januar 1914 ein Attentat auf den österreichischen Offizier und Landeschef in Bosnien General Oskar Potiorek. Außerdem stellte Major Tankosić die Kernmannschaft der mindestens 50-köpfigen Organisation für den Anschlag auf Franz Ferdinand zusammen und bildete sie aus.[1073] Den Todesschützen Gavrilo Princip traf Tankosić zum ersten Mal im ersten Balkan-Krieg.[1074]

Der Meuchelmord am österreichischen Thronfolger stellte nicht das erste Ereignis dieser Art, sondern den Kulminationspunkt einer Serie von serbisch koordinierten und propagandistisch unterstützten Anschlägen gegen hohe österreichische Beamte in den Jahren 1910, 1912 und 1913 dar. Dies obwohl die serbische Regierung, wie bereits erwähnt, auf Drängen aller europäischen Großmächte am 31. März 1909 künftiges Wohlverhalten und gute Nachbarschaft mit Österreich-Ungarn gelobt hatte.[1075] In derselben Erklärung versprach Serbien, irreguläre Milizen, Partisanenverbände und ähnliche terroristische Gruppierungen aufzulösen und deren Neubildung zu unterbinden:

Es wird auch seine Freiwilligen und seine Banden entwaffnen und entlassen und der Bildung neuer unregelmäßiger Truppenkörper auf seinem Gebiet entgegentreten.[1076]

Auf Grundlage dieser völkerrechtlich verbindlichen Erklärung durfte die k. u. k. Regierung, zumindest formal gesehen, ab 1909 darauf vertrauen, dass Serbien fortan jedwede gegen Österreich-Ungarn gerichtete subversive Tätigkeit konsequent unterbinden würde. Doch das glatte Gegenteil war der Fall. Der schweizerische Leiter der Zentralstelle für Kriegsursachen Doktor Ernst Sauerbeck erläutert, dass Serbiens tatsächliches Verhalten nach 1909 zu besagter Erklärung »in schlimmstem Widerspruch« stand.[1077]

Bereits am 8. August 1909, keine fünf Monate nach besagter Erklärung, startete der Direktor der serbischen Staatsdruckerei einen Aufruf an das serbische Volk, in dem er die Donaumonarchie als den Feind Serbiens deklarierte und zur Vorbereitung auf den Kampf gegen dieselbe ermahnte.[1078]

In diesem Geiste fanden am 15. Juni 1910, im Jahr nach dem offiziellen Besserungsgelöbnis, in Sarajewo jene missglückten Terroranschläge auf den österreichischen Kaiser sowie den Landeschef von Bosnien-Herzegowina Feldzeugmeister von Varešanin statt, hinter denen ein leitender Geheimdienstoffizier stand, der als hoher Beamter der serbischen Regierung ebendieser zuzurechnen war. Das Attentat wurde vom jungen Bosnier Bogdan Zerajić ausgeführt, der sich anschließend selbst tötete und für seine Schandtat von der serbischen Presse als Nationalheld gefeiert wurde. Die Drahtzieher hinter dem Anschlag waren die von Oberst Dragutin Dimitrijević geführten Mitglieder der Schwarzen Hand.[1079] Zerajićs terroristischer Akt wurde in der 1912 in Belgrad gedruckten Broschüre *Der Tod des Helden* als heroische Tat verherrlicht.[1080] In weiteren serbischen Propagandablättern wurde Terrorismus als legitimes Mittel im Kampf gegen die österreichische Monarchie idealisiert und ausdrücklich als »ein rühmliches und nachahmenswertes Mittel im Kampfe für die Verwirklichung dieser Gedanken« gepriesen. Über bestens organisierte Schleichwege wurden die serbischen Propagandablätter in die Donaumonarchie geschmuggelt, wo sie »bei den breiten Massen jene Stimmungen erzeugten und wach erhielten, welche einen fruchtbaren Nährboden für die Machenschaften der monarchiefeindlichen Assoziation boten.«[1081]

Das von der erwähnten serbischen Propaganda-Organisation Narodna Odbrana ausgearbeitete Programm befasste sich mit der Vorbereitung und Herbeiführung des »Ausrottungskampfs« gegen die Donaumonarchie und empfahl schamlos den gemeinen Mord als wirksamstes Mittel im Kampf gegen Österreich-Ungarn. In diesem terroristischen Geiste feuerte der Serbe Lukas Jukić am 8. Juni 1912 bei seinem Terroranschlag einen Schuss auf den königlichen Kommissär in Agram von Cuvaj ab, tötete den Banalrat von Hervoić, erschoss einen Polizisten und verletzte zwei weitere. Seine Bewaffnung, eine Handgranate (Bombe) und eine Browning-Pistole, hatte Jukić von einem serbischen Major erhalten.[1082]

Am 20. Mai 1913 scheiterte Jakob Schäfers Terroranschlag gegen den Banus Freiherrn von Skerlecz, der im Rahmen eines von Serbien ausgehenden Komplotts geplant worden war. Nach dem bereits bekannten Propagandamuster wurde auch Schäfer in den serbischen Medien glorifiziert.[1083]

Den vermutlich letzten serbischen Terroranschlag vor der Ermordung Franz Ferdinands verübte Stephan Dojčić, ein aus Amerika zurückgekehrter Serbe, am 18. August 1913 in Agram gegen den königlichen Kommissär Baron Skerlecz. Dojčićs Tat hing mit der verhetzenden Propaganda US-amerikanischer Südslawen und der grenzüberschreitenden Agitation der Narodna Odbrana gegen Österreich-Ungarn zusammen.[1084] Bemerkenswert in diesem Zusammenhang ist, dass auch der Sturz des Prinzen Nikola von Montenegro im Jahr 1904 auf eine serbische Vereinigung in den USA zurückging.[1085] Dort, in den Vereinigten Staaten, war der serbische Geheimdienstchef Oberst Dragutin Dimitrijević bestens vernetzt. Die von ihm verfasste Broschüre *Natrag u staro ognjiste vaše* wurde in Chicago gedruckt, enthielt verhetzende Botschaften gegen den österreichischen Kaiser und die Aufforderung an die österreichisch-ungarischen Serben, im Hinblick auf ihre heranstehende »Befreiung« nach Serbien »heimzuwandern«.[1086] Der Panslawismus, der Irredentismus und die großserbische Idee ließen grüßen.

Der zum serbischen Idol hochstilisierte Mörder Zerajić, der 1910 den Sarajewoer Anschlag auf den Kaiser und den bosnischen Landeschef verübt hatte, wurde zum Beispiel von Franz Ferdinands unmittelbarem Mörder, dem Pistolenschützen Gavrilo Princip, und einem seiner Kumpanen, dem Bombenwerfer Nedjelko Čabrinović, dermaßen verehrt, dass beide mehrmals sein Grab in Sarajewo besuchten und pflegten – und dort den Entschluss zur Durchführung jenes Attentats fassten, das die folgenschwere Juli-Krise und damit den Ersten Weltkrieg auslöste.[1087] Die serbische Anti-Österreich-Propaganda, die von Vornherein auf die Zerstörung der Donaumonarchie gerichtet war, hatte also ihre Wirkung nicht verfehlt. Wie gesagt, hatten die erzkatholischen Reaktionäre in Wien mit der Annexion Bosniens und der Herzegowina im Jahr 1908 der Doppelmonarchie den vielzitierten Nagel in den Sarg getrieben. Hätte man auf Kronprinz Rudolf gehört und die stolzen Serben bei der Bildung eines eigenen Großreichs unterstützt, hätte man in ihnen treue Bündnispartner gefunden. Da man sie lieber unterdrückte und ausbeutete, war eben Terrorismus die Antwort der Schwächeren auf die unerwünschte Besetzung Bosnien-Herzegowinas durch Österreich-Ungarn. Diesem Terrorismus fiel Franz Ferdinand mitsamt seinem Konzept der Vereinigten Staaten von Groß-Österreich am 28. Juni 1914 in Sarajewo zum Opfer.

Hauptverantwortlich: Serbien

Kopf und Hauptdrahtzieher des Attentats von Sarajewo war, wie gesagt, Oberst Dragutin Dimitrijević (Apis), der sich dabei seiner Befugnisse und Kontakte sowohl als Chef des militärischen Abwehrdienstes im serbischen Generalstab als auch als führendes Mitglied der nationalistischen Terrororganisation Schwarze Hand bediente. Schon 1913 soll er die Ermordung sowohl des österreichischen Thronfolgers als auch des Gouverneurs von Bosnien geplant haben.[1088] Im Mai 1914, dem Monat vor dem Anschlag, äußerte Apis im Kreis von Freunden, dass »man auf Franz Ferdinand Bomben schleudern sollte.« Dies bestätigt ein vertrauenswürdiger Zeuge: der serbische Diplomat und Minister Doktor Milan Bogićević.[1089] Im Prozess anlässlich des 1916 ziemlich sicher gar nicht stattgefundenen Attentats auf den serbischen Prinzregenten und Thronfolger Alexander I. Karađorđević (1888 bis 1934) überreichte Oberst Dimitrijević als offenbar fingierter Hauptbeschuldigter dem Gerichtsvorsitzenden am 11. April 1917 nachfolgendes eigenhändig verfasstes Geständnis inklusive wichtiger Details und Hintergrundinformationen hinsichtlich der terroristischen Ermordung Franz Ferdinands im Sommer 1914. Wir überspringen die ersten beiden, nur auf das Gerichtsverfahren bezogenen Absätze des Geständnisses, sodass der Einstieg direkt bei der Planung des Attentats gegen den österreichischen Thronfolger erfolgt (Hervorhebungen durch die Autorin):

> *Als Chef des militärischen Abwehrdienstes im Generalstab stellte ich Rade Malobabić ein, damit er in Österreich-Ungarn einen Informationsdienst organisiere. Er nahm mein Angebot an. Ich tat diesen Schritt in Übereinstimmung mit dem russischen Militärattaché Artamanov, der mit Rade in meiner Anwesenheit zusammentraf. Rade begann mit der Arbeit. Ich fühlte, dass Österreich einen Krieg gegen uns plant. Ich dachte, dass durch das Verschwinden des österreichischen Thronfolgers Franz die Clique des Militärs, deren Haupt er war, ihre Macht einbüßen würde und so die Kriegsgefahr aufgehoben oder verschoben werden könnte. Also hielt ich Malobabić an, anlässlich des Besuchs von Franz Ferdinand in Sarajewo ein Attentat auf ihn zu organisieren.*
>
> *Ich entschloss mich dazu erst, als mir Artamanov versichert hatte, dass Russland uns nicht ohne Schutz lassen würde, wenn Österreich uns angriffe. Bei dieser Gelegenheit erwähnte ich meinen Attentatsplan nicht. Das Motiv dafür, dass ich ihn um seine Meinung bezüglich der Haltung Russlands fragte, begründete ich mit der Möglichkeit, dass Österreich sich unserer Tätigkeit in Bezug auf die Information [Spionage] bewusst werde und dies als Vorwand benützen könnte, uns anzugreifen.*
>
> *Malobabić führte meinen Befehl aus, organisierte und führte das Attentat durch. Seine wichtigsten Komplizen standen in meinem Dienst und bekamen geringes Entgelt, das ich ihnen durch Malobabić schickte. Einige Empfangsbescheinigungen sind in*

den Händen der Russen, da ich zu **diesem** Zweck von Herrn Artamanov Geld bekommen hatte, denn der Generalstab besaß keinen Fonds für **diese** verstärkte Tätigkeit.

Muhamed Mehmedbasić ist der einzige mosleminische Serbe, der an dem Attentat teilnahm. Er flüchtete danach nach Montenegro und kam während des Kriegs zu mir nach Užice. Mit meiner Hilfe gelangte er, aus Korfu kommend, nach Athen, und zwar im Zusammenhang mit der Sache, die nun dem Gericht vorliegt [dem angeblichen Attentat auf den serbischen Thronfolger 1916]. Da ich mich für diese beiden Männer moralisch verpflichtet fühle, tat ich alles für sie, ohne Rücksicht auf Verordnungen.

Rade Malobabić hielt ich aus einem anderen Grund versteckt. Der Chef der Polizeiabteilung des Oberkommandos, Herr Tukaković, versuchte vor dem Krieg, als er Chef des Bezirks Podrinje war, Rade verdächtig zu machen, nur weil Rade nicht geneigt war, ihm zu enthüllen, in welcher Sache er für den Generalstab tätig war, und besonders deswegen, weil Rade, gegen den Willen Tukaković's und mit Hilfe der Grenzoffiziere, Bomben, Gewehre und Munition für die Attentäter nach Bosnien mitnahm und auch, weil Herr Malobabić bereits einmal Opfer einer solchen Anschuldigung seitens der Polizei gewesen war. Er hatte ein Jahr lang im Gefängnis von Niš Folterungen erleiden müssen. Darüber gibt es schriftliche Unterlagen.

Da es in dieser Sache viele Verwicklungen gibt, die das Staatsinteresse betreffen können, und da ich gezwungen bin, dies für meine und der Angeklagten Verteidigung zu enthüllen, nämlich wegen des gegen Seine Königliche Hoheit den Thronfolger verübten Attentats, halte ich als Serbe es für meine Pflicht, das Gericht hierüber im Voraus zu informieren.

Es ist mir nicht möglich, von meiner Absicht abzusehen, denn ich bin der Ansicht, dass die Untersuchung gegen mich beeinflusst wurde, zunächst durch diese unerklärlichen Momente, nämlich durch meine Beziehungen zu Herrn Malobabić, und daher muss ich die Umstände erklären, die ihn und Mehmed Mehmedbasić auf die Anklagebank gebracht haben. Ich könnte in meinem Grabe keine Ruhe finden, wenn ich den Gedanken nicht loswürde, dass ein serbischer Militärgerichtshof für Offiziere ein Urteil des österreichischen Gerichts gutheißt und vollstreckt und dass der einzige serbische Moslem, der am Protest des serbischen Volkes und der Jugend Bosniens gegen die österreichisch-ungarische Tyrannei teilnahm, von einem serbischen Militärgericht bestraft wird.

Der Angeklagte: Dragutin T. Dimitrijević
Generalstabsoberst [1090]

Der letzte Absatz des umfassenden Geständnisses des führenden Kopfs der antiösterreichischen Terrororganisation Schwarze Hand verrät das wahre Motiv für die Ermordung Erzherzog Franz Ferdinands: Unter dem Deckmantel des Tyrannenmords sollte jener Mann beseitigt werden, der den österreichischen Slawen einen eigenen Staat geben wollte und dadurch das großserbische Ziel mehr gefährdete als jeder andere Mensch auf diesem Erdball.[1091] Die einleitende Behauptung im ersten Absatz, durch die Ermordung Franz Ferdinands eine von Österreich ausgehende Kriegsgefahr eindämmen zu wollen, ist nichts als eine doppelt absurde Schutzbehauptung. Zum einen verfolgte Österreich-Ungarn, wie ausführlich gezeigt wurde, aus mehreren Gründen keine kriegerischen Absichten. Schließlich zeichnete sich die Donaumonarchie unter der Führung des schon damals als Friedenskaiser berühmten Franz Joseph I. während der Vorkriegskrisen auf dem Balkan durch ihr souveränes Heraushalten aus. Zum anderen war gerade auch der österreichische Thronfolger für sein Bemühen um den europäischen Frieden bekannt, weshalb just das »Verschwinden« seiner Person Österreich in seinem Fortbestehen bedrohte und geradezu zum Krieg gegen Serbien provozieren musste. Abgesehen von den bekannten Fakten, stellt sich die Verstandesfrage, die zugleich eine Herzensfrage ist:

Wie kann ein Mord einen Krieg verhindern?

Apis war sich seinen eigenen Worten zufolge bereits im Planungsstadium völlig über die Folgen des Attentats im Klaren. Er wusste, dass Österreich die Wahrheit herausfinden und daher Serbien ins Gebet nehmen würde, sei es auf diplomatischem Wege oder mittels militärischer Maßnahmen. Genau deshalb holte sich Dimitrijević im Vorfeld einen russischen Blankoscheck, wobei er den mehrfach erwähnten russischen Militärattaché in Belgrad, Oberst Viktor Artamanov, gleichzeitig über das geplante Attentat in Kenntnis setzte.

Zweiter Blankoscheck für Serbien

Bei der Erteilung des russischen Blankoschecks durch Oberst Artamanov, also »bei **dieser** Gelegenheit«, schreibt Apis, »erwähnte ich meinen Attentatsplan nicht.« Bei einer oder mehreren **anderen** Gelegenheiten weihte Oberst Dimitrijević demnach Artamanov, der auch ein Agentenkollege der Globalisierungsclique war, sehr wohl in die Attentatspläne ein. Ansonsten hat die spezielle Einschränkung (»dieser«) keinen

Sinn. Im nächsten Absatz erläutert Apis ohnehin, dass er »zu **diesem** Zweck«, sprich für das von Malobabić ausgeführte Attentat (erster Satz) »von Herrn Artamanov Geld bekommen hatte.« Den letzten Zweifel räumt der ursprüngliche Geständnisentwurf des Oberst Dragutin Dimitrijević aus, den der jugoslawische Staatspräsident Tito nach dem Zweiten Weltkrieg veröffentlichen ließ. Hier der relevante Absatz:

Bevor ich den endgültigen Beschluss fasste, dass das Attentat verübt werden sollte, holte ich von Oberst Artamanov ein Gutachten ein, was Russland tun würde, falls Österreich uns angriffe. Artamanov antwortete mir, dass Russland uns nicht im Stich lassen würde. Obiges Gutachten verlangte ich mit dem Hinweis, dass Österreich unsere gemeinsame Tätigkeit merken könnte und uns unter diesem Prätext angreifen könnte [...] Die Hauptteilnehmer an dem Attentat waren meine Agenten und erhielten kleinere Honorare, da ich Geld für diese Arbeit im Ausland in erster Zeit vom General Artamanov [inzwischen befördert] erhielt, denn der Große Generalstab verfügte noch über keine Kredite für diese Tätigkeit.[1092]

Warum die Reinschrift vom Entwurf abweicht, ist leicht erklärt. Dimitrijević, der um sein Leben bangte, musste vorsichtig formulieren. Schließlich ging es beim besagten Prozess um seinen Kopf. »Außerdem zählte er auf die Intervention seiner Freunde in England, Frankreich und besonders in Russland«, wie der jugoslawische Historiker Vladimir Dedijer zu berichten weiß.[1093] Da sich das serbische Kriegsglück schon lange vor 1917 gewendet hatte und Russland mitten in der Revolution steckte, wollte das serbische Establishment möglichst die Gunst der Österreicher zurückgewinnen. Da diese schon vor Kriegsbeginn im Juli 1914 die serbische Verantwortung für die Ermordung ihres Thronfolgers gewissenhaft juristisch bewiesen (siehe weiter unten) und bereits am 28. Oktober 16 der 25 bosnischen wegen Hochverrats und Meuchelmords Angeklagten verurteilt hatten,[1094] wollte man in Serbien wohl wenigstens ein kleines Aufgebot der Schuldigen präsentieren, ohne jedoch gleichzeitig die Involvierung der ganzen serbischen Regierung einzugestehen. Als Beamter, hochrangiger Offizier und Leiter eines militärischen Geheimdienstes gehörte Apis nicht nur eindeutig der Hoheitsverwaltung an und war damit der serbischen Regierung zuzurechnen, sein Wissen als Hauptdrahtzieher konnte weiterhin sowohl die Mitwisser der serbischen Regierung als auch Apis' russische, französische, englische und eventuell auch US-amerikanische Freunde hochgehen lassen. Um seine Haut zu retten, durfte er weder zu viel noch zu wenig preisgeben. Unter diesem Druck schrieb er sein Geständnis.

Seine mit dem eigentlichen Prozess wegen des Attentats auf den serbischen Thronfolger Alexander 1916 überhaupt nicht in Verbindung stehende Aussage über das Mordkomplott gegen Franz Ferdinand 1914 hatte man Dragutin Dimitrijević trickreich abgeluchst: Das Attentat auf den Regenten vom 29. August 1916 wurde mit einiger Gewissheit schlichtweg erfunden, um nach gescheiterten Festnahme- und Mordversuchen Apis endlich in Gewahrsam zu nehmen.[1095] Auf Geheiß Alexanders ließ General Petar Zivković dem verzweifelten Apis über einen Gefängniswärter ausrichten, der Prozess würde sofort beendet werden, sofern er (Apis) »die ganze Geschichte des Attentats von Sarajewo enthüllte und in diesem Zusammenhang seine, Malobabićs und Vulovićs Rolle schildere.« Dimitrijević schilderte, wurde am 5. Juni zum Tode verurteilt und am 26. Juni 1917 nach größten Qualen erschossen, obwohl die britische und russische Regierung Alexander zur Amnestie ermahnten: »Alexander schob alle Interventionen, die im Interesse von Apis durchgeführt wurden, beiseite.«[1096]

Dem aufmerksamen Leser wird nicht entgangen sein, dass es weder einen sachlichen Konnex zwischen den Attentaten auf Alexander 1916 und auf Franz Ferdinand 1914 noch einen aus Sicht der serbischen Regierung vernünftigen Grund für Dimitrijevićs Begnadigung gab. Ganz im Gegenteil. Alles sprach für seine Hinrichtung: Man entfernte einen absoluten Monarchiefeind, brachte den Österreichern ein Bauernopfer dar und dieses gleichzeitig zum Schweigen.[1097] Es steht daher ohne Zweifel fest, dass Dimitrijević 1917 im Rahmen eines von der serbischen Regierung verübten Justizmords umgebracht wurde, weil er sonst die von ihm angedeuteten Fakten über die Schuld der serbischen Regierung inklusive der Krone an der Ermordung des österreichischen Thronfolgers und damit am Beginn des Ersten Weltkriegs hätte preisgeben können.[1098] Apis sagte ja, dass es »in dieser Sache viele Verwicklungen gibt, die das Staatsinteresse betreffen können.«

Eine dieser Verwicklungen betrifft die oberste Führung der serbischen Streitkräfte: Apis und die Schwarze Hand steuerten den Untergrundkampf gegen Österreich-Ungarn im Wissen des serbischen Generalstabs.[1099] Oberst Dimitrijević musste seine Vorgesetzten zumindest in Kenntnis setzen, weil er sich als erklärter Feind der Krone und des Premiers Nikola Pašić (1845 bis 1926) keinen Alleingang leisten konnte. Eine weitere Verwicklung berührt Serbiens Verhältnis zu seinem Beschützer Russland. Der russische Militärattaché in Belgrad Oberst Artamanov, der übrigens ab 1920 in den Dienst der jugoslawischen Armee trat,[1100] hatte eindeutig bereits einige Wochen vor dem Anschlag auf Franz Ferdinand Kenntnis über die diesbezüglichen Planungen. Seit seiner Ernennung zum Chef der Abwehr des serbischen Generalstabs im Sommer

1913 stand Apis in regelmäßigem Kontakt zu Artamanov und seinem Assistenten Werchowsky, wobei er diesen die militärischen Informationen seiner Agenten in Österreich-Ungarn übergab und dafür von Artamanov von Zeit zu Zeit Geldbeträge für die Deckung der diesbezüglichen Kosten erhielt.[1101] Dass Artamanov und Apis damals täglich zusammenarbeiteten, bestätigt der serbische Oberst Božin Simić.[1102]

Viktor Artamanov selbst beschrieb sein Verhältnis zu Dragutin Dimitrijević ganz offen als enge Verbindung. Außerdem »gestand« Artamanov, dass er die von Apis angeordnete Spionagetätigkeit in Österreich-Ungarn finanziert hatte.[1103] Sein »Geständnis« hat jedoch ob Apis' klarer Aussage und ihrer Bestätigung durch Quittungen (Empfangsbescheinigungen) keinerlei Aufklärungswert. Artamanov bestätigte lediglich das Offensichtliche. Seine Dementierung, er sei vor dem Meuchelmord an Franz Ferdinand nicht informiert gewesen,[1104] wurde von einigen Zeugen als Lüge entlarvt. Zuerst ganz allgemein von Dimitrijević. Sehr viel konkreter wurde Oberst Simić, indem er berichtete, dass sich Artamanov und Apis gemeinsam den Tod des österreichischen Thronfolgers wünschten. Als Artamanov aus Apis' Mund über die Vorbereitungen des Anschlags erfuhr, ließ er sich für seine Beurteilung ein paar Tage Zeit. In dieser Sache konsultierte er den Prinzregenten Alexander I. sowie den serbischen Ministerpräsidenten Nikola »Baja« Pašić (1845 bis 1926).[1105] Dass Pašić schon lange geglaubt hatte, »dass die Vereinigung aller Serben nicht in Friedenszeiten erreicht werden könne, dass man sie lediglich in der Glut eines großen Krieges und mit dem Beistand einer Großmacht schmieden könne«,[1106] war Apis' und Artamanovs Sache mehr als zuträglich.

Schließlich lieferte der russische Militärattaché den moralischen Anschein einer Rechtfertigung für die geplante Terroraktion frei Haus, indem er die serbische Regierung mittels Falschmeldung über einen bevorstehenden österreichischen Einmarsch in Serbien zum Handeln drängte.[1107] Dass Drahtzieher Apis selbst an diesen Unsinn glaubte, ist aufgrund des dargelegten Sachverhalts mit Sicherheit auszuschließen. Beide, Apis und Artamanov, handelten ja im Bewusstsein, den Auslöser für jenen großen europäischen Krieg zu erschaffen, den sich serbische Strategen zur Einverleibung Bosnien-Herzegowinas inklusive Adria-Zugang und ihre russischen Kollegen zwecks Eroberung der türkischen Meerengen seit etwa 1908 herbeigesehnt hatten. Artamanovs ermutigende Antwort auf Apis' Anfrage um militärische Rückendeckung seitens Russlands in einem Krieg gegen Österreich-Ungarn lautete:

> *Macht weiter! Wenn Ihr angegriffen werdet,*
> *werdet Ihr nicht allein sein.*[1108]

Mit anderen Worten: Tötet Franz Ferdinand und wir helfen euch, wenn euch Österreich dafür zur Verantwortung zieht! Dass sich Artamanov vor der Erteilung obiger Zusage einige Tage eingeräumt hatte, lässt darauf schließen, dass er diese Zeit nicht nur für die erwähnten Gespräche vor Ort mit dem serbischen Kanzler und dem Prinzregenten genutzt, sondern in erster Linie im Vorfeld das weitere Vorgehen mit St. Petersburg beziehungsweise seinen Vorgesetzten im russischen Generalstab abgeklärt hatte.[1109] Alles in allem liegt sehr nahe, dass auch Artamanov nicht auf eigene Faust handelte.

Gesichert ist jedenfalls, dass Dragutin Dimitrijević nicht nur in Absprache mit dem russischen Militärattaché in Belgrad, sondern auch mit dem dortigen russischen Botschafter Nikolaj Hartwig vorging,[1110] jenem Mann, der als Agent von Alfred Milners geheimer Clique beziehungsweise im Auftrag des CID besonders ab 1912 als Großhirn des Balkanbundes und als Überbringer des russischen Suggestiv-Blankoschecks einen wesentlichen Beitrag zur Eskalation der Lage auf dem Balkan geleistet hatte.[1111] Hartwig tat sich als besonders harter Verfechter der russischen Expansion auf dem Bosporus und in Asien hervor[1112] und galt gemeinhin als »geschworener Feind Österreichs und als die Seele der österreichfeindlichen und russenfreundlichen Bewegung in Serbien.«[1113] Bis zu seinem plötzlichen Tod durch Schlaganfall am 10. Juli 1914 betrieb der russische Botschafter seine skrupellose großslawische Agitation in einer derart engen Verbindung mit der serbischen Regierung, »dass der serbische Minister des Äußeren allabendlich mit seinem Aktenbündel bei Hartwig erschienen ist, um sich Direktiven zu holen [...]«[1114] Den Recherchen des US-amerikanischen Historikers Harry E. Barnes zufolge war neben Artamanov auch Hartwig mit Sicherheit bereits im Vorfeld über den Mordanschlag an Franz Ferdinand aufklärt worden: »Diese beiden Männer waren sich schon lange vor dem 28. Juni 1914 des Komplotts bewusst.«[1115] Auch den Erkenntnissen des australischen Professors für militärische und diplomatische Geschichte Leonard C. F. Turner zufolge war es unmöglich, dass ausgerechnet Hartwig, »der permanente Führer und Mentor der serbischen Regierung [während der Balkan-Kriege], nicht konsultiert wurde [...] und kein Detailwissen über das Bevorstehende gehabt hätte.«[1116]

Dafür, dass noch einige weitere Mitglieder der Regierung des Zarenreichs am Plot gegen Österreich-Ungarn mitwirkten, gibt es handfeste Indizien. Zum Beispiel hatte der russische Außenminister Sergei Dmitrijewitsch Sasonow schon zu einem früheren Zeitpunkt dem serbischen Premier Nikola Pašić durch Botschafter Nikolaj Hartwig das Versprechen übermitteln lassen, »Serbien werde in Kürze die südslawischen Territorien des zerfallenden Habsburger Reiches erhalten«,[1117] was sich wiederum nahtlos in die russische Förderung des Panslawismus und des serbischen Expansionsdrangs einfügt. Sergei Sasonow war Raymond Poincarés Vertrauter, Empfänger französischer Blankoschecks und Vorantreiber des britisch-russischen Flottenabkommens. Außerdem war er der Ansicht, nur ein europäischer Krieg bringe Russland die türkischen Meerengen.[1118] Dazu passt der Bericht der k. u. k. Hauptkundschaftsstelle im rumänischen Temesvàr vom 6. Mai 1914, dem zufolge ein rumänischer Diplomat bestätigte, dass die Serben im Einverständnis mit Russland die feste Absicht verfolgten, den absehbaren Tod des österreichischen Kaisers zum Anlass zu nehmen, in Bosnien und Herzegowina einzufallen. Die nur sekundäre Absicht der serbischen Regierung war, ihre ablehnende Haltung gegenüber der Annexion der beiden Provinzen durch die Donaumonarchie zu dokumentieren. Primär ging es jedoch darum, »die [k. u. k.] Monarchie in einen Krieg zu verwickeln, damit sich Russland einmische, und in weiterer Folge die Abrechnung zwischen Dreibund und den Entente-Staaten erfolge.« Der rumänische Staatsmann sagte ausdrücklich:

> ***Serbien soll daher den Anstoß zu einem
> ganz Europa mit sich reißenden Krieg geben.***[1119]

In diesem Kontext entpuppt sich die ab 10. Mai 1914 anlaufende russische Probemobilisierung[1120] als militärische Rückendeckung für Serbien anlässlich des von Belgrad aus geplanten und koordinierten Attentats auf den österreichischen Thronfolger. Wenn sogar ein rumänischer Diplomat, ein Funktionär eines nicht in der Entente vertretenen Staats, über die Rolle Serbiens als **Kriegsfalle** Bescheid wusste, erscheint es ganz und gar nicht plausibel, dass ausgerechnet der russische Oberdrahtzieher Sergei Sasonow, der sowohl der Außenminister von Serbiens Schutzmacht als auch Cliquen-Agent war, keine Vorkenntnis über jenes kriegsauslösende Ereignis gehabt haben soll, das er sich so sehr wünschte: die Ermordung Franz Ferdinands. Dasselbe gilt für Kriegstreiber Alexander Iswolski, den russischen Botschafter in Paris. Aufgrund seiner großen Freude über die Ermordung Franz Ferdinands nehmen einige Historiker an, dass Iswolski Vorkenntnisse hatte.[1121]

Hier wären sie also wieder, die »phantastischen Fünf«, die auf Geheiß des CID und der geheimen Clique schon den ersten Balkankrieg als großen europäischen Krieg veranstalten sollten und wollten: Sasonow, Iswolski, Hartwig, Artamanov und Dimitrijević.[1122] Es würde an ein Wunder grenzen, wäre das CID, das seit 1905 den Vernichtungskrieg gegen das Deutsche Reich plante und vorbereitete, und mit ihm Großbritannien, Frankreich und eventuell auch die USA, nicht in irgendeiner Form involviert gewesen, und sei es nur wissend und wohlwollend mit dem Kopf nickend. Schließlich waren die Südslawen in einigen Ländern der Welt sehr gut vernetzt. Die Verbindung zu den USA wurde bereits dargestellt. Es gab aber noch weitere Querverbindungen wie zum Beispiel zu bosnischen und kroatischen Exilbürgern nach Frankreich und in die Schweiz.[1123]

Auf jeden Fall steht unumstößlich fest, dass die hohen russischen Funktionäre Viktor Artamanov und Nikolaj Hartwig ein wesentlicher, weil grundlegender Teil des Komplotts waren. In ihren Schnittstellenpositionen als Militärattaché und Botschafter in Belgrad gehörten sie der **russischen Regierung** an, die sie, zumindest objektiv betrachtet, in Serbien vertraten und für die sie dort amtshandelten. Dass auch der serbische Kanzler und der Prinzregent eingeweiht waren, wurde bereits erwähnt. Dass auch beinahe die gesamte **serbische Regierung** im Vorfeld Bescheid wusste, ist Gegenstand der nächsten Kapitel. Auf Basis der russischen Unterstützung, im Einvernehmen mit dem serbischen Generalstab und im Wissen der serbischen Regierung ließ Oberst Dimitrijević, der, wie gesagt, unbestreitbar selbst der serbischen Regierung zuzurechnen war, das Attentat auf den österreichischen Thronfolger vorbereiten und ausführen. Da die unmittelbaren Täter beziehungsweise Attentäter Bosnier, sprich Österreicher, waren, handelte es sich um eine verdeckte serbische Operation mit russischer Rückendeckung. Mit den Motiven der russischen und serbischen Drahtzieher deckten sich jene der bosnisch-serbischen Attentäter vollinhaltlich.

Geo- und militärstrategische Motive

Der sogenannte Tyrannenmord an Franz Ferdinand von Österreich-Este sollte symbolisch für den Protest gegen jene Verhältnisse stehen, die dem Heimatland der unmittelbaren Täter (Attentäter) von der Besatzungsmacht Österreich-Ungarn aufgezwungen wurden. Für die Attentäter kamen daher grundsätzlich mehrere Machthaber aus dem Reich der Habsburger als potenzielle Opfer in Betracht: der österreichische Kaiser Franz Joseph I., Finanzminister Leon Bilinski (1846 bis 1923), Ministerpräsident und Außenminister Leopold Berchtold (1863 bis 1942), Gouverneure wie zum Beispiel Feldzeugmeister Potiorek und nicht zuletzt Thronfolger Franz Ferdinand.[1124] Dass die Auswahl auf den Erzherzog fiel, war alles andere als ein Zufall. Kaiser Franz Joseph I. war aufgrund seines hohen Alters und seiner Zurückgezogenheit kein lohnendes Ziel mehr. Sein planmäßiger Nachfolger Franz Ferdinand hingegen stand nicht nur für die von ihm gewünschte Freundschaft mit Serbiens

Schutzmacht Russland, für den Frieden, eine ausgewogene Geo- und Militärstrategie, die für England beunruhigend gestärkte österreichische Mittelmeerflotte, die enge Freundschaft zum deutschen Kaiser und den Fortbestand der Monarchie, sondern auch für ihre föderative Umgestaltung und die künftige Gleichberechtigung aller Völker Österreich-Ungarns inklusive der Slawen. All dies stand, wie bereits gezeigt wurde, unabhängig von der Realisierbarkeit des Konzepts der Vereinigten Staaten von Groß-Österreich der Verwirklichung der großserbischen Idee bedrohlich entgegen.

Aus den genannten Gründen sollte Franz Ferdinand unbedingt sterben. Als Ort für einen Terroranschlag war zunächst Wien vorgesehen, weil sich seit dem letzten Besuch des Kaisers im Jahr 1910 (inklusive gescheitertem Attentat) kein Mitglied der Krone mehr in Bosnien blicken ließ. Südslawische Geheimbünde wie Mlada Bosna (Junges Bosnien) planten daher die Ermordung des österreichischen Thronfolgers in Österreich-Ungarn, also in Wien. Für diesen Zweck waren die beiden späteren bosnischen Haupttäter Gavrilo Princip und Nedjelko Čabrinović in Belgrad auf der Suche nach weiteren Mittätern und Waffen. Sie konnten es kaum fassen, als sie ab Mitte März 1914 aus Pressemitteilungen erfuhren, dass Franz Ferdinand bald nach Bosnien und in die Herzegowina reisen würde.[1125]

Als Čabrinović nach dem erfolgreichen Anschlag in Sarajewo auf Franz Ferdinand im Zuge der polizeilichen Voruntersuchung im Sommer 1914 nach seinem Motiv gefragt wurde, erklärte er, er habe den Thronfolger töten wollen, »weil dieser, soweit ihm aus den Zeitungen bekannt geworden, ein Feind der Slawen und namentlich der Serben sei, und weil die Serben ihm und dem heutigen Landeschef [General Potiorek] die Ausnahmemaßnahmen zu verdanken hätten.« Anschließend zählte er die Namen jener Zeitungen auf, denen er diese verlogene Propaganda entnommen hatte. In diesen Blättern sei Franz Ferdinand zudem als ausgezeichneter Feldherr, außergewöhnlicher Stratege sowie Österreichs Napoleon beschrieben worden. Das heranstehende Manöver in Bosnien, dem der Thronfolger in seiner Eigenschaft als Generaltruppeninspekteur der gesamten bewaffneten Macht Österreich-Ungarns Ende Juni 1914 bewohnen würde, diene, so die Presse, zur Vorbereitung eines Kriegs der Donaumonarchie gegen Serbien.[1126] In Wahrheit wurde jedoch beim Manöver im Raum Tarčin durch das XV. Korps planmäßig die Verteidigung gegen feindliche Angriffe aus dem Bereich der Adria gegen Sarajewo geübt. Es kam dabei nicht einmal ein Gegenstoß vor. Die österreichischen Truppen übten viel mehr den defensiven Verzögerungskampf, also das verzögernde Zurückweichen im eigenen Staatsgebiet.[1127] Dennoch wurde das Manöver in Serbien als Aggression interpretiert und Franz Ferdinand als größte Bedrohung für Serbien eingestuft.[1128]

Außerdem habe Čabrinović in serbischen Zeitungen gelesen, Franz Ferdinand wolle eine föderative Monarchie unter Einbeziehung Serbiens erschaffen. Als derart tüchtiger Mann sei er natürlich eine Gefahr für Serbien.[1129] Gavrilo Princip war der Ansicht, der österreichische Thronfolger hätte die Vereinigung Serbiens »durch die Einführung bestimmter Reformen verhindert.«[1130] Das trifft zweifellos zu, denn das Konzept der Vereinigten Staaten von Groß-Österreich sah ja autonome slawische Staaten vor, deren Gründung eine Abwanderung der österreichisch-ungarischen Serben nach Serbien unterwandert und damit der auf dem Irredentismus aufbauenden großserbischen Idee indirekt massiv geschadet hätten. Diese nur mittelbare, aber dennoch fatale Wirkung auf das im Werden begriffene Großserbien gab Princip zu. Er wusste, dass es beim Konzept der föderativen Monarchie nur um die österreichischen Slawen, nicht jedoch um Staatsbürger Serbiens ging. Dass Serbien der wahre Aggressor war, dessen war sich Gavrilo Princip bewusst. Er habe zwar ebenfalls Franz Ferdinand als »großen Mann« angesehen, »der den Südslawen in Zukunft viel schaden werde«, er machte jedoch auch keinen Hehl daraus, dass es seiner Meinung nach »eine moralische Pflicht Serbiens als des freien Teiles der Südslawen« war, »die Südslawen von Österreich zu befreien.« Auf die richterliche Frage, woraus er schließe, dass ausgerechnet der um die Rechte der Serben besonders bemühte Thronfolger den Südslawen viel schaden könne, antwortete Princip: »Wir haben nie von Österreich erwartet, dass es die Südslawen vereinige, sondern haben viel mehr erwartet, dass es wie die Pest zusammenbreche und von uns Südslawen verschwinde.« Die Zerstörung der Donaumonarchie war demnach das grundlegende Motiv der blutjungen Attentäter. Der geeignete Zeitpunkt zur Durchführung dieser Gedanken war nach Princips ausdrücklich artikulierter Ansicht:

Der nächste europäische Krieg.[1131]

Auf die Frage des leitendenden Obergerichtsrats Luigi von Curinaldi beim ersten Verhör im Strafprozess, wie Čabrinović gedachte, den radikalen serbischen Nationalismus »ins Werk zu setzen«, antwortete dieser am 12. Oktober 1914 kurz und bündig: »Durch einen Krieg«. Als er vom Richter gefragt wurde, auf welche Weise sich Čabrinović die Entreißung Bosniens und Herzegowinas aus dem staatlichen Gefüge Österreich-Ungarns vorstellte, antwortete er ähnlich knapp:

Natürlich durch Krieg.[1132]

Das Attentat hielt Nedjelko Čabrinović für den Vorläufer einer Revolution, die »Österreich gänzlich vernichten würde.« Österreich sei ein morscher Staat, dessen südliche Gebiete zwischen Serbien und Rumänien aufgeteilt werden müssten. Besonders interessant sind Nedjelko Čabrinovićs geostrategische und militärstrategische Ausführungen, die der gerade einmal 19-jährige Typograph (Schriftsetzer) ausdrücklich als das Gedankengut aller Serben deklarierte:

> *Auch werde es [Österreich] nicht genügend Truppen gegen Serbien aufbringen können, da es ein starkes Heer gegen Russland, Rumänien und Italien aufstellen und die unzufriedenen Tschechen, Polen, Magyaren, Serben, Slowenen und Kroaten im eigenen Gebiete werde überwachen müssen. So dachten alle Serben. Jedermann hoffe hier darauf, Bosnien und die Herzegowina durch einen Krieg von Österreich loszureißen, und man habe zur Vorbereitung des Kampfes in Bosnien eine Bewegung organisieren wollen wie die Mancinis. Wenn die Zeit gekommen sei, würde man Bomben und Waffen herbeigeschafft und Kasernen, Magazine und Amtsgebäude in die Luft gesprengt haben. Das Attentat habe er darum verübt, damit Serbien nach der Beseitigung des Thronfolgers Bosnien leichter erobern könne.*[1133]

Besagte geo- und militärstrategische Grundlagen habe Čabrinović ebenfalls den Zeitungen entnommen. Die serbische Presse druckte demnach einige Monate vor dem Beginn des Ersten Weltkriegs jene Situation ab, in der sich Österreich-Ungarn während des Kriegs befand: Es hatte tatsächlich an mehreren Fronten gegen Russland, Rumänien und seinen ehemaligen Bündnispartner Italien sowie mit internen Unruhen zu kämpfen. Die von Čabrinović beschriebene Kriegspropaganda zeigt unverblümt auf, dass es beim Attentat gegen Franz Ferdinand nur sekundär um die Beseitigung einer einzelnen Person ging. Primär drehte sich alles um die Fortsetzung der irredentistischen Destabilisierung, ihre Beschleunigung durch eine Revolution mehrerer Völker und die gezielte Einleitung des Prozesses zur Vernichtung des Staates Österreich-Ungarn in einem europäischen Krieg, bei dem die treibende Kraft Serbien plangemäß von Russland unterstützt werden würde. In diesem Wissen beziehungsweise in dieser Hoffnung handelten die jungen bosnischen Attentäter. Ihr Terroranschlag gegen Franz Ferdinand war daher eindeutig ein wesentlicher Bestandteil sowohl der subversiven Kriegsführung Serbiens und Russlands gegen Österreich-Ungarn als auch der Geostrategie beziehungsweise der militärischen Gesamtstrategie der Entente respektive des britischen CID. Vermutlich wussten die bosnischen Attentäter zwar keine Details über die serbisch-russische Verschwörung, sie handelten jedoch im vollen Bewusstsein, durch die Ermordung Franz Ferdinands gegebenenfalls einen europäischen Krieg auszulösen.

Die mittels dreister Lügen erzeugte Motivation der bosnischen Serben für das Attentat auf den österreichischen Thronfolger verdeutlicht eindrucksvoll, wie junge idealistische Männer generell durch Kriegspropaganda für fremde Zwecke missbraucht werden. Wie die jungen Bosnier wurde auch die gesamte Organisation der Freimaurerei missbraucht, indem man den berechtigten Verdacht der Mitttäterschaft der serbischen Regierung von dieser auf die Freimaurer abzulenken versuchte.

Keine freimaurerische Beteiligung

Die Intrige über eine vermeintlich freimaurerische Verschwörung gegen Franz Ferdinand wurde bereits zwei Jahre vor seiner Ermordung kreiert: Der Grand Orient, eine Pariser Loge, soll laut einem Artikel der *Paris Midi* vom 1. Januar 1914, der wiederum im *Berner Tagblatt* vom 28. Mai 1915 zitiert wurde, das »Todesurteil« über den österreichischen Thronfolger verhängt haben.[1134] Das Jahr der ganz offensichtlich propagandistischen Ankündigung eines »Tyrannenmords« soll 1912 gewesen sein, verkündete angeblich das *Bündner Tagblatt* am 25. August 1923.[1135] Es mag zwar vielleicht sein, dass einzelne serbische Drahtzieher über eine serbische Loge namens Ujedinjenje, einen Ableger des Großorients zu Paris,[1136] mit serbischen und französischen Freimaurern vernetzt waren, eine Mitgliedschaft der bosnischen Haupttäter in einer Freimaurerloge war jedoch völlig ausgeschlossen: Das Mindestalter für die Aufnahme in einer Loge beträgt 21 Jahre.[1137] Zum Zeitpunkt des Attentats hatten aber fünf der sieben entlang des Appel Kai in Sarajewo postierten bosnischen Haupttäter noch nicht einmal das zwanzigste Lebensjahr beziehungsweise die Volljährigkeit erreicht, weshalb sie auch nicht zum Tode verurteilt werden konnten. Der Schüler Gavrilo Princip war erst zum Zeitpunkt der Anklageerhebung 20, der Typograph Nedjelko Čabrinović 19, der Schüler Trifko Grabež 18, der Lehrling Cvetko Popović ebenfalls 18 und der Schüler Vaso Čubrilović 17 Jahre alt. Nur der Journalist (und vormalige Lehrer) Danilo Ilić und der nicht unter die bosnische Jurisdiktion fallende Moslem aus Herzegowina Muhamed Mehmedbasić wiesen ein Alter von 24 respektive 27 Jahren auf.[1138] Wie bereits erwähnt, hatten Ilić und Mehmedbasić gemeinsam mit dem serbischen Major Vojislav Tankosić das gescheiterte Attentat auf den österreichischen Kaiser im Jahr 1910 geplant.

In Ermangelung des Mindestalters für die Aufnahme in den Kreis der Freimaurer bei der überwiegenden Mehrheit der Attentäter handelte es sich eindeutig um keine freimaurerische Verschwörung. Und was ist mit den Drahtziehern im Hintergrund? »Aber auch keiner der Anstifter und Förderer gehörte dem Bund [der Freimaurer] an«, heißt es im internationalen Freimaurerlexikon.[1139] Dies könnte freilich eine Schutzbehauptung sein, jedoch sprechen die Aussagen der Attentäter viel eher dafür, dass auch die Drahtzieher tatsächlich keinem freimaurerischen Komplott angehörten. Die Hauptattentäter Princip und Čabrinović wichen von ihren klaren geo- und militärstrategischen Motiven im Rahmen der Voruntersuchung erst im Zuge der Hauptverhandlung in Richtung der Theorie einer freimaurischen Verschwörung ab. So ordneten sie Oberst Apis' Verbindungsmänner, den serbischen Major Tankosić und den Geheimdienstler Milan Ciganović, sowie einen gewissen Kazimirović, der Geld für das Attentat aus Frankreich beschafft haben soll, erst nachträglich der Freimaurerei zu. Zudem deklarierte sich der dafür viel zu junge Nedjelko Čabrinović nach einigem Hin und Her selbst als Freimaurer, wobei er ausdrücklich eine maximal indirekte respektive bekräftigende Wirkung der Freimaurerei auf die Ermordung des österreichischen Thronfolgers zugestand: »Die Freimaurerei steht mit dem Attentat insofern in Verbindung, als ich dadurch in meinem Entschluss bestärkt wurde [...] Ciganović sagte mir, die Freimaurer hätten Franz Ferdinand schon vor einem Jahr zum Tode verurteilt.«[1140] Hier wurde offensichtlich Bezug auf das in der französischen Presse publizierte (angebliche) Todesurteil gegenüber Franz Ferdinand seitens des Pariser Großorients genommen.

Weder das amtliche Protokoll noch das stenographische Protokoll der Hauptverhandlung in Sarajewo befinden sich im Staatsarchiv in Wien. Besagtes Čabrinović-Zitat stammt aus einem privaten Prozessbericht, der vom Jesuitenpater Anton Puntigam unter dem Pseudonym »Professor Pharos« verfasst wurde.[1141] Dass Pater Puntigam ein erklärter Feind der Freimaurerei war, bedeutet nicht zwangsweise, dass seine Aufzeichnungen falsch sind. Sie belegen aber ohnedies nur den skizzierten Aussagenumschwung hinsichtlich des Anschlagsmotivs vom Strategischen (Voruntersuchung) hin zum angeblich Freimaurerischen (Hauptverhandlung). Exakt aus diesem Grund, so stellte auch das Urteil des Gerichts in Sarajewo fest, ist den diesbezüglichen Aussagen der Attentäter kein Glauben zu schenken. Ihnen ging es ganz offensichtlich darum, vom Verdacht der Mitwirkung der Schwarzen Hand und der Involvierung der serbischen Regierung abzulenken.[1142]

Nichts destotrotz schlussfolgerte der österreichische deutschnationale Politiker und Reichsratsabgeordnete Doktor Friedrich Wichtl (1872 bis 1922) im Jahr 1921 anhand der spärlichen und widersprüchlichen Aktenlage: »Aus dem Mitgeteilten ergibt sich sonnenklar, dass der Plan der Ermordung von den Freimaurern ausgegangen ist.«[1143] Sonnenklar ist jedoch nur Wichtls Verblendung, die ihn dazu bewog, krampfhaft eine Verantwortlichkeit der Freimaurerei zu konstruieren. Sehr ähnlich arbeitete der deutsche Anthroposoph Karl Heise (1872 bis 1939). Er schälte zwar 1920 die Unterschiede zwischen der deutschen und der Entente-Freimaurerei akribisch heraus und erklärte nachvollziehbar, warum letztere der gezielten Auslösung des Ersten Weltkriegs gedient hatte, was jedoch ausgerechnet die angebliche Verwicklung der Freimaurerei in das Attentat auf Franz Ferdinand betrifft, versagt auch Heise auf voller Linie. Seine diesbezügliche These stützt er hauptsächlich auf die Prophezeiung einer Pariserin: der Frau Savigny, die sich in der Öffentlichkeit unter dem Pseudonym Sibylle Madame de Thèbes als »Wahrsagerin« betätigte. Dass sie Franz Ferdinands Tod ursprünglich felsenfest im Jahr 1913 »vorhersah«, sich dabei jedoch grundlegend irrte, beeindruckt Karl Heise augenscheinlich ebensowenig wie der Umstand, dass die Narodna Odbrana nicht unbedingt eine Geheimloge mit terroristischen Kontakten nach Frankreich sein musste.[1144]

Die dargestellte Vernetzung zwischen Dimitrijević, Artamanov und Hartwig erfolgte geradezu idealtypisch auf dem Dienstweg. Und der alles bestimmende Erstkontakt zwischen Apis' Handlangern und den jungen bosnischen Attentätern war so gut über die serbisch nationalistischen Vereinigungen Mlada Bosna, Narodna Odbrana und die Schwarze Hand gewährleistet, dass es dazu nicht auch noch einer Freimaurerloge bedurfte. Es könnte zwar gut sein, dass Apis und Konsorten mit den Verantwortlichen des CID im Wege freimaurerischer Kanäle verbunden waren, dafür finden sich jedoch keine Belege. Auch der jugoslawische Historiker Vladimir Dedijer, dem grundsätzlich eine Verantwortlichkeit der Freimaurer und eine Entlastung des serbischen Establishments gelegen kommen müsste, gesteht trotz intensiver Recherchen ein: »Der Autor hat keinen Beweis gefunden, dass Freimaurer Urheber oder Teilnehmer am Attentat von Sarajewo waren.«[1145]

Dass ein solcher Beweis vermutlich gar nicht zu erbringen ist, bestätigte ausgerechnet ein deutsches Gericht im heiklen Jahr 1931: Der frühere deutsche Stabschef General Erich von Ludendorff (1865 bis 1937) wurde wegen seiner unhaltbaren Behauptungen über die Verwicklung der Freimaurer in die Auslösung des Ersten Weltkriegs von deutschen Freimaurern verklagt und zu einer Geldstrafe von 500 Mark verurteilt.[1146] Gegen eine Verantwortlichkeit der Freimaurer sprechen zudem nicht nur ihre liberalen Grundsätze, die im Einklang mit der jeweiligen staatlichen Rechtsordnung zu handhaben sind, sondern auch das Faktum, dass Freimaurer wie

Kronprinz Rudolfs Lehrer und Freunde die Monarchie unbedingt vor dem drohenden Untergang bewahren wollten. Wie bereits gezeigt wurde, waren für den Untergang der Habsburgermonarchie keinesfalls die Freimaurer, sondern vielmehr uneinsichtige reaktionäre Erzkatholiken verantwortlich, die förmlich den serbischen Hass auf Österreich-Ungarn erzeugten. Deren unverantwortliches Handeln sowohl gegenüber Serbien als auch gegenüber den slawischen Minderheiten im eigenen Reich war der Treibstoff im serbischen Terrorismusmotor, der bis zum Attentat auf Franz Ferdinand auf Hochtouren lief.

Vorbereitung der verdeckten Operation

Für das Attentat auf den österreichischen Thronfolger wurden zwei unmittelbare Terrorzellen zu je drei Mann geschaffen, eine in Belgrad und eine direkt in Sarajewo. Den Führungsoffizier in Sarajewo Danilo Ilić eingerechnet, umfasste daher die Kernmannschaft sieben Terroristen, die zum Großteil der serbischen Terrororganisation Schwarze Hand angehörten. Der Belgrader Führungsoffizier war ein bosnisch-serbischer Geheimdienstler namens Milan Ciganović, der dem serbischen Major Tankosić und über diesem wiederum Oberst Dimitrijević unterstand. Alle Befehle wurden ausschließlich mündlich weitergegeben. Die Ausrüstung, Ausbildung und Beförderung der in Belgrad formierten ersten Terrorzelle nach Sarajewo wurde über ein dichtes Netz aus serbischen Beamten sowie aus serbischen und bosnischen Mitgliedern von Vereinigungen wie die Schwarze Hand und Narodna Odbrana sichergestellt.

Die erste Terrorzelle, also jene, die in Belgrad formiert wurde, setzte sich aus den jungen Bosniern Gavrilo Princip, Nedjelko Čabrinović und Trifko Grabež zusammen. Die drei Freunde waren Mitglieder sowohl der Vereinigung Junges Bosnien als auch der Schwarzen Hand.[1147] Princip wurde wegen seiner Teilnahme an antiösterreichischen Demonstrationen aus Bosnien ausgewiesen.[1148] Nachdem er und Čabrinović in Sarajewo am Grab des gescheiterten Kaisermörders Bogdan Zerajić den Entschluss zur Ermordung Franz Ferdinands gefasst hatten, begaben sie sich, wie bereits erwähnt, in die serbische Hauptstadt, wo sie und Grabež weiterhin von der allgegenwärtigen Anti-Österreich-Propaganda infiziert und buchstäblich radikalisiert wurden. Aus Pressemeldungen erfuhren sie vom heranstehenden Besuch des österreichischen Thronfolgers in Sarajewo. Daher änderten sie den Ort der Durchführung des Attentats von Wien auf Sarajewo. Bereits im Frühling 1914 ging durch die serbischen Medien, dass Erzherzog Franz Ferdinand von 25. bis

27. Juni militärischen Übungen im südbosnischen Raum beiwohnen würde. Des Weiteren sah das für die Erzielung einer großen Menge Jubelnder und gleichsam terrorismusfreundlich einige Wochen vorher verkündete Programm die abschließende Besichtigung der bosnischen Hauptstadt Sarajewo durch Franz Ferdinand und seine Gemahlin Sophie von Hohenberg am 28. Juni 1914 vor. Zeitplan und Fahrtstrecke wurden ebenfalls frühzeitig veröffentlicht. Den für den endgültigen Beschluss zur Ermordung des österreichischen Thronfolgers maßgeblichen Pressebericht erhielt Nedjelko Čabrinović laut eigenen Angaben mit der Post respektive als Brief, dessen Absender ihm angeblich unbekannt war. Besagten Artikel zeigte er schließlich Gavrilo Princip und Trifko Grabež, worauf sich die drei bereits von der serbischen Propaganda gegen die Donaumonarchie aufgehetzten Männer auf das Attentat vorbereiten wollten, um eine Revolte in der Donaumonarchie und einen gegen diese gerichteten Krieg auszulösen.[1149] Dem Urteil des Hochverratsprozesses von Sarajewo vom 28. Oktober 1914 zufolge

> *steht also außer Zweifel, dass der Aufenthalt des Čabrinović, Princip und Grabež in Belgrad und das Lesen der dortigen Zeitungen und Broschüren, in welchen der Hass gegen die österreichisch-ungarische Monarchie öffentlich geschürt und zum Kriege gegen sie zur Befreiung der Südslawen gereizt wird unter Schilderung der Lage der Südslawen in der österreichisch-ungarischen Monarchie als einer sklavischen, ohne irgendwelche Rechte und Freiheit, imstande war, in ihnen den Geist unversöhnlicher Feindschaft gegen die österreichisch-ungarische Monarchie sowie die Idee zu erwecken, sich zum Frommen der Südslawen zu opfern und zwecks Befreiung erwähnter Länder [Bosniens und Herzegowinas] durch Krieg und deren Angliederung an das serbische Königreich das Attentat auszuführen.*[1150]

In Belgrad lernten die drei jungen Bosnier jenen Mann kennen, der das Attentat überhaupt ermöglichte und dabei als Führungsoffizier fungierte: Milan Ciganović, ein bosnischer Serbe, der früher unter dem Kommando von Major Vojislav Tankosić mit den Partisanen gegen Bulgarien gekämpft hatte. Ciganović lebte schon länger in Belgrad, war hauptberuflich als Eisenbahner und ansonsten im serbischen Geheimdienst tätig. Zudem war er Mitglied der Narodna Odbrana und der Schwarzen Hand. Nach einer Unterredung mit besagtem Major Tankosić, der nach wie vor Offizier der serbischen Streitkräfte und darüberhinaus Mitglied der Schwarzen Hand und der Narodna Odbrana war, erteilte Milan Ciganović den drei künftigen Attentätern in der letzten Maiwoche auf einem Schießstand im Belgrader

Park Topćider Schießunterricht mit Faustfeuerwaffen und Munition aus Tankosićs Beständen.[1151] Dabei erwies sich Princip, der zuvor bei den Partisanen Schießen gelernt hatte, als der beste Schütze.[1152] Die Waffen wurden von niemand geringerem gekauft als vom Kopf des gesamten Unternehmens höchstpersönlich: dem Chef des Abwehrdienstes des serbischen Generalstabs Oberst Dragutin Dimitrijević. Als Zeuge durch eigene Wahrnehmung bestätigt der serbische Minister Milan Bogićević, dass sich Apis gegenüber einigen Freunden für den Kauf der Pistolen rühmte, während er grinsend die Quittung vorzeigte. Derselbe Zeuge sagte über Apis' Bemerkung im Mai 1914 aus, auf Franz Ferdinand sollten Bomben geschleudert werden.[1153]

Besagte »Bomben«, bei denen es sich um Handgranaten handelte, erhielten die bosnischen Verschwörer nach erfolgreich absolviertem Schnellsiedekurs für Attentäter an einem der nächsten Tage, vermutlich am 27. Mai 1914. Der ersten Terrorzelle wurde alles ausgehändigt, was sie auf dem Weg nach Sarajewo und zur dortigen Durchführung des Attentats benötigen würde: vier Pistolen der Marke Browning inklusive Munition und sechs Handgranaten aus dem serbischen Armeelager in Kragujevac.[1154] Neben nicht funktionstüchtigem Zyankali für den anschließenden Biss in den Terroristensuizid erhielten die drei Jungs aus Bosnien auch Reisegeld in Höhe von 160 Dinaren sowie jeweils mit einem zweistelligen Code beschriebene Ausweiskarten zur Vorlage bei Major Rade Popović, jenem Grenzrayonsoffizier in Sabać, der die Attentäter unerkannt nach Bosnien schleusen sollte. Weiterhin übergab man ihnen die Anschrift eines weiteren Kontaktmanns in Tuzla, des Bauern Miško Jovanović, der beim Transport der Waffen in Bosnien behilflich sein würde.[1155]

Es war also so gut wie an alles gedacht worden. Das ganze Unternehmen war allerdings von Beginn an so geheim angelegt worden, dass die Verbindung zwischen serbischen Beamten respektive Behörden und den Attentätern für Außenstehende nicht zu erkennen war. Besonders akribisch wurde auch die verdeckte Beförderung der Attentäter von Belgrad nach Sarajewo geplant und durchgeführt (siehe Abb. 54). Von Belgrad bis Loznica reisten Princip (5), Čabrinović (3) und Grabež (6) gemeinsam. Von dort machten sie sich nach Tuzla auf, wobei Princip und Grabež zusammen blieben und Čabrinović eine andere Strecke nahm. Ab Tuzla reiste die erste Terrorzelle wieder zu dritt weiter nach Sarajewo. Die Nummerierung dieser drei Attentäter entspricht ihrer endgültigen Aufstellung beim Hinterhalt in Sarajewo am 28. Juni 1914. Sie wird im Kapitel über die Aktivierung der serbischen Kriegsfalle auch optisch dargestellt.

Abb. 54: Beförderung der Attentäter von Belgrad nach Sarajewo

Genau ein Monat vor dem Anschlag in Sarajewo, am 28. Mai 1914, begaben sich Princip, Čabrinović und Grabež mit dem Schiff nach Sabać, wo sie, wie geplant, von Major Rade Popović, dem Kommandanten des serbischen Grenzbezirks, mit weiteren Ausweisen versorgt wurden, die auf falsche Namen ausgestellt waren und die Attentäter als vermeintliche »Finanzer« zur Inanspruchnahme der Eisenbahn zum ermäßigten Tarif berechtigten.[1156] Außerdem waren die Ausweise mit einer schriftlichen Aufforderung an etwaige Kontrolleure versehen, den Reisenden, also den drei Terroristen, keine Schwierigkeiten zu machen, sondern ihnen nach Möglichkeit entgegenzukommen. Des Weiteren gab Major Popović, der ein Mitglied der Schwarzen Hand war, den drei jungen Bosniern einen Brief an einen weiteren Bruder der Schwarzen Hand, einen Grenzhauptmann namens Prvanović in Loznica, mit. In dem Brief stand folgende Anweisung: »Schau, dass Du diese Leute aufnimmst und sie hinüberbringst, wo Du es weißt.« Als sie am 29. Mai mit dem Zug in Loznica eintrafen, teilte ihnen besagter Grenzhauptmann nach Rücksprache mit seinen Grenzaufsehern die ideale Art und Weise des Grenzübertritts mit. Nachdem man sich, um nicht unnötig aufzufallen, auf die getrennte Weiterreise geeinigt hatte, wurde Čabrinović vom Grenzhauptmann ein weiterer Unterstützungsbrief für den Finanzinspektor in Mali Zvornik überreicht, einer serbischen Grenzstadt rund 140 Kilometer südlich von Loznica.[1157]

Princip und Grabež reisten zu zweit weiter und übernachteten bei einem Finanzwachmann, bei dem sie sich zur Draufgabe ein weiteres Mal im Pistolenschießen üben durften. Nachdem sie auf eine Insel in der Drina gebracht worden waren, wurden sie, um der Kontrolle der österreichischen Grenzer zu entgehen, in der Nacht des 1. Juni von einem bosnischen Bauern beziehungsweise Schlepper namens Jakov Milović durch einen sumpfigen Grenzwald bis nach Trnovo-Gornja in Bosnien geführt. Dort kehrten sie beim Landwirt Obren Milošević ein. Von den beiden Bauern Milović und Milošević begleitet, die sogar die in zwei Packtaschen verstauten Attentatswaffen trugen, gelangten Princip und Grabež über morastige Wälder und ungeregelte Flussläufe am 2. Juni in die Nähe von Priboj. Von dort sorgte der Lehrer Veljko Čubrilović für die Weiterbeförderung der beiden Attentäter, deren mitgeführte Waffen er in den Quersack seines Pferdes packte, obwohl oder eher weil er über deren Verwendungszweck zuvor von Princip und Grabež instruiert worden war. Von Čubrilović wurden die beiden Bosnier in die Nähe von Tuzla geführt, wo sie im Haus des Mitar Kerović aufgenommen wurden und diesem sowie anderen Anwesenden die Waffen zeigten, deren Zweck und Benutzung erklärten. Der Sohn des Kerović und ein weiterer Bauer namens Cvijan Stjepanović beförderten die Waffen im Wagen weiter, während Princip und Grabež eine Gendarmeriekaserne zu Fuß umgingen. Schließlich gelangten sie zum Haus des Miško Jovanović, jenes Mannes, der ihnen bereits in Belgrad als Kontaktmann in Tuzla genannt worden war. Er sollte, so die abgeänderte Vereinbarung, sämtliche Waffen aufbewahren, bis sie der Sarajewoer Führungsoffizier Danilo Ilić abholen würde. Nachdem dies abgesprochen worden war, kamen Princip, Čabrinović und Grabež wieder zusammen und fuhren gemeinsam mit dem Zug nach Sarajewo.[1158]

In Sarajewo formierte Danilo Ilić sodann eine zweite Terrorzelle, für die er Muhamed Mehmedbasić, Vaso Čubrilović und Cvetko Popović rekrutierte. Am 14. Juni 1914 holte Ilić die für das Attentat bestimmten Waffen wie vereinbart in Tuzla ab, händigte diese am 27. Juni 1914, also einen Tag vor dem Anschlag auf Franz Ferdinand, den drei neuen Attentätern aus und bildete sie darauf im Park bei Bendbaša im Osten Sarajewos aus. Außerdem wurde noch eine Reihe weiterer Mithelfer angeheuert, die den Terroristen bei der Flucht und beim Verstecken nach der Mordtat zur Hand gehen sollten.[1159]

Wie unschwer zu erkennen ist, wurde schon in Belgrad bei der Planung und Vorbereitung des terroristischen Anschlags auf den österreichischen Thronfolger nichts dem Zufall überlassen. Eine vollständige Organisation, ein dichtes Netzwerk aus höheren serbischen Beamten sowie serbischen und bosnischen Mitgliedern der

Schwarzen Hand und der Narodna Odbrana, war für die Ausstattung, die Ausbildung und den geschützten Transport der Attentäter und ihrer Waffen von Belgrad nach Sarajewo verantwortlich. Der naht- und reibungslose Ablauf offenbart, dass es sich um routinemäßige Tätigkeiten handelte. Zum Stab in Serbien zählten neben den Drahtziehern Dimitrijević, Tankosić und Ciganović auch die unterstützenden Grenzrayonsoffiziere, Grenzaufseher und Finanzinspekteure. Neben der siebenköpfigen bosnischen Kernmannschaft, sprich dem Führungsoffizier Danilo Ilić und den beiden Terrorzellen, waren noch einige weitere namentlich erfasste Mittäter am Werk. Wie gesagt, wurden im Prozess von Sarajewo 16 von 25 Angeklagte wegen Hochverrats und Meuchelmords verurteilt: fünf zum Tode, einer zu lebenslangem schweren Kerker und zehn zu zwischen drei und 20 Jahren schwerem Kerker.[1160] Inklusive Dunkelziffer wird die gesamte serbisch-bosnische Organisation wohl mindestens 50 Personen umfasst haben. Darüber, dass auch die serbische und russische Regierung involviert waren, besteht nicht der geringste Zweifel.

Serbische und russische Mittäterschaft

Der serbische Generalstab und insbesondere die genannten serbischen Heeres- und Grenzschutzoffiziere sowie die Organe des Finanzwesens unterstützten wissentlich das Zustandekommen des Attentats, waren dabei als höhere Beamte tätig und sind daher eindeutig der serbischen Hoheitsverwaltung und damit der serbischen Regierung zuzuordnen. Doch auch höchste serbische Regierungsorgane wie Premierminister Nikola Pašić, einige Minister sowie der Prinzregent duldeten und unterstützten nicht nur die gegen die Donaumonarchie gerichtete Propaganda, sondern förderten darüberhinaus auch den Terroranschlag auf den österreichischen Thronfolger, indem sie trotz Vorkenntnis weder geeignete Maßnahmen zu dessen Verhinderung noch zur Warnung der k. u. k. Regierung ergriffen. Folglich steht die Mittäterschaft des Staates Serbien zweifelsfrei fest.

Die Aktivitäten der bosnischen Schwarzen Hand wurden nachweislich von Belgrad inspiriert und geleitet.[1161] Und sämtliche serbisch-nationalistische Vereinigungen und deren propagandistische Aktivitäten wurden von der serbischen Regierung zumindest geduldet, meist jedoch sogar tatkräftig unterstützt. Auch über die Taten der Schwarzen Hand hatte Serbiens Regierung stets genaueste Kenntnis.[1162] Dass der russische Militärattaché in Belgrad Oberst Artamanov vor der Erteilung der russischen Rückendeckung für die Ermordung Franz Ferdinands nicht nur die Zustimmung seiner Vorgesetzten in St. Petersburg eingeholt, sondern auch den serbischen Ministerpräsidenten Nikola Pašić und den Prinzregenten Alexander in der Sache befasst hatte, wurde bereits im Kapitel über den zweiten russischen Blankoscheck für Serbien dargelegt. Pašić und Alexander wurden außerdem durch Oberst Dimitrijević belastet, der aussagte, dass sie im Vorfeld über das geplante Attentat Bescheid gewusst hatten.[1163] Neben dem serbischen Prinzregenten wurde weiterhin der König und damit die gesamte serbische Krone in Kenntnis gesetzt.[1164]

Der Hauptbelastungszeuge der gesamten serbischen (zivilen) Regierung gehörte dieser sogar an: Der damalige serbische Unterrichtsminister und spätere Präsident des serbokroatisch-slowenischen Parlaments Ljuba Jovanović nahm als Augenzeuge wahr, dass der serbische Ministerpräsident Pašić Ende Mai beziehungsweise Anfang Juni 1914 – vier Wochen vor dem Attentat – gegenüber ihm, Innenminister Stojan Protić und einigen anderen Ministern erläuterte, dass eine Gruppe junger Bosnier in Belgrad auf die Ermordung Franz Ferdinands in Sarajewo am 28. Juni 1914 im Geheimen vorbereitet worden war und sich bereits auf dem Weg nach Bosnien befand.[1165] Des Weiteren gab Ljuba Jovanović zu, dass die serbische Regierung »nichts unternahm, um die Attentäter zu stoppen und auch keine adäquate Warnung nach Österreich schickte.«[1166] Christopher Clark schreibt: »Das stillschweigende Einverständnis zwischen dem serbischen Staat und den an der Verschwörung beteiligten Netzwerken war bewusst geheim und informeller Natur – es existierten keinerlei Unterlagen.«[1167] Mit der bewussten Geheimhaltung hat der australische Historiker zwar grundsätzlich Recht, im Hinblick auf die schriftlichen Nachweise irrt er jedoch. Jovanovićs Aussage findet nämlich in einem geschriebenen Beweisstück aus der Feder des serbischen Premiers »Baja« Pašić Deckung: Sein undatierter, zwischen 2. und 13. Juni 1914 geschriebener Handzettel macht »den Eindruck des Niederschlages einer ersten Information über den Weg der Verschwörer.«[1168] Außerdem enthält der Pašić-Zettel Notizen mit Hinweisen auf das Attentat durch Studenten mit Pistolen und Bomben, wie auch der österreichische Militärhistoriker und vormalige Leiter des Heeresgeschichtlichen Museums in Wien Johann Allmayer-Beck bescheinigt.[1169] Die Authentizität des 1941 im politischen Archiv des serbischen Außenministeriums gefundenen Beweisstücks steht zwar außer Zweifel, das 1945 in Wien editierte Dokument wurde jedoch nach dem Zweiten Weltkrieg als »NS-Propaganda« abgetan.[1170] Bei dieser unverschämten Herabwürdigung eines wichtigen Beweismittels scheint es sich um eine subversive, gegen das eigene Volk gerichtete Maßnahme gewissenloser, besatzungsfreundlicher Pseudohistoriker zu handeln. Schließlich stimmt Jovanovićs Niederschrift, die bereits lange vor dem

Beginn des Zweiten Weltkriegs veröffentlicht wurde, eindeutig mit Pašićs Handzettel überein, der noch dazu zweifellos von ihm stammt.

Einiges spricht dafür, dass Milan Ciganović sowohl zur Schwarzen Hand als auch zur serbischen Regierung enge Kontakte pflegte und für letztere als Spion in Oberst Apis' geheimer Vereinigung arbeitete.[1171] Es liegen überzeugende indirekte Beweise dafür vor, dass Ciganović als persönlicher Spitzel des Regierungschefs Nikola Pašić diesen mit detaillierten aktuellen Informationen sowohl über das Mordkomplott gegen Franz Ferdinand als auch über die dahinterstehende Organisation und die handelnden Personen versorgte. Außerdem war Pašićs Neffe Mitglied der Schwarzen Hand.[1172] Zuträger gab es vermutlich mehrere. Die serbische Regierung war jedenfalls bereits einige Wochen vor dem Attentat bestens informiert.

Zurück zur ministeriellen Besprechung in Belgrad Ende Mai respektive Anfang Juni 1914. Auf Grundlage der einvernehmlichen Entscheidung sämtlicher Minister wies Innenminister Protić zwar die Grenzautoritäten im Raum Drina an, die bosnischen Terroristen vom Überschreiten der österreichischen Grenze abzuhalten. Besagte Grenzautoritäten gehörten jedoch Minister Jovanovićs Aussage zufolge »selbst der [terroristischen] Organisation an, und sie führten Protićs Anweisungen nicht aus, aber berichteten ihm (wie er uns nachher informierte), dass sie der Befehl zu spät erreicht hätte, weil die jungen Männer die Grenze bereits überschritten hatten.«[1173] Die ministerielle Weisung vom 10. Juni 1914 zur Unterbindung aller Aktivitäten, die die serbische Regierung belasten könnten,[1174] kam daher zum einen tatsächlich und wissentlich zu spät und diente zum anderen offenbar ausschließlich der Verschleierung.

In dieser prekären Situation, in der von Serbien eine konkrete Gefahr für die Donaumonarchie ausging, wäre es die unumstößliche und nicht delegierbare Pflicht der serbischen Regierung gewesen, alles in ihrer Macht Stehende zu unternehmen, um die Regierung Österreich-Ungarns vor dem drohenden Attentat auf den Thronfolger zu warnen. Schließlich ist gemäß der bereits im Jahr 1914 allgemein anerkannten völkerrechtlichen Grundsätze jeder Staat nicht nur dazu verpflichtet, alle von seinem Territorium ausgehenden feindlichen Handlungen gegen eine andere Nation zu verhindern, sondern diese auch im Falle der nicht rechtzeitigen Vereitelung der fremden Regierung baldigst mittels Warnung anzukündigen, sodass diese Maßnahmen zur Abwehr einleiten kann.[1175]

Im konkreten Fall hätte eine derartige Warnung unverzüglich, wahrheitsgemäß, so konkret und detailliert wie möglich sowie unter Ausnützung aller

> verfügbaren Kanäle von offiziell telegraphierten Noten und Telefonaten bis hin zu informellen Gesprächen mit den fachlich zuständigen Organen der k. u. k. Regierung wie insbesondere dem Kaiser, dem Thronfolger, dem Innenminister, dem Wiener Polizeichef, dem Chef des militärischen Abwehrdienstes, dem Gouverneur von Bosnien und so weiter erfolgen müssen.

Nachdem jedoch klar war, dass die involvierten Grenzschutzoffiziere gelogen hatten, nahm die serbische Regierung ihre korrupten Beamten und die Schwarze Hand in Schutz und gab der österreichischen Regierung keine einzige offizielle Warnung im Hinblick auf das bevorstehende Attentat auf den österreichischen Thronfolger.[1176]

Allein der serbische Botschafter in Wien Jovan (Joca) Jovanović begnügte sich im Alleingang mit einer einzigen halbherzigen Maßnahme, die nicht einmal im Ansatz geeignet war, die vom serbischen Staatsgebiet auf Österreich-Ungarn ausgehende Gefahr abzuwenden: Jovanović versuchte, ausgerechnet den dafür unzuständigen k. u. k. Finanzminister Bilinski im informellen Zwiegespräch zu überreden, der Thronfolger möge nicht nach Sarajewo reisen.[1177] Der serbische Botschafter vertrat zwar die durchwegs nachvollziehbare Meinung, ein Besuch Franz Ferdinands in Sarajewo am 28. Juni könnte in Bosnien als Provokation empfunden werden, weil an diesem Tag, dem Vidovdan (Sankt-Veits-Tag), alljährlich der Niederlage gegen die osmanischen Streitkräfte in der Schlacht auf dem Amselfeld von 1389 gedacht werde. Es unterblieb jedoch jedweder ernstzunehmender Hinweis auf das bereits vorbereitete Attentat gegen den Thronfolger. Botschafter Jovanović führte lediglich aus, unter den jungen serbischen Soldaten des k. u. k. Heers »könnte auch einer sein, der anstelle einer Platzpatrone eine scharfe Kugel in sein Gewehr oder seinen Revolver geladen habe.« Bilinski, ob dieser unbestimmten Meinungsäußerung völlig unbeeindruckt, entgegnete sinngemäß: »Hoffen wir, dass nichts passiert.«[1178] Joca Jovanović gab keinen einzigen konkreten Hinweis auf das von Belgrad ausgehende Attentat.[1179] Mit seinem absolut unzulänglichen, weil gänzlich unsubstantiierten »Hinweis« leistete der serbische Botschafter sogar der weiteren Verschleierung des serbisch-russischen Ursprungs des Attentats insofern Vorschub, als er der serbischen Regierung ein Pseudoalibi zu verschaffen und gleichzeitig den Verdacht auf österreichisch-ungarische Staatsdiener (serbische k. u. k. Soldaten) abzulenken versuchte.

> In Übereinstimmung mit dem US-amerikanischen Historiker Harry Elmer Barnes ist festzuhalten, dass der serbische Ministerpräsident Pašić und seine Regierung im Hinblick auf das Attentat gegen Franz Ferdinand »keine adäquate Anstrengung unternahmen, um sein Stattfinden zu verhindern oder die Österreicher über die Gefahr des anstehenden Besuchs des Erzherzogs in Sarajewo zu warnen.«[1180] Die serbische Regierung hatte spätestens Anfang Juni 1914 beziehungsweise vier Wochen vor dem Attentat Kenntnis über einen ganz bestimmten Mordplan gegen den österreichischen Thronfolger und musste mit seiner erfolgreichen Durchführung rechnen. Der serbische Premier unterließ es jedoch, die k. u. k. Regierung zu warnen. Die Rechtsfolge lautet: »Infolge dieser Unterlassung trifft ihn und damit auch die serbische Regierung die völkerrechtliche Verantwortung für die Mordtat.«[1181]

Exakt dasselbe gilt natürlich auch sowohl für die serbische Krone als auch für das Wissen und Handeln des russischen Militärattachés und des russischen Botschafters in Belgrad verantwortliche russische Regierung. Die Regierungen Serbiens und Russlands waren Mittäter im Mordfall Franz Ferdinand. Und weil der russische Blankoscheck für Serbien die militärstrategische Grundlage für das Attentat auf den österreichischen Thronfolger Erzherzog Franz Ferdinand darstellte, handelte es sich um eine verdeckte Operation Serbiens und Russlands zur planmäßigen Auslösung des Ersten Weltkriegs.

Zusammenfassung

Mit der Einschleusung der Attentäter nach Bosnien waren die Maßnahmen der ententischen Kriegstreiber zur Auslösung und Austragung des ersten großen Kriegs weitestgehend abgeschlossen. Die graphische Zusammenfassung der sich mit den geostrategischen Zielen deckenden Kriegsvorbereitungen der Entente-Staaten zur See und zu Lande gemäß Abbildung 55 zeigt, dass es sich um sorgfältige militärstrategische Fortsetzungen und Erweiterungen der zuvor gesetzten politischen Einkreisungsmaßnahmen gegenüber dem Deutschen Reich und Österreich-Ungarn handelte.

Die kriegstechnische **Portionierung der europäischen Meere** war mit der ab 1905 geplanten Blockade des Nordmeers (A), der ab 1912 verfügten Verlegung der französischen Kriegsflotte in den Mittelmeerraum (B) sowie der daran geknüpften Verpflichtung Großbritanniens zur Sperrung des Ärmelkanals für deutsche Schiffe und zum Schutz der französischen Atlantikküste (C) für den Fall des Kriegs gegen das Deutsche Reich vollendet. Dadurch war die erzwungene Beschränkung des Operationsgebiets der deutschen Hochseeflotte auf das Deutsche Meer (Nordsee) und das baltische Binnenmeer (Ostsee) im Ersten Weltkrieg spätestens 1912 vorgezeichnet.

Im Rahmen der **belgischen Kriegsfalle** bildete die ab dem Jahr 1906 verbindlich zugesagte britische Unterstützung mittels Entsendung eines Expeditionskorps in den Nordosten Frankreichs (D / BEF) die unabdingbare Voraussetzung sowohl für die ab 1911 vorgesehene Konzentration der französischen Streitmacht entlang der Barrière de fer zwecks Offensive gegen Lothringen (E) als auch die Kanalisierung des deutschen Offensivflügels in Richtung der ab spätestens 1913 unumstößlich eingeplanten (vermeintlichen) Lücke in der Abwehrfront in Nordostfrankreich (F). Die ab 1912 von Frankreich massiv aufgerüsteten russischen Streitkräfte, deren Mobilmachungszeit insbesondere durch den Ausbau der strategischen Bahnlinien bis an die ostpreußische Grenze (G) erheblich verringert wurde, verkörperten jene Bedrohung, durch die das Deutsche Reich zum präemptiven Angriff genötigt werden sollte. Und der parallel dazu erfolgte Ausbau des strategischen Schienennetzes bis an die österreichisch-ungarische Grenze (H), der damit korrespondierende russische Blankoscheck für das von Serbien konzertierte Attentat auf Franz Ferdinand (I) und die ab 10. Mai 1914 einsetzenden Probemobilmachungen der russischen Streitkräfte (J) stellten die wichtigsten Grundlagen für die **Kriegsfalle Serbien** dar: die Belgrader Planung und Organisation des Terroranschlags in Sarajewo inklusive Ausrüstung und Beförderung der Attentäter ins Einsatzgebiet (K). Das ausdrücklich erklärte Ziel der bosnischen-serbischen Attentäter und ihrer serbischen und russischen Hintermänner war die Auslösung eines großen europäischen Kriegs zur Zerstörung Österreichs und Deutschlands.

Planmäßige Kriegsauslösung

Mit der in Belgrad von langer Hand vorbereiteten und gelenkten Ermordung Franz Ferdinands, der kaltblütigen Eliminierung der personifizierten Zukunft Österreich-Ungarns setzte Serbien am 28. Juni 1914 in Sarajewo den Höhepunkt seiner terroristischen Aktivitäten, der planmäßig zu einem großen europäischen Krieg führen sollte, im Zuge dessen Serbien mit russischer Unterstützung Bosnien und Herzegowina und Russland die türkischen Meerengen erobern wollten. Dafür war, wie bereits gezeigt wurde, die Vernichtung sowohl der Donaumonarchie als auch des Deutschen Reiches

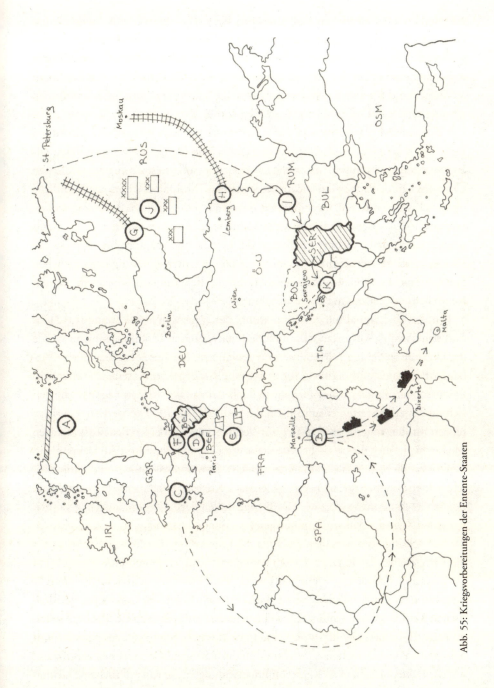

Abb. 55: Kriegsvorbereitungen der Entente-Staaten

erforderlich. Den serbischen und russischen Plänen zufolge war also die Eskalation eines grundsätzlich lokalen Konflikts zwischen Serbien und Österreich zu einem größeren Krieg zwischen der bereitwilligen Triple Entente und den Mittelmächten unbedingt erwünscht. Wie im Kleinen so im Großen: Wenn drei von fünf Nachbarn auf Biegen und Brechen streiten wollen und dabei kräftig am Watschenbaum rütteln, gibt es eben Zoff. Daran führt(e) kein Weg vorbei.

Der österreichischen Antwort auf das Attentat von Sarajewo, dem sogenannten Ultimatum an Serbien, das formal betrachtet eine Demarche war, lag jedenfalls eine ausreichend fundierte juristische Untersuchung und Bestätigung der serbischen Urheberschaft der Ermordung des österreichischen Thronfolgers zugrunde. Sämtliche österreichische Forderungen an Serbien zielten auf die endgültige Bereinigung einer unerträglichen Situation ab. Das österreichische Ultimatum war daher keinesfalls übereilt oder unfair. Vielmehr stellte es eine logische und adäquate beziehungsweise eine in seiner Härte auf die permanente serbische Unterminierung der staatlichen Souveränität der Donaumonarchie abgestimmte Reaktion dar. Vor allem war das österreichische Ultimatum eines: annehmbar.

Mit der Nichtannahme des Ultimatums durch Serbien auf Weisung Russlands und den sowohl in Russland als auch Serbien verfügten Mobilmachungen wurde die Donaumonarchie zur Mobilisierung gezwungen. Mit der auf das aggressive Verhalten Russlands und Serbiens abgestimmten Rückendeckung seitens Frankreichs und besonders Englands als Zünglein an der kontinentalen Kriegswaage entschieden sich die Entente-Staaten entsprechend der vom CID ab 1905 konzertierten Kriegsplänen für den ersten großen Krieg zur Vernichtung der beiden deutschsprachigen Monarchien. Auch die belgische Kriegsfalle war längst errichtet worden. Deutschland konnte gar nicht anders, als »hineinzutappen«. Es war genau so, wie es der französische Unterstaatssekretär Abel Ferry gleich nach Kriegsbeginn beschrieb: Deutschland flog in das gesponnene Netz wie eine brummende Fliege. Die hinlänglich bekannte, bereits im Zuge der Balkan-Konflikte getestete Bündnissystematik und die absehbaren Mobilmachungsautomatismen machten die Entfesselung des Ersten Weltkriegs für die Kriegstreiber der Entente-Staaten zum relativ simplen Unternehmen.

Abgesehen von einem wichtigen Detail, hat Christopher Clark recht, wenn er schreibt, dass handlungsfähige und -bereite Machthaber das Geschehen vor dem Ersten Weltkrieg bestimmten: »Diese Entscheidungsträger (Könige, Kaiser, Außenminister, Botschafter, Militärs und eine Fülle kleinerer Beamter) bewegten sich mit behutsamen, wohlberechneten Schritten auf die Gefahr zu. Der Ausbruch des Krieges war der Höhepunkt in einer Kette von Entscheidungen, die von politischen Akteuren mit bewussten Zielen getroffen wurden.«[1182] Wo Clark irrt: Von obiger Aufzählung sind die deutschen und österreichischen Monarchen, Politiker und Beamten auszunehmen. Denn während die Entente einen auf Hass beruhenden Krieg führte, setzten sich das Deutsche Reich und Österreich-Ungarn lediglich legitim zur Wehr. Aus deutscher und österreichischer Perspektive war der Erste Weltkrieg ein präemptiver Verteidigungskrieg, in dem es um den Fortbestand beider Reiche ging.

Aus Sicht der von Alfred Milner geleiteten Globalisierungsclique mussten sämtliche kontinentaleurasischen Großreiche fallen. Vor dem Hintergrund, dass besagte geheime Clique eine globale Finanzdiktatur anstrebte und dass der britische Außenminister Sir Edward Grey ebendieser Gruppe angehörte, klingt dessen prophetisches Statement vom 23. Juli 1914 weniger wie eine Befürchtung, sondern vielmehr wie eine geostrategische Zielsetzung:

> *Wenn nicht weniger als vier Großmächte Europas – zum Beispiel Österreich, Frankreich, Russland und Deutschland – in einen Krieg verwickelt würden, so müsste dies meines Erachtens solch ungeheure Geldsummen verschlingen und eine derartige Störung des Welthandels verursachen, dass der Krieg von einem vollständigen Zusammenbruch des Kreditwesens und der Industrien in Europa begleitet sein oder einen solchen nach sich ziehen werde. Das würde heutigentags in großen Industriestaaten einen schlimmeren Zustand als den von 1848 bedeuten und mancherlei verschwände vielleicht völlig von der Bildfläche, wer auch immer als Sieger aus dem Krieg hervorgehe.*[1183]

Dass der sich nach außen friedliebend gebende Grey der oberste Koordinator der diplomatischen Täuschungsmanöver der Entente-Mächte und zugleich die stärkste treibende Kraft hinter dem Kriegseintritt Großbritanniens war, vermag nicht sonderlich zu schockieren. Dieses Faktum rundet lediglich das Gesamtbild ab.

A. Aktivierung der Kriegsfalle Serbien

In Übereinstimmung mit der Absicht, Österreich-Ungarn und mit ihm das Deutsche Reich in einen großen europäischen Krieg zu zerren, wurden in Russland und Serbien militärstrategische Maßnahmen im Hinblick auf die spätere Mobilisierung und Kriegsführung schon zu einem Zeitpunkt getroffen, als zwar der österreichische Thronfolger noch quicklebendig, das Attentat gegen ihn jedoch bereits entschiedene

Sache war. Ab 10. Mai 1914 lief in Russland die erwähnte Probemobilmachung der 800.000 Soldaten umfassenden, für den Angriff hauptsächlich auf Deutschland vorgesehenen Streitkräfte, und ab 14. Mai wurden die Truppen grenznaher Bezirke wie Wilna in einen der Mobilmachung gleichkommenden Zustand versetzt. Am 24. Mai erstattete der k. u. k. Gesandte in Belgrad General Wladimir Giesl von Gieslingen Bericht nach Wien über eine weiterhin hohe serbische Truppenpräsenz entlang der Grenze zu Albanien. Und am 16. Juni meldete der k. u. k. Militärattaché in Belgrad Major Otto Gellinek, die serbische Regierung habe «beurlaubte Offiziere einberufen, Reservemannschaft und Offiziere angewiesen, ihren Aufenthaltsort nicht zu verlassen [...] und dadurch den schon während des Winters wesentlich erhöhten Bereitschaftsgrad der serbischen Armee noch um ein weiteres gesteigert.« Die optimistischen Schlussfolgerungen beider k. u. k. Offiziere, denen zufolge keine weiteren Einfälle Serbiens und auch keine sonstigen aggressiven Pläne gegenüber der Donaumonarchie oder Albanien zu unterstellen wären, ergänzt Christopher Clark wie folgt: »Es gab auch keine Anzeichen, dass die Österreicher ihrerseits mit dem Gedanken an Krieg spielten.«[1184]

Der Kern der zuletzt zitierten Aussage ist natürlich korrekt, weil Österreich ebenso wie sein Bündnispartner Deutschland in einem Krieg nichts zu gewinnen, sondern nur zu verlieren hatte. Allerdings ist das Wörtchen »auch« zu streichen, zumal eindeutige Dokumente, die jedem Historiker zugänglich sind, die russisch-serbischen Attentatspläne gegen Franz Ferdinand und die dahinter steckende Kriegsabsicht unwiderlegbar beweisen. Hätten Giesl und Gellinek diese Pläne schon damals gekannt, hätten sie die von ihnen gemeldeten Aktivitäten des serbischen Militärs garantiert als das durchschaut, was sie waren: heimliche Kriegsvorbereitungen für die Zeit unmittelbar nach dem Anschlag auf den österreichischen Thronfolger.

Attentat auf Franz Ferdinand

Die Attentäter waren längst in Wartehaltung, als Franz Ferdinand und Sophie direkt von ihrem Schloss in Konopischt (südlich von Prag) nach Sarajewo reisten. In Konopischt verbrachten sie den 11. bis 14. Juni 1914 mit ihrem Freund, dem deutschen Kaiser. Ebendort soll laut General Conrad, der schon lange auf einen präventiven Krieg gegen Serbien gesetzt hatte, Wilhelm II. den österreichischen Thronfolger zu einem solchen Krieg gedrängt haben. Denn wenn die Österreicher »nicht loslegen, würde sich die Lage verschlimmern.« Derzeit sei Russland noch nicht kriegsbereit.[1185]

Entweder waren dem deutschen Kaiser die ab dem 10. Mai laufenden russischen Probemobilmachungen und die mobilmachungsähnlichen Maßnahmen in grenznahen Bezirken nicht bekannt, oder Conrad von Hötzendorf phantasierte. Vermutlich trifft letzteres zu. Schließlich deckt sich Conrads Aussage ganz und gar nicht mit den üblicherweise sehr ehrlichen und direkten Randbemerkungen Wilhelms II. zu einem Zeitungsartikel des *Berliner Lokalanzeigers* vom 15. Juni 1914, in dem unter anderem über die Forderung des russischen Kriegsministers General Wladimir Suchomlinow (1848 bis 1926) nach einer Wiedereinführung der dreijährigen Dienstzeit in Frankreich berichtet wurde. Der mit der Realität vollends übereinstimmende Kommentar des deutschen Kaisers lautete zwar, dass die Rüstungen Russlands und Frankreichs sowie der Ausbau des russischen strategischen Schienennetzes auf einen baldigen Krieg gegen Deutschland abzielten, jedoch brachte Wilhelm II. dadurch gerade keinen eigenen Willen zum Krieg gegen Russland zum Ausdruck. Vielmehr dachte er militärstrategisch und erklärte er jene für verrückt, die die Notwendigkeit der Einleitung sofortiger Gegenmaßnahmen nicht erkennen konnten. Diese Leute sollten, wie Wilhelm II. sich gerne drastisch ausdrückte, ins Irrenhaus eingewiesen werden.[1186] Mit dem um den europäischen Frieden bemühten österreichischen Thronfolger hatte der deutsche Kaiser jedenfalls keine Kriegspläne geschmiedet. Weder in Konopischt noch sonst irgendwo. Der 14. Juni 1914 war der letzte Tag, an dem Wilhelm II. seine österreichischen Freunde lebend sah.

Franz Ferdinands und Sophies Aufenthalt in Bosnien war von 23. bis 30. Juni 1914 geplant, wobei der offizielle Teil am 28. Juni, dem Vidovdan (Sankt-Veits-Tag), enden sollte. Das hohe Paar nächtigte im Kurort Ilidža, rund zehn Kilometer westlich von Sarajewo. Der von Kaiser Franz Joseph I. ursprünglich bewilligte Plan sah keinen Besuch der Stadt Sarajewo vor. Erzherzog Franz Ferdinand sollte lediglich, wie gewohnt, als Generaltruppeninspekteur die Truppenbesuche, hier die üblicherweise im Frühsommer stattfindenden Manöver, für den Kaiser wahrnehmen. Auch aus diesem Grund kann von einem kaiserlichen Willen, ausgerechnet seinen mit hohen Befugnissen ausgestatteten Thronfolger der Gefahr eines Attentats im urbanen Gebiet auszusetzen, nicht die Rede sein. Zwar waren die von der Doppelmonarchie getroffenen Maßnahmen für die Sicherheit des Thronfolgers und seiner Gattin während des Aufenthalts in Bosnien schlicht und ergreifend ein schlechter Witz, dafür war jedoch keine innerstaatliche Verschwörung gegen Franz Ferdinand, sondern in erster Linie dieser selbst verantwortlich. Er hörte nicht auf seine Fachleute und Ratgeber. Zuallererst ist Generalmajor Max Ronge (1874 bis 1953) zu nennen, der letzte Chef der Nachrichtenabteilung des k. u. k. Armeeoberkommandos und des Evidenzbüros des Generalstabs. In diesen Funktionen war der gewissenhafte Offizier unter anderem für die Ausforschung staatsfeindlicher und revolutionärer Gegner der Donaumonarchie verantwortlich. Franz Ferdinand war zwar bereits einige Male als Generaltruppeninspekteur im Zuge von Manövern erfolgreich durch die Detektive des defensiven Kundschaftsdienstes in Zusammenarbeit mit ortskundigen Polizisten von verdächtigen Individuen geschützt worden, jedoch verzichtete der Thronfolger ausgerechnet bei den Sommermanövern 1914 in Bosnien auf diese und andere Sicherheitsvorkehrungen, obwohl ihn Generalmajor Ronge mehrfach auf das dringende Erfordernis der Abschirmung hingewiesen hatte. Ronge hält dazu fest: »Mir schien dies nie so wichtig wie bei diesen Manövern in einem politisch so sehr verseuchten Gebiete. Zu meiner unangenehmen Überraschung lehnte der Erzherzog jedoch meine Anträge ab.«[1187]

Auch die Warnungen des Fürsten von Auersperg, der den ganzen Besuch in Bosnien für »eine gefährliche Sache« hielt und daher zu größter Vorsicht riet und die Stornierung des Besuchs empfahl, wurden vom Thronfolger in den Wind geschlagen. Dabei dachte Franz Ferdinand in erster Linie an den betagten Kaiser: »Ich muss fahren, denn sonst fährt der Alte Herr. Und das wäre noch ärger.« Zwar rief Franz Ferdinand nicht wie ein Wikinger aus, dass der Juni 1914 eine feine Zeit zu sterben sei, jedoch war ihm offenbar das Gottesorakel der kühnen Nordmänner nicht fremd: »Mein Leben ist in Gottes Hand.«[1188] Dass der Abschluss des offiziellen Teils des Besuchs in Sarajewo am 28. Juni 1914 (Sonntag) ausgerechnet auf den Sankt-Veits-Tag fiel, war alles andere als eine von der k. u. k. Regierung erwünschte Provokation der Serben, sondern vielmehr blanker Zufall.[1189] Da Franz Ferdinand bekanntlich der Hauptprotagonist sowohl slawenfreundlicher Politik als auch des Friedens mit Serbien und Russland war, ließ er die Sicherheitsmaßnahmen für ihn und seine geliebte Gemahlin auch im Hinblick auf den serbischen Gedenktag auf ein absolutes Minimum reduzieren, um die allgemein angespannte Situation zu deeskalieren. Der deutsche Politikwissenschaftler und Universitätsprofessor Herfried Münkler trifft den Nagel auf den Kopf: »Franz Ferdinand selber hat die Entscheidung getroffen, dass kein Militär in Sarajewo sei, weil er Rücksicht auf die Serben nehmen wollte im Hinblick auf ihren Nationalfeiertag. Und das genau wird ihm zum Verhängnis, weil auf diese Weise überhaupt die Attentäter in die Rolle kommen, die sie dann tatsächlich gespielt haben.«[1190] Außerdem war Franz Ferdinand nach einem Einkaufsbummel und einem Bad in der sehr freundlichen Sarajewoer Menge am Vorabend, also am Samstag den 27. Juni, geneigt, den bis 30. Juni geplanten Aufenthalt vorzeitig abzubrechen und nachhause zu den Kindern zurückzukehren. An dieser Stelle erhob jedoch der k. u. k.

Oberstleutnant Erik von Merizzi »Einspruch««, der Flügeladjutant des Landeschefs von Bosnien Feldzeugmeister Oskar Potiorek: Es sei schon alles vorbereitet und man wolle die Bevölkerung hoffentlich nicht brüskieren.[1191] Weder Merizzi noch Potiorek ahnten das bevorstehende Attentat. Sie hätten sonst wohl kaum als unmittelbare Begleiter des Thronfolgers ihr eigenes Leben aufs Spiel gesetzt. Dass am 28. Juni keine besonderen Sicherheitsmaßnahmen getroffen wurden, entsprach der erwähnten Grundsatzweisung, die Franz Ferdinand dem dafür zuständigen Generalmajor Max Ronge erteilt hatte. Einzig und allein eine angemessene, also der tatsächlichen Bedrohungslage entsprechende Warnung seitens der serbischen Regierung hätte den österreichischen Thronfolger retten können. Wie bereits erwähnt, erfolgte eine solche jedoch nicht.[1192] Demnach war die Risikobereitschaft des Thronfolgers vor allem im Hinblick auf die freundliche Begrüßung am Vortag keinesfalls unangemessen. Es steht daher unverrückbar fest, dass die k. u. k. Regierung keinerlei Verantwortung für das Attentat in Sarajewo trug. Die Schuld lag allein bei den unmittelbaren Attentätern sowie ihren serbischen und russischen Hintermännern.

Die Durchführung des Terroranschlags wurde dadurch erleichtert, dass die Ankunft des Thronfolgers am Bahnhof in Sarajewo punktgenau angekündigt worden war. Vom dortigen Militärlager fuhr ein Konvoi von sechs Automobilen über den am Nordufer des Flusses Miljacka entlangführenden Appel-Kai (heute Obala Kulina bana) in Richtung Osten bis zum Rathaus. Im dritten Fahrzeug,[1193] dem wohl

Abb. 56: Doppel-Phaeton von Gräf & Stift in Sarajewo am 28. 6. 1914

geschichtsträchtigsten Oldtimer der Welt, einem dreireihigen Cabriolet Doppel-Phaeton der Marke Gräf & Stift, befanden sich ganz hinten der Thronfolger und seine Gattin, vor ihnen auf der mittleren Sitzreihe Landeschef Potiorek und der Besitzer des Wagens Franz Graf von Harrach (1870 bis 1937) sowie, wie damals üblich, ganz vorne rechts der Fahrer Leopold Loyka (1866 bis 1926) und links von ihm Hofkammerbüchsenspanner Gustav Schneiberg. Man fuhr mit heruntergeklapptem Verdeck (siehe Abb. 56). Schließlich war der 28. Juni 1914 ein heißer Sommertag, weshalb der ursprünglich vorgesehene Mercedes mit starrem Verdeck überhaupt nicht in Betracht kam.[1194]

Die Bewachung der gesamten Fahrtstrecke wurde von gerade einmal 120 Polizisten wahrgenommen.[1195] Weil folglich an eine lückenlose Überwachung nicht einmal im Traum zu denken war, konnten die sieben mit Pistolen und Handgranaten bewaffneten Attentäter ihre Positionen für den Hinterhalt entlang des Appel-Kais so geschickt einnehmen, dass die Operation mit sehr hoher Wahrscheinlichkeit erfolgreich verlaufen, mindestens jedoch mit schweren Körperverletzungen enden musste. Die relativ dichte Aufstellung stellte sich wie folgt dar: Am westlichsten Punkt, vor dem Haus der k. u. k. Bank, stand Muhamed Mehmedbasić (1), danach Vaso Čubrilović vor der Höheren Mädchenschule (2) und schräg gegenüber Nedjelko Čabrinović (3), anschließend Cvetko Popović vor der Einmündung der Ćumurija-Gasse in den Appel-Kai (4), Gavrilo Princip bei der Lateiner-Brücke (5) und Trifko Grabež in der Nähe der Kaiser-Brücke (6). Zwischen diesen Positionen beziehungsweise zwischen Bank und Rathaus bewegte sich Danilo Ilić (7) als Kommandant und Verbindungsmann hin und her[1196] (siehe Abb. 57).

Etwa um zehn Uhr vormittags passierte die Kolonne das k. u. k. Bankhaus. Wie vorab mit Ilić besprochen, warf Mehmedbasić seine Handgranate nicht, weil er das Fahrzeug des Thronfolgers nicht identifizieren konnte und das Unternehmen nicht durch einen Fehlwurf gefährden wollte. Čabrinović hingegen, der sich diesbezüglich kurz zuvor bei einem Polizisten erkundigt hatte, wusste, dass Franz Ferdinand im dritten Wagen mit der Erzherzogstandarte saß. Als der Doppel-Phaeton am Haus Appel-Kai Nummer 27 vorbeifuhr, schlug Čabrinović (3) die Sicherung seiner mit einem Zeitzünder versehenen Handgranate an einen Laternenpfahl und schleuderte sie in Richtung des Thronfolgers. Zu diesem Zeitpunkt wäre der Terroranschlag bereits geglückt, hätte der aufmerksame Chauffeur Leopold Loyka nicht die heranfliegende Granate erspäht und augenblicklich Gas gegeben. So prallte das Sprenggeschoss an Franz Ferdinands Arm ab,[1197] traf das nach hinten geklappte Verdeck und fiel auf die Straße, wo sie vor dem vierten Wagen der Kolonne detonierte und

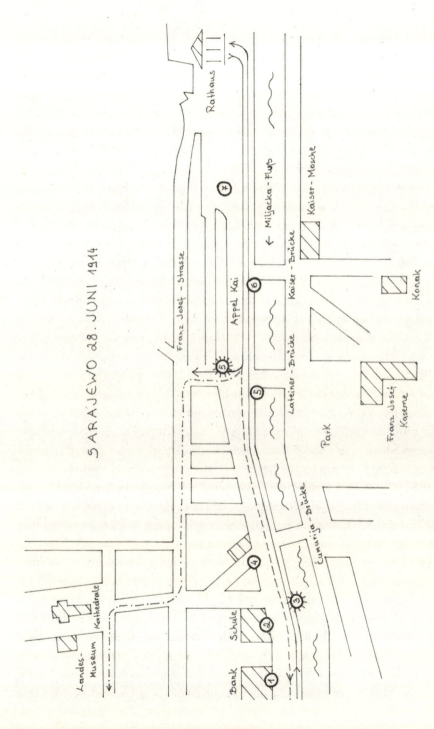

Abb. 57: Aufstellung der Attentäter in Sarajewo am 28. 6. 1914

17 Menschen verletzte, davon sechs schwer und elf leicht. Einer der Verletzten war Oberstleutnant Merizzi, der im besagten vierten Automobil saß und sofort ins Garnisonsspital in der Nähe des Bahnhofs gebracht wurde. Die Koordination am Ort des Geschehens übernahm der unverletzte Thronfolger höchstpersönlich.[1198] Nedjelko Čabrinović verabreichte sich plangemäß Zyankali und sprang in die Miljacka, die dort allerdings viel zu seicht war. Auch das geschluckte Gift entfaltete nicht die gewünschte Wirkung. Als man ihn herauszog, wurde Čabrinović beinahe von der wütenden Menge gelyncht.[1199]

Der Konvoi setzte die Fahrt fort. Kaum beim Rathaus angekommen, unterbrach Franz Ferdinand die unverändert vorgetragene Rede des Bürgermeisters, indem er ihn anfauchte: »Da kommt man zum Besuch nach Sarajewo und wird mit Bomben beworfen!«[1200] Anschließend hielt er jedoch eine versöhnliche Rede, in der er seine Freundschaft zu den Slawen bekräftigte. Im Kreis seiner Vertrauten »scherzte« der Thronfolger allerdings: »Der Attentäter bekommt bei unseren Verhältnissen sicher noch das Goldene Verdienstkreuz. Ganz bestimmt wird er jedoch Hofrat.« Etwas ernster, geradezu prophetisch, meinte er dann noch: »Ich glaub', heut werden wir noch ein paar Kugerln bekommen!«[1201] Nachdem Feldzeugmeister Potiorek garantiert hatte, dass keine weiteren Anschläge zu erwarten seien, entschloss sich Franz Ferdinand zum Besuch Oberstleutnant Merizzis im Militärspital. Dazu wurde zwar die retour über den Appel-Kai verlaufende Fahrtroute insofern abgeändert, als die in derselben Reihenfolge fahrende Kolonne nicht auf Höhe der Lateinerbrücke rechts in die Franz-Joseph-Straße einbiegen (Abb. 57: Strich-Punkt-Linie), sondern geradeaus weiterfahren sollte (Abb. 57: strichlierte Linie). Jedoch vergaß man offenbar im Trubel, besagte Routenänderung dem Chauffeur des ersten Wagens mitzuteilen. Die Verdecks blieben auch diesmal offen, vermutlich weil man nicht durch enge Gassen zu fahren gedachte. Zur Sicherheit stieg Graf Harrach wie ein Leibwächter auf das linke Trittbrett, sodass er den Thronfolger gegen Schüsse von links, also vom Gehsteig entlang der Miljacka, schützen konnte. Die rechte Wagenseite blieb jedoch frei.[1202]

Auf Höhe der Lateinerbrücke ereignete sich sodann der wohl schicksalhafteste Koordinationsfehler der Geschichte: Anstatt geradeaus weiterzufahren, bog das erste Automobil entsprechend der ursprünglichen Planung rechts in die Franz-Joseph-Straße ein. Als auch das dritte Fahrzeug, jenes des Thronfolgers, gerade vollständig eingebogen war, wurde die Rückwärtsfahrt der Kolonne angeordnet. Bei der dadurch hervorgerufenen Stockung musste Leopold Loyka, dessen Reaktionsvermögen knapp eine Stunde vorher das Leben des Thronfolgerpaars gerettet hatte, seinen Wagen rund eine Minute vor jenem Eckhaus zum Stillstand bringen, in dem sich heute das Museum über das Attentat befindet.[1203] Damals befand sich darin ein Lokal, vor dem sich Gavrilo Princip gerade stärkte (siehe die strahlend umrandete Nummer 5 in Abb. 57). Der österreichische Thronfolger wurde ihm wenige Meter direkt vor den Lauf seiner Browning-Pistole serviert. Princip drückte zweimal ab, wobei er Franz Ferdinand und Feldzeugmeister Potiorek erschießen wollte.[1204] Ein Projektil zerfetzte die Halsschlagader des Erzherzogs und drang durch den Kehlkopf in einen Halswirbel ein. Franz Ferdinand erstickte an seinem eigenen Blut. Das andere Geschoss traf statt Potiorek die Herzogin in den Unterleib und blieb in der Bauchhöhle stecken. Gavrilo Princip schluckte wirkungsloses Zyankali und wollte sich erschießen, wurde aber von der aufgebrachten Menschenmenge davon abgehalten und (wie Čabrinović) fast gelyncht. Für das Thronfolgerpaar kam jede Hilfe zu spät. Noch bevor die Ärzte im Konak, der Villa des Gouverneurs, eintrafen, erlagen Franz Ferdinand und Sophie ihren schweren Verletzungen.[1205]

Als Opfer eines der großserbischen Idee dienenden Attentats waren Franz Ferdinand und Sophie zugleich die ersten Blutopfer sowohl des Ersten Weltkriegs als auch des aus ihm resultierenden Zweiten Weltkriegs. Im christlich-mythologischen Sinne starben sie für die Sünden anderer: die Annexion Bosniens und Herzegowinas durch den Kaiser und die daraus resultierenden serbischen Verbrechen.

Hybride Kriegsführung gegen Österreich

Attentate wie jenes auf Franz Ferdinand sollen die Aufmerksamkeit der Massenmedien auf sich ziehen und »bei den Mitarbeitern oder Mitgliedern jener Organisationen beziehungsweise Institutionen, denen die ausgewählte Zielperson angehört, eine möglichst große psychologische Wirkung hervorrufen.«[1206] Die Ermordung des österreichischen Thronfolgers war »das sechste und schwerste der Attentate, die seit jener ›Versöhnung‹ Serbiens mit Österreich von 1909 im Gebiet des ›unerlösten Serbien‹ gegen Vertreter der österreichischen Regierung unternommen wurden.« Diese definitiv richtige Feststellung begründet der schweizerische Kriegsursachenforscher Doktor Ernst Sauerbeck damit, dass Österreich-Ungarn durch besagtes Attentat jenes Mannes beraubt wurde, »der nach menschlicher Berechnung in Kurzem die Regierung hätte übernehmen müssen, und von dem Freund und Feind erwartete, dass er den ungewöhnlichen Aufgaben seiner künftigen Stellung gewachsen gewesen wäre, dass er insbesondere die ›slawische Frage‹ einer wirklichen Lösung entgegengeführt haben würde.« Bereits aufgrund der besonderen Umstände und der Aussagen der sofort festgenommenen Attentäter war jeder Zweifel daran ausgeschlossen, »dass tatsächlich ein politisches Attentat vorlag und nicht etwa ein anarchistisches, und zwar ein Attentat im Dienste der ›großserbischen Idee‹.«[1207] Der deutsche Botschafter in Wien, Heinrich von Tschirschky, drückte es am 2. Juli 1914 wie folgt aus:

Mit dem Tode des Erzherzogs Franz Ferdinand ist die Hoffnung all derjenigen zu Grabe getragen worden, die eine kräftigere Zusammenfassung der seit langen Jahren auseinanderregierten Königreiche und Länder der alten habsburgischen Monarchie ersehnten.[1208]

Mit anderen Worten: Mit dem Menschen Franz Ferdinand wurde zugleich die personifizierte Zukunft der Donaumonarchie hingerichtet. Schließlich handelte es sich nach dem explizit erklärten Willen der unmittelbaren Täter sowie der serbischen und russischen Drahtzieher beim Terroranschlag auf Franz Ferdinand um einen Akt der Provokation im Rahmen des Ausrottungskampfes gegen die Donaumonarchie, mit dem nicht nur eine innerstaatliche Revolution mehrerer Ethnien des Vielvölkerstaats, sondern auch und in erster Linie ein großer europäischer Krieg zur gänzlichen Vernichtung des Staates Österreich-Ungarn zwecks serbischer Eroberung Bosniens und Herzegowinas ausgelöst werden sollte.[1209] Die Autonomie und Existenz der Donaumonarchie wurden nachweislich durch folgende von Russland gedeckte Maßnahmen und Pläne Serbiens bedroht:

- Intensive Anti-Österreich-Propaganda
- Destabilisierung durch Irredentismus
- Anschläge gegen hohe Regierungsleute
- Interne Zersetzung mittels Revolution
- Externe Auflösung durch Eroberungskrieg

Österreich war demnach einer **breiten Palette terroristischer Bedrohungen** ausgesetzt, die gleichzeitig folgenden heutigen Begriffen des Terrorismus entsprechen:

- Politischer Terrorismus
- Nationaler Terrorismus
- Revolutionärer Terrorismus
- Staatlich geförderter Terrorismus

Unter den politischen Terrorismus, der auf die Veränderung der gegenwärtigen Politik in die gewünschte Richtung abzielt, fallen vor allem die Formen des Terrors von oben, des revolutionären Terrorismus und des staatlich geförderten Terrorismus.[1210] Die Intention des nationalen Terrorismus ist die Veränderung oder komplette Umkehrung der politischen Situation eines Staates.[1211] Genau das beabsichtigten die sowohl bosnischen Attentäter als auch ihre serbischen und russischen Hintermänner, deren Handeln nicht nur auf die Vernichtung Österreichs gerichtet war, sondern auch einen Angriff auf die Staatsform der Monarchie per se darstellte. Schließlich traf der Schuss auf den österreichischen Thronfolger auch die habsburgische Staatsidee, die das Reich zusammenhielt, in ihrem Kern.[1212] Eine derartige »Auflösung des bestehenden politischen Systems« sowie »die Mobilisierung einer möglichst breiten Masse in Richtung einer feindlichen Haltung gegenüber der regierenden Elite« beabsichtigen die Ausführenden des revolutionären Terrorismus.[1213] Der staatlich geförderte Terrorismus kann sowohl unmittelbar, zum Beispiel durch die Bereitstellung von Waffen, als auch indirekt erfolgen, etwa mittels logistischer oder finanzieller Unterstützung. Bei den staatlich geförderten Akteuren handelt es sich meist um die Vertreter eines Staates, der als Feind betrachtet wird. Die Kooperation zwischen dem fördernden Staat und den Ausführenden wird »soweit als möglich geheim gehalten und geleugnet.«[1214]

Das Attentat von Sarajewo wird nicht umsonst als »die schärfste Zuspitzung des schon seit Jahrzehnten schwelenden Konflikts zwischen dem jüngeren Prinzip der demokratischen und (wenn nötig auch) revolutionären Nationalbewegung der Südslawen einerseits und den beiden älteren dynastischen Imperien Österreich-Ungarn und der Türkei andererseits« bezeichnet. Und das mit ihnen zumindest indirekt verbündete Deutsche Reich verstand sich, wie der deutsche Historiker Imanuel Geiss zutreffend feststellt, »als die stärkste Macht zur Verteidigung des konservativen und monarchischen Prinzips gegen Demokratie und Revolution.«[1215] Die Ermordung des österreichischen Thronfolgers war zweifelsfrei gegen die Existenz des Staates Österreich-Ungarn respektive auf dessen Untergang gerichtet. Der Anschlag wurde von Serbien unmittelbar (Planung, Ausrüstung, Ausbildung, Beförderung) und zugleich indirekt (logistisch und finanziell) unterstützt. Russlands indirekter Beitrag, die militärstrategische Rückendeckung für Serbien, war zugleich die wichtigste Unterstützung schlechthin. Denn ohne russischen Blankoscheck hätten es die serbischen Drahtzieher nicht gewagt, die zwar geschwächte, in Relation zu

Serbien aber immer noch übermächtige Donaumonarchie zum kriegerischen Waffengang herauszufordern. Aber das auch gegen das Grundprinzip der Monarchie gerichtete Attentat auf Franz Ferdinand war nicht nur als terroristischer Angriff auf Österreich-Ungarn als einzigen verlässlichen Bündnispartner des Deutschen Reiches, sondern auch als indirekte Aggression gegen das Deutsche Reich selbst sowohl im Hinblick auf die Stärke des Zweibunds als auch auf die deutsche Staatsform zu verstehen.

Die direkt gegen die Donaumonarchie und indirekt auch gegen das Deutsche Reich gerichteten terroristischen Aktivitäten Serbiens und ihre Unterstützung durch Russland sind unter den modernen Begriff der asymmetrischen Kriegsführung zu subsumieren. Als wichtigste Besonderheit der von Asymmetrie geprägten Kriegsführung ist die irreguläre Vorgehensweise des schwächeren Akteurs zu nennen. Der (offiziell) nichtstaatliche Akteur bricht ganz bewusst die Schranken des regulären Kriegs auf, wobei er das Kriegsrecht ausdrücklich nicht beachtet und daher sein Handlungsrepertoire keiner rechtlichen Beschränkung unterliegt.[1216] Im Hinblick auf die Intention hoher Vertreter der serbischen und russischen Regierung, durch die Ermordung des österreichischen Thronfolgers einen großen europäischen Krieg zwecks Vernichtung Österreichs und Deutschlands auszulösen, liegt beim Ersten Weltkrieg insgesamt ein komplexer Fall der hybriden Kriegsführung vor. Darunter ist die flexible und dynamische Kombination von regulärer (konventioneller) und irregulärer Kriegsführung zu verstehen, Informations- und Wirtschaftskrieg, organisierte Kriminalität und Terrorismus inbegriffen.[1217]

Ohne Zweifel hatte sich Österreich mit der Annexion Bosniens und Herzegowinas im Jahre 1908 die serbische Suppe selbst eingebrockt. Unbeschadet dessen stand der Donaumonarchie jedoch gegen die von den Mitgliedsstaaten der Triple Entente mitgetragene hybride Kriegsführung Serbiens (sogar nach heutigem Kriegsvölkerrecht) das Recht zur Selbstverteidigung zu.

Österreichs Recht auf Notwehr

Zur Untermauerung seiner Argumente für den gerechtfertigten Existenzkampf der Donaumonarchie zitiert der US-amerikanische Historiker Harry Elmer Barnes seinen britischen Historikerkollegen Doktor George P. Gooch (1873 bis 1968): »Österreich kämpfte unter dem Banner der Selbsterhaltung.« Russland hingegen, so Doktor Gooch, »das von niemandem bedroht wurde, marschierte im Namen des Prestiges in die Schlacht.«[1218] Dieser völlig korrekten Unterscheidung hängt Harry Elmer Barnes sogleich ein Zitat des britischen Politikwissenschaftlers und Philosophen Goldsworthy Lowes Dickinson (1862 bis 1932) an:

Ich glaube nicht, dass es einen Staat gab, der nicht unter ähnlichen Umständen entschieden hatte, wie es Österreich tat, um die Bedrohung ein für allemal durch Krieg zu beenden.[1219]

Mit ihrer Meinung standen Barnes, Gooch und Dickinson vor allem im angloamerikanischen Raum keineswegs alleine da. Ihr gesundes Rechtsempfinden fand zudem im Völkerrecht Deckung.

Nach damaligem Völkerrecht stand der Donaumonarchie das vollkommen unumschränkte Recht zur Kriegsführung gegen Serbien sowohl ganz allgemein als auch in Form eines Vergeltungsschlags respektive einer Strafaktion sowie im Rahmen eines präemptiven Kriegs zu. Dazu war es nicht erforderlich, dass die Regierung Österreich-Ungarns alle Details über die serbische Urheberschaft und Motive des Attentats kannte. Die Frage der serbischen Schuld wurde zwar vorab von der Donaumonarchie einer gewissenhaften juristischen Überprüfung unterzogen, ohne eine gemeinsame Ermittlung durch serbische und österreichische Beamte hätte jedoch Österreich-Ungarn nie und nimmer den ganzen Sachverhalt aufklären können. Genau dies lehnte die serbische Regierung unter Rückendeckung der russischen Drahtzieher ab – und entsprach dabei den Grundsätzen der Geheimhaltung und Leugnung im staatlich geförderten Terrorismus. Just das absolut verständliche Verlangen der Donaumonarchie nach vollständiger Aufklärung des Mordfalls Franz Ferdinand sollte, wie die folgenden Kapitel zeigen, zum Dreh- und Angelpunkt der gesamten serbischen und russischen, aber auch britischen, französischen und italienischen Provokation gegenüber Österreich und damit auch gegenüber Deutschland zum Krieg im Rahmen der sogenannten Juli-Krise werden. Unter den damaligen Vorzeichen wäre der Donaumonarchie jedenfalls sogar nach heutigem Recht das Recht zur präemptiven Kriegsführung zuzubilligen.

> In der Periode des klassischen Völkerrechts, die mit dem Westfälischen Frieden von 1648 begann und mit der Gründung des Völkerbunds im Jahr 1920 endete, war das Recht zur Kriegsführung (Ius ad bellum) keinerlei Beschrän-

> kung unterworfen. Die durch die territoriale Abgrenzung des Staats gekennzeichnete Macht galt als »souverän, weil sie keine Gewalt über sich anerkannte. In diesem System war das Recht zur Kriegsführung Mittel zur Rechtsverfolgung in Abwesenheit einer höheren Autorität.« Das klassische Völkerrecht war demnach eine »auf Koexistenz souveräner Staaten aufbauende Rechtsordnung, die aus der absoluten Souveränität der Völkerrechtssubjekte [Staaten] das Recht zum Krieg ableitete.« Somit war Krieg oder Frieden die Folge einer ausschließlich politischen Entscheidung, die in Ermangelung einer höheren Instanz nicht von einer solchen überprüft werden konnte. Das damals aus nur wenigen Artikeln bestehende Genfer Abkommen zum Schutz der Verwundeten im Krieg und die bereits erwähnte Haager Landkriegsordnung fielen unter die Kategorie des Rechts im Krieg (Ius in bello) und schränkten folglich das Recht zum Krieg (Ius ad bellum) in keiner Weise ein.[1220] Der Krieg wurde schließlich als Fortsetzung der Politik mit anderen Mitteln verstanden, wie zum Beispiel der preußische General Carl von Clausewitz lehrte.[1221] Alles in allem steht nach klassischem Völkerrecht ohne jeden Zweifel das **unbeschränkte Recht Österreich-Ungarns zum Präemptivkrieg, zur Selbstverteidigung in Notwehr** gegen Serbien fest.

Der Donaumonarchie wäre aber sogar nach modernem Kriegsvölkerrecht, dem selbstverständlich 1914 keine Geltung zukommen konnte, das Recht zur Kriegsführung zugestanden. Das moderne Kriegsvölkerrecht wird hier lediglich zum Zweck des Vergleichs mit den auf 9/11 folgenden völkerrechtswidrigen Kriegen der USA/NATO herangezogen.

Vergleich mit 9/11

> Zu den Zielen der Vereinten Nationen (VN), der im Jahr 1945 gegründeten Weltfriedensorganisation, zählt gemäß Artikel 1 der Charta der VN unter anderem die Bewahrung des Weltfriedens und der internationalen Sicherheit, die Prävention und Beseitigung von Friedensbedrohungen sowie die Unterdrückung jeglicher Angriffshandlungen und anderer Friedensbrüche. Die souveränen und gleichberechtigten Mitgliedsstaaten haben das allgemeine Gewaltverbot zu beachten. Das heißt, sie müssen in ihren internationalen

Beziehungen jedwede gegen die territoriale Unversehrtheit oder die politische Unabhängigkeit eines anderen Staats gerichtete sowie jede sonstige Androhung oder Anwendung von Gewalt unterlassen, die mit den Zielen der Vereinten Nationen unvereinbar ist (Artikel 2, Absatz 4).[1222] Vom allgemeinen Gewaltverbot gibt es nur eine Ausnahme: das individuelle oder kollektive Selbstverteidigungsrecht gemäß Artikel 51. Dieses setzt einen bewaffneten Angriff voraus und währt nur bis zur Vornahme von Maßnahmen durch den Sicherheitsrat der UNO.[1223] Gemäß dem Nicaragua-Urteil des Internationalen Gerichtshofs aus dem Jahr 1986 ist ein bewaffneter Angriff nicht nur jenem Staat zuzurechnen, der ihn mit seinen eigenen regulären Streitkräften oder Agenten ausführt, sondern auch jener Nation, die bewaffnete Rebellen oder sonstige Privatpersonen (Zivilisten) ausbildet und sie in einen anderen Staat entsendet.[1224]

Sämtliche subversive Tätigkeiten und Terrorakte Serbiens gegen Österreich-Ungarn zwischen 1909 und 1914 würden heute eindeutig Verstöße gegen das allgemeine Gewaltverbot, das zwingendes Völkerrecht ist, darstellen. Sie wären ohne jeden Zweifel als völkerrechtswidrig zu qualifizieren. Österreich-Ungarn hingegen könnte sich in unseren Tagen auf das Selbstverteidigungsrecht gemäß Artikel 51 der SV-Charta berufen und einen völlig legitimen Präemptivkrieg gegen Serbien zur Abwendung unmittelbarer Bedrohungen für die Souveränität und Existenz der Donaumonarchie führen. Schließlich bietet der präemptive Krieg speziell im Falle des staatlich geförderten Terrorismus die Möglichkeit, (weitere) terroristische Handlungen des Gegners zuvorzukommen.[1225]

Obwohl bewaffnete Angriffe laut geltendem Völkerrecht explizit nur von einem Staat (Völkerrechtssubjekt) ausgehen können, stuften sowohl die US-Regierung als auch die NATO den angeblich von Al-Qaida ausgeführten 9/11-Terror knapp 24 Stunden später als bewaffneten Angriff ein.[1226] Wie im Kapitel über 9/11 (Band 2) ausführlich dargelegt wird, handelte es sich bei den Anschlägen vom 11. September 2001 zwar sehr wohl um staatlich geförderte Terrorakte im Rahmen einer verdeckten Operation, diese war jedoch weder Osama bin Laden noch Afghanistan, Pakistan oder dem Irak, sondern am ehesten den USA selbst zuzurechnen. Bei der offiziellen Theorie über den technischen Ablauf der Anschläge handelt es sich um eine vollkommen absurde, weil gegen fundamentale Gesetze der Physik und der Logik verstoßende, antimuslimische Verschwörungstheorie respektive um eine perfide

> Kriegspropaganda der Superlative. Schließlich diente 9/11 der bereits einige Zeit vor den Terroranschlägen geplanten Kriegsführung der USA/NATO im Nahen Osten. Die Kriege der USA/NATO gegen Afghanistan, Pakistan und den Irak waren unverkennbar völkerrechtswidrig.[1227] Von diesen Staaten ging zu keiner Zeit eine nennenswerte Bedrohung für die USA aus, schon gar keine unmittelbare. Die ab 7. Oktober 2001 beginnenden Luftschläge der USA und Großbritanniens gegen mehrere Ziele in Afghanistan sind sogar offenkundig als reine Vergeltungsschläge (retaliations) zu bewerten.[1228]

Die Gegenüberstellung kriegsrelevanter Indizien und Kriterien der Jahre 1914 und 2001 gemäß der Tabelle in Abbildung 58 veranschaulicht, dass Österreich-Ungarn auch nach heutigen Maßstäben einen rechtlich zulässigen präemptiven Verteidigungskrieg gegen Serbien führte, während sich die USA mit der Fortsetzung ihrer neoimperialistischen Kriege in Nahost in tiefstes juristisches und moralisches Unrecht setzten. Der Wert »1« bedeutet, dass ein Indiz oder Kriterium erfüllt ist, während »0« das Gegenteil ausdrückt.

Es ist ein absolut perverses Zeichen unserer Zeit, dass meist ausgerechnet jene Juristen, Historiker, Politiker und Redakteure in völliger Ausblendung der Fakten den USA aufgrund 9/11 ein Selbstverteidigungsrecht einräumen, die ein ebensolches Österreich-Ungarn nicht einmal nach klassischem Völkerrecht zugestehen, obwohl Serbiens Urheberschaft und Russlands Rückendeckung für das Attentat auf den Thronfolger und damit der bewaffnete Angriff durch zwei Staaten unwiderlegbar feststehen und darüberhinaus zur damaligen Zeit das Kriegsführungsrecht keiner Einschränkung unterworfen war. Bei besagten Juristen, Historikern, Politikern und Redakteuren scheint es sich demnach um bestochene, unfähige und/oder profilierungsneurotische Pseudoexperten zu handeln, die sich im Dienste oder zumindest unbewusst im Interesse der anglo-amerikanischen Globalisierungsclique propagandistisch betätigen und dadurch den Österreichern und Deutschen einen historischen Mühlstein umhängen, der jedoch in Wahrheit niemand anderem als besagter Personengruppe selbst, anderen potenziellen Schmiernippelwarten und natürlich den Mitgliedern der Globalisierungsclique gebührt.

Derselbe Personenkreis bejaht außerdem zu Unrecht die Rechtmäßigkeit der NATO-Unterstützung für die USA nach 9/11, während er die Bestätigung der völkerrechtlich vereinbarten Beistandspflicht des Deutschen Reiches gegenüber Österreich-Ungarn nach der Ermordung des Thronfolgers skurrilerweise in einen angeblich für die Auslösung des Ersten Weltkriegs mitverantwortlichen »Blankoscheck« uminterpretiert.

Gegenüberstellende Bewertung der Zulässigkeit der 1914 und 2001 ausgelösten Kriege

Kriegsrelevante Kriterien	Österreich-Ungarn 1914	Wert	USA 2001 (9/11)	Wert
Geostrat. Status als Nation	Eingekreist, militärisch schwach, fragil	1	Aggressive, hochgerüstete Weltmacht	0
Bündnispartner	Der Entente massiv unterlegen	1	Übermächtige, US-gesteuerte NATO	0
Friedenswille vor Anschlag	Gegeben, Verzicht auf Präventivkriege	1	Kriegspläne gegen Nahost vor 9/11	0
Feststellung des Tathergangs	Lückenlos plausibler Sachverhalt	1	Physikalisch unmögliche Theorie	0
Angriff durch anderen Staat	Eindeutig gegeben: SER + RUS	1	Verdeckte Operation der USA	0
Schuldnachweis	Gewissenhafte juristische Prüfung	1	Lügen, plumpe Kriegspropaganda	0
Selbstverteidigungsrecht	Unbeschränkt gegeben	1	Völlig ausgeschlossen	0
Verhalten gegenüber Dritten	Selbsterklärung, Verständnisersuchen	1	Ultimative Unterstützungsforderung	0
Kriegseröffnung	Völkerrechtskonform	1	Völkerrechtswidrig in mind. 3 Fällen	0
Kriegsfolge für Nation	Untergang Österreich-Ungarns	1	Machtausbau der USA	0
Bewertung	Zulässiger Verteidigungskrieg	10	Unzulässige neoimperialistische Angriffskriege	0

Abb. 58

Deutsche Beistandspflicht

Gemäß dem 1879 abgeschlossenen defensiven Zweibund-Vertrag waren das Deutsche Reich und Österreich-Ungarn für den Fall eines direkten oder aber indirekten russischen Angriffs zum gegenseitigen militärischen Beistand verpflichtet. Während Artikel I des Abkommens bei einem Angriff durch Russland die Beistandspflicht mit der gesamten Streitmacht festlegte, ordnete Artikel II dieselbe Verpflichtung für den Fall an, dass ein anderer angreifender Staat von Russland unterstützt werde: »Sollte jedoch die Angriffspartei in einem solchen Fall von Russland entweder durch eine aktive Mitwirkung oder

> durch militärische Maßnahmen unterstützt werden, die eine Bedrohung für eine Vertragspartei darstellen, so ist die in Artikel I dieses Vertrags vorgesehene Verpflichtung zur gegenseitigen Unterstützung mit der ganzen Kampfkraft gleichermaßen wirksam [...]«[1229]
>
> Hinter der serbischen asymmetrischen Kriegsführung gegen die Donaumonarchie stand zweifelsohne Serbiens Schutzmacht Russland. Und weil der zweite russische Blankoscheck die bedeutendste Voraussetzung für das in Belgrad konzertierte bosnisch-serbische Attentat war, lagen spätestens ab den russischen Probemobilmachungen und den dem Zustand einer Mobilmachung ähnlichen Truppeneinziehungen im Mai 1914 jene militärische Maßnahmen vor, die eine Bedrohung für die Donaumonarchie im Sinne des Artikels II des Zweibund-Vertrags darstellten.
>
> In Ermangelung des gesamten Detailwissens konnten die Mittelmächte im Sommer 1914 zwar sämtliche wahren Hintergründe maximal erahnen, das Attentat auf Franz Ferdinand stellte jedoch jedenfalls spätestens ab jenem Zeitpunkt einen Bündnisfall (Casus foederis) dar, ab dem Russland seine Bereitschaft zur tatsächlichen Umsetzung der vorab versprochenen militärischen Rückendeckung für Serbien auch für objektive Dritte wahrnehmbar zu erkennen gab. Dieser Zeitpunkt ist am Beginn der Juli-Krise anzusetzen, als Russland – schon vor der deutschen Unterstützungszusage für Österreich – klar zu verstehen gab, dass es im Falle eines Kriegs zwischen der Donaumonarchie und dem serbischen Königreich hinter letzterem stehen würde.
>
> Folglich war die passive deutsche Unterstützung für Österreich gegen ein etwaiges Eingreifen der Russen in den österreichisch-serbischen Konflikt nicht nur vertragsgemäß, sondern auch aus kriegsvölkerrechtlicher Sicht absolut legitim.

Aus alldem ergibt sich, dass der deutsche Historiker Gerd Krumeich sowohl aus rechtlicher als auch aus historischer Sicht völlig falsch liegt, wenn er von einer fast verbrecherischen Erpressungsstrategie der Deutschen und ihrer Hauptverantwortlichkeit an der Auslösung des Ersten Weltkriegs im Juli 1914 spricht.[1230] Viel mehr liegt der dringende Verdacht nahe, dass Krumeich mit derartigen Aussagen nicht nur der Führung des Deutschen Reiches Unrecht tut, sondern auch dem heutigen deutschen Volk und seinem weltweiten Ruf massiv schadet.

Obige rechtliche Darlegung liefert im Prinzip die Bestätigung dafür, dass die serbische Kriegsfalle von Vornherein indirekt auch gegen das Deutsche Reich gerichtet war.

Der Casus foederis als Rechtsfolge des Attentats auf den österreichischen Thronfolger war ein zweischneidiges Schwert: Zum einen kam Österreich-Ungarn in den Genuss der völkerrechtskonformen Unterstützung durch seinen starken Bündnispartner, das Deutsche Reich, wobei es dazu keiner gesonderten Erklärung wie etwa eines deutschen »Blankoschecks« bedurfte. Schließlich stellten sowohl das von St. Petersburg gedeckte Attentat von Sarajewo als auch das zu erwartende direkte Einschreiten Russlands gegen Österreich-Ungarn zugunsten Serbiens russische Angriffe dar, die automatisch die deutsche Beistandspflicht auslösen mussten.

Außerdem handelte es sich bei der serbisch-russischen Agitation gegen die Donaumonarchie desgleichen sowohl um existenzbedrohende Angriffe gegen die germanische Monarchie an sich und damit auch gegen die Staatsform und den Bestand des Deutschen Reiches als auch um aktive Versuche, das österreichisch-deutsche Bündnis zu schwächen. Zum anderen legten es die ententischen Kriegstreiber just auf die Verwirklichung der deutschen Bündnistreue gegenüber der Donaumonarchie an, um nach der serbischen auch die belgische Kriegsfalle zuschnappen zu lassen und die Mittelmächte in einem großen europäischen Krieg endgültig auszumerzen. Der finale Schritt hierzu war eine Phase breit angelegter diplomatischer Täuschungsmanöver.

Juli-Krise: Phase der Täuschungsmanöver

Unter der sogenannten Juli-Krise werden gemeinhin die fünfeinhalb Wochen respektive 38 Tage nach dem Attentat in Sarajewo am 28. Juni bis zum Einmarsch deutscher Truppen in Belgien am 4. August 1914 verstanden. Angeblich soll diese extrem heikle Phase in einem »mit allen relevanten Daten der Juli-Krise 1914« gefütterten Computer des Pentagon nachgespielt worden sein. Das Ergebnis lautete angeblich: »1914 gab es keine Kriegsgefahr.«[1231] Dazu zwei Gedanken: Erstens zeigen Computer-Simulationen unter anderem auch Flugzeuge, deren hochsensible Tragflächenspitzen aus Aluminium massive Stahlträger wie Butter durchschneiden (9/11), obwohl das in der realen Welt der physikalischen Gesetze unmöglich ist. Und zweitens wurde der Pentagon-Computer, sofern es sich nicht um ein Märchen handelt, ganz offensichtlich mit so gut wie gar keinen relevanten Daten gespeist, wie etwa jenen über die sehr gut belegten ententischen Kriegsziele, Kriegspläne und Kriegsvorbereitungen. Außerdem scheinen dem Blechtrottel des US-Verteidigungsministeriums sogar die wichtigsten Informationen über die Juli-Krise selbst vorenthalten worden zu sein.

Denn in dieser viel diskutierten Phase, dem propagandistischen Höhepunkt im Vorfeld des Ersten Weltkriegs, zeichneten sich in erster Linie die Mitglieder und Agenten der Globalisierungsclique im Rahmen ihrer schon vielfach erprobten Hinhalte- und Täuschungstaktik durch professionelle Intrigen und perfide Lügen aus. Ihr Ziel war es weiterhin, die tatsächlich in ihrer Existenz bedrohten Nationen Österreich und Deutschland in einen großen europäischen Krieg zu verwickeln und sie dabei als Aggressoren hinzustellen. Jene Länder hingegen, für die besagte Kriegstreiber offiziell auftraten, stellten sie unter völliger Verdrehung der Tatsachen im Lichte der Weltöffentlichkeit als Angegriffene und/oder edle Vermittler dar, während sie in Wirklichkeit auch diese Nationen, also ihre eigenen Heimatländer, und mit ihnen ganz Europa zielgerichtet in den bereits seit 1905 geplanten und vorbereiteten großen Krieg beziehungsweise in die kollektive Selbstzerstörung manövrierten. Diese ententische Propaganda wirkt bis zum heutigen Tag, wie beispielsweise die selbstgeißelnden Schriften einiger deutschsprachiger Historiker belegen.

Österreich-Ungarn, das sich von der serbischen hybriden Kriegsführung zu Recht massiv bedroht fühlte, wollte und musste Serbien unbedingt eine harte Lektion erteilen. Um volle Handlungsfreiheit zu haben, ließ sich die Donaumonarchie vorab die ohnehin vertraglich vereinbarte deutsche Rückendeckung für den nicht gerade unwahrscheinlichen Fall eines russischen Angriffs auf Österreich bestätigen. Österreich wollte Serbien völlig zu Recht eine Abreibung verpassen, und das Deutsche Reich stand dahinter. Sollte sich, worauf Österreich und Deutschland hofften, Russland nicht einmischen, bliebe der Konflikt lokalisiert, sprich auf Serbien und Österreich begrenzt. Berlin drängte zwar Wien aus guten Gründen zu einer sofortigen militärischen Abreibung gegenüber Serbien, doch die Österreicher entschieden sich aus ebenso guten Gründen für die vorherige juristische Prüfung der serbischen Verstrickung in das Attentat auf Franz Ferdinand und einen diplomatischen Zwischenschritt, der auch die politische Lösung des Konflikts ermöglichen sollte: An Serbien wurden extrem harte, aber im Verhältnis zur serbischen Wühlarbeit durchwegs angemessene und daher annehmbare Forderungen gerichtet. Erst deren Nichtannahme respektive die nicht bedingungslose Unterwerfung Serbiens sollte österreichische militärische Zwangsmaßnahmen rechtfertigen.

Um sowohl sich selbst als auch die Kräftebalance und damit den Frieden in Europa zu erhalten, war es, wie gesagt, für die Donaumonarchie erforderlich, den Konflikt mit Serbien zu lokalisieren, also auf diese beiden Nationen zu beschränken. Folglich wollten die Mittelmächte die Einmischung dritter Mächte unter allen Umständen verhindern, damit sich der österreichisch-serbische Konflikt nicht zu jenem europäischen Flächenbrand entwickle, den die ententischen Kriegstreiber zu entfachen beabsichtigten. Österreich-Ungarn und das Deutsche Reich wurden durch das rücksichtslose Verhalten der Entente-Staaten dazu genötigt, diese auf ihren Kriegswillen zu testen. Der Prüfstein dafür war Serbien. Nicht etwa der Erzwingung eines großen Kriegs, von dem sie lediglich die eigene Vernichtung zu erwarten hatten, sondern allein die Sondierung der Lage im Rahmen der Konfliktlokalisierung, die für Österreich und Deutschland insbesondere im Hinblick auf die systematische Hochrüstung der russischen Dampfwalze sowie ihre für ab 1917 prognostizierte Unbesiegbarkeit eine geradezu existenzielle Bedeutung zukam, dienten die nur relativ raffinierten, wenngleich wenigen Verschleierungsmaßnahmen der Mittelmächte. Dieser Umstand wird von britischen Diplomaten in verklausulierter Form bestätigt. Zum Beispiel schrieb der britische Politiker und Diplomat Harold Nicolson in seiner Studie über die Diplomatie zur Zeit des Ersten Weltkriegs:

> *Bevor wir Deutschland verantwortlich machen, müssen wir zuerst unsere eigenen Elisabethiner beschuldigen. Der Geist war genau derselbe: Die Deutschen aber benahmen sich eines höheren Stands der Kultur und Rechtschaffenheit wegen weniger unverfroren; und waren weniger erfolgreich.*[1232]

Den feinen, aber essentiellen Unterschied zwischen den Motiven der Entente-Kriegstreiber (Delokalisierung) und den Entscheidungsträgern der Mittelmächte (Lokalisierung) gilt es bei der Würdigung der Vorgänge während der Juli-Krise zu berücksichtigen. Wichtig ist auch, dass die Juli-Krise weder über- noch unterbewertet, sondern als das gesehen wird, was sie ist: das Bindeglied zwischen den überaus gründlichen Kriegsvorbereitungen seitens der Entente und ihren Kriegszielen einerseits sowie der ihrer Realisierung dienenden Auslösung des Ersten Weltkriegs andererseits. Weil es sich bei der Juli-Krise um eine außerordentlich emotionsgeladene und die wohl täuschungsträchtigste Phase im Vorfeld des Ersten Weltkriegs handelt, sollte der Wert der überlieferten Aussagen von Politikern, Diplomaten und Militärs eher unter- als überschätzt werden, sofern sie in keinem Verhältnis zu kriegsrelevanten Entscheidungen und faktisch gesetzten Maßnahmen wie vor allem zwischenstaatlichen Unterstützungszusagen, Mobilmachungen und Kriegserklärungen hatten. Allein die gewaltige Anzahl an Dokumenten füllt eine Reihe hunderte Seiten starker Bücher. Gegenständliches Kapitel über die Juli-Krise ist relativ umfangreich, weil es sich um das vermutlich komplexeste Ereignis der Menschheitsgeschichte handelt. Die chronologische und gleichzeitig möglichst themenbezogene Darstellung stützt sich primär auf folgende Dokumentensammlungen: das zweibändige Werk *Julikrise und Kriegsausbruch 1914* des deutschen Historikers Imanuel Geiss aus den Jahren 1976 (Band 1 in Neuauflage mit 442 Seiten)[1233] und 1964 (Band 2 mit 854 Seiten)[1234] sowie *Der Kriegsausbruch* von Doktor Ernst Sauerbeck aus dem Jahr 1919 (742 Seiten).[1235]

An einigen Stellen dieses Kapitels wird, ohne jemandem zu nahe treten zu wollen, Annika Mombauers gerade einmal 128 Seitchen umfassendes, gänzlich ohne nachvollziehbare Quellenverweise (Fußnoten) verfasstes Büchlein über die Juli-Krise als Beispiel für eine meines Erachtens völlig misslungene Deutung dieser heiß diskutierten Phase herangezogen. Es sei vorausgeschickt, dass Mombauer, die wahrscheinlich in der Tradition Fritz Fischers steht und als Deutsche besonders Bedacht auf ihren britischen Lehrstuhl nimmt, in *Die Julikrise: Europas Weg in den Ersten Weltkrieg* (2014) zum bedenklichen Ergebnis kommt, »der Hauptteil der Verantwortung für den Kriegsausbruch« müsse »nach wie vor in den Entscheidungen Österreich-Ungarns und Deutschlands verortet werden.« Aus den ihr vorliegenden Dokumenten der Juli-Krise leitet Annika Mombauer den vermeintlich eindeutigen Beweis ab, »dass diese beiden Großmächte es auf einen Krieg abgesehen hatten, bevor die Regierungen der anderen Großmächte überhaupt wussten, dass ein europäischer Konflikt bevorstand.«[1236] Wie kommt die deutsche Historikerin zu dieser katastrophalen Fehlbeurteilung?

Zum einen findet man in Mombauers Buch nicht einmal den Hauch einer Andeutung der seit dem Jahr 1905 bestens dokumentierten Ziele, Pläne und Vorbereitungen der anderen Großmächte, sprich Großbritanniens, Frankreichs und Russlands, für einen großen europäischen Vernichtungskrieg gegen die Mittelmächte. Zum anderen führte Mombauers Nichtberücksichtigung der im vorliegenden Buch behandelten ökonomischen, geo- und militärstrategischen Fakten im Vorfeld des Ersten Weltkriegs offenbar nicht nur zur einseitigen Auswahl, sondern auch zur parteiischen Interpretation jener Dokumente, die augenscheinlich die längst widerlegte These der österreichischen und deutschen Hauptverantwortung stützen sollen. Dass dabei eklatante Logikbrüche auftreten, scheint Annika Mombauer nicht weiter zu stören. Als Beispiel hierfür sei bereits an dieser Stelle angeführt, dass sie das österreichische Ultimatum als für Serbien unannehmbar deklariert, obwohl es nachweislich annehmbar war und ein von Mombauer selbst zitiertes Dokument offenbart, dass Serbien im Falle einer entsprechenden (auf den Frieden bedachten) Beratung durch Russland dem österreichischen Ultimatum vollinhaltlich, das heißt inklusive einer gemeinsamen Aufklärung der Attentatshintergründe, entsprochen hätte. Folglich war das Ultimatum aus serbischer Sicht grundsätzlich vollständig annehmbar.

Im Falle der vollständigen Annahme durch Serbien wäre Österreich-Ungarn vor der gesamten Weltöffentlichkeit der Wind der präemptiven Bedrohungsabwehr und Vergeltung aus den Kriegssegeln genommen worden. Wie daher unschwer zu erkennen ist, hätten Serbien und Russland den Ersten Weltkrieg mit Leichtigkeit abwenden können. Doch dies entsprach nicht ihren Zielen. Mehr noch: Die Befolgung der strittigsten österreichischen Forderung, nämlich jener nach einer gemeinsamen Aufklärung der Hintergründe des Attentats von Sarajewo, hätte die mitwirkenden österreichischen Ermittler mit an Sicherheit grenzender Wahrscheinlichkeit von Belgrad nach St. Petersburg geführt und dadurch die Kriegsfalle Serbien als solche entlarvt. Genau das wollten, ja mussten sowohl die serbischen und russischen als auch die britischen und französischen Kriegstreiber der Globalisierungsclique verhindern, weil die Weltöffentlichkeit eben nicht erfahren durfte, dass die Entente-Mächte die wahren Aggressoren waren, die zwar auf Biegen und Brechen einen europäischen Krieg auslösen, ihn jedoch den Mittelmächten in die Schuhe schieben wollten.

Grundsätzlich könnte man die Juli-Krise in zwei Phasen untergliedern: erstens die ursprünglich als ausschließlich bilaterale Phase der Mittelmächte gedachte Zeit bis zur Überreichung des österreichischen Ultimatums an Serbien am 23. Juli und zweitens die darauf folgende internationale Phase, die anlässlich der frühzeitigen russischen und serbischen Mobilmachung fließend in den faktischen Beginn des Ersten Weltkriegs überging. Gegen die dargestellte Zweiteilung der Juli-Krise sprechen jedoch unter anderem die bereits in der ersten Phase verzeichneten Manipulationen der Kriegstreiber der Entente, Serbiens und Italiens, die allen Ernstes den Vorrang der »Würde« Serbiens vor der Existenzberechtigung Österreichs suggestiv bis ungeniert offen postulierten. Die subtil-skurrile Propaganda, dass die vermeintliche Würde und Unabhängigkeit des serbischen Terrorherds wichtiger seien als die Genugtuung, die Sicherheit und der Fortbestand der k. u. k. Monarchie, stellte eine ungeheuerliche Provokation für die Mittelmächte dar. Eine sogar noch schlimmere Herausforderung war, dass die ententischen Kriegstreiber die unverschämte Lüge als Selbstverständlichkeit verkauften, eine militärische Aktion Österreichs gegen Serbien müsse zwangsweise das militärische Einschreiten Russlands gegen Österreich zur Folge haben, obwohl das Zarenreich dazu weder eine rechtliche noch eine moralische Verpflichtung hatte. Vielmehr hätte sich Russland im Sinne des Völkerrechts, der Gerechtigkeit und des europäischen Friedens heraushalten und seinen, ja den wichtigsten Beitrag zur Lokalisierung des Konflikts beitragen müssen. Stattdessen trieb Russland zum Schutz seiner Interessen auf dem Balkan unter kräftigem Zutun seiner Verbündeten im Rahmen seiner bereits 1912 schriftlich festgelegten Hinhalte- und Einschläferungstaktik die Ausweitung des Konflikts voran, die planmäßige Delokalisierung.

Dabei fungierte Frankreich als Petersburger Ohrenbläser und großer Anstachler zum europäischen Krieg. Großbritannien spielte nach außen die Rolle des friedensstiftenden Vermittlers und neutralen Züngleins an der Waage. Dass ihre Verhandlungsbereitschaft gegenüber Deutschland nur geheuchelt war, hatten die britischen Drahtzieher schon mehrfach unter Beweis gestellt: Haldane-Mission, Bagdad-Bahn, Deutsch-Mittelafrika. Der eindringliche Hinweis des britischen Außenamts an den verwirrten französischen Präsidenten über die Wertlosigkeit offizieller Verhandlungen mit fremden Mächten und der geheimen Handhabung der Entente, die keinerlei Aufzeichnungen über die wahren strategischen Ziele erlaube, spricht Bände.[1237] In Übereinstimmung mit dieser verschwörerischen Grundregel finden sich in der britischen diplomatischen Korrespondenz zwar einige sogenannte Versuche Edward Greys, zwischen den Großmächten zwecks Lokalisierung des Konflikts zu vermitteln. Die darin enthaltene offensichtliche Parteiergreifung für Russland und das anmaßend-absurde Bestreben, ausgerechnet das von Serbien angegriffene Österreich zu mäßigen, entblößen Greys Pseudovermittlungsversuche als Teil eines abgekarteten Spiels: Mittels Doppelbotschaften, versteckter und sich sukzessive steigernder, tatsächlich unannehmbarer Provokationen für die Mittelmächte im Rahmen eines systematischen Crazy Making (Verrücktmachens) sowie psychopathischer Kriegsdrohungen wurde wertvolle Zeit für die Mobilisierung der russischen Dampfwalze gewonnen und das Deutsche Reich seines wichtigsten strategischen Vorteils beraubt.

Durch die diplomatischen Vorgänge der Juli-Krise wird erneut bestätigt, dass die ententischen Fäden ab 1906 zwecks Vorbereitung des Ersten Weltkriegs in London zusammenliefen. Noch bevor Serbien auf das österreichische Ultimatum antwortete, war in Russland die Entscheidung für den großen Krieg gefallen. Zu diesem Zeitpunkt ging es längst nicht mehr um Serbien, sondern bereits um die Auslösung der belgischen Kriegsfalle. Die naiv an die Neutralität Großbritanniens glaubenden Mittelmächte ließen sich jedoch nicht in ihrem Bemühen um die Lokalisierung des Konflikts beirren, bis nach der britischen Kriegsmarine, Russland und Serbien auch Frankreich mobilmachte. Österreich und Deutschland mobilisierten zuletzt. Die Reihenfolge der Mobilmachungen entspricht den erörterten kriegsvorbereitenden Planungen, denen zufolge die Mittelmächte zum präemptiven Angriff genötigt werden sollten.

Spätestens als die deutschen Demobilisierungsappelle ignoriert wurden, war den Mittelmächten endlich klar, dass die Juli-Krise von Beginn an nichts anderes war als der letzte Auftakt zum von der Entente erstrebten großen Krieg. Besonders vor diesem Hintergrund ist die diplomatische Korrespondenz während der Juli-Krise als Verkettung jener ausgefeilten Täuschungsmanöver zu sehen, deren erstes Glied die nach wie vor aufrechte, großteils sogar intensivierte serbisch-russische Agitation gegen die Donaumonarchie darstellte.

Gesteigerte serbisch-russische Bedrohung

Die Nachrichten über den Doppelmord in Sarajewo lösten in den europäischen Hauptstädten einen starken Schock und in Österreich-Ungarn zusätzlich eine tiefe Verwirrung sowie den Wunsch nach einer endgültigen Abrechnung mit Serbien aus.[1238] Wenn Annika Mombauer meint, feststellen zu müssen, Franz Ferdinands »aufbrausendes Temperament und seine unberechenbaren Launen hatten den Erzherzog bei seinen zukünftigen Untertanen nicht beliebt gemacht«,[1239] scheint die deutsche Historikerin zu übersehen, dass der österreichische Thronfolger sein Amt nicht etwa im Zuge eines Beliebtheitswettbewerbs oder auf dem Jahrmarkt gewonnen, sondern aufgrund seiner herausragenden fachlichen Qualifikation bekommen hatte. Außerdem waren trotz aller Feinde, die der Erzherzog zweifellos hatte, die überwiegenden Reaktionen in der Doppelmonarchie von Entsetzen und Rachegefühlen geprägt. Dies begründet der österreichische Historiker Manfried Rauchensteiner wie folgt: »Denn dass mit dem Erzherzog ein Symbol getroffen und eine durchaus intakte Hoffnung zerstört worden war, dass sich die Habsburgermonarchie aus der Erstarrung der späten Franz-Joseph-Jahre würde lösen können, empörte und ließ Hass aufkommen.«[1240]

Damit grundsätzlich übereinstimmend, veröffentlichte das liberale britische Blatt *Daily Chronicle* rund hundert Jahre früher, am 29. Juni 1914, eine bemerkenswert akkurate Analyse der **russischen Hintergründe** der Ermordung des österreichischen Thronfolgers in Sarajewo:

> *Der Erzherzog bildete zweifellos das ernsteste Problem für den russischen Ehrgeiz in Südosteuropa. Er war bereits sehr einflussreich, er war [...] sicherlich ein willensstarker Mann und ein Mann mit klaren Zielen, und es ist ein widerliches Faktum in Russlands äußerer Politik [...], dass fast jeder Mensch, der im Balkan in moderner Zeit Russlands Gegner war, durch Mörderhand gefallen ist.*[1241]

Und da sich Österreich diesen damals noch nicht voll beweisbaren, aber dennoch empfindlich spürbaren russisch-serbischen Affront nicht bieten lassen konnte, lag die *Times* mit ihrem ebenfalls am 29. Juni erschienenen Artikel richtig, dem zufolge »dieses Attentat politische Folgen nach sich ziehen wird.«[1242]

Während in Österreich-Ungarn verständlicherweise Trauer, Hoffnungslosigkeit und Zorn auf Serbien vorherrschten, wurde die Ermordung des Thronfolgers in weiten Teilen Serbiens beklatscht und bejubelt. Etlichen Augenzeugenberichten zufolge fielen sich die Leute vor Freude in die Arme. Noch am Todestag, also am 28. Juni 1914, wurde zum Beispiel im Rahmen der Sankt-Veits-Feierlichkeiten in Pristina (Kosovo) nach der Verkündigung großserbischer Propaganda die druckfrische Nachricht über den terroristischen Akt in Sarajewo von einer fanatisierten Menge mit zahlreichen Beifallsäußerungen gewürdigt. Dass es sich dabei um die generelle Haltung der Bevölkerung in Serbien handelte, berichtete Baron Giesl von Gieslingen (1860 bis 1936), seines Zeichens k. u. k. General und Botschafter in Belgrad.[1243] Ebenfalls am 28. Juni gab der russische Botschafter in Belgrad Nikolaj Hartwig, der, wie bereits erwähnt, Vorkenntnisse über die Ermordung Franz Ferdinands hatte, eine Party. Pietätlos posaunte er in Belgrad herum, dass Österreich endlich seinen Thronfolger los wäre. Dies hängt damit zusammen, dass Hartwig schon zuvor darauf hingewiesen hatte, nach der Zurückdrängung der Osmanen auf dem Balkan sei »nun Österreich an der Reihe.« Und weiter: »Serbien wird unser bestes Instrument sein.« Der Tag, an dem sich Serbien die Provinzen Bosnien und Herzegowina zurückhole, sei nahe.[1244]

Am 30. Juni beauftragte jedenfalls Zar Nikolaus II. seinen Generalstab mit der militärischen Unterstützung Serbiens: Mit 120.000 Dreiliniengewehren und 120 Millionen Schuss Munition sollte Serbien für eine mögliche Auseinandersetzung mit Österreich-Ungarn aufgerüstet werden.[1245] Außerdem drohte Nikolaus II., bei einem österreichischen Angriff auf Serbien würde Russland an der Seite Serbiens stehen.[1246]

Russland hatte also nicht nur das unmittelbare Attentat auf Franz Ferdinand mittels Blankoscheck, Mobilmachungsübungen und Geldmitteln für Serbien ermöglicht, sondern auch Vorsorge für die potenzielle militärische Folgewirkung getroffen: den Krieg zwischen Österreich und Serbien.

Wie intensiv Russland hinter dem Attentat von Sarajewo und seinem kriegsauslösenden Zweck steckte, ahnte man damals in Wien noch nicht. Aber man wusste schon am 28. Juni mit Sicherheit, dass Serbien verantwortlich war. An diesem Tag kabelte Feldzeugmeister Potiorek die im Kerngehalt zutreffende Mitteilung von Sarajewo nach Wien, nach den bisherigen Erhebungen sei »konstatiert, dass der Bombenwerfer jener serbischen Sozialistengruppe angehört, welche die Parole aus Belgrad zu erhalten pflegt.«[1247] Die polizeilichen Erhebungen in Sarajewo leitete der k. u. k. Untersuchungsrichter Leo Pfeffer, der im Zuge rechtlich einwandfreier, jedoch nach

Wiener Ansicht viel zu milder und schleppender Verhöre bereits am 29. Juni herausfand, dass das Verbrechen in Belgrad geplant und die gefassten Attentäter ebendort ausgestattet und ausgebildet worden waren.[1248] Naturgemäß weit von der Kenntnis sämtlicher Details entfernt, aber dennoch völlig zu Recht schlussfolgerte der österreichische Generalstabschef Conrad von Hötzendorf, dass es sich bei der Ermordung des Thronfolgers »um ein Attentat auf die Monarchie handle, dem ein sofortiger Schritt folgen müsse.« Ministerpräsident und Außenminister Graf Berchtold bestand allerdings darauf, dass man unbedingt den Ausgang der Untersuchung abwarten müsse.[1249] Gemeint waren lokal auf Bosnien beschränkte Erhebungen. Für eine offizielle polizeiliche Untersuchung im souveränen Staat Serbien ermangelte es den k. u. k. Behörden an der dazu erforderlichen Befugnis. Österreich-Ungarn war diesbezüglich von Serbien abhängig.

Diesem Umstand versuchte ausgerechnet der serbische Botschafter in Wien Jovan Jovanović scheinbar Rechnung zu tragen, nachdem er kurz vor dem Attentat an falscher Stelle mit einem absolut unzulänglichen »Hinweis« aufgewartet hatte. Als er am 30. Juni seinen offiziellen Beileidsbesuch im k. u. k. Ministerium des Äußeren erstattete, heuchelte er gegenüber dem ersten Sektionschef, die serbische Regierung verdamme das Attentat von Sarajewo auf das entschiedenste. Die serbische Regierung würde »sicherlich auf die loyalste Weise alles tun, um zu beweisen, dass sie auf ihrem Gebiete keinerlei strafbare Agitation oder Unternehmung dulden wird, die unseren schon so empfindlichen Beziehungen zu Österreich-Ungarn schaden könnte.« Abgesehen von diesem offenbar gegenüber 1909 aufgefrischten Versprechen künftigen Wohlverhaltens, sei die Belgrader Regierung bereit, »die Mitschuldigen unter Anklage zu stellen, wenn es bewiesen wird, dass es deren in Serbien gibt.«[1250] Auf die naheliegende, noch am selben Tag an die Obrigkeit in Belgrad gerichtete Frage Wiens, »welche Maßregeln die königliche [serbische] Polizei ergriffen habe, respektive zu ergreifen gedenke, um die Fäden des Attentats, welche notorisch nach Serbien hinüberspielen, zu verfolgen«, erhielt der österreichisch-ungarische Gesandte die lapidare und gleichsam provokative Antwort, »dass sich die serbische Polizei bisher mit dem Gegenstand überhaupt nicht befasst hätte.«[1251]

Die formelle Erklärung des serbischen Botschafters in Wien war also nichts als heiße Luft. Da die serbischen Polizeibehörden rein gar nichts taten, um die von Serbien offiziell (!) selbst geforderten Beweise zu erbringen, bestand eindeutig **allerhöchste Verschleierungs- und Verschleppungsgefahr** seitens der in das Attentat von Sarajewo verwickelten serbischen Regierung. Daher stand schon zu Beginn der Juli-Krise fest, dass die Donaumonarchie zumindest auf die künftige Mitwirkung ihrer

Beamten bei den serbischen Ermittlungen abzielen musste, um das ursprüngliche Ziel wenigstens halbwegs zu erreichen, die bereits hinlänglich indizierte Mitschuld Serbiens gewissenhaft und lückenlos nachzuweisen. Dies war vor allem dringend erforderlich, um Österreich-Ungarns Status als Großmacht zu erhalten, Serbien brauchbare Garantien für Ruhe und Ordnung abzuverlangen und der Weltöffentlichkeit die Notwendigkeit etwaiger österreichischer Zwangsmaßnahmen gegen Serbien vor Augen zu führen.

Die Unausweichlichkeit besagter Zwangsmaßnahmen zeichnete sich nicht nur anhand der demonstrativ gezeigten Untätigkeit serbischer Behörden und der – im krassesten Gegensatz zu offiziellen Erklärungen – ohne jede Zurückhaltung öffentlich präsentierten Schadenfreude und Genugtuung führender Kreise der serbischen Bevölkerung wie Berufspolitikern, Beamten, Offizieren, Lehrkräften und der Studentenschaft ab,[1252] sie war auch aus den ungeniert fortgesetzten, zunehmend aggressiveren Propaganda-Artikeln der serbischen Presse herauszulesen.

So erklärt der *Piémont* vom 1. Juli die Wahnsinnstat von Sarajewo als logische Folge jenes lauten Protests, den schon der zum serbischen Heros erhobene Mörder Bogdan Zerajić mit seinem 1910 missglückten Anschlag in Sarajewo auf den österreichischen Kaiser und den bosnischen Landeschef zum Ausdruck gebracht hatte: Gavrilo Princip sei den Spuren des Zerajić gefolgt, und die Durchführung des Attentats am Vidovdan lasse die Verzweiflungstat des jungen Bosniers verständlicher und natürlicher erscheinen. Die jungradikale Zeitschrift *Odjek* schob am 3. Juli die Verantwortung für die Gräueltat gar der k. u. k. Regierung zu: »Man habe den Herrn Erzherzog Franz Ferdinand am Tage des nationalen Enthusiasmus nach Sarajewo gesendet, um eine brutale Manifestation der Gewalt und Unterwerfung zu feiern. Dieser brutalste Akt musste brutale Gefühle des Widerstandes, des Hasses und der Rache herausfordern.« Dass der Thronfolger sogar große Abstriche im Hinblick auf seine persönliche Sicherheit und die seiner Gemahlin gemacht hatte, um die Serben ja nicht unnötig zu provozieren, blendete das Propagandablatt vollkommen aus. Einen großen Schritt weiter ging das nationalistische Parteiorgan *Srpska Zastava*. In seinem Hetzartikel mit dem Titel *Verdächtigungen und Drohungen* vom 3. Juli deutet es den Sarajewoer Terroranschlag in ein hausinternes Produkt Österreich-Ungarns um: »Das Attentat stellt sich immer mehr als ein Erzeugnis der ungesunden Verhältnisse in der Monarchie dar. Andererseits ruft die wilde Verfolgung des serbischen Volkes in Bosnien und der Herzegowina den Abscheu der ganzen zivilisierten Welt hervor.« Und die *Pravda* vom selben Tag erklärt, die Wiener Politik sei zynisch, weil sie den Tod des unglücklichen Paares für ihre abscheulichen Ziele gegen das serbische Volk ausbeute.[1253] Derlei Propaganda ging sogar dem britischen Botschafter in Wien Sir Maurice de Bunsen zu weit, wie aus seinem Privatbrief an den Unterstaatssekretär im britischen Auswärtigen Amt Sir Arthur Nicolson hervorgeht: »Ich muss sagen, dass sich die serbische Presse meines Erachtens schamlos benimmt. Hier [in Wien] werden lange Auszüge aus serbischen Zeitungen veröffentlicht, die anscheinend geneigt sind, die Meuchelmörder als Märtyrer-Opfer einer heiligen Sache zu betrachten. Österreich-Ungarn wird mit Schimpfwörtern bedacht – wobei ›wurmstichig‹ die Lieblingsbezeichnung ist.«[1254]

Als innerlich zerfressene Nation wurde Österreich-Ungarn demnach von der serbischen Presse nicht als sonderlich bedrohliche, sondern viel mehr als im Sterben begriffene Großmacht wahrgenommen. In diesem Sinne provoziert die *Pravda* vom 4. Juli, im Chaos der österreichischen Schreckensherrschaft sei es »natürlich vollkommen begreiflich, dass sich die Ära der Attentate eingebürgert hat.« Auf Sicherheitsmaßnahmen und Sanktionen in Bosnien abstellend, forderte das Journal *Balkan* am 5. Juli, dass die Donaumonarchie »wegen Verfolgung Unschuldiger unter internationale Kontrolle gestellt werden müsste.« Im *Mali Journal* vom 7. Juli wird über Christenmassaker berichtet, die angeblich ausgerechnet von den Behörden der erzkatholischen Donaumonarchie, der europäischen Hüterin des Christentums, in Bosnien vorbereitet werden. Auch die *Tribuna* vom selben Tag verdreht die Tatsachen völlig und macht die Opfer zu Tätern, indem sie der Donaumonarchie unterstellt, sie habe »die Mordtat von Sarajewo bestellt, um die Ausrottung der Serben mit einem Schlag durchzuführen.« Panik über angeblich bevorstehende Massaker an Serben in Bosnien und Herzegowina verbreitet der *Piémont* vom 9. Juli. »Das blutdürstige Österreich will sich eben am serbischen Blute satt trinken und tut es auch«, schreibt die *Stampa*. Und die *Politika* vom selben Tag bezichtigt die k. u. k. Polizei, sie habe bei den Ermittlungen in Sarajewo Betrüger als Verdächtige angeheuert und deren Lügen in alle Windrichtungen verbreiten lassen. Um das ganze serbische Volk anklagen zu können, habe die Polizei in Sarajewo den Attentätern mittels unmenschlichster und schamlosester Torturen unwahre Geständnisse herausgepresst. Diesen Unsinn behauptet die *Stampa* vom 8. Juli, während am selben Tag der *Balkan* zum allgemeinen Boykott gegen alle in Serbien lebenden Österreicher, die *Tribuna* zum generellen Boykott gegenüber Waren und Dienstleistungen aus Österreich-Ungarn und das *Mali Journal* zum Boykott gegen die berüchtigte Donau-Dampf-Schifffahrts-Gesellschaft aufrufen. »Boykott gegen die Nichtsnutzigen« lautet die Schlagzeile jenes Artikels, mit dem die *Pravda* am 10. Juli zum strengen, von der Narodna Odbrana überwachten Boykott gegen alle österreichischen Unternehmen in Belgrad aufruft.[1255]

Parallel dazu forderten einige serbische Zeitschriften offen zur Beschleunigung des völligen Untergangs der Donaumonarchie auf. Am 9. Juli propagiert der *Balkan*, der österreichische Thronfolger sei ein Opfer des Jesuitismus, dem schließlich die baldige Zerstörung ganz Österreich-Ungarns zuzuschreiben sei. Das Ziel sei gerecht und diene dem Wohle aller Menschen: »Durch den Untergang Österreich-Ungarns aber soll der Menschheit Ruhe und Frieden gegeben werden.« Zwecks Verteidigung gegen die Räuberei der k. u. k. Behörden und Regierung müsse man stets bewaffnet und bereit sein, meint das Handelsblatt *Trgovinski Glasnik* vom 10. Juli. Wie ein Löwe müsse man zur blutigen Abwehr bereit sein. Und der *Stampa* zufolge sei der Tag nicht fern, an dem Serbien Bosnien und Herzegowina zurückerobern werde. Schließlich hätten die Serben auch die Türken besiegt. Dass Österreich-Ungarn wohl den Titel »Kranker Mann in Europa« erwerben möchte, schreibt *Odjek* am 20. Juli, bevor das jungradikale Blatt betont, »um wie viel Serbien kulturell und moralisch höher steht als Österreich-Ungarn.« Zur selben Zeit gesteht der Ortsausschuss der Narodna Odbrana in Niš die Urheberschaft Serbiens für das Attentat auf den österreichischen Thronfolger, wobei jedoch dessen Wohlwollen für alle Slawen und besonders die Serben – ganz im Sinne der Propaganda des russischen Militärattachés Oberst Artamanov und des serbischen Geheimdienstchefs Oberst Dimitrijević – in eine kriegerische Bedrohung für Serbien umgedeutet wird:

> *Serbien musste sich diesmal unbedingt eines Mittels wie des Attentats gegen Erzherzog Franz Ferdinand bedienen, weil eben dieser wegen seines aggressiven und exzentrischen Charakters eine eminente Gefahr für Serbien und möglicherweise auch für weitere slawische Kreise bedeutete. Er hätte, wäre er am Leben geblieben, in Kürze Serbien zum Kriege herausgefordert oder es angegriffen [...]*

Serbien sei durch den Sarajewoer Mord gerettet und dabei jener Staatsmann aus dem Weg geräumt worden, der für Serbien besonders gefährlich war. Der neue Thronfolger werde es sich daher überlegen, in den Spuren seines Vorgängers zu wandeln. Die indirekte Drohung wird wie folgt untermauert: Sollten die Zustände andauern,

so müssten Revolver und Bomben erst Recht ihre wahre Rolle spielen.[1256]

Wie diese kurze Auswahl belegt, konnte von einer Einsicht oder Mäßigung Serbiens gegenüber der Donaumonarchie keine Rede sein. Obwohl Zurückhaltung dringend nötig gewesen wäre, um den Frieden in Europa zu bewahren, wurde auf allen erdenklichen serbischen Kanälen bis weit in die Juli-Krise hinein im großserbischen, irredentistischen, terroristischen und kriegerischen Sinne sogar noch aggressiver als zuvor weitergefunkt.

Eine weitere, ja sogar die massivste Bedrohung für Österreich-Ungarn verkörperte die von Serbien betriebene Erneuerung des unter der Regie von Nikolaj Hartwig aufgestellten Balkanbundes, der schon ab 1912 zumindest sekundär gegen Österreich-Ungarn ausgerichtet war. Der abermals unter russischer Führung geplante neue Balkanbund, beziehungsweise die Union Serbiens mit Montenegro und Rumänien, sollte der Idee von Großserbien mit eigenem Adria-Zugang zum Durchbruch verhelfen,[1257] wobei seine Spitze jedenfalls primär auf die Donaumonarchie zielen würde. Doch Russland leugnete sogar die Existenz einer serbischen Gründungsplanung. Als Legationsrat Otto Czernin (1875 bis 1962) am Beginn der Juli-Krise den russischen Außenminister auf die vom serbischen Gesandten in Berlin angesprochene bevorstehende serbisch-montenegrinische Union ansprach, entgegnete Sergei Sasonow, er wisse »aus sicherer Quelle, dass Serbien einen solchen Plan gar nicht in Betracht ziehe und einzig die Erhaltung des Status Quo anstrebe.«[1258] Ähnlich äußerte sich Sasonow gegenüber dem deutschen Botschafter in St. Petersburg Friedrich Pourtalès.[1259] Dass der russische Außenminister jeweils log, ergibt sich unter anderem aus seiner eigenen Warnung an den russischen Botschafter in Belgrad Nikolaj Hartwig, der serbischen Regierung äußerste Vorsicht anzuraten und »mit den Verhandlungen [sic!] über die serbisch-montenegrinische Annäherung, die schon die Aufmerksamkeit der österreichisch-ungarischen [siehe oben] und sogar der deutschen Regierung auf sich gelenkt hat, zu warten.«[1260] Hartwigs prompter Rückmeldung zufolge stellte der serbische Ministerpräsident Nikola Pašić aufgrund Sasonows Empfehlung die bereits laufenden Verhandlungen mit Montenegro umgehend ein.[1261]

Dass der künftige Zusammenschluss Serbiens mit Montenegro dem natürlichen Lauf der Dinge entsprechen würde und folglich ein diesbezügliches Unterlassungsversprechen gegenüber der Donaumonarchie absolut wertlos, weil nicht einhaltbar wäre, darüber waren sich der Staatssekretär des deutschen Auswärtigen Amts Gottlieb von Jagow, der französische und offenbar auch der russische Botschafter in Berlin einig. Letzterer berichtete darüber dem russischen Außenminister.[1262] In seinem Bericht Nummer 41 hebt der neue russische Gesandte in Belgrad Strandtmann während der Juli-Krise gegenüber Sergei Sasonow hervor, Serbien sei seit Beendigung der Balkankriege »in die zweite und letzte vorbereitende Phase der Verwirklichung seiner nationalen Aufgaben eingetreten, die kurz so zusammengefasst werden können, dass es bei Eintritt einer günstigen Konjunktur bereit ist, alle Serben unter der Herrschaft des Königreichs zu vereinen und einen eigenen Zugang zum Adriatischen Meer zu erwerben.« Zu jenen Maßnahmen, die den Enderfolg der großserbischen Idee herbeiführen sollten, »gehören die Bestrebungen Serbiens, eine enge Verbindung und volle Solidarität der Aktionen mit Montenegro und Rumänien herzustellen, die sowohl ihrer geographischen Lage nach wie durch die Identität der von ihnen verfolgten Ziele seine natürlichen Bundesgenossen gegen Österreich-Ungarn sind.«[1263] Dieses Dokument verrät, dass die Vervollständigung der Einkreisung der Mittelmächte durch den aus Serbien, Montenegro und Rumänien gebildeten Keil im Süden genau wie der Eintritt Montenegros in den Ersten Weltkrieg im August 1914 an der Seite Serbiens und jener Rumäniens neben der Entente im August 1916[1264] nicht nur auf serbischen, sondern vor allem auch auf russischen geostrategischen Planungen basierte.

Nicht unerwähnt darf jene Terrorwarnung bleiben, aufgrund der sich so gut wie kein europäisches Herrscherhaus auf der ohnehin äußerst bescheiden geplanten Beisetzungszeremonie für das österreichische Thronfolgerpaar am 3. Juli 1914 blicken ließ. Zum Beispiel konnte Kaiser Wilhelm II. seinem österreichischen Freund nicht die letzte Ehre erweisen, obwohl er dazu extra unverzüglich seine Teilnahme an der Segelregatta auf der Kieler Förde abgebrochen und seine Reise nach Wien geplant hatte. Wilhelm II. wurde die Warnung des Generalkonsuls in Sarajewo zugetragen, aus Belgrad seien zehn bis zwölf Verschwörer zur Ausführung weiterer Attentate entsendet worden. Und der österreichische Außenminister Berchtold eröffnete dem deutschen Botschafter in Wien Heinrich von Tschirschky eine Meldung, der zufolge »12 Mörderbuben unterwegs seien mit der Absicht, ein Attentat auf Kaiser Wilhelm auszuüben.«[1265]

Lessons learned: Russland war ebenso wenig zu trauen wie Serbien. Beide strebten nachweislich weiterhin die Vernichtung Österreichs (und auch Deutschlands) an. Alles in allem war bereits Ende Juni beziehungsweise Anfang Juli 1914 sehr deutlich zu erkennen, dass die Haltung Serbiens gegenüber Österreich-Ungarn unumkehrbar destruktiv und seine hybride Kriegsführung dermaßen hinterhältig war, dass es zu Österreichs Selbstverteidigung einer handfesten Aktion gegen Serbien bedurfte. Wie bereits gezeigt wurde, wäre der Donaumonarchie sogar nach heutiger Rechtslage das Recht zur sofortigen präemptiven Selbstverteidigung zugestanden. In Wien wollte man jedoch nichts übereilen. So entschlossen sich die Österreicher zu einem wohldurchdachten und sehr gut vorbereiteten diplomatischen Zwischenschritt, der die Entscheidung zwischen Krieg und Frieden zwischen Österreich und Serbien bringen und gleichzeitig Russland und die Entente auf ihren Willen zu einem großen europäischen Krieg testen sollte.

Diplomatische Weiche

Obwohl General Conrad von Hötzendorf aus militärstrategischer Sicht zum sofortigen Schritt und zur »Mobilisierung gegen Serbien« geraten hatte,[1266] sprachen sich der Kaiser, der k. u. k. Ministerpräsident und insbesondere der ungarische Ministerpräsident Graf Tisza dafür aus, unbedingt den Ausgang der Untersuchung über die Hintergründe des Attentats auf den Thronfolger abzuwarten. Es gibt hier allerdings keinen Grund, irgendetwas zu beschönigen: Österreich wurde von Serbien ins Rückenmark getroffen und da kein Ende der großserbischen Agitation in Sicht war, war die Donaumonarchie zum Gegenschlag bereit. Vorzugsweise mit Krieg. Aber nicht um jeden Preis.

Auch Graf Tisza wollte Serbien keineswegs verschonen. Ihm ging es von Anfang an in erster Linie um den richtigen Eindruck der Weltöffentlichkeit und die sich daraus ergebenden günstigen Bedingungen für einen zu diesem Zeitpunkt alles andere als ungewollten Krieg gegen Serbien. Professor Erich Brandenburg hat natürlich Recht, wenn er meint, dass Österreich bessere Karten vor der Weltöffentlichkeit gehabt hätte, wenn damals bereits als Fakten über die Hintergründe des Terroranschlags auf den k. u. k. Thronfolger bekannt gewesen wären:

> *Leider waren die Zusammenhänge, die wir heute zu erblicken vermögen, zu der Zeit, als Österreich-Ungarn sein Ultimatum an Serbien richtete, noch nicht vollständig bekannt. Sonst würde es möglich gewesen sein, diese Tatsachen schon damals zur Beeinflussung der öffentlichen Meinung zu benutzen, und es würde den Gegnern Deutschlands und Österreich-Ungarns noch mehr erschwert worden sein, das Vorgehen der Wiener Regierung gegen Serbien als den Versuch eines mächtigen und rücksichtslosen Staates darzustellen, einen kleinen, friedfertigen und unschuldigen Nachbarstaat zu vergewaltigen und seiner Unabhängigkeit zu berauben.*[1267]

Um der Weltöffentlichkeit genau das Gegenteil, also die Wahrheit, aufzuzeigen, ging die Donaumonarchie trotz ihres massiv verletzten Stolzes äußerst bedacht vor. Bereits am 1. Juli, als das Entsetzen über die Ermordung Franz Ferdinands allen noch in den Knochen steckte, schrieb Tisza an Kaiser Franz Joseph I., warum er eine sofortige Abrechnung mit Serbien für einen verhängnisvollen Fehler hielt: »Erstens haben wir bisher keine genügenden Anhaltspunkte, um Serbien verantwortlich machen zu können und trotz etwaiger befriedigender Erklärungen der serbischen Regierung einen Krieg mit diesem Staate zu provociren. Wir würden den denkbar schlechtesten Locus standi [Klagebefugnis] haben, würden vor der ganzen Welt als die Friedensstörer dastehen und einen großen Krieg unter den ungünstigsten Umständen anfachen.« Einen Kriegsfall (Casus belli) könne man aus den verschiedensten Gründen aufrollen, sobald einmal der richtige Zeitpunkt zum Losschlagen gekommen sei.[1268]

Der k. u. k. Generalstabschef war der korrekten Ansicht, »der unter Patronanz Serbiens verübte Mord [am Thronfolger] sei der Kriegsgrund.« Sollte Österreich-Ungarn allerdings von Deutschland im Stich gelassen werden, wären der Donaumonarchie die Hände gebunden. Folglich müsse man »Deutschland vor allem fragen, ob es uns den Rücken gegen Russland decken wolle oder nicht.«[1269] Es ging also nicht darum, eine aktive deutsche Unterstützung gegen Serbien anzufordern. Das Deutsche Reich sollte gegenüber Serbien passiv bleiben und lediglich einspringen, falls die russische Dampfwalze gegen Österreich losrollen würde. In Entsprechung zu Conrads Empfehlung ersuchte Tisza Kaiser Franz Joseph I., den deutschen Kaiser »zur tatkräftigen Unterstützung unserer Balkanpolitik zu bewegen.«[1270]

Der deutsche Kanzler Bethmann Hollweg wurde bereits am 30. Juni mittels Bericht des deutschen Botschafters in Wien Heinrich von Tschirschky über dessen Gespräch mit dem k. u. k. Ministerpräsidenten und Außenminister Berchtold sowie darüber in Kenntnis gesetzt, dass viele Leute in Wien einmal gründlich mit den Serben abrechnen wollen. Schon zu diesem Zeitpunkt, also Ende Juni, wurde das Deutsche Reich auch über das Grundkonzept der diplomatischen Weichen in Kenntnis gesetzt: »Man müsse den Serben zunächst eine Reihe von Forderungen stellen, und falls sie diese nicht akzeptierten, energisch vorgehen.«[1271] Der Zweck des sogenannten Ultimatums war also nicht, Serbien alternativlos mit Krieg zu überziehen. Wie Österreich auch gegenüber den anderen Großmächten klarstellte, wollte die Donaumonarchie vor aller Welt dokumentieren, dass es für den Konflikt mit Serbien zwei Lösungsmöglichkeiten vorgesehen hatte. Die erste, von Österreich offiziell präferierte Möglichkeit war, dass Serbien die österreichischen Forderungen annehme, dabei eindeutig gegen die antiösterreichische Agitation Stellung beziehe und Österreich die Möglichkeit zur diesbezüglichen Mitsprache und Mitwirkung gebe. Dadurch sollte auf friedlichem Wege eine klare Situation zur Sicherung der inneren Ruhe der Donaumonarchie geschaffen werden. Lediglich die zweite Möglichkeit, die Ablehnung der Forderungen, sollte »eine Auseinandersetzung mit den Waffen, in weiterer Folge thunlichste Lahmlegung Serbiens« zur Folge haben.[1272] Wie bereits erwähnt, wurden die Forderungen sehr hart, aber dennoch annehmbar formuliert (siehe weiter unten).

Zurück zu Tschirschkys Bericht. Seinen eigenen Angaben zufolge benutzte er »jeden solchen Anlass, um ruhig, aber sehr nachdrücklich und ernst vor übereilten

Schritten zu warnen.« Die Randkommentare Wilhelms II. zu besagtem Bericht beweisen nicht nur, dass das Deutsche Reich von Anfang an über das österreichische Vorhaben im Bilde war, sondern auch, dass der deutsche Kaiser vollkommen hinter Österreich stand. Tschirschkys Kalmierungsversuche bezeichnete Wilhelm II. als »sehr dumm«. Schließlich sei es »lediglich Österreichs Sache, was es hierauf zu thun gedenkt.« Der deutsche Monarch notierte allerdings auch seiner Meinung nach selbsterklärende Binsenwahrheiten: »Mit den Serben muss abgerechnet werden, und zwar bald.« Die Unterstreichungen der Worte »und« und »bald« stammen von Wilhelm II.[1273] Dass der deutsche Kaiser auf dem Balkan reinen Tisch machen wollte, steht demnach außer Zweifel. Allerdings wollte er nachweislich nicht, dass sich der serbische-österreichische Konflikt zu einem großen europäischem Krieg entwickeln würde. Das wiederum hatte allein Serbiens Schutzmacht Russland in der Hand. Insofern wurde für die Mittelmächte Serbien zum Prüfstein des russischen Kriegswillens.

Prüfstein Serbien

Als in Wien die Notwendigkeit, die Rechtmäßigkeit und der Wille zu einer Abrechnung mit Serbien feststanden, gab es grundsätzlich zwei mögliche europäische Szenarien, die beide unmittelbar von der Haltung Russlands abhingen:

1. Würde sich Russland heraushalten, bliebe der österreichisch-serbische Konflikt **lokal**, und ein großer Krieg wäre ausgeschlossen.
2. Würde aber Russland entgegen allen bekannten Fakten Österreich kein Selbstverteidigungsrecht gegenüber Serbien zugestehen und sich stattdessen mit seiner militärischen Macht hinter Serbien stellen, müsste dies die europäische Bündnissystematik auslösen und zu einem **großen Krieg** führen.

Die Entscheidung über Lokalität oder Nichtlokalität respektive Nichtausdehnung oder Ausdehnung des österreichisch-serbischen Konflikts zum Weltenbrand lag also letztlich ganz allein bei Russland. Eine Vielzahl von diplomatischen Dokumenten beweist unwiderlegbar, dass sich Österreich und Deutschland vom ersten bis zum letzten Tag der Juli-Krise intensiv um den Eintritt der ersten Möglichkeit (Lokalisierung) bemühten, während Russland und die anderen beiden ententischen Mächte sehr gewieft auf den großen Krieg zusteuerten.

Im ersten einleitenden Kapitel seiner Dokumentensammlung über die Juli-Krise führt der deutsche Historiker Immanuel Geiss an, das deutsche Auswärtige Amt habe im Gegensatz zu militärischen Kreisen gehofft, »dass ein Krieg zwischen Österreich und Serbien vermieden werde, weil es die Mobilmachung Russlands, und damit den ›Weltkrieg‹ als unvermeidliche Konsequenz des österreichisch-serbischen Krieges klar und richtig vorhersah.«[1274] Obwohl er die unbestreitbare, alles entscheidende Ursächlichkeit der russischen Mobilmachung für den Beginn des Ersten Weltkriegs völlig korrekt erfasst, kommt Geiss dennoch in der abschließenden Betrachtung der Juli-Krise zur fatalen Fehlbeurteilung, »dass die deutsche Reichspolitik in der Juli-Krise den ausschlaggebenden Faktor für die Verursachung des 1. Weltkriegs bildete – mit Konsequenzen, die seitdem die Welt verändert haben.«[1275] In Anbetracht dieser unlogischen und unzutreffenden Büßerhemdfeststellung nimmt es kaum Wunder, dass das Vorwort der Geiss'schen Dokumentensammlung von Fritz Fischer verfasst wurde.[1276] Auch Annika Mombauer hebt zwar die Schlüsselrolle Russlands und vor allem die kriegsfördernde Wirkung der früh gefassten Entscheidung zur russischen »Teilmobilmachung« hervor,[1277] die in Großbritannien lehrende Historikerin kommt jedoch ähnlich wie Immanuel Geiss zum Trugschluss, der »Hauptteil der Verantwortung« für den »Kriegsausbruch« müsse »nach wie vor in den Entscheidungen Österreich-Ungarns und Deutschlands [im Rahmen der Juli-Krise] verortet werden.«[1278]

Besagte Fehleinschätzungen führen just zu jenem verdrehten Ergebnis, das die globalistischen Kriegstreiber bereits vor der Präparation der serbischen Kriegsfalle beabsichtigten: Das eigentliche Opfer (Österreich) und sein starker Freund (Deutschland) werden zu Tätern abgestempelt, während der eigentliche Täter (Serbien) und sein übermächtiger Komplize (Russland) ungeschoren davonkommen.

Weil die von gewissen Historikern bis zum heutigen Tag gepflegte öffentliche Gehirnwäsche (Gehirnverschmutzung) über die Hauptverantwortung Österreichs und Deutschlands für den sogenannten Ausbruch des Ersten Weltkriegs nahezu allgegenwärtig ist, sei mit Nachdruck auf das in allen wissenschaftlichen Disziplinen anerkannte Kausalitätsprinzip hingewiesen, dem zufolge jedes Ereignis (Wirkung) eine Ursache hat. Die in den Rechtswissenschaften geläufige, vor allem strafrechtlich relevante Äquivalenztheorie besagt, dass ein Tun kausal für einen Erfolg (Wirkung) ist, »wenn es nicht weggedacht werden kann, ohne dass der Erfolg in seiner konkreten Gestalt entfiele.«[1279] Da im gegebenen Kontext kein Erfolgsdelikt, sondern das Verhältnis zwischen der russisch-serbischen Aggression und der österreichischen Selbstverteidigung geprüft werden soll, verwenden wir hier besser die Begriffe Aktion (statt Ursache) und Reaktion (statt Wirkung).

Schon vor der Juli-Krise stand für alle Beteiligten wahrnehmbar fest, dass Österreich bereits eine geraume Weile der hybriden Kriegsführung Serbiens (Aktion) ausgesetzt und daher in seiner Existenz bedroht war. Aus einigen für Fachhistoriker besonders leicht zugänglichen Dokumenten ergibt sich zudem stichfest die primäre Ursächlichkeit der russischen Planungen und aktiven Unterstützungen für die terroristische Spitze der hauptsächlich gegen Österreich-Ungarn gerichteten großserbischen Agitation (Aktion), die in der Ermordung des österreichischen Thronfolgers (Aktion) gipfelte. Ohne dieses ultimative Ereignis hätte sich die Donaumonarchie nicht zur »Strafaktion« gegen Serbien (Reaktion) veranlasst gesehen. Daher ist vereinfacht festzuhalten:

- Aktion: Russisch-serbische hybride Kriegsführung
- Reaktion: Österreichische Selbstverteidigung

Österreichs Anspruch auf Selbstverteidigung im Hinblick auf ein mögliches Einschreiten Russlands zu ignorieren, ist ähnlich verwerflich, als würde man einem Vergewaltigungsopfer die Durchsetzung seines Rechts auf Notwehr mit der passiven Rückendeckung seines starken Freundes absprechen, nur weil dies den bärenstarken Komplizen des Täters und damit einen größeren Raufhandel provozieren könnte. Genau auf dieses moralisch und rechtlich unhaltbare Ergebnis läuft jedoch die Argumentation von Historikern wie Fischer, Geiss und Mombauer hinaus. Anstatt auf das Wesentliche, die hauptursächliche russisch-serbische Aggression (Aktion), zu fokussieren, konzentrieren sie sich zu sehr auf die diplomatischen Reaktionen der Mittelmächte während der Juli-Krise.

Doch ausgerechnet aus der Dokumentation der diplomatischen Korrespondenz zwischen Österreich und Deutschland geht hervor, dass ihre Reaktionen angemessen und primär auf den Erhalt des europäischen Friedens ausgerichtet waren, ohne jedoch die Donaumonarchie um ihr Recht auf Selbstverteidigung sterben zu lassen. Der Meisterung des Spannungsverhältnisses Frieden-Selbstverteidigung-Großkrieg war bereits die streng geheime Unterhaltung zwischen dem deutschen Publizisten Doktor Victor Naumann und dem Kabinettschef des k. u. k. Außenministeriums Alexander Hoyos (1876 bis 1937) vom 1. Juli 1914 gewidmet. Naumann betonte ausdrücklich, »dass man nicht nur in [deutschen] Armee- und Marinekreisen, sondern auch im Auswärtigen Amte der Idee eines Präventivkrieges gegen Russland nicht mehr ganz so ablehnend gegenüberstehe wie vor einem Jahre.« Der Wortlaut offenbart, dass sich die Mehrheit der Verantwortlichen keinen Krieg mit Russland wünschte. Nach dem Attentat auf Franz Ferdinand, so Doktor Naumann, sei es für die Donaumonarchie eine Existenzfrage, »dass sie dieses Verbrechen nicht ungesühnt lasse, sondern Serbien vernichte. Eine solche Aktion würde für Deutschland der Prüfstein sein, ob Russland den Krieg wolle oder nicht.« Für die Lokalisierbarkeit des Konflikts zwischen Serbien und Österreich sprachen in den Augen von Naumann und Hoyos drei grundlegend falsche Annahmen, an die sich die Mittelmächte bis zum Kriegsbeginn klammerten: Erstens war man überzeugt, England würde nicht in einen europäischen Krieg eingreifen. Zweitens war man zuversichtlich, ausgerechnet Frankreich werde im friedlichen Sinne auf Russland einwirken. Und drittens sei der Dreibund jetzt noch stark genug. Man setzte also immer noch auf Italien.[1280]

Der deutsche Generalmajor Graf Waldersee, Oberquartiermeister im Großen Generalstab, beurteilte zutreffend, dass »wir von heute zu morgen in einen Krieg verwickelt werden könnten. Alles hänge davon ab, wie Russland sich zu der österreichisch-serbischen Angelegenheit stelle.« Im Großen Generalstab sah man es den Beobachtungen des sächsischen Militärbevollmächtigten in Berlin zufolge »als ganz günstig« an, »wenn es jetzt zu einem Kriege käme.« Darin spiegelt sich jedoch keineswegs der unbedingte deutsche Wille zum Krieg mit Russland, sondern vielmehr folgendes militärstrategisches Faktum: »Besser würden die Verhältnisse und Aussichten für uns nicht werden.«[1281] Mit anderen Worten: In Deutschland strebte man keinen Krieg mit Russland an, aber wenn ihn Russland unbedingt wollte, dann wären die Bedingungen für Deutschland jetzt besser als später. Es wäre also vorteilhafter, den anstehenden Krieg eher jetzt zu akzeptieren als in der Zukunft, wenn keine Aussicht auf Erfolg mehr besteht. Um sicher zu gehen, musste das Deutsche Reich Russland auf seinen **Kriegswillen testen**.[1282]

Die Entente wusste eindeutig, dass das Deutsche Reich bis zuletzt gegen einen europäischen Krieg war. Der französische Botschafter in London Paul Cambon stellte noch am feurigen 24. Juli fest, »Deutschland hätte kein Interesse daran, einen allgemeinen Krieg zu entfesseln.«[1283] Dies bestätigte der kanadische Jurist John S. Ewart bereits 1925 anhand der damals eher dürftigen Aktenlage sowohl für das Deutsche Reich als auch für Österreich-Ungarn: »Beide Mächte glaubten, dass sie eine unnachgiebige Haltung in die Lage versetzen würde, die Feindseligkeiten auf ein Duell zwischen Österreich-Ungarn und Serbien zu beschränken.«[1284]

Die Mittelmächte wollten nachweislich keinen allgemeinen Krieg, sondern ihn tunlichst verhindern. Vor Russland zu kuschen war allerdings auch keine Option. Weder für Deutschland noch für Österreich. Darum einigte man sich darauf, dass das Deutsche Reich der Donaumonarchie eine passive Rückendeckung gegenüber Russland geben würde.

Passive deutsche Rückendeckung

Die frühzeitige Botschaft des Zaren, Russland werde im Konfliktfall fest zu Serbien halten, schreckte natürlich die Verantwortlichen in Wien auf, weshalb Kaiser Franz Joseph I. den deutschen Kaiser um Beistand ersuchte.[1285] Österreich wurde also von Russland veranlasst, sich an Deutschland zu wenden. Wilhelm II. sagte unverzüglich, jedoch gerade nicht demonstrativ öffentlich zu, weil er einen europäischen Krieg möglichst verhindern wollte. Österreich und Deutschland gingen sehr diskret vor, um sowohl den österreichisch-serbischen Konflikt zu lokalisieren als auch die Entente auf ihren Kriegswillen hin zu testen. Die Mittelmächte verbanden nicht nur gemeinsame geostrategische Interessen, sondern auch die legitimen politischen Ziele, die monarchistische Staatsform beider Reiche beizubehalten und ihren Großmachtstatus zu erhalten, wenn möglich sogar zu erweitern. Es lag auch im Interesse Deutschlands, dass sein einziger verlässlicher Bündnispartner Österreich-Ungarn seine vermutlich letzte Chance nutzte, Großmacht zu bleiben und dadurch gleichzeitig den strategischen Wert des Zweibunds zumindest zu bewahren.

Am 2. Juli 1914 schrieb der österreichische Kaiser an Wilhelm II. und fasste die Gesamtsituation mit wenigen Worten wie folgt zusammen: »Das gegen meinen armen Neffen verübte Attentat ist die direkte Folge der von russischen und serbischen Panslawisten betriebenen Agitation, deren einziges Ziel die Schwächung des Dreibundes und die Zerstörung meines Reiches ist.« Auch der neue Balkanbund sei »nur gegen mein Reich gerichtet.« An eine Versöhnung des Gegensatzes, der Serbien von Österreich trennt, sei nicht mehr zu denken. Schließlich sei zu beachten, »dass die erhaltende Friedenspolitik aller europäischen Monarchen bedroht sein wird, solange dieser Herd von verbrecherischer Agitation in Belgrad fortlebt.«[1286] Hier ist zu berücksichtigen, dass Kaiser Franz Joseph I. trotz seiner Verfehlungen nicht zu Unrecht als Friedenskaiser in die Geschichte einging. Die Annexion Bosniens und Herzegowinas im Jahr 1908, von der ihm sein Sohn Rudolf dringend abgeraten hatte, lief völkerrechtlich einwandfrei ab. Dass sie dennoch für den Hass Serbiens auf die Donaumonarchie ursächlich war, ist verständlich, lässt jedoch das österreichische Selbstverteidigungsrecht unberührt. Dass obige Lagebeurteilung des österreichischen Monarchen hundertprozentig korrekt war, wurde bereits hinreichend dargelegt. Der daraus resultierende, nicht von der Hand zu weisende Entschluss des Kaisers lautete: »Das Bestreben meiner Regierung muss in Hinkunft auf die Isolierung und Verkleinerung Serbiens gerichtet sein.« Serbien, der Angelpunkt panslawistischer Politik, müsse als politischer Machtfaktor auf dem Balkan ausgeschaltet werden.[1287]

Der Brief von Kaiser Franz Joseph I. war vermutlich noch nicht einmal abgeschickt worden, als ihm der deutsche Botschafter Heinrich von Tschirschky im Zuge der Audienz vom 2. Juli versicherte, er könne darauf bauen, »Deutschland geschlossen hinter der Monarchie zu finden, sobald es sich um die Verteidigung eines ihrer Lebensinteressen handele. Die Entscheidung darüber, wann und wo ein solches Lebensinteresse vorliege, müsse Österreich selbst überlassen bleiben.« Wilhelm II. werde hinter jedem festen Entschluss der Donaumonarchie stehen.[1288] Diese Inhalte gab Heinrich von Tschirschky einem Bericht vom 4. Juli zufolge mehrfach und nachdrücklich von sich, wobei die jeweilige Kernbotschaft lautete, »Deutschland würde die Monarchie durch Dick und Dünn unterstützen, was auch immer dieselbe gegen Serbien beschließen sollte.«[1289] Die mehrfach durch den deutschen Botschafter vor offizieller Befassung des deutschen Kaisers und Parlaments avisierte Unterstützungszusage lässt dreierlei erahnen:

Rechtliches

Erstens dürfte Wilhelms II. schriftliche Rüge seine Wirkung nicht verfehlt haben, Tschirschky solle Österreich nicht in dessen Angelegenheiten bremsen (siehe oben). Zweitens ging man nicht nur in Wien, sondern offenbar auch in Berlin in Entsprechung der Tatsachen davon aus, dass Österreich Gebrauch von seinem Notwehrrecht machen würde, weshalb die Beurteilung der Verletzung von Lebensinteressen ausschließlich dem souveränen Staat Österreich zustand.

Und drittens muss die positive Entscheidung über das österreichische Unterstützungsersuchen in Berlin als Selbstverständlichkeit erachtet worden sein, zumal gemäß Zweibund-Vertrag von 1879 ohnehin jede russische Aggression **automatisch** die gegenseitige Beistandspflicht der Mittelmächte zur Folge hatte, ohne dass es dazu einer weiteren Erklärung bedurfte. Wie bereits im Kapitel über die Beistandspflicht des Deutschen Reichs erläutert, galt dies unabhängig davon, ob es sich um eine direkte oder indirekt über einen Drittstaat wie etwa Serbien ausgeübte russische Aggression handelte. Kurz: Die deutsche Bestandspflicht ergab sich bereits aus dem Zweibund-Vertrag, weshalb es sich bei der Zusage einer passiven Rückendeckung nachweislich um **keinen Blankoscheck** handelte.

Just in diesem Sinne war die automatische Beistandspflicht des Deutschen Reichs gegenüber Österreich-Ungarn Gegenstand der am 29. Juli 1914 vom deutschen Außenamt herausgegebenen Sprachregelung: Sollte Russland in den ausschließlich Österreich und Serbien angehenden Konflikt eingreifen (delokalisieren) beziehungsweise »für Serbien Partei nehmen und Österreich angreifen, so wäre für uns«, also für das nach wie vor auf Lokalisierung des Konflikts bedachte Deutsche Reich, »der casus foederis gegeben und eine allgemeine Konflagration unvermeidlich.« Folglich hing »die Frage der Erhaltung des Friedens«, wie Außenminister Jagow zutreffend feststellte, »allein von Russland ab.«[1290]

Hiermit ist gleich das letzte Argument für die angebliche Hauptverantwortung des Deutschen Reichs für den Beginn des Ersten Weltkriegs vom Tisch. Mit den anderen bereits entlarvten skurrilen Phantasien über die deutsche Auslösung des Flottenwettrüstens, deutsche Weltherrschaftspläne, deutsche koloniale Aggression und die deutsche Verletzung der belgischen Neutralität kann nun auch das Thema »Blankoscheck für Österreich« im Rund-Container für schlechte Schauermärchen abgelegt werden. Denn die informelle Zusage einer deutschen passiven Rückendeckung ist als Bestätigung der Erfüllung einer aufrechten vertraglichen Verpflichtung auf ausdrückliches Ersuchen der Donaumonarchie zu werten.

Diese rechtliche Beurteilung entspricht dem Inhalt der deutschen Zusagen vom 5. und 6. Juli 1914 im Zuge der sogenannten Mission Hoyos. Vorbehaltlich einer positiven Rücksprache mit dem deutschen Reichskanzler sagte Wilhelm II. dem österreichischen Botschafter Ladislaus von Szögyény-Marich (1841 bis 1916) die volle Unterstützung Deutschlands zu. Dabei wurde davon ausgegangen, dass sich Russland feindselig verhalten werde. Im Falle eines Kriegs zwischen Österreich-Ungarn und Russland werde Deutschland in gewohnter Bundestreue an der Seite der Donaumonarchie stehen. Dabei gab der deutsche Kaiser zum Ausdruck, dass man in Berlin eine ernste Aktion Österreichs gegen Serbien erwarte, wobei darunter nicht unbedingt Krieg zu verstehen war. Wilhelm II. zeigte Verständnis dafür, dass es Kaiser Franz Joseph I. »bei seiner bekannten Friedensliebe schwer fallen würde, in Serbien einzumarschieren.« Sollte man in Österreich jedoch die Notwendigkeit einer kriegerischen Aktion wirklich erkennen, dann würde es der deutsche Kaiser bedauern, wenn die Donaumonarchie den derzeit für sie günstigen Moment ungenutzt ließe.[1291] Die Botschaft des deutschen Monarchen war unmissverständlich: Wenn Österreich gegen Serbien Krieg führen will, dann sollte es sofort geschehen.

Noch am selben Tag kamen Wilhelm II. und sein Kanzler überein, dass es nicht ihre Aufgabe sei, Österreich-Ungarn zu beraten, »was auf die Sarajewoer Bluttat zu tun sei. Darüber müsse Österreich-Ungarn selbst befinden.« Hierbei spielte der Lokalisierungsgedanke die zentrale Rolle: »Direkter Anregungen und Ratschläge sollten wir uns umso mehr enthalten, als wir mit allen Mitteln dagegen arbeiten müssten, dass sich der österreichisch-serbische Streit zu einem internationalen Konflikt auswachse. Kaiser Franz Joseph I. aber müsse wissen, dass wir auch in ernster Stunde Österreich-Ungarn nicht verlassen. Unser eigenes Lebensinteresse erfordere die unversehrte Erhaltung Österreichs.« Bethmann Hollweg erklärte ausdrücklich, dass sich seine Anschauungen mit denen des Kaisers deckten.[1292] Am 6. Juli bestätigte der deutsche Reichkanzler gegenüber dem österreichischen Gesandten und Graf Hoyos hochoffiziell die schon seit 2. Juli avisierte deutsche Unterstützungszusage, wobei erneut auf das Erfordernis eines möglichst raschen und radikalen Einschreitens hingewiesen wurde.[1293] Nach Abschluss des verfassungsmäßigen Vorgangs antwortete Wilhelm II. schließlich am 9. Juli dem österreichischen Kaiser in Briefform, »dass Du auch in den Stunden des Ernstes mich und mein Reich in vollem Einklang mit unserer altbewährten Freundschaft uns unseren Bündnispflichten treu an Eurer Seite finden wirst.« Es gelte jener Propaganda mit aller Kraft entgegenzutreten, »die das feste Gefüge der Monarchien als Angriffsobjekt aussieht.«[1294] Damit war das Faktum angesprochen, dass auch die Existenz des Deutschen Reichs in seinen Wurzeln bedroht war. Umso erstaunlicher die deutsche und österreichische Zurückhaltung, nicht sofort mit vereinten Kräften Serbien den Garaus zu machen. Von der Staatsform der Monarchie kann man halten, was man will. Dass die deutschen (deutschsprachigen) Monarchien ernsthaft bedroht waren, steht auf alle Fälle unbestreitbar fest.

Aus der erwähnten Besprechung zwischen Kaiser Wilhelm II. und Kanzler Theobald von Bethmann Hollweg vom 5. Juli geht jedenfalls hervor, dass für die deutsche Reichsleitung bereits in der ersten Juli-Woche feststand, dass zwar ein österreichisch-serbischer Krieg im Bereich des Möglichen war, es jedoch dessen Ausdehnung zu einem europäischen Krieg um jeden Preis zu verhindern galt. Führende russische und britische Köpfe wussten hingegen spätestens am selben Tag, dass ein Krieg zwischen Serbien und Österreich unausweichlich einen großen europäischen Krieg zur Folge haben würde.

Russische Kriegsdrohungen

Dem britischen Außenminister Edward Grey wurde am 5. Juli 1914 von Maurice de Bunsen, dem britischen Botschafter in Wien, vertraulich berichtet, dessen russischer Kollege, Botschafter Nikolai Schebeko, bestreite generell die Möglichkeit eines isolierten österreichisch-serbischen Kriegs: Russland wäre diesfalls gezwungen, »die Waffen zur Verteidigung Serbiens zu ergreifen.« Dass Russland dazu weder aus moralischen noch aus rechtlichen Gründen verpflichtet wäre, wurde freilich nicht erwähnt. Botschafter Schebeko betonte aber explizit, wofür es keinen Zweifel geben könne:

Ein serbischer Krieg würde einen allgemeinen europäischen Krieg bedeuten.[1295]

Wie war das mit Annika Mombauers angeblich eindeutigem Beweis, Österreich-Ungarn und Deutschland hätten es auf einen Krieg angelegt, bevor die anderen Großmächte überhaupt wussten, dass ein europäischer Konflikt bevorstand?[1296] Wie obiges Zitat aus dem vertraulichen britischen Diplomatenbericht Nr. 137 unwiderlegbar beweist, spielten sich hochrangige russische und britische Amtsinhaber schon Anfang Juli 1914 nicht nur mit dem Gedanken eines großen europäischen Kriegs, zumindest ein Vertreter des russischen Außenamts hielt darüberhinaus die Ausdehnung eines Kriegs mit Serbien zum europäischen Großkrieg für **unausweichlich**. Wenn sich sogenannte Fachhistoriker schon nicht die Mühe machen, die bestens dokumentierten Pläne des britischen CID für den großen europäischen Krieg zu sichten, sollte man zumindest annehmen dürfen, dass sie wenigstens jene hervorragend sortierten Dokumente kennen, auf die sie laut ihren eigenen Angaben ihre Schlussfolgerungen stützen. Wie etliche Dokumente der Juli-Krise belegen, stützten sich Russland und Großbritannien bis zum tatsächlichen Beginn des Ersten Weltkriegs im Sinne Schebekos auf die verlogene Argumentation respektive auf die selbsterfüllende Prophezeiung ab, ein Krieg gegen Serbien müsse zum Weltkrieg führen, während die Mittelmächte sowohl sich selbst als auch der Entente das glatte Gegenteil einredeten. In diesem Punkt blieben beide Seiten geradlinig. Was hingegen die Aufklärung des Attentats von Sarajewo betrifft, sprachen die Vertreter der Entente mit gespaltenen Zungen, wobei Russland mitunter offen mit Krieg drohte.

Am 2. Juli berichtete der russische Botschafter in Berlin Sergei Swerbejew dem russischen Außenminister Sasonow über ein Gespräch mit dem deutschen Unterstaatssekretär des Auswärtigen Amts Arthur Zimmermann (1864 bis 1940) über das Attentat auf Franz Ferdinand. Einerseits bezeichnete Swerbejew den Terroranschlag als empörend und abscheulich, andererseits spielte er ihn – im Einklang mit dem Zweck der verdeckten Operation – als Zufallstat unmündiger österreichisch-ungarischer Staatsbürger herunter und lenkte dadurch von der serbisch-russischen Mittäterschaft ab: »Die Verantwortung für Verbrechen von Privatpersonen, noch dazu von unreifen Anarchisten, einer ganzen Nation zuzuschreiben, sei wohl kaum möglich.« Die entscheidende Reaktion des deutschen Unterstaatssekretärs war, seiner offen artikulierten Meinung nach müsse die serbische Regierung »ihrerseits in vollem Umfang bei der Untersuchung alles dessen mitwirken, was die Aufklärung der Einzelheiten der Untat von Sarajewo fördern könne, und falls sich die Gerüchte bewahrheiten sollten, dass diese Untat tatsächlich in Serbien vorbereitet worden sei, die Schuldigen strenger Bestrafung unterziehen.«[1297] Abgesehen davon, dass Österreich die Verwicklung Belgrads in das Attentat bereits grob nachgewiesen hatte und es sich daher um keine Gerüchte handelte, traf Zimmermann die Sache im Kern. Die russische Reaktion ließ nicht lange auf sich warten.

Am 5. Juli erklärte der russische Botschafter in Wien Nikolai Schebeko seinem britischen Kollegen Bunsen, Österreich würde Serbien ungerechtfertigterweise für das Attentat in Sarajewo beschuldigen. Im selben Gespräch versteifte sich der russische Botschafter auf die erwähnte Nichtlokalisierbarkeit des Konflikts und die Unausweichlichkeit eines allgemeinen europäischen Kriegs (siehe oben). Falls sich Russland, wie es so oft beteuerte, tatsächlich für den Erhalt des europäischen Friedens interessiert hätte, wäre die logische Schlussfolgerung gewesen, dass sich die russischen Diplomaten mit aller Kraft für die vollständige Aufklärung des Attentats auf den österreichischen Thronfolger unter gewissenhafter Mitarbeit Serbiens verwendet hätten. Wie wir jedoch wissen, war nicht nur die serbische, sondern auch die russische Regierung massiv in die Ermordung Franz Ferdinands verwickelt. Russland feuerte sogar den Startschuss ab. Folglich hatte Russland das allergeringste Interesse an der von Zimmermann geforderten »Aufklärung der Einzelheiten«. Mehr noch: Russland musste die Aufklärung verhindern.

Was tat also der russische Außenminister Sasonow? In der auf seinen expliziten Wunsch hin geführten Unterredung mit dem interimistischen österreichischen Botschafter in St. Petersburg Otto Czernin warnte er diesen nicht nur davor, »dass die österreichische Presse Gefahr laufe, durch ihre Angriffe auf Serbien in seinem Lande [Russland] eine besorgniserregende Aufregung zu erzeugen.« Sasonow warnte auch offen davor, Österreich solle sich ja nicht auf den Weg begeben, Nachforschungen auf serbischem Gebiet zu betreiben. Die abschließende Bemerkung lautete: »Möge diese Warnung nicht vergeblich sein.«. Darüber berichtete der französische Gesandte in St. Petersburg Maurice Paléologue am 6. Juli 1914.[1298] Über dieselbe Unterredung liegt auch ein Bericht des italienischen Botschafters in St. Petersburg Carlotti vor. Auf das Verlangen des österreichischen Geschäftsträgers (Botschafters) Otto Czernin nach einer in Serbien durchzuführenden genauen Untersuchung des Attentats antwortete Sasonow, dies würde »einen sehr schlechten Eindruck in Russland« machen. Außerdem bestand er energisch darauf, dass Österreich-Ungarn eine derartige Absicht aufgibt und »seinen Fuß nicht auf einen so gefährlichen Pfad setzt.«[1299] Demnach war die Ermittlung der Wahrheit in den Augen Sasonows gefährlich. Für wen sollte die Wahrheit gefährlich sein, außer für Serbien und Russland?

Auf einen für den europäischen Frieden sehr gefährlichen Pfad begab sich das Zarenreich offenbar ab. 7. Juli. In sibirischen Garnisonen dislozierte russische Truppen sollen am 7. Juli den Marschbefehl zur Verlegung in Richtung des europäischen Russlands erhalten haben.[1300] Dies würde ins Gesamtbild der heimlichen russischen Kriegsvorbereitungen passen, die nötig waren, um den Nachteil der sehr langen Mobilmachungsdauer (M+26) auszugleichen. Derlei Maßnahmen waren schriftlich angeordnet worden und wurden tatsächlich sowohl schon vor dem 7. Juli, nämlich ab 10. Mai in Form von Mobilmachungsübungen und geheimen teilweisen Mobilmachungen (siehe oben), als auch danach ausgeführt, sprich mit der Einziehung von Reservisten bei russischen Grenzkorps ab 20. Juli 1914 (siehe unten).

Ein großer Meister der Heimlichkeiten und Lügen war der Cliquen-Agent Sergej Sasonow. Gegenüber dem deutschen Botschafter Friedrich Pourtalès äußerte er sich dahingehend, dass das Attentat von Sarajewo »die Tat unreifer junger Leute« gewesen sei, deren Verbindung zu einem breitangelegten politischen Komplott keineswegs erwiesen sei. Österreich habe bisher nicht das Geringste bewiesen. Die serbische Regierung hingegen habe sich völlig korrekt verhalten. Pourtalès brachte Sasonows Verhalten mit dessen offen gezeigtem und unversöhnlichem Hass auf die Donaumonarchie in Verbindung.[1301] Wo Hass ist, lässt der Krieg nicht lange auf sich warten. Wovor warnte Sasonow den österreichischen Botschafter, wenn nicht vor jenem allgemeinen europäischen Krieg, dessen angebliche Unausweichlichkeit Schebeko so vehement postulierte? Der offiziellen Aufzeichnung des russischen Außenministeriums über interne Belange vom 16. Juli zufolge erklärte der Direktor der Kanzlei des russischen Außenministeriums Baron Schilling gegenüber dem italienischen Botschafter, Russland werde einen »Anschlag Österreichs auf Serbiens Integrität und Unabhängigkeit nicht dulden.« Russland könne weder eine Schwächung noch eine Demütigung Serbiens zulassen. Russland sei zweifellos entschlossen, für Serbiens Schutz einzutreten. Dass Schutz für Serbien Krieg bedeutete, verstand sich von selbst. Baron Schilling ersuchte sodann den italienischen Botschafter, eine Warnung über diese Gefahr nach Wien zu übermitteln.[1302] In seinem Gespräch mit dem k. u. k. Botschafter in Russland Friedrich von Szápáry (1869 bis 1935) vom 18. Juli artikulierte Sasonow seine Überzeugung, »dass niemals ein Beweis für die Tolerierung solcher Machenschaften

[Attentat auf Franz Ferdinand] seitens der serbischen Regierung erbracht werden könne.«[1303] Wie bereits gezeigt wurde, gibt es sogar handfeste, unumstößliche Beweise nicht nur für die serbische Tolerierung des Attentats, sondern sogar für die Urheber- und Mittäterschaft sowohl Serbiens als auch Russlands.

Fazit: Cliquen-Agent Sasonow erdreiste sich, der österreichischen Presse die Schuld für Entrüstungen in Russland über das faktisch von Russland und Serbien konzertierte Attentat zu geben, während die serbische Presse tonnenweise übelste Propaganda vom Stapel ließ, die sogar behauptete, Österreich stecke hinter der Ermordung Franz Ferdinands, um Serbien zu vernichten. Und während die serbischen Behörden provokativ untätig blieben, besaß man in Russland die Frechheit, zwar das Verhalten der serbischen Regierung als vollkommen korrekt zu bezeichnen und das Attentat als österreich-interne Angelegenheit abzutun, eine Beweisführung jedoch für unmöglich zu erklären, eine Aufklärung in Serbien zu verbieten und für Zuwiderhandeln sogar mit Krieg zu drohen. Offensichtlicher konnte die russische Diplomatie nicht zeigen, dass Serbien und Russland das Attentat von Sarajewo konzertiert hatten. Gerade weil das Attentat auf den österreichischen Thronfolger gemäß den bereits beleuchteten russischen und serbischen Plänen einen großen europäischen Krieg auslösen sollte, musste die vollständige Aufklärung der Schreckenstat vereitelt werden. Ansonsten hätte nämlich Österreich mit sehr hoher Wahrscheinlichkeit der Weltöffentlichkeit jene Fakten präsentiert, die erst viel später ans Licht kamen. Russland und Serbien wären vor der Weltöffentlichkeit als Mörder und Kriegstreiber dagestanden, wodurch sich ihre Ausgangsposition für einen großen Krieg dramatisch verschlechtert hätte: Russland hätte seine ententischen Bündnispartner verloren, weil sich weder die französische noch die britische Bevölkerung in einen hochoffiziell ungerechten Weltkrieg hätte zerren lassen.

Russische Machthaber wollten jedenfalls die Aufklärung des Attentats von Sarajewo verhindern und waren dafür sogar bereit, für Serbiens »Würde«, die offenbar keine Demütigung erlaubte, einen europäischen Krieg vom Zaun zu brechen. Wir haben es hier mit Psychopathie in Reinkultur zu tun. In Wahrheit ging es Russland natürlich überhaupt nicht um Serbien. Der russische Außenminister Sasonow gab gegenüber dem österreichischen Botschafter Szápáry zu, er habe »gar kein Gefühl für die Balkanslawen. Diese seien für Russland sogar eine schwere Last und wir [Österreicher] können uns gar nicht vorstellen, was man von ihnen schon zu leiden gehabt habe.«[1304] Und dem deutschen Botschafter Pourtalès verriet Sasonow, um was es wirklich ging: Für Russland sei das »Gleichgewicht auf dem Balkan Lebensfrage, und es könne daher die Herabdrückung Serbiens zu einem Vasallenstaat Österreichs unmöglich dulden.«[1305] Immanuel Geiss erachtete es zwar als zweckmäßig, jeder Phase der Juli-Krise eine einleitende Zusammenfassung über die jeweils folgenden Dokumente voranzustellen, der entlarvende Inhalt obiger Gespräche wird darin jedoch mit keinem Wort erwähnt,[1306] obwohl es sich um Schlüsseldokumente handelt, aus denen ganz klar die geostrategischen Ziele Russlands zu entnehmen sind. Geiss hielt es offenbar für angebrachter, mit seinen Einleitungen den Fokus des Lesers auf die vermeintliche Hauptschuld der Österreicher und Deutschen zu lenken, anstatt aufzuzeigen, dass Sasonow vortäuschte, Serbiens »Würde« und Unabhängigkeit zu schützen, während er in Wahrheit dazu bereit war, für die Verwirklichung der russischen geostrategischen Ziele einen Weltkrieg zu entfachen. Wie bereits erwähnt, erklärt der polnische Psychopathologe Andrzej Łobaczewski, dass Psychopathen für die Verwirklichung ihrer utopischen Ziele über Leichen gehen. Das Dahinraffen und das Unglück von Millionen Menschen wird in Kauf genommen.[1307]

Auch das höchst widersprüchliche Argumentationsspektrum der russischen Schlüsselfiguren kann problemlos als psychopathisch eingestuft werden. Doppelbotschaften sollen den Adressaten verrückt machen, weshalb man vom Crazy Making spricht. Einerseits wurden zum Beispiel mit der angeblich rein österreichischen Angelegenheit des Sarajewoer Terroranschlags und der vermeintlich unmöglichen Beweisführung substanzlose Behauptungen mit dem Anschein universeller Gültigkeit aufgestellt, andererseits wurde die Überprüfung des Wahrheitsgehalts dieser unhaltbaren, den Fakten vehement strotzenden Aussagen von vornherein untersagt. Die französische Psychoanalytikerin Marie-France Hirigoyen verdeutlicht die Ähnlichkeit »sich selbst genügender Reden, bei denen alles im voraus entschieden ist« mit dem paranoischen Deutungswahn. Psychopathen, die in der Politik in besonders hoher Dichte anzutreffen sind, setzen ihre Opfer einem Prozess der Beherrschung aus und gestatten ihnen keinerlei kritisches Denken. Die dagegen mit gutem Recht rebellierenden Opfer werden sodann dafür wegen »Aggressivität« und »Bosheit« angeprangert, wobei die psychopathischen Täter es lieben, ihre Opfer vor einem breiteren Publikum zu demütigen.[1308] Dass die verzerrte und manipulative Wiedergabe von Informationen eine besondere Begabung der Psychopathen ist, veranschaulicht der US-amerikanische Psychologe James B. Connelly.[1309]

So einfach ist die Welt der Psychopathen: Dem Vergewaltigungsopfer wird nicht einmal erlaubt, die Bestimmungstäter (Anstifter) auszuforschen. Lehnt sich das Opfer auf, wird es auch noch unter absoluter Verdrehung der Tatsachen öffentlich gedemütigt. So ist es Österreich-Ungarn in der Juli-Krise ergangen. Vor allem der britische Außenminister Sir Edward Grey unterstützte und ergänzte Sasonows durchtriebenes

Spiel, indem er die Wichtigkeit der Beachtung der serbischen »Würde« und der gemäßigten Form der österreichischen Demarche (Ultimatum) an Serbien propagierte, bevor diese überhaupt fertig erstellt war.

Vorbereitung des Ultimatums

Obwohl Österreich aus rechtlicher Sicht sofort gegen Serbien hätte vorgehen können, dies aus militärstrategischer Sicht geboten war und das Deutsche Reich mehrfach dazu angeraten hatte, konnte sich die k. u. k. Regierung nicht dazu durchringen, weil sie nicht nur auf die eigene militärische Schwäche, sondern auch auf den drohenden allgemeinen Krieg in Europa Bedacht nahm. Folglich entschied sich die Donaumonarchie für besagte diplomatische Weiche. Die Erstellung des Ultimatums an Serbien war alles andere als ein homogener Prozess. Vor allem der Härtegrad der an Serbien zu richtenden Forderungen war Gegenstand von heftigen Diskussionen und rechtlichen Erwägungen, die letztlich zu einem Kompromiss führten.

Der vormalige k. u. k. Richter Friedrich von Wiesner (1871 bis 1951), Sohn eines jüdischen Biologieprofessors, wurde 1913 zum Sektionsrat im österreichisch-ungarischen Ministerium des Äußeren ernannt. Als Chef der Sonderkommission zur Untersuchung der Schuld Serbiens am Thronfolgermord mahnte Wiesner zu einer **juristisch einwandfreien**, auf der objektiven Feststellung des Sachverhalts beruhenden Vorgangsweise: »Ich erlaube mir zu bemerken, dass man nur auf Basis der Sarajewoer Untersuchungsergebnisse Entschlüsse fassen soll, um nicht durch gefärbte summarische Relationen in eine Richtung gedrängt zu werden, die man dann wieder verlassen muss [...]«[1310]

In Übereinstimmung mit dieser Empfehlung lautete die bereits erwähnte von Kaiser und Kanzler vorgegebene Grundlage, dass vor Abschluss der Untersuchung nichts gegen Serbien unternommen werden dürfe. Trotz einiger Widerstände seitens der Kriegspartei fand Friedrich von Wiesners juristischdiplomatische Empfehlung schließlich auch im k. u. k. Ministerrat Anklang. Nachdem die deutsche passive Unterstützung zugesichert worden war, plante Wien auf Basis der Vorerhebungen seitens Leo Pfeffer eine diplomatische Aktion gegen Serbien. Im Zuge des Ministerrats vom 7. Juli schlug der ungarische Ministerpräsident Graf Tisza die Formulierung harter, aber nicht unerfüllbarer, also annehmbarer Forderungen vor. Die Annahme der Forderungen würde einen diplomatischen Erfolg erzeugen, mit dem die Hebung des österreichischen Ansehens auf dem Balkan verbunden sei.[1311] Man kam jedoch überein, dass Serbien mit einem rein diplomatischen Erfolg nicht zu beeindrucken sei. Serbien müsse zwar verkleinert, dürfe aber mit Rücksicht auf Russland nicht ganz vernichtet werden. Man behielt sich jedoch ausdrücklich sowohl den Weg des Kriegs als auch jenen des Friedens offen. Als erster Punkt zur Kriegsfrage wurde konstatiert,

*dass alle Versammelten eine tunlichst rasche Entscheidung des Streitfalles mit Serbien im kriegerischen **oder** friedlichen Sinne wünschen.*

Des Weiteren wurde festgehalten, dass sich mit Ausnahme von Graf Tisza sämtliche Anwesende für die Stellung derart weitgehender Forderungen aussprachen, die eine Ablehnung voraussehen ließen, »damit eine radikale Lösung im Wege militärischen Eingreifens angebahnt würde.« Graf Tisza stimmte zwar mit Nachdruck zu, dass besagte Forderungen sehr hart sein müssten, diese dürften aber nicht die Wiener Absicht klar erkennen lassen, unannehmbare Forderungen zu stellen. Ansonsten, so Graf Tisza, »hätten wir eine unmögliche rechtliche Grundlage für eine Kriegserklärung.« Dass über die Forderungen kein definitiver Beschluss gefasst wurde,[1312] verdeutlicht zum einen, dass man die Untersuchungsergebnisse abwarteten wollte und zum anderen trotz allem keinen absoluten Kriegswillen gegenüber Serbien hatte.

Abschließend wurde jedoch der Verlauf eines möglichen europäischen Kriegs diskutiert, wobei Kriegsminister Feldmarschall Alexander Ritter von Krobatin (1849 bis 1933) an den Generalstabschef die vernünftige, weil auf die Lokalisierung des Konflikts abzielende Frage richtete, »ob es möglich sei, zuerst nur gegen Serbien zu mobilisieren und erst nachträglich, wenn sich die Notwendigkeit dazu ergibt, auch gegen Russland.«[1313] General Conrads Antwort lautete, dass genau dieser flexible Mobilmachungsablauf (planerisch) vorbereitet sei. Käme es zum Kampf gegen Russland, wäre nicht Serbien, sondern Russland der Hauptfeind, den es mit allen Kräften und gemeinsam mit dem Deutschen Reich zu bekämpfen gelte. Dies entsprach den erwähnten brieflichen Absprachen zwischen den Generälen Conrad und Moltke. Weil an der k. u. k. Wehrmacht »kurzsichtig gespart und gekargt« wurde, sähen die österreichischen Chancen im Falle des zu erwartenden gleichzeitigen Kampfs gegen Russland, Rumänien, Serbien und Montenegro nicht günstig aus.[1314] General Conrad von Hötzendorf war nicht der Erste, der das tatsächliche österreichische Szenario des Ersten Weltkriegs, sprich die Katastrophe, vorhersah. Kronprinz Rudolf hatte schon in den 1880-er-Jahren vor einem Krieg mit Russland und einem durchwegs antiösterreichischen Balkan vom Schwarzen Meer (Rumänien) bis zur Adria (Montenegro) gewarnt.[1315]

In den Tagen zwischen dem Ministerrat vom 7. Juli bis zum Einlangen des Untersuchungsberichts aus Sarajewo am 13. Juli wurde in Wien reichlich über die künftige Annahme/Nichtannahme der noch immer nicht ausformulierten Forderungen spekuliert. Einmal meinte man, »Serbien werde die gestellten Forderungen nicht annehmen, es werde zum Krieg kommen.«[1316] Ein anderes Mal war nur »anzunehmen, dass Serbien die Forderungen ablehnen würde.«[1317] Ganz offensichtlich hatte man Forderungen im Sinn, die so gut wie unannehmbar, aber jedoch nicht gänzlich unannehmbar sein sollten. Weil er der Ansicht war, der im erwähnten Ministerrat eingeschlagene Weg würde einen Krieg unter sehr ungünstigen Bedingungen provozieren, empfahl Graf Tisza am 8. Juli seinem Kaiser einen Mittelweg, »welcher einen friedlichen Weg nicht ausschließt und die Chancen des Krieges – sollte er doch unvermeidlich sein – in mancher Beziehung bessert.« Konkret sollte »Serbien die Möglichkeit gegeben werden, den Krieg im Wege einer, allerdings schweren diplomatischen Niederlage zu vermeiden, und, wenn es doch zum Krieg kommt, soll vor Allerwelt Augen bewiesen werden, dass wir uns auf dem Boden gerechter Nothwehr befinden.«[1318]

Aus taktischen Gründen bewahrte man in Wien gegenüber Außenstehenden, abgesehen von Deutschland, auch betreffend den groben Inhalt der Forderungen absolutes Stillschweigen. Schließlich sollte Serbien mit einem sehr kurz befristeten Ultimatum überrascht werden, sodass es sich möglichst nicht vor seiner Antwort mit Russland absprechen könnte. Daher mussten auch und vor allem die ententischen Botschafter dermaßen in Ruhe eingelullt werden, dass sie den bevorstehenden Sturm nicht erahnen würden. So hatte der russische Botschafter in Wien nach seinem Gespräch mit Kanzler Berchtold vom 8. Juli den Eindruck, Österreich werde keine Forderungen stellen, die mit der »Würde« Serbiens unvereinbar wären.[1319] Die Österreicher hatten sich offenbar aus taktischen Gründen Sasonows bigottem Sprachgebrauch angepasst. Der britische Außenminister Grey ahnte jedoch bereits am selben Tag, dass Österreich »von seiner öffentlichen Meinung zu einer Demarche gegen Serbien gedrängt werden könnte.«[1320] Mehr noch: Grey war sich auch voll bewusst, in welcher strategischen Klemme Österreich und das Deutsche Reich steckten.

Ganz offensichtlich hatte man sowohl in London als auch in St. Petersburg ein absolutes Bedrohungsbewusstsein gegenüber Deutschland: Der britische Außenminister Grey und der russische Botschafter in London Alexander von Benckendorff wussten zum Beispiel, dass die deutschen Behörden Kenntnisse über das eigentlich geheime britisch-russische Flottenabkommen hatten und darüber sehr beunruhigt waren. Außerdem bestätigten beide Diplomaten, »dass die Vermehrung der russischen Armee und die größere Kriegsbereitschaft Russlands unzweifelhafte Tatsachen wären.« Sie waren sich auch explizit bewusst, dass einige deutsche Köpfe den Gedanken pflegten, den Konflikt besser jetzt als später zu haben. Benckendorff und auch Sasonow seien sich über die in Berlin herrschenden Befürchtungen und auch der augenblicklichen Gefahr bewusst.[1321] Am 9. Juli tischte Grey dem deutschen Botschafter in London Karl von Lichnowsky (1860 bis 1928) die offensichtliche Lüge auf, es gäbe keinerlei geheime Abmachungen zwischen Großbritannien einerseits sowie Frankreich und Russland andererseits, die Großbritannien im Falle eines europäischen Kriegs Verpflichtungen auferlegten.[1322] Mittels verschrobener diplomatischer Rhetorik versuchte Grey Lichnowsky einzulullen, dass es »kein neues oder geheimes Übereinkommen« zwischen Großbritannien und Russland gäbe. Formal betrachtet, war diese Aussage ja richtig, denn weder war das besagte Flottenabkommen neu noch war es weiterhin geheim. Die Deutschen wussten ja davon. Der deutsche Botschafter ging Grey nicht auf den Leim: »Auf jeden Fall hat er [Grey] eine Fühlungnahme der beiden Marinen für den Fall eines Krieges nicht in Abrede gestellt.«[1323] Der deutsche Außenminister Jagow schlussfolgerte daher in Übereinstimmung mit den heute bekannten Fakten, dass mehr hinter den geheimen Flottenabkommen steckt und Großbritannien mindestens erzielt, »dass die aggressiven Tendenzen Russlands dadurch ganz wesentlich ermutigt werden würden.«[1324]

Der britische Außenminister verlor jedenfalls kein Wort über das seit 1906 fix für Frankreich vorgesehene britische Expeditionskorps, kein Wort über die britisch-französische kriegsgerechte Portionierung der Meere ab 1912 und schon gar kein Wort über das kritisch beäugte britisch-russische Flottenabkommen. Grey log, dass sich in Whitehall die Balken bogen. Kann es noch dicker kommen? Es kann.

Britische Nötigung

Im oben erwähnten Gespräch mit dem deutschen Botschafter fügte Edward Grey abschließend hinzu, eine versöhnliche Haltung Russlands gegenüber Österreich würde stark von der Art der österreichischen Maßnahmen abhängen, »und ob dieselben das slawische Gefühl in einer Weise erregten, die es Herrn Sasonow unmöglich machen würden, dabei passiv zu bleiben.[1325] Die österreichischen Maßnahmen dürften zudem keinesfalls zu einer Schmälerung des serbischen Gebiets führen.[1326] Der größenwahnsinnige Herr von der Insel versuchte also, einer kontinentalen Großmacht zu diktieren, in welcher Form und auf welche Art sie sich gegen die hybride Kriegsführung Serbiens und Russlands zu Wehr setzen durfte. Das wichtigste Stichwort ist auch hier die von

Sasonow beschützte »**Würde**« **Serbiens**, für die er in den Krieg gegen die Mittelmächte ziehen würde. Ohne jeden Zweifel handelte es sich um eine subtile indirekte Nötigung seitens des britischen Außenministers und Mitglieds der Globalisierungsclique, in deren Auftrag er handelte: Lasst Serbien in Ruhe, sonst gibt es Krieg! Schließlich fungierte Serbien nicht nur als Hüter russischer Interessen auf dem Balkan, sondern auch als Großbritanniens Wächter vor dem europäischen Tor in den Osten. Serbiens Schwächung hätte Österreich, Deutschland und das Osmanische Reich und damit die mitteleurasische Allianz gestärkt.

Während in Deutschland wieder einmal über Maßnahmen für die Lokalisierung des österreichisch-serbischen Konflikts diskutiert wurde,[1327] sagte der russische Botschafter in London zu Edward Grey, dass die öffentliche Meinung in Russland entsprechend reagieren würde, sollte Österreich aus dem Attentat von Sarajewo Kapital schlagen wollen. Einen Atemzug später waren sich beide, Grey und Benckendorff, einig, dass die Stimmung in Berlin ob der dort so bezeichneten englischen und russischen Einkreisungspolitik nicht sehr gut sei. Daraufhin fasste der russische Botschafter die militärische Lage aus deutscher Sicht zusammen: »Russland bedeutend stärker an Menschen und an Eisenbahnen, Frankreich genau so wie es war, Rumänien verdächtig. England noch mehr.« Bedrohungsbewusstsein zum Quadrat. Nachdem sie sich gegenseitig garantiert hatten, dass gegenständliche Unterredung »ultra-konfidentiell« sei, präsentierte der britische Außenminister die Lage der Mittelmächte aus Sicht der Entente: »Je mehr sich die militärische Lage zu Deutschlands Ungunsten [sic!] verändere, umso wertvoller werde für Deutschland das Bündnis mit Österreich und umso mehr Gewalt bekomme infolgedessen Österreich über Deutschland.« Schließlich hängte Sir Edward Grey noch die Quintessenz des Schlieffen-Plans an: Aus ernstzunehmenden militärischen Quellen wisse er, »dass sich nach Deutschlands Ansicht der Schwerpunkt der militärischen Operationen ziemlich rapide vom Westen nach Osten verschiebt.« Grey wisse auch, dass Russland allmählich der Hauptzielpunkt werde.[1328]

Wie im Kapitel über den Schlieffen-Plan gezeigt wurde, war das glatte Gegenteil der Fall: Die deutschen Kräfte wurden im Laufe der Jahre im Osten, das heißt in Richtung Russland, zugunsten des Aufmarsches im Westen auf ein absolutes Minimum reduziert. Da Grey mit dem Schlieffen-Plan bestens vertraut war, diente seine Fehlinformation eindeutig der Zeitgewinnung für die vollständige Mobilisierung der russischen Dampfwalze. Offensichtlich sollte der nicht in alle Kriegsvorbereitungen der Entente eingeweihte russische Botschafter über Sasonow, dem er schließlich berichtete, dem russischen Generalstab schulterklopfend vermitteln, dass die in den französisch-russischen Strategiegesprächen ab 1912 forcierte Festlegung des Deutschen Reiches als Hauptfeind der Russen seine Berechtigung hatte.[1329] Dass Deutschland gar keinen Hauptgegner hatte, weil es schlicht und ergreifend mit einem einzigen Heer gegen zwei übermächtige Heere (Frankreich und Russland) antreten musste, interessierte in Paris und St. Petersburg niemanden. In Großbritannien noch weniger. Das strategische Gespräch endete offensichtlich in codierter Diplomatensprache. Grey betonte ernst, das Attentat von Sarajewo könne unerwartet einen allgemeinen Krieg hervorrufen. Das Wichtigste sei daher, Deutschland zu beruhigen.[1330] Entsprechend der ententischen Strategie konnte dies nur bedeuten, dass Deutschland nur so lange mittels Beschwichtigungen und Scheinverhandlungen ruhiggestellt werden sollte, bis die russische Dampfwalze sowohl mit Teilen gegen Österreich als auch mit der Hauptmacht gegen Deutschland abfahrbereit war. Es ging um den Faktor Zeit, den man Deutschland rauben wollte. Der Schlieffen-Plan basierte ja auf rasantem Tempo. Nicht umsonst sprach Grey von einer rapiden West-Ostverschiebung der deutschen Truppen. Je mehr russische Truppen heimlich mobilisiert wären, desto größer wäre der auf Deutschland gerichtete Nötigungseffekt. Sir Edward Grey, der britische Konzertmeister der Juli-Krise, war demnach auch auf der militärstrategischen Ebene ein großer Nötiger.

Frankreich und Italien sprangen prompt auf den britisch-russischen Zug der Ignoranz auf. Die jeweilige Bevölkerung war dafür längst propagandistisch auf Schiene gebracht worden. Bereits am 1. Juli meldete der k. u. k. Gesandte aus Paris, die dortige öffentliche Meinung habe einen üblen Eindruck ob jener österreichischen und deutschen Pressemeldungen, die das Sarajewoer Attentat (zu Recht) direkt der serbischen Regierung vorwerfen. Andeutungen zufolge denke man in Frankreich, die Donaumonarchie würde die Katastrophe vom 28. Juni für die Zwecke antiserbischer Politik ausnützen.[1331] In Paris ging man offenbar ohne jedes kritische Denken von Falschmeldungen der österreichischen und deutschen Presse aus. Dazu passend, gestand der französische Botschafter in Wien Alfred Dumaine am 5. Juli, Frankreich sympathisiere bekanntlich mit serbischen Aspirationen.[1332] Auch die sogar traditionellen Sympathien Italiens für die Serben waren kein Geheimnis.[1333] Vor dem Hintergrund des italienischen Befreiungskampfs wurden in der italienischen Presse schon sehr früh Stimmen laut, denen zufolge die Unterdrückung des serbischen Nationalitätenkampfs unmöglich sei.[1334] Hier wurde offenbar ignoriert, dass es Serbien um viel mehr ging als nur um einen gerechten Nationalitätenkampf und dass ein solcher keinesfalls jenen meuchelmörderischen Terrorismus rechtfertigen konnte, der auf die revolutionäre und kriegerische Zerschlagung des Habsburgerreichs abzielte.

Dennoch gab der italienische Außenminister Marquis di San Giuliano (1852 bis 1914) gegenüber Österreich die unlogische und rechtlich unhaltbare Erklärung ab, eine Regierung könne »nur wegen Verbrechen gegen gemeines Recht, nicht [jedoch] wegen politischer Propaganda reklamieren, wenn diese Propaganda nicht zur Tat übergehe.« Folglich sei nicht damit zurechnen, dass Italien die »österreichischen Reklamationen« unterstützen werde.[1335] Die Herren des italienischen Außenamts stimmten sich sodann auf den Sprachgebrauch ein, Österreich werde »sich durch zu weitgehende Forderungen ins Unrecht setzen und könne dann nicht auf Unterstützung rechnen.«[1336]

Da sogar der unbestreitbare Konnex zwischen der großserbischen Propaganda und dem Attentat auf den österreichischen Thronfolger geleugnet wurde, konnte Österreich nicht mit dem Verständnis der Entente-Staaten und Italiens rechnen. Die Donaumonarchie war, abgesehen vom Deutschen Reich natürlich, auf sich gestellt.

Österreichs einzige Chance

Das Ultimatum war die einzige Chance für die Donaumonarchie, auf bilateralem Wege, das heißt von Angesicht zu Angesicht, zu seinem Recht auf Aufklärung der Attentatshintergründe und Garantien für künftige Sicherheit oder aber zu einer (theoretisch) auch von der Entente akzeptierten rechtlichen Grundlage für ein militärisches Einschreiten gegen Serbien zu kommen. Österreich-Ungarn wollte also den ihm von Serbien aufgedrängten Konflikt unbedingt auf zweistaatlicher Ebene mit Serbien als direktem Gegenüber lösen. Eine internationale Vermittlung, eine Untersuchungskommission oder gar ein schiedsgerichtliches Verfahren schieden für Österreich-Ungarn aus sehr guten Gründen von vornherein aus.

> **Rechtliches**
>
> Ab den Haager Friedenskonferenzen von 1899 und 1907 wurden die Face-to-Face-Verhandlungsmechanismen durch eine verstärkt strukturierte multilaterale Konferenzdiplomatie ergänzt. Weil man die Erkenntnis gewann, dass im Zeitalter der imperialistischen Expansion zwischenstaatliche Konflikte auch dritte Staaten betreffen können, sollte eine Art Gebrauchsanweisung für friedenserhaltende Maßnahmen erstellt werden. In der Zeit zwischen 1864 und 1914 gab es rund 30 nach dem Vorbild einer Verwaltungsunion gegründete intergouvernementale Organisationen, die jedoch »zumeist einen deutlich regionaleren Wirkungskreis und damit weniger universalistischen

Charakter besaßen.« Die Skepsis der Großmächte gegenüber internationalen Konferenzen war nicht gerade gering. Frankreich war zum Beispiel 1871 nicht daran interessiert, die im Frankfurter Frieden festgelegte Abtretung der Provinzen Elsass und Lothringen an das Deutsche Reich auch noch international absegnen zu lassen. Die in den Haager Friedenskonferenzen angepeilte Normierung des zwischenstaatlichen Konfliktregelungsverhaltens, also die Kodifizierung friedenserhaltender Methoden, wurde in erster Linie von den damals geradezu übermächtigen Diplomaten kritisch beäugt bis abgelehnt, weil ihr eher lockerer Handlungsspielraum im Rahmen des »unperfekten Gewohnheitsrechts des europäischen Konzerts« im Begriff war, durch strikte legale Prozesse und verbindliche Verträge ersetzt zu werden.[1337] Mit anderen Worten: Das gesatzte Recht wurde als Konkurrenz empfunden, weil es die Diplomaten einschränkte. Ihre oft auf Intrigen und Lügen aufgebaute Macht war in Gefahr.

Entsprechend dem Grundsatz des klassischen Völkerrechts, dass jedem Staat aufgrund seiner absoluten Souveränität das unbeschränkte Recht zur Kriegsführung (Ius ad bellum) als Mittel der Rechtsdurchsetzung zustand,[1338] ging es bei der Haager Friedenskonferenz nicht darum, das Ius ad bellum grundsätzlich zu bezweifeln. Die unterzeichnenden Staaten sollten nicht zur Anwendung kriegsvermeidender Methoden gezwungen, sondern lediglich dazu animiert werden. Dahinter steckte die Annahme, »dass Krieg lediglich das Ergebnis von Missverständnissen war, die sich durch Erhellung der Fakten, durch Abklärung des anzuwendenden Rechts und durch einen Appell an die Ruhe und Selbstbeherrschung vernünftiger Streitparteien klären ließe.«[1339]

Die Mittel hierzu waren die klassische einvernehmliche Regelung im Wege der bilateralen Diplomatie, die Guten Dienste, die Mediation, eine internationale Untersuchungskommission sowie ein Verfahren vor dem internationalen Schiedsgerichtshof. Die Guten Dienste hatten insofern eher technischen Charakter, als durch einen vermittelnden Dritten zum Beispiel Kontakt- und Kommunikationsmöglichkeiten geschaffen werden konnten. Bei der Mediation wurden vom Vermittler bereits Lösungsvorschläge unterbreitet. Gute Dienste und Mediation galten als freundschaftliche Interventionen, die mit der staatlichen Souveränität vereinbar waren und daher kriegsvorbereitende Maßnahmen wie eine Mobilisierung nicht unterbrechen würden. Bei einer internationalen Untersuchungskommission sollten im Zuge gewissenhafter Untersuchungen die Fakten unparteiisch festgestellt werden. Hier erscheint

Rechtliches

besonders interessant, dass neben anderen Kleinstaaten, namentlich Rumänien, Bulgarien und Griechenland, ausgerechnet die Delegation **Serbiens** »vehement gegen dieses Auskunftsinstrument protestiert« hatte, weil eine derartige Untersuchung der Kontrolle der Großmächte über Kleinstaaten diene und deren Autonomie gefährde. Im freiwilligen schiedsgerichtlichen Verfahren sollte jede Partei jeweils zwei Richter aus einer Liste von Schiedsrichtern bestellen, in der jeder Signatarstaat mit maximal vier Richtern vertreten war. Zusätzlich sollte ein fünfter Richter als Obmann bestellt werden. Mit Hinweis auf die unbeschränkte nationalstaatliche Souveränität wurde eine verpflichtende Anrufung des Internationalen Schiedsgerichtshofs abgelehnt.[1340]

Sämtliche nichtbilaterale Instrumente waren für Österreich sowohl aus formellen als auch aus inhaltlichen Gründen absolut wertlos. Zum einen ging es nicht um den Streit über eine illegale Annexion oder etwa finanzielle Belange, über die man lange hätte diskutieren können. Es ging um Meuchelmord am Thronfolger im Rahmen der hybriden Kriegsführung Serbiens und damit um die Existenz der Donaumonarchie. Die Angelegenheit war daher aus formellen Gründen rasch und direkt mit Serbien zu klären. Zum anderen drohten aus inhaltlicher Sicht mit an Sicherheit grenzender Wahrscheinlichkeit die Verschleppung des Verfahrens und eine vernichtende Entscheidung gegen Österreich. Schließlich war von den Entente-Mächten, insbesondere von Großbritannien und Russland, keine unparteiische Haltung zu erwarten, weil sie ja gerade das österreichische Recht auf Erhellung der Fakten verweigerten. Ähnliches galt für Frankreich. Und Italien raunzte im Chor der Entente mit, der sie trotz offizieller Mitgliedschaft im Dreibund viel näher stand als den Mittelmächten. Von Italien war maximal zu erwarten, dass es seine »unparteiische« Haltung von entsprechenden Kompensationen Österreichs abhängig machen würde. Aus den genannten Gründen schied eine internationale Intervention sowohl zwischen Österreich und Serbien als auch zwischen Österreich und Russland aus. In diesem Sinne war die nach Übermittlung des Ultimatums von Edward Grey mehrfach vorgeschlagene Vier-Mächte-Vermittlung zwischen Österreich und Russland nichts anderes als ein billiger Bluff. In einem derartigen Scheinvermittlungsverfahren hätte Deutschland allein gegen Großbritannien, Frankreich und Italien gestanden. Eine Verhandlung 3:1 lässt sich bekanntlich nicht gewinnen. Folglich war der **bilaterale** Weg respektive die diplomatische Weiche Österreichs einzige Chance.

Am 10. Juli kabelt der deutsche Botschafter von Wien nach Berlin, dass Österreich vorhabe, konkrete Forderungen an Serbien zu richten. K. u. k. Kanzler Berchtold wäre es sehr unsympathisch, sollte Serbien alle Forderungen annehmen. Er denke daher darüber nach, welche Forderungen man stellen könnte, die Serbien eine Annahme unmöglich machen würden. Um etwaigen Beunruhigungen im Ausland vorzubeugen, würden der k. u. k. Kriegsminister und der Generalstabschef ab 11. Juli auf Urlaub respektive aus Wien abreisen.[1341] Identische Maßnahmen wurden im Deutschen Reich getroffen. Dies sprach weder für friedliche noch für kriegerische Absichten, sondern gehörte zur vereinbarten Stillhaltetaktik. Bereits am 11. Juli teilte Graf Berchtold dem deutschen Botschafter Tschirschky mit, eine der Forderungen an Serbien werde die Einsetzung eines k. u. k. Organs zu Ermittlungen in Serbien verlangen.[1342] Ebenfalls am 11. Juli neigt Kaiser Franz Joseph I. »den schärferen Maßregeln zu und findet in Berlin Unterstützung.«[1343] Das Deutsche Reich wusste demnach frühzeitig über den Charakter der wichtigsten Forderungen Bescheid und unterstütze sie. Deutschland wurde aber auch weiterhin auf dem Laufenden gehalten. Sämtliche gegenteilige Behauptungen aus Berlin gegenüber der Entente dienten besagter Stillhaltetaktik.

Das Eingreifen Russlands und eventuell auch Rumäniens in einen österreichisch-serbischen Krieg wurde gemäß einer allzu optimistischen, um nicht zu sagen realitätsfremden Einschätzung des k. u. k. Militärs mit 50 Prozent beziffert. Der deutsche Verbindungsmann in Wien General Karl von Kageneck (1871 bis 1967) berichtete am 13. Juli weiterhin an General Molke, das k. u. k. Kriegsministerium beklage sich, »dass das Ministerium des Äußeren so wenig Verständnis zeigt für das einfachste militärische ABC.« Die Balkanmobilmachung sei mit 16 Tagen viel zu lang bemessen. Kageneck war zudem empört, dass das österreichische Problem der leichten Haubitzen und Gebirgskanonen noch immer nicht gelöst worden war. Im Kriegsfall »werden die serbischen Divisionen stärkere und modernere Artillerie entgegenstellen können.«[1344] So kam es dann auch, was nicht gerade für den angeblich ausgereiften Kriegswillen Österreichs spricht. Wo beim k. u. k. Militär die preußische Organisation fehlte, war die österreichische Juristerei umso erfolgreicher.

Untersuchungsergebnis: Serbien schuldig

Nach intensivem Aktenstudium ab 6. Juli reiste Friedrich von Wiesner, der Leiter der Sonderkommission in Sachen Serbiens Schuld am Attentat auf Franz Ferdinand, am 11. Juli 1914 nach Sarajewo ab. Da Serbien ermittlerisch untätig blieb und Österreich-Ungarn keine direkten Beweise in Serbien sammeln konnte, wandte Friedrich Wiesner die juristische Taktik der indirekten Beweisführung an und sammelte jenes Material, das die großserbische propagandistische Agitation und die terroristischen Tätigkeiten Serbiens gegenüber der Donaumonarchie belegten. Dabei ging Wiesner gewissenhaft vor und prüfte die Akten objektiv, um detailliert exakte Wahrheiten herauszufinden. Damit machte sich der Mann mit den jüdischen Wurzeln bei der österreichischen Kriegspartei nicht gerade beliebt. General Potiorek zum Beispiel, der längst (zu Recht) von der direkten Schuld Serbiens ausgegangen war, betrachtete Wiesners auf akribischer Arbeit beruhende Expertise als »Standpunkt des peniblen Juristen.«[1345]

Bereits am 13. Juli telegraphierte der penible Jurist nach Wien und übermittelte sein Erhebungsergebnis, dem zufolge sämtliche Spuren nach Belgrad führten und die Mitwirkung serbischer Beamter so gut wie unanfechtbar feststand. Weil im Strafrecht der Grundsatz »in dubio pro reo« (im Zweifel für den Angeklagten) gilt, hielt Friedrich von Wiesner zwar die Mitwisserschaft der serbischen Regierung aufgrund des damals dürftigen Materials persönlich für ausgeschlossen, er ließ jedoch alles offen, was er (noch) nicht eindeutig beweisen konnte. Allerdings empfahl er die Verschärfung des Ultimatums beziehungsweise die Erweiterung der an Serbien gerichteten Forderungen. Wiesner war demnach von der serbischen Schuld am Attentat von Sarajewo überzeugt. Schließlich sind Beamte keine Privatpersonen. Sie stehen in einem besonderen Treueverhältnis zum Staat, weshalb ihr Handeln der Regierung zuzurechnen ist. Dies galt für Serbien umso mehr, als Friedrich von Wiesner auch die Mitursächlichkeit der von der serbischen Regierung geduldeten großserbischen Propaganda für die Ermordung Franz Ferdinands feststellte. Außerdem betonte Wiesner die Notwendigkeit weiterer Erhebungen und mündlicher Ergänzungen zum Inhalt des Telegramms. Es empfiehlt sich, den Volltext zu lesen und sich danach zu überlegen, welcher Teil von der Entente nach dem Krieg herausgepickt und propagandistisch zur Begründung der vermeintlichen österreichischen Hauptschuld am Beginn des Ersten Weltkriegs ausgeschlachtet wurde. Wiesner meldete im typisch juristischen Telegrammstil nach Wien:

Dass hiesige großserbische Propaganda von Serbien aus – abgesehen von Presse – auch durch Vereine und sonstige Organisationen betrieben wird und dass dies unter Förderung sowie mit Wissen und Billigung serbischer Regierung geschieht, ist hier Überzeugung aller maßgebenden Kreise.

Das mir als Basis dieser Überzeugungen von Zivil- und Militärbehörden vorgelegte Material qualifiziert sich wie folgt: Material aus Zeit vor Attentat bietet keine

Anhaltspunkte für Förderung Propaganda durch serbische Regierung. Dafür, dass diese Bewegung von Serbien aus, unter Duldung seitens der Regierung, von Vereinen genährt wird, ist Material, wenn auch dürftig, doch hinreichend.

Untersuchung über Attentat. Mitwisserschaft serbischer Regierungsleitung an Attentat oder dessen Vorbereitung und Beistellung der Waffen durch nichts erwiesen oder auch nur zu vermuten. Es bestehen vielmehr Anhaltspunkte, dies als ausgeschlossen anzusehen.

Fortsetzung folgt.

Fortsetzung und Schluss.

Durch Aussagen Beschuldigter kaum anfechtbar festgestellt, dass Attentat in Belgrad beschlossen und unter Mitwirkung serbischer Staatsbahnbeamten Ciganović und Major Tankosić vorbereitet, von welch beiden Bomben, Brownings, Munition und Zyankali beigestellt. Mitwirkung Pribičević nicht festgestellt und beruhen die ersten Meldungen hierüber auf bedauerlichem Missverständnisse erhebenden Polizeiorganes.

Ursprung Bomben aus serbischem Armeemagazin Kragujevac objektiv einwandfrei erwiesen, doch kein Anhaltspunkt dafür, dass erst jetzt ad hoc Magazinen entnommen, da Bomben aus Vorräten Komitadjis vom Krieg stammen können. Auf Grund Aussagen Beschuldigter kaum zweifelhaft, dass Princip, Čabrinović, Grabež mit Bomben und Waffen auf Veranlassung Ciganović von serbischen Organen geheimnisvoll über Grenze nach Bosnien geschmuggelt. Dieser organisierte Transport von Grenzhauptleuten Schabatz und Loznica geleitet und von Finanzwachorganen durchgeführt. Wenn auch nicht festgestellt, ob diese Zweck [der] Reise kannten, mussten selbe doch geheimnisvolle Mission annehmen.

Sonstige Erhebungen nach Attentat geben Einblick in Organisierung Propaganda Narodna Odbrana. Enthalten wertvolles verwertbares Material, das jedoch noch nicht nachgeprüft, schleunigste Erhebungen im Zuge.

Falls bei meiner Abreise bestandene Absichten noch bestehen, könnten Forderungen erweitert werden.

A) Unterdrückung Mitwirkung serbischer Regierungsorgane an Schmuggel von Personen und Gegenständen über Grenze.
B) Entlassung serbischer Grenzhauptleute Schabatz und Loznica sowie beteiligter Finanzwachorgane.
C) Strafverfahren gegen Ciganović und Tankosić

Abreise heute abends, ankomme Wien Dienstag abends und begebe mich sofort Ministerium. Mündliche Ergänzung Berichtes nötig.[1346]

Aus dieser für Serbien erdrückenden (indirekten) Beweislage wurde von den Entente-Propagandisten nur jener Absatz verbreitet, der Serbien entlastete. Es handelt sich um exakt **denselben** Absatz, den auch die deutsche Historikerin Annika Mombauer exakt hundert Jahre später, also 2014, einzig und allein zitiert. Sie schreibt: »Aber die Untersuchung, die von Friedrich von Wiesner damals sofort vor Ort eingeleitet wurde, hatte keine direkten Beweise für eine Komplizenschaft der serbischen Regierung erbringen können. Er berichtete am 13. Juli aus Sarajewo:«

Mitwisserschaft serbischer Regierungsleitung an Attentat oder dessen Vorbereitung und Beistellung der Waffen durch nichts erwiesen oder auch nur zu vermuten. Es bestehen vielmehr Anhaltspunkte, dies als ausgeschlossen anzusehen.[1347]

An ihre thematisch korrekte (keine direkten Beweise), aber im Kontext dubios einseitige Zitatauswahl knüpft Historikerin Mombauer sogleich die manipulativ anmutende Behauptung, in Wien sei man »auch ohne Beweise von einem serbischen Komplott« überzeugt gewesen.[1348] Offenbar blendet Mombauer sowohl Leo Pfeffers Vorerhebungen als auch Wiesners lupenrein objektive Hauptuntersuchung aus. Zur Draufgabe gibt Mombauer zwar direkt zu, dass die Spur einwandfrei nach Serbien führte und »man der serbischen Regierung direkte Komplizenschaft hätte nachweisen können, was für die Reaktionen der anderen Regierungen auf das Ultimatum von Vorteil hätte sein können.« Interessanterweise findet Mombauer aber auch erstaunlich, »dass man in Wien nicht mehr Zeit darauf verwendete, den Hintergrund des Attentats zu erforschen.«[1349] Hier begegnen uns gleich mehrere Logikbrüche. Zum einen erzielten die österreichischen Ermittler das optimale anhand von indirekten Beweisen erzielbare Ergebnis, noch dazu in kürzester Zeit und unter immensem Zeitdruck. Schließlich sollten die österreichischen Maßnahmen gegenüber Serbien in einem engen zeitlichen Konnex zum auslösenden Ereignis stehen, also zum Attentat von Sarajewo. Zum anderen waren für die offenbar auch von Mombauer geforderte direkte Beweisführung Erhebungen in Serbien erforderlich, die jedoch von Serbien verweigert wurden und zudem von Russland mit Kriegsdrohung belegt waren. Das österreichische Ultimatum zielte bekanntlich hauptsächlich auf die Mitwirkung bei den künftigen serbischen Erhebungen ab. Genau dieser Punkt wurde jedoch von Serbien, Russland, England und Frankreich als untragbar empfunden. Es ist im Grunde ganz einfach: kein Ultimatum, keine Erhebungen in Serbien. Es stellt sich daher die Frage, wie sich Frau Mombauer österreichische Erhebungen in Serbien ohne vorheriges Ultimatum vorstellt. Darf es vielleicht eine k. u. k. Zeitreise in die Zukunft zwecks Besuchs in den heutigen Archiven sein?

Da die k. u. k. Regierung die Lage realistisch beurteilte, wonach ein freundschaftlicher Umgang mit Serbien weder möglich noch zweckdienlich war, stellte Österreich-Ungarn das schon mehrfach erwähnte sehr harte, aber entgegen dem Gebell einiger Wiener Kriegsbefürworter dem Terrorherd Serbien durchwegs entgegenkommende Ultimatum.

Erstellung des Ultimatums

Es kann nicht oft genug erwähnt werden, dass die Donaumonarchie auch bei nicht vollständiger Kenntnis aller Umstände sogar nach heutigen Maßstäben die Befugnis zur sofortigen militärischen Intervention in Serbien innegehabt hätte. Das Ultimatum kann daher als österreichisches Entgegenkommen betrachtet werden. Die Forderungen mussten äußerst streng formuliert werden, damit sich Serbien nicht ein weiteres Mal auf leere Versprechungen zurückziehen konnte, sondern zum Handeln gezwungen wurde. Selbst für den Fall der Ablehnung des sogenannten Ultimatums ließ Österreich dem serbischen Königreich sogar bei bereits aktivierter Mobilmachung die Möglichkeit einer nachträglichen Annahme offen. Schließlich handelte es sich streng genommen um kein herkömmliches Ultimatum, sondern um eine befristete Demarche, die bei nicht fristgerechter, bedingungsloser Annahme vorerst nur den Abbruch der diplomatischen Beziehungen und militärische Vorbereitungen, nicht aber Operationen zur Folge haben sollte. So wurde es den Entente-Mächten nach Übermittlung der Demarche an Serbien erklärt.[1350] Die Unterscheidung zwischen Ultimatum und befristeter Demarche war jedoch im vorliegenden Fall ein Ausdruck diplomatischer Kleinkrämerei. Denn Österreich forderte die bedingungslose Annahme seiner Forderungen, und der Abzug des Botschafters aus Belgrad konnte über kurz oder lang nur die Rechtsverfolgung mit militärischen Mitteln bedeuten. So war es ja auch in Wien von Anfang an geplant worden, wo das Ultimatum auch meist als solches (oder aber als Note) bezeichnet wurde. Wir bleiben daher beim Begriff »Ultimatum«, dessen nicht fristgerechte und/oder nicht bedingungslose Annahme automatisch Nichtannahme und sodann Beendigung der diplomatischen Beziehungen bedeutete.

Nachdem sich Kaiser Franz Joseph I. bereits für eine schärfere Formulierung der Forderungen entschieden hatte, offenbarte ihm k. u. k. Ministerpräsident Berchtold am 14. Juli: »Der heute festgesetzte Inhalt der nach Belgrad zu richtenden Note ist ein solcher, dass mit der Wahrscheinlichkeit einer kriegerischen Auseinandersetzung gerechnet werden muss. Falls Serbien aber trotzdem nachgeben und unseren Forderungen entsprechen sollte, so würde ein solches Vorgehen des Königreichs nicht nur eine tiefe Demütigung desselben und pari passu [gleichermaßen] damit eine Einbuße des russischen Prestiges auf dem Balkan bedeuten, sondern auch für uns gewisse Garantien in der Richtung der Einschränkung der großserbischen Wühlarbeit auf unserem Boden involvieren.« Sollte Serbien zuerst ablehnen, aber nach erfolgter Mobilmachung doch noch einlenken, sei eine friedliche Beilegung immer noch möglich. In diesem Fall müsste Serbien aber Österreich die durch die Mobilisierung verursachten Kosten ersetzen.[1351] Da man auch an die Folgewirkung einer nachträglichen Annahme, namentlich die Kostenfrage, dachte, muss die k. u. k. Regierung ihr Ultimatum für annehmbar gehalten haben.

Die planerische Eröffnung der Möglichkeit einer nachträglichen Annahme durch Serbien trotz aufrechter Mobilisierung erzeugte bei einigen Militärstrategen heftiges Kopfschütteln. Der deutsche General Karl von Kageneck fragte zum Beispiel: »Was dann? Soll dann der schöne Anlauf wieder versanden?«[1352] In der Tat war schon der Gedanke an eine gefechtslose Rückabwicklung einer Mobilmachung gerade zur damaligen Zeit nicht nur aus militärstrategischer Sicht der absolute Wahnsinn: ungenutzte Chance, Demoralisierung der Truppe, Prestigeverlust, frustrierter Aufwand (Kosten) und so weiter. Österreich-Ungarn beharrte dennoch auf der Ermöglichung einer nachträglichen Annahme. Der Aktenlage zufolge blieb es dabei mindestens bis zum 25. Juli, an dem jedoch nicht Österreich, sondern Serbien drei Stunden vor Übermittlung seiner freundlich verpackten Katastrophenantwort mobilmachte. Am 23. Juli konstatierte General Conrad auf die Frage des Kanzlers, was passiere, wenn Serbien etwa am zweiten Tag der (österreichischen) Mobilmachung nachgeben würde: »Dann muss Serbien die Kosten zahlen.« Damit meinte der k. u. k. Generalstabschef, wie er selbst erklärte, »die durch die Mobilisierung erwachsenen Kosten.«

Über die Anfrage Berchtolds hörte man den General, dem von manchen Historikern der unverrückbare Wunsch nach einem Präventivkrieg nachgesagt wird, nicht murren. Vielmehr machte er klar, dass er gegen Serbien keinesfalls mobilisieren würde, sollte sich Italien gegen Österreich stellen. Damit brachte Conrad von Hötzendorf wiederholt seine Ansicht zum Ausdruck, »dass wir einem Krieg nach drei Fronten (Balkan, Russland und Italien) nicht gewachsen seien.«[1353] Am 25. Juli telegraphierte Kanzler Berchtold beruhigend nach Italien, dass eine friedliche Lösung »auch nach Abbruche der diplomatischen Beziehungen durch uneingeschränkte Annahme unserer Forderungen« bei Rückersatz der Kosten und Schäden durch Serbien möglich sei.[1354] Das russische Außenministerium nahm ebenfalls am 25. Juli, dem Tag der serbischen Mobilmachung und der bereits anlaufenden russischen Mobilisierung (siehe weiter unten) die österreichische Mitteilung zur Kenntnis, »dass selbst im Falle einer unbefriedigenden Antwort Serbiens die Kriegshandlungen noch nicht sofort zu beginnen brauchten.«[1355] Auch der britische Außenminister wusste, dass ein »Stadium der Mobilmachung eingeschoben« wurde, weshalb zwar militärische Vorbereitungen, nicht aber Operationen die Konsequenz einer Nichtannahme wären.[1356] Wie zu sehen ist, gab es keinen Zweifel daran, dass Österreichs diplomatische Weiche über die Fristsetzung hinaus den friedlichen Weg zumindest eine Weile offen ließ. Und genau dazu war es natürlich erforderlich, dass die Forderungen annehmbar waren.

Wie der deutsche Botschafter in Wien am 14. Juli streng geheim nach Berlin berichtete, ging aus seinem Gespräch mit Graf Berchtold hervor, dass die Annahme der Forderungen nicht völlig, sondern nur »so gut wie ausgeschlossen sei.« Schließlich komme es besonders darauf an, »nicht nur Versicherungen und Versprechungen zu fordern, sondern Taten.« Serbien sollte sich also nicht auf leere Worthülsen beschränken können, sondern zum Handeln gezwungen werden. Die Note müsse außerdem so abgefasst werden, »dass sie für das große Publikum – besonders in England – verständlich sei und das Unrecht klar und deutlich Serbien zuschiebe.«[1357] Wie unschwer zu erkennen ist, ging die k. u. k. Regierung keineswegs blindlings drauf los, sondern war sowohl auf die Umsetzbarkeit seiner Forderungen als auch auf das (leider nicht erzielbare) Verständnis seitens der Entente bedacht. Die Hervorhebung der damals noch uneingeschränkten Weltmacht Großbritannien war angebracht. Edward Grey war jedoch jener Machtmensch, der das österreichische Ultimatum trotz der speziell für ihn verfassten Zusatzerklärung mutwillig als aggressiven Akt auslegte. Dazu kommen wir noch.

Bei der Festlegung des 23. Juli 1914 als Übergabezeitpunkt berücksichtigten die Österreicher den Besuch des französischen Präsidenten Raymond Poincaré in Russland, der von 20. bis 23. Juli dauerte, ursprünglich jedoch von 20. bis 25. Juli geplant war. Die der Terminwahl zugrundeliegende Beurteilung lautete, »dass die Absendung des Ultimatums während dieser Zusammenkunft in St. Petersburg als Affront angesehen würde und dass eine persönliche Aussprache des ehrgeizigen Präsidenten der Republik mit Seiner Majestät dem Kaiser von Russland über die durch die Absendung des Ultimatums geschaffene internationale Lage die Wahrscheinlichkeit eines kriegerischen Eingreifens Russlands und Frankreichs erhöhen würde.«[1358] Hinter diesem Wiener Schachzug, der eine Absprache der französischen und russischen Kriegstreiber über das österreichische Ultimatum unterbinden sollte, steckte natürlich der Wunsch nach Lokalisierung des österreichisch-serbischen Konflikts: Zar Nikolaus II. und der angeblich immer vorsichtige russische Außenminister Sergej Sasonow sollten nicht dem unmittelbaren Einfluss der »beiden Hetzer Iswolski und Poincaré« ausgesetzt werden.[1359] Es sollte möglichst vermieden werden, »dass in Petersburg bei Champagnerstimmung und unter dem Einfluss der Herren Poincaré, Iswolski und der Großfürsten eine Verbrüderung gefeiert werde, die dann die Stellungnahme beider Reiche beeinflussen und womöglich festlegen würde.«[1360] Die österreichische Lagebeurteilung war korrekt, die gesetzte Maßnahme zweckmäßig. Allerdings entfaltete sie nicht die gewünschte Wirkung. Der französische Präsident und sein tatsächlicher Handlanger vor Ort, der französische Botschafter Maurice Paléologue, schafften es auch ohne dem vollständigen Text des österreichischen Ultimatums, die letzten zögernden Russen auf den unbedingten Kriegskurs gegen das Deutsche Reich einzuschwören (siehe weiter unten).

Zuvor wurde der Donaumonarchie noch einmal in aller Deutlichkeit signalisiert, dass die Entente-Mächte nicht nur voll und ganz hinter der Verunmöglichung der Klärung der Mitschuld Serbiens am Attentat von Sarajewo standen, sondern auch jegliche Genugtuung für Österreich-Ungarn verweigerten.

Vorzeitige Verweigerung

Ein bemerkenswerter, vielleicht sogar der bedeutendste Tag im Zuge der Juli-Krise war der 16. Juli. An diesem Tag wurde die Stillhaltetaktik Österreichs ausgerechnet von einem Vertreter seines treuen Bundesgenossen gebrochen. Am 16. Juli erfuhr nämlich der russische Botschafter in Wien Nikolai Schebeko vom pensionierten deutschen Diplomaten Graf Heinrich von Lützow, dass Österreich vorhabe, an Serbien Forderungen zu stellen, »welche für die Würde dieses Staates unannehmbar sind.« Diese Information entnahm Lützow seinem Gespräch mit k. u. k. Ministerpräsident Leopold Berchtold und dessen engstem Berater János Forgách (1870 bis 1935).[1361] Noch am selben Tag kabelte Schebeko an seinen Chef in St. Petersburg (Sasonow), die österreichische Regierung beabsichtige, »nach Abschluss der Untersuchung in Belgrad gewisse Forderungen zu stellen, indem sie die Frage des Sarajewoer Attentats mit der panserbischen Agitation innerhalb der Grenzen des Kaiserreichs in Zusammenhang bringt. Sie rechnet dabei auf die Nichteinmischung Russlands.« Das ominöse Wörtchen »Würde« verpackte Schebeko erst in seinen abschließenden Appell, das Wiener Kabinett umgehend darüber zu informieren, »wie sich Russland zur Tatsache der Präsentierung von Forderungen Österreichs an Serbien stellen würde, welche für die Würde dieses Staates unannehmbar sind.« Man beachte die Reihenfolge der Schlüsselwörter: Untersuchung – Forderungen – Attentat – panserbische Agitation – Nichteinmischung Russlands – Würde – unannehmbar. Der ach so friedfertige russische Zar hob das rhetorische Stöckchen auf und fügte einen Randvermerk hinzu: »Meiner Meinung nach darf ein Staat einem anderen keinerlei Forderungen präsentieren, natürlich, wenn er nicht zu einem Kriege entschlossen ist.«[1362] Ein großes Kompliment ist an dieser Stelle Christopher Clark für seine vortreffliche Stellungnahme zur Anmerkung des russischen Zaren auszusprechen: »Keine Äußerung könnte deutlicher ausdrücken, dass die Russen Österreich generell das Recht abstritten, in irgendeiner Form von Belgrad Satisfaktion zu verlangen.«[1363]

Die generelle Verweigerung jedweder Genugtuung für Österreich war jedoch kein ausschließlich russisches Phänomen. Wie bereits gezeigt wurde, traf dies auf alle Entente-Staaten und auch auf Italien zu. Über den von Schebeko beschriebenen Kerninhalt des österreichischen Ultimatums erfuhr der britische Außenminister noch am selben Tag. Von seinem Botschafter in Wien (Bunsen) wurde Grey telegraphisch mitgeteilt, einer von Bunsens Freunden (offenbar Schebeko) habe verraten, »dass eine Art Anklageschrift gegen die serbische Regierung wegen angeblicher Mitschuld an der Verschwörung, die zur Ermordung des Erzherzogs führte, in Vorbereitung ist.« Die Anklage würde sich auf ein Gerichtsverfahren in Sarajewo stützen. Von der serbischen Regierung werde verlangt werden, »gewisse entschiedene Maßnahmen zur Eindämmung nationalistischer und anarchistischer Propaganda zu ergreifen.« Die k. u. k. Regierung sei zudem nicht gesonnen, »mit Serbien zu parlamentieren«, sondern werde auf sofortiger bedingungsloser Einwilligung bestehen, »andernfalls Gewalt angewendet würde.« Des Weiteren würde Österreich-Ungarn »jedenfalls ohne Rücksicht auf die Folgen vorgehen. Es würde seine Stellung als Großmacht einbüßen, wenn es sich weiteren Nonsens von Serbien gefallen ließe.«[1364] Die von Österreich intendierten durchgreifenden Maßnahmen würden gemäß Bunsens Rücksprache mit seinem russischen Botschafterkollegen Schebeko Russland unvermeidlich in den Konflikt hineinziehen.[1365]

Kurz darauf meldete sich Serbien zu Wort. Ministerpräsident Pašić, der trotz stichhaltigem Vorwissen nichts gegen die Ausführung des Attentats von Sarajewo unternommen und Wien nicht einmal gewarnt hatte und dessen Polizeibehörden trotz Nachfrage aus Wien ermittlerisch völlig untätig blieben, teilte dem österreichischen Gesandten in Belgrad Baron Giesl rotzfrech mit, die serbische Regierung sei bereit, »jedem Ansuchen um polizeiliche Untersuchung sofort nachzukommen und jede andere Maßnahme, die mit der Würde und Unabhängigkeit des Staates vereinbar [ist], zu ergreifen.« In diesem Zusammenhang beschreibt die Begleitnotiz des an Edward Grey berichtenden britischen Botschafters in Belgrad namens Crackanthorpe die allgemeine Stimmung in Belgrad dahingehend, dass etwaigen österreichisch-ungarischen Forderungen »nach Einsetzen einer gemischten Untersuchungskommission, nach Unterdrückung nationalistischer Gesellschaften oder nach Pressezensur nicht entsprochen werden können, da dies [eine] fremde Einmischung in innere Angelegenheiten bedeuten würde.«[1366] Dass Nikola Pašić eine zwischenstaatliche Untersuchungskommission verweigern würde, war vorherzusehen wie das Amen im Gebet. Welcher Mörder bietet sich schon selbst zur Mitarbeit bei der gegen ihn selbst laufenden Ermittlung an? Wie bereits erörtert, fühlten sich viele der damals sehr mächtigen Diplomaten durch das Recht eingeschränkt. Eindeutiger als in Crackanthorpes Bericht konnte nicht dargestellt werden, was es mit dem Wörtchen »Würde« auf sich hatte: »Würde Serbiens« bedeutete nichts anderes als **Verhinderung der Aufklärung** der Mitschuld Serbiens (und Russlands) hinsichtlich des Doppelmords am österreichischen Thronfolgerpaar Franz Ferdinand und Sophie (siehe Abb. 59).

Aufgrund der deutschen Indiskretion wusste die Entente also ab dem 16. Juli exakt, was Österreich-Ungarn vorhatte. So konnte sie sich in aller Ruhe argumentativ abstimmen und die Ablehnung des Ultimatums durch Serbien entsprechend unterstützen. Noch am selben Tag wurde das diplomatische und mediale Blendfeuer der Entente gleich so richtig entfacht. Wir blicken kurz zurück und erinnern uns an die erwähnte ultra-konfidentielle strategische Absprache zwischen dem britischen Außenminister und dem russischen Botschafter in London, im Zuge derer die taktische Einlullung des Deutschen Reiches vereinbart worden war. Diese fand am 16. Juli äußerst effektiven Niederschlag sowohl im diplomatischen Verkehr als auch in der Presse. Grey versicherte dem deutschen Botschafter Karl von Lichnowsky, »dass man in Russland nicht daran denke, mit uns Krieg führen zu wollen.« Und Alexander von Benckendorff, der russische Botschafter in London, sagte Lichnowsky Ähnliches zu, wenngleich er offen zugab, dass »ein starkes antiösterreichisches Empfinden in Russland bestehe.«[1367] Auch Sergej Sasonow versprach den Deutschen, dass »Russ-

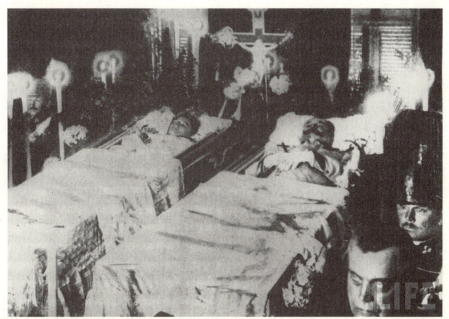
Abb. 59 Ermordetes Thronfolgerpaar Juli 1914

land jetzt keinen Krieg mit uns will.«[1368] Diese taktischen Beruhigungsmaßnahmen waren direkt an Deutschland adressiert. Andere richteten sich direkt an Österreich und damit auch indirekt an Deutschland:

Ebenfalls am 16. Juli brachte das Hauptpropagandablatt der anglo-amerikanischen Globalisierungsclique, die *Times*, einen Leitartikel mit dem Titel »Österreich-Ungarn und Serbien« heraus. Darin wird das volle Recht der Donaumonarchie anerkannt, »auf eingehende Untersuchung aller Ramifikationen [Verzweigungen] zu bestehen, die unzweifelhaft der Verschwörung zu Grunde liegen.« Außerdem sei Österreich-Ungarn berechtigt, »Garantien gegen Agitationen zu fordern, die von Serbien in die Grenzen der Monarchie getragen werden.« Es werde ein bereitwilliges Entgegenkommen der serbischen Regierung zur Aufklärung des Verbrechens und eine Bürgschaft gegen jedwede weitere Unterstützung der revolutionären Agitation erwartet.[1369] Dies deckt sich haargenau mit der Erklärung des französischen Präsidenten Raymond Poincaré vom 4. Juli, der zufolge die serbische Regierung zwar Österreich »bei der gerichtlichen Untersuchung und der Verfolgung eventueller Mitschuldiger sicher das größte Entgegenkommen zeigen werde. Es sei dies eine Pflicht, der sich kein Staat entziehen könne.« Dennoch waren diese Worte nicht viel Wert, denn sie folgten einem indirekten Aufruf an Österreich zur **Zurückhaltung**.[1370] Im einleitenden Teil seiner Erklärung stellte Poincaré nämlich den untauglichen und daher unzulässigen Vergleich zwischen dem Sarajewoer Attentat und der Ermordung des französischen Präsidenten Carnot durch einen italienischen Anarchisten her. Der Vergleich war absolut unpassend, weil Carnots Ermordung mit keiner antifranzösischen Agitation in Verbindung gestanden hatte.[1371] Der besagte *Times*-Leitartikel verurteile außerdem die provokatorische Sprache der serbischen Presse, stellte aber auch unmissverständlich klar, dass österreichische militärische Maßnahmen gegen Serbien die gesamte öffentliche Meinung Großbritanniens gegen Österreich-Ungarn in Stellung bringen würden.[1372]

Wenngleich derlei Erklärungen Österreich in seiner Überzeugung bestärken mussten, dass seine schärfsten Forderungen gegen Serbien gerechtfertigt und angemessen und daher annehmbar waren, so handelte es sich doch wieder einmal nur um heimtückische Doppelbotschaften, die zwar heuchlerisch Serbiens Pflicht zur Kooperation betonten, aber Österreich-Ungarn keinen Meter Freiraum für die zwangsweise Durchsetzung seiner Forderungen einräumten, falls Serbien wieder einmal mit leeren Versprechungen bluffte und daher seine »Garantien« keinen Pfifferling wert wären. In der verdrehten Vorstellungswelt der Kriegstreiber durfte Österreich also Serbien nur duschen, wenn es dabei nicht nass werden würde. Crazy Making in Perfektion.

In Übereinstimmung mit dem Idealbild für psychopathisches Verhalten wurde das diplomatische und mediale Crazy Making noch am 16. Juli, zwei Wochen vor Kriegsbeginn, durch stählerne militärische Maßnahmen ergänzt.

Britische Mobilmachung

Ab 16. Juli 1914 wurde die britische Kriegsflotte heimlich, aber im ganz großen Stil vollständig mobilisiert und war so ohne Unterbrechung bis zum Beginn des Ersten Weltkriegs gefechtsbereit. Der britische Marinehistoriker Julian S. Corbett schreibt in seinem Buch *Naval Operations* im Kapitel über die britischen Kriegsvorbereitungen, dass bis auf wenige Ausnahmen »die gesamte große Flotte in einem Zustand der Mobilisierung bereits am 16. Juli 1914 versammelt wurde.« Betroffen waren 460 Einsatzfahrzeuge (Schiffe und U-Boote), also die ganze Royal Navy abzüglich der 4. Zerstörerflotte, die mit der Niederhaltung der tapferen Iren im Raum Ulster beschäftigt war. Die Admiralität hatte von Mitte Juli bis 23. Juli Testmobilmachungen im Rahmen von Seemanövern angeordnet.[1373]

Abb. 60 Britische Flottenparade vor Spithead am 18. 7. 1914

Die kriegsvorbereitende Konzentrierung der Royal Navy fand in Spithead statt, der südenglischen Meerenge nordöstlich der Isle of Wight beziehungsweise südöstlich von Portsmouth, ungefähr vis-à-vis der nordfranzösischen Küstenstadt Le Havre. Dies war das optimale strategische Areal für die aktive Anwendung sämtlicher bereits abgeschlossener Kriegsvorbereitungen gegen das Deutsche Reich: Sperrung des Ärmelkanals, Schutz der französischen Küsten, Anlandung des britischen Expeditionskorps in Nordfrankreich und/oder Belgien und prompte Verlegung der restlichen Kriegsflotte nach Scapa Flow auf den Orkneys zwecks sofortigem Beginn der Hungerblockade gegen die deutsche Bevölkerung. Exakt so trug es sich auch unmittelbar zu Beginn des Erstens Weltkriegs zu. Die demonstrative Konzentrierung der Royal Navy in besagtem Areal mitten in der Juli-Krise war zudem das optimale Signal, um Serbien, Russland, Frankreich und Italien in ihrer sturen Haltung gegenüber der Donaumonarchie im österreichisch-serbischen Konflikt zu bestärken.

Am 18. Juli 1914 ließ man bei Spithead König und Volk im Rahmen einer Flottenparade das gewaltige Ausmaß der britischen Flotte optisch erahnen, während »nebenbei« die von der Admiralität angeordnete Testung der Mobilmachungsmaschinerie »zufällig« auf Hochbetrieb weiterlief. Dass an diesem Tag »nur« 232 Schiffe in Spithead vor Anker lagen, hatte keine Auswirkung auf die graphischen Darstellungen der Flottenparade. Es war ohnehin unmöglich, sämtliche Stahlkolosse der mächtigsten Kriegsflotte der Welt auf ein einziges Foto zu bekommen (siehe Abb. 60 und 61).

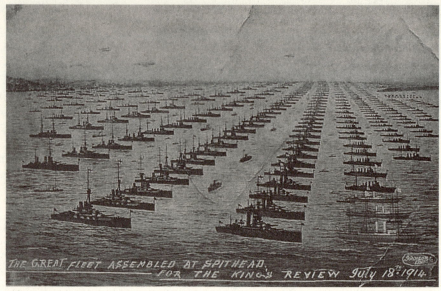

Abb. 61 Britische Flottenparade vor Spithead am 18. 7. 1914 (Postkarte)

Bis 25. Juli befanden sich insgesamt 493 mobilisierte maritime Gefechtseinheiten in **gefechtsbereitem** Zustand.[1374] Aufgrund der enormen Größe des britischen maritimen Aufgebots, so die offizielle Erklärung, wurde die »Überprüfung« bis 29. Juli 1914 verlängert.[1375] Die Begründung war natürlich ein terminologischer Etikettenschwindel. Tatsächlich handelte es sich um verdeckte britische Kriegsvorbereitungen, die, wie gesagt, seit 16. Juli liefen.

Während in Spithead eine gigantische Übermacht von hunderten der besten Kriegsschiffe der Welt für den großen Krieg gegen das Deutsche Reich klar gemacht wurde, machten sich die Berliner Schlafwandler am 18. Juli darüber Sorgen, ob die verfrühte Rückkehr des Kaisers von seiner Nordlandreise im Ausland Aufsehen erregen und die Bemühungen der Mittelmächte um Lokalisierung des Konflikts zwischen Österreich und Serbien gefährden könnte.[1376] Der deutsche Kaiser hingegen sah die Situation so, wie sie tatsächlich war. Sichtlich von den gigantischen Dimensionen der Royal Navy beeindruckt, telegraphierte der an Bord der Hohenzollern befindliche Wilhelm II. am 26. Juli an den Staatssekretär Gottlieb von Jagow zu Recht ernsthaft besorgt, »dass die englische Marine gar keine weiteren Maßnahmen mehr zu treffen braucht, da sie, wie die Revue zeigt, bereits kriegsbereit in ihren Häfen liegt [...]«[1377] Die Betonung lag zutreffenderweise auf kriegsbereit.

Wilhelm II. hatte wieder einmal völlig Recht, denn am 26. Juli, dem Tag nach der Übergabe des österreichischen Ultimatums an Serbien, verfügte die britische Admiralität mit der Urlaubssperre für Offiziere und Mannschaften die offiziell übliche Vorbereitung der Flottenmobilmachung.[1378] Gleichzeitig wurde die Konzentration der First und Second Fleet verfügt.[1379] Damit war die gesamte britische Kriegsflotte in Alarmbereitschaft. Und bereits am 28. Juli um 17 Uhr verfügte der Cliquen-Bruder Winston Churchill in seiner Funktion als Erster Seelord eigenmächtig, sprich ohne vorherige Befassung der Regierung, die Einnahme der maritimen Kriegsaufstellung: »Befehl der Admiralität: Flotte auf Kriegsstation.«[1380] Am 29. Juli ging die sogenannte Überprüfung der gesamten Mobilmachungsmaschinerie in die verbeugende Mobilmachung der ganzen Flotte über. Die Bewilligung hierzu erteilte das Kabinett auf Ersuchen des Ersten See-Lords Winston Churchill. Und sein Cliquen-Bruder, Premier Asquith, gab Churchill noch am selben Tag zu verstehen, dass die Aufstellung der Royal Navy auf Kriegsposition stillschweigend gebilligt werde. Daher konnte Churchill – sanktionslos – und abermals ohne vorherige Genehmigung des Kabinetts am 1. August die britische Flotte offiziell mobilisieren.[1381] Die britische Kriegsflotte war daher vom 16. Juli bis zum Kriegsbeginn faktisch in **permanenter Gefechtsbereitschaft**, sprich ready for war.

Zurück in ländliche Gefilde Mitte Juli. Nachdem die serbische Regierung am 16. Juli neben der britischen und der russischen über den Kerngehalt des noch nicht einmal beschlossenen österreichischen Ultimatums im Bilde war, begann **Serbien** noch am selben Tag mit seinen Kriegsvorbereitungen. Den Berichten des k. u. k. Nachrichtendienstes zufolge verlegte das serbische Königreich sein 6. und 17. Regiment von Neuserbien nach Altserbien, drei weitere Divisionen wurden nach Norden verschoben.[1382] Und einem Bericht des *Pester Lloyd* vom 17. Juli ist zu entnehmen, dass in Serbien Reservisten einberufen wurden.[1383]

In Österreich-Ungarn hingegen wurden nicht einmal die aktiven Soldaten aus dem Ernteurlaub zurückgeholt. Es wurden lediglich weitere der im k. u. k. Heer üblichen Ernteurlaube gestrichen. Zum einen wollte man im Ausland keine schlafenden Hunde wecken und sie zu Gegenmaßnahmen ermutigen.[1384] Zum anderen kam neben der Stillhalte- und Lokalisierungstaktik aber auch zum Tragen, dass Österreich-Ungarn ein Jahr lang von der Ernte leben musste.[1385] Obwohl laut der Beurteilung des k. u. k. Generalstabschefs vom 8. Juli die österreichische Balkan-Mobilmachung immerhin 16 Tage (M+16) dauern würde,[1386] traf Österreich-Ungarn wie auch das Deutsche Reich im Gegensatz zu Russland, England und Serbien trotz der doch immer deutlicher absehbaren Notwendigkeit, Gegenmaßnahmen einzuleiten, keinerlei nennenswerte Vorbereitungen. Sogar die Übungen der für den eventuellen Serbien-Krieg vorgesehenen Armeekorps wurden erst am 23. Juli abgebrochen, am Tag der Übergabe des Ultimatums.[1387] Die Offiziere des k. u. k. Generalstabs, die wie so manche hohe Herren der Politik nach deutschem Muster zu großen Teilen im Urlaub waren,[1388] beschäftigten sich daher vorwiegend mit Schriftlichem und Graphischem, und waren dabei auf die Schonung serbischer Kulturgüter bedacht: Für den Fall eines Kriegs mit Serbien respektive »für den Fall einer eventuell stattfindenden Beschießung Belgrads sind die k. und k. beteiligten Dienststellen mit genauen Stadtskizzen versehen, aus denen die Lage der militärischen Gebäude und Batterien pp. [aus Karten] hervorgeht. Damit soll erreicht werden, dass andere Baulichkeiten vom Bombardement verschont bleiben.«[1389]

Die österreichische Note an Serbien war jedoch noch immer nicht fertig. Sie sollte jedenfalls, wie bereits erwähnt, am Tag von Poincarés Abreise aus Russland abgeschickt werden. Über den am 17. Juli noch immer nicht definitiv festgelegten Inhalt der Forderungen ließ Graf Berchtold gegenüber dem Botschaftsrat an der deutschen Botschaft in Wien »die Hoffnung durchblicken, dass Serbien die Forderung Österreich-Ungarns nicht annehmen werde, da ein bloßer diplomatischer Erfolg hierzulande wieder eine flaue Stimmung auslösen werde, die man absolut nicht gebrauchen könne.«[1390] Dem zutreffenden Kommentar Immanuel Geiss' zufolge hatte der k. u. k. Ministerpräsident »nur die ›Hoffnung‹ – also nicht die Gewissheit – durchblicken lassen, ›dass Serbien die Forderung Österreich-Ungarns nicht annehmen werde‹.«[1391] In diesem Sinne lautet es im umfassenden Bericht des deutschen Botschaftsrats in Wien an den deutschen Außenminister vom 18. Juli (die Forderungen waren noch immer nicht abgesegnet), dass Berchtold zwar auf die Nichtannahme hoffe, »ganz sicher ist er aber nicht.« Auch aus den Äußerungen des Grafen Hoyos entnahm der deutsche Botschaftsrat, »dass Serbien die Forderungen annehmen kann.« Graf Hoyos, der Kabinettschef des k. u. k. Außenamts, meinte dazu allerdings, »dass die Forderungen doch derart seien, dass ein Staat, der noch etwas Selbstvertrauen und Würde habe, sie eigentlich unmöglich annehmen könne.«[1392] Warum Hoyos nicht hinzufügte, dass Serbien eigentlich gar keine Würde besaß, weil es sie spätestens mit der Duldung des Sarajewoer Anschlags verloren hatte, darf ein Rätsel bleiben. Ab 18. Juli war man sich übrigens in Österreich im klaren, dass es eine undichte Stelle gab, die gegen die vereinbarte Stillhaltetaktik verstoßen hatte, und dass die Entente wahrscheinlich schon über den Kerngehalt des geplanten Ultimatums Bescheid wusste.[1393]

Folglich teilte man der deutschen Reichsleitung noch am 18. Juli neben der »schon« feststehenden Beantwortungsfrist von 48 Stunden die drei wichtigsten

Parameter des immer noch nicht feststehenden Ultimatums mit: 1. Proklamation des serbischen Königs über die Missbilligung serbischer Propaganda, 2. Untersuchung gegen Mitschuldige am Attentat unter Teilnahme österreichischer Beamter (6. Forderung der Endfassung) und 3. Einschreiten gegen die gesamte großserbische Bewegung. In Berlin ging man sogleich von der Nichtannahme dieser Forderungen wegen Unvereinbarkeit mit der Würde als unabhängiger Staat aus. Der österreichisch-serbische Krieg sei die Folge. Für Deutschland bestehe nun tatsächlich die Gefahr eines Kriegs mit Russland. Man hoffe aber auf Lokalisierung. Dafür sei allein die Haltung Russlands entscheidend: Russland könne sich heraushalten, wenn es nur wolle. Einem Regime, das Terroristen duldet, müsse Russland den Schutz entziehen, laute die korrekte Beurteilung.[1394] Ganz offensichtlich hatte man nicht einmal den Hauch eines Verdachts, dass Russland den Startschuss zur Ermordung Franz Ferdinands gegeben hatte und sich daher gar nicht heraushalten durfte. Schlafwandler in Berlin. Schlafwandler in Wien.

In Wien, namentlich im Außenamt, zeigte man sich ernsthaft besorgt, »dass eine vollkommene Nachgiebigkeit Serbiens das Ausholen zum Schlage erschweren könne.« Falls Russland eine Lokalisierung nicht zulasse, sei der »jetzige Augenblick zur Abrechnung günstiger als jeder spätere.«[1395] Entgegen allen Lokalisierungswünschen der Mittelmächte erklärte der russische Außenminister dem k. u. k. Botschafter in St. Petersburg Graf Szápáry mit Nachdruck, Russland sei entschlossen, in keinem Fall einen Anschlag auf die Unabhängigkeit Serbiens zuzulassen, worauf Szápáry flunkerte, Österreich wolle seine Beziehungen zu Serbien nicht verschärfen.[1396] Und Sasonow log gegenüber dem britischen Botschafter George Buchanan, die großserbische Bewegung in Österreich sei »ein internes Gewächs«, für das man Serbien nicht die Schuld zuschieben dürfe. Eine Art Ultimatum Österreichs an Serbien würde Russland möglicherweise zu militärischen Vorsichtsmaßnahmen zwingen.[1397] Auf eine große europäische Feuersbrunst, die unter den gegeben Umständen das Resultat aus einem Krieg zwischen einer Großmacht und einem Balkanstaat sein müsse, verwies der britische Botschafter in Belgrad gegenüber seinem Vorgesetzten in London (Grey). Russland könne schließlich Serbien nicht alleine stehen lassen.[1398] Da waren sie wieder, die beiden Hauptzutaten für die von den Entente-Mächten betriebene Ausdehnung respektive die Delokalisierung des österreichisch-serbischen Konflikts:

1. Leugnung österreichischer Ansprüche
2. Russische Nötigung

Sie blieben bis zum Beginn des österreichisch-serbischen Kriegs die Grundpfeiler der ententischen Delokalisierungstaktik. Die russische Nötigung gegenüber Österreich bestand darin, dass Russlands Funktion als Beschützer Serbiens die serbische Ablehnung des österreichischen Ultimatums zum Zweck hatte. Dadurch sollte Österreich dazu genötigt werden, entweder klein beizugeben und im Rahmen der großserbischen Destabilisierung ruhmlos unterzugehen oder aber seine legitimen Forderungen gegen Serbien militärisch durchzusetzen. Letzteres war vorhersehbar und das primäre Ziel der Entente. Schließlich war bekannt, dass die Donaumonarchie in Notwehr um ihr Überleben als Großmacht kämpfte. Sogar der britische Außenminister anerkannte hochoffiziell gegenüber dem deutschen Botschafter in London, »dass Österreich in einer Art von berechtigter Selbstverteidigung handele.«[1399] Außerdem gab Grey zu, dass Verschleppungsgefahr seitens der serbischen Regierung bestand: »Ich gab zu, dass die Sache ohne Befristung ungebührlich verschleppt werde könne [...]«[1400] Und was Grey wusste, wussten auch die anderen Drahtzieher der Delokalisierung, denen auch vollständig klar war, dass der österreichisch-serbische Krieg durch den Kriegseintritt Russlands an der Seite Serbiens mit hoher Wahrscheinlichkeit zur Vernichtung Österreichs in einem großen europäischen Krieg führen musste. Da beide Varianten, Resignation oder Aggression, den Untergang der Donaumonarchie bedeuteten, trifft die Bezeichnung »russische Nötigung« zu.

Zugleich war der zweite Grundpfeiler, also die russische Nötigung zwecks Delokalisierung, untrennbar mit dem dritten Parameter der Kriegsfalle Belgien verbunden: der russischen Nötigung gegenüber dem Deutschen Reich. Die frühzeitig mobilisierte russische Dampfwalze sollte ja planmäßig das Deutsche Reich zur Aktivierung des Schlieffen-Plans und zum raschen Durchmarsch durch Belgien zwecks Umgehung der Eisernen Festung und Niederschlagung der französischen Streitkräfte bei anschließender Pendelbewegung an die russische Grenze nötigen.

Folglich war Russland das Bindeglied zwischen der serbischen und der belgischen Kriegsfalle, weshalb die ententischen Hauptdrahtzieher und Cliquen-Brüder wie insbesondere Edward Grey, Sergej Sasonow, Raymond Poincaré und Maurice Paléologue auf Zeitgewinn für die russische Dampfwalze spielen mussten. Bereits kurz vor der Übergabe des Ultimatums am 23. Juli änderte sich besagte Zeitschindertaktik insofern, als von der relativ offenen Verneinung der österreichischen Ansprüche zu scheinbaren Vermittlungsangeboten zwischen Österreich und Russland übergegangen wurde.

Das Ultimatum und die serbische Antwort werden im Volltext abgedruckt, weil es sich um die wohl folgenschwersten Dokumente der Menschheitsgeschichte handelt. Wir beginnen mit dem österreichischen Ultimatum an Serbien, dessen Text zwar am 19. Juli endlich endgültig feststand, jedoch erst am 22. Juli vom Kaiser Österreich-Ungarns bewilligt wurde.

Annehmbares Ultimatum

Gelegentlich wird unterstellt, im k. u. k. Ministerrat vom 19. Juli 1914 sei der »endgültige Beschluss zum Krieg gegen Serbien« gefällt worden,[1401] obwohl dies von der Aktenlage her nicht zu bestätigen ist. Vielmehr wurde im Vorfeld dieses Ministerrats der definitive Text der an Serbien zu richtenden Note beschlossen sowie in der Sitzung selbst Formales hierzu und einige strategische Details für den Fall eines Kriegs mit Serbien festgelegt. Die Note sollte der serbischen Regierung am 23. Juli um 17 Uhr unter Setzung einer 48-stündigen Frist (Termin: 25. Juli, 17 Uhr) übergeben werden. Die von Kriegsminister Feldmarschall Ritter von Krobatin planerisch vorbereiteten Mobilmachungsmaßnahmen sollten erst am 22. Juli (!) dem Kaiser zur Genehmigung vorgelegt werden. Sodann wurde für den Fall eines siegreichen Kriegs gegen Serbien übereingekommen, dass Österreich-Ungarn keine Eroberungspläne hege und daher keine Gebiete in Serbien zu annektieren gedenke. Dies sollte den anderen Großmächten möglichst bald erklärt werden. Österreich habe allerdings im Kriegsfall vor, Serbien zu verkleinern, sodass »es nicht mehr gefährlich sei.« Eine vollständige Vernichtung wurde schon allein deshalb ausgeschlossen, weil sich Russland sonst à outrance [bis zum Exzess] zur Wehr setzen müsse.« Österreich-Ungarn wollte sich also keinerlei serbische Gebiete einverleiben. Nur die Verkleinerung Serbiens zu Gunsten anderer Staaten, eventuell erforderliche vorübergehende Besetzungen sowie strategisch notwendige Grenzberichtigungen sollten möglich bleiben.[1402]

Lediglich für den tatsächlichen Kriegsfall relativ spät vorbedachte strategische Maßnahmen, die keinesfalls durchgeplant waren wie zum Beispiel jene des CID seit 1906 und darüber hinaus in Anbetracht der Umstände äußerst maßvoll waren, lassen keinen unbedingten Willen Österreichs zum Krieg erkennen. Dabei gilt es zu berücksichtigen, dass Russland, England und Serbien bereits seit einiger Zeit mit ihren Kriegsvorbereitungen völlig beschäftigt waren, obwohl die einzige Nation, die zu derlei Maßnahmen wirklich berechtigt gewesen wäre, das in seiner Existenz bedrohte Österreich war.

Am 20. Juli kommentierte Sir Arthur Nicolson, der Unterstaatssekretär im britischen Außenamt, einen Artikel im *Matin*: »Russland ist eine furchtbare Macht, und es wird noch weiter erstarken. Wir wollen hoffen, dass unsere Beziehungen zu ihm freundlich bleiben.«[1403] Wenngleich man in Österreich dasselbe hoffte, musste endlich gegen Serbien vorgegangen werden. Ebenfalls am 20. Juli übersandte daher k. u. k. Ministerpräsident und Außenminister Graf Berchtold seinem Botschafter in Belgrad Baron Giesl die berüchtigte Note an Serbien, die er der serbischen Regierung am 23. Juli zwischen 16 und 17 Uhr übergeben sollte. Falls ihm nicht bis zum 25. Juli 1914 um 18 Uhr (ursprünglich 17 Uhr) eine vorbehaltlos zustimmende Antwort der serbischen Regierung zukommen würde, hätte Giesl die Belgrader Botschaft mitsamt dem Personal binnen 48 Stunden ab Übergabe der Note zu verlassen.[1404] Das bedeutete grundsätzlich so viel wie Krieg. Baron Giesl wurde zusätzlich in einem Privatbrief des Kanzlers instruiert, er dürfe keinerlei Verhandlungen führen. Nur die bedingungslose Annahme der Forderungen könne Österreich-Ungarn davon abhalten, die weiteren Konsequenzen zu ziehen. Sollte Baron Giesl gefragt werden, welche Konsequenzen zu erwarten wären, solle er sich unwissend stellen. Aus eigener Initiative dürfe er aber anmerken, dass Österreich schon zweimal von Serbien zu kostspieligen militärischen Maßregeln genötigt worden sei. Sollte dies neuerlich geschehen, sehe sich die k. u. k. Regierung gezwungen, Serbien für die der Donaumonarchie »hierdurch verursachten Auslagen haftbar zu machen.«[1405] Die Ankündigung des von Serbien zu erstattenden Kostenersatzes für eine nicht zum Krieg führende Mobilmachung unter Hinweis auf bereits zwei derartige Vorfälle bedeutet, dass Serbien die Möglichkeit einer stillen Fristverlängerung eingeräumt wurde. Hier liegt ein unumstößlicher Beweis dafür vor, dass die diplomatische Weiche, also das Ultimatum, eine ernsthafte Möglichkeit der friedlichen Konfliktbeilegung beinhaltete. Selbst diese Sache hat ein wenig von dem Charme, der für Wien charakteristisch ist.

Da nachfolgender Text ein Musterstück eines sowohl juristisch absolut korrekten und zweckdienlichen als auch gegenüber dem Terrorherd Serbien politisch völlig angemessenen Ultimatums darstellt, darf empfohlen werden, ihn in voller Länge zu lesen. Insbesondere wegen der (hier markierten) Forderungen Nummer 5 und 6 wurde das Ultimatum von Serbien, der Entente und Italien als unannehmbar deklariert:

Am 31. März 1909 hat der königlich serbische Gesandte am Wiener Hofe im Auftrage seiner Regierung der k. u. k. Regierung folgende Erklärung abgegeben:

»Serbien anerkennt, daß es durch die in Bosnien geschaffene Tatsache in seinen Rechten nicht berührt wurde und daß es sich demgemäß den Entschließungen

anpassen wird, welche die Mächte in Bezug auf den Artikel 25 des Berliner Vertrages treffen werden. Indem Serbien den Ratschlägen der Großmächte Folge leistet, verpflichtet es sich, die Haltung des Protestes und des Widerstandes, die es hinsichtlich der Annexion seit dem vergangenen Oktober eingenommen hat, aufzugeben, und es verpflichtet sich ferner, die Richtung seiner gegenwärtigen Politik gegenüber Österreich-Ungarn zu ändern und künftighin mit diesem letzteren auf dem Fuße freundnachbarlicher Beziehungen zu leben.«

Die Geschichte der letzten Jahre nun und insbesondere die schmerzlichen Ereignisse des 28. Juni haben das Vorhandensein einer subversiven Bewegung in Serbien erwiesen, deren Ziel es ist, von der österreichisch-ungarischen Monarchie gewisse Teile ihres Gebietes loszutrennen. Diese Bewegung, die unter den Augen der serbischen Regierung entstand, hat in der Folge jenseits des Gebietes des Königreiches durch Akte des Terrorismus, durch eine Reihe von Attentaten und durch Morde Ausdruck gefunden.

Weit entfernt, die in der Erklärung vom 31. März 1909 enthaltenen formellen Verpflichtungen zu erfüllen, hat die k. [königlich] serbische Regierung nichts getan, um diese Bewegung zu unterdrücken. Sie duldete das verbrecherische Treiben der verschiedenen, gegen die Monarchie gerichteten Vereine und Vereinigungen, die zügellose Sprache der Presse, die Verherrlichung der Urheber von Attentaten, die Teilnahme von Offizieren und Beamten an subversiven Umtrieben, sie duldete eine ungesunde Propaganda im öffentlichen Unterricht und duldete schließlich alle Manifestationen, welche die serbische Bevölkerung zum Hasse gegen die Monarchie und zur Verachtung ihrer Einrichtungen verleiten konnten.

Diese Duldung, der sich die k. serbische Regierung schuldig machte, hat noch in jenem Moment angedauert, in dem die Ereignisse des 28. Juni der ganzen Welt die grauenhaften Folgen solcher Duldung zeigten.

Es erhellt aus den Aussagen und Geständnissen der verbrecherischen Urheber des Attentates vom 28. Juni, daß der Mord von Sarajevo in Belgrad ausgeheckt wurde, daß die Mörder die Waffen und Bomben, mit denen sie ausgestattet waren, von serbischen Offizieren und Beamten erhielten, die der Narodna Odbrana angehörten, und daß schließlich die Beförderung der Verbrecher und deren Waffen nach Bosnien von leitenden serbischen Grenzorganen veranstaltet und durchgeführt wurde.

Die angeführten Ergebnisse der Untersuchung gestatten es der k. u. k. Regierung nicht, noch länger die Haltung zuwartender Langmut zu beobachten, die sie durch Jahre jenen Treibereien gegenüber eingenommen hatte, die ihren Mittelpunkt in Belgrad haben und von da auf die Gebiete der Monarchie übertragen werden.

Diese Ergebnisse legen der k. u. k. Regierung vielmehr die Pflicht auf, Umtrieben ein Ende zu bereiten, die eine ständige Bedrohung für die Ruhe der Monarchie bilden.

Um diesen Zweck zu erreichen, sieht sich die k. u. k. Regierung gezwungen, von der serbischen Regierung eine offizielle Versicherung zu verlangen, daß sie die gegen Österreich-Ungarn gerichtete Propaganda verurteilt, das heißt die Gesamtheit der Bestrebungen, deren Endziel es ist, von der Monarchie Gebiete loszulösen, die ihr angehören, und daß sie sich verpflichtet, diese verbrecherische und terroristische Propaganda mit allen Mitteln zu unterdrücken.

Um diesen Verpflichtungen einen feierlichen Charakter zu geben, wird die k. serbische Regierung auf der ersten Seite ihres offiziellen Organs vom 26. Juli nachfolgende Erklärung veröffentlichen:

„Die königlich serbische Regierung verurteilt die gegen Österreich-Ungarn gerichtete Propaganda, das heißt die Gesamtheit jener Bestrebungen, deren letztes Ziel es ist, von der österreichisch-ungarischen Monarchie Gebiete loszutrennen, die ihr angehören, und sie bedauert aufrichtigst die grauenhaften Folgen dieser verbrecherischen Handlungen.

Die königlich serbische Regierung bedauert, daß serbische Offiziere und Beamte an der vorgenannten Propaganda teilgenommen und damit die freundnachbarlichen Beziehungen gefährdet haben, die zu pflegen sich die k. Regierung durch ihre Erklärung vom 31. März 1909 feierlichst verpflichtet hatte.

Die königliche Regierung, die jeden Gedanken oder jeden Versuch einer Einmischung in die Geschicke der Bewohner was immer für eines Teiles Österreich-Ungarns mißbilligt und zurückweist, erachtet es für ihre Pflicht, die Offiziere, Beamten und die gesamte Bevölkerung des Königreiches ganz ausdrücklich aufmerksam zu machen, daß sie künftighin mit äußerster Strenge gegen jene

Personen vorgehen wird, die sich derartiger Handlungen schuldig machen sollten, Handlungen, denen vorzubeugen und die zu unterdrücken sie alle Anstrengungen machen wird.«

Diese Erklärung wird gleichzeitig zur Kenntnis der königlichen Armee durch einen Tagesbefehl Seiner Majestät des Königs gebracht und in dem offiziellen Organe der Armee veröffentlicht werden.

Die königlich serbische Regierung verpflichtet sich überdies,

1. jede Publikation zu unterdrücken, die zum Hasse und zur Verachtung der Monarchie aufreizt, und deren allgemeine Tendenz gegen die territoriale Integrität der letzteren gerichtet ist,
2. sofort mit der Auflösung des Vereines Narodna Odbrana vorzugehen, dessen gesamte Propagandamittel zu konfiszieren und in derselben Weise gegen die anderen Vereine und Vereinigungen in Serbien einzuschreiten, die sich mit der Propaganda gegen Österreich-Ungarn beschäftigen; die königliche Regierung wird die nötigen Maßregeln treffen, damit die aufgelösten Vereine nicht etwa ihre Tätigkeit unter anderem Namen oder in anderer Form fortsetzen,
3. ohne Verzug aus dem öffentlichen Unterricht in Serbien, sowohl was den Lehrkörper als auch die Lehrmittel betrifft, alles zu beseitigen, was dazu dient oder dienen könnte, die Propaganda gegen Österreich-Ungarn zu nähren,
4. aus dem Militärdienst und der Verwaltung im allgemeinen alle Offiziere und Beamten zu entfernen, die der Propaganda gegen Österreich-Ungarn schuldig sind und deren Namen unter Mitteilung des gegen sie vorliegenden Materials der königlichen Regierung bekanntzugeben sich die k. u. k. Regierung vorbehält,
5. einzuwilligen, daß in Serbien Organe der k. u. k. Regierung bei der Unterdrückung der gegen die territoriale Integrität der Monarchie gerichteten subversiven Bewegung **mitwirken**,
6. eine gerichtliche Untersuchung gegen jene Teilnehmer des Komplottes vom 28. Juni einzuleiten, die sich auf serbischem Territorium befinden; von der k. und k. Regierung hierzu delegierte Organe werden an den bezüglichen Erhebungen **teilnehmen**,
7. mit aller Beschleunigung die Verhaftung des Majors Voja Tankosić und eines gewissen Milan Ciganović, serbischen Staatsbeamten, vorzunehmen, welche durch die Ergebnisse der Untersuchung kompromittiert sind,

8. *durch wirksame Maßnahmen die Teilnahme der serbischen Behörden an dem Einschmuggeln von Waffen und Explosivkörpern über die Grenze zu verhindern; jene Organe des Grenzdienstes von Schabatz [Sabać] und Loznica, die den Urhebern des Verbrechens von Sarajevo bei dem Übertritt über die Grenze behilflich waren, aus dem Dienste zu entlassen und strenge zu bestrafen,*
9. *der k. u. k. Regierung Aufklärungen zu geben über die nicht zu rechtfertigenden Äußerungen hoher serbischer Funktionäre in Serbien und im Auslande, die, ihrer offiziellen Stellung ungeachtet, nicht gezögert haben, sich nach dem Attentat am 28. Juni in Interviews in feindlicher Weise gegen Österreich-Ungarn auszusprechen,*
10. *die k. u. k. Regierung ohne Verzug von der Durchführung der in den vorigen Punkten zusammengefaßten Maßnahmen zu verständigen.*

Die k. u. k. Regierung erwartet die Antwort der k. Regierung spätestens bis Samstag, den 25. d. M. [25. des Monats], um 6 Uhr nachmittags.

Ein Memoire über die Ereignisse der Untersuchung von Sarajewo, soweit sie sich auf die in Punkt 7. und 8. genannten Funktionäre beziehen, ist dieser Note beigeschlossen.

Beilage [Memoire]:

Die bei dem Gerichte in Sarajevo gegen Gavrilo Princip und Genossen wegen des am 28. Juni d. J. [des Jahres] begangenen Meuchelmordes, beziehungsweise wegen Mitschuld hieran anhängige Strafuntersuchung hat bisher zu folgenden Feststellungen geführt:

1. *Der Plan, den Erzherzog Franz Ferdinand während seines Aufenthaltes in Sarajevo zu ermorden, wurde in Belgrad von Gavrilo Princip, Nedjelko Čabrinović, einem gewissen Milan Ciganović und Trifko Grabež unter Beihilfe des Majors Voja Tankosić gefasst.*
2. *Die 6 Bomben und 4 Browning Pistolen samt Munition, deren sich die Verbrecher als Werkzeuge bedienten, wurden dem Princip, Čabrinović und Grabež in Belgrad von einem gewissen Milan Ciganović und dem Major Voja Tankosić verschafft und übergeben.*
3. *Die Bomben sind Handgranaten, die dem Waffendepot der serbischen Armee in Kragujevac entstammen.*

4. Um das Gelingen des Attentates zu sichern, unterwies Ciganović den Princip, Čabrinović und Grabež in der Handhabung der Granaten und gab in einem Walde neben dem Schießfelde von Topschider [Topćider] dem Princip und Grabež Unterricht im Schießen mit Browning Pistolen.
5. Um dem Princip, Čabrinović und Grabež den Übergang über die bosnisch-hercegovinische Grenze und die Einschmuggelung ihrer Waffen zu ermöglichen, wurde ein ganzes geheimes Transportsystem durch Ciganović organisiert. Der Eintritt der Verbrecher samt ihren Waffen nach Bosnien und der Hercegovina wurde von den Grenzhauptleuten von Schabatz (Rade Popović) und Loznica sowie von dem Zollorgan Rudivoj Grbić von Loznica mit Beihilfe mehrerer anderer Personen durchgeführt.[1406]

Der Originaltext obiger Note ist auf den Internet-Seiten des österreichischen Staatsarchivs abrufbar.[1407]

Bei der Annehmbarkeit eines Ultimatums ist zwischen objektiver und subjektiver Annehmbarkeit zu unterscheiden. Objektive Annehmbarkeit ist gegeben, wenn die Forderungen aus der Sicht eines unparteiischen Dritten gerechtfertigt und angemessen sind. Für die subjektive Annehmbarkeit ist ausschlaggebend, ob die Annahme des Ultimatums für einen redlichen Erklärungsempfänger in seiner speziellen Situation zumutbar ist, er also durch die Annahme keine inadäquaten Nachteile zu tragen hat. Dabei ist auf die Umstände des konkreten Streitfalls abzustellen.

Zur objektiven Annehmbarkeit ist zu sagen, dass die Regierung der k. u. k. Monarchie lediglich ihr Recht einforderte. Sie urgierte, was ihr ohnehin zustand: in Ruhe als Großmacht weiterexistieren zu können. Diesem Zweck dienten vor allem die zu Unrecht von der Entente und Italien von vornherein abgelehnten Forderungen über die Mitwirkung bei der Abstellung der gegen Österreich gerichteten großserbischen Agitationen (Nr. 5) und die Teilnahme an den Erhebungen gegen die in Serbien befindlichen Verschwörer im Rahmen des Sarajewoer Attentats (Nr. 6). Österreich forderte weder serbische Gebietsabtretungen oder beschränkte Hoheitsrechte in Serbien noch die Leitung der jeweiligen Verfahren, obwohl es dazu im Rahmen des ihm zustehenden Notwehrrechts sogar sofort, das heißt ohne Zwischenschaltung eines Ultimatums, berechtigt gewesen wäre. Österreich hätte ohne Aufschub in Serbien einmarschieren, Belgrad als Faustpfand nehmen (vorübergehend besetzen) und die Maßnahmen gemäß den Forderungen Nummer 5 und 6 zwangsweise durchsetzen können. Die Donaumonarchie beschränkte sich jedoch auf die Mitwirkung beziehungsweise Teilnahme designierter k. u. k. Organe, was sowohl vom Wortlaut als auch vom Sinn der Forderungen her unbestreitbar für keine Überordnung, sondern vielmehr für eine gegenüber den serbischen Staatsdienern gleich- oder sogar untergeordnete Einbindung österreichisch-ungarischer Beamter spricht. Die konkrete Ausgestaltung der Einbindung hätte gegebenenfalls extra geklärt werden können.

Keinesfalls wäre eine derartige zwischenstaatliche Vereinbarung geeignet gewesen, die »Würde« oder gar die Autonomie Serbiens zu beeinträchtigen. Wie gesagt, gab es damals schon einige intergouvernementale Organisationen mit hauptsächlich regionalem Wirkungskreis. Serbien selbst hatte zwar ermittlerisch keinen Finger gerührt, forderte aber von Österreich den direkten Beweis für die Mitschuld serbischer Organe, der wiederum nur in Serbien zu erbringen war. Dies ist auch aus vereinzelten drittstaatlichen Erklärungen abzuleiten. Hier sind die erwähnten doppelzüngigen Forderungen der britischen *Times* nach eingehender Untersuchung, Garantien und bereitwilligem Entgegenkommen für Österreich zu nennen. Der französische Präsident sprach in diesem Zusammenhang explizit vom erwartbaren größten Entgegenkommen Serbiens gegenüber der Donaumonarchie. Und der britische Außenminister meinte am 22. Juli inoffiziell (!) gegenüber dem russischen Botschafter in London Benckendorff und dem britischen Gesandten in St. Petersburg George Buchanan, dass Serbien der Donaumonarchie die »äußersten ihr nur möglichen Bürgschaften« geben müsste, sollte Österreich-Ungarn wirklich Grund zum Klagen haben und beweisen können, dass das Sarajewoer Attentat in Serbien vorbereitet und organisiert worden war.[1408] Die Bestätigung der bereits in Sarajewo erbrachten indirekten Beweise hätte ausschließlich durch die auch von Serbien, England und Frankreich, aber auch von Russland geforderten direkten Beweise bestätigt werden können, die nun einmal ausschließlich in Serbien gesammelt werden konnten. Nicht zuletzt aufgrund der drohenden Verschleppungsgefahr seitens der provokativ untätigen serbischen Regierung waren die Forderungen nach Einbindung von k. u. k. Organen in die (künftigen) serbischen Ermittlungen zweifellos gerechtfertigt und angemessen. Österreich-Ungarn verlangte lediglich Selbstverständliches. Objektive Annehmbarkeit war daher gegeben.

Subjektive Annehmbarkeit lag insbesondere vor, weil Serbien unredlich und seine vermeintliche Würde gar nicht vorhanden war. Schließlich waren ihm sowohl das Handeln seiner Beamten im Rahmen der Planung und Koordinierung des Attentats auf den österreichischen Thronfolger als auch die unterlassene Verhinderung des Grenzübertritts der Attentäter und die nicht erfolgte Warnung der k. u. k. Regierung zuzurechnen. Folglich stellten subjektive Argumente wie etwa die vermeintliche Unvereinbarkeit der Einbindung von k. u. k. Organen in serbische Ermittlungen mit der Würde und Souveränität Serbiens sowie die Bedrohung des serbischen Königshauses durch die großserbische Bewegung im Falle der Annahme des Ultimatums bloße Schutzbehauptungen und rein interne, nicht von Österreich-Ungarn verursachte Probleme dar. Man stelle sich einen aufrührerischen Meuchelmörder vor, der sich seiner behördlichen Einvernahme dadurch zu entziehen versucht, gerechtfertigte Erhebungen gegen ihn seien nicht mit seiner Würde als Mensch vereinbar.

Die zweifellos gegebene Mitursächlichkeit der österreichischen Annexion Bosniens und Herzegowinas für die großserbische Agitation ist im gegebenen Zusammenhang irrelevant, weil die Annexion auf einer völkerrechtlich einwandfreien Grundlage stand. Seine allenfalls moralische Schuld gegenüber Serbien glich Österreich-Ungarn dadurch aus, dass es die Erweiterung Serbiens um fast das Doppelte durch seine Einverleibung jener Gebiete ermöglichte, in denen sich die Serben selbst als Unterdrücker gegenüber fremden Ethnien aufspielten. Folglich konnte Serbien der Donaumonarchie entgegen aller großserbischen Propaganda weder eine rechtliche noch eine moralische Schuld entgegenhalten. Vor allem weil Österreich-Ungarn in rechtmäßiger Notwehr gegen die sogar gesteigerte Bedrohung durch den nachweislich von Belgrad ausgehenden staatszersetzenden Irredentismus und Terrorismus vorging, konnte sich Serbien nicht auf eine etwaige subjektive Unannehmbarkeit des österreichischen Ultimatums berufen.

Folglich war das österreichische Ultimatum an Serbien eindeutig objektiv und subjektiv **annehmbar**. Wenn österreichische und deutsche Politiker die Ansicht oder Hoffnung äußerten, das Ultimatum sei für Serbien unannehmbar, meinten sie offensichtlich, dass Serbien entgegen der objektiven und subjektiven Annehmbarkeit des Ultimatums dieses aus Gründen des Selbstschutzes und internationalen Ansehens ablehnen müsse.

Österreich wäre zwar nicht dazu verpflichtet gewesen, sich vor den anderen Mächten für seine legitimen Forderungen gegen Serbien zu rechtfertigen, im Sinne der Lokalisierung sah es jedoch neben der Übermittlung des ohnehin selbsterklärenden Ultimatums parallele, auf jede Großmacht maßgeschneiderte Erläuterungen vor. Mit geheimer Diplomatenpost versandte der österreichisch-ungarische Kanzler Berchtold am 20. Juli sogenannte Zirkularnoten an die k. u. k. Botschaften in London, St. Petersburg, Paris, Rom, Konstantinopel (Istanbul) und Berlin zwecks Überreichung an das jeweilige Außenamt am Vormittag des 24. Juli. Besonders die an Großbritannien und Russland zu richtenden Noten erklärten wieder einmal in bewundernswerter Geduld, aus welchen Gründen die Donaumonarchie zum Handeln gezwungen war und weshalb es keine Möglichkeit für eine Milderung der Forderungen gab. London teilte man auch mit, dass und warum die öffentliche Meinung in Österreich-Ungarn »gebieterisch eine Sühne für die moralische Mitschuld und das verbrecherische Geschehenlassen der Belgrader Kreise fordere«, unter anderem weil »die serbische Regierung noch keinen Finger gerührt hat, um auf serbischem Boden gegen die serbischen Mitschuldigen des Verbrechens vom 28. Juni vorzugehen.« Gegenüber Russland betonte man besonders einprägsam und auch für einen geistig Minderbemittelten nachvollziehbar, dass Österreich keine Missgunst gegenüber Serbien hege, sondern »nur aus Gründen der Selbsterhaltung und Selbstverteidigung« zum Handeln genötigt wurde. Der Donaumonarchie ging es lediglich darum, ihr eigenes Territorium »vor dem Eindringen insurrektioneller Miasmen [aufrührerischer Ansteckungen] aus dem benachbarten Königreiche zu sichern [...]« Die bis dahin gezeigte Langmut Österreich-Ungarns musste mit der »von Belgrad aus geleiteten Ermordung des Erzherzog-Thronfolgers« ihr Ende erreichen. Das Ende der Erklärung bildet ein Appell an das »Solidaritätsgefühl der großen Monarchien«.[1409]

Doch dieses Solidaritätsgefühl gab es weder auf Seiten Russlands noch in Großbritannien. Weil der große europäische Krieg längst geplant worden war, waren die noch nicht überreichten österreichischen Zirkularnoten leider nicht einmal das Papier wert, auf dem sie geschrieben wurden. Die Zeit bis zur Übergabe des Ultimatums am 23. Juli war davon geprägt, dass die Mittelmächte weiterhin an die Lokalisierbarkeit des österreichisch-serbischen Konflikts glaubten und danach handelten,[1410] während die Entente-Staaten nach wie vor das gegenteilige Ergebnis erzielen wollten. Ein weiterer Meilenstein hierzu war der Besuch des revanchistischen Präsidenten Frankreichs in St. Petersburg von 20. bis 23. Juli.

Französisch-russische Kriegsgespräche

Beim viertägigen Aufenthalt Poincarés und des französischen Regierungschefs René Viviani (1862 bis 1925) in Russland handelte es sich um einen lange im Voraus geplanten Staatsbesuch, der jedoch anlässlich der jüngsten Ereignisse spontan zum Krisengipfel umfunktioniert wurde. Weil sich darüber verdächtigerweise weder in den russischen noch in den französischen Archiven Aufzeichnungen befinden, muss auf die Überlieferungen (Tagebücher und Notizen) vor allem des französischen Präsidenten Poincaré und seines einflussreichen Mannes vor Ort, des französischen Botschafters in St. Petersburg Paléologue, zurückgegriffen werden. Diesen Materialien kommt sogar erhöhte Beweiskraft zu, da es sich nicht um üblicherweise beschönigend verschleiernde diplomatische Dokumente, sondern um inoffizielle und daher umso intimere, mitunter selbstbelastende Schriften handelt.

Noch bevor Raymond Poincaré am 20. Juli von Bord der France ging, hatte Zar Nikolaus II. dem französischen Botschafter versichert, dass er mit Poincaré Ernstes zu besprechen habe, man sich garantiert einigen werde und man Großbritannien dazu bringen müsse, »unserer Allianz [gegen die Mittelmächte] beizutreten.« Das nachfolgende Gespräch zwischen dem russischen Zaren und dem französischen Präsidenten im Heck der Alexandria wurde gemäß Paléologues Beobachtungen eindeutig von Poincaré dominiert, wobei dessen Ausführungen von Nikolaus II. eifrig bestätigt wurden.[1411] Da der sichtlich von der deutschen Bündnistreue gegenüber Österreich beeindruckte russische Zar dazu geneigt war, in der Serbien-Frage nachzugeben, leistete Poincaré intensive gegenteilige Überzeugungsarbeit. Er riet dem Zaren, sich ja nicht »erpressen« zu lassen und auf keinen Fall nachzugeben. Dabei sprach er interessanterweise kaum von Österreich, sondern primär vom Deutschen Reich: Jedes Nachgeben würde Deutschland als Schwäche Russlands deuten. Deutschland verstehe nur die Sprache der Stärke, weshalb das französische Staatsoberhaupt ein wahrhaftes »Evangelium der Härte« predigte, wodurch sich wiederum der wankelmütige Zar umstimmen ließ.[1412] Nach der ausdrücklichen Versicherung, dass die kürzlich auf drei Jahre erhöhte französische Wehrpflicht nicht wieder umgestoßen werde, war das Hauptthema des Gesprächs die gegenseitige Bündnistreue nicht nur im Hinblick auf diplomatische Unterstützungen, sondern auch auf die Bereitschaft zu militärischen Aktionen.[1413]

Dass sich Russland bereits seit Mai im Geheimen auf einen großen Krieg vorbereitet hatte, wurde bereits an einigen Stellen erwähnt. Am 20. Juli erfolgte eine wichtige Ergänzung der russischen Kriegsvorbereitungen durch die Einberufung von Reservisten bei den russischen Grenzkorps und die Konzentrierung der großen Kavalleriekorps.[1414]

Parallel zu den französisch-russischen Gesprächen kabelte der französische Botschafter in Berlin Jules Cambon nach Paris, Österreich werde aufgrund des Attentats in Sarajewo Schritte in Belgrad unternehmen, die das Deutsche Reich »mit seiner Autorität unterstützen wird«, woraus sich ergebe, dass Deutschland nicht als Vermittler aufzutreten gedenke.[1415] Und der britische Außenminister Grey betonte wieder einmal, diesmal gegenüber dem deutschen Botschafter in London Lichnowsky, dass es darauf ankomme, welche Form von Genugtuung Österreich verlangen werde, dass dies mit Mäßigung erfolgen und jedwede Forderung auf einer beweiskräftigen Grundlage stehen müsse. Auf diese Weise hoffe Grey, dass sich der Streit legen oder zumindest auf Österreich und Serbien begrenzen (lokalisieren) ließe.[1416] Indes machte der serbische Gesandte in Berlin darauf aufmerksam, Serbien würde »nur solche Forderungen, die gegen die Würde und Unabhängigkeit des serbischen Staates gingen, nicht erfüllen können.«[1417] Denselben Nonsens erklärte der russische Botschafter in Wien: Zwar seien österreichische Forderungen nach der Bestrafung der Mitschuldigen am Sarajewoer Attentat und nach der Auflösung revolutionärer Gesellschaften völlig legitim, dabei könnten aber Forderungen, die das Nationalgefühl der Serben demütigen würden, keinesfalls geduldet werden.[1418] Weil das serbische Nationalgefühl wohl durch nichts mehr gedemütigt worden wäre als durch die Auflösung seines Trägers und Sprachrohrs, nämlich der Narodna Odbrana, gab Russland wieder einmal eine unüberbrückbar widersprüchliche Doppelbotschaft der Superlative von sich. Da hätte der russische Botschafter gleich zu den Wienern sagen können: Eure Forderungen sind absolut korrekt, aber wenn ihr sie an Serbien richtet, überziehen wir euch mit Krieg!

Bereits am zweiten Tag des Staatsbesuchs, am 21. Juli, beherrschte das Thema Krieg sämtliche Gespräche, und zwar ein Krieg für den Fall eines österreichischen Angriffs auf Serbien mit deutscher Rückendeckung.[1419] Umso mehr erfreute sich Zar Nikolaus II. darüber, dass Edward Grey die Verhandlungen über die britisch-russische Marinekonvention nicht scheitern lasse, obwohl man in Berlin bereits davon Wind bekommen hatte. Was das französisch-russische Verhältnis betrifft, hob der Zar gegenüber Poincaré hervor, unter den gegenwärtigen Umständen sei das »vollständige Bündnis zwischen unseren beiden Regierungen notwendiger als je zuvor.« Zentrales Thema waren sodann die vermeintlichen »Provokationen von Seiten Österreichs« respektive die bereits erwartete österreichische Demarche an Serbien. Der im Raum stehenden Frage, ob ein österreichisch-ungarisches Ultimatum einen kontinentaleuropäischen Krieg zur Folge haben werde, führte der französische Präsident im Rahmen des offiziellen Empfangs mehrerer Botschafter, darunter auch der k. u. k. Gesandte Friedrich von Szápáry, einer verschlüsselten Antwort zu: Poincaré nahm auf zwei frühere, kläglich gescheiterte Untersuchungen der Donaumonarchie gegen Serbien (die Affären Friedjung und Prochaska) Bezug, die zum Teil auf gefälschten Dokumenten beruhten. In spöttischem Ton gab Poincaré zu verstehen, dass er den österreichischen Erhebungen im (überhaupt nicht vergleichbaren) Fall der Ermordung des k. u. k. Thronfolgers schon im Vorhinein, das heißt ohne das Erhebungsergebnis überhaupt gelesen zu haben, jegliche Seriosität absprach. Da Poincaré folglich jedwede Forderung gegenüber Serbien für illegal hielt, werde Frankreich niemals akzeptieren, »dass die serbische Regierung für die Morde in irgendeiner Form Verantwortung trage.«[1420] Man könne eine Regierung nicht für die Verbrechen einzelner Täter verantwortlich machen.[1421]

Serbien habe Freunde, die es nicht im Stich lassen würden.[1422] Des Weiteren suggerierte das französische Staatsoberhaupt, Österreich suche nur einen Vorwand, um gegen Serbien vorgehen zu können, wodurch »eine für den Frieden gefährliche Situation entstehen würde.« In diesem Zusammenhang äußerte Raymond Poincaré, dem sein kämpferischer Einfluss in Russland offenbar zu Kopf gestiegen war, den Wunsch, die österreichische Untersuchung solle »nicht zu Ergebnissen führen, die zu Beunruhigen Anlass geben.« Das gesamte Statement des französischen Präsidenten wurde vom k. u. k. Botschafter zu Recht als Drohung gegen die Donaumonarchie aufgefasst.[1423] Schließlich hängte Poincaré eine weitere verschlüsselte Drohung an, die von Paléologue wie folgt überliefert wird:

> *Serbien hat sehr warme Anhänger im russischen Volke. Und Russland hat einen Bundesgenossen, Frankreich. Was können sich da für Entwicklungen ergeben!*[1424]

Während ein französischer Oberst im Nebenzimmer vor einigen weiteren Gästen einen Trinkspruch »auf den nächsten Krieg und den sicheren Sieg« vom Stapel ließ, erklärte der russische Außenminister den aktuellen Zeitpunkt nicht aus friedliebenden, sondern aus strategischen Gründen für ungünstig, denn »unsere Bauern sind noch ganz mit der Arbeit auf den Feldern beschäftigt.« Da Poincaré den russischen Außenminister für wankelmütig hielt, schwor er seinen wichtigsten Mann in Russland, also Paléologue, darauf ein, sie beide »müssen Sasonow vor den finsteren Plänen Österreichs warnen, ihn ermuntern, standhaft zu bleiben, und ihm unsere Unterstützung zusagen.« René Viviani, der als überzeugter Pazifist wirklich um den Frieden besorgte sozialdemokratische Regierungschef der französischen Republik, wurde zunehmend trauriger. Ihm schlug die »immer aggressiver werdende kriegerische Stimmung bei den französisch-russischen Zusammenkünften« ganz offensichtlich auf den Magen: Mit der Begründung, er leide unter einer Leberkolik, zog sich Viviani vorzeitig zurück.[1425] Sasonow, offenbar von Poincaré und Paléologue infiziert, kam hingegen voll in Fahrt. Dem deutschen Botschafter Pourtalès drohte er indirekt mit einem großen europäischen Krieg. Nachdem Sergej Sasonow den stets um den Frieden in Europa kämpfenden Thronfolger Franz Ferdinand zu Unrecht als Hauptprotagonist der österreichischen Kriegspartei bezeichnet und sein eigenes Lügenkonstrukt dergestalt weitergesponnen hatte, dass die Donaumonarchie aktuell den Frieden störe und nicht davor zurückschrecke, anlässlich der Ermordung des

Thronfolgers einen Weltenbrand zu verursachen, drohte er damit, dass Österreich mit Europa rechnen müsse. Russland würde einem österreichischen Schritt in Belgrad, »der auf eine Erniedrigung Serbiens absehe, nicht gleichgültig zusehen können.« Von einem Ultimatum dürfe nicht die Rede sein, wobei nicht nur militärische Maßnahmen, sondern bereits »eine drohende Sprache« nicht zu dulden seien.[1426]

Sehr wahrscheinlich ist, dass die serbische Regierung von Anfang an zeitnah (telegraphisch) über den Inhalt der französisch-russischen Kriegsgespräche auf dem Laufenden gehalten und dadurch in ihrem verbrecherischen großserbischen Größenwahn bestärkt wurde. Am 21. Juli berichtete k. u. k. Botschafter Baron von Giesl dahingehend über die Stimmung in Belgrad, dass die dortige Politik nach wie vor »auf die Abtrennung der südslawischen Provinzen [Bosnien und Herzegowina] und in weiterer Folge auf die Vernichtung der [k. u. k.] Monarchie als Großmacht aufgebaut ist und nur dieses Ziel kennt.« Es sei eine Vertiefung des serbischen Hasses auf die Donaumonarchie zu beobachten, wobei das Attentat von Sarajewo vom 28. Juni »den bevorstehenden Zerfall der habsburgischen Staaten [...] als in kürzester Zeit zu erwarten« propagiert werde. Der Donaumonarchie werde von Serbien die Kompetenz »zu jeder energischen Aktion« aberkannt.[1427] Premier Pašić ging sogar so weit, dass er sich für den Fall, dass Österreich mit Serbiens »Würde« unvereinbare Forderungen stellen würde, zu jedem Widerstand bereit erklärte, wobei er nicht nur auf die »Stärke der serbischen Armee«, sondern auch auf das vereinigte Wirken aller Slawen der Donaumonarchie zählte, das den Schlag gegen Serbien unwirksam machen sollte. Nikola Pašić, der als wissender Dulder der Ermordung des österreichischen Thronfolgers Mittäter war, stand also seinen eigenen Angaben zufolge auch voll und ganz hinter den großserbischen Zielen des Attentats von Sarajewo: Irredentismus, Revolution, Krieg in und gegen Österreich-Ungarn.

Österreich hingegen stellte am 21. Juli erneut seinen guten Willen unter Beweis. Nachdem die italienische Regierung in ihrer üblichen Ignoranz von der Donaumonarchie Mäßigung und eine Einschränkung der Forderungen gegen Serbien auf das Sarajewoer Attentat beziehungsweise ein nur geringfügiges Abstellen auf sonstige großserbische Agitationen verlangt hatte, erklärte Österreich in seinem emsigen Streben nach Lokalisierung, dass der Zweck des Ultimatums keinesfalls die Annexion serbischer Gebiete sei. Österreich fordere lediglich ein Mitspracherecht, das ihm die Möglichkeit zur Schaffung einer klaren Situation und die Mitwirkung bei der gründlichen Säuberung Serbiens biete. Nur im Falle der Ablehnung des Ultimatums käme es zum Waffengang.[1428] Italien wusste demnach ebenso wie die Entente-Mächte frühzeitig und exakt über das beabsichtigte Vorgehen Österreich-Ungarns Bescheid, in dem kein Platz für einen Eroberungskrieg war. Am selben Tag, wir schreiben noch immer den 21. Juli, kabelte der französische Botschafter in Berlin Jules Cambon an den für Viviani während dessen Russlandreise interimistisch als französischer Premier eingesprungenen Jean-Baptiste Bienvenu-Martin (1847 bis 1943) die unverschämte Lüge, es seien »die ersten vorläufigen Warnungen für die Mobilmachung in Deutschland erlassen worden.«[1429]

Am 22. Juli erhielt der britische Außenminister Grey in Form eines Briefs des britischen Botschafters in Rom Rennell Rodd (1858 bis 1941) das Vorwissen vermittelt, Österreich habe eine sehr scharfe Note an Serbien verfasst, mit deren Ablehnung zu rechnen sei, weil Serbien, »dem manches zu Kopf gestiegen ist«, sich »der Unterstützung Russlands sicher fühlt.« Die unveränderte Haltung der serbischen Regierung Pašić passe in dieses Bild. Weil Österreich nur »eine unterwürfige Antwort Serbiens annehmen kann, wenn es sein Ansehen nicht gänzlich einbüßen will«, sei die einzige Hoffnung auf eine friedliche Lösung, »dass Russland in Belgrad zur Vorsicht mahne.« Man sei sich aber keineswegs sicher, dass dies auch geschehen würde.[1430] Dass man gut daran tat, nicht an diese Option zu glauben, offenbart die aggressive Reaktion des russischen Botschafters in Belgrad auf Baron von Giesls Versicherung, Österreich werde korrekt und gerecht handeln und sich dabei lediglich auf das Ergebnis der Untersuchung in Sarajewo stützen. Der russische Geschäftsträger antwortete:

Man weiß, wann und wie ein Krieg beginnt, aber nie, wo er aufhört.[1431]

Dass der »Krieg noch vor Schluss dieses Monats ausbrechen wird«, also noch vor dem 31. Juli 1914, und dass man deshalb heilige Tage durchlebe, posaunten die beiden Töchter König Nikolas' von Montenegro im Zuge des Festessens beim Kommandanten der zaristischen Garde Großfürst Nikolai Nikolajewitsch vom 22. Juli in ekstatischer Vorfreude hinaus. Poincaré und Paléologue waren bei dieser Kundmachung zugegen, und sie hörten auch zu, als Anastasia, eine der beiden Töchter des montenegrinischen Königs, diesen als Quelle der Kriegsankündigung nannte. Ihr Vater habe ihr diese erfreuliche Botschaft telegrafiert. Anastasia war die Frau des Großfürsten Nikolajewitsch, der wiederum als überzeugter, von Hass gegen Österreich geprägter Panslawist und als erster Vetter des Zaren jede Gelegenheit nutzte, Nikolaus II. am intensivsten von allen zu bedrängen,[1432] »militärisch in Serbiens Namen zu intervenieren, falls Österreich Belgrad ›unannehmbare Forderungen vorlegen sollte‹.«[1433] Hier ist auch interessant, dass Montenegro bekanntlich auf Betreiben Russlands den neuen Balkanbund mit Serbien schließen wollte. Am selben Tag unterhielt sich der französische Präsident mit dem serbischen Gesandten Miroslav Spalajković (1869 bis 1951), der auf die schlechte Lage Serbiens hinwies, worauf Raymond Poincaré versprach: »Wir werden Ihnen helfen, sie zu verbessern.«[1434]

Als Sergej Sasonow wieder einmal eindringlich auf die Notwendigkeit der österreichischen Mäßigung und der Achtung der »Würde« Serbiens hinwies,[1435] bläute ihm der russische Botschafter in London Benckendorff noch einmal den Zweck der ganzen russischen Warnerei ein: »Von unserem Standpunkt aus ist zu sagen, dass, wenn das Verhängnis einen Krieg herbeiführen sollte, unsere Situation umso besser und die Österreichs, vielleicht sogar in Berlin, umso schlechter sein wird, je ostentativer, handgreiflicher und realer wir auf seine Vermeidung hingewirkt haben.«[1436] Zur Erinnerung: Sasonow war mit an Sicherheit grenzender Wahrscheinlichkeit an der Erteilung des russischen Blankoschecks für Serbien hinsichtlich der Ausführung des Sarajewoer Attentats beteiligt. Außerdem hatten er und Grey, wie ebenfalls schon gezeigt wurde, absolutes Bedrohungsbewusstsein gegenüber dem Deutschen Reich. Und das vorhin zitierte Dokument aus der Feder des russischen Gesandten in London belegt, dass sämtliche russische Warnungen zur Achtung der serbischen »Würde« Teil einer gezielten Show-Aktion waren. Sasonow hatte ja selbst gesagt, dass Russland nichts an Serbien, aber alles an der Hegemonie auf dem Balkan lag.

Ebenfalls am 22. Juli telegraphierte Paris an die Botschafter in St. Petersburg, London und Wien, der italienische Außenminister Marquis di San Giuliano werde sich in Österreich dafür einsetzen, dass es nur durchführbare Forderungen an Serbien stelle und nicht auf eine Untersuchung über die Ursachen des Attentats von Sarajewo dränge.[1437] Und der britische Gesandte in St. Petersburg befeuerte die unverschämte Haltung Serbiens, indem er den serbischen Gesandten darauf hinwies, »dass, wenn Serbien in seiner gegenwärtigen korrekten Haltung verharre, Österreich unmöglich einen Vorwand für einen Angriff auf Serbien finden könne.«[1438] Rodd, der britische Geschäftsträger in Rom, meldete hingegen den Eindruck des italienischen Außenministers an Edward Grey, Österreich werde absichtlich »unannehmbare Forderungen« an Serbien richten, weil es fest entschlossen sei, »die Gelegenheit zu ergreifen, um Serbien zu erdrücken.« In Belgrad herrsche jedoch eine »gefährliche Stimmung der Gereiztheit und des Selbstvertrauens«, die von der Erwartung getragen werde, dass Serbien von Russland unterstützt werde.[1439] Unverschämter und bigotter konnten die ententischen und italienischen Kriegstreiber wohl kaum vorgehen. In Österreich erhöhten sie den unannehmbaren Druck zur Mäßigung, während sie Serbien wider besseren (falschen) Wissens in Sicherheit wogen, sodass es unausweichlich zur Ablehnung des Ultimatums und damit zum Krieg kommen musste.

Das hat demnach in London, St. Petersburg und Paris festgestanden, bevor das österreichische Ultimatum überhaupt fertig konzipiert war. Dessen endgültiger Text wurde von Kaiser Franz Joseph I. erst am 22. Juli genehmigt.[1440] An diesem Tag urteilte übrigens der deutsche Admiralstab, spät aber dennoch, dass im Falle einer möglichen Kriegserklärung Großbritanniens und eines damit verbundenen Überfalls der Royal Navy auf die numerisch unterlegene deutsche Flotte diese umgehend zurückzurufen sei.[1441] Es sei daran erinnert, dass die deutsche Flotte bis zum tatsächlichen Kriegsbeginn keinerlei Gegenmaßnahmen einleitete, obwohl die britische Flotte bereits ab 16. Juli unter Vorspiegelung falscher Tatsachen (Flottenschau) allzeit im kriegsbereiten Zustand vor Portsmouth (Spithead) lag. Ähnlich raffiniert ging der britische Außenminister bei der Vergrößerung der Kluft zwischen den Mittelmächten und Russland vor.

Britische Pseudovermittlung

Mit dem Ass der mobilisierten Royal Navy im Ärmel begann Edward Grey als Vertreter der Weltmacht Großbritannien damit, sein gezinktes Spiel als Pseudovermittler zwischen Österreich und Russland abzuziehen. Nachdem die Donaumonarchie am 23. Juli noch einmal intern abgeklärt hatte, dass eine nachträgliche Annahme des Ultimatums durch Serbien sogar während einer bereits laufenden österreichischen Mobilisierung gegen Kostenersatz möglich wäre, erklärte sie London unmittelbar vor der Aushändigung des Ultimatums an die serbische Regierung, dass Wien nicht zuletzt aufgrund der »serbischen Verschleppungskünste« zum konsequenten Handeln gezwungen sei: »Wir können die Forderungen, deren Erfüllung wir von Serbien verlangen und die eigentlich im Verkehr zweier Staaten, die in Friede und Freundschaft leben sollten, nur Selbstverständliches enthalten, nicht zum Gegenstand von Verhandlungen und Kompromissen machen, und können, mit Rücksicht auf unsere volkswirtschaftlichen Interessen, nicht riskieren, eine Methode zu akzeptieren, die es Serbien freistellen würde, die entstandene Krise nach seinem Belieben zu verlängern.«[1442] Die österreichische Message war deutlich und unmissverständlich.

Doch obwohl die unschlagbar langmütige k. u. k. Regierung wieder einmal klipp und klar dargelegt hatte, dass und warum sie auf die bedingungslose Annahme des noch nicht einmal übergebenen Ultimatums bestehen musste, gab der im Hinblick auf Österreich völlig ignorante britische Außenminister Sir Edward Grey gegenüber den Deutschen vor, er sei bestrebt, »in Petersburg im Sinne des österreichischen

Standpunkts zu wirken«,[1443] während er in Wahrheit auf den russischen Außenminister Sasonow dahingehend einredete, »die russische Regierung könnte sich dann [nach Gesprächen über die österreichischen Beschwerden über Serbien] vielleicht in der Lage sehen, die österreichischen Forderungen in vernünftigen Grenzen zu halten.«[1444] Während sich also Berlin und mit ihm Wien auf Greys »Vermittlung« im österreichischen Sinne verlassen sollte, drängte der britische Außenminister St. Petersburg zu nutzlosen, weil aussichtslosen Interventionen in Wien statt in Belgrad. Dies erfolgte entgegen der Bemerkung Greys eigenem Botschafter in Rom (Rodd), eine russische Intervention in Belgrad sei die einzige Hoffnung auf eine friedliche Lösung. Dass Edward Grey den großen europäischen Krieg wollte, sein Ziel aber geschickt verschleierte, daran kann kein Zweifel bestehen. Verlogene Schauspiele wie dieses zog Edward Grey nämlich konsequent bis zum Ende der Juli-Krise durch, wobei er das erste der eigentlichen sieben Angebote zur vermeintlichen Vermittlung zwischen Österreich-Ungarn und Russland unmittelbar nach der Überreichung des österreichischen Ultimatums an die serbische Regierung artikulierte.

Der Ablehnung dieser Note ging, was seltsamerweise bei einigen Historikern unerwähnt bleibt, nach der britischen auch die russische und die serbische Mobilmachung voraus. Da die diplomatische Hinhaltetaktik der Entente bereits genügend dargestellt wurde, werden die Scheinverhandlungen und andere Belange ab dem 23. Juli in verkürzter Form behandelt. Der Fokus liegt ab nun auf der Abfolge der Mobilmachungen. Besonderes Augenmerk wird der russischen Mobilisierung gewidmet, weil sie das solide Fundament beider Kriegsfallen war.

Russische Mobilmachung

Am 23. Juli, dem letzten Tag der französischen Abordnung in St. Petersburg, wurde für den französischen Präsidenten im Zuge einer großen Parade von rund 70.000 russischen Soldaten der eindeutig dem patriotischen Revanchismus zuordenbare Marche Lorraine (Lothringer Marsch) gespielt. Dass die angetretenen Mannschaften nicht die für Staatsbesuche üblichen Galauniformen, sondern ihre khakifarbene Kampfanzüge trugen, bewertete der französische Attaché Graf Louis de Robin als weiteres Indiz für »eine allgemeine Kriegsbereitschaft.«[1445] Frankreichs Präsident sprach einen Toast auf das unlösliche Bündnis zwischen Frankreich und Russland aus und betonte das Erfordernis eines stets verabredeten gemeinsamen diplomatischen Vorgehens. Er trank »auf den Ruhm des russisches Reiches.«[1446] Der Zar versicherte treue Freundschaft zu Frankreich, die Sympathie ganz Russlands für die Grande Nation und das von Poincaré gewünschte »gemeinsame Vorgehen unserer beiden Diplomaten.« Das Glas erhob Nikolaus II. »auf den Ruhm und das Gedeihen Frankreichs.«[1447] Offenbar beim selben Dinner verkündete der Botschaftsrat der italienischen Gesandtschaft um 21 Uhr, also etwa 15 Stunden vor Eintreffen der österreichischen Zirkularnoten in Italien und den anderen Mächten, dass »Österreich-Ungarn an diesem Tage Serbien ein völlig unannehmbares Ultimatum habe überreichen sollen.«[1448] In diesem eindeutigen Kontext wurde im Zuge der St. Petersburger Kriegsgespräche zwischen Frankreich und Russland vereinbart, dass es insbesondere die Erfüllung der österreichischen Forderung nach Aufklärung der Hintergründe des Attentats auf den k. u. k. Thronfolger zu vereiteln gelte.

Dies ist jenem britischen Schlüsseldokument zu entnehmen, mit dem der Botschafter in St. Petersburg George Buchanan unter dem Vermerk »dringend« dem englischen Außenminister Grey über ein vertrauliches Gespräch mit dem russischen Außenminister Sasonow und dem französischen Botschafter in St. Petersburg Paléologue berichtet. Sasonow und Paléologue schilderten ihrem Cliquen-Bruder George Buchanan die Ergebnisse des Besuchs des französischen Präsidenten in Russland: erstens vollkommene Gleichschaltung der Ansichten im Hinblick auf das europäische Kräftegleichgewicht vor allem im Osten, zweitens Verfolgung von Schritten in Wien zur Verhinderung eines Verlangens nach Aufklärung oder nach irgendwelchen anderen Aufforderungen, »die einer Einmischung in die inneren Angelegenheiten Serbiens gleichkämen [...]« und drittens Bekräftigung der Erfüllung der gegenseitigen Verpflichtungen. Sasonow war überzeugt, dass Russland auf jeden Fall mobilmachen werde. Frankreich und Russland seien selbst dann zu einer festen Haltung entschlossen, falls sich Großbritannien nicht anschließen würde.[1449]

Unter diese Demarche schrieb der britische Diplomat Eyre A. Crowe (1864 bis 1925), ein weiteres Mitglied der anglo-amerikanischen Globalisierungsclique, führender Experte für das Deutsche Reich im britischen Außenamt und Mentor von Edward Grey,[1450] am 25. Juli einige Vermerke respektive ein Memorandum über die geostrategischen Beweggründe Großbritanniens für den Kriegseintritt auf Seiten der Entente. Die Kernaussage lautet: Würden die Mittelmächte siegen, wäre die französische Flotte vernichtet und der Ärmelkanal in deutscher Hand. Da sich eine politische Vorherrschaft Deutschlands in Europa nicht mit den britischen Zielen vereinbaren ließe, seien in diesem Kampf »unsere Interessen mit denen Frankreichs und Russlands verknüpft.« Besonderes Augenmerk ist auf Crowes abschließende

Empfehlung zu richten, der zufolge Großbritannien »**jetzt** [Hervorhebung durch Crowe] beschließen« sollte, »die Flotte zu mobilisieren, sobald irgendeine Großmacht mobilisiert, und wir sollten diesen Entschluss unverzüglich der französischen und russischen Regierung bekanntgeben.«[1451] Noch am selben Tag fragte der französische Botschafter den britischen Gesandten in St. Petersburg George Buchanan im Beisein des russischen Außenministers Sasonow, ob die Royal Navy bereit sei, ihre Verpflichtungen aus dem britisch-französischen Flottenabkommen zu erfüllen. Allen Beteiligten war klar, dass damit die für den Kriegsfall vereinbarte Sicherung des Ärmelkanals und der französischen Atlantikküste durch die britische Kriegsmarine gemeint war. Daraufhin übte sich Sasonow meisterlich in der Verdrehung der Fakten, indem er Österreich andichtete, dessen Vorgehen gegen Serbien sei in Wahrheit gegen Russland gerichtet. Österreich wolle »seine eigene Hegemonie« auf dem Balkan aufrichten. Aus seiner eigenen pervertierten Sichtweise leitete Sasonow ab, dass Russland nicht zulassen könne, »dass Österreich Serbien erdrücke und vorherrschende Macht auf dem Balkan werde, und Russland würde, des französischen Beistandes sicher, alle Gefahren des Krieges auf sich nehmen.« Aus Sasonows Ausführungen leitete George Buchanan ab, dass Großbritannien zu wählen habe, »ob wir Russland aktiv unterstützen oder auf seine Freundschaft verzichten wollen. Wenn wir es jetzt im Stich lassen, können wir nicht hoffen, jenes freundschaftliche Zusammengehen mit ihm in Asien fortzusetzen, das von solch vitaler Bedeutung für uns ist.«[1452] Diesem Behufe diente also die bereits erwähnte offiziell am 26. Juli verlautbarte »Vorbereitung« der Mobilmachung der ohnehin seit 16. Juli kriegsbereit vor Spithead liegenden Royal Navy: Frankreich und Russland sollte Großbritanniens aktives Einschreiten auf Seiten seiner Bündnispartner im Falle des großen Kriegs gegen das Deutsche Reich anschaulich demonstriert werden.

Vor der Abreise des französischen Präsidenten Raymond Poincaré und des ob der aggressiven Kriegsgespräche in St. Petersburg völlig zusammengebrochenen französischen Regierungschefs René Viviani wurde festgelegt, dass einem österreichischen Angriff auf Serbien ein großer Krieg folgen werde. Der deutsche Historiker Sönke Neitzel resümiert über dieses Faktum mit einem zwar verständlichen, aber dennoch grundlegend falschen Kommentar: »Niemand in Paris oder in St. Petersburg fragte sich: ›Führen unsere Aktionen vielleicht genau zum Gegenteil, nämlich dass sich die Deutschen in die Ecke gedrängt fühlen und dann vielleicht angreifen.«[1453] Sönke Neitzel liegt falsch, weil genau das unwiderlegbar das Ziel der Entente war. Wie bereits in den Kapiteln über den Schlieffen-Plan und die Errichtung der Kriegsfalle Belgien gezeigt, sahen die militärstrategischen Planungen der Entente die Nötigung des

Deutschen Reiches durch die verfrühte Mobilisierung der russischen Dampfwalze im Osten zum Angriff im Westen gegen die vorsorglich präparierte vermeintliche Lücke in der französischen Abwehrfront vor, die jedoch massiv von britischen Landungstruppen gestopft werden sollte, während Frankreich und Russland tief in deutsches Territorium vordrängen. Poincarés Besuch diente, wie einige diplomatische Dokumente schwarz auf weiß belegen, allein der Aktivierung der russischen Dampfwalze. Bereits einen Tag nach Poincarés Abreise, am 24. Juli, wurde zum einen im Pariser Ministerrat die Möglichkeit eines Kriegs ins Auge gefasst[1454] und zum anderen die russische Mobilmachung auch offiziell in die Wege geleitet. Dies hing unmittelbar mit dem österreichischen Ultimatum gegen Serbien zusammen.

Übergabe des Ultimatums

Knapp drei Stunden vor dem eben erwähnten Ausspruch des italienischen Botschaftsrats über die angebliche Unannehmbarkeit des österreichischen Ultimatums, also am 23. Juli um etwa 18 Uhr, wurde selbiges auftragsgemäß von Baron von Giesl dem interimistischen serbischen Ministerpräsidenten Lazar Paču (1855 bis 1915) mit der Antwortfrist 25. Juli 1914, 18 Uhr überreicht. Giesl fügte hinzu, dass er, sollte er bis dahin keine oder eine ungenügende Antwort erhalten, Belgrad umgehend mit dem Gesandtschaftspersonal verlassen müsse.[1455] Der Text des Ultimatums wurde zudem den Regierungen Großbritanniens, Russlands, Frankreichs, des Osmanischen Reiches und Deutschlands inklusive den erwähnten Zirkularnoten am Vormittag des 24. Juli übermittelt.[1456] Spätestens zu diesem Zeitpunkt wussten daher alle europäischen Großmächte, dass Österreich auf Grundlage einer stichhaltigen juristischen Untersuchung sein Recht auf Notwehr nur dann mit militärischen Mitteln durchsetzen würde, wenn Serbien die bedingungslose Annahme des harten, aber annehmbaren Ultimatums verweigern sollte.
Mit der Übergabe des Ultimatums wurde die Juli-Krise auch offiziell zu einer internationalen Angelegenheit.

In Belgrad schlug das Ultimatum planmäßig weit heftiger als jene Bombe ein, die Nedjelko Čabrinović am 28. Juni in Sarajewo auf den Wagen des österreichischen Thronfolgers geworfen hatte. Kurz nach der ersten Sichtung der Demarche, das heißt noch am Abend des 23. Juli, ersuchte Strandtmann, der russische Botschafter in Belgrad, seinen Vorgesetzten, den russischen Außenminister Sergej Sasonow, um dringende Instruktionen im Hinblick auf die von Lazar Paču vorgetragene Bitte der serbischen Regierung »um den Schutz Russlands.« Die serbische Regierung, so Paču, könne nicht auf die gestellten Forderungen eingehen.[1457] Dass die Regierung Serbiens sehr wohl auf die Forderungen der Österreicher eingehen konnte, aber nur nicht wollte, beweist nachfolgendes Schlüsseldokument.

Mit Telegramm Nummer 215 vom 24. Juli 1914 (Int. Bez. I, 5, 379) übermittelte der russische Gesandte in Belgrad ein persönliches Telegramm des serbischen Prinzregenten Alexander I. Karađorđević an Zar Nikolaus II. Darin erklärt der Sohn König Petars I. zuerst die österreichischen Forderungen gemäß der ententischen Sprachregelung generell für »unvereinbar mit der Würde Serbiens als eines unabhängigen Staates und unnötig demütigend«, unmittelbar danach hebt er aber jene Forderungen (5. und 6.) hervor, denen zufolge »österreichisch-ungarische Beamte nach Serbien kommen sollen, sowohl um mit uns zusammenzuarbeiten [sic!], wie um die Durchführung der anderen in der Note angegebenen Maßregeln zu überwachen.« Der regierende Kronprinz hatte demnach verstanden, dass es um keine Überordnung, sondern um eine Einbindung von k. u. k. Organen, also um eine Kooperation ging. Nun kommt der vermutlich wichtigste Satz der gesamten Juli-Krise:

Wir sind geneigt, von den österreichisch-ungarischen Bedingungen diejenigen anzunehmen, die vereinbar sind mit der Position eines unabhängigen Staates und diejenigen, deren Annahme Eure Majestät nach Kenntnisnahme uns anraten würden.[1458]

Serbien hätte folglich **alle** Forderungen angenommen, wenn dies die Empfehlung des Zaren gewesen wäre. Annika Mombauer kommt zum selben Ergebnis: »Hätte also Petersburg den Rat gegeben, das Ultimatum im Ganzen zu akzeptieren, so wäre die Regierung in Belgrad diesem Rat gefolgt, denn auf sich allein gestellt, konnte Serbien im Sommer 1914 gegen Österreich-Ungarn unmöglich einen Krieg führen, geschweige denn gewinnen.« Außerdem stellt Mombauer fest, dass es in Belgrad wegen der (angeblichen) Unsicherheit des russischen Beistands durchwegs auch Stimmen gab, »die eine Annahme der Bedingungen befürworteten, um einen Krieg unter allen Umständen zu vermeiden.«[1459] Entgegen ihren eigenen Ausführungen bezeichnet die deutsche Historikerin jedoch besagtes Ultimatum als unannehmbar,[1460] obwohl es, wie bereits gezeigt, nachweislich sowohl objektiv als auch subjektiv annehmbar war. In diesem Sinne billigte sogar der Papst »ein scharfes Vorgehen Österreichs gegen Serbien.« Und der Kardinalssekretär stellte darüber hinaus die berechtigte Frage, wann Österreich denn sonst Krieg führen sollte, wenn nicht jetzt, wo eine ausländische Agitation zur Ermordung des Thronfolgers geführt hatte und zudem »Österreichs Existenz gefährdet« war.[1461]

Dass sich dessen auch die serbische Staatsführung bewusst war, dass also Österreich in Notwehr gegen die großserbische Agitation vorging und folglich die objektive und subjektive Annehmbarkeit des Ultimatums gegeben waren, verrät nicht zuletzt jener Passus, in dem Prinzregent Alexander I. den Zaren darauf hinweist, dass einige Bedingungen (wohl Nr. 5. und 6.) »eine Abänderung unserer Gesetzgebung verlangen, und für diese Abänderung benötigen wir Zeit.« Da Serbien für die Ermordung des österreichischen Thronfolgers und allerlei Wühlarbeit in der Donaumonarchie verantwortlich zeichnete, wäre die von Alexander beschriebene Änderung der serbischen Rechtslage eine im Verhältnis sehr einfache Übung und daher zweifellos zumutbar gewesen. Obwohl ihm die Annehmbarkeit einleuchtete, drückte der serbische Kronprinz auf die Tränendrüse, indem er Nikolaus II. im Namen der serbischen Regierung anflehte: »Wir können uns nicht verteidigen; deshalb bitten wir Eure Majestät, uns so schnell wie möglich Ihre Hilfe zu leihen.« Wie in einem billigen Schundroman wimmerte Alexander I., der vom russischen Militärattaché Artamanov schon im Vorfeld über die Mordpläne gegen Franz Ferdinand ins terroristische Gesamtbild gesetzt worden war, er mache sich jetzt »zum Dolmetscher der Gefühle des serbischen Volkes, das in diesen schweren Augenblicken Eure Majestät bittet, gnädigst für die Geschicke Serbiens einzutreten.«[1462] Surrealen serbischen Emotionen sollte also der Vorrang vor dem juristisch nachgewiesenen österreichischen Notwehrrecht eingeräumt werden. Serbien wollte den Krieg demnach nicht vermeiden. Serbien wollte den Krieg unbedingt haben. Und dafür brauchte es die Hilfe Russlands.

Russland ließ sich nicht lange bitten, bereitete es sich doch schon längst heimlich auf den von Artamanov, Hartwig, Dimitrijević und Konsorten geplanten großen europäischen Schießkrieg vor. Mit zwei Briefen und einem Telegramm aus St. Petersburg wurde dem serbischen Prinzregenten verdeutlicht, dass Serbien, wenn es seine Ideale erreichen wolle, allen Befehlen Russlands gehorchen müsse. In der Depesche wurde Serbien schließlich die Weisung erteilt, »dass es das Ultimatum Österreich-Ungarns zurückweise, da Russland bereit sei, Serbien mit den Waffen beizustehen.«[1463] Etwas vorsichtiger, aber doch ganz klar in diesem Sinne kündigte ein weiteres Telegramm aus Russland vom 24. Juli an, »dass eine kühne Entscheidung unmittelbar bevorstehe.«[1464] Die kühne Entscheidung war der Entschluss zum großen Krieg, darüber herrschte im russischen Establishment Einigkeit. Noch am 24. Juli rief der russische Gesandte in Wien im Hinblick auf das Ultimatum aus: »Alors c'est la guerre!« – »Dann gibt es Krieg!«[1465] Der russische Geschäftsträger in London erklärte, Österreich wolle den Krieg.[1466] Und die spontane und daher authentische Reaktion ihres Chefs in St. Petersburg (Sasonow) auf die umsichtige österreichische Zirkularnote lautete gemäß offizieller Tagesaufzeichnung des russischen Außenministeriums:

> *C'est la guerre européenne!*
> *Das ist der europäische Krieg!*[1467]

Weil Sasonow seine eigene Schuld am bevorstehenden Großkrieg abwälzen wollte, warf er dem verdatterten Geschäftsträger aus Österreich-Ungarn vor, die Donaumonarchie beweise mit dem unannehmbaren Ultimatum, an dem er interessanterweise nicht den Inhalt, sondern ausdrücklich nur die Form kritisierte, dass sie unbedingt gegen Serbien in den Krieg ziehen wolle. Auf ein Untersuchungsergebnis sei der russische Außenminister überhaupt nicht (mehr) gespannt, weil Österreich nun die Brücken hinter sich abgebrochen habe.[1468] Was ihn also von vornherein nicht interessiert, was er entgegen den Fakten für unmöglich erklärt und was er zudem der Verhinderung ausgesetzt hatte, lastete Sasonow nun – typisch für einen Psychopathen im klinischen Sinne – der Donaumonarchie an: das Scheitern der Untersuchung der serbischen Hintergründe des Attentats auf Franz Ferdinand. An seine unhaltbare Behauptung, Österreich lege es unbedingt auf einen Krieg gegen Serbien an, knüpfte der russische Außenminister in nicht minder psychopathischer Manier den eigentlich auf ihn selbst zutreffenden Vorwurf:

> *Sie setzen Europa in Brand!*[1469]

Warum Europa brennen musste, sagte Sasonow freilich nicht. Denn sonst hätte er die unter der Leitung des CID in London seit 1906 top secret beschlossenen Kriegspläne und die darauf fußenden geheimen Kriegsvorbereitungen der Triple Entente erwähnen müssen. Russland war ja, wie bereits erwähnt, gegenüber Serbien weder rechtlich noch moralisch, sondern nur gegenüber Frankreich und Großbritannien verpflichtet. Worum es Sasonow wirklich ging, verriet er seinem französischen Cliquen-Kumpel Maurice Paléologue, dem französischen Botschafter in St. Petersburg: »Wir müssen das Wiener Kabinett sich ganz ins Unrecht setzen lassen.«[1470] Das bedeutete Provokation um jeden Preis: Provokation, Provokation, Provokation.

Im brüderlichen Einklang mit Sasonow stellte der entische Oberdrahtzieher der Juli-Krise, der britische Außenminister Edward Grey, die skurrile und verlogene

Behauptung auf, die österreichische Note sei das »furchtbarste Dokument«, das je ein Staat an einen anderen unabhängigen Staat gerichtet habe.[1471] Dass er wusste, wie Propaganda funktioniert, stellte Grey auch mit seiner Feststellung unter Beweis, ausgerechnet die (dort wenig beachtete) öffentliche Meinung in Russland könne die Regierung zum Krieg gegen Österreich zwingen. Schließlich mache der »Ton« der österreichischen Note den europäischen Krieg beinahe unvermeidlich.[1472]

Sasonow selbst gab aber implizit zu, dass der Frieden in Europa einzig und allein von Russland abhing: »Wenn Österreich-Ungarn Serbien verschlingt, werden wir mit ihm den Krieg führen.«[1473] Bis zum 24. Juli 1914 hatte die russische Regierung eine ganze Reihe heimlicher Kriegsvorbereitungen vornehmen lassen. Folgende Maßnahmen wurden bisher einzeln dargestellt:

- Mobilmachungsübungen ab 10. Mai
- Probemobilmachungen von 800.000 Mann ab 14. Mai
- Verlegung sibirischer Truppen in den Westen ab 7. Juli
- Konzentrierung großer Kavalleriekorps ab 20. Juli.
- Einberufung von Reservisten ab 20. Juli

Es sei daran erinnert, dass der russische Kriegsplan »Plan 19« nur eine Alles-oder-Nichts-Aufstellung kannte. Jede sogenannte teilweise Mobilmachung hatte also keinen in sich geschlossenen strategischen Zweck, sondern sollte einzig und allein zur vollständigen Mobilmachung der russischen Streitkräfte führen. Die möglichst lange Geheimhaltung der kriegsvorbereitenden Maßnahmen diente gemäß der Anordnung des russischen Generalstabs dazu, wertvolle Zeit für den eigenen Aufmarsch zu gewinnen. Mittels hinhaltender Einschläferungstaktik sollte der Feind dazu verleitet werden, sich an die irrige Hoffnung zu klammern, der Krieg könne noch verhindert werden. Wie Großbritannien veranstaltete also auch Russland eine große Show. Diesem Ablenkungsmanöver zur Gewährleistung einer streng geheimen Generalmobilmachung zu dienen, war die Hauptfunktion einer sogenannten Teilmobilmachung. Fazit: Jede der genannten Maßnahmen ab 10. Mai 1914 ermöglichte plangemäß eine nach außen sorgfältig getarnte **schleichende Gesamtmobilmachung.** Heimlich, intensiv und nachhaltig bereitete sich Russland auf den Ersten Weltkrieg vor, obwohl es von niemandem bedroht wurde und ihm auch keiner etwas anhaben wollte.

Geradezu lächerlich waren dagegen die einzigen erwähnenswerten militärischen Vorbereitungsmaßnahmen, die von der faktisch in seiner Existenz bedrohten Donaumonarchie ab 24. Juli getroffen wurden. In den frühen Morgenstunden verließen einige eher kleine und langsame Flusskampfschiffe der Donau-Flottille, sogenannte Monitoren,[1474] unbemerkt Wien, um sich in Richtung Semlin (Zemun) zu begeben,[1475] der Halbinsel an der Donau-Save-Mündung direkt gegenüber von Belgrad. Zu Kriegsbeginn verfügte die k. u. k. Donau-Flottille über sechs leicht gepanzerte Monitoren, die jeweils mit zwei Kanonen des verhältnismäßig kleinen Kalibers 12 Zentimeter sowie einem Paar 7-Zentimeter-Maschinenkanonen ausgestattet waren.[1476] Die auf ihrer Anfahrt nach Semlin nicht zu übersehenden Donau-Monitoren sollten zwar Serbien gewissermaßen den Ernst der Lage vor Augen führen, »doch weder in der Marinesektion noch bei der Flottille rechnete jemand ernsthaft mit einem Einlenken der Serben.«[1477] Bemerkenswert ist daher, dass sich Österreich-Ungarn auf eine kindisch anmutende Machtdemonstration ohne jeden strategischen Wert beschränkte. Denn mehr war die nur für den Fall des Kriegs vorgesehene Beschießung der ab 25. Juli von Regierung und Truppen geräumten serbischen Hauptstadt nicht. Wie noch zu zeigen ist, handelte es sich bei der erst am 29. Juli 1914 durchgeführten Aktion sogar um einen vorprogrammierten Reinfall, der das Scheitern der k. u. k. Streitkräfte im großen europäischen Krieg erahnen ließ, auf den die ententischen Drahtzieher seit einer geraumen Weile hingearbeitet hatten.

Dieser große Krieg wurde bereits am 24. Juli in der gesamten russischen Regierung fix beschlossen. Im Hinblick auf die gut dokumentierten Sitzungen des russischen Ministerrats vom 24. und 25. Juli 1914 gab der Chef des russischen Mobilmachungsstabs General Sergej Dobrorolski rückwirkend (1923) zu,

> *dass der Krieg bereits entschiedene Sache war, und die Flut von Telegrammen zwischen den Regierungen Russlands und des Deutschen Reiches waren nicht mehr als die Inszenierung eines historischen Schauspiels.*[1478]

Dies wird zum Beispiel vom US-Historiker Harry Elmer Barnes bestätigt. Unter explizitem Hinweis auf Dobrorolskis Werk *Die Mobilmachung der russischen Armee* betont Barnes die Wichtigkeit der Analyse der »bestimmten und stetigen russischen Kriegsvorbereitungen von dem Moment an, ab dem der Generalstab und die zivile Regierung von den Bedingungen des österreichischen Ultimatums gegen Serbien Kenntnis erlangten.«[1479] Die Feststellungen des russischen Generals und des US-amerikanischen Historikers decken sich punktgenau mit den amtlichen russischen Dokumenten.

Laut dem Sonderjournal des russischen Ministerrats vom 24. Juli[1480] war die Unannehmbarkeit der österreichischen Forderungen für den souveränen Staat Serbien festgestellt worden, bevor die Besprechung über eine Erklärung Sergej Sasonows zu fünf kriegsrelevanten Beschlüssen führte. Erstens sollten die Großmächte in Wien einen »gewissen Aufschub« für Serbiens Antwort auf das österreichische Ultimatum bewirken. Dass es sich dabei lediglich um die vom russischen Generalstab empfohlene Hinhaltetaktik zwecks Zeitgewinn für die eigene Mobilisierung handelte, ergibt sich bereits aus dem vorangestellten Beschluss, dass das Ultimatum unannehmbar sei. Die österreichische Untersuchung wollte man gar nicht nachprüfen, denn bereits im Zuge der französisch-russischen Kriegsgespräche zwischen 20. und 23. Juli war sogar die Verhinderung jeglicher weiterer Aufklärung beschlossen worden (siehe oben). Zweitens sollte der serbischen Regierung geraten werden, im Falle (Konjunktiv!) einer aussichtslosen Verteidigung mit eigenen Mitteln die Truppen der Donaumonarchie widerstandslos einmarschieren zu lassen. Der Zweck dieser vorerst defensiven Maßnahme war, wie weiteren russischen Dokumenten zu entnehmen ist, ein strategischer Rückzug[1481] respektive die Verlegung kampfbereiter Truppen in den Südosten Serbiens für den späteren Einsatz an der Seite der russischen Streitkräfte.[1482] Dass man in Russland hinsichtlich der Chancen Serbiens in einem Krieg gegen Österreich lediglich von der Möglichkeit der ungenügenden Verteidigungsfähigkeit der Serben sprach, offenbart, dass die extreme Schwäche der k. u. k. Streitkräfte in St. Petersburg kein Geheimnis war. Die erwähnte Aushändigung der österreichischen Aufmarschpläne durch den Verräter Oberst Redl respektive »Agent Nummer 25« zeigte also Wirkung.

Als dritter Punkt wurde die »Mobilmachung der vier Militärbezirke Kiew, Odessa, Moskau und Kasan, der Ostsee- und der Schwarzmeerflotte« insofern beschlossen, als dem Kriegs- und Marineminister anheimgestellt wurde, die Zustimmung des Zaren einzuholen. Viertens wurde es dem Kriegsminister überlassen, die unverzügliche Beschleunigung der Vorratsergänzung an Armeematerial sicherzustellen. Und fünftens wurde der Finanzminister ermächtigt, sofort das russische Finanzvermögen nicht nur in Österreich, sondern auch in Deutschland zu verringern.[1483] Den Russen war es ernst, denn noch am 24. Juli wurde der russischen Botschaft in Berlin die Weisung zur Auflösung aller russischen Guthaben in Deutschland und zum Transfer der in Berlin verbuchten Finanzmittel in Höhe von 100 Millionen Rubel erteilt.[1484] Besonders die gegen Deutschland gerichteten Maßnahmen wie die Mobilisierung der russischen Ostseeflotte und die Rückholung russischer Geldmittel aus dem deutschen Raum zu einer Zeit, als die Frist zur Beantwortung des österreichischen Ultimatums noch gar nicht abgelaufen war, zeigen, dass General Sergej Dobrorolski Recht hat, wenn er sagt, dass der große Krieg in St. Petersburg bereits feststand.

Im Anschluss an besagte Ministerratssitzung riet der russische Außenminister dem serbischen Gesandten »äußerste Mäßigung bezüglich der Antwort der serbischen Regierung auf die österreichische Note.«[1485] Dazu passend ließ Edward Grey der serbischen Regierung bestellen, es sei ratsam, »eine befriedigende Antwort auf so viele Punkte als innerhalb gestellter Frist möglich zu erteilen und österreichische Forderungen nicht völlig abschlägig [sic!] zu bescheiden.«[1486] Damit gab der britische Außenminister klar zu verstehen, dass auch seine Nation hinter einer großteils ablehnenden Antwort der serbischen Regierung auf das Ultimatum der k. u. k. Regierung stehen würde. Noch in der Nacht von 24. auf 25. Juli, um 1.40 Uhr, kabelte der serbische Botschafter Miroslav Spalajković von St. Petersburg nach Belgrad respektive an Ministerpräsident Pašić den Beschluss des russischen Ministerrats zur Anordnung energischer Maßnahmen inklusive Mobilmachung. Darüber hinaus erfolge in Kürze die Veröffentlichung einer offiziellen amtlichen Mitteilung (Kommuniqué), der zufolge Russland das serbische Königreich unter seinen Schutz stelle.[1487]

Somit erhielt die serbische Regierung bereits ab dem 24. Juli sowohl aus St. Petersburg als auch aus London klare Grundlagen und Vorgaben für ihr weiteres Vorgehen: Verhinderung der Aufklärung der serbischen (und russischen) Mittäterschaft am Sarajewoer Attentat vom 28. Juni 1914, möglichst freundlich verpackte Ablehnung des österreichischen Ultimatums, russische Unterstützung im Krieg gegen Österreich-Ungarn. Wie unschwer zu erkennen ist, wurde Serbien von der Entente vorsorglich in Schutz genommen, obwohl seine Mitschuld längst ausreichend belegt war.

Umso treffender und zugleich störender (für die Entente) war daher die in allen Details unumstößlich korrekte Mitteilung der deutschen Regierung an London vom 24. Juli, dass sich keine andere Macht in den Konflikt zwischen Österreich und Serbien einmischen solle. Die Lokalisierung des Konflikts sei insbesondere wegen der sich aus den Bündnispflichten zwischen den Entente-Staaten einerseits und den Mittelmächten andererseits ergebenden Gefahren dringend geboten: »Die deutsche Reichsregierung wünscht hiermit ihrer Ansicht nachdrücklich Geltung zu verleihen, dass der vorliegende Fall ausschließlich eine Frage zwischen Österreich-Ungarn und Serbien ist, und dass die Großmächte sich ernstlich bemühen sollten, diese Frage allein den zunächst Beteiligten zur Lösung zu überlassen. Die deutsche Reichsregierung wünscht dringend, dass der Konflikt lokalisiert bleibe, da die Einmischung einer anderen Macht wegen der bestehenden verschiedenartigen Vertragsverpflichtungen unabsehbare Folgen mit sich bringen könnte.«[1488] Wer dem Deutschen Reich in Anbetracht dieser klaren Worte unterstellt, es habe fahrlässig auf einen großen Krieg zugesteuert, verrät nichts über Deutschland, wohl aber über sein eigenes Oberstübchen, in dem offenbar etliche Tassen fehlen.

Greys erster heuchlerischer Vermittlungsvorschlag vom 24. Juli lautete, die vier Mächte Großbritannien, Frankreich, Italien und Deutschland sollten in St. Petersburg und Wien auf Mäßigung hinarbeiten.[1489] Dass zum Beispiel Frankreich unter keinen Umständen in Russland Zurückhaltung bewirken wollte und konnte, wo es doch gerade mit St. Petersburg den großen Krieg gegen die Mittelmächte vereinbart hatte, muss hier nicht näher erörtert werden. Der Vorschlag des britischen Außenministers war aber auch wegen der vielfach artikulierten antideutschen und antiösterreichischen Positionen Großbritanniens und Italiens zum Scheitern verurteilt. Edward Grey formulierte folglich wissentlich einen für Österreich unannehmbaren »Vermittlungsvorschlag«, bei dem es nur darum ging, mehr Zeit herauszuschinden: »Es wäre daher sehr erwünscht, Österreich dahin zu bringen, seine militärischen Maßnahmen nicht zu überstürzen, um so mehr Zeit zu gewinnen.«[1490] Offiziell bemühte sich Grey um den Frieden, während er in Wahrheit mehr Zeit für die russischen Kriegsvorbereitungen herausholte, von denen er wusste, dass sie bereits voll im Gange waren.

Grey war auch darüber im Bilde, dass der französische Botschafter in St. Petersburg Maurice Paléologue am 25. Juli gegenüber der dortigen Regierung die Garantie aussprach, »dass sich Frankreich vorbehaltlos an [die] Seite Russlands stelle.«[1491] Wenn deutsche Historiker wie etwa Imanuel Geiss und Annika Mombauer behaupten, Maurice Paléologue habe Russland die bedingungslose Unterstützung Frankreichs »ohne Instruktion«[1492] beziehungsweise »eindeutig seine Autorität überschreitend«[1493] versprochen, übersehen oder ignorieren sie, was Raymond Poincaré, das französische Staatsoberhaupt, am 21. Juli, also bereits zwei Tage vor seiner Abreise aus Russland, im Rahmen der französisch-russischen Kriegsgespräche zu Paléologue gesagt hatte: »Wir müssen Sasonow [...] ermuntern, standhaft zu bleiben, und ihm unsere Unterstützung zusagen.«[1494] Sowohl aus dem Wortlaut als auch aus dem Kontext der Erklärung ergibt sich, dass Maurice Paléologue zur Abgabe einer unbedingten Unterstützungserklärung ermächtigt war. Die Instruktion hierzu hatte er direkt vom französischen Staatsoberhaupt erhalten, der bereits am 26. Juli selbst wiederholte, Frankreich sei in einem durch die russische Hilfe für Serbien hervorgerufenen russisch-deutschen Krieg »durch seinen Vertrag zum Beistand verpflichtet und werde dieser Pflicht nachkommen.«[1495]

Noch am selben Tag, an dem der französische Botschafter Paléologue Russland die unbeschränkte Unterstützung Frankreichs zusagte, also am 25. Juli 1914, wurde

Russland von der Donaumonarchie darauf hingewiesen, dass sie keinerlei Gebietserweiterung auf Kosten Serbiens anstrebe.[1496] Auf diese Weise wurde Russland offiziell auf das Offensichtliche hingewiesen: Österreich-Ungarn plante keinen Eroberungskrieg auf dem Balkan. Damit hätte sich das Zarenreich zufrieden geben können, wenn es wirklich den Frieden gewollt hätte.

Doch die französische Verlockung war größer. Am schicksalsträchtigen 25. Juli setzte der russische Ministerrat mit Bezug auf seine bereits am 24. Juli getroffenen Beschlüsse hochoffiziell die **Kriegsvorbereitungsperiode** im gesamten russischen Reichsgebiet mit Wirksamkeit vom 26. Juli 1914 in Kraft. Die mit Verordnung vom 2. März 1913 vorgesehene Kriegsvorbereitungsperiode diente, wie aus dem Sonderjournal des russischen Ministerrats vom 25. Juli hervorgeht, der »Sicherung einer erfolgreichen Mobilmachung der Armee, der Flotte und der Festungen und zur Konzentrierung der Armee an den Grenzen den mutmaßlichen Gegnern gegenüber.«[1497] Das Augenmerk ist hier auf den Plural der »Gegner« zu richten. Im Zuge der Generalstabsbesprechung vom 25. Juli um 20 Uhr plädierte auch der Zar für die Unterstützung Serbiens, »auch wenn man dazu die Mobilmachung erklären und Kriegshandlungen beginnen [sic!] müsse.«[1498] Klarer konnte die russische Staatsführung nicht artikulieren, dass es sich bei der sogenannten Kriegsvorbereitungsperiode um den bereits erörterten Etikettenschwindel beziehungsweise um nichts anderes als eine schleichende Gesamtmobilmachung handelte. Dies belegt zudem folgende Erläuterung in der Tagesaufzeichnung des russischen Außenministeriums vom 25. Juli: »Es wurde beschlossen, vorläufig die Mobilmachung nicht zu verkünden, aber alle vorbereitenden Maßnahmen zu ihrer schnellsten Durchführung im Notfall zu ergreifen.«[1499] Die Betonung lag auf »vorläufig«, denn es handelte sich zweifellos um eine angeordnete und längst heimlich laufende Mobilmachung. Allein ihre Kundmachung wurde aufgeschoben.

Genau das geht aus einem weiteren britischen Schlüsseldokument hervor, in dem Edward Grey am 25. Juli vom britischen Botschafter in St. Petersburg George Buchanan über dessen vertrauliches Gespräch mit dem russischen Außenminister Sergej Sasonow berichtet wird: Der im russischen Ministerrat unter dem Vorsitz Sasonows erstellte Verordnungsentwurf für die »**Mobilmachung von 1.100.000 Mann**« wurde zwar vom Zaren genehmigt, er solle aber »erst veröffentlicht werden«, wenn Außenminister Sasonow den »Augenblick für seine Veröffentlichung [als] gekommen erachtet.«[1500] Das Schriftstück verrät sowohl die gewiefte Unterstützung der Zeitgewinnungstaktik des russischen Generalstabs durch die russische Außenpolitik als auch die sofortige Kenntnis und widerspruchslose Duldung seitens des britischen Außenministers, dessen Selbstdefinition als Friedensstifter[1501] dadurch vom ersten vermeintlichen Vermittlungsversuch an ad absurdum geführt wurde. Dazu passt perfekt, dass Kriegstreiber Grey seinem Botschafter in St. Petersburg (George Buchanan) noch am selben Tag heuchlerisch kabelte, der »schroffe, unerwartete und peremtorische [endgültige] Charakter der österreichischen Demarche« mache es »fast unvermeidlich, dass Österreich und Russland in kurzem gegeneinander mobilisiert haben werden.«[1502]

Im obigen Sinne der Ermunterung der Russen zum Krieg gegen Deutschland beziehungsweise der schon mehrfach strapazierten Lüge über die Unvermeidlichkeit des russischen Kriegseintritts stachelten auch führende britische Generalstabsoffiziere ihre russischen Kameraden auf: Ebenfalls am 25. Juli meldete der russische Militärattaché in London dem russischen Generalstab, der britische Generalstab sei davon überzeugt, »dass Deutschland Österreich zum Krieg drängt, da Berlin die Situation für günstig hält,«[1503] ohne jedoch auf das bereits vielfach kommunizierte Faktum hinzuweisen, dass es sich dabei um den lokalen Krieg zwischen Österreich und Serbien handelte. Wo für die Mittelmächte Serbien lediglich der Prüfstein für den russischen Kriegswillen war, befeuerte der britische Generalstab den Kriegswillen der russischen Strategen mit der Lüge, das Deutsche Reich habe es unbedingt auf einen Krieg mit Russland abgesehen.

Außerdem bestätigt ein weiteres diplomatisches Dokument, dass im Rahmen der russischen Kriegsvorbereitungsperiode nicht etwa nur indirekte, sondern auch und in erster Linie direkte respektive unmittelbare Kriegsvorbereitungen getroffen wurden: Der italienische Botschafter in St. Petersburg (Carlotti) berichtete am 25. Juli nach Rom, sein französischer Kollege, also Paléologue, habe ihm über den besagten »Ministerrat von heute Vormittag« berichtet, dass auf Vorschlag des russischen Kriegsministers General Suchomlinow »alle Maßnahmen festgelegt wurden, die für den Krieg mit Österreich-Ungarn und Deutschland, den man für unmittelbar bevorstehend hält, zu treffen sind.«[1504]

Unter die in Russland offiziell verfügten Vorbereitungsmaßnahmen für den großen Krieg gegen die Donaumonarchie und das Deutsche Reich zählten beispielsweise Bereitschaftsüberprüfungen in allen Ministerien, beschleunigte Eisenbahnreparaturen, Formierung und Aufstellung von Schutztruppen in gefährdeten Grenzabschnitten, Einziehung von Reservisten in Ausbildungslager, Rückholung von Soldaten aus weit entfernten Ausbildungsstätten in die Stützpunkte, vorzeitige Beförderung von etwa 3.000 Kadetten zu Offizieren zwecks Aufstockung des Offizierskorps bis zur **Kriegsstärke**, Bereitstellung von Pferden und Wägen, Verminung von Häfen, Erklärung des

Kriegszustands in den Militärbezirken St. Petersburg, Wilna (Vilnius) und Warschau zur Gewährleistung einer schnellen Generalmobilmachung auf gesonderten Befehl und so weiter.[1505] Der nur auszugsweise dargestellte Maßnahmenkatalog zeigt, dass es sich nicht um bloße Vorbereitungsmaßnahmen, sondern – ähnlich wie bei der verdeckten britischen Flottenmobilmachung ab 16. Juli – zumindest um faktisch einleitende Maßnahmen einer Mobilmachung handelte, die nur anders genannt wurden. Schließlich dient jede Mobilmachung der Kriegsvorbereitung. Signifikant ist auch, dass sich die kriegsvorbereitenden Maßnahmen auf das ganze europäische Russland und daher nicht nur gegen Österreich, sondern auch gegen das Deutsche Reich richteten.

Laut dem österreichischen Historiker Manfried Rauchensteiner hatte Russland schon einige Tage vor dem 26. Juli de facto »mit ersten Schritten zur Mobilmachung seiner Armeen begonnen, und das nicht nur in einigen westlichen Militärbezirken, sondern, wie dann behauptet wurde, aus ›unvermeidlichen militärtechnischen Gründen‹ im ganzen Reich.«[1506] Wahr an der russischen Begründung ist nur, dass Russlands Kriegsplan, wie gesagt, nur eine vollständige Mobilmachung kannte. Der US-amerikanische Historiker Sean McMeekin geht zwar davon aus, »dass Russland am 25. Juli 1914 mit der geheimen Mobilmachung seiner Streitkräfte begann«, lässt aber unter Berufung auf Manfried Rauchensteiner und den britischen Historiker Norman Stone offen, dass die Russen sogar schon früher mobilisiert haben könnten.[1507] Wie bereits gezeigt, startete die geheime russische Mobilisierung schon sehr viel früher, nämlich spätestens ab der mit 7. Juli beginnenden Verlegung sibirischer Truppen in den europäischen Teil Russlands, vermutlich aber bereits ab den Mitte Mai 1914 einsetzenden Mobilmachungsaktivitäten. Auch wenn sehr viel für den letztgenannten Zeitpunkt spricht, halten wir der Einfachheit fest, dass die russische Mobilisierung am 25. Juli 1914 ihren Anfang nahm. Mit diesem Datum lag Russland immerhin noch auf dem zweiten Platz hinter Großbritannien, das ja seine Kriegsflotte schon Mitte Juli klammheimlich mobilisiert hatte. Jedenfalls gewannen die russischen Generäle auch nach McMeekins Ansicht wertvolle Zeit; »Zeit, die sie verzweifelt brauchten, um den Zeitvorteil des Feindes auszugleichen.« Dieser Feind war in erster Linie Deutschland, das ja spätestens ab 1912 als Hauptfeind der Russen galt. Diesem Umstand entsprechen die gegen das Deutsche Reich gesetzten kriegsvorbereitenden Maßnahmen. Alle von St. Petersburg getroffenen Kriegsvorbereitungen waren entsprechend der seit 1912 auf das Drängen der französischen Generalstäbler festgelegten Strategie sowohl gegen Österreich als auch gegen Deutschland gerichtet. Zu keinem Zeitpunkt gab es daher eine nur gegen die Donaumonarchie gerichtete »Teilmobilmachung« – nicht zuletzt, weil eine solche, wie schon erwähnt, dem russischen Kriegsplan fremd war. Es bleibt daher aus allen genannten Gründen sowie im Einklang mit den russischen Kriegszielen bei der streng geheim ablaufenden russischen Gesamtmobilmachung, für die mit vereinten diplomatischen Entente-Kräften Zeit geschunden wurde.

Zeitbeschaffungsmeister Edward Grey wies am 25. Juli bei seinem zweiten scheinbaren Vermittlungsvorschlag darauf hin, dass er sich nicht in einen österreichisch-serbischen Konflikt einmischen würde. Ganz anders sei der Fall bei einem strikt davon zu unterscheidenden österreichisch-russischen Konflikt gelagert, der unter Umständen den Weltkrieg bedeuten könne. Obwohl er genau wusste, dass Russland eine Lokalisierung mit allen Mitteln verhindern würde, ersuchte Grey über Botschafter Lichnowsky die deutsche Regierung, an besagter Vierer-Vermittlungsgruppe teilzunehmen.[1508] Im Deutschen Reich, wo man die Trennbarkeit der Konflikte nach wie vor für möglich hielt, erklärte man sich (vorbehaltlich entgegenstehender Bündnispflichten) zu einer Vermittlung zwischen Österreich und Russland bereit,[1509] wenngleich die diesbezüglichen Umsetzungsmaßnahmen – wie bei allen anderen Beteiligten – kaum bis nicht vorhanden waren, weil es sich eben um ein riesiges britisch-französisch-russisches Schauspiel handelte.

In ungebrochener Kontinuität der Fehlbeurteilungen seitens der Mittelmächte über die angeblich mangelnde Kriegsbereitschaft der Entente hielt man es in Wien am 25. Juli für »immerhin möglich, dass Russland die gegebene Gelegenheit als eine Verlegenheit empfinde; dass es nicht so angriffslustig und kriegsbereit ist [...]«[1510] Dieser auf dem eigenen Lokalisierungswillen beruhende optimistische Trugschluss hängt mit der erwähnten Erklärung der k. u. k. Regierung vom selben Tag zusammen, dass eine friedliche Lösung des österreichisch-serbischen Konflikts auch nach einer eventuell bereits erfolgten Mobilmachung der k. u. k. Truppen möglich sei (bei entsprechender Kostendeckung durch Serbien). Während man sich also in Österreich das Stellen der diplomatischen Weiche in Richtung Frieden offenhielt, hatte man sich in Großbritannien, Frankreich und Russland längst für den großen Krieg entschieden, für den auch Serbien rechtzeitig gerüstet sein wollte.

Serbische Mobilmachung

Nachdem das serbische Heer – parallel zu den russischen Kriegsvorbereitungen – seinen Bereitschaftsgrad bereits ab Mitte Juni noch einmal deutlich gesteigert hatte,[1511] traf am 24. Juli um Mitternacht beim k. u. k. Generalstabschef die Meldung ein, dass in Sabać um 16 Uhr die Mobilisierung proklamiert wurde. Aus der auf zwei von einander unabhängigen Quellen, nämlich dem Korpskommando in Zagreb und dem Gendarmerie-Flügelkommando in Mitrovica, beruhenden Meldung leitete General Conrad von Hötzendorf folgerichtig die zu erwartende serbische Ablehnung der österreichischen Demarche ab: »Serbien scheint also das Ultimatum mit der Mobilmachung zu beantworten. Conrad empfahl daher dem k. u. k. Premier Berchtold die sofortige Mobilisierung der eigenen Streitkräfte.[1512] Schließlich wurde die serbische Mobilmachung in Wien zu Recht als **feindseliger Akt** gegenüber der Donaumonarchie wahrgenommen.[1513]

Die österreichisch-ungarischen Truppen wurden jedoch erst am 27. Juli alarmiert und faktisch nicht vor dem 29. Juli mobilisiert (siehe unten), obwohl zum Beispiel auch der ungarische Ministerpräsident Graf Tisza den k. u. k. Kanzler bereits am 24. Juli auf das dringende Erfordernis hingewiesen hatte, »dass im Falle keiner befriedigenden Antwort Serbiens die unverzügliche Anordnung der Mobilisierung unbedingt notwendig wäre. Jedes diesbezügliche Zaudern wäre mit verhängnisvollen Folgen verbunden.«[1514] Das geringste Zaudern würde die »Einschätzung der Energie und der Aktionsfähigkeit der Monarchie schwer beeinträchtigen, die Haltung sowohl unserer Freunde und Gegner wie der schwankenden Elemente beeinflussen und mit geradezu verhängnisvollen Folgen verbunden sein.«[1515] Aber die Uhren in Wien tickten langsamer.

Die serbische Regierung verlegte bereits am 25. Juli um die Mittagszeit mit Sack und Pack ins Landesinnere: »Geld der Nationalbank und der Eisenbahn sowie die Aktien des Ministeriums des Äußeren werden in das Innere des Landes gebracht.« Der k. u. k. Gesandte in Belgrad Baron von Giesl meldete zudem, ein Teil seiner Kollegen sei »der Auffassung, dass sie der serbischen Regierung folgen müssen, speziell auf der russischen Botschaft wird gepackt.« Parallel dazu bereitete sich das serbische Militär weiter auf den Krieg vor. Giesl berichtet in stark verkürzter Form: »Garnison hat in Feldausrüstung Stadt verlassen. Munitionsdepots der Festung evakuiert. Am Bahnhof starker militärischer Verkehr. Die Sanitätskolonnen haben Belgrad in der Richtung nach Süden verlassen.«[1516] Die Verlegung der gesamten serbischen Regierung inklusive König Petar und Behörden in den Süden war um etwa 14.30 Uhr abgeschlossen.[1517]

Während man sich in Wien weiterhin um eine friedliche Kommunikation mit St. Petersburg bemühte, um dem Zarenreich erneut klarzumachen, dass Österreich-Ungarn nicht aus Egoismus gegen Serbien vorgehen würde und dabei auch keinerlei territoriale Ambitionen hegte,[1518] verkündete Serbien am 25. Juli 1914 um 15 Uhr, also drei Stunden vor Übergabe seiner Antwort auf das österreichische Ultimatum, die allgemeine Mobilmachung der serbischen Streitkräfte.[1519] Nach Großbritannien und Russland war

Serbien also der dritte Staat, der vor der angeblich so aggressiven Donaumonarchie mobilisierte. Der schweizerische Historiker und Leiter des Instituts für Kriegsursachenforschung Doktor Ernst Sauerbeck kommentiert die serbische Mobilmachung und den Abzug der serbischen Regierung beziehungsweise den Umstand, dass Serbien bereits vor Übergabe seiner Antwort auf das Ultimatum zur Donaumonarchie »in keinerlei diplomatische Fühlung mehr trat«, dahingehend, dass die serbische Regierung dadurch tat,

> *was sie unter keinen Umständen tun durfte, wenn sie erwartete und wünschte, dass Österreich die serbische Antwort, die um 6 Uhr [18 Uhr] am selben Tage übergeben wurde – zwei Minuten vor dem Termin! –, von Österreich als das genommen werde, als was man sie nachher immer wieder auszugeben versuchte, nämlich als ernstlichen Versöhnungsversuch, der mit Recht auf Gegenliebe hätte rechnen können.*[1520]

Dieser einleuchtenden Erkenntnis kann nur noch angehängt werden, dass sich für Historiker, denen sich ebendieser relativ simple Kausalzusammenhang nicht erschließt, die bereits mehrfach erwähnte berufliche Umsattelung zum Schmiernippelwart der Royal Navy anbietet. Über das ebenfalls nachweislich kausale Verhältnis zwischen der frühzeitigen britischen Flottenmobilisierung einerseits und den Mobilmachungen in Russland und Serbien andererseits geben zwei Depeschen des serbischen Botschafter in St. Petersburg vom 25. und 26. Juli Aufschluss. In diesen wird über eine Stimmung »voller Stolz« und die Bereitschaft »zu jedem Opfer« bei den herrschenden Kreisen und in der öffentlichen Sphäre sowie über die stürmische Begeisterung berichtet, »mit der die Nachricht aus London begrüßt worden sei, dass die britische Flotte in Alarmbereitschaft versetzt worden war.«[1521] Russland und Serbien hatten demnach richtig gedeutet, dass die demonstrativ zur Gänze vor Spithead aufgefädelte und obendrein kriegsbereite Royal Navy für den baldigen Krieg gegen das Deutsche Reich stand, Österreich-Ungarns einzigem verlässlichen Bündnispartner.

Unmittelbar mit den von der Donaumonarchie beobachteten serbischen Kriegsvorbereitungen hängt höchstwahrscheinlich zusammen, dass Alexander von Hold-Ferneck (1875 bis 1955), ein sowohl mit dem Völkerrecht als auch mit dem Strafrecht befasster Professor an der Universität Wien,[1522] nicht schon im Zuge der Formulierung des Ultimatums, sondern erst am 25. Juli als Berater des k. u. k. Außenministeriums mit der Erstellung eines Gutachtens beauftragt wurde, dem zufolge man Serbien auch dann den Krieg erklären könnte, wenn es »unsere Forderungen ohne jeden Protest pauschaliert anzunehmen erklärt.«[1523] Dieses Gutachten entfaltete jedoch keine Wirkung, weil Kaiser Franz Joseph I. seinen definitiven Entschluss zum Serbien-Krieg erst aufgrund der negativen Antwort der serbischen Regierung auf das Ultimatum fasste (siehe unten).

Dass hingegen die Kundmachung der serbischen Mobilmachung erst kurz vor der Beantwortung des österreichischen Ultimatums erfolgte, ist garantiert darauf zurückzuführen, dass seine unverschämte Antwort auf das Ultimatum der Donaumonarchie dieser keine andere Wahl ließ, als den dadurch angebotenen und von der Entente gewollten Krieg gegen Serbien anzunehmen.

Ablehnung des Ultimatums

Serbiens abschlägige Antwort auf das österreichische Ultimatum wurde Baron von Giesl am 25. Juli 1914 um 17.55 Uhr überreicht, also erst 5 Minuten vor Ablauf der Frist. Sie gilt als Meisterleistung diplomatischer Zweideutigkeit,[1524] denn der Inhalt der serbischen Note »bietet den Österreichern erstaunlich wenig.«[1525] Dieses Dokument wurde schließlich nicht für Österreich-Ungarn, sondern für Serbiens ententische Freunde geschrieben, die sämtliche legitimen Ansprüche der Donaumonarchie von vornherein ignorierten und sogar die Untersuchung des Attentats auf Franz Ferdinand blockieren wollten: »Vor allen Dingen schiebt es [das serbische Antwortdokument] Wien den Schwarzen Peter zu, die Ermittlungen zum serbischen Hintergrund der Verschwörung voranzutreiben, ohne umgekehrt jene Form der Zusammenarbeit zu bewilligen, die eine effektive Verfolgung der relevanten Spuren ermöglicht hätte.«[1526]

Auf dem Gipfel der ententischen Doppelzüngigkeit angelangt, lehnte also die serbische Regierung in einer maximal auf den ersten Blick charmanten, im Grunde aber äußerst impertinenten diplomatischen Verpackung die meisten österreichischen Forderungen ab. In der nun folgenden serbischen Note wird gleich nach der kurzen Einleitung beziehungsweise im zweiten Absatz versucht, ein gewisses Verschulden der Donaumonarchie zu konstatieren, um sodann neben einigen anderen Punkten insbesondere die wesentlichen Punkte 5 und 6 der österreichischen Demarche abzulehnen (Hervorhebungen durch die Autorin):

Die königlich serbische Regierung hat die Mitteilung der k. u. k. Regierung vom 23. d. M. erhalten und ist überzeugt, dass ihre Antwort jedes Missverständnis zerstreuen wird, welches die freundnachbarlichen Beziehungen zwischen der österreichisch-ungarischen Monarchie und dem Königreiche Serbien zu stören droht.

Die königliche Regierung ist sich bewusst, dass der großen Nachbarmonarchie gegenüber bei keinem Anlasse jene Proteste erneuert wurden, die seinerzeit sowohl in der Skupschtina, als auch in Erklärungen und Handlungen der verantwortlichen Vertreter des Staates zum Ausdrucke gebracht wurden und die durch die Erklärung der serbischen Regierung vom 31. März 1909 ihren Abschluss gefunden haben, sowie weiters, dass seit jener Zeit weder von den verschiedenen einander folgenden Regierungen des Königreiches, noch von deren Organen der Versuch unternommen wurde, den in Bosnien und der Herzegowina geschaffenen politischen und rechtlichen Zustand zu ändern. Die königliche Regierung stellt fest, dass die k. u. k. Regierung in dieser Richtung keinerlei Vorstellungen erhoben hat, abgesehen von dem Falle eines Lehrbuches, hinsichtlich dessen die k. u. k. Regierung eine vollkommen befriedigende Aufklärung erhalten hat. Serbien hat während der Dauer der Balkankrise in zahlreichen Fällen Beweise für seine pazifistische und gemäßigte Politik geliefert und es ist nur Serbien und den Opfern, die es ausschließlich im Interesse des europäischen Friedens gebracht hat, zu danken, wenn dieser Friede erhalten geblieben ist.

Die königliche Regierung kann nicht für Äußerungen privaten Charakters verantwortlich gemacht werden, wie es Zeitungsartikel und die friedliche Arbeit von Gesellschaften ist, Äußerungen, die fast in allen Ländern ganz gewöhnliche Erscheinungen sind und die sich im allgemeinen der staatlichen Kontrolle entziehen. Dies um so weniger, als die königliche Regierung bei der Lösung einer ganzen Reihe von Fragen, die zwischen Serbien und Österreich-Ungarn aufgetaucht waren, großes Entgegenkommen bewiesen hat, wodurch es ihr gelungen ist, deren größeren Teil zugunsten des Fortschrittes der beiden Nachbarländer zu lösen.

Die königliche Regierung war deshalb durch die Behauptungen, dass Angehörige Serbiens an der Vorbereitung des in Sarajevo verübten Attentates teilgenommen hätten, schmerzlich überrascht. Sie hatte erwartet, zur **Mitwirkung** *bei den Nachforschungen über dieses Verbrechen eingeladen zu werden und war bereit, um ihre volle Korrektheit durch Taten zu beweisen, gegen alle Personen vorzugehen, hinsichtlich welcher ihr Mitteilungen zugekommen wären.*

Den Wünschen der k. u. k. Regierung entsprechend, ist die königliche Regierung somit bereit, dem Gerichte ohne Rücksicht auf Stellung und Rang jeden serbischen Staatsangehörigen zu übergeben, für dessen Teilnahme an dem Sarajevoer

Verbrechen ihr Beweise geliefert werden sollten; sie verpflichtet sich insbesondere auf der ersten Seite des Amtsblattes vom 26. Juli folgende Enunziation zu veröffentlichen:

»Die königlich serbische Regierung verurteilt jede Propaganda, die gegen Österreich-Ungarn gerichtet sein sollte, d. h. die Gesamtheit der Bestrebungen, die in letzter Linie auf die Losreissung einzelner Gebiete von der österreichisch-ungarischen Monarchie abzielen und sie bedauert aufrichtig die traurigen Folgen dieser verbrecherischen Machenschaften.

Die königliche Regierung bedauert, dass laut Mitteilung der k. u. k. Regierung gewisse serbische Offiziere und Funktionäre an der eben genannten Propaganda mitgewirkt und dass diese damit die freundnachbarlichen Beziehungen gefährdet hätten, zu deren Beobachtung sich die königliche Regierung durch die Erklärung vom 31. März 1909 feierlich verpflichtet hatte.

Die königliche Regierung, die jeden Gedanken oder jeden Versuch einer Einmischung in die Geschicke der Bewohner was immer für eines Teiles Österreich-Ungarns missbilligt und zurückweist, erachtet es für ihre Pflicht, die Offiziere, Beamten und die gesamte Bevölkerung des Königreiches feierlich aufmerksam zu machen, dass sie künftighin mit äußerster Strenge gegen jene Personen vorgehen wird, die sich derartiger Handlungen schuldig machen sollten, Handlungen, denen vorzubeugen und die zu unterdrücken sie alle Anstrengungen machen wird.«

Diese Erklärung wird gleichzeitig zur Kenntnis der königlichen Armee durch einen Tagesbefehl Seiner Majestät des Königs gebracht und in dem offiziellen Organe der Armee veröffentlicht werden.

Die königliche Regierung verpflichtet sich weiters:

1. Anlässlich des nächsten ordnungsgemäßen Zusammentrittes der Skupschtina in das Pressgesetz eine Bestimmung einzuschalten, wonach die Aufreizung zum Hasse und zur Verachtung gegen die Monarchie sowie jede Publikation strengstens bestraft würde, deren allgemeine Tendenz gegen die territoriale Integrität Österreich-Ungarns gerichtet ist.

Sie verpflichtet sich anlässlich der demnächst erfolgenden Revision der Verfassung in den Artikel XXII des Verfassungsgesetzes einen Zusatz aufzunehmen, der die Konfiskation derartiger Publikationen gestattet, was nach den klaren Bestimmungen des Artikels XXII der Konstitution derzeit unmöglich ist.

2. *Die Regierung besitzt keinerlei Beweise dafür und auch die Note der k. u. k. Regierung liefert ihr keine solchen, dass der Verein »Narodna Odbrana« und andere ähnliche Gesellschaften bis zum heutigen Tage durch eines ihrer Mitglieder irgendwelche verbrecherischen Handlungen dieser Art begangen hätten. Nichtsdestoweniger wird die königliche Regierung die Forderung der k. u. k. Regierung annehmen und die Gesellschaft »Narodna Odbrana« sowie jede Gesellschaft, die gegen Österreich-Ungarn wirken sollte, auflösen.*

3. *Die königlich serbische Regierung verpflichtet sich, ohne Verzug aus dem öffentlichen Unterrichte in Serbien alles auszuscheiden, was die gegen Österreich-Ungarn gerichtete Propaganda fördern könnte, falls ihr die k. u. k. Regierung tatsächliche Nachweise für diese Propaganda liefert.*

4. *Die königliche Regierung ist auch bereit, jene Offiziere und Beamten aus dem Militär- und Zivildienste zu entlassen, hinsichtlich welcher durch gerichtliche Untersuchung festgestellt wird, dass sie sich Handlungen gegen die territoriale Integrität der Monarchie haben zuschulden kommen lassen; sie erwartet, dass ihr die k. u. k. Regierung zwecks Einleitung des Verfahrens die Namen dieser Offiziere und Beamten und die Tatsachen **mitteilt**, welche denselben zur Last gelegt werden.*

5. *Die königliche Regierung muss bekennen, dass sie sich über den Sinn und die Tragweite jenes Begehrens der k. u. k. Regierung **nicht** volle Rechenschaft geben kann, welches dahin geht, dass die königlich serbische Regierung sich verpflichten soll, auf ihrem Gebiete die Mitwirkung von Organen der k. u. k. Regierung zuzulassen, doch erklärt sie, dass sie jene Mitwirkung anzunehmen bereit wäre, welche den Grundsätzen des Völkerrechtes und des Strafprozesses sowie den freundnachbarlichen Beziehungen entsprechen würde.*

6. *Die königliche Regierung hält es selbstverständlich für ihre Pflicht, gegen alle jene Personen eine Untersuchung einzuleiten, die an dem Komplotte vom 28. Juni beteiligt waren oder beteiligt gewesen sein sollen und die sich auf ihrem Gebiete befinden. Was die Mitwirkung von hiezu speziell delegierten Organen der k. u. k. Regierung an dieser Untersuchung anbelangt, so kann sie eine solche **nicht** annehmen, da dies eine Verletzung der Verfassung und des Strafprozessgesetzes wäre. Doch könnten den österreichisch-ungarischen Organen in einzelnen Fällen Mitteilung von dem Ergebnisse der Untersuchung gemacht werden.*

7. *Die königliche Regierung hat noch am Abend des Tages, an dem ihr die Note zukam, die Verhaftung des Majors Voislav Tankosić verfügt.*
Was aber den Milan Ciganović anbelangt, der ein Angehöriger der österreichisch-ungarischen Monarchie ist und der bis zum 28. Juni (als Aspirant) bei der Eisenbahndirektion bedienstet war, so konnte dieser bisher nicht ausgeforscht werden, weshalb ein Steckbrief gegen ihn erlassen wurde.
Die k. u. k. Regierung wird gebeten, zwecks Durchführung der Untersuchung sobald als möglich die bestehenden Verdachtsgründe und die bei der Untersuchung in Sarajevo gesammelten Schuldbeweise in der üblichen Form bekanntzugeben.
8. *Die serbische Regierung wird die bestehenden Maßnahmen wegen Unterdrückung des Schmuggelns von Waffen und Explosivstoffen verschärfen und erweitern.*
Es ist selbstverständlich, dass sie sofort eine Untersuchung einleiten und jene Beamten des Grenzdienstes in der Linie Sabać-Loznica streng bestrafen wird, die ihre Pflicht verletzt und die Urheber des Verbrechens die Grenze haben überschreiten lassen.
9. *Die königliche Regierung ist gerne bereit, Aufklärung über die Äußerungen zu geben, welche ihre Beamten in Serbien und im Auslande nach dem Attentate in Interviews gemacht haben und die nach der Behauptung der k. u. k. Regierung der Monarchie feindselig waren, sobald die k. u. k. Regierung die Stellen dieser Ausführungen bezeichnet und bewiesen haben wird, dass diese Äußerungen von den betreffenden Funktionären tatsächlich gemacht worden sind. Die königliche Regierung wird selbst Sorge tragen, die nötigen Beweise und Überführungsmittel hiefür zu sammeln.*
10. *Die königliche Regierung wird, insofern dies nicht schon in dieser Note geschehen ist, die k. u. k. Regierung von der Durchführung der in den vorstehenden Punkten enthaltenen Maßnahmen in Kenntnis setzen, sobald eine dieser Maßregeln angeordnet und durchgeführt wird.*

Die königlich serbische Regierung glaubt, dass es im gemeinsamen Interesse liegt, die Lösung dieser Angelegenheit nicht zu überstürzen und ist daher, falls sich die k. u. k. Regierung durch diese Antwort nicht für befriedigt erachten sollte, wie immer bereit, eine friedliche Lösung anzunehmen, sei es durch Übertragung der Entscheidung dieser Frage an das internationale Gericht im Haag, sei es durch Überlassung der Entscheidung an die Großmächte, welche an der Ausarbeitung der von der serbischen Regierung am 31. März 1909 abgegebenen Erklärung mitgewirkt haben.[1527]

Diese mit diplomatischen Winkelzügen gespickte Antwort war nichts anderes als eine glatte Abfuhr, ein auf dem Silbertablett servierter Fehdehandschuh, ein mit einem Lächeln verpasster Faustschlag mitten ins Gesicht des greisen Kaisers. K. u. k. Ministerpräsident Graf Leopold Berchtold drückte sich zurückhaltend aus, als er wieder einmal gegenüber London feststellen ließ, »dass das serbische Entgegenkommen nur ein scheinbares war, bestimmt, Europa zu täuschen und für die Zukunft keinerlei Garantie geboten hat.«[1528]

Das Kernstück der serbischen Unverfrorenheit bilden folgende offenkundig absichtliche Widersprüche: Obwohl das trotz mehrfacher Nachfrage aus Wien ermittlerisch untätige Serbien der Donaumonarchie indirekt vorwarf, nicht zur **Mitwirkung** im Zuge der Nachforschungen über dieses Verbrechen (Attentat) eingeladen worden zu sein (vierter Absatz) und die serbische Regierung von der Donaumonarchie die Übermittlung letztlich nur in Serbien zu eruierender Daten verlangte (Punkt 4), lehnte es eine Mitwirkung von k. u. k. Organen bei den damals ohnehin nicht stattfindenden serbischen Untersuchungen schlichtweg ab, und berief sich dabei auch noch auf die angebliche Unvereinbarkeit mit der serbischen Verfassung und der serbischen Strafprozessordnung (Punkt 6). Dass dies eine willkürliche Auslegung war, die den Verantwortlichen in Serbien als solche bewusst war, wobei sie sich der Rückendeckung Russlands sicher waren,[1529] beweist beispielsweise die Feststellung des serbischen Prinzregenten im erwähnten Schutzersuchen an Russland, dass es zur Umsetzung der österreichischen Forderungen im Wege der serbischen Gesetzgebung lediglich mehr Zeit bedürfte. Gerade im Hinblick darauf ordnete aber Russland seinem serbischen Schutzbefohlenen die (freundliche) Ablehnung des österreichischen Ultimatums an.

Die serbische Antwort auf das österreichische Ultimatum ist ein Paradebeispiel für eine geglückte kombinierte Anwendung der Strategeme Nummer 13 und 22. Beim Erregungs- oder Provokationsstrategem (Nummer 13) geht es frei nach Schopenhauer darum, den Gegner durch ungerechtfertigten Widerspruch zu reizen. Der Anwender dieses Strategems zielt also darauf ab, »das Gegenüber so anzustacheln, dass es sich zu extremen Äußerungen hinreißen lässt.«[1530] Im konkreten Fall ging es Serbien und Russland darum, die juristisch tadellos vorgehende Donaumonarchie zu einer extremen Handlung zu verleiten: zum militärischen Angriff auf Serbien. Dadurch sollte sich Österreich, wie Sasonow es beabsichtige, vor den Augen der Weltöffentlichkeit »ins Unrecht setzen.« Im Verbund mit dem bereits erörterten Einkesselungsstrategem (Nummer 22) sollte Österreich sodann zunehmend isoliert, von mehreren Seiten in die Zange genommen und vernichtet werden.[1531]

Aufgrund der gefinkelten Formulierungen konnte sogar der sonst so hellwache deutsche Kaiser die Tragweite der serbischen Antwort nicht erkennen. Fast jubelnd teilte er Außenminister Jagow mit, »dass im Großen und Ganzen die Wünsche der Monarchie erfüllt sind.« Aufgrund der vermeintlichen Kapitulation demütigster Art Serbiens »entfällt jeder Grund zum Kriege«, meinte Wilhelm II. Er forderte allerdings auch, dass den serbischen Worten Taten folgen müssten. Für die »Erzwingung der Durchführung der Versprechungen« schlug der deutsche Kaiser vor, Österreich solle Belgrad als **Faustpfand** nehmen, es also vorübergehend militärisch besetzen.[1532] Dieses Faustpfand wird noch Gegenstand der britischen Scheinvermittlungstätigkeit. Wilhelm II. wollte jedenfalls einen großen Krieg verhindern. Hingegen lässt sich die Ignoranz des französischen interimistischen Premiers und Justizministers Bienvenu-Martin, der Österreich davor warnte, es würde im Falle der Unnachgiebigkeit »wegen der verbleibenden kleinen Differenzen einen Weltkrieg hervorrufen«,[1533] mit dem Konformitätszwang der französisch-russischen Waffenbruderschaft erklären. Bienvenu-Martin konnte gar nicht anders, als die österreichische Note zu verdammen und die serbische zu loben, weil Frankreich eben fest hinter den russischen Kriegsambitionen stand.

Dass Russland wiederum hinter Serbien stand, ergab sich für die Mittelmächte nicht nur aus der allgemeinen Logik und der bisherigen diplomatischen Korrespondenz, sondern auch aus frühen Beobachtungen russischer militärischer Maßnahmen. So berichtete der deutsche Militärattaché in St. Petersburg General Oskar von Chelius (1859 bis 1923) am 25. Juli Seiner Majestät dem deutschen Kaiser: »Die Truppenübungen im Krasnojelager wurden heute plötzlich abgebrochen, die Regimente kehrten sofort in ihre Garnisonen zurück; Manöver sind abgesagt, die Kriegsschüler wurden heute zu Offizieren befördert, statt im Herbst. Im Hauptquartier [des russischen Generalstabs] herrschte große Erregung über das Vorgehen Österreichs, [ich] habe den Eindruck, dass man alle Vorbereitungen zur Mobilmachung gegen Österreich trifft.«[1534] Zu diesem Zeitpunkt war für den deutschen Offizier offenbar noch nicht erkennbar, dass es sich um Maßnahmen im Rahmen einer bereits laufenden Mobilisierung handelte, die sich obendrein auch gegen das Deutsche Reich richtete. Ab 26. Juli hatten hingegen einige von einander unabhängige Beobachter den korrekten Eindruck, dass Russland mobilgemacht hatte. Dazu kommen wir noch.

Nach der Ablehnung des annehmbaren Ultimatums durch Serbien am 25. Juli stand die Donaumonarchie endgültig vor einer Situation, in der ihr Lebensnerv von folgenden realen, von Serbien und Russland ausgehenden Gefahren bedroht war:

- Neuer Balkanbund mit Stoßrichtung gegen Österreich
- Allgemein gesteigerte großserbische Bedrohung
- Irredentismus, Revolution und Krieg
- Zersetzung der Donaumonarchie
- Serbische Mobilmachung
- Russische Mobilmachung
- Potenzieller Großkrieg

Schlimmer konnte die Lage der Donaumonarchie kaum sein. Nach damaligem Verständnis war ja eine Mobilmachung, insbesondere die einer Großmacht gegenüber einer anderen Großmacht, quasi gleichbedeutend mit Krieg. Wie schon erwähnt, deutete das im Jahr 1894 zwischen Frankreich und Russland ratifizierte Militärbündnis bereits die teilweise Mobilmachung eines einzigen Dreibundstaates als Kriegseröffnung, die den Mehrfrontenkrieg zur Vernichtung des Deutschen Reiches zur Folge haben musste.[1535] Warum eine Mobilisierung – generell – mit der Eröffnung von Feindseligkeiten assoziiert wurde, ist leicht erklärt: »Das rasche Erreichen der Operationsbereitschaft nach Mobilisierung und Aufmarsch ist entscheidend für die ersten Operationen und mitunter auch für den Ausgang des Feldzugs. Daher kommt dem Zeitpunkt des Beginns der Mobilisierung – dem ersten Mobilisierungstag – besondere Bedeutung zu. Mobilisierung und Kriegserklärung hingen in der Vergangenheit oft eng zusammen.«[1536] Eine Kriegserklärung war allerdings nicht, wie viele meinen, das entscheidende Moment für die Entschlussfassung zum Krieg, sie bestätigte lediglich in einem völkerrechtlich vorgesehenen Formalakt, was ohnehin anhand der Mobilisierung zu erkennen war: Staat A wünscht den Krieg mit Staat B. Eine Kriegserklärung diente daher lediglich der Rechtssicherheit (siehe unten). Und weil Russland in diesem Punkt schon länger nicht zu trauen war, zweifelte zum Beispiel die Leitung des Deutschen Reiches insbesondere ab 1912 völlig zu Recht, ob man von Russland überhaupt noch eine formale Kriegserklärung vor Beginn der Feindseligkeiten erwarten durfte. Man nahm viel eher an, dass die erste überraschende Aktion der Russen sozusagen die inoffizielle Kriegserklärung sein werde.[1537]

Die zeitgleiche Mobilmachung der serbischen und russischen Streitkräfte dürfte für Österreich-Ungarn in Anbetracht der jahrelangen großserbischen Wühlarbeit nicht unbedingt überraschend gekommen sein. Schließlich war klar, dass sich Serbien niemals alleine mit der Donaumonarchie angelegt hätte. In Kombination mit der provokativen Ablehnung des Ultimatums demonstrierten Serbien und Russland unmissverständlich, in welche Richtung sie die diplomatische Weiche Österreichs gestellt haben wollten: Krieg. Dies hätte Österreich-Ungarn unter Berücksichtigung der permanenten und sogar intensivierten großserbischen Bedrohung abermals zur sofortigen Eröffnung eines Präemptivkriegs gegen Serbien und Russland berechtigt, in Wien war man aber noch immer nicht so weit.

Immerhin gab es am Abend des 25. Juli »eine erste Gewissheit«, schreibt der Historiker Manfried Rauchensteiner: »Serbien hatte den ultimativen Forderungen Österreich-Ungarns nicht entsprochen Ab diesem Zeitpunkt wurde die Auslösung des Kriegs mit aller Konsequenz betrieben.« Als Belege für die sich schon vor dem 25. Juli in Österreich breitmachende »Gewissheit, dass es Krieg geben würde«, führt Manfried Rauchensteiner zwei schriftliche Dokumente beziehungsweise Dokumentengruppen an: erstens die bereits am 20. Juli fertiggestellte Proklamation Kaiser Franz Josephs I. *An Meine Völker,* also die erst am 28. Juli 1914 offiziell verlautbarte Ankündigung der Aufnahme von Kampfhandlungen gegen Serbien (siehe unten), sowie zweitens die ab 23. Juli respektive mit Übergabe des Ultimatums beginnende Tagebuchführung bei den hohen Kommanden des k. u. k. Militärs. Außerdem erwähnt Rauchensteiner die Ernennung des »bereits Tage zuvor zur ›Allerhöchsten Disposition‹ über die k. u. k. Streitkräfte gestellten Erzherzog Friedrichs von Österreich-Teschen (1856 bis 1936) zum Oberkommandanten der Balkanstreitkräfte am 25. Juli, die tatsächlich ebenfalls schon einige Tage zuvor beschlossene Sache war.[1538] Dieser Darstellung ist insofern beizupflichten, als der Wiener Papiertiger wieder einmal laut gebrüllt und relativ gute Vorarbeit geleistet hatte.

Einschränkend zu ergänzen ist allerdings, dass sich die Maßnahmen der Donaumonarchie ab 25. Juli vorerst auf den angekündigten Abbruch der diplomatischen Beziehungen zu Serbien beschränkten,[1539] dies den anderen Mächten sorgfältig mitgeteilt wurde[1540] und der serbischen Regierung folglich die avisierte nachträgliche Annahme des Ultimatums offenstand. Dafür standen Serbien sogar fast drei Wochen zur Verfügung, denn Österreich war laut der Prognose seines Generalstabschefs auf gut Wienerisch »ungefähr«, das heißt so viel wie frühestens, am 12. August 1914 in der Lage, »den allgemeinen Vormarsch gegen Serbien beginnen zu können.«[1541] Soviel zum vermeintlich unbedingten Kriegswillen der Hobbits im k. u. k. Auenland.

Man darf nicht müde werden, darauf hinzuweisen, dass die Entente und Serbien mehrfach besser vorbereitet waren als die Mittelmächte, vor allem dass es zum einen die Entente war, die, wie gezeigt, die Auslösung des großen Kriegs mittels zweier raffiniert präparierter Kriegsfallen in der Hand hatte, weshalb Österreich und Deutschland lediglich Statisten im britischen Kriegsdrehbuch waren. Daran zeigt sich auch, dass die Entente-Mächte nicht nur im geo- und militärstrategischen

Denken, sondern auch in der papiermäßigen Umsetzung uneinholbar im Vorsprung waren. Dies beweist zum Beispiel das erwähnte Kriegsbuch des CID, das bereits ab 1911 sämtliche schriftlichen Dokumente von Warntelegrammen über die Durchführung der Mobilmachung der Luft- und Landstreitkräfte bis hin zur Hungerblockade gegen das deutsche Volk umfasste und dadurch Großbritannien faktisch kriegsbereit machte. 1911! Zum anderen folgten den ententischen Kriegsplänen frühzeitige handfeste diplomatische und militärische Maßnahmen, gegenüber denen die Mittelmächte ebenfalls im Hintertreffen waren. Apropos: Der nächste und letzte Entente-Staat, der vor den Mittelmächten geheime Kriegsvorbereitungen durchführte, war Frankreich.

Französische Mobilmachung

Nachdem Cliquen-Agent Jules Cambon, der französische Botschafter in Berlin, am 21. Juli eine Falschmeldung über erste deutsche Mobilmachungsvorbereitungen nach Paris telegraphiert hatte (siehe oben) und Großbritannien und Russland still und heimlich die Mobilmachung ihrer Streitkräfte verfügt hatten, legte Cambon dem interimistischen französischen Premier Jean-Baptiste Bienvenu-Martin am 25. Juli um 17 Uhr auf telegraphischem Wege die Anordnung ebensolcher **geheimer Kriegsvorbereitungen** nahe: »Wie auch immer die Sache ausgehen wird, so werden Eure Exzellenz doch abschätzen können, ob es nicht für unsere Armee- und Marinebehörden an der Zeit wäre, unter Verzicht auf öffentlich bekanntwerdende Maßnahmen [sic!], das Notwendige zu tun, um uns von den Ereignissen nicht überraschen zu lassen.«[1542]

Keine sieben Stunden später, um 23.48 Uhr, kabelte Jules Cambon erneut an Bienvenu-Martin, der belgische Gesandte (in Berlin) Baron Eugène Beyens habe seiner nicht näher definierten Besorgnis Ausdruck verliehen, »Österreich und Deutschland haben das Zusammentreffen der Umstände ausnützen wollen, nach denen ihnen Russland und England augenblicklich von inneren Wirren bedroht erscheinen und in Frankreich das Militärsystem angegriffen wird.« Sodann unterstellte der Vertreter des angeblich neutralen Belgien den Mittelmächten, diesen ginge es darum, »den Dreierverband [Entente] in einer Zeit der Zerrüttung zu überraschen.« Damit outete sich der belgische Diplomat nicht nur als Verdreher der Tatsachen, sondern auch als Günstling der Entente. Beides war nicht unbedingt mit der sogenannten Neutralität Belgiens vereinbar. Als der belgische Botschafter noch betonte, »man solle nicht überrascht sein, wenn Belgien militärische Vorbereitungsmaßnahmen greife«, klärte ihn Jules Cambon »selbstverständlich über unsere Situation« auf und versicherte ihm »den Zusammenhalt der Entente.«[1543] Unter Berücksichtigung der militärstrategischen Absprachen zwischen Belgien, Frankreich und Großbritannien ab 1906 ist hier mit einiger Wahrscheinlichkeit davon auszugehen, dass Cambon eben diese Militärabsprachen im Hinterkopf hatte oder sogar offen ansprach, als er Baron Beyens »beruhigte«.

Der 25. Juli 1914 markiert jedenfalls eine gewisse Schnittstelle zwischen der serbischen und der belgischen Kriegsfalle. Den großen europäischen Krieg hatten vor allem Frankreich und Russland schon vorher im Geheimen im Visier, worauf sich sodann das Kernthema der ententischen diplomatischen Korrespondenz fließend von Serbien auf Belgien verlagerte. Die Aktivierung der belgischen Kriegsfalle zeichnete sich zwar deutlich ab dem 25. Juli ab, die natürlich nur theoretische Trennlinie zur Kriegsfalle Serbien setzen wir aber der besseren Übersichtlichkeit wegen erst bei der offiziellen Verkündung der russischen Gesamtmobilmachung am 30. Juli an.

Am 26. Juli verfügte Großbritannien, wie gesagt, offiziell die Vorbereitung der Mobilmachung der ohnehin seit 16. Juli gefechts- und kriegsbereiten Royal Navy. Die bei Spithead konzentrierte Kriegsflotte wurde also nicht demobilisiert, »sondern in Kriegsstärke zusammengehalten.«[1544] Somit war gewährleistet, dass die Royal Navy von Mitte Juli 1914 bis zum Ende des Ersten Weltkriegs kontinuierlich einsatzbereit war.

Auch in Frankreich erfolgte am 26. Juli die Einleitung der Mobilmachung der Streitkräfte.[1545] Auf Beschluss des französischen Ministerrats vom selben Tag wurden einerseits Präsident Poincaré und Premier Viviani von ihrer Reise direkt nach Paris zurückbeordert, zum anderen wurden auf General Joffres Antrag folgende erste vorbereitende militärische Maßnahmen bewilligt: »Einstellung von Truppenbewegungen nach Übungsplätzen, Urlaubsstopp und Rückberufung der Offiziere.« Weitere Maßnahmen wurden noch am selben Abend in einer zweiten Ministerratssitzung beschlossen.[1546]

Zu diesem Zeitpunkt konnten die Vertreter verschiedener Staaten beobachten, dass die russische Mobilmachung längst angelaufen war. Am 26. Juli kabelte der deutsche Militärattaché in St. Petersburg Major von Eggeling nach Berlin, dass in den Militärbezirken Kiew und Odessa die Mobilmachung angeordnet worden war.[1547] Am selben Tag meldete der belgische Gesandte, der Zar habe in besagten Militärbezirken die Mobilmachung von zehn Armeekorps befohlen, was in den russischen Militärkreisen mit großer Begeisterung aufgenommen worden sei, während man (dem Bericht des nächsten Tags zufolge) gegenüber der Presse das strenge Verbot ausgesprochen habe, über die Mobilisierung der Armee zu sprechen. Der dänische Außenminister bestätigte die alarmierenden Berichte der deutschen und österreichischen Militärattachés, Diplomaten und Konsulatsbeamten, indem er auf Nachrichten hinwies, »die vermuten lassen, dass Russland bereits mit der Mobilmachung begonnen habe.« Wenn Christopher Clark dazu bemerkt, diese und etliche andere Beobachter hätten besagte russische »Kriegsvorbereitungen irrtümlich bereits für eine Teilmobilmachung« gehalten,[1548] scheint der australische Historiker seine eigenen korrekten Ausführungen über die russische Alles-oder-Nichts-Aufstellung,[1549] die sogar explizit angeordnete russische Einschläferungstaktik[1550] und vor allem das Statement des russischen Mobilmachungsverantwortlichen nicht berücksichtigt zu haben, dem zufolge der große Krieg in St. Petersburg bereits ab 24./25. Juli feststand.[1551] Vor allem mit dem letztgenannten Argument hängt die auch bei Christopher Clark dokumentierte Verwunderung des russischen Botschafters in Paris Iswolski und des sich von ihm am 25. Juli am Bahnhof in St. Petersburg verabschiedenden französischen Botschafter Paléologue zusammen. Die beiden Cliquen-Agenten staunten über die lebhafte Bewegung an den Bahnsteigen: »Die Züge sind von Offizieren und Mannschaften überfüllt. Das sieht sehr stark nach Mobilisierung aus. Wir tauschen rasch unsere Eindrücke aus und schließen in gleicher Weise:«

Diesmal gibt's Krieg.[1552]

Im vorliegenden Kontext kann auch die Bedeutung von jenen ebenfalls bei Clark zitierten Meldungen des serbischen Botschafter in St. Petersburg Miroslav Spalajković vom 26. und 27. Juli nicht groß genug eingeschätzt werden, denen zufolge

> *die Russen eine Armee von 1.700.000 Mann mobilisieren würden und die Absicht hätten, ›unverzüglich eine energische Offensive gegen Österreich-Ungarn einzuleiten, sobald es Serbien angreife.‹*

Außerdem berichtete der serbische Gesandte nach Belgrad, der Zar sei davon überzeugt, dass die Serben wie die Löwen kämpfen würden und dass sie »die Österreicher eventuell sogar aus eigener Kraft von ihrem Rückzugsort [der Serben] im Landesinneren aus schlagen könnten.« Auch für die Bewerkstelligung der ausdrücklich so bezeichneten **Teilung Österreich-Ungarns** sah der Zar gute Chancen. Sollte dies jedoch nicht gelingen, so würden auf Geheiß des Zaren die russischen Streitkräfte »die französischen Militärpläne ausführen, sodass der Sieg über Deutschland ebenfalls gewiss sei.«[1553] Es wäre grob fahrlässig, diese klar und deutlich formulierten Kriegsziele Russlands sowohl gegen Österreich als auch Deutschland nicht mit der faktischen Mobilisierung der russischen Streitkräfte in Verbindung zu bringen.

Ebenfalls am 26. Juli meldete der österreichische Militärattachés in St. Petersburg nach Wien, das heißt an Generalstabschef Conrad, alle Nachrichten würden sich dahingehend verdichteten, »dass die Militärbezirke Kiew, Warschau, Odessa und Moskau [den] Mobilmachungsbefehl erhielten bei gleichzeitiger Einziehung von Reservisten.« Die Militärbezirke Petersburg, Wilna und wahrscheinlich auch Kasan erhielten gemäß den Eindrücken des k. u. k. Beobachters zwar nur den Befehl zur Vorbereitung der Mobilisierung ohne Einziehung von Reservisten, allerdings erhielten alle Truppen im **gesamten** europäischen Russland den Befehl zum Einrücken aus den Lagern in ihre Standorte. Deshalb, so die ehrliche Beurteilung des k. u. k. Militärattachés, könnte es in den nächsten Tagen schwer sein, die Truppenbewegungen eindeutig der Einrückung oder der Mobilisierung zuzuordnen.[1554]

Der Bericht des deutschen Generals Oskar von Chelius vom selben Tag wies hingegen deutlich auf die russische Mobilisierung hin: Aufgrund der Beendigung aller Manöver waren bereits sämtliche Truppen in ihre Garnisonen zurückgekehrt, wobei diese Maßnahmen vom russischen General mit dem deutschen Namen »Adlerberg«, dem Gouverneur von St. Petersburg, im diesbezüglichen Gespräch mit General Chelius als Teil der Mobilisierung bezeichnet wurden. Adlerberg hatte sich »verschnappt«, wie Chelius es ausdrückte. Beim Dinner gab ihm der deutschfreundliche Oberstallmeister Baron Grünwald einen kameradschaftlichen Hinweis: »Die Lage ist sehr ernst; was heute Mittag beschlossen ist, darf ich ihnen nicht sagen, Sie werden es wohl selbst bald erfahren; nehmen Sie aber an, dass es sehr ernst aussieht.« Offenbar den bevorstehenden großen Krieg ansprechend, prostete Grünwald dem deutschen Militärattaché mit folgenden Worten zu: »Hoffentlich sehen wir uns in besseren Zeiten wieder.« Was wie ein Abschied unter befreundeten Offizieren klang, die sich bald als Feinde gegenüberstehen mussten, erhärtete sich durch die Eindrücke in Chelius' russischem Umfeld, dass eine Mobilisierung in den grenznahen Gebieten zu Österreich als Reaktion auf das österreichische Ultimatum gegen Serbien angeordnet worden war: »Russland müsse seinen Stammesgenossen beistehen«, und, was in den höchsten russischen Militärkreisen noch schwerer zu wiegen schien, die (angebliche) Nichtverständigung Russlands über die Note wurde »als Beleidigung einer Großmacht« wahrgenommen, »welche mit Serbien befreundet ist und dieses nicht der Willkür Österreichs preisgeben kann.« Exakt so äußerte sich der russische Kriegsminister General Wladimir Alexandrowitsch Suchomlinow. Österreich habe gegen alle diplomatischen Gepflogenheiten verstoßen. Aus diesem Affront wurde geschlussfolgert: »Ein Krieg gegen Serbien ist ein Krieg gegen Russland.«[1555] Und ein Krieg zwischen Österreich und Russland würde automatisch das Deutsche Reich einbeziehen. Adlerberg hatte sich also aus gutem Grund vorzeitig von Chelius verabschiedet.

Auch wenn es kollektiver Elitenwahnsinn war, so hatte er doch System: Slawische Gefühlsduseleien genossen in St. Petersburg den uneingeschränkten Vorrang nicht nur vor der Würde, sondern auch vor der Existenzberechtigung der Donaumonarchie. Folglich sahen sich die Mittelmächte veranlasst, zur Schaffung einer klaren Situation, deutliche Hinweise und Warnungen gegenüber Russland und seinen Verbündeten auszusprechen.

Warnungen der Mittelmächte

Während also England, Russland, Frankreich und Serbien bereits für den großen Krieg scharf machten, warben die Österreicher am 26. Juli wieder einmal einfühlsam und ausführlich, aber dennoch vergeblich dafür um das Verständnis in St. Petersburg, Paris, London und Rom, dass die Donaumonarchie vermutlich zum Zwecke der Selbsterhaltung respektive in Notwehr um das Überleben des eigenen Staats und der Monarchie an sich gegen Serbien kämpfen müsse.[1556]

Und das Deutsche Reich, namentlich Botschafter Graf Friedrich Pourtalès, machte Russland in der Person seines Außenministers Sergej Sasonow »in der ernstesten Weise darauf aufmerksam, dass heutzutage Mobilisierungsmaßnahmen als diplomatisches Druckmittel höchst gefährlich seien. Denn in diesem Falle gelange die rein militärische Erwägung der Generalstäbe zum Wort, und wenn in Deutschland einmal auf den Knopf gedrückt werde, sei die Sache unaufhaltsam.« In Vollziehung der russischen Hinhaltetaktik, mit der insbesondere dem Deutschen Reich vorgegaukelt werden sollte, es könne den großen Krieg noch irgendwie abwenden, versicherte Sasonow dem aufrichtig besorgten deutschen Botschafter »unter Ehrenwort, dass die bezüglichen Gerüchte unrichtig seien, dass bisher kein Pferd und kein Reservist eingezogen sei und dass es sich lediglich um vorbereitende Maßnahmen in den Militärbezirken Kiew und Odessa, vielleicht [auch] Kasan und Moskau handle.«[1557] Auf Sasonows Ersuchen hin gab auch der russische Kriegsminister General Suchomlinow dem deutschen Botschafter sein Ehrenwort, »dass noch keinerlei Mobilmachungsorder ergangen sei.« Es handle sich lediglich um Vorbereitungsmaßnahmen in den auf Österreich gerichteten Grenzbezirken, unter keinen Umständen aber an der deutschen Front bei Warschau, Wilna und St. Petersburg.[1558] Auch das war natürlich gelogen. In Wilna wurde, wie erwähnt, schon ab Mitte Mai mobilisiert und die

Ostsee, in der die russische Flotte ebenfalls mobilisiert wurde, grenzte bekanntlich nicht an Österreich-Ungarn.

Zur Verdeutlichung: Nachdem der deutsche Gesandte indirekt das offene Geheimnis des grundlegenden Sachzwangs des Schlieffen-Plans, nämlich jenen des Zuvorkommens, auf den Tisch gelegt und vor übereilten militärischen Schritten Russlands gewarnt hatte, stellten Sasonow und Suchomlinow, höchste Repräsentanten Russlands, unter Beweis, dass ihr Ehrenwort wie jenes der serbischen Machthaber keinen Pfifferling wert war.

Dasselbe gilt für den britischen König George V., der wie sein Vorgänger unter dem direkten Einfluss des Cliquen-Bruders Lord Esher stand. Am 26. Juli garantierte König George V. dem Prinzen Heinrich von Preußen (1862 bis 1929), seines Zeichens Großadmiral und Generalinspekteur der kaiserlichen Marine sowie Bruder Wilhelms II., laut dessen Angaben, »England würde sich neutral verhalten, falls Krieg ausbrechen sollte zwischen [den] Kontinentalmächten.« Des Weiteren wurde Prinz Heinrich angelogen, die faktisch mobilisierte britische Flotte habe »Reservisten entlassen und Mannschaften programmmäßig beurlaubt«,[1559] obwohl am selben Tag bereits die Urlaubssperre sowohl für Offiziere als auch für Mannschaften verfügt worden war (siehe oben). George V. muss besagte Garantiezusage zumindest vage angedeutet haben, denn seiner eigenen Gesprächsnotiz zufolge hoffte der britische König gegenüber Prinz Heinrich, »wir werden neutral bleiben«, wenngleich er befürchtete, dass Großbritannien in einen Krieg zwischen Deutschland, Russland und Frankreich »hineingezogen« werde. Der Prinz von Preußen könne aber »versichert sein, dass ich und meine Regierung alles tun werden, um einen europäischen Krieg zu verhindern.«[1560] Den Deutschen wurde also zumindest Hoffnung auf die Neutralität Großbritanniens gemacht, obwohl es in Wahrheit der Konzertmeister des kommenden großen Kriegs war.

Zur gleichen Zeit, sprich am 26. Juli, warteten der britische König und seine Regierung im Wege des deutschen Botschafters Lichnowsky der Donaumonarchie mit dem skurrilen Versprechen auf, ihr ausgerechnet »auf einer Botschafterkonferenz Genugtuung zu verschaffen«, von der jedoch nichts anderes zu erwarten war als die Parteiergreifung für Serbien und Russland im Verhältnis 3:1, Verwässerung und Verschleppung. Der prolongierten Leugnung österreichischer Bedürfnisse fügte Großbritannien natürlich, wie gehabt, auch das Element der russischen Nötigung dergestalt hinzu, »dass sich ein Krieg nicht lokalisieren lassen würde. Es würde einen allgemeinen Krieg geben«, einen »Weltkrieg« sogar,[1561] der dann bereits vom Wortsinn her zweifellos die Weltmacht Großbritannien inkludieren würde. Es handelte sich um eine delikate Mischung aus Doppelbotschaften, leeren Versprechungen und halboffenen Drohungen, im Grunde also um eine weitere provokative Nötigung gegenüber Österreich und Deutschland.

Weiterhin unbeirrt um die Lokalisierung des österreichisch-serbischen Konflikts bemüht, versuchten die Mittelmächte den Entente-Staaten abermals, mehrfach und eindringlich zu vermitteln, dass Österreich-Ungarn keine Annexion oder sonstige Gebietserwerbungen auf Kosten Serbiens anstrebte.[1562] Kriegstreiber Maurice Paleologue flüsterte hingegen den Machthabern in St. Petersburg ins Ohr, Deutschland treibe zum Konflikt. Es handele sich daher »schon jetzt nicht mehr um [einen] austro-serbischen«, sondern – ganz im Sinne der französisch-russischen Kriegsgespräche zwischen 20. und 23. Juli – um einen

russisch-deutschen Konflikt.[1563]

Dieser ententischen Kriegslogik entgegenwirkend, verkündete der deutsche Botschafter in St. Petersburg Friedrich Graf Pourtalès im Auftrag des deutschen Reichskanzlers gegenüber dem russischen Außenminister, dass »vorbereitende militärische Maßnahmen Russlands, die irgendwie eine Spitze gegen uns hätten, uns zu Gegenmaßnahmen zwingen, die in der Mobilisierung der Armee bestehen müssten.« Sodann erklärte Pourtalès dem Chef des russischen Außenamts, was dieser ohnehin aus dem Schlieffen-Plan wusste: Die deutsche Mobilmachung »aber bedeutete den Krieg und würde überdies gegen Russland und Frankreich zugleich gerichtet sein müssen, da uns Frankreichs Verpflichtungen gegenüber Russland ja bekannt sind.« Und nachdem das um den Weltfrieden bemühte Deutsche Reich seine militärstrategischen Karten offen auf den Tisch gelegt hatte, appellierte es ein weiteres Mal an das Herz und an den Verstand der russischen Drahtzieher, berücksichtigte dabei auch deren Interessen und regte eine direkte Aussprache zwischen Österreich und Russland an: »Wir können nicht annehmen, dass Russland einen solchen europäischen Krieg entfesseln will. Angesichts der territorialen Desinteressierung Österreichs [an Serbien] geben wir uns vielmehr der Ansicht hin, dass Russland der Auseinandersetzung zwischen Österreich-Ungarn und Serbien gegenüber eine abwartende Stellung einnehmen kann. Den Wunsch Russlands, den Beistand des serbischen Königreichs nicht in Frage stellen zu lassen, werden wir umso eher unterstützen können, als Österreich-Ungarn erklärt hat, diesen Bestand gar nicht in Frage stellen zu wollen. Eine gemeinsame Basis der Verständigung dürfte sich hierdurch auch im weiteren Verlaufe der Angelegenheiten finden lassen.« Darauf zeigte sich Sasonow nach außen

»tief gerührt«, bekundete Russlands Friedensliebe und seinen Willen, Österreich bis aufs Äußerste entgegenzukommen. Gleichzeitig wollte der unbelehrbar dreiste Russe aber die sogenannte Hoffnung nicht aufgeben, dass eine »Milderung einiger Punkte der an Serbien gestellten Forderungen von Österreich werde erreicht werden können.« Sergej Sasonow plädierte danach für einen Weg, auf dem Österreich-Ungarn dem serbischen Königreich unter Wahrung seiner Souveränitätsrechte »eine verdiente Lektion« erteilen könnte. Da war es wieder – das wasserlose Abduschen, in Anbetracht dessen der deutsche Botschafter entgegnete, »es müsste aber auch für die Zukunft [eine] Garantie geschaffen werden, dass Serbien sich seinen übernommenen Verpflichtungen nicht wieder entziehe.«[1564] Gegenüber London, Paris und St. Petersburg erklärte der deutsche Reichskanzler Bethmann Hollweg sodann bestechend logisch, dass Russland mit der Unterstützung für Serbien dessen »Bestrebungen auf Unterhöhlung der Existenzbedingungen der österreichisch-ungarischen Monarchie zu den seinen macht, und dass es allein die Verantwortung dafür trägt, wenn aus dem österreichisch-serbischen Handel [Konflikt], den alle übrigen Großmächte zu lokalisieren wünschen [Irrtum!] ein europäischer Krieg entsteht.«[1565]

Das deutsche Volk konnte stolz auf seine Regierung sein, denn klarer, sachlicher, konstruktiver, umfassender und gleichzeitig umsichtiger als das Deutsche Reich bei der vollends berechtigten Unterstützung seines österreichischen Bündnispartners vorging, konnte es zum einen nicht erwartet werden und wurde zum anderen kein einziger Vorgang einer anderen Nation im Zuge der Juli-Krise dargeboten.

Britische Kriegstreiberei

Leider waren die deutschen und österreichischen Hinweise und Warnungen leere diplomatische Kilometer, denn der russische Kriegskurs stand unverrückbar fest. Darum konnte Sasonow auch nichts mit Pourtalès' und Bethmann Hollwegs sachlich-lösungsorientierten Argumenten anfangen. Anstatt selbst endlich konstruktive Vorschläge zu erbringen, spielte der russische Außenminister seine Beruhigung vor, betonte weiterhin die Unverletzlichkeit der serbischen »Würde«[1566] und käute bei jeder Gelegenheit das dümmliche Argument wieder, »Österreich stelle einige Zumutungen, die die serbische Regierung tatsächlich nicht erfüllen könne, ohne seine Verfassung zu ändern, was in diesem Augenblick nicht möglich ist.«[1567]

Das nach außen lammfromme Verhalten des russischen Außenministers wurde ihm vom russischen Botschafter in London Benckendorff dringend angeraten, nachdem dieser erfahren hatte, dass der britische Außenminister Grey gegenüber Deutschland klarstellen würde, dass im Kriegsfall keinesfalls auf die britische Neutralität zu rechnen sei. Aus London kam zwar laut Benckendorff nicht die geringste Kritik an der russischen Haltung, es sei aber »noch weit bis zum Kriegführen«, weil Großbritannien zu sehr mit den irischen Aufständen in Ulster beschäftigt wäre. Nach diesem amtlichen Beleg für den unbedingten Kriegswillen Russlands lobte Benckendorff die von Sasonow gezeigte Mäßigung der Sprache und die »Vorsicht, die Sie bei der Disposition unseres künftigen Handelns beobachten.« Diese Vorsicht sei nämlich »absolut notwendig, um uns die englische Mitarbeit zu sichern.« Was Großbritannien schrecke, so der Abschluss Benckendorffs korrekter Beurteilung, »ist weniger die österreichische Hegemonie auf dem Balkan, als die deutsche Hegemonie in der Welt.«[1568]

Im Klartext: Solange Russland schön sprach, also nach außen die bei Grey so beliebte Mäßigung in Form und Ton wahrte, konnte es sich mit britischer Rückendeckung voll auf den großen Krieg gegen Österreich und vor allem gegen Deutschland vorbereiten. Das war »die Disposition unseres künftigen Handelns«, die Sergej Sasonow entsprechend der russischen Hinhaltetaktik so vorsichtig beobachtete. Gerade er und Benckendorff hatten ja Greys Faible für eine vom militärisch-aggressiven Inhalt eklatant abweichende äußere **Form** des friedlichen Anscheins bereits ab 21. April 1914 im Zuge der streng geheimen britisch-russischen Flottengespräche kennengelernt[1569] und auch die britische Umsetzung dieses Systems bei der Tarnung der heimlichen Vollmobilisierung der britischen Kriegsflotte ab 16. Juli 1914 als offizielle Flottenparade anschaulich in der Praxis vorgeführt bekommen. Der russische Außenminister und sein Vertreter in London wussten demnach genau, dass Edward Greys Aufforderung zum offiziellen Schönsprechen in Wahrheit der Tarnung und dem Zeitgewinn für die gemeinsamen Kriegsvorbereitungen der Entente-Mächte diente.

Ebendieser Hinhaltetaktik kam der dritte absurde Scheinvermittlungsversuch Großbritanniens vom 26. Juli zugute: In der erwähnten ominösen Vierer-Konferenz (Großbritannien, Frankreich, Italien, Deutschland) sei man geneigt, »Österreich volle Genugtuung zu verschaffen, da Serbien eher geneigt sein würde, dem Druck der Mächte zu weichen und sich in deren vereinten Willen zu fügen als den Drohungen Österreichs.«[1570] Was vielleicht auf den ersten Blick plausibel klang, war in Wahrheit grotesk, weil unmöglich realisierbar. Zum einen hatte Serbien schon unter Beweis gestellt, dass es auch vor den Großmächten abgegebene Versprechen (1909) skrupellos brach. Zum anderen war auch bekannt, dass sich Serbien im Zuge der Haager Konferenzen ausdrücklich gegen ein internationales Auskunftsinstrument gestemmt hatte, weil es lediglich der Kontrolle der Großmächte über Kleinstaaten diene.[1571] Darüber hinaus durften Serbien und Russland die Aufklärung ihrer Verbrechen gegenüber der Donaumonarchie gar nicht zulassen, was durchwegs auch im gezeigten Interesse Großbritanniens, Frankreichs und Italiens lag. Deutschland hätte also, wie gesagt, nichts gegenüber den anderen drei Staaten ausrichten können. Englands Pseudovermittlungstaktik wird auch daran erkennbar, dass man Österreichs »Ton« kritisierte, während man im selben Atemzug auf die Unvermeidbarkeit russischer militärischer Aggression gegen die Donaumonarchie pochte.[1572] Der britische Gesandte und verdeckte Stimmungsmacher in St. Petersburg George Buchanan hatte, wie aus seinem eigenen Telegramm an Edward Grey hervorgeht, sogar die Frechheit, zu behaupten,

dass es nicht die Schuld Russlands, sondern Österreichs ist, wenn der Friede Europas gefährdet ist.

Weil George Buchanans Meinung nach Russland alles und die Donaumonarchie nichts zur friedlichen Beilegung des österreichisch-serbischen Konflikts geleistet habe, habe Österreich »durch nichts zu erkennen gegeben, dass es [eine] friedliche Lösung wünscht, und hat Russland direkt herausgefordert. [Ein] Gegen Serbien geführter Schlag sei, wie mir Außenminister [Sasonow] gestern sagte, in Wirklichkeit gegen Russland gerichtet.«[1573] Und Strippenzieher Grey unterstützte und verstärkte diesen Unsinn, indem er beispielsweise gegenüber dem deutschen Botschafter in London im Hinblick auf die angeblich sehr entgegenkommende serbische Antwort auf das österreichische Ultimatum sagte: »Wenn Österreich-Ungarn mit dieser unerhörten Demütigung Serbiens nicht zufrieden ist, so beweist es, dass dies nur ein Vorwand war und nur darauf abzielt, Serbien und [den] russischen Einfluss zu vernichten.«[1574] Fast mit denselben psychopathisch verlogenen Worten wie George Buchanan erklärte Verdrehungskünstler Sir Edward Grey außerdem, »es sei klar, dass Russland dem nicht gleichgültig zusehen könne und es als eine direkte Herausforderung auffassen müsse.« Wider besseren Wissens meinte Grey außerdem, der von der k. u. k. Regierung mit einer besonders umsichtigen Zirkularnote bedacht worden war, Österreich-Ungarn betreibe eine tollkühne Politik.[1575] Denselben Schwachsinn heftete der französische Justizminister auf die Fahnen des Quai d'Orsay, als er »keinen Augenblick die Möglichkeit einer mäßigenden Einwirkung auf Petersburg« erkannte, weil »nicht Russland, sondern Österreich den Frieden bedrohe.« Wenn sich jemand mäßigen müsse, dann hauptsächlich Wien.[1576]

Exakt hierin liegt die **völlige Verdrehung** der Rollen der Täter (Serbien und Russland) und des Opfers (Österreich) im ententischen Kriegsdrama. Sie wurde in diesem Fall von kriegstreibenden Propagandisten betrieben, die eigentlich im Interesse des eigenen Volks zu handeln hatten, tatsächlich jedoch hinter dessen Rücken ausschließlich zu Gunsten der geheimen Globalisierungsclique Russland zum großen Krieg gegen Österreich und Deutschland trieben. Ein klarer Fall für die Psychiatrie.

So erklärt sich auch die Duldung der russischen Mobilmachung von höchster britischer Stelle, hier durch Arthur Nicolson, die mit der fadenscheinigen Begründung gerechtfertigt wurde, »es wäre indes schwierig und heikel für uns, Petersburg zu bitten, gar nicht zu mobilisieren – wenn Österreich eine derartige Maßnahme beabsichtigt – und man würde uns nicht anhören.«[1577] Dieser skurrilen Denkweise zufolge sollte also allein der österreichische Gedanke an eine Mobilisierung gegen das terroristische Serbien, das obendrein bereits am 25. Juli gegen Österreich mobilisiert hatte, die Mobilmachung der Streitkräfte jenes Drittstaats (Russlands) rechtfertigen, den der eigentliche Konflikt überhaupt nichts anging. Bei all diesem kriegssüchtigen Irrsinn ist vollkommen verständlich, dass Österreich und Deutschland nicht ernsthaft an der britischen Show-Vermittlung interessiert waren, die sie teils, zum Beispiel am 27. Juli, mit der offiziellen Begründung ablehnten, dass die Deutschen »Österreich in seinem Serbenhandel nicht vor ein europäisches Gericht ziehen können.«[1578] Das Deutsche Reich stellte – entsprechend der von Beginn an gegenüber allen Beteiligten sehr deutlich artikulierten Lokalisierungsabsicht – klar, dass es aus seiner Sicht nichts zwischen Serbien und Österreich zu vermitteln gebe, »wohl aber eventuell zwischen Österreich und Russland.«[1579] Dies war, wie vorhin gezeigt, keine leere Floskel, sondern entsprach den Tatsachen: Deutschland versuchte tatsächlich, auf eine geradezu idealtypische Art und Weise zwischen Wien und St. Petersburg zu vermitteln. Schließlich hatte es Russland (rein theoretisch) in der Hand, Serbien zum Wohlverhalten gegenüber Österreich anzuleiten.

Die Mittelmächte behielten daher ihren Prüfstein konsequent im Auge: Serbien, das den Krieg (ebenfalls rein theoretisch) immer noch durch die Annahme des Ultimatums abwenden konnte, obwohl Österreich-Ungarn seit Serbiens Mobilisierung und seiner skandalösen Antwort verständlicherweise endgültig auf den lokalen Krieg gegen Serbien aus war. Einer restlosen Annahme des Ultimatums durch Serbien hätte sich Österreich vor den Augen der Welt nicht entziehen können. Die österreichische Haltung zum Krieg wurde jedenfalls durch die offenkundig wertlose Vermittlungstaktik Großbritanniens intensiv bestärkt (siehe unten). In Anbetracht der ententischen Hinhaltetaktik drängte Berlin in Wien vollkommen zu Recht erneut auf ein möglichst rasches militärisches Einschreiten gegen Serbien. Daher ist das Bedauern des deutschen Außenministers Gottlieb von Jagow allzu verständlich, dass der diesbezügliche Termin, also der 12. August, »solange hinausgeschoben werde müsse.«[1580]

In Berlin selbst schlug trotz des massiven Zeitverlusts gegenüber der russischen Mobilisierung auch nur der Papiertiger zu: Weil man sich in Anbetracht der exzessiven russischen Kriegsvorbereitungen auf einen Zweifrontenkrieg gegen Russland und seinen französischen Bündnispartner einstellen musste, der gemäß dem ersten Takt des Schlieffen-Plans nach dem Durchmarsch durch Belgien niedergerungen werden musste, übersandte der deutsche Generalstabschef Moltke am 26. Juli dem Auswärtigen Amt das streng geheime Konzept für eine an Belgien gerichtete Durchmarschforderung (Ultimatum) nebst Parallelnote an die Niederlande. In dem tatsächlich erst am 2. August dem Königreich Belgien vorgelegten Dokument wird für den Fall eines deutsch-französischen Kriegs erklärt, dass Deutschland keinerlei Feindseligkeiten gegen Belgien hege. Auf der Notlüge aufbauend, Frankreich beabsichtige durch belgisches Gebiet gegen Deutschland vorzugehen, sei Deutschland gezwungen, zu seiner Selbsterhaltung die Verteidigung des dazu unfähigen Belgien zu übernehmen. Bei einer freundschaftlichen Haltung Belgiens würde Deutschland »alle Bedürfnisse seiner Truppen gegen Barzahlung ankaufen«, nach dem Friedensschluss den Besitzstand und die Unabhängigkeit Belgiens wieder herstellen und zudem für alle Schäden aufkommen.[1581]

Das Deutsche Reich wollte demnach die belgische Regierung zur Gewährung eines zeitweiligen Wegerechts zwingen. Dass Belgien ablehnen würde, war vorherzusehen. Selbst wenn es tatsächlich neutral gewesen wäre, hätte es nämlich keinen Durchmarsch fremder Truppen dulden dürfen, sondern sich zur Wehr setzen müssen. Die von Deutschland im Geheimen vorbereitete Note, die gelegentlich zu Unrecht als martialischer Beweis für die angebliche deutsche Kriegslust bezeichnet wird, beweist viel mehr die Umsicht, mit der versucht wurde, aus der geostrategischen Zwangslage, in die das Deutsche Reich von der Entente manövriert worden war, das Beste für alle Beteiligten herauszuholen.

In Wien schritt man zwar noch immer nicht zur, aber immerhin in Richtung Tat gegen Serbien. Am 26. Juli legte k. u. k. Ministerpräsident Berchtold seinem Kaiser die Kriegserklärung mitsamt der Teilmobilmachung gegen Serbien zur Genehmigung vor,[1582] bei der es sich im Gegensatz zur russischen um keine geheime allgemeine, sondern um eine echte teilweise Mobilisierung handelte. Die Vorlage der entsprechenden Dokumente an Kaiser Franz Joseph I. war der erste maßgebliche Formalakt der Donaumonarchie zur Ermöglichung der tatsächlichen Durchsetzung seines Notwehrrechts im Rahmen der präemptiven Verteidigung gegen die seit dem Sarajewoer Attentat sogar intensivierte großserbische Agitation.

Der tatkräftigste Unterstützer dieser gegen Österreich gerichteten Agitation, Russland, setzte ungeniert seine geheimen Kriegsvorbereitungen fort, die ab 27. Juli von etlichen Beobachtern zumeist korrekt als unmittelbare Mobilmachungsmaßnahmen interpretiert wurden. So berichtete k. u. k. Konsul Hein am 27. Juli aus Kiew über »den Rückruf der Offiziere in die Garnisonen und die langen Reihen von Artillerieeinheiten, die aus dem Lager in Kiew mit unbekanntem Ziel nach Westen rollten.« Außerdem meldete er »16 mit Artillerie beladene Züge und Kosaken, die mit aus Kiew ausrückten, sowie 26 Militärzüge mit Artillerie und Pionieren auf dem Weg aus Odessa – alle mit dem Ziel österreichische Grenze. Der riesige Kiewer Stützpunkt stand jetzt leer«, weil die Soldaten entweder auf die Bahn verladen oder in die Winterquartiere abgezogen wurden. Im polnischen Szczakowa (nordwestlich von Krakau) wurde nach dem Abbruch aller regionalen Manöver die Zusammenziehung sämtlicher Truppen in der Stadt und die Bahnverladung eines »großes Kontingents Artillerie« beobachtet. Weiteren Berichten zufolge wurde ein Kavallerieregiment aus dem ostukrainischen Jekaterinoslaw (heute Dnjepropetrowsk) in das etwa 1.000 Kilometer nördlich gelegene Moskau verschoben. Gleichzeitig wurde über die Verlegung der (nach Frankreichs) zweitgrößten Luftwaffe der Welt, also jener des Zaren, in den Westen berichtet. Meldungen aus Galizien zufolge wurden »entschieden große Truppenkonzentrationen, einschließlich Artillerie und Kosaken« unmittelbar an der Grenze in Stellung gebracht, während in Batumi, einer Hafenstadt an der östlichen Schwarzmeerküste, die Verlegung einiger Infanterieregimenter, Dragoner und Kosaken nach Warschau beobachtet wurde. Und den Telegrammen aller deutschen Konsulate in Russland waren Meldungen über folgende Beobachtungen zu entnehmen: große militärische Konvois, Verlegung einer kompletten Artilleriedivision von Kiew in den Westen, Infanterie- und Kavallerieverbände auf dem Marsch in Richtung Kovel (in der heutigen Westukraine) und Lublin (im heutigen Ostpolen), Verminung von Flüssen, vom Telegrafenamt in Moskau abgefangene verschlüsselte deutsche Telegramme sowie »andere Anzeichen umfassender Kriegsvorbereitungen.« Diese und weitere bei Christopher Clark gelistete Maßnahmen waren entgegen seiner persönlichen Meinung[1583] aus den bereits genannten Gründen eindeutig einer Mobilmachung zuordenbar. Es handelte sich zumindest um weitere einleitende Maßnahmen im Rahmen einer schleichenden Gesamtmobilmachung.

Als hätten sie es vorher gemeinsam einstudiert, lobten Sasonow und Grey am 27. Juli unisono die »Mäßigung« der unerwartet großzügigen serbischen Antwort-Note auf das österreichische Ultimatum und stellten Österreich erneut als Aggressor gegen Serbien hin. Unverändert war von der gänzlichen Vernichtung Serbiens die Rede,[1584] woraus sich ergibt, dass die vielen Hinweise der Mittelmächte über das territoriale Desinteresse der Donaumonarchie zwar gehört,[1585] aber geflissentlich ignoriert wurden. Grey und seine Vertrauten ließen jedoch in Absprache mit Russland die Mittelmächte bewusst im Glauben, »Russland werde nicht eingreifen, solange Österreich daran festhalte, sich kein serbisches Gebiet anzueignen.« Grey fügte seinem Gespräch mit dem russischen Botschafter Benckendorff noch sarkastisch hinzu, »es wäre lächerlich, wenn wir in Wien und Berlin serbischer als die Russen auftreten würden.« Über dieses Gespräch informierte Grey seine Botschafter in Berlin (Edward Goschen: 1847 bis 1924) und in St. Petersburg (George Buchanan).[1586] Man ließ also Österreich und Deutschland im guten Gauben, während man sich selbst immer intensiver auf den großen Schießkrieg vorbereitete.

Nachdem der britische Außenminister Edward Grey gegenüber St. Petersburg signalisiert hatte, dass das Vertrauen in Wien und Berlin auf die britische Neutralität seit den von der britischen »Flotte ergriffenen Maßnahmen« (Mobilmachung) keine Grundlage mehr habe,[1587] dass das »Verbleiben von vier Divisionen der ersten Flotte, der wichtigsten von allen, im mobilen Zustande« gesichert wäre, dass auch die geheim verfügte Mobilisierung der anderen Einheiten binnen 24 Stunden sichergestellt sei und dass sich der britische Ton gegenüber Deutschland dramatisch verändert habe, riet der russische Botschafter in London seinem Chef, also Sasonow, »dass es vorteilhafter wäre, wenn Greys Projekt« – sprich die Vierstaatenvermittlung – »von den Regierungen des Dreibundes und nicht von uns zurückgewiesen würde.«[1588] Dieses russische Telegramm ist ein weiteres Schlüsseldokument, das belegt, dass neben Großbritannien auch Russland ein großer Scheinverhandler war. Dass es dazu eine streng geheime und daher nicht dokumentierte Absprache zwischen Großbritannien und Russland gab, noch dazu zwischen den Cliquen-Brüdern Grey und Sasonow, kann mit sehr hoher Wahrscheinlichkeit angenommen werden. Der Inhalt der schon mehrfach erwähnten streng geheimen britisch-russischen Flottengespräche ab 21. April 1914 legt sogar nahe, dass es gar nicht anders sein konnte, als dass Grey über Benckendorff dessen Boss in St. Petersburg ausrichten ließ, wie das gezinkte Vermittlungsspiel weiterzulaufen hatte: Verhandelt der **Form** nach mit, rührt euch aber inhaltlich um keinen Millimeter, bis es Österreich-Ungarn reicht und endlich militärisch gegen Serbien vorgeht. Genau so könnte Greys Anweisung gelautet haben.

Gesichert ist, dass am 28. Juli Edward Greys vierter Pseudovermittlungsvorschlag zu Buche schlug. Zwar sprach sich der britische Außenminister weiterhin für eine Vierer-Konferenz aus, er wollte aber »diesen Gedanken zurückstellen, bis wir sehen, wie die Besprechungen zwischen Österreich und Russland fortschreiten.«[1589] Der von Grey festgelegte Vorrang der bilateralen Gespräche zwischen Österreich-Ungarn und dem Zarenreich war völlig hirnrissig, weil Sergej Sasonow mehrfach und deutlich zu verstehen gab, dass er a. gar nicht direkt mit Österreich verhandeln wollte[1590] und er b. im Hinblick auf die Natur der österreichischen Forderungen nicht einmal das größtmögliche Zugeständnis der Donaumonarchie akzeptierte, nämlich ihr territoriales Desinteresse an Serbien.[1591] Gegenüber dem britischen Gesandten in St. Petersburg George Buchanan, der darüber umgehend Edward Grey Bericht erstattete, meinte Sasonow ausdrücklich im Hinblick auf die ihm angeblich so wichtige Unabhängigkeit und Integrität Serbiens, »dass keine Verpflichtung, die Österreich hinsichtlich dieser beiden Punkte eingehe, Russland zufriedenstellen würde und dass am Tage, an dem Österreich [die] serbische Grenze überschreite, [der] Mobilmachungsbefehl gegen Österreich erlassen würde.«[1592] Sasonow erklärte also die Garantien der von Serbien bedrohten Donaumonarchie für wertlos, während er Serbiens garantielose Antwort auf das österreichische Ultimatum als »so konziliant« respektive erstaunlich entgegenkommend deklarierte. Er sei (immer noch) erstaunt, dass Österreich die serbische Note abgelehnt hatte,[1593] weil sie »alles enthalte, was Österreich von Serbien verlangen könne. Wenn daher Österreich die Note als unbefriedigend erkläre, so beweise es, dass es Krieg unter allen Umständen wolle.«[1594] Auf dieser destruktiv-provokativen Basis, die Grey bekannt war, lässt sich natürlich keine sinnvolle Verhandlung abhalten – weder eine bilaterale noch eine multilaterale.

Der von Sasonow gegenüber London genannte vermeintliche Auslöser für die längst planmäßig ablaufende russische Mobilmachung, das Überschreiten der serbischen Grenze durch k. u. k. Truppen, weicht übrigens stark von jener Begründung ab, die Sasonow am selben Tag (28. Juli) an seine Botschafter in Wien, Paris, London und Rom telegraphierte: »Infolge der Kriegserklärung Österreichs an Serbien werden wir morgen [29. Juli] die Mobilmachung in den Militärbezirken Odessa, Kiew, Moskau und Kasan erklären. Bringen Sie das zur Kenntnis der deutschen Regierung und betonen Sie das Fehlen irgendwelcher Angriffsabsichten Russlands gegen Deutschland.«[1595] Bei so vielen Lügen dürfen gelegentlich protokollarische Fehler passieren. Erst recht, da die Entente-Mächte gemäß ihren offiziellen Erklärungen davon ausgingen, dass nicht Russland, sondern Österreich den europäischen Frieden störte. In dieses verschraubte Denkkonzept passte auch die Lüge jenes Mannes, der während der britisch-russischen Flottengespräche im unmittelbaren Vorfeld der Juli-Krise als Greys rechte Hand in St. Petersburg fungiert hatte: George Buchanan versicherte seinem deutschen Botschafterkollegen Graf Friedrich Pourtalès auf dessen dringende Anfrage, er habe Russland von Anfang an unaufhörlich »Ratschläge der Mäßigung erteilt.« Dabei konnte es sich, wie wir wissen, maximal um eine Mäßigung in Form und Ton, keinesfalls jedoch dem militärischen Inhalt nach handeln. Schließlich waren

Grey und Buchanan Böcke, die sich selbst zu Gärtnern erklärten.

Aufgrund der offenkundigen Fakten taten Österreich und Deutschland jedenfalls gut daran, in der Vermittlungsfrage weder Großbritannien und Russland noch einer anderen Macht zu trauen, sondern ihren Weg der Lokalisierung konsequent weiterzugehen. Beim anstehenden österreichisch-serbischen Krieg würde sich ja weisen, ob Russland tatsächlich den ganz großen Krieg wollte, oder ob es nur mit dem Säbel rasselte und doch noch den bislang vermissten Anstand hatte, Österreichs Recht auf Notwehr anzuerkennen.

Präemptive Verteidigung Österreichs

Rechtliches

Serbien war der terroristische Aggressor, gegen dessen hybride Kriegsführung sich Österreich-Ungarn zur Wehr setzen **musste**, wenn es nicht als Staat untergehen wollte. Wie bereits dargelegt, genoss in der klassischen Periode des Völkerrechts jeder souveräne Staat, also auch Österreich-Ungarn, das unbeschränkte Recht zur Kriegsführung zum Zweck der Rechtsverfolgung. In diesem Fall war das verfolgte Recht die Aufrechterhaltung der staatlichen Unversehrtheit und Souveränität Österreich-Ungarns.

Mit dem von der serbischen Regierung in allen wesentlichen Punkten abgelehnten Ultimatum erbrachte die Donaumonarchie zusätzlich, also in Ergänzung zu dem ihm ohnehin zustehenden Kriegsführungsrecht, vor den Augen der Weltöffentlichkeit den unwiderlegbaren Beweis, dass Österreich nicht nur das Recht, sondern auch die Moral auf seiner Seite hatte. Diese juristische Zusatzarbeit war umso wichtiger, als die intensiven Bedrohungen, denen die von kriegstreibenden Feinden umringte Donaumonarchie ausgesetzt war, sprich Terrorismus und hybride Kriegsführung, zur damaligen Zeit ein **absolutes Novum** darstellten, für die es folglich weder einen Vergleich noch eine vorexerzierte Reaktionsweise gab.

Genau aus diesem Grund muss speziell den mea-culpa-psychiatrierten Österreichern und Deutschen immer wieder vor Augen geführt werden, dass der Donaumonarchie ab 28. Juni 1914 auch nach der heutigen Rechtslage (theoretisch rückwirkend) das sofortige Recht zur präemptiven Verteidigung in Ausübung ihres Notwehrrechts zuzuerkennen wäre. Ganz anders als den USA mit ihren völkerrechtswidrigen Kriegen anlässlich 9/11 ging Österreich also sogar nach heutigen Maßstäben absolut rechtmäßig gegen Serbien vor.

> Das Recht zur präemptiven Kriegsführung stand der Donaumonarchie zwar auch gegen Serbiens Unterstützer Russland zu, Österreich-Ungarn beschränkte sich jedoch nicht nur wegen des damals fehlenden Detailwissens, sondern auch wegen seines großen Defizits an militärischer Stärke auf seinen unmittelbaren Herausforderer: Serbien.

Rechtliches

Kommen wir also zur österreichinternen Ankündigung militärischer Aktionen gegen Serbien. Bei aller Kritik, die im vorliegenden Buch an der Außenpolitik Franz Josephs I. bis etwa 1908 und insbesondere im Hinblick auf die Annexion Bosniens und der Herzegowina geübt wird, muss auch festgehalten werden, dass sich der österreichische Kaiser vor allem ab 1912 trotz der großserbischen Agitation tadellos und sogar großzügig gegenüber Serbien verhalten hatte. Mit seinem teilweise von ihm selbst entworfenen Manifest vom 28. Juli 1914 stellte der bereits im 84. Lebensjahr befindliche Monarch nicht nur gegenüber »seinen Völkern«, sondern auch gegenüber dem heutigen Leser unter Beweis, dass der anstehende Waffengang gegen Serbien nicht nur notwendig, sondern auch rechtens war:

An Meine Völker!

Es war Mein sehnlichster Wunsch, die Jahre, die Mir durch Gottes Gnade noch beschieden sind, Werken des Friedens zu weihen und Meine Völker vor den schweren Opfern und Lasten des Krieges zu bewahren. Im Rate der Vorsehung ward es anders beschlossen. Die Umtriebe eines hasserfüllten Gegners zwingen Mich, zur Wahrung der Ehre Meiner Monarchie, zum Schutze ihres Ansehens und ihrer Machtstellung, zur Sicherung ihres Besitzstandes nach langen Jahren des Friedens zum Schwerte zu greifen.

Mit rasch vergessendem Undank hat das Königreich Serbien, das von den ersten Anfängen seiner staatlichen Selbständigkeit bis in die neueste Zeit von Meinen Vorfahren und Mir gestützt und gefördert worden war, schon vor Jahren den Weg offener Feindseligkeit gegen Österreich-Ungarn betreten.

Als Ich nach drei Jahrzehnten segensvoller Friedensarbeit in Bosnien und der Hercegovina Meine Herrscherrechte auf diese Länder erstreckte, hat diese Meine Verfügung im Königreiche Serbien, dessen Rechte in keiner Weise verletzt wurden,

Ausbrüche zügelloser Leidenschaft und erbittertsten Hasses hervorgerufen. Meine Regierung hat damals von dem schönen Vorrechte des Stärkeren Gebrauch gemacht und in äußerster Nachsicht und Milde von Serbien nur die Herabsetzung seines Heeres auf den Friedensstand und das Versprechen verlangt, in Hinkunft die Bahn des Friedens und der Freundschaft zu gehen.

Von demselben Geiste der Mäßigung geleitet, hat sich Meine Regierung, als Serbien vor zwei Jahren im Kampfe mit dem türkischen Reiche begriffen war, auf die Wahrung der wichtigsten Lebensbedingungen der Monarchie beschränkt. Dieser Haltung hatte Serbien in erster Linie die Erreichung des Kriegszweckes zu verdanken. Die Hoffnung, dass das serbische Königreich die Langmut und Friedensliebe Meiner Regierung würdigen und sein Wort einlösen werde, hat sich nicht erfüllt. Immer höher lodert der Hass gegen Mich und Mein Haus empor, immer unverhüllter tritt das Streben zutage, untrennbare Gebiete Österreich-Ungarns gewaltsam loszureißen.

Ein verbrecherisches Treiben greift über die Grenze, um im Südosten der Monarchie die Grundlagen staatlicher Ordnung zu untergraben, das Volk, dem Ich in landesväterlicher Liebe Meine volle Fürsorge zuwende, in seiner Treue zum Herrscherhaus und zum Vaterlande wankend zu machen, die heranwachsende Jugend irrezuleiten und zu frevelhaften Taten des Wahnwitzes und des Hochverrates aufzureizen. Eine Reihe von Mordanschlägen, eine planmäßig vorbereitete und durchgeführte Verschwörung, deren furchtbares Gelingen Mich und Meine treuen Völker ins Herz getroffen hat, bildet die weithin sichtbare blutige Spur jener geheimen Machenschaften, die von Serbien aus ins Werk gesetzt und geleitet wurden.

Diesem unerträglichen Treiben muss Einhalt geboten, den unaufhörlichen Herausforderungen Serbiens ein Ende bereitet werden, soll die Ehre und Würde Meiner Monarchie unverletzt erhalten und ihre staatliche, wirtschaftliche und militärische Entwicklung vor beständigen Erschütterungen bewahrt bleiben. Vergebens hat Meine Regierung noch einen letzten Versuch unternommen, dieses Ziel mit friedlichen Mitteln zu erreichen, Serbien durch eine ernste Mahnung zur Umkehr zu bewegen.

Serbien hat die maßvollen und gerechten Forderungen Meiner Regierung zurückgewiesen und es abgelehnt, jenen Pflichten nachzukommen, deren Erfüllung im

Leben der Völker und Staaten die natürliche und notwendige Grundlage des Friedens bildet. So muss Ich denn daran schreiten, mit Waffengewalt die unerlässlichen Bürgschaften zu schaffen, die Meinen Staaten die Ruhe im Inneren und den dauernden Frieden nach außen sichern sollen.

In dieser ernsten Stunde bin Ich Mir der ganzen Tragweite Meines Entschlusses und Meiner Verantwortung vor dem Allmächtigen voll bewusst. Ich habe alles geprüft und erwogen. Mit ruhigem Gewissen betrete Ich den Weg, den die Pflicht Mir weist. Ich vertraue auf Meine Völker, die sich in allen Stürmen stets in Einigkeit und Treue um Meinen Thron geschart haben und für die Ehre, Größe und Macht des Vaterlandes zu schwersten Opfern immer bereit waren. Ich vertraue auf Österreich-Ungarns tapfere und von hingebungsvoller Begeisterung erfüllte Wehrmacht. Und Ich vertraue auf den Allmächtigen, dass Er Meinen Waffen den Sieg verleihen werde.[1596]

Derselbe Text der am 29. Juli in der *Wiener Zeitung* veröffentlichten kaiserlichen Proklamation[1597] hält insbesondere im Hinblick auf die Ausführungen über die gerechtfertigte Notwehr gegenüber Serbien, wie bereits gezeigt, einer modernen Überprüfung in sowohl historischer als auch juristischer Hinsicht stand. Diese werden vollinhaltlich bestätigt.

Nachdem Kaiser Franz Joseph I. am 26. Juli die Teilmobilmachung, also die Mobilisierung der für den Kriegsfall B (Serbien) bestimmten Heeresgruppen – B-Staffel und Minimalgruppe Balkan[1598] – genehmigt hatte, wurde deren Alarmierung erst mit Wirksamkeit vom 27. Juli 1914 verfügt.[1599] Die tatsächliche Teilmobilmachung startete allerdings formal einen Tag später, nämlich am 28. Juli,[1600] um sich sodann um einen weiteren Tag zu verschieben (siehe unten). Am selben Tag, sprich am 28. Juli um 1100 Uhr, erklärte Österreich-Ungarn Serbien den Krieg.[1601] Die an die serbische Regierung telegraphierte Kriegserklärung lautete kurz und bündig:

Da die königlich serbische Regierung nicht in befriedigender Weise auf die Note geantwortet hat, die ihr seitens des österreichisch-ungarischen Gesandten in Belgrad am 23. Juli 1914 überreicht worden war, sieht sich die k. u. k. Regierung in die Notwendigkeit versetzt, ihre Rechte und Interessen selbst zu wahren und zu diesem Zweck an die Entscheidung der Waffen zu appellieren. Österreich-Ungarn betrachtet sich daher von diesem Augenblick an als im Kriegszustand mit Serbien stehend.[1602]

Kurzer Einschub: Dem erwähnten Entwurf der Kriegserklärung wurde bei der Unterfertigung durch den österreichischen Kaiser die Nachricht über ein angebliches Gefecht zwischen serbischen und k. u. k. Dampfern der Donauflottille beigelegt, das auf der Donau auf Höhe von Temes Kubin, dem heutigen Kovin am Donau-Nordufer gegenüber Smederovo ungefähr 70 Kilometer flussabwärts beziehungsweise östlich von Belgrad, stattgefunden und vorgeblich durch serbischen Beschuss ausgelöst worden sein soll. Kaiser Franz Joseph I. unterschrieb die Kriegserklärung zwar im Glauben an die Korrektheit besagter Meldung, als sich jedoch herausstellte, dass es sich um eine Falschmeldung handelte, wurde die betreffende Passage über Temes Kubin vom k. u. k. Ministerpräsidenten kurzerhand aus der Kriegserklärung gestrichen.[1603] Obwohl Graf Berchtold bereits am 28. Juli Bescheid wusste, klärte er den Kaiser erst am nächsten Tag auf.[1604] Dieser Verzug spielte jedoch entgegen anderslautenden Meinungen weder intern noch extern die geringste Rolle, weil zum einen der Kaiser, wie erwähnt, ab 25. Juli fest, wenngleich nicht unbedingt respektive unumkehrbar, zum Krieg gegen Serbien entschlossen war[1605] und zum anderen die Kriegserklärung an Serbien keinen Hinweis auf das gar nicht stattgefundene Gefecht enthielt.

Befassen wir uns nun wieder mit dem Wesentlichen. Der Hauptbeweggrund für den aus österreichischer Sicht immer noch frühen Zeitpunkt der Kriegserklärung war der bereits angedeutete Wunsch, sich keinen weiteren wertlosen und obendrein provokativen Grey'schen Vermittlungsversuchen mehr aussetzen zu müssen. Der deutsche Botschafter Tschirschky kabelte diesen Umstand am 27. Juli mit folgenden Worten von Wien nach Berlin: »Man hat hier beschlossen, morgen, spätestens übermorgen, [die] offizielle Kriegserklärung zu erlassen, hauptsächlich, um jedem Interventionsversuch den Boden zu entziehen.«[1606] Wenngleich Wien gut daran tat, sich nicht länger von London hinhalten und provozieren zu lassen, so betraf dieser Hauptbeweggrund allein den Zeitpunkt, nicht jedoch das Rechtsinstitut der Kriegserklärung per se.

> **Rechtliches**
>
> Österreich erachtete sich zu Recht als im Kriegszustand mit Serbien stehend, weil die wenige Stunden vor der Übermittlung der serbischen Demarche verfügte Mobilmachung der serbischen Streitkräfte in Kombination mit der provokativen Ablehnung der wichtigsten österreichischen Forderungen keinen anderen Schluss zuließ, als dass Serbien seinen hybriden Krieg gegen Österreich-Ungarn fortzusetzen wünschte und die konventionellen kriegerischen Handlungen demnächst beginnen würden. Die österreichische Kriegserklärung entsprach daher lediglich einer formellen Bestätigung der faktischen

Verhältnisse, diente der gegenseitigen Rechtssicherheit und war folglich kein aggressiver Akt, wie so manche juristischen Laien meinen.

Das *Haager Abkommen über den Beginn der Feindseligkeiten* aus dem Jahr 1907, das neben vielen anderen Staaten sowohl von den Mittelmächten als auch von den Entente-Staaten und Serbien 1910 ratifiziert wurde, regelt in Artikel 1, dass Feindseligkeiten unter den Vertragsmächten nicht ohne eine vorausgehende unzweideutige Benachrichtigung beginnen dürfen. Diese kann in Form einer mit Gründen versehenen Kriegserklärung oder eines Ultimatums mit bedingter Kriegserklärung ergehen. Artikel 2 ordnet an, dass der **Kriegszustand** auch den neutralen Mächten unverzüglich anzuzeigen ist.[1607] Der Grund für die klassisch völkerrechtliche Verpflichtung zur Ankündigung von Kriegen mittels einseitiger und empfangsbedürftiger Willenserklärung war nicht etwa die Verhinderung von Heimlichkeit oder Hinterlist, »sondern damit feststehe, dass der Krieg nicht auf Gefahr Einzelner, sondern auf Beschluss beider Völker oder deren Oberhäupter geführt werde. Denn davon sind die besonderen Rechtswirkungen des Krieges abhängig [...]« Die Kriegserklärung war demnach nicht nur für die **Rechtmäßigkeit** der nachfolgenden Kriegshandlungen maßgeblich, ihr Empfang »bestimmte auch klar den Beginn der Anwendung der kriegsvölkerrechtlichen Regeln«,[1608] die mitunter dem Schutz der Zivilbevölkerung dienten.

Da Serbien und mit ihm Russland ohne vorherige Kriegserklärung einen hybriden Krieg gegen Österreich-Ungarn führten, verstießen beide Nationen gegen die Bestimmungen der von ihnen im Jahr 1910 ratifizierten *Haager Konvention über den Beginn der Feindseligkeiten*. Damit hängt zusammen, dass die Donaumonarchie nicht zur Abgabe einer Kriegserklärung gegenüber Serbien verpflichtet gewesen wäre.

Der vielzitierte niederländische Rechtsgelehrte Hugo von Grotius (1583 bis 1645) hielt nämlich eine Kriegserklärung aus naturrechtlichen Gründen für nicht erforderlich, »wenn eine angedrohte Gewalt abgewendet oder eine Schuld oder Strafe von einem Schädiger eingetrieben werden sollte.«[1609] Auf alle drei Merkmale, also die Abwendung angedrohter Gewalt (propagierter Terrorismus), die Exekution einer Schuld (versprochenes Wohlverhalten) und die Eintreibung der »Strafe« (Vergeltung), konnte sich die Donaumonarchie bei ihrem militärischen Vorgehen gegen Serbien stützen, weshalb Österreich-Ungarn gar keine Kriegserklärung hätte abgeben müssen.

Eine dennoch erfolgte Kriegserklärung war in Grotius' Augen explizit »löblich und geziemend, wenn sie geschieht, damit allenfalls von der Beleidigung

Rechtliches

> abgestanden, oder das Vergehen durch Reue oder Genugtuung gesühnt werden kann.« In derartigen Fällen, weiß der österreichische Militärjurist Brigadier Doktor Karl Edlinger, »wurde häufig eine Kriegserklärung bedingt ausgesprochen, wodurch dem Gegner die Möglichkeit eingeräumt wurde, den Krieg durch ein Einlenken noch abzuwenden. Grotius unterstreicht dies durch einen Vers aus Senecas Agamemnon: ›Das Äußerste hat niemand zuerst versucht!‹ und folglich sei geboten, vor dem Krieg zum Frieden einzuladen.«[1610]
>
> Die genannten Ausführungen liegen den Haager Bestimmungen über Wesen, Form und Zweck von Kriegserklärungen zugrunde. Die österreichisch-ungarische Kriegserklärung diente demnach eindeutig der gegenseitigen Rechtssicherheit. Und obwohl die von Serbien (und Russland) auf vielerlei Art bedrohte Donaumonarchie nicht einmal zur Abgabe einer Kriegserklärung verpflichtet war, räumte sie bereits im Vorfeld mit einer diplomatischen Weiche, also dem Ultimatum, Serbien die Möglichkeit zum Einlenken sogar während einer eventuell bereits laufenden österreichischen Mobilisierung ein. Obwohl Serbien die Pflicht zur Erstattung einer Kriegserklärung verletzt hatte und sich Wien genau wie Berlin des ungerechten aggressiven Beigeschmacks und damit des Nachteils einer Kriegserklärung bewusst war, legte es eine ebensolche der serbischen Regierung vor – und handelte dabei im Sinne des Kant'schen kategorischen Imperativs.
>
> Wir nehmen daher Hugo von Grotius beim Wort und halten fest, dass sich Österreich mit Ultimatum und Kriegserklärung auf vollkommen legalen und darüber hinaus löblichen und geziemenden Bahnen bewegte, während sich Serbien und die hinter ihm stehenden Mächte mehrfach ins gröbste Unrecht setzten. Wer das Gegenteil behauptet, liegt falsch und hält ententische Kriegspropaganda am Leben.

Obwohl der terroristische Aggressor Serbien längst gegen Österreich-Ungarn mobilgemacht hatte, blieb die Donaumonarchie bis 28. Juli militärisch passiv. Und obwohl keiner der beiden Mittelmächte auch nur den Hauch einer militärischen Vorbereitungsmaßnahme gegenüber Russland ergriffen hatte, waren die russischen Kriegsvorbereitungen sowohl gegen Österreich als auch gegen das Deutsche Reich mindestens seit dem 25. Juli voll im Laufen. Vollkommen unbegreiflich ist daher, dass sich die Mittelmächte nicht bis zum 28. Juli über eine gemeinsame Strategie im Falle eines großen europäischen Kriegs verbindlich abgesprochen hatten.

Österreich wusste also am Tag seiner Kriegserklärung nicht einmal, welche Kräfte es in welchem Umfang mobilisieren sollte. Schlechter kann man einen Krieg gar nicht vorbereiten.

In Anbetracht der vielen in Wien eingehenden analogen Meldungen über »russische Rüstungen« und angesichts der »übereinstimmenden Nachrichten aus Petersburg, Warschau, Moskau und Odessa« über die umfangreichen militärischen Vorbereitungen Russlands wollte k. u. k. Generalstabschef Conrad von Hötzendorf am 28. Juli endlich ohne Verzug Klarheit darüber haben, »ob wir mit starken Kräften gegen Serbien marschieren können oder unsere Hauptmacht gegen Russland zu verwenden haben werden.«[1611] Bisher gab es ja hinsichtlich einer etwaigen gemeinsamen Strategie zwischen Conrad und dem deutschen Generalstabschef Helmuth von Moltke lediglich den erwähnten unverbindlichen brieflichen Meinungsaustausch, während die Entente-Mächte bereits ab 1906 in voller Akribie die kontinentale Schlachtplatte inklusive der anliegenden Meere für den großen Krieg gegen Deutschland aufbereitet hatten. Und während es Frankreich und Russland seit 1912 intensiv auf den Zeitgewinn gegenüber ihrem schon sehr früh definierten Hauptfeind Deutsches Reich abgesehen hatten, machte General Conrad am 28. Juli 1914, also exakt am Tag der österreichischen Kriegserklärung gegen Serbien, darauf aufmerksam, dass noch immer keine Einigkeit mit Deutschland über ein gemeinsames Vorgehen herrschte. Schließlich hing von der Entscheidung über die Frage, ob Österreich-Ungarn fortan das Zarenreich als Hauptfeind behandeln sollte oder nicht, »die ganze Anlage des Feldzuges gegen Serbien ab.«[1612]

Abb. 62: K. u. k. Generalstabschef Franz Conrad von Hötzendorf

Conrad von Hötzendorf ging es darum, in letzter Minute zu klären, ob sich Österreich auf Kriegsfall B (Serbien) oder aber auf Kriegsfall R (Russland und Serbien) vorbereiten sollte. Daran, dass dieser essentielle Punkt bis eine Woche vor Beginn des Ersten Weltkriegs respektive vor dem Einmarsch deutscher Truppen in Belgien (4. August) noch immer keiner Klärung zugeführt worden war, ist klar zu erkennen, dass die Mittelmächte schlichtweg keine Lust auf einen großen Krieg hatten.

Auf Conrads Drängen ersuchte schließlich der österreichisch-ungarische Ministerpräsident Berchtold am 28. Juli mitten in der Nacht, nämlich um 23

Uhr mittels Telegramm, seinen Botschafter Ladislaus von Szögyény-Marich, höflichst in Berlin darauf hinzuweisen, es sei »schon mit Rücksicht auf die große Bedeutung des Zeitgewinns für Russland unerlässlich, dass sowohl Österreich-Ungarn als auch, nach der ganzen Situation, Deutschland sofortige weitestgehende Gegenmaßregeln ergreifen.«[1613] Es war nicht etwa so, dass die Österreicher den Deutschen den Schlieffen-Plan erklären mussten. Vielmehr wartete Berlin absichtlich bis zum letztmöglichen Zeitpunkt ab und nahm dabei bewusst große Zeitverluste in Kauf, weil eine einmal verfügte deutsche Mobilisierung kaum aufhaltbar war und daher fast automatisch Krieg bedeutete. Einen Krieg, den man nie wollte. Weder in Berlin noch in Wien.

Obwohl die österreichische Staatsführung schon vor dem 28. Juli 1914 wusste, »dass Russland noch weitere Armeekorps außer denen an der galizischen Grenze insgeheim mobilisiere«,[1614] verzögerte sich die mit Wirksamkeit vom 28. Juli ausgerufene Balkan-mobilmachung der k. u. k. Streitkräfte um weitere wertvolle 24 Stunden, sodass der erste effektive Mobilmachungstag der 29. Juli war. Dies war weniger auf den in Berlin nicht gerade beliebten Wiener Schlendrian zurückzuführen, sondern hatte durchaus sinnvolle organisatorische Gründe: Der eigentliche erste Mobilmachungstag (28. Juli) wurde den zu formierenden Mannschaften für die Erledigung ihrer privaten Angelegenheiten als freier Tag eingeräumt.[1615] Da der faktisch erste Mobilmachungstag der 29. Juli war, hatte sich Österreich nach dem offiziellen Beginn der serbischen Mobilmachung (25. Juli) vier wertvolle Tage für den effektiven Start der eigenen Zeit gelassen. Wer hierin einen unbedingten Kriegswillen erkennt, dem ist nicht zu helfen.

Da Serbien auch nach der von Österreich übermittelten Kriegserklärung kein Einlenken signalisierte,[1616] erfolgte am 29. Juli die Bombardierung Belgrads.[1617] Um etwa 2 Uhr Früh eröffneten die drei Donau-Monitoren »Bodrog«, »Számos« und »Temes« bei Semlin im Bereich der Großen Kriegsinsel aus einer Entfernung von rund 3,5 Kilometern mit den ersten vier 12-Zentimeter-Granaten das Feuer auf die Funkstation der Festung Kalemegdan und den Hügel Topcider im Süden der verdunkelten sowie von der Regierung und dem Militär großteils geräumten serbischen Hauptstadt.[1618] Da das erwartete gegnerische Artilleriefeuer ausblieb, waren keine serbischen Stellungen auszumachen. Nachdem die Serben um etwa 4 Uhr mit ihren Gewehren zurückgeschossen hatten, eröffnete die k. u. k. Flottille erneut das »blinde Feuer«, stellte selbiges aber bereits nach fünf Minuten wieder ein, weil – obwohl es inzwischen hell war – die Wirkung im Ziel nicht beobachtet werden konnte. Am Folgetag dieses geradezu peinlichen, hauptsächlich symbolischen Kriegsbeginns ohne jeden strategischen Wert sollte durch Donau-Monitoren und Patrouillenboote »eine scharfe Rekognoszierung [Aufklärung] längs der feindlichen Grenze bis Mitrovica« durchgeführt werden.[1619]

Österreich-Ungarn war Meister des Formulierens und der Geduld, die jedoch am 29. Juli endgültig vorbei war. Die ersten Schüsse fielen ja nicht in Belgrad, sondern in Sarajewo am 28. Juni 1914 im Rahmen jenes hybriden Kriegs, in dem Serbien Meister war und dem am 29. Juli 1914 ein jähes Ende bereitet wurde. Der konventionelle Krieg zwischen Österreich und Serbien hatte begonnen, wurde aber sogleich durch die Auslösung der belgischen Kriegsfalle zum Weltkrieg.

B. Aktivierung der Kriegsfalle Belgien

Der österreichisch-serbische Krieg hätte nicht zum Ersten Weltkrieg führen müssen. Er hätte sogar problemlos ein lokales Ereignis bleiben können. Wie bereits gezeigt, war jedoch nicht nur vorhersehbar, sondern auch von serbischen und russischen Drahtziehern gewünscht und geplant, dass die Ermordung des österreichischen Thronfolgers eine Kettenreaktion auslösen sollte, die im Wege der Bündnissystematik alle europäischen Großmächte in den Konflikt zwischen Österreich und Serbien hineinziehen würde. Das erste und wichtigste Glied der Kette war Russland. Einzig und allein in seinen Händen lag die Entscheidung zwischen Frieden oder Krieg in Europa. Mit intensiver französischer und britischer Unterstützung sorgten russische Kriegstreiber für die Delokalisierung des österreichisch-serbischen Kriegs, indem sie die dritte Funktion in der ab 1906 sorgfältig präparierten Kriegsfalle Belgien erfüllten: Nachdem Belgiens Neutralität inoffiziell aufgehoben sowie die Kanalisierung der deutschen Streitkräfte durch die Vorspiegelung einer Lücke in der nordfranzösischen Abwehrfront und die Füllung dieser vermeintlichen Lücke durch britische Landungstruppen längst vorbereitet worden waren, bedurfte es zur Aktivierung der Falle nur noch der russischen Nötigung des Deutschen Reiches zum präemptiven Angriff gegen Frankreich. Gemäß Schlieffen-Plan, mit dem die Entente-Mächte bestens vertraut waren, stellte den ersten Schritt hierzu der Durchmarsch durch Belgien dar. Grundvoraussetzung dafür war eine russische Nötigung, die vom Deutschen Reich im richtigen Moment mit Sicherheit als solche erkannt würde.

Offizielle russische Nötigung

Der Schlieffen-Plan hatte also, wie der US-amerikanische Historiker Sean McMeekin zutreffend feststellt, »jeden Trumpf in Russlands Hand gespielt.« Wie Russland diese alles stechende Karte nutzte, lag allein bei den obersten Strategen wie insbesondere Kriegsminister General Wladimir Suchomlinow, General der Infanterie Nikolai Januschkewitsch und Generalquartiermeister Juri Danilow – mit entsprechender Genehmigung des Zaren, versteht sich.[1620]

Wie gesagt, lief die vielfach beobachtete schleichende Gesamtmobilmachung der russischen Streitkräfte bereits seit mindestens 25. Juli 1914. Ihre lediglich formelle Anordnung am 29. Juli respektive 30. Juli mit offizieller Bestätigung am 31. Juli machte die russische Nötigung für Deutschland zum – aus ententischer Sicht – richtigen Zeitpunkt klar als solche erkennbar. Das war schließlich der Sinn der Sache. Deutschland durfte die hauptsächlich gegen sich gerichtete allgemeine russische Mobilisierung weder zu früh noch zu spät mit ganzer Gewissheit erkennen. Eine verfrühte Feststellung hätte einen unverzeihlichen Zeitverlust für die russische Mobilmachung bedeutet. Ein verspätetes Erkennen hätte hingegen einen zu großen Verzug auf der deutschen Seite verursacht und dadurch den ganzen Feldzug gegen Frankreich bereits im Keim erstickt. Da Belgien in diesem Fall von deutschen Truppen unberührt geblieben wäre, hätten Russland und Frankreich unmittelbar, das heißt ohne eine nach außen wahrnehmbare deutsche Aggression, in Deutschland einfallen müssen, um es vernichtend zu schlagen. Keine Regierung der Entente-Mächte hätte jedoch gegenüber der eigenen Bevölkerung durchsetzen können, dass sie, also die Regierungen, ihre Nationen vor der ganzen Welt als die wahren Aggressoren outen.

Folglich musste sichergestellt werden, dass das Deutsche Reich weder zu viel noch zu wenig Zeit für die geplante großräumige Umgehung der Barrière de fer über Belgien hatte. Insofern war die offizielle Bestätigung der russischen Gesamtmobilmachung am 31. Juli 1914 ideal, denn unter Berücksichtigung aller sukzessiven russischen Kriegsvorbereitungen ab Mitte Mai hatte das Zarenreich am 2. August, dem ersten Tag der deutschen Mobilmachung, ganze **zwei Wochen** Mobilmachungszeit aufgeholt, also den ursprünglichen Zeitansatz M+26 auf etwa den deutschen Wert M+13 verringert. Der Beginn der russischen Offensive gegen Ostpreußen Mitte August 1914[1621] belegt, dass der russische Generalstab sein gegenüber Frankreich erteiltes Versprechen aus dem Jahr 1912 (M+15) beziehungsweise 1913 (M+13) mit einer Punktlandung einlöste.

Dem Zweck der heimlichen Vollmobilmachung bis 31. Juli und der begleitenden Einschläferung der Mittelmächte dienten sowohl das ganze wertlose britische Verhandlungstheater als auch die hauptsächlich vom russischen Außenminister Sergej Sasonow bis einschließlich 30. Juli betriebene Beruhigung der Deutschen, die russischen Maßnahmen seien »nur« gegen Österreich-Ungarn gerichtet, also eine »Teilmobilmachung«. Die tatsächlich allgemeine Mobilmachung hatte schließlich auch das Ziel, die von Deutschland ernsthaft unterstützte Verständigung zwischen Russland und Österreich zu zerstören beziehungsweise den deutschen Vermittlungsversuchen durch die Schaffung harter militärischer Fakten jedwede Grundlage zu entziehen.

Zerstörung der deutschen Vermittlung

Am 29. Juli um etwa 11 Uhr warnte der deutsche Botschafter Pourtalès den russischen Außenminister im persönlichen Gespräch in St. Petersburg erneut vor einer vorzeitigen Mobilmachung, weil sie ein Hindernis »für die Ausführung des gewünschten Druckes Deutschlands auf Wien« darstellen würde.[1622] Sasonow hingegen tischte dem deutschen Botschafter die unverschämte Lüge auf, Österreich habe »acht Korps mobilisiert, und diese Maßregel müsse als zum Teil gegen Russland gerichtet angesehen werden.«[1623] In Wahrheit war der 29. Juli, wie bereits gezeigt, der faktisch erste Tag der österreichischen Teilmobilmachung gegen Serbien, weshalb an diesem Tag noch kein einziges Armeekorps formiert war. Außerdem sah Conrads Strategie, wie gesagt, im Kriegsfall B (Serbien) nur die B-Staffel und die Minimalgruppe Balkan vor, während die nur für den Kriegsfall R (Russland) geplante stärkere A-Staffel im alleinigen Krieg gegen Serbien natürlich nicht, geschweige denn gegen Russland zu mobilisieren war. Sasonow hatte also wieder einmal gelogen. Interessant ist auch, dass Sasonow die österreichische Beschießung Belgrads mit keinem Wort erwähnte. Sie kann schon allein deshalb nicht für die offiziell angekündigte russische Mobilmachung kausal gewesen sein, weil die Bombardierung Belgrads Sasonow und Konsorten erst am Abend des 29. Juli gemeldet wurde.[1624] Sasonow glaubte aber, den deutschen Botschafter für dumm verkaufen zu können, ein voll mobilisiertes Millionenheer wie ausgerechnet das russische würde »Wochen hindurch Gewehr bei Fuß stehen können, ohne [die] Grenze zu überschreiten.«[1625] Dies muss in Berlin für Gelächter gesorgt haben. Einige Historiker nehmen diesen Spruch allerdings heute noch für bare Münze, wodurch sie beweisen, dass sie trotz akademischen Abschlusses nichts aus der Geschichte gelernt haben, die sie angeblich studierten.

Die Bemerkung des deutschen Botschafters über Berlins Mäßigungsversuche gegenüber der Donaumonarchie war jedenfalls weder ein Witz noch eine Ablenkungsmaßnahme. Denn das Deutsche Reich hielt sich weiterhin an sein Wort, im Sinne der Konfliktlokalisierung eine direkte Verständigung zwischen Österreich und

Russland ernsthaft zu begünstigen. Wie auch John S. Ewart, der erwähnte Jurist aus Kanada, bestätigt, drängte die deutsche Regierung ab dem 27./28. Juli »ihren Verbündeten beharrlich bis zum Ausmaß der Drohung mit Nichtunterstützung zu versöhnlichen Methoden.«[1626]

Im Hinblick auf die drohende Ausdehnung des Konflikts hatte Kaiser Wilhelm II. die Unterstützung der russisch-österreichischen Verständigung nicht nur angeordnet, sondern auch höchstpersönlich vorangetragen. Im Hinblick auf das von ihm selbst vorgeschlagene **Faustpfand** – »Halt in Belgrad« – respektive die vorübergehende Besetzung Belgrads zur Realisierung serbischer Versprechungen sagte Wilhelm II. am 27. Juli: »Auf dieser Basis bin ich bereit, den Frieden in Österreich zu vermitteln.«[1627] Der deutsche Reichskanzler Bethmann Hollweg informierte daraufhin seine Botschafter in Wien, St. Petersburg, Paris und London, das Bemühen des Deutschen Reiches um eine offene Aussprache zwischen Russland und Österreich sei durch die österreichische Kriegserklärung gegen Serbien keinesfalls hinfällig. Vielmehr seien durch Wien »Zweck und Umfang des österreichischen Vorgehens in Serbien in unanfechtbarer und hoffentlich Russland befriedigender Weise klarzulegen.«[1628] Außerdem erklärte Berlin der k. u. k. Regierung, dass in Anbetracht der (formal) weitgehend entgegenkommenden serbischen Note bei einer gänzlichen Unnachgiebigkeit der Donaumonarchie »mit einer allmählichen Abkehr der öffentlichen Meinung von ihr in ganz Europa gerechnet werden muss.« Eine dauernde Zurückhaltung gegenüber Vermittlungsvorschlägen würde letztlich auch auf das deutsche Volk zurückfallen. Man müsse daher »das Odium, einen Weltkrieg verschuldet zu haben«, unbedingt abwenden. Auch ließe sich »ein erfolgreicher Krieg an drei Fronten nicht einleiten und führen.« Folglich sei es »eine gebieterische Notwendigkeit, dass die Verantwortung für das eventuelle Übergreifen des Konflikts auf die nicht unmittelbar Beteiligten unter allen Umständen Russland trifft.« Sodann riet Kanzler Bethmann Hollweg den Österreichern, ihre militärischen Maßnahmen gegen Serbien auf besagtes Faustpfand zu beschränken, um die serbische Regierung zur völligen Erfüllung der österreichischen Forderungen »und zur Schaffung von Garantien für künftiges Wohlverhalten zu zwingen.«[1629]

Die diesbezüglichen diplomatischen Dokumente offenbaren, dass sich das Deutsche Reich weder im Hinblick auf die serbische Note noch hinsichtlich der Funktion Russlands als Beschützer Serbiens etwas vormachte. In dieser verzwickten Lage schlug Deutschland die optimale Lösung vor, denn das von Wilhelm II. erdachte Faustpfand war der erste und zugleich letzte konkrete, für alle Beteiligten angemessene, objektiv und subjektiv annehmbare und auch umsetzbare Lösungsvorschlag während der gesamten Juli-Krise. So viel stand ab 27. Juli fest: Würde sich Russland gegen das Faustpfand querlegen, fiele der serbische Prüfstein in Richtung Weltkrieg um.

Dass es so kommen würde, kündigte bereits jenes Telegramm an, das »Nicky« (Nikolaus II.) am 28. Juli seinem Cousin »Willy« (Wilhelm II.) schickte. Darin führte der Zar aus, die von ihm völlig geteilte »Entrüstung in Russland« über die österreichische Kriegserklärung an das »schwache Land« Serbien und der damit verbundene ungeheuerliche Druck auf ihn selbst, dem er sehr bald erliegen werde, zwinge ihn, »äußerste Maßnahmen zu ergreifen, die zum Kriege führen werden.« Nach dieser indirekten Kriegsdrohung appellierte Nicky nahezu im Befehlston an Willy, seinen Bundesgenossen, also Österreich, »davon zurückzuhalten, zu weit zu gehen.« Wilhelm II. erblickte in diesen Zeilen gemäß seiner berüchtigten und grundsätzlich zutreffenden Randnotizen das »Eingeständnis der Schwäche« des russischen Zaren, denn »statt uns die Sommation [Warnung] zu stellen, den Alliierten zu stoppen, sollte sich S. M. [Seine Majestät] an den Kaiser Franz Joseph wenden und mit ihm verhandeln, um die Absichten S. M. kennen zu lernen.«[1630] Während Wilhelm II. seinen Staat leitete, war Nikolaus II. wohl am ehesten eine Marionette der Kriegstreiber in St. Petersburg. Dass der Zar nämlich nicht direkt an den österreichischen Kaiser herantrat, sondern stattdessen dem deutschen Kaiser auf den Pelz rückte, entspricht nicht nur der Spaltungstaktik der ententischen Kriegstreiber, sondern auch deren verlogenem Sprachgebrauch, »dass Deutschland die Unversöhnlichkeit Österreichs eher begünstigt.«[1631] Nicht zu vergessen: Deutschland war der erklärte Hauptfeind, dem das Gros der Schuld am künftigen Krieg bereits im Vorfeld aufgebürdet werden sollte. Der liebe Willy antworte jedenfalls unverzüglich, nämlich exakt 45 Minuten später, seinem lieben Nicky, dass die Monarchien zusammenhalten sollten. »Im Hinblick auf die herzliche und innige Freundschaft« versicherte Wilhelm II. daher dem rückgratlosen Cousin, seinen ganzen Einfluss aufzubieten, »um Österreich zu veranlassen, durch sofortiges Handeln zu einer befriedigenden Verständigung mit Dir zu kommen.«[1632]

Bevor sich Nikolaus II. wieder bei Wilhelm II. meldete, war noch einiges passiert. Der französische Botschafter in St. Petersburg Maurice Paléologue erklärte am 28. Juli hochoffiziell »im Auftrage seiner Regierung dem Außenminister [Sasonow] die volle Bereitschaft Frankreichs, nötigenfalls seine Bündnispflichten zu erfüllen.«[1633] Sasonow erfuhr also, dass die gesamte französische Regierung hinter exakt derselben Zusage stand, die ihm Paléologue schon einige Tage zuvor im Auftrag Poincarés anlässlich der französisch-russischen Kriegsgespräche erteilt hatte.

Dazu passend, sendete auch Großbritannien ein erneutes Signal seiner Bündnistreue an Frankreich und Russland: Wie erwähnt, ordnete Winston Churchill am 28. Juli um 17 Uhr eigenmächtig die Kriegsaufstellung der Royal Navy an. An diesem Tag schrieb er seiner Frau:

Alles treibt auf eine Katastrophe und Zusammenbruch zu.
Ich bin interessiert, gerüstet und glücklich.[1634]

Aha. Der Erste Seelord Winston Churchill, der oberste Repräsentant der britischen Kriegsmarine, war in Anbetracht des heraufziehenden Weltenbrandes in Hochstimmung. Anstatt diesen Psychopathen endlich in die nächste Gummizelle zu stecken, bewilligte die britische Regierung die bis dahin auf Churchills Anordnung im Geheimen getätigten Kriegsvorbereitungen. So wurde die längst gefechtsbereite britische Kriegsflotte am 29. Juli um 14 Uhr auf Winston Churchills Ersuchen offiziell in den Zustand des Gefahrenzustands (precautionary stage) versetzt. Durch diesen Vorgang erhielten die vorbeugende Mobilmachung und die Aufstellung zur Kriegsposition, die in Wahrheit bereits seit 16. Juli 1914 ununterbrochen gelaufen waren, einen semioffiziellen Sanctus.[1635] Außerdem war laut Premier Herbert Asquith festgelegt worden, »dass der Augenblick für die Absendung des ›Warntelegramms‹ gekommen sei.«[1636] Dieses erging noch am 29. Juli nach 14 Uhr an die Royal Navy.[1637]

Bevor Deutschland vom Inhalt des britischen Warntelegramms erfuhr und sich Nikolaus II. wieder bei Cousin Willy meldete, erteilte der Zar am 29. Juli seine Zustimmung zur allgemeinen Mobilmachung der russischen Streitkräfte. Direkt vor dieser Entscheidung hatte Friedrich Pourtalès von 17 bis 19 Uhr eine zweite Unterredung mit dem russischen Außenminister Sasonow, im Zuge welcher der deutsche Botschafter abermals eine deutliche Warnung aussprach: Die Fortsetzung der russischen militärischen Vorbereitungen, »auch ohne zur Mobilmachung zu schreiten«, werde dazu führen, dass »Deutschland sich genötigt sehen werde, mobilzumachen, und dass in diesem Falle von seiner Seite aus ein sofortiger Angriff erfolgen werde.«[1638] Daraufhin unterstellte Sasonow entgegen seiner Kenntnis der Sachzwänge des Schlieffen-Plans in scharfem Ton, es bestehe kein Zweifel mehr, dass Deutschland für die »österreichische Intransigenz« (Unversöhnlichkeit) verantwortlich sei, worauf Graf Pourtalès aufs Heftigste protestierte.[1639] Schließlich hatte er selbst vor zwei Tagen Sasonow im Auftrag des Reichskanzlers über die militärstrategischen Sachzwänge des Deutschen Reiches in Kenntnis gesetzt (siehe oben). Abgesehen davon, dass Sergej Sasonow die Eckpunkte der deutschen Verteidigungsstrategie schon sehr viel früher kannte, musste Pourtalès und mit ihm der deutschen Reichsleitung am 29. Juli bewusst sein, dass der russische Außenminister ein intrigantes Spiel trieb.

Die diesbezügliche Tagesaufzeichnung des russischen Außenministeriums vom 29. Juli 1914 verrät nicht nur, dass Russland erneut von Deutschland gewarnt und auf etwaige Konsequenzen aufmerksam gemacht wurde, sie zeigt auch in aller Klarheit, dass die deutschen Strategen bereits mit einiger Sicherheit annahmen, dass die russischen Kriegsvorbereitungen nicht nur gegen Österreich, sondern auch gegen das Deutsche Reich gerichtet waren. Die letzte Gewissheit hatten die Deutschen jedoch noch nicht, wobei sich der Verdacht nicht zuletzt aufgrund Sasonows Schmierenkomödie verhärten musste. Pourtalès handelte nämlich auf explizite Weisung des deutschen Reichskanzlers, »Herrn Sasonow sehr ernst darauf hinzuweisen, dass [ein] weiteres Fortschreiten russischer Mobilisierungsmaßnahmen uns zur Mobilmachung zwingen würde, und dass dann [ein] europäischer Krieg kaum noch aufzuhalten sein werde.«[1640] In Erfüllung seines Auftrags erklärte der deutsche Botschafter, wie aus seinem eigenen Bericht hervorgeht, Sasonow ausdrücklich, »dass es sich nicht um eine Drohung, sondern um eine freundschaftliche Meinung handele.« Obwohl der russische Außenminister den Schlieffen-Plan (inoffiziell) kannte und er auch offiziell schon mehrfach auf dessen Sachzwänge hingewiesen worden war, zeigte er sich diesmal »sehr erregt« und kündigte an, dem Zaren Bericht zu erstatten.[1641]

Kurz nach dieser Ankündigung läutete in Sasonows Büro das Telefon: Der Zar teilte »seinem« Außenminister die telegraphisch übermittelte dringende Bitte des deutschen Kaisers mit, »es nicht zum Krieg kommen zu lassen.« Nun spielte Sasonow am Manipulationsklavier, indem er zwar dem leicht beeinflussbaren Zaren den Inhalt von Pourtalès' Warnung als Drohung verkaufte, nicht jedoch die dahintersteckenden militärstrategischen Sachzwänge erläuterte. So musste beim Zaren der Eindruck entstehen, sein Vetter Willy spiele mit ihm. Dermaßen manipuliert, kündigte Zar Nikolaus II. an, »er werde sofort nach Berlin telegraphieren, um eine Aufklärung über den genannten Widerspruch zu erhalten.« Allerdings gestattete er gleichzeitig Sasonow, »unverzüglich mit dem Kriegsminister und dem Chef des Generalstabes über die Frage unserer Mobilmachung Rücksprache zu nehmen.« In der sogleich daran anschließenden Konferenz wurde eine »Teilmobilmachung« ausdrücklich ausgeschlossen, weil, so die offizielle Begründung, sie »den späteren Übergang zur allgemeinen [Mobilmachung] unvermeidlich erschweren würde, wenn diese doch nötig werden sollte.«[1642]

Unsere Aufmerksamkeit gilt den Wörtchen »unvermeidlich« und »wenn«. Zum einen war Deutschland seit 1912 der unvermeidliche Hauptfeind, weshalb alle russischen Kriegsvorbereitungen spätestens ab 25. Juli 1914 unvermeidlich der Generalmobilmachung dienten. Es gab daher kein »wenn«, denn wie General Sergej Dobrorolski, der damalige Chef des russischen Mobilmachungsstabs, gestand, war der Krieg ab 24. Juli »bereits entschiedene Sache«, weshalb sämtliche anderslautende Telegramme Teil eines »historischen Schauspiels« waren.[1643]

Jedenfalls erteilte der Zar unverzüglich, das heißt noch am Abend des 29. Juli, seine Zustimmung zur **Generalmobilmachung**: »Der Entscheid der Konferenz wurde sofort Seiner Majestät telephonisch mitgeteilt, der seine Zustimmung zur Erteilung der entsprechenden Anordnungen gab. Die Nachricht davon wurde von dem engen Kreise [sic!] der in die Angelegenheit [sic!] eingeweihten Personen mit Begeisterung aufgenommen. Sofort wurden Telegramme nach Paris und London abgesandt, um die Regierungen von der getroffenen Entscheidung zu benachrichtigen.« Der russische Botschafter in London hatte zudem die dortige Regierung dringend aufzufordern, sich, »ohne Zeit zu verlieren, Russland und Frankreich anzuschließen, um eine Erschütterung des europäischen Gleichgewichts zu verhindern.«[1644] Hier sei abermals an die britisch-russischen Flottengespräche ab 21. April 1914 erinnert, im Zuge welcher Sasonow lernte, was es in Greys Augen bedeutete, die Form zu wahren, und dass die Floskel »Wahrung des europäischen Gleichgewichts« (Balance of Power!) nichts anderes hieß als die Vernichtung Deutschlands. Im Telegramm nach Paris erklärte Sergej Sasonow seinem dortigen Botschafter und Cliquen-Bruder Alexander Iswolski offenbar, dass die im russischen Sonderjournal vom 29. Juli 1914 ominös erwähnte »Angelegenheit«, sprich der längst geplante Vernichtungskrieg gegen das Deutsche Reich, wie vorgesehen ablaufen konnte: Weil dem Wunsch des deutschen Botschafters auf Beendigung der russischen Kriegsvorbereitungen nicht entsprochen werden könne, »bleibt uns nur übrig, unsere Rüstungen zu beschleunigen, und mit der wahrscheinlichen Unvermeidlichkeit eines Krieges zu rechnen.« Hierzu sei festgestellt, dass es sich beim gegenständlichen dringenden Telegramm Nr. 1551 (Int. Bez. I, 5, 221) um ein amtliches Dokument handelt.[1645] Obwohl Sasonow die diplomatische Form wahrte, verrät der Text, dass der Krieg gegen den Hauptfeind Deutsches Reich nach wie vor gewünscht war.

Nachdem Nikolaus II. die Generalmobilmachung bewilligt hatte, kabelte er noch am selben Abend vorwurfsvoll nach Berlin, der Ton des deutschen Botschafters sei nicht mit Willys freundlichen Worten im letzten Telegramm in Einklang zu bringen.[1646] Weil Nicky offenbar überfordert war, erklärte ihm Willy sogleich, was der Zar inzwischen ohnehin wissen wusste, nämlich »dass Österreich nicht beabsichtigt, irgendwelche territorialen Eroberungen auf Kosten Serbiens zu machen.«

Daher regte Wilhelm II. an, »dass es für Russland durchaus möglich wäre, bei dem österreichisch-serbischen Konflikt in der Rolle des Zuschauers zu verharren, ohne Europa in den entsetzlichsten Krieg zu verwickeln, den es je gesehen hat.« Weil er eine »direkte Verständigung zwischen Deiner Regierung und Wien für möglich und wünschenswert« hielt, wies der deutsche Kaiser abschließend nochmals auf das Offensichtliche hin: Russische militärische Maßnahmen gegen Österreich würden dort als Drohungen aufgefasst werden, das Unheil nur beschleunigen und darüber hinaus »meine Stellung als Vermittler gefährden.«[1647] Die Engelsgeduld des deutschen Kaisers ist zu bewundern.

Um etwa 19 Uhr teilte der britische Botschafter Sir Edward Goschen der deutschen Regierung den folgenschweren Kerngehalt der just davor erhaltenen Privatmitteilung des britischen Außenministers mit: Großbritannien könne im Falle eines Kriegs zwischen Frankreich und Deutschland nicht neutral und untätig bleiben.[1648] Im selben Kontext bekam der deutsche Botschafter in London (Lichnowsky) direkt aus Greys Mund zu hören, dass »alle Vorsichtsmaßregeln unserer Flotte«, also der kriegsbereiten Royal Navy, damit zusammenhingen, dass »nicht auf unsere Neutralität« zu rechnen war.[1649] Dies stellte freilich einen gravierenden Bruch des königlichen Versprechens dar, sich um den Frieden in Europa und die britische Neutralität zu bemühen, das George V. am 26. Juli dem Bruder des deutschen Kaisers, dem Prinzen Heinrich von Preußen, gegeben hatte. Crazy Making auf allen Ebenen. Wie sollte Berlin eine direkte Kommunikation zwischen Wien und St. Petersburg bewirken, wo der diplomatische Ring um die Mittelmächte immer enger wurde? Offenbar war eine direkte österreichisch-russische Einigung nicht nur im Zarenreich, sondern auch in Großbritannien unerwünscht. Denn auch der militärische Ring um Deutschland verdichtete sich um ein weiteres Stück, als dem Ersten Seelord Winston Churchill am selben Abend die besagte konkludente Genehmigung erteilt wurde, die Royal Navy in Kriegsposition aufzustellen.[1650] Im sogenannten Kronrat vom 29. Juli, der in Wahrheit nur eine informelle Sitzung war, hielt Wilhelm II. entgegen den eingehenden Meldungen vorerst an der Neutralitätserklärung des britischen Königs fest,[1651] woran zu erkennen ist, dass der deutsche Kaiser an die britische Neutralität glauben wollte, um seine Vermittlungsfunktion weiter ausführen zu können.

Analog zur Warnung gegenüber Russland ließ der deutsche Reichskanzler ebenfalls am 29. Juli Paris warnen, dass die französischen Kriegsvorbereitungen das Deutsche Reich zu Schutzmaßnahmen beziehungsweise zur Ausrufung der »Kriegsgefahr« (bzw. Drohenden Kriegsgefahr) zwingen würden. Vorsorglich ließ Bethmann Hollweg der französischen Regierung explizit die Bedeutung der Kriegsgefahr-Proklamation erklären, die »zwar noch nicht Mobilisierung und keine Einberufungen bedeute, aber immerhin [die] Spannung erhöhen würde. Wir hofften fortgesetzt auf Erhaltung des Friedens.«[1652] Demnach wurde Frankreich, das längst still und heimlich Mobilmachungsmaßnahmen tätigte, vom Deutschen Reich, das nach wie vor keine einzige derartige Maßnahme getroffen hatte, fairerweise auf etwaige deutsche Maßnahmen hingewiesen, die deutlich unterhalb der Schwelle zur Mobilisierung lagen. Außerdem wurde Frankreich der Unterschied zwischen Kriegsgefahr und Mobilisierung exakt erläutert, sodass in Paris in voraussehbarer Hektik möglichst keine Missverständnisse und absichtliche Fehldeutungen aufkämen. Deutsche Aufrichtigkeit und Gründlichkeit. Der Kant'sche kategorische Imperativ ließ wieder einmal grüßen.

Indes wartete Sir Edward Grey mit seinem fünften Scheinvermittlungsvorschlag auf. Am 29. Juli hielt er – entgegen dem klar artikulierten Ersuchen Deutschlands um eine bilaterale Lösung zwischen Russland und Österreich – wieder einmal die zum Scheitern verurteilte »Vermittlung zu vieren« für angebracht,[1653] diesmal jedoch im Zeichen des vom deutschen Kaiser vorgeschlagenen Faustpfands,[1654] obwohl Grey genau wusste, dass Sergej Sasonow nur ein Scheinverhandler war, der zudem keine territorialen Garantien Österreichs im Hinblick auf Serbien akzeptierte.[1655] In seiner herablassenden und antikonstruktiven Art vermochte Grey aber wieder einmal »keinen [inhaltlichen] Vorschlag zu machen.«[1656] Offensichtlich lag dem britischen Außenminister sehr viel daran, die einzig sinnvolle Vermittlungsvariante, jene des deutschen Kaisers, zu vernichten.

Trotz alledem konnte Kaiser Wilhelm II. dank seiner Telegramme an Cousin Nicky einen kleinen, weil nur kurzfristigen Erfolg in St. Petersburg verbuchen: »Gegen 11 Uhr abends teilte der Kriegsminister dem Außenminister telephonisch mit, er habe den Allerhöchsten Befehl erhalten, die allgemeine Mobilmachung einzustellen.«[1657] Bei seinem Stopp-Befehl soll der Zar gesagt haben: »Ich werde nicht die Verantwortung für ein monströses Blutbad übernehmen.«[1658] Hierin klingt der Einfluss des deutschen Kaisers durch, der es zumindest vorübergehend schaffte, entgegen dem Willen der russischen Kriegstreiber das Familienband, das Wilhelm II. mit Nikolaus II. verband, zum Wohle Europas einzusetzen. Den britischen König ausgenommen, waren es ja nicht die europäischen Monarchen, die den Krieg unbedingt wollten.

Die Widerrufsanordnung des Zaren bedeutete jedoch nicht die Beendigung der angeblich nur gegen Österreich gerichteten »Teilmobilmachung«. Vielmehr lief die schleichende Vorbereitung und Einleitung der Generalmobilmachung inoffiziell weiter. Zwei Stunden später, also um 1 Uhr nachts, versuchte der deutsche Botschafter erneut sein Glück bei Sasonow, der ihm jedoch abermals die Abfuhr erteilte, dass ein Versprechen Österreichs zur Wahrung der serbischen Integrität Russland nicht genügen würde. Pourtalès, trotz später Stunde nicht müde im sorgfältigen Bemühen um den europäischen Frieden, rang dem russischen Außenminister schließlich eine »Formel«, also einen schriftlichen Text, mit den Bedingungen ab, »unter denen Russland einverstanden sei, seine Rüstungen einzustellen.«[1659] Und schon wieder tat ein Deutscher, was ein Brite (Grey) zwar versprochen, aber nie gehalten hatte: mäßigend auf Russland einzuwirken und ernsthaft zu vermitteln. Die sogenannte Sasonow'sche Formel lautete:

> *Wenn Österreich erklärt, dass es in Anerkennung des Umstandes, dass sein Streitfall mit Serbien den Charakter einer Frage von europäischem Interesse angenommen hat, sich bereit erklärt, aus seinem Ultimatum die Punkte zu entfernen, die den Souveränitätsrechten Serbiens zu nahe treten, so verpflichtet sich Russland, alle militärischen Vorbereitungen einzustellen.*[1660]

Sasonows erste Formel (eine noch schlimmere sollte folgen) war nichts anderes als eine Erpressung mit Waffengewalt, die Österreich zur Aufgabe seiner wichtigsten Forderungen nötigen sollte. Anschaulich treten die Parameter der Delokalisierung zu Tage: Leugnung österreichischer Ansprüche, verstärkt durch russische Nötigung.

An der ganz offensichtlich unannehmbaren Formel fand Botschafter Pourtalès bemerkenswert, dass »Sasonows Niederschrift kein Wort von dem Verlangen sofortiger Einstellung österreichischer Strafexpedition enthalte.«[1661] Daraus ergibt sich zweierlei: Erstens war für Sasonow zwar eine Strafaktion gegen Serbien zulässig, nicht jedoch ein Gerichtsverfahren, bei dem die russische Beteiligung am Thronfolgermord herauskäme. Und zweitens wusste Sasonow selbst, dass seine Forderungen ohnehin kaum annehmbar waren. Wäre er an einer konstruktiven Lösung interessiert gewesen, die das Existenzrecht der Donaumonarchie inkludiert, hätte Sasonow eine brauchbare Formel entworfen. Er wollte aber bekanntlich den Krieg. Um ihn zu bekommen, bedrängte Sasonow am 30. Juli den Zaren.

Russlands Entschluss zum Weltkrieg

Nachdem der russische Kriegsminister General Wladimir Suchomlinow am 30. Juli sogar zu Protokoll gegeben hatte, dass er es für notwendig erachtete, »sich ohne Zeitverlust auf einen ernsthaften Krieg vorzubereiten«, versuchte er gemeinsam mit dem

General der Infanterie Nikolai Januschkewitsch, den Zaren telefonisch zur Wiedergenehmigung der am Vortag widerrufenen allgemeinen Mobilmachung umzustimmen. Doch der Zar »lehnte diese Bitte entschieden ab, und erklärte schließlich kurz, er breche das Gespräch ab.« Sodann erpresste der Außenminister einen Termineinschub beim Zaren, worauf Sasonow vom Chef des Generalstabs bekniet wurde, er müsse den Zaren unter allen Umständen umstimmen, denn es drohe die äußerste Gefahr, »einem Kriege mit Deutschland unvorbereitet gegenüberzustehen.« Der russische Generalstab bestätigte damit erneut, dass es ihm von vornherein um den Krieg gegen das Deutsche Reich und nicht gegen die vernachlässigbare Größe Österreich ging. Für den Fall, dass die allgemeine Mobilmachung vom Zaren wieder genehmigt werde, kündigte General Januschkewitsch bereits im Vorfeld an, er werde »fortgehen, werde mein Telephon zerbrechen und überhaupt alle Maßnahmen treffen, damit ich völlig unauffindbar bin, falls man mir etwa entgegengesetzte Befehle im Sinne eines neuen Widerrufs der allgemeinen Mobilmachung erteilen will.« Vorauseilender Ungehorsam. Nikolaus II. schien die Lunte gerochen zu haben, denn die Audienz mit Sasonow ließ er kurzfristig telefonisch platzen. Unterdessen sprachen die Herren Generäle darüber, dass »die Unvermeidlichkeit eines nahen Krieges mit Deutschland für jedermann immer klarer wurde.«[1662]

Dass Österreich nicht allein gegen Russland antreten konnte und schon gar nicht angreifen würde, war klar. Nur ein Angriff der Russen verpflichtete Deutschland zum Beistand gegenüber Österreich. Der Casus foederis lag zwar, wie gesagt, bereits mit dem Attentat auf Franz Ferdinand vor, jedoch versuchte Russland genau diesen Konnex vor der Weltöffentlichkeit durch die Vereitelung einer Untersuchung in Serbien zu vertuschen. Die russischen Kriegstreiber hatten also Bedrohungsbewusstsein gegenüber Österreich-Ungarn. Weil hingegen weder Österreich noch das Deutsche Reich militärische Maßnahmen gegen Russland eingeleitet hatte und das Deutsche Reich sogar intensiv um die österreichisch-russische Aussprache bemüht war, konnte die angebliche Unvermeidlichkeit eines Kriegs mit Deutschland nur bedeuten, dass sich die russischen Strategen jener Bedrohung bewusst waren, die ihre auf eine vollständige Mobilisierung hinauslaufenden Kriegsvorbereitungen für das Deutsche Reich darstellte. Genau dies ist dem deutschen Historiker Sönke Neitzel entgegenzuhalten, wenn er meint, niemand in St. Petersburg habe sich gefragt, ob sich Deutschland durch die russischen Aktionen in die Ecke gedrängt fühlen und deshalb vielleicht angreifen könnte (siehe oben). Ein Schlüsseldokument aus St. Petersburg, nämlich die Tagesaufzeichnung des russischen Außenministeriums vom 30. Juli (Int. Bez. I, 5, 284),[1663] beweist das glatte Gegenteil: Der russische Generalstab hatte bereits vor der Neubewilligung der Generalmobilmachung volles Bedrohungsbewusstsein gegenüber dem Deutschen Reich, das ja gemäß den französisch-russischen Stabsplänen durch den Aufmarsch der russischen Dampfwalze zur Aktivierung des Schlieffen-Plans genötigt werden sollte.

Energisch bewirkte Sasonow noch am selben Tag für 15 Uhr eine neue Audienz beim Zaren in Peterhof.[1664] Bei dieser wurde Nikolaus II. erklärt, dass man die Grenzen der Nachgiebigkeit weit überschritten habe und dem Krieg nicht entgehen könne.[1665] Worin die angebliche Nachgiebigkeit Russlands gelegen haben soll, ist dem Protokoll des Außenministeriums nicht zu entnehmen. Dort liest man nur heraus, dass Sasonow lange und intensiv auf den Zaren eingeredet haben muss und dass er die Schuld für den Krieg – wie sollte es anders sein – beim Deutschen Reich verortete: »Fast eine ganze Stunde lang suchte der Minister nachzuweisen, dass der Krieg unvermeidlich geworden sei, da man aus allem ersehe, dass Deutschland entschlossen sei, die Dinge zu einem Konflikt kommen zu lassen.« Nach dieser bei Sasonow üblichen Verdrehung der Tatsachen hatte der wankelmütige Zar eine Weile überlegen müssen, bevor er sich endlich doch breittreten ließ, »dass es unter den gegenwärtigen Umständen das Gefährlichste wäre, sich nicht rechtzeitig auf den offensichtlich unvermeidlichen Krieg vorzubereiten.« Deshalb erteilte Nikolaus II. »seine Erlaubnis, sofort an die allgemeine Mobilmachung heranzutreten.« Die russische Entscheidung für den Ersten Weltkrieg fiel also am 29. Juli 1914 um etwa 16 Uhr. Sichtlich entspannter meinte der Generalstabschef zu General Januschkewitsch: »Jetzt können Sie Ihr Telephon zerbrechen.«[1666] Anweisung zum Ungehorsam.

Während aus der Anordnung der Mobilmachung der russischen Streitkräfte vom 29. Juli eine Unterbrechung der »Verhandlungen« resultierte, wurde mit der Order vom 30. Juli 1914 jede deutsche Vermittlung zwischen Russland und Österreich bereits im Ansatz verunmöglicht, weil nun auch der Zar falsch spielte und den deutschen Kaiser in seinem guten Glauben an die Lokalisierung weiter vermitteln ließ.[1667] Jede wie auch immer geartete Form der Vermittlung »wurde abgeschnitten durch den Entschluss des Zaren, jetzt seine gesamte Armee zu mobilisieren.« Folglich war dieser Schritt insofern entscheidend, als »er den Krieg erst unvermeidlich gemacht hat.«[1668]

Am 30. Juli fiel daher der serbische Prüfstein endgültig um, und der Erste Weltkrieg stand fest. Alle deutschen diplomatischen Versuche zur Lokalisierung des Konflikts waren gescheitert. Ein großer Krieg schien folglich der einzige Ausweg zu sein.[1669] Ein Krieg, den Deutschland nicht wollte, weil er nur zu seiner Vernichtung führen konnte. Genau aus diesem Grund wurde er von den kriegssüchtigen Mitgliedern und Agenten der geheimen Globalisierungsclique vorangetrieben.

Hier noch ein ergänzender Einschub: Dass die sogenannte Teilmobilmachung als solche gar nicht existierte, weil es sich um geheime Maßnahmen der Generalmobilmachung handelte, bestätigt Sergej Sasonows Erklärung gegenüber dem französischen Botschafter in St. Petersburg, »dass gerade im Verlauf der letzten Nacht der russische Generalstab gewisse geheime Vorsichtsmaßregeln aufgeschoben habe, deren Bekanntwerden den deutschen Generalstab hätte alarmieren können.«[1670] Imanuel Geiss, der die Dokumentensammlung, aus der dieses Zitat stammt, zusammengestellt hat, kommentiert es zwar insofern korrekt, als »es sich bei den ›gewissen geheimen Vorsichtsmaßregeln‹ um die russische Generalmobilmachung« handelte. Allerdings lautet Geiss' Erklärung hierfür, dass Sasonow und/oder Paléologue untertrieben hätten, um die französische Regierung bewusst oder unbewusst darüber in die Irre zu führen, »wie weit die Entscheidung bereits in Russland gediehen war.«[1671] Dieser unlogische Knoten wird gelöst, indem man sich darauf besinnt, dass die französische Regierung gar nicht beruhigt werden musste, weil sie ja zwei Tage zuvor, also am 28. Juli, durch den französischen Botschafter gegenüber Russland hochoffiziell dieselbe Unterstützungserklärung abgegeben hatte, die Maurice Paléologue bereits anlässlich der französisch-russischen Kriegsgespräche im Auftrag des französischen Staatspräsidenten gegenüber Sasonow erteilt hatte (siehe oben). Dies ist schwarz auf weiß einem ebenfalls in der »Geiss'schen Sammlung« abgedruckten Dokument zu entnehmen.[1672] In einem weiteren von Imanuel Geiss veröffentlichten Dokument, Paléologues Folgetelegramm nach Paris vom 30. Juli, finden wir schließlich die Bestätigung dafür, dass Russland (aufgrund einer erneuten Falschmeldung über deutsche Kriegsvorbereitungen) das Deutsche Reich vorsätzlich respektive arglistig täuschte: »Die russische Regierung hat daher beschlossen, die ersten Maßnahmen der allgemeinen Mobilisierung insgeheim vorzunehmen.«[1673] Die einzig denkbare Untertreibung dabei ist der Zeitpunkt, ab dem die Anordnung der geheimen Vorsichtsmaßnahmen tatsächlich erfolgte. Da wir wissen, dass sie spätestens ab 25. Juli stattfanden, ist besagtes Telegramm ein weiterer Beleg dafür, dass der Begriff »Teilmobilmachung« im Zarenreich eine mit dem Motiv des Zeitgewinns benutzte Nomenklatur zur Täuschung der nichteingeweihten Landsleute und der künftigen Kriegsgegner war.

Am selben Tag, also am 30. Juli, ordnete auch die französische Regierung weitere Vorbereitungen für den großen Krieg an: Um 16.55 Uhr wurde die Grenzsicherung befohlen.[1674] Der enge zeitliche und sachliche Zusammenhang zwischen den französischen, russischen und natürlich auch britischen Kriegsvorbereitungen vom Planungsstadium bis zur konkreten Durchführung ist unübersehbar. Als der sich nach außen als großer vermittelnder Friedensstifter gebärdende britische Außenminister am 30. Juli vom deutschen Botschafter gefragt wurde, »weshalb England kriegerische Maßnahmen zu Lande und zu Wasser ergreife«, bestritt Grey dies nicht, sondern erwiderte, »diese Maßnahmen trügen keinen aggressiven Charakter, die Lage sei aber so, dass jeder Staat Vorbereitungen treffen müsse.«[1675] Dass er selbst für die Zerstörung jeglicher echter Vermittlungsarbeit, nämlich der deutschen, durch ententische militärische Maßnahmen hauptverantwortlich war, gehörte zu Greys Plan des Zeitschindens für die Mobilmachung der russischen Dampfwalze. Sein Argument, kriegerische Maßnahmen trügen keinen aggressiven Charakter, war wohl die dreisteste und zugleich dümmste Lüge des britischen Außenministers während der gesamten Juli-Krise.

Etwas ehrlicher war der britische Außenminister hingegen, als er am 30. Juli das deutsche Gesuch um britische Neutralität ablehnte. Reichskanzler Bethmann Hollweg brachte gegenüber London die Hoffnung zum Ausdruck, Großbritannien könne im Falle einer »europäischen Konflagration« Zuschauer bleiben, also bei einem Kontinentalkrieg eine neutrale Position einnehmen. Dafür versicherte Bethmann Hollweg, er und die restliche Regierung würden »selbst im Falle eines siegreichen Krieges keine territoriale Bereicherung auf Kosten Frankreichs in Europa anstreben.« Außerdem erklärte der deutsche Premier entsprechend der bereits vorbereiteten Durchmarschforderung an Belgien, Deutschland werde die belgische Integrität nach Beendigung des Krieges nicht antasten, sofern Belgien nicht gegen das Deutsche Reich Partei ergreife.[1676] Obwohl das Deutsche Reich damit einen klaren territorialen Verzicht in Europa versprochen hatte, wies Grey das deutsche Angebot zurück. Es könne »keinen Augenblick in Betracht gezogen werden«, dass sich England unter solchen Bedingungen zur Neutralität verpflichte. Der deutsche Vorschlag sei unannehmbar, weil Frankreich auch ohne Gebietsverluste erdrückt werden könnte, sodass »es seine Stellung als Großmacht verlöre und in die Abhängigkeit der deutschen Politik geriete.« Auf einen Handel bezüglich der britischen Verpflichtungen oder **Interessen** hinsichtlich der Neutralität Belgiens könne man sich nicht einlassen. Grey werde sich die volle Handlungsfreiheit bewahren.[1677] Der britische Außenminister ließ also klar durchblicken, dass es ihm weder um französische noch um belgische, sondern ausschließlich um britische Interessen auf dem europäischen Kontinent ging: Balance of Power. Dies wird weiter unten hinsichtlich der vermeintlichen Neutralität Belgiens noch etwas genauer gezeigt.

Dass die Balance of Power nichts anderes war als ein Kampfmittel zur Destabilisierung Kontinentaleuropas, wurde Sir Edward Grey vom deutschen Reichskanzler bereits zwei Tage zuvor über Botschafter Lichnowsky vor Augen geführt: Wäre Großbritannien tatsächlich an der »Erhaltung des europäischen Friedens auf Grundlage des Gleichgewichts der Gruppen« interessiert, würde Grey dem Deutschen Reich nicht abverlangen, es solle bei seiner Vermittlungstätigkeit die Donaumonarchie »direkt zur Nachgiebigkeit gegenüber Serbien zu zwingen suchen.« Dies würde schließlich die Großmachtstellung Österreich-Ungarns untergraben und »zur Veränderung des europäischen Gleichgewichts zuungunsten des Dreibundes beitragen.«[1678] Diesen logischen Argumenten wusste der britische Drahtzieher und Cliquen-Bruder Grey offenbar nichts entgegenzusetzen. Dass er es nicht nur auf die Schwächung, sondern sogar auf die Zerstörung des Dreibunds anlegte, indem Grey der russischen Aggression gegen Österreich-Ungarn den Rücken freihielt, belegt seine gegenüber Wien offen artikulierte »Besorgnis«, die Donaumonarchie könne sich Serbien auch ohne territoriale Erwerbungen zum Vasallen machen »und dadurch Russland vollständig vom Balkan eliminieren.«[1679] Realitäts-Check: Österreich wurde von Russland bedroht. Nicht umgekehrt. Und Edward Grey wusste es genau. Seine »Besorgnis« über die Verhältnisse auf dem Balkan war geheuchelt.

Die Machthaber des Zarenreichs standen Edward Grey im Perfektionsgrad der Falschheit um nichts nach. Das Deutsche Reich wurde hinsichtlich der Bedeutung der russischen Generalmobilmachung mehrfach, direkt und plump belogen. Sasonow ließ bereits am 29. Juli Berlin und Wien neben London, Paris, Niš (Serbien), Rom, Bukarest und Konstantinopel telegraphisch vorgaukeln, »die von uns getroffenen Maßnahmen« seien »keineswegs gegen Deutschland gerichtet.« Es handle sich ausschließlich um Gegenmaßnahmen gegen die »Mobilmachung des größten Teils der österreichischen Armee«, die »Angriffshandlungen gegen Österreich nicht ausschlössen.«[1680] Obwohl Österreich-Ungarn am 29. Juli, dem effektiv ersten Tag der Mobilisierung, noch kein einziges Armeekorps mobilisiert hatte und eine Mobilisierung gegen Russland gar nicht vorgesehen war, drohte Russland also bereits mit **Angriffen** gegen die Donaumonarchie. Mehr Nötigung zur Veranlassung österreichischer Gegenmaßnahmen, die dann tatsächlich gerechtfertigt wären, geht fast nicht. Außerdem würde ein russischer Angriff gegen Österreich die von St. Petersburg gewünschte Aktivierung der deutschen Beistandspflicht gegenüber der Donaumonarchie bewirken. Der aus ententischer Sicht ideale Zeitpunkt für die Gewissheit der Deutschen über die wahren russischen Ziele rückte immer näher.

Weil aber die Weltöffentlichkeit nicht erkennen durfte, dass das Deutsche Reich von Russland zum präemptiven Angriff (Notwehr) genötigt wurde, war die Kernbotschaft besagten Dokuments, dass die russische Generalmobilmachung nicht gegen Deutschland gerichtet sei. In genau dieser Hinsicht führte am 30. Juli auch der Zar den deutschen Kaiser absichtlich hinters Licht. Kurz nachdem er die volle Mobilmachung der russischen Dampfwalze ausdrücklich im Hinblick auf einen **Krieg gegen Deutschland** genehmigt hatte, kabelte der ach so liebe Nicky noch am selben Abend seinem deutschen Vetter: »Die militärischen Maßnahmen, die jetzt in Kraft getreten sind, wurden vor 5 Tagen zum Zwecke der Verteidigung wegen der Vorbereitungen Österreichs getroffen.« Kein einziges Wort von der allgemeinen Mobilisierung, die sich in erster Linie gegen das Deutsche Reich richtete. Aber immerhin verriet der Zar, dass er längst laufende Maßnahmen der Mobilmachung rückwirkend genehmigt hatte. Scheinheilig hoffte Nicky abschließend »von ganzem Herzen, dass diese Maßnahmen in keiner Weise Dein Amt als Vermittler stören werden, das ich so hoch veranschlage. Wir brauchen Deinen starken Druck auf Österreich, damit dieses zu einer Verständigung mit uns kommt.«[1681] In seiner wie immer prompten Antwort erinnerte der getäuschte deutsche Kaiser seinen zaristischen Cousin, dass durch die russische Mobilmachung gegen Österreich »meine Vermittlerrolle, mit der Du mich gütigerweise betraut hast, und die ich auf Deine ausdrückliche Bitte übernommen habe, gefährdet, wenn nicht unmöglich gemacht« wurde. Schwer enttäuscht und noch immer nicht realisierend, dass er von einem Mitglied der Familie betrogen wurde, gab Willy dem russischen Zaren noch einen mahnenden Hinweis mit auf seinen schweren Weg: »Das ganze Gewicht der Entscheidung ruht jetzt ausschließlich auf Deinen Schultern, sie haben die Verantwortung für Krieg oder Frieden zu tragen.«[1682] Für die Wahrheit dieser Aussage ist die Geschichte ebenso Zeuge wie für das Faktum, dass die gezielte Täuschung Deutschlands und Österreichs ihre Wirkung nicht verfehlte.

Schlafwandelnde Mittelmächte

Während in St. Petersburg längst der Erste Weltkrieg feststand, versuchte das Deutsche Reich weiterhin, wie vom Zaren (offiziell) gewünscht, zwischen dem Zarenreich und der Donaumonarchie zu vermitteln. Deutschland drohte sogar seinem Bündnispartner an, ihn im Falle der Vermittlungsverweigerung nicht länger zu unterstützen. Abgesehen davon verloren die Mittelmächte sehr viel Zeit für ihre eigenen Mobilmachungen. Alles Ausflüsse der ententischen Täuschungs- und Spaltkeiltaktik.

Am 30. Juli kabelte der deutsche Reichskanzler nach Wien, dass man zwar einsehe, dass österreichisch-serbische Verhandlungen unzumutbar seien, »die Verweigerung jeden Meinungsaustausches mit Petersburg aber würde [ein] schwerer Fehler sein, da er [ein] kriegerisches Eingreifen Russlands geradezu provoziert, das zu vermeiden Österreich-Ungarn in erster Linie interessiert ist.« In Abweichung zur ursprünglichen Unterstützungserklärung wurde der k. u. k. Regierung sodann eröffnet, dass die Deutschen zwar bereit seien, »unsere Bündnispflichten zu erfüllen, [wir] müssen es aber ablehnen, uns von Wien leichtfertig und ohne Beachtung unserer Ratschläge in einen Weltkrieg hineinziehen zu lassen.«[1683] Noch am selben Tag vollzog Deutschland – verständlicherweise – fast eine komplette Kehrtwendung gegenüber dem ursprünglich (Anfang Juli) gemeinsam Festgelegten: Das Konstrukt des Faustpfands wurde ausdrücklich an die »Zustimmung Russlands« gebunden.[1684]

Deutschland ehrt, dass es wie Österreich nicht für einen Weltkrieg verantwortlich sein wollte. Die deutsche Reaktion auf die russischen Täuschungen und Nötigungen waren zwar verständlich, aus österreichischer Sicht kam der deutsche Wandel jedoch einem Wortbruch gleich. Imanuel Geiss ist grundsätzlich beizupflichten, wenn er ausführt, dass die deutsche Regierung nach ihrer Unterstützungszusage vom 5. Juli »über alle Phasen des österreichisch-ungarischen Entscheidungsprozesses voll und so rechtzeitig informiert« war, dass »sie jederzeit ihr Veto gegen zu weitgehende, den Frieden gefährdende Maßnahmen hätte einlegen können.«[1685] Hier muss ergänzt werden, dass das Deutsche Reich zu Recht keinen Einspruch erhob, weil Österreich eben völlig korrekt handelte. Schließlich hatte Wien von Anfang an offen artikuliert, welchen Weg es zu fahren gedachte, und Berlin wollte sogar noch aufs Gaspedal steigen. Das Deutsche Reich fiel nachträglich fast um, weil es in Anbetracht der Weltkriegsgefahr und Greys hirnrissiger Vorschlagsserie selbst die Aufgabe des Vermittlers übernahm und diese gewissenhaft ausführte, während sich die Entente darüber kaputtlachte und über ihr großes Plus auf dem Konto der Zeitbank freute. In diesem Fall steht eindeutig fest, dass die österreichischen Strategen mehr Durchblick hatten und auch konsequenter in der Umsetzung waren als die deutschen. Doch die Mittelmächte ließen sich nicht entzweien. Sie hielten weiterhin zusammen.

Am 30. Juli ließ k. u. k. Ministerratspräsident Berchtold in St. Petersburg ausrichten, dass er selbstverständlich bereit sei, »die einzelnen Punkte unserer übrigens durch die Ereignisse bereits überholten, an Serbien gerichteten Note durch Euer Exzellenz [den Botschafter] Herrn Sasonow zu erläutern.« Berchtold begrüßte es zudem, die österreichisch-russischen Beziehungen direkt, das heißt bilateral, »einer freundschaftlichen und vertrauensvollen Aussprache zu unterziehen.« Offenbar noch in Unkenntnis der aggressiven Sasonow'schen Formel ließ Berchtold außerdem bei Sasonow anfragen, »welche Belange der Herr Minister dieser Konversation zugrunde legen würde.«[1686] Über dieses österreichische Verhandlungsangebot wurde Berlin umgehend informiert.[1687] In einer gemeinsamen Audienz bei Kaiser Franz Joseph I. mit dem Kanzler und dem Generalstabschef bestätigte man erneut die von Beginn an vorgesehene Möglichkeit der **nachträglichen Annahme** des Ultimatums durch Serbien, »falls es sich jetzt unterwürfig zeigen sollte. Es müsste die Forderungen unseres Ultimatums Wort für Wort annehmen und sämtliche Auslagen ersetzen, die uns durch die Mobilisierung erwachsen sind.«[1688] Von einem unbedingten Kriegswillen der Österreicher fehlte also, trotz allem, auch im Hinblick auf Serbien jede Spur.

In den Abendstunden des 30. Juli legte die deutsche Reichsleitung Wien die dringende Empfehlung nahe, Greys fünften Vermittlungsvorschlag, also jenen über die Vierstaatenvermittlung hinsichtlich des Faustpfands, anzunehmen, der die Position Österreich-Ungarns »in jeder Hinsicht wahrt.«[1689] Diese Mühe war, wie gesagt, wegen der Haltung Russlands vergebens. Schließlich lehnte das Deutsche Reich selbst die erste Sasonow'sche Formel gegenüber St. Petersburg als unannehmbar ab, »da sie eine Demütigung für es [Österreich] sein würde, die zu keinem Ergebnis mehr führen könnte.« Es wurde jedoch bekanntgegeben, dass Graf Szápáry, der k. u. k. Botschafter in St. Petersburg, bereits damit beauftragt worden sei, die Unterhaltungen mit Sasonow fortzusetzen. Außerdem läge ein weiterer Vermittlungsvorschlag des britischen Außenministers vor.[1690]

Mit Pseudovermittlungsvorschlag Nummer 6 führte Grey abermals und wider besseren Wissens das von Russland kategorisch abgelehnte Faustpfand ins Treffen. Darüber hinaus regte er die Veränderung der Sasonow'schen Formel an.[1691] Die am 31. Juli übermittelte zweite Sasonow'sche Formel verlangte die Unterlassung des Einmarsches von k. u. k. Truppen in Serbien und verunmöglichte dadurch das Faustpfand, forderte aber gleichzeitig die Überprüfung der österreichischen Ansprüche auf Genugtuung durch die anderen Großmächte, wodurch sie Österreich in seiner Souveränität einschränkte. Dabei vergaß Sasonow aber nicht, auf die Achtung der serbischen Souveränität zu pochen:

Wenn Österreich zustimmt, den Einmarsch seiner Truppen in serbisches Gebiet einzustellen, und wenn es, in Anerkennung dessen, dass der österreichisch-serbische Konflikt den Charakter einer Frage von europäischen Interessen angenommen hat, zustimmt, dass die Großmächte die Genugtuung prüfen, welche Serbien der österreichisch-ungarischen Regierung zugestehen könnte, ohne seine Rechte als souveräner Staat und seine Unabhängigkeit antasten zu lassen, so verpflichtet sich Russland, seine abwartende Haltung beizubehalten.[1692]

Der Bewertung dieser abstrusen Formel zufolge stand die Souveränität eines terroristischen Aggressors weit über jener des Opfers, das die Durchsetzung seiner legalen und gerechten Ansprüche von anderen Staaten abhängig machen sollte, die ihm ebenfalls nicht gut gesonnen waren. Die Donaumonarchie sollte ihre Hoffnung in jene Hände legen, die sie erwürgen wollten.

Damit lag der endgültige Beweis vor, dass Österreich-Ungarn nicht mehr als Großmacht, sondern als Zerfallsstaat wahrgenommen wurde, mit dem man glaubte machen zu können, was man wollte. Diese Unverschämtheit hätte sich Sergej Sasonow nie herausgenommen, wenn er nicht intensiv von Frankreich und Großbritannien dazu gepusht worden wäre und, was noch wichtiger ist, wenn die Donaumonarchie über Streitkräfte in einer Quantität und Qualität verfügt hätte, die ihrer geographischen Größe und geostrategischen Lage entsprochen hätten. Da dies nicht der Fall war, setzte Sasonow ungeniert seinen aggressiven Kurs gegen Österreich fort. Noch am selben Tag, an dem er seine zweite Formel vorlegte, gab er den Auftrag, Rumänien für den Kriegsfall an die Seite Russlands zu ziehen und ihm dafür »unsere Unterstützung für die Erwerbung Transsylvaniens [...] zu versprechen.«[1693] Transsylvanien lag in Österreich-Ungarn. Die vorvereinbarte Leichenfledderei hatte in St. Petersburg System, denn schließlich war Serbien längst mit der Einverleibung Bosniens und Herzegowinas geködert worden.

Zurück zur zweiten Sasonow'schen Formel. Österreich-Ungarn verstand natürlich, dass es sich um die ultimative Steigerung der bisherigen ententischen Hinhalte-, Verweigerungs- und Nötigungstaktik handelte. Das diplomatische Maß war voll. Auf die russische Unverschämtheit reagierte Wien daher am 31. Juli zu Recht mit einer ebensolchen, indem es die Annahme der Formel unter zwei Bedingungen erklärte: Erstens müssten die k. u. k. Kriegsoperationen gegen Serbien fortlaufen, und zweitens sei die russische Mobilmachung einzustellen.[1694] Quit pro quo und folglich für Russland unannehmbar. Diplomatische Pattstellung. Von der Entente provoziert.

Obwohl die Mittelmächte seit einigen Tagen nicht nur in diplomatischer, sondern auch in militärischer Hinsicht getäuscht und provoziert worden waren, entschlossen sie sich erst am 31. Juli zu entsprechenden Gegenmaßnahmen. Zuerst Österreich, später und viel zaghafter das Deutsche Reich.

Da Russland schon seit mindestens einer Woche gegen Österreich-Ungarn mobilisiert hatte, verfügte die Donaumonarchie am 31. Juli um etwa 10 Uhr die allgemeine Mobilmachung,[1695] was die Formierung der gegen Russland gerichteten Heeresgruppe (A-Staffel) zur Folge hatte und den österreichischen Aufmarsch nicht nur verzögerte, sondern, wie vorherzusehen war, gewaltig ins Schleudern brachte. Dazu kommen wir noch, wenn wir die Folgewirkungen der Kriegsauslösung behandeln. Um Italien im Dreibund zu halten, beziehungsweise es zur Erfüllung seiner Bündnispflichten gegenüber Österreich und Deutschland zu motivieren, ermächtigte der k. u. k. Ministerrat am 31. Juli den Ministerpräsidenten, Italien Kompensationen für den Fall einer (nicht geplanten) dauernden Besetzung serbischen Territoriums in Aussicht zu stellen und sogar »über die Abtretung Valonas an Italien zu sprechen, in welchem Falle Österreich-Ungarn sich den ausschlaggebenden Einfluss in Nordalbanien sichern würde.«[1696] Die Liebesmüh war jedoch vergebens, weil sich Italien längst mit der Entente verbrüdert hatte.

Drohende Kriegsgefahr

Am 31. Juli um 11.40 Uhr wurde Berlin von seinem Botschafter in St. Petersburg über die Generalmobilmachung der russischen Land- und Seestreitkräfte informiert.[1697] Daraufhin wurde im Deutschen Reich nicht etwa sofort mobilgemacht, sondern zuerst, sprich um etwa 12.30 Uhr,[1698] der Zustand der **Drohenden Kriegsgefahr** angeordnet.[1699] Die russische allgemeine Mobilmachung, eine grundlos gegen Österreich und das Deutsche Reich gerichtete Aggression, war eindeutig die Ursache für die Ausrufung der Drohenden Kriegsgefahr. Denn »erst als sich bestätigt hatte, dass in Russland die Generalmobilmachung ausgesprochen worden war, gab Bethmann dem Drängen Moltkes nach.«[1700] Anders herum: keine Drohende Kriegsgefahr ohne russische Vollmobilmachung.

Wie das Deutsche Reich aus gutem Grund bereits einige Zeit vorher gegenüber Frankreich erklärt hatte, war die Drohende Kriegsgefahr keine Mobilmachung (siehe oben), sondern entsprach in etwa dem Zustand der Alarmierung, wie ihn zum Beispiel das k. u. k. Heer zur Vorbereitung der Mobilmachung kannte.[1701] Die Mobilmachung sollte zwei Tage nach der Ausrufung der Drohenden Kriegsgefahr erfolgen.[1702] Demnach diente die Drohende Kriegsgefahr nur der Vorbereitung der Mobilmachung, war aber nicht ihr Beginn. Im Grunde war sie die innerstaatliche Erklärung des Drohenden Kriegszustands. Die Betonung liegt auf »**drohend**«. Die Ausrufung sollte stattfinden, wenn die politische Lage einen Kriegsbeginn wahrscheinlich erscheinen ließ. Es sollte schlicht und ergreifend alles unterbleiben, was die spätere Mobilmachung erschweren könnte. Die einschlägigen Vorschriften hierfür entstammten den am 9. Oktober 1913 von Kaiser Wilhelm II. bewilligten und daher nicht unbedingt der aktuellen Lage angepassten Mobilmachungsbestimmungen 1914/15. Es waren zum Beispiel folgende Maßnahmen vorgesehen: militärische Bewachung wichtiger Gebäude und Bauten der Infrastruktur wie etwa die Rhein-Brücken und -Fähren sowie der Eisenbahn und in Grenzabschnitten, Merkblattbekanntgabe an die Presse, Zurückberufung aller Urlauber bei der Truppe, Rückverlegung von Truppenteilen in ihre Standorte, Beginn von allgemeinen Verkehrsbeschränkungen, Beschaffung der Vorräte für den Mobilmachungsfall und so weiter.[1703]

Es handelte sich zwar um erste konkrete Vorbereitungen für einen Krieg, die jedoch nicht mit der sogenannten Kriegsvorbereitungsperiode der Russen zu vergleichen waren. Bei letzterer wurden ja ganze Regimenter in Richtung russische Westgrenze verlegt, die gesamte Luftwaffe des Zaren gen Westen verschoben, Flüsse und Häfen vermint etc. Deshalb war die russische Kriegsvorbereitungsperiode, wie gesagt, ein wesentlicher Bestandteil der verschleierten Einleitung und teils auch der Durchführung der Mobilmachung selbst (siehe oben).

Zum Vergleich: Im Deutschen Reich, wo vom Klischee her jeder Furz statistisch erfasst wurde, war nicht einmal die Art der militärischen Sicherung einheitlich geregelt. Sie blieb den lokalen Befehlshabern überlassen, was natürlich im Einsatz zu Problemen führte.[1704] Auch für den militärischen Grenzschutz gab es in Deutschland keine verbindlichen Vorgaben. Es ergingen nur Anweisungen allgemeiner Natur, und es wurde nichts für ein koordiniertes Vorgehen unternommen, weshalb die Kommandanten frei entscheiden konnten.[1705] Aufgrund des Wildwuchses im Rahmen diverser Mobilmachungsplanungen kamen (berechtigterweise) in den militärischen Führungskreisen Zweifel auf, »ob die Mobilmachung sich überhaupt durchführen ließe.«[1706] Nun zur angeblich aggressiven deutschen Kriegsmarine: Während die Royal Navy ab 16. Juli in Spithead gefechtsbereit auf den großen Krieg wartete, war die deutsche Kriegsflotte am 31. Juli noch nicht einmal versammelt. Erst gegen 13 Uhr erhielt sie den Befehl zum Auslaufen in die Nordsee.[1707] Das Beste kommt noch: Der gegenüber der Royal Navy heillos unterlegenen deutschen Marine fiel erst Anfang August ein, noch mal schnell 48 Torpedoboote zu bestellen, das heißt, deren Bau in Auftrag zu geben![1708] Und während die britische Admiralität laut Churchills eigenen Angaben 24 zivile Ozean-Liner zu Hilfskreuzern sowie 94 Handelsschiffe mittels Ausstattung mit Kanonen zu Q-Ships machte (54 sofort, 40 später),[1709] wurden im Deutschen Reich zwar ebenfalls zahlreiche Hilfsschiffe in den Dienst gestellt, der Umbau respektive die Ausrüstung zu Hilfskreuzern schlug jedoch völlig fehl, weil sich nur zwei der dazu bestimmten Schiffe in deutschen Häfen befanden. Vor Beginn der Mobilmachung war nämlich dem »Freien Willen der Reedereien überlassen, wohin sie ihre Schiffe schickten.« Letztlich wurden nur vier der vielen eingeplanten Schiffe zu Hilfskreuzern umgebaut.[1710]

Sieht so die Vorbereitung einer Nation aus, die unbedingt den Krieg wollte oder die, wie Fritz Fischer meinte, nach der Weltmacht griff?

Weil die Weltmacht Großbritannien frühzeitig vorgesorgt hatte, war die endlich auch offiziell angeordnete Mobilmachung der Royal Navy am 31. Juli 1914 komplett, das heißt rundherum abgeschlossen.[1711] Auch die vollständige Mobilisierung der russischen Dampfwalze schritt zügig voran. Mit Telegramm von 14.04 Uhr ersuchte Wilhelm II. den Zaren unter Hinweis auf russische Kriegsvorbereitungen an der deutschen Ostgrenze, er möge jedwede militärische Maßnahme gegen Deutschland und Österreich einstellen, weil niemand die Ehre oder Macht Russlands bedroht.[1712] Auf diese durch und durch schlüssig begründete Bitte des deutschen Kaisers kabelte Nicky um 14.52 Uhr (Einlangen) folgende an Verschrobenheit kaum zu überbietende Antwort: »Es ist technisch unmöglich, unsere militärischen Vorbereitungen einzustellen, die infolge [der] Mobilmachung Österreichs notwendig waren.« Während der laufenden Verhandlungen mit der Donaumonarchie würden aber »meine Truppen keinerlei herausfordernde Handlung unternehmen.«[1713] Auch der deutsche Botschafter Pourtalès erhielt am späten Nachmittag auf seine ausdrückliche Bitte, Russland möge die allgemeine Mobilmachung aufhalten oder rückgängig machen, vom Zaren die Antwort, »das sei aus technischen Gründen nicht mehr möglich.«[1714] Dasselbe erklärte der russische Außenminister seinen Botschaftern in Berlin, Wien, Paris, London und Rom.[1715]

Der schussbereite Pistolenschütze, der von einem (noch) Unbewaffneten höflich gebeten wurde, seine Waffe wieder ins Holster zurückzustecken, erklärte also, dies sei aus technischen Gründen unmöglich. Allerdings war tatsächlich etwas technisch unmöglich: die geplante Geheimhaltung der russischen vollständigen Mobilmachung. Dies beweist ein weiteres Schlüsseldokument, nämlich die Tagesaufzeichnung des russischen Außenministeriums vom 31. Juli 1914 (Int. Bez. I, 5, 349):

> *Der Außenminister [Sasonow] hielt es für wünschenswert – um eine Verschärfung der Beziehungen mit Deutschland zu vermeiden –, die allgemeine Mobilmachung nach Möglichkeit geheim und ohne öffentliche Ankündigung zu beginnen. Es erwies sich aber, dass dies technisch unmöglich war, und vom Morgen des 31. Juli an erschienen in allen Straßen auf rotem Papier die Ankündigungen über die Einberufung unter den Fahnen.*[1716]

Ein Exemplar dieser rot gefärbten russischen Mobilmachungsplakate gelangte auf ausdrücklichen Wunsch General Moltkes am 31. Juli über einen Agenten zum deutschen

Nachrichtendienst.[1717] Im besagten russischen Sonderjournal wird außerdem berichtet, dass die allgemeine Mobilmachung »natürlich unter den ausländischen Vertretern Aufregung verursachen« musste. Gegenüber dem deutschen Botschafter Pourtalès setzte Sasonow seine gezielte Lügerei fort und sprach die nötigende Drohung aus, dass es Krieg gebe, wenn Deutschland die Donaumonarchie nicht mäßigen wolle:

> *Und trotz der Mobilmachung könne der Frieden erhalten bleiben, wenn Deutschland sich einverstanden erkläre, solange es noch nicht zu spät sei, mäßigend auf seinen Bundesgenossen einzuwirken.*[1718]

Nachdem er sowohl Österreich als auch Deutschland die Pistole auf die Brust gesetzt hatte, forderte der Psychopath Sasonow die Zurückhaltung seiner Opfer, ohne den eigenen Finger vom Abzug zu nehmen oder es auch nur in Aussicht zu stellen. Damit wurde die **Unumkehrbarkeit der russischen Nötigung** auf den verschiedensten Kanälen kommuniziert. In London und Paris war kein einziger ernster Einspruch, ja nicht einmal eine Empörung zu vernehmen. Im Gegenteil.

Britischer Ansporn zum Weltkrieg

Die letzten Tage der Juli-Krise waren hauptsächlich vom Warten der Kontinentalmächte auf die Entscheidung der Inselnation über ihren Kriegseintritt geprägt. Dies wird von Annika Mombauer wie folgt beschrieben: »Frankreich und Russland ermutigten Großbritannien, sich im Interesse des Friedens auf ihre Seite zu schlagen, und Deutschland und der Dreibund drängten auf britische Neutralität, weil nur ›dies allein den Frieden bewahren‹ könne.«[1719] Oberflächlich betrachtet, stimmt Mombauers Einschätzung, hinsichtlich der Motivation Frankreichs und Russlands ist sie jedoch absolut falsch. Diese wollten ja, wie gezeigt, Großbritannien im bereits beschlossenen großen Krieg gegen Deutschland an ihrer Seite wissen. Allerdings räumt Mombauer ohne Umschweife ein, dass die sogenannte Neutralität »für Großbritannien letztlich nur eine rein theoretische Option«, aber »in der Praxis fast unmöglich« war. Als völlig korrekte Begründung hierfür nennt die deutsche Historikerin mit britischem Lehrstuhl insbesondere das britisch-französische Flottenabkommen von 1912 und die Bedrohung für das britische Empire durch ein von England losgelöstes Russland, »denn ein siegreiches Russland würde sich zweifellos als Nächstes gegen Indien richten.«[1720]

Aus dem letztgenannten Grund leuchtet auch ein, dass sich Großbritannien so lange Russland warm halten musste, bis es ihm zu mächtig wurde. Gemäß der Balance-of-Power-Strategie sollte Russland zumindest bis zur Vernichtung des Deutschen Reiches bei der Stange gehalten werden. Darin war Sir Edward Grey ein wahrer Meister.

Das telegraphische Ersuchen vom 30. Juli von Paris an London um Unterstützung für den Fall des allgemeinen Kriegs wurde am 31. Juli von Eyre A. Crowe mit dem Kommentar versehen, dass sich England auf die Seite seiner Verbündeten stellen muss, sobald »feststeht, dass Frankreich und Russland den Krieg nicht vermeiden können und in ihn eintreten.«[1721] Jeder friedliebende und vernünftig denkende Mensch würde nun annehmen, dass Frankreich und Russland alles unternehmen müssten, um den allgemeinen Krieg zu vermeiden, damit sich nach den dennoch gescheiterten Friedensbemühungen Großbritannien entscheiden könnte, ob es an der Seite seiner Verbündeten in den Krieg einsteigen wolle. Weit gefehlt! Bekanntlich taten Frankreich und Russland alles, damit sich die diplomatische und militärische Lage verschärfte. Und Großbritannien spornte sie geradezu dazu an. Dass es sich bei Crowes Kommentar um die bereits bewährte friedliche Form mit militärisch-aggressivem Inhalt handelte, erschließt sich nicht zuletzt aus dem aggressiven Verhalten Frankreichs und Russlands.

Am 31. Juli drangen Meldungen sowohl über die Generalmobilmachung in Russland[1722] als auch über seine militärischen Aktivitäten an der ostpreußischen Grenze bis nach London: Abtransport der öffentlichen Kassen ins Landesinnere, Versiegelung aller öffentlichen Gebäude, Verbrennung sämtlicher Grenzwachhäuser,[1723] vollkommene Schließung der russisch-deutschen Grenze. Darunter setzte der führende Deutschlandexperte im britischen Außenamt Eyre A. Crowe den gelogenen Vermerk, dass »die deutsche Mobilmachung schon seit einiger Zeit an den drei deutschen Grenzen lebhaft im Gange ist.« Wiederum darunter kommentierte Unterstaatssekretär Arthur Nicolson: »Russland trifft ganz angemessene und sehr verständige Vorsichtsmaßnahmen, die in keiner Weise als herausfordernd ausgelegt werden können.«[1724]

Es steht also fest, dass im britischen Außenministerium sogar handfeste russische Kriegsvorbereitungen an der Grenze zum Deutschen Reich als angemessen und sehr verständig verniedlicht wurden. Darum fiel es Edward Grey auch nicht schwer, bereits am 31. Juli dem russischen Botschafter in London Alexander Benckendorff im Beisein des französischen Gesandten Paul Cambon mit ziemlicher Klarheit zu erklären, er habe den deutschen Botschafter schon darauf hingewiesen, »dass, wenn der Krieg sich generalisiere, und wenn Frankreich hineingezogen werden würde, England nicht desinteressiert bleiben könne.«[1725] Umgekehrt war natürlich britisches Interesse nicht mit Zeitungslesen, sondern mit Kriegseintritt gleichzusetzen. Russland erhielt also für die Ausdehnung seiner militärischen Aggressionen gegenüber Österreich auch auf das Deutsche Reich vom britischen Außenminister eine Belohnung in Form der semioffiziellen Bestätigung britischer Bündnistreue.

Nun zu Frankreich. Es machte am 31. Juli zuerst seine Grenzen dicht, um sich danach gegen Mitternacht offiziell für den Krieg zu entscheiden. Nachdem die französische Regierung bereits am 30. Juli um 16.55 Uhr die Sicherung der Grenzen angeordnet hatte (siehe oben) und um 23.30 Uhr Maurice Paléologues Meldung über die ersten Maßnahmen der russischen Generalmobilmachung eingegangen war,[1726] machte der französische Botschafter in London Paul Cambon den britischen Außenminister Edward Grey darauf aufmerksam, dass im Gegensatz zum Jahr 1870 nun jene Gefahren zu berücksichtigen seien, »die aus der Bildung eines mächtigen Deutschland im Zentrum Europas erwuchsen.« Cambon fügte hinzu, »heute wäre ein solcher Fehler noch schwerer, denn England stünde im Fall eines deutschen Sieges Deutschland isoliert gegenüber und würde sich dann in einem Zustand der Abhängigkeit befinden.« Außerdem meinte Jules Cambon, »dass man in Frankreich mit der Unterstützung Englands rechne und dass, wenn England sich uns versage, die Befürworter einer Verständigung mit Deutschland unter Ausschluss Englands sich bestätigt fühlen könnten.« Folglich bat der französische Botschafter den britischen Oberdrahtzieher, »das Kabinett erneut mit diesen Überlegungen zu befassen und darauf zu bestehen, dass uns unverzüglich Garantien gegeben würden.«[1727]

Damit traf der französische Diplomat ins Herz der britischen Geostrategie. Hätte sich nämlich der französische sozialistische Politiker und Pazifist Jean Jaurès mit seinem Ziel der französisch-deutschen Verständigung durchgesetzt, wäre mit Frankreich auch Russland vom Kriegszug abgesprungen. Der Frieden und mit ihm die deutsche Vorherrschaft in Europa wären jene unausweichlichen Folgen gewesen, die der britischen Geostrategie der Balance of Power mehr entgegenliefen als alles andere.

In seiner Nachricht an Edward Grey vom 31. Juli betonte Nicolson, es erscheine ihm »überaus wichtig, unverzüglich den Befehl zur Mobilisierung der Armee zu geben«, um im Falle einer deutschen Invasion (gegen Frankreich) bereit zu sein, »sich auf Seiten Frankreichs zu stellen.« Greys Vermerk hierzu lautet: »Darin liegt viel Wahres. Wir müssen uns vorbereiten, und ich meine, die Sache sollte morgen früh erwogen werden.«[1728] Und Ohrenbläser Crowe erklärte mit seinem Memorandum vom 31. Juli gegenüber Grey den blanken Unsinn, die britische Nation würde durch die Wahrung der Neutralität ihre staatliche Autonomie verlieren: »Die Theorie, dass

England sich auf einen großen Krieg nicht einlassen darf, bedeutet seine Abdankung als unabhängiger Staat.« Das Postulat, unter keinen Umständen Krieg führen zu wollen, erachtete Cliquen-Bruder Crowe als »einen Akt politischen Selbstmordes.« Der Kriegseintritt auf Seiten Frankreichs werde durch das Recht selbst gerechtfertigt. Schließlich müsse man Frankreich beistehen, weil es den Streit nicht gesucht hat: »Er ist ihm aufgezwungen worden.«[1729] Die übliche Verdrehung der Tatsachen.

Grey wollte freilich die geforderten Garantien sofort geben, doch bevor er nicht das britische Parlament auf seine Linie gebracht hatte, konnte er die britische Bündnistreue nur indirekt bestätigen. In Entsprechung zu Crowes Beurteilung erfolgte die erwähnte Mitteilung des britischen Außenministers vom 31. Juli an den französischen und den russischen Gesandten in London, dass Großbritannien bei einem allgemeinen Krieg, in den auch Frankreich involviert wäre, nicht nur zusehen könnte.[1730] Dies war neben ähnlichen anderen Aussagen Sir Greys und vor allem der allgemeinen Mobilisierung der Royal Navy ein weiterer deutlicher Hinweis, dass Frankreich wie schon zuvor Russland einen Zahn zulegen sollte und im Kriegsfall auf britische Hilfe rechnen durfte.

Am 31. Juli um 15.30 Uhr forderte General Joffre den weitergehenden Grenzschutz und die Einberufung der Reservisten. Um 16 Uhr stimmte der Ministerrat zu.[1731] Bereits um 17.40 Uhr erging der Befehl zur uneingeschränkten Aufstellung des Grenzschutzes.[1732]

Wenig später, etwa um 20 Uhr, ordnete Frankreichs, Großbritanniens und folglich auch Russlands inoffizieller Verbündeter die Mobilisierung an: Belgien. Als erster Mobilmachungstag wurde der 1. August festgelegt.[1733] Die Rolle Belgiens im Vernichtungskrieg gegen Deutschland erklärte der britische Außenminister Edward Grey dem k. u. k. Botschafter Graf Albert von Mensdorff (1861 bis 1945) in aller Offenheit, als die Würfel des Kriegs in London bereits gefallen waren: Der Kampf zwischen Österreich einerseits sowie Serbien und sogar Russland andererseits sei »für England in den Hintergrund getreten.« Für Großbritannien ging es ausdrücklich nur noch um die »**Vorherrschaft im Westen.**« Dabei sei die belgische Frage für England »von vitalstem Interesse« und

die Neutralität Belgiens bedeutet für Frankreich
so viel wie [eine] Armee von 150.000 Mann.

Belgisches Menschenmaterial für den ententischen Kriegsfleischwolf. Abschließend gab Grey zu, dass er die deutsche Verteidigungsstrategie recht gut kannte: Deutschland habe seinen »ganzen Feldzugsplan aufgebaut auf [der] Verletzung eines Vertrages, den es mit unterschrieben hat.«[1734] Hier rufen wir uns das von britischen Ministern bereits am 29. Juli 1911 offen artikulierte Verständnis für den deutschen Durchmarsch durch belgisches Terrain als »strategisch notwendig und folglich so gut wie unvermeidlich« in Erinnerung.[1735] Während die britische Regierung wusste, dass der Durchmarsch durch Belgien für das Deutsche Reich ein notwendiges Übel und die einzige Chance für einen erfolgreichen Feldzug gegen Frankreich zur präemptiven Verteidigung des Reichs war, bedeutete Belgien für britische Kriegstreiber nichts anderes als zusätzliche Truppen, die man an der Seite Frankreichs im Vernichtungskrieg gegen das Deutsche Reich ins Gefecht werfen konnte, um eine deutsche Hegemonie in Europa zu verhindern. Das Deutsche Reich kämpfte um sein Überleben, Großbritannien um die Ausdehnung seiner Macht auf dem Kontinent, wo es aber nichts verloren hatte. Ignoranten Historikern sei gesagt: Check the difference.

Eindringliche deutsche Warnungen

Am 31. Juli 1914 war der eiserne Ring um Deutschland definitiv geschlossen. Obwohl Frankreich und Russland bereits mehrfach von Deutschland gewarnt worden waren, nahm das Deutsche Reich am 31. Juli ein weiteres Mal den zeitlichen Verzug seiner eigenen Mobilmachung in Kauf und übermittelte inhaltlich einwandfreie, jedoch aufgrund der äußeren Umstände mit wenig Aussicht auf Erfolg gesegnete Ultimaten, um beiden Entente-Mächten Gelegenheit zum Einlenken zu geben. Gegenüber Russland erklärte das Deutsche Reich moralisch und rechtlich erstklassig:

Trotz noch schwebender Vermittlungsverhandlungen, und obwohl wir selbst bis zur Stunde keinerlei Mobilmachungsmaßnahmen getroffen hatten, hat Russland [die] ganze Armee und Flotte, also auch gegen uns, mobilisiert. Durch diese russischen Maßnahmen sind wir gezwungen worden, zur Sicherung des Reiches die drohende Kriegsgefahr auszusprechen, die noch nicht die Mobilisierung bedeutet. Die Mobilisierung muss aber folgen, falls nicht Russland binnen zwölf Stunden jede Kriegsmaßnahme gegen uns und Österreich-Ungarn einstellt und uns hierüber [eine] bestimmte Erklärung abgibt.[1736]

St. Petersburg wurde also erneut und nachweislich darüber in Kenntnis gesetzt, dass die fortgesetzte russische Mobilmachung unumkehrbar die Mobilmachung der deutschen Streitkräftg bedeutet. Dies war quasi gleichbedeutend mit Krieg, worüber sich Russland auch voll bewusst war,[1737] weil seine Strategen längst die Sachzwänge des Schlieffen-Plans verinnerlicht hatten. Dennoch wurde Russland die wertvolle Zeitspanne zwischen Drohender Kriegsgefahr und Mobilmachung zum Überdenken seines Einlenkens geschenkt. Die deutsche ultimative Aufforderung wurde dem russischen Außenminister Sasonow am 31. Juli um Mitternacht ausgehändigt. Folglich gewährte man Russland mit besagten 12 Stunden eine Antwortfrist bis 1. August um 12 Uhr. Beim Empfang der deutschen Note berief sich Sasonow erneut auf die »technische Unmöglichkeit« der Einstellung der russischen Mobilmachungsmaßnahmen, wobei er auf die Frage des deutschen Botschafters (Pourtalès), ob Russland auch im Falle der ausbleibenden Einigung mit Österreich gewillt sei, den Frieden zu halten, »keine bejahende Antwort zu erteilen« vermochte.[1738] Ein deutliches Signal für den festen Willen Russlands zum Krieg gegen das Deutsche Reich. Sodann berichtete Sasonow nach Paris (Iswolski) und London (Benckendorff), der deutsche Botschafter habe auf die Frage, ob die für den Fall der Ablehnung des Ultimatums avisierte deutsche Mobilmachung »gleichbedeutend mit Krieg sei«, geantwortet, »das sei nicht der Fall, aber wir seien dem Kriege außerordentlich nahe.«[1739] Folglich war Russland aufgrund mehrerer Informationen völlig darüber im Bilde, was die deutsche Mobilmachung bedeutete.

Weil Frankreich noch nicht offiziell mobilisiert hatte, versuchte Berlin mit nachfolgender vorbildlicher Aufforderung, die am 31. Juli um 19 Uhr zugestellt wurde,[1740] zumindest Paris zur Neutralität zu bewegen:

> *Russland hat trotz unserer noch schwebenden Vermittlungsaktion und obwohl wir selbst bis zur Stunde keinerlei Mobilmachungsmaßnahmen getroffen hatten, [die] Mobilmachung seiner gesamten Armee und Flotte, also auch gegen uns, verfügt. Wir haben darauf drohenden Kriegszustand erklärt, dem [die] Mobilmachung folgen muss, falls nicht Russland binnen zwölf Stunden alle Kriegsmaßnahmen gegen uns und Österreich einstellt. Die Mobilmachung bedeutet unvermeidlich Krieg.*

Frankreich wurden 18 Stunden für die Beantwortung und somit eine Frist bis 1. August um 13 Uhr eingeräumt,[1741] wobei der französische Ministerpräsident ausdrücklich versprach, den Termin einzuhalten.[1742]

Von entscheidender Bedeutung ist hier, dass die französische Regierung nicht nur mehrfach vom Deutschen Reich, sondern zuletzt auch von ihrem eigenen Botschafter in Berlin (Jules Cambon) am 31. Juli erklärt bekam, was genau unter dem Zustand der Drohenden Kriegsgefahr zu verstehen war: »Man habe den sogenannten

›Kriegsgefahrenzustand‹ verkündet, der der Behörde erlaubt, wenn sie es für nützlich erachtet, den Belagerungszustand zu erklären, gewisse öffentliche Dienste einzustellen und die Grenze zu sperren.«[1743] Paris konnte sich also nicht herausreden und etwa behaupten, Deutschland habe am 31. Juli mobilgemacht oder gar anstelle des nur drohenden den tatsächlichen Kriegszustand ausgerufen.

Am 31. Juli um 21.40 Uhr, nur wenige Stunden nach Eingang des deutschen Telegramms in Paris, wurde der stets öffentlich für die Verständigung mit Deutschland und den europäischen Frieden plädierende Jean Jaurès ermordet.[1744] Frankreichs einflussreichster Pazifist hatte sich mächtige Feinde im nationalistischen Lager gemacht [1745] und wurde schließlich von dem revanchistischen Studenten Raoul Villain (1885 bis 1936) im Pariser Café du Croissant mit zwei Schüssen niedergestreckt. Villain hatte eine bedeutende Rolle in der Liga der jungen Freunde von Elsass-Lothringen inne. Ein politischer Mord im Auftrag einiger kriegsfanatischer Regierungsmitglieder wäre daher alles andere als unwahrscheinlich, kann aber vermutlich nicht nachgewiesen werden. Viel wichtiger ist ohnehin, dass die Mordtat nachträglich sogar von Ratspräsident Viviani insofern gedeckt wurde, als er in Sorge um die »Union sacrée«, den überparteilichen geheiligten Bund zur »Verteidigung« der Grande Nation, die Eröffnung des Gerichtsprozesses gegen Raoul Villain bis zum Kriegsende im Jahr 1919 hinauszögern ließ. Vor einem »äußerst patriotischen Hintergrund« wurde der revanchistische Extremist im schwurgerichtlichen Verfahren mit elf zu einer Stimme für unschuldig erklärt. Die Prozesskosten wurden Frau Jaurès, also der Witwe, aufgebrummt, während der Mörder ihres Mannes auch noch glorifiziert wurde: »Der Vorsitzende ordnet die Freilassung an und ehrt den Angeklagten als vorbildlichen Patrioten.«[1746] Kriegsfanatismus und Hass auf Deutschland prägten bekanntlich weit bis über den Ersten Weltkrieg hinaus breite Teile der propagandistisch hochgradig manipulierten französischen Bevölkerung.

Ende Juli 1914 war die Stimmung um keinen Deut besser. Die bisherige Entwicklung ließ keine Antwort der Russen und Franzosen auf die berechtigten deutschen Ultimaten erwarten. Folglich rechnete man in Berlin gar nicht mit einer solchen. Warum machte man sich dann überhaupt die Mühe?

Dafür gab es zwei gute Gründe. Beim ersten Grund ging es sowohl um die äußere Sicherheit des Reichs als auch um die Gewährleistung eines erfolgreichen Feldzugs. Für beides war Generalstabschef Helmuth von Moltke verantwortlich. Im Hinblick auf die Ultimaten stellte der deutsche General fest, »dass Deutschland den militärischen Vorbereitungen der Nachbarn ohne schwerwiegende Konsequenzen für die eigene Kriegsführung und die Gefährdung von deutschem Gebiet an der Ost- und

Westgrenze nicht mehr länger tatenlos zusehen könne.« Nachzulesen im Buch über das deutsche Militär in der Juli-Krise – *Der Weg in den Ersten Weltkrieg* – von Anscar Jansen, einem wissenschaftlichen Mitarbeiter an der Universität Marburg und Experten für die Militärgeschichte des Ersten Weltkriegs.[1747] Im selben Werk finden wir eine weitere grundsätzlich plausible Antwort: Dem Bericht des sächsischen Militärbevollmächtigten vom 31. Juli 1914 zufolge »seien die Ultimaten an Frankreich und Russland hauptsächlich dadurch motiviert gewesen, um gegenüber Italien als Angegriffener dazustehen und somit die Bündnistreue dieses Landes zu erreichen.«[1748]

> Das Deutsche Reich war zwar zum Zeitpunkt der Erstellung der Ultimaten (noch) kein physisch Angegriffener, sehr wohl aber ein durch eine konkrete und unmittelbare Bedrohung potenziell Attackierter. Wie bereits mehrfach erwähnt, ist ja eine konkrete unmittelbare Bedrohung (nach heutigen Maßstäben) das ausschlaggebende Kriterium für die Legalität der Notwehr beziehungsweise der präemptiven Verteidigung.[1749]
>
> Umringter und unmittelbar bedrohter als das Deutsche Reich Ende Juli 1914 von drei zum Krieg bereiten Großmächten war, die noch dazu allesamt lange vor ihm mobilgemacht hatten, konnte man wohl kaum sein. Folglich kündigte Berlin mehrfach, sachlich korrekt und sogar mustergültig den Gebrauch seines Notwehrrechtes an, um den anderen Mächten Gelegenheit zum Einlenken zu geben.
>
> Wer diese verzweifelten Hinweise und Warnungen einer nachweislich bis zuletzt um den europäischen Frieden bemühten Nation als Aggressionen und Drohungen auslegt, hat weder das Prinzip der Kausalität noch das der Notwehr verstanden. Kann es wirklich so schwer zu verstehen sein, dass das Deutsche Reich von drei Großmächten eingekreist war, die den Krieg bis zu seiner Vernichtung führen wollten?

Rechtliches

Frankreichs Entschluss zum Weltkrieg

Während Deutschland noch nicht einmal die Mobilmachung eingeleitet hatte, war Frankreich nach Russland die zweite Entente-Macht, deren Regierung offiziell den Entschluss zum Krieg fasste. Im Zuge der Ministerratssitzung in der Nacht vom 31. Juli um 21 Uhr auf den 1. August um 0.15 Uhr wurde die allgemeine Mobilmachung mit Beginn 1. August, 16 Uhr beschlossen.[1750] Im unmittelbaren Anschluss teilte der französische Kriegsminister dem russischen Militärattaché in Paris »in gehobenem, herzlichem Tone den festen Entschluss der Regierung zum Kriege« mit, um ihn im selben Atemzug zu bitten,

> *die Hoffnung des französischen Generalstabes zu bestätigen, dass sich alle unsere Anstrengungen gegen Deutschland richten werden, und das Österreich als quantité négligeable [vernachlässigbare Größe] betrachtet werden wird.*

Diese strategische Botschaft ließ der russische Militärattaché umgehend dem Kriegsminister in St. Petersburg im Telegramm des Botschafters (Iswolski) übermitteln.[1751] Dass Österreich im Hinblick auf den großen europäischen Krieg ausdrücklich als vernachlässigbare Größe bezeichnet wurde, bestätigt die erwähnte strategische Grundannahme, der zufolge der zerbröckelnde Vielvölkerstaat tatsächlich nur als Achillesferse für die Auslösung des Vernichtungskriegs gegen Deutschland von Relevanz war. Flogging a dead horse makes no sense at all: Ein totes Pferd zu peitschen, hat überhaupt keinen Sinn.

Extrem viel Sinn für die französischen Kriegstreiber hatte hingegen eine ihrer propagandistischen Fälschungen. Der Entschluss Frankreichs zum großen Krieg wurde wesentlich dadurch bedingt, dass die vom Deutschen Reich der französischen Regierung mehrfach und korrekt erklärte Bedeutung des Begriffs »Drohender Kriegszustand« (Drohende Kriegsgefahr) mutwillig unter Weglassung des essentiellen Worts »drohend« und mithin lediglich mit »Kriegszustand« ins Französische übersetzt wurde. Dadurch sollte bei der Bevölkerung und den nicht eingeweihten Regierungsmitgliedern der falsche Eindruck erweckt werden, in Deutschland sei bereits die Entscheidung für den Krieg gefällt worden.

»Diese Fälschung vom 31. Juli hatte ihr Ziel erreicht, als Präsident Poincaré am nächsten Tag um 9 Uhr [tatsächlich 15.45 Uhr] die Mobilisierung unterzeichnete«, schreibt der französische Forscher André Martin in seinem Artikel »Die serbischen Telegramme vom Juli 1914« (»Les télégrammes serbes de Juillet 1914«). Für die mutwillig falsche Übersetzung war der Chefredakteur der *Temps* André Tardieu verantwortlich, der über sehr gute Deutschkenntnisse verfügte. Mit seiner absichtlich fehlerhaften Übersetzung entfachte und verstärkte Tardieu sogar bei den Imperialisten den glühenden Hass auf Deutschland und seinen Kaiser. André Martins Arbeit stützt sich auf den französischen Juristen, Diplomaten und Geheimdienstler Henri Pozzi (1849 bis 1946) und die vormals geheimen Dokumente aus dessen Buch mit dem passenden Titel *Die Schuldigen* –

Die Wahrheit über die Verantwortung für den Krieg unter dem Frieden (*Les Coupables – La vérité sur les responsabilités de la guerre et les dessous de la paix*).[1752]

Über den betrügerisch herbeigeführten Kriegseintritt Frankreichs in Absprache mit russischen Kriegstreibern schreibt der französische Journalist Alfred Fabre-Luce (1899 bis 1983): »Für Zweifel lässt diese ganze Geschichte keinen Raum. Frankreich ist nicht aufgrund einer Ehrenpflicht in den Krieg eingetreten, wie das unsere Herrschenden oft behauptet haben, sondern, im Gegenteil, durch die Verletzung des defensiven Bündnisvertrags mit Russland und der republikanischen Verfassung von 1875.«[1753]

Die Darlegungen der französischen Experten, die im Sinne des Friedens über ihre Landesgrenzen hinaus denken und handeln, sprechen für sich respektive gegen Frankreich. Die Wahrheit hat eben keine Staatsbürgerschaft. Obwohl die Wahrheit vom britischen Außenminister insbesondere in der letzten Phase der Juli-Krise fast bis zur Unkenntlichkeit entstellt wurde, lässt sie sich anhand der diplomatischen Dokumente rekonstruieren.

Greys ultimative Nötigung

Am 31. Juli schlug der siebte und letzte Pseudovermittlungsvorschlag des britischen Außenministers zu Buche. Im ersten Ansatz ging es zum Schein um Österreich, bald verlagerte sich aber Greys Fokus auf Belgien, dessen vermeintliche Neutralität und damit auf das Deutsche Reich. Es handelte sich dabei nicht nur um einen weiteren nötigenden Zeitraub, sondern auch und sogar primär um die Vorarbeit zur vorsätzlichen Manipulation des britischen Parlaments. Der siebte britische Vorschlag war der größte Bluff von allen. Er war die Ummantelung jener rhetorischen Blendgranate, die Cliquen-Mitglied Sir Edward Grey am 3. August im House of Commons hochgehen ließ, um Großbritannien in den kontinentaleuropäischen Krieg zu ziehen und diesen dadurch zum Weltkrieg zu entflammen.

Im besagten ersten Ansatz vom 31. Juli schlug Grey erneut eine aussichtslose Vierer-Konferenz (Großbritannien, Frankreich, Italien, Deutschland) vor, die der Donaumonarchie das Unmögliche bieten sollte: »volle Genugtuung hinsichtlich seiner Forderungen an Serbien« unter der Voraussetzung, »dass diese [die] serbische Souveränität und Integrität serbischen Gebiets nicht beeinträchtigen.« Wieder einmal nur substanzlose Phrasen, die keinerlei Garantien enthielten (Abduschen ohne nass zu werden). Damit war das zuvor avisierte Faustpfandprinzip eliminiert. Außerdem müssten, so Grey, sämtliche Mächte »natürlich weitere militärische Operationen oder Vorbereitungen einstellen.«[1754] Dass auch dies ein Ding der Unmöglichkeit war, wusste der britische Außenminister nur zu gut. Denn Russland hatte bereits mehrfach und unmissverständlich mitgeteilt, dass ein Stopp seiner Generalmobilmachung »technisch unmöglich war.« Greys siebter »Vermittlungsvorschlag« war folglich wissentlich von vornherein zum Scheitern verurteilt und diente wie alle seine vorherigen Vorschläge dem Zeitgewinn für die russische allgemeine Mobilmachung und damit dem großen Krieg.

Bei seinem nächsten Schritt zum Weltenbrand versteifte sich der britische Außenminister auf den Schutz der belgischen Neutralität, obwohl er wusste, dass Belgien faktisch nicht neutral, das Deutsche Reich zum Durchmarsch gezwungen und Großbritannien gar **nicht zur Protektion Belgiens verpflichtet** war.

Rechtliches

Schon der von Grey selbst zitierte vormalige britische Premier William Ewart Gladstone (1809 bis 1896) hatte um 1870 geurteilt, dass für England keine unbedingte rechtliche Verpflichtung zum Schutz der Neutralität Belgiens gegeben war. Viel mehr betonte Gladstone, die Briten hätten »ein Interesse an der Unabhängigkeit Belgiens, das breiter ist als jenes, das wir am buchstäblichen Gewährleisten der Garantie haben können.«[1755] Es ging ihm folglich nicht um das Interesse Belgiens an der Erhaltung seiner Unabhängigkeit, sondern ausschließlich um die Interessen des Imperiums.

Sir Edward Grey wusste auch, dass Premier Herbert Asquith König George V. am 30. Juli 1914 schriftlich mitgeteilt hatte, es bestehe keine Pflicht Großbritanniens zum Schutz der belgischen Neutralität. Schließlich sei »zweifelhaft, inwiefern ein einzelner als Garant verpflichteter Staat durch den Vertrag von 1839 an die Aufrechterhaltung der belgischen Neutralität gebunden ist, wenn sich die übrigen Garanten ihrer Verpflichtung entziehen oder eine solche ablehnen.« Das Kabinett kam folglich zur Ansicht, »dass die Angelegenheit, sollte sie akut werden, eher Sache der Politik als einer rechtlichen Verpflichtung ist.«[1756] Dass der Londoner Vertrag für London nicht bindend war, ergibt auch der Inhalt des erwähnten geheimen Memorandums des CID vom 1. August 1905, dem zufolge allerdings, wie schon Gladstone meinte, **britische Interessen** der Verletzung der Neutralität Belgiens entgegenstünden.[1757]

Wäre Großbritannien wirklich daran interessiert gewesen, eine klare rechtliche Situation zum Schutz der belgischen Neutralität zu schaffen, hätte es das *V. Haager Abkommen betreffend die Rechte und Pflichten der neutralen Mächte und Personen im Falle eines Landkriegs* von 1907 unterzeichnet und ratifiziert.

> Dies ist jedoch absichtlich unterblieben,¹⁷⁵⁸ was offensichtlich mit der in der Haager Landkriegsordnung verankerten Allbeteiligungsklausel (clausula si omnes) zusammenhängt. Diese Klausel besagt, dass das jeweilige Haager Abkommen nur dann bei einem bewaffneten Konflikt Anwendung findet, wenn sämtliche Kriegsparteien zugleich Vertragsparteien sind.¹⁷⁵⁹ Sollte also auch nur eine einzige Konfliktpartei dem (jeweiligen) Haager Abkommen nicht vor Beginn des Kriegs beigetreten sein, ist das Abkommen auf keine einzige der Konfliktparteien anwendbar.¹⁷⁶⁰
>
> Britische Strategen wollten sich demnach die Verletzung der Neutralität anderer Staaten wie insbesondere Belgiens offenhalten und dabei die Anwendung des besagten Haager Neutralitätsabkommens ausschließen. Im gegenteiligen Anlassfall, wie zum Beispiel im August 1914, würde man sich jedoch im Sinne William Gladstones auf die Wahrnehmung der britischen Interessen berufen, die den Schutz der belgischen Neutralität notwendig machen. Egoism prevails: Egoismus geht vor.

Unterstaatssekretär Nicolson erklärte jedenfalls dem russischen Botschafter in London (Benckendorff), dass die Neutralität Luxemburgs für Großbritannien keine Rolle spiele, weil gemäß dem Londoner Vertrag vom Mai 1867 »die Garantie kollektiv ausgeübt werden muss.« Im Falle der belgischen Neutralität, erklärte Nicolson unter Nichtbeachtung der genannten britischen Rechtsgutachten, sehe es ganz anders aus, weil diese »jede Macht einzeln angeht.« Aus sicherer Quelle erfuhr Alexander Benckendorff, es seien »innerhalb des Kabinetts für eine Intervention, sogar für eine direkte, die Minister Asquith, Grey, Haldane, Churchill, Crewe und McKenna, in weniger entschiedener Form auch Lloyd George.« Nicolson hielt zudem »den Krieg zwischen England und Deutschland für unvermeidlich«, weil, so die absurde Begründung, »Deutschland nicht zugeben könne, dass eine andere Macht seine aggressiven Operationen zur See Grenzen setzte.«¹⁷⁶¹ Nicolson log. Wie gezeigt, wurde nicht die deutsche, sondern die britische Kriegsmarine aggressiv eingesetzt. Nicolson und die genannten Minister waren (ausgenommen Crewe und McKenna) Mitglieder der anglo-amerikanischen Globalisierungsclique.¹⁷⁶²

Am 31. Juli ließ Edward Grey in Paris »in Anbetracht der voraussichtlichen Mobilmachung Deutschlands« anfragen, ob die »französische Regierung nun im Hinblick auf bestehende Verträge bereit ist, [die] Neutralität Belgiens so lange zu achten, als keine andere Macht sie verletzt.«¹⁷⁶³ Dem britischen Außenminister war klar, dass

Frankreichs Antwort positiv ausfallen würde, weil gemäß der gemeinsam geplanten und vorbereiteten belgischen Kriegsfalle der französische Angriff auf das Deutsche Reich nicht über Belgien, sondern über die französische Ostgrenze (Barrière de fer) erfolgen sollte, während die britischen Landungstruppen (BEF) die vermeintliche Lücke in Nordfrankreich schließen würden. Der Passus, dass Frankreich die belgische Neutralität so lange achten solle, »als keine andere Macht sie verletzt«, würde es **nach** dem deutschen Einmarsch in Belgien den Franzosen ermöglichen, einen Teil ihrer Truppen über belgisches Terrain zur Unterstützung der BEF in die Schlacht zu werfen. Da Greys Anfrage dem gemeinsam festgelegten Schlachtplan sehr gelegen kam, antwortete die französische Regierung noch am selben Tag, sie sei »fest entschlossen, [die] Neutralität Belgiens zu achten.« Nur im Fall, dass »eine andere Macht diese Neutralität verletzt, könnte Frankreich sich zu einer anderen Handlungsweise genötigt sehen, um [die] Verteidigung seiner eigenen Sicherheit zu gewährleisten.« Nicolsons Vermerk dazu lautet: »Frankreich wird [die] belgische Neutralität achten, Deutschland nicht.« Da die von Deutschland erwartete hinausschiebende Antwort »ein wirksames Eingreifen Englands« verspäte, sollte »keine oder eine verzögerte Antwort als abschlägige Antwort« behandelt werden.[1764]

Auf die identische britische Anfrage an Berlin in Sachen Wahrung der belgischen Neutralität hätte Staatssekretär Gottlieb von Jagow mit gutem Recht die Gegenfrage stellen können, ob Großbritannien garantieren könne, im Kriegsfall die gesamte Royal Navy im Bereich der Antarktis aufzustellen. Schließlich war Deutschland im Fall eines Zweifrontenkriegs gegen Frankreich und Russland bei der Verteidigung des Reichs ebenso auf den Durchmarsch durch Belgien angewiesen wie Großbritannien bei der Verteidigung des Imperiums auf seine Kriegsflotte.

Jagow antwortete jedoch dem britischen Botschafter Edward Goschen am 31. Juli entgegenkommend und entsprechend den Fakten beziehungsweise der von Russland geschaffenen Gesamtlage, vor Befassung des Kaisers und des Kanzlers könne er unmöglich eine Antwort geben. In seiner Aufrichtigkeit bezweifelte Jagow jedenfalls, »ob die deutsche Regierung überhaupt eine Antwort erteilen könne, da eigentlich jeder Bescheid von ihrer Seite die für den Kriegsfall unerwünschte Wirkung haben müsse, bis zu einem gewissen Grade [einen] Teil ihres Feldzugplans zu enthüllen.«[1765] Da man in London den Schlieffen-Plan studiert hatte, war die deutsche Antwort genauso vorhersehbar wie die französische. London wusste daher, dass Berlin erst die Antwort aus Paris (auf das Ultimatum) abwarten musste, ob es sich im deutsch-russischen Krieg neutral verhalten würde. Bejahendenfalls würde Deutschland die belgische Neutralität achten, ansonsten nicht. Im Hinblick auf Sir Edward Greys absurden siebten Pseudovermittlungsvorschlag antwortete Staatsekretär Jagow nicht minder vorhersehbar, »die Reichsregierung könne unmöglich irgendeinen Vorschlag in Betracht ziehen, solange sie nicht von Russland eine Antwort auf ihre heutige Mitteilung [Ultimatum] erhalten habe.« Sollte die russische Antwort befriedigend ausfallen, verdiene Greys Vorschlag »wohlwollende Beachtung.« Zutreffend fügte der deutsche Staatsekretär noch hinzu, »die russische Mobilmachung habe alles verdorben.«[1766]

Greys Vorgehen stellte die Superlative des von ihm und Konsorten gepflegten Prinzips der friedlichen Form mit militärisch-aggressivem Inhalt dar. Da nämlich die Entente-Mächte die belgische Kriegsfalle gemeinsam errichtet und ihre Auslösung vorbereitet hatten und da Großbritannien vor allem in der Person seines Außenministers Sir Edward Grey sowohl die russische als auch die französische Regierung zum Entschluss für den Weltkrieg angespornt hatte, ging der vorprogrammierte deutsche Einmarsch in Belgien eindeutig auf die Kappe der Entente. Greys ganze Befragungsaktion zur belgischen Neutralität war daher eine Farce, mit der schon im Vorfeld von der eigenen Schuld abgelenkt und das Deutsche Reich vor den Augen der ganzen Welt als Buhmann vorgeführt werden sollte.

Nichtsdestotrotz meint die deutsche Historikerin Annika Mombauer, dass die britische Außenpolitik unter Edward Grey »aufrichtig um eine friedliche Lösung der Krise bemüht war.«[1767] Bei eingehendem Quellenstudium zeige sich, erklärt Mombauer, dass Grey »aufrichtig um eine Entschärfung der Krise bemüht war sowie langfristig an guten britisch-deutschen Beziehungen [...]« Edward Grey habe als »ehrlicher Makler« agiert.[1768] Österreich-Ungarn und das Deutsche Reich hingegen hätten es auf einen Krieg abgesehen,[1769] weshalb sich die deutsche Historikerin auch erlaubt, von »verbrecherischer Verantwortungslosigkeit« zu sprechen.[1770] Unweigerlich drängt sich hier der bereits zitierte Ausspruch Napoleons auf, besonders dieser Teil: »Keine Lüge kann grob genug ersonnen werden: Die Deutschen glauben sie. Um eine Parole, die man ihnen gab, verfolgten sie ihre Landsleute mit größerer Erbitterung als ihre wirklichen Feinde.«[1771] Edward Grey war maßgeblich an der Konstruktion der groben Lüge von der österreichischen und deutschen Kriegsschuld beteiligt. Und Mombauer scheint sie zu glauben. Böswilligkeit sei hier nicht unterstellt. Wie das bisher dargelegte Quellenstudium über Greys Tätigkeit als »Vermittler« während der Juli-Krise unwiderlegbar beweist, war Edward Grey der ausgefuchsteste Kriegstreiber von allen. Mombauer sollte sich daher an den von ihr selbst zitierten Zeitgenossen Lloyd George halten, der sagte, Edward Grey sei »einer von zwei Männern gewesen, die hauptsächlich für den Krieg verantwortlich waren.«[1772] Lloyd George wusste, wovon er sprach. Schließlich war er Greys Cliquen-Bruder. Außerdem sollte sich Mombauer folgenden ebenfalls von ihr wiedergegebenen Sachverhalt zu Herzen nehmen. Der Führer der Labour Party und spätere Premierminister Ramsay McDonald (1866 bis 1937) unterhielt sich im Oktober 1914 mit Lloyd George und einem Mitglied des Schatzamts. McDonalds Zusammenfassung dieser Unterhaltung ist, dass sich die drei Herren wie folgt einig waren:

Greys Außenpolitik war verantwortlich für den Krieg.[1773]

Dass drei Briten absolut Recht hatten, beweisen Edwards Greys diplomatische Umtriebe bis zur britischen Kriegserklärung gegen das Deutsche Reich am 4. August 1914.

Über die an Paris und Berlin gerichteten Anfragen hinsichtlich der Wahrung der belgischen »Neutralität« informierte London ebenfalls am 31. Juli die belgische Regierung und ersuchte um baldige Antwort, ob Greys Auffassung zutreffe, »dass Belgien unter Aufbietung seiner ganzen Kraft [seine] Neutralität schützen und von anderen Mächten wünschen und erwarten wird, dass sie [die] Neutralität achten und aufrechterhalten.«[1774] Die positive Antwort Brüssels stellte sicher, dass belgische Soldaten planmäßig gemeinsam mit französischen und britischen an der Westfront gegen das Deutsche Reich kämpfen würden, nachdem dieses vom massiven russischen Aufmarsch an der Ostfront zur Notwehr gemäß Schlieffen-Plan gezwungen worden wäre.

Präemptive Verteidigung Deutschlands

Am 1. August gegen 11 Uhr polemisierte der französische Premier Viviani in den Telegrammen an seine Botschafter in London (Paul Cambon) und Berlin (Jules Cambon), das an Russland gerichtete Ultimatum beweise über Deutschland, »dass es den Krieg will. Und es will ihn gegen Frankreich.« Das Deutsche Reich sei vom »festen Willen« geprägt, gegen Frankreich Krieg zu führen.[1775] Seinen psychischen und physischen Zusammenbruch, den er vor etwa einer Woche in St. Petersburg wegen der permanenten Kriegstreiberei gegen Österreich und Deutschland erlitten hatte, schien René Viviani bereits vergessen zu haben. Für den Zusammenhalt der Grand Nation war ihm inzwischen jede antideutsche Propaganda recht.

Wie zu erwarten war, lief um 12 Uhr die Frist für die russische Antwort auf das deutsche Ultimatum ungenützt ab. Wie ebenfalls vorherzusagen war, lehnte Frankreich die verbindliche Erklärung seiner Neutralität ab. Nachdem die französische Antwortfrist um 13 Uhr abgelaufen war, meldete der deutsche Gesandte in Paris Wilhelm von Schoen (1851 bis 1933) um 13.05 Uhr nach Berlin, auf seine wiederholte und bestimmte Frage, ob Frankreich bei einem deutsch-russischen Krieg neutral bleibe, habe Ministerpräsident René Viviani zögernd erklärt, »Frankreich werde das tun, was seine Interessen geböten.«[1776] Seinen eigenen Angaben zufolge erklärte Viviani, die Haltung Deutschlands gebe jegliche Unterhandlungen preis, weil es sich »plötzlich in militärische Vorbereitungen stürzte, die den Krieg unvermeidlich machen müssen.«[1777] Hier griff der französische Premier ganz offensichtlich die aus propagandistischen Gründen gefälschte Übersetzung für »Kriegszustand« (anstatt Drohenden Kriegszustand) auf, um seine zwar vorsichtig formulierte, aber eindeutig als Ablehnung erkennbare Antwort zu rechtfertigen.

Daraufhin beschloss die französische Regierung noch am selben Tag (1. August) um 15.45 Uhr offiziell die generelle Mobilmachung ihrer Streitkräfte.[1778] Um 15.55 Uhr wurde die diesbezügliche Anordnung in ganz Frankreich telegraphisch bekanntgegeben. Der erste Mobilmachungstag war der 2. August 1914.[1779] Die französische Generalmobilmachung wurde also nachweislich am 1. August um 15.55 befohlen.[1780] Bei der Unterzeichnung des Mobilmachungsdekrets stützte sich Präsident Poincaré angeblich (auch) auf ein Telegramm des französischen Botschafters in St. Petersburg Maurice Paléologue, dem zufolge der deutsche Gesandte »den Entschluss Deutschlands mitgeteilt hat, heute die allgemeine Mobilmachung zu verfügen.«[1781] Demnach wurden auch in Russland sämtliche klaren, deutlichen und nachweislich unmissverständlichen Erklärungen der Deutschen absichtlich falsch verstanden. Die einzige Alternative wäre, dass es sich bei den Verantwortlichen in St. Petersburg und Paris um geistig Minderbemittelte handelte. Ihre bisher gezeigte Täuschungs- und Hinhaltetaktik sowie vor allem der von beiden Regierungen bereits vor dem 1. August gefasste Entschluss zum großen Krieg beweist jedoch, dass sie mit voller Absicht den Deutschen das Wort im Mund umdrehten. Dabei gingen die französischen und russischen Kriegstreiber koordiniert vor. So auch im Hinblick auf die Abfolge der Mobilmachungen und die damit zusammenhängenden Kriegserklärungen.

Der inoffizielle Bündnispartner der Entente, Belgien, das sich offensichtlich mit Frankreich abgestimmt hatte, startete seine Mobilmachung, wie hochoffiziell angekündigt, am 1. August gegen 16 Uhr.[1782] Zu diesem Zeitpunkt war das Deutsche Reich von vier gegnerischen Staaten umringt, die nicht nur vorab heimlich, sondern auch offiziell vor ihm mobilgemacht hatten: Großbritannien, Russland, Frankreich und Belgien.

Erst um 16.30 Uhr versammelten sich Kaiser Wilhelm II., Reichskanzler Bethmann Hollweg, Generalstabschef Moltke, Admiral Tirpitz und der preußische Kriegsminister General Erich von Falkenhayn (1861 bis 1922) zur Besprechung der Lage. Weil bis 17 Uhr noch immer keine Antwort Russlands auf das deutsche Ultimatum vorlag, unterzeichnete der deutsche Kaiser nach längerem Sträuben und mit Tränen in den Augen den Befehl zur allgemeinen Mobilmachung.[1783] Als erster Tag der Mobilmachung wurde der 2. August 1914 angeordnet.[1784] Im Generalstab wurde die Mobilmachungsorder um 18 Uhr bekannt,[1785] die Truppen in den Befehlsbereichen an der französischen und an der russischen Grenze erreichte sie zwischen 18 und 19.40 Uhr.[1786] Durch den Mobilmachungsbefehl wurde die Überführung der deutschen Streitkräfte in den Kriegszustand eingeleitet, wobei acht Armeeoberkommandos, 26 Armeekorps, 13 Reservekorps und eine Reservedivision, ein Landwehrkorps, elf Kavallerie-Divisionen, mehrere Ersatzdivisionen, 24,5 gemischte Landwehr-Brigaden und eine gemischte Ersatzbrigade mobilgemacht wurden. Des Weiteren wurde zur Verstärkung der Aktivkräfte (rund 800.000 Mann) die Einberufung von 2,4 Millionen Reservisten eingeleitet.[1787] Neben den bereits angesprochenen Problemen bei der Umrüstung von nur vier zivilen Schiffen zu Hilfskreuzern ist noch die Verfügung der außerplanmäßigen Indienststellung von Flugzeugmutterschiffen zu nennen.[1788] All das begann erst ab 2. August. Im Gegensatz zu England, Russland, Frankreich und Serbien hatte das Deutsche Reich keinerlei »illegale Vorarbeiten« im Hinblick auf die Mobilmachung geleistet.

Bei der besagten Besprechung am 1. August warf Admiral Tirpitz die berechtigte Frage auf, ob denn in Anbetracht der Umstände eine Kriegserklärung unbedingt nötig sei.[1789] Dass man sich für die Kriegserklärung entschied, hat zwei zusammenhängende Gründe: dringender Handlungsbedarf und Rechtssicherheit. Zuerst zum Tempo. Dass Deutschland rasch handeln musste, stand unverrückbar fest. Die Präzision des Schlieffen-Plans und der Sachzwang des Zuvorkommens wurden bereits hinreichend beleuchtet. Christopher Clark bezeichnet die deutsche Kriegserklärung (wie auch das Ultimatum an Belgien) als historische Fehlentscheidung beziehungsweise als katastrophalen Fehler. Seiner Meinung nach hätte das Deutsche Reich besser daran getan, vor dem Überschreiten der belgischen Grenze die volle Konzentration und Angriffsbereitschaft der Reichswehr abzuwarten. Dadurch hätten Belgien und Frankreich mehr Zeit zur Stärkung ihrer Verteidigungsvorkehrungen gehabt, was es wiederum für Edward Grey und seine Mitstreiter erheblich erschwert hätte, »für eine Intervention zu plädieren.«[1790] Clark übersieht dabei, dass jedes Zuwarten im Westen die Gefahr im Osten verschärfte. Daran führte kein Weg vorbei. Da die russische allgemeine Mobilmachung bereits auf Hochtouren lief, wollten die Deutschen endlich Klarheit in kriegsvölkerrechtlicher Hinsicht haben. Obwohl man sich in Berlin (wie in Wien) des aggressiven Beigeschmacks einer Kriegserklärung bewusst war und das Außenamt keinerlei Vorsorge für die aktuelle Lage getroffen hatte,[1791] entschied man sich dennoch zur Kriegserklärung und dabei »den Gegnern die Möglichkeit zu geben, uns als die Angreifer hinzustellen.« Diese berechtigten Bedenken wurden gegenüber den militärischen Notwendigkeiten zurückgestellt, wobei man sich »in etwas naiver Weise« darauf verließ, »dass doch schließlich jeder vernünftige Mensch einsehen werde, dass nicht derjenige der wahre Angreifer zu sein brauche, der die Kriegserklärung ausspreche.«[1792] Vor der Kriegserklärung gaben die Deutschen allerdings Paris und St. Petersburg eine weitere Chance zum Einlenken. Würden Frankreich und Russland wieder ablehnen, könnte kein Zweifel mehr daran bestehen, dass die beiden Entente-Mächte den Krieg auf Biegen und Brechen wollten und man sich daher unmittelbar vor der Eröffnung der Feindseligkeiten befand.

Nachdem Botschafter Wilhelm von Schoen um 17.30 Uhr zur Sicherheit noch einmal in Paris bezüglich der Neutralität Frankreichs nachgefragt und von Premier René Viviani dieselbe diplomatische Abfuhr wie schon zu Mittag erhalten hatte,[1793] soll um 18 Uhr russische Kavallerie die deutsche Ostgrenze überschritten haben.[1794] Falls es sich tatsächlich so verhielt, dann handelte es sich wohl um einen von St. Petersburg unerwünschten Zwischenfall, weil ja die russischen Militärstrategen die Eröffnung von Feindseligkeiten erst nach vollständiger Mobilisierung als sinnvoll erachteten. Da sich das Deutsche Reich in seiner Benachrichtigung der Donaumonarchie auf diesen Zwischenfall im Konnex mit der deutschen Kriegserklärung gegen Russland berief,[1795] die fast exakt eine Stunde später erfolgte, liegt am ehesten die bei allen Beteiligten angewandte Vorkriegspropaganda vor, die dem Feind die Schuld für die eigenen Maßnahmen zuschieben soll.

Da die russische Generalmobilmachung noch nicht abgeschlossen war, konnte der deutsche Gesandte in St. Petersburg Graf Friedrich Pourtalès ab 18 Uhr noch dreimal sein Glück bei Außenminister Sergej Sasonow versuchen, bevor er ihm endgültig die Kriegserklärung überreichte. Obwohl Russland den Krieg gegen Deutschland seit einer geraumen Weile gewollt, geplant und vorbereitet hatte, kam es aus strategischen Gründen (Zeitgewinn) seiner völkerrechtlichen Pflicht zur Abgabe einer Kriegserklärung nicht nach. Nachdem das gewissenhafte Österreich-Ungarn Serbien den Krieg erklärt hatte, brauchte sich Sasonow nur noch auf die für ihre Anständigkeit bekannten Deutschen verlassen. Unmittelbar bevor er Pourtalès um 18 Uhr (19 Uhr russischer Zeit) empfing, hatte der gerissene russische Außenminister ganz gelassen gesagt: »Er bringt mir wahrscheinlich die Kriegserklärung.« Im russischen Sonderjournal vom 1. August wird sodann beschrieben, dass der Repräsentant Russlands, Sergej Sasonow, dreimal hintereinander inständig um die Annahme des Ultimatums respektive um die »Einstellung der Kriegsmaßnahmen gegen uns und Österreich«[1796] gebeten wurde: Beim ersten Mal ersuchte Pourtalès höflich um eine »günstige Antwort« auf die gestrige Note. Sasonow lehnte ab. Beim zweiten Ersuchen betonte der deutsche Botschafter ausdrücklich die schwerwiegenden Folgen einer Ablehnung. Doch Sasonow »bestätigte fest und ruhig noch einmal die soeben von ihm erteilte Antwort.« Nachdem Pourtalès »in immer größerer Erregung« dieselbe Frage wiederholt hatte, entgegnete der russische Außenminister: »Ich kann Ihnen keine andere Antwort geben.« Daraufhin überreichte ihm der deutsche Botschafter kurz vor 19 Uhr[1797] »mit zitternden Händen die Note über die Kriegserklärung,«[1798] deren den Tatsachen entsprechender Text wie folgt lautet (Hervorhebungen durch die Autorin):

Die k. Regierung hat sich seit Beginn der Krise bemüht, sie einer friedlichen Lösung zuzuführen. Einem von Sr. M. dem Kaiser von Russland ausgesprochenen Wunsche nachkommend, hat sich S. M. der Deutsche Kaiser gemeinsam mit England bemüht, eine Vermittlerrolle bei den Kabinetten in Wien und Petersburg durchzuführen, als Russland, ohne die Ergebnisse davon abwartend, zur Mobilisierung seiner gesamten Land- und Seestreitkräfte schritt.

Infolge dieser bedrohlichen, durch keine militärische Vorbereitung von deutscher Seite begründeten Maßnahme sah sich das Deutsch Reich einer **ernsten und unmittelbaren Gefahr** *gegenüber. Wenn die k. Regierung es unterlassen hätte, dieser Gefahr zu begegnen, hätte sie die Sicherheit und sogar die Existenz Deutschlands aufs Spiel gesetzt. Die deutsche Regierung sah sich daher gezwungen, sich an die Regierung Sr. M. des Kaisers aller Russen zu wenden und auf die Einstellung der erwähnten militärischen Handlungen zu dringen.*

Da Russland dieser Forderung nicht nachgekommen ist / auf diese Forderung keine Antwort erteilen zu sollen geglaubt hat und durch diese Weigerung / Haltung kundgetan hat, dass sein Vorgehen gegen Deutschland gerichtet ist, beehre ich mich im Auftrage meiner Regierung Ew. Exz. [Ehrwürdiger Exzellenz] mitzuteilen was folgt:

S. M. der Kaiser, mein erhabener Herrscher, nimmt im Namen des Reichs die Herausforderung an und betrachtet sich als **im Kriegszustand** *mit Russland befindlich.*[1799]

Außenmister Sergej Sasonow nahm die Note entgegen. Graf Pourtalès »fasste sich an den Kopf, brach in Tränen aus«, umarmte Sasonow und sagte zum Abschied: »Ich hätte niemals geglaubt, dass ich Russland unter diesen Bedingungen verlassen würde.«[1800] Das unterschiedliche Verhalten von Sasonow und Pourtalès spiegelt die geostrategische Realität wieder: Russland wollte den Krieg, Deutschland wollte ihn nicht, musste sich aber verteidigen.

> Der hybride Krieg Russlands und Serbiens gegen Österreich, die intensiven russischen Kriegsvorbereitungen auch gegen das Deutsche Reich, die synchronen Maßnahmen Großbritanniens, Frankreichs und Belgiens sowie sämtliche von der Entente ignorierte deutsche Warnungen konnten in Berlin keinen anderen Eindruck erzeugen, als dass die ententischen Mächte jeden Moment gegen die Mittelmächte losschlagen würden beziehungsweise dass der Kriegszustand bereits eingetreten war. Aus der Gesamtsituation leitete das Deutsche Reich zu Recht ab, dass die militärische Aggression bereits eine Kriegserklärung durch Taten war (Stichwort »Herausforderung«). Schließlich verdeutlichte der in Richtung großer Krieg umgefallene Prüfstein Serbien, dass der nur kurzfristig lokale österreichisch-serbische Krieg nahtlos in den großen europäischen Krieg übergehen würde.
>
> Das Deutsche Reich sah sich daher am 1. August 1914 um etwa 19 Uhr »einer ernstlichen und bedrohlichen Gefahr gegenüber« und konsequenterweise im bereits gegebenen Kriegszustand mit Russland, also »im Kriegszustand mit Russland befindlich.« Die Ablehnung der Demobilisierung wurde vom Deutschen Reich, wie Reichskanzler Bethmann Hollweg es zutreffend formulierte, »als feindlicher, Kriegszustand begründender Akt konstatiert.«[1801] Die deutsche Kriegserklärung war daher (wie auch die österreichische Kriegserklärung gegen Serbien) kein aggressiver Akt, sondern lediglich die formale Bestätigung der faktischen Verhältnisse zum Zwecke der gegenseitigen Rechtssicherheit. Die Kriegserklärung sollte den Krieg rechtmäßig machen und insbesondere die Anwendung des Kriegsvölkerrechts bewirken.
>
> Russland hingegen unterließ eine Kriegserklärung und verletzte daher geltendes Kriegsvölkerrecht sowohl im hybriden Krieg gegen Österreich als auch anlässlich der unmittelbaren Ausdehnung des österreichisch-serbischen Kriegs auf das Deutsche Reich. Da das Deutsche Reich eine drohende Gewalt abwenden musste, hätte es keine Kriegserklärung an Russland richten müssen. Und weil Deutschland das Zarenreich mehrfach und eindringlich vor

Rechtliches

Rechtliches

> den Folgen seiner berechtigten Notwehr gewarnt und Gelegenheit zur friedlichen Lösung geboten hatte, befanden sich die Deutschen nicht nur auf rechtmäßigen, sondern im Sinne von Hugo von Grotius auch auf löblichen und geziemenden Bahnen (siehe dazu auch das Kapitel über die präemptive Verteidigung Österreichs).

Leider folgte die propagandistisch gefärbte öffentliche Meinung der Welt nicht dem Recht, sondern dem ententischen Interesse, Deutschland und Österreich als Aggressoren hinzustellen. Vor diesem Hintergrund ist dem deutschen Historiker Sönke Neitzel uneingeschränkt beizupflichten, wenn er sagt, dass Deutschland die erste Nation war, die einer anderen Großmacht den Krieg erklärte, weshalb das Deutsche Reich in der internationalen Öffentlichkeit die Rolle des Buhmanns innehatte.[1802] Sowohl die Moral als auch das Recht sprechen jedoch das Deutsche Reich von jeder Verantwortung und Schuld an der Auslösung des Ersten Weltkriegs frei.

Die Hauptschuld lag bei Russland und seinem Zaren. Als Nicky am 1. August von seinem Cousin Willy die unmögliche Garantie forderte, dass die deutschen Mobilmachungsmaßnahmen »nicht Krieg bedeuten«,[1803] gab ihm der deutsche Kaiser trotz bereits laufender deutscher Mobilmachung und rechtmäßig übermittelter Kriegserklärung abermals die Gelegenheit, den Frieden zu bewahren: »Sofortige bejahende, klare und nicht misszuverstehende Antwort Deiner Regierung ist die einzige Möglichkeit, endloses Leid zu vermeiden.« Außerdem ersuchte Willy seinen Cousin ernstlich, »dass Du unverzüglich Deinen Truppen Befehl gibst, unter keinen Umständen die geringste Verletzung unserer Grenzen zu begehen.«[1804] Dies war die letzte Warnung des deutschen Kaisers im Rahmen des dokumentierten Telegrammwechsels. Der Zar muss wohl endlich begriffen haben, dass er keine weitere Zeit für den Aufmarsch seiner Armeekorps herausschinden konnte. Den »Auftrag« hierzu hatten ihm vermutlich seine Generäle und andere Flüsterer wie Sasonow erteilt. John S. Ewart vertritt wie einige Historiker die These, dass der Zar eigentlich den Frieden wollte, aber nur eine »schwache Marionette in den Händen derjenigen rund um ihn herum« war, die ihn belogen und in einen Krieg trieben. Dennoch konstatiert der kanadische Jurist, dass »die offizielle Schuld dem unglücklichen Zaren zugeschrieben werden muss.«[1805]

Am 1. August gegen 23 Uhr, also ungefähr sieben Stunden nach der Verkündung der französischen Mobilmachung und etwa vier Stunden nachdem Deutschland Russland den Krieg erklärt hatte, meldete der russische Botschafter in Paris Alexander

Iswolski dem russischen Außenminister, Frankreichs Präsident Raymond Poincaré habe ihm versichert, »dass ebenso wie er selbst auch der gesamte Ministerrat fest entschlossen sei, auf das Genaueste die aus dem Bündnisvertrag auf Frankreich entfallenden Verpflichtungen zu erfüllen.« Poincaré zweifle zwar nicht im Geringsten daran, dass das Parlament den verfassungsmäßig vorgesehenen Entschluss zur Kriegserklärung (an das Deutsche Reich) fassen würde, sowohl aus politischen als auch strategischen Gründen zog er es jedoch vor, »öffentliche Debatten über die Anwendung des Bündnisvertrages zu vermeiden.« Und nun die heimtückische Ableitung:

Deshalb und aus hauptsächlich England betreffenden Erwägungen wäre es besser, wenn die Kriegserklärung nicht von Frankreich, sondern von Deutschland ausginge.[1806]

Obwohl Frankreich und Russland gemeinsam mit England den großen Krieg ausgeheckt und vorbereitet sowie lange vor dem Deutschen Reich mobilisiert hatten, wollten sie ihre völkerrechtliche Verpflichtung zur Abgabe einer Kriegserklärung nicht erfüllen. Diese Last respektive den aggressiven Charakter, der einer Kriegserklärung nun einmal anhaftet, bürdeten sie stattdessen dem Deutschen Reich auf, das sie obendrein selbst in Zugzwang gebracht hatten.

Außerdem müsse man laut Poincaré den militärstrategischen Ansatz »im Auge behalten, dass heute erst der erste französische Mobilmachungstag ist, und dass es für beide Verbündete vorteilhafter wäre, wenn Frankreich die militärischen Operationen erst anfinge, wenn die Mobilmachung weiter fortgeschritten sein wird.«[1807] Dies entspricht nicht nur der allgemeinen militärischen Logik, sondern auch dem Plan, den deutschen Strategen eine scheinbare Lücke in der eigenen Abwehrfront im Nordosten Frankreichs zu präsentieren. Wie bereits erwähnt, betrug die französische Mobilmachungsdauer 12 Tage (M+12).[1808] Interessant ist daher, dass der französische Präsident am 1. August in einem als »besonders geheim« eingestuften Telegramm gegenüber Russland die Beendigung der französischen Mobilmachung in **zehn Tagen** ankündigen lässt: Nachdem Raymond Poincaré den Russen zum zweiten Mal am selben Tag den Entschluss des Ministerrats zur vollständigen Erfüllung der Pflichten gemäß Bündnisvertrag versichert hatte, gab er die Meinung des Ministerrats wieder, »dass die Interessen beider Verbündeten verlangen, dass Frankreich seine Mobilmachung nach Möglichkeit vor der Eröffnung der militärischen Operationen beendet, wozu 10 Tage erforderlich sind.« Abschließender Zusatz: »Das Gesagte erfordert strengste Geheimhaltung.«[1809] Abgesehen davon, dass Poincaré die französisch-russische Strategie bestätigt, Deutschland kräftig in die Zange zu nehmen, verrät er auch, dass Frankreichs Mobilmachung bereits seit mindestens zwei Tagen (12 minus 10), sprich seit 30. Juli, gelaufen sein muss. Die Mobilmachung wurde ja erst am 1. August ausgerufen. Da heimliche einleitende Mobilmachungsmaßnahmen naturgemäß langsamer, weil unauffälliger erfolgen müssen, liegt nahe, dass die erwähnte Empfehlung des interimistischen Premiers Bienvenu-Martin vom 25. Juli zur Anordnung geheimer Kriegsvorbereitungen bereits ab 26. Juli umgesetzt worden war.[1810]

Fazit: Sämtliche Entente-Mächte hatten sich im Deckmantel von Edward Greys Pseudo-Vermittlungsvorschlägen still und heimlich auf den großen Krieg vorbereitet, stahlen dadurch Deutschland wertvolle Zeit und ließen ihm auch noch bei den Kriegserklärungen den Vortritt. Doch dessen nicht genug: Nachdem Greys Scheinverhandlungsflughafen geschlossen war, raubte er Deutschland mit einer weiteren diplomatischen Intrige Zeit und Nerven.

Greys letzter Zeitraub

Unmittelbar nach der Lagebesprechung vom späten Nachmittag des 1. August zwischen Wilhelm II., Bethmann Hollweg, Moltke, Tirpitz und Falkenhayn wurde dem Kaiser ein Telegramm des deutschen Botschafters (Lichnowsky) aus London vorgelegt. Dessen Inhalt machte dem Monarchen große Hoffnungen: Der britische Außenminister ließ seinen Privatsekretär Sir William Tyrrell (1866 bis 1947) Lichnowsky bestellen, »er hoffe, mir heute Nachmittag als Ergebnis einer soeben stattfindenden Ministerratsberatung Eröffnungen machen zu können, welche geeignet wären, die große Katastrophe zu verhindern.« Andeutungen von Tyrrell zufolge würde »England neutral bleiben und die Passivität Frankreichs verbürgen«, wenn Deutschland davon Abstand nehme, Frankreich anzugreifen. Kurz darauf wurde der deutsche Botschafter von Sir Edward Grey persönlich zum Telefon gebeten. Grey fragte Lichnowsky, ob er erklären könne, »dass für den Fall, dass Frankreich neutral bleibe in einem deutsch-russischen Kriege, wir die Franzosen nicht angreifen.« In Ergänzung dazu wurde Karl von Lichnowsky von Sir William Tyrrell ersucht, »dass unsere Truppen nicht die französische Grenze verletzten.«[1811]

Das vermeintliche britische Angebot war natürlich unvereinbar mit allen heute vorliegenden Informationen über den Willen, die strategischen Absprachen und die Vorarbeiten der Entente-Mächte zum großen Krieg. Lichnowsky wurde in die Irre geführt. Es handelte sich ganz offensichtlich um eine weitere Zeitschinde-Finte, diesmal allerdings mit unmittelbaren militärstrategischen Auswirkungen. Im Deutschen Reich löste Lichnowskys Nachricht nämlich eine für den eigenen Aufmarsch schädliche Reaktion aus, die Wilhelm II. in Kauf nahm, weil er sich an jeden Grashalm des Friedens klammerte, den er finden konnte.

Um 18.04 Uhr langte in Berlin ein weiteres Telegramm aus London ein. Diesmal meldete der deutsche Botschafter aufgrund seines Gesprächs mit William Tyrrell, der britische Außenminister wolle Lichnowsky »heute Nachmittag Vorschläge für [die] Neutralität Englands machen, **selbst für den Fall, dass wir mit Russland wie mit Frankreich Krieg hätten.**« Weil er es offenbar selbst nicht ganz glauben konnte, hob Karl von Lichnowsky den letzten Satzteil optisch hervor. Der nächste Bericht werde nach seinem Gespräch mit Grey erfolgen.[1812] Über eine von Grey angedeutete britische Neutralitätsgarantie berichtete auch der k. u. k. Botschafter in London Graf Albert von Mensdorff, allerdings im Kontext der Achtung der belgischen Garantie und vermutlich nur vom Hörensagen.[1813]

Aufgrund Lichnowskys Telegramm aus London, das von General Falkenhayn aus gutem Grund als merkwürdig wahrgenommen wurde, befahl der deutsche Kaiser um 18.40 Uhr prompt, in aller Schärfe und gegen den heftigen Widerstand General Moltkes, sofort den gemäß Schlieffen-Plan unmittelbar bevorstehenden Einmarsch der 16. Division »Deutsches Kaiserreich« in Luxemburg anzuhalten, weil dieser, wie auch der Reichskanzler meinte, eine »direkte Bedrohung Frankreichs« wäre und daher »die angebotene englische Garantie illusorisch machen« würde.[1814] Der Generalstabschef war »völlig gebrochen«, weil ihm die Entscheidung seines Kaisers zeigte, »dass dieser immer noch auf Frieden hofft.«[1815] Kaiser Wilhelm II. »bestand auf seiner Forderung und wurde sehr ungehalten«, obwohl ihm General Helmuth von Molke sehr gute Gründe nannte, warum man auf das britische Angebot überhaupt nicht eingehen sollte. Schließlich sah der deutsche Generalstabschef »aus diesen diplomatischen Aktionen, die hindernd in den Gang unserer Mobilmachung einzugreifen drohten, das größte Unheil für den uns bevorstehenden Krieg erwachsen.« Bei der vom Kaiser angedachten sofortigen Verlagerung des gesamten Aufmarschs gen Osten hätte man ein mobiles Frankreich im Rücken. Im Hinblick darauf lehnte Wilhelm II. sogar den sehr vernünftigen Vorschlag Moltkes ab, als Garantie für das Nichtlosschlagen Frankreichs in den Rücken des Deutschen Reiches die zeitweilige Überlassung der Festungen Verdun und Toul in deutsche Hände zu verlangen. Der Kaiser war damit nicht einverstanden, weil er besorgt war, die Forderung nach einem Faustpfand könne von Großbritannien als Misstrauensvotum wahrgenommen werden.[1816] Er ging auch darüber hinweg, dass General Moltke meinte, man würde sich dadurch jeder Erfolgs-

Abb. 63: Deutscher Generalstabschef Helmuth von Moltke

chance begeben, weshalb er »keine Verantwortung für den Krieg übernehmen könne.«[1817]

General von Moltke ließ sich dabei, entsprechend seiner hohen Verantwortung, ausschließlich von militärstrategischen Erwägungen leiten. Das letzte Wort hatte der deutsche Kaiser. Und zwar nicht nur formal, sondern wirklich. Obwohl er als Offizier und strategisch denkender Mensch genau wusste, dass sein Generalstabschef Recht hatte, tat Wilhelm II. alles, um den Frieden noch irgendwie zu retten. Offensichtlich hoffte er nach wie vor stark auf einen separaten Frieden mit England und Frankreich, der auch Russland zur Umkehr zwingen würde.

Apropos Umkehr. Der durch den Flügeladjutanten um 18.40 Uhr an die 16. Division in Trier telefonisch erteilte Halt-Befehl kam eine Spur zu spät. Aufgrund der seit 18 Uhr laufenden Mobilmachung waren um 19 Uhr die ersten Teile der Vorhut des zur 16. Division gehörenden 7. Rheinischen Infanterie-Regiments Nr. 69 mit Kraftfahrzeugen auf luxemburgisches Territorium vorgedrungen. Folglich wurden sie in rascher Umsetzung der kaiserlichen Anordnung von ebenfalls motorisierten Soldaten mit der Erklärung zurückgerufen, es handle sich um einen Irrtum. Dies geht aus einer Beschwerde der belgischen Regierung an den deutschen Gesandten hervor.[1818]

Nachdem die Lage in Luxemburg bereinigt worden war, kabelte Berlin um 19.15 Uhr nach London: »Deutschland ist bereit, auf [den] englischen Vorschlag einzugehen, falls England sich mit seiner gesamten Streitmacht für die unbedingte Neutralität Frankreichs im deutsch-russischen Krieg verbürgt, und zwar für eine Neutralität bis zum völligen Austrag dieses Konfliktes. Darüber, wann der Austrag erfolgt ist, hat Deutschland zu entscheiden.« Weil die deutsche Mobilmachung bereits angeordnet worden war und der »Aufmarsch auch an der französischen Grenze nicht mehr zu ändern ist«, verbürgte sich die deutsche Reichsleitung dafür, »die französische Grenze bis Montag, 3. August, abends 7 Uhr, nicht zu überschreiten, falls bis dahin [die] Zusage Englands erfolgt ist.«[1819] Berlin wollte also Nägel mit Köpfen machen. Die strikten Bedingungen waren angemessen und nötig, um den üblichen britischen Wortspielchen und Ausflüchten vorzubeugen. In derselben Sache telegraphierte Wilhelm II. an George V., wobei er ihm mitteilte, die deutschen Truppen »werden soeben telegraphisch und telephonisch abgehalten, die französische Grenze zu überschreiten.«[1820]

Die deutschen Vorschläge und gesetzten Maßnahmen waren für London offenbar wieder einmal zu konkret und zweckmäßig, denn der britische Außenminister wollte auf einmal nichts mehr von seinem eigenen Garantieangebot wissen.

Edward Grey zog plötzlich wieder die längst gegessene Causa Belgien aus der Schublade. Dem deutschen Botschafter erklärte er, das Kabinett bedaure die deutsche Antwort in der Belgien-Frage. Grey könne nun nicht einmal dann eine bestimmte Erklärung über die Neutralität Großbritanniens abgeben, wenn Deutschland die Wahrung der belgischen Neutralität garantiere. Diese Frage, also Belgiens Neutralität, würde jedoch insofern »eine große Rolle« bei der britischen Bevölkerung spielen, als ihre Verletzung durch das Deutsche Reich einen Stimmungsumschwung hervorriefe, die es der britischen Regierung erschweren würde, »eine freundliche Neutralität anzunehmen.«[1821]

Das Deutsche Reich sollte demnach den Erfolg seiner Verteidigungsstrategie von den Gefühlen der Briten abhängig machen, wie schon zuvor Österreich bei der Ausübung seiner Notwehr gemäß den Ideen Edward Greys Rücksicht auf die Gefühle der Serben und Russen hätte nehmen sollen. Völlige Rollenumkehr. Greyzy Making: Greys Crazy Making.

Folgerichtig stufte der deutsche Kaiser Außenminister Greys Person mit drei Worten ein: »falscher Halunke also!« Zur vermeintlichen Neutralität der britischen Inselgruppe schrieb Wilhelm II. folgenden Kommentar: »Flausen! Sie hat sie ja gar nicht eingenommen bisher.« Greys absurde, weil dem Schlieffen-Plan aufs Gröbste widersprechende Idee, ob sich die Heere Deutschlands und Frankreichs nicht »im Falle eines russischen Krieges bewaffnet gegenüberstehen« bleiben könnten, »ohne uns anzugreifen«, kommentierte Wilhelm II. verständlicherweise wie folgt: »Der Kerl ist toll oder Idiot!«[1822] Über den angeblichen Grund für Greys Rückzieher klärte schließlich Lichnowsky auf: Die Anregungen des britischen Außenministers seien laut seinen eigenen Angaben vom Wunsch der dauernden Neutralität Englands getragen, allerdings seien sie »ohne vorherige Fühlungnahme mit Frankreich und ohne Kenntnis der Mobilmachung erfolgt«, weshalb sie inzwischen aufgegeben worden seien.[1823]

Das Tüpfelchen auf dem »i« der britischen Täuschungsaktion war das Telegramm König Georges V. an den deutschen Kaiser, dem zufolge im Hinblick auf eine etwaige britische Garantieerklärung für Frankreich ein »Missverständnis« vorliegen müsse.[1824] Das war blanker Unsinn, denn Greys Widerrufsbegründung und Botschafter Lichnowskys detaillierte Angaben schließen auf beiden Seiten ein Missverständnis aus. Folglich steht eindeutig fest, dass es sich um eine ausgeklügelte Täuschungsaktion handelte und dass Großbritannien zu keiner Zeit eine Garantieerklärung für Frankreichs Neutralität abgeben wollte. Als jedenfalls Wilhelm II. am 1. August gegen 23 Uhr enttäuscht besagte »Missverständnis«- Depesche las, rief er General von Moltke zu sich und sagte erregt: »Nun können Sie machen, was Sie wollen.« Daraufhin telegraphierte Moltke persönlich den Befehl an die 16. Division, dass der Einmarsch in Luxemburg nun doch durchgeführt werden muss.[1825] Zwar begann die deutsche Mobilmachung erst am 2. August, das rasche Vorgehen der ersten Truppenkörper war jedoch unbedingt erforderlich, weil die Zerstörung der luxemburgischen Brücken und vor allem der Bahnlinien [1826] verhindert werden musste, um einen raschen Durchmarsch zu gewährleisten. Dies entsprach dem Schlieffen-Plan und galt daher auch und in erster Linie für Belgien.[1827] Luxemburg sollte jedenfalls »für alle Schäden volle Entschädigung« erhalten.[1828]

In derselben Nacht, erst zu dieser späten Stunde, langte das Telegramm Kaiser Franz Josephs I. in Berlin ein, mit dem er Kaiser Wilhelm II. mitteilt, dass in Wien endlich der Entschluss gefasst worden war, »die überwiegenden Hauptkräfte gegen Russland zu versammeln.«[1829] Auf dieses Erfordernis hatte k. u. k. Generalstabschef Conrad von Hötzendorf schon vor ein paar Tagen vergeblich hingewiesen (siehe oben), zuletzt am 31. Juli.[1830] An diesem Tag ließ auch der deutsche Reichskanzler in Wien dringend ersuchen, aktiv am Krieg gegen Russland teilzunehmen.[1831] Von einer gemeinsamen ausgefeilten Strategie war zwar noch immer keine Rede, aber immerhin konnte sich der österreichische Generalstabschef ab 31. Juli darauf einstellen, dass der Balkan zum Nebenschauplatz würde. Folglich musste er den bereits dezent anlaufenden Aufmarsch des k. u. k. Heers komplett umkrempeln.

Bis 31. Juli wurden erst ganz wenige Truppentransporte mit der Eisenbahn durchgeführt. Anfang August herrschte heilloses Chaos auf dem österreichisch-ungarischen Schienennetz. Wie vorherzusehen war, befand sich die disponible B-Staffel, also die strategische Eventualgruppe, bereits teilweise auf dem Weg in Richtung Balkan. Diese Heeresgruppe hätte zwar gemäß der neuen Lage unbedingt sofort an die galizisch-russische Grenze verlegt werden sollen, ein sofortiges Herumwerfen war aber, wie es im Eisenbahnbüro hieß, »aus eisenbahntechnischen Gründen« unmöglich. So mussten auch die noch nicht verladenen Teile der B-Staffel »nach dem Balkan abgehen.« Diese zeitraubende Umstandsmeierei hing damit zusammen, »dass die Elaborate zum Eisenbahnaufmarsch aus dem Jahr 1908 [!] stammten und immer wieder nur adaptiert und fortgeschrieben worden waren. Sie waren aber nie wirklich neu durchdacht worden.«[1832]

Dazu kam ein weiteres technisches Problem: Die Züge fuhren nur etwa 25 km/h, weil der Großteil der Waggons nicht mit Durchgangsbremsen ausgestattet war.[1833] Dies gewährleistete, wie Historiker Sean McMeekin sarkastisch, aber zutreffend kommentiert, dass die k. u. k. Truppen »sogar im Idealfall die Front mit einer geringeren

Geschwindigkeit als der eines anständigen Fahrrads erreichten.«[1834] Außerdem mussten plötzlich neue Ausladebahnhöfe gesucht werden, weil sich die Entladeflächen für die mit 50 Anhängern genormten Militärzüge als viel zu kurz erwiesen.[1835]

Fazit: großer zeitlicher Verzug der ehrlichen deutschen und österreichischen Mobilmachungen gegenüber den schummelnden Entente-Staaten, zum Himmel schreiend schlechte Kriegsvorbereitung Österreich-Ungarns, kaum vorhandene strategische Absprachen zwischen den Mittelmächten. Der daraus zu schließende mangelnde unbedingte Kriegswille spiegelt sich im Luxemburg-Stopp-Befehl des deutschen Kaisers vom 1. August.

Mit dieser diplomatischen Störaktion raubte Edward Grey nicht nur wichtige Stunden für die entschischen Aufmärsche, sondern vernichtete er auch das letzte Vertrauen der Mittelmächte in die britische Außenpolitik.

Englands Entschluss zum Weltkrieg

Perfekt ins Gesamtbild passend, entschied sich die Regierung jener Entente-Macht als letzte für den großen Krieg, deren Drahtzieher ab 1905 die Auslösung desselben geplant, entsprechend vorbereitet und koordiniert hatten, und deren Seemacht zuallererst mobilgemacht worden war. Edward Grey beherrschte das Spiel des britischen Züngleins an der Weltkriegswaage. Nachdem alles in Position für den großen Krieg war, überzeugte Grey am 3. August das britische Parlament zur Kriegserklärung gegen das Deutsche Reich.

Da ein großer Krieg auch in finanzieller Hinsicht vorbereitet werden muss, wurde der Leiter des britischen Schatzamts Sir George Paish aktiv. Das ist jener Mann, der bereits im Januar 1914 den Finanzminister David Lloyd George vor der Bedrohung der britischen Goldreserven und des Weltwährungssystems durch das wirtschaftlich und finanziell rasant wachsende Deutsche Reich gewarnt hatte.[1836] Drei Tage vor der an das Deutsche Reich adressierten britischen Kriegserklärung, genau am 1. August um 2 Uhr früh, alarmierte George Paish seinen Vorgesetzten erneut: »Verehrter Herr Kanzler [Schatzkanzler], das Kreditsystem, auf das sich die Geschicke dieses Landes stützen, ist vollkommen zusammengebrochen. Es ist von außerordentlicher Wichtigkeit, Schritte einzuleiten, um diesen Missstand unverzüglich zu beheben. Andernfalls können wir nicht damit rechnen, einen großen Krieg finanzieren zu können, ohne dass unmittelbar mit seinem Beginn unsere größten Häuser in den Bankrott gezwungen werden.«[1837]

Das britische Finanzsystem war also endgültig kaputt. Da, wie gesagt, für die machthungrigen Psychopathen in London eine Anpassung des kranken britischen Systems an das gesunde deutsche System nicht in Betracht kam und darüber hinaus schon seit längerem die Implementierung einer globalen Finanzdiktatur durch private Banken geplant war, sollten das Deutsche Reich und vor allem sein Gesamtsystem zerhackt werden.

Nachdem David Lloyd George von Schatzmeister Paish über die fatale Finanzlage Großbritanniens unterrichtet worden war, »wurde das Bankgesetz von 1844 in Kraft gesetzt, und alle Zahlungen in Gold- und Silberwährung wurden untersagt. Diese und weitere Entscheidungen gaben der Bank von England große Geldmengen in die Hand.« Damit sollte sie im Auftrag der Regierung riesige Mengen an Kriegsmaterial und Nahrungsmitteln »für den Krieg gegen Deutschland einkaufen.« Den britischen Bürgern wurden ihre Goldwerte entzogen und diese »in Noten der Bank von England umgewandelt«, die für die Dauer des Anlassfalls zum gesetzlichen Zahlungsmittel erklärt wurden. Die Konsequenz: »Am 4. August war die britische Finanzwelt zum Krieg gegen Deutschland bereit.«[1838] Der dahintersteckende Aufwand unterstreicht zum einen den unbedingten Kriegswillen der britischen Regierung und zum anderen, dass er rein gar nichts mit der scheinheilig beklagten Verletzung der belgischen »Neutralität« durch das Deutsche Reich zu tun hatte. Es ging um die britische Wirtschaft. Und, zumindest oberflächlich, um die Unterstützung Frankreichs.

In den Abendstunden des 1. August erfolgte die zu erwartende offizielle Einforderung der britischen Kriegsunterstützung für Frankreich: Botschafter Paul Cambon sagte zu Grey, »die französischen Küsten seien unverteidigt. Die deutsche Flotte könne jederzeit durch den Kanal laufen und sie angreifen.« Darauf erwiderte der britische Außenminister, gleich seinen nächsten Zug auf dem Schachbrett des Kriegs vorbereitend, dies »dürfte die öffentliche Stimmung hier ändern, ebenso wie die Verletzung der belgischen Neutralität.«[1839] Die öffentliche Stimmung bedeutete gar nichts. Grey konnte sie mit der Propagandamaschinerie der geheimen Clique in jede Richtung steuern, die er wollte.

Gegenüber Cambon betonte Grey jedoch unter Hinweis darauf, dass die Unterredung teilweise aufgezeichnet wurde, dass Großbritannien nicht verpflichtet sei, Frankreich zu helfen. Cambon scheint den Hinweis auf die Gesprächsaufzeichnung (Beweismittel) nicht verstanden zu haben, denn er drohte Grey damit, dass die Entente zerbrechen würde, falls Großbritannien keine militärische Unterstützung leisten würde.[1840] Licht in die Sache bringt, erfreulicherweise schriftlich, Unterstaatssekretär Arthur Nicolson: Wie schon 1912 mit Frankreich vereinbart, schlug er seinem Vorgesetzten, Edward Grey, prompt vor, das Kabinett daran zu erinnern, »dass Frankreich auf unseren Wunsch seine Flotte ins Mittelmeer verlegt habe, und zwar auf Grund einer Verständigung, dass wir die Verteidigung seiner Nord- und Westküste übernehmen würden.«[1841] Achtung: Nicolson gibt hier schriftlich zu, dass es eine verbindliche Vereinbarung, eine »Verständigung«, mit Frankreich zum Schutz seiner Küsten gab, die nur – aus Formgründen – nicht im offiziellen schriftlichen Dokument festgehalten wurde. Exakt nach Greys Verschleierungstaktik: friedliche Form mit militärisch-aggressivem Inhalt.

In diese Täuschungstaktik waren, wie gezeigt, der russische Außenminister Sasonow und sein Botschafter in London Benckendorff bereits im April 1914 eingeweiht worden.[1842] Eine vortreffliche Ergänzung hierzu ist, was Alexander von Benckendorff am 2. August nach St. Petersburg kabelte: »Der heute morgen dringlich abgehaltene Kabinettsrat hat beschlossen, eine öffentliche Erklärung abzugeben, die besagt, wenn die deutsche Flotte kriegerische Operationen an der französischen Küste oder gegen französische Handelsschiffe in denselben Gewässern unternehme, werde die englische Flotte wirksame, notwendige Schutzmaßnahmen für Frankreich treffen.«[1843] Am selben Tag telegraphierte Paul Cambon dem französischen Premier aus London, heute morgen habe »das Kabinett über die Entsendung einer englischen Streitmacht auf den Kontinent [BEF] beraten.« Der Schutz für Frankreichs Küsten durch die Royal Navy war allerdings bereits entschiedene Sache. Mit dem Ersuchen um Geheimhaltung, weil das Parlament noch nicht befasst wurde, erklärte Grey: »Ich bin ermächtigt, eine Zusicherung zu geben, dass, wenn die deutsche Flotte in den Kanal oder durch die Nordsee vordringt, um feindliche Operationen gegen die französische Küste oder Schifffahrt zu unternehmen, die britische Flotte jeden in ihrer Macht stehenden Schutz gewähren wird.« Diese Zusicherung der Regierung sei natürlich noch von der Zustimmung des Parlaments abhängig.[1844] Vor dem Unterhaus werde Grey außerdem verlangen, »dass eine Verletzung der belgischen Neutralität als Casus belli [Kriegsfall] an England zu gelten habe.« Dazu merkte der britische Außenminister an, die Neutralität Belgiens sei »kein belgisches, sondern ein englisches Interesse, und England müsse für seine Respektierung sorgen.«[1845]

Der letzte Satz beweist, dass Belgien nichts anderes war als die kontinentale Einflugschneise **britischer Interessen.** Die genannten Telegramme sind auch in anderer Hinsicht außerordentlich bedeutsame Beweisstücke. Sie belegen nicht nur, dass Benckendorff, Sasonow, Cambon, Viviani und Konsorten Eingeweihte der Grey'schen Verschleierungstaktik waren, sondern auch, dass bereits am 2. August feststand, worum Sir Edward Grey erst am 3. August im Unterhaus heuchlerisch um Genehmigung ersuchte.

Daran wird wiederum ersichtlich, dass die Globalisierungsclique die Geschicke Großbritanniens bereits vor dem Beginn des Ersten Weltkriegs nahezu vollständig lenkte. Britische Demokratie bedeutete demnach deren Umgehung durch bestimmte Drahtzieher.

Ebenfalls am 2. August, dem ersten deutschen Mobilmachungstag, kursierten die wildesten Meldungen über erste Feindseligkeiten, die höchstwahrscheinlich zum Großteil hysterisch phantasiert oder erfunden waren. So meldete zum Beispiel das Generalkommando des 3. Bayrischen Armeekorps um etwa 16 Uhr, französische Flugzeuge hätten »in weiterer Umgebung von Nürnberg Bomben« abgeworfen. Außerdem hätten »französische Patrouillen die Grenze überschritten.«[1846] Um 18.55 Uhr wurde London, Brüssel und Den Haag mitgeteilt, »dass heute früh 80 französische Offiziere in preußischer Offiziersuniform mit 12 Autos [die] deutsche Grenze bei Walbeck westlich Gelders zu überschreiten versuchten.« Dies stelle die »denkbar schwerste Neutralitätsverletzung durch Frankreich« dar.[1847] Gegenüber London wurde sogar erklärt, es lägen »sichere Nachrichten« vor, dass die Franzosen »größere Truppenmassen« an der belgischen Grenze konzentriert hätten und das Deutsche Reich daher Vorkehrungen treffen müsse.[1848]

Der Hintergrund dafür war folgender: Der belgischen Regierung wurde um 20 Uhr[1849] das Durchmarschultimatum mit einer Antwortfrist von 12 Stunden überreicht, also mit Termin vom 3. August um 8 Uhr morgens. Hierzu erhielt der deutsche Botschafter den zusätzlichen Auftrag, Brüssel zu versichern, »dass an der Richtigkeit unserer Nachricht über [den] französischen Plan«, das Deutsche Reich über belgisches Terrain anzugreifen, »trotz Pariser Versprechungen jeder Zweifel ausgeschlossen ist.«[1850] Selbstverständlich hatten die französischen Strategen derartiges gar nicht vor, weil ja der Gegenstoß über Elsass-Lothringen erfolgen sollte. Dass die französische Regierung um 14 Uhr die Aufhebung der 10-Kilometer-Sicherheitszone zur deutschen Grenze verfügte,[1851] bedeutet nur, dass die Kriegsvorbereitungen auf eigenem Terrain erweitert wurden, keinesfalls aber ein Abweichen vom Feldzugsplan. Vermutlich glaubte Berlin selbst nicht an seine Behauptung. Es handelte sich wohl wieder um die allseits übliche Propaganda. Den Deutschen ist jedenfalls zugutezuhalten, dass ihre übertriebenen oder erfundenen Meldungen über Feindaktionen einen realen Hintergrund hatten: die Einkreisung durch zum Krieg entschlossene Feinde.

Zurück zur Durchmarschforderung, deren Inhalt bereits erläutert wurde. Zur Erinnerung hier die wichtigsten Stichworte: Forderung nach ungebremstem Durchmarsch, voller Kosten- und Schadenersatz sowie Wiederherstellung der belgischen Souveränität nach dem Krieg.[1852] Über diese Inhalte informierte Berlin auch die britische Regierung und ersuchte um Verständnis dafür, dass das deutsche Vorgehen

»nur einen Akt der Notwehr gegen [die] französische Bedrohung« darstelle.[1853] Dies war freilich eine Notlüge. Was hätte es gebracht, wenn man die Wahrheit gesagt hätte, nämlich dass sich Deutschland präemptiv gegen Russland und Frankreich und wahrscheinlich auch gegen England verteidigen musste?

Wie erwartet, lehnte die belgische Regierung am Morgen des 3. August das deutsche Durchmarschultimatum ab und erklärte, es würde »jeder Verletzung seiner Neutralität mit Gewalt entgegentreten.« Sodann wurde die deutsche Demarche in der belgischen Presse veröffentlicht.[1854] Dank der begleitenden antideutschen Propaganda war jedenfalls gewährleistet, dass Belgien nicht nur von der von ihm so genannten »Armee von 150.000 Mann«, sondern auch von Freischärlern intensiv verteidigt wurde. Das war auch das gute Recht der Belgier. Dadurch verzögerte sich allerdings der ohnehin schon massiv dem Zeitplan hinterherhinkende deutsche Aufmarsch gegen Frankreich. Doch dazu später.

Außerdem wurde die belgische Antwort vom französischen Botschafter in Brüssel an die Nachrichtenagentur Havas weitergeleitet, worauf sich der belgische Mediensturm auf die Entente-Mächte erstreckte und »überall große Empörung« entfachte. So wurde aus der ursprünglich gut gemeinten deutschen Durchmarschforderung »ein furchtbarer psychologischer Lapsus«, der in der ententischen Kriegspropaganda nachhallte, »die komplexe Kausalität des Krieges« überschattete und den »Kriegsanstrengungen der Entente ein unerschütterliches Gefühl moralischer Überlegenheit« verlieh.[1855] Das war ja seit langer Zeit das Ziel der ententischen Kriegstreiber. Als sich das Deutsche Reich am 3. August entgegen allen Bedenken aus den bereits genannten Gründen (Tempo, Klarheit) zur Kriegserklärung gegen Frankreich entschieden,[1856] diese um 18 Uhr überreicht[1857] und dadurch abermals die Last der Entente geschultert hatte, war Deutschland, um bei Abel Ferrys Worten zu bleiben, wie eine Fliege in das von der Entente gesponnene Netz geflogen.

Nun zur Spinnenkönigin beziehungsweise zu Greys geschickter Brandrede für den Eintritt des britischen Empire in den drohenden kontinentaleuropäischen Krieg, der dadurch unmittelbar zum Weltkrieg wurde.

Greys Weltkriegsrede

Am 3. August gab Sir Edward Grey vor dem britischen House of Commons sein überdurchschnittlich langes Statement zum Thema »Great Britain and European Powers« ab. In seiner Funktion als Außenminister verabreichte Cliquen-Mitglied Grey den britischen Parlamentariern einen hochgiftigen Rhetorik-Cocktail aus folgenden Schlagworten: britische Ehre, britische moralische Pflicht und britische Interessen. Dadurch gelang es ihm, das Recht als solches völlig auszublenden und stattdessen an die Gefühle der überwiegenden Mehrheit der Abgeordneten zu appellieren, vor allem an die Furcht, materielle Interessen könnten zu kurz kommen.

Zuerst erklärte Grey die Unwahrheit: Es sei »klar, dass der Frieden in Europa nicht erhalten werden kann«, obwohl »wir konsequent mit einem einzigen Geist gearbeitet haben, mit aller Ernsthaftigkeit in unserer Anstrengung, um den Frieden zu bewahren.« Einige Minuten später gab der britische Außenminister zu, dass strategische Gespräche zwischen britischen und französischen Experten sowohl der Land- als auch der Seestreitkräfte stattgefunden hatten, die am 22. November 1912 in eine offizielle Vereinbarung gebettet worden waren. Es sei jedoch nichts versprochen worden. Folglich wäre die britische Regierung (rechtlich) zu nichts verpflichtet. Es handle sich aber um eine »Verpflichtung der Ehre«.[1858] Noch immer kein einziges Wort über Belgien.

Nun ein rhetorischer Kunstgriff: Die Pflicht gegenüber Frankreich ergebe sich aus der mit ihm vertraglich vereinbarten Freundschaft. Es folgt der für unbedarfte Zuhörer noch nicht erkennbare Übergang zu den britischen Interessen. Das Stichwort ist das Mittelmeer: »Die französische Flotte liegt jetzt im Mittelmeer, und die nördlichen und westlichen Küsten Frankreichs sind absolut unverteidigt.« Gefühlsappell: »Die Freundschaft, die zwischen den beiden Ländern erwachsen ist, hat ihnen [den Franzosen] ein Gefühl der Sicherheit gegeben, dass sie von uns nichts zu befürchten haben.« Großbritannien dürfe nicht zulassen, dass die ungeschützten französischen Küsten von Aggressoren bombardiert werden. Das wäre laut Edward Grey das »Gefühl dieses Landes«, also die Ehre Großbritanniens.[1859]

Gleich im nächsten Satz ging Grey zu den britischen Interessen über: Wenn die deutsche Flotte entlang des Kanals auf die ungeschützten Küsten Frankreichs zusteuere, könne es sein, »dass die französische Flotte aus dem Mittelmeer abgezogen wird.« Unvorhergesehene Konsequenzen könnten es notwendig machen, dass man »zur Verteidigung der vitalen britischen Interessen« in den Krieg ziehen müsse. Sollte Italien seine »neutrale« Position zugunsten der Mittelmächte verlassen, was wäre dann die britische Position im Mittelmeer?

> *Es könnte sein, dass uns diese Konsequenzen [Krieg zu führen] in einem kritischen Moment aufgezwungen würden, weil unsere Handelswege im Mittelmeer für dieses Land lebenswichtig sein könnten.*

Wie war das? Handelsinteressen als Kriegsgrund? Edward Grey rechtfertigte dies wie folgt: Großbritannien beließ keine Flotte im Mittelmeer, die groß genug gewesen wäre, um sich mit einer Kombination aus anderen Flotten anzulegen. Folglich müsse man die nördlichen und westlichen Küsten Frankreichs schützen, damit die französische Flotte im Mittelmeer bleiben kann. So wären die britischen Handelswege im Mittelmeer gesichert. Im unmittelbaren Anschluss gestand Spinnenkönigin Grey, dass sie bereits am Vortag (2. August) Paris den Schutz der französischen Küsten zugesichert hatte, vorbehaltlich der Zustimmung der ehrwürdigen Abgeordneten natürlich.[1860] Wer könnte da wohl »Nein« sagen?

Endlich war Belgien an der Reihe, wenngleich es nicht im Geringsten um die Interessen der Belgier an der Erhaltung ihrer eigenen Souveränität ging. Unter Berufung auf die erwähnte Argumentation William Gladstones führte Edward Grey ins Treffen, dass zwar keine rechtliche Verpflichtung zum Schutz der belgischen Neutralität bestand, sehr wohl aber britische Interessen der Verletzung der Neutralität Belgiens entgegenstünden: »Wir haben große und lebenswichtige Interessen an der Unabhängigkeit – und die Integrität ist der geringste Teil – von Belgien.«[1861] Dabei ging es hauptsächlich um den **Handel** und die **Verhinderung eines geeinten Westeuropas**. Im Falle des allgemeinen Krieges könnten die darin verwickelten kontinentaleuropäischen Nationen »nicht mit dem Handel mit Großbritannien fortfahren.« London müsse schließlich seine ganze Kraft dafür einsetzen,

> *um ein komplettes, uns gegenüberstehendes Westeuropa – wenn das die Folge des Kriegs wäre – unter der Herrschaft einer einzigen Macht zu verhindern [...]*[1862]

Das wirkliche Problem sei laut Grey »die Größe der drohenden Gefahren im Westen Europas.«[1863] Mit anderen Worten: Ein geeintes Mitteleuropa unter deutscher Führung sollte bereits im Ansatz zerschlagen werden. Balance of Power in Reinkultur. Wir halten fest: Die Sicherung der britischen Handelswege im Mittelmeer, der Erhalt des kontinentaleuropäischen Handels mit England und die Vereitelung eines geeinten Westeuropas wurden als Rechtfertigungen für den Eintritt des britischen Empire in einen kontinentaleuropäischen Krieg gegen das Deutsche Reich angeführt. Imperialistischer Wahnsinn, der Europa zerstörte.

Dennoch wurde diese Rede sogar von einem ehemaligen Gegner einer britischen Intervention gelobt, dem Liberalen Christopher Addison: Grey habe »dem ganzen Unterhaus, mit allenfalls drei oder vier Ausnahmen, glaubhaft gemacht, dass wir gezwungen waren, uns zu beteiligen.« Und sobald die Entscheidung getroffen war, weiß Christopher Clark, »stand mit einer erstaunlichen Geschwindigkeit die ganze Nation hinter ihr.«[1864] Zur britischen Nation gehörte auch das rebellische Irland. Noch am 3. August, gleich nach Greys Rede, meldete sich der Abgeordnete John Redmond zu Wort und betonte den einigenden Faktor, den der Kampf gegen einen gemeinsamen Feind schon einmal hatte. Als die irischen Küsten durch eine Invasion bedroht waren, sprangen auf einmal 100.000 Freiwillige förmlich aus dem Boden, um die Heimat zu verteidigen. Der Krieg vereinigte die Katholiken aus dem Süden mit den Protestanten im Norden: »Möge sich die Geschichte wiederholen!«[1865]

Der Kreis schließt sich beim britischen Finanzsystem. Noch am 3. August 1914 erklärte Finanzminister David Lloyd George dem Unterhaus eine »Maßnahme für den Schutz des gesamten Kreditsystems«, deren Unterlassung einen »Zusammenbruch« zur Folge habe, bei dem »Hunderte von Tausenden und sogar Millionen von Arbeitnehmern ihre Beschäftigung verlieren könnten.« George wollte das »Missverständnis« aufklären, das bei den Arbeitern entstehen könnte, wenn sie das Gefühl hätten, »die Börse käme nur wegen der Schwierigkeit ins Spiel, Wertpapiere zu realisieren, um den Markt zu unterstützen.«[1866] Es ging um den erwähnten Vorgang, bei dem den britischen Bürgern das Gold entzogen und dafür materiell wertloses Papiergeld gegeben wurde.

Zu erwähnen ist noch die beherzte Kritik von Ramsay McDonald, jenem Herren, der davon überzeugt war, dass Edward Greys Außenpolitik den Ersten Weltkrieg verschuldet hatte. Im Anschluss an Greys Rede vom 3. August 1914 sagte McDonald, dass von Staatsmännern noch nie Verbrechen begangen wurden, ohne dass sie dabei auf die Ehre der Nation pochten. Des Weiteren stellte er folgende berechtigte, ja alles entscheidende Frage:

Worin liegt der Sinn, darüber zu reden, Belgien zu Hilfe zu kommen, wenn, in der Tat, Sie sich an einem allgemeinen europäischen Krieg beteiligen, der die Landkarte Europas nicht in jenem Zustand lassen wird, in dem sie jetzt ist? [1867]

Stimmen des Friedens wie jene von Ramsay McDonald gingen in der britischen Kriegseuphorie unter. Noch am 3. August wurde die vollständige Mobilmachung der britischen Landstreitkräfte beschlossen, während sich Italien für neutral erklärte,[1868] und damit inoffiziell den Dreibund mit Österreich-Ungarn und dem Deutschen Reich auflöste. Auch Rumänien erklärte sich für neutral. Und das Osmanische Reich erklärte seine bewaffnete Neutralität.[1869]

In den frühen Morgenstunden des 4. August 1914 überschritten jene deutschen

Truppen die belgische Grenze, die für den »Handstreich auf Lüttich« (Liège), also den Überfall auf die dortige Festung, vorgesehen waren.[1870] Der kontinentaleuropäische Krieg hatte begonnen. Keine zwanzig Stunden später war der Weltkrieg da.

Um 10.20 Uhr ließ Reichskanzler Bethmann Hollweg seinen Botschafter in London (Lichnowsky) der britischen Regierung noch einmal ausrichten, dass das Deutsche Reich selbst im Falle eines bewaffneten Konflikts »unter keinerlei Vorwand belgisches Gebiet sich [dauerhaft] aneignen wird.« Als würden sich Grey und die anderen Kriegstreiber dafür interessieren, ließ Bethmann Hollweg noch anmerken, es sei für das Deutsche Reich eine »Frage von Leben oder Tod, einem französischen Angriff zuvorzukommen.«[1871] Grey reagierte um 14 Uhr mit einer Kriegsdrohung in ultimativer Form: Sollte Deutschland bis Mitternacht keine Zusicherung erteilen, die belgische Neutralität zu wahren, werde Großbritannien »alle in ihrer Macht stehenden Schritte zur Aufrechterhaltung der Neutralität Belgiens« unternehmen.[1872] Bereits eine Stunde später, also um 13 Uhr, bedauerte die deutsche Regierung, dem britischen Ansinnen nicht nachkommen zu können, und betonte erneut, dass es sich »um eine militärische Notwendigkeit und [eine] Frage von Leben und Tod« für das Reich handle.[1873]

Gegenüber dem britischen Botschafter Goschen erklärte Bethmann Hollweg, dass der Vertrag über die belgische Neutralität nur »ein Fetzen Papier« sei.[1874] Das wurde auch in Großbritannien so gesehen. Schon der erwähnte »Diplomaticus« hatte 1887 erkannt, dass ein neutraler Zugangsweg durch Belgien zuzugestehen sei, wenn garantiert ist, »dass Belgien bei Beendigung des Kampfes so frei und unabhängig sein soll wie zuvor.« In diesem Fall wäre es »Wahnsinn von uns, wollten wir uns unnötigerweise in Verantwortlichkeiten stürzen oder solche übernehmen, die uns offenbar in einen furchtbaren Krieg verwickeln würden.«[1875] Obwohl Deutschland von Anfang an die umgehende Wiederherstellung der vollen belgischen Integrität nebst Schadenersatz garantiert hatte, entschied sich Großbritannien am 4. August um 23 Uhr für den Wahnsinn und erklärte sich als im Kriegszustand mit Deutschland befindlich.[1876]

Weltkrieg.

4.
FOLGEWIRKUNGEN BIS MAI 1915

Der durch die verkettete Aktivierung der Kriegsfalle Serbien und der Kriegsfalle Belgien ausgelöste Erste Weltkrieg wirkt bis in unsere Zeit hinein. Alle Auswirkungen zu behandeln, wäre weder möglich noch sinnvoll. Hier werden, in relativer Kürze, nur jene unmittelbaren Folgewirkungen bis inklusive Anfang Mai 1915 beleuchtet, die sich mit den Kriegszielen der Entente-Mächte decken und/oder für die Folgekapitel von Relevanz sind. Die Folgewirkungen ab dem 7. Mai 1915 bis zum Diktatfrieden von Versailles im Jahr 1919 sind selbstverständlich ebenfalls untrennbar mit der Auslösung des Ersten Weltkriegs verbunden. Sie werden nur deshalb im Kapitel über die Opferung des britischen Luxusdampfers Lusitania dargestellt, um möglichst Chronologie und thematische Ordnung unter einen Hut zu bringen.

Illegale Fernblockade

Unmittelbar nach Kriegsbeginn nahm die britische Kriegsflotte den Aufbau der völkerrechtswidrigen Seeblockade exakt so in Angriff, wie sie vom CID ab 1905 geplant und mit Stand von Mai 1912 festgelegt worden war: als langfristige Fernblockade sowohl gegenüber deutschen als auch neutralen Häfen zur wissenschaftlich begleiteten und beurteilten Aushungerung der deutschen Bevölkerung.[1877]

Zuerst erfolgte die hermetische Abriegelung des Ärmelkanals mittels beidseitiger Sperrung der Wasserstraße Dover-Calais, die während des gesamten Kriegs von keinem einzigen deutschen Überwasserschiff durchbrochen werden konnte. Die ab September 1914 durch patrouillierende Seestreitkräfte gebildete Kette zwischen den Orkneys und den Shetland-Inseln einerseits sowie Norwegen andererseits bildete eine beinahe undurchlässige Blockadelinie: »Trotz der Größe des Seegebiets gelang dort nur wenigen, kleinen deutschen Überwasserschiffen der Durchbruch.«[1878] Auf diese Weise konnte die gesamte französische Kriegsflotte zur Sicherung britischer Interessen im Mittelmeer verbleiben. Also war die ab 1912 vorbereitete kriegstechnische Portionierung der europäischen Meere bereits im September 1914 komplett durchgeführt.

Die illegale Fernblockade des gesamten Nordmeerraums wurde fortan »military area« genannt. In der Erklärung der britischen Admiralität vom 2. November 1914, dem Nordmeer-Sperrerlass, wurde zwar das Wort »Blockade« sorgsam vermieden,[1879] das Regelwerk enthielt jedoch eine deutliche Drohung gegenüber der neutralen Handelsschifffahrt, die die britische Absicht verrät, »Deutschland unter allen Umständen von den Seezufuhren abzuschneiden.«[1880] Nachdem die USA bereits am 6. August 1914 um eine Klarstellung hinsichtlich der Behandlung neutraler Schiffe ersucht hatten, verkündete Berlin prompt die Befolgung der Bestimmungen der Londoner Deklaration, während sich London nicht dazu durchringen konnte. Viel mehr beschloss die britische Regierung am 20. August und am 29. Oktober 1914 offizielle Zusätze und Änderungen, »stellte für die absolute und relative Konterbande eigenmächtig neue Listen zusammen und erklärte schließlich selbst Güter der Freiliste zur absoluten Konterbande. Frankreich und Russland schlossen sich unverzüglich diesen Schritten an.«[1881]

Dass auch die einschlägigen Befehle der britischen Admiräle keinen Zweifel über ihren Zweck, das deutsche Volk auszuhungern, aufkommen ließen, belegt zum Beispiel der US-amerikanische Historiker Ralph Raico: »Die Kriegsanordnungen der Admiralität vom 26. August [1914] waren klar genug. Jede Nahrung, die über neutrale Häfen nach Deutschland gehen sollte, musste beschlagnahmt werden, wobei alle Lebensmittel, die nach Rotterdam versandt wurden, nach Deutschland gehen sollten. [...] Die Briten entschieden sich für die Aushungerungspolitik, unabhängig davon, ob sie rechtmäßig war oder nicht.«[1882] Den besten Beweis für den Aushungerungsplan gegenüber dem deutschen Volk liefert die Forderung des Ersten Seelords Winston Churchill, man müsse »die gesamte Bevölkerung – Männer, Frauen und Kinder, Alte und Junge, Verwundete und Gesunde – bis zur Unterwerfung aushungern.«[1883]

Mit eiskalter Konsequenz trachtete Cliquen-Mitglied Churchill danach, sein schon lange vor dem Krieg gesetztes Ziel umzusetzen, nämlich alles Deutsche niederzuhalten und auszumerzen. Sein Erster Weltkrieg war ein totaler Krieg, der sich nicht nur gegen das Deutsche Reich als Staat, sondern auch gegen das gesamte deutsche Volk richtete. Churchills Krieg war ein rassistischer Ausmerzungskrieg. Eine größere Bedrohung für das deutsche Kaiserreich und sein Volk als britische Kriegstreiber wie Winston Churchill konnte es gar nicht geben. Sein illegaler Seekrieg beweist es. Alles in allem steht fest, dass Großbritannien ab Kriegsbeginn einen **mehrfach völkerrechtswidrigen** Seekrieg führte.[1884]

Die langfristigen Folgen für das Deutsche Reich waren fatal: »Nach wenigen Wochen war Deutschland von allen überseeischen Zufuhren abgeschnitten.«[1885] Gemäß der erwähnten Oxford-Studie über die sozialen und politischen Konsequenzen der britischen Blockade waren im Deutschen Reich bereits im ersten Kriegsjahr **42.369 tote Zivilisten** zu beklagen, die über dem Normwert lagen. In dieser Zahl sind keine Kriegsgefangenen, Häftlinge und Migranten enthalten.[1886] Die Versorgung mit Grundnahrungsmitteln konnte aufgrund der hochproduktiven eigenen Landwirtschaft bis ins Jahr 1915 hinein noch relativ problemlos bewerkstelligt werden.[1887] Ab etwa der Jahresmitte wurde es jedoch brenzlig, vor allem weil kein Ende des Krieges absehbar war und immer mehr Männer aus allen Wirtschaftszweigen für den Kriegsdienst abgezogen wurden. Die Mineralölzufuhr aus Übersee war sofort ab August 1914 unterbrochen. Während des Kriegs kam sie beinahe vollständig zum Erliegen. Sie sank von 1,3 Millionen Tonnen im Jahr 1913 auf lediglich 0,35 Millionen Tonnen im Jahr 1915.[1888] Was tun?

Weil die kaiserliche Kriegsmarine der Royal Navy heillos unterlegen war, beschränkte sich ihr Einsatzgebiet hauptsächlich auf die »deutsche Badewanne«, sprich die deutsche Nordsee und die Ostsee. Zum Missvergnügen von Admiral Tirpitz setzte Wilhelm II. ein strategisch defensives Konzept durch. Die wenigen eigenen Vorstöße im Herbst 1914 und Winter 1915 zeigten, dass die deutsche Kriegsmarine »wenig glücklich operierte und die Überlegenheit der Royal Navy durch die Fertigstellung zahlreicher Neubauten sich weiter vergrößerte, anstatt kleiner zu werden.«[1889] In seiner Schilderung der Konsequenz des Seegefechts bei den Falkland-Inseln vom 8. Dezember 1914 lässt der britische Marineminister Winston Churchill erkennen, dass ihm das mitmenschliche, jede Kultur fördernde Prinzip »Leben und leben lassen« schon vor dem Krieg absolut fremd war:

Mit der Schlacht bei den Falkland-Inseln war die Säuberung der Weltmeere vollständig, und bald hatte die deutsche Flagge aufgehört, auf irgendeinem Fahrzeug in irgendeinem Winkel der Welt zu wehen, mit Ausnahme der landverschlossenen Wasser der Ostsee und des Schwarzen Meeres und dem verteidigten Gebiet der Helgoländer Bucht.[1890]

Die britische Kriegsflotte fegte auch »die deutschen Handelsschiffe, die 75 Prozent der deutschen Einfuhr und 60 Prozent der Ausfuhr besorgten, von den Ozeanen.«[1891] Weil der anfangs ersehnten großen Entscheidungsschlacht ein katastrophaler Ausgang für Deutschland beschieden gewesen wäre, der deutsche Kaiser aber Verluste vermeiden wollte, fungierte die Hochseeflotte nur noch als strategische Reserve und als politischer Machtfaktor. Dadurch kam es faktisch zu einer »Pattsituation, in der sich die deutschen und britischen Schlachtschiffe gegenseitig belauerten.«[1892]

Folglich blieben dem Deutschen Reich nur seine U-Boote, um sich gegen die illegale britische Fernblockade zu wehren. Ursprünglich war die U-Bootwaffe aufgrund ihres eingeschränkten Operationsbereichs als reine Defensivwaffe zum Schutz der eigenen Küsten gedacht, bereits ab August stellten die Kriegsparteien jedoch fest, dass ihre ursprüngliche Konzeption falsch war. Dementsprechend wurden U-Boote fortan hauptsächlich als Fernwaffe eingesetzt.[1893]

> Der Einsatz deutscher U-Boote ab Herbst 1914 nicht nur gegen feindliche Kriegsschiffe, sondern auch gegen die Handelsschiffe des Feindes war die Reaktion auf die illegale britische Wirtschaftsblockade.[1894] Und die deutsche Kriegsgebietserklärung vom 18. Februar 1915, mit der die Gewässer rund um Großbritannien und Irland sowie im gesamten Ärmelkanal zum Kriegsgebiet erklärt wurden, in dem auch feindliche Handelsschiffe eventuell ohne vorherige Warnung durch U-Boote zerstört werden sollten,[1895] stellte die Reaktion auf besagte britische Nordmeer-Sperrverordnung vom 2. November 1914 dar. Diese deutsche Vorgangsweise war gerechtfertigt, zumal das Deutsche Reich in Notwehr handelte.

Rechtliches

Mehr dazu im Kapitel über die von Großbritannien planmäßig zugelassene Versenkung des Luxusdampfers Lusitania durch ein deutsches U-Boot.

Während sich also die britischen und deutschen Hochseeflotten vorwiegend passiv gegenüberstanden, tobten an den frühzeitig versteinerten Frontlinien im Westen und im Osten sinnlose unerbittliche Materialschlachten, die Millionen Tote und Verstümmelte forderten.

Erstarrte Fronten

Das strategische Ziel des Schlieffen-Plans, einen Zweifrontenkrieg zu verhindern, konnte zwar aufgrund des ententischen Zeitraubs während der Juli-Krise nicht erreicht werden, aber die deutsche Verteidigungsstrategie erfüllte dennoch ihren Hauptzweck: Die feindlichen Aufmärsche wurden dermaßen gestört, dass sie sich nicht innerhalb der deutschen Grenzen entfalten konnten. Während deutscher und österreichischer Boden weitestgehend von feindlichen Truppen unberührt blieb, standen deutsche und österreichische Truppen im Feindesland.

Westfront

Als die ersten deutschen Kampfverbände am 4. August 1914 über die belgische Grenze schritten, war ihr Vorgehen »vom ersten Augenblick an durch äußerste Brutalität gekennzeichnet.« Dies ist in erster Linie darauf zurückzuführen, dass der Generalstab die Verluste an Zeit und eigenen Truppen möglichst gering halten wollte. In den Angriffsbefehlen für den Handstreich auf Lüttich, das bedeutendste Zwischenziel der ersten Tage, kam dieser Gedanke wie folgt zum Ausdruck: »Jede Kolonne, die keinen Widerstand findet oder ihn bricht, geht ohne Rücksicht vorwärts bis zur Stadt. Jeder Widerstand wird mit dem Bajonett zurückgeworfen, die Gewehre sind nicht geladen. In der Erkenntnis, dass der Verteidiger höchstens in einem Abschnitt erheblichen Widerstand leisten kann, sind alle Aufenthalte zu vermeiden. Vorsichtiges Vorgehen würde zeitraubend und nur dem Verteidiger zum Vorteil sein.« In den angeschlagenen Proklamationen wurde darauf hingewiesen, dass Widerstand Repressalien zur Folge haben würde.[1896]

Allein in Lüttich wurden zwischen 5. und 8. August »571 Zivilisten ohne einen Zusammenhang mit den Kampfhandlungen erschossen.«[1897] Nicht zuletzt aufgrund dieser durch nichts zu rechtfertigenden Gräueltaten war das deutsche Ersuchen an die belgische Regierung vom 8. August, dem heldenhaft kämpfenden »Belgien weitere Schrecken des Krieges zu ersparen,« mitsamt dem für den Frieden erteilten Räumungsversprechen[1898] ein wertloses Stück Papier. Am 20. August wurden in Andenne 262 Zivilisten ermordet, am 22. August 383 in Tamines, am 23. August 674 in Dinant, am 25. August 248 in Löwen und so weiter. Unter Berücksichtigung des späteren Eindringens in Nordfrankreich wurden insgesamt etwa 6.500 belgische und französische Zivilisten, darunter Kinder, Frauen, Priester und Greise, von deutschen Soldaten wahllos erschossen und sogar als menschliche Schutzschilde benutzt. Allein schon der hohe Anteil an absolut wehrlosen Personen führt die deutsche Argumentation über ausschließlich gerechtfertigte Maßnahmen gegenüber Freischärlern (Franktireurs) ad absurdum. Darüber hinaus wurden tausend Zivilisten deportiert sowie tausende zivile Bauten, Dörfer und ganze Städte zerstört.[1899] Das Deutsche Reich machte sich demnach mehrerer Kriegsverbrechen schuldig. An dieser Feststellung ist nicht zu rütteln.

Als Inbegriff deutscher Barbarei galten die Massaker an der Bevölkerung in der Stadt Löwen. Etliche Einwohner wurden standrechtlich erschossen und ein großer Teil der Stadt inklusive der weltberühmten Universitätsbibliothek niedergebrannt. Flandern war zwar der Schlüssel zur Festung Antwerpen, die Zerstörung der flandrischen Stadt Löwen war jedoch, wie Helmut Roewer es ausdrückt, eine »barbarische Idiotie«, unter anderem weil hier »binnen Stunden dem deutschen Ruf so viel Schaden zugefügt wurde, wie er im ganzen nun folgenden jahrelangen Krieg nicht weiter zu reparieren war.« Die ententische Propaganda schlachtete die Gräuel in Löwen aus. Fortan wurden die Deutschen als die »Hunnen« bezeichnet[1900] und ihr Kaiser mit Attila dem Hunnenkönig verglichen. Die ohnehin schon schreckliche Realität wurde gnadenlos überzeichnet.[1901] So kursierten die schrecklichsten Bilder von wehrlosen Kindern und Frauen, denen die Hände abgehackt wurden. Vor allem der britische Bryce-Report aus dem Jahr 1915 ist zwar gespickt mit Übertreibungen, die zusammenfassende Schlussbetrachtung über die Ermordung unschuldiger Zivilisten ist jedoch korrekt.[1902]

Berichte wie dieser zogen die USA moralisch auf die Seite Belgiens und damit auch auf jene der Entente. Hier half kein gebetsmühlenartiges Leugnen, wie es von der deutschen Regierung praktiziert wurde. Sie konnte der teilweise höchst unfairen propagandistischen Ausschlachtung durch die Entente gegenüber den USA schon aus technischen Gründen nichts entgegenhalten: Großbritannien ließ alle deutschen Überseekabel zerschneiden, sodass deutsche Telegramme der britischen Zensur unterworfen waren. Und dem bereits im September 1914 gegründeten Kriegspropagandabüro in London kam jede Fälschung gelegen,[1903] um alle Deutschen als vergewaltigende und brandschatzende Monster hinzustellen, sie förmlich zu entmenschlichen und als optimale Feindbilder zu missbrauchen.

Wenn der in Österreich geborene deutsche Publizist Jörg Friedrich eine Gegenrechnung anstellt, der zufolge die durch die britische Seeblockade umgekommenen deutschen Zivilisten die »100- bis 200-fache Zahl« als jene der von deutschen Soldaten umgebrachten belgischen Zivilisten ausmacht, löst er damit Kontroversen aus,[1904] obwohl seine Aussage hundertprozentig korrekt ist. Fakten müssen Fakten bleiben dürfen. Weitere Fakten sind, dass sowohl der vom britischen Außenminister Edward Grey während der Juli-Krise systematisch betriebene Zeitraub für den Aufmarsch der russischen, französischen und belgischen Streitkräfte als auch die gleich zu Kriegsbeginn einsetzende völkerrechtswidrige Seeblockade den Druck auf das Deutsche Reich zu einem raschen Vorgehen extrem steigerten. Die deutschen Gräuel gegenüber belgischen und französischen Zivilisten sollen und können nicht schöngeredet werden. Im Gegenteil. Die Hauptverantwortlichen saßen ohnehin in London, Paris, St. Petersburg und Belgrad. Wem dieses Faktum nicht passt, soll es widerlegen oder den Mund halten, ihn in etwa so dichtmachen, wie das britische Expeditionskorps planmäßig die scheinbare Lücke in Nordfrankreich schloss.

Schließung der Lücke

Wie im Kapitel über die britische Unterstützung im Rahmen der Kriegsfalle Belgien erwähnt, bezog die British Expeditionary Force (BEF) im August 1914, wie seit 1906 geplant und vereinbart, ihren Operationsraum in Nordfrankreich und schloss so die dem deutschen Generalstab vorgetäuschte Lücke mit vier Infanterie-Divisionen und einer Kavallerie-Division. Bereits am dritten Kriegstag, also am 6. August, ersuchte der frisch zum britischen Kriegsminister bestellte General Lord Herbert Kitchener das Parlament, »die Größe der Armee um 500.000 Mann zu erhöhen.« Gleich am nächsten Morgen veröffentlichten die britischen Zeitungen Kitcheners »call to arms«. Als Begründung für den verstärkten Ruf zu den Waffen führte Kitchener später an, neben der Befüllung der Garnisonen auf den Mutterinseln und in Indien müsse hauptsächlich »das existierende Expeditionskorps gefüttert werden.« Es seien immer wieder »frische Divisionen nachzuführen, um unsere Alliierten zu unterstützen [...]«[1905] Dies entsprach nicht nur der Beurteilung eines mehrjährigen Kriegs, sondern auch der konsequenten Balance-of-Power-Strategie zu Lasten des Deutschen Reiches.

Außerdem führte Frankreich selbst reichlich Truppen in den Norden nach. Dabei kam es zu einem Ereignis von enormer Tragweite: General Joseph Galliena (1849 bis 1916) ließ einen Teil der Eingreifkräfte für den Bereich an der Marne mit allen verfügbaren Taxis von Paris bis zum nordöstlich verlaufenden Fluss Ourcq verfrachten. Der strategische Wert der »Taxi-Armada« für die Schlacht an der Marne war wohl eher gering,[1906] für die künftige Militärstrategie war er jedoch richtungsweisend: Die Umrüstung des militärischen Transportwesen von Pferden und Eisenbahn auf Kraftfahrzeuge wurde forciert. Somit wurde der strategische Wert des Erdöls für die Kriegsflotten auch auf die Landstreitkräfte übertragen.

Durch die Schließung der Scheinlücke mit britischen und französischen Kräften verringerte sich das ursprünglich eher günstige Verhältnis der bereits reichlich in Verzug geratenen deutschen Truppen gegenüber den feindlichen von 1,5 zu 1[1907] auf das für einen Angriff völlig unbrauchbare Verhältnis von 1 zu 1,34: Rund 750.000 Deutschen stand etwa eine Million Franzosen und Briten gegenüber. Außerdem klafften (echte) große Lücken zwischen den deutschen Armeekorps, in die der Feind stoßen und dadurch die deutsche Streitmacht hätte trennen können. Dazu kommt, dass russische Truppen bereits am 15. August in Ostpreußen einmarschiert waren.[1908] Da dem Deutschen Reich eine schwere militärische Niederlage drohte, handelte der Chef der OHL (Obersten Heeresleistung) General Helmuth von Moltke absolut korrekt, als er die beiden Armeen des rechten Angriffsflügels an der Marne zurücknehmen ließ. Mit gutem Grund meldete er Wilhelm II.: »Majestät, wir haben den Krieg verloren!« Der deutsche Rückzug an der Marne war kein Wunder und auch kein Fehler, sondern eine militärstrategische Notwendigkeit. Dies ist auch die Fachmeinung des deutschen Militärhistorikers Stig Förster.[1909]

Der Krieg war freilich noch nicht ganz verloren; er sollte sich ja noch vier Jahre hinziehen. Was General von Moltke meinte, war, dass das ursprüngliche Ziel des Schlieffen-Plans, die Vermeidung eines gleichzeitigen Zweifrontenkriegs gegen Frankreich und Russland, nicht mehr zu erreichen war. Russland war ja bereits in Ostdeutschland eingebrochen. Durch die Schließung der scheinbaren Lücke in Nordfrankreich wurde der Krieg an der Westfront zu einem gnadenlosen Stellungskrieg mit einem bis Kriegsende nahezu unveränderten Frontverlauf, an dessen beiden Seiten Millionen Soldaten im Sturmlauf für ein paar Meter kurzfristigen und absolut wertlosen Landgewinns durch feindliches Maschinengewehrfeuer niedergemäht, in ihren armseligen Stellungen von Granatsplittern zerfetzt oder mit Giftgas umgebracht wurden. An der Westfront zeigte der erste industriell geführte Massenvernichtungskrieg, der auf den Reißbrettern des CID im Auftrag der Globalisierungsclique entworfen worden war, seine grauenhafte Fratze.

Die BEF in Nordfrankreich wurde massiv aufgestockt. Bis Ende 1914 wurden 23 weitere territoriale Bataillone nachgeschickt.[1910] Im Laufe des Jahrs 1915 warf Großbritannien zusätzliche 138.000 von insgesamt 1.440.000 Freiwilligen aus Indien[1911] an der Westfront in einen Krieg, den britische Herrenmenschen ganz offiziell zur Sicherung des Handels und zur Verhinderung einer westeuropäischen Allianz führten. Aus allen Teilen der Welt – Kanada, Neufundland, der Karibik, Australien, Neuseeland, Indien, Süd-, Ost- und Westafrika[1912] – schipperten und karrten rassistische britische Strategen dunkelhäutiges Kanonenfutter heran, um den europäischen Kontinent zu destabilisieren und sein wirtschaftliches Gravitationszentrum zu vernichten: das deutsche Kaiserreich. Doch die freiheitsliebenden Deutschen wehrten sich verbissener und erfolgreicher, als es ihnen die Psychopathen in London zugetraut hatten.

Die französische Offensive gegen Elsass-Lothringen scheiterte jedenfalls. Das lothringische Industriegebiet um Briey-Longwy war schon im August 1914 verloren gewesen. Im Zuge der Frontstabilisierung im November fiel auch das nordfranzösische Industriegebiet den Deutschen zu.[1913] Neben der restlichen französischen konnte auch die britische Kriegsmaterialproduktion nicht mit dem aktuellen Frontgeschehen Schritt halten. Vor allem ermangelte es ihnen bald an Sprenggranaten.[1914] Folglich halfen die in diesem Krieg zu keiner Zeit neutralen USA in jeder erdenklichen Hinsicht aus: »Vom Beginn des Kriegs bis zum Eintritt im April 1917 schickten die Vereinigten Staaten den Alliierten, ganz abgesehen von Schusswaffen, mehr als eine Million Tonnen Kordit, Schießbaumwolle [für die Artillerie], Nitrozellulose, Quecksilber-Fulminat und andere Sprengstoffe.«[1915] Derartiges Kriegsmaterial zuzüglich 5.000 Splittergranaten (Schrapnell), 3.250 Aufschlagszünder, rund 4,2 Millionen Schuss Gewehrmunition etcetera wurden vom als Kriegshilfsschiff missbrauchten Passagierdampfer Lusitania bei seiner letzten Reise im Mai 1915 in Richtung Liverpool transportiert. Dazu kommen wir noch. Wir werfen nun einen kurzen Blick auf die nicht minder schreckliche Ostfront.

Ostfront

Der österreichische Feldzug gegen Serbien erwies sich, wie zu erwarten war, als hausgemachte k. u. k. Katastrophe. Das schon von Kronprinz Rudolf vor der Jahrhundertwende kritisierte Kaputtsparen des Heers sollte sich bitter rächen. Ohne deutsche Hilfe wäre die Donaumonarchie binnen kürzester Zeit vernichtend geschlagen gewesen.

Nachdem Belgrad am 11. August 1914 mit Stör- und Wirkungsfeuer beschossen worden und die 2., 5. und 6. k. u. k. Armee zur Offensive sowohl gegen Serbien als auch gegen Montenegro angetreten waren, mussten am 18. August »die an der Donau und Save aufmarschierten Korps der 2. Armee nach Galizien« zum Feldzug gegen Russland verlegt werden. Weil die kriegserfahrenen Serben die Angriffsrichtung der k. u. k. Balkanstreitkräfte erkannt hatten, konnten sie mit deren Einkreisung beginnen. Der Angriff auf Serbien war ein Misserfolg mit hohen Verlusten auf beiden Seiten.[1916] Das k. u. k. Heer hatte sich an den Serben die Zähne ausgebissen: 189.000 Gefallene, mehr als 490.000 Verwundete und 278.000 Kriegsgefangene.[1917] Im Grunde war aber schon im Vorfeld klar, dass die Maßnahmen gegen Serbien für den Ausgang des großen Kriegs nicht entscheidend waren. Im Hinblick auf Sein oder Nichtsein der Donaumonarchie hieß es daher: »Das wurde bei Lemberg entschieden.«[1918]

Damit wechseln wir vom südlichen zum nördlichen Kriegsschauplatz der Ostfront, »wo man zusammenhalten konnte und sollte, nämlich gegenüber Russland,« doch »da gab es anfangs nichts, was wirklich auf eine gemeinsame Kriegsführung hindeutete.« Dadurch zeigte sich, führt der Historiker Manfried Rauchensteiner weiter aus, »wie vage die Generalstabsabsprachen gewesen waren, denn Conrad ließ verlauten, die österreichisch-ungarischen Armeen würden von Süden in den Raum Siedlce durchstoßen, und erwartete seinerseits, die Deutschen würden dasselbe vom Norden her tun.« Obwohl es sich um eine galizische Entscheidungsschlacht handelte, bei der durch ein Abschneiden der Russen in Polen ein eindrucksvoller Sieg möglich gewesen wäre, setzten die deutschen Streitkräfte nicht einmal zum Stoß an.[1919] Aufgrund der völlig untauglichen Koordination zwischen den Mittelmächten wurde Lemberg am 2. September 1914 von den Russen erobert.[1920]

Dafür waren die Deutschen in Ostpreußen in der berühmten Schlacht bei Tannenberg auf voller Linie erfolgreich: Unter der Führung von General Paul von Benckendorff, Generaloberst Paul von Hindenburg (1847 bis 1935) und Quartiermeister Erich von Ludendorff vernichtete die 8. Armee die russische 2. Armee in einer genialen Einkreisungsoperation (Kesselschlacht). Den Namen »Tannenberg« wählte Ludendorff zur Heilung historischer Wunden, sprich im Hinblick auf die Niederlage des Deutschen Ordens gegen ein litauisch-polnisches Heer im Jahre 1410. Die deutsche 8. Armee blieb siegreich. Nach der Schlacht an den Masurischen Seen vom 6. bis 15. September 1914 musste auch die russische 1. Armee Ostpreußen räumen. Nach weiteren Erfolgen wurde Generaloberst Paul von Hindenburg mit dem Oberbefehl über alle deutschen Truppen im Osten betraut.[1921] Dies konnte allerdings die Ostfront nicht davon abhalten, ähnlich zügig wie die Westfront einzufrieren.

Um eine Entlastung der Mittelmächte an der europäischen West- und Ostfront herbeizuführen, versuchte das Deutsche Reich, das Osmanische Reich bei seinem Kampf gegen die britischen und russischen Kolonialherren zu unterstützen und ihnen dadurch weitere Fronten zu eröffnen, blieb dabei aber mäßig erfolgreich.

Dschihad gegen Kolonialismus

Der Erste Weltkrieg im Osmanischen Reich verdient aus mehreren Gründen besondere Aufmerksamkeit. Inklusive dem Massenmord an rund einer Million Armeniern kamen bei einer Gesamtbevölkerung des Osmanischen Reiches von etwa 22 Millionen Einwohnern etwa fünf Millionen Menschen kriegsbedingt ums Leben, während

Großbritannien auf allen Kriegsschauplätzen insgesamt weniger als eine Million Tote zu verzeichnen hatte.[1922] Auch wenn dieses Faktum meist gar nicht oder nur nebenbei erwähnt wird, war der Orient ein bedeutender Schauplatz des Ersten Weltkriegs. Vor allem die britischen kolonialen Umtriebe im Zuge der Erdölausbeutung in Basra legten das solide Fundament des bis heute währenden und von den USA befeuerten Nahostkonflikts. Das Deutsche Reich hingegen stand den Osmanen bei ihrem Kampf um **Unabhängigkeit**, den sie Dschihad nannten, zur Seite. Hätte Berlin ein ausgereiftes und auch von den Türken mitgetragenes Gesamtkonzept für die Orientpolitik gehabt, wäre der osmanisch-arabische Heilige Krieg mit hoher Wahrscheinlichkeit von Erfolg gekrönt und die mitteleurasische Allianz realisierbar gewesen. Es kam jedoch anders, weil man der Entente wieder einmal hinterherhinkte und letztlich nur noch spontan und wenig koordiniert reagieren konnte.

Nachdem das von Großbritannien und Russland bedrängte Osmanische Reich am 29. Oktober 1914 seine bewaffnete Neutralität aufgegeben hatte, um auf Seiten des Deutschen Reiches in den Krieg einzutreten,[1923] erklärte Russland dem Osmanischen Reich am 3. November den Krieg.[1924] Und Großbritannien annektierte am 5. November kurzerhand Zypern. Zeitgleich erfolgte die britische und französische Kriegserklärung an das Osmanische Reich.[1925] Weil der britisch-russisch-französische Ring um das Osmanische Reich immer enger wurde, rief Sultan-Kalif Mehmed V. am 14. November sowohl die Generalmobilmachung als auch den Heiligen Krieg (Dschihad) gegen die drei Entente-Mächte aus.[1926]

Wie bereits erwähnt, war der Dschihad ein schon älteres Konzept osmanisch-arabischer Tradition, das seit dem Zerbröckeln des Osmanischen Reiches die Waffe des nach innen gerichteten Panislamismus für den Zusammenhalt des Reiches war.[1927] Der Dschihad war also keinesfalls eine europäische Erfindung. Die Ausrufung des panislamistischen Dschihad am 14. November 1914 stellte die verständliche Reaktion des Sultan-Kalifen auf die imperialistischen Umtriebe der Briten und Russen im Orient und in Afrika dar.

By the way: Am 18. Dezember 1914 wurde Ägypten zum britischen Protektorat erklärt,[1928] was nichts anderes war als der geschönte Ausdruck für Kolonie. Es ging dabei hauptsächlich um den Suez-Kanal und den Schutz des Seewegs zur britischen Perle (Indien). Großbritannien war eine existenzielle Bedrohung für das Osmanische Reich, das es nicht nur von außen gefährdete, sondern auch, wie gesagt, von innen durch die systematische Aufwiegelung der arabischen Stämme zur Revolution respektive zum bewaffneten Aufstand gegen den Sultan veranlasste (Insurrektion). Mit der militärischen und finanziellen Unterstützung für den antijüdischen Araberführer

Ibn Saud hatten die Briten dem Osmanischen Reich bereits ab 1902 auf der arabischen Halbinsel den Spaltkeil angesetzt, um möglichst ungestört die Erdölquellen der Region ausbeuten zu können.[1929]

Allerdings hatte das Omanische Reich im Kampf gegen die britische Insurrektion und die kolonialen Machtansprüche Großbritanniens und Russlands einen natürlichen Verbündeten: das Deutsche Reich. Mit der Unterstützung der Osmanen verfolgten der deutsche Generalstab und das Außenamt das Hauptziel, für Großbritannien und Russland weitere Fronten im Orient, in Afrika und sogar in Indien zu eröffnen, um einen signifikanten Teil ihrer Streitkräfte zu binden und dadurch die beiden erstarrten europäischen Fronten zu entlasten. Im Rahmen der asymmetrischen Kriegsführung sollte vor allem gegen Großbritannien angewandt werden, was es selbst weltweit betrieb: Insurrektion. Diese Revolutionierungsstrategie war bei allen Kriegsparteien ein selbstverständlich integrierter Bestandteil der allgemeinen Kriegsstrategie. Es bestand allerdings ein fundamentaler Unterschied zwischen der ententischen Insurrektion und jener, die das Deutsche Reich durchführte: Die Deutschen versuchten einen Stall aufzuräumen, den die Entente immer wieder verdreckte. Schließlich ging es den deutschen Strategen neben der Eröffnung neuer Fronten nicht nur um die Stärkung des eigenen Einflusses im Orient, sondern vielmehr – weiterhin – um die Entwicklung des Osmanischen Reiches zu einem modernen und starken Staat oder Staatenverbund, wenngleich unter potenziell deutscher Führung.

Im gegebenen Zusammenhang ist auf die militärstrategischen Gesamtansichten des preußischen Militärtheoretikers General Colmar Freiherr von der Goltz (1843 bis 1916) hinzuweisen. Goltz war federführend an der Umstrukturierung des osmanischen Militärs beteiligt. Zuletzt übte er die Funktion des Oberbefehlshabers der osmanischen 6. Armee aus. Er plante einen Feldzug für eine reguläre Streitmacht quer durch Persien bis zum Hindukusch, um sodann die Inder zum Massenaufstand gegen das britische Empire aufzuwiegeln und es dadurch zu destabilisieren, zumindest aber ins Wanken zu bringen.[1930] Hinter diesem Bestreben stand der Gedanke eines mit dem britischen Empire auf Augenhöhe stehenden Deutschen Reiches. Goltz sah Großbritannien als den Feind des Deutschen Reiches an, seine Kriegspläne trugen folglich imperiale und globale Züge. Im Interesse der Bewahrung des Osmanischen Reiches vor dem Zerfall versuchte General von Goltz, »Araber und Türken zu einem konstruktiven Zusammenleben unter einem Dach des Panislamismus zu vereinigen.« Der deutsche General fungierte »als Vermittler zwischen Reichsführung, Peripherie und Völkern.« Seinem Tun war jedoch kein Erfolg beschieden, weil das Osmanische Reich dem Ende entgegensteuerte und die Regierung in Istanbul im Rahmen ihrer nationalistischen, pantürkischen Bestrebungen seit 1908 verstärkt die Araber ausschloss.[1931] Diese Haltung kam nicht von irgendwo, denn die britischen Keiltreiber hatten inzwischen bei der Aufwiegelung der Araber gegen die Türken ganze Arbeit geleistet. Streiten sich zwei, freut sich der unredliche Dritte.

Goltz' militärstrategische Ziele fanden keine erwähnenswerte Umsetzung, obwohl sie bei rechtzeitiger, zumindest teilweiser Berücksichtigung vermutlich sowohl das Osmanische Reich als auch das Deutsche Reich vor dem Untergang bewahrt hätten. Die einzige Garantie für die Sicherung deutscher Interessen lag für Colmar von der Goltz in der »Modernisierung des osmanischen Staatswesens« und der Errichtung eines »euro-vorderasiatischen Imperiums unter deutscher Führung«, das mindestens bis nach Bagdad reichen sollte.[1932] Womit wir wieder bei der mitteleurasischen Allianz wären. Wie die Geschichte beweist, traf General Colmar von der Goltz das Problem im Kern, und er hatte auch die Lösung parat. Leider zu spät und offenbar nicht mit den maßgeblichen Akteuren in Berlin abgestimmt. Dort erntete der militärische Hardliner sogar »im preußisch-deutschen Generalstab« Widerspruch,[1933] und bereits vor 1914 »kam es zu einiger Kritik und auch Spott an den globalen Plänen von der Goltzens.«[1934]

Hier liegt ein weiterer Beweis dafür vor, dass Berlin nicht einmal mit London gleichziehen, geschweige denn die Weltherrschaft an sich reißen wollte. Berlin verfügte vor Kriegsbeginn über keine ausgereifte Orientstrategie, ja nicht einmal in Ansätzen über so etwas wie ein Gesamtkonzept. Der Kriegswille fehlte also auch im Hinblick auf den Orient.

Doktor Martin Kröger ist Historiker und Leiter des Politischen Archivs des deutschen Auswärtigen Amts. Nach eingehender Befassung mit der Materie und unter Bezugnahme auf das erstklassig recherchierte Sachbuch *Erster Weltkrieg und Dschihad*, das von dem deutschen Historiker und Politikwissenschaftler Wilfried Loth herausgegeben wurde, fasst Martin Kröger die Eckdaten der deutschen Expeditionen wie folgt zusammen: In Ermangelung eines schlüssigen Konzeptes handelte es sich um die Folge deutscher kriegspolitischer Improvisationen im Rahmen der deutsch-osmanischen militärischen Kooperation, die auf erstaunlich geringen Kenntnissen der Deutschen über die geographischen, politischen und ethnologischen Bedingungen der Region beruhten. Die technische Grundlage der Expeditionen waren zum einen die osmanisch-arabischen Konzepte des Panislamismus und des Dschihad und zum anderen die aus der europäischen Distanz heraus entwickelte Idee des Orientalismus. Insbesondere aufgrund der fehlenden Abstimmung mit den Türken, deren allgegenwärtigem Misstrauen und der Überschätzung der eigenen Möglichkeiten erzielte das deutsche Insurrektionsengagement nur Nadelstiche ohne kriegsentscheidende Bedeutung. Im Endeffekt handelte es sich um einen realitätsfernen Aktionismus.[1935]

Der deutsche Historiker Fritz Fischer hingegen sah – wie könnte es anders sein – in den deutschen Expeditionen im Orient einen Beleg für den deutschen Griff nach der Weltmacht. Dabei berief er sich, exakt wie im Fall der vermeintlichen deutschen Kriegsziele, vor allem auf ein Dokument, das erst einige Monate **nach** Kriegsbeginn erstellt wurde: die Denkschrift *Die Revolutionierung der islamischen Gebiete unserer Feinde* von Max Freiherr von Oppenheim (1860 bis 1946).[1936] Andere deutsche Historiker berufen sich auf Fischer und glauben, einen »Dschihad made in Germany« erkennen zu können, obwohl der Heilige Krieg, wie bereits dargelegt, ein uraltes osmanisch-islamistisches Konzept war. Es könnte gut sein, dass Fischer und seine Trittbrettfahrer Oppenheims Denkschrift nicht einmal kennen. Hätten sie es nämlich gelesen, wäre ihnen aufgefallen, dass darin über den Dschihad-Aufruf des Sultan-Kalifen Mehmed V. vom 14. November 1914 in der Vergangenheitsform, das heißt als ein bereits abgeschlossenes Ereignis, berichtet wird. Außerdem ergibt sich aus der Schrift, dass sie lediglich bereits Vorgedachtes übersichtlich zusammenfasst und, was noch wichtiger ist, dass es weniger um militärische, sondern viel mehr um propagandistische Aktionen geht. Darüber hinaus kann Doktor Martin Kröger vom Auswärtigen Amt belegen, dass es keinen einzigen Hinweis auf einen Auftrag seitens des kaiserlichen Außenamts zur Erstellung der Denkschrift gibt.[1937]

Nun zu den Expeditionen. Alle waren improvisiert, die meisten ein äußerst kostspieliger Reinfall, was neben den genannten Faktoren auch mit der Hochstapelei einzelner vor Ort agierender Personen zu tun hatte. Mehrere Millionen Mark wurden ausgegeben. Außerdem waren nur etwa 300 deutsche Soldaten und Diplomaten auf einem Terrain von mehr als zehn Millionen Quadratkilometern tätig.[1938] Die Fronten in Zentraleuropa forderten ihren Tribut. Jeder Mann war kostbar.

Hervorzuheben ist die erfolgreiche Sabotage-Operation des Hauptmanns Fritz Klein im Frühjahr 1915: die Sprengung britischer Pipelines im Irak, also jener der APOC (Anglo-Persian Oil Company). Mit seiner kleinen, in die türkische Armee übernommenen Truppe und einem Budget von 300.000 Mark sollte Hauptmann Klein zum einen beim Schatt al-Arab sowohl die APOC-Raffinerie als auch deren Pipelines zerstören und zum anderen die arabischen Stämme der Region für den Heiligen Krieg gegen die britischen Kolonialherren gewinnen. Auftrag Nummer zwei war von vornherein zum Scheitern verurteilt, weil die Gegensätze zwischen Schiiten und Sunniten nicht zu überbrücken waren und die Türken selbst Ambitionen zur Ausbeutung der Erdölquellen hatten. Auch die Sprengung der Raffinerie konnte nicht gelingen, weil Großbritannien am 6. November 1914 seine Streitkräfte in Abadan bei der Golf-Mündung des Schatt al-Arab angelandet hatte.[1939] Kurz darauf hatten die von britischen Offizieren geführten indischen Truppen Basra eingenommen. Folglich musste sich Hauptmann Klein auf die *APOC*-Pipelines beschränken, die vom Sprengtrupp des Leutnant Hans Lürs am 22. März 1915 und einige Male im April in die Luft gejagt wurden. Da die Leitungen bis in die zweite Juni-Woche unterbrochen waren, mussten gute 290.000 Tonnen Öl verbrannt werden. Eine dauerhafte Störung war jedoch nicht gelungen, sodass bis 1918 täglich rund 18.000 Barrel gefördert wurden.[1940]

Fazit: Die Deutschen konnten mit einem immensen finanziellen Aufwand, einem geringen eigenen Personalaufwand und mit einem hohen Improvisationsgrad trotz vieler Fehlschläge doch einige feindliche Truppen in allerdings nicht kriegsrelevanter Stärke binden. Die gewünschte Entlastung der erstarrten europäischen Fronten konnte nicht erzielt werden. Es handelte sich jedenfalls nicht, wie zum Beispiel *Die Zeit* behauptet, um einen »deutschen Dschihad«,[1941] also um keinen »Dschihad made in Germany«, sondern viel mehr um einen failed Dschihad supported by Germany. Dass die Erhaltung des Osmanischen Reiches nicht gelang, ist nicht nur auf die Uneinigkeit unter den arabischen Stämmen, die verschiedenen religiösen Ausrichtungen und die Unstimmigkeiten zwischen Türken und Arabern, sondern auch in einem hohen Grad auf die Spaltkeilstrategie der Briten zurückzuführen, die diese Unterschiede schamlos für ihre Zwecke missbrauchten. Im Rahmen der britischen Politik des Spaltens wurden schließlich die vom britischen Offizier Thomas Edward Lawrence (Lawrence von Arabien) angeführten und hinters Licht geführten Araber um ihr eigenes Land betrogen und um 1917 auch den Juden in Palästina falsche Versprechungen gemacht. Auf diesen Spaltkeil kommen wir noch zu sprechen. Vorerst schließt sich der Kreis wieder bei den Finanzen.

Geldgeber USA

Da sich der Krieg, wie von maßgeblichen britischen Strategen vorhergesehen, in die Länge zog, stiegen die Ausgaben und damit auch die Schulden der Entente-Mächte gegenüber den USA ins Unermessliche. Auf diese Weise wurde die schon von Cecil Rhodes erträumte Verknüpfung zwischen Großbritannien und den USA auf der Ebene der Banken zur Realität. Das Instrument hierzu war der Erste Weltkrieg.

Das Budgetdefizit Großbritanniens betrug bereits 1914/1915 den stolzen Betrag von 334 Millionen Pfund. 1915/1916 stieg es auf mehr als 1.2 Milliarden an und erhöhte sich bis 1918/1919 auf sage und schreibe knapp 1,7 Milliarden.[1942] Die Staatsverschuldung stieg von 706 Millionen Pfund im März 1914 auf knapp 7.5 Milliarden Pfund im März 1919[1943] – und betrug daher mehr als das Zehnfache des Ausgangswerts. Die ausschließlich durch Kriegsanleihen verursachte Budgetbelastung machte im Zeitraum 1914/1915 bereits 391 Millionen Pfund aus und steigerte sich 1915/1916 auf 458 Millionen.[1944] Die dazu nötigen Gelder wurden hauptsächlich in den USA geliehen. Bis zu einem gewissen Grad wurde auch die »inflationäre Erweiterung der Geldbasis« zugelassen, wobei »während dem Ersten Weltkrieg kein formaler Versuch unternommen wurde, den Erfolg der Anti-Inflationspolitik abzuschätzen.«[1945] Man tat also genau das, wovor man vorgab, die britische arbeitende Masse schützen zu wollen.

Auch Frankreich drohte aufgrund der hohen Verschuldung bei den USA der Bankrott. Schon am 10. August 1914 wurde dem US-Präsidenten Wilson ein von J. P. Morgan und der Rothschild Bank gewährtes Kriegsdarlehen für Frankreich schmackhaft gemacht.[1946] Die Reaktion des angeblichen Friedenspräsidenten der angeblich neutralen Vereinigten Staaten von Amerika: »Wilson lehnte Morgans Anfrage nicht ab. Er genehmigte ein Darlehen von 100 Millionen Dollar, um die Kriegsbedürfnisse der französischen Republik zu finanzieren.«[1947] Dadurch unterstützte das US-Staatsoberhaupt die britische Balance-of-Power-Strategie durch einseitige Förderung eines weiteren Kriegsgegners des Deutschen Reiches. Durch die Inanspruchnahme weiterer US-Kredite »erhöhte sich der jährliche Wert der amerikanischen Darlehen an Frankeich von 510.000 Francs 1914 auf 7,5 Milliarden im Jahr 1917.« Allein schon die kriegsbedingten Einkäufe in den USA bedrohten den französischen Staatshaushalt mit dem Bankrott: Die dafür aufgewendeten Beträge stiegen von 795 Millionen Francs im Jahr 1914 auf knapp 6,2 Milliarden 1916 und auf knapp 9,8 Milliarden im Jahr 1917.[1948]

Russland wurde Ende 1914 von der US-amerikanischen National City Bank ein Darlehen in der Höhe von fünf Millionen Dollar eingeräumt. Die Auszahlung des Kredits war an die Bedingung gebunden, dass mit dem Geld Kriegsgüter in den USA eingekauft werden.[1949] Was die Unterstützung der gesamten Entente betrifft, forderte US-Präsident Wilson zwar am 19. August 1914 »die Amerikaner auf, hinsichtlich der Kampfhandlungen neutral zu bleiben.« Aber der US-Präsident ließ, wie die US-Wallstreet-Expertin Nomi Prins beweist, den Entente-Mächten jede sonstige Unterstützung in finanzieller und materieller Hinsicht zukommen: »Aber Morgan und seine Partner hielten sich nie an den Grundsatz der Unparteilichkeit.« J. P. Morgans Partner Thomas Lamont hielt über die wirtschaftliche Kriegsunterstützung der

USA für seine inoffiziellen Alliierten schriftlich fest: »Von Anfang an taten wir alles in unserer Macht stehende, um unsere Verbündeten zu unterstützen.«[1950]

Lessons learned: Sowohl aus dem Kapital- und Kriegsgütertransfer zwischen den USA und den Entente-Mächten als auch aus den dokumentierten Aussagen US-amerikanischer Hauptakteure ergibt sich fünferlei: Erstens waren die USA zu keinem Zeitpunkt des Ersten Weltkriegs neutral. Zweitens unterstützen sie massiv und einseitig ihre von ihnen selbst so genannten Verbündeten Großbritannien, Frankreich und Russland. Drittens entsprach das Handeln des US-Präsidenten und seiner Vertrauten dem Zweck der anglo-amerikanischen Strategie Balance of Power. Viertens tarnte Woodrow Wilson sein Vorgehen genau wie der britische Außenminister Edward Grey mit der Täuschungstaktik der friedlichen Form mit militärisch-aggressivem Inhalt. Und fünftens diente die US-Unterstützung der Destabilisierung Eurasiens und der Vernichtung des Deutschen Reiches.

Aus der bereits Anfang 1915 in aller Deutlichkeit erkennbaren Totalverschuldung Großbritanniens und Frankreichs lässt sich ableiten, dass es den USA sehr wichtig war, dass seine Verbündeten aus dem Ersten Weltkrieg als Sieger hervorgingen. Wer hätte denn sonst ihre gigantischen Schulden bezahlen sollen? Ein siegreiches Deutsches Reich jedenfalls nicht. Dieses erwies sich im Landkrieg als äußerst hartnäckig, sodass der Sieg der Deutschen alles andere als ausgeschlossen war. Folglich musste das Deutsche Reich um jeden Preis besiegt werden. Aus denselben Gründen kam auch kein auf einer gütlichen Vereinbarung beruhender Friedensvertrag mit dem Deutschen Reich in Betracht. Nicht umsonst hatten Großbritannien, Frankreich und Russland bereits am 5. September 1914 im Vertrag von London festgehalten, dass es keinen Separatfrieden geben dürfe. Für Russland galt diese Klausel nur für den Fall, dass es nicht durch innere Unruhen zu einem anderen Verhalten gezwungen sei.[1951] Da Russland, wie noch zu zeigen ist, im Jahr 1917 durch den von der Wallstreet mitfinanzierten Bolschewismus zum Frieden mit Deutschland genötigt war, mussten ersatzweise die USA ins Feld springen. Der Kriegseintritt der USA 1917 lag sowohl in ihrem eigenen Interesse als auch in jenem der Briten und Franzosen.

Die Frage, wem der große Krieg überhaupt nutzte, wurde bereits hinreichend behandelt, weshalb das folgende Kapitel nur eine verkürzte Zusammenfassung darstellt.

5.
CUI BONO?

Die gegenseitige Zerfleischung der drei bedeutendsten kontinentaleuropäischen Großmächte Deutschland, Russland und Frankreich diente gewiss nicht ihnen selbst, sondern entsprach der britischen Spaltkeilpolitik und darüber hinaus allen britischen Kriegszielen. Seine Oberhoheit über alle Meere konnte Großbritannien sofort ab Kriegsbeginn sogar noch ausbauen. Und während die Masse der Landstreitkräfte der übrigen Großmächte im zentraleuropäischen Stellungskrieg gebunden war, Zentraleuropa also mit seiner eigene Vernichtung beschäftigt war, nahm England Ende 1914 als territoriale Ergänzung zum Suez-Kanal auch noch Ägypten in Besitz und betrieb konsequent die Spaltung des Osmanischen Reiches, um sich demnächst den Nahen Osten Stück für Stück gleich mit dem dazugehörigen Schmiermittel (Erdöl) in den gierigen Rachen zu schieben.

Anfang 1915 zeichnete sich jedenfalls ab, dass die mit Großbritannien unter einer Decke steckenden USA der größte Profiteur des ersten großen Kriegs sein würden. Die Banken kassierten, die junge Kriegswirtschaft belebte die Konjunktur. Und die exorbitante Verschuldung Großbritanniens bei den USA erbrachte die in London geplante hochfinanzielle Verkettung beider Nationen. Darum profitierte letztlich auch Großbritannien. Nicht das Volk, nicht die Masse der pflichtgetreuen Politiker und Beamten, sondern die mächtigen Drahtzieher im Hintergrund sind gemeint: die von den Mitgliedern der anglo-amerikanischen Globalisierungsclique gebildete Schattenregierung.

Ebenfalls bereits Anfang 1915 war auch deutlich zu erkennen, welche Nationen nicht vom Ersten Weltkrieg profitierten. Dass das deutsche Projekt der mitteleurasischen Allianz genauso gescheitert war wie Deutsch-Mittelafrika, lag auf der Hand. Auch der Großmachtstatus des Deutschen Reiches wackelte schon. Die Bevölkerung litt mehr und mehr unter der blockadebedingten Mangelversorgung, während die Kriegsflotte zur Zierde der Häfen verdammt war. Europas vormals größter Ölversorger konnte sich auf einen Schlag nicht einmal mehr selbst beliefern. Und sein letzter Bündnispartner stellte militärisch unter Beweis, dass er keine Großmacht mehr war. Österreich stand nur noch einen Schritt vor dem Abgrund, weil es erfolgreich vom kleinen Serbien herausgefordert worden war, das sich damit aber auch selbst den

Stöpsel aus der Wanne gezogen hatte. Russland war noch immer nicht im Besitz der türkischen Meerengen – und das gelang ihm auch künftig nicht. Und Frankreich sah Elsass-Lothringen nur durchs Fernrohr, durfte aber immerhin auf bessere Zeiten hoffen.

Das sogenannte einfache Volk hatte rein gar nichts vom Krieg. In keiner der daran beteiligten Nationen. Die Männer krepierten auf dem Schlachtfeld wie die Fliegen, während die Munition von den Frauen in den Fabriken hergestellt wurde. Gleichzeitig wurde das Volk ärmer. Die Preise stiegen, denn der Pöbel sollte ja jenen Krieg bezahlen, den andere verbrochen hatten. Diese Verbrecher gehörten besagter geheimer Clique an, die ihre Urheberschaft für den Ersten Weltkrieg gut zu tarnen wusste.

6.
ATYPISCHE VERDECKTE OPERATION

Der Erste Weltkrieg wurde von offiziellen Repräsentanten der Entente-Mächte durch die verkettete Aktivierung zweier Kriegsfallen ausgelöst, die beide im Vorfeld entsprechend als atypische verdeckte Operationen präpariert worden waren: Kriegsfalle Serbien und Kriegsfalle Belgien.

Die Kriegsfalle Serbien war grundsätzlich eine russisch-serbische atypische verdeckte Operation, mit der Österreich-Ungarn plangemäß zum präemptiven Angriff gegen Serbien provoziert wurde, um einen großen europäischen Krieg auszulösen. Das die Kriegsfalle aktivierende Attentat in Sarajewo am 28. Juni 1914 auf den österreichischen Thronfolger Franz Ferdinand war jedoch keine atypische, sondern eine typische verdeckte Operation, für deren unmittelbare Durchführung gezielt bosnisch-serbische respektive österreichisch-ungarische Attentäter ausgewählt wurden, um für die Weltöffentlichkeit den Eindruck zu erwecken, es handle sich um eine innerstaatliche Angelegenheit. Der Knackpunkt war, dass die Drahtzieher wussten und beabsichtigten, dass die Donaumonarchie automatisch Serbien für die Ermordung ihres Thronfolgers verantwortlich machen würde, weil Österreich-Ungarn schon seit einigen Jahren der serbischen asymmetrischen Kriegsführung ausgesetzt war. In ihrer zum präemptiven Angriff provozierenden Wirkung stellte die Kriegsfalle Serbien daher eine atypische verdeckte Operation dar.

Dass die aktivierte Kriegsfalle Serbien nahezu automatisch und zeitgleich im Wege der europäischen Bündnissysteme und Mobilmachungsautomatismen die Kriegsfalle Belgien mitaktivierte, war vorhersehbar und gewollt. Die bekannten Kriegsziele, Kriegspläne und Kriegsvorbereitungen der Entente-Mächte sowie die damit übereinstimmende Abfolge der Mobilmachungen und der begleitenden britischen Zeitschinde-Pseudovermittlungen während der Juli-Krise (siehe Abb. 64) lassen keinen Zweifel darüber zu, dass die Kriegsfalle Belgien planmäßig ausgelöst wurde. Der Sicherstellung der verketteten Auslösung der Kriegsfalle Belgien diente das eskalationsfördernde Verhalten des obersten diplomatischen Koordinators, nämlich des britischen Außenministers Sir Edward Grey. Seine gefinkelte Täuschungstaktik (friedliche Form mit aggressivem Inhalt) wurde nachweislich auch von russischen und französischen Diplomaten angewandt, um zum einen die eigene Mobilmachung so lange als möglich geheim zu halten und dem Deutschen Reich seinen einzigen strategischen Vorteil (Tempo) zu rauben sowie zum anderen das Deutsche Reich im richtigen Moment zum präemptiven Angriff zu nötigen.

Mobilmachung und Pseudovermittlung vor dem 1. Weltkrieg

Tag	Land	Aktivität
10. 5.	RUS	Mobilmachungsübungen (Beginn)
14. 5.	RUS	Probemobilmachungen (Beginn)
7. 7.	RUS	Verlegung sibirischer Truppen gen Westen
16. 7.	GBR	Mobilmachung der Kriegsflotte (geheim)
20. 7.	RUS	Einberufung von Reservisten
	RUS	Konzentrierung großer Kavalleriekorps
23. 7.	Ö-U	Ultimatum an SER
	GBR	1. Pseudovermittlungsvorschlag
25. 7.	RUS	Mobilmachung (offiziell Teilmobilmachung)
	GBR	2. Pseudovermittlungsvorschlag
	SER	Generalmobilmachung
	SER	Ablehnung des Ultimatums
26. 7.	FRA	Mobilmachungseinleitung (geheim)
	GBR	3. Pseudovermittlungsvorschlag
28. 7.	Ö-U	Teilmobilmachung gegen SER
	GBR	Kriegsaufstellung der Royal Navy (geheim)
	GBR	4. Pseudovermittlungsvorschlag
29. 7.	GBR	Gefahrenzustand für Kriegsflotte (offiziell)
	GBR	5. Pseudovermittlungsvorschlag
30. 7.	RUS	Generalmobilmachung (offiziell)
	GBR	6. Pseudovermittlungsvorschlag
31. 7.	GBR	Flottenmobilmachung abgeschlossen
	GBR	7. Pseudovermittlungsvorschlag
31. 7.	DEU	Drohende Kriegsgefahr
	DEU	Ultimaten an RUS und FRA
	FRA	Uneingeschränkter Grenzschutz
	BEL	Generalmobilmachung
1. 8.	FRA	Generalmobilmachung (offiziell)
	DEU	Generalmobilmachung

Abb. 64

In Anbetracht aller bekannten Fakten ist davon auszugehen, dass die britischen und französischen Kriegstreiber auch über die Kriegsfalle Serbien bereits im Vorfeld bestens im Bilde waren. Schließlich ergibt sich durch diese Annahme die im Sinne von Ockhams Razor plausibelste und zugleich einfachste Erklärung mit möglichst wenigen Variablen und Hypothesen, die in einem logischen Verhältnis zueinander stehen und einen schlüssigen Sachverhalt ergeben.

Die Vorgeschichte des Ersten Weltkriegs zeigt eindrucksvoll, dass seine Auslösung von den ententischen Diplomaten und Militärs verbrochen wurde. Der britische König und der russische Zar waren lediglich Marionetten. Im Gegensatz zu ihnen hatten der deutsche und der österreichische Kaiser nicht nur die formale, sondern auch die faktisch ausgeübte Oberhoheit. Sie hatten stets das letzte Wort in ihren Reichen.

Das Schlusswort in diesem Kapitel soll Kaiser Wilhelm II. haben. Am 6. August 1914 hielt er nachfolgende Rede zum Kriegsbeginn. Auch die Tonaufzeichnung ist empfehlenswert.[1952]

An das deutsche Volk!

Seit der Reichsgründung ist es durch 43 Jahre Mein und Meiner Vorfahren heißes Bemühen gewesen, der Welt den Frieden zu erhalten und im Frieden unsere kraftvolle Entwickelung zu fördern. Aber die Gegner neiden uns den Erfolg unserer Arbeit.

Alle offenkundige und heimliche Feindschaft von Ost und West, von jenseits der See haben wir bisher ertragen im Bewusstsein unserer Verantwortung und Kraft. Nun aber will man uns demütigen. Man verlangt, dass wir mit verschränkten Armen zusehen, wie unsere Feinde sich zu tückischem Überfall rüsten. Man will nicht dulden, dass wir in entschlossener Treue zu unserem Bundesgenossen stehen, der um sein Ansehen als Großmacht kämpft und mit dessen Erniedrigung auch unsere Macht und Ehre verloren ist.

Es muss denn das Schwert nun entscheiden. Mitten im Frieden überfällt uns der Feind. Darum auf! Zu den Waffen! Jedes Schwanken, jedes Zögern wäre Verrat am Vaterlande!

Um Sein oder Nichtsein unseres Reiches handelt es sich, das unsere Väter sich neu gründeten. Um Sein oder Nichtsein deutscher Macht und deutschen Wesens.

Wir werden uns wehren bis zum letzten Hauch von Mann und Ross. Und wir werden diesen Kampf bestehen auch gegen eine Welt von Feinden. Noch nie ward Deutschland überwunden, wenn es einig war.

Vorwärts mit Gott, der mit uns sein wird, wie er mit den Vätern war!

MEILENSTEIN II
OPFERUNG DER LUSITANIA
1915

Am 7. Mai 1915 wurde die Versenkung des britischen Luxusdampfers Lusitania vor der Südküste Irlands durch das deutsche Unterseeboot U-20 absichtlich von der britischen Admiralität begünstigt und zugelassen, um das propagandistische Feld für den Eintritt der USA in den Ersten Weltkrieg auf Seiten der Entente-Mächte gegen das sich zäh verteidigende Deutsche Reich aufzubereiten. An Bord des zum Transport von Kriegsmaterial und damit als Kriegshilfsschiff der Royal Navy missbrauchten Liners befanden sich 1.257 zivile Passagiere, darunter 218 US-Amerikaner. Insgesamt ertranken 1.198 Menschen, davon 79 Kinder und 127 Staatsbürger der USA. Bei aller Tragik handelte es sich bei der Versenkung dennoch um eine legitime Kriegshandlung des Deutschen Reiches. Trotzdem war die britische Opferung der Lusitania das Pearl Harbor des Ersten Weltkriegs. Wenngleich sie nicht unmittelbar zum Kriegseintritt der USA führte, so war die mutwillig ermöglichte Versenkung des mit explosiver Fracht beladenen Passagierschiffs ein weiterer Meilenstein auf dem Weg zur Vernichtung des Deutschen Reiches.

1.
VERDACHTSMOMENTE IM VORFELD

Auf Motiv, Planung und Vorbereitung der britischen Admiralität zur Schaffung der idealen Verhältnisse für einen Torpedotreffer an der Lusitania durch ein deutsches U-Boot weisen nachfolgende Umstände hin.

Potenzieller Hilfskreuzer

Die Lusitania wurde vom schottischen Unternehmen John Brown & Company für die britische Reederei Cunard Line als jederzeit zum Hilfskreuzer umrüstbarer Passagierdampfer gebaut.[1953] Beim Stapellauf am 17. August 1904 verdrängte der rund 240 Meter lange und 27 Meter breite, mit zehn Decks ausgestatte Riesendampfer beachtliche 44.060 Tonnen Wasser. Sechs Marine Steam Turbinen von Parsons, davon vier für den Vorwärts- und zwei für den Rückwärtslauf, erzeugten bei vollständiger Befeuerung von 23 doppelendigen und zwei einzelendigen Kohleverbrennungskesseln stolze 68.000 PS. Die Dampfkessel waren auf vier Kesselräume verteilt, wobei jedem Kesselraum einer der vier riesigen Schlote zugeordnet war. Der Ozeangigant war für eine Crew in der Stärke von 827 Mann bei einer Transportkapazität von insgesamt 3.025 Personen ausgelegt. Am 7. September 1907 wurde das Prachtschiff in den Dienst gestellt.[1954] Auf ihrer Standardstrecke zwischen Liverpool und New York erzielte die Lusitania eine Durchschnittsgeschwindigkeit von zwischen 23 und 24 Knoten,[1955] umgerechnet zwischen 42 und 44 km/h. Damit war die Lusitania nicht nur das größte, sondern auch das **schnellste** Schiff ihrer Zeit.[1956] Im Dezember 1912 brachte sie eine Höchstgeschwindigkeit von knapp 28 Knoten auf den Tacho. Diese fast 52 km/h konnte die Lusitania eine volle Stunde lang durchhalten.[1957]

In Kriegszeiten stellte die hohe Geschwindigkeit eines Ozeanriesen wie der Lusitania, sofern er nicht bewaffnet war, den einzigen strategischen Vorteil gegenüber den viel langsameren U-Booten dar. Der Geschwindigkeitsvorteil bewahrte zum Beispiel die Mauretania, eines der beiden Schwesternschiffe der Lusitania, im Jahr 1915 vor

Abb. 65: Lusitania in New York 1907

der Versenkung. Die mit dem blauen Band für die schnellste Atlantiküberquerung ausgezeichnete Mauretania[1958] transportierte gerade britische Truppen zu den Dardanellen, als sie – völlig legal – von einem deutschen U-Boot angegriffen wurde. Aufgrund ihrer hohen Geschwindigkeit von 26 Knoten konnte das Drillingsschiff der Lusitania dem vom Ausguck gesichteten Torpedo ausweichen.[1959]

Als reine Unterwasserwaffe erreichen die zwischen sechs und acht Meter langen heutigen Torpedos eine Geschwindigkeit von ungefähr 20 Metern in der Sekunde (72 km/h respektive knapp 39 Knoten), wobei sie die ganze Strecke auf der einmal eingestellten Tiefe bleiben.[1960] Im Ersten Weltkrieg gab es so etwas wie sonarorientiere Selbstlenktorpedos noch nicht. Die Torpedos liefen daher stets pfeilgeradeaus. Deutsche Torpedos vom Typ »G«, die zum Beispiel das U-20 mitführte, liefen mit einer Geschwindigkeit von 22 Knoten (knapp 41 km/h).[1961] Anhand der geschätzten Geschwindigkeit des Ziels wurde vom Richtschützen ein Vorhaltepunkt errechnet, in dessen Richtung der Torpedo in der Hoffnung abgefeuert wurde, das Ziel mittschiffs zu treffen. Dadurch konnte einer Streuung begegnet und der potenziell größte Schaden verursacht werden. Grundsätzlich hatte daher das vom Torpedo angepeilte Überwasserfahrzeug eine halbe Schiffslänge Zeit zum Manövrieren. Besonders ein schnelles Schiff wie die Mauretania[1962] und erst Recht die noch schnellere Lusitania, die, wie gesagt, 28 Knoten schaffte, hatten sehr gute Chancen, einem rechtzeitig erkannten Torpedo auszuweichen. Die unabdingbaren Voraussetzungen hierfür waren, dass alle Dampfkessel befeuert wurden und das Schiff mit Höchstgeschwindigkeit durch gefährliche Gebiete fuhr, insbesondere im Bereich von Häfen und umso mehr wenn es bereits eine U-Bootwarnung erhalten hatte.

Abb. 66: Lusitania um 1907–1913

Alle drei Schwestern – Lusitania, Mauretania und Aquitania – wurden auf Wunsch der britischen Admiralität als potenzielle Hilfskreuzer gebaut. Die oberen Decks waren besonders stark, damit im Kriegsfall die jeweils zwischen fünf und sechs Tonnen schweren, voll drehbaren Deckgeschütze vom Kaliber 15 Zentimeter auf den vorinstallierten Geschützdeckplatten an Bug und Heck montiert werden konnten. Für die Lusitania waren sechs solcher Geschütze vorgesehen. Die zur Rundumdrehung nötigen Ringe wurden bereits im Frühling 1913 installiert, die Kanonen selbst kamen jedoch der offiziellen Variante zufolge niemals an Bord.[1963] Viel wichtiger als die Kanonen ist der Frachtraum, den die britische Admiralität im Kriegsfall jederzeit in Anspruch nehmen konnte, weil dann sämtliche Cunard-Liner den Anweisungen der Admiralität unterstanden.[1964]

Die Lusitania war jedenfalls in den britischen Annalen *Jane's Fighting Ships* 1914 und *The Naval Annual 1914* als Hilfskreuzer (auxiliary cruiser) beziehungsweise als bewaffnetes Handelsschiff (armed merchantman) gelistet.[1965] Während die Lusitania in den Kriegsjahren offiziell nur als Passagierdampfer in Betrieb blieb und dabei heimlich Kriegsmaterial in riesigen Mengen von New York nach Liverpool transportierte,[1966] schipperten ihre bei Kriegsbeginn zu Truppentransportern umfunktionierten Schwesternschiffe britische Truppen quer über die Meere zu den verschiedensten Einsatzorten.

Abb. 67: Mauretania als getarnter Truppentransporter

Abb. 68: Aquitania als getarnter Truppentransporter

Die Mauretania führte eine ganze Reihe von transatlantischen Truppentransporten durch[1967] und beförderte auch schwere Artillerie. Im Jahr 1915 stellte die zur Tarnung grau bemalte Mauretania innerhalb von drei Monaten den Transport von mehr als 10.000 Soldaten nach Griechenland sicher.[1968] Die graue Bemalung wurde später durch einen raffinierten blau-schwarzen Splittertarnanstrich ersetzt.[1969] Die Aquitania erhielt später ebenfalls einen ausgeklügelten Tarnanstrich (siehe Abb. 67 und 68).

Getarnt oder nicht getarnt – fest steht, dass alle drei Cunard-Liner entweder als Truppen- und/oder als Kriegsmaterialtransporter im Einsatz und daher britische Kriegshilfsschiffe mit derselben unverkennbaren Silhouette und denselben riesigen vier Schornsteinen waren. Aus größerer Distanz, vor allem durch das Periskop eines U-Boots, sah jedes der drei Schiffe identisch aus.[1970] Da es keine derartigen neutralen Schiffe gab,[1971] das Deutsche Reich über den missbräuchlichen Einsatz der Cunard-Liner als Kriegshilfsschiffe gut informiert war, folglich den Auftrag zur Versenkung gab und Kapitänleutnant Walther Schwieger (1885 bis 1917), der Kommandant des U-20, nicht mit einem völlig absurden Transport von zivilen Passagieren mitten durchs Kriegsgebiet rechnen musste, konnte er am 7. Mai 1914 um etwa 15.10 Uhr guten Gewissens den Befehl »Torpedo marsch!« geben.

Die Schuld lag einzig und allein bei Großbritannien. Seine Admiralität handelte zumindest grob fahrlässig, einen als potenziellen Hilfskreuzer deklarierten Passagierdampfer im Kriegsgebiet Zivilisten befördern zu lassen, der obendrein noch genauso aussah wie zwei offizielle Truppentransporter, die vom Deutschen Reich zu Recht zum Abschuss freigegeben waren. Von der geladenen Explosivfracht wollen wir noch gar nicht reden (siehe unten). Dass die von der britischen Admiralität ermöglichte Versenkung der Lusitania schon einige Zeit vorher geplant worden war, dafür sprechen weitere Indizien in der Sphäre des britischen Ersten Seelords Winston Churchill.

Ersehnter Kriegseintritt der USA

Die Bedeutung der USA sowohl als strategische Reserve Großbritanniens als auch als Finanzier und Versorger der Entente mit Kriegsmaterial sowie den im gegenseitigen Interesse gelegenen Kriegseintritt der USA wurde bereits erörtert. Einer der wichtigsten Cliquen-Vollstreckungsorgane im Vernichtungskrieg gegen das Deutsche Reich war Winston Churchill. Er war geradezu davon besessen, die USA in den großen Krieg hineinzuziehen.

Im November 1914 gab der für die Belange der amerikanischen Öffentlichkeit zuständige britische Parlamentarier Gilbert Parker den Protest der United Press Association of America über die Geheimhaltung des am 27. Oktober vor der nordirischen Küste gesunkenen Kriegsschiffs Audacious durch die britische Admiralität an Winston Churchill weiter und warnte ihn vor einem irreparablen Vertrauensverlust der öffentlichen Meinung in den USA. Churchills lapidarer Kommentar lautete: »Sie sorgen sich unnötig über die amerikanische Meinung und den Wert, der amerikanischen Zeitungen zuteil wird.« Was er damit meinte, nämlich dass er selbst beabsichtigte, die amerikanische Öffentlichkeit durch die gezielte Opferung neutraler Schiffe zum Eintritt der USA in den Krieg gegen das Deutsche Reich zu manipulieren, deutete Winston Churchill Ende April 1915, also eine Woche vor der Versenkung der Lusitania,[1972] gegenüber seinem für die Kriegsschifffahrt zuständigen Kabinettskollegen Walter Runciman an:

> *Es ist von größter Wichtigkeit, die neutrale Schifffahrt an unsere Ufer zu locken, besonders in der Hoffnung, die USA mit Deutschland zu verwickeln. Die offizielle deutsche Ankündigung in den Vereinigten Staaten über den künftigen wahllosen U-Bootkrieg wurde gemacht, um eine abschreckende Wirkung auf den Verkehr zu bewirken. Für unseren Teil wollen wir diesen Verkehr – je mehr desto besser. Und wenn einiges davon in Schwierigkeiten gerät, umso besser.*[1973]

Der britische Marineminister wusste demnach genau, dass und warum das Deutsche Reich die Bürger der USA offiziell vor dem U-Bootkrieg in britischen Gewässern gewarnt hatte. Gleichzeitig hoffte er aber auf die Bedrohung und damit auch auf die Versenkung neutraler Schiffe durch deutsche U-Boote, weil dies den Kriegseintritt der USA sehr wahrscheinlich machte. Die deutschen U-Boote hielten sich jedoch bei der Versenkung US-amerikanischer Schiffe zurück, weshalb Churchills nächste Option die Opferung eines britischen Schiffs mit US-Bürgern an Bord war.

Vor diesem Hintergrund ist die Bemerkung Winston Churchills in seinem Schreiben an die Cunard Line vom Februar 1913 verdächtig, die von der britischen Admiralität mitfinanzierten Schiffe wie die Lusitania müssten sich »bald bewähren«, weil »der Krieg gegen Deutschland sicher sei« und spätestens im September 1914 beginnen werde.[1974] Auf den ersten Blick könnte es sich natürlich nur um einen Hinweis an die Cunard Line gehandelt haben, sich auf die Umrüstung der Schiffsdrillinge zu Hilfskreuzern einzustellen. Bekanntlich wurde die Lusitania aber nicht wie ein Hilfskreuzer bewaffnet, sondern »nur« als geheimer Transporter für Kriegsgerät missbraucht. Marineminister Churchill muss dies gewusst haben, denn er war für seinen Kontrollwahn und sein Misstrauen gegenüber hochrangigen Offizieren bekannt. Außerdem stammte der Bericht über die erwähnte Umfunktionierung von 24 Passagierdampfern zu Hilfskreuzern (und 94 Handelsschiffen zu bewaffneten Q-Ships) aus der Feder von niemand anderem als Winston Churchill.[1975]

Wenn es also eindeutig nicht um die Bewährung der explizit betonten Lusitania als Hilfskreuzer oder Truppentransporter ging, um welche Bewährung ging es dann? Worin sollte sich die Lusitania bewähren?

Wie bereits erwähnt, hatte Winston Churchill in freudiger Erwartung – »ich bin interessiert und glücklich« – den großen europäischen Krieg, die Katastrophe und den Zusammenbruch herbeigesehnt sowie die Aushungerung der deutschen Bevölkerung angeordnet.[1976] Dass ein Psychopath wie Churchill die Opferung der Lusitania tatsächlich, aber natürlich geheim, angeordnet haben könnte, ist nicht von der Hand zu weisen. Er hatte das von ihm selbst artikulierte Motiv und in seiner Funktion als Erster Seelord sowohl die Mittel als auch die Gelegenheit zur Ausführung. Und je tiefer man in die Vorgeschichte der Lusitania-Versenkung hineinschaut, desto wahrscheinlicher erscheint eine diesbezügliche direkte Anordnung aus dem Bereich der britischen Admiralität zur Begünstigung und Duldung der Versenkung.

Illegaler britischer Seekrieg

Rechtliches

Der deutsche U-Bootkrieg gegen britische Schiffe war, wie gesagt, die Reaktion auf die mehrfach völkerrechtswidrige Fernblockade der Briten. Als Antwort auf die britische Wirtschaftsblockade und die Nordmeer-Sperrverordnung vom 2. November 1914 erklärte das Deutsche Reich erst am 18. Februar 1915 alle Gewässer rund um die britischen Inseln inklusive Irland sowie den Ärmelkanal zum Kriegsgebiet.[1977] Die Lage zur See war ohnehin schon verschärft, weil Großbritannien bereits Anfang August 1914 den uneingeschränkten U-Boot-Krieg begonnen hatte. Wohlgemerkt hatte damit, jedem antideutschen Mythos zum Trotz, nicht das Deutsche Reich, sondern Großbritannien angefangen. Gleich ab Kriegsbeginn »griffen insbesondere britische U-Boote die Schiffe der Mittelmächte ohne jede Warnung an,«[1978] obwohl es dem geltenden Seerecht widersprach.

Der illegale britische Seekrieg erstreckte sich auch auf die kaiserlichen U-Boote. Auf direkte Anordnung des Ersten Seelords Churchill vom November 1914[1979] feuerten besagte Q-Ships mit ihren hinter den Luken oder vorgetäuschten Deckladungen versteckten Kanonen vom Kaliber 12 Zentimeter (4,7 inches) auf aufgetauchte deutsche U-Boote oder versuchten sie zu rammen, wenn die Schiffsladung von einer Abordnung der U-Bootbesatzung (Prisenkommando) überprüft werden sollte.[1980] Dass der Beschuss des U-Boots in solchem Fall illegal war, geht aus der Londoner Deklaration von 1909 hervor, deren grundlegende Bestimmungen, wie gesagt, auch für Großbritannien verbindlich waren.[1981] Artikel 63 ordnet im Fall der »Resistance of Search«, also des gewalttätigen Widerstands einer Besatzung gegen die rechtmäßige Durchsuchung ihres Schiffs, dessen Besitzverlust an.[1982] Die Durchsuchung durch ein Prisenkommando eines U-Boots wurde wahrscheinlich deshalb nicht in Artikel 63 geregelt, weil niemand außer London ahnte, dass Großbritannien einen völlig unredlichen U-Bootkrieg beginnen würde.

Aus der genannten Bestimmung ist jedenfalls abzuleiten, dass der Kampfauftrag an die Q-Ships gegenüber den Prisenkommandos deutscher U-Boote rechtswidrig war. Mit ihrer Anordnung verunmöglichte es die britische Admiralität zudem den deutschen U-Booten faktisch, der seerechtlich verankerten Verpflichtung nachzukommen, gegnerische Schiffe anzuhalten, durch ein Prisenkommando zu überprüfen und der Besatzung vor der Versenkung Zeit zum Verlassen des Schiffs zu geben. Auch durch einen simplen Warnruf aus der Distanz vor dem Abfeuern eines Torpedos oder der Bordkanone hätte sich jedes aufgetauchte U-Boot der Gefahr der eigenen Versenkung ausgesetzt. Die Sicherheit des im aufgetauchten Zustand sogar gegenüber unbewaffneten Handelsschiffen leicht verwundbaren U-Boots[1983] und seiner Mannschaft musste vorgehen. Da sich die bewaffneten Handelsschiffe der Durchsuchung zu entziehen und sogar die U-Boote zu versenken versuchten, war jede Versenkung ohne Vorwarnung durch getauchte deutsche U-Boote gerechtfertigt.[1984]

Eine weitere Erschwernis für den deutschen U-Bootkampf war die Weisung der britischen Regierung vom 31. Januar 1915 zum Missbrauch neutraler

Flaggen durch eigene Schiffe zur Täuschung deutscher U-Boote.[1985] Die deutsche Reichsleitung war daher nicht in der Lage, die Verantwortung für die Sicherheit der neutralen Schifffahrt zu übernehmen.[1986] Nachdem Großbritannien bereits die deutsche Überwasserflotte durch eine völkerrechtswidrige Fernblockade in die »deutsche Badewanne« verbannt hatte, schränkte Winston Churchill auch die letztmögliche maritime Kriegsführung der Deutschen erheblich durch weitere illegale Maßnahmen ein.

Der deutsche U-Bootkrieg war jedenfalls legitim. Er diente weniger der Vergeltung, sondern viel mehr der Erzwingung völkerrechtskonformen britischen Verhaltens. Die Regierung des Deutschen Reiches betonte ja, »dass alle Maßnahmen nur ein Ziel verfolgten, und zwar die Rückkehr Großbritanniens zur Führung eines Seekrieges gemäß dem Völkerrecht.«[1987]

Juristische und historische Prüfungen beweisen, dass die Deutschen im Recht waren. In seinem erstklassig recherchierten und aufbereiteten Buch *Die U-Boote des Kaisers* bringt der deutsche Historiker Joachim Schröder den hinter der Denkschrift über die Kriegsgebietserklärung steckenden Zweck des deutschen Handelskriegs unschlagbar präzise auf den Punkt: »Der U-Boot-Handelskrieg war gedacht als eine notwendige Gegenmaßnahme, um Großbritannien zur Lockerung der völkerrechtswidrigen Seeblockade zu veranlassen, nicht aber etwa als Vernichtungskrieg.«[1988] Es war, wie gesagt, Großbritannien, das einen illegalen Seekrieg zur Vernichtung des deutschen Volks führte, weshalb der deutsche U-Bootkrieg bis zur letzten Konsequenz ein Mittel adäquater und vollkommen legitimer Notwehr war.

Von größter Relevanz für den Lusitania-Fall ist, dass aufgrund des hochgradigen Verschuldens der britischen Admiralität sämtliche britischen Schiffe damit rechnen mussten, ohne Vorwarnung durch ein von einem deutschen U-Boot abgefeuerten Torpedo versenkt zu werden.

Lusitanias Sicherheit vor Mai 1915

Patrick Beesly (1913 bis 1986) war während des Zweiten Weltkriegs als Führungsoffizier des britischen Geheimdienstes tätig. In seinem Buch »Room 40« (Zimmer 40) über die gleichnamige nachrichtendienstliche Abteilung der britischen Admiralität kommt Beesly aufgrund der ihm 1982 vorliegenden Fakten zum Schluss, dass der Plan eines kleinen Kreises hochrangiger Offiziere der britischen Admiralität zur

Gefährdung der Lusitania zwecks Verwicklung der USA in den Krieg nahe liegt:[1989] »Wenn man akzeptieren würde, dass es einen geheimen Plan von Churchill und seinen unmittelbaren Beratern gegeben hatte, um das Versenken des Schiffs zu bewerkstelligen, würde das vieles erklären.« Zum Beispiel, so Beesly weiter, gäbe es dann »verständliche Gründe für die kontinuierliche Weigerung der britischen Autoritäten, sämtliche Akten zu veröffentlichen [...]«[1990]

Der ehemalige Geheimdienstoffizier führt aus, dass Room 40 bereits »Ende 1914 gut über die Stärke und generelle Position der [deutschen] U-Bootflotte informiert war.« Ab Januar 1915 berichtete Room 40 der obersten Führung der britischen Admiralität – Winston Churchill sowie den Admirälen John Fisher, Admiral Arthur und Henry Oliver – **täglich** über die zuletzt bekannten Positionen jedes einzelnen deutschen U-Boots. Aufgrund der abgefangenen Funksprüche der deutschen Marine wusste Room 40 genau über Stärke, Bereitschaftsgrad, Auslaufen und geplantes Operationsgebiet der einzelnen deutschen U-Boote Bescheid. Sobald die U-Boote auf See waren, sendeten sie zwecks Testung der Funkanlagen regelmäßige Positionsberichte an das U-Bootkommando: »Das gab natürlich den Briten präzise Informationen über Kurs und Geschwindigkeit.« Somit kannte Room 40 und mit ihm die britische Admiralität »die Größe der Bedrohung in jedem erdenklichen Gebiet.«[1991]

Eine der bedeutendsten Konsequenzen aus dem exakten Lagebild über die Bewegungen der deutschen U-Bootwaffe war nicht nur die rechtzeitige Warnung von Handelsschiffen und Passagierdampfern, sondern auch deren relativ einfach zu koordinierende Eskortierung.

So wurden zum Beispiel Ende Januar 1915 die beiden selbst mit 36-Zentimer-Kanonen ausgerüsteten Cunard-Liner Transylvania und Ausonia in die südirische Hafenstadt Queenstown (heute Cobh) umgeleitet und ab dort von Zerstörern eskortiert, die dafür extra von der großen Flotte aus Scapa Flow im Norden Schottlands abgezogen worden waren.[1992] Am 20. Februar erhielten zwei nach Queenstown umgeleitete Pferdetransportdampfer Geleitschutz. Und zum Schutz der Lusitania auf ihrem Weg nach Liverpool wurden Anfang März 1915 zwei Zerstörer abkommandiert, während das Q-Ship Lyons die Sicherung der Liverpooler Küste übernahm.[1993] Bei einer weiteren Reise im März wurde die Lusitania mehrere Tage zwangsweise im Hafen gelassen, bis britische Zerstörer deutsche U-Boote zum Verlassen des Operationsgebiets zwangen.[1994] Das US-Tankschiff Gulflight wurde am 1. Mai gezwungenermaßen von britischen Patrouillenbooten eskortiert.[1995] Die britische Admiralität wusste also bis einschließlich Anfang Mai 1915 ganz genau, wie man große Schiffe vor deutschen U-Booten schützt – und sie taten es auch.

Zur Zeit des Ersten Weltkriegs waren die einzigen wirksamen Waffen gegen feindliche U-Boote, wie gesagt, das Rammen oder der Beschuss. Da für die unbewaffnete und klobige Lusitania beides nicht in Frage kam, war, abgesehen von der Umleitung in eine ganz andere Richtung, ihre einzige Chance ein entsprechender Geleitschutz. Für den Beschuss eines U-Boots kamen sowohl Kanonen als auch Torpedos in Betracht. Der optimale Schutz für einen Passagierdampfer war daher die Eskortierung durch Torpedo-Kreuzer. Am 7. Mai 1915, dem Schicksalstag für die knapp 1.200 ertrunkenen Passagiere der Lusitania, lagen zwar vier neue und einsatzbereite Torpedo-Kreuzer und zwei Q-Ships unweit der südirischen Küste, nämlich auf der anderen Seite des St. Georgs Channels (St. Georgs Kanals) am südwestlichen Zipfel von Wales im Hafen von Milford. Diese wurden aber nicht zum Schutz der auf sich allein gestellten Lusitania eingesetzt. Dazu kommen wir in Kürze.

2.
TECHNISCHE OPERATION

Im Rahmen der technischen Ermöglichung der Versenkung der Lusitania durch ein deutsches U-Boot wurden zuerst sämtliche offizielle deutsche Warnungen von der US-Regierung inklusive Präsident Wilson kategorisch ignoriert, um die Reisenden nicht davon abzubringen, die Atlantiküberquerung auf einem Passagierdampfer anzutreten, der zu einem hochexplosiven Kriegshilfsschiff und deutlich verlangsamten U-Bootziel umgestaltet worden war. Nachdem die Lusitania und das U-20 etwa zeitgleich aus ihren Häfen abgelegt hatten, präparierte der britische Generalstab das Operationsgebiet des deutschen U-Boots durch das Freimachen der südirischen Gewässer von kriegstauglichen britischen Schiffen. Der finale Schritt war die mittels gefälschter Funksprüche bewerkstelligte Lotsung der Lusitania zu ihrer eigenen Versenkung.

Ignorierte deutsche Warnungen

Rechtzeitig vor dem fahrplanmäßigen Auslaufen der Lusitania aus New York Richtung Liverpool (1. Mai)[1996] ließ die deutsche Regierung durch ihre Botschaften eine Warnung in US-amerikanische Zeitungen setzen, die deutlich auf die Gefahren einer Ozeanüberquerung in Kriegszeiten hinwies.[1997] Die Annonce war wie eine Todesanzeige von einem dicken schwarzen Rahmen umgeben und die in riesigen Lettern gehaltene Überschrift lautete »Beachte!« (Notice!). Es wurde explizit auf den Kriegszustand zwischen dem Deutschen Reich und Großbritannien sowie darauf hingewiesen, dass die Gewässer rund um die britischen Inseln Kriegsgebiet seien. Die britische Regierung sei zudem darauf hingewiesen worden, dass in besagten Gewässern jedes britisch beflaggte Schiff oder das ihrer Verbündeten der potenziellen Zerstörung ausgesetzt sei. Die Passagiere würden folglich auf eigene Gefahr reisen.[1998] Aufmachung und Inhalt der Annonce zeigen in aller Deutlichkeit, dass es sich um keine Alibi-Handlung seitens der Deutschen, sondern um eine ernst gemeinte Warnung im Bemühen um Schadensbegrenzung handelte (siehe Abb. 69).

Zusätzlich wurde am 1. Mai 1915, also am Tag der Abfahrt der Lusitania, eine von der kaiserlichen Botschaft in New York unterschriebene Annonce mit identischem Inhalt in

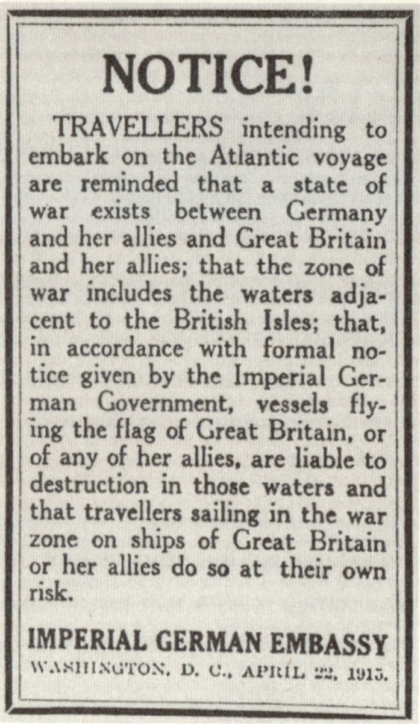

> **NOTICE!**
>
> TRAVELLERS intending to embark on the Atlantic voyage are reminded that a state of war exists between Germany and her allies and Great Britain and her allies; that the zone of war includes the waters adjacent to the British Isles; that, in accordance with formal notice given by the Imperial German Government, vessels flying the flag of Great Britain, or of any of her allies, are liable to destruction in those waters and that travellers sailing in the war zone on ships of Great Britain or her allies do so at their own risk.
>
> IMPERIAL GERMAN EMBASSY
> WASHINGTON, D. C., APRIL 22, 1915.

Abb. 69: Deutsche Annonce vom 22. April 1915

allen New Yorker Tageszeitungen jeweils unter die Information der Cunard-Line über die Ablegezeit der Lusitania geschaltet. Ursprünglich sollte die Veröffentlichung der Warnanzeige bereits am 24. April erfolgen, das State Department wollte dazu jedoch vorerst »aus rechtlichen Gründen« keine Genehmigung erteilen.[1999] Welche »rechtlichen Gründe« können es wohl gewesen sein, die eine staatliche Organisation davon abhielt, seine eigenen Bürger zu schützen?

US-Präsident Woodrow Wilson hätte jedenfalls etwas unternehmen können, denn er wurde rechtzeitig von Staatssekretär Bryan aufgefordert, den potenziellen Passagieren davon abzuraten, auf der mit explosivem Kriegsmaterial beladenen Lusitania zu reisen. Dies verkündete US-Senator La Follette in seiner öffentlichen Ansprache in St. Paul (Missouri) vom 20. September 1917:

Vier Tage bevor die Lusitania in See stach, wurde Präsident Wilson persönlich von Staatssekretär Bryan gewarnt, dass die Lusitania neben Explosivstoffen auch sechs Millionen Schuss Munition an Bord hatte; und dass die Passagiere, die vorhatten mit diesem Schiff zu reisen, dies unter der Verletzung der Verfassung dieses Landes tun würden.

Mit der Verfassung war das US-amerikanische Neutralitätsgesetz gemeint, das durch die einseitige Unterstützung von Kriegsparteien in gröblichster Weise verletzt wurde. Darum forderte Bryan den Präsidenten der USA ausdrücklich auf, »die Passagiere davon abzuhalten, mit der Lusitania zu reisen.« Senator La Follette beendete seine Ansprache mit den Worten: »Ich gebe Ihnen hiermit ein Stück Geschichte, das Ihnen hier vermutlich niemand zuvor gegeben hat.«[2000]

Präsident Wilson gab der US-Bevölkerung keine einzige Warnung. Er ließ die Passagiere an Bord und den Großteil von ihnen in den Tod gehen.

In der deutsch-amerikanischen Wochenschrift *The Fatherland* wurde berichtet, die britische Admiralität benutze »die Lusitania und andere Cunard-Schiffe zum Transport von Waffen und Munition nach England.«[2001] Die deutschen Spione und

Agenten brauchten nur ihre Augen offen zu halten, denn die rauen Mengen an Kriegsmaterial, die von den USA nach Europa gingen, waren schlichtweg nicht zu verheimlichen.

Ein deutsches Agenten- und Sabotagenetz wurde von Franz von Papen (1879 bis 1969) betrieben, dem späteren Reichskanzler und Vizekanzler unter Adolf Hitler. Nachdem der Gefreite Hitler als österreichischer Freiwilliger in einem bayrischen Regiment Mitte November 1914 das Leben seines Regimentskommandeurs durch leibliche Abschirmung vor dem Feindfeuer gerettet und man ihm Anfang Dezember für seinen weiteren besonderen Kampfeinsatz das Eiserne Kreuz zweiter Klasse verliehen hatte,[2002] rutschte er im Jahr 1915 immer tiefer in die Hölle der Westfront hinab. Die Granaten, mit denen der Meldegänger Adolf Hitler und seine Kameraden von der französischen Seite her beschossen wurden, stammten mit hoher Wahrscheinlichkeit aus den USA. Ungefähr zur selben Zeit war der Berufsoffizier Franz von Papen als Militärattaché in Washington tätig. Von dort kabelte er nach Berlin: »Jede Munitionsfabrik in den Vereinigten Staaten« lege »Sonderschichten für alliierte Bestellungen« ein. »Die Häfen sind voll von Frachtern, die Munition für Frankreich, Russland und England an Bord nehmen.«[2003]

Eines dieser Transportschiffe war die Lusitania. Und ihre Schwestern Mauretania und Aquitania transportierten fleißig Truppen, die gegen das Deutsche Reich kämpften, das folglich die Versenkung von derartigen Truppentransportern durch U-Boote anordnete.

Hochexplosives Kriegshilfsschiff

Die erste deutsche Offensive mit der U-Bootwaffe fand im Zeitraum von Februar bis September 1915 statt.[2004] Am Stichtag des 10. April 1915 verfügte die deutsche Kriegsmarine über 26 U-Boote, davon 23 in der (deutschen) Nordsee und drei in der Ostsee.[2005] Zu dieser Zeit befanden sich »pro Woche nicht mehr als vier U-Boote gleichzeitig auf Feindfahrt,«[2006] weshalb die britische Admiralität insbesondere im Hinblick auf die lückenlose Funkaufklärung durch Room 40 jederzeit in der Lage war, rechtzeitig geeignete Gegenmaßnahmen einzuleiten. Ob dies auch geschah, war also nicht eine Frage des Könnens, sondern lediglich des Wollens.

Das deutsche U-30 war am 25. April 1915 bereits aus dem Hafen von Emden zum Handelskrieg gegen Großbritannien ausgelaufen beziehungsweise auf See,[2007] als es den funktelegraphisch übermittelten Befehl zur Versenkung feindlicher

Schiffe im Operationsgebiet Ärmelkanal und südenglische Küste erhielt. Zusätzlich wurden zur Information auch die Aufträge zweier weiterer deutscher U-Boote durchgegeben:

Große englische Truppentransporte zu erwarten ausgehend von West- und Südküste Englands. Auf schnellstem Wege um Schottland den Kanal ansteuern. Stellung nehmen vor Dartmouth. Transporte, Handelsschiffe, Kriegsschiffe angreifen. Position besetzt halten, solange Vorräte reichen. U-20 und U-27 gehen nach Irischer See und Bristolkanal.[2008]

U-20 und U-27 erhielten gleichlautende Befehle. U-20 machte sich bereits am Vormittag des 30. April 1915 vom Hafen in Emden auf den Weg zur Irischen See,[2009] während U-27 aufgrund von Verzögerungen bei seiner Klarmachung erst am 4. Mai in Richtung Bristolkanal (zwischen Cornwall und Wales) ablegen konnte.[2010]

Die britischen Fernaufklärer von Room 40 hatten natürlich mitgehört.[2011] Folglich wussten auch der Erste Seelord Winston Churchill und sein Admiralsstab »dank der Funküberwachung genau, dass Ende April und Anfang Mai auf Weisung

Abb. 70: U-20 in Kiel 1914 (zweites U-Boot vorne links)

des deutschen Admiralsstabes mehrere U-Boote mit dem ausdrücklichen Befehl ausliefen, im Kanal und an der Südküste Englands feindliche Truppentransporter zu versenken.« Churchills Stab gab jedoch diese hochbrisante Information nicht weiter.[2012] Aufgrund der Kenntnis vom verspäteten Ablegen des U-27 war der britischen Admiralität klar, dass an der südirischen Küste lediglich U-20 operieren und eine Gefahr für die Lusitania darstellen würde, die dort gemäß Fahrplan in sieben Tagen aufkreuzen sollte. Das Zurückhalten dieser brandheißen Informationen konnte nur bedeuten, dass man U-20 nicht in seinem Operationsgebiet stören respektive in Ruhe britische Schiffe versenken lassen wollte, bis die Lusitania einträfe.

Entgegen allen deutschen Warnungen wurden die Passagiere der Lusitania, darunter auch Reservisten,[2013] weder vom US-Präsidenten noch vom State Department oder sonst irgendwem daran gehindert, ihre (in den meisten Fällen) letzte Reise anzutreten. Man kam auch nicht auf die Idee, den vorgesehenen Kriegsmaterialtransport zu verbieten. Vor der Abfahrt (1. Mai) wurde der Laderaum des Passagierdampfers mit allerlei Kriegsmaterial gefüllt. Man weiß heute noch immer nicht alles, mit Sicherheit stehen aber folgende Mengen und Arten fest:

Kriegsmaterial auf der Lusitania im Mai 1915

Menge	Art des Kriegsmaterials (Mindestumfang)
4.200.000	Patronen für Remington Gewehre Kaliber .303
5.000	Splittergranaten Kaliber 8,4 Zentimeter
3.240	Aufschlagzünder (in 18 Kisten)
46 Tonnen	Aluminiumstaub
Reichlich	Schießbaumwolle (Cellulosenitrat)

Abb. 71

Gemäß Blatt Nummer 18 der Frachtliste wog allein die dort angeführte, in 4.200 Holzkisten verstaute Gewehrmunition mehr als 127 Tonnen (280.800 lbs.). Die originale Frachtliste steht auf der sehr gut recherchierten und auch von Historikern empfohlenen Internetseite www.lusitania.net zum Download bereit.[2014] Bei der vom aktuellen Lusitania-Besitzer Gregg Bemis geleiteten Tauchexpedition im Sommer 2011 wurden im Rumpf des Wracks, das in etwa 90 Metern Tiefe rund 20 Kilometer südsüdwestlich der südirischen Landzunge Old Head of Kinsale liegt, unter anderem gestapelte Granaten und eine Unmenge an Patronen für Remington-Gewehre gefunden.[2015] Die hölzernen Lagerkisten sind natürlich längst verfault (siehe Abb. 72).

Abb. 72: Munition im Rumpf des Lusitania-Wracks

Sogar der am 17. Juli 1915 veröffentlichte Mersey-Report über die Versenkung der Lusitania, bei dem möglichst viel vertuscht wurde, offenbart, dass ein Teil der Ladung »aus einer Reihe von Kartuschen (ca. 5.000) bestand. Diese Munition wurde in das Manifest eingetragen.«[2016] Die schriftlichen Dokumente sowie die fotografierten und gefilmten Funde im Schiffswrack bestätigen, dass die Lusitania am 7. Mai 1915 auch mit Gewehrmunition sowie mit hochexplosivem Kriegsmaterial wie insbesondere Aluminiumpulver und Schießbaumwolle (Cellulosenitrat; Treibladung für Artilleriegeschoße) beladen war.[2017]

Damit steht unverrückbar fest, dass der Passagierdampfer Lusitania zumindest bei seiner letzten Fahrt auf Anordnung der britischen Admiralität mit Kriegsgütern mit dem Bestimmungsort Liverpool beladen war und folglich im britischen Kriegsdienst stand. Das machte die Lusitania zum aktiven Hilfsschiff im Kriegsdienst der Royal Navy respektive zu einem Kriegshilfsschiff, das obendrein gemäß Artikel 6 des *VII. Haager Abkommens betreffend die Umwandlung von Kauffahrtschiffen in Kriegsschiffe* in den Navy-Listen offiziell als potenzieller Hilfskreuzer eingetragen war. Die Versenkung durch U-20 war daher legitim.[2018] Noch dazu sah die Lusitania zwei aktiven Truppentransportern (Mauretania und Aquitania) zum Verwechseln ähnlich, wobei die etwaige Durchführung eines Prisenkommandos seitens U-20 durch die generell illegale britische Seekriegsführung verunmöglicht wurde. Den Kommandanten von U-20 trifft daher nicht einmal eine moralische Verantwortung für den im getauchten Zustand auf die Lusitania abgefeuerten Torpedo.

Folglich ist völlig unerheblich, ob der Cunard-Liner am Tag seiner Versenkung mit den für ihn vorgesehenen Deckkanonen ausgestattet war oder nicht. Carl Thummel, Neal Leach und Gustav Stahl, die im fraglichen Zeitraum als Stewards auf der Lusitania angeheuert hatten, gaben jedenfalls an, der Dampfer sei kurz vor der letzten Atlantiküberquerung mit abgedeckten Geschützen versehen gewesen.[2019] Wenn dem so ist, dann wurden die

Abb. 73: Der Rumpf der Lusitania

Kanonen vor der Abfahrt entfernt. Auf den Bildern des auf der Steuerbordseite (der Seite des Torpedotreffers) liegenden Wracks sind nämlich keine Bordgeschütze zu erkennen.[2020]

Deutlich zu sehen ist dafür eine riesige Öffnung in der Unterseite des Rumpfs.[2021] Es muss eine gewaltige Explosion gewesen sein, die den Luxus-Liner in nur 18 Minuten vollständig untergehen ließ.[2022] Die massive Detonation wurde nicht nur durch die explosive Ladung selbst, sondern auch durch den Ort ihrer Lagerung begünstigt. Der Laderaum, in dem die explosiven und teils auch hochexplosiven Materialen verstaut waren, befand sich nämlich exakt in Torpedoschusstiefe (rund drei Meter) und genau vor dem Kohlebunker des ersten Kesselraums, der wiederum gleich hinter dem Kohlebunker lag (siehe Abb. 73).

Begeben wir uns für ein kurzes Gedankenexperiment an Bord der Lusitania am 30. April 1915. Angenommen wir möchten möglichst günstige Bedingungen für eine explosive Kettenreaktion zur Steigerung der Sprengkraft eines Torpedotreffers im vorderen Drittel des Schiffs vor der Küste Irlands schaffen. Im Kriegsmateriallager befinden sich hoch explosive Materialien. Der Kohlebunker wird zwar nach der Atlantiküberquerung kaum noch Kohle enthalten, der dafür in großen Mengen vorhandene hochentzündliche Kohlenstaub[2023] wird ihn aber zur zweiten großen »Sprengkammer« machen. Die größte Explosivkraft hat natürlich der unter gewaltigem Druck stehende Kesselraum. Zur Erzielung einer explosiven Kettenwirkung wäre es also grundsätzlich egal, welcher der drei unmittelbar nebeneinander befindlichen Räumlichkeiten zuerst in die Luft fliegt: Kriegsmateriallager, Kohlebunker oder Kesselraum. Spinnen wir den Gedanken weiter: Wenn nun die Weisung der Cunard Line käme, dass »der Kohleverbrauch zu senken und daher ein Kessel außer Betrieb zu nehmen ist«, müssten wir auf jeden Fall dafür sorgen, dass der vorderste Kesselraum in Betrieb bleibt, damit es ja schön kracht, wenn der Torpedo anklopft.

Verlangsamtes Explosivziel

Die Reisegeschwindigkeit der Lusitania wurde vorsätzlich um 25 Prozent reduziert. Kriegsbedingt war die Kohle teurer und die Anzahl der Passagiere geringer geworden. Ab November 1914 beklagte die Cunard-Buchhaltung rote Zahlen bei der Lusitania, dem letzten offiziell als Passagierschiff eingesetzten Liner. Gefährliche Sparmaßnahmen waren die Folge: Die Crew wurde um 258 Mann reduziert, wobei der Maschinenraum 83 Arbeiter einbüßte, »sodass **nur drei** der vier Kesselräume bedient werden könnten« (Hervorhebung durch die Autorin). Dadurch wollte man, so die offizielle Erklärung der Cunard Line, Geld für Löhne und Kohle einsparen. Zwar sei dadurch der von der Buchhaltung aufgezeigte Verlust von etwa 2.000 Pfund pro Fahrt »mehr als aufgewogen« worden, »gleichzeitig aber bedeutete dies eine Reduzierung der Maximalgeschwindigkeit im Ernstfall von 26 [tatsächlich 28] auf 21 Knoten und der Reisegeschwindigkeit von 24 auf 18 Knoten.«[2024]

Nun zur nicht gerade unerheblichen Frage, welcher Dampfkesselraum bei der letzten Fahrt der Lusitania nicht befeuert war: »Nummer vier war leer, weil er geschlossen worden war.«[2025] Der hinterste Kesselraum war also abgedreht, während der vorderste (erste) Kesselraum in Betrieb war. Gerade den vorderen Kessel hätte man aber im Interesse der Sparsamkeit abschalten müssen, weil dort die Entfernung zu den Schiffsschrauben im Heck am längsten war. Längere Distanzen bedeuten längere Antriebswellen und diese wiederum höheren Verbrauch. Außerdem begünstigte der Betrieb des vordersten Kessels die in unserem geistigen Experiment erwünschte Explosionskette. Dies obwohl sowohl die Leitung der Cunard Line als auch die britische Admiralität die große Gefahr kannten, die sich auch ohne die Kombination aus Aluminiumpulver, Schießbaumwolle und Kohlenstaub aus einem Torpedotreffer für die relativ ungeschützten Heizkessel ergab.

Weil die Lusitania als schnellster Ozean-Liner konzipiert war, verzichtete man letztlich auf die für einen Hilfskreuzer vorgesehene stärkere Panzerung. Ohne diese könnte jedoch »eine gut platzierte feindliche Granate [oder auch ein Torpedo] in die für das Schiff lebenswichtigen Kessel- und Motorräume dringen und ihre Maschinen zerstören. Im Kesselraum wäre es sehr wahrscheinlich gewesen, dass die Kessel oder Druckdampfleitungen explosiv platzen würden. Im Motorraum könnten die sechs Turbinen problemlos ohne Reparatur beschädigt werden.«[2026] Aufgrund der dünnen Außenhaut der Lusitania war also bei einem Torpedotreffer auch ohne das im Rumpf gelagerte hochexplosive Kriegsmaterial eine explosive Kettenreaktion sehr wahrscheinlich. Gerade durch die dicht angelegte Kombination aus hochexplosiven Stoffen, Kohlenstaub und aktivem vorderstem Heizkesselraum wurde das Risiko einer Explosionsserie sogar potenziert. Dass es sich um ein erwünschtes Risiko handelte, liegt näher als das britische CID an der Themse.

Des Weiteren war sowohl der Leitung der Cunard-Line als auch der mit ihr korrespondierenden britischen Admiralität bewusst, dass sie mit der Anordnung der Befeuerung von nur drei Kesseln und der dadurch bedingten 25-prozentigen Reduzierung der Reisegeschwindigkeit die Lusitania ihres einzigen strategischen Vorteils beraubten und sie dadurch zum verlangsamten hochexplosiven Ziel für deutsche U-Boote machten.

Dass die diesbezügliche Entscheidung im November 1914 getroffen wurde, also im Monat der britischen Nordmeer-Sperrverordnung, weist schon einmal auf mindestens grobe Fahrlässigkeit seitens der Verantwortlichen hin. Spätestens nach der deutschen Erklärung der Gewässer um die britischen Inseln zum Kriegsgebiet vom 18. Februar 1915 liegt der Verdacht nahe, dass hier jemand die Lusitania absichtlich in Gefahr brachte. Wie die erwähnte Eskortierung des Ozeanriesen durch zwei Zerstörer der britischen Kriegsmarine als Schutz gegen deutsche U-Boote vor Irland Anfang März 1915 anschaulich beweist, waren Admiralität und Cunard Line vollkommen über die Gefahren in diesen Gewässern im Bilde. Dass letztlich auch die eindringlichen deutschen Warninserate in den US-amerikanischen Zeitungen unmittelbar vor dem letzten Ablegen der Lusitania ignoriert und sich darüber hinaus die US-Regierung inklusive Staatsoberhaupt Wilson nicht dazu hergab, die Abfahrt der mit Explosivstoffen beladenen Lusitania in ein deklariertes, nachweislich umkämpftes Kriegsgebiet zu verbieten und/oder die Entfernung besagter Explosivladung anzuordnen, lässt nahezu zweifelsfrei darauf schließen, dass sich der diesbezüglich ahnungslose Kapitän Wilhelm Turner (1856 bis 1933) am 1. Mai 1915 mit der Lusitania zu jener Schicksalsfahrt aufmachte, die ihr Winston Churchill zugedacht hatte: zur Versenkung durch ein deutsches U-Boot.

Dieses, nämlich U-20, war bereits unterwegs in sein bereits speziell für ihn …

Präpariertes Operationsgebiet

Zwei Tage nach der Abfahrt aus Emden, also am 2. Mai, tauchte U-20 mit der Kraft seines Elektromotors in der Straße zwischen den Orkneys und den Shetland-Inseln mitten unter den Schlachtschiffen und Zerstörern der Royal Navy hindurch. Auf der anderen Seite tauchte es wieder auf, um mittels Dieselantriebs weiterzufahren und die Batterien wieder aufzuladen. Sodann navigierte Kapitänleutnant Schwieger sein Boot entlang der westirischen Küste, wo er am 3. und 4. Mai jeweils ein Schiff erfolglos attackierte.[2027] Am 4. Mai lief U-27, wie gesagt, erst aus dem deutschen Hafen aus.[2028] Als U-20 am 5. Mai um etwa 14 Uhr Fastnet Rock, die südlichste Spitz Irlands, umrundet hatte,[2029] lagen für die Lusitania noch etwa zwei Siebtel des Wegs nach Liverpool vor ihr (siehe Abb. 74).

Kaum hatte U-20 Fastnet passiert, machte der bemerkenswert ungestörte Jäger reiche Beute: Bevor er am 7. Mai die Lusitania im Periskop erblickte, hatte Schwieger bereits drei Schiffe auf Grund geschickt und ein viertes knapp verfehlt.

Obwohl man bereits über die beiden Angriffe vom 3. und 4. Mai instruiert war und Room 40, wie gesagt, die jeweils genaue Position des auf die irische Südküste zusteuernden U-20 kannte und meldete, beorderte die britische Admiralität den für genau diesen Küstenabschnitt zuständigen betagten und langsamen Kreuzer Juno am 5. Mai zur Mittagszeit in den Hafen von Queenstown zurück.[2030] In diesem Bereich waren fortan alle britischen Schiffe noch ungeschützter als zuvor.

Zuerst versenkte U-20 um circa 18 Uhr den Schoner Earl of Lathom rund acht Meilen südsüdwestlich vom Old Head of Kinsale[2031] (siehe Abb. 76, Nr. 1). Etwa drei Stunden später, also um circa 21 Uhr, feuerte Schwieger südlich vom Daunt Rock, einem Unterwasserfelsen etwa fünf Seemeilen südwestlich der Hafeneinfahrt von Cork, ein Torpedo auf den britischen Dampfer Cayo Romano ab (2), der missbräuchlich unter kubanischer Flagge fuhr.[2032] Der Torpedo verfehlte sein Ziel, und so konnte die Cayo Romano in den rettenden Hafen von Queenstown (heute Cobh) einlaufen,[2033] wo sie unverzüglich Bericht über den Angriff durch ein deutsches U-Boot erstattete.[2034]

Noch vor Mitternacht hatte die britische Admiralität Kenntnis über beide Vorfälle, sprich die Versenkung der Earl of Lathom und die misslungene Torpedierung der Cayo Romano:

> *Der Marinekriegsstab war sich dadurch vollkommen bewusst, dass ein U-Boot weniger als 20 Meilen von Queenstown auf dem Hauptschifffahrtsweg zwischen Nordamerika und Großbritannien und direkt auf dem Weg der Lusitania operierte, die noch fast 800 Meilen westlich von Fastnet entfernt war.*[2035]

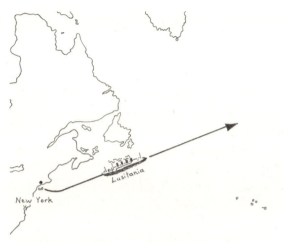

Abb. 74: Routen von Lusitania und U-20 im Mai 1915

Abb. 75: U-20 auf hoher See

Man möchte meinen, wenigstens diese beiden Vorfälle hätten die britische Seekriegsleitung zu sofortigen Gegenmaßnahmen veranlasst, zumindest jedoch am nächsten Morgen. Diesmal hätten nicht einmal, wie etwa im Januar, extra Zerstörer aus Scapa Flow angefordert werden müssen. Es lagen ja die erwähnten vier Torpedo-Kreuzer und zwei Q-Ships im Hafen von Milford, der gerade einmal etwa 150 Meilen entfernt war (siehe Abb. 76). Keine Distanz für die Torpedokreuzer Laverock, Legion, Linnet und Lucifer, die allesamt knapp vor oder erst 1914 in den Dienst gestellt worden waren und gute 29 Knoten fahren konnten.[2036] Sie waren sowohl mit Maschinenkanonen als auch mit je zwei Torpedorohren ausgestattet[2037] und daher sehr gut für die Bekämpfung von U-Booten geeignet. Sie wurden jedoch nicht zur Bekämpfung von U-20 eingesetzt.

Das deutsche Boot konnte folglich am 6. Mai in aller Ruhe zwei weitere Dampfer auf den Grund des Meeres befördern. Für die Versenkung der mickrigen Candidate (6.000 BRT) um 11:25 Uhr in der Einfahrt des St. Georgs Kanals 13 Meilen südöstlich vom Light Vessel (Lichtschiff) Coningberg[2038] (3) benötigte Walther Schwieger zwei Torpedos.[2039] Die Centurion wurde um 13 Uhr südöstlich von Coningberg versenkt (4).[2040] Von einer auch nur angedeuteten Jagd britischer Zerstörer, Torpedokreuzer oder Q-Ships auf U-20 war keine Spur.

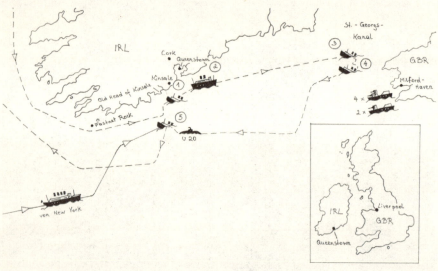

Abb. 76: Versenkungen durch U-20 von 5.–7. 5. 1915

Aber im St. Georgs Channel, also weit abseits des bisherigen Geschehens, erblickte Kapitänleutnant Walther Schwieger »starke Feindpatrouillen aus bewaffneten Schleppern und Zerstörern.« Zur Sicherheit ließ er sein Boot im Kurs von 240 Grad aufs offene Meer hinausfahren, um wieder einmal die Batteriezellen aufzuladen.[2041] Dichter Nebel lag über der See und es war »keine Auflockerung des Wetters zu erwarten«, schrieb Schwieger ins Logbuch. Seiner schriftlich festgehaltenen Lagebeurteilung zufolge war ein Operieren im St. Georgs Kanal aufgrund der dortigen dichten Patrouillen unmöglich. Das schlechte Wetter schien auch die weitere Jagd in der Irischen See unmöglich zu machen. Da nur noch drei Aale (Torpedos) an Bord waren, von denen er sich noch zwei für die Heimfahrt aufheben wollte, lautete Schwiegers Entschluss:

Habe deshalb beschlossen, bis der Treibstoff auf zwei Fünftel herunten ist, südlich der Einfahrt vom Bristol Kanal [zwischen Wales und Cornwall] zu verbleiben und Dampfer anzugreifen, denn speziell dort gibt es größere Angriffsmöglichkeiten mit weniger Gegenwehr als in der Irischen See vor Liverpool.[2042]

Es gab also nicht nur in Milford Haven, sondern auch im St. Georgs Kanal südlich von Liverpool jede Menge britische Kriegsschiffe, die aufgrund unterbliebener Anordnungen der Admiralität untätig blieben, während U-20 britische Schiffe versenkte. Man ließ Schwieger absichtlich jagen, beziehungsweise wollte ihn nicht verjagen. Er konnte also genau dort fortfahren, wo er zuvor abgebrochen hatte. Anders ausgedrückt: Das Operationsgebiet von U-20 wurde seitens der britischen Admiralität gezielt auf das Meer entlang der südirischen Küste eingegrenzt. Es wurde ähnlich präpariert wie die vermeintliche Lücke der Kriegsfalle Belgien, allerdings mit dem Unterschied, dass hier der Erfolg der Deutschen erwünscht war. Wenn Schwieger aufgrund zur Neige gehenden Treibstoffs die Heimfahrt antreten würde, musste er, weil ihm der St. Georgs Channel zu gefährlich war, denselben Weg nach Emden zurückfahren, den er gekommen war: über Fastnet Rock.

Lotsung zur Versenkung

So war das Zusammentreffen des deutschen U-Boots mit der konstant mit gemütlichen 18 Knoten[2043] herandampfenden Lusitania inklusive Explosivrumpf am 7. Mai kalkulierbar und nahezu unausweichlich. Es gab nur noch drei Variablen: überraschender Kurswechsel der Lusitania, das Wetter und Schwiegers Treffsicherheit. Nur die erste Variable war manipulierbar. Und sie wurde manipuliert: Die Lusitania wurde absichtlich nicht über die Westküste Irlands und dann über den bereits seit 15. April wieder als minenfrei deklarierten North Channel[2044] nach Liverpool umgeleitet und auch nicht eskortiert, sondern auf der Mitte des »irischen Kanals« gehalten und dadurch ausdrücklich vom sicheren Nahbereich der südirischen Küsten ferngehalten. Abbildung 77 zeigt die Routen der beiden Wasserfahrzeuge wenige Stunden vor ihrem Zusammentreffen, beziehungsweise wie das hochexplosive Kriegshilfsschiff Lusitania von der britischen Admiralität direkt vor den Bug respektive die Torpedokammer des U-20 gelotst wurde.

Am 7. Mai passierte U-27 gerade die nordschottische Inselgruppe,[2045] und war daher viel zu weit vom Schuss. Das galt auch für U-30, das, wie gesagt, bereits am

25. April auf Feindfahrt zur südenglischen Küste bei Dartmouth gegangen war. Dieses Boot »befand sich am 7. Mai bereits wieder auf dem Heimweg, bei den Shetland-Inseln.«[2046] Daraus ist zweierlei abzuleiten: Erstens beweist der derart zeitlich gestaffelte Einsatz der einzigen drei deutschen U-Boote in südbritischen Gewässern, dass es die Marineleitung nicht im geringsten auf die Versenkung der Lusitania abgesehen hatte. Und zweitens stand für Room 40 und die britische Admiralität aufgrund der Routen von U-27 und U-30 spätestens seit 6. Mai fest, dass U-20 das einzige deutsche Unterseeboot an der südirischen Küste sein würde, wenn die Lusitania einträfe.

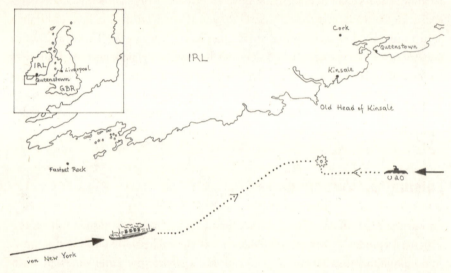

Abb. 77: Zusammentreffen von Lusitania und U-20

Dank Room 40 wusste der britische Admiralsstab auch, dass sich am 6. Mai nicht allzu weit von der Lusitania entfernt U-20 befand – und zwar auf ähnlicher Höhe respektive viele Meilen südlich der irischen Küste auf dem **offenen Meer**. Schwieger war ja nach seiner letzten Versenkung, jener der Centurion, zum Batterieladen auf die See hinaus gefahren. Und obwohl, nein weil die Admiralität die Position von U-20 genau kannte, sandte das Marinezentrum in Queenstown der Lusitania am 6. Mai um 19:52 Uhr folgende zweifach falsche und obendrein viel zu späte Nachricht: »Submarines active off south coast of Ireland.« Auf Deutsch: »U-Boote aktiv vor der Südküste Irlands.«[2047] Da waren nicht mehrere U-Boote. U-20 operierte seit Tagen allein und fuhr aktuell nicht unmittelbar vor der irischen Südküste. Unter »vor« war ganz besonders in diesem Fall »unmittelbar vor« gemeint. Dies bestätigt folgende wiederum mehrfach falsche Warnung, die ganze sechsmal gesendet und um 20:05 Uhr auf dem Sonnendeck der Lusitania entschlüsselt wurde:

Vermeiden Sie Landzungen, passieren Sie Häfen mit voller Geschwindigkeit; steuern Sie den mittleren Kanalkurs. U-Boote vor Fastnet.[2048]

Dadurch war eine eigenmächtige Kurskorrektur der Lusitania in Richtung irischer Westküste völlig ausgeschlossen, weil Kapitän Turner garantiert nicht auf zwei oder mehr deutsche U-Boote zusteuern wollte. Außerdem lenkte er die Lusitania aufgrund dieser Falschmeldung nicht direkt an die rettende Küste, sondern in jenen Bereich, in dem sie U-20 entdecken musste. Patrick Beesly, der vormalige britische Geheimdienstoffizier, erklärt, warum die letztgenannte Anweisung der britischen Admiralität auch aus anderen Gründen »peinlich absurd« war: Zum einen »sind die Gewässer im Süden von Irland **kein** ›Kanal‹.« (Hervorhebung durch Beesly), zum andern fuhren »ostwärts von Amerika kommende Handelsschiffe inklusive der Lusitania auf vorherigen Reisen regelmäßig entlang der Landzungen von Fastnet und dann, so gut wie immer, fixierten sie ihre Positionen ab der Sichtung des Old Head of Kinsale vor der Einfahrt in den ersten ›Kanal‹, den St. Georgs Channel, ein für Nebel berüchtigtes Gebiet, wo genaue Navigation, in jenen Tagen vor der Elektronik, gänzlich von der klaren Beobachtung einiger auffälliger Punkte an Land abhing.«[2049]

Entgegen der üblichen Praxis wurde die Lusitania auf ihren Unheilkurs gebracht. Am 7. Mai um etwa 5 Uhr morgens befand sie sich ungefähr 120 Meilen westsüdwestlich von Fastnet Rock. Dort fuhr gerade das Patrouillenboot Partridge an ihr vorbei,[2050] das aber ohnehin, genau wie die alte Juno, viel zu langsam für Eskortierungsaufgaben war.[2051] Der Lusitania wurde diesmal kein Begleitschutz gegeben: weder mit Zerstörern von Scapa Flow noch mit den Torpedokreuzern aus Milford Haven oder anderen Kriegsschiffen wie etwa jenen vom St. Georgs Channel. Ein weitmaschiger Begleitschutz für die Lusitania hätte aber Kapitänleutnant Schwieger von einem Angriff abgehalten, wie jener Eintrag ins Logbuch beweist, dem zufolge er nur wegen der Patrouillen nicht in den St. Georgs Kanal gefahren war.

Kurz vor dem Morgengrauen navigierte Kapitän Wilhelm Turner die Lusitania durch dichten Nebel. Zur selben Zeit steuerte U-20 auf den Old Head of Kinsale zu. Um circa 10 Uhr entschied sich Kapitänleutnant Walther Schwieger aufgrund des dicken Nebels zum Antritt der Heimfahrt, wobei die Lusitania zu diesem Zeitpunkt nur noch 100 Meilen entfernt war.[2052]

Sehr viel weiter entfernt, aber ungefähr zur selben Zeit, fand in London zwischen dem britischen Außenminister Edward Grey und dem wichtigsten außenpolitischen Berater des US-Präsidenten, »Colonel« Edward Mandell House (1958 bis 1938), folgender brennender Wortwechsel statt:

Grey: Was wird Amerika tun, wenn die Deutschen einen Ozean-Liner mit amerikanischen Passagieren an Bord versenken?

House: Ich glaube, eine Flamme der Empörung würde durch die Vereinigten Staaten fegen, und das allein würde ausreichen, um uns in den Krieg zu bringen.[2053]

Zurück an die südirische Küste. Um 11 Uhr entwischte Schwieger, aufgrund einer sonst seltenen Nachlässigkeit, vor dem Periskop die alte Juno mit ihrer lahmen Höchstgeschwindigkeit von 17 Knoten im torpedounfreundlichen Zickzackkurs in Richtung Queenstown. Immer noch zu schnell für U-20, das es im Tauchgang maximal auf neun Knoten brachte.[2054] Eine U-Bootmeldung der Juno an Queenstown ist ebenso wahrscheinlich wie der Missbrauch der Juno als Köder für U-20, das auftauchte und die Verfolgung aufnahm.

Jedenfalls erhielt William Turner um 11.02 Uhr die speziell codierte Anweisung, dass er nicht nach Liverpool fahren durfte: Die Lusitania wurde, wie Turner bis zu seinem Tod glaubhaft versicherte, in den Hafen von **Queenstown** umgeleitet.[2055] Der Kapitän der Lusitania sagte hundertprozentig die Wahrheit, denn um 11:52 Uhr schlug die nächste codierte Falschnachricht der britischen Admiralität auf:

Submarines active in southern part of Channel.
Last heard of twenty miles south of Coningberg Lightship.[2056]

Nun wurde Wilhelm Turner also vorgetäuscht, es befänden sich mehrere feindliche U-Boote im südlichen Teil des St. Georgs Kanals; und zwar genau dort, wo U-20 vor mehr als 24 Stunden, also am 6. Mai um 11.25 Uhr, zwei Torpedos abgefeuert hatte, um den Minidampfer Candidate in sein nasses Grab zu befördern (siehe oben). Keine einzige Meldung erwähnte jedoch die jüngsten drei Versenkungen durch U-20[2057] oder »dass seit Samstag in diesen Gewässern 23 Schiffe versenkt worden waren.«[2058] Jede wertvolle Room-40-Information wurde der Lusitania vorenthalten. Das Gerissene an den Falschmeldungen ist, dass es sich theoretisch um jeweils veraltete Positionen von U-20 handeln könnte, sodass bei einer späteren kommissionellen

Überprüfung der Eindruck erweckt werden würde, die Admiralität habe ihre Pflicht zumindest teilweise erfüllt. Das wiederum erinnert an Edward Greys Täuschungstaktik: Man entsprach der äußeren Form, während der militärisch-aggressive Inhalt verschwiegen wurde. Tatsächlich hatte sich die britische Admiralität folgenden Fehlverhaltens gegenüber der Lusitania schuldig gemacht:

- Unterlassene Umleitung über die irische Westküste
- Keine Eskortierung durch taugliche Kriegsschiffe
- Zu späte und falsche U-Boot-Warnungen
- Verschweigen von Versenkungen

Mit mehreren gerissenen Falschmeldungen binnen kürzester Zeit über U-Boote einerseits bei Fastnet Rock und andererseits südlich der Einfahrt in den St. Georgs Kanal täuschte man Wilhelm Turner vor, dass das verordnete, für die Passagiere wegen des dadurch verursachten späteren Reiseumwegs nach Liverpool äußerst unangenehme Einlaufen in den Hafen von Queenstown die einzig mögliche Rettung für die Lusitania sei. Darum machte der für seine Gewissenhaftigkeit geschätzte Kapitän postwendend eine Durchsage an die Passagiere, dass es zwar eine Warnung über feindliche U-Boote gab, diese aber »natürlich kein Grund zur Beängstigung« sei.[2059] Dennoch ließ Turner die Anzahl der Ausgucks verdoppeln, die nach U-Booten und Torpedos Ausschau zu halten hatten. Außerdem ordnete er die Schließung aller wasserdichten Türen an, die nicht unbedingt für den Schiffsbetrieb gebraucht wurden. Darauf, dass viele Passagiere zwecks Frischluftzufuhr die Bullaugen öffneten,[2060] hatte Turner keinen Einfluss.

»Bowler Bill«, wie Wilhelm Turner wegen der Melone genannt wurde, die er nur auf der Brücke abnahm, hatte keinen Grund zur Annahme, dass er vorsätzlich getäuscht worden war. Er galt als einer der besten Kapitäne der Cunard-Line, wo er seit 1907 wechselweise das Kommando sowohl über die Lusitania als auch die Mauretania ausübte. Turner war »ein extrem fähiger Seemann mit einem legendären Ruf für persönliche Kraft und fachliches Können.«[2061]

Er wurde ausgetrickst und die Lusitania in Richtung von U-20 kanalisiert. Denn der gewissenhafte Bill Turner steuerte fortan einen Kurs, der alle bisherigen Anweisungen der Admiralität bestmöglich kombinierte: einen abgeschwächten Mittelkurs in Schlangenlinien. Den üblichen Mittelkurs in einem Abstand von rund 110 Meilen zur Küste[2062] konnte Turner nicht mehr halten, weil er ja inzwischen angewiesen worden war, in Queenstown einzulaufen. Die bei Nebel erforderliche enge Landzungenfahrt konnte er aber auch nicht durchführen, weil dort angeblich feindliche U-Boote operierten. Den dadurch gefundenen Kompromisskurs ließ Kapitän Turner aus zwei Gründen in Schlangenlinien fahren:[2063] Erstens zwecks besagter Orientierung an Fixpunkten am Land und zweitens weil das seine Interpretation des bei einer U-Bootwarnung üblichen Zickzackkurses war.[2064] Das von der britischen Admiralität manipulativ bewirkte Verhalten des Kapitäns der Lusitania präsentierte diese dem einzigen deutschen U-Boot weit und breit auf dem Präsentierteller (siehe Abb. 77).

Versenkung durch Megaexplosion

Zur Mittagszeit jagte das aufgetauchte U-20 noch immer der Juno in Richtung Fastnet hinterher. Vergeblich. Die Lusitania war nur noch 40 Meilen entfernt.[2065] Um 12.45 Uhr blickte Walther Schwieger durchs Periskop und stellte fest: »Ausgezeichnete Sicht, sehr schönes Wetter. Daher auftauchen und weiterfahren. Warten vor den Queenstown Bänken scheint sich nicht auszuzahlen.«[2066] Dieser Logbucheintrag beweist, dass U-20 weder auf die Lusitania wartete noch mit ihr rechnete. Aber die neue Wetterlage, die zweite der genannten drei Variablen, begünstigte einen Volltreffer auf der Lusitania ungemein. Seit einer Weile getaucht, erspähte der durch das Periskop nach Feindschiffen Ausschau haltende Kommandant des U-20 um 13.20 Uhr Ortszeit (im U-Boot galt die deutsche Zeit: 14.20 Uhr) einen riesigen Passagierdampfer. Walther Schwieger hielt im Kriegstagebuch fest:

> *Rechts voraus werden 4 Schornsteine und 2 Masten eines Dampfers mit Kurs senkrecht zu uns (er steuerte von SSW kommend Galley Head an) sichtbar. Schiff wird als großer Passagierdampfer ausgemacht.*[2067]

Dass es sich um die Lusitania handelte, erkannte Schwieger erst, nachdem er den (einzigen) Torpedo abgefeuert hatte. Einer Versenkung stand, wie gesagt, aus kriegsvölkerrechtlicher Sicht nichts im Wege: Es handelte sich zweifelsfrei um ein britisches Schiff im Kriegsgebiet und mit sehr hoher Wahrscheinlichkeit um einen jener Truppentransporter, die deutsche U-Boote befehlsgemäß zu bekämpfen hatten. Mit der unverantwortlichen Verrücktheit eines Transports von hunderten Zivilisten, darunter Kinder und Frauen, mitten im Kriegsgebiet musste Schwieger nicht rechnen. Er tat es auch nicht. U-20 tauchte um 13.25 Uhr auf Seerohrtiefe (11 Meter) und begab sich mit hoher Fahrt auf Abfangkurs, wobei Schwieger ausdrücklich hoffte,

»dass der Dampfer seinen Kurs in Richtung Steuerbord entlang der britischen Küste ändert.«[2068] Dieser Wunsch sollte in Erfüllung gehen.

Inzwischen hatte Wilhelm Turner den Old Head of Kinsale identifiziert, weshalb er das Ruder um 30 Grad nach Steuerbord (rechts) herumreißen ließ,[2069] um wieder auf den abgeschwächten Mittelkurs mit einem Abstand von rund 17 Meilen zum Festland zu kommen. Von Kinsale bis zur Einfahrt nach Queenstown waren es ja noch gute 18 Meilen (30 Kilometer) angeblich von deutschen U-Booten verseuchte Küste. Besagter Kurswechsel brachte die Lusitania direkt in den von Kapitänleutnant Schwieger berechneten Konvergenzkurs.[2070] Dieser schrieb in sein Kriegstagebuch: »Um 1440 dreht der Dampfer nach Steuerbord und setzt Kurs auf Queenstown, sodass eine Annäherung für den Schuss möglich ist. Setze Fahrt bis 1500 mit hoher Fahrt fort, um Peilung zu bekommen.«[2071]

Um 15 Uhr brachte Schwieger sein Boot auf »vorliche Stellung«,[2072] das heißt in die bei normalen Sichtverhältnissen und Angriffsbedingungen angestrebte »Lage 0°« zum Generalkurs des Gegners.[2073] Anders ausgedrückt: Das U-Boot stand so, dass ihm die Lusitania in einer Entfernung von rund 700 Metern von Backbord (links) kommend mit der vollen Breitseite in die Schusslinie fahren und der sogenannte Schneidungswinkel zwischen Torpedo und der dünnen Außenhaut der Lusitania ungefähr 90 Grad betragen musste (siehe Abb. 78).

Um 15.10 Uhr feuerte U-20 ein Torpedo auf die Lusitania ab. Es war das einzige. Mehr brauchte es nicht, weil der Schuss exakt in das Lager für Kriegsmaterial traf:

Reiner Bugschuss auf 700 m (G-Torpedo 3 m Tiefeneinstellung), Schneidungswinkel 90°, geschätzte Fahrt 22 sm. Schuss trifft St.B. Seite dicht hinter der Brücke [tatsächlich knapp davor].[2074]

Schwieger schätzte also die Geschwindigkeit der Lusitania mit 22 Seemeilen pro Stunde (»sm«), das sind etwa 22 Knoten. Tatsächlich fuhr die Lusitania aber 18 Knoten. Die vorsätzliche Verlangsamung der schwimmenden Bombe Lusitania wirkte sich doppelt fatal aus. Erstens konnte dem vom Ausguck entdeckten Torpedo nicht schnell genug ausgewichen werden.[2075] Zweitens erklärt sich Schwiegers um vier Knoten (22 minus 18) zu hohe Schätzung der Dampfergeschwindigkeit wohl damit, dass er von einem in Hafennähe angebrachten höheren Tempo ausging. Hätte Schwieger den von ihm errechneten Vorhaltepunkt auf die tatsächliche Geschwindigkeit der Lusitania von 18 Knoten gestützt, wäre der Torpedo ziemlich exakt mittschiffs eingeschlagen. Eine vom deutschen Techniker Ralf Bartzke durchgeführte Computersimulation zeigt

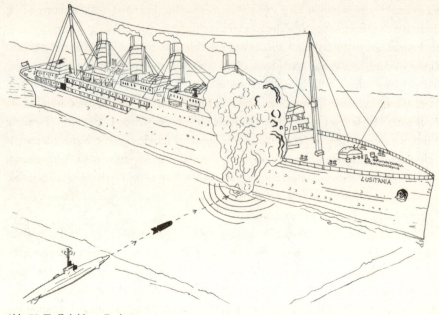

Abb. 78: Trefferbild mit Explosion

nämlich, dass die Fehlschätzung um vier Knoten den errechneten Aufprallpunkt um 80,1 Meter nach vorne verlegte.[2076]

Dadurch traf Schwiegers Einzelschuss exakt in den Frachtraum respektive den dortigen Lagerraum für Kriegsmaterial und löste eine gigantische Explosion aus. Es gab also zwei Explosionen: Die erste stammte vom dumpfen, eher unmerklichen, mehr spür- und kaum hörbaren Aufprall des Torpedos an der nur circa 2,5 Zentimeter dicken Außenhaut der Lusitania,[2077] in die der rund 135 Kilogramm schwere Gefechtskopf ein Loch von etwa 18 Quadratmetern (6 x 3 Meter) riss,[2078] durch das 100 Tonnen Wasser pro Sekunde in Richtung des ersten Kesselraums strömten. Bereits nach zehn Sekunden hatte das Schiff Steuerbord eine Schlagseite von 15 Grad.[2079] Dies ging auf die **zweite Detonation im Schiffsinneren** zurück, die unmittelbar der Torpedoexplosion folgte[2080] und als »schrecklich dröhnende Explosion« wahrgenommen wurde: »Ein Schwamm aus Wasser und Trümmern schoss mindestens 20 Meter in die Luft und hing dort schwebend, während die Lusitania vorbeifuhr, bevor er wieder an ihrer Seite auf das Schiff und ins Meer fiel. Er hat das [Rettungs-]Boot Nr. 5 komplett zerstört. Der Steinkohlenbunker des Kesselraums Nr. 1 wurde fast sofort in den ersten Sekunden nach der Explosion überschwemmt, und Wasser begann auch, den Steuerbord-Kohlebunker des Kesselraums Nr. 2 zu überfluten.«[2081] Diese Beschreibung deckt sich mit jener von Kapitänleutnant Schwieger, der von der Brücke des U-20 den besten Blick auf die Lusitania hatte. Gemäß seiner exakten Analyse folgte dem Treffer des nachweislich einzigen abgefeuerten Torpedos

> *eine ungewöhnlich starke Detonation mit einer sehr großen Explosionswolke. Zusätzlich zur Explosion des Torpedos muss es eine zweite gegeben haben (Kessel oder Kohle oder Pulver?). Der Aufbau über dem Aufschlagpunkt und die Brücke sind auseinandergerissen, Feuer bricht aus, eine dicke Rauchwolke hüllt die obere Brücke ein. Das Schiff stoppt sofort und sehr schnell nimmt es eine schwere Schlagseite nach Steuerbord, gleichzeitig beginnt es über den Bug zu sinken. Sie sieht aus, als würde sie schnell kentern.*[2082]

Bei der beschriebenen Megaexplosion, die den Riesendampfer in nur 18 Minuten versenkte, handelte es sich um vom Torpedogefechtskopf ausgelöste, sehr dicht miteinander verkettete Explosionen von a. Aluminium, Schießbaumwolle und diverser Munition, b. entzündetem Kohlenstaub und c. des durch Massen von kaltem Wasser gesprengten ersten Dampfkessels. Diese Megaexplosion riss ein großen Loch in den unteren Teil des Rumpfs, sodass die eindringenden Wassermassen die Lusitania steuerbordlastig in Rekordgeschwindigkeit nach unten zogen (siehe Abb. 79).

Einige Wracktaucher bestätigen, »dass der Bug durch eine massive innere Explosion gesprengt wurde und man große Stücke der Bugplattierung, die von innen [nach außen] gebogen wurde, in einigem Abstand vom Rumpf findet.«[2083] Der französische Überlebende Joseph Marichal, ein im Umgang mit Schuss- und Explosivstoffen vertrauter ehemaliger Armeeoffizier, sagte am 1. Juli 1915 aus, dass »die Art der Explosion dem kurzen Rattern eines Maschinengewehrs ähnelte.« Seiner Meinung nach verursachte die Torpedodetonation »die folgende Explosion einiger Munition [...].« Auf die Frage, woher die Explosion kam, antwortete Marichal: »Von unten, der ganze Boden zitterte.«[2084]

Abb. 79: Sinkvorgang der Lusitania

Die erwähnte, vom Wrackbesitzer Gregg Bemis geleitete Expedition im Jahr 2011 kam zum Ergebnis, dass der U-20-Torpedo drei Meter unter dem Wasserspiegel im Bereich des Magazins für Munition und Sprengstoffe einschlug. Dort befindet sich eine riesige Öffnung im Bug, die eindeutig durch eine gewaltige Explosion im Inneren verursacht worden war. Sie hat im Inneren substanzielle Schäden angerichtet.[2085] Das Expeditionsteam wandte sich sodann an das Sprengstofflabor der Lawrence Livermore National Laboratory[2086] in Kalifornien, um die Sprengkraft von Aluminiumpulver, Schießbaumwolle und Kohlestaub experimentell zu testen. Alle drei Explosionen hatten eine starke Wirkung: Der Kohlenstaub explodierte mit starkem, aber relativ zahmem Druck, der für sich allein am Schiff keine strukturellen Schäden angerichtet hätte. Die Zündung des Aluminiumpulvers hingegen sprengte den massiven Deckel der Versuchsbox weg. Am stärksten war die Explosion der Schießbaumwolle, die sogar schussfesten Kunststoff zerstörte. Keine dieser Substanzen hätte jedoch die strukturellen Schäden alleine verursachen können. Ebenso wenig die alleinige Explosion des Dampfkessels. Zum Sinken wurde die Lusitania gemäß dem wissenschaftlichen Team der Lawrence Livermore National Laboratory durch verkettete Explosionen gebracht: »Der Torpedo drang durch Schiffshülle und Schotten und setzte mit seiner Explosion eine Kettenreaktion in Gang, die den Dampfkessel explodieren ließ.«[2087] Das nachfolgende durch Walther Schwieger unmittelbar beobachtete Leid ist also von jenen Herren zu verantworten, die sich dafür entschieden hatten, die Lusitania in ein hochexplosives Kriegshilfsschiff zu verwandeln:

Große Verwirrung herrscht an Bord; Boote werden klargemacht und einige von ihnen zu Wasser gelassen. Anscheinend stark panisch; einige überfüllte Boote werden eilig mit Bug oder Heck voran heruntergelassen und füllen sich sofort mit Wasser. Aufgrund der Schlagseite können Backbord weniger Boote als Steuerbord klargemacht werden. Das Schiff bläst Dampf ab; vorne ist der Name ›Lusitania‹ in Goldbuchstaben sichtbar. Schlote schwarz lackiert, achtern keine Fahne gesetzt. Ihre Geschwindigkeit war 20 Knoten.

15.25 [Uhr]. Wie es scheint, kann sich der Dampfer nur noch kurze Zeit über Wasser halten, tauchen auf 24 Meter und fahren ins Meer hinaus. Auch konnte ich nicht einen zweiten Torpedo in diese Masse von Menschen feuern, die um ihr Leben kämpfen.[2088]

Später berichtete Schwieger, es habe sich um den schrecklichsten Anblick gehandelt, »den ich je in meinem Leben gesehen hatte. Hilfe zu bringen war mir unmöglich; ich hätte doch nur eine Handvoll retten können [...] Ich verließ den Ort des Schauderns, dessen Anblick ich nicht länger ertragen konnte [...].«[2089] U-20 setzte Kurs auf Fastnet Rock und fuhr nachhause. Da die britische Admiralität erst nach Eintreffen des von Turner abgesetzten Notrufs jedes verfügbare Schiff, darunter die Juno und drei Torpedokreuzer, zur Rettung schickte,[2090] die Lusitania aber bereits in 18 Minuten nach den verketteten Explosionen gesunken war,[2091] konnten von insgesamt 1.959 Menschenleben nur 761 gerettet werden, darunter jenes von Kapitän Wilhelm Turner. Für 1.198 Menschen kam jede Hilfe zu spät: 413 Crew-Mitglieder und 785 Passagiere ertranken, darunter 79 Kinder und 127 Staatsbürger der USA.[2092]

Sie wurden mitsamt der Lusitania vom Ersten Seelord Winston Churchill und seinem Admiralsstab eiskalt geopfert. Das sind die Mörder. In Anbetracht aller Umstände kommt hier als Verschuldensgrad weder grobe Fahrlässigkeit noch bedingter Vorsatz (dolus eventualis) oder Wissentlichkeit (dolus directus) in Betracht. Das Delikt wurde mit voller Absicht begangen. Den Tätern kam es ja darauf an, einen konkreten »Erfolg« zu verwirklichen. Ihr Handeln war von jenem zielgerichteten Wollen[2093] geprägt, mit dem vor allem Winston Churchill die USA in den europäischen Krieg ziehen wollte. Die sofort nach der Opferung der Lusitania einsetzende denunzierende Propaganda belegt es.

3.
PROPAGANDISTISCHE OPERATION

Zum propagandistischen Parallelteil der verdeckten Operation ist nicht allzu viel zu sagen, weil die technische Operation an sich keinen eigenen strategischen Wert hatte. Die technische Operation war gleichzeitig die Propagandaaktion, mit der die USA in den Krieg verwickelt werden sollten. Die Chancen dafür standen recht gut, weil sich der internationale Ruf des Deutschen Reiches nach der propagandistischen Ausschlachtung der Gräueltaten beim Einmarsch in Belgien bereits stark bis unheilbar verschlechtert hatte.

Aus der unüberschaubaren Flut an antideutschem Propagandamaterial seien zwei graphische Darstellungen herausgegriffen. Die US-amerikanische Zeichnung mit dem Titel »Der Kaiser begeht Gräueltaten in Belgien« (The Kaiser Commits Atrocities in Belgium) aus dem Jahr 1914 zeigt den übergroßen deutschen Kaiser, wie er sich mit dem Säbel in der Hand an einer wehrlosen, in Lumpen gekleideten Frau vergeht, die für Belgien steht (siehe Abb. 80). Und der deutsche Soldat auf dem französischen Plakat von 1914 ersticht »für Gott, Vaterland und König« (gemeint: Kaiser) ein kleines Mädchen mit dem Bajonett (siehe Abb. 81). Beide Bilder stehen repräsentativ für die ententische Gräuelpropaganda gegen das Deutsche Reich, bei der es um weit mehr als nur um die üblichen Übertreibungen ging: Der Kaiser, seine Soldaten, die Repräsentanten der deutschen Monarchie und mit ihr die deutsche Bevölkerung wurden als unmenschliche Barbaren hingestellt. Dadurch wurde das deutsche Staatssystem per se als böse deklariert, weil es in Wahrheit den Systemen der Entente-Mächte weit überlegen war und folglich zertrümmert werden sollte.

Abb. 80: Antideutsche Propagandazeichnung USA 1914 »*The Kaiser Commits Atrocities in Belgium*« (*New York World*)

Natürlich betreiben auch die Mittelmächte Propaganda gegen die Entente. Diese beschränkte sich jedoch mehr oder weniger darauf, sich immer wieder selbst (vor allem nach den Gräueln in Belgien) als ehrenhaft hinzustellen und den Feind zu verspotten. Diese Spott-

Abb. 81: Antideutsches Propagandaplakat Frankreich 1914
»*Für Gott, Vaterland und König*«

propaganda war jedoch mit zunehmender Dauer des Kriegs überaus kontraproduktiv, weil sie die berechtigte Frage aufwarf, was an einem noch immer nicht niedergerungenen Gegner lächerlich sein soll.

Viel erfolgreicher war da die niederträchtige Gräuelpropaganda der Briten und Franzosen, die darauf setzte, die Mittelmächte zu barbarisieren, zu dämonisieren und zu entmenschlichen. Die psychologische Wirkung ist nicht zu unterschätzen, denn vor einem Feind, der kein Mensch, sondern eine wilde Bestie ist, hat man Angst, kennt man keine Skrupel und auch kein Pardon. Die britische Propaganda war also brutaler und effektiv, die deutsche anständiger und wenig erfolgreich. Hier rufen wir uns die Aussage des britischen Diplomaten Harold Nicolson in Erinnerung, dass sich die Deutschen »eines höheren Stands der Kultur und Rechtschaffenheit wegen weniger unverfroren« verhielten und demnach auch »weniger erfolgreich« waren.[2094] Die Wirkung der viel effektiveren ententischen Gräuelpropaganda in den ohnehin schon inoffiziell verbündeten USA wurde durch die erwähnte Zerschneidung der deutschen Überseekabel verstärkt.[2095]

Allerdings war die grundsätzlich friedliebende Bevölkerung der USA (noch) nicht bereit für einen Krieg, bei dem sie wie alle Völker dieser Welt nur verlieren konnte. Folglich wurden die Bürger der Vereinigten Staaten regelrecht medial-politisch zum Hass gegen das Deutsche Reich und den Willen zum Kriegseintritt erzogen. Genau das machte sich US-Außenminister Robert Lansing (1864 bis 1928) laut seinen eigenen Worten zum Programm:

*Wir müssen die Öffentlichkeit schrittweise erziehen –
sie bis zu dem Punkt ziehen, an dem sie bereit ist,
in den Krieg zu ziehen.*[2096]

Ein Meilenstein hierzu war die absichtlich ermöglichte Versenkung der Lusitania durch ein deutsches U-Boot. Diese Opferung war die absolute Spitze der ententischen Gräuelpropaganda: Die Schuld britischer und US-amerikanischer Kriegstreiber an der Ermordung hunderter Menschen wurde nicht nur den Deutschen, sondern auch dem gewissenhaften Kapitän der Lusitania in die Schuhe geschoben. Gegen Wilhelm Turner ging man vor, um die schuldige britische Admiralität und mit ihr die britische Regierung herauszuhalten. Dazu wurde auch möglichst alles vertuscht, was die britische Urheberschaft bewiesen hätte.

US-Staatssekretär Robert Lansing und der britische Marineminister Winston Churchill waren sich im Hinblick auf die illegale Beförderung von Kriegsmaterial nach Europa durch die Lusitania wie folgt einig: »Wenn es öffentlich würde, dass über 100 Amerikaner wegen der laxen Interpretation der Neutralität durch die Regierung ihr Leben verloren, es höchst unwahrscheinlich für sie [Lansing und Churchill] wäre, den unvermeidlichen politischen Holocaust zu überleben.«[2097] Darum sorgten die Verantwortlichen dafür, »dass Beweismittel manipuliert, verfälscht oder zurückgehalten wurden.«[2098] Zu diesem Behufe wurde auf Betreiben der anglo-amerikanischen Globalisierungsclique die von Lord Mersey geführte Kommission ins Leben gerufen, die zwei Fakten zu vertuschen hatte: a. den Transport von Kriegsmaterial durch den Passagierdampfer Lusitania und b. die Rolle der britischen Admiralität bei der Opferung desselben.[2099]

Die Vertuschungsaktion ging so weit, dass bei Nachforschungen die Anordnung der Kesselräume der Lusitania geheimgehalten wurde. Zum Beispiel weigerte sich im Jahr 1917 jener Ingenieur, der die Lusitania entworfen hatte, die Positionen der Kesselräume auch nur anzudeuten.[2100]

Auf Initiative des von Winston Churchill höchstpersönlich protegierten Captain Richard Webb, des Direktors der Handelsabteilung, wurde ein britischer Landsmann, der Kapitän der Lusitania, einer üblen Schmutzkübelkampagne unterzogen, um »der Öffentlichkeit Turners Kopf zu präsentieren.« Die britische Admiralität konstruierte absurde Vorwürfe gegen Wilhelm Turner. Er sei beispielsweise entgegen der schriftlichen Anweisung der Royal Navy nicht mit 22 Knoten im Zickzackkurs gefahren,[2101] obwohl diese von Churchill am 25. April 1915 unterfertigte Order nicht vor dem 13. Mai extern bekanntgegeben worden war.[2102] Zu diesem Zeitpunkt lag die Lusitania bereits seit fast einer Woche auf dem Meeresgrund. Trotzdem wurde in Webbs Memorandum festgehalten, dass man Wilhelm Turner auf Entscheidung des Admiralstabs zwar nicht aus rechtlichen, wohl aber aus politischen Gründen öffentlich zum Sündenbock machen müsse:

> *Ich bin von der Leitung der Admiralität instruiert, Ihnen mitzuteilen, dass es als politisch sinnvoll erachtet wird, dass Kapitän Turner, der Herr der Lusitania, deutlicher sichtbar für die Katastrophe beschuldigt wird.*[2103]

Admiral Fisher hoffte, »dass Kapitän Turner sofort nach der Untersuchung eingesperrt wird – aufgrund welchen Urteils auch immer.« Und Winston Churchill, typisch für einen Psychopathen, entschied: »Wir werden den Kapitän ohne Überprüfung verfolgen!«[2104] Die öffentliche Untersuchung ergab natürlich, dass Turner von aller Schuld freigesprochen werden musste. Da die von seinen skrupellosen Verfolgern gesäten Zweifel niemals wirklich ausgeräumt werden konnten, verfolgten sie Wilhelm Turner für den Rest seines Lebens.

Nun zum konstruierten Sündenbock Nummer eins. Die kommissionelle Täuschungsarbeit wurde intensiv durch die altbewährte Gräuelpropaganda ergänzt, wie zum Beispiel ein mehrfach verfälschtes und mit Hassbotschaften versehenes Propagandabild zeigt: Die Zeichnung täuscht vor, U-20 habe zwei Torpedos auf die Lusitania abgefeuert, wobei der vermeintliche zweite Schuss auf das im Vordergrund befindliche Heck vom tatsächlichen Einzelschuss auf den Bug ablenken soll. Zu beachten sind auch die Details bei den vier Schloten: Während drei Schlote inklusive dem hintersten (!) stark rauchen, kommt das bisschen Qualm beim vordersten Schornstein nicht von diesem selbst, sondern ausschließlich vom darunter liegenden Torpedotreffer. Das Bild suggeriert also, dass der vorderste Kesselraum nicht in Betrieb war, um auch auf diese Weise von der explosiven Kettenreaktion im Bug abzulenken, die den Untergang der Lusitania tatsächlich verursacht hatte. Das deutsche U-Boot wird als »Piratenunterseebot« und seine Mannschaft als »feige Crew« bezeichnet, die »mehr als 1.400 unschuldige und wehrlose Menschen ermordete«, und zwar »ohne Furcht vor Vergeltung« (siehe Abb. 82). Die teuflische Raffinesse, mit der jeder unbedarfte Betrachter in die Irre geführt und zum Hass auf die Deutschen animiert wird, lässt keinen Zweifel zu, dass es sich um ein Auftragswerk britischer Kriegstreiber handelt.

Weitere Propagandabilder wie zum Beispiel Abbildung 83 betonen ebenfalls auffällig das Heck der Lusitania und dortige Explosionen. In großen Lettern werden die irischen Männer aufgefordert, die Lusitania zu rächen und sich gleich bei einem irischen Regiment zum Kriegsdienst zu verpflichten. Hier ist an Außenminister Greys Weltkriegsrede[2105] zu erinnern, in deren unmittelbarem Anschluss John Redmond den einigenden Faktor des Kriegs auf die verschieden konfessionellen Bewohner Irlands habe: »Möge sich die Geschichte wiederholen!«, rief er aus. Und die Geschichte wiederholte sich, weil die Lusitania nicht entlang der westirischen Küste nach Liverpool umgeleitet, sondern vor dem Old Head of Kinsale und damit in unmittelbarer Nähe eines historisch besonders abwehrfähigen Bereichs versenkt worden war: den alten Küstenfestungen Charles Fort und James Fort in der Bucht von Kinsale.

Die Versenkung der Lusitania trug wie kein anderes Kriegsereignis zur Erzeugung einer antideutschen Stimmung respektive deren exzessiver Steigerung in den USA bei. In den Artikeln etlicher US-amerikanischer Zeitungen kamen »Hass und Abneigung gegenüber Deutschland zum Ausdruck.«[2106] Im Hinblick auf die Torpedierung der Lusitania durch U-20 stellte die *New York Tribune* fest:

Seit dem 7. Mai werden Millionen in diesem Land bedauern, dass in Flandern keine Amerikaner mitfechten gegen die Hunnen und Vandalen.[2107]

Im vierten Kriegsjahr wurde sodann in den USA – ähnlich wie bereits vor dem Krieg in Großbritannien – eine gänzlich skurrile Angst vor einer deutschen Invasion geschürt. In diesem Sinne steigt auf einem US-amerikanischen Rekrutierungsplakat aus dem Jahr 1917 ein gorillaartiges, frauenschändendes Monster mit Kaiser-Wilhelm-Schnurrbart, deutscher Pickelhaube auf dem Schädel und einem blutigen Kulturzerstörungs-Baseball-Schläger in der Hand aus dem Meer und betritt das amerikanische Festland. Darüber steht die Aufforderung »Vernichte dieses verrückte Monster!«, darunter der Appell »Verpflichte dich!« (siehe Abb. 84).

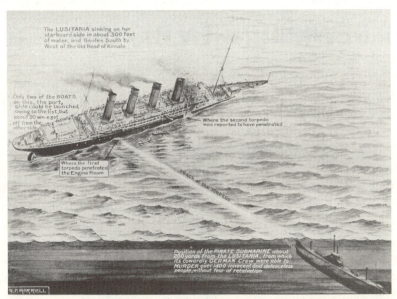

Abb. 82: Lügen-Propaganda zur Lusitania-Versenkung

Abb. 83: Antideutsches Propagandaplakat, Großbritannien 1915

Abb. 84: Antideutsches Propagandaplakat USA 1917

4.
FOLGEWIRKUNGEN BIS 1919

Nachfolgende Darstellungen verstehen sich, wie gesagt, zwar als Folgewirkungen der Auslösung des Ersten Weltkriegs im Sommer 1914, ihre Erfassung in diesem Kapitel hat aber nicht nur wegen der Bewahrung der Chronologie Sinn, sondern auch weil die ententische Gräuelpropaganda die Haltung der Entente und der USA bestärkte, jedes Bemühen der Mittelmächte um den Frieden zunichtezumachen. Die erstarrten Fronten werden hier nur kurz behandelt. Im Hauptfokus liegen die zunichtegemachten Friedensangebote der Mittelmächte, der Kriegseintritt der USA, der von der Globalisierungsclique finanzierte bolschewistische Spaltkeil in Europa, der zionistische Spaltkeil im arabischen Nahen Osten und das Versailler Diktat zum nächsten Krieg.

Kriegseintritt Italiens

Rund zwei Wochen nach der Opferung der Lusitania, am 23. Mai 1915, erfolgte der italienische Kriegsbeitritt auf Seiten der Entente-Mächte[2108] und am 24. Mai die Kriegserklärung an Österreich-Ungarn. Italien hatte es, wie erwähnt, auf das österreichische Südtirol abgesehen, den Trentino und Triest. Obwohl die Donaumonarchie jede Menge ernsthafte Angebote gemacht hatte, die auch in Zeitungen publiziert worden waren, entschied sich das italienische Königreich, wie zu erwarten war, für den Krieg gegen Österreich. Italien wurde nämlich von der Entente mit einem weiteren Gebiet geködert: der Adria-Küste auf dem Balkan. Bereits im April 1915 hatten sich italienische Regierungsmitglieder im Vertrag von London, der nicht der gesamten Regierung bekannt gewesen war, auf den Kriegseintritt gegen die Mittelmächte festgelegt.[2109]

Auch der vormalige Pazifist Benito Mussolini schwenkte um 180 Grad gegen die Neutralität und die gescheiterte sozialistische Internationale auf eine Position des Nationalismus und des Krieges um. Als neuerdings feuriger Nationalist marschierte Mussolini freiwillig in einen Krieg, den Italien aus seinem »heiligen Egoismus« heraus betrieb, um sich in der Gunst der Stunde alle italienischsprachigen Gebiete und noch ein bisschen mehr einzuverleiben. Dies eröffnete der Donaumonarchie eine weitere Front im Süden, für die wertvolle k. u. k. Truppen an den Fronten gegen Serbien und Russland abgezogen und zusätzlich die Wehrkraft verstärkt ausgeschöpft werden mussten.[2110] Ein weiterer sinnloser Stellungskrieg setzte ein, diesmal im alpinen Gelände. Allein an der Isonzo-Front wurden zwischen 23. Juni 1915 und 27. Oktober 1917 sage und schreibe zwölf äußerst aufwändige Materialschlachten ausgetragen.[2111]

Offensive der Mittelmächte

Ostfront

Ab Mai 1915 drängten die Mittelmächte die Russen relativ weit in den Osten zurück und erzielten dadurch großen Raumgewinn, wobei sie aber keinen Vernichtungskrieg gegen Russland führten. Nachdem deutsche Truppen im Rahmen der Durchbruchsschlacht von Gorlice-Tarnów am 7. Mai 1915 die westlettische Küstenstadt Libau eingenommen sowie deutsche und k. u. k. Verbände gemeinsam am 22. Juni Lemberg erobert hatten, nahmen sie zwischen 25. Juni und Anfang September Lublin, Cholm, Warschau, Mitau im Kurland, Brest-Litowsk, Luck, Brody und einige weitere Städte ein. Lublin wurde am 25. August zum deutschen Generalgouvernement, Kielce am 1. September zum k. u. k. Generalgouvernement. Insgesamt konnte die Stellungsfront auf die Linie Riga – Pinsk – Bukowina nach vorn, also Richtung Osten, verschoben werden.[2112]

Die am 6. Oktober 1915 gestartete Hauptoffensive der Donaumonarchie gegen Serbien führte bis 9. Oktober zur Besetzung Belgrads und am 22. Dezember zu seiner Verwaltung durch ein Generalgouvernement.[2113] Serbien war damit geschlagen. Etwas später, im April 1917, fand – zur Besänftigung der Österreicher – der erwähnte Scheinprozess gegen Oberst Dragutin Dimitrijević statt, aus dem erstmals die Verstrickung Russlands in die Ermordung des österreichischen Thronfolgers Franz Ferdinand einen ersten offiziellen Nachweis fand.[2114] Nachdem Österreich-Ungarn Montenegro und Albanien besiegt hatte, wurden sie seiner Verwaltung unterstellt: Montenegro am 1. März 1916 als Generalgouvernement und Albanien im April als einfache Militärverwaltung.[2115]

Am 5. November 1915 begannen die Mittelmächte offensichtlich mit der Neuordnung Osteuropas, indem sie das aus dem sogenannten Kongresspolen und dem russischen Weichselland zusammengesetzte Regentschaftskönigreich als selbständigen

Staat proklamierten, das organisatorisch mit den Mittelmächten verbunden werden sollte.[2116] Es handelte sich dabei um keine Einverleibung, sondern um die Gründung eines eigenständigen, polnisch verwalteten Staats, dessen Militär gemäß den frühen Planungen Kaiser Wilhelms II. unter preußischem Oberkommando stehen, eine gemeinsame Eisenbahn mit Preußen sowie durch spezielle Handels- und Schifffahrtsverträge eine Garantie für den Warenabsatz über die Hafenstadt Danzig erhalten sollte.

Im Rahmen der nach einem russischen General benannten Brussilow-Offensive im Sommer 1916 eroberte Russland einige Städte zurück, darunter Luck. Im Abwehrkampf brachen die k. u. k. 4. und 7. Armee völlig zusammen. Die k. u. k. 2. Armee wurde daraufhin dem deutschen General Paul von Hindenburg unterstellt, wobei das Hauptquartier der sogenannten Hindenburg-Front in Brest-Litowsk lag,[2117] jener weißrussischen Stadt am westlichen Bug, in der am 3. März 1918 zum Ärgernis der Alliierten der deutsch-russische Friedensvertrag abgeschlossen wurde. Dazu später. Wir wechseln zur Westfront.

Westfront

An der erstarrten Westfront stand Anfang 1916 »lediglich« 94 deutschen Divisionen eine gewaltige Übermacht von insgesamt 150 britischen und französischen Divisionen gegenüber. Dennoch konnten deutsche Truppen am 25. Februar das französische Fort Douaumont einnehmen, das stärkste Festungswerk des äußeren Fortgürtels der Festung von Verdun. Deutschland hatte rund 282.000 Tote zu verzeichnen, Frankreich etwa 317.000. Am 24. Juni startete die britisch-französische Offensive beidseits der Somme mit insgesamt 34 Divisionen, davon 20 britische und 11 französische Infanteriedivisionen sowie drei britische Kavalleriedivisionen. Obwohl die Briten und Franzosen auch an Flugzeugen und Artillerie weit überlegen waren, konnte ihre Offensive Mitte Juli von nur 11 deutschen Divisionen nördlich und südlich der Somme gestoppt werden. Nach und nach wurden bis Mitte August 1916 sage und schreibe »106 alliierte und 57 deutsche Divisionen in die gigantische Materialschlacht geworfen. Der misslungene Versuch, die deutsche Front zu durchbrechen, kostet[e] den Alliierten 250.000 Mann, den Deutschen 200.000 Mann an Toten und Verletzten.«[2118]

Abgesehen vom sinnlosen Abschlachten hunderttausender Menschen, zeigt die Schlacht an der Somme, dass die Franzosen in dem von London konzertierten großen europäischen Krieg ohne die gewaltige britische Unterstützung verloren gewesen wären. Wie gesagt, hatte der britische Feldmarschall und Kriegsminister Herbert

Kitchener schon 1909 gewusst, dass Großbritannien in einem großen Krieg zur Unterstützung Frankreichs eine Expeditionary Force von mehr als einer Million Mann an der Westfront ins Gefecht werfen müsste.[2119]

Die militärischen Erfolge der Mittelmächte, vor allem des Deutschen Reiches, sind in Anbetracht der miserablen Kräfteverhältnisse rekordverdächtig. Einer Statistik des französischen Generalstabs zufolge waren das Deutsche Reich, Österreich-Ungarn, das Osmanische Reich und Bulgarien Anfang November 1916 den Alliierten (Russland, Frankreich, Großbritannien, Italien, Rumänien, Belgien und Serbien) von der Mannstärke her im Verhältnis 2:1 unterlegen, wenn man die Reserve (Ersatzmannschaften) einrechnet. Die Alliierten verfügten über rund 17,3 Millionen Soldaten, die Mittelmächte inklusive Verbündete etwa 8,4 Millionen. Mit mehr als 76.000 Maschinengewehren waren die Alliierten im Verhältnis 3,8 zu 1, mit knapp 31.000 Geschützen im Verhältnis von 1,3 zu 1 und mit mehr als 3.100 Flugzeugen im Verhältnis von 2,6 zu 1 überlegen (siehe Abb. 85).

Streitkräfteumfang Anfang November 1916

Land	Soldaten	Reserve	Summe	MGs	Geschütze	Flugzeuge
RUS	6.860.000	1.500.000	8.360.000	12.300	7.945	598
FRA	2.934.000	331.000	3.265.000	44.912	10.718	1.320
GBR	1.980.000	500.000	2.480.000	13.206	5.755	800
ITA	1.834.000	370.000	2.204.000	3.588	4.913	348
RUM	420.000	300.000	720.000	800	847	-
BEL	150.000	3.000	153.000	1.158	491	47
SER	130.000		130.000	312	272	50
Summe	14.308.000	3.004.000	17.312.000	76.276	30.941	3.163
Faktor	1,9	2,7	2,0	3,8	1,3	2,6
DEU	4.435.000	560.000	4.995.000	14.500	15.650	1.200
Ö-U	1.750.000	350.000	2.100.000	4.084	4.850	-
OSM	650.000	100.000	750.000	750	1.350	-
BUL	510.000	100.000	610.000	708	1.240	-
Summe	7.345.000	1.110.000	8.455.000	20.042	23.090	1.200
Faktor	1	1	1	1	1	1

Abb. 85

Nicht zuletzt aus den für das Deutsche Reich erschütternden militärischen Zahlen ergibt sich, dass das absehbare Ausscheiden des von Revolutionen geschüttelten Russlands nahezu ein Gleichgewicht zwischen den Mittelmächten und ihren Verbündeten einerseits und den Alliierten andererseits herstellen würde. Da es bei der anglo-amerikanischen Balance-of-Power-Strategie eben nicht um die Herstellung oder den Erhalt eines gesunden Gleichgewichts, sondern um die Destabilisierung des eurasischen Kontinents geht, mussten sich die USA bereits gegen Ende 1916 auf dem Schlachtfeldrand aufwärmen.

Kalt wurde es dagegen in Wien. Der Tod des 86-jährigen österreichischen Kaisers am 21. November 1916 beschleunigte die Auflösung der Donaumonarchie im Herbst 1918. Franz Joseph I., der, wie gesagt, als Kaiser des Friedens in die Geschichte einging, war jene höchstpersönliche Konstante, die das Habsburgerreich Österreich-Ungarn während des Ersten Weltkriegs trotz stark divergierender völkischer Interessen und einiger militärischer Niederlagen zusammenhielt. Karl I. (1887 bis 1922) stand als neuer Kaiser vor einer schier unlösbaren Aufgabe. Österreich-Ungarn war nicht mehr zu retten. Dass es mit ihren Reichen zu Ende ging, ahnten Kaiser Franz Joseph I. und sein Freund, der deutsche Kaiser, vermutlich schon im Frühjahr 1915. Auf ihrem vermutlich letzten gemeinsamen Foto stehen Wilhelm II. und Franz Joseph I. die Strapazen eines Kriegs ins Gesicht geschrieben, den sie weder gewollt noch verschuldet hatten (siehe Abb. 86).

Zur Wende 1916/1917 hielten sich aber das Deutsche Reich und Österreich-Ungarn noch recht gut. Die Entente fürchtete phasenweise sogar, den Krieg zu verlieren. Deshalb sprangen die USA schon zu einem Zeitpunkt für Russland in den Ersten Weltkrieg ein, als dieses noch gar nicht richtig draußen war.

Kriegseintritt der USA

Weil Großbritannien nicht im Traum daran dachte, seine illegale Fernblockade zu lockern und diese sich ab 1916 für das Deutsche Reich zu einer großen Hungerblockade entfaltete, versuchte die deutsche Kriegsmarine am 31. Mai 1916, im Zuge eines Vorstoßes gegen die britische Handelsschifffahrt entlang der südnorwegischen Küste gleichzeitig britische Schlachtkreuzer aufzuspüren. Die darauf folgende Schlacht vor dem Skagerrak in den Gewässern vor Jütland endete bereits am 1. Juni 1916. Sie war die größte Seeschlacht des Ersten Weltkriegs zwischen großen Kampfschiffen, die zwar die unterlegenen deutschen Kampfeinheiten auf der operativen

Abb. 86: Wilhelm II. und Franz Joseph I. 1915

Ebene aufgrund des größeren Schadens auf Seiten der Royal Navy für sich entscheiden konnte,[2120] aber rein gar nichts an der strategischen Ausgangslage änderte: Die deutschen Schlachtschiffe wagten keinen Ausbruch mehr aus ihrer »Badewanne« und die britische Hungerblockade blieb bis Kriegsende unverändert aufrecht.

Pseudovermittler Wilson

Unverändert aufrecht blieb auch der unbedingte Kriegswille der Entente, der ebenfalls unverändert vom US-Präsidenten Woodrow Wilson gefüttert wurde. Als er im Herbst 1916 sowohl von der deutschen Regierung als auch von Kaiser Wilhelm II. höflichst ersucht wurde, zwischen der Entente und den Mittelmächten für den Frieden zu vermitteln, dabei aber weder selbst teilzunehmen noch Bedingungen zu stellen, blieb Wilson bis zum Abschluss der Präsidentschaftswahl vom 7. November 1916, die ihn im Amt bestätigte, völlig untätig. Dies, obwohl das Deutsche Reich klar artikuliert hatte, dass das Nichtzustandekommen der Friedensvermittlung den unbeschränkten deutschen U-Bootkrieg zur Folge haben könnte.[2121] Doch sein Wahlkampf war dem angeblich friedliebenden US-Präsidenten Wilson wichtiger als jene tausende Menschen, die täglich in den Gräben beidseits der europäischen Fronten krepierten – und auch als die an Hunger leidenden deutschen Zivilisten, darunter sehr viele Kinder.

Der Hauptgrund, den sogar Winston Churchill dafür anführte, warum sich die Freunde der Briten und Franzosen in den USA nicht negativ über die britische Fernblockade gegenüber Deutschland äußerten, war übrigens die Versenkung der Lusitania durch ein deutsches U-Boot.[2122] Diese anglo-amerikanische Propagandaaktion wirkte also kriegsverschärfend und auch -verlängernd, wie die systematische Zerstörung der deutschen Friedensbemühungen beweist.

Erst ab 7. November setzte sich Wilson geringfügig in Bewegung und signalisierte dem Deutschen Reich, dass er sich den ersten Schritt zu einer solchen Friedensvermittlung vorbehalte und es eine strikte Bedingung sei, »dass der U-Bootkrieg keine Konflikte mehr verursache.«[2123] Wer fühlt sich hier nicht an Edward Greys Pseudovermittlungsschwachsinn während der Juli-Krise erinnert? Es ist haargenau dasselbe Schema: Wegblenden des Ursache-Wirkung-Prinzips nebst Ignoranz für essentielle deutsche Bedürfnisse und Ermahnung der Deutschen zum »Wohlverhalten«. Mit keinem Wort, weder hier noch anderswo, kritisierte Wilson ernsthaft die Völkerrechtswidrigkeit der britischen Fernblockade und ihre menschenverachtende Wirkung. Dennoch wird dieser US-amerikanische Kriegsgünstling von einigen Historikern als beflissener Vermittler des Friedens, ja geradezu als Vorkämpfer des Guten gegen das Böse verehrt.

Hochfinanzielle Zwänge

Doch wenn es das Böse gibt, dann saß es 1916 im Weißen Haus und zum Beispiel auch im Londoner Schatzamt, wo man im Dezember feststellte, dass sich die Staatsausgaben seit Kriegsbeginn verzehnfacht hatten.[2124] Bereits im November hatte der bereits erwähnte britische Schatzkanzler errechnet, »dass sein Land ohne amerikanische Finanzhilfe den Krieg nur noch drei Monate werde durchhalten können.«[2125]

Dabei hatten die Morgan-Partner unlängst, sprich am 25. September 1915, ein Syndikat für die Zeichnung von Anleihen für die britische und die französische Regierung von insgesamt 500 Millionen Dollar gebildet.[2126] Und zwischen 1. Mai und 12. September 1916 waren weitere 240 Millionen Dollar für ausländische Regierungen und Sicherheiten lockergemacht worden.[2127] Uncle Sam beziehungsweise Woodrow

Wilson ließ die Alliierten auch Ende 1916 nicht im Stich: Sie konnten es sich seit Kriegsbeginn bis April 1917 leisten, in den Vereinigten Staaten »bereits mehr als 2 Milliarden Dollar auszugeben. Dieser Betrag machte 75 Prozent des Gesamtbetrags der alliierten Einkäufe von Munition und Rohstoffen in Amerika aus.«[2128]

Auch aufgrund der Schieflage der Finanzhaushalte hatten, wie gesagt, weder die Entente-Mächte noch die USA auch nur das geringste Interesse an einem echten Frieden mit dem Deutschen Reich, dem ja schließlich die Berappung der Kriegskosten und damit indirekt die Rückzahlung sämtlicher US-Darlehen für die Entente-Mächte aufoktroyiert werden sollte. There is no business like war-business.

Abgelehntes Friedensangebot

Da der US-Präsident trotz seines großspurigen Versprechens überhaupt keine Anstalten machte, für den Weltfrieden zu vermitteln, nahmen die Mittelmächte und ihre beiden Verbündeten die Sache selbst in die Hand:

Obwohl die Mittelmächte inzwischen alle Fronten unter Kontrolle hatten und siegreich waren, die Truppen der Entente-Mächte nicht auf deutschem oder österreichischem Boden standen, sondern vielmehr die Soldaten der Mittelmächte in feindliches Gebiet vorgedrungen waren, unterbreiteten das Deutsche Reich und Österreich-Ungarn auch im Namen ihrer beiden Verbündeten den für den Krieg verantwortlichen Entente-Mächten am 16. Dezember 1916 ein faires Angebot zur Aufnahme von Friedensverhandlungen.

Die Betonung liegt auf »Verhandlungen«, denn das Angebot enthielt, wie es sich unter gleichberechtigten Nationen gehört, keinerlei Forderungen, Bedingungen oder gar Drohungen, sondern ausschließlich das ehrlich gemeinte Angebot, »alsbald in Friedensverhandlungen einzutreten.« Es ging also eindeutig um die einvernehmliche Wiederherstellung des Friedens. Dabei wurde bereits in der Einleitung der Versuch unternommen, eindringlich zu vermitteln, welche große Bedrohung die Fortsetzung des Kriegs für die Errungenschaften der europäischen Kultur mit sich bringe. Neben dem Gesprächsangebot wurden bereits Vorschläge der Mittelmächte und ihrer Verbündeten avisiert: »Die Vorschläge, die sie zu diesen Verhandlungen mitbringen werden, und die darauf gerichtet sind, Dasein, Ehre und Entwicklungsfreiheit ihrer Völker zu sichern, bilden nach ihrer Überzeugung eine geeignete Grundlage für die Herstellung eines dauerhaften Friedens.« Sollte jedoch der Krieg »trotz dieses Anerbietens zu Frieden und Versöhnung« andauern, würden ihn die vier verbündeten Mächte entschlossen weiterführen, wenngleich sie dann »aber feierlich jede Verantwortung dafür vor der Menschheit und der Geschichte« ablehnen.[2129] Zu Recht.

Zwei Tage später, am 18. Dezember 1916, meldet sich der US-Präsident dann doch mit einer Note, in der er – im eindeutigen Widerspruch zum klar artikulierten Ersuchen der deutschen Regierung – a. die Kriegsparteien zur Offenlegung ihrer Friedensbedingungen auffordert und b. sich selbst als an den Verhandlungen teilnehmenden Vermittler anbot. Dies störte die ursprünglich vom Deutschen Reich initiierte Friedensaktion, wie auch der Historiker Joachim Schröder feststellt: »Die einzelnen Bedingungen, unter denen ein Friede zustande kommen sollte, sollten erst auf der Konferenz selber, nicht jedoch bereits im Vorfeld bekanntgegeben werden, was den Erfolg der Konferenz wohl zwangsläufig gefährden musste.«[2130] Damit zerschlugen sich die Hoffnungen, »die man in Berlin in eine Initiative des amerikanischen Präsidenten gesetzt hatte«, erklärt Manfried Rauchensteiner schlüssig, »da der am 7. November wiedergewählte Woodrow Wilson keine Neigung erkennen ließ, eine Vermittlerfunktion zu übernehmen und ganz im Gegenteil Druck auf das Deutsche Reich auszuüben begann.«[2131] Seine Aggression, also den Druck auf Deutschland, verpackte Wilson in eine schmucke äußere Form. Außen hui, innen pfui – wie wir es schon von Sir Edward Grey kennen.

Sein Cliquen-Bruder David Lloyd George, der neue britische Premier, kam am 19. Dezember bei seiner Rede im House of Commons im Hinblick auf das deutsche Angebot zur Aufnahme von Friedensverhandlungen zu der skurrilen Annahme, dass die Briten »ihre Köpfe in die Schlinge stecken würden, deren Seilende Deutschland halte«, würde man sich in Unkenntnis der deutschen Vorschläge auf eine Konferenz begeben. Die große Hoffnung, die man im Deutschen Reich auf die von ihm angebotenen Friedensgespräche gesetzt hatte, wurde enttäuscht, indem die Entente-Mächte den deutschen Vorschlag am 30. Dezember mutwillig als »Kriegsmanöver« herabwürdigten und ablehnten. Es handle sich um einen »Vorschlag ohne Aufrichtigkeit und Bedeutung«[2132] respektive um eine Anregung ohne Bedingungen, die kein Friedensangebot darstelle. Bekrittelt an der Note wurden insbesondere der wenig verbindliche Ton und »ihr alles Konkrete vermissender Inhalt«, denn Deutschland habe versäumt, seine Bereitschaft zur Räumung der besetzten Gebiete zu zeigen.[2133]

Hätte das Deutsche Reich Bedingungen welcher Art auch immer aufgestellt, so hätte man darin mit an Sicherheit grenzender Wahrscheinlichkeit ebenfalls einen Grund für die Ablehnung weiterführender Gespräche gefunden. Das diplomatische Verhalten der Entente während des Krieges entsprach exakt jenem in der Juli-Krise. Der Kriegswille war also ungebrochen. Dass es dabei um die Vernichtung des gesamtstaatlichen Systems Deutschlands ging, hatten ja gerade Drahtzieher wie Edward Grey und Herbert Asquith stets klar zu erkennen gegeben: »Mit dem Ziel der Ausmerzung des ›preußischen Militarismus‹ hatten sie nichts anderes angestrebt als eine Änderung der politischen Struktur in Deutschland und die Vernichtung einer deutschen Hegemonialstellung auf dem Kontinent.«[2134]

Dieser Zielsetzung entsprach auch die Antwort auf Wilsons Vorschlag vom 18. Dezember, den die Entente offiziell nicht so einfach abschmettern konnte wie das deutsche Angebot. Nachdem das Deutsche Reich die Einladung des US-Präsidenten Ende Dezember befürwortet und vernünftigerweise den Beginn der Verhandlungen an einem neutralen Ort vorgeschlagen hatte, obwohl Wilsons Vorgangsweise nicht den genannten deutschen Grundvorstellungen entsprach, legten die Entente-Mächte eine Antwortnote vor, die nur so von unannehmbaren, jede Friedenskonferenz bereits im Ansatz verunmöglichenden Bedingungen strotzte: Abtretung Elsass-Lothringens, Zerschlagung Österreich-Ungarns und des Osmanischen Reiches, Klärung der polnischen Frage und so weiter. Über diese provokative Antwort waren Kaiser Wilhelm II. und der neue österreichische Kaiser Karl I. schwer enttäuscht. Der deutsche Reichskanzler erkannte korrekt die Manifestation des ententischen Willens, »ohne Rücksicht auf unendliches Leid Krieg bis zur Vernichtung Deutschlands durchzuführen.«[2135] Auch in Österreich-Ungarn entstand das Gefühl der Ausweglosigkeit, denn die Antwort der Entente ließ die Absicht erkennen, die Donaumonarchie zu zerstören.[2136]

Dass die Entente zur Zerstörung der deutschsprachigen Monarchien die USA brauchen würde, weil Russland vor dem Kollaps stand, war frühzeitig zu erkennen.

Russlands Zusammenbruch

Bereits am 24. Juli 1914 sah Sir Edward Grey im Falle eines Krieges, an dem Russland, Österreich-Ungarn, Deutschland und Frankreich beteiligt wären, Europa am Boden liegen: »Wie auch immer die Sache verlaufe, eines sei sicher, dass nämlich eine gänzliche Erschöpfung und Verarmung Platz greife, Industrie und Handel vernichtet und die Kapitalkraft zerstört würde. Revolutionäre Bewegungen wie im Jahre 1848 infolge der darniedergelegten Erwerbstätigkeit würden die Folge sein.«[2137] Diese Katastrophe vorherzusehen, war zwar keine große Kunst, wohl aber die diplomatische Geschicklichkeit, mit der der britische Außenminister zum Beispiel in der Juli-Krise alles daran setzte, dass sie auch eintrat. Dass die von Edward Grey prophezeiten revolutionären Bewegungen zuerst in Russland Raum greifen würden, war allgemeines Gedankengut, das sich sowohl das britische CID als auch die Wallstreet zunutze machten, um, wie noch zu zeigen ist, den russischen Regime Change im finanzdiktatorischen Sinne zu beeinflussen.

Die am 8. März 1917 (nach dem russischen julianischen Kalender am 23. Februar) beginnende Februarrevolution, die von weiten Teilen des Militärs mitgetragen wurde, setzte der Herrschaft des despotischen, jede Kritik an seiner Herrschaft ausmerzenden Nikolaus II. und der Romanow-Dynastie ein für alle Mal ein Ende. Bereits während der vom Zaren auch militärisch zu verantwortenden Brussilow-Offensive im Sommer 1916 waren rund 1,5 Millionen russische Soldaten desertiert.[2138] Die durch den Krieg und vor allem durch die Nichtlukrierung weiterer Kriegsanleihen bedingte dramatische Mangelversorgung mit Nahrungsmitteln und Brennstoffen im Rahmen einer außerordentlich großen Inflation verwandelte die Streiks der Petrograder Arbeiter vom Herbst 1916 im strengen Winter in einen revolutionären Flächenbrand.

Die kriegsbedingte Revolution hatte überall in Russland »widerstreitende politische Umgestaltungsprojekte auf den Plan gerufen. Sozialrevolutionäre konkurrierten mit Bolschewisten.«[2139] Zunächst wurde die Zarenherrschaft durch eine Koexistenz aus Parlament (Duma) sowie den Arbeiter- und Soldatenräten (Sowjets) abgelöst. Von grundlegender Bedeutung ist, dass der maßgebliche revolutionäre Akt kein Militärputsch (wie die spätere Oktoberrevolution) war, sondern die offizielle, von den revoltierenden Massen befürwortete Machtübernahme durch das provisorische Duma-Komitee und die damit verbundene Proklamation der Inanspruchnahme aller bis kürzlich noch vom Zaren wahrgenommen Machtbefugnisse durch das **russische Parlament** am Rosenmontag des 12. März 1917 (27. Februar). Die demokratische Volksvertretung wirkte also neben den Sowjets aktiv an der »Revolution der Straße« mit und machte diese dadurch zu einem legitimen Umsturz im Sinne eines vom überwiegenden Teil der Bevölkerung gewollten politischen Machtwechsels. Das Duma-Komitee verstand sich dabei nicht als neue Regierung, sondern als Vermittlungsinstanz für die Wiederherstellung der öffentlichen Ordnung durch die Abhaltung echter demokratischer Wahlen für eine verfassungsgebende Versammlung im Oktober 1917.[2140]

Russland hätte sich also schon vor dem Ende des Ersten Weltkriegs eine demokratische Staatsform verpassen können, wenn nicht die Bolschewisten vor den geplanten Wahlen geputscht hätten. Deren Militärputsch wurde durch anglo-amerikanische Kriegstreiber finanziell unterstützt. Kurz davor traten die USA mit einer fadenscheinigen Begründung in den Krieg gegen das Deutsche Reich ein und erhöhten dadurch den Druck auf Berlin, Russland ebenfalls in die Hände der Bolschewisten zu treiben.

US-Kriegserklärung an Deutschland

Da Präsident Wilsons Pseudovermittlung erfolglos blieb, die Entente sich zum Thema Frieden nicht einmal gesprächsbereit zeigte und sowohl die illegalen Kriegsmaterialtransporte von den USA an die Entente als auch die völkerrechtswidrige britische Hungerblockade unverändert fortgesetzt wurden, war der deutschen Reichsleitung bewusst, dass in Bälde mit den USA als direktem Kriegsgegner zu rechnen war.

Nicht selten wird behauptet, der Kriegseintritt der USA wäre von Zionisten im Tausch für die Übertragung Palästinas herbeigeführt worden. Dabei wird des Öfteren der zum Christentum konvertierte US-amerikanische Jude Benjamin Freedman (1890 bis 1984) genannt. In seiner Rede im Willard Hotel in Washington im Jahr 1961 erkläre Freedman, Zionisten hätten England im Oktober 1916 sinngemäß folgenden Deal vorgeschlagen: »Wir werden die Vereinigten Staaten in diesen Krieg als deinen Verbündeten bringen. Der Preis, den du uns bezahlen musst, ist Palästina, nachdem du den Krieg gewonnen und Deutschland, Österreich-Ungarn und die Türkei besiegt hast.« Was grundsätzlich denkbar erscheint, wird allerdings durch Benjamin Freedmans eigene Begründung in Frage gestellt: Bis Oktober 1916 sei die Stimmung in den USA stark prodeutsch gewesen, weil »die Juden«, die angeblich sämtliche Medien und Banken beherrschten, unbedingt sehen wollten, wie Deutschland den Zaren und dessen Reich schlägt. Daher hätten vor allem deutsche Juden keinen Cent in England und Frankreich gesteckt. Das habe sich aber nach besagtem »Deal« schlagartig geändert.[2141]

Nichts von dieser Begründung trifft zu. Wie gezeigt wurde, finanzierten die USA seit August 1914 die britische und französische Kriegsführung in solchem Maße, dass der spätere Kriegseintritt der USA im Interesse aller Beteiligten war. Und wie ebenfalls schon erwähnt, setzte die US-Medienpropaganda gegen das Deutsche Reich unmittelbar nach der Versenkung der Lusitania ein. Sollten einige Zionisten tatsächlich, wie Friedman angeblich mit schriftlichen Dokumenten beweisen konnte,[2142] besagtes Versprechen abgegeben haben, dann kann es maximal unterstützend gewirkt haben, keinesfalls aber allein ursächlich für den Kriegseintritt der USA gewesen sein. Viel mehr ist davon auszugehen, dass die Zionisten für die Realisierung der Ziele der Globalisierungsclique missbraucht wurden: als Spaltkeil im Nahen Osten und natürlich als Sündenbock. Darauf kommen wir im Kapitel über den zionistischen Spaltkeil zu sprechen.

Zurück in das Deutschland des Jahres 1917. In dem unter kaiserlicher Leitung zusammengetretenen Kronrat vom 9. Januar 1917, bei dem die U-Bootfrage einer endgültigen Entscheidung zugeführt werden sollte, ging man von der unrealistischen Annahme aus, dass »der Kriegseinritt der USA in Kauf genommen werden könne, da England kapitulieren werde, noch ehe ein Amerikaner das Festland betreten habe.« Der Hauptmentor des strategisch insgesamt eher unbedeutenden unbeschränkten U-Bootkriegs war der Chef des Admiralstabs Henning von Holtzendorff (1853 bis 1919). Er fürchtete sich ausdrücklich nicht vor dem Kriegseintritt der USA und legte eine Frist von »höchstens 6 Monaten« für die Bezwingung Großbritanniens fest,[2143] denn schließlich würde die Inselnation durch den uneingeschränkten U-Bootkrieg monatlich 600.000 BRT verlieren.[2144]

Hier scheint sich bereits der weniger aus einem Größenwahn, sondern vielmehr aus der Verzweiflung der Unterlegenheit und Ausweglosigkeit geborene Glaube an eine Wunderwaffe manifestiert zu haben, wie er auch gegen Ende des Zweiten Weltkriegs gepflegt wurde. Österreich-Ungarn wollte offenbar auch an das Wunder des U-Bootkriegs glauben und außerdem seinen Bündnispartner nicht vergraulen, als im Kronrat vom 22. Januar aufgrund der auch gegen die Donaumonarchie gerichteten Fernblockade die Beteiligung der k. u. k. U-Bootwaffe am uneingeschränkten U-Bootkrieg beschlossen wurde. Weil die deutschen U-Boote im Mittelmeer zwar unter deutschem Kommando, aber unter österreichischer Flagge fuhren, musste die Donaumonarchie immer mehr Zwischenfälle verantworten, an denen sie gar nicht beteiligt war.[2145]

Genau drei Wochen nach der Machtübernahme des russischen Parlaments, also am 2. April 1917, ersuchte US-Präsident Wilson – mit einer ähnlich gefinkelten Rede wie schon Edward Grey Anfang August 1914 das britische Unterhaus – den Kongress um die Bewilligung der Kriegserklärung gegen das Deutsche Reich.[2146] Wäre das Thema nicht zutiefst traurig, müsste man Wilsons Rede für seinen Kreuzzug im Namen des Friedens und der Demokratie gegen die angeblich militärisch-aggressive preußische Monarchie (Autokratie) als um einen Tag verspäteten Aprilscherz auffassen und herzhaft darüber lachen.

Wilson erklärte ausdrücklich, die kaiserliche deutsche Regierung habe den unbeschränkten U-Bootkrieg in britischen Gewässern in der Absicht angeordnet, »alle Beschränkungen des Gesetzes oder der Menschlichkeit beiseite zu legen.« Dies scheine außerdem schon früher »Gegenstand des deutschen U-Boot-Krieges gewesen zu sein.« Wilson bezeichnete zwar das deutsche Verhalten als »grausam«, »unmännlich« und »rücksichtslos«, erwähnte jedoch die Ursache, nämlich die illegale britische Hungerblockade, bewaffnete britische Handelsschiffe mit dezidiertem Zerstörungsauftrag gegenüber deutschen U-Booten und vor allem die bereits zehntausenden aufgrund der Fernblockade verhungerten Deutschen, mit keinem einzigen Wort. Im Jahr 1917 starben 260.000 Zivilisten infolge der Mangelernährung.[2147] Dafür behauptete der US-Präsident, Deutschland »habe den letzten Rest des Rechts hinweggespült« und »alle Skrupel der Menschlichkeit und des Respekts verworfen.« Der deutsche U-Bootkrieg »gegen den Handel ist ein Krieg gegen die Menschheit« und »ein Krieg gegen alle Nationen.« Dass dieser Krieg dem Deutschen Reich aufgezwungen worden war, sagte Wilson freilich nicht.

Stattdessen erklärte er dem Kongress, »der jüngste Kurs der kaiserlichen deutschen Regierung« sei »in Wirklichkeit nichts weniger als Krieg gegen die Regierung und die Bevölkerung der Vereinigten Staaten.« Die bereits gesetzlich für den Kriegsfall vorgesehene Aufstockung der US-amerikanischen Streitkräfte um 500.000 Mann müsse daher sofort erfolgen. Der »Frieden der Welt ist betroffen und die Freiheit seiner Völker, und die Bedrohung für diesen Frieden und die Freiheit liegt in der Existenz autokratischer Regierungen, die durch organisierte Gewalt unterstützt werden, die ganz durch ihren Willen kontrolliert wird, nicht durch den Willen ihres Volks.« Diese Worte kamen aus dem Mund des Oberhaupts eines Staats, dessen Macht auf der Ausrottung, Vertreibung, Versklavung und Diskriminierung von Millionen Menschen dunklerer Hautfarbe aufgebaut worden war. Die sogenannten Schwarzen mussten sich ihr demokratisches Recht, politisch wählen zu dürfen, im Jahr 1965 erkämpfen. So weit zu Wilsons Demokratie.

Zurück zu Wilsons Ansprache im Jahr 1917: Die preußische Autokratie könne niemals Freund der USA sein, weil das Deutsche Reich überall in den Staaten Spione installiert habe und »den Frieden unserer Industrien und unseres Handels« störe. Dem wäre glatt zuzustimmen, wenn Wilson gemeint hätte, dass die Bemühungen des deutschen Kaisers und seiner Regierung um den Frieden die Kriegsgeschäfte der USA mit der Entente in mehrfacher Milliardenhöhe und insbesondere die brutale Tötung und Verwundung hunderttausender deutscher Soldaten durch Schrapnell-Granaten made in USA gefährdete. Wilson wäre auch beizupflichten, wenn er zugegeben hätte, dass er selbst sowohl den britischen illegalen Seekrieg gutgeheißen als auch die planmäßige Transformation der Lusitania zum verlangsamten, hochexplosiven Kriegshilfsschiff und den Transport von Passagieren im Kriegsgebiet geduldet und mitverschuldet hatte. Als hochgradig verlogener Psychopath zog es Wilson aber vor, das Opfer zum Täter abzustempeln und sich auf die effiziente Staatsform des Deutschen Reiches zu stürzen: »Die Präsenz seiner organisierten Stärke« (sic!) schade der Sicherheit der demokratischen Regierungen dieser Welt. Die Schlussfolgerung:

Die Welt muss für die Demokratie sicherer gemacht werden. Der Frieden muss auf die getesteten Grundlagen der politischen Freiheit gepflanzt werden.[2148]

Unwillkürlich erinnert Wilsons Irrsinn an den Film *Mars attacks!* und die bis an die Zähne bewaffneten Marsianer, die mit den Worten »Wir kommen in Frieden!« die halbe Menschheit abknallen. Etwas irdischer und praxisnäher wäre auch US-Präsident George W. Bush zu nennen, der unter der Flagge des Friedens und der Demokratie dem Irak nur Krieg und Chaos brachte. Das Deutsche Reich war für die USA offenbar der zentraleuropäische Irak. Den US-Parlamentariern im Jahr 1917 schien jedenfalls der Widerspruch zwischen dem angeblichen Friedensziel und der Teilnahme am Weltkrieg nicht aufzufallen, oder er störte sie nicht: Am 4. April entschied sich der US-Senat mit 82 gegen nur 6 Stimmen für den Krieg. Und zwei Tage später, am 6. April, beschloss das Abgeordnetenhaus mit 373 zu 50 Stimmen offiziell den Eintritt der Vereinigten Staaten von Amerika in den Ersten Weltkrieg.[2149] War den sogenannten Volksvertretern bewusst, dass Wilson nur eine Marionette kriegslüsterner Großindustrieller war, dem es in Wahrheit »nur« um die Zertrümmerung des deutschen Gesamtsystems ging, das der globalen Finanzdiktatur im Wege stand?

Zur Etablierung ihrer verdeckten Herrschaft über den eurasischen Kontinent setzte die anglo-amerikanische Globalisierungsclique noch vor dem Ende des Ersten Weltkriegs zwei mächtige Spaltkeile an: einen bolschewistisch-diktatorischen im eher kapitalistisch-freiheitlichen Europa und einen zionistischen im von je her arabischen Nahen Osten.

Bolschewistischer Spaltkeil

Im Verein mit der anglo-amerikanischen Globalisierungsclique trugen einige Wallstreet-Banker wesentlich dazu bei, dass das in Russland bereits etablierte demokratisch-parlamentarische Staatssystem durch einen diktatorischen, die arbeitenden Massen unterdrückenden, geradezu faschistischen Machtapparat ersetzt wurde, dem man zur Täuschung seiner Sklavenuntertanen das Mäntelchen des Kommunismus umhängte. Die geheime Globalisierungsclique verhalf dem Bolschewismus zum Durchbruch, um einen aggressiven Gegenpart zum deutschen Kaiserreich zu erschaffen: die versklavende Antithese zum vom germanischen Geist der Freiheit getragenen deutschen Gesamtsystem.

Der Handel zwischen beiden Nationen sollte unterbunden, jede Form der Kooperation verunmöglicht, Zwist auf allen Ebenen vorprogrammiert sein. Es durfte eben nicht zur von anglo-amerikanischen Geostrategen am allermeisten gefürchteten einzigartigen Kombination deutscher Kapitalkraft und Technik einerseits sowie russischer Ressourcen und Arbeitskapazität andererseits kommen. Die Strategie der Balance of Power erforderte die künstliche Trennung beider Nationen, ja sogar ihre auf Dauer angelegte Feindschaft.[2150] Schließlich könnte es keine Macht der Welt mit einer deutsch-russischen Allianz aufnehmen. Ein allgemeiner Krieg in Europa wäre so gut wie ausgeschlossen und der anglo-amerikanische Einfluss in Kontinentaleurasien auf ein absolutes Minimum reduziert.

Der Leiter der Globalisierungsclique Alfred Milner, der zugleich im CID und als Direktor der London Joint Stock Bank aktiv war, schrieb im Jahr 1917: »Marx' großartiges Buch *Das Kapital* ist sowohl ein Monument des Denkens als auch ein Warenhaus voller Fakten.«[2151] Natürlich war der zuletzt in London lebende Deutsche Karl Marx ein großer Denker. Was sich jedoch die Bolschewiki aus seinen durchaus interessanten, wenngleich aufgrund des Faktors Mensch schwer umsetzbaren Lehren herauspickten und wie sie es umsetzten, entsprach dem glatten Gegenteil von dem, was Marx wollte. Karl Marx erklärte nämlich wissenschaftlich, auf welche Weise der Mensch durch das Kapital zum Sklaven gemacht wird.[2152] Außerdem plädierte Marx für die Befreiung der Arbeiter aus ihrem engen Joch durch einen revolutionären Übergang in eine klassenlose Gesellschaft völlig gleichgestellter Menschen. Die Bolschewiki hingegen spielten sich als neue Herren und Sklaventreiber der gesamten russischen Gesellschaft auf. Gerade Wladimir Iljitsch Lenin (1870 bis 1924) strebte, so pervers es auch klingt, die Errichtung einer marxistischen Diktatur an.[2153] Er gab also vor, das Unmögliche zu wollen, und zwar die Befreiung der Arbeiter durch ihre Versklavung. Vieles spricht dafür, dass Lenin gar kein Marxist oder Kommunist war, sondern ein faschistischer Agent der Wallstreet. Dasselbe gilt für Lew Dawidowitsch Bronstein (1879 bis 1940), der sich Leo Trotzki nannte.

In Sachen Bolschewismus schoss sich das Deutsche Reich in der Not der Stunde ein Eigentor. Anlässlich des sich spätestens seit 3. Februar 1917 abzeichnenden Kriegseintritts der USA leisteten deutsche Diplomaten und Offiziere aus einer militärstrategischen Notwendigkeit heraus einen kleinen, aber nicht unwesentlichen Teil der Vorarbeit für die ideologische Entzweiung Europas. Die deutsche Reichsführung wollte das russische Reich destabilisieren, um den Krieg an der Ostfront zu beenden und mit den dadurch frei werdenden eigenen Kräften die Westfront zu stärken. Russland sollte nicht vernichtet oder dem Deutschen Reich militärisch-politisch untergeordnet werden. Vielmehr ging es den Deutschen a. um die Desintegration der russischen Streitkräfte zwecks Herausziehen Russlands aus dem Krieg respektive um das Ausscheren Russlands aus der Feindkoalition und b. um die Auflösung der aktuellen Machtstruktur zur Erringung des prioritären Zugangs zu den russischen Nachkriegsmärkten.

Im April 1917 verhalf das deutsche Außenamt dem Bolschewiki-Führer Lenin und 32 weiteren, hauptsächlich bolschewistischen Revolutionären dazu, aus dem Exil in der Schweiz in einem verplombten Eisenbahnwaggon durch Deutschland zu reisen und sodann über Schweden und Finnland nach Petrograd zurückzukehren, um »die Revolution zu vervollständigen.« Monate später folgten allerdings rund 200 Menschewiki,[2154] sprich orthodox sozialistische Gegner jeglicher Parteidiktatur, die sich für die Führung der Revolution durch die Massen selbst aussprachen. Das deutsche Außenamt unterstützte also offensichtlich sämtliche russischen Revolutionäre bei ihrer Rückkehr in die Heimat. Dass sich jedoch der Bolschewismus gegen das Deutsche Reich richten könnte, schien man entweder nicht bedacht oder in Anbetracht noch größerer Gefahren als vernachlässigbar erachtet zu haben. Es sollen größere Geldmengen in die bolschewistische Erhebung geflossen sein, von denen jedoch die russischen Hauptakteure nichts wussten und die, wie der US-amerikanische Historiker Alexander Rabinowitch nachvollziehbar darlegt, »den Ausgang der Revolution auch nicht entscheidend beeinflussten.«[2155] Die Bolschewiki wurden ohnehin intensiv von der Wallstreet und der mit ihr verbrüderten Globalisierungsclique gefördert.

Wallstreet-Bolschewismus

Der britische Historiker Antony C. Sutton (1925 bis 2002) legt in seinem Buch *Wallstreet and the Bolshevik Revolution* anhand von staatlichen Akten und persönlichen Banker-Dokumenten dar, wie US-amerikanische Extremkapitalisten den Bolschewismus finanzierten respektive wie Wallstreet-Banker gemeinsam mit bolschewistischen Russen die westliche Finanzierung der sogenannten Revolution sicherstellten, die in Wahrheit ein Militärputsch war. Antony Sutton belegt weiterhin, dass die Finanzhaie persönlich nicht der bolschewistischen Ideologie anhingen. Ihnen ging es lediglich darum, die Russen zum Weiterkämpfen im Krieg gegen das Deutsche Reich anzustacheln, den russischen Nachkriegsmarkt für sich zu erschließen und die Deutschen davon auszuschließen. Der Bolschewismus war folglich lediglich die Eintrittskarte in den Bereich der bolschewistischen Führungsebene und den russischen Markt, der die größte Konkurrenz für den amerikanischen war. Dabei kümmerte es die Wallstreet-Banker nicht, ob sich der Bolschewismus später gegen die USA richten würde. Es ging ihnen nur um ihre eigenen – globalen – kommerziellen Interessen.[2156] Was die Bolschewisten und Extremkapitalisten verband, war das Wort »global« respektive »international«: »Trotzki war für die Weltrevolution, für eine Weltdiktatur: Er war, mit anderen Worten, ein Internationalist. Bolschewisten und Banker haben schließlich diese bedeutende gemeinsame Basis – den Internationalismus.«[2157]

So erklärt es sich, dass »J. P. Morgan und die American International Society bemüht waren, inländische und ausländische Revolutionäre in den USA für ihre eigenen Zwecke zu kontrollieren.«[2158] In diesem Zusammenhang sind die im Westen unisono ausgeblendeten stalinistischen Schauprozesse gegen die Trotzkisten in den 1930er Jahren zu erwähnen: »Der Kern der stalinistischen Anschuldigung war, dass die Trotzkisten bezahlte Agenten des internationalen Kapitalismus waren.« Einer der Angeklagten, ein gewisser K. G. Rakovsky, soll reumütig gestanden haben: »Wir waren die Vorhut ausländischer Aggression, des internationalen Faschismus, und nicht nur in den UdSSR, sondern auch in Spanien, China, überall in der Welt.«[2159] Die abschließende Zusammenfassung des Volkskommissariats für Justiz in den UdSSR lautete:

> *Es gibt keinen einzigen Mann auf der Welt, der den Menschen so viel Trauer und Unglück brachte wie Trotzki. Er war der widerlichste Agent des Faschismus [...]*[2160]

Obgleich es sich um einen Schauprozess handelte, trifft die Kernaussage zu. Dass **Trotzki ein faschistischer Agent** respektive ein bezahlter Handlanger der anglo-amerikanischen Globalisierungsclique war, wird durch die umfangreichen Recherchen des britischen Historikers Sutton bestätigt. Generell kann festgestellt werden, dass es trotz aller Gegensätzlichkeit »in der Tat eine operative Zusammenarbeit« zwischen internationalen Revolutionären und internationalen Kapitalisten gab, einschließlich Faschisten.[2161]

Beispielsweise wurde Leo Trotzki offensichtlich von Wallstreet-Kontaktleuten finanziert, nachdem er von Frankreich nach Spanien abgeschoben und schließlich am 13. Januar 1917 nach New York deportiert worden war. Von seinem geringfügigen Honorar als Gelegenheitsautor für ein sozialistisches New Yorker Blatt konnte er weder seine Familie durchfüttern noch seine Freunde finanziell unterstützen. Er schaffte es aber trotzdem. Als er nach Petrograd aufbrach, »um die bolschewistische Phase der Revolution zu organisieren«, hatte er 10.000 Dollar bei sich. US-Präsident Woodrow Wilson persönlich ließ Trotzki einen amerikanischen Reisepass ausstellen, damit er am 26. März abreisen, »nach Russland zurückkehren und die Revolution voranbringen« konnte. Als er in einem kanadischen Lager für deutsche Kriegsgefangene festgehalten wurde, ließ man Trotzki aufgrund einer Intervention der britischen Botschaft am 3. April 1917 wieder gehen.[2162] Dank US-amerikanischer und britischer Unterstützung kam Trotzki im Mai nach Petrograd.

Zwei Monate bevor die Bolschewiki mit ihrem Coup d' état, der sogenannten Oktoberrevolution, die Abhaltung der geplanten demokratischen Wahlen verhinderten, hatte eine als Rot-Kreuz-Mission getarnte Wallstreet-Intervention stattgefunden. An der Mission des US-amerikanischen Roten Kreuzes in Russland im August 1917 waren von insgesamt 29 Teilnehmern nur 14 medizinisch ausgebildete Personen dabei. Mehr als die Hälfte, sprich 15 Teilnehmer, waren Geschäftsleute und Rechtsanwälte der Wallstreet, die ihre Gegenüber in Russland in Repräsentanten der National City Bank und des Guaranty Trust fanden. Zur Tarnung trugen die Wallstreet-Leute Uniformen mit den Dienstgraden »Leutnant« bis »Oberst«. Anstatt die Versorgung der Kriegsopfer sicherzustellen, kümmerte sich die verdeckte Wallstreet-Mission um die russische Revolution, schloss Verträge mit der vorläufigen Regierung zur Freilassung inhaftierter Revolutionäre gegen hohe Geldbeträge und Übereinkommen mit dem späteren bolschewistischen Regime ab. Als Dolmetscher wurde ein gewisser Hauptmann Ilovaisky angestellt, der spätere Sekretär Lenins, mit dessen Hilfe mehrfach die bolschewistische Presse manipuliert wurde.[2163]

Das gesamte Unternehmen wurde von William Boyce Thompson (1869 bis 1939) finanziert, dem republikanischen Leiter der **Federal Reserve Bank**. Er nahm selbst daran teil und forderte einige Male Geldbeträge in Höhe von mehreren Millionen Rubel direkt bei J. P. Morgan an. In einem Aufwasch wurde harte Währung, nämlich russisches Gold, in die USA geschickt. Über sämtliche Aktivitäten zur Unterstützung der Bolschewisten sprach sich Thompson, wie aus den »secret war papers« (geheimen Kriegsdokumenten) des CID hervorgeht, mit folgenden britischen Mitgliedern der Globalisierungsclique ab: Cliquen-Chef Alfred Milner und Premierminister David Lloyd George.[2164] Die Bolschewisten wurden als antideutsch eingestuft, wobei der diesbezügliche Report des britischen Premierministers anzeigte,

dass die Politik von M. [Mister] Trotzki, angeblich jedenfalls, eine der Feindseligkeit gegenüber der Organisation der zivilisierten Gesellschaft anstatt prodeutsch war.[2165]

Man förderte also einen Agenten, den man selbst als Feind der vor allem von US-Präsident Wilson angeblich so hochgeschätzten zivilisierten Welt betrachtete, weil er gut genug war, um dem Deutschen Reich zu schaden. Dem Report des Wallstreet-Anwalts Thomas D. Thatcher vom April 1918 (also kurz nach dem deutsch-russischen Friedensvertrag), eines Mitglieds der vermeintlichen Rot-Kreuz-Mission, sind folgende antideutsche Vorschläge zu entnehmen: volle Unterstützung der Sowjet-Regierung beim Aufbau eines Freiwilligenheers bis zum Ausbruch eines offenen Konflikts zwischen Deutschland und Russland, Verhinderung des zwischenstaatlichen Handels, Behinderung von Korn- und Rohstoff-Lieferungen von Russland an das Deutsche Reich und so weiter. Die klar formulierten und konsequent verfolgten Absichten des Leiters der Federal Reserve Thompson waren, »Russland im Krieg mit Deutschland zu belassen« und »Russland als Markt für amerikanische Nachkriegsunternehmen zu behalten.«[2166] Aus einer Vielzahl von Dokumenten fasst Historiker Antony Sutton die Zielsetzungen des Chefs der Federal Reserve, der obersten US-Bank, wie folgt zusammen (Hervorhebung durch die Autorin):

> *Aus dem Gesamtbild können wir schließen, dass Thompsons Motive primär finanziell und kommerziell waren. Speziell interessierte sich Thompson für den russischen Markt und wie dieser Markt beeinflusst und umgeleitet werden konnte; und eingefangen für die Nachkriegsausnutzung durch ein Wall Street-Syndikat oder Syndikate. Sicherlich sah Thompson Deutschland als Feind, aber weniger einen politischen Feind als einen wirtschaftlichen oder kommerziellen Feind.* ***Deutsche Industrie und deutsche Banken waren der eigentliche Feind****. Um Deutschland zu überlisten, war Thompson bereit, Saatgutgeld für jedes politische Zugfahrzeug zu platzieren, das sein Ziel umsetzen würde. Mit anderen Worten: Thompson war ein amerikanischer Imperialist, der gegen den deutschen Imperialismus kämpfte, und dieser Kampf wurde von Lenin und Trotzki scharf erkannt und ausgebeutet.*[2167]

Der von der Wallstreet nicht unterstützten russischen konstituierenden Duma-Versammlung gelang es nicht, ihre wichtigsten Ziele zu erreichen: Versorgung der Bevölkerung, Behebung der Wirtschaftskrise und Inflation sowie Herstellung des Friedens. Dennoch trugen die russischen Massen nicht den bolschewistischen Staatsstreich, mit dem die durch die Februarrevolution legitim eingesetzte sozial-liberale Übergangsregierung ausgeschaltet wurde. Die von den Wallstreet-Bolschewisten Lenin und Trotzki angeführte »Oktoberrevolution« vom 7. November 1917 (25. Oktober) war ein ausschließlich auf Petrograd beschränkter **militärischer Putsch**, an dem gerade einmal 25.000 bis 30.000 Menschen teilnahmen. Das waren knapp fünf Prozent der dortigen Soldaten und Arbeiter. Es handelte sich folglich keineswegs um eine Revolution, sondern, wie auch der britische Historiker Orlando Figes resümiert, lediglich um einen militärischen Staatsstreich.[2168] Diesem Coup d' état sollten weitere sogenannte Revolutionen zur flächendeckenden Etablierung der bolschewistischen Macht folgen.

Am 28. November 1917 kabelte der erste US-Präsidentenberater »Colonel« Edward Mandell House an Wilson, es sei »überaus wichtig«, dass jene Meldungen in US-amerikanischen Zeitungen »unterdrückt« werden, denen zufolge »Russland als Feind behandelt werden sollte.« Die Wilson-Regierung war ja inoffizieller Freund der Bolschewisten. Noch am selben Tag erteilte Woodrow Wilson die strikte Weisung zur »Nichtstörung der bolschewistischen Revolution.« Damit war natürlich die Nichteinmischung im Sinne von Nichtaufhalten gemeint. Schließlich wurde der Machtausbau der Bolschewiken massiv unterstützt. Allein im November flossen mehrere Millionen US-Dollar in die von den Bolschewisten versuchte propagandistische Umerziehung Deutschlands und Österreichs. Thompsons Ziel dabei war die »Unterminierung der Militärregime« beider Großreiche.[2169]

Unter persönlichem Zutun des selbsternannten Friedensapostels Woodrow Wilson und in Absprache mit der anglo-amerikanischen Globalisierungsclique wurde der Bolschewismus von der Wallstreet hochgezüchtet und dadurch die junge russische Demokratie zerstört. Wie verträgt sich das mit der Brandrede des US-Präsidenten vor dem Kongress am 2. April 1917 für einen Kreuzzug der Demokratie und des Friedens? Richtig: Gar nicht. Woodrow Wilson war das US-amerikanische Pendant zu Edward Grey, ein verschrobener globalistischer Kriegstreiber der Superlative.

US-amerikanische Globalkapitalisten setzten jedenfalls den Bolschewismus als Waffe zur Destabilisierung der Mittelmächte ein. Und Trotzki spielte mit. Da er erst seine Macht weiter ausbauen musste, um endlich sein geistesgestörtes Ziel der bolschewistischen Weltdiktatur angehen zu können, schlug er sämtlichen Kriegsteilnehmern am 28. November 1917 einen Waffenstillstand vor. Wie zu erwarten war, lehnten die Alliierten ab. Deutschland und Österreich nahmen in der Hoffnung an, demnächst werde der Friedensvertrag mit Russland folgen. Der erste Schritt hierzu erfolgte am 15. Dezember: Der Waffenstillstand wurde in Brest-Litowsk vereinbart.[2170] Unmittelbar danach begannen die von Russland künstlich in die Länge gezogenen Friedensverhandlungen. Darüber gerieten die anderen beiden Ententemächte und vor allem US-Präsident Wilson in Panik.

Polnischer Spaltkeil

Im Monat Dezember 1917 erhielt Bolschewiki-Führer Leo Trotzki mehrmals hochrangigen Besuch des US-Militärs: General William V. Judson.[2171] Dabei ging es offenbar um die Umstrukturierung der russischen Streitkräfte, denn am 17. März

1918 telegraphierte der US-Botschafter David Rowland Francis (1850 bis 1927) folgende bolschewistische Unterstützungsanforderung nach Washington: »Trotzki fordert fünf amerikanische Offiziere als Inspektoren der Armee an, die zur Verteidigung organisiert wird; er verlangt auch Eisenbahnbetreiber und Ausrüstung.«[2172]

Wir springen zurück in den Januar. Am 7. Januar empfahl US-Staatssekretär Robert Lansing gemäß seinem eigenen Tagebucheintrag dem Staatsoberhaupt der USA, die »Aufteilung Österreich-Ungarns« zu fordern. Dies sei »das einzige Mittel, um die deutsche Vorherrschaft in Europa zu beenden.«[2173] Es liegt demnach ein schriftlicher Beweis dafür vor, dass die mit der absichtlichen Kriegsauslösung eingeleitete Zerstörung der deutschen Achillesferse, also der Donaumonarchie, aus anglo-amerikanischer Sicht lediglich ein Instrument zur Vernichtung des Deutschen Reiches war.

Zur diplomatischen Störung der deutsch-russischen Friedensverhandlungen erstellte Woodrow Wilson sein berüchtigtes 14-Punkte-Programm. Am 18. Januar 1918 trug er das pseudofriedliche Scheinlösungsprogramm dem US-Kongress vor. Darin fordert Wilson zum Beispiel direkt die Rückgabe Elsass-Lothringens an Frankreich (Punkt 8) sowie indirekt die Zerstückelung der Donaumonarchie mittels autonomer Entwicklung ihrer Völker (Nr. 10), die Auflösung des Osmanischen Reiches (Nr. 12) und auch die Zerlegung des Deutschen Reich mittels Gewährung eines »freien und sicheren Zugangs zur See« für den unabhängigen Staat Polen (Nr. 13).[2174]

Mit dem freien Zugang zum Meer für Polen war Westpreußen gemeint, das zwar zum Deutschen Reich gehörte, ihm aber – gemäß des anglo-amerikanischen Teile-und-herrsche-Prinzips – einfach entrissen werden sollte. Wilsons 14-Punkte-Programm bildete die Grundlage der amerikanischen Position bei den ohne deutsche Vertreter abgehaltenen Verhandlungen der Pariser Vororte-Verträge im Jahr 1919. Im Vertrag von Versailles wurde schließlich dem Deutschen Reich der schon im 14-Punkte-Programm angedeutete polnische Spaltkeil zwischen West- und Ostpreußen aufgezwungen. Dazu kommen wir noch. Zuerst musste Kriegstreiber Wilson nach dem Waffenstillstand auch noch den Separatfrieden zwischen den Mittelmächten und Russland erdulden.

Frieden mit Russland

Das Zustandekommen des Friedensvertrags von Brest-Litowsk vom 3. März 1918 zwischen den Mittelmächten und Russland war ein hartes Stück Arbeit für die deutschen und österreichischen Unterhändler. Während sie selbst den Frieden ernsthaft wünschten, weil er den Zweifrontenkrieg beenden würde, wollten die Bolschewisten, wie schon ihre zaristischen Vorgänger während der Juli-Krise, nur Zeit für die Realisierung ihrer eigenen Vorhaben schinden: a. Stabilisierung Russlands, b. zwischenzeitliche Vernichtung der Mittelmächte durch die Alliierten und c. propagandistische Überzeugung der Weltöffentlichkeit von der »Friedfertigkeit« der Bolschewiken zwecks Erleichterung der bereits geplanten Weltrevolution.

Die Verhandlungen kann man theoretisch in zwei Abschnitte einteilen: Im ersten Abschnitt wurde auf Augenhöhe diskutiert. Nachdem die Mittelmächte jedoch die bolschewistische Verzögerungstaktik durchschaut hatten, diktierten sie Russland im zweiten Abschnitt ihre Friedensbedingungen und setzten sie schließlich im Rahmen der Befreiung der Ukraine ultimativ durch.

Gleich am ersten Verhandlungstag beim gemeinsamen Abendessen kündigten die Bolschewiki gegenüber ihren eher konservativen deutschen und österreichischen Gesprächspartnern die kommende Weltrevolution an. So berichtet k. u. k. Legationsrat Graf Ottokar Czernin (1872 bis 1932), der Bruder des vormaligen Botschafters in Russland Otto Czernin, dass ihm der durchwegs sympathische »Jude namens Joffe« in einem für ihn »immer unvergesslichen freundlichen, fast möchte ich sagen bittenden Ton« erklärte:

Ich hoffe doch, dass es uns gelingen wird, auch bei Ihnen die Revolution zu entfesseln.[2175]

Diesen Satz muss man in der Tat mit den Ohren des Repräsentanten eines von Russland schwer enttäuschten und genötigten Staats hören. Sollte sich die Donaumonarchie, die hauptsächlich wegen der jahrelangen russisch-serbischen hybriden Kriegsführung ums nackte Überleben kämpfte und vom zaristischen Russland nur betrogen worden war, nun von gewalttätigen russischen Träumern, die entgegen dem Willen der eigenen Volksmassen der jungen Demokratie den Todesstoß verpassten, die das Bürgertum ohne dessen Einwilligung vernichteten und der ganzen Welt eine Illusion vom Einheitsbrei aufoktroyieren wollten, ins nächste Chaos zerren lassen? Graf Czernin war ein aufrichtiger Mann, ein guter Freund Thronfolger Franz Ferdinands und dessen Wunschreichskanzler in den vormals geplanten Vereinigten Staaten von Groß-Österreich. Ottokar Czernin hätte die in weiten Teilen Europas mit gutem Recht vorherrschende Ablehnung des Bolschewismus nicht besser formulieren können:

Merkwürdig sind diese Bolschewiken. Sie sprechen von Freiheit und Völkerversöhnung, von Friede und Eintracht, und dabei sollen sie die grausamsten Tyrannen sein, welche die Geschichte gekannt hat – sie rotten das Bürgertum einfach aus, und ihre Argumente sind Maschinengewehre und der Galgen. Das heutige Gespräch mit Joffe hat mir bewiesen, dass die Leute nicht ehrlich sind und an Falschheit alles das übertreffen, was man der zünftigen Diplomatie vorwirft – denn eine solche Unterdrückung des Bürgertums betreiben und gleichzeitig von weltbeglückender Freiheit sprechen, sind Lügen.[2176]

Wie viel vom bolschewistischen »Frieden« zu halten war, verdeutlichte der Einmarsch russischer Streitkräfte in der jüngst ausgerufenen autonomen Ukrainischen Volksrepublik, die sich hilfesuchend an die Mittelmächte wandte.

Allianz mit der Ukraine

Das erste der erst am 9. September 1914 vage definierten deutschen Kriegsziele sah zur Sicherung des Reiches Richtung Osten vor, dass »Russland von der deutschen Grenze nach Möglichkeit abgedrängt und seine Herrschaft über die nichtrussischen Vasallenvölker gebrochen werden« musste.[2177] Anlässlich der russischen Februarrevolution regte Reichskanzler Bethmann Hollweg am 15. Mai 1917 die Neudefinition der Kriegsziele an. Die Ostpolitik sei »mit nur militärisch notwendigen Eroberungen, bei Schaffung eines autonomen Gürtels ohne Militär« zu gewährleisten. Im Sinne des Mitteleuropagedankens ging es um die Schaffung eines »starken Kontinentalblocks als Puffer gegen Russland.«[2178]

Außerdem war das Deutsche Reich durch die britische Blockade gezwungen, seine Nahrungs- und Rohstoffversorgung umzustellen. Wie gesagt, starben 1917 etwa 260.000 deutsche Kinder, Frauen und Männer an den Folgen der blockadebedingten Mangelernährung (siehe oben). Bis Mai 1917 müssen es rund 100.000 Tote gewesen sein. General von Hindenburg verlangte daher zu Recht, dass man sich nun auch im Hinblick auf einen gegebenenfalls noch kommenden Krieg »eine solide Rohstoffbasis erkämpfen müsse, sodass die ›Festung Deutschland‹ nicht noch einmal ›unter den Druck der Knappheit an Lebensmitteln und Rohstoffen gerate‹ könne.«[2179]

Der deutschen Puffer- und Versorgungsstrategie kamen die relativ frühen Autonomiebestrebungen der rohstoffreichen Ukraine, der Kornkammer Europas, sehr entgegen. Bereits am 23. Juni 1917, knapp vier Monate nach der Februarrevolution, proklamierte die ukrainische Zentralversammlung Zentralna Radna die staatliche **Autonomie** der Ukraine im Rahmen eines demokratischen und föderativen Russlands.[2180] Diese regionale Autonomie wurde am 16. Juli 1917 von der provisorischen Regierung in Russland anerkannt.[2181] Nachdem Russland im November 1917 statt einer Demokratie eine bolschewistische Diktatur erhalten und sich diese territorial ausgreifend gezeigt hatte, erklärte die Ukraine gegenüber St. Petersburg, sie sei »seit dem 20. November ein souveräner Staat«, weshalb der »Petersburger Rat der Volkskommissare über die Ukraine keine Exekutivgewalt habe.« Unter erneutem Hinweis auf ihre »volle Souveränität« erklärte sich die Ukraine aber bereit, beim Wiederaufbau Russlands auf Grundlage einer föderativen Organisation mitzuwirken.[2182]

Über die Proklamation der ukrainischen Unabhängigkeit jubelte der deutsche Kaiser: »Bravo!« Außerdem beurteilte Wilhelm II. folgerichtig, dass man gemeinsam mit der Ukraine Ordnung schaffen, »die Bolschewiki auf den Kopf schlagen« und »Petersburg von ihnen befreien« könne.[2183] Die von der Wallstreet gepushten Bolschewiki-Faschisten waren über die Unabhängigkeitserklärung der Ukraine ganz und gar nicht erfreut: Bereits am 29. Januar 1918 standen russische Streitkräfte vor Kiew, um die Hauptstadt am 8. Februar einzunehmen.[2184] Indes hatte die ukrainische Regierung bereits am 7. Februar die Mittelmächte mit einem »Getreideüberschuss von einer Million Tonnen« für den sogenannten Brotfrieden geködert. Der am 9. Februar abgeschlossene Separatfrieden beinhaltete unter anderem die Anerkennung der ukrainischen Autonomie und jede Menge wirtschaftliche Vereinbarungen zum gegenseitigen Vorteil. Für die Bereitstellung von rund acht Millionen Tonnen Getreide sollten Deutschland und Österreich der Ukraine bei der Verbesserung ihres Transportwesens behilflich sein sowie Manufakturwaren, Eisenbahnschienen, landwirtschaftliche Maschinen und Geräte, Arzneimittel und Chemikalien abgeben.[2185]

Am 10. Februar zeigte sich Bolschewiki-Führer Trotzki trotzig ob der deutschrussischen Allianz und lehnte sowohl die Anerkennung der ukrainischen Souveränität als auch die Unterzeichnung eines Friedensvertrags mit dem Deutschen Reich ab. Hierbei rief er den skurrilen Zustand »weder Krieg noch Frieden« aus. Es war offensichtlich, dass Trotzki die Verhandlungen in der Erwartung in die Länge zog, dass sich die Januarstreiks in Deutschland zur Revolution entfachen würden.[2186]

Weil die russischen Truppen bereits Kiew unter ihrer Kontrolle hatten, bat die flüchtende ukrainische Regierung am 11. Februar 1918 die Mittelmächte um militärische Unterstützung gegen die bolschewistischen Eindringlinge.[2187] Deutschland und Österreich ließen sich nicht lange bitten: Ab 18. Februar marschierten ihre Truppen in der Ukraine ein und errichteten das deutsche Oberkommando in Kiew und das österreichische in Odessa.[2188] Schließlich standen die Mittelmächte an der ostukrainischen Grenze. In der Westukraine waren etwa 500.000 deutsche und 250.000 österreichische Soldaten stationiert, die täglich rund 300 Waggons an Verpflegung verbrauchten. Die Mittelmächte hatten mit dem Donez-Becken, der Krim und Odessa neuralgische Punkte besetzt. Nachdem die k. u. k. Donauflottille die letzten Minen im Donau-Delta geräumt hatte, drangen die Monitoren bis zum Schwarzen Meer vor.[2189] Die Westukraine war in der Hand der Mittelmächte, wodurch sie – kurzfristig – dem Ziel der mitteleurasischen Allianz näher waren, als sie ursprünglich zu träumen wagten.

Hier muss in aller Deutlichkeit festgehalten werden, dass das bolschewistische Russland die staatliche Souveränität der autonomen Volksrepublik Ukraine verletzt hat und diese die Mittelmächte um militärischen Beistand gegen die russischen Streitkräfte ersuchte. Ihre mithin völkerrechtlich legitimierten militärischen Erfolge gegenüber Russland nutzten die Mittelmächte als Druckmittel zur Erzwingung des ersehnten Friedensvertrags. Weil Trotzki klar artikuliert hatte, dass Russland keinen Friedensvertrag mit Deutschland abschließen würde (siehe oben), erklärte das Deutsche Reich völlig zu Recht den Waffenstillstand am 18. Februar für beendet. Schließlich sollte dieser ja die erste Stufe zum Friedenvertrag sein. In Anbetracht der durchschauten russischen Täuschungstaktik erklärte das Deutsche Reich weiterhin, dass es zur Fortsetzung des Kriegs bereit sei. Unter diesem Damoklesschwert akzeptierte Russland die Friedensbedingungen der Mittelmächte innerhalb der gesetzten 48-Stundenfrist.

Im Friedensvertrag von Brest-Litowsk vom 3. März 1918 zwischen Deutschland, Österreich, dem Osmanischen Reich und Bulgarien einerseits sowie Russland andererseits wurde festgelegt, dass Russland sofort den Frieden mit der Volksrepublik Ukraine zu schließen, ihr Territorium vollständig von russischen Truppen zu räumen und fortan auf jede Nichteinmischung in ukrainische Belange zu verzichten habe. Außerdem verpflichtete sich Russland zur vollständigen Demobilisierung seiner Streitkräfte, zur Räumung und Rückgabe der ostanatolischen Provinzen sowie der Bezirke Erdahan, Kars und Batum an die Türkei. Des Weiteren hatte Russland Estland, Livland und Finnland zu räumen sowie verhaftete und verschleppte Bewohner freizulassen. Alle Vertragsparteien verpflichteten sich zum gegenseitigen Verzicht auf jede Form der Agitation und Propaganda, zur Achtung der territorialen Unversehrtheit der als frei und unabhängigen geachteten Staaten Persien und Afghanistan sowie zum gegenseitigen Verzicht auf Kriegskostenersatz.[2190]

Gelegentlich wird der »Diktatfrieden« von Brest-Litowsk als »russische Demütigung« bezeichnet, weil Russland 26 Prozent seines europäischen Territoriums, 27

Prozent des anbaufähigen Bodens, in Summe 1,4 Millionen Quadratkilometer Land inklusive der 60 Millionen darauf lebenden Menschen – ein Drittel der Gesamtbevölkerung –,[2191] 33 Prozent der Textilindustrie, 73 Prozent der Eisenindustrie und 75 der Kohlenbergwerke »verloren« habe.[2192]

Dadurch wird die bolschewistische Propaganda am Leben erhalten, die vom »Raubfrieden von Brest-Litowsk« sprach. Dies ist jedoch grundlegend falsch. Denn Russland hatte mit der absichtlichen Auslösung des Ersten Weltkriegs gleichzeitig seine eigene Zerstörung eingeleitet. Außerdem wurde Russland die Ukraine keinesfalls gewaltsam entrissen. Vielmehr distanzierte sich die Ukraine mit gutem Recht von der russisch-bolschewistischen Diktatur, erklärte ihre Autonomie und verteidigte diese mit Hilfe der Mittelmächte. Obwohl gerade Österreich und Deutschland vom russischen Reich den Ersatz der Kosten des von diesem verschuldeten großen Krieges hätten fordern können, unterließen sie es im Hinblick auf die künftige Friedensordnung. Der Friedensvertrag von Brest-Litowsk war folglich angemessen, fair und – im Gegensatz zum Siegerdiktat von 1919 – auf einen echten europäischen Frieden ausgerichtet.

Verantwortungslos und unfair war das Verhalten der USA. Die Machenschaften der Wallstreet und ihrer Präsidentenmarionette Woodrow Wilson hatten genau jene undemokratischen Zustände in Russland und eine dadurch bedingte Bedrohung der Ukraine herbeigeführt, zu deren Bekämpfung die USA angeblich in den Ersten Weltkrieg eingetreten waren. Es waren jedoch nicht amerikanische, sondern deutsche und österreichische Soldaten, die für die Unabhängigkeit der Ukraine bluteten und jenes Chaos zu beseitigen versuchten, welches die kapitalfaschistischen Kriegstreiber durch die massive Förderung der Bolschewiki mitverursacht hatten. Die angloamerikanischen Globalisten erwiesen sich während des Ersten Weltkriegs als echte Feinde der Freiheit, der Demokratie und der staatlichen Autonomie.

Dass die Mittelmächte mit der Befreiung der Westukraine auch eigennützige Zwecke (Pufferzone und Rohstoffe) verfolgten, war völlig legitim und beruhte zudem auf Gegenseitigkeit: Die Ukraine wurde auf ihren Wunsch hin von den russischen Besatzern befreit, hatte Garantiemächte und auch wirtschaftliche Vorteile. Doch hauptsächlich aufgrund des von den Bolschewiken angerichteten Chaos konnte sich der von den Mittelmächten wieder eingesetzte ukrainische Zentralrat nicht durchsetzen. Die Verwaltung brach völlig zusammen. Es konnte lediglich ein Zehntel des für die deutsche und österreichische Bevölkerung vereinbarten Nahrungsmittelexports sichergestellt werden.[2193] Es ist aber davon auszugehen, dass die Mittelmächte die Ukraine im Interesse aller Beteiligten vollständig auf Vordermann gebracht hätten, wären sie nicht aufgrund ihres eigenen Zusammenbruchs als Garantiemächte weggefallen. Die Kombination aus der britischen Hungerblockade, Lebensmittel- und Rohstoffengpässen, extrem hoher physischer Auslastung vor allem der Arbeitskräfte in kriegsrelevanten Betrieben, Hungerstreiks, Revolten, Meutereien und die durch die USA erstarkte Westfront setzten Österreich und Deutschland massiv zu.

Während die kontinentaleuropäischen Großmächte mit sich beschäftigt waren und um ihr Überleben kämpften, bediente sich Großbritannien im Nahen Osten und leitete dessen Aufteilung ein, wodurch bis heute die letzte Hoffnung auf eine starke mitteleurasische Allianz vernichtet wurde.

Zionistischer Spaltkeil

Die britische Vorherrschaft im Nahen Osten sollte die Erreichung folgender strategischer Ziele gewährleisten: a. vollständige Kontrolle über das für die Royal Navy inzwischen unentbehrliche Erdöl, b. Sicherung der Landwege nach Indien und c. Schaffung einer strategischen Basis als Bindeglied zu Ägypten respektive zum Suez-Kanal. Zu diesem Behufe mussten, wie gesagt, der deutsche Einfluss im Nahen Osten beseitigt, die Industrialisierung der Region verhindert und die Araber zum bewaffneten Aufstand gegen den osmanischen Sultan angestachelt werden.[2194]

Palästina war für Großbritannien nichts anderes als das strategische Zwischenstück zwischen der lebenswichtigen Perle Indien, dem erdölreichen Irak und dem Suez-Kontrollraum Ägypten.[2195] Folglich entwickelte sich Palästina, wie es der jüdische Journalist William B. Ziff in seinem bereits erwähnten Buch über die Vergewaltigung Palästinas – *The Rape of Palestine* – vortrefflich beschreibt, aufgrund britischer strategischer Planungen ab dem Ersten Weltkrieg zur »Schlüsselposition für alle Flugrouten zwischen Großbritannien und dem Osten und angesichts der Ungewissheiten in Ägypten auch zum dominanten Faktor bei der Entwicklung von Luftwegen nach Afrika. Es ist ein wichtiges Bindeglied in der gesamten britischen Strategiekette geworden.« Außerdem wurde Palästina auch zum strategischen Verkehrsknotenpunkt auf der Schiene und der Straße. Was noch im Weg stand, wurde vernichtet: »Die Niederlage Deutschlands und der Türkei während des Großen Kriegs [Ersten Weltkriegs] beseitigte die letzten physischen Hindernisse zu diesem grandiosen Projekt.«[2196]

Wie unschwer zu erkennen ist, war in der britischen Geostrategie mindestens bis zum Ende des Zweiten Weltkriegs kein Platz für einen friedlichen jüdischen Staat in Palästina. Weil eine offizielle Kolonisation auf weltweiten Widerstand gestoßen wäre, erhielten die Strategen in London vom Minister für Kolonialwesen Leopold Amery (1873 bis 1955), einem starken Befürworter des Zionismus, folgende teuflische Anregung:

Der englische Pro-Zionist behauptet, dass eine intelligente imperiale Planung das Treiben eines starken jüdischen Keils zwischen die ägyptischen, türkischen und arabischen Moslems erfordert.[2197]

Im Nahen Osten sei »die Einführung einer starken westlichen Kraft, verbündet mit Großbritannien, eine absolute imperiale Notwendigkeit.« Der britische Publizist und militärische Korrespondent des *Guardian* Herbert Sidbotham (1842 bis 1940) kam hinsichtlich der »Stärke des Arguments des Zionismus für unsere eigene Sicherheit« zur menschenverachtenden Schlussfolgerung, »dass wenn es keinen für uns vorgefertigten Zionismus aufgrund tausender Jahre jüdischen Leidens gäbe, wir ihn erfinden müssten.«[2198] Die Zionisten sollten also als Schutzschild für britische Interessen herhalten. Nicht umgekehrt. Das große Verschulden der zionistischen Hauptdrahtzieher – nicht jedoch der unter hohem Druck auswandernden, mit dem Slogan »Ein Land ohne Volk für ein Volk ohne Land« getäuschten Juden – für ihren Missbrauch durch Großbritannien bestand, wie gesagt, in der permanenten Ausblendung des Faktums, dass Palästina zum überwiegenden Teil von arabischen Muslimen besiedelt war, die man als minderwertig erachtete und aus ihrem eigenen Land werfen wollte.[2199]

Damit es garantiert zum bereits vorprogrammierten Konflikt zwischen Juden und Arabern käme, der die regionale Bevölkerung auf Trab hielte und von der verdeckten britischen Herrschaft ablenkte, versprachen die Briten wichtige Teile des ihnen gar nicht gehörenden Nahen Ostens sowohl den Zionisten als auch den Arabern obwohl sie obendrein im Geheimen die Aufteilung der gesamten Region zwischen sich selbst und den Franzosen vereinbarten. Ein und derselbe Boden wurde also von hochgradigen Betrügern an mehrere Interessenten gleichzeitig »verkauft«. Dieses britische Dreifachfalschspiel ist die Grundlage des bis heute währenden Konflikts in und um Israel, ja im gesamten Nahen Osten.

Nachdem der osmanische Sultan Ende 1914 den Heiligen Krieg gegen die ententischen Eindringlinge ausgerufen hatte, tat Großbritannien alles, um die Araber zum Aufstand gegen den Sultan aufzuwiegeln. Wie die schriftliche Korrespondenz zwischen dem britischen Hochkommissar in Ägypten Sir Henry McMahon (1862 bis 1949) und dem Scharifen von Mekka Hussein b. Ali (1852 bis 1951) in den Jahren

1915 und 1916 beweist, bot die britische Regierung den Arabern Unterstützung »bei der Erlangung arabischer Unabhängigkeit im Gegenzug für einen Aufstand gegen den Sultan an.« Dabei bekräftige der britische Beamte den Wunsch seiner Regierung, »die Unabhängigkeit der arabischen Länder (countries)« verwirklicht zu sehen. Unter der Bedingung eines arabischen Aufstands gegen den Sultan erklärte sich Großbritannien ausdrücklich bereit, »die Unabhängigkeit der Araber anzuerkennen und zu unterstützen innerhalb der Länder, die in den vom Sherif von Mekka vorgeschlagenen Grenzen liegen [...]« Der Scharif von Mekka nahm an, und die arabische Welt erachtete die getroffene Vereinbarung – arabische Unabhängigkeit für arabische Revolte – als verbindlich.[2200]

Die britischen Drahtzieher hingegen wussten bereits vor dem Abschluss der Vereinbarung, dass sie diese unmöglich einhalten konnten, weil sie zur gleichen Zeit, sprich 1915, mit Frankreich und Russland die Aufteilung des Osmanischen Reiches nach dessen Zerfall unter sich besprachen und vereinbarten. Die zuerst informellen Gespräche darüber begannen im Frühjahr und erhielten bereits ab Oktober 1915 einen offiziellen Charakter, um schließlich im damals streng geheimen Sykes-Picot-Abkommen vom Mai 1916 zu gipfeln.[2201] Ausgehandelt wurde die brisante diplomatische Geheimvereinbarung zwischen dem britischen Oberst Mark Sykes (1879 bis 1919) und dem französischen Diplomaten François Georges-Picot (1870 bis 1951). Bekannt wurde es 1917, als es von leninistischen Kommunisten in den Archiven des zaristischen Außenministeriums gefunden und sogleich als stolzer Beweis für die Unredlichkeit des alten Regimes veröffentlicht wurde.[2202]

Das Sykes-Picot-Abkommen war sozusagen der Startschuss für all jene weiteren Abkommen, mit denen die Grenzen der heutigen nahöstlichen Staaten im Großen und Ganzen anhand der regionalen Erdölvorkommen und der Pipelines festgelegt wurden.[2203] Sykes und Picot vereinbarten die Einteilung des Nahen Ostens in mehrere Zonen: Die unter französischem Protektorat stehende A-Zone umfasste Großsyrien mit dem späteren Libanon inklusive Aleppo, Hama, Horns und Damaskus zuzüglich die der Deutschen Bank gehörenden Erdölvorkommen in Mossul im heutigen Irak. Die nördlich der Zone A gelegene Blaue Zone sollte von französischem Militär besetzt werden. Zone B war das britische Protektorat über die Gebiete vom heutigen Jordanien bis zum heutigen Kuwait und Irak inklusive Bagdad und Basra. Für die Rote Zone östlich der B-Zone war die Besetzung durch britische Truppen vorgesehen (siehe Abb. 87). Die dermaßen willkürlich festgelegten Grenzen gelten großteils heute noch.[2204]

Die Umsetzung des Sykes-Picot-Abkommens hatte große Aussicht auf Erfolg. Denn das Osmanische Reich war bereits am Zerbröckeln. Nach einem kurzfristigen Erfolg Ende April 1916 bei der Verteidigung der Dardanellen gegen britisch-indische Truppen und deren anschließender Kapitulation[2205] ging es mit dem Osmanischen Reich sukzessive bergab.

Maßgeblichen Anteil daran hatte der britische Archäologe, Abenteurer und Offizier Thomas Edward Lawrence (1888 bis 1935), der ab Mitte 1916 als Verbindungsmann und inoffizieller Anführer des von Großbritannien angekurbelten arabischen Aufstands fungierte. Von seinen arabischen Kampfgefährten wurde er »Lawrence von Arabien« genannt. Nachdem er sich das Vertrauen und den Respekt der arabischen Stämme und vor allem König

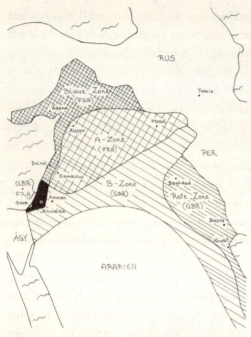

Abb. 87: Aufteilung des Nahen Ostens 1916

Faisals I. erarbeitet hatte, wurde Lawrence zur Schlüsselfigur im arabischen Unabhängigkeitskampf. Er führte schlecht ausgebildete und miserabel bewaffnete Beduinen im Guerilla-Krieg gegen die Türken an, wobei er nach etlichen Überraschungsangriffen auf einzelne osmanische Militärposten sowie diversen Sprengstoffanschlägen auf die Hedschas-Bahn zwischen Damaskus und Medina folgende große Erfolge verbuchen konnte: die Eroberung der Hafenstadt Al-Wadschh (im heutigen Saudi-Arabien) im Januar 1917 und den Ausbau derselben zum Hauptquartier für König Faisal, die Einnahme von Akaba (im heutigen Jordanien) im Juli 1917 sowie die Eroberung von Damaskus am 1. Oktober 1918, die gleichzeitig von arabischen Guerillas und britischen Truppen durchgeführt wurde.

Lawrence von Arabien war eine gespaltene politische Persönlichkeit: Einerseits wollte er die Araber tatsächlich in die verdiente Unabhängigkeit führen, andererseits kannte er die Absichten der britischen Regierung, deren Befehle er letztlich als Offizier auszuführen hatte. Vermutlich hatte Lawrence Kenntnis vom Sykes-Picot-Abkommen, weshalb er wusste, dass er seine arabischen Freunde, die ihm wie einem Bruder vertrauten, »zum Wohle des Empire« täuschen musste. In seinem autobiographischen Kriegsbericht *Seven Pillars of Wisdom* (Sieben Säulen der Weisheit) beschreibt Thomas

Edwin Lawrence sowohl das Vergnügen, das ihm die Erinnerung an den siegreichen Kampf für die Unabhängigkeit seiner arabischen Freunde bereitete, als auch die durch die missbräuchliche Politik der alten Männer verursachte Ernüchterung:

> *Die Morgenluft einer zukünftigen Welt berauschte uns. Wir waren aufgewühlt von Ideen, die nicht auszudrücken und die nebulös waren, aber für die gekämpft werden sollte. Wir durchlebten viele Leben während dieser verwirrenden Feldzüge und haben uns selbst dabei nie geschont; doch als wir siegten und die neue Welt dämmerte, da kamen wieder die alten Männer und nahmen unseren Sieg, um ihn der früheren Welt anzupassen, die sie kannten. Die Jugend konnte siegen, aber sie hatte nicht gelernt, den Sieg zu bewahren; und sie war erbärmlich schwach gegenüber dem Alter. Wir dachten, wir hätten für einen neuen Himmel und für eine neue Welt gearbeitet, und sie dankten uns freundlich und machten ihren Frieden.*[2206]

Lawrence von Arabien erkannte demnach, dass er zum Spielball der Mächtigen instrumentalisiert worden war. Er erkannte die Vorzüge der Araber, vor allem ihre Enthaltsamkeit und Bescheidenheit, die sie gegenüber den westlichen Ausbeutern verwundbar machte. Das enge Zusammenleben mit seinen arabischen Brüdern zerstörte Lawrences vormals blauäugige Sicht auf die westliche Welt.[2207]

Knapp ein Jahr bevor Damaskus eingenommen wurde, hatte der britische Außenminister Arthur Balfour am 2. November 1917 der Zionistischen Weltorganisation eine schriftliche Garantieerklärung für die bestmögliche britische Unterstützung des Aufbaus eines jüdischen Staats in Palästina erteilt. Die sogenannte Balfour-Deklaration richtete er im Auftrag der britischen Regierung in Form eines öffentlichen Briefs mit dem Ersuchen an Baron Lionel Walther Rothschild (1868 bis 1937), er möge deren Inhalt der Zionistischen Weltorganisation übermitteln. Der Kerntext der Deklaration lautet:

> *Seiner Majestät Regierung betrachtet die Schaffung einer nationalen Heimstätte für das jüdische Volk in Palästina mit Wohlwollen und wird die größten Anstrengungen machen, um die Erreichung dieses Zieles zu erleichtern, wobei klar verstanden werde, dass nichts getan werden soll, was die bürgerlichen und religiösen Rechte bestehender nichtjüdischer Gemeinschaften in Palästina oder die Rechte und die politische Stellung der Juden in irgendeinem anderen Lande beeinträchtigen könnte.*[2208]

Abgesehen davon, dass man sich der Fiktion eines jüdischen Volks bediente, wurde bis zur Gründung Israels 1948 rein gar nichts von all dem auch nur ansatzweise eingehalten. Benjamin Freedman zufolge wurde die Balfour-Deklaration von den Zionisten als Ausgleich für den von ihnen bewirkten Kriegseintritt der USA Anfang April 1917 eingefordert.[2209]

Viel wahrscheinlicher ist jedoch, dass die britischen Drahtzieher von selbst tätig wurden, um dem Deutschen Reich respektive Kaiser Wilhelm II. zuvorzukommen, der bekanntlich schon von Theodor Herzl ersucht worden war, die Errichtung eines unter deutschem Schutz stehenden Judenstaats nach dem Muster des deutschen Kaiserreichs zu unterstützen.[2210] Vor der Abgabe der Balfour-Deklaration hatte das britische Außenamt darüber Kenntnis erlangt, dass der von Wilhelm II. zum Botschafter in Den Haag ernannte Friedrich Rosen (1856 bis 1935) mit führenden niederländischen Juden zum Thema eines deutsch protegierten jüdischen Staats in Palästina konferierte. William B. Ziffs diesbezügliche Recherchen ergeben, dass die britischen Strategen nichts mehr fürchteten als einen deutsch-jüdischen Staat in ihrer bereits geplanten nahöstlichen Machtzentrale.[2211] Kein Wunder also, dass der eigentliche Verfasser der Balfour-Deklaration der britische Kolonialminister Leopold Amery war,[2212] von dem auch die Strategie des Zionistenkeils im Nahen Osten stammt. Auch der Konnex zur anglo-amerikanischen Globalisierungsclique ist kein Geheimnis, denn gleichsam federführend bei der Erstellung der Balfour-Deklaration war Alfred Milner.[2213]

An dieser Stelle schließt sich der große Kreis zwischen den globalistischen Zielen der geheimen Clique, der absichtlichen Auslösung des Ersten Weltkriegs und dem bis heute schwelenden Nahostkonflikt in seinem Ausgangspunkt: in London.

In Entsprechung der Balance-of-Power-Strategie rieben sich Deutschland und Frankreich (mit britischer Hilfe) an der Westfront auf, während Großbritannien mehr als 1,4 Millionen Soldaten auf den nahöstlichen Kriegsschauplatz stellte.[2214] Nachdem die osmanische Herrschaft gebrochen worden war, nahmen Großbritannien und Frankreich ab Ende Oktober 1918 die gemäß Sykes-Picot-Abkommen ausgehandelten Gebiete ein – mit Abweichungen zugunsten Großbritanniens versteht sich. Palästina wurde fortan unter alliierte Militärverwaltung gestellt.[2215]

Nachdem Großbritannien den Grundgedanken der mitteleurasischen Allianz unter deutscher Führung zerstört und seine wichtigsten Kriegsziele erreicht hatte, wurde seinem von ihm auserkorenen Erzfeind, dem vom vollständigen Zusammenbruch bedrohten Deutschen Reich, mit den Bestimmungen des sogenannten Friedensvertrags von Versailles von 1919 der Gnadenstoß verpasst.

Kriegsdiktat von Versailles

Der »Vertrag« von Versailles war in Wahrheit sowohl formell als auch inhaltlich ein Siegerdiktat für den nächsten Krieg. Das Deutsche Reich wurde nämlich zuerst mit Arglist und Zwang wehrlos gemacht, um sodann unter massivem militärischem Druck zur Annahme von Forderungen genötigt zu werden, die eine katastrophale Zukunft bedeuteten und daher bereits die Saat für den nächsten Weltkrieg in sich trugen. Dasselbe gilt zwar grundsätzlich auch für den »Vertrag« von St. Germain, der den Österreichern aufgezwungen wurde; aufgrund der Verkümmerung der Donaumonarchie zum Kleinstaat steht bei nachfolgender Betrachtung aber das Deutsche Reich im Mittelpunkt.

Nach der gescheiterten Offensive im Frühjahr 1918 stand fest, dass der Krieg für die Mittelmächte nicht mehr zu gewinnen war. Gegen die Übermacht der USA war nichts auszurichten: Zwischen 1917 und 1918 wurde in den Vereinigten Staaten von Amerika schrittweise die Wehrpflicht eingeführt, wobei 23 Millionen junge Männer die Musterung durchliefen.[2216] Die Produktion von Waffen, Munition, kriegswichtigem Gerät und Transportmitteln lief auf Hochtouren. Gegen dieses Potenzial an der Westfront hatte das erschöpfte kaiserliche deutsche Heer nicht die geringste Chance. Inzwischen standen sowohl im Deutschen Reich als auch in der in Selbstauflösung begriffenen Donaumonarchie so gut wie alle wehrfähigen Männer im Kriegsdienst. Die heimische Rüstungsindustrie lag am Boden, das Volk hungerte und streikte, etliche Soldaten meuterten und revoltierten.

Die Umstände zwangen Wilhelm II., den Inbegriff der deutschen Nation, am 9. November 1918 zum Abdanken. Am selben Tag wurde die parlamentarisch-demokratische Republik Deutschland ausgerufen. Und die militärische Führung, namentlich General Paul von Hindenburg, veranlasste Wilhelm zur Flucht in die Niederlande. Bis zu seinem Tod am 4. Juni 1941 in Doorn betrat er nie wieder deutschen Boden.[2217] Ähnlich wurde in Österreich verfahren, wo man allerdings auch den Anschluss an Deutschland verkündete. Nachdem Kaiser Karl I. am 11. November auf den Thron verzichtet hatte und die Donaumonarchie aufgelöst worden war, erließ die für die überwiegend deutschsprachigen Gebiete zuständige Provisorische Nationalversammlung am 12. November 1918 das *Gesetz über die Staats- und Regierungsform von Deutschösterreich*. Artikel 1 erklärte Deutschösterreich zur demokratischen Republik, die gemäß Artikel 2 **Bestandteil der Deutschen Republik** war.[2218]

Wohlgemerkt ist »Österreich« die Bezeichnung eines Territoriums; das darauf lebende deutschsprachige Volk ist jedoch deutsch, auch wenn es einen anderen

Namen trägt. Bei besagtem Gesetz handelte es sich daher um den freien Entscheid des deutschen Volks im Sinne jener völkischen Selbstbestimmung, die US-Präsident Wilson insbesondere in seinem 14-Punkte-Programm grandios zu fördern versprochen hatte. Punkt 10 dieses bigotten Programms lautet: »Den Völkern Österreich-Ungarns, deren Platz unter den Nationen wir geschützt und gesichert zu sehen wünschen, sollte die freieste Gelegenheit zu autonomer Entwicklung zugestanden werden.«[2219] Unter dem wärmenden Strahlenkranz des selbsternannten Messias Woodrow Wilson durfte demnach Deutschösterreich nicht nur auf die Achtung, sondern sogar auf die aktive Begünstigung seiner Selbstbestimmung von Seiten der Alliierten hoffen.

Die einzige (winzige) Hoffnung auf einen Verständigungsfrieden war ein zuvor abgeschlossener Waffenstillstand. Doch ersterem wurde bereits durch letzteren jede Grundlage entzogen.

Arglistige Täuschung

Aus gutem Grund ging die deutsche Reichsleitung davon aus, dass sämtliche Verhandlungen, sei es den Waffenstillstand oder sei es den nachfolgenden Friedensvertrag betreffend, auf der Grundlage von Woodrow Wilsons 14-Punkte-Programm abgehalten würden. In Anbetracht der Erfahrungen mit der anglo-amerikanischen Täuschungstaktik mag man dem Deutschen Reich vielleicht Naivität unterstellen, eine Tatsache ist allerdings, dass den Deutschen das Wasser bis zur Oberkante der Unterlippe stand und sie zudem von US-Präsident Wilson vorsätzlich hinters Licht geführt wurden. Großbritannien, Frankreich und die USA waren sich gegen Ende 1918 noch nicht einig, wie man mit dem Deutschen Reich verfahren sollte. Frankreich liebäugelte zum Beispiel mit dem Gedanken, Deutschland zur Selbstentwaffnung zu veranlassen, um sodann im Nachbarland einzumarschieren. Vor diesem höchst dubiosen Hintergrund gab jedoch die US-Regierung respektive Woodrow Wilson am 5. November 1918 folgende Erklärung ab:

> *Die alliierten Regierungen [...] erklären ihre Bereitschaft zum Friedensschluss mit der deutschen Regierung aufgrund der Friedensbedingungen, die in der Ansprache des Präsidenten an den Kongress vom 8. Januar 1918 niedergelegt sind.*[2220]

Für einen objektiven Erklärungsempfänger bedeutete dies, dass die Basis sämtlicher Gespräche und Verhandlungen Wilsons 14-Punkte-Programm sein würde. Diese

Zusage seitens des US-amerikanischen Präsidenten in seiner offiziellen Rolle als Friedensvermittler durfte folglich von der deutschen Regierung als verbindliches Angebot betrachtet werden, das sie auch mit dem Beginn der »Verhandlungen« über den Waffenstillstand am 9. November annahm. Durch Angebot und Annahme kam ein rechtsgültiger Vorvertrag über den Rahmen beziehungsweise die Grundvoraussetzung für die Hauptverträge sowohl über den Waffenstillstand als auch über den Friedensvertrag zustande. Die Krux an der Sache ist, dass sich die Alliierten nicht daran hielten. Das Deutsche Reich wurde wieder einmal getäuscht.

Erzwungene Wehrlosigkeit

Die binnen 36-Stundenfrist ultimativ aufgezwungen Bestimmungen des Waffenstillstands von Compiègne vom 11. November 1918 kastrierten die deutsche Reichswehr und machten die junge deutsche Republik verteidigungsunfähig. Nicht US-Präsident Wilson, sondern der ebenso antideutsche französische Oberbefehlshaber der alliierten Truppen General Ferdinand Foch leitete das, was man offiziell Verhandlungen nannte. Diese wurde im Salonwagen auf der Waldlichtung von Compiègne kompromisslos geführt. Es gab weder Spielraum noch Gnade. General von Hindenburg war aber ohnehin von Delegationsleiter Matthias Erzberger (1875 bis 1921) nach dessen Rücksprache mit dem kurzfristig ernannten Reichskanzler Friedrich Ebert (1871 bis 1925) dazu angewiesen worden, jedwede Bedingungen anzunehmen. Diese waren unter anderem die Annullierung des Friedensvertrags von Brest-Litowsk mit Russland, der Abzug der deutschen Truppen nicht nur aus Belgien, Frankreich und Luxemburg, sondern auch aus Elsass-Lothringen, die einseitige Freilassung von Kriegsgefangenen, die vollständige Internierung der deutschen Hochseeflotte im nordschottischen Scapa Flow sowie die Übergabe von 25.000 Maschinengewehren, 5.000 Geschützen, 3.000 Minenwerfern, 1.700 Flugzeugen, 5.000 Lastkraftwagen, 5.000 Lokomotiven sowie sage und schreibe 150.000 Waggons an die Entente-Mächte.[2221] Der extrem gegen die Deutschen aufgebrachte Verhandlungsführer General Foch stellte zutreffend fest, nun sei Deutschland

den Siegern auf Gnade und Ungnade ausgeliefert.[2222]

Das war ja auch der Sinn der Übung, die Österreich schon acht Tage vorher über sich ergehen lassen musste: Neben der vollständigen Räumung Tirols bis zum Brenner musste anlässlich des Waffenstillstands vom 3. November 1918 beispielsweise das österreichische Militär bis auf 20 Divisionen abrüsten und die Hälfte der Artilleriewaffen abliefern. Binnen 24 Stunden hatten sich 360.000 Soldaten kampflos in alliierte Kriegsgefangenschaft zu begeben. Und so weiter.[2223] Die Mittelmächte wurden systematisch wehrlos gemacht, um ihnen jene »Verträge« aufzwingen zu können, die ihren endgültigen Untergang bedeuteten.

Verlängerte Hungerblockade

Um sicher zu gehen, dass sich die nach wie vor formierten deutschen Verbände nicht ins Landesinnere zurückziehen, um einen Guerillakrieg nach dem Muster des Tiroler Freiheitskämpfers Andreas Hofer (1767 bis 1810) zu führen, wurde die britische Hungerblockade gegen das deutsche Volk, zu dessen Schutz sich die Reichswehr verpflichtet hatte, bis über den Abschluss des Kriegsdiktats von Versailles hinaus ununterbrochen fortgeführt. Die trotz rechtskräftigen Waffenstillstands aufrecht erhaltene völkerrechtswidrige Blockade erfüllte noch weitere Zwecke: Beschleunigung des Siegerdiktats, Stärkung des alliierten Bundes, Schwächung der deutschen Wirtschaft und sogar primär die Sicherstellung eines nichtbolschewistischen Deutschlands. Die genannten Zwecke definierte der britische Außenminister Arthur Balfour in einem gemeinsamen Memorandum des Kriegsministeriums und des Außenamts vom 21. Januar 1919. Darin erklärte Balfour, dass die Aufrechterhaltung der Blockade

> *die Unterzeichnung des Friedensvertrags beschleunigen und die Alliierten einen würde. Sie würde auch helfen, die Preise der deutschen Lebensmittelimporte zu kontrollieren und zu verhindern, dass diese hauptsächlich zu den Reichen gelangen. Am wichtigsten ist, dass eine direkte Lieferung von Nahrungsmitteln und Rohstoffen zu jenen Provinzen und Proletariern erfolgt, die dem Bolschewismus widerstehen.*[2224]

Hierin drückt sich die Balance of Power in Reinkultur aus: Kaum hatten die angloamerikanischen Kriegstreiber dem Bolschewismus in Russland zum Durchbruch verholfen, waren sie schon wieder bestrebt, einen antagonistischen Block in Zentraleuropa zu bilden, der das glatte Gegenteil verkörperte. Wie im zweiten Band beschrieben wird, finanzierte die Wallstreet auch das NS-Regime unter Adolf Hitler, um die beiden Machtblöcke – das kommunistische Russland und das nationalsozialistische Deutschland – noch besser gegeneinander ausspielen zu können.

Zurück zur Hungerblockade, deren wirtschaftlichen Zweck der US-amerikanische Historiker Harry Elmer Barnes wie folgt erklärt: »Für die Fortsetzung dieser Blockade war Großbritannien sehr weitgehend verantwortlich. Sie konnte nur gerechtfertigt werden, um Deutschland zu schwächen und den zukünftigen deutschen Wettkampf zu beenden, indem man etwa 800.000 deutsche Frauen und Kinder verhungern ließ.«[2225] Die Beendigung der Blockade wurde erst 14 Tage nach der abgenötigten Unterfertigung des Kriegsdiktats von Versailles (28. Juni) verfügt. Allein in den acht Monaten zwischen Waffenstillstand und Unterfertigung des Siegerdiktats, also zwischen 11. November 1918 und 12. Juli 1919, starben **mehr als 245.000** deutsche Kinder, Frauen und Männer den Hungertod.[2226]

Schwere Nötigung

Der Kerninhalt des Siegerdiktats wurde im Schloss von Versailles hinter verschlossenen Türen und unter Ausschluss der Deutschen vom sogenannten Rat der Vier festgelegt, dem US-Präsident Woodrow Wilson, der britische Premier David Lloyd George, der französische Ministerpräsident Georges Clemenceau (1841 bis 1929) und der italienische Ministerpräsident Vittorio Orlando (1860 bis 1952) angehörten. An den anschließenden Verhandlungen durfte die deutsche Delegation wieder nicht teilnehmen. Mit ihr wurde nur schriftlich verkehrt. An dem ihr am 7. Mai 1919, dem vierten Jahrestag der Opferung der Lusitania, vorgelegten Entwurf des »Vertrags« wurden den Deutschen keine grundlegenden Änderungen, sondern nur geringfügige Ergänzungen erlaubt. Im Spiegelsaal, in dem 1871 Wilhelm I. zum deutschen Kaiser gekrönt worden war,[2227] wurde die deutsche Abordnung am 28. Juni 1919, exakt fünf Jahre nach der Ermordung des österreichischen Thronfolgers Franz Ferdinand in Sarajewo, mittels Androhung militärischer Gewalt zur Unterfertigung genötigt. Der Druck war groß, denn das Ultimatum sah die Umsetzung der Planungen des alliierten Oberbefehlshabers General Foch vor: Spaltung Deutschlands in einen nördlichen und einen südlichen Teil durch den Vormarsch ententischer Truppen aus dem bereits besetzten Rheinland über den Main bis an die tschechische Grenze.[2228]

Die Androhung direkter militärischer Gewalt übte in Kombination mit der arglistig und mittels Zwang erreichten Selbstentwaffnung und den bereits hunderttausenden aufgrund der britischen Fernblockade zu Tode gehungerten Zivilisten massiven Druck auf die offiziellen Vertreter Deutschlands aus. Nach der nur unter Protest geleisteten Unterfertigung am 28. Juni wurde der Versailler »Vertrag« am 9. Juli von der Weimarer Nationalversammlung ratifiziert.[2229] Die Aufhebung der Hungerblockade erfolgte jedoch erst zwei Wochen nach Unterfertigung respektive drei Tage nach Ratifizierung.[2230]

Warum die Deutschen überhaupt zuerst ihrer eigenen Druckmittel und Verteidigungsfähigkeit beraubt und sodann zur Annahme eines vorgefertigten Verpflichtungskatalogs genötigt werden mussten, verrät dessen Inhalt, der in folgende Kategorien unterteilt werden kann:

- Alleinverantwortung für den Kriegsbeginn
- Ersatz der gegnerischen Kriegskosten
- Wirtschaftliche Schwächung
- Kastration der Streitkräfte
- Territoriale Amputationen
- Vereinigungsverbot

Rechtliches

An diesen zukunftsvernichtenden Maßnahmen wird ersichtlich, dass der dem deutschen Kaiserreich aufgezwungene militärische Vernichtungskrieg gegenüber der jungen demokratischen Republik Deutschland im sogenannten Frieden konsequent mit anderen Mitteln weitergekämpft wurde. Die ultimativ abgenötigte Annahme des inhaltlich sittenwidrigen »Vertrags« stellte eine massive Verletzung der Autonomie der deutschen Republik dar. Dabei ist zu berücksichtigen, dass der staatlichen Unabhängigkeit damals, das heißt nach klassischem Völkerrecht, ein viel größeres Gewicht als heute beigemessen wurde.

Heutzutage würde das alliierte Nötigungsverhalten von 1919 einen eklatanten Verstoß gegen das Gewaltverbot nach Artikel 2 Absatz 4 der Satzung der Vereinten Nationen darstellen.[2231] Um noch deutlicher zu werden: Sogar bei einer (theoretischen) analogen Anwendung heutiger Maßstäbe aus dem Straf- und Zivilrecht lag eine schwere Nötigung zu einem sittenwidrigen Vertrag vor, der daher **automatisch nichtig** war. Das vom Straftatbestand der Nötigung sowohl nach deutschem als auch nach österreichischem Recht geschützte Rechtsgut ist die Freiheit der Willensbildung und der Willensentschließung.[2232] Gemäß § 240 des deutschen Strafgesetzbuchs stellt eine Nötigung durch missbräuchliche Amtsführung einen besonders schweren Fall dar.[2233] Eine schwere Nötigung gemäß § 106 des österreichischen Strafgesetzbuchs liegt beispielsweise vor, wenn die genötigte Person zu einer Handlung, Duldung oder Unterlassung veranlasst wird, »die besonders wichtige Interessen der genötigten oder einer dritten Person verletzt.«[2234] Nach deutschem bürgerlichem Recht ist ein Rechtsgeschäft insbesondere dann nichtig, wenn es gegen die guten Sitten verstößt.[2235]

Die lediglich theoretische Analogie zeigt, dass der Vertrag von Versailles sogar nach heutigen Gesichtspunkten sowohl vom Zustandekommen als auch von seinem Inhalt her illegal und nichtig war. Dies galt am 28. Juni 1919 umso mehr, da nicht nur die damals sehr wichtige »Ehre der Nation«, sondern auch die nach klassischem Völkerrecht unverletzliche staatliche Autonomie Deutschlands von den Alliierten mit Füßen getreten und zudem die Zukunft der Nation regelrecht verbaut wurde.

Zerstörte Zukunft

Von den vielen Bestimmungen der 440 Artikel des Siegerdiktats von Versailles, mit denen Deutschlands endgültige Vernichtung in die von der anglo-amerikanischen Globalisierungsclique gepflegte äußere »friedliche« Form mit hier sogar deutlich erkennbar aggressivem Inhalt gegossen wurde, können nur die allerwichtigsten angeführt werden.

Raubbau auf allen Ebenen

Artikel 231 besagten Siegerdiktats schob dem deutschen Reich inklusive seinen Verbündeten nicht nur einseitig die Schuld am Ausbruch des Ersten Weltkriegs zu, sondern bildete auch die völkerrechtliche Grundlage für die noch nicht in voller Höhe festgelegten, von Deutschland zu leistenden Reparationen:

> *Die alliierten und assoziierten Regierungen erklären, und Deutschland erkennt an, dass Deutschland und seine Verbündeten als Urheber für alle Verluste und Schäden verantwortlich sind, die die alliierten und assoziierten Regierungen und ihre Staatsangehörigen infolge des ihnen durch den Angriff Deutschlands und seiner Verbündeten aufgezwungenen Krieges erlitten haben.*[2236]

Zusätzlich wurde jener Staatsmann, der sich in der Juli-Krise nachweislich am intensivsten um den Frieden bemüht hatte,[2237] zum Kriegsverbrecher erklärt: Der letzte deutsche Kaiser Wilhelm II. sollte gemäß Artikel 227 »wegen schwerer Verletzung des internationalen Sittengesetzes und der Heiligkeit der Verträge unter öffentliche Anklage« gestellt und von einem Sondergericht abgeurteilt werden. Hierzu würden die Alliierten »an die Regierung der Niederlande das Ersuchen richten, den vormaligen Kaiser zum Zwecke seiner Aburteilung auszuliefern.«[2238]

Das war also vom anglo-amerikanischen Rechtsempfinden zu halten. Mit diesen verbrecherischen Artikeln belasteten die Alliierten das deutsche Volk nicht nur psychisch, sondern auch politisch (Isolation), wirtschaftlich (Umsatzeinbußen) und darüber hinaus finanziell aufs Äußerste. Denn sie luden den Deutschen die Bezahlung der Kosten und Schäden in jenem Krieg auf, den die ententischen Kriegstreiber selbst verbrochen hatten. Einen niederträchtigeren Betrug hatte die Menschheitsgeschichte bis dahin wohl nicht gesehen.

Die Verbündeten der USA nahmen zwischen April 1917 und dem Waffenstillstand vom November 1918 kriegsbedingte US-Kredite in Höhe von insgesamt 7,1 Milliarden Dollar in Anspruch und kauften im selben Zeitraum US-amerikanische Rüstungsgüter im Wert von 10,3 Milliarden Dollar.[2239] Während des Ersten Weltkriegs tätigte allein das britische Kriegsministerium im Wege der Morgan Bank Rüstungskäufe im Wert von 20 Milliarden Dollar.[2240]

Denselben Betrag in deutscher Währung, also 20 Milliarden Mark, brummten die Alliierten Deutschland gemäß Artikel 235 vorläufig, das heißt lediglich bis zur endgültigen Festlegung der tatsächlichen Schuldenhöhe auf.[2241] 20 Milliarden Reichsmark entsprachen einem Wert von rund 7.000 Tonnen Gold. Im Jahr 1920 wurde der von Deutschland zu entrichtende Gesamtbetrag von den Alliierten mit 32 Milliarden Goldmark festgelegt.[2242] Insgesamt betrugen die vom (dritten) Deutschen Reich erbrachten Leistungen an Reparationen einen Wert von 67,7 Milliarden Goldmark. So die deutschen Berechnungen. Den alliierten Aufstellungen zufolge leistete Deutschland 21,8 Milliarden Goldmark, wobei der beachtlichen Differenz von 45,9 Milliarden »die unterschiedliche Bewertung zahlreicher Leistungspositionen« zugrunde liegt. Wie dem auch sei: »Es waren gewaltige Geldbeträge und Sachleistungen, die Deutschland als ›Wiedergutmachung‹ erbracht hat.«[2243] Der deutsche Historiker und Universitätsprofessor Eberhard Kolb apostrophiert das Wort »Wiedergutmachung« mit gutem Recht. Schließlich hatte Deutschland nichts gutzumachen. Das Geld wurde dem verarmten deutschen

Volk verbrecherisch aus der Tasche gezogen beziehungsweise unter Androhung von Waffengewalt geraubt.

Als wäre dies noch nicht genug, wurde die deutsche Wirtschaft auch noch mit rein handelstechnischen Auflagen geschwächt, die in einem »Friedensvertrag« überhaupt nichts zu suchen hatten. So wurden die großen deutschen Flüsse Elbe, Oder, Memel und Donau zu internationalen Schifffahrtswegen erklärt (Artikel 331).[2244] Außerdem hatte Deutschland jede Menge Handelsflottenschiffe abzutreten. Im August 1919 kassierte Frankreich 11 deutsche Tankschiffe als Kriegsbeute und bekam zusätzlich von Deutschland drei Jahre lang jeweils 35.000 Tonnen Benzol gratis frei Haus geliefert.[2245]

Gegen diese und eine Vielzahl weiterer unerhörter Beschränkungen der deutschen Wirtschaft konnte sich Deutschland nicht wehren, weil seine ehemals starken Streitkräfte zu einer besseren Polizeitruppe degradiert werden mussten.

Kastration der Wehrmacht

Der große Generalstab musste aufgelöst, die allgemeine Wehrpflicht abgeschafft und das Berufsheer bis 31. März 1920 auf 100.000 Mann bei einem Anteil von etwa 4.000 Offizieren verringert werden. Die auf sechs Panzerkreuzer, sechs leichte Kreuzer und 12 Torpedoboote reduzierte Marine durfte lediglich 15.000 Soldaten umfassen. Die einmalige Dienstzeit der insgesamt maximal 115.000 Mann wurde obligatorisch auf 12 Jahre beschränkt. Militärische Vereine waren streng untersagt. Schwere Waffen wie Schlachtschiffe, U-Boote und Panzer sowie generell die Luftstreitkräfte waren ab sofort verboten. Ebenso der grenznahe Festungsbau. Das Rheinland war zu entmilitarisieren. Waffenvorräte mussten auf 102.000 Gewehre und 40,8 Millionen Schuss Munition beschränkt werden. Und so weiter.[2246]

Von grundlegender Bedeutung für die Zeit zwischen Versailles und dem Beginn des Zweiten Weltkriegs ist, dass die einleitende Präambel zu den militärischen Versailler Bestimmungen auch die Alliierten in die Pflicht nahm: »Um die Einleitung einer allgemeinen Rüstungsbeschränkung aller Nationen zu ermöglichen, verpflichtet sich Deutschland, die im folgenden niedergelegten Bestimmungen über das Landheer, die Seemacht und die Luftfahrt genau innezuhalten.«[2247] Es sei vorweggenommen, dass sich Deutschland als braver Vorreiter so lange an besagte Abrüstungsbestimmungen hielt, bis es realisierte, dass seine Nachbarn munter weiter aufrüsteten. Jene Nachbarn nämlich, die sich auf Kosten Deutschlands auch territorial bereichert hatten.

Territoriale Amputationen

Durch die »vertraglich« vorgeschriebene Zerschneidung seines Staatsgebiets verlor Deutschland rund 13 Prozent an Terrain und mit circa sieben Millionen Menschen etwa 10 Prozent der Bevölkerung.[2248] »Durch die massive Verkleinerung seines Territoriums und seiner Bevölkerung sowie den Verlust seiner Schutzgebiete«, schreibt der US-amerikanische Politiker Patrick J. Buchanan, »sollte Deutschland so geschwächt werden, dass es nie wieder in der Lage sein würde zu kämpfen.«[2249]

Die größte und zugleich mehrfach belastende Beschneidung deutschen Bodens stellte die Lostrennung von fast ganz Westpreußen und Posen und deren Abgabe an Polen dar. Wie erwähnt, hatte US-Präsident Wilson schon in seinem 14-Punkte-Katalog unter der verflixten Nummer 13 die Schaffung eines **polnischen Spaltkeils** mitten in Deutschland vorgeschlagen. Mit dem Versailler »Vertrag« wurde der polnische Korridor bittere Realität.[2250] Er trennte Ostpreußen und die fortan Freie Stadt Danzig vom restlichen Reich[2251] (siehe Abb. 88), gab Polen eine außergewöhnliche Machtposition und wurde schließlich, wie im zweiten Band gezeigt wird, zum Auslöser des Zweiten Weltkriegs im Rahmen der Operation Tannenberg.[2252] Bei Wilsons Konzept handelte es sich um dieselbe Strategie wie beim in London entworfenen zionistischen Spaltkeil mitten in der arabisch-türkisch-muslimischen Welt: die geostrategisch motivierte Positionierung eines künstlichen Konfliktherds.

Frankreich konnte sich endlich wieder die ursprünglich deutschen, später aber zwangsfranzösisierten Gebiete um Elsass-Lothringen unter den Nagel reißen. Eupen-Malmedy fiel an Belgien, Nordschleswig an Dänemark, das Memelland letztlich an Litauen. Außerdem verlor Deutschland neben einer Reihe weiterer kleinerer Gebiete [2253] auch sämtliche Kolonien.[2254]

Eklatante Verletzungen des von Woodrow Wilson nur zum Schein propagierten Selbstbestimmungsrechts der Völker stellten nicht nur die Abspaltung von Gebieten mit hohem bis deutlich überwiegendem deutschem Bevölkerungsanteil, sondern auch die in den meisten Fällen nicht durchgeführten und ansonsten teilweise missachteten Volksabstimmungen dar. Doch damit nicht genug.

Anschlussverbot

Zum Bruch des Rechts auf völkische Selbstbestimmung zählt auch das in den Versailler Zwangsbestimmungen verankerte Verbot des Anschlusses der österreichischen

Abb. 88: Deutsche Gebietsverluste 1919

an die deutsche Republik. Das Anschlussverbot wurde für das Deutsche Reich in Artikel 80 des Siegerdiktats von Versailles derart geregelt, dass eine Ausnahme von der grundsätzlich unabänderlichen Regel der Bewilligung des Rats des neu erschaffenen Völkerbunds bedurfte.[2255] Deutschösterreich, das sich längst für den Anschluss an den großen deutschen Bruder entschieden hatte (siehe oben), wurde mit der ähnlich lautenden Bestimmung des Artikels 88 des Pseudofriedensvertrags von St. Germain vom 10. September 1919 ebenfalls an eine Bewilligung durch den Rat des Völkerbunds geknebelt. Der demokratischen Republik Deutschösterreich wurde sogar die autonom gewählte Namensgebung untersagt und die Fremdbezeichnung als »Republik Österreich« vorgeschrieben.[2256]

Die Deutschen aus Deutschland und Österreich wurden also auch rechtlich als Menschen zweiter Wahl behandelt. So groß war die Angst der Alliierten vor einer Vergrößerung des deutschen Reichsgebiets und des aus einem natürlichen Bedürfnis erwachsenen Zusammenschlusses der Deutschen. Doch als der aus Oberösterreich stammende Adolf Hitler 1938 als deutscher Reichskanzler auf die Zustimmung des Völkerbunds pfiff und seine Heimat ins Deutsche Reich holte, ließen es die Alliierten zu, weil sie ein Bollwerk gegen den von der Wallstreet geförderten russischen Kommunismus im bereits geplanten nächsten großen Krieg brauchten. Balance of Power.

Interessant in diesem Konnex ist die von den USA vertretene Position während der »Friedenverhandlungen« im Jahr 1919 gegen die völkerrechtlich verbindliche Einrichtung von Kriegsverbrechertribunalen. Die USA stimmten als einzige Nation gegen die Implementierung des Ius contra bellum: »Die Verantwortung für den Verstoß gegen internationale Konventionen und vor allem für Verbrechen gegen die ›Gesetze der Menschheit‹ ist eine Frage der Moral, nicht des Gesetzes.«[2257]

Globale Finanzdiktatur

Unser Krieg war der vielleicht letzte Freiheitskampf Europas
gegen den angelsächsischen Weltkapitalismus.
Alfred von Tirpitz

Weder gesetzlich noch moralisch vertretbar war die während des Ersten Weltkriegs einsetzende Manifestierung der von der anglo-amerikanischen Globalisierungsclique geplanten finanziellen Versklavung aller Nationen gegenüber der privativen Hochfinanz. Bereits an der Schwelle zum 20. Jahrhundert waren so gut wie alle europäischen Nationen hoffnungslos bei den Rothschilds verschuldet.[2258] Die sukzessive Verschuldung der Entente-Mächte bei den USA durch Kriegsanleihen in exorbitanter Höhe wurde bereits an mehreren Stellen dargelegt. Europa zerstörte sich auf Pump, wurde von US-amerikanischen Banken abhängig und förderte dadurch den Aufstieg der USA zur uneingeschränkten Weltmacht. Besonders das hoch verschuldete Großbritannien war an die USA gekettet. Cecils Rhodes Pläne zur anglo-amerikanischen Verschmelzung im Wege einer von Privatbanken ausgeübten Finanzdiktatur gingen also auf.

Mit der Zerstörung des deutschen Kaiserreichs und der hohen kriegsbedingten Verschuldung ging auch das wirtschaftlich-wissenschaftlich-finanziell-staatliche Gesamtsystem in die Brüche. Vor allem im Rahmen der Inflation geriet Deutschland zunehmend durch die Aufnahme von Krediten in die Fänge ausländischer Banken, ganz besonders von US-amerikanischen Bankhäusern. Aufgrund der gegenüber anderen Staaten viel stärkeren Bindung der deutschen an die US-amerikanische Volkswirtschaft wurde das Deutsche Reich von der Weltwirtschaftskrise, die ihren Anfang in den USA nahm, besonders hart, ja im Mark getroffen. Dass Deutschland nach dem

Ersten Weltkrieg nur noch ein staatlicher Verwaltungsblock im Besitz internationaler Banken war, erklärte zum Beispiel der US-amerikanische Kongressabgeordnete Louis Thomas McFadden (1876 bis 1936). Der Republikaner McFadden wusste, wovon er sprach, denn von 1919 bis 1931 amtierte er als Vorsitzender des Banken- und Währungsausschusses:

> *Nach dem Ersten Weltkrieg fiel Deutschland in die Hände der internationalen Bankiers. Diese Bankiers haben das Land gekauft, und jetzt ist es voll und ganz ihr Eigentum. Sie haben seine Industrien gekauft, sie besitzen Hypotheken auf seinen Grund und Boden, sie kontrollieren seine Produktion, sie kontrollieren alle öffentlichen Versorgungsunternehmen.*[2259]

Die deutschen Glanzzeiten, in denen die Banken dem Gemeinwesen dienten, waren also vorbei. Dazu passend, schrieb der deutsche Admiral Alfred von Tirpitz im Jahr 1920: »Unser Krieg war der vielleicht letzte Freiheitskampf Europas gegen den angelsächsischen Weltkapitalismus [...]«[2260]

Doch das Deutsche Reich fiel im Kampf gegen die globalistischen Unterdrücker. Der finale Schritt hierzu war der Eintritt der USA in den Ersten Weltkrieg, der wiederum propagandistisch vorbereitet worden war, insbesondere durch die Opferung der Lusitania.

5.
CUI BONO?

Vom Pearl Harbor des Ersten Weltkriegs, der damit einhergehenden Blockierung der deutschen Friedensangebote und dem Kriegseintritt der USA profitierten garantiert weder die Mittelmächte noch ihre Verbündeten.

In Kontinentaleurasien inklusive Russland und dem Nahen Osten blieb kein Stein auf dem anderen. Von diesem Festland stammte die deutlich überwiegende Mehrheit der etwa 40 Millionen Verwundeten und Toten, die der von den Alliierten künstlich in die Länge gezogene Erste Weltkrieg forderte: rund 90 Prozent. Und davon wiederum entfiel – in sehr offensichtlicher Entsprechung der anglo-amerikanischen Geostrategie der Balance of Power – der Löwenanteil auf **Russland und Deutschland**.[2261] Vier Monarchien gingen unter, allesamt im kriegsmüden und revoltierenden Kontinentaleurasien, während das britische Königshaus erhalten blieb. Massiv von der Entente gestört, konnten das Deutsche Reich und Österreich-Ungarn ihr großes mitteleurasisches Potenzial nicht entfalten. Mit ihren Reichen ging viel Gutes, Fortschrittliches und vor allem Funktionierendes unter, wurde die kulturelle und wirtschaftliche Entwicklung des kontinentalen Eurasiens weit zurück katapultiert. Vor allem steht fest,

dass eine kräftige pulsierende Donaueinheit den Weg Hitlers verschlossen und Europa vor dem [nächsten] Krieg und dessen tragische Folgen bewahrt hätte.[2262]

Nachdem Deutschland und Österreich im Frühjahr 1918 von der autonomen und demokratischen Volksrepublik Ukraine um Hilfe gerufen worden waren, befreiten sie diese von jenen Bolschewisten, die von der Wallstreet unterstützt wurden. Insbesondere weil aus Sicht der geheimen Cliquen die deutsch-ukrainische Allianz kein Vorzeigemodell in Osteuropa werden durfte, führte die Entente den Vernichtungskrieg gegen das Deutsche Reich bis zur letzten Konsequenz fort.

Der Hauptnutznießer des verantwortungslos prolongierten Ersten Weltkriegs, der Destabilisierung Kontinentaleurasiens und des Zunichtemachens der Vorhaben der Mittelmächte war eindeutig Großbritannien. Und natürlich die USA, die durch den Kriegseintritt unaufhaltsam auf dem Weg zur uneingeschränkten Supermacht voranschritten. Großbritannien und die USA hatten neben der Vernichtung der Mittelmächte und des Osmanischen Reiches auch sämtliche andere strategische Ziele erreicht oder zumindest deren Umsetzung maßgeblich angekurbelt:

- Verhinderung eines deutsch-jüdischen Palästinas
- Verunmöglichung der mitteleurasischen Allianz
- Britische Vorherrschaft in Asien
- Kolonialer Zuwachs in Afrika
- Globale Finanzkontrolle

6.
ATYPISCHE VERDECKTE OPERATION

Die absichtliche Ermöglichung und Duldung der Versenkung der Lusitania durch ein deutsches U-Boot war eine von der britischen Admiralität ausgeheckte und von US-amerikanischen Drahtziehern inklusive Präsident Wilson unterstützte atypische verdeckte Operation. Der mit hunderten zivilen Reisenden belegte Passagierdampfer wurde in New York vorsätzlich in ein verlangsamtes hochexplosives Kriegshilfsschiff verwandelt, im südirischen Meer zielgerichtet vor das Bugtorpedorohr des U-20 gelotst und dadurch zu dessen leichter Beute gemacht.

Die skrupellose Opferung von fast 1.200 Zivilisten durch den grausamen Ertrinkungstod war ein weiteres Glied in der langen Kette anglo-amerikanischer Kriegsmaßnahmen und Verbrechen, die von Beginn an und planmäßig die Ermordung unzähliger Zivilisten vorsah. Der von Edward Grey mit dem Schutz des Handels und von Woodrow Wilson mit dem Kampf für Frieden und Demokratie begründete Vernichtungskrieg gegen das Deutsche Reich, dessen wirtschaftliche Fortsetzung im Rahmen eines chaotisierenden Siegerdiktats sowie die vorsätzliche Platzierung von lageverschärfenden Spaltkeilen in Russland, in Deutschland und im Nahen Osten beweisen unwiderlegbar, dass hier verschworene Psychopathen im klinisch-medizinischen Sinne am Werk waren.

Wie die meisten Deutschen erkannte Adolf Hitler korrekt, dass Deutschland zielgerichtet vernichtet worden war. Er fiel aber auf das anglo-amerikanische Blendwerk *Die Protokolle der Weisen von Zion* herein, machte *die* bzw. alle Juden verantwortlich, lenkte dadurch den berechtigten Volkszorn von den anglo-amerikanischen Tätern auf Teile der deutschen Bevölkerung um – und spaltete Deutschland wie kein anderer. Die Macht riss der von der Wallstreet finanzierte »Führer« nicht auf demokratischem Weg, sondern, wie schon die Bolschewisten in Russland, durch einen gediegen vorbereiteten Putsch an sich: Regime Change durch Reichstagsbrand.

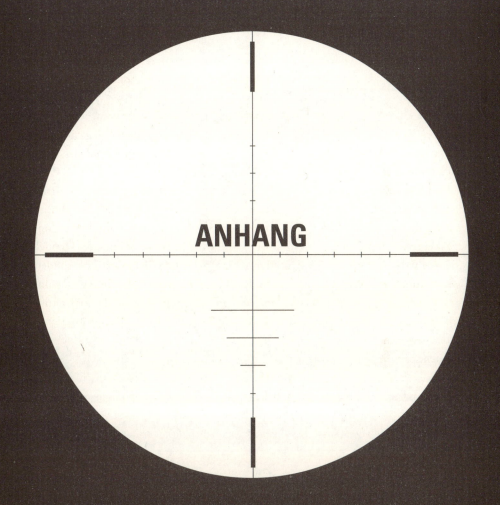

CIA-DOKUMENT 1035-960

```
                                                          Date: 06/14/96
                                                          Page: 1

                         JFK ASSASSINATION SYSTEM
                           IDENTIFICATION FORM
---------------------------------------------------------------------------
                             AGENCY INFORMATION

              AGENCY :   CIA
       RECORD NUMBER :   104-10009-10022
       RECORD SERIES :   JFK
 AGENCY FILE NUMBER :   201-289248
---------------------------------------------------------------------------
                            DOCUMENT INFORMATION

          ORIGINATOR :   CIA
                FROM :   CHIEF, (CA STAFF)
                  TO :   CHIEF, CERTAIN STATIONS AND BASES
               TITLE :   COUNTERING CRITICISM OF THE WARREN REPORT.
                DATE :   01/04/67
               PAGES :   53
            SUBJECTS :   CRITICISM
                        WC REPORT

       DOCUMENT TYPE :   PAPER, TEXTUAL DOCUMENT
      CLASSIFICATION :   SECRET
        RESTRICTIONS :   OPEN IN FULL
      CURRENT STATUS :   OPEN
 DATE OF LAST REVIEW :   06/18/93
    OPENING CRITERIA :
            COMMENTS :   OSW14:V54 1993.06.18.17:48:53:180000:
```

[R] - ITEM IS RESTRICTED

DISPATCH

CLASSIFICATION: SECRET

PROCESSING ACTION:
MARKED FOR INDEXING
X NO INDEXING REQUIRED
ONLY QUALIFIED DESK CAN JUDGE INDEXING

TO: Chiefs, Certain Stations and Bases

Document Number 1035-960

for FOIA Review on SEP 1976

FROM: Chief, WOVIEW

CIA HISTORICAL REVIEW PROGRAM
Release in Full 1996

SUBJECT: Countering Criticism of the Warren Report

ACTION REQUIRED - REFERENCES

PAUL H. FOR OSWALD
PSYCH FILE 2 copies

THIS WAS PULLED TOGETHER BY NED BENNETT OF CA STAFF IN CLOSE CONJUNCTION WITH CI/R&A. WE ~~FURNISHED~~ MOST OF THE SOURCE MATERIAL, PROVIDED MANY OF THE THEMES, AND PROVIDED GENERAL "EXPERTISE" ON THE CASE. THE SPECTATOR ARTICLE WAS WRITTEN BY BENNETT.

G.E. Cook
23 JAN 1967

1. **Our Concern.** From the day of President Kennedy's assassination on, there has been speculation about the responsibility for his murder. Although this was stemmed for a time by the Warren Commission report (which appeared at the end of September 1964), various writers have now had time to scan the Commission's published report and documents for new pretexts for questioning, and there has been a new wave of books and articles criticizing the Commission's findings. In most cases the critics have speculated as to the existence of some kind of conspiracy, and often they have implied that the Commission itself was involved. Presumably as a result of the increasing challenge to the Warren Commission's Report, a public opinion poll recently indicated that 46% of the American public did not think that Oswald acted alone, while more than half of those polled thought that the Commission had left some questions unresolved. Doubtless polls abroad would show similar, or possibly more adverse, results.

2. This trend of opinion is a matter of concern to the U.S. government, including our organization. The members of the Warren Commission were naturally chosen for their integrity, experience, and prominence. They represented both major parties, and they and their staff were deliberately drawn from all sections of the country. Just because of the standing of the Commissioners, efforts to impugn their rectitude and wisdom tend to cast doubt on the whole leadership of American society. Moreover, there seems to be an increasing tendency to hint that President Johnson himself, as the one person who might be said to have benefited, was in some way responsible for the assassination. Innuendo of such seriousness affects not only the individual concerned, but also the whole reputation of the American government. Our organization itself is directly involved: among other facts, we contributed information to the investigation. Conspiracy theories have frequently thrown suspicion on our organization, for example by falsely alleging that Lee Harvey Oswald worked for us. The aim of this dispatch is to provide material for countering and discrediting the claims of the conspiracy theorists, so as to inhibit the circulation of such claims in other countries. Background information is supplied in a classified section and in a number of unclassified attachments.

3. **Action.** We do **not** recommend that discussion of the assassination question be initiated where it is not already taking place. Where discussion is active, however, addressees are requested:

CS COPY

201-289248

ABSTRACT	X INDEX	DISPATCH SYMBOL AND NUMBER	DATE
9 attachments h/w		BD 5847	4/1/67
1 - SECRET 8 atts.		CLASSIFICATION SECRET	HQS FILE NUMBER DESTROY WHEN NO LONGER NEEDED
8 - Unclassified			

a. To discuss the publicity problem with liaison and friendly elite contacts (especially politicians and editors), pointing out that the Warren Commission made as thorough an investigation as humanly possible, that the charges of the critics are without serious foundation, and that further speculative discussion only plays into the hands of the opposition. Point out also that parts of the conspiracy talk appear to be deliberately generated by Communist propagandists. Urge them to use their influence to discourage unfounded and irresponsible speculation.

b. To employ propaganda assets to answer and refute the attacks of the critics. Book reviews and feature articles are particularly appropriate for this purpose. The unclassified attachments to this guidance should provide useful background material for passage to assets. Our play should point out, as applicable, that the critics are (i) wedded to theories adopted before the evidence was in, (ii) politically interested, (iii) financially interested, (iv) hasty and inaccurate in their research, or (v) infatuated with their own theories. In the course of discussions of the whole phenomenon of criticism, a useful strategy may be to single out Epstein's theory for attack, using the attached Fletcher Knebel article and Spectator piece for background. (Although Mark Lane's book is much less convincing than Epstein's and comes off badly where contested by knowledgeable critics, it is also much more difficult to answer as a whole, as one becomes lost in a morass of unrelated details.)

4. In private or media discussion not directed at any particular writer, or in attacking publications which may be yet forthcoming, the following arguments should be useful:

a. No significant new evidence has emerged which the Commission did not consider. The assassination is sometimes compared (e.g., by Joachim Joesten and Bertrand Russell) with the Dreyfus case; however, unlike that case, the attacks on the Warren Commission have produced no new evidence, no new culprits have been convincingly identified, and there is no agreement among the critics. (A better parallel, though an imperfect one, might be with the Reichstag fire of 1933, which some competent historians (Fritz Tobias, A.J.P. Taylor, D.C. Watt) now believe was set by Van der Lubbe on his own initiative, without acting for either Nazis or Communists; the Nazis tried to pin the blame on the Communists, but the latter have been much more successful in convincing the world that the Nazis were to blame.)

b. Critics usually overvalue particular items and ignore others. They tend to place more emphasis on the recollections of individual eyewitnesses (which are less reliable and more divergent -- and hence offer more hand-holds for criticism) and less on ballistic, autopsy, and photographic evidence. A close examination of the Commission's records will usually show that the conflicting eyewitness accounts are quoted out of context, or were discarded by the Commission for good and sufficient reason.

c. Conspiracy on the large scale often suggested would be impossible to conceal in the United States, esp. since informants could expect to receive large royalties, etc. Note that Robert Kennedy, Attorney General at the time and John F. Kennedy's brother, would be the last man to overlook or conceal any conspiracy. And as one reviewer pointed out, Congressman Gerald R. Ford would hardly have held his tongue for the sake of the Democratic administration, and Senator Russell would have had every political interest in exposing any misdeeds on the part of Chief Justice Warren. A conspirator moreover would hardly choose a location for a shooting where so much depended on conditions beyond his control: the route, the speed of the cars, the moving target, the risk that the assassin would be discovered. A group of wealthy conspirators could have arranged much more secure conditions.

d. Critics have often been enticed by a form of intellectual pride: they light on some theory and fall in love with it; they also scoff at the Commission because it did not always answer every question with a flat decision one way or the other. Actually, the make-up of the Commission and its staff was an excellent safeguard against over-commitment to any one theory, or against the illicit transformation of probabilities into certainties.

e. Oswald would not have been any sensible person's choice for a co-conspirator. He was a "loner," mixed-up, of questionable reliability and an unknown quantity to any professional intelligence service.

f. As to charges that the Commission's report was a rush job, it emerged three months after the deadline originally set. But to the degree that the Commission tried to speed up its reporting, this was largely due to the pressure of irresponsible speculation already appearing, in some cases coming from the same critics who, refusing to admit their errors, are now putting out new criticisms.

g. Such vague accusations as that "more than ten people have died mysteriously" can always be explained in some more natural way: e.g., the individuals concerned have for the most part died of natural causes; the Commission staff questioned 418 witnesses (the FBI interviewed far more people, conducting 25,000 interviews and reinterviews), and in such a large group, a certain number of deaths are to be expected. (When Penn Jones, one of the originators of the "ten mysterious deaths" line, appeared on television, it emerged that two of the deaths on his list were from heart attacks, one from cancer, one was from a head-on collision on a bridge, and one occurred when a driver drifted into a bridge abutment.)

5. Where possible, counter speculation by encouraging reference to the Commission's Report itself. Open-minded foreign readers should still be impressed by the care, thoroughness, objectivity and speed with which the Commission worked. Reviewers of other books might be encouraged to add to their account the idea that, checking back with the Report itself, they found it far superior to the work of its critics.

CLAYTON P. NURNAD

SECRET   4 January 1967

Background Survey of Books Concerning
the Assassination of President Kennedy

1. (Except where otherwise indicated, the factual data given in paragraphs 1-9 is unclassified.) Some of the authors of recent books on the assassination of President Kennedy (e.g., Joachim Joesten, Oswald: Assassin or Fall Guy; Mark Lane, Rush to Judgment; Leo Sauvage, The Oswald Affair: An Examination of the Contradictions and Omissions of the Warren Report) had publicly asserted that a conspiracy existed before the Warren Commission finished its investigation. Not surprisingly, they immediately bestirred themselves to show that they were right and that the Commission was wrong. Thanks to the mountain of material published by the Commission, some of it conflicting or misleading when read out of context, they have had little difficulty in uncovering items to substantiate their own theories. They have also in some cases obtained new and divergent testimony from witnesses. And they have usually failed to discuss the refutations of their early claims in the Commission's Report, Appendix XII ("Speculations and Rumors"). This Appendix is still a good place to look for material countering the theorists.

2. Some writers appear to have been predisposed to criticism by anti-American, far-left, or Communist sympathies. The British "Who Killed Kennedy Committee" includes some of the most persistent and vocal English critics of the United States, e.g., Michael Foot, Kingsley Martin, Kenneth Tynan, and Bertrand Russell. Joachim Joesten has been publicly revealed as a onetime member of the German Communist Party (KPD); a Gestapo document of 8 November 1937 among the German Foreign Ministry files microfilmed in England and now returned to West German custody shows that his party book was numbered 532315 and dated 12 May 1932. (The originals of these files are now available at the West German Foreign Ministry in Bonn; the copy in the U.S. National Archives may be found under the reference T-120, Serial 4918, frames E256482-4. The British Public Records Office should also have a copy.) Joesten's American publisher, Carl Marzani, was once sentenced to jail by a federal jury for concealing his Communist Party (CPUSA) membership in order to hold a government job. Available information indicates that Mark Lane was elected Vice Chairman of the New York Council to Abolish the House Un-American Activities Committee on 28 May 1963; he also attended the 8th Congress of the International Association of Democratic Lawyers (an international Communist front organization) in Budapest from 31 March to 5 April 1964, where he expounded his (pre-Report) views on the Kennedy assassination. In his acknowledgments in his book, Lane expresses special thanks to Ralph Schoenman of London "who participated in and supported the work"; Schoenman is of course the expatriate American who has been influencing the aged Bertrand Russell in recent years. (See also para. 10 below on Communist efforts to replay speculation on the assassination.)

3. Another factor has been the financial reward obtainable for sensational books. Mark Lane's Rush to Judgment, published on 13 August 1966, had sold 85,000 copies by early November and the publishers had printed

(Cont.)

140,000 copies by that date, in anticipation of sales to come. The 1 January 1967 New York Times Book Review reported the book as at the top of the General category of the best seller list, having been in top position for seven weeks and on the list for 17 weeks. Lane has reportedly appeared on about 175 television and radio programs, and has also given numerous public lectures, all of which serves for advertisement. He has also put together a TV film, and is peddling it to European telecasters; the BBC has purchased rights for a record $45,000. While neither Abraham Zapruder nor William Manchester should be classed with the critics of the Commission we are discussing here, sums paid for the Zapruder film of the assassination ($25,000) and for magazine rights to Manchester's Death of a President ($665,000) indicate the money available for material related to the assassination. Some newspapermen (e.g., Sylvan Fox, The Unanswered Questions About President Kennedy's Assassination; Leo Sauvage, The Oswald Affair) have published accounts cashing in on their journalistic expertise.

4. Aside from political and financial motives, some people have apparently published accounts simply because they were burning to give the world their theory, e.g., Harold Weisberg, in his Whitewash II, Penn Jones, Jr., in Forgive My Grief, and George C. Thomson in The Quest for Truth. Weisberg's book was first published privately, though it is now finally attaining the dignity of commercial publication. Jones' volume was published by the small-town Texas newspaper of which he is the editor, and Thomson's booklet by his own engineering firm. The impact of these books will probably be relatively slight, since their writers will appear to readers to be hysterical or paranoid.

5. A common technique among many of the writers is to raise as many questions as possible, while not bothering to work out all the consequences. Herbert Mitgang has written a parody of this approach (his questions actually refer to Lincoln's assassination) in "A New Inquiry is Needed," New York Times Magazine, 25 December 1966. Mark Lane in particular (who represents himself as Oswald's lawyer) adopts the classic defense attorney's approach of throwing in unrelated details so as to create in the jury's mind a sum of "reasonable doubt." His tendency to wander off into minor details led one observer to comment that whereas a good trial lawyer should have a sure instinct for the jugular vein, Lane's instinct was for the capillaries. His tactics and also his nerve were typified on the occasion when, after getting the Commission to pay his travel expenses back from England, he recounted to that body a sensational (and incredible) story of a Ruby plot, while refusing to name his source. Chief Justice Warren told Lane, "We have every reason to doubt the truthfulness of what you have heretofore told us" -- by the standards of legal etiquette, a very stiff rebuke for an attorney.

6. It should be recognized, however, that another kind of criticism has recently emerged, represented by Edward Jay Epstein's Inquest. Epstein adopts a scholarly tone, and to the casual reader, he presents what appears to be a more coherent, reasoned case than the writers described above.

2

(Survey Cont.)

Epstein has caused people like Richard Rovere and Lord Devlin, previously backers of the Commission's Report, to change their minds. The New York Times' daily book reviewer has said that Epstein's work is a "watershed book" which has made it respectable to doubt the Commission's findings. This respectability effect has been enhanced by Life magazine's 25 November 1966 issue, which contains an assertion that there is a "reasonable doubt," as well as a republication of frames from the Zapruder film (owned by Life), and an interview with Governor Connally, who repeats his belief that he was not struck by the same bullet that struck President Kennedy. (Connally does not, however, agree that there should be another investigation.) Epstein himself has published a new article in the December 1966 issue of Esquire, in which he explains away objections to his book. A copy of an early critique of Epstein's views by Fletcher Knebel, published in Look, 12 July 1966, and an unclassified, unofficial analysis (by "Spectator") are attached to this dispatch, dealing with specific questions raised by Epstein.

7. Here it should be pointed out that Epstein's competence in research has been greatly exaggerated. Some illustrations are given in the Fletcher Knebel article. As a further specimen, Epstein's book refers (pp. 93-5) to a cropped-down picture of a heavy-set man taken in Mexico City, saying that the Central Intelligence Agency gave it to the Federal Bureau of Investigation on 18 November 1963, and that the Bureau in turn forwarded it to its Dallas office. Actually, affidavits in the published Warren material (vol. XI, pp. 468-70) show that CIA turned the picture over to the FBI on 22 November 1963. (As a matter of interest, Mark Lane's Rush to Judgment claims that the photo was furnished by CIA on the morning of 22 November; (begin SECRET) the fact is that the FBI flew the photo directly from Mexico City to Dallas immediately after Oswald's arrest, before Oswald's picture had been published, on the chance it might be Oswald. The reason the photo was cropped was that the background revealed the place where it was taken.) Another example: where Epstein reports (p. 41) that a Secret Service interview report was even withheld from the National Archives, this is untrue: an Archives staff member told one of our officers that Epstein came there and asked for the memorandum. He was told that it was there, but was classified. Indeed, the Archives then notified the Secret Service that there had been a request for the document, and the Secret Service declassified it. But by that time, Epstein (whose preface gives the impression of prolonged archival research) had chosen to finish his searches in the Archives, which had only lasted two days, and had left town. Yet Epstein charges that the Commission was over-hasty in its work. (End SECRET)

8. Aside from such failures in research, Epstein and other intellectual critics show symptoms of some of the love of theorizing and lack of common sense and experience displayed by Richard H. Popkin, the author of The Second Oswald. Because Oswald was reported to have been seen in different places at the same time, a phenomenon not surprising in a sensational case where thousands of real or alleged witnesses were interviewed, Popkin, a professor of philosophy, theorizes that there actually were two Oswalds. At this point, theorizing becomes sort of logico-mathematical game, an exercise in permutations

and combinations; as Commission attorney Arlen Specter remarked, "Why not make it three Oswalds? Why stop at two?" Nevertheless, aside from his book, Popkin has been able to publish a summary of his views in The New York Review of Books, and there has been replay in the French Nouvel Observateur, in Moscow's New Times, and in Baku's Vyshka. Popkin makes a sensational accusation indirectly, saying that "Western European critics" see Kennedy's assassination as part of a subtle conspiracy attributable to "perhaps even (in rumors I have heard) Kennedy's successor." One Barbara Garson has made the same point in another way by her parody of Shakespeare's "Macbeth" entitled "MacBird," with what is obviously President Kennedy (Ken O Dunc) in the role of Duncan, and President Johnson (MacBird) in the role of Macbeth. Miss Garson makes no effort to prove her point; she merely insinuates it. Probably the indirect form of accusation is due to fear of a libel suit.

9. Other books are yet to appear. William Manchester's not-yet-published The Death of a President is at this writing being purged of material personally objectionable to Mrs. Kennedy. There are hopeful signs: Jacob Cohen is writing a book which will appear in 1967 under the title Honest Verdict, defending the Commission report, and one of the Commission attorneys, Wesley J. Liebeler, is also reportedly writing a book, setting forth both sides. But further criticism will no doubt appear; as the Washington Post has pointed out editorially, the recent death of Jack Ruby will probably lead to speculation that he was "silenced" by a conspiracy.

10. The likelihood of further criticism is enhanced by the circumstance that Communist propagandists seem recently to have stepped up their own campaign to discredit the Warren Commission. As already noted, Moscow's New Times reprinted parts of an article by Richard Popkin (21 and 28 September 1966 issues), and it also gave the Swiss edition of Joesten's latest work an extended, laudatory review in its number for 26 October. Izvestiya has also publicized Joesten's book in articles of 18 and 21 October. (In view of this publicity and the Communist background of Joesten and his American publisher, together with Joesten's insistence on pinning the blame on such favorite Communist targets as H. L. Hunt, the FBI and CIA, there seems reason to suspect that Joesten's book and its exploitation are part of a planned Soviet propaganda operation.) Tass, reporting on 5 November on the deposit of autopsy photographs in the National Archives, said that the refusal to give wide public access to them, the disappearance of a number of documents, and the mysterious death of more than 10 people, all make many Americans believe Kennedy was killed as the result of a conspiracy. The radio transmitters of Prague and Warsaw used the anniversary of the assassination to attack the Warren report. The Bulgarian press conducted a campaign on the subject in the second half of October; a Greek Communist newspaper, Avgi, placed the blame on CIA on 20 November. Significantly, the start of this stepped-up campaign coincided with a Soviet

(Survey Cont.)

demand that the U.S. Embassy in Moscow stop distributing the Russian-language edition of the Warren report; *Newsweek* commented (12 September) that the Soviets apparently "did not want mere facts to get in their way." (SECRET: A curious aftermath was that a known Soviet intelligence officer in a Far Eastern country called a U.S. diplomat six times during the week of 20 November, including after working hours, in an effort to obtain a copy of the Russian-language edition. It is not clear whether he wanted it for propaganda work, or to satisfy his own curiosity as to what really happened. End SECRET.)

201-289248
(Survey)

January 1967

The Theories of Mr. Epstein
by Spectator

A recent critic of the Warren Commission Report, Edward Jay Epstein, has attracted widespread attention by contesting the Report's conclusion that, "although it is not necessary to any essential findings of the Commission," President Kennedy and Governor Connally were probably hit successively by the same bullet, the second of three shots fired. In his book, Inquest, Epstein maintains (1) that if the two men were not hit by the same bullet, there must have been two assassins, and (2) that there is evidence which strongly suggests that the two men were not hit by the same bullet. He suggests that the Commission's conclusions must be viewed as "expressions of political truth," implying that they are not in fact true, but are only a sort of Pablum for the public.

Epstein's argument that the two men must either have been shot by one bullet or by two assassins rests on a comparison of the minimum time required to operate the bolt on Lee Harvey Oswald's rifle -- 2.3 seconds -- with the timing of the shots as deduced from a movie of the shooting taken by an amateur photographer, Abraham Zapruder. The frames of the movie serve to time the events in the shooting. The film (along with a slow-motion re-enactment of the shooting made on 24 May 1964 on the basis of the film and other pictures and evidence) tends to show that the President was probably not shot before frame 207, when he came out from beneath the cover of an oak tree, and that the Governor was hit not later than frame 240. If this is correct, then the two men would not have been hit longer than 1.8 seconds apart, since Zapruder's film was taken at a speed of 18.3 frames per second. Since Oswald's rifle could not have fired a second shot within 1.8 seconds, Epstein concludes that the victims must have been shot by separate weapons -- and hence presumably by separate assassins -- unless they were hit by the same bullet.

Epstein then argues that there is evidence which contradicts the possibility of a shooting by a single bullet. In his book he refers to Federal Bureau of Investigation reports stemming from FBI men present at the Bethesda autopsy on President Kennedy, according to which there was a wound in the back with no point of exit; this means that the bullet which entered Kennedy's back could not later have hit Connally. This information, Epstein notes, flatly contradicts the official autopsy report accepted by the Commission, according to which the bullet presumably entered Kennedy's body just below the neck and exited through the throat. Epstein also publishes photographs of the backs of Kennedy's shirt and coat, showing bullet holes about six inches below the top of the collar, as well as a rough sketch made at the time of the autopsy; these pictures suggest that the entrance wound in the back was too low to be linked to an exit wound in the throat. In his book, Epstein says that if the FBI statements are correct -- and he indicates his belief that they are -- then the "autopsy findings must have been changed after January 13 [January 13, 1964: the date of

(Cont.)

the last FBI report stating that the bullet penetrated Kennedy's back for less than a finger-length.].". In short, he implies that the Commission warped and even forged evidence so as to conceal the fact of a conspiracy.

Following the appearance of Epstein's Inquest, it was pointed out that on the morning (November 23rd) after the Bethesda autopsy attended by FBI and Secret Service men, the autopsy doctors learned that a neck wound, obliterated by an emergency tracheostomy performed in Dallas, had been seen by the Dallas doctors. (The tracheostomy had been part of the effort to save Kennedy's life.) The FBI men who had only attended the autopsy on the evening of November 22 naturally did not know about this information from Dallas, which led the autopsy doctors to change their conclusions, finally signed by them on November 24. Also, the Treasury Department (which runs the Secret Service) reported that the autopsy report was only forwarded by the Secret Service to the FBI on December 23, 1963. But in a recent article in Esquire, Epstein notes that the final FBI report was still issued after the Secret Service had sent the FBI the official autopsy, and he claims that the explanation that the FBI was uninformed "begs the question of how a wound below the shoulder became a wound in the back of the neck." He presses for making the autopsy pictures available, a step which the late President's brother has so far steadfastly resisted on grounds of taste, though they have been made available to qualified official investigators.

Let us consider Epstein's arguments in the light of information now available:

1. *Epstein's thesis that if the President and the Governor were not hit by the same bullet, there must have been two assassins:*

    a. Feeling in the Commission was that the two men were probably hit by the same bullet; however, some members evidently felt that the evidence was not conclusive enough to exclude completely the Governor's belief that he and the President were hit separately. After all, Connally was one of the most important living witnesses. While not likely, it was possible that President Kennedy could have been hit more than 2.3 seconds before Connally. As Arlen Specter, a Commission attorney and a principal adherent of the "one-bullet theory," says, the Zapruder film is two-dimensional and one cannot say exactly when Connally, let alone the President, was hit. The film does not show the President during a crucial period (from about frames 204 to 225) when a sign blocked the view from Zapruder's camera, and before that the figures are distant and rather indistinct. (When Life magazine first published frames from the Zapruder film in its special 1963 Assassination Issue, it believed that the pictures showed Kennedy first hit 74 frames before Governor Connally was struck.) The "earliest possible time" used by Epstein is based on the belief that, for an interval before that time, the view of the car from the Book Depository

(Theories Cont.)

window was probably blocked by the foliage of an oak tree (from frame 166 to frame 207, with a brief glimpse through the leaves at frame 186). In the words of the Commission's Report, "it is unlikely that the assassin would deliberately have shot at [President Kennedy] with a view obstructed by the oak tree when he was about to have a clear opportunity"; unlikely, but not impossible. Since Epstein is fond of logical terminology, it might be pointed out that he made an illicit transition from probability to certainty in at least one of his premises.

b. Although Governor Connally believed that he and the President were hit separately, he did not testify that he saw the President hit before he was hit himself; he testified that he heard a first shot and started to turn to see what had happened. His testimony (as the Commission's report says) can therefore be reconciled with the supposition that the first shot missed and the second shot hit both men. However, the Commission did not pretend that the two men could not possibly have been hit separately.

c. The Commission also concluded that all the shots were fired from the sixth floor window of the Depository. The location of the wounds is one major basis for this conclusion. In the room behind the Depository window, Oswald's rifle and three cartridge cases were found, and all of the cartridge cases were identified by experts as having been fired by that rifle; no other weapon or cartridge cases were found, and the consensus of the witnesses from the plaza was that there were three shots. If there were other assassins, what happened to their weapons and cartridge cases? How did they escape? Epstein points out that one woman, a Mrs. Walther, not an expert on weapons, thought she saw two men, one with a machine gun, in the window, and that one other witness thought he saw someone else on the sixth floor; this does not sound very convincing, especially when compared with photographs and other witnesses who saw nothing of the kind.

d. The very fact that the Commission did not absolutely rule out the possibility that the victims were shot separately shows that its conclusions were not determined by a preconceived theory. Now, Epstein's thesis is not just his own discovery; he relates that one of the Commission lawyers volunteered to him: "To say that they were hit by separate bullets is synonymous with saying that there were two assassins." This thesis was evidently considered by the Commission. If the thesis were completely valid, and if the Commissioners -- as Epstein charges -- had only been interested in finding "political truth," then the Commission should have flatly adopted the "one-bullet theory," completely rejecting any possibility that the men were hit separately. But while Epstein and others have a weakness for theorizing, the seven experienced lawyers

(Theories Cont.)

on the Commission were not committed beforehand to finding either a conspiracy or the absence of one, and they wisely refused to erect a whole logical structure on the slender foundation of a few debatable pieces of evidence.

2. *Epstein's thesis that either the FBI's reports (that the bullet entering the President's back did not exit) were wrong, or the official autopsy report was falsified.*

a. Epstein prefers to believe that the FBI reports are accurate (otherwise, he says, "doubt is cast on the accuracy of the FBI's entire investigation") and that the official autopsy report was falsified. Now, as noted above, it has emerged since Inquest was written that the FBI witnesses to the autopsy did not know about the information of a throat wound, obtained from Dallas, and that the doctors' autopsy report was not forwarded to the FBI until December 23, 1963. True, this date preceded the date of the FBI's Supplemental Report, January 13, 1964, and that Supplemental Report did not refer to the doctors' report, following instead the version of the earlier FBI reports. But on November 25, 1966, FBI Director J. Edgar Hoover explained that when the FBI submitted its January 13 report, it knew that the Commission had the doctor's report, and therefore did not mention it. In other words, the FBI reports were essentially reports of FBI information. This seems natural; the FBI knew that the Commission would weigh its evidence together with that of other agencies, and it was not incumbent on the FBI to argue the merits of its own version as opposed to that of the doctors. When writing reports for outside use, experienced officials are always cautious about criticizing or even discussing the products of other agencies. (If one is skeptical about this explanation, it would still be much easier to believe that the author(s) of the Supplemental Report had somehow overlooked or not received the autopsy report than to suppose that that report was falsified months after the event. Epstein thinks the Commission staff overlooked Mrs. Walther's report mentioned above, yet he does not consider the possibility that the doctors' autopsy report did not actually reach the desk of the individuals who prepared the Supplemental Report until after they had written -- perhaps well before January 13 -- the draft of page 2 of that report. Such an occurrence would by no means justify a general distrust of the FBI's "entire investigation.")

b. With regard to the holes in shirt and coat, their location can be readily explained by supposing that the President was waving to the crowd, an act which would automatically raise the back of his clothing. And in fact, photographs show that the President was waving just before he was shot.

c. As to the location of the hole in the President's back or shoulder, the autopsy films have recently been placed in the National Archives, and were viewed in November 1966 by two of the autopsy doctors, who

(Theories Cont.)

stated afterwards that the pictures confirm that the wound was high enough for a bullet entering there to exit through the throat. Commander Boswell, who drew the rough sketch used by Epstein to show that the wound was several inches down the back, stated that his sketch had been mistaken, or rather inaccurate, in marking the spot where the bullet entered; he pointed out, however, that the measurements written on the sketch at the time are correct. They place the wound 14 centimeters from the right shoulder joint and 14 centimeters below the tip of the right mastoid process -- the medical term for the bony point behind the ear. Thus the location of the wound was easily high enough to permit a bullet entering there to exit through the neck. (It is interesting to note that, whether deliberately or not, the reproduction of Cdr. Boswell's sketch in Inquest is too poor for the writing to be readily legible, while the reproduction accompanying Epstein's Esquire article has part of the writing lopped off. If we are charitable, and assume that Epstein himself could not read this writing, or could not translate the medical termology, then we must still note that he apparently overlooked the plain printed reference to the location of the wound contained in the Commission's Report (p.88), which also translates the medical term into layman's language; this should have clarified for him the writing on the sketch.)

It is worth considering some of the implications of Epstein's accusation:

a. There was a conspiracy of two or more persons. Yet despite all the evidence found incriminating Oswald, no evidence has been found incriminating any other identifiable person. Oswald would hardly have been the choice of any careful conspirator. A conspiratorial group -- especially a Texan one -- could easily have found a safer and more reliable way of killing the President.

b. The charge that the autopsy document was falsified incriminates at the least a large number of government officials and independent lawyers, as well as the three autopsy doctors. It would presumably involve the seven Commission members, who vary in political background and outlook, but share the attribute of having staked their reputations on the report. Is it really possible that such an awful secret, shared by so many, could be kept? A clerk who was witting of such a scandal could expect to sell his story for a figure running into at least six digits.

It appears that, to put the matter at its lowest, Epstein has jumped to a conclusion on the basis of incomplete, inadequate research in a rush to judgment.

(Theories)

201-289248

ABBILDUNGSVERZEICHNIS

Die Abbildungen 14, 25, 26, 27, 33, 37, 50, 52, 53, 54, 55, 57, 74, 76, 77, 78, 79, 87 und 88 (Karten, Skizzen etc.) wurden von Jasmin Donner handgezeichnet. Sämtliche Tabellen wurden von der Autorin erstellt.

Abb. 1	(S. 35) JFKs Autopsie-Bild *Figure 62*. Quelle: Hor10a, im Illustrationsteil zw. S. 130 u. 131
Abb. 2	(S. 37) Seite 1 des CIA-Dokuments Nr. 1035-960. Quelle: www.history-matters.com
Abb. 3	(S. 45) Hooton-Artikel in *The New York Times* vom 11. 10. 1944
Abb. 4	(S. 74) Tabelle Industrieproduktion 1870–1919 in Prozent. Grundlagenquelle: Ber85, S. 102
Abb. 5	(S. 76) Tabelle Stahlproduktion 1870–1913 in Millionen Tonnen. Grundlagenquelle: Ber85, S. 102
Abb. 6	(S. 77) Ozean-Liner Bismarck (Majestic) um 1922
Abb. 7	(S. 79) Kaiser Wilhelm II. um 1890
Abb. 8	(S. 79) Kaiser Wilhelm II. mit Sohn Wilhelm 1887
Abb. 9	(S. 103) Tabelle Globalisierungsclique, Protokolle und 1. Weltkrieg
Abb. 10	(S. 117) Diagramm Menschliche Verluste im 1. Weltkrieg
Abb. 11	(S. 118) Tabelle Verluste im 1. und 2. Weltkrieg. Grundlagenquellen: Reperes
Abb. 12	(S. 136) Kaiser Wilhelm II. 1910
Abb. 13	(S. 136) Kaiser Wilhelm II.
Abb. 14	(S. 141) Karte Systematische Einkreisung der Mittelmächte
Abb. 15	(S. 146) Tabelle Kriegsflottentonnagen 1890–1914. Grundlagenquelle: Exp15, S. 19
Abb. 16	(S. 149) Britische Superdreadnought HMS Queen Elisabeth um 1915
Abb. 17	(S. 150) Britische Marinekanonen Kaliber 38,1 cm vor dem IWM
Abb. 18	(S. 151) Deutsches Typenschlachtschiff SMS Kaiser (1912 bis 1919)
Abb. 19	(S. 155) Tabelle Geführte Kriege 1815 bis 1914. Grundlagenquelle: Buc14, S. 58
Abb. 20	(S. 168) Tabelle Welterdölproduktion 1900. Grundlagenquelle: Kar03, S. 24
Abb. 21	(S. 169) Tabelle Herkunft deutscher Leuchtölimport 1880–1913. Grundlagenquelle: Kar03, S. 69
Abb. 22	(S. 172) Tabelle Entwicklung der EPU 1907–1913. Grundlagenquelle: Sar02, S. 16
Abb. 23	(S. 174) Tabelle Kennziffernvergleich Triple Entente vs. Mittelmächte. Grundlagenquelle: Kar03, S. 95
Abb. 24	(S. 196) Kaiser Wilhelm II. (Gemälde)
Abb. 25	(S. 202) Karte Staatenkette der mitteleurasischen Allianz
Abb. 26	(S. 203) Karte Strategische Wege in den Osten um 1914
Abb. 27	(S. 204) Karte Systematische Einkreisung der Mittelmächte (Ausschnitt)
Abb. 28	(S. 223) Tabelle Sprachen gemäß Volkszählung 1910. Grundlagenquelle: Fre11, Tabelle 2
Abb. 29	(S. 227) Kronprinz Rudolf 1880 in ungarischer Uniform
Abb. 30	(S. 242) Kronprinz Rudolf 1886 in ungarischer Uniform
Abb. 31	(S. 243) Kaiser Franz Joseph I. 1885
Abb. 32	(S. 244) Freiin Marie Vetsera 1888
Abb. 33	(S. 246) Skizze Jagdschloss Mayerling, 1. Stock (analog zu Ham15, S.465)
Abb. 34	(S. 252) Abschlussstein über Altar in Schloss Mayerling
Abb. 35	(S. 267) Thronfolger Franz Ferdinand
Abb. 36	(S. 267) Franz Ferdinand als Mumie
Abb. 37	(S. 273) Karte Vereinigte Staaten von Groß-Österreich (nach Pop06)
Abb. 38	(S. 277) Wilhelm II. und Franz Ferdinand mit getauschten Uniformen. 1914 in Kiel
Abb. 39	(S. 277) Wilhelm II. und Franz Ferdinand auf der Jagd 1912 in Springe
Abb. 40	(S. 293) Zeichnung »Time Bomb« 1914 (britischer Künstler)
Abb. 41	(S. 295) Tabelle/Grafik Gegenüberstellung geostrategischer Ziele 1914
Abb. 42	(S. 304) Ausschnitt des *Le Matin* vom 4. 1. 2014
Abb. 43	(S. 306) Karikatur *La triple detente* 1914
Abb. 44	(S. 318) Tabelle Kriegsflottentonnagen 1890–1914 mit Kräfteverhältnis. Grundlagenquelle: Exp15, S. 19

Abb. 45 (S. 319) Tabelle Anzahl der Kriegsschiffe und U-Boote im Sommer 1914. Grundlagenquelle: Hof15a, S. 112 u. Mir76, S. 20
Abb. 46 (S. 322) Österreichisches Drillingssturmschiff Viribus Unitis um 1914
Abb. 47 (S. 326) Tabelle Truppenstärken (Heer + Marine) im Frieden 1880–1914. Grundlagenquellen: Epk15, S. 19 u. Bih10, S. 53f.
Abb. 48 (S. 330) Tabelle Truppenstärken im Frieden 1914, zu Kriegsbeginn (Mob.1914) und im gesamten 1. Weltkrieg (Mob. 1914–1918). Grundlagenquellen: Epk15, S. 19, Bih10, S. 53f, Jan05, S. 375 iVm 433, Olt05, S. 321 u. weltkrieg2.de
Abb. 49 (S. 335) Tabelle Truppenstärken Russlands, Frankreichs und Deutschlands 1890–1914. Grundlagenquellen: Tabellen gemäß Abb. 47 und 48
Abb. 50 (S. 343) Karte Schlieffen-Plan 1905
Abb. 51 (S. 390) General Victor-Constant Michel
Abb. 52 (S. 392) Karte Französische Verteidigungsstrategie 1911 nach General Michel
Abb. 53 (S. 397) Karte Französischer Plan XVII (1914) nach General Joffre
Abb. 54 (S. 435) Karte Beförderung der Attentäter von Belgrad nach Sarajewo
Abb. 55 (S. 443) Karte Kriegsvorbereitungen der Entente-Staaten
Abb. 56 (S. 449) *Doppel-Phaeton* von *Gräf & Stift* in Sarajewo am 28. 6. 1914
Abb. 57 (S. 451) Karte Aufstellung der Attentäter in Sarajewo am 28. 6. 1914
Abb. 58 (S. 461) Tabelle Gegenüberstellende Bewertung der Zulässigkeit der 1914 und 2001 ausgelösten Kriege
Abb. 59 (S. 511) Ermordetes Thronfolgerpaar Juli 1914
Abb. 60 (S. 513) Britische Flottenparade in Spithead am 18. 7. 1914
Abb. 61 (S. 514) Britische Flottenparade in Spithead am 18. 7. 1914 (Postkarte)
Abb. 62 (S. 585) K. u. k. Generalstabschef Franz Conrad von Hötzendorf
Abb. 63 (S. 634) Deutscher Generalstabschef Helmuth von Moltke
Abb. 64 (S. 666) Tabelle Mobilmachung und Pseudovermittlung vor dem 1. Weltkrieg
Abb. 65 (S. 672) Lusitania in New York 1907
Abb. 66 (S. 673) Lusitania um 1907–1913
Abb. 67 (S. 674) Mauretania als getarnter Truppentransporter
Abb. 68 (S. 674) Aquitania als getarnter Truppentransporter
Abb. 69 (S. 682) Deutsche Annonce vom 22. April 1915
Abb. 70 (S. 684) U-20 in Kiel 1914 (zweites U-Boot vorne von links)
Abb. 71 (S. 685) Tabelle Kriegsmaterial auf der Lusitania im Mai 1915. Grundlagenquelle: Sch03, S. 128 sowie V-019
Abb. 72 (S. 686) Munition im Rumpf des Lusitania-Wracks. Quelle: National Geographic Channels / Creative Differences Productions
Abb. 73 (S. 687) Zeichnung Lusitanias Rumpf (analog Bal95, S. 110)
Abb. 74 (S. 691) Karte Routen von Lusitania und U-20 im Mai 1915. Grundlagenquellen: Bee82, S. 102ff. sowie Sch03, S. 130
Abb. 75 (S. 691) U-20 auf hoher See
Abb. 76 (S. 692) Karte Versenkungen durch U-20 von 5.–7. Mai 1915. Grundlagenquellen: Bee82, S. 102ff. sowie Sch03, S. 130
Abb. 77 (S. 694) Karte Zusammentreffen von Lusitania und U-20. Grundlagenquellen: Bee82, S. 102ff. sowie Sch03, S. 130
Abb. 78 (S. 700) Zeichnung Trefferbild mit Explosion. Grundlagenquelle: Sch03, S. 133
Abb. 79 (S. 701) Zeichnung Sinkvorgang der Lusitania. Grundlagenquellen: Sim72, S. 149; V-019 sowie Bal95, S. 110
Abb. 80 (S. 704) Antideutsche Propagandazeichnung USA 1914. *The Kaiser Commits Atrocities in Belgium* (New York World 1914)
Abb. 81 (S. 705) Antideutsches Propagandaplakat Frankreich 1914. *Für Gott, Vaterland und König*
Abb. 82 (S. 709) Lügen-Propaganda zur Lusitania-Versenkung. Quelle: Sau15, S. 88
Abb. 83 (S. 709) Antideutsches Propagandaplakat Großbritannien 1915
Abb. 84 (S. 709) Antideutsches Propagandaplakat USA 1917
Abb. 85 (S. 713) Tabelle Streitkräfteumfang Anfang November 1916. Grundlagenquelle: Bih10, S. 150
Abb. 86 (S. 715) Wilhelm II und Franz Joseph I. im Jahr 1915
Abb. 87 (S. 740) Karte Aufteilung des Nahen Ostens 1916
Abb. 88 (S. 753) Karte Deutsche Gebietsverluste 1919

ABKÜRZUNGSVERZEICHNIS

9/11	Terroranschläge in den USA am 11. September 2001	JFK	John F. Kennedy (US-Präsident 1961–1963)
Abb.	Abbildung	k. u. k.	kaiserlich und königlich
a.D.	außer Dienst	LUX	Luxemburg
AIOC	Anglo-Iranian Oil Company (vormals APOC)	Mio.	Million / Millionen
		MI5	Military Intelligence 5 (britischer Inlandsgeheimdienst)
APOC	Anglo-Persian Oil Company (später AIOC)	MI6	Military Intelligence 6 (britischer Auslandsgeheimdienst)
ARRB	Assassination Records Review Board (Kommission zur Überprüfung der Attentatsbeweismittel)	NATO	North Atlantic Treaty Organisation (Militärbündnis zweier nordamerikanischer und 26 europäischer Staaten)
BEF	British Expeditionary Force (Britisches Expeditionskorps)	NS	Nationalsozialismus, nationalsozialistisch
BEL	Belgien		
BOS	Bosnien	NSDAP	Nationalsozialistische Deutsche Arbeiterpartei
BRT	Bruttoregistertonnen		
Bspw.	Beispielsweise	OHL	Oberste Heeresleitung
Bzw.	Beziehungsweise	OSM	Osmanisches Reich
CIA	Central Intelligence Agency (US-Auslandsnachrichtendienst)	Ö-U	Österreich-Ungarn
		PNAC	Project for the New American Century (Projekt für das neue amerikanische Jahrhundert)
CID	Committee of Imperial Defense (Britisches Komitee für Imperiale Verteidigung)		
		Pos.	Position (bei einigen eBooks anstatt der Seite)
DEU	Deutsches Reich, Deutschland		
ENG	England	RUM	Rumänien
EPU	Europäische Petroleum-Union	RUS	Russland, Russische Föderation
f. / ff.	Folgende / Folgfolgende	Rn/Rz	Randnummer/ Randziffer
FBI	Federal Bureau of Investigation (US-Geheimdienst)	S.	Seite / Seiten
		SER	Serbien
Fn	Fußnote (in diesem Buch: Endnote)	SIS/MI6	Secret Intelligence Service bzw. MI6 (Britischer Geheimdienst)
FRA	Frankreich		
GAL	Galizien	sm	Seemeilen
GBR	Großbritannien	SMS	Seiner Majestät Schiff
GPU	Gossudarstwennoje Polititscheskoje Uprawlenije (Sowjetische Geheimpolizei)	Stratfor	Strategic Forecasting Inc. (US-Informationsdienst)
		U.	Und
HMS	Her/His Majesty's Ship (Ihrer/Seiner Majestät Schiff)	UdSSR	Union der Sozialistischen Sowjetrepubliken
HOL	Holland		
Hrsg.	Herausgeber	UNO	United Nations Organization (Vereinte Nationen)
Insb.	insbesondere		
ITA	Italien	USA	United States of America
iVm	in Verbindung mit	USA/NATO	Kürzel für das Phänomen »USA-gelenkte NATO«
IWM	Imperial War Museum in London		
JAP	Japan	Vgl.	Vergleiche
JCA	Jewish Colonization Association (Aktiengesellschaft für jüdische Kolonisation)	VN	Vereinte Nationen

LITERATURVERZEICHNIS

Erklärung der Codes: Die drei Buchstaben stehen für die ersten drei Buchstaben des Familiennamens des Autors und die zwei Zahlen dahinter für das Erscheinungsjahr des Buchs. Die Funktion der Internet-Links wurde zuletzt am 1. August 2017 geprüft.

And68	Andrew, Christopher: *Théophile Delcassé and the Making of the Entente Cordiale: A Reappraisal of french foreign policy 1898–1905* (Palgrave Macmillan, 1968)
Arc71	Archibald, Edward H.: *The Metal Fighting Ship in the Royal Navy 1860–1970* (Blandford Press, 1971)
Bal05	Baltzer, Stefan: *Asymmetrische Kriegsführung – Begriff und Fallstudien zu Irak und Afghanistan* (GRIN, Studienarbeit, 2005)
Bal95	Ballard, D. Robert und Dunmore, Spencer: *Das Geheimnis der Lusitania – Eine Schiffskatastrophe verändert die Welt* (Ullstein/Madison Press, 1995)
Bam09	Bamberg, James: *The History of The British Petroleum Company Volume 2: The Anglo-Iranian Years, 1928–1954* (Cambridge University Press, 2009)
Ban15	Bandulet, Bruno: *Als Deutschland Großmacht war – Ein Bericht über das Kaiserreich, seine Feinde und die Entfesselung des Ersten Weltkrieges* (Kopp, 2015, 2. Auflage)
Bar04	Barnett, Thomas P.M.: *The Pentagons New Map – War and Peace in the twenty-first century* (G.P. Putnam's Sons, 2004)
Bar05	Barnett, Thomas P.M.: *Blueprint for action – A future worth creating* (G.P. Putnam's Sons, 2005)
Bar27	Barnes, Harry Elmer: *The Genesis of the World War – An introduction to the problem of war guilt* (Alfred A. Knopf, 1927): https://archive.org/details/genesisofworldwa00harr
Bar28	Barnes, Harry Elmer: *In Quest of Truth and Justice – De-Bunking the War Guilt Myth* (National Historical Society, 1928): https://archive.org/details/inquestoftruthju00harr
Bar87	Barkai, Avraham: *Vom Boykott zur Entjudung – Der wirtschaftliche Existenzkampf der Juden im Dritten Reich 1933–1943* (Fischer, 1987)
Bau07	Baumann, Wolfgang und Hauser, Gunther: *Mitteleuropa – Im geopolitischen Interesse Österreichs* (Austria Medien Service, 2007)
Bee82	Beesly, Patrick: *Room 40 – British Naval Intelligence 1914–18* (Hamish Hamilton, 1982)
Bel37	Bell, A. C.: *A history of The Blockade of Germany* (Her Majesty's Stationery Office, 1937)
Ber15	Bernays, Edward: *Propaganda – Die Kunst der Public Relations* (Orange Press, 2015, deutsche Erstauflage, 6. Auflage)
Ber85	Berthold, Rudolf et al. (Hrsg.): *Produktivkräfte in Deutschland 1870 bis 1917/18* (Akademie-Verlag Berlin, 1985)
Bih10	Bihl, Wolfdieter: *Der Erste Weltkrieg 1914–1918: Chronik – Daten – Fakten* (Böhlau, 2010)
Bin04	Binder, Dieter A.: *Die diskrete Gesellschaft – Geschichte und Symbolik der Freimaurer* (Studienverlag GmbH, Edition zum rauhen Stein, 2004)
Ble09	Bleckmann, Bruno: *Die Germanen – Von Ariovist bis zu den Wikingern* (C. H. Beck, 2009)
Blo15	Bloem, Jörg: *Die wahren Mörder von John F. Kennedy & Marilyn Monroe* (J.K. Fischer, 2015)
Bow11	Bowden, Paul: *Telling it like it is – A book of quotations that give good advice or are useful truths* (2011)
Bra39	Brandenburg, Erich: *Von Bismarck zum Weltkrieg* (Insel-Verlag, 1939, umgearbeitete Ausgabe)
Bro05	Broadbery, Stephen und Harrison, Mark (Hrsg.): *The Economics of World War I* (Cambridge University Press, 2005)
Bry15	Bryce, James: *Report of the Committee in alleged german outrages* (Macmillan and company, 1915): https://archive.org/details/reportofcommitte00grea

Buc14	Buchanan, Patrick J.: *Churchill, Hitler und der unnötige Krieg – Wie Großbritannien sein Empire und der Westen die Welt verspielte* (Pour le Mérite, 2014, 3. Auflage)	Cze19	Czernin, Ottokar: *Im Weltkrieg* (Ullstein & Co, 1919, 2. Auflage): https://archive.org/details/imweltkriege00czer
Bül15	Bülow, Andreas von: *Die deutschen Katastrophen – 1914 bis 1918 und 1933 bis 1945 im großen Spiel der Mächte* (Kopp, 2015)	Dar09	Darwin, Charles: *Die Abstammung des Menschen* (Original 1871; Nachdruck: Fischer, 2009)
		Ded67	Dedijer, Vladimir: *Die Zeitbombe – Sarajewo 1914* (Europa Verlag, 1967)
Cav92	Cavaller, Georg: *Pax Kantania – Systematisch-historische Untersuchung des Entwurfs zum ewigen Frieden (1795) von Immanuel Kant* (Böhlau, 1992)	Deg09	Degrelle, Léon: *Verschwörung der Kriegstreiber 1914: Das Attentat von Sarajewo – Hintermänner und Hintergründe* (Druffel & Vowinckel, 2009)
Cha94	Chandler, G. David u. Beckett, Ian (Hrsg.): *The Oxford History of the British Army* (Oxford University Press, 1994)	Doc13	Docherty, Gerry und Macgregor Jim: *Hidden history – The secret origins of the first world war* (Mainstream Publishing, 2013)
Che14	Chesney, George: T*he Battle of Dorking – With an introduction by G. H. Powell* (Grant Richards, 1914; Erstauflage des Originals: 1871): https://archive.org/details/battleofdorking00chesrich	Doc14	Docherty, Gerry und Macgregor Jim: *Verborgene Geschichte – Wie eine geheime Elite die Menschheit in den Ersten Weltkrieg stürzte* (Mainstream Publishing, 2013)
Chu23	Churchill, Winston: *The World Crisis* (The Macmillan Company of Canada, 1923): https://archive.org/details/worldcrisis00chur	Doc15	Docherty, Gerry und Macgregor Jim: *Hidden history – Category Archives: Lusitania* (Online, 2015): https://firstworldwarhiddenhistory.wordpress.com/category/lusitania/
Cla03	Clark, K. Wesley: *Winning Modern Wars: Iraq, Terrorism, and the American Empire* (Perseus Press, 2003)	Don12	Donner, Monika: *Tiger in High Heels* (Amra, 2012, 4. Auflage)
Cla14	Clark, Christopher: *Die Schlafwandler – Wie Europa in den Ersten Weltkrieg zog* (Deutsche Verlags-Anstalt, 2013, 20. Auflage)	Don15	Donner, Monika: *God bless you, Putin! Strategische Analyse inklusive rechtlicher Beurteilung der sicherheitspolitischen Lage Europas am Beispiel Österreich* (Styx, 2015, 2. Auflage)
Cla32	Clausewitz, Carl von: *Vom Kriege – Vollständige Ausgabe* (Nikol Verlag, 2014, 6. Auflage; original 1832 posthum veröffentlicht)	Dru15	Druffel & Vowinckel*: Der Sarajewo-Prozess 1914 – Anklageschrift und Urteil. Eine Dokumentation. Deutsche Übersetzung der Anklageschrift nach dem kroatischen Originaltext* (Druffel & Vowinckel, 2015; Erstauflage 1933)
Col14	Coleman, Dr. John: *Der Club of Rome – Die größte Denkfabrik der Neuen Weltordnung* (J.K. Fischer, 2014, 2. Auflage)		
Col15	Coleman, Dr. John: *Das Komitee der 300 – Die Hierarchie der Verschwörer* (J.K. Fischer, 2015)	Dud07g	*Duden Band 7: Das Herkunftswörterbuch* (Dudenverlag, 2007, 4. Auflage)
Con12	Connelly, James B.: *The Modern Liberal Jungle: A Guide for Americans* (CreateSpace Independent Publishing Platform, 2012)	Dur25	Durham, Mary Edith: *The Sarajevo Crime* (George Allen & Unwin, 1925): http://ostdok.de/id/BV015385807/ft/bsb00103440?page=14&c=solrSearchOstdok
Cor11	Corbett, Julian S.: *Some principles of maritime strategy* (Dover Publications Inc., 2004; 0riginale Erstauflage 1911)	Edl16	Edlinger, Karl: *Die völkerrechtliche Klassifizierung bewaffneter Konflikte – Konflikttypen, Abgrenzungen sowie Rechtsfolgen und deren Auswirkungen auf die Planung und Durchführung militärischer Operationen*, Band 22 der Reihe *Völkerrecht, Europarecht und internationales Recht* (PL
Cor20	Corbett, Julian S.: *Naval Operations – Vol. I: To the battle of the Falklands december 1914* (Longmans, Green and Co., 1920)		

	Academic Research, 2016)		
Eff16a	Effenberger, Wolfgang und Macgregor, Jim: *Sie wollten den Krieg – Wie eine kleine britische Elite den Ersten Weltkrieg vorbereitete* (Kopp, 2016)		*Philosophie der Geschichte* (Duncker und Humblot, 1840)
		Gaz04	Gazzini, Claudia Anna: *Jihad in Exile: Ahmad al-Sharif as-Sanusi 1918 – 1938* (Princeton NJ University, 2004)
Eff16b	Effenberger, Wolfgang: *Geo-Imperialismus* (Kopp, 2016)	Gei64	Geiss, Imanuel (Hrsg.): *Julikrise und Kriegsausbruch 1914 – Eine Dokumentensammlung, Band II* (Verlag für Literatur und Zeitgeschichte, 1964)
Ehl06	Ehlert; Hans Gotthard et. al.: *Der Schlieffenplan – Analysen und Dokumente* (Ferdinand Schöningh Verlag, 2006)		
Eng14	Engdahl, F. William: *Mit der Ölwaffe zur Weltmacht* (Kopp, 2014, 5. Auflage)	Gei76	Geiss, Imanuel (Hrsg.): *Julikrise und Kriegsausbruch 1914 – Eine Dokumentensammlung, Band I* (Verlag für Literatur und Zeitgeschichte, 1976, 2. Auflage)
Epk15	Epkenhans, Michael: *Der Erste Weltkrieg* (utb, 2015)		
Ewa25a	Ewart, John S.: *The roots and causes of the wars (1914–1918) – Volume I* (George H. Doran Company, 1925): https://archive.org/details/rootscausesofwar01john	Gei85	Geiss, Imanuel: *Das Deutsche Reich und die Vorgeschichte des Ersten Weltkriegs* (Serie Piper, Band 442, 1985)
		Gei90	Geiss, Imanuel: *Der lange Weg in die Katastrophe – Die Vorgeschichte des Ersten Weltkriegs 1815–1914* (Serie Piper, Band 943, 1990)
Ewa25b	Ewart, John S.: *The roots and causes of the wars (1914–1918) – Volume II* (George H. Doran Company, 1925): https://archive.org/details/rootscausesofwar02john		
		Ger14	Gerbert, Frank: *Endstation Sarajewo – Die letzten sieben Tage des Thronfolgers Franz Ferdinand – Eine Spurensuche von Böhmen bis Bosnien* (Kremayr & Scheriau, 2014, eBook)
Fab67	Fabre-Luce, Alfred: *L'Histoire démaquillée* (Robert Laffont, 1967)		
Fer94	Ferrier, R. W.: *The History of The British Petroleum Company Volume 1: The Developing Years, 1901–1932* (Cambridge University Press, 1994 – Nachdruck von 1982)	Gil05	Gilbert, Martin: *Churchill and America* (Free Press, 2005)
		Gil14	Gilbert, Gustave .M.: *Nürnberger Tagebuch* (Fischer, 2014, 15. Auflage)
Fig08	Figes, Orlando: *Die Tragödie eines Volkes – Die Epoche der russischen Revolution 1891 bis 1924* (Berlin Verlag, 2008)	Gol05	Goldman, Charles Sydney (Hrsg.): *The Empire And The Century* (John Murray, 1905)
Fis61	Fischer, Fritz: *Griff nach der Weltmacht – Die Kriegszielpolitik des kaiserlichen Deutschland 1914/18* (Droste, 1961)	Gre05	Grelka, Frank: *Die ukrainische Nationalbewegung unter deutscher Besatzungsherrschaft 1918 und 1941/42* (Harrassowitz, 2005)
Fri09	Friedman, Norman: *British Destroyers – From Earliest Days to the Second World War* (Seaforth Publishing, 2009)		
		Gre08	Grebner, Werner F.: *Der Gefreite Adolf Hitler 1914–1920 – Die Darstellung bayrischer Beziehungsnetzwerke* (Ares, 2008)
Ful92	Fuller, William C., Jr.: *Strategy and Power in Russia 1600–1914* (The Free Press, 1992)		
		Haf68	Hafner, Sebastian: *Der Teufelspakt – 50 Jahre deutsch-russische Beziehungen* (Rowohlt, 1968)
Fur97	Fursenko, Aleksandr und Naftali, Timothy: *»One Hell of a Gamble«: Khruschev, Castro, and Kennedy, 1958–1964* (Norton, 1997)		
		Hal95	Halpern, Paul G.: *A Naval History of Word War I* (UCL Press, 1995, 2. Auflage)
Gab15	Gabriel, Marlene: *Die Mayerling-Katastrophe: So war es – war es so?* (neobooks, 2015, Kindle)		
		Ham05	Hamann, Brigitte: *Kronprinz Rudolf – Ein Leben* (Amalthea, 2005)
Gan16	Ganser, Daniele: *Illegale Kriege: Wie die NATO-Länder die UNO sabotieren. Eine Chronik von Kuba bis Syrien* (Orell Füssli, 2016)	Ham16	Hamann, Brigitte: *Kronprinz Rudolf – Ein Leben* (Piper, 2016, 8. Auflage, aktualisierte Neuauflage)
Gan40	Gans, Eduard (Hrsg.): *Georg Wilhelm Friedrich Hegel's Vorlesungen über die*	Ham98	Hamann, Brigitte: *Kronprinz Rudolf: Majestät, ich warne Sie … Geheime und private Schriften* (Piper, 1998, 2. Auflage)

Han14	Hankey, Lord Maurice: *The Supreme Command, 1914–1918 Vol. I* (Routledge, 2014, eBook; Erstauflage 1961)		*Rudolf* (Universität Wien, 2013, Diplomarbeit)
Har92	Harvey, A. D.: *Collision of Empires – Britain in three world wars, 1793–1945* (The Hambledon Press, 1992)	Hom81	Hommel, Fritz: *Die semitischen Völker und Sprachen als erster Versuch einer Enzyklopädie der semitischen Sprach- und Altertumswissenschaft* (Otto Schulze, 1881)
Hau15	Hauser, Gunther: *Neutralität und Bündnisfreiheit in Europa – Sicherheitspolitische Herausforderungen für neutrale und bündnisfreie Staaten in Europa zu Beginn des 21. Jahrhunderts* (Verlag Barbara Budrich, 2015)	Hor10a	Horne, Douglas P.: *Inside the Assassination Records Review Board – The U.S. government's final attempt to reconcile the conflicting medical evidence in the assassination of JFK, Volume I* (2. Auflage)
Hei20	Heise, Karl: *Entente-Freimaurerei und Weltkrieg – Ein Beitrag zur Geschichte des Weltkrieges und zum Verständnis der wahren Freimaurerei* (Ernst Finck Verlag, 1920, 3. Auflage)	Hor14	Hort, Jakob: *Architektur der Diplomatie – Repräsentationen in europäischen Botschaftsbauten 1800–1920: Konstantinopel – Rom – Wien – St. Petersburg* (Vandenhoeck & Ruprecht, 2014)
Her96	Herzl, Theodor: *Der Judenstaat – Versuch einer modernen Lösung der Judenfrage* (M. Breitensteins Verlagsbuchhandlung, 1896)	Jac13	Jackson, Peter: *Beyond the Balance of Power – France and the Politics of National Security in the Era of the First World War* (Cambridge University Press, 2013)
Hic81	Hickey, Des und Smith, Gus: *Lusitania – Die Chronik der letzten Fahrt eines Ozeanriesen, dessen Untergang die Zeitgeschichte bis heute beschäftigt* (Knaur, 1981)	Jan05	Jansen, Anscar: *Der Weg in den ersten Weltkrieg – Das deutsche Militär in der Julikrise 1914* (Tectum, 2005)
Hil00	Hildermeier, Manfred et. al. (Hrsg.): *Europäische Zivilgesellschaft in Ost und West* (Campus, 2000)	Jen16	Jentzsch, Christian u. Witt, Jann M.: *Der Seekrieg 1914–1918: Die Kaiserliche Marine im Ersten Weltkrieg* (Theiss, 2016)
Hil10d	Hilpold, Dr. Peter: *Solidarität und Neutralität im Vertrag von Lissabon unter besonderer Berücksichtigung der Situation Österreichs* (Nomos, 2010)	Joh09	Johnston, Ronald John et. al.: *Dictionary of Human Geography* (Wiley-Blackwell, 2009, 5. Auflage)
Hil89	Hildermeier, Manfred: *Russische Revolution* (Bergmoser u. Höller, 1989)	Jov24	Jovanović, Ljuba: *The Murder of Sarajewo – Translation of an article* (Price Is. via The British Institute of International Affairs, 1924): digital.slv.vic.gov.au/dtl_publish/pdf/marc/23/945510.html
Hir16	Hirigoyen, Marie-France: *Die Masken der Niedertracht – Seelische Gewalt im Alltag und wie man sich dagegen wehren kann* (dtv, 2016, 17. Auflage)		
Hit14	Hitchcock, Andrew Carrington: *Die Banker Satans* (J.K. Fischer, 2014, 3. Auflage)	Kar03	Karlsch, Rainer und Strokes, Raymond G.: *Faktor Öl – Die Mineralölwirtschaft in Deutschland 1859–1974* (C. H. Beck, 2003)
Hit39	Hitler, Adolf: *Mein Kampf* (Verlag Franz Eher Nachf. GmbH, 1939, 464. – 468. Auflage, ungekürzte Ausgabe)	Kas11	Kaser, Karl: *Balkan und Naher Osten – Einführung in eine gemeinsame Geschichte* (Böhlau, 2011)
Hof15a	Hofbauer, Brigadier Mag. Bruno: *Moderne Seemacht: Grundlagen – Verfahren – Technik, Teil I* (Republik Österreich / BMLVS, 2015)	Kee01	Keel, Othmar und Uehlinger, Christoph: *GGG – Göttinnen, Götter und Gottessymbole: Neue Erkenntnisse zur Religionsgeschichte Kanaans und Israels aufgrund bislang unerschlossener ikonographischer Quellen* (Academic Press Fribourg, 2001, 6. Auflage)
Hof16	Hofbauer, Hannes: *Feindbild Russland – Geschichte einer Dämonisierung* (ProMedia, 2016)		
Hol13	Holzleitner, Johann: *Die naturwissenschaftlichen Arbeiten des Kronprinzen*	Keh53	Kehrein, Joseph: *Onomatisches Wörterbuch* (Heinrich Ritter, 1853)

Ker35 Kerrl, Hanns (Hrsg.): *Reichstagung in Nürnberg 1935 – Der Parteitag der Freiheit* (Vaterländischer Verlag C. A. Weller, 1935)

Kie97 Kienapfel, Diethelm: *Grundriss des österreichischen Strafrechts – Besonderer Teil, Band I, Delikte gegen Personenwerte* (Manz, 1997, 4. Auflage)

Kie98 Kienapfel, Diethelm: *Grundriss des österreichischen Strafrechts – Allgemeiner Teil* (Manz, 1998, 7. Auflage)

Kle12 Kleine-Hartlage, Manfred: *Neue Weltordnung – Zukunftsplan oder Verschwörungstheorie?* (Verlag Antaios Kaplaken 30, 2012)

Klu02 Kluge: *Etymologisches Wörterbuch der deutschen Sprache* (Walter de Gryter, 2002, 24., durchgesehene und erweiterte Auflage

Kne08 Kneissl, Karin: *Der Energiepoker – Wie Erdöl und Erdgas die Weltwirtschaft beeinflussen* (Finanzbuch, 2008, 2. Auflage)

Kne14 Knechtel, Tilman: *Die Rothschilds – Eine Familie beherrscht die Welt* (J.K. Fischer, 2014, 4. Auflage)

Kne15a Knechtel, Tilman: *Die Rockefellers – Ein amerikanischer Albtraum* (J.K. Fischer, 2015, 2. Auflage)

Kni13 Knightley, Phillip: *The Second Oldest Profession: Spies and Spying in the Twentieth Century* (Random House, 2013)

Köh80 Köhler, Henning: *Novemberrevolution und Frankreich – Die französische Deutschland-Politik 1918–1919* (Droste, 1980)

Kre07 Kreis, Georg (Hrsg.): *Die Schweizer Neutralität – Beibehalten, umgestalten oder doch abschaffen?* (Werd, 2007)

Krä02 Krämer, Gudrun: *Geschichte Palästinas* (C. H. Beck, 2002, 3. Auflage)

Lac17 Lacroft, Anton: *Illuminaten: Blut – Geld – Krieg, Wie ein Netzwerk von Geheimorganisationen den Weltstaat errichtet* (BoD, 2017)

Laf18 Laffan, R. G. D.: *The Guardians of the Gate – Historical Lectures on the Serbs* (Oxford at the Clarendon Press, 1918)

Lam04 Lamant, Hubert et. al.: *Dictionnaire des Francs-Maçons européens* (Edition Dualpha, 2004)

Lan72 Landesverteidigungsakademie Wien (Hrsg.): *Der operative Generalstabsdienst – Band II: Das kriegsgeschichtliche Beispiel erläutert durch Dr. Johann Christoph Allmayer-Beck, Direktor des Heeresgeschichtlichen Museums (Militärwissenschaftliches Institut) und Hauptlehrer für Kriegsgeschichte an der Landesverteidigungsakademie* (BMfLV R 3470A, 1972)

Las63 Lassalle, Ferdinand: *Was nun? Zweiter Vortrag über Verfassungswesen* (Meyer & Zeller, 1863)

Law16 Lawrence, Thomas Edwin: *Die sieben Säulen der Weisheit – Lawrence von Arabien* (2016, 6. Auflage)

Lay15 Layton, J. Kent: *Lusitania – An illustrated biography* (Amberley, 2015, 2. Auflage)

Len11 Lennhoff, Eugen et al.: *Internationales Freimaurerlexikon* (Herbig, 2011, 7. Auflage)

Lob14 Lobaczewski, Andrzej M.: *Politische Ponerologie – Eine Wissenschaft über das Wesen des Bösen und ihre Anwendung für politische Zwecke* (Les Editions Pilule Rouge, 2014, 3. Auflage)

Lon15 Longerich, Peter: *Hitler – Biographie* (Siedler, 2015)

Lot14 Loth, Wilfried und Hanisch, Marc: *Erster Weltkrieg und Dschihad: Die Deutschen und die Revolutionierung des Orients* (Oldenburg, 2014)

Löc05 Löckinger, Georg: *Terrorismus, Terrorismusabwehr, Terrorismusbekämpfung – Einführung in das Fachgebiet, Methodik und Ergebnis einer Terminologiearbeit in den Sprachen Englisch und Deutsch* (Landesverteidigungsakademie Wien, Sonderpublikation 03/2005)

Mah98 Mahan, Alfred Thayer: *The Influence of Sea Power upon History* (Little, Brown, and Company, 1898)

Man14 Mantey, Eberhard von: *Marinefibel* (Severus, 2014)

Man20 Mann, Thomas: *Betrachtungen eines Unpolitischen* (S. Fischer, 1920, 15. Bis 18. Auflage)

Mar09 Marrs, Jim: *Der Aufstieg des Vierten Reiches – Geheime Gesellschaften übernehmen die Macht in den USA* (Kopp, 2009)

Mar17 Marx, Karl: *Das Kapital – Kritik an der politischen Ökonomie* (Nikol, 2017, 5. Auflage, ungekürzte Ausgabe nach der 2. Auflage 1872)

Mat13 Mathews, Peter: *Sigint – The Secret History of Signals Intelligence in the World Wars* (The History Press, 2013)

May86	May Ernest R. (Hrsg.): *Knowing one's enemies – Intelligence assessment before the two world wars* (Princeton University Press, 1986)
McC10	McCullough, Joseph: *A Pocket History Of Ireland* (Gill & Macmillan, 2010)
McM13	McMeekin, Sean: *The russian origins of the first world war* (The Belknap Press of Harvard University Press, 2013)
McM14	McMeekin, Sean: *Juli 1914: Der Countdown in den Krieg* (Europa, 2014)
Mel09	Melcher, George: *Sovereignty Lost – America's Path To Oblivion* (Xlibris Corporation, 2009)
Mic59	Michaelis, Herbert und Schraepler, Ernst (Hrsg.): *Ursachen und Folgen – Vom deutschen Zusammenbruch 1918 und 1945 bis zur staatlichen Neuordnung Deutschlands in der Gegenwart. Eine Urkunden- und Dokumentensammlung zur Zeitgeschichte, Band 2: Der militärische Zusammenbruch und das Ende des Kaiserreiches* (Dokumenten Verlag Wendler & Co, 1959)
Mil56	Mills, Charles Wright: *The Power Elite* (Oxford University Press, 1956)
Mir76	Mirow, Jürgen: *Der Seekrieg 1914–1918 in Umrissen* (Muster-Schmidt, 1976)
Mit90	Mitchell, James: *Große illustrierte Weltgeschichte – Von der französischen Revolution bis zur Gegenwart* (Parkland, 1990)
Mom14	Mombauer, Annika: *Die Julikrise – Europas Weg in den Ersten Weltkrieg* (C. H. Beck, 2014, 2. Auflage)
Nei50	Neilson, Francis: *The Makers Of War* (C. C. Nelson Publishing Company, 1950)
Neu09	Neugebauer, Karl-Volker (Hrsg. u. Co-Autor): *Grundkurs deutsche Militärgeschichte – Band 1: Die Zeit bis 1914 – Vom Kriegshaufen zum Massenheer* (Oldenburg, 2009, 2. Auflage)
Nic29	Nicolson, Arthur: *Sir Arthur Nicolson, Bart. First Lord Carnock – A Study in the Old Diplomacy* (Faber & Faber, 1929)
Nov15	Novak, Rudolf R., *Das Mayerling-Netz – Verborgene Zusammenhänge entdeckt* (Berger, 2015, 2. Auflage)
Obe09	Oberegger, Elmar: *Der ›Große Aufbruch‹ in die Ägäis – Das gescheiterte Eisenbahnprojekt Wien-Sarajewo-Saloniki 1874–1914* (Info-Büro für Österreichische Eisenbahngeschichte, 2009).
Olt05	Oltmer, Jochen: *Migration und Politik in der Weimarer Republik* (Vandenhoeck & Ruprecht, 2005)
Ort14	Ortner, Christian und Ilming, Thomas: *Das Auto von Sarajevo – Der geschichtsträchtigste Oldtimer der Welt* (Edition Winkler-Hermaden in Zusammenarbeit mit dem Heeresgeschichtlichen Museum in Wien, 2014)
Oxf93	Oxford Academy (Hrsg.): *German History* (1993, Volume 11, Issue 2): https://academic.oup.com/gh/article-abstract/11/2/161/600645/The-Social-and-Political-Consequences-of-the?redirectedFrom=fulltext
ÖAW83	Österreichische Akademie der Wissenschaften: *Österreichisches Biographisches Lexikon 1815–1950, Band 8* (Verlag der ÖAW, 1983)
Pee15	Peeke, Mitch et al.: *The Lusitania Story – The Atrocity That Shocked The World* (Pen & Sword Maritime, 2015)
Peo38	People's Commissariat of Justice of the U.S.S.R. (Hrsg.): *Report of Court Proceedings in the Case of the Anti-Soviet »Bloc of Rights and Trotskyites« – Heard Before the Military Collegium of the Supreme Court of the U.S.S.R., Moscow March 2–13, 1938* (Verbatim Report, 1938)
Pha18	Pharos, Prof.: *Der Prozess gegen die Attentäter von Sarajewo – Nach dem amtlichen Stenogramm der Gerichtsverhandlung, aktenmäßig dargestellt von Professor Pharus, mit Einleitung von Professor Dr. Josef Kohler* (R. v. Decker's Verlag, 1918)
Pie88	Piekalkiewicz, Janusz: *Der Erste Weltkrieg* (Econ, 1988)
Poi82	Poidevin, Raymond und Bariéty, Jacques: *Frankreich und Deutschland – Die Geschichte ihrer Beziehungen 1815–1975* (Beck, 1982)
Pop03	Popper, Karl: *Die offene Gesellschaft und ihre Feinde – Band II – Falsche Propheten: Hegel, Marx und die Folgen* (Mohr Siebeck, 2003, 8. Auflage)
Pop06	Popovici, Aurel: *Die Vereinigten Staaten von Groß-Österreich – Politische Studien zur Lösung der nationalen Fragen und staatsrechtlichen Krisen in Österreich-Ungarn* (B. Elischer Nachfolger, 1906)
Pri14a	Prins, Nomi: *All the presidents bankers – The hidden alliances that drive american power* (Nation Books, 2014)

Pro16 Prommersberger, Jürgen: *Seeschlachten des 1. Weltkriegs – Der Kampf um die Ostsee 1914–18* (Neobooks, 2016)

Qui14 Quigley, Carroll: *Tragedy and Hope – A History of the World in our Time* (Original: The Macmillan Company, 1966; Nachdruck: Dauphin Publications Inc., 2014, eBook)

Qui16a Quigley, Carroll: *Tragödie und Hoffnung – Eine Geschichte der Welt in unserer Zeit* (Kopp, 2016)

Qui16b Quigley, Carroll: *Das Anglo-Amerikanische Establishment – Die Geschichte einer geheimen Weltregierung* (Kopp, 2016)

Qui81 Quigley, Carroll: *The Anglo-American Establishment* (GSG & Associates Pub, 1981)

Rab12 Rabinowitch, Alexander: *Die Sowjetmacht – Die Revolution der Bolschewiki 1917* (Mehring, 2012)

Rad06 Radnitzky, Gerard: *Das verdammte 20. Jahrhundert: Erinnerungen und Reflexionen eines politisch Unkorrekten* (Georg Olms, 2006)

Rai10 Raico, Ralph: *Great Wars and Great Leaders – A Libertarian Rebuttal* (Ludwig von Mises Institute, 2010)

Ram15 Ramsay, David: *Lusitania – Saga and Myth* (Pen & Sword Maritime, 2015)

Rau13 Rauchensteiner, Manfried: *Der Erste Weltkrieg und das Ende der Habsburgermonarchie 1914–1918* (Böhlau, 2013)

Reu14 Reuters, Wolfgang: *Deutschland im Sturzflug – Was Politiker und Konsorten mit aller Macht zu verheimlichen versuchen* (Books on demand, 2014, 2. Auflage)

Rho12 Schultze-Rhonhof, Gerd: *1939 – Der Krieg, der viele Väter hatte. Der lange Anlauf zum Zweiten Weltkrieg* (Olzog, 2012, 7. Auflage)

Rig03 Rigg, Bryan Mark: *Hitlers »jüdische Soldaten«* (Ferdinand Schöningh, 2003)

Rit58 Ritter, Gerhard: *The Schlieffen Plan – Critique of a Myth* (Oswald Wolff Limited, 1958)

Rit83 Ritter, A. Gerhard: *Sozialversicherung in Deutschland und England – Entstehung und Grundzüge im Vergleich* (Beck, 1983)

Roe14 Roewer, Helmut: *Kill the huns – Tötet die Hunnen! Geheimdienste, Propaganda und Subversion hinter den Kulissen des Ersten Weltkrieges* (Ares, 2014)

Roe16 Roewer, Helmut: *Unterwegs zur Weltherrschaft – Warum England den Ersten Weltkrieg auslöste und Amerika ihn gewann* (Scidinge Hall, 2016)

Ron30 Ronge, Max: *Kriegs- und Industrie-Spionage* (Amalthea, 1930)

Ros08 Rossiter, Lyle H.: *The liberal Mind – The Psychological Causes of Political Madness* (Free World Books, 2008, 2. Auflage)

Rot04a Rothkranz, Johannes: *Die Protokolle der Weisen von Zion – Erfüllt! Band I / Teil 1: Wer ist Jude? Wie echt sind die Protokolle?* (Verlag Anton A. Schmid, 2004)

Rot16a Rothkranz, Johannes: *Superlogen regieren die Welt – Teil 1* (Verlag Anton A. Schmid, 2016, 2. Auflage)

Rot16b Rothkranz, Johannes: *Superlogen regieren die Welt – Teil 2* (Verlag Anton A. Schmid, 2016, 2. Auflage)

Rot16c Rothkranz, Johannes: *Superlogen regieren die Welt – Teil 3* (Verlag Anton A. Schmid, 2016, 2. Auflage)

Rot16d Rothkranz, Johannes: *Superlogen regieren die Welt – Teil 4* (Verlag Anton A. Schmid, 2016, 2. Auflage)

Röh01 Röhl, John C. G.: *Wilhelm II. – Der Aufbau der Persönlichen Monarchie 1888–1900* (C. H. Beck, 2001)

Röh08 Röhl, John C. G.: *Wilhelm II. – Der Weg in den Abgrund 1900–1941* (C. H. Beck, 2001)

Röh93 Röhl, John C. G.: *Wilhelm II. – Die Jugend des Kaisers 1859–1888* (C. H. Beck, 1993)

Saf11 Safferling, Christoph: *Internationales Strafrecht: Strafanwendungsrecht – Völkerstrafrecht – Europäisches Strafrecht* (Springer, 2011)

Sam16 Sammons, Jeffrey L. (Hrsg.): *Die Protokolle der Weisen von Zion: Die Grundlage des modernen Antisemitismus – eine Fälschung* (Wallenstein, 2016)

San13 Sand, Shlomo: *Warum ich aufhöre, Jude zu sein – Ein israelischer Standpunkt* (Propyläen, 2013)

San15 Sand, Shlomo: *Die Erfindung des jüdischen Volkes: Israels Gründung – Mythos auf dem Prüfstand* (List, 2015, 7. Auflage)

Sar02 Sartor, Wolfgang: *International and multinational and multilateral Companies in the Russian Empire before 1914: The integration of Russia into the World Econo-*

	my; XIII. Economic History Congress, Buenos Aires, Juli 2002, The International Economic History Association; archiviert auf https://web.archive.org/web/20090220003805/http://eh.net/XIIICongress/cd/papers/43Sartor202.pdf
Sau15	Sauder, Eric: *The unseen Lusitania – The ship in rare illustrations* (The History Press, 2015)
Sau19	Sauerbeck, Ernst: *Der Kriegsausbruch – Eine Darstellung von neutraler Seite an Hand des Aktenmaterials* (Deutsche Verlagsanstalt, 1919)
Sch03	Schröder, Joachim: *Die U-Boote des Kaisers – Die Geschichte des deutschen U-Boot-Krieges gegen Großbritannien im Ersten Weltkrieg* (Subsidia Academica, 2003)
Sch05a	Schlieffen, Alfred Graf von: *Denkschrift Krieg gegen Frankreich* (Dezember 1905); www.1000dokumente.de/pdf/dok_0097_spl_de.pdf
Sch05b	Schmitt, E. Donald: *The Folly Of War – American Foreign Policy 1898–2005* (Algora, 2005)
Sch07	Schabas, William A.: *An Introduction to the International Criminal Court* (Cambridge University Press, 2007)
Sch09a	Schmidt, Stefan: *Frankreichs Außenpolitik in der Julikrise 1914 – Ein Beitrag zur Geschichte des Ausbruchs des Ersten Weltkriegs* (R. Oldenbourg, 2009)
Sch09b	Schöllgen, Gregor und Kiessling, Friedrich: *Das Zeitalter des Imperialismus* (R. Oldenbourg, 2009, 5. Auflage)
Sch11a	Schmid, Johann: *Die Dialektik von Angriff und Verteidigung – Clausewitz und die stärkste Form des Kriegsführens* (VS, 2011)
Sch11b	Scholl, Christiane: *Er war mein Urgroßvater – Anita Hohenberg über Thronfolger Erzherzog Franz Ferdinand* (Styria, 2011)
Sch12a	Schagerl, Brigitte: *Im Dienst eines Staates, den es nicht mehr geben sollte, nicht mehr gab, nicht mehr geben durfte. Friedrich Ritter von Wiesner: Diplomat, Legitimist und NS-Verfolgter* (Universität Wien, Dissertation, Mai 2012): http://ubdata.univie.ac.at/AC09364276
Sch12b	Schonauer, Karlheinz: *1914 – Protokoll eines gewollten Krieges* (Pro Business, 2012)
Sch16	Schaudienst, Wilfrid: *Die große Intrige – Wie aus dem Attentat der Erste Weltkrieg wurde* (Neobooks, 2016, eBook)
Sch21	Schwertfeger, Bernhard: *Deutschlands Freispruch von der Schuld am Kriege – Aus den belgischen Diplomatenberichten der Jahre 1871–1914 nachgewiesen von Oberst Bernhard Schwertfeger* (Deutsche Verlagsgesellschaft für Politik und Geschichte m.b.H. in Berlin, 1921)
Sch25b	Schwertfeger, Bernhard: *Amtliche Aktenstücke zur Geschichte der Europäischen Politik 1885–1914 – Die belgischen Dokumente zur Vorgeschichte des Weltkrieges – Vollständige Ausgabe der vom Deutschen Auswärtigen Amt herausgegebenen Diplomatischen Urkunden aus den Belgischen Staatsarchiven; Erster Kommentarband: Der geistige Kampf um die Verletzung der belgischen Neutralität* (Deutsche Verlagsgesellschaft für Politik und Geschichte m.b.H, 1925)
Sco19	Scott, James Brown (Hrsg.): *The Declaration of London February 26, 1909: A collection of official papers and documents relating to the international naval conference held in London december, 1908 – february, 1909* (Oxford University Press, 1919): https://archive.org/details/declarationoflon00inte
Sen00a	Senger, Harro von: *Strategeme – Band I: Die berühmten 36 Strategeme der Chinesen – lange als Geheimwissen gehütet, erstmals im Westen vorgestellt* (Scherz, 2000, 11. Auflage)
Sen00b	Senger, Harro von: *Strategeme – Band II: Die berühmten 36 Strategeme der Chinesen – lange als Geheimwissen gehütet, erstmals im Westen vorgestellt* (Scherz, 2000)
Sen99	Senger, Harro von (Hrsg.): *List* (Suhrkamp, 1999)
Sie07	Siedschlag, Alexander (Hrsg.): *Jahrbuch für europäische Sicherheitspolitik 2006 / 2007* (Nomos, 2007)
Sik16	Sikora, Joachim et. al.: *Deutschland 6.0* (Tredition, 2016)
Sim07	Simmons, Matthew R.: *Wenn der Wüste das Öl ausgeht* (Finanzbuch, 2007)
Sim72	Simpson, Colin: *Lusitania* (Book Club Associates, 1972)
Sim73	Simpson, Colin: *Die Lusitania – Amerikas Eintritt in den Ersten Weltkrieg* (Fischer, 1973)

Sim88	Simkins, Peter: *Kitchener's army – The raising of the New Armies, 1914–16* (Manchester University Press, 1988)
Sny84	Snyder, Jack: *The Ideology of the Offensive – Military decision making and the desasters of 1914* (Cornell University Press, 1984)
Son01	Sondhaus, Lawrence: *Naval Warfare 1815–1914* (Routledge, 2001)
Spe05	Speitkamp, Winfried: *Deutsche Kolonialgeschichte* (Reclam, 2005)
Sta12	Staatsamt für Äußeres in Wien (Hrsg.): *Die Österreichisch-Ungarischen Dokumente zum Kriegsausbruch* (egv/BoD, 2012)
Ste11a	Stein, Alexander: *Adolf Hitler – Schüler der Weisen von Zion* (Caira, 2011)
Ste11c	Steller, Verena: *Diplomatie von Angesicht zu Angesicht – Diplomatische Handlungsformen in den deutsch-französischen Beziehungen 1870–1919* (Ferdinand Schöningh, 2011)
Str24	Strupp, Karl (Hrsg.): *Wörterbuch des Völkerrechts und der Diplomatie; begonnen von Prof. Deutsche Reich. Julius Hatschek, fortgesetzt und herausgegeben von Dr. Karl Strupp, Privatdozent an der Universität in Frankfurt a. M. – Erster Band: Aachen – Lynchfall* (Walter de Grytter & Co, 1924)
Sun08	Sunzi (Sun Tsu): *Die Kunst des Krieges* (Nikol, 2008)
Sut15	Sutton, Antony C.: *Wallstreet and the Bolshevik Revolution* (Clairview Books, 2015, Reprint von 1974)
Thi12	Thies, Jochen: *Die Moltkes – Biografie einer Familie* (Piper, 2012)
Thi15	Thiel, Ingo: *175 Jahre Cunard Line – Die Geschichte der renommiertesten Passagierreederei der Welt* (Maximilian, 2015)
Tir13	Tirpitz, Alfred von: *Deutsche Ohnmachtspolitik im Weltkriege* (Hanseatische Verlagsanstalt, 1926; Neuauflage: Maritime Press, 2013)
Tir20	Tirpitz, Alfred von: *Erinnerungen* (Köhler, 1920)
Tob31	Tobin, A. I. und Gertz, Elmar: *Frank Harris – A Study in Black and White* (Haskell House Publishers Ltd., 1931)
Tsc00	Tschapek, Rolf Peter: *Bausteine eines zukünftigen Mittelafrika – Deutscher Imperialismus und die portugiesischen Kolonien. Deutsches Interesse an den südafrikanischen Kolonien Portugals vom ausgehenden 19. Jahrhundert bis zum Ersten Weltkrieg* (Dissertation, Franz Steiner Verlag, 2000)
Tuc04	Tuchman, Barbara W.: *The Guns of August* (Ballantine Books, 2004)
Tuc66	Tuchman, Barbara: *The Proud Tower – A Portrait of the World before the War 1890–1914* (Macmillan, 1966)
Tur70	Turner, L. C. F.: *Origins of the First World War* (Foundations of Modern History, 1970)
Unt08	Unterreiner, Katrin: *Kronprinz Rudolf – ›Ich bin andere Wege gegangen‹: Eine Biographie* (Styria Premium, 2008)
Ver17	Verlag Der Neue Orient (ohne Autorennennung): *Englische Dokumente zur Erdrosselung Persiens* (1917)
Wag13a	Wagner, Wilhelm J.: *Der große illustrierte Atlas Österreich-Ungarn – Mächte und Menschen* (Kral, 2013)
Wag13b	Wagner, Wilhelm J.: *Der große illustrierte Atlas Österreich-Ungarn – Der ›große Krieg‹* (Kral, 2013)
Wal96	Walter, Robert und Mayer, Heinz: *Grundriss des österreichischen Bundesverfassungsrechts* (Manz, 1996, 8. Auflage)
Wer16	Wertz, Armin: *Die Weltbeherrscher – Militärische und geheimdienstliche Operationen der USA* (Westend, 2016, 5. Auflage)
Wic21	Wichtl, Dr. Friedrich: *Weltfreimaurerei, Weltrevolution, Weltrepublik – Eine Untersuchung über Ursprung und Endziele des Weltkrieges* (J.F. Lehmanns Verlag, 1919, 8. Auflage)
WiD05	Ausarbeitung des Wissenschaftlichen Dienstes des Deutschen Bundestags; Reg.-Nr. WD 1 145/05 vom 15. November 2005; *Ursachen und Folgen des Berliner Kongresses von 1878 unter besonderer Berücksichtigung der Balkankriege*: www.bundestag.de/blob/413460/941d900baae612b71736779e68900a3d/wd-1-145-05-pdf-data.pdf
Wil13	Wild, Petra: *Apartheid und ethnische Säuberung in Palästina – Der zionistische Siedlerkolonialismus in Wort und Tat* (Pro-Media, 2013, 4. Auflage)
Wil22	Wilhelm II.: *Ereignisse und Gestalten aus den Jahren 1878–1918* (Melchior, 1922, Reprint)

Wol09	Wolf, Rüdiger: *Kronprinz Rudolf und seine Freimaurer Freunde* (Forschungsloge Quatuor Coronati, 2009, Aufsatz); verfügbar auf http://freimaurer-wiki.de/index.php/Kronprinz_Rudolf:_%E2%80%9EStiller_Gesellschafter%E2%80%9C_der_Freimaurer	Zen07	Zentner, Dr. Christian (Hrsg.): *Deutschland – Von der Reichsgründung bis heute* (Otus, 2007)
		Zif38	Ziff, William B.: *The Rape of Palestine* (Longmans Green and Co., 1938)
		Zub11	Zuber, Terence: *The Real German War Plan 1904–1914* (The History Press, 2011)
Wol92	Woltersdorf, Hans Werner: *Die Ideologie der Neuen Weltordnung – Rakowski und die Protokolle der Weisen von Zion* (Selbstverlag, 1992)	Zuc04	Zuckerman, Larry: *The Rape of Belgium – The untold story of World War I* (New York University Press, 2004)
Zem63	Zeman, Zbyněk A.: *Der Zusammenbruch des Habsburgerreiches 1914–1918* (Oldenbourg, 1963)	Zuc15	Zuckermann, Moshe: »*Antisemit!*« – *Ein Vorwurf als Herrschaftsinstrument* (ProMedia, 2015, 4. Auflage)

AUDIO/VIDEOVERZEICHNIS

Erklärung der Codes: »A« steht für »Audio« und »V« für »Video«. Die Funktion der Internet-Links wurde zuletzt am 1. August 2017 geprüft.

A-001   *Erzherzog Rudolf, Kronprinz von Österreich-Ungarn (Todestag 30. 01. 1889)*; WDR / ZeitZeichen (Radio) vom 30. 01. 2014

V-001   *John F. Kennedy warnte vor einer globalen Verschwörung;* hochgeladen von *Wake up* am 05. 05. 2013: www.youtube.com/watch?v=9AfXBQlGmFM

V-002   *Die Rede, die John F. Kennedy 1963 das Leben kostete* (inkl. deutscher Synchronübersetzung); hochgeladen von *Toni All* am 19. 10. 2012: www.youtube.com/watch?v=lFi_IZAIZfA

V-003   *Massive Rally Donald Trump Speech at South Florida Fair Expo Center Florida 13 October 2016;* hochgeladen von *Daily News Curation* am 14. 10. 2016: www.youtube.com/watch?v=7kbHCCM_vxY

V-004   *Rare Carroll Quigley interview – 1974 (Full Interview);* hochgeladen von *axis4peace4* am 21. 06. 2011: www.youtube.com/watch?v=bbFXJrmoElM

V-005   *George Friedman, »Europe: Destined for Conflict?«;* hochgeladenen von *The Chicago Council on Global Affairs* am 04. 02. 2015: www.youtube.com/watch?v=QeLu_yyz3tc

V-006   *US-Strategie gegen Russland l George Friedman STRATFOR @ Chicago Council on Global Affairs* (mit deutscher Übersetzung); hochgeladenen von *AntikriegTV2* am 22. 03. 2015: www.youtube.com/watch?v=o060JXXVQ4U

V-007   Vortrag von General Wesley Clark vom 03. 10. 2007 beim *Common Wealth of California*: http://library.fora.tv/2007/10/03/Wesley_Clark_A_Time_to_Lead

V-008   *Das Erdölzeitalter – Teil 1: Eine Welt wird geteilt* (*Sodaperaga* / Arte France ,2010; deutsche Bearbeitung: *Parabol Pictures* Bonn / *Phoenix*)

V-009   *Das Erdölzeitalter – Teil 2: Eine Zeit für Manipulationen* (Sodaperaga / Arte France, 2010; deutsche Bearbeitung: Parabol Pictures Bonn / Phoenix)

V-010   *Von Krieg zu Krieg – Der Nahe Osten: Die Geschichte der gefährlichsten Region der Welt* (Spiegel-TV, 2011)

V-011   *Ewiger Aufruhr: Die Geschichte des Nahostkonflikts – Teil 1* (Spiegel-TV 2011 / ZDF 2014)

V-012   *Ewiger Aufruhr: Die Geschichte des Nahostkonflikts – Teil 2* (Spiegel-TV, 2011 / ZDF, 2014)

V-013   *Der Fall Rudolf* (ORF, 2006)

V-014   *Italiens Weg in den Krieg* (Nacne sas – ORF – RAI Storia, 2015)

V-015   *Sarajewo 1914 – Ein Attentat und die Folgen* (Aurel Film – ORF, 2004)

V-016   *Sarajewo – Der Weg in die Katastrophe* (Phoenix, 2014)

V-017   *Weltenbrand: Sündenfall* (ZDF, 2012)

V-018   *Kein deutscher Lawrence. Die militärischen Expeditionen im Nahen und Mittleren Osten während des Ersten Weltkriegs.* Vortrag von Dr. Martin Kröger an der Ruhr-Universität Bochum: https://lisa.gerda-henkel-stiftung.de/kein_deutscher_lawrence._die_militaerischen_expeditionen_im_nahen_und_mittleren_osten_waehrend_des_ersten_weltkriegs?nav_id=5485

V-019   *Das dunkle Geheimnis der Lusitania* (NGC, 2012)

DANKSAGUNG

Zuerst danke ich Jasmin, meiner lieben Frau, von ganzem Herzen für ihre umfangreiche Hilfe bei der Arbeit an diesem Buch. Jasmin unterstützte mich intensiv beim Recherchieren und Korrekturlesen. Und sie fertigte mit Hingabe sämtliche Zeichnungen (Karten, Skizzen etc.) an, wobei sie sich nicht von meinen ewigen Sonderwünschen aus der Ruhe bringen ließ. Ein gutes Jahr lang hielt sie mir den Rücken fürs Schreiben frei. Als wäre es selbstverständlich, begleitete uns der Erste Weltkrieg in den Wald und die Lusitania in die Berge. Hier auch gleich ein großes Dankeschön an meine Mutter, Helga Kumpfmüller, und an meinen Schwiegervater, Karl Hoffmann, die sich bei langen Wanderungen geduldig meine Ausführungen über das jeweilige Kapitel dieses Buchs anhörten, interessante Fragen stellten und meinen Einweisungen über militärische Aufmarschpläne und die Kriegsfalle Belgien an den aus Ästen und Tannenzapfen gebauten Geländemodellen lauschten. Des Weiteren gilt mein Dank dem »Weihnachtsmann«. Ich hatte nicht an ihn geglaubt, bis er vor mir stand und mir ein halbes Jahr Karenzierung von meinem Job im Verteidigungsministerium finanzierte, damit ich mich voll und ganz auf das Buchprojekt konzentrieren konnte. Der »Weihnachtsmann« möchte anonym bleiben, weil er sonst wahrscheinlich Probleme mit anderen »Linken« bekäme. Ganz lieben Dank auch an meinen Verleger und Freund Jan Karl Fischer, der wie ich dazu steht, dass er sich keinem politischen System unterordnet. Außerdem danke ich den vielen Autoren, auf deren gewissenhafte Arbeit ich mich stützen konnte.

Alles Liebe, *Monika*

ÜBER DIE AUTORIN

Mag.ᵃ Monika Donner wurde 1971 in Linz geboren. Sie ist Juristin und strategische Analytikerin und arbeitet als Ministerialrätin im österreichischen Verteidigungsministerium. Bis 2002 war sie aktiver Offizier der 4. Panzergrenadierbrigade, ihr letzter Dienstgrad war Hauptmann. Seit 2005 ist Monika Donner nebenbei als diplomierte Lebens- und Sozialberaterin tätig, unter anderem beim Heerespsychologischen Dienst.

Homepage: www.monika-donner.at

ENDNOTEN

Die hinter den Codes stehenden Daten für Bücher wie zum Beispiel »Reu14« sind im Literaturverzeichnis zu finden, jene der Audio- (»A-001«) und Videoquellen (»V-001«) im Audio/Videoverzeichnis. »S.« steht für die Seite, »Pos.« für die Position im elektronischen Buch und »Min.« für die relevante Minute einer Audio- oder Videoquelle. Die Funktion der Internet-Links wurde zuletzt am 1. August 2017 geprüft.

1 Im Roman *1984* von George Orwell sind die beiden hier zitierten Sätze anders herum gereiht: »Wer die Vergangenheit beherrscht, beherrscht die Zukunft! Wer die Gegenwart beherrscht, beherrscht die Vergangenheit« Siehe S. 42 u. 284 auf https://archive.org/details/GeorgeOrwell-1984romanDeutsch
2 Zitiert in *Napoleon Bonaparte über die Deutschen:* http://de.europenews.dk/Zitat-Napoleon-Bonaparte-ueber-die-Deutschen-79392.html
3 Zitiert in Reu14, S. 233
4 Siehe *Separatisten in Europa – Selbstverwirklichung, wie süß* in *TAZ* vom 29. 09. 2015: www.taz.de/!5236150/
5 Zitat von Kevin Spacey als *Francis Underwood* im ersten Teil der ersten Staffel der TV-Serie *House of Cards* (2013), ab Min. 41:10
6 Siehe http://plato.stanford.edu/entries/ockham/#4.1
7 Aus der Hitlerrede in Siemensstadt am 10. 11. 1933; siehe http://www.filmarchives-online.eu/viewDetailForm?FilmworkID=aaa546b529f11070db805811df326094
8 Siehe Pop03, S. 59f.
9 Siehe Mar09, S. 237
10 Siehe Dud07g, S. 750
11 Siehe Keh53, S. 642
12 Siehe www.duden.de/suchen/dudenonline/verschw%C3%B6rung
13 Siehe Las63, S. 35
14 Zitiert in Mar09, S. 258
15 Zitiert ebendort
16 Siehe JFKs Rede im Waldorf Astoria Hotel in New York am 27. 04. 1961 (Originaltext): www.jfklibrary.org/Research/Research-Aids/JFK-Speeches/American-Newspaper-Publishers-Association_19610427.aspx sowie im Originalton (Audio) insb. ab Min. 09:50: www.jfklibrary.org/Asset-Viewer/Archives/JFKWHA-025-001.aspx sowie in V-001 insb. ab Min. 02:10 sowie V-002
17 Siehe Hor10a im Illustrationsteil zw. S. 130 u. 131
18 Siehe Fur97, S. 344ff. sowie Blo15, S. 246
19 Siehe *1/4/1967 [104-10406-10110] Dispatch: Countering Criticism of the Warren Report* auf www.history-matters.com/archive/jfk/cia/russholmes/104-10406/104-10406-10110/html/104-10406-10110_0001a.htm
20 Siehe www.zitate-online.de/sprueche/historische-personen/19820/wer-die-wahrheit-nicht-weiss-der-ist-bloss.html
21 Siehe S. 17 des Body-Count-Berichts der PSR (Physicians for Social Responsibility) vom September 2015: www.ippnw.de/commonFiles/pdfs/Frieden/BodyCount_internationale_Auflage_deutsch_2015.pdf
22 Siehe Gideon Polyas Artikel *Iraqi Holocaust: 2.3 Million Iraqi Excess Deaths* vom 21. 03. 2009: www.countercurrents.org/polya210309.htm
23 Siehe Gan16, S. 31
24 Siehe ebendort, S. 51–327
25 Siehe ebendort, S. 328
26 Siehe die Statistik der Jahre 1776 bis 2015 (auch um das Jahr 2016 erweitert, bleibt es bei 93 und 7%) auf www.washingtonsblog.com/2015/02/america-war-93-time-222-239-years-since-1776.html
27 Siehe Wer16, S. 16–327
28 Siehe *Global Research* vom 01. 07. 2007 (Studie) bzw. 20. 09. 2015 (Bericht): www.globalresearch.ca/the-worldwide-network-of-us-military-bases/5564
29 Siehe https://wikileaks.org/-News-.html
30 Siehe *Neo-Presse* vom 15. 09. 2015: www.neopresse.com/politik/usa/assange-usa-hat-jetzt-mehr-als-1400-militaerbasen-zerstreut-ueber-120-laender/ sowie www.countercurrents.org/barsocchini100915.htm
31 Siehe S. 2 u. 6 des *Base Structure Report Fiscal Year 2015:* www.acq.osd.mil/eie/Downloads/BSI/Base%20Structure%20Report%20FY15.pdf
32 Siehe Zeitschrift *Free-21* vom 21. 03. 2015, S.2: www.danieleganser.ch/assets/files/Inhalte/

Interviews/Zeitungsinterviews/Free21%20 (2015)%20-%20Kriegspropaganda%20 statt%20Friedenspolitik.pdf
33 Siehe Cla03 sowie V-007
34 Siehe Mil56, insb. S. 4ff u. 198ff.
35 Siehe *Washington's $ 8 Billion Shadow* auf *Vanity Fair* vom 06. 02. 2007: www.vanityfair.com/news/2007/03/spyagency200703?currentPage=all&printable=true
36 Siehe Wer16, unmittelbar vor dem Inhaltsverzeichnis
37 Siehe Bar04, S. 301
38 Siehe V-003, insb. Min. 02:51–04:33, 06:30–06:50, 28:05–28:30 u. 34:20–34:30 sowie die Abschrift bei *NPR*: www.npr.org/2016/10/13/497857068/transcript-donald-trumps-speech-responding-to-assault-accusations
39 Siehe Martin Gilens und Benjamin I. Page, *Testing Theories of American Politics: Elites, Interest Groups, and Average Citizens* in *Perspectives in Politics* vom September 2014, Vol. 12/No. 3, S. 564–581; zum Downloaden auf www.cambridge.org/core/journals/perspectives-on-politics/article/testing-theories-of-american-politics-elites-interest-groups-and-average-citizens/62327F513959D0A304D4893B382B992B
40 Siehe *BBC-News* vom 17. 04. 2014: www.bbc.com/news/blogs-echochambers-27074746
41 Siehe den Artikel *The Contradictions of the American Electorate* von Eric Zuesse vom 15. 04. 2014: www.counterpunch.org/2014/04/15/the-contradictions-of-the-american-electorate/
42 Siehe den Vortrag von Andreas Popp an der Universität Mannheim vom 10. 09. 2011: www.wissensmanufaktur.net/danistakratie
43 Siehe Bar05, S. 282 u. 289
44 Siehe Bar04, S. 206ff., insb. S.211 sowie die Abschrift bei *NPR*: www.npr.org/2016/10/13/497857068/transcript-donald-trumps-speech-responding-to-assault-accusations
45 Siehe das Kapitel über die inszenierte Massenmigration im 2. Band
46 Siehe *Die Welt* vom 26. 09. 2015: www.welt.de/politik/ausland/article146859615/Viele-glauben-die-EU-ist-ein-Geldautomat.html
47 Siehe Bar05, S. 282
48 Siehe Artikel II. c. des internationalen Übereinkommen vom 09. 12. 1948 über die Verhütung und Bestrafung des Völkermords: www.admin.ch/ch/d/sr/i3/0.311.11.de.pdf
49 Siehe Saf11, S. 161
50 Siehe Artikel 25 (3) lit. a bis e IStGH-Statut (Römisches Statut des Internationalen Strafgerichtshofs): www.jurion.de/Gesetze/IStGH_Statut/25
51 Siehe Hir16, S. 9–13
52 Siehe ebendort
53 Siehe ebendort, S. 137f.
54 Siehe ebendort S. 140
55 Siehe ebendort S. 157
56 Siehe ebendort S. 157 u. 167
57 Siehe Lob14, vor dem Inhaltsverzeichnis
58 Siehe ebendort, S. iii
59 Siehe ebendort S. xii, xiii, xvii, 109 u. 111
60 Siehe ebendort insb. S. xii-xxii u. 109ff.
61 Siehe ebendort S. 103ff., insb. 111
62 Siehe ebendort S. 42 u. 147f.
63 Siehe ebendort S. 154
64 Siehe Blo15, S. 247ff.
65 Siehe oben bzw. Fn 18
66 Siehe S. 4, Punkt 2. des CIA-Dokuments 1035-960 im Anhang
67 Siehe Lob14, S. 125
68 Siehe *Der Angriff* vom 06. 12. 1931 sowie Rad06, S. 162
69 Siehe Con12, S. 93–115
70 Siehe Kle12, S. 12ff.
71 Siehe Cho16, S. 91
72 Siehe Con12, S. 22
73 Siehe ebendort, S. 6
74 Siehe ebendort, S. 28
75 Siehe ebendort, S. 16
76 Siehe ebendort, S. 135–168
77 Siehe Ros08, S. 83
78 Siehe ebendort, S. 333
79 Siehe ebendort
80 Siehe S. 31 der Europäischen Sicherheitsstrategie vom 12. 12. 2003 (inkl. Bericht aus 2009): www.consilium.europa.eu/uedocs/cms_data/librairie/PDF/QC7809568DEC.pdf
81 Siehe Sam16, S. 20 u. 27–113
82 Siehe Rot04a, S. 120
83 Siehe ebendort, S. 5
84 Siehe ebendort, S. 196
85 Siehe Sam16, S. 14
86 Siehe Rot04a, S. 210–213
87 Siehe Sam16, S. 96, Rn 18 u. S. 108, Rn 17
88 Siehe bspw. ebendort, S. 104, Rn 11
89 Siehe ebendort, S. 99, Rn 34
90 Siehe Hit39, S. 193–204, insb. 197 u. 201
91 Siehe Lon15, S. 67
92 Siehe ebendort, S. 197
93 Siehe ebendort, S. 96–113
94 Siehe Rot04a, S. 308 (»der größte Teil«) u. 309 (»etwa zwei Drittel«)

95 Siehe Sam16, S. 22
96 Siehe ebendort, S. 23
97 Siehe Hom81, S. 1, 10 u. 16
98 Siehe ebendort, S. VIII. (Vorwort)
99 Siehe San15, S. 315–365, insb. 320, 325, 336, 329f., 335, 339, 346, 355 u. 357–361 sowie das Zitat auf S. 364
100 Siehe Dar09, S. 207–249, insb. 220 u. 241
101 Siehe San15. S. 379–384
102 Siehe Rau13, S. 57
103 Siehe Rig03, S. 76 u. 253
104 Siehe San15, S. 409
105 Siehe Her96, S. 26
106 Siehe ebendort, S. 9, 25 u. 11–13 (in dieser Reihenfolge) sowie Kapitel »Deutsch-jüdischer Naher Osten«
107 Siehe Her96, S. 50 u. 51
108 Siehe bspw. Wal96, S. 82 bzw. Rn 194
109 Siehe Her96, S. 68
110 Zitiert in Rot04a, S. 46
111 Siehe San15, S. 364
112 Siehe San13, S. 148f.
113 Siehe ebendort, S. 65
114 Hermann Göring in der Reichstagssitzung vom 15. 09. 1935; siehe Ker35, S. 361
115 Siehe Ste11a, S. 163
116 Siehe ebendort, S. 162
117 Siehe Wol92, S. 167
118 Siehe ebendort, S. 168f.
119 Siehe Sam16, S. 16
120 Zum mosaischen »Gott« in seinen verschiedenen Diktator-Funktionen gemäß Altem Testament siehe bspw. 2. Mose 19:5 (Eigentümer der Erde), 5. Mose 32:7-9 (Untergeordneter »Gott« bekommt Israel zum Erbteil bzw. Eigentum), 2. Mose 15:3 (Kriegsmann), Psalme 46:8,12 (Herr der Kriegsscharen, Kriegsherr), Jesaja 6:3 (Herr der Heerscharen), 2. Mose 12:29 (Ermordung aller ägyptischen Säuglinge), 2. Mose 14:25-28 (Ertränkung der ägyptischen Streitmacht), Jesaja 37:36 (Ermordung von 185.000 Assyrern), 1. Mose 18:1 bis 19:38 (Auslöschung zweier Städte), 2. Mose 32:19-28 (Ermordung von 6.000 aufständischen Juden), 4. Mose 17:14 (Ermordung von 14.200 aufständischen Juden), 1. Mose 6:6 bis 8:22 (Massenmörder und Weltzerstörer durch Springflut), 1. Mose 2:17 (Vater der Lüge: »Gott« prophezeit Adam und Eva, sie würden durch den Verzehr der Früchte des Baum der Erkenntnis gewiss sterben. Bekanntlich haben aber beide überlebt), 1. Mose 3:22 (»Gott« ärgert sich, dass Adam und Eva durch den Verzehr des Apfels wie die Götter geworden sind) sowie 1. Mose 3:3-5 (Die »Schlange« sagte also die Wahrheit: Adam und Eva würden durch den Apfelkonsum gewiss nicht sterben, sondern wie »Gott« werden.)
121 Siehe Don12, S. 202f., 390ff., 444f., 505
122 Siehe Bül15, S.95f. sowie Ban15, S. 82f.
123 Siehe Tob31, S. 137, 191 u. 369
124 Zitiert in Bül15, S. 96
125 Siehe ebendort, S 97 sowie Ban15, S. 83
126 Siehe Ban15, S. 84
127 Ähnlich Bül15, S. 98 sowie Ban15, S. 83f.; siehe insb. den Nachdruck der *Saturday Review* vom 11. 09. 1897 in *The Open Court* vom Oktober 1914, Nr. 701, S. 577–579 als Download auf Open SIUC (South Illinois University Carbondale): http://opensiuc.lib.siu.edu/do/search/?q=England%20and%20Germany%201897&start=0&context=585089
128 Siehe Tob31, S. 138
129 Siehe Cav92, S. 232
130 Siehe Zen07, S. 8
131 Siehe Ban15, S. 27
132 Siehe Kapitel »Deutschland: Behauptung als Großmacht«
133 Siehe Ber85, S. 43 u. 48
134 Siehe ebendort, S. 49
135 Siehe Gol05, S. 18, 62, 72, 76, 79 u. 64 (in dieser Reihenfolge)
136 Siehe bspw. Ble09, S. 17f. u. 302f.
137 Siehe ebendort, S. 102
138 Siehe ebendort
139 Siehe auch Ban15, S. 22
140 Siehe ebendort, S. 23
141 Siehe Ber85, S. 91
142 Siehe ebendort, S. 102
143 Siehe www.borsig.de/de/borsig-gruppe/geschichte.html
144 Siehe Ber85, S. 232f.
145 Siehe Mir76, S. 17
146 Siehe ebendort, S. 233
147 Siehe Bal95, S. 209
148 Siehe Kapitel »II. Opferung der Lusitania 1915«
149 Siehe http://atlanticliners.com/hapag_home/bismarck_home/
150 Siehe Ber85, S. 231
151 Siehe ebendort, S. 91
152 Ähnlich Ban15, S. 30
153 Siehe Wil22, S. 151
154 Siehe Cla14, S. 224
155 Siehe *Qualitätssiegel »Made in Germany«* in *Spiegel-Online* vom 24. 08. 2012: www.

spiegel.de/einestages/made-in-germany-vom-stigma-zum-qualitaetssiegel-a-947688.html
156 Siehe Ban15, S. 26f.
157 Siehe Tuc66, S. 354
158 Siehe Rit83, S. 89
159 Siehe Ber85, S. 274, 388f. u. 393
160 Siehe ebendort, S. 203
161 Siehe Ban15, S. 29
162 Siehe Ber85, S. 407
163 Siehe ebendort, S. 376f.
164 Siehe Gol05, S. 63f.
165 Siehe *Kant* (Preußische Akademie der Wissenschaften, 1900 ff.), S. 421: https://korpora.zim.uni-duisburg-essen.de/Kant/aa04/421.html
166 Siehe Kapitel »Deutsch-jüdischer Naher Osten«
167 Siehe Mit90, S. 66
168 Siehe Spe05, S. 88f.
169 Siehe Tsc00, insb. S. 320ff. u. 443–445
170 Siehe Qui16a, S. 107
171 Ähnlich ebendort, S. 63
172 Ähnlich, wenngleich anders formuliert Qui16b, S. 288 sowie Qui16a, S. 104, 168, 210 u. 219
173 Siehe Sen00a, S. 18–16
174 Siehe Sen00b, S. 628 u. 630f.
175 Siehe ebendort, S. 634
176 Siehe Man20, S. 435
177 Siehe Sen00b, S. 633
178 Siehe V-005, insb. ab Min. 59:00 und V-006
179 Siehe ebendort
180 Siehe Joh09, S. 373f.
181 Siehe Qui16a, S. 107
182 Zitiert in Roe16, S. 22
183 Siehe Qui16a, S. 107
184 Siehe Qui16b, S. 47f.
185 Siehe 1. Buch Mose (Genesis) 1:28
186 Siehe Qui81 u. Qui14
187 Siehe Doc13, S. 13
188 Siehe Qui16b, S. 8–10
189 Siehe ebendort, S. 11
190 Siehe ebendort, S. 49f.
191 Siehe ebendort, S. 13 sowie Qui16a, S. 112f.
192 Siehe Qui16b, S. 60f.
193 Siehe ebendort, S. 382–385
194 Siehe Doc13, S. 363–369; Anmerkung: An letzter Stelle der Liste C wird die Gruppe *Junges Bosnien* ohne Angaben von Personen genannt.
195 Siehe Len11, S. 70, 569 u. 705
196 Siehe ebendort, S. 180, 243f., 363, 463f., 525, 712 u. 907
197 Siehe Lam04
198 Siehe Len11, S. 308
199 Ähnlich Bin04, S.173
200 Siehe Len11, S. 13
201 Siehe Qui16b, S. 7
202 Siehe ebendort, S. 54
203 Siehe Doc13, S. 15
204 Siehe Qui16a, S. 5 (Zitat vor dem Inhaltsverzeichnis) u. 248
205 Zitiert in Hit14, S. 32
206 Siehe Qui16b, S. 42
207 Siehe ebendort, S. 85
208 Siehe Qui16a, S. 112
209 Siehe Doc13, S. 32 bzw. Doc14, S. 34
210 Siehe Qui16b, S. 15ff.
211 Siehe das Radiointerview V-004 sowie die diesbezügliche Abschrift auf www.carrollquigley.net/Interviews/Carroll_Quigley_1974_Interview_Transcript_Part1.htm
212 Siehe Qui16b, S. 13, 15, 17, 59, 95, 129ff. u. 147ff.
213 Siehe Gol05, bspw. S. 881 sowie Kapitel »Hungerblockade gegen Deutschland«
214 Siehe Qui16b t, S. 128f.
215 Siehe ebendort, S. 42 u. 175f.
216 Siehe Doc14, S. 13
217 Siehe Sam16, S. 53
218 Siehe Kapitel »Kriegsvorbereitungen der Entente«
219 Siehe Col14
220 Siehe Col15
221 Siehe Rot16a, Rot16b, Rot16c und Rot16d
222 Siehe Qui16b, S. 54
223 Siehe Sun08, S. 21
224 Siehe Gil14, S. 270
225 Siehe Cla32, S. 47
226 Zitiert in Hof16, S. 9
227 Siehe Ber15, S. 11
228 Siehe Hit39, S. 44, 196–198 u. 200–202
229 Zitiert in Bow11, S. 238
230 Siehe Kapitel »Kriegspläne gegen Deutschland«
231 Siehe Sik16, S. 70
232 Zitiert in Bow11, S. 50
233 Siehe Sun08, S. 22
234 Tagebucheintrag des französischen Unterstaatssekretärs Abel Ferry vom 03. 08. 1914, zitiert in Roe16, S. 15
235 Siehe Epk15, S. 250
236 China mit rund 20 Millionen Verlusten (3,8 Millionen Soldaten und 16,2 Millionen Zivilisten) blieb hier als nichteuropäische Nation unberücksichtigt und ist im Rest gemäß Tabelle enthalten.

237 Siehe den Artikel von Wolfgang Kruse *Ökonomie des Krieges* vom 22. 01. 2014: www.bpb.de/geschichte/deutsche-geschichte/ersterweltkrieg/177509/oekonomie-des-krieges
238 Siehe Don15
239 Siehe Cla14, S. 716
240 Siehe den Artikel von Wolfgang Kruse *Auslösung und Beginn des Krieges* vom 06. 05. 2013: www.bpb.de/geschichte/deutsche-geschichte/ersterweltkrieg/155302/ausloesung-und-beginn-des-krieges
241 Zitiert in Rho12, S. 13
242 Siehe Fn 233
243 Zitiert in Roe16, S. 15
244 Siehe Qui16a, S. 248
245 Siehe Sut15, S. 174f.; Anmerkung: Das im englischen Originaltext offenbar irrtümlich fehlende Wort für »Lösung« (solution) wurde bei der Übersetzung hinzugefügt, weil »a specific« alleinstehend keinen Sinn ergibt.
246 Siehe Qui16a, S. 248
247 Siehe ebendort, S. 55
248 Siehe Pri14a, S. 3ff
249 Siehe Doc14, S. 24
250 Siehe Pri14a, S. 3ff.
251 Frederick William Engdahl
252 Siehe Eng14, S. 65
253 Siehe Doc14, S. 409
254 Siehe Eng14, S. 66f.
255 Siehe ebendort, S. 67
256 Siehe Doc13, insb. S. 213–215, 220f u. 369
257 Siehe Pri14a, S. 17 u. 40ff.
258 Siehe Qui16a, S. 55
259 Siehe zu alldem Kapitel »Ewige Kapital-Imperialisten«
260 Siehe Han14, Pos. 957
261 Siehe Doc14, S. 41ff. u. 407
262 Siehe Qui81, S. 42 u. 152 bzw. Qui16b, S. 58 u. 189
263 Siehe Han14, Pos. 1285
264 Siehe Doc13, S. 132 bzw. Doc14, S. 145
265 Siehe zu alldem Kapitel »Friedliche deutsche Großmacht«
266 Siehe Sen00b, S. 251f u. 262
267 Siehe ebendort, S. 284, 301 u. 299 (in dieser Reihenfolge)
268 Zu Stratagem Nummer 35 siehe ebendort, S. 697ff.
269 Zitiert in Ban15, S. 61
270 Siehe Kapitel »Okkupation Bosniens und Herzegowinas« bzw. Fn 638
271 Siehe Buc14, S. 22
272 Zitiert in Cla14, S. 170
273 Siehe McM13, S. 79
274 Ähnlich Buc14, S. 22
275 Siehe Kapitel »Kriegspläne gegen Deutschland«
276 Siehe Kapitel »Anglo-amerikanische Geostrategie«
277 Siehe Doc14, S. 38 u. 408
278 Zitiert in Eff16b, S. 84
279 Siehe Doc14, S. 49ff. u. 409
280 Siehe Fn 279
281 Siehe Cla14, S. 312
282 Siehe Qui16b, S. 37
283 Siehe Zif38, S 209
284 Siehe Rau13, S. 66
285 Siehe Doc13, S. 65–73
286 Siehe Doc14, S. 93–101
287 Siehe Jen16, S. 14
288 Siehe Cla14, S. 127
289 Siehe Wil22, S. 3–5
290 Siehe Bernd Ulrichs Artikel *Außenpolitik und Imperialismus* vom 27. 09. 2012: www.bpb.de/geschichte/deutsche-geschichte/kaiserreich/139653/aussenpolitik-und-imperialismus
291 Siehe ebendort, S. 177, 243f. u. 262
292 Zitiert in Bra39, S. 594
293 Zitiert in Doc13, S. 94
294 Siehe Doc14, S. 103f.
295 Siehe Ban15, S. 70
296 Siehe Buc14, S. 31
297 Siehe Doc13, insb. S. 366 u. 368
298 Siehe Fn 296
299 Siehe Doc14, S. 105
300 Siehe Buc14, S. 21
301 Siehe Rau13, S. 20
302 Siehe Cla14, S. 329 u. 443f.
303 Siehe Qui16a, S. 169
304 Siehe die Präambel gemäß Teilveröffentlichung vom 03. 02. 1888 im Reichs- und Staatsanzeiger: http://germanhistorydocs.ghi-dc.org/sub_document.cfm?document_id=1856&language=german
305 Siehe insb. die Artikel I und II des Zweibundvertrags: https://wwi.lib.byu.edu/index.php/The_Dual_Alliance_Between_Austria-Hungary_and_Germany
306 Siehe Rau13, S. 64
307 Siehe Cla14, S. 197
308 Siehe Doc14, S. 84
309 Siehe Rau13, S. 65
310 Siehe Bra39, S. 539
311 Siehe Son01, S. 160ff, insb. 161 u. 168
312 Siehe Gol05, S. 88

313 Siehe Kapitel »Überlegenheit zur See«
314 Siehe Doc14, S. 119
315 Siehe Mir76, S. 13f.
316 Siehe ebendort, S. 16
317 Siehe Jen16, S. 11f.
318 Siehe V-008, Min. 10:35–11:51
319 Siehe Eng14, S. 47
320 Siehe Mir76, S. 14
321 Siehe Eng14, S. 48f.
322 Ähnlich Doc14, S.129
323 Siehe Mir76, S. 14
324 Siehe Jen16, S. 16
325 Siehe Fn 323
326 Siehe Kapitel »Hungerblockade gegen Deutschland«
327 Ähnlich Mir76, S. 15f.
328 Siehe Epk15, S. 111
329 Zitiert in Sau19, S. 26f.
330 Siehe Arc71, S. 72ff.
331 Siehe www.waymarking.com/waymarks/WM-9FE2_British_15_inch_Naval_Guns_Imperial_War_Museum_Lambeth_London_UK
332 Siehe Hof15a, S. 112
333 Siehe Fn 287
334 Siehe Pro16, Abschnitt 16
335 Siehe Kar03, S. 94
336 Siehe ebendort, S. 104
337 Siehe Fn 335
338 Siehe V-008, Min. 10:57–10:57
339 Siehe Cla14, S. 414
340 Siehe Buc14, S. 30
341 Siehe Röh08, S. 888f.
342 Siehe Cla14, S. 415f.
343 Siehe ebendort, S. 206
344 Zitiert in Roe14, S. 81
345 Siehe Buc14, S. 32
346 Siehe Zen07, S. 5
347 Siehe Doc13, S. 66
348 Zitiert in Buc14, S. 21
349 Ähnlich Cla14, S. 188f.
350 Ähnlich Zen07, S. 12f.
351 Siehe bspw. Rho12, S. 47
352 Siehe August Bebels Rede vom 02. 05. 1871 in Zen07, S. 13
353 Zitiert in Ban15, S. 20f.
354 Siehe Gan40, S. 39
355 Siehe Kapitel »Friedliche deutsche Großmacht« sowie Spe05, S. 88f.
356 Siehe Hor14, S. 205f.
357 Siehe Bau07, S. 30 u. 48f.
358 Siehe ebendort, S. 30–32
359 Siehe bspw. Rho12, S. 43
360 Siehe Qui16a, S. 100
361 Zum Panslawismus siehe bspw. WiD05, S. 15
362 Siehe ebendort, S. 101 sowie Röh01, S. 1059
363 Siehe Cla14, S. 438 u. 437
364 Siehe Fn 359
365 Siehe Fn 362
366 Siehe Cla14, S. 199 u. 437
367 Siehe Bül15, S. 54
368 Siehe Kar03, S. 28f.
369 Siehe Kne15a, S. 43f.
370 Siehe ebendort, S. 45f.
371 Siehe V-008, ab Min. 04:25
372 Siehe Kar03, S. 21f.
373 Siehe ebendort, S. 30–36, 62 u. 87
374 Siehe ebendort, S. 36 u. 53
375 Siehe Kar03, S. 22–25
376 Siehe Sar02, S. 14
377 Siehe Kar03, S. 24 u. 56
378 Siehe ebendort, S. 37, 43 u. 64–67
379 Siehe Doc13, S. 60
380 Siehe Kar03, S. 47, 57, 61, 64, 91, 93 u. 100f.
381 Siehe Sar02, S. 5
382 Siehe Kar03, S. 75–77
383 Siehe ebendort, S. 74
384 Siehe Sar02, S. 7–12 S. 10
385 Siehe Kar03, S. 76
386 Siehe Sar02, S. 10
387 Siehe ebendort, S. 13–16
388 Siehe Kar03, S. 81–84
389 Siehe Doc14, S. 175, 237 u. 240
390 Siehe Sar02, S. 17–20
391 Siehe Cla14, S. 408–411
392 Zitiert in Kar03, S. 83
393 Siehe Kapitel »Stärkste Kriegsflotte«
394 Sieh Kne08, S. 25
395 Siehe Kar03, S. 93
396 Siehe Ber85, S. 228
397 Siehe Fn 393
398 Siehe Sim07, S. 42
399 Siehe ebendort, S. 62
400 Ähnlich Rho12, S. 44
401 Siehe Eff16a, S. 202f.
402 Siehe Kar03, S. 55
403 Siehe Sim07, S. 43–45
404 Siehe Eff16a, S. 257
405 Siehe Zif38, S. 217
406 Siehe ebendort, S. 213
407 Siehe ebendort, S. 220
408 Siehe Bül15, S. 54
409 Siehe V-008, ab Min. 13:30 sowie Fn 400 sowie allgemein V-009
410 Siehe Cla14, S. 437f.
411 Siehe Gol05, S. 881
412 Siehe Zif38, S. 210

413 Siehe *Altneuland – Monatsschrift für die wirtschaftliche Erschließung Palästinas*, Nr. 11 / November 1904, S. 346ff.: http://sammlungen.ub.uni-frankfurt.de/cm/periodical/titleinfo/2266013
414 Siehe Gol05, S. 97f., 124 u. 733f. sowie oben bzw. Fn 367
415 Siehe Gol05, S. 735
416 Siehe ebendort, S. 735f.
417 Siehe Zif38, S. 52f.
418 Siehe *Altneuland – Monatsschrift für die wirtschaftliche Erschließung Palästinas*, Nr. 11 / November 1904, S. 352; Weblink siehe Fn 413
419 Siehe Krä02, S. 169
420 Siehe Zif38, S. 53
421 Siehe Gol05, S. 736
422 Siehe Zif38, S. 54
423 Siehe Sch16, Abschnitt 15
424 Siehe Eng14, S. 49f.; Anmerkung: Der Autor nennt statt der *Burmah Oil Company* die *APOC*; letztere wurde aber erst 1909 gegründet.
425 Siehe Kapitel »Stärkste Kriegsflotte« bzw. Fn 318
426 Siehe Sim07, S. 62
427 Siehe Fn 402
428 Siehe Sch16, Abschnitt 25
429 Siehe Ver17, S. 56
430 Siehe Fn 402
431 Siehe Fer94, S. 158
432 Siehe ebendort, S. 168f.
433 Siehe ebendort, S. 182
434 Siehe Fn 430
435 Siehe Rho12, S. 45
436 Siehe Cla14, S. 439
437 Siehe Kapitel »Triple Entente 1907«
438 Siehe Qui16a, S. 102 sowie Eff16a, S. 204
439 Siehe Cla14, S. 437
440 Siehe Kapitel »Deutschland « bzw. Fn 375
441 Siehe Sch09b, S. 86
442 Siehe Hor14, S. 206
443 Siehe Fn 441
444 Siehe Ver17, S. 56f.
445 Siehe Bam09, S. 174f.
446 Siehe Zif38, S. 213
447 Siehe Bar87, S. 11
448 Siehe Kapitel »Antijüdische Erfindung« bzw. Her96, S. 11–13
449 Siehe Bar87, S. 11–13
450 Siehe Her96, S. 25, 50, 51, 55 u. 45 (in dieser Reihenfolge)
451 Siehe ebendort, S. 9
452 Ähnlich John. C. G. Röhls Artikel *Wilhelm II.: »Das Beste wäre Gas!«* vom 25. 11. 1994 in *Die Zeit*, Nr. 48/1994: www.zeit.de/1994/48/wilhelm-ii-das-beste-waere-gas
453 Siehe Sam16, S. 15
454 Siehe Krä02, S. 136
455 Siehe bspw. Herzls deutliche Argumentation pro Palästina in Her96, S. 29
456 Siehe ebendort, S. 4, 59, 22, 26, 85, 84 u. 78 (in dieser Reihenfolge)
457 Siehe Kapitel »Orientalische Semiten«
458 Siehe Zuc15, S. 13
459 Siehe V-010, ab Min. 04:59
460 Siehe bspw. Wil13, S. 13
461 Siehe Krä02, S. 165
462 Siehe Her96, S. 58
463 Siehe ebendort, S. 29
464 Siehe ebendort, S. 47, 72 u. 33 (in dieser Reihenfolge)
465 Siehe Wil13, S. 13
466 Siehe ebendort, S. 12
467 Siehe Her96, S. 27
468 Siehe ebendort, S. 33, 45 u. 70
469 Siehe ebendort, S. 60, 27, 34 u. 36f. (in dieser Reihenfolge)
470 Siehe Kapitel »Friedliche deutsche Großmacht«
471 Siehe Kär02, S. 137
472 Siehe Kapitel »Antijüdische Erfindung«
473 Zitiert in Wil13, S. 15
474 Siehe V-010, ab Min. 10:00 sowie Wil13, S. 14; siehe allgemein dazu auch V-011 und V-012
475 Siehe Wil13, S. 14f.
476 Siehe San15, S. 383
477 Siehe Her96, S. 74
478 Siehe Jesaja 11:12
479 Siehe Her96, S. 69f., 72 u. 85 (in dieser Reihenfolge)
480 Siehe San15, S. 182–189
481 Siehe Wil13, S. 13
482 Siehe Kee01, insb. S. 458–475
483 Siehe Her96, S. 28, 72 u. 85
484 Zitiert in Röh01, S. 1051
485 Zitiert nach ebendort S. 1054f.
486 Zitiert nach ebendort, S. 1057
487 Errechnete Mittelwerte auf Basis folgender bereits dargestellter Daten:
1881: 400.000 Araber und 20.000 Juden
1914: 600.002 Araber und 39.000 Juden
488 Siehe Röh01, S. 1057f., 1051 u. 1053 (in dieser Reihenfolge)
489 Zitiert ebendort, S. 1058f.

490 Siehe bspw. John C. G. Röhls Artikel *Wilhelms seltsamer Kreuzzug* in *Die Zeit* Nr. 42/1998: www.zeit.de/1998/42/Wilhelms_seltsamer_Kreuzzug
491 Siehe Don12, S. 392–397
492 Siehe oben bzw. Fn 485
493 Siehe Krä02, S. 136
494 Siehe Wil13, S. 14
495 Siehe *Altneuland – Monatsschrift für die wirtschaftliche Erschließung Palästinas*, Nr. 11 / November 1904, S. 338f.; Weblink siehe Fn 413
496 Siehe Krä02, S. 165
497 Siehe *Altneuland – Monatsschrift für die wirtschaftliche Erschließung Palästinas*, Nr. 11 / November 1904, S. 345f u. 337f. (in dieser Reihenfolge); Weblink siehe Fn 413
498 Siehe Sim07, S. 46
499 Siehe Laf18, S. 3f., u. 163
500 Siehe ebendort, S. 164
501 Siehe Gei90, S. 305f.
502 Siehe Fn 500
503 Siehe ebendort
504 Siehe ebendort
505 Siehe ebendort, S. 3
506 Zitiert in Hor14, S. 207
507 Siehe Qui16a, S. 100
508 Siehe Kas11, S. 170
509 Siehe Tsc00, S. 269
510 Siehe Kapitel »Friedliche deutsche Großmacht« bzw. Qui16a, S. 107
511 Siehe Cla14, S. 436
512 Siehe Fn 510
513 Siehe Tsc00, S. 330–353, 272ff., insb. 326–329
514 Bezüglich CID-Beschlussprotokoll vom 03. 03. 1914 siehe Roe14, S. 61
515 Siehe Sch09b, S. 86
516 Bezüglich der deutschen Einverständniserklärung siehe Tsc00, S. 443–445
517 Siehe Kapitel »Elsass-Lothringen«
518 Siehe Kapitel »Systematische Einkreisung Deutschlands«
519 Siehe Qui16a, S. 172
520 Siehe Ban15, S. 98
521 Siehe Cla14, S. 242f.
522 Siehe Buc14, S. 20f.
523 Siehe Kapitel »Manipulationsmaschinerie«
524 Siehe Fn 522
525 Siehe Cla14, S. 271–275
526 Siehe www.deutsche-schutzgebiete.de/marokkokrise1911.htm
527 Siehe Han14, Pos. 1622
528 Siehe bspw. Epk15, S. 16
529 Siehe Qui16a, S. 172 sowie Cla14, S. 276
530 Siehe Cla14, S. 565
531 Siehe Doc14, S. 227f.
532 Siehe Cla14, S. 276
533 Siehe ebendort, S. 383
534 Siehe Christopher Clark im Interview mit *Der Bund* vom 28. 06. 2014: www.derbund.ch/wissen/geschichte/Das-Buch-ist-kein-Freispruch-fuer-die-Deutschen/story/24143098?track
535 Siehe Cla14, S. 255
536 Siehe Doc14, 116, 215, 368, 375, 381 u. 412
537 Siehe Cla14, S. 255 u. 454
538 Siehe Doc13, S. 204f.
539 Zitiert in Deg09, S. 92 u. 103
540 Siehe Kapitel »Stärkste Kriegsflotte«
541 Ähnlich Doc14, S. 229
542 Siehe bspw. WiD05, S. 15
543 Siehe Buc14, S. 22
544 Siehe Kapitel »Bändigung Russlands«
545 Siehe Cla14, S. 455f. u. 540
546 Siehe Ber85, S. 263ff.
547 Siehe Qui16a, S. 236
548 Siehe Doc14, S. 229f.
549 Siehe Deg09, S. 50
550 Siehe Doc14, S. 230
551 Siehe Doc13, S. 207f.
552 Siehe Russisches Schwarzbuch: Kronrat am 31. 12. 1913; zitiert in Deg09, S. 115
553 Siehe Cla14, S. 439–446
554 Siehe ebendort, S. 446–448
555 Siehe Kapitel »Exkurs: Intern liquidierter Kronprinz«
556 Siehe Wag13a, S. 128
557 Bezüglich der halbautonomen Stellung der Ungarn siehe Ger14, Pos. 602
558 Siehe WiD05, S. 7–9 u. 16
559 Siehe ebendort, S. 11, 14 u. 17f. sowie Rau13, S. 18
560 Siehe Wag13a, S. 47
561 Siehe WiD05, S. 14
562 Zitiert in Ham16, S. 247
563 Zitiert ebendort, S. 282
564 Zitiert ebendort, S. 298
565 Siehe Kapitel »Exkurs: Intern liquidierter Kronprinz«
566 Zitiert in Ham16, S. 298
567 Ähnlich ebendort, S. 284ff., insb. 288 u. 297
568 Siehe ebendort, S. 294f.
569 Zitiert jeweils ebendort, S. 289 u. 291f.
570 Siehe ebendort, S. 250f. u. 284
571 Siehe ebendort, S. 299 u. 263 (in dieser Reihenfolge)

572 Zitiert ebendort, S. 168
573 Zitiert in Pha18, S. 13
574 Zitiert in Ham16, S. 295
575 Siehe Laf18, S. 71f.
576 Siehe Ham16, S. 17ff., insb. 30 u. 245
577 Zitiert ebendort, S. 29
578 Siehe ebendort, S. 30f.
579 Siehe Unt08, S. 48ff. u. 69 sowie Ham16, S. 57ff.
580 Siehe Ham16, S. 75ff.
581 Ähnlich ebendort, S. 239f.
582 Siehe Hol13, S. 55ff., insb. 57–60
583 Siehe Wol09, S. 8–12
584 Siehe Len11, S. 714, 155 u. 75f. (in dieser Reihenfolge)
585 Zitiert in Ham16, S. 47
586 Zitiert ebendort, S. 79f.
587 Siehe ebendort, S. 179 u. 191f.
588 Siehe Ham98, S. 94ff. sowie Ham05, S. 169
589 Zitiert in Wol09, S. 12 sowie Ham98, S. 96
590 Zitiert in Ham16, S. 193
591 Zitiert in Wol09, S. 13
592 Siehe Don12, S. 449ff.
593 Zitiert in Bin04, S. 172
594 Siehe Ham98, S. 84–86 u. 91–118
595 Zitiert in A-001, ab Min. 03:00 sowie Ham16, S. 192f.
596 Siehe Ham98
597 Zitiert ebendort, S. 192ff., insb. 193
598 Siehe Kapitel »Deutschland: Behauptung als Großmacht«
599 Siehe Ham98, S. 226 sowie Hol13, S. 19 sowie Unt08, S. 160f.
600 Ähnlich A-001, ab Min. 04:00
601 Siehe Hol13, S. 19f.
602 Siehe V-013, ab Min. 29:00
603 Siehe Ham98, S. 9
604 Siehe Wol09, S. 4
605 Siehe Kapitel »Wenige Freimaurer«
606 Siehe Wol09, S. 4f.
607 Siehe V-013, ab Min. 16:00
608 Zitiert in A-001, ab Min. 08:40
609 Siehe Hol13, S. 21f.
610 Siehe Ham16, S. 419f.
611 Siehe ebendort, S. 391
612 Siehe Unt08, S. 186
613 Siehe Ham16, S. 434f.
614 Siehe bspw. A-001, ab min. 04:30
615 Siehe Ham16, S. 464–476 sowie Gab15 im Kapitel »Die Auffindung der beiden Toten« sowie die Hoyos-Denkschrift vom 30. 01. 1889: www.mayerling.de/arch_hoyos.htm
616 Ähnlich Kie97, S. 9, Rn. 20
617 Zitiert in Ham16, S. 476
618 Siehe Nov15, S. 140
619 Siehe zu alldem bspw. V-013, ab Min. 07:00
620 Siehe Fn 614
621 Zitiert in Ham16, S. 471
622 Ähnlich ebendort, S. 472f.
623 Siehe ebendort, S. 476f.
624 Siehe V-013, ab Min. 01:15
625 Zitiert in Ham16, S. 475
626 Siehe A-001, ab Min. 11:00
627 Mit anderen Worten Ham16, S. 483
628 Siehe zu alldem bspw. V-013, ab Min. 07:00
629 Siehe *Profil* Nr. 42 vom Oktober 2005, S. 120
630 Siehe bspw. den Artikel *Gestorben: Zita von Habsburg* in *Der Spiegel* vom 20. 03. 1989: www.spiegel.de/spiegel/print/d-13495142.html
631 Siehe Sigrid Löfflers Artikel *Knalliger Knüller* in *Die Zeit* vom 25. März 1983: www.zeit.de/1983/13/knalliger-knueller
632 Siehe A-001, ab Min. 10:30
633 Siehe V-013, ab Min. 08:00 sowie A-001 ab Min. 11:05
634 Siehe Nov15, S. 234
635 Siehe ebendort, S. 236f.
636 Siehe www.heiligenlexikon.de/Orden/Karmeliter.htm
637 Siehe Wol09, S. 5
638 Siehe WiD05, S. 18–20
639 Siehe Kapitel »Französisch-russisches Bündnis 1894« bzw. Fn 269
640 Siehe Dru15, S. 28
641 Siehe Ded67, S. 311
642 Siehe Rau13, S. 36f.
643 Siehe ebendort, S. 35
644 Siehe Cla14, S. 455
645 Siehe generell Obe09 sowie speziell Elmar Obereggers Artikel *Sandschak-Bahn:* www.oberegger2.org/enzyklopaedie/sandschak.htm
646 Ähnlich ebendort, S. 18
647 Siehe Laf18, S.18 sowie Kapitel »Okkupation Bosniens und Herzegowinas«
648 Siehe Kapitel »Letzte Lücke: Serbien« bzw. Fn 503
649 Siehe Rau13, S. 19
650 Siehe Gei85, S. 159
651 Siehe Doc14, S. 139f.
652 Siehe Qui16a, S. 172
653 Siehe Rau13, S. 20
654 Siehe ebendort, S. 21
655 Siehe Qui16a, S. 172
656 Siehe Fn 654
657 Siehe Rho12, S. 58

658 Siehe Fn 654
659 Siehe Doc14, S. 140f.
660 Siehe Fn 655
661 Siehe Rau13, S. 21
662 Siehe Doc14, S. 141
663 Siehe Sau19, S. 34
664 Ähnlich Rau13, S. 21 u. 23
665 Siehe WiD05, S. 22
666 Siehe Doc14, S. 141f.
667 Siehe Klu02, S. 718
668 Siehe Georg Löckingers Beitrag *Präventiver Krieg und präemptiver Krieg – nicht nur, aber auch ein terminologisches Problem* in Sie07, S. 71–79, insb. 76f.
669 Siehe *Duden* (online): www.duden.de/rechtschreibung/praeemptiv
670 Siehe Kapitel »Österreichs Recht auf «
671 Siehe Rau13, S. 22f.
672 Siehe Bra39, S. 589 sowie Dru15, S. 258
673 Siehe Cla14, S. 433
674 Siehe Gei85, S. 171
675 Siehe ebendort, S. 172
676 Siehe ebendort, S. 173–175
677 Siehe bspw. den Artikel von Sven Felix Kellerhoff in *Die Zeit* vom 19. 05. 2014: www.welt.de/geschichte/article128169007/Deutschlands-Generalstab-wollte-den-Praeventivkrieg.html
678 Zitiert in Sch21, S. 205
679 Siehe Fn 645
680 Siehe bspw. Sch11b, S. 119ff.
681 Zitiert in Ger14, Pos. 250f.
682 Siehe Sch11b, S. 81
683 Siehe Ger14, Pos. 76
684 Siehe ebendort, Pos. 630
685 Siehe Wag13b, S. 21
686 Siehe Sch11b, S. 111
687 Siehe *Wiener Zeitung* vom 24. November 1906, Nr. 270: http://anno.onb.ac.at/cgi-content/anno?aid=wrz&datum=19061124&seite=1&zoom=33
688 Siehe zu alldem Ger14, Pos. 266, 382 u. 394f.
689 Siehe Cla14, S. 152f.
690 Zitiert in Gei76, S. 66f.
691 Siehe Kapitel »Idealer Zeitpunkt für Präventivkrieg«
692 Zitiert in Cla14, S. 155
693 Zitiert in Deg09, S. 39
694 Siehe Gei76, S. 224–227 (Nr. 144)
695 Siehe Fn 693
696 Siehe Kapitel »Serbische Terror-Serie«
697 Zitiert in Mom14, S. 35
698 Siehe Ron30, S. 91
699 Siehe Cla14, S. 153f.
700 Siehe Gei85, S. 167
701 Ähnlich, teilweise jedoch abweichend Fn 699
702 Siehe ÖAW83, S. 198f.
703 Siehe Pop06
704 Ähnlich Fn 699
705 Siehe Wag13b, S. 22
706 Zitiert in Gei76, S. 67 (Nr. 10)
707 Ähnlich Ger14, Pos. 100
708 Zitiert in Wag13b, S. 60
709 Siehe Röh08, S. 496f.
710 Ähnlich ebendort, S. 807f.
711 Siehe Röh93, S. 55–58, 286ff. u. 379
712 Ähnlich Röh08, S. 807ff., insb. 808 u. 812–815
713 Siehe Rau13, S. 79
714 Siehe Kapitel »Anglo-amerikanische Geostrategie« bzw. Fn 178
715 Siehe Kapitel »Zweiter Blankoscheck für Russland«
716 Zitiert in Röh08, S. 810
717 Siehe Cla14, S. 161
718 Zitiert in Pha18, S. 31
719 Siehe Laf18, S. 22f. u. 31
720 Siehe Mom14, S. 28
721 Siehe Kapitel »Austria esse delenda!«
722 Siehe bspw. Ban15, S. 148 sowie Kapitel »Serbische Terror-Serie«
723 Siehe Kapitel »Bosnische Krise« bzw. Fn 665
724 Siehe Rau13, 25f.
725 Siehe WiD08, S. 22
726 Siehe Kapitel »Erster Blankoscheck für Russland« sowie »Zweiter Blankoscheck für Russland«
727 Siehe Roe14, S. 19f.
728 Siehe Deg09, S. 50
729 Siehe bspw. Doc13, S. 225ff. sowie Kapitel »Mitglieder um 1914«
730 Siehe Rau13, S. 26
731 Siehe Ded67, S. 368–370
732 Mit anderen Worten Qui16a, S. 173
733 Siehe WiD05, S. 25
734 Siehe Rau13, S. 27f.
735 Siehe Fn 645
736 Siehe Sau19, S. 115
737 Siehe WiD05, S. 23–25
738 Siehe Fn 732
739 Siehe ebendort
740 Siehe Kapitel »Liman-von-Sanders-Affäre«
741 Siehe WiD05, S. 25
742 Siehe Rau13, S. 74
743 Siehe Laf18, S. 3
744 Siehe Rau13, S. 30

745 Siehe WiD05, S. 17
746 Siehe V-014, ab Min. 25:20
747 Siehe Rau13, S. 37
748 Siehe V-014, ab Min. 03:50
749 Siehe ebendort, ab Min. 06:15
750 Siehe Gaz04, insb. S. 19–25
751 Siehe Lot14, S. 7
752 Siehe V-018, ab Min.15:30
753 Siehe Kapitel »Herauslösung Italiens«
754 Siehe Kapitel »Private Finanzdiktatur«, »Masterplan: Globale Finanzkontrolle« sowie »Deutschland «
755 Siehe Bow11, S. 236
756 Siehe ebendort, S. 237
757 Siehe Sau19, S. 27
758 Siehe Mom14, S. 30
759 Siehe Sch21, S. 151
760 Siehe ebendort, S. 149
761 Siehe Che14, S. 23ff.
762 Siehe Ban15, S. 114
763 Siehe Che14, S. XIII
764 Siehe Kapitel »Kriegspläne gegen Deutschland«
765 Siehe Kapitel »Kriminelles Blendwerk«
766 Siehe Doc13, S. 63
767 Zitiert in Doc14, S. 69
768 Siehe Kapitel »Stärkste Kriegsflotte«
769 Siehe Kapitel »Manipulationsmaschinerie«
770 Siehe Tuc66, S. 379
771 Siehe Ban15, S. 115
772 Siehe Tuc66, S. 379f.
773 Siehe ebendort
774 Siehe Cla14, S. 278
775 Siehe *Le Matin* vom 04. 01. 1914: http://gallica.bnf.fr/ark:/12148/bpt6k570756v.item
776 Siehe Kapitel »Personifizierte Zukunft « bzw. Fn 716
777 Zitiert in Rho12, S. 53
778 Zitiert in Cla14, S. 539f.
779 Siehe Hil00, S. 161
780 Siehe Dru15, S. 31f. u. 150
781 Siehe ebendort, S. 156–158
782 Siehe ebendort, S. 160
783 Siehe ebendort, S. 153
784 Siehe ebendort
785 Siehe ebendort, S. 149f.
786 Allesamt zitiert in Sau19, S. 45
787 Siehe ebendort, S. 46
788 Siehe Kapitel »Serbische Terror-Serie«
789 Siehe Fn 787
790 Siehe Sau19, S. 46f.
791 Siehe ebendort, S. 47
792 Siehe ebendort, S. 53

793 Siehe Kapitel »Systematische Einkreisung Deutschlands«
794 Siehe Cla32, S. 633
795 Siehe Sch05a, S. 8
796 Siehe Cla32, S. 199
797 Kritisch zur dogmatischen Ableitung Sch11a, S. 106
798 Siehe Jen16, S. 13
799 Siehe Kapitel »Stärkste Kriegsflotte der Welt«
800 Ähnlich Buc14, S. 32
801 Siehe Hof15a, S. 113
802 Siehe Sch11b, S. 136f.
803 Siehe bspw. Hof15a, S. 99
804 Siehe Sch11b, S. 137
805 Siehe Mah98, S. iv u. 6
806 Siehe ebendort, S. 8ff. u. 82
807 Siehe Cor11, S. 102f.
808 Siehe ebendort, S. 185f.
809 Siehe Fn 803
810 Siehe Kapitel »Stärkste Kriegsflotte der Welt«
811 Siehe Sch05a, S. 9
812 Siehe https://austria-forum.org/af/Wissenssammlungen/Zitate/Napoleon
813 Zur Überproportionalität des Marinebudgets siehe Rau13, S. 54
814 Siehe Fn 803
815 Siehe ebendort, S. 169
816 Siehe ebendort, S. 55
817 Siehe ebendort, S. 47
818 Siehe ebendort, S. 61
819 Siehe bspw. Rau13, S. 54 sowie Bih10, S. 53
820 Siehe bspw. https://weltkrieg2.de/russische-armee/
821 Siehe bspw. Cor01, S. 11
822 Siehe Deg09, S. 175
823 Siehe Cla14, S. 288 u. 314
824 Siehe Neu09, S. 426
825 Siehe Rau13, S. 52
826 Siehe Kapitel »Hungerblockade gegen Deutschland« bzw. Fn 882
827 Siehe Nei50, S. 21
828 Siehe auch Olt05, S. 321
829 Siehe Rau13, S. 46
830 Siehe Fn 757
831 Siehe Cla14, S. 243f.
832 Siehe Kapitel »Stärkste Kriegsflotte der Welt« bzw. Fn 329
833 Siehe Mom14, S. 18
834 Siehe Jan05, S. 380
835 Zitiert in Sch05a, S. 1
836 Siehe Lan72, S. 60f.
837 Siehe Cla32, S. 644
838 Siehe Sch05a, S. 4 u. 9

839 Siehe bspw. Sch25b, S. 10ff.
840 Siehe Sch05a, S. 5 u. 11
841 Siehe Bra39, S. 576
842 Siehe Sch25b, S. 71f.
843 Siehe Cla14, S. 632
844 Siehe May86, S. 44
845 Siehe Cla14, S. 5ff. sowie Neu09, S. 418
846 Siehe Fn 811
847 Siehe ebendort, S. 8, 10 u. 11
848 Siehe Cla32, S. 715
849 Ähnlich Lan72, S. 61f.
850 Siehe Rit58, S. 161ff.
851 Siehe Thi12, 6. Abschnitt, Kapitel »Moltke und der Schlieffen-Plan«
852 Siehe Fn 833
853 Siehe Zub11, S. 178
854 Siehe Fn 833
855 In diesem Sinne Mom14, S. 105
856 Zitiert ebendort, S. 19
857 Siehe Bih10, S. 66
858 Siehe den vollen Text im Artikel *Kriegsziele Deutschlands. Das sog. Septemberprogramm Bethmann Hollwegs vom 9. September 1914*: www.deuframat.de/de/konflikte/krieg-und-aussoehnung/der-erste-weltkrieg-im-kollektiven-gedaechtnis-der-deutschen-und-der-franzosen/deutsche-und-franzoesische-kriegsziele/kriegsziele-deutschlands.html
859 Siehe Fis61, S. 93f.
860 Siehe Roe14, S. 48, 106 u. 99 (in dieser Reihenfolge)
861 Siehe Jen16, S. 181
862 Siehe Jan05, S. 125
863 Siehe Gei76, S. 139 (Nr. 62)
864 Siehe ebendort, S. 97 (Nr. 32)
865 Siehe den für das Zentrum für Zeithistorische Forschung Potsdam e.V. verfassten Artikel von Klaus Große Kracht *An das gute Gewissen der Deutschen ist eine Mine gelegt – Fritz Fischer und die Kontinuitäten deutscher Geschichte*; verfügbar auf https://docupedia.de/zg/Fischer,_Griff_nach_der_Weltmacht
866 Siehe Fn 844
867 Siehe Bih10, S. 58f.
868 Siehe May86, S. 51–53
869 Siehe Kapitel »Deutsche Verteidigungsstrategie«
870 Siehe May86, S. 52 u. 48
871 Siehe Lan72, S. 92f.
872 Siehe Cor20, S. 18
873 Siehe Han14, Pos. 1591
874 Siehe ebendort, Pos. 1331
875 Siehe ebendort, Pos. 3
876 Siehe Kapitel »Masterplan: Globale Finanzkontrolle« bzw. Fn. 263
877 Siehe Doc14, S. 117
878 Siehe Han14, Pos. 1301
879 Siehe Qui16a, S. 169
880 Siehe Bel37, S. 24
881 Siehe ebendort, S. 30
882 Siehe ebendort, S. 25ff., insb. 26 u. 27
883 Siehe Eff16b, S. 86
884 Siehe Doc14, S. 146
885 Siehe Bel37, S 27
886 Siehe Roe14, S. 112
887 Siehe Bel37, S 28–30
888 Siehe Han14, Pos. 1606
889 Siehe Doc14, S. 128–130
890 Siehe Kapitel »Erste Marokko-Krise«
891 Siehe Cla14, S. 218
892 Siehe Doc14, S. 131
893 Siehe Bel37, S 31
894 Siehe Epk15, S. 111
895 Siehe die deutsche Übersetzung der Pariser Seerechtsdeklaration vom 16. 04. 1856 auf der Homepage des Schweizer Bundesrats: www.admin.ch/opc/de/classified-compilation/18560001/index.html
896 Siehe Rai10, S. 199
897 Siehe Sco19, S. 116 u. 120
898 Siehe den Beitrag *Statuts of the Declaration of London* in *The American Journal of Internal Law*, Vol. 9, No. 1 (Jänner 1915), S. 199–202: www.jstor.org/stable/2186864
899 Siehe die Einleitende Bestimmung der Londoner Deklaration vom 26. 02. 1909 bspw. in Sco19, S. 114
900 Siehe Fn 898
901 Siehe Sch03, S. 73
902 Siehe 896
903 Siehe Str24, 147
904 Siehe Sco19, S. 114f.
905 Siehe ebendort, S. 54
906 Siehe Bel37, S 31f.
907 Ähnlich Hof15a, S. 113
908 Siehe Jen16, S. 39 u. 180
909 Siehe Mah98, S. 85
910 Siehe Fn 906
911 Siehe Oxf93, S. 166
912 Siehe McC10, S. 146ff., insb. 148
913 Siehe Eff16b, S. 87
914 Siehe Kapitel »Stärkste Kriegsflotte der Welt«
915 Siehe Sch09a, S. 126f. (jedoch mit der unzutreffenden Behauptung der generellen Aufgabe des Two-Power-Standards)
916 Siehe Buc14, S. 31

917 Siehe Sch09a, S. 127
918 Siehe Ewa25a, S. 548f.
919 Siehe ebendort, S. 550
920 Siehe ebendort, S. 549
921 Zitiert in Sch09a, S. 128
922 Zitiert ebendort, S. 127
923 Siehe Bih10, S. 52
924 Zitiert in Buc14, S. 32
925 Siehe Cla14, S. 452
926 Siehe Ban15, S. 188
927 Siehe Ewa25a, S. 532f.
928 Siehe ebendort, S. 534
929 Siehe ebendort, S. 535
930 Siehe ebendort, S. 535–537
931 Siehe ebendort, S. 538
932 Siehe ebendort, S. 538–540
933 Siehe Ver17, S. 56
934 Siehe ebendort, S. 51–56, insb. 55
935 Siehe Roe14, S. 94f
936 In diesem Sinne Cla14, S. 541
937 Siehe Roe14, S. 99–102
938 Siehe den Artikel *Der infame Erste Weltkrieg* in *Zeiten-Schrift*, Ausgabe 80, 2. Quartal 2014: www.zeitenschrift.com/artikel/der-infame-krieg
939 Ähnlich Fn 948
940 Siehe Cla14, S. 245
941 Siehe Sen00a, S. 271
942 Siehe Sen99, S. 430f.
943 Siehe Sen00a, S. 344
944 Siehe Sen00b, S. 486 u. 503–505
945 Siehe ebendort, 506f.
946 Siehe ebendort, S. 560 u. 566f.
947 Siehe Bra39, S. 576
948 Siehe bspw. Rho12, S. 53
949 Siehe bspw. den Artikel des US-amerikanischen Militärhistorikers Scott Manning *Belgium's Neutrality was More than a »Scrap of Paper«* vom 09. 03. 2009: https://web.archive.org/web/20130722190407/http://www.digitalsurvivors.com/archives/belgiumsneutrality.php
950 Siehe Doc13, S. 107
951 Ähnlich Kre07, S. 51, 54 u. 60
952 Siehe www.admin.ch/opc/de/classified-compilation/19070029/index.html
953 Ähnlich Hau15, S. 9
954 Siehe Fn 952
955 Siehe bspw. Hil10d, S. 18
956 Siehe Han14, Pos. 1301ff., insb. 1439
957 Siehe ebendort, Pos. 1636 u. 1652
958 Siehe Sch25b, insb. S. 33ff.
959 Siehe Doc14, S. 117f, 147 u. 364
960 Siehe Ewa25a, S. 543f.
961 Siehe Roe14, S. 112f., 118f. u. 122
962 Siehe bspw. Rho12, S. 54
963 Siehe Han14, Pos. 1285, 1454, u. 1622
964 Siehe Sim88, S. 38
965 In diesem Sinne Cla14, S. 398 u. 631
966 Siehe Fn 843
967 Siehe Doc14, S. 201f.
968 Zitiert in Doc13, S. 182
969 Zitiert in Buc14, S. 44f.
970 Siehe Sch25b, S. 27f.
971 Siehe Zuc04, S. 86
972 Siehe Har92, S. 213
973 Siehe Doc14, S. 364
974 Siehe Ewa25a, 545f.
975 Siehe Bar27, S. 559
976 Siehe Doc13, S. 325
977 Siehe Han14, Pos. 1316
978 Siehe Kapitel »Militärische Erweiterung der Entente«
979 Siehe Fn 827
980 Siehe Han14, Pos. 2462 u. 2996
981 Siehe Cha94, S. 211
982 Siehe Sim88, S. 40
983 Siehe Fn 981
984 Siehe Sim88, S. 46
985 Siehe Fn 981
986 Bejahend Deg09, S. 299
987 Siehe Kni13, Kapitel *The Legends Grow*
988 Siehe May86, S. 137
989 In diesem Sinne And68, S. 253
990 Siehe Fn 987
991 Siehe Fn 989
992 Siehe Sny84, S. 46–48
993 Siehe bspw. Mom14, S. 17
994 Siehe Ehl06, S. 316
995 Siehe www.military-photos.com/michel.htm
996 Ähnlich Cla14, S. 397f.
997 Siehe May86, S. 161
998 Siehe Kapitel »Deutsche Verteidigungsstrategie«
999 Siehe May86, S. 161f.
1000 Siehe Tuc04, S. 42
1001 Siehe May86, 162f.
1002 Siehe Sny84, S. 48
1003 Siehe Fn 1000
1004 Siehe May86, S. 163
1005 Siehe Lan72, S. 80
1006 Siehe Ewa25a, S. 544
1007 Siehe Fn 1012
1008 Siehe Tuc04, S. 40
1009 Siehe Fn 1004
1010 Siehe Tuc04, S. 43
1011 Siehe Ehl06, S. 62

1012 Siehe Cla14, S. 398
1013 Siehe Mom14, S. 18
1014 Siehe Fn 1012
1015 Siehe Sny84, S. 50
1016 Siehe ebendort, S. 46
1017 Siehe Kapitel »Aufgehobene Neutralität«
1018 Siehe Roe14, S. 119f.
1019 Siehe Ban15, S. 219
1020 Siehe Fn 1011
1021 Siehe May86, S. 166
1022 Siehe Sny84, S. 44
1023 Siehe Kapitel »Bosnische Krise«
1024 Siehe Ewa25a, S. 550f.
1025 Siehe ebendort, S. 551
1026 Ähnlich Ful92, S. 439
1027 Siehe Fn 273
1028 Siehe auch Cla14, S. 396
1029 Zitiert in Ewa25a, S. 550
1030 Siehe Kapitel »Französisch-russisches Bündnis 1894«
1031 Siehe Fn 1028
1032 Siehe Lan72, S. 99
1033 Siehe Cla14, S. 395f.
1034 Siehe Kapitel »Zweiter Blankoscheck für Russland«
1035 Siehe Cla14, S. 565f.
1036 Siehe Ewa25a, S. 549
1037 Zitiert ebendort, S. 552
1038 Siehe Cla14, S. 400
1039 Siehe Jan05, S. 141
1040 Siehe Roe14, S. 48
1041 Ähnlich Jan05, S. 141f.
1042 Siehe Cla14, S. 540
1043 Siehe ebendort, S. 450f.
1044 Siehe Ron30, S. 78ff.
1045 Siehe Roe14, S. 49–58 (Zitat auf S. 58)
1046 Ähnlich ebendort, S. 56f.
1047 Siehe Ron30, S. 86
1048 Siehe Kapitel »Personifizierte Zukunft« bzw. Fn 716
1049 Siehe Bra39, S. 563
1050 Siehe Roe14, S. 71
1051 In diesem Sinne auch Cla14, S. 610
1052 Siehe ebendort, S. 619
1053 Zu Strategem Nummer 9 siehe Sen00a, S. 156ff.
1054 Siehe ebendort, S. 166ff.
1055 Siehe Jan05, S. 134
1056 In diesem Sinne Fn 1049
1057 Siehe McM13, S. 63
1058 Siehe Fn 1385
1059 Siehe Rau13, S. 62
1060 Siehe Ron30, S. 89f.
1061 Siehe Roe14, S. 43 u. 69
1062 Siehe May86, S. 45f.
1063 Siehe Mom14, S. 21
1064 Siehe Sen00a, S. 409 u. 413f.
1065 Siehe ebendort, S. 62
1066 Zum Strategem Nummer 13 siehe ebendort, S. 216
1067 Zum Strategem Nummer 23 siehe Sen00b, S. 284ff.
1068 Zum Strategem Nummer 4 siehe Sen00a, S. 88f
1069 Siehe Laf18, S. 4
1070 Siehe Ban15, S. 155 sowie Cla14, S. 67
1071 Siehe Doc14, S. 272
1072 Siehe Roe14, S. 17 inkl. Fn 13
1073 Siehe bspw. Ban15, S. 156 sowie weiter unten
1074 Siehe Kapitel »Erster Balkan-Krieg«
1075 Siehe Kapitel »Bosnische Krise«
1076 Siehe Fn 663
1077 Siehe ebendort
1078 Siehe Sau19, S. 40
1079 Siehe Mom14, S. 27f. u. 31
1080 Siehe Dru15, S. 170
1081 Siehe Sta12, S. 48
1082 Siehe ebendort, S. 54
1083 Siehe ebendort sowie Dur25, S. 203
1084 Siehe Fn 1082
1085 Siehe Dur25, S. 203
1086 Siehe Fn 1082
1087 Siehe Dur25, S. 202
1088 Siehe Dru15, S. 48
1089 Siehe ebendort, S. 47
1090 Zitiert in Ded67, S. 731–733
1091 Siehe Kapitel »Personifizierte Zukunft«
1092 Zitiert in Roe14, S. 37f.
1093 Siehe Ded67, S. 729f.
1094 Siehe Dru15, insb. S. 69–76 u. 127ff.
1095 Siehe Dur25, S. 194ff.
1096 Siehe Ded67, S. 730 u. 738
1097 In diesem Sinne Dur25, S. 196
1098 In diesem Sinne Bar27, S. 731
1099 Siehe V-015, ab Min. 21:40
1100 Siehe Roe14, S. 407
1101 Siehe Ded67, S. 816
1102 Siehe Dur25, S. 198
1103 Siehe Cla14, S. 528
1104 Siehe ebendort
1105 Siehe Dur25, S. 198
1106 Siehe Cla14, S. 601
1107 Siehe Fn 1100
1108 Siehe Dru15, S. 62f. sowie McM13, S. 47 sowie Deg09, S. 65f. sowie Fn 1105

1109 In diesem Sinne Dur25, S. 199
1110 Siehe ebendort, S. 197
1111 Siehe Kapitel »Erster Balkan-Krieg«
1112 Ähnlich Roe14, S. 423
1113 Siehe Sau19, S. 72
1114 Siehe Gei76, S. 200 (Nr.125)
1115 Siehe Bar28, S. 43
1116 Siehe Tur70, S. 81
1117 Siehe Cla14, S. 528
1118 Siehe Kapitel »Angriffskrieg gegen Deutschland und Österreich«
1119 Siehe Ron30, S. 90
1120 Siehe Fn 1060
1121 Siehe bspw. Fn 1115
1122 Siehe Kapitel bzw. Fn 729
1123 Siehe Rau13, S. 89
1124 Siehe Ded67, S. 491ff.
1125 Siehe ebendort, S. 532 sowie Rau13, S. 87
1126 Siehe Dru15, S. 22
1127 Siehe die Erläuterungen des österreichischen Militärattachés in Sarajewo Oberst Thomas Rapatz in V-015, ab Min. 19:00
1128 Siehe ebendort, ab. Min. 20:10
1129 Siehe Dru15, S. 23
1130 Siehe Mom14, S. 29
1131 Siehe Dru15, S. 23 u. 179
1132 Siehe Pha18, S. 6f. u. 11
1133 Siehe Dru15, S. 22f u. 179
1134 Siehe Lac17, S. 162
1135 Siehe Guido Grandts Artikel *Sarajewo & das »Freimaurer-Komplott«* – Zur historischen Diskussion zum Ausbruch des 1. Weltkrieges (2): *www.guidograndt.de/2015/01/11/sarajewo-das-freimaurer-komplott-zur-historischen-diskussion-zum-ausbruch-des-1-weltkrieges-2/Verschwörung oder Fakt? –(6): Das (II)*:
1136 Siehe Fn 1134
1137 Siehe Len11, S. 66
1138 Siehe die Anklageschrift der Staatsanwaltschaft in Sarajewo vom 24. September 1914, Broj. 3715 d. o/14; III 1255/14 in Dru15, S. 69f.
1139 Siehe Len11, S. 740
1140 Siehe Pha18, S. 14
1141 Siehe Dru15, S. 9, 165 u. 262
1142 Siehe ebendort, S. 24ff. u. 182ff.
1143 Siehe Wic21, S. 107
1144 Siehe Hei20, S. 79–82
1145 Siehe Ded67, S. 836
1146 Siehe ebendort, S. 832
1147 Siehe Dru15, S. 42
1148 Siehe V-015, ab. Min. 21:30
1149 Siehe ebendort, S. 137f.
1150 Siehe ebendort, S. 180
1151 Siehe Pha18, S. 9 sowie Dru15, S. 13f.
1152 Siehe Cla14, S. 85
1153 Siehe Fn 1089
1154 Siehe Bih10, S. 43
1155 Siehe Dru15, S. 14 u. 139f.
1156 Siehe Pha18, S. 15
1157 Siehe ebendort, S. 16f. sowie Dru15, S. 15 u. 141f.
1158 Siehe Dru15, S. 16f. u. 143f.
1159 Siehe ebendort, S. 18f. u. 144ff.
1160 Siehe Fn 1094
1161 Siehe Bar28, S. 42
1162 Siehe Leopold Mandls Artikel *Der tragische Held des Sarajewoer Attentats* in *Neues 8 Uhr-Blatt* vom 01. 07. 1924, Nr. 2909, S. 2: http://anno.onb.ac.at/cgi-content/anno?aid=nab&datum=19240701&zoom=33
1163 Siehe Dur25, S. 193
1164 Siehe Fn 1161
1165 Siehe Jov24, S. 1
1166 Siehe Bar28, S. 41
1167 Siehe Cla14, S. 79
1168 Siehe Bih10, S. 44
1169 Siehe V-015, ab Min. 16:30
1170 Siehe Fn 1168
1171 Siehe Dru15, S. 59
1172 Siehe Cla14, S. 89 inkl. Fn 152 zu Kapitel 1 u. S.496
1173 Siehe Fn 1165
1174 Siehe Cla14, S. 90
1175 In diesem Sinne Dru15, S. 61
1176 Siehe Dur25, S. 200
1177 Siehe Fn 1173
1178 Zitiert in Cla14, S. 95; ähnlich Dru15, S. 56
1179 In diesem Sinne Dur25, S. 21
1180 Siehe Bar27, S. 731
1181 Siehe Dru15, S. 60f.
1182 Siehe Cla14, S. 17
1183 Zitiert in Gei76, S. 322 (Nr. 254); siehe auch S. 349 (Nr. 281)
1184 Siehe Cla14, S. 160f.
1185 Siehe Röh08, S. 1073
1186 Siehe Fn 778
1187 Siehe Ron30, S. 92
1188 Zitiert in V-015, ab Min. 16:00
1189 In diesem Sinne Rau13, S. 87
1190 Siehe V-016, ab Min. 14:00
1191 Siehe V-015, ab Min. 24:00
1192 In diesem Sinne auch Cla14, S. 95
1193 Siehe Dru15, S. 19
1194 Siehe Ort14, S. 7ff.

1195 Siehe Mom14, S. 33
1196 Ähnlich V-015, ab Min. 27:00; siehe auch Dru15, 129f
1197 Die Darstellungen variieren von keinem körperlichen Kontakt bis hin zum gezielten Abwehrschlag des Thronfolgers.
1198 Siehe Dru15, S. 19 u. 137f.
1199 Siehe ebendort, S. 20 sowie V-015, ab Min. 28:30
1200 Siehe Mom14, S. 32
1201 Siehe V-015, ab Min. 29:10
1202 Siehe Pha18, S. VIII
1203 Siehe Fn 1201
1204 Siehe Dru15, S. 192
1205 Siehe ebendort, S. 20
1206 Siehe Löc05, S. 46
1207 Siehe Sau19, S. 54
1208 Zitiert in Gei76, S. 67 (Nr. 10)
1209 Siehe Kapitel »Geo- und militärstrategische Motive«
1210 Siehe Löc05, S. 42
1211 Siehe ebendort, S. 43
1212 Ähnlich Cla14, S. 490 sowie V-016, ab Min. 13:00
1213 Siehe Löc05, S. 38
1214 Siehe Löc05, S. 42
1215 Siehe Gei85, S. 159
1216 Siehe Bal05, S. 5
1217 Siehe bspw. *Viribus unitis* (militärwissenschaftliches Journal der österreichischen Landesverteidigungsakademie), *ISMS Annual Conference 2014 – Armed Forces for 2020 and Beyond – Roles, Tasks, Expectations,* Band 1/2015, S. 26 sowie Sicherheitspolitische Jahresvorschau 2015, S. 188: www.bundesheer.at/wissen-forschung/publikationen/publikation.php?id=714
1218 Zitiert in Bar28, S. 44
1219 Zitiert ebendort
1220 Siehe Edl16, S. 14–16 u. 21
1221 Siehe Fn 225
1222 Siehe www.unric.org/de/charta
1223 Siehe ebendort
1224 Siehe Oliver Dörrs rechtliche Beurteilung *Gewalt und Gewaltverbot im modernen Völkerrecht* vom 15. 10. 2004: www.bpb.de/apuz/28036/gewalt-und-gewaltverbot-im-modernen-voelkerrecht?p=all
1225 Siehe Löc05, S. 59
1226 Siehe *NATO Press Release* Nr. 124, *Statement by the North Atlantic Council* vom 12. 01. 2001: www.nato.int/docu/pr/2001/p01-124e.htm
1227 Zur Völkerrechtswidrigkeit der USA/NATO-Kriege im Nahen Osten siehe Gan16, S. 187–205 u. 206–220
1228 In diesem Sinne Löc05, S. 58
1229 Siehe Fn 305
1230 Siehe V-016, ab Min. 37:00 u. 38:45
1231 Siehe Gei85, S. 190
1232 Siehe Nic29, S. 3 (Ende der Einleitung)
1233 Siehe Gei76
1234 Siehe Gei64
1235 Siehe Sau19
1236 Siehe Mom14, S. 117
1237 Siehe Kapitel »Stärkste Kriegsflotte der Welt« bzw. Fn 541
1238 Siehe Gei76, S. 55
1239 Siehe Mom14, S. 35
1240 Siehe Rau13, S. 91
1241 Zitiert in Eff16a, S. 207
1242 Siehe die *Times* vom 29. 06. 1914: http://spiderbites.nytimes.com/free_1914/articles_1914_06_00000.html
1243 Siehe Rau13, S. 57f.
1244 Siehe McM13, S. 48
1245 Siehe McM14, S. 89 sowie den Artikel von Christina Kuhrcke *5 Dinge, die Zar Nikolaus II. am 01. Juli 1914 beschäftigt haben*: www.ersterweltkriegheute.de/1914/07/01/5-dinge-die-zar-nikolaus-II.-am-01.-juli-1914-beschaeftigt-haben
1246 Siehe V-016, ab Min. 16:00
1247 Siehe ebendort, S. 57 (Nr. 1)
1248 Siehe Cla14, S. 493–497
1249 Siehe Gei76, S. 58 (Nr. 2)
1250 Siehe Rau13, S. 63
1251 Siehe ebendort, S. 65
1252 Siehe ebendort, S. 58
1253 Siehe ebendort, S. 59f.
1254 Siehe Gei76, S. 76 (Nr. 16)
1255 Siehe Rau13, S. 60f.
1256 Siehe ebendort, S. 62
1257 Siehe Gei76, S. 94 (Nr. 30)
1258 Siehe ebendort, S. 94 (Nr. 29)
1259 Siehe ebendort, S. 269 (Nr. 190)
1260 Siehe ebendort, S. 117 (Nr. 45)
1261 Siehe ebendort, S. 143 (Nr. 65)
1262 Siehe ebendort, S. 290 (Nr. 212)
1263 Siehe ebendort, S. 314f. (Nr. 246)
1264 Siehe Kapitel »Systematische Einkreisung Deutschlands« bzw. Abb. 13
1265 Siehe Röh08, S. 1075f.
1266 Siehe Fn 1249
1267 Siehe Dru15, S. 66
1268 Siehe Gei76, S. 62f. (Nr. 8)

1269 Siehe ebendort, S. 60 (Nr. 5)
1270 Siehe ebendort, S. 63 (Nr. 8)
1271 Siehe ebendort, S. 58f. (Nr. 3)
1272 Siehe bspw. ebendort, S. 261 (Nr. 182)
1273 Siehe ebendort, S. 59 (Nr. 3)
1274 Siehe ebendort, S. 55f.
1275 Siehe Gei64, S. 731
1276 Siehe Gei76, S. 76, S. 7–9
1277 Siehe Mom14, S. 97
1278 Siehe ebendort, S. 117
1279 Siehe Kie98, S. 39, Z. 7
1280 Siehe Gei76, S. 61 (Nr. 6)
1281 Siehe ebendort, S. 75 (Nr. 15)
1282 In diesem Sinne auch Christopher Clark in V-016, ab Min. 19:00 sowie Cla14, S. 537
1283 Siehe Gei76, S. 367 (Nr. 302)
1284 Siehe Ewa25b, S. 1163
1285 Siehe Fn 1246
1286 Siehe Gei76, S. 63–65 (Nr. 9)
1287 Siehe ebendort, S. 65 (Nr. 9)
1288 Siehe ebendort, S. 70 (Nr. 11)
1289 Siehe ebendort, S. 78 (Nr. 19)
1290 Siehe Gei64, S. 114 (Nr. 509)
1291 Siehe Gei76, S. 84 (Nr. 21)
1292 Siehe ebendort, S. 85 (Nr. 22)
1293 Siehe ebendort, S. 92f. (Nr. 27)
1294 Siehe ebendort, S. 138 (Nr. 61)
1295 Siehe ebendort, S. 88 (Nr. 25)
1296 Siehe Fn 1236
1297 Siehe Gei76, S. 73 (Nr. 13)
1298 Siehe Rau13, S. 94
1299 Siehe Gei76, S. 135 (Nr. 57)
1300 Siehe Deg09, S. 69
1301 Siehe Gei76, S. 157f. (Nr. 83)
1302 Siehe ebendort, S. 193 (Nr. 116)
1303 Siehe ebendort, S. 204 (Nr. 130)
1304 Siehe Gei64, S. 20 (Nr. 397)
1305 Siehe ebendort, S. 33 (Nr. 415)
1306 Siehe ebendort, S. 11–16
1307 Siehe Kapitel »Geisteskranke Weltherrscher«
1308 Siehe Hir16, S. 140, 157 u. 167
1309 Siehe Con12, S. 141ff.
1310 Siehe Sch12a, S. 54
1311 Siehe Gei76, S. 107 (Nr. 99)
1312 Siehe ebendort, S. 110f. (Nr. 99)
1313 Siehe ebendort, S. 111 (Nr. 99)
1314 Siehe ebendort, S. 112f. (Nr. 40)
1315 Siehe Kapitel »Friedenserhaltende Geostrategie« bzw. Fn 574
1316 Siehe Gei76, S. 125 (Nr. 47)
1317 Siehe ebendort, S. 126 (Nr. 48)
1318 Siehe ebendort, S. 128–131 (Nr. 51)
1319 Siehe ebendort, S. 132 (Nr. 53)
1320 Siehe ebendort, S. 133 (Nr. 55)
1321 Siehe ebendort, S. 134 (Nr. 56)
1322 Siehe ebendort, S. 136f. (Nr. 60)
1323 Siehe ebendort, S. 101 (Nr. 36)
1324 Siehe ebendort, S. 176 (Nr. 98)
1325 Siehe ebendort, S. 137 (Nr. 60)
1326 Siehe ebendort, S. 177 (Nr. 99)
1327 Siehe ebendort, S. 139 (Nr. 62) u. 140 (Nr. 63)
1328 Siehe ebendort, S. 141f. (Nr. 64)
1329 Siehe Kapitel »Hauptoffensive gegen Deutschland«
1330 Siehe Gei76, S. 143 (Nr. 64)
1331 Siehe ebendort, S. 62 (Nr. 7)
1332 Siehe ebendort, S. 89 (Nr. 25)
1333 Siehe ebendort, S. 186 (Nr. 108)
1334 Siehe ebendort, S. 186 (Nr. 109)
1335 Siehe ebendort, S. 162 (Nr. 88)
1336 Siehe ebendort, S. 230 (Nr. 149)
1337 Ähnlich Ste11c, S. 235ff., insb. 243, 240, 245 u. 246
1338 Siehe Edl16, S. 14f.
1339 Siehe Ste11c, S. 251f.
1340 Siehe ebendort, S. 255, 256 u. 259f.
1341 Siehe Gei76, S. 144f. (Nr. 66)
1342 Siehe ebendort, S. 148. (Nr. 72)
1343 Siehe ebendort, S. 149. (Nr. 73)
1344 Siehe ebendort, S. 159 (Nr. 84)
1345 Siehe Sch12a, S. 41–49
1346 Siehe Gei76, S. 154f. (Nr. 80)
1347 Siehe Mom14, S. 55
1348 Siehe ebendort
1349 Siehe ebendort, S. 54
1350 Siehe bspw. Gei76, S. 381 (Nr. 317) u. 432 (Nr. 383)
1351 Siehe ebendort, S. 161 (Nr. 86)
1352 Siehe ebendort, S. 181 (Nr. 102)
1353 Siehe ebendort, S. 298 (Nr. 222)
1354 Siehe ebendort, S. 393 (Nr. 326)
1355 Siehe ebendort, S. 422 (Nr. 366)
1356 Siehe ebendort, S. 434 (Nr. 386)
1357 Siehe ebendort, S. 165 (Nr. 91)
1358 Siehe Fn 1351
1359 Siehe Gei76, S. 174 (Nr. 95)
1360 Siehe ebendort, S. 166 (Nr. 92)
1361 Siehe Cla14, S. 548f.
1362 Siehe Gei76, S. 195 (Nr. 117)
1363 Siehe Cla14, S. 549
1364 Siehe Gei76, S. 196 (Nr. 119)
1365 Siehe ebendort, S. 202 (Nr. 127)
1366 Siehe ebendort, S. 201 (Nr. 126)
1367 Siehe ebendort, S. 191 (Nr. 113)
1368 Siehe ebendort, S. 208 (Nr. 135)

1369	Siehe ebendort, S. 184 (Nr. 105) u. 188 (Nr. 110)	1410	Siehe bspw. Gei76, S. 244 (Nr. 165), 248 (Nr. 167), 252 (Nr. 171), 265 (Nr. 188) u. 294 (Nr. 218)
1370	So auch Gei64, S. 738	1411	Siehe Cla14, S. 567–569
1371	Siehe Gei76, S. 77 (Nr. 18)	1412	Siehe V-016, ab Min. 22:00
1372	Siehe Fn 1369	1413	Siehe Fn 1411
1373	Siehe Cor20, S. 22f.	1414	Siehe Ron30, S. 94
1374	Siehe den Artikel *Zur Mobilisierung der britischen Flotte* im Magazin *aera breaking history*: www.aera-magazin.de/zur-mobilisierung-der-britischen-flotte/	1415	Siehe Gei76, S. 250 (Nr. 168)
1375	Siehe den Artikel *Origins of Fleet Reviews* auf *Torpedo Bay Navy Museum*: http://navy-museum.co.nz/origins-of-fleet-reviews-and-man-and-cheer-ship/#_ftn6	1416	Siehe ebendort, S. 242f. (Nr. 161)
		1417	Siehe ebendort, S. 243 (Nr. 163)
		1418	Siehe Rau13, S. 94f.
		1419	Siehe V-016, ab Min. 23:15
		1420	Siehe Cla14, S. 569f.
1376	Siehe Gei76, S. 205 (Nr. 131)	1421	Siehe Gei76, S. 304 (Nr. 232)
1377	Siehe Gei64, S. 38 (Nr. 426)	1422	Siehe ebendort, S. 303 (Nr. 231)
1378	Siehe Tir20, S. 6	1423	Siehe ebendort, S. 253 (Nr. 173)
1379	Siehe Rau13, S. 129	1424	Zitiert in Cla14, S. 570
1380	Siehe Gei64, S. 755	1425	Siehe ebendort, S. 571f.
1381	Siehe Cla14, S. 691	1426	Siehe Gei76, S. 267–269 (Nr. 190)
1382	Siehe Gei76, S. 225 (Nr. 144)	1427	Siehe ebendort, S. 256–258 (Nr. 180)
1383	Siehe ebendort, S. 211 (Nr. 137)	1428	Siehe ebendort, S. 260 (Nr. 181) u. 261 (Nr. 182)
1384	Siehe Rau13, S. 113	1429	Siehe ebendort, S. 270 (Nr. 192)
1385	Siehe Gei76, S. 91 (Nr. 26)	1430	Siehe ebendort, S. 251f. (Nr. 171)
1386	Siehe ebendort, S. 132 (Nr. 52) u. 159 (Nr. 84)	1431	Siehe ebendort, S. 280 (Nr. 198)
1387	Siehe Rau13, S. 126	1432	Siehe Bra39, S. 535
1388	Siehe ebendort, S. 115	1433	Siehe Cla14, S. 573f.
1389	Siehe Fn 1383	1434	Siehe ebendort, S. 592
1390	Siehe Gei76, S. 198 (Nr. 123)	1435	Siehe Gei76, S. 284 (Nr. 208)
1391	Siehe ebendort, S. 169	1436	Siehe ebendort, S. 287 (Nr. 210)
1392	Siehe ebendort, S. 209 (Nr. 136)	1437	Siehe ebendort, S. 292 (Nr. 215)
1393	Siehe ebendort, S. 203 (Nr. 129)	1438	Siehe ebendort, S. 292 (Nr. 216)
1394	Siehe ebendort, S. 213–215 (Nr. 138)	1439	Siehe ebendort, S. 295 (Nr. 219) u. 297 (Nr. 221)
1395	Siehe ebendort, S. 217 (Nr. 139)	1440	Siehe ebendort, S. 281 (Nr. 202)
1396	Siehe ebendort, S. 217f. (Nr. 140)	1441	Siehe ebendort, S. 282 (Nr. 204)
1397	Siehe ebendort, S. 219 (Nr. 142)	1442	Siehe ebendort, S. 299 (Nr. 224)
1398	Siehe ebendort, S. 219f (Nr. 143)	1443	Siehe ebendort, S. 302 (Nr. 229)
1399	Siehe ebendort, S. 309 (Nr. 239)	1444	Siehe ebendort, S. 296 (Nr. 220)
1400	Siehe ebendort, S. 322 (Nr. 254)	1445	Siehe Cla14, S. 573
1401	Siehe bspw. Bih10, S. 48	1446	Siehe Gei76, S. 313 (Nr. 243)
1402	Siehe Gei76, S. 224–227 (Nr. 144)	1447	Siehe ebendort, S. 314 (Nr. 244)
1403	Siehe Gei64, S. 746	1448	Siehe ebendort, S. 314 (Nr. 245)
1404	Siehe Gei76, S. 233 u. 236 (Nr. 155)	1449	Siehe ebendort, S. 375f. (Nr. 312)
1405	Siehe ebendort, S. 237 (Nr. 156)	1450	Siehe Doc13, S. 267f., 272, 282, 288 u. 364
1406	Mit geringfügigen Abweichungen (Rechtschreibung) ebendort, S. 233–236 (Nr. 155)	1451	Siehe Gei76, S. 377 (Nr. 312)
		1452	Siehe ebendort, S. 437 (Nr. 388)
1407	Siehe http://wk1.staatsarchiv.at/diplomatie-zwischen-krieg-und-frieden/oesterreich-ungarns-ultimatum-an-serbien-1914/	1453	Siehe V-016, ab Min. 23:45
		1454	Siehe Gei64, S. 749
1408	Siehe Gei76, S. 296 (Nr. 220)	1455	Siehe Gei76, S. 300 (Nr. 225)
1409	Siehe Rau13, S. 114f. sowie Gei76, S. 238f. (Nr. 157, insb. die Punkte 4. u. 5.)	1456	Siehe ebendort, S. 331 (Nr. 257), 332 (Nr. 259) u. 333–337 (Nr. 261–264)
		1457	Siehe ebendort, S. 316f. (Nr. 247)

1458 Siehe ebendort, S. 362 (Nr. 295)
1459 Siehe Mom14, S. 64f.
1460 Siehe ebendort, bspw. S. 61
1461 Siehe Gei76, S. 353f. (Nr. 285)
1462 Siehe ebendort, S. 362f. (Nr. 295)
1463 Siehe Sau19, S. 131
1464 Siehe Fn 1434
1465 Siehe Gei76, S. 330 (Nr. 255)
1466 Siehe ebendort, S. 343 (Nr. 275)
1467 Siehe ebendort, S. 357 (Nr. 289)
1468 Siehe ebendort, S. 335 (Nr. 262)
1469 Siehe ebendort, S. 332 (Nr. 259)
1470 Siehe ebendort, S. 371 (Nr. 307)
1471 Siehe ebendort, S. 373 (Nr. 310)
1472 Siehe ebendort, S. 348 (Nr. 281)
1473 Siehe ebendort, S. 352 (Nr. 283)
1474 Siehe www.wien.gv.at/wiki/index.php?title=Donaumonitor
1475 Siehe Gei76, S. 417 (Nr. 360)
1476 Siehe Hal95, S. 261f.
1477 Siehe Rau13, S. 145f.
1478 Siehe Cla14, S. 621
1479 Siehe Bar27, S. 729
1480 Siehe Gei76, S. 354f. (Nr. 286)
1481 Siehe ebendort, bspw. S. 355 (Nr. 287) u. 358 (Nr. 289)
1482 In diesem Sinne auch Cla14, S. 592f.
1483 Siehe die Punkte I. bis V. in Fn 1480
1484 Siehe Rau13, S. 129
1485 Siehe Gei76, S. 358 (Nr. 289)
1486 Siehe ebendort, S. 381 (Nr. 316)
1487 Siehe Gale Stokes' Beitrag *The Serbian Documents from 1914: A Preview* in *The Journal of Modern History* vom September 1976 (Ausgabe 48, Nummer S3), S. 72: www.journals.uchicago.edu/doi/pdfplus/10.1086/241528
1488 Siehe Sau19, S. 138
1489 Siehe Gei76, S. 380 (Nr. 315) u. 383 (Nr. 319)
1490 Siehe ebendort, S. 380 (Nr. 315)
1491 Siehe ebendort, S. 436 (Nr. 388)
1492 Siehe ebendort, S. 388 sowie Gei64, S. 750
1493 Siehe Mom14, S. 76
1494 Siehe Fn 1425
1495 Siehe Gei64, S. 52 (Nr. 441)
1496 Siehe Gei76, S. 397 (Nr. 332) iVm S. 425 (Nr. 370)
1497 Siehe ebendort, S. 418 (Nr. 361)
1498 Siehe Gei64, S. 751
1499 Siehe Gei76, S. 421 (Nr. 366)
1500 Siehe Fn 1491
1501 Siehe bspw. Gei76, S. 422 (Nr. 367)
1502 Siehe ebendort, S. 432 (Nr. 384)
1503 Siehe ebendort, S. 424 (Nr. 369)
1504 Siehe ebendort, S. 440f. (Nr. 395)
1505 Siehe Cla14, S. 612
1506 Siehe Rau13, S. 128
1507 Siehe McM13, S. 62
1508 Siehe Gei76, S. 407 (Nr. 346)
1509 Siehe ebendort, S. 441 (Nr. 354)
1510 Siehe ebendort, S. 396 (Nr. 332)
1511 Siehe die Einleitung zum Kapitel »A. Aktivierung der Kriegsfalle Serbien«
1512 Siehe Gei76, S. 340 (Nr. 269)
1513 Siehe ebendort, S. 180 (Nr. 571)
1514 Siehe ebendort, S. 331 (Nr. 256)
1515 Siehe ebendort, S. 398f. (Nr. 333)
1516 Siehe ebendort, S. 392 (Nr. 324)
1517 Siehe ebendort, S. 411 (Nr. 353)
1518 Siehe bspw. ebendort, S. 398 (Nr. 332)
1519 Siehe ebendort, S. 389 u. 409 (Nr. 350) sowie Sau19, S. 124 sowie Cla14, S. 599 sowie Rau13, S. 118
1520 Siehe Sau19, S. 124
1521 Zitiert in Cla14, S. 593
1522 Siehe http://geschichte.univie.ac.at/de/personen/alexander-hold-ferneck-prof-dr
1523 Zitiert in Sch12b, S. 244; siehe auch Bih10, S. 49
1524 Siehe den Art 1914/2014 – Julikrise: *Die Antwort Serbiens auf das Ultimatum Wiens* in *APA Sciece* vom 05.03. 2014: https://science.apa.at/site/bildung/detail?key=SCI_20140305_SCI54612457617294498
1525 Siehe Cla14, S. 594
1526 Siehe ebendort
1527 Siehe Gei76, S. 400–403 (Nr. 336) sowie https://science.apa.at/rubrik/kultur_und_gesellschaft/1914_2014_-_Julikrise_Die_Antwort_Serbiens_auf_das_Ultimatum_Wiens/SCI_20140305_SCI54612457617294498
1528 Siehe Gei64, S. 172 (Nr. 562)
1529 In diesem Sinne ausdrücklich Rau13, S. 118
1530 Zum Strategem Nummer 13 siehe Sen00a, S. 216–251, insb. 216 u. 249f.
1531 Zum Strategem Nummer 22 siehe Sen00b, S. 251–283, insb. 251–253 u. 262
1532 Siehe Gei64, S. 185f. (Nr. 575)
1533 Siehe ebendort, S. 92 (Nr. 478)
1534 Siehe Gei76, S. 411f. (Nr. 355)
1535 Siehe Kapitel »Französisch-russisches Bündnis 1894«
1536 Siehe Lan72, S. 63
1537 Siehe Kapitel »Angriffskrieg gegen Deutschland und Österreich«

1538 Siehe Rau13, S. 127f.
1539 Siehe Gei76, S. 409 (Nr. 350)
1540 Siehe bspw. Gei64, S. 27 (Nr. 404)
1541 Siehe ebendort, S. 35 (Nr. 419) u. 196 (Nr. 592) sowie Gei64, S. 90 (Nr. 475)
1542 Siehe Gei76, S. 428 (Nr. 375)
1543 Siehe ebendort, S. 430 (Nr. 379)
1544 Siehe Bra39, S. 557
1545 Siehe Rau13, S. 129
1546 Siehe Gei64, S. 15f.
1547 Siehe Fn 1507
1548 Siehe Cla14, S. 613
1549 Siehe Fn 1051
1550 Siehe Fn 1052
1551 Siehe Fn 1478
1552 Zitiert in Cla14, S. 614
1553 Siehe ebendort, S. 600f.
1554 Siehe Gei64, S. 23 (Nr. 401)
1555 Siehe ebendort, S. 47f. (Nr. 441)
1556 Siehe ebendort S. 19–21 (Nr. 397) u. 24–26 (Nr. 402)
1557 Siehe ebendort, S. 29f. (Nr. 408)
1558 Siehe ebendort, S. 52 (Nr. 442)
1559 Siehe ebendort, S. 31 (Nr. 411)
1560 Siehe Röh08, S. 1123 sowie Cla14, S. 674f.
1561 Zitiert in Rau13, S. 128
1562 Siehe bspw. Gei64, S. 27 (Nr. 405), 32 (Nr. 413), 32 (Nr. 414), 40 (Nr. 430), 41 (Nr. 431), 46 (Nr. 440), 65 (Nr. 457) u. 74 (Nr. 468)
1563 Siehe ebendort, S. 34 (Nr. 417)
1564 Siehe ebendort, S. 37f. (Nr. 425) iVm 108f. (Nr. 499)
1565 Siehe ebendort, S. 46 (Nr. 440)
1566 Siehe bspw. ebendort, S. 55 (Nr. 446)
1567 Siehe bspw. ebendort, S. 41 (Nr. 431)
1568 Siehe ebendort, S. 57f. (Nr. 448)
1569 Siehe Kapitel »Militärische Erweiterung der Entente«
1570 Siehe Gei64, S. 42 (Nr. 432) iVm 70 (Nr. 462) u. 71 (Nr. 464)
1571 Siehe Kapitel »Österreichs einzige Chance«
1572 Siehe Gei64, S. 42 (Nr. 432)
1573 Siehe ebendort, S. 75 (Nr. 469)
1574 Siehe ebendort, S. 88 (Nr. 472)
1575 Siehe ebendort, S. 105f. (Nr. 495)
1576 Siehe ebendort, S. 207 (Nr. 605)
1577 Siehe ebendort, S. 73 (Nr. 466)
1578 Siehe ebendort, S. 103 (Nr. 492)
1579 Siehe ebendort, S. 103 (Nr. 491)
1580 Siehe ebendort, S. 90 (Nr. 475)
1581 Siehe ebendort, S. 45 (Nr. 439) inkl. Fn 1
1582 Siehe Rau13, S. 129
1583 Siehe Cla14, S. 613f.; siehe auch McM13, S. 62f.
1584 Siehe Gei64, S. 122 (Nr. 516) u. 123f. (517)
1585 Siehe ebendort, S. 126 (Nr. 521)
1586 Siehe ebendort, S. 150 (Nr. 550)
1587 Siehe ebendort, S. 124 (Nr. 519)
1588 Siehe ebendort, S. 125 (Nr. 520)
1589 Siehe ebendort, S. 632 (Nr. 632)
1590 Siehe bspw. ebendort, S. 205 (Nr. 601), 278 (Nr. 678) u. 331 Nr. (743)
1591 Siehe ebendort, S. 183 (Nr. 573)
1592 Siehe ebendort, S. 224 (Nr. 633)
1593 Siehe ebendort, S. 182 (Nr. 573)
1594 Siehe ebendort, S. 195 (Nr. 591)
1595 Siehe ebendort, S. 206 (Nr. 602)
1596 Siehe mit geringfügigen Abweichungen (Rechtschreibung und Absatzformatierung) http://wk1.staatsarchiv.at/diplomatie-zwischen-krieg-und-frieden/voelkermanifest-kaiser-franz-josephs-1914/
1597 Siehe den Amtlichen Teil der *Wiener Zeitung* vom 29. 07. 1914, Nr. 175: https://de.wikisource.org/wiki/An_Meine_V%C3%B6lker!#/media/File:Wiener_Zeitung_175_01.jpg
1598 Siehe Kapitel »Österreichische Notlösung«
1599 Siehe Fn 1582
1600 Siehe Rau13, S. 121 iVm 129
1601 Siehe Gei64, S. 189 (Nr. 581)
1602 Siehe Sau19, S. 304
1603 Siehe Gei64, S. 254 (Nr. 651)
1604 Siehe Bih10, S. 49f.
1605 So auch Rau13, S. 127 iVm 172
1606 Siehe Gei64, S. 106 (Nr. 496)
1607 Siehe www.admin.ch/opc/de/classified-compilation/19070032/index.html
1608 Siehe Edl16, S. 37f.
1609 Siehe ebendort, S. 38
1610 Siehe ebendort
1611 Siehe ebendort, S. 178 (Nr. 568)
1612 Siehe ebendort
1613 Siehe ebendort
1614 Siehe Gei64, S. 142 (Nr. 541)
1615 Siehe Rau13, S. 171
1616 Siehe Gei64, S. 254 (Nr. 650)
1617 Siehe Epk15, S. 38
1618 Siehe Hal95, S. 263
1619 Siehe Rau13, S. 146f.
1620 Siehe McM13, S. 81
1621 Siehe Bih10, S. 83
1622 Siehe Gei64, S. 303 (Nr. 710)
1623 Siehe ebendort, S. 266 (Nr. 664)
1624 Siehe ebendort, S. 304 (Nr. 710)

1625 Siehe Fn 1623
1626 Siehe Ewa25b, S. 1164
1627 Zitiert in Gei64, S. 185 (Nr. 575)
1628 Siehe ebendort, S. 190 (Nr. 584)
1629 Siehe ebendort, S. 196f. (Nr. 592)
1630 Siehe ebendort, S. 201 (Nr. 595)
1631 Siehe bspw. ebendort, S. 204 (Nr. 599)
1632 Siehe ebendort, S. 202 (Nr. 596)
1633 Siehe ebendort, S. 206 (Nr. 603)
1634 Zitiert in Cla14, S. 706
1635 Siehe Kapitel »Britische Mobilmachung«
1636 Siehe Gei64, S. 320 (Nr. 730)
1637 Siehe ebendort, S. 757
1638 Siehe ebendort, S. 304 (Nr. 710)
1639 Siehe ebendort inkl. Fn 2 u. 3
1640 Siehe ebendort, S. 265 (Nr. 662)
1641 Siehe ebendort, S. 272 (Nr. 672)
1642 Siehe ebendort, S. 305 (Nr. 710)
1643 Siehe Kapitel »Russische Mobilmachung« bzw. Fn 1478
1644 Siehe Fn 1642
1645 Siehe Gei64, S. 302 (Nr. 709)
1646 Siehe ebendort, S. 273 (Nr. 673)
1647 Siehe ebendort, S. 285 (Nr. 687)
1648 Siehe Tir13, S. 6; Anmerkung zur Uhrzeit: die von Autor Tirpitz genannte Zeit (19.30 Uhr) kann nicht stimmen, weil Botschafter Goschens Mitteilung Gegenstand einer kaiserlichen Besprechung (»Kronrat«) war, die jedoch bereits um 19.10 Uhr begann: Siehe Gei64, S. 274, Fn 1)
1649 Siehe Gei64, S. 329 (Nr. 741) u. 322 (Nr. 744)
1650 Siehe Kapitel »Britische Mobilmachung«
1651 Siehe Gei64, S. 274 (Nr. 675)
1652 Siehe ebendort, S. 264 (Nr. 661)
1653 Siehe ebendort, S. 278 (Nr. 678) u. 322f. (Nr. 733)
1654 Siehe ebendort, S. 331f. (Nr. 743)
1655 Siehe ebendort, S. 224 (Nr. 633)
1656 Siehe ebendort, S. 330 (Nr. 742)
1657 Siehe ebendort, S. 305 (Nr. 710)
1658 Zitiert in V-016, ab Min. 28:15
1659 Siehe Fn 1657
1660 Siehe Gei64, S. 365f. (Nr. 776)
1661 Siehe ebendort, S. 366 (Nr. 776)
1662 Siehe ebendort, S.393f. (Nr. 810)
1663 Siehe ebendort S. 393–395 (Nr. 810)
1664 Siehe ebendort, S. 759
1665 Siehe V-016, ab Min. 29:40
1666 Siehe Gei64, S. 394f. (Nr. 810)
1667 So auch Ewa25b, S. 1165
1668 Siehe Bra39, S. 563
1669 So auch Jan05, S. 323
1670 Siehe Gei64, S. 409 (Nr. 834)
1671 Siehe ebendort, Fn. 2
1672 Siehe Fn 1633
1673 Siehe Gei64, S. 411 (Nr. 836)
1674 Siehe ebendort, S. 759
1675 Siehe Sau19, S. 449
1676 Siehe Gei64, S. 283 (Nr. 684) u. 333f. (Nr. 745)
1677 Siehe ebendort, S. 420 (Nr. 846)
1678 Siehe ebendort, S. 189f. (Nr. 583)
1679 Siehe ebendort, S. 247f. (Nr. 645)
1680 Siehe ebendort, S. 301f. (Nr. 708)
1681 Siehe ebendort, S. 286 (Nr. 688)
1682 Siehe ebendort, S. 369 (Nr. 781)
1683 Siehe ebendort, S. 290 (Nr. 696)
1684 Siehe ebendort, S. 387f. (Nr. 803)
1685 Siehe Gei90, S. 315
1686 Siehe Gei64, S. 346 (Nr. 748)
1687 Siehe ebendort, S. 368 (Nr. 779)
1688 Siehe ebendort, S. 354 (Nr. 759)
1689 Siehe ebendort, S. 380 (Nr. 793)
1690 Siehe ebendort, S. 401 (Nr. 820)
1691 Siehe ebendort, S. 422 (Nr. 849)
1692 Siehe ebendort, S. 485 (Nr. 921)
1693 Siehe ebendort, S. 494f. (Nr. 920)
1694 Siehe ebendort, S. 442f. (Nr. 861) u. 454 (Nr. 873)
1695 Siehe Ron30, S. 97 sowie www.altearmee.de/chronik/1914.htm
1696 Siehe Gei64, S. 445 (Nr. 861)
1697 Siehe ebendort, S. 455 (Nr. 875)
1698 Siehe ebendort, S. 458 (Nr. 881)
1699 Siehe ebendort, S. 458 (Nr. 880)
1700 Siehe Jan05, S. 518
1701 Siehe Gei64, S. 445 (Nr. 862)
1702 Siehe Jan05, S. 152
1703 Siehe ebendort, S. 144–147
1704 Siehe ebendort, S. 138
1705 Siehe ebendort, S. 159
1706 Siehe ebendort, S. 172
1707 Siehe Tir13, S. 5
1708 Siehe Jan05, S. 434
1709 Siehe Chu23, S. 310
1710 Siehe Fn 1708
1711 Siehe Tir13, S. 6
1712 Siehe Gei64, S. 462 (Nr. 888)
1713 Siehe ebendort, S. 461 (Nr. 887)
1714 Siehe ebendort, S. 470 (Nr. 902)
1715 Siehe ebendort, S. 761
1716 Siehe ebendort, S. 486 (Nr. 924)
1717 Siehe Jan05, S. 369 iVm 382
1718 Siehe ebendort, S. 486 (Nr. 924)

1719 Siehe Mom14, S. 85
1720 Siehe ebendort, 83f.
1721 Siehe Gei64, S. 424 (Nr. 424)
1722 Siehe ebendort, S. 508 (Nr. 953)
1723 Siehe ebendort, S. 495 (Nr. 936)
1724 Siehe ebendort, S. 405f. (Nr. 948)
1725 Siehe ebendort, S. 487f. (Nr. 926)
1726 Siehe ebendort, S. 759f.
1727 Siehe ebendort, S. 501 (Nr. 944)
1728 Siehe ebendort, S. 513, (Nr. 961)
1729 Siehe ebendort, S. 514f. (Nr. 962), Anlage B. D. 369
1730 Siehe Fn 1725
1731 Siehe Gei64, S. 761
1732 Siehe Jan05, S. 366
1733 Siehe ebendort
1734 Siehe Gei64, S. 677 (Nr. 1138)
1735 Siehe Kapitel »Strategische Notwendigkeit«
1736 Siehe Gei64, S. 465 (Nr. 892)
1737 Siehe Ewa25b, S. 1068
1738 Siehe Gei64, S. 479 (Nr. 912)
1739 Siehe ebendort, S. 577 (Nr. 1021)
1740 Siehe ebendort, S. 474 (Nr. 907)
1741 Siehe ebendort, S. 465 (Nr. 893)
1742 Siehe Fn 1740
1743 Siehe Gei64, S. 496 (Nr. 938)
1744 Siehe ebendort, S. 762
1745 Siehe Ruth Langs Artikel *Warum haben sie Jaurès getötet?* vom 31. 07. 2014 in *Deutschlandfunk*: www.deutschlandfunk.de/erster-weltkrieg-warum-haben-sie-jaures-getoetet.871.de.html?dram:article_id=293154
1746 Siehe www.cheminsdememoire.gouv.fr/de/raoul-villain
1747 Siehe Jan05, S. 425
1748 Siehe ebendort, S. 379
1749 Siehe Kapitel »Idealer Zeitpunkt für Präventivkrieg« und »Österreichs Recht auf « und »Vergleich mit 9/11«
1750 Siehe Gei64, S. 762
1751 Siehe ebendort, S. 490 (Nr. 930)
1752 Siehe André Martins Artikel *Die serbischen Telegramme vom Juli 1914*, S. 82f. in *Revue d'Histoire Révisionniste* vom 03. 11. 1991
1753 Siehe Fab67, S. 97
1754 Siehe Gei64, S. 507 (Nr. 952)
1755 Siehe Great Britain, Parliamentary Debates, Commons, Fifth Series, Vol. LXV, 1914, columns 1809–1834, Spalte 1819 u. 1822: wwi.lib.byu.edu/images/6/67/Grey03081914.pdf sowie http://hansard.millbanksystems.com/commons/1914/aug/03/statement-by-
1756 Siehe Gei64, S. 319 (Nr. 730)
1757 Siehe Kapitel »Aufgehobene Neutralität«
1758 Siehe ebendort
1759 Siehe Artikel 2 des *Abkommens betreffend die Gesetze und Gebräuche des Landkriegs vom 18. 10. 1907*: www.admin.ch/opc/de/classified-compilation/19070034/index.html
1760 In diesem Sinne auch Edl16, S. 80, Fn 271
1761 Siehe Gei64, S. 648 (Nr. 1094)
1762 Siehe Doc13, S. 363–366
1763 Siehe Gei64, S. 511 (Nr. 955) u. 504 (Nr. 947)
1764 Siehe ebendort, S. 521 (Nr. 968)
1765 Siehe ebendort, S. 519 (Nr. 966)
1766 Siehe ebendort, S. 518 (Nr. 965)
1767 Siehe Mom14, S. 83
1768 Siehe ebendort, S. 86
1769 Siehe ebendort, S. 117
1770 Siehe ebendort, S. 121
1771 Siehe Kapitel »EINLEITUNG« beziehungsweise. Fn 2
1772 Zitiert in Mom14, S. 85
1773 Siehe ebendort
1774 Siehe Gei64, S. 510 (Nr. 956)
1775 Siehe ebendort, S. 587f. (Nr. 1038)
1776 Siehe ebendort, S. 553 (Nr. 993)
1777 Siehe ebendort, S. 591 (Nr. 1043)
1778 Siehe Doc13, S. 320 sowie Deg09, S. 324
1779 Siehe Gei64, S. 592 (Nr. 1044)
1780 Siehe auch ebendort, S. 764
1781 Siehe Gei64, S. 581 (Nr. 1027)
1782 Siehe www.altearmee.de/chronik/1914.htm
1783 Siehe Gei64, S. 555f. (Nr. 1000)
1784 Siehe ebendort, S. 555 (Nr. 999)
1785 Siehe Jan05, S. 427 iVm 456
1786 Siehe ebendort, S. 443f.
1787 Siehe ebendort, S. 433
1788 Siehe ebendort, S. 490
1789 Siehe ebendort, S. 427
1790 Siehe Cla14, S. 701
1791 Siehe Gei64, S. 620 (Nr. 1067)
1792 Siehe Bra39, S. 569f.
1793 Siehe Gei64, S. 567 (Nr. 1006)
1794 Siehe Ban15, S. 207
1795 Siehe Gei64, S. 619 (Nr. 1065)
1796 Siehe ebendort, S. 566 (Nr. 1004)
1797 Das diesbezügliche Vollzugstelegramm des deutschen Botschafters in St. Petersburg wurde um 20 Uhr russischer Zeit, also um 19 Uhr zentraleuropäischer Zeit abgeschickt: Siehe Fn 1796
1798 Siehe Gei64, S. 577f. (Nr. 1023) inkl. Fn 2 u. 5

1799	Siehe ebendort, S. 549 (Nr. 985)	1846	Siehe ebendort, S. 631 (Nr. 1076)
1800	Siehe Fn 1798	1847	Siehe ebendort, S. 633 (Nr. 1081) u. 659 (Nr. 1110)
1801	Siehe Gei64, S. 635 (Nr. 1085)		
1802	Siehe V-016, ab Min. 34:30	1848	Siehe ebendort, S. 632 (Nr. 1079)
1803	Siehe Gei64, S. 550 (Nr. 987)	1849	Siehe Jan05, S. 479
1804	Siehe ebendort, S. 570 (Nr. 1012)	1850	Siehe Gei64, S. 628 (Nr. 1073)
1805	Siehe Ewa25b, S. 1166	1851	Siehe ebendort, S. 765
1806	Siehe Gei64, S. 581f. (Nr. 1028)	1852	Siehe ebendort, S. 45 (Nr. 439) sowie Kapitel »Britische Kriegstreiberei«
1807	Siehe ebendort, S. 582 (Nr. 1028)		
1808	Siehe Kapitel »Beschleunigte Mobilisierung«	1853	Siehe Fn »1848«
1809	Siehe Gei64, S. 583 (Nr. 1031)	1854	Siehe Gei64, S. 659 (Nr. 1110)
1810	Siehe Kapitel »Französische Mobilmachung« bzw. Fn 1542	1855	Siehe Cla14, S. 704
		1856	Siehe Fn 1791
1811	Siehe Gei64, S. 544 (Nr. 983)	1857	Siehe Jan05, S. 490
1812	Siehe ebendort, S. 554 (Nr. 996)	1858	Siehe Great Britain, Parliamentary Debates, Commons, Fifth Series, Vol. LXV, 1914, columns 1809–1834, Spalte 1809, 1812, 1813 u. 1814: wwi.lib.byu.edu/images/6/67/Grey03081914.pdf sowie http://hansard.millbanksystems.com/commons/1914/aug/03/statement-by-sir-edward-grey
1813	Siehe ebendort, S. 540 (Nr. 977)		
1814	Siehe ebendort, S. 559 (Nr. 1000)		
1815	Siehe ebendort, S. 556 (Nr. 1000)		
1816	Siehe ebendort, S. 558 (Nr. 1000)		
1817	Siehe ebendort, S. 568 (Nr. 1007)		
1818	Siehe Jan05, S. 429		
1819	Siehe Gei64, S. 554 (Nr. 996)	1859	Siehe ebendort, Spalte 1815f.
1820	Siehe ebendort, S. 566f. (Nr. 1005) sowie Sau19, S. 523	1860	Siehe ebendort, Spalte 1816f.
		1861	Siehe ebendort, Spalte 1821f.
1821	Siehe Sau19, S. 525	1862	Siehe ebendort, Spalte 1823f.
1822	Siehe Gei64, S. 565 (Nr. 1003)	1863	Siehe ebendort, Spalte 1827
1823	Siehe ebendort, S. 620f. (Nr. 1066); siehe auch S. 569 (Nr. 1011) u. 634 (Nr. 1083)	1864	Siehe Cla14, S. 696
		1865	Siehe Great Britain, Parliamentary Debates, Commons, Fifth Series, Vol. LXV, 1914, columns 1809–1834, Spalte 1828f.: wwi.lib.byu.edu/images/6/67/Grey03081914.pdf sowie http://hansard.millbanksystems.com/commons/1914/aug/03/statement-by-sir-edward-grey
1824	Siehe ebendort, S. 573 (Nr. 1016)		
1825	Siehe ebendort, S. 559 (Nr. 1000)		
1826	Siehe ebendort, S. 621 (Nr. 1069)		
1827	Siehe Sch05a, S. 6 u. 9 (Belgien betreffend)		
1828	Siehe Fn 1826		
1829	Siehe Gei64, S. 541 (Nr. 978)		
1830	Siehe ebendort, S. 452 (Nr. 869)	1866	Siehe Great Britain, Parliamentary Debates, Commons, Fifth Series, Vol. LXV, 1914, columns 1833–1848, Spalte 1848: http://hansard.millbanksystems.com/commons/1914/aug/03/germany-and-belgium
1831	Siehe ebendort, S. 461 (Nr. 886)		
1832	Siehe Rau13, S. 272		
1833	Siehe ebendort, S. 170		
1834	Siehe McM13, S. 81f.		
1835	Siehe Rau13, S. 170	1867	Siehe Great Britain, Parliamentary Debates, Commons, Fifth Series, Vol. LXV, 1914, columns 1809–1834, Spalte 1830: wwi.lib.byu.edu/images/6/67/Grey03081914.pdf sowie http://hansard.millbanksystems.com/commons/1914/aug/03/statement-by-sir-edward-grey
1836	Siehe Kapitel »Masterplan: Globale Finanzkontrolle«		
1837	Siehe Eng14, S. 67f.		
1838	Siehe ebendort, S. 68		
1839	Siehe Gei64, S. 601 (Nr. 1055)		
1840	Siehe ebendort, S. 602 (Nr. 1057)		
1841	Siehe ebendort, S. 601 (Nr. 1056)	1868	Siehe Jan05, S. 488
1842	Siehe Kapitel »Militärische Erweiterung der Entente«	1869	Siehe www.altearmee.de/chronik/1914.htm
		1870	Siehe Jan05, S. 494ff.
1843	Siehe Gei64, S. 648 (Nr. 1094)	1871	Siehe Gei64, S. 680 (Nr. 1141)
1844	Siehe ebendort, S. 650 (Nr. 1096) iVm 655 (Nr. 1102)	1872	Siehe ebendort, S. 691 (Nr. 1156)
		1873	Siehe ebendort, S. 692 (Nr. 1157)
1845	Siehe ebendort, S. 650 (Nr. 1096)	1874	Siehe ebendort, S. 693 (Nr. 1158)

1875	Siehe Sch25b, S. 72	1920	Siehe Bih10, S. 77
1876	Siehe Gei64, S. 693 (Nr. 1159)	1921	Siehe ebendort, 85–87
1877	Siehe Kapitel »Hungerblockade gegen Deutschland«	1922	Siehe die Tabelle in Abb. 11
1878	Siehe Sch03, S. 70 iVm 453	1923	Siehe Epk15, S. 257
1879	Siehe Fn 903	1924	Siehe Lot14, S. 7
1880	Siehe Sch03, S. 72	1925	Siehe Bih10, S. 96
1881	Siehe ebendort, S. 74	1926	Zur Ausrufung des Dschihad durch Mehmed V. siehe Fn 1924
1882	Siehe ebendort, S. 200	1927	Siehe Kapitel »Panislamistischer Dschihad«
1883	Siehe Rai10, S. 198	1928	Siehe Bih10, S. 96
1884	Zu den rechtlichen Details siehe Fn 1877	1929	Siehe Kapitel »Erdöl aus Nahost«
1885	Siehe Sch03, S. 76	1930	Siehe Lot14, S. 9 u. 52f.
1886	Siehe Oxf93, S. 166, Tabelle II	1931	Siehe ebendort, S. 40–50
1887	Ähnlich Fn 1885	1932	Siehe ebendort, S. 9 u. 53
1888	Siehe Kar03, S. 97	1933	Siehe ebendort, S. 49
1889	Siehe Epk15, S. 112	1934	Siehe ebendort, S. 54
1890	Zitiert in Mir76, S. 11	1935	Siehe V-018, ab Min. 15:30
1891	Siehe ebendort, S. 21	1936	Siehe Fis61, S. 110–116
1892	Siehe Jen16, S. 180	1937	Siehe V-018, ab Min. 09:50
1893	Siehe Bee82, S. 87	1938	Siehe ebendort, ab Min. 84
1894	Siehe Jen16, S. 75	1939	Siehe Lot14, S. 120
1895	Siehe Sch03, S. 101	1940	Siehe ebendort, S. 121ff. sowie V-018, ab Min. 28:00
1896	Siehe Jan05, S. 495f		
1897	Siehe Epk15, S. 125	1941	Siehe Volker Weiß' Artikel *Der deutsche Dschihad* in *Zeit Online* vom 17. 07. 2014: www.zeit.de/2014/30/erster-weltkrieg-dschihad-kaiserreich
1898	Siehe Cla14, S. 704f.		
1899	Siehe Epk15, S. 125		
1900	Siehe Roe14, S. 125		
1901	Siehe Epk15, S. 126	1942	Siehe Bro05, S. 218, Tabelle 7.8
1902	Siehe Bry15, S. 60f.	1943	Siehe ebendort S. 219, Tabelle 7.9.
1903	Siehe Roe14, S. 127	1944	Siehe Fn 1942
1904	Siehe Sven Felix Kellerhoffs Artikel *Die Blockade gegen Deutschland war ein Verbrechen* in *Die Welt – Geschichte Hunger 1914–1918* vom 06. 05. 2014: www.welt.de/geschichte/article127666278/Die-Blockade-gegen-Deutschland-war-ein-Verbrechen.html	1945	Siehe Bro05, S. 218 iVm 219
		1946	Siehe Pri14a, S. 41
		1947	Siehe ebendort, S. 42
		1948	Siehe Jac13, S. 102
		1949	Siehe Pri14a, S. 44
		1950	Siehe ebendort, S. 42
		1951	Siehe Bih10, S. 75
1905	Siehe Sim88, S. 39	1952	Siehe und höre Wilhelms II. Rede zum Kriegsbeginn in Berlin vom 6. August 1914: www.wilhelm-der-zweite.de/dokumente/redekriegsbeginn.php
1906	Konträrer Meinung Kne08, S. 24		
1907	Siehe Sny84, S. 46		
1908	Siehe Epk15, S. 257		
1909	Siehe V-017, ab Min. 28:50		
1910	Siehe Sim88, S. 46	1953	Siehe Hic81, S. 46
1911	Siehe Bih10, S. 105	1954	Siehe Lay15, S. 69ff.
1912	Siehe ebendort	1955	Siehe Hic81, S. 48
1913	Siehe ebendort, S. 77	1956	Siehe Sim72, S. 13 u. 20
1914	Siehe Doc15, *Kapitel Lusitania 2: Ocean Liner or Warship?*	1957	Siehe Lay15, S. 168
		1958	Siehe Hal95, S. 299
1915	Siehe ebendort, Kapitel *Lusitania 8: The Anglo-American Collusion*	1959	Siehe Thi15, Kapitel *Mauretania: Grand old lady of the Atlantic*
1916	Siehe Rau13, S. 190–194	1960	Siehe Man14, S. 107
1917	Siehe Bih10, S. 95	1961	Siehe Hic81, S. 156
1918	Siehe Rau13, S. 196	1962	Siehe auch www.roll-of-honour.com/Ships/HMHSMauretania.html
1919	Siehe ebendort, S. 197		

1963 Siehe Lay15, S. 80
1964 Siehe Hic81, S. 47
1965 Siehe ebendort, S. 72 sowie Hal95, S. 298
1966 Siehe bspw. Bee82, S. 113f. sowie hier Kapitel »Hochexplosives Kriegshilfsschiff«
1967 Siehe den Artikel *World War One role of luxury liner RMS Mauretania* auf *BBC* vom 13. 11. 2014: www.bbc.com/news/uk-england-tyne-29629205
1968 Siehe www.thegreatoceanliners.com/mauretania1.html
1969 Siehe www.modellversium.de/galerie/5-schiffe-ww2/2780-rms-mauretania-airfix.html
1970 In diesem Sinne auch Hal95, S. 299
1971 Siehe Ram15, S. 64
1972 Siehe Sch05b, S. 72
1973 Siehe Gil05, S. 56f.
1974 Siehe Pie88, S. 271f. sowie Bül15, S. 110
1975 Siehe im Kapitel über die Auslösung des Ersten Weltkriegs das Kapitel »Drohende Kriegsgefahr« bzw. Fn 1709
1976 Siehe ebendort das Kapitel »Zerstörung der deutschen Vermittlung« bzw. Fn 1634 sowie Kapitel »Illegale Fernblockade«
1977 Siehe das letztgenannte Kapitel
1978 Siehe Sch03, S. 145
1979 Siehe Hic81, S. 58
1980 Bal95, S. 64 u.75 sowie Doc15, Kapitel *Lusitania 3: A Statement Of Intent*
1981 Siehe im Kapitel über die Auslösung des Ersten Weltkriegs das Kapitel »Geplante Völkerrechtsverletzungen«
1982 Siehe Sco19, S. 180
1983 Siehe Bee82, S. 88
1984 Siehe Sch03, S. 85
1985 Siehe Hic81, S. 59
1986 Siehe Sch03, S. 101f.
1987 Siehe ebendort, S. 108
1988 Siehe ebendort, S. 102
1989 Siehe auch ebendort, S. 126, Fn 1
1990 Siehe Bee82, S. 120
1991 Siehe ebendort, S. 91f.
1992 Siehe Sch05b, S. 71
1993 Siehe Bee82, S. 95f.
1994 Siehe Fn 1992
1995 Siehe Bee82, S. 99
1996 Siehe Lay15, S. 359
1997 Siehe Bal95, S. 31
1998 Siehe Sim72, S. 92
1999 Siehe Sch03, S. 128
2000 Siehe Sim72, S. 252
2001 Siehe Hic81, S. 50
2002 Siehe Gre08, S. 30–33; stark konträr V-017, ab Min. 12:00
2003 Siehe Hic81, S. 51
2004 Siehe Sch03, S. 95ff.
2005 Siehe ebendort, S. 428, Tabelle 6
2006 Siehe ebendort, S. 129
2007 Siehe Fregattenkapitän Friedrich Lützow: *Kapitel 4: Der U-Bootkrieg / 3. Der U-Bootkrieg 1915* in Exzellenz Generalleutnant Max Schwarte: Bd. 4: *Der Seekrieg – Der Krieg um die Kolonien – Die Kampfhandlungen in der Türkei – Der Gaskrieg – Der Luftkrieg / Abschnitt: Der Seekrieg*: https://wintersonnenwende.com/scriptorium/deutsch/archiv/weltkampf/wer0412.html
2008 Zitiert in Sim73, S. 108f.
2009 Siehe Bee82, S. 98 u. 102
2010 Siehe Fn 2007 sowie Sch03, S. 130
2011 Siehe Bee82, S. 98ff.
2012 Siehe Sch03, S. 129
2013 Siehe ebendort, S. 128
2014 Siehe den Download-Link auf der Starseite von www.lusitania.net: www.lusitania.net/index_htm_files/Lusitania.net%20Online%20Complete%20Manifest.pdf
2015 Siehe V-019, ab Min. 28:00
2016 Siehe den Mersey-Report im Kapitel *The Ship* und dort im Unterkapitel *The Cargo*: www.rmslusitania.info/primary-docs/mersey-report/the-ship/#cargo
2017 Siehe Hic81, S. 165 sowie V-019, ab Min. 33:00
2018 In diesem Sinne auch Sch03, S. 135
2019 Siehe Hic81, S. 55f.
2020 Siehe Bal95, S. 144ff. sowie V-019
2021 Siehe V-019, ab Min. 11:00
2022 Siehe Lay15, S. 325
2023 Siehe Bal95, S. 195
2024 Siehe Sim73, S. 99f.
2025 Siehe ebendort, S. 151
2026 Siehe Lay15, S. 90
2027 Siehe Ram15, S. 50f.
2028 Siehe Fn 2010
2029 Siehe Fn 2027
2030 Siehe Sim72, S. 128
2031 Siehe Sim72, S. 133 sowie Bal95, S. 74 sowie www.irishshipwrecks.com/shipwrecks.php?wreck_ref=243
2032 Siehe Doc15, S. 20 u. 22 sowie Bee82, S. 102 (dort allerdings falsch: beim Fastnet Rock Leuchtturm) sowie Ram15, S. 51
2033 Siehe Bal95, S. 74
2034 Siehe Mat13, 7. Abschnitt, Kapitel *The Lusitania*

2035	Siehe Ram15, S. 51	2074	Siehe Fn 2072
2036	Siehe Doc15, Kapitel *Lusitania 4: Abandoned to the fates*	2075	Siehe Lay15, S. 303ff.
		2076	Siehe Pee15, S. 174–179
2037	Siehe Fri09, S. 155f., 296 u. 307 sowie www.harwichanddovercourt.co.uk/warships/destroyers-2/	2077	Siehe Bal95, S. 87
		2078	Siehe Lay15, S. 303
		2079	Siehe Fn 2072
2038	Siehe http://uboat.net/wwi/ships_hit/1082.html sowie www.rmslusitania.info/related-ships/candidate/	2080	Siehe Sim72, S. 151
		2081	Siehe Lay15, S. 305f.
		2082	Zitiert in Sim72, S. 149 sowie Fn 2066
2039	Siehe Ram15, S. 51 sowie Sim72, S. 136 sowie Bal95, S. 74	2083	Siehe Fn 2080
		2084	Siehe Ram15, S. 119
2040	Siehe Sim72, S. 136 sowie Bal95, S. 75 u. 76 sowie http://uboat.net/wwi/ships_hit/1194.html sowie www.rmslusitania.info/related-ships/centurion/	2085	Siehe Fn 2021
		2086	Siehe www.llnl.gov
		2087	Siehe V-019, ab Min 32:50
		2088	Zitiert in Ram15, S. 64f.
2041	Siehe Sim72, S. 139–142 u. 144 sowie Ram15, S. 52	2089	Siehe Sch03, S. 135
		2090	Siehe Ram15, S. 73
2042	Siehe Ram15, S. 52	2091	Siehe Fn 2022
2043	Siehe Hic81, S. 144	2092	Siehe Sch03, S. 131f.
2044	Siehe Bee82, S. 96	2093	Allgemein zu Absichtsdelikten siehe Kie98, S. 87, Z15, Rn 13f.
2045	Siehe Fn 2010		
2046	Siehe Fn 2007	2094	Siehe Kapitel »Juli-Krise: Phase der Täuschungsmanöver« bzw. Fn 1232
2047	Siehe Lay15, S. 294		
2048	Siehe ebendort	2095	Siehe Kapitel »Westfront« bzw. Fn 1903
2049	Siehe Bee82, S. 110	2096	Siehe Mel09, S. 212
2050	Siehe Ram15, S. 61	2097	Siehe Sim72, S.173
2051	Siehe Fn 2049	2098	Siehe Doc15, Kapitel *Lusitania 7: Falsehoods And Jaundiced History*
2052	Siehe Hic81, S. 140		
2053	Siehe Sim72, S. 143	2099	Siehe ebendort, Kapitel *Lusitania 6: Lord Mersey's Whitewash*
2054	Siehe Ram15, S. 63		
2055	Siehe Sim72, S. 142	2100	Siehe Sim72, S.248
2056	Siehe Lay15, S. 295	2101	Siehe ebendort, S. 178
2057	So auch Hic81, S. 137	2102	Siehe Bee82, S. 97
2058	Siehe ebendort, S. 152	2103	Siehe Sim72, 182
2059	Siehe Fn 2056	2104	Siehe Bee82, S. 111
2060	Siehe Bal95, S. 79	2105	Siehe das gleichnamige Kapitel
2061	Siehe Sim72, S. 88f.	2106	Siehe Sch03, S. 136
2062	Siehe Bal95, S. 79	2107	Siehe Pie88, S. 275f.
2063	Siehe Hic81, S. 144	2108	Siehe Epk15, S. 257
2064	In diesem Sinne Fn 2054	2109	Siehe V-014, ab Min. 25:20
2065	Siehe Sim72, S. 146	2110	Siehe ebendort, ab Min. 31:30
2066	Siehe Ram15, S. 64	2111	Siehe Bih10, S. 114ff.
2067	Siehe Sch03, S. 132	2112	Siehe ebendort, S. 112–114
2068	Siehe Fn 2066	2113	Siehe ebendort, S. 117f.
2069	Siehe Sim72, S. 147	2114	Siehe Kapitel »Kriegsfalle Serbien«
2070	Siehe ebendort, S. 248	2115	Siehe Bih10, S. 135ff.
2071	Siehe Fn 2066	2116	Siehe ebendort, S. 123
2072	Siehe Sch03, S. 133	2117	Siehe ebendort, S. 140ff.
2073	Siehe Handbuch der deutschen 9. U-Bootflottille, *Kapitel B. Ansatz des U-Boots zum Unterwasserangriff*, Pkt. 108: www.9teuflottille.de/site/lexikon/handbuch/Teil2_b.html	2118	Siehe ebendort, S. 142ff.
		2119	Siehe Kapitel »Britische Unterstützung«
		2120	Zur Schlacht vor dem Skagerrak siehe Jen16, S. 91ff. sowie Mir76, S. 82ff.
		2121	Ähnlich Sch03, S. 283

2122 Siehe Gil05, S. 57
2123 Siehe ebendort, S. 283f.
2124 Zur britischen Verschuldung im Dezember 1916 siehe Rho12, S. 74
2125 Siehe Sch03, S. 284
2126 Siehe Pri14a, S. 45
2127 Siehe ebendort, S. 47
2128 Siehe ebendort, S. 48
2129 Siehe Mic59, S. 68f. (Nr. 40)
2130 Siehe Sch03, S. 292
2131 Siehe Rau13, S. 696
2132 Siehe Sch03, S. 292f.
2133 Siehe Zem63, S. 123
2134 Siehe Sch03, S. 293f
2135 Siehe ebendort, S. 294f.
2136 Siehe Rau13, S. 703
2137 Siehe Gei76, S. 349 (Nr. 281)
2138 Siehe Pie88, S. 479
2139 Siehe Hof16, S. 46
2140 Siehe Hil89, insb. S. 138ff.
2141 Siehe *Benjamin Freedman Collection – Whistleblower Exposes World War Conspiracy – 1961 Speech:* https://archive.org/details/UsIllegallyEnteringIntoWw1AndDefeatingGermanyIllegally
2142 Siehe ebendort
2143 Siehe Sch03, S. 308
2144 Siehe Rau13, S. 702
2145 Siehe ebendort, S. 703f.
2146 Siehe https://wwi.lib.byu.edu/index.php/Wilson's_War_Message_to_Congress
2147 Siehe Sch03, S. 256
2148 Siehe Fn 2146
2149 Siehe www.history.com/this-day-in-history/woodrow-wilson-asks-u-s-congress-for-declaration-of-war/print
2150 Siehe Kapitel »Anglo-amerikanische Geostrategie«
2151 Siehe Sut15, S. 89
2152 Siehe Mar17, insb. S. 11f.
2153 Siehe Sut15, S. 41f.
2154 Siehe Hof16, S. 46 sowie Sut15, S. 39–42
2155 Siehe Rab12, S. 20
2156 Siehe Sut15, S. 41, 169, 173 u. 87 (in dieser Reihenfolge)
2157 Siehe ebendort, S. 176
2158 Siehe ebendort, S. 41
2159 Siehe ebendort, S. 35f.
2160 Siehe Peo38, S. 298
2161 Siehe Sut15, S. 36
2162 Siehe ebendort, S. 21–23, 25, 27, 33
2163 Siehe ebendort, S. 80, 71f., insb. 73 u. 78f. (in dieser Reihenfolge)
2164 Siehe ebendort, S. 73, 97 u. 89ff., insb. 93–98 (in dieser Reihenfolge)
2165 Siehe ebendort, S. 94
2166 Siehe ebendort, S. 95f.
2167 Siehe ebendort, S. 97
2168 Siehe Fig08, S. 512ff, insb. 521
2169 Siehe Sut15, S. 45, 46 u. 82f.
2170 Siehe Bih10, S. 164
2171 Siehe Sut15, S. 35
2172 Siehe ebendort
2173 Siehe Bih10, S. 212
2174 Siehe *Fourteen Points (1918) by Woodrow Wilson*: https://en.wikisource.org/wiki/Fourteen_Points_Speech
2175 Siehe Haf68, S. 25
2176 Siehe Cze19, S. 305
2177 Siehe Kapitel »Keine Kriegsziele« bzw. Fn 858
2178 Siehe Gre05, S. 76
2179 Siehe ebendort, S. 78
2180 Siehe University of Toronto: *Internet Encyclopedia of Ukraine / Universals of the Central Rada*: www.encyclopediaofukraine.com/display.asp?linkpath=pages%5CU%5CN%5CUniversalsoftheCentralRada.htm sowie *Autonomy*: http://www.encyclopediaofukraine.com/display.asp?linkpath=pages%5CA%5CU%5CAutonomy.htm sowie *All-Russian Constituent Assembly*: www.encyclopediaofukraine.com/display.asp?linkpath=pages%5CA%5CL%5CAll6RussianConstituentAssembly.htm sowie Gre05, S. 58
2181 Siehe Fn 2178
2182 Siehe Gre05, S. 79
2183 Siehe ebendort, S. 82f.
2184 Siehe ebendort, S. 83
2185 Siehe ebendort, S. 92–95
2186 So auch ebendort, S. 97
2187 Siehe Hof16, S. 47 sowie Gre05, S. 100
2188 Siehe Hof16, S. 47
2189 Siehe Rau13, S. 915ff.
2190 Siehe Friedensvertrag von Brest-Litowsk vom 03. 03. 1918: https://archive.org/details/FriedensvertragVonBrestLitowskVom3Marz1918PolitischerHauptvertrag5S.Text
2191 Siehe bspw. Hof16, S. 47
2192 Siehe Bih10, S. 217
2193 Siehe Rau13, S. 915f.
2194 Siehe Kapitel »Mitteleurasische Allianz«, insb. Kapitel »Erdöl aus Nahost«
2195 Ähnlich V-010, ab Min. 10:00
2196 Siehe Zif38, S. 208ff.
2197 Siehe ebendort, S. 214

2198 Zitiert ebendort
2199 Siehe Kapitel »Deutsch-jüdischer Naher Osten«
2200 Siehe Krä02, S. 172ff, insb. 173 u. 174
2201 Siehe ebendort, S. 176
2202 Siehe Eng14, S. 71f.
2203 Ähnlich Kne08, S. 26 u. 28
2204 Siehe Eng14, S. 72f. sowie Krä02, S. 177f.
2205 Siehe Bih10, S. 147
2206 Siehe Law16, S. 844
2207 Siehe ebendort, S. 3 u. 5
2208 Zitiert in Krä02, S. 179
2209 Siehe Fn 2141
2210 Siehe Kapitel »Deutsch-jüdischer Naher Osten«
2211 Siehe Zif38, S. 55
2212 Siehe Siegfried Helms Artikel *Das Geheimnis um Israels Gründung* in *N24* vom 12. 01. 1999: www.welt.de/print-welt/article564317/Das-Geheimnis-um-Israels-Gruendung.html
2213 Siehe Eff16a, S. 249
2214 Siehe Eng14, S. 71
2215 Zur alliierten Militärverwaltung über Palästina siehe Krä02, S. 184ff.
2216 Siehe Bih10, S. 193
2217 Siehe Zen07, S. 230
2218 Siehe *Gesetz vom 12. November 1918 über die Staats- und Regierungsform von Deutschösterreich*: http://alex.onb.ac.at/cgi-content/alex?aid=sgb&datum=19180004&seite=00000004
2219 Siehe Fn 2174
2220 Zitiert in Rho12, S. 82
2221 Siehe *Convention d'armistice / Armistice signé à Rethondes, le 11 novembre 1918*: http://mjp.univ-perp.fr/traites/1918armistice.htm sowie Rho12, S. 83
2222 Zitiert in Poi82, S. 298
2223 Siehe Bih10, S. 236
2224 Siehe Oxf93, S. 185
2225 Siehe Bar27, S. 559
2226 Siehe Fn 911
2227 Siehe Kapitel »Deutschland: Behauptung als Großmacht«
2228 Siehe Köh80, S. 310f.
2229 Siehe www.documentarchiv.de/wr/vv.html sowie www.versailler-vertrag.de/vv.htm
2230 Siehe Zen07, S. 237
2231 Zu Artikel 2 (4) der VN-Charta siehe Fn 1222
2232 Siehe bspw. Kie97, S. 255, Rz 3
2233 Siehe § 240 (4) Z. 2 StGB: www.gesetze-im-internet.de/stgb/__240.html
2234 Siehe § 106 (1) Z. 3 StGB: https://www.ris.bka.gv.at/NormDokument.wxe?Abfrage=Bundesnormen&Gesetzesnummer=10002296&FassungVom=2017-07-31&Artikel=&Paragraf=106&Anlage=&Uebergangsrecht=
2235 Siehe § 138 (1) BGB: www.gesetze-im-internet.de/bgb/__138.html
2236 Siehe Artikel 227 des Versailler Vertrags: www.documentarchiv.de/wr/vv08.html
2237 So auch Buc14, S. 71
2238 Siehe www.documentarchiv.de/wr/vv07.html
2239 Siehe Bih10, S. 193
2240 Siehe Eng14, S. 86
2241 Siehe Fn 2236
2242 Siehe Fn 2237
2243 Siehe Kol05, S. 100
2244 Siehe www.documentarchiv.de/wr/vv12.html
2245 Siehe Kar03, S. 113f.
2246 Siehe die Artikel 159ff. des Versailler Vertrags: www.documentarchiv.de/wr/vv05.html
2247 Siehe ebendort
2248 Siehe Björn Pawlaks Artikel *Versailler Vertrag, Weimarer Republik und Wirtschaftskrise / Der Zweite Weltkrieg und seine Vorgeschichte – Teil 1* vom 01. 09. 2014: www.helles-koepfchen.de/artikel/2864.html
2249 Siehe Buc14, S. 70
2250 Siehe Artikel 27ff. des Versailler Vertrags: www.documentarchiv.de/wr/vv02.html
2251 Siehe Artikel 94–98 u. 100 des Versailler Vertrags: www.documentarchiv.de/wr/vv03.html
2252 Siehe das Kapitel über Operation Tannenberg im zweiten Band
2253 Siehe Fn 2250
2254 Siehe die Artikel 119ff. des Versailler Vertrags: www.documentarchiv.de/wr/vv04.html
2255 Siehe www.documentarchiv.de/wr/vv03.html
2256 Siehe www.versailler-vertrag.de/svsg/svsg-i.htm
2257 Siehe Sch07, S. 3
2258 Siehe Kne14, S. 115
2259 Zitiert in Hit14, S. 267
2260 Siehe Tir20, S. 157
2261 Siehe Abb. 10 in Kapitel »I. Auslösung des Ersten Weltkriegs«
2262 Siehe Bau07, S. 280

STICHWORTVERZEICHNIS

Addison, Christopher 643
Aerenthal, Alois Lexa von 256-259, 263, 271
AIOC (Anglo-Iranian Oil Company) 182
Alexander I. Karađorđević (Serbien) 417, 422, 540f.
Alexander I., Fürst von Bulgarien 228
Alexander III., Zar 129, 188, 253
Allbeteiligungsklausel (clausula si omnes) 621
Allmayer-Beck, Johann 353, 438
Al-Sharif, Ahmad 290
Altneuland 178, 180, 199, 200
Amery, Leopold 95, 738, 742
Andrássy, Gyula 237
Anschlussverbot 752, 753
Antijudaismus 28, 56, 188, 198, 222, 241
Antisemitismus 56, 60, 187-189, 193, 196, 199
APOC (Anglo-Persian Oil Company) 182-184, 298, 300, 372, 659f.
Aquitania 673f., 683, 686
Araber 60, 87, 160, 185f., 189f., 192f., 197, 199, 201, 298, 656-658, 660, 737-741
ARRB (Assassination Records Review Board) 35, 37
Artamanov, Viktor 94, 283, 417-425, 431, 437, 474, 541
Asquith, Herbert 94, 100, 138, 210, 212, 367, 369, 383, 386, 515, 592, 620f., 719
Asymmetrische Kriegsführung 456, 462, 657, 665

Bagdad 201f., 298, 300, 658, 739
Bagdad-Bahn 82, 124, 143, 159-165, 175, 177-181, 183, 185, 205, 216, 253, 256, 266, 291, 296, 298-300, 357, 468
Bagdader Frieden 183
Bailey, Abe 94
Balance of Power 15, 84, 86-88, 117, 130f., 133, 135, 143, 155, 174, 176, 186, 201, 380, 413, 594, 601, 611f., 643, 652, 661f., 714, 725, 742, 746, 754, 756
Balfour, Arthur 94, 126, 158, 206, 356, 741, 746
Balfour-Deklaration 741f.
Balkanbund 260, 282, 284f., 287, 290, 423, 475, 483, 533, 561
Bamberg, James 184
Barkai, Avraham 186f.
Barnes, Harry E. 386, 423, 441, 456f., 544, 747
Barnett, Thomas 42-46
Barrière de fer 337, 339, 441, 354, 376, 389, 399, 442, 588, 622

Basra 82, 138, 160, 163f., 175, 177, 180, 183, 185, 201, 224, 227, 231, 298, 656, 660, 739
Beesly, Patrick 678f., 695
BEF (British Expeditionary Corps): Siehe Expeditionskorps 387, 395f., 398, 442, 622, 639, 652f.
Beistandspflicht 128, 366, 460f., 463, 484, 602
Beit, Alfred 91
Bell, A. C. 357, 363
Bemis, Gregg 685, 702
Benckendorff, Alexander 137, 368, 370f., 494-496, 510, 526, 534, 570f., 576, 611, 615, 621, 639, 655,
Berchtold, Leopold 425, 471, 476, 478, 494, 500f., 506-508, 516, 520, 527, 552, 559, 574, 582, 585, 604
Bernays, Edward 109
Bertie, Francis 94, 152f., 366
Bethmann Hollweg, Theobald von 152, 173f., 207, 215, 270, 345, 347, 478, 486, 570, 590, 595, 601, 607, 626, 629, 632, 645, 733
Big Six 123
Bilinski, Leon 425, 440
Bismarck, Otto von 129, 135, 154, 156, 161, 206, 225, 240, 244, 253
Blackett, Basil 125
Blankoscheck 154, 214, 217, 219f., 283-286, 297, 347, 401-403, 412, 419, 438, 441f., 455, 460, 462, 470, 484f.
Blockade 177, 358, 360, 362f., 441, 647f., 733, 746f.
Blum, Léon 215
Bolschewismus, Bolschewiki 28, 53, 67, 68, 118, 137, 662, 710, 720, 724, 725, 726, 727, 728, 729, 730, 731, 732, 733, 734, 735, 736, 746, 756, 758
Bosnien und Herzegowina 221, 224, 225, 226, 229, 231, 232, 253, 256, 257, 258, 274, 281, 309, 313, 424, 442, 470, 473, 474, 532
Brandenburg, Erich 263, 340, 477
Brecht, Bertolt 38
Brest-Litowsk 711, 712, 730, 731, 735, 736, 745
Brett, Reginald Baliol: siehe unter Esher, Lord
Bridges, George 384, 385
Bruck, Karl Ludwig Ritter von 161
Buber, Martin 62, 192
Buchanan, George 94, 368, 517, 526, 537, 538, 548, 549, 572, 576, 577, 578

818

Buchanan, Patrick J. 137, 152, 153, 211, 752
Bunsen, Maurice de 473, 486, 488, 509
Burmah Oil Company 181, 182, 184
Bush, George W. 262, 724

Čabrinović, Nedjelko 231, 232, 416, 426, 427, 428, 429, 430, 432, 433, 434, 435, 436, 450, 452, 453, 503, 524, 525, 539
Caillaux, Joseph 212, 213, 218
Cambon, Jules 213, 529, 533, 563, 564, 615, 624
Cambon, Paul 213, 367, 371, 482, 611, 612, 624, 638, 639
Carnegie, Andrew 122
Casus belli 370, 403, 478, 639
Casus foederis 402, 403, 462, 463, 485, 598
Chamberlain, Joseph 130, 131
Chasaren 61
Chelius, Oskar von 560, 566, 567
Chotek, Marie 269, 274
Churchill, Winston 94, 95, 126, 147, 153, 174, 182, 184, 210, 211, 304, 364, 365, 366, 367, 371, 383, 515, 592, 595, 621, 647, 648, 674, 675, 676, 677, 678, 679, 684, 689, 703, 706, 707, 716
CIA 36, 37, 38, 46, 47, 51
CID (Committee of Imperial Defence) 101, 126, 133, 207, 212, 297, 300, 304, 320, 324, 331, 340, 355, 356, 357, 358, 359, 360, 361, 362, 373, 375, 377, 379, 380, 382, 383, 386, 388, 391, 396, 413, 423, 424, 428, 431, 444, 487, 519, 542, 563, 620, 646, 653, 689, 720, 725, 728
Ciganović, Milan 430, 432, 433, 437, 439, 503, 504, 523, 524, 525, 558
Clark, Christopher 79, 119, 131, 134, 152, 177, 264, 278, 394, 438, 444, 445, 446, 509, 565, 575, 626, 644
Clark, Wesley 41
Clausewitz, Carl von 108, 316, 323, 339, 342, 458
Clemenceau, Georges 747
Clinton, Bill 92
Clinton, Hillary 42
Cobh: Siehe Queenstown
Compiègne 745
Connelly, James 52f., 491
Conrad von Hötzendorf, Franz Freiherr 263, 269, 272, 327, 350, 352, 407, 447, 471, 477, 493, 507, 552, 585, 636
Corbett, Julian Stafford 323, 354, 363, 512
Crazy Making 468, 491, 512, 595, 635
Crowe, Eyre A. 537f., 611-613
Čubrilović, Vaso 429, 436, 450
Cunard Line 671, 673f., 676, 679, 682, 686, 688f., 697

Czernin, Otto 475, 488, 732
Czernin, Ottokar 732

Danilow, Juri Nikiforowitsch 406, 588
Danistakratie 30, 43
Danzig 712, 752
D'Arcy, William Knox 176, 182
Darwin, Charles 61, 71
DEA (Deutsche Erdöl AG) 151, 170
Dedijer, Vladimir 254, 420, 431
Degrelle, Léon 283
Delbrück, Clemens von 347
Delcassé, Théophile 132, 209, 219f. 400, 404
Destabilisierung 15, 26f., 34, 47, 67, 103, 120, 125, 143, 282, 309, 428, 454, 518, 601, 662, 714, 730, 756
Deutsch-Mittelafrika 159, 205-207, 216, 298, 468, 663
Deutsch-Österreich, Deutschösterreich 273, 275, 743f., 753
Diaspora 63, 68, 194
Dickinson, Goldsworthy Lowes 457
Dimitrijević, Dragutin »Apis« 94, 413-425, 431f., 434, 437f., 474, 541, 711
Diplomaticus 340, 645
Disraeli, Benjamin 62, 132, 155f.
Dobrorolski, Sergej 544f., 594
Docherty, Gerry 94f., 99, 101, 103, 119, 125f., 133, 128, 284, 303, 386
Dojčić, Stephan 416
DPAG (Deutsch-Amerikanischen Petroleum AG) 171
Drake, Edwin L. 165
Dreadnought 148
Dreibund 72, 129f., 139f., 141, 261, 286, 288, 290, 296, 357, 424, 482, 500, 607, 610, 644
Drohende Kriegsgefahr (Deutsches Reich) 607, 614, 618, 666
Dschihad 289f., 297, 655f., 658f., 660

Edlinger, Karl 584
Edward VII. 93, 126, 131f., 133, 136f., 139, 209, 219
Eisenhower, Dwight D. 41, 46
Elisabeth von Österreich-Ungarn, »Sisi« 234f., 236, 247
Elsass-Lothringen 141, 156f., 169, 208, 213, 217, 297, 344, 376, 389, 391, 396, 398, 616, 640, 653, 664, 745, 752
Entente Cordiale 131f., 133, 136, 139f., 145, 178, 206, 209f., 211, 300, 356, 369
Entente, Triple 72, 131, 137, 139f., 145f., 148, 152, 159f., 173f., 185, 201, 203f., 209, 215, 263, 274, 277f., 296f., 303, 306f., 368, 444, 456, 542

EPU (Europäische Petroleum-Union) 171f., 173
Erdöl 82, 119, 152, 160, 165, 167, 169f., 174f., 181, 184, 291, 298, 372, 663, 737
Esher, Lord 93f., 98, 104, 126, 131f., 134, 209, 367, 383, 568,
Ewart, John S. 365f., 482, 590, 630
Expeditionskorps 210, 225, 297, 317, 337, 339, 354, 359f., 357, 369, 371, 379, 382, 384, 390f., 395f., 399, 442, 495, 513, 652

Fabre-Luce, Alfred 619
Faisal, König 740
Falkenhayn, Erich von 626, 632f.
Fastnet Rock 690, 693, 695, 697f., 703
Faustpfand (Belgrad) 525, 560, 590f., 605, 633
FBI 36
Februarrevolution 720, 729, 733
Federal Reserve 34, 94, 122f., 125, 292, 297, 728f.
Feindbild 34, 233, 302f.
Fernblockade: Siehe unter Blockade
Ferry, Abel 121, 444
Finanzdiktatur 96, 143, 207, 279, 294, 445, 638, 724, 754
Fischer, Fritz 346, 348, 480f., 609, 659
Fisher, John »Jacky« 94, 145, 147f., 181, 331, 356, 359f., 374, 386, 679, 707
Foch, Ferdinand 396, 745, 747
Forgách, János 509
Franz Ferdinand, Erzherzog 111, 117, 252, 254, 263, 266-272, 274-280, 294, 299, 310, 321, 327, 347, 365, 406, 410f., 414, 416f., 421-423, 425-434, 436, 439, 441f., 446-450, 452-454, 456f., 462, 464, 470, 472, 474, 481, 487, 490, 501, 510, 524, 531, 541f., 554, 598, 665, 711, 747
Franz Joseph I., Kaiser 222, 233-235, 238, 243f., 248f., 252, 258, 263, 266, 267, 269f., 274, 276, 279, 412, 419, 425, 447, 469, 477f., 483-486, 501, 506, 535, 554, 574, 581f., 591, 605, 714f.
Friedensvertrag von Versailles: Siehe unter Siegerdiktat
Friedmann, George 88
Freimaurer, Freimaurerei 28f., 66, 94-96, 222, 233f., 236, 239, 241f., 249, 252, 429-432

Garret, Edmund 93
Ganser, Daniele 39f.
Geiss, Imanuel 202, 256, 264f., 455, 466, 480f., 491, 516, 547, 600, 604
Gellinek, Otto 446
Genozid 42, 44, 46, 191
George V. 93, 133, 368f., 568, 595, 620, 634

George, David Lloyd 124 148f., 305, 340, 355, 383f., 621, 623f., 637f., 644, 718, 728, 747
Georges-Picot, François 739
Giesl, Baron von 246, 446, 470, 510, 520, 532f., 539, 552, 554
Gilbert, Gustave M. 107
Globalisierungsclique 15, 17f., 21-30, 32-35, 40, 44, 46f., 51, 56, 65, 69f., 73, 82f., 89f., 92-104, 111f., 119-122, 124-127, 131-134, 137-139, 142f., 153, 158f., 172f., 177f., 181, 185, 200, 204, 206-208, 210f., 213, 216, 218, 221, 256f., 260, 263, 266f., 271, 279f., 283f., 291-294, 299f., 300, 302f., 315f., 332, 341, 356-358, 367, 383, 400, 413, 419, 445, 460, 464, 467, 496, 511, 537, 573, 599, 621, 640, 653, 663, 706, 710, 721, 724-728, 730, 742, 749, 754
Goering, Hermann 109
Goltz, Colmar Freiherr von der 657f.
Gondrecourt, Leopold 234f.
Gooch, George P. 457
Goschen, Edward 94, 576, 595, 622, 645
Grabež, Trifko 429, 432-436, 450, 503, 524f.
Grandmaison, François de 393-395
Greindl, Jules 133, 300
Grey, Albert 94
Grey, Edward 94f., 100, 137f., 145, 153, 210, 256, 284, 304, 365-372, 379, 381, 383, 385f., 445, 468, 486, 491, 494-497, 500, 507, 509f., 517f., 529, 530, 533-537, 542f., 546-549, 551, 571f., 575, 578, 582, 594-597, 601f., 604f., 611-613, 619-624, 626, 632f., 635, 637-639, 641-645, 651, 662, 665, 696f., 708, 716, 718f., 722, 730, 758
Grigorowitsch, Iwan Konstantinowitsch 220
Große Kracht, Klaus 348
Grotius, Hugo von 583f., 630

Haager Abkommen 378, 583, 620f., 686
Hahn, Johannes 44
Haldane, Richard B. 94, 100, 145, 152f., 210, 215, 297, 379, 382, 468, 621
Hamid II., Abdul 162f.
Hankey, Maurice 212, 355-357, 359, 379f., 382, 386
Harrach, Franz Graf von 450, 452
Harris, Frank 70-72
Hartwig, Nikolaj 94, 282-285, 423-425, 431, 470, 475, 541
Haushofer, Karl 131, 358
Hegel, Georg F. W. 12, 23, 81, 158, 196
Heiliger Krieg: Siehe unter Dschihad
Heinrich von Preußen, Prinz 568, 595
Heise, Karl 431

Heizöl 124, 147, 151f., 167f., 174, 182f., 297, 322
Hertzberg, Arthur 64
Herzl, Theodor 62-64, 68, 81, 102, 185, 187-200, 742
Hindenburg, Paul von 655, 712, 733, 743, 745
Hirigoyen, Marie-France 47-49, 491
Hirson 341, 390f.
Hitler, Adolf 19f., 22, 24, 28, 51f., 55f., 58, 63, 65-69, 88, 107, 110, 193, 302, 683, 746
Hofbauer, Bruno 327
Hohenberg, Sophie von 267, 269, 433
Hold-Ferneck, Alexander von 553
Holocaust 39, 46, 98, 119, 706
Holstein, Friedrich 135
Holt-Wilson, Eric 347
Holtzendorff, Henning von 722
Hommel, Fritz 60
Hooton, Earnest 44-46
Horne, Douglas P. 35
House, Edward Mandell »Colonel« 696, 730
House of Lords 361
Hoyos, Alexander 245, 247f., 250, 481f., 485f., 516
Hunäus, Georg C. K. 165
Hungerblockade: Siehe unter Blockade
Hybride Kriegsführung 453, 456, 464, 476, 481, 495, 500, 578, 582f., 587, 629, 732

Ilić, Danilo 299, 429, 432, 436f., 450
Imperium 40f., 60, 75, 89-92, 96, 98, 100, 124, 143, 179, 281, 291, 620, 622, 658
Insurrektion 176, 528, 656f., 659
Irak 39, 41f., 46, 88, 134, 160, 164, 175, 177, 179, 181f., 185, 225, 262, 459f., 659, 724, 737, 739
Irredentismus 281, 313, 416, 427, 454, 527, 532, 561
Israel 19, 63-65, 68, 119, 121, 134, 189, 191, 194, 196, 738, 742
Iswolski, Alexander 94, 137f., 212, 214, 218, 256-260, 267, 271, 278, 282-284, 365f., 369, 402, 424, 508, 565, 594, 615, 618, 631
Ius ad bellum 457fl, 499
Ius in bello 458

Jabotinsky, Wladimir 62, 192f.
Jackson, Andrew 33
Jagow, Gottlieb von 347, 475, 485, 495, 514, 560, 573, 622f.
Jaurès, Jean 157, 393, 612, 616
Jefferson, Thomas 110, 292
Jesuiten 19, 27, 30, 69, 91, 98, 102f., 251, 430
Jewish Agency 193
Jewish Colonization Association (JCA) 188, 199
Jewish Company 190f.
Joffre, Joseph 394-398, 400, 403, 564, 613
Johnson, Lyndon B. 24, 36, 39f.
Jovanović, Jovan (Joca) 440, 471
Jovanović, Ljuba 438f.
Juden, Judentum 19, 22, 27, 30, 54-69, 87, 98, 103, 124, 160, 180, 185-201, 223f., 241, 249, 251, 296, 298, 302, 660, 721, 738, 741f., 758
Judenstaat 102f., 190-192, 196, 199, 201
Judson, William V.
Jukić, Lukas 730
Juli-Krise 311, 415

Kageneck, Karl von 501, 506
Kant, Immanuel 73, 81, 196, 279, 584, 596
Karl I., Kaiser (Österreich-Ungarn) 714, 719, 730, 743
Kennan, George F. 41
Kennedy, Jacky 36
Kennedy, John F. (JFK) 12, 17f., 24, 31, 34, 36f., 41, 46, 51, 103f., 112
Kennedy, Robert F. 36, 51
Khevenhüller, Rudolf 228
Kitchener, Herbert 131, 331, 358, 382f., 387, 396, 398, 652, 713
Kitchener, Horatio H. 95
Klein, Fritz 659
Klocks, Klaus 109
Kolb, Eberhard 750
Kriegserklärung 121, 124, 301, 384, 405, 411, 465, 493, 535, 561, 574, 577, 581-586, 591, 624-632, 637, 641, 656, 710, 721f.
Kriegsfall B (Österreich-Ungarn) 350f., 581, 585, 589
Kriegsfall R (Österreich-Ungarn) 350f., 585, 589
Kriegsfalle Belgien 354, 369, 371, 374-376, 384, 389, 442, 444, 463, 468, 518, 536, 538, 562, 564, 587, 622, 623, 646, 652, 665, 693, 789
Kriegsfalle Serbien 374, 410f., 424, 434, 442, 445, 462, 467, 480, 518, 536, 562, 564, 646, 665, 667
Kriegsgebietserklärung (Deutsches Reich) 649, 678
Kriegsplan M (Österreich-Ungarn) 285
Kriegsvorbereitungsperiode (Russland) 405, 548f., 608
Krobatin, Alexander Ritter von 493, 519
Kröger, Martin 658f.
Kronrat 595, 721f.
Kruse, Wolfgang 119

Laffan, R. G. D. 201-204, 287, 412
Lansdowne, Henry 133
Lansing, Robert 705f., 731

Lassalle, Ferdinand 32, 34, 38
Lawrence Livermore National Laboratory 702
Lawrence, Thomas Edward 740f.
Lenin, Wladimir Iljitsch 67, 725f., 728f.
Leopold, König von Belgien 334, 344
Liberale Imperialisten 100, 137
Lichnowsky, Karl von 495, 510, 529, 551, 568, 595, 601, 632f., 635, 645
Lille 341, 390f., 396
Limpus, Arthur Henry 138
Lincoln, Abraham 34
Łobaczewski, Andrzej 49, 51f., 54, 491
Lokalisierung, lokalisieren 265, 464f., 467f., 479, 482f., 485f., 488, 493, 496, 508, 514f., 517f., 527f., 530, 532, 546, 551, 568, 570, 573, 578, 587, 589, 597, 599
Londoner Deklaration 1909 361f., 647, 677
Long, Walter H. 95
Louis, Georges 214f., 219
Loyka, Leopold 450, 452
Ludendorff, Erich von 431, 655
Lürs, Hans 660
Lusitania 18, 24, 77, 293, 646, 649, 654, 669-676, 678-683, 685, 691, 693-704, 706-710, 716, 721, 723, 747, 755, 758
Luxemburg, Rosa 31f., 34,

Macgregor, Jim 94f., 99, 101, 103, 119, 125, 133, 218, 284, 303, 386
Mahan, Alfred Thayer 322f., 363
Malobabić, Rade 417f., 420f.
Mann, Thomas 87
Marinekonvention 365, 367-369, 372, 381, 404, 530
Marrs, Jim 24
Marx, Karl 53, 725
Maubeuge 375, 379f., 396
Mauretania 671-675, 683, 686, 697
McDonald, Ramsay 624, 644
McMahon, Henry 738
McMeekin, Sean 550, 587, 636
Meath, Earl of 131
Meerengen (Bosporus und Dardanellen) 129, 134, 138, 140, 162, 216f., 220, 225, 231, 257f., 260, 283, 288, 291, 320, 368, 406, 422, 424, 442, 513, 664
Mehmed V., Sultan-Kalif 656, 659
Mehmedbasić, Muhamed 299, 418, 429, 436, 450
Menschewiki 726
Mensdorff, Albert von 613, 633
Merizzi, Erik von 449, 452
Merkel, Angela 45f.
Mersey-Report 686, 706,

Messimy, Adolphe 395
Metz 341, 398
Mézières 341, 391
Michel, Victor-Constant 387, 389-391, 395,
Migration / Massenmigration 15, 20, 24, 38, 44-46, 55, 89, 119, 200
Milan I., König von Serbien 228f., 232,
Milch, Erhard 63
Milford Haven 680, 691, 693, 695,
Mills, Charles Wright 41
Milner, Alfred 69, 93, 95, 98-100, 125f., 132f., 138, 158, 173, 181, 203, 207, 213, 291, 294, 304, 353, 423, 445, 725, 728, 742
Mitteleurasische Allianz 21, 82, 87, 121, 133, 159, 296, 496, 656, 737
Mittelmächte 139, 141, 160, 174, 204, 210, 215, 256, 258, 260, 262f., 276, 291, 293f., 298, 315f., 320, 324f., 329, 331, 333, 349, 352f., 369, 380, 410, 444, 462-469, 476, 479, 481-484, 487, 496, 500, 514, 517, 528f., 535, 537, 546f., 549, 551, 560, 562f., 567, 569, 573, 575f., 583-585, 588, 595, 603f., 606, 629, 637, 642, 655, 677, 704f., 710-715, 717, 730-736, 743, 746, 756f.
MI5 347, 373
MI6 373
Mlada Bosna 307, 426, 431
Mobilmachung / Mobilisierung (allgemeine, Generalmobilmachung) 129f., 168, 185, 190f., 206, 217, 258, 261-263, 271, 282, 284f., 297, 299, 305, 309, 315, 329, 331, 336f., 344, 347f., 350, 354f., 379f., 388, 393, 398-403, 405-411, 424, 442, 444-447, 462, 465, 467f., 470, 477, 480, 489, 493, 496f., 499, 501, 505-507, 512-515, 518-520, 533, 535-539, 543-546, 548-553, 560f., 563-569, 571, 573-577, 581f., 584-586, 588f., 592-594, 596, 598-603, 605-618, 620f., 623, 625-637, 640, 644, 656, 665f.
Moltke, Helmuth von 263-265, 337, 344, 349, 352, 493, 574, 585, 607, 609, 616, 626, 632-634, 636, 653
Mombauer, Annika 281, 466, 469, 480f., 487, 504f., 540, 547, 610, 623f.
Monitoren 544, 586, 735
Morgan, J. P. 123, 125, 172, 661, 716, 727f., 750
Mossul 164, 175, 177, 183, 739
Mussolini, Benito 289, 710

Naher Osten 28, 82, 90, 100, 103, 118f., 133f., 151, 160, 162, 164f., 175, 179-181, 185f., 189, 197, 200f., 208, 216, 231, 253, 255f., 282, 294, 296, 298-300, 372, 412f., 460, 663, 710, 721, 724, 737-740, 742, 756, 758

Napoleon Bonaparte 16, 32, 327, 339, 394, 396, 623
Napoleon III. 59, 155
Narodna Odbrana 260, 307-310, 313, 414-416, 431-433, 437, 473f., 503, 521, 523, 530, 557
Nathan, Asher Ben 121
Nationalsozialismus 22, 24, 26, 52, 56, 63
NATO 29, 39-41, 101, 119, 458-461
Naumann, Victor 481f.
Neilson, Francis 331, 386
Neitzel, Sönke 538, 598, 630
Neutralität 33, 129, 135, 140, 152-154, 207, 215, 225, 253, 258, 297, 299, 334, 339-342, 345, 372, 374f., 377-382, 384-386, 388f., 412, 468, 485, 563, 568, 571, 576, 587, 595, 601, 610, 612f., 615, 619-625, 627, 633-635, 638-641, 643-645, 656, 682, 706, 710
Nicklas, Hans 109
Nicolson, Arthur 138, 465, 473, 519, 573, 611f., 621f., 638, 705
Nikolajewitsch, Nikolai 533,
Nikolaus II., Zar 136f., 173, 188, 368, 470, 508, 529f., 533, 537, 540f., 591-594, 596, 598, 599, 720
Nordau, Max 62, 192
Nordmeer-Sperrverordnung (Großbritannien) 649, 676, 689
Norman, Montagu 122
Notwehr 21, 262, 340, 456, 458, 481, 484, 518, 525, 527, 539, 541, 567, 574, 578, 581, 602, 617, 624, 630, 635, 641, 649, 678

Ockhams Razor (Ockhams Rasiermesser) 18, 667,
Oktoberrevolution 720, 728f.
Old Head of Kinsale 685, 690, 695, 699, 708
Oligarchie 30, 43,
Operation Northwoods 24, 34, 112
Oppenheim, Max Freiherr von 659
Orkney-Inseln 359, 363, 513, 646, 690
Orlando, Vittorio 747
Osmanisches Reich 28, 81, 117, 124, 132, 134, 143, 151, 159f., 162f., 165, 175f., 178-180, 183, 185f., 196, 201f., 204, 208, 212, 217, 220, 224-226, 256, 258, 260, 266, 280-282, 284, 286-291, 298, 313, 367f., 401, 412, 496, 539, 644, 655-660, 663, 713, 719, 731, 735, 739f., 757
Ostaufmarsch II (Deutsches Reich) 344
Ostpreußen 337, 352, 402, 410, 588, 653, 655, 731, 752
Oswald, Lee Harvey 35-38
Ottley, Charles 356, 358

Paču, Lazar 539f.
Paish, George 124, 637f.
Pakenham, Captain 182
Palästina 21, 60, 81, 87, 121, 124, 164, 178, 185f., 188-201, 293, 296, 298, 660, 721, 737f., 741f., 757
Paléologue, Maurice 214, 368, 488, 508, 518, 528f., 531, 533, 537, 542, 547, 549, 565, 569, 591, 600, 612, 625
Panislamismus 290, 656-658
Panslawismus 221, 254f., 290, 416, 424
Papen, Franz von 683
Parker, Gilbert 675
Pašić, Nikola 283, 421-423, 437-439, 441, 475, 510, 532f., 546
Pearl Harbor 18, 24, 33, 100, 113, 670, 756
Petrograd 720, 726f., 729
Pharos, Professor (Anton Puntigam) 430
Plan XV (Frankreich) 390
Plan XVI (Frankreich) 390, 395
Plan XVII (Frankreich) 344, 396-399, 403
Plan 19 (Russland) 402, 543
PNAC (Project for the New American Century) 100
Poincaré, Raymond 94f., 153, 212-219, 283, 305, 329, 331f., 366, 369, 394f., 398, 400, 402-404, 424, 507f., 511, 516, 518, 528-531, 533f., 537-539, 547, 564, 591, 618, 625, 631
Polya, Gideon 39
Ponerologie 49
Popović, Cvetko 429, 436, 450
Popovici, Aurel 274f.
Popper, Karl 23
Portsmouth 513, 535
Posen 752
Pourtalès, Friedrich 475, 489f., 531, 567, 569f., 577, 589, 592f., 597, 609f., 615, 627-629
Potiorek, Oskar 299, 414, 425f., 449f., 452f., 470, 502
Powell, G. H. 301,
Präemptive Kriegsführung, Verteidigung 21, 261-263, 333, 336, 338, 342, 344, 348, 351, 354, 375, 394, 398-400, 407, 411, 442, 445, 457-460, 467f., 476, 562, 574, 578f., 587, 602, 614, 617, 624, 630, 641, 665f.
Präventive Kriegsführung 147, 261-265, 270, 282, 284, 327, 333, 348, 406, 446, 461, 481, 507
Princip, Gavrilo 280, 282, 285, 310, 414, 416, 426f., 429f., 432-436, 450, 453, 472, 503, 524f.
Prins, Nomi 123, 125, 661
Prisenkommando 677, 686
Protokolle der Weisen von Zion 30, 56-61, 65f., 68f., 102f., 188, 198, 302, 758

Pseudovermittlung 468, 535, 572, 576, 605, 619, 623, 665f., 716, 721
Psychopathie, Psychopathen 15, 17, 22, 29, 47-52, 54-56, 58, 69, 84, 96, 104, 107, 127, 143, 166, 211, 459, 268, 293, 356, 363, 468, 490f., 512, 542, 572, 592, 610, 638, 653, 676, 707, 723, 758
Putin, Wladimir 101

Q-Ship 608, 676f., 679f., 691f.
Queenstown (Cobh) 679, 690, 694, 696-699
Quigley, Caroll 69, 83, 90, 92-94, 96-99, 103, 119, 122, 126, 131, 139, 209

Rabinowitch, Alexander 726
Rakowski, Kristjan Jurjewitsch 67f.
Rastenfeld, August Schluga von 346, 396
Rauchensteiner, Manfried 132, 254, 284, 469, 550, 562, 655, 718
Redl, Alfred 406, 545
Reichstagsbrand 18, 24, 65, 111, 758
Revanchismus, Revanchisten 132, 157, 169, 208f., 212f., 217, 261, 297, 394, 528, 536, 616
Rhodes, Cecil 69-72, 83f., 89-96, 98f., 102-104, 125, 130, 133, 158, 181, 190, 206, 302, 660, 754
Ritter, Gerhard 348
Roberts, Frederick Sleigh 94f., 356
Robin, Louis de 536
Rockefeller, Bill Avery 165f.
Rockefeller, John D. 82, 165-167, 172f., 292, 299
Rockefeller, William 123, 165, 292
Röhl, John C. G. 195, 197f.
Roewer, Helmut 283, 373, 381, 406, 651,
Ronge, Max 447-449
Room 40 678f., 683f., 690, 694, 696
Roosevelt, Franklin D. 33
Roos-Keppel, George 131
Rossiter, Lyle 53f.
Rothschild, Mayer Amschel 98
Rothschild, Nathan 91, 93f., 98, 125f., 132, 134
Royal Dutch Shell 167, 170f., 183
Royal Navy 124, 144-147, 153f., 174f., 181f., 184, 225, 304, 317, 320, 323, 336, 354, 356, 360, 362, 365-367, 369, 373, 379, 512-515, 535, 538, 553, 564, 592, 595, 608f., 613, 622, 639, 648, 666, 670, 686, 690, 706, 715, 737
Rudolf, Kronprinz 28, 222, 226, 227-230, 232-252, 255f., 267f., 270, 274f., 278, 280, 294, 313, 416, 483, 493, 654
Rückversicherungsvertrag 135
Rumsfeld, Donald 42, 166

Russische Dampfwalze 128, 354, 369, 399f., 407, 465, 468, 478, 496f., 518, 539, 599, 601, 603, 609

Salisbury, Lord 144, 206, 340
Sand, Shlomo 61-65
Sanders, Otto Liman von 208, 219f., 286, 367
Sandschak Novi Pazar 226f., 255f., 258, 266, 282, 285, 287, 297
San Giuliano, Marquis di 498, 534
Sankt-Veits-Tag 313, 410, 440, 447f., 470
Sarajewo 29, 94, 117, 183, 232, 255, 268, 310, 413-417, 421, 426, 429-438, 440-442, 444, 446-449, 451f., 455, 463, 467, 469-473, 476, 487-490, 494, 496f., 501f., 504f., 508-510, 524, 526, 529, 532-534, 539, 587, 665, 747
Sasonow, Sergei 94, 214, 217, 219f., 278, 283, 367f., 370f., 404, 406, 423f., 475, 487-491, 495f., 508-510, 517f., 531, 534, 536-539, 542f., 547f., 559, 567-572, 575-577, 588f., 591-594, 596-600, 602, 604-606, 609f., 615, 627-630, 639
Saturday Review 70-72, 74, 84, 91, 99-101, 103, 110, 127, 130, 140, 162, 167, 241, 296, 302
Saud, Ibn (Abdul Aziz) 176, 200, 296, 657
Sauerbeck, Ernst 294, 332, 414, 453, 466,
Scapa Flow 363, 513, 679, 691, 695, 745
Schäfer, Jakob 415
Schatt al-Arab 160, 182, 659f.
Schebeko, Nikolai 486-489, 508f.
Schiff, Jacob 123
Schilinski, Jakow Grigorjewitsch 220, 401f., 406, 409f.
Schlieffen, Alfred Graf von 316, 324, 339, 341f., 393
Schlieffen-Plan 149, 263, 332-334, 336, 340, 342-344, 346, 348, 352, 354, 356, 374-376, 381, 383, 387-389, 391, 399, 402, 496f., 518, 538, 568f., 574, 586f., 592f., 599, 615, 622, 624, 626, 633, 635f., 649, 653
Schmidt, Stefan 364
Schwarze Hand 94, 285, 297, 307, 413f., 417, 419, 421, 430-433, 435, 437, 439f.
Schwieger, Walther 674, 690, 692-696, 698f., 701-703
Selbstverteidigung 21, 67, 261-263, 316, 411, 456, 458, 476, 480f., 518, 528
Semiten 56, 60, 189-191, 193, 198, 200
Senger, Harro von 86f.
Septemberprogramm 1914 345, 348
Sidbotham, Herbert 738
Siebert, Benno von 346, 368

Siegerdiktat (Friedensvertrag) 22, 118, 153, 357, 736, 743
Simić, Božin 422
Simmons, Matthew R. 200
Skagerrak 714
Smuts, Jan C. 94
Sozialdarwinismus 71, 302
Spalajković, Miroslav 534, 546, 565
Spencer-Programm 144
Spithead 513f., 535, 538, 553, 564, 608
Splendid Isolation 85, 88, 118, 130, 134, 216, 253
Standard Oil 82, 166-168, 170-173, 175, 183, 299
Stead, William T. 93, 98
Stein, Alexander 66f.
St. Georgs Kanal 680, 692f., 695-697
St. Germain 743, 753
Stillmann, James 123
Strategem, Strategeme 86f., 128, 375f., 396, 408, 411f.
Stratfor 88
Suchomlinow, Wladimir Alexandrowitsch 220, 447, 549, 566-568, 588, 597
Suez-Kanal 100, 132, 143, 167, 177f., 185, 321, 365, 656, 663, 737
Sunzi (Sun Tsu) 86, 107, 376
Sutton, Antony C. 122, 726f., 729
Swinton, John 110
Sykes, Mark 739
Sykes-Picot-Abkommen 739f., 742
Szápáry, Friedrich von 489f., 517, 530, 605
Szeps, Moriz 238, 240f.

Tankosić, Vojislav 94, 285, 299, 414, 429f., 432f., 437, 503f., 523f., 558
Teilmobilmachung 130, 258, 262f., 271, 282, 285, 299, 309, 355, 403, 405, 407f. 480, 543, 550, 565, 574, 581, 588f., 593, 596, 600, 666
Terror, Terrorismus 15, 25-27, 39, 46, 55, 66, 98, 103f., 112, 254, 262, 413, 459
The Empire and the Century 75, 81, 99f., 144, 178, 181, 183, 302
Thompson, William Boyce 728f.
Times, New York 37, 44f., 110
Times, The 71, 99, 126, 177, 182, 470, 511f., 526
Tirpitz, Alfred von 145-147, 153, 626, 632, 648, 754f.
Tisza, István 271, 477f., 492-494, 552
Townley, Walter 372
Tremezzo, Brentano di 17
Triple Entente: siehe unter Entente
Trotzki, Leo (Lew Dawidowitsch Bronstein) 68, 725-731, 73f.
Trump, Donald 42f., 104

Tschapek, Rolf Peter 207, 728
Tschirschky, Heinrich von 270, 275, 329, 454, 476, 478, 484, 501, 582, 728
Turner, Leonard C. F. 423
Turner, Wilhelm 689, 695-699, 703, 706f.
Two-Power-Standard 144, 296, 317, 364

U-Boot, U-Bootkrieg 649, 671f., 675-678, 681, 684, 689f., 697-699, 706f., 716, 722f., 758
U-20 670, 672, 674, 681, 684-686, 689-699, 701-703, 707f., 758
U-27 684f., 690, 693f.
U-30 683, 693f.
UdSSR 28, 34, 39, 119, 727
Ukraine 24, 26, 60f., 89, 119, 221, 732-736, 756
Ultimatum 347, 444, 466, 468, 477, 492, 494, 498, 504-508, 517-520, 527, 530, 532, 535, 537, 539-542, 545f., 452, 454, 459, 566, 572, 574f., 577f., 584, 597, 622, 624, 626, 666, 747
Union Pacific 123
United Copper Company 123
USA 15, 18, 23f., 29, 33f., 36f., 39, 47, 49, 51, 74-77, 80, 82, 84, 88f., 91, 96, 109, 112f., 118f., 122-125, 127, 131, 146, 151, 158, 165-171, 186, 191, 262f., 278, 288, 291-294, 297f., 362, 416, 424f., 458-461, 578, 647, 651, 654, 656, 660-663, 670, 675, 679, 682f., 703-705, 708-710, 714, 716f., 719-728, 731, 736f., 742-744, 750, 754-757

Verdun 338f., 393, 396, 633, 712
Vereinigte Staaten von Groß-Österreich 272-275, 279f., 297, 412, 416, 426f., 732
Versailles 22, 118, 154, 646, 731, 742, 746f., 749, 751, 753
Verschwörung, Verschwörungstheorie, Verschwörungspraxis 17, 29, 31f., 34-38, 42, 46, 51, 59, 70, 96, 98, 104, 205, 223, 243, 248f., 283, 382, 429f., 438, 447, 459, 509, 511, 554, 580
Vertrag von London 1839 377, 662, 710
Vetsera, Marie 244, 246, 247, 249, 251
Villain, Raoul 616
Viribus Unitis 321f.
Völkermord 17, 30, 42, 45f., 85, 104

Waffenstillstand 225, 285, 730f., 735, 744f., 747, 750
Waldersee, Graf 265, 482
Wallstreet 68, 123, 125, 661f., 720, 724-730, 734, 736, 746, 754, 756, 758
Warburg, Paul 67f., 94
Weltrevolution 726, 732
Wertz, Armin 40

825

Westpreußen 731, 752
Wichtl, Friedrich 430
Wiesner, Friedrich von 491, 501f., 504
Wild, Petra 191, 193
Wilhelm II., Kaiser 78f., 127, 134-137, 147, 152, 154, 162f., 173, 179, 188, 196-198, 201, 209f., 263f., 268, 276-279, 288, 299, 303, 304, 307, 334, 344, 346, 349, 359, 411, 446f., 476, 479, 483, 484-486, 514, 560, 590f., 595f., 607, 609, 633-636, 648, 667, 714f., 719, 734, 742, 750
Wilson, Arthur 359f.
Wilson, Henry 95, 379, 383, 396,
Wilson, Woodrow 33, 94, 123, 293, 661f., 681f., 689, 715-718, 722-724, 727f., 730f., 736, 744f., 747, 752, 758
Wikileaks 42

Zerajić, Bogdan 415f., 432, 472
Ziff, William Bernard 176, 180f., 186, 737
Zimmermann, Arthur 487f.
Zimmern, Alfred 99
Zionismus, Zionisten 19, 27f., 30, 62-65, 68f., 103, 177f., 180, 185, 187-189, 191-193, 196, 199, 200, 721, 738, 742
Zivković, Petar 421
Zuckermann, Moshe 188f.
Zuesse, Eric 43
Zvornik, Mali 435
Zweibund 102, 131, 139f., 353, 461f., 484

14-Punkte-Programm (Wilson) 731, 744, 752
9/11 (11. September 2001) 24, 30-32, 37-39, 42, 100, 103f., 111, 262f., 458-461, 463, 578

Thomas P. M. Barnett
Drehbuch für den 3. Weltkrieg
Die zukünftige neue Weltordnung

€ 24,95

Festeinband, 440 S.

ISBN 978-3-941956-49-0

Zu bestellen bei:

J. K. Fischer-Verlag

Herzbergstr. 5–7
63571 Gelnhausen

Tel.: 06051 474740
Fax: 06051 474741

info@j-k-fischer-verlag.de

Mit einem Vorwort des Verlages, einer Einleitung durch Prof. Dr. Michael Friedrich Vogt und einem Nachwort, der im östrreichischen Verteidigungsministerium sitzenden Juristin, Monika Donner.

Thomas P. M. Barnett ist Verfasser des bahnbrechenden Bestsellers The Pentagon's New Map (deutsche Ausgabe: „Der Weg in die Weltdiktatur"), des mit Sicherheit „einflussreichsten Buches unserer Zeit" (Chicago Sun-Times). Nun hat der Mann, den das Magazin Esquire als „den Strategen" tituliert, seine topaktuellen Analysen auf einer neuen Stufe fortgesetzt. The Pentagon's New Map war nach seinem Erscheinen eines der meistdiskutierten Bücher weltweit – eine fundamentale Neuinterpretation von Krieg und Frieden in der Welt nach dem 11. September 2001, die eine unwiderstehliche Vision der Zukunft lieferte.

Nun erläutert der Militärberater und Analytiker Thomas P. M. Barnett unsere möglichen kurz- und langfristigen Beziehungen zu Ländern wie dem Iran und dem Irak, zu China und Nordkorea, zum Nahen Osten, zu Afrika und Lateinamerika; dabei erläutert er, welche Strategien zu verfolgen sind, welche politischen Strukturen wir aufbauen müssen und welche Hürden wir zu überwinden haben. Nachdem sein erstes Buch auf bestechende Weise „die Rahmenbedingungen der Herausforderungen des 21. Jahrhunderts" (Business Week) explizierte, ist sein neues Werk noch etwas mehr: ein kraftvoller Wegweiser durch eine unsichere, chaotische Welt in eine Zukunft, die es zu schaffen gilt.

„Barnetts Buch The Pentagon's New Map überwand die Grenzen unseres Denkens nach dem 11. September und entwarf eine neue Weltsicht. Nun zeigt er uns, wie wir sie verwirklichen können."
Library Journal

„Provokativ!"
Kirkus Review

„Er umreißt die geopolitische Grundlinie einer großen Strategie, um dem neuen Terrorismus zu begegnen."
National Review

„Barnett wird sich als einer der bedeutendsten strategischen Denker unserer Zeit erweisen."
Michael Barone, USNews.com

www.j-k-fischer-verlag.de

Thomas P. M. Barnett
Der Weg in die Weltdiktatur
Krieg und Frieden im 21. Jahrhundert

€ 24,95

Festeinband, 472 S.

ISBN 978-3-941956-51-3

Zu bestellen bei:

J. K. Fischer-Verlag

Herzbergstr. 5–7
63571 Gelnhausen

Tel.: 06051 474740
Fax: 06051 474741

info@j-k-fischer-verlag.de

Mit einem Vorwort des Verlages, einer Einleitung durch Prof. Dr. Michael Friedrich Vogt und einem Nachwort, der im östrreichischen Verteidigungsministerium sitzenden Juristin, Monika Donner.

Seit dem Ende des Kalten Krieges sucht Amerika nach einer neuen Theorie, um das scheinbare Chaos in der heutigen Welt zu beschreiben. Der Konflikt der Supermächte ist Geschichte – aber wodurch wurde er ersetzt?

In „Der Weg in die Weltdiktatur" (Originaltitel: The Pentagon's New Map) liefert Thomas Barnett eine wegweisende Annäherung an die Globalisierung, verbindet dabei militärische, ökonomische, politische und kulturelle Aspekte und bietet nicht weniger als eine umfassende Deutung des Wesens von Krieg und Frieden im einundzwanzigsten Jahrhundert. Anknüpfend an die Werke von Thomas Friedman und Francis Fukuyama, macht Barnett einen entscheidenden Schritt nach vorne und präsentiert grundlegende Klärungen in unserer unübersichtlichen, gefahrvollen Zeit.

„Sein Buch ist in einer leicht verständlichen Umgangssprache verfasst; er belehrt uns, ohne uns von oben herab zu schulmeistern … Barnetts Aufruf zum Handeln geht weit über bloße Parteipolitik hinaus, weil er uns als Menschen – nicht als Liberale oder Konservative, Anhänger des freien Handels oder einer restriktiven Wirtschaftsordnung – angeht. Er lobt oder kritisiert republikanische wie demokratische Regierungen gleichermaßen. Angesichts publizistischer Feuerstürme, die von einseitigen, aber die ganze Welt erklärenden selbsternannten Regierungsinsidern entfacht wurden, ist sein Werk besonders willkommen."
Fort Worth Star-Telegram

„Er gibt uns eine Perspektive, um Sinn hinter all jenen zufälligen, chaotischen, überraschenden und schnell veränderlichen Ereignissen zu erkennen, und er skizziert einen Wegweiser in eine friedlichere, hoffungsvolle und blühende Zukunft."
Mac Thornberry, The Washington Times

„Er wird sich als einer der bedeutendsten strategischen Denker unserer Zeit erweisen."
Michael Barone, USNews.com

„Äußerst provokant … Barnett hält den Rekord als weitsichtiger Prognostiker."
Business Week

www.j-k-fischer-verlag.de

Tilman Knechtel
Die Rothschilds
Eine Familie beherrscht die Welt

€ 22,95

Festeinband, 340 S.

ISBN 978-3-941956-21-6

Zu bestellen bei:

J. K. Fischer-Verlag

Herzbergstr. 5–7
63571 Gelnhausen

Tel.: 06051 474740
Fax: 06051 474741

info@j-k-fischer-verlag.de

Unglaublich, aber wahr: Es gibt eine unsichtbare Macht auf diesem Planeten, die seit mehr als zwei Jahrhunderten völlig unbehelligt am Rad der Geschichte dreht. Die Familie Rothschild kontrolliert aus dem Hintergrund die Knotenpunkte zwischen Politik, Wirtschaft und Hochfinanz. Lange konnten sie sich in behaglicher Sicherheit wiegen, denn die Geheimhaltung stand seit jeher im Mittelpunkt ihrer Strategie. Doch nun fliegt ihr Schwindel auf, die Mauer des Schweigens beginnt zu bröckeln, immer mehr Menschen wachen auf und erkennen die wahren Drahtzieher hinter den Kulissen des Weltgeschehens!

Fernab von abenteuerlichen Verschwörungstheorien identifiziert dieses Buch die Familie Rothschild als Kern einer weltweiten Verschwörung der Hochfinanz, deren Kontrollnetz sich wie Krakenarme um die ganze Erdkugel geschlungen hat und sich immer fester zusammenzieht. Sie erzeugen systematisch Krisen, mit denen sie ihre Macht weiter ausbauen. An ihren Händen klebt das Blut aller großen Kriege seit Beginn der Französischen Revolution. Ihre ganze Menschenverachtung bewiesen sie, indem sie die Nationalsozialisten finanzierten und Millionen Angehöriger ihrer eigenen Glaubensgemeinschaft in den Tod schickten. Doch ihr Blutdurst ist noch lange nicht gestillt: Ihr Ziel ist ein alles vernichtender Dritter Weltkrieg und eine Weltregierung, gesteuert aus Jerusalem.

Entdecken Sie die Tricks und Strategien der Familie Rothschild, ihre Organisationen, ihre Banken, ihre Agenten. Erfahren Sie mehr über die wahren Ursprünge von Nazismus, Kommunismus und Zionismus. Erkennen Sie die direkte Einflussnahme der Rothschilds auf politische Schwergewichte von der englischen Königsfamilie bis zu amerikanischen Staatspräsidenten. Finden Sie heraus, wie es möglich sein kann, dass die Geschicke der Welt von einer einzigen Familie zentral gesteuert werden.

Dieses Werk wird Ihnen die Augen nicht nur öffnen, sondern weit aufreißen. Auf 304 Seiten werden hunderte von Zusammenhängen erschlossen, die Ihnen die Mainstream-Medien mit aller Macht verschweigen wollen. Die wahren Feinde der Menschheit zu indentifizieren, die Kriege, Versklavung, Unterdrückung und Verarmung erst möglich machen, ist das Ziel dieses Buches. Lernen Sie die allmächtigen Rothschilds kennen!

www.j-k-fischer-verlag.de

John Coleman
Die Hierarchie der Verschwörer
Das Komitee der 300

€ 19,95

Klebebroschur, 488 S.

ISBN 978-3-941956-10-0

Zu bestellen bei:

J. K. Fischer-Verlag

Herzbergstr. 5–7
63571 Gelnhausen

Tel.: 06051 474740
Fax: 06051 474741

info@j-k-fischer-verlag.de

Können Sie sich eine allmächtige Gruppe vorstellen, die keine nationalen Grenzen kennt, über dem Gesetz aller Länder steht und die alle Aspekte der Politik, der Religion, des Handels und der Industrie, des Banken- und Versicherungswesens, des Bergbaus, des Drogenhandels und der Erdölindustrie kontrolliert – eine Gruppe, die niemandem als ihren eigenen Mitgliedern gegenüber verantwortlich ist?

Die überwiegende Mehrheit der Menschen hält dies für unmöglich. Wenn Sie auch dieser Meinung sind, dann gehören Sie zur Mehrheit. Die Vorstellung, daß eine geheime Elitegruppe alle Aspekte unseres Leben kontrolliert, geht über deren Verständnis hinaus. Amerikaner neigen dazu, zu sagen: „So etwas kann hier nicht geschehen. Unsere Verfassung verbietet es."

Daß es eine solche Körperschaft gibt – das Komitee der 300 –, wird in diesem Buch anschaulich dargestellt. Viele ehrliche Politiker und Publizisten, die versuchen, unsere Probleme anzugehen, sprechen oder schreiben über „sie". Dieses Buch sagt genau, wer „sie" sind und was „sie" für unsere Zukunft geplant haben. Es zeigt, wie „sie" mit der amerikanischen Nation seit mehr als 50 Jahren im Krieg stehen, einem Krieg, den wir, das Volk, verlieren. Es stellt dar, welche Methoden „sie" benutzen und wie „sie" uns alle gehirngewaschen haben. Ereignisse, die seit der Erstveröffentlichung dieses Buches abgelaufen sind, sprechen Bände über die Richtigkeit der getroffenen Vorhersagen und für die saubere Recherche seines Autors Dr. John Coleman.

Wenn Sie einerseits ratlos und verwirrt sind und sich fragen, wieso ständig Dinge passieren, die wir als Nation eigentlich ablehnen, wenn sie sich andererseits jedoch machtlos fühlen, zu verhindern, daß wir immer auf das falsche Pferd setzen, wieso unsere einstigen sozialen und moralischen Werte verfälscht und untergraben werden; wenn Sie durch die vielen Verschwörungstheorien verwirrt sind, dann wird Ihnen „Die Hierarchie der Verschwörer – Das Komitee der 300" die Sachverhalte kristallklar erklären und zeigen, daß diese Umstände absichtlich geschaffen wurden, um uns als freie Menschen auf die Knie zu zwingen.

Wenn Sie erst einmal die entsetzlichen Wahrheiten, die in diesem Buch stehen, gelesen haben, werden Sie lernen, Vergangenheit und Gegenwart zu verstehen. Dann werden Ihnen soziale, wirtschaftliche, politische und religiöse Phänomene nicht länger schleierhaft vorkommen. Diese hier vorliegende Entlarvung der gegen die Vereinigten Staaten und die ganze Welt gerichteten Mächte kann nicht ignoriert werden. Der Autor vermittelt Ihnen eine ganz neue Wahrnehmung hinsichtlich der Welt, in der wir alle leben.

www.j-k-fischer-verlag.de

Tilman Knechtel
Die Rockefellers
Der amerikanische Albtraum

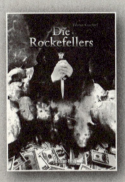

€ 22,95

Festeinband, 312 S.

ISBN 978-3-941956-37-7

Zu bestellen bei:

J. K. Fischer-Verlag

Herzbergstr. 5–7
63571 Gelnhausen

Tel.: 06051 474740
Fax: 06051 474741

info@j-k-fischer-verlag.de

Gegner von Verschwörungstheorien haben in Diskussionen mitunter leichtes Spiel, denn es liegt in der Natur des Begriffes, dass Verschwörungen „geheim" und deshalb nur schwer zu beweisen sind. Anders bei den Rockefellers, denn David Rockefeller gestand in seiner eigenen Biographie: „Einige glauben sogar, wir seien Teil einer geheimen Verschwörung, […] und werfen uns vor, wir konspirierten mit anderen auf der ganzen Welt, um eine neue ganzheitliche globale politische und wirtschaftliche Struktur aufzubauen – eine neue Welt, wenn Sie so wollen. Wenn das die Anklage ist, bekenne ich mich gern schuldig und ich bin stolz darauf."

Schwieriger wird es, derartige Verschwörungen auch im Detail nachzuweisen, denn die Öffentlichkeit hatte seit über hundert Jahren keine Möglichkeit mehr, die Macht dieser Familie zu beurteilen, da sie ihren Reichtum hinter einem riesigen Netzwerk aus Stiftungen, Banken, Investmentfirmen und Trusts versteckt.

Dem Autor ist es gelungen, einen genaueren Blick auf die Geld- und Machtströme dieser angeblich so großzügigen Familie zu werfen. Und er weist damit ein Muster nach, das die wahren Ziele der Familie offenlegt: All die philanthropischen Schenkungen und Taten entpuppen sich als trojanische Pferde, um eine zutiefst misanthropische Agenda umzusetzen.

Tilman Knechtel belegt minutiös, dass die Rockefellers jeden Aspekt des amerikanischen Lebens kontrollieren und damit die unsichtbaren Herrscher einer Nation sind, die bis heute glaubt, ein freies, unabhängiges Land zu sein.

Doch die Beherrschung der USA ist nicht das Langzeitziel der Rockefellers. Sie arbeiten eng mit einflussreichen europäischen Familien daran, die Gesellschaften auf der ganzen Welt in einen riesigen Superstaat zu integrieren, in dem nur das Recht einer kleinen Elite gelten soll.

Nur wer weiß, dass er beherrscht, gegängelt und belogen wird, kann sich wehren.

Nur wer erkannt hat, dass augenscheinlich gegensätzliche Strategien oder Ideologien – politisch links oder politisch rechts, pro etwas oder kontra etwas – letztlich nur Verschleierungstaktiken sind, um den Menschen Demokratie vorzugaukeln, kann etwas verändern.

Nur wer begriffen hat, auf welch hinterhältige und zutiefst menschenverachtende Weise diese Elite die Weltbevölkerung zuerst aussaugen und dann zur Schlachtbank führen will, kann sich retten.

www.j-k-fischer-verlag.de

Rosalie Bertell
Kriegswaffe Planet Erde

€ 22,95

Broschur, über 572 Seiten

ISBN 978-3-941956-36-0

Zu bestellen bei:

J. K. Fischer-Verlag

Herzbergstr. 5–7
63571 Gelnhausen

Tel.: 06051 474740
Fax: 06051 474741

info@j-k-fischer-verlag.de

Wollen Sie, daß die Natur, ja der ganze Planet uns allen zum Feind gemacht wird?

Wollen Sie, daß die Erde eine Kriegswaffe ist, die alle, alles, ja sich selbst bedroht?

Vorwort Dr. Vandana Shiva - Einführung von Prof. Dr. Claudia von Werlhof - Juristische Betrachtung durch Rechtsanwalt Dominik Storr - Nachwort von Werner Altnickel

Wollen Sie

- in einem neuartigen planetaren Dauerkrieg mit angeblichen Naturkatastrophen leben?
- jedes Jahr Angst um Ihre Ernte haben?
- nur noch vom Wetter reden müssen?
- Millionen von Klimaflüchtlingen vor der Tür stehen haben?
- mit dem Flugzeug in ein Magnetloch fallen?
- oder in ein Strahlen-Experiment mit der Atmosphäre geraten?

Wollen Sie den Polsprung erleben, kosmischer Gamma- und Röntgenstrahlung ausgesetzt sein, oder täglich Barium, Strontium und Nanopartikel mit der Atemluft zu sich nehmen?

Wollen Sie, daß es immer heißer wird, selbst wenn der CO_2-Ausstoß verboten wird, oder weil umgekehrt eine neue Eiszeit ausbricht, da der Golfstrom abgerissen ist?

Wollen Sie zusehen, wie die Elemente - Erde, Wasser und Luft - und mit ihnen unsere Lebensgrundlagen angegriffen, ja zerstört werden?

Wollen Sie vorhersehen müssen, daß spätestens Ihre Kinder keine Zukunft haben werden?

Nein?

Dann hören Sie damit auf

- sich von Medien, Wissenschaft und Politik weiterhin auf das Dreisteste belügen zu lassen.
- blauäugig und ahnungslos, aber im Glauben, ein mündiger Bürger zu sein, herumzulaufen.
- sich als freiwilliges Versuchskaninchen benutzen zu lassen.
- erst etwas zu tun, wenn Sie persönlich betroffen sind.
- sich in Zukunft sagen lassen zu müssen, daß Sie weggeschaut und nichts gemacht haben, obwohl Sie es hätten wissen müssen.

www.j-k-fischer-verlag.de